Psychosoziale Gesundheit im Beruf

Psychosoziale Gesundheit im Beruf

Mensch · Arbeitswelt · Gesellschaft

Herausgegeben von
Andreas Weber und Georg Hörmann
unter Mitarbeit von
Yvonne Ferreira

Herausgeber

Prof. Dr. med. habil. Andreas Weber

Facharzt für Arbeitsmedizin, Sozialmedizin-Umweltmedizin

Wissenschaftlicher Geschäftsführer – IQPR Institut für Qualitätssicherung in Prävention und Rehabilitation GmbH an der Deutschen Sporthochschule Köln

apl. Professor der Medizinischen Fakultät der Friedrich-Alexander-Universität Erlangen-Nürnberg

Lehrbeauftragter (Spezielle Gesundheitspädagogik) an der Fakultät Pädagogik, Philosophie, Psychologie der Otto-Friedrich-Universität Bamberg

Prof. Dr. med. Dr. phil. Dr. rer. soc. Dipl. Psych. Georg Hörmann, MA

Lehrstuhl für Allgemeine Pädagogik und Gesundheitspädagogik der Otto-Friedrich-Universität Bamberg, Leiter der Forschungsstelle für Kinder- und Jugendlichenpsychotherapie an der Universität Bamberg

Autoren

Den Autoren des Werks wird an dieser Stelle für die Überlassung von Texten, Grafiken und Methodikdarstellungen herzlich gedankt.

Redaktionelle Koordination

Dr. rer. nat. Dipl.-Psych. Yvonne Ferreira, Institut für Arbeitswissenschaft, Technische Universität Darmstadt

---

Bibliographische Information der Deutschen Bibliothek
Die Deutsche Bibliothek verzeichnet diese Publikation in der Deutschen Nationalbibliografie; detaillierte bibliografische Daten sind im Internet über http://dnb.ddb.de abrufbar.

ISBN 978-3-87247-660-9
© 1. Auflage, Gentner Verlag, Stuttgart 2007
1. Nachdruck 2008
Gestaltung: Green Tomato GmbH, Bielefeld/Stuttgart
Herstellung: Druckerei Marquart GmbH, Aulendorf
Printed in Germany
Alle Rechte vorbehalten

Inhaltsverzeichnis

Vorwort der Herausgeber 8

Geleitworte

1 Einführung in die Thematik
1.1 Psychische Erkrankungen im Wandel von Gesellschaft und Arbeitswelt 21
1.2 Gesundheit am Arbeitsplatz 34
1.3 Psychosoziale Belastungen und Ressourcen 39
     Begriffsklärung und theoretische Modelle

2 Berufsbezogene psychosoziale Belastungen und Beanspruchungen
2.1 Arbeit, Stress und Krankheit 47
2.2 Burnout-Syndrom – eine Krankheit moderner Gesellschaften? 74
2.3 Konflikte und Gewalt am Arbeitsplatz 91
2.4 Mobbing – Außenseiterleiden oder Managementversagen? 101
2.5 Depressive Störungen und Beruf 124
2.6 Angst am Arbeitsplatz 132
2.7 Chronischer Schmerz und Somatisierung 143
2.8 Tinnitus und Beruf 155
2.9 Arbeitssucht – Erholungsunfähigkeit – Pathologische Anwesenheit 167
2.10 Suchtmittelmissbrauch am Arbeitsplatz 184
2.11 Sexuelle Belästigung am Arbeitsplatz 200

3 Psychosoziale Gesundheit – Ressourcen und Risiken
3.1 Betriebsklima (Kommunikation – Kooperation) 219
3.2 Arbeitszufriedenheit und Arbeitsmotivation 232

3.3	Arbeitsorganisation	242
3.4	Gesundheitsförderliches Führen – Defizite erkennen und Fehlbelastungen der Mitarbeiter reduzieren	255
3.5	Soziale Unterstützung	265
3.6	Liebe im Büro – eine ökonomische Perspektive	275
3.7	Spiritualität/Religiosität	281

4 Psychosoziale Gesundheit und Neue Arbeitswelt

4.1	Informationsüberflutung: E-Mail im Beruf	291
4.2	Berufliche Mobilität und psychosoziale Gesundheit	299
4.3	Telearbeit – Homeoffice	310
4.4	Callcenter	319
4.5	Multitasking/Mikromanaging	325
4.6	Leiharbeit/Zeitarbeit	330
4.7	Nanotechnologie	336
4.8	Arbeitszeit, Schicht- und Nachtarbeit	343
4.9	Working Poor	352
4.10	Ich-AG – Freelancer – Freiberufler	367
4.11	Arbeitslosigkeit	375
4.12	Change-Management	390
4.13	„Sandwicher" – Das mittlere Management unter Druck	396
4.14	Gender und Arbeitswelt	401

5 Psychosoziale Gesundheitsstörungen – Diagnose, Differentialdiagnose

5.1	Individuelle Diagnostik/Differentialdiagnostik-Untersuchungsmethoden	414
5.2	Psychometrische Testverfahren	425

6 Individuum-zentrierte Prävention und Intervention

6.1	Medikamentöse Therapie	437
6.2	Berufsbezogene Psychotherapie?! Realexistierende Patienten – Therapeutische Perspektiven – Pragmatische Behandlungsansätze	447
6.3	Einsatzmöglichkeiten von Supervision in der Arbeitswelt	459
6.4	Stressmanagement im Betrieb	469
6.5	Coaching/Mentorship	479
6.6	Sport-/Bewegungstherapie	489
6.7	Chronologische Arbeitsgestaltung – Pausenmanagement – Mittagsschlaf	497
6.8	„Work-life-Balance" – Selbstmanagement	504
6.9	Positives Denken – Optimismus	516
6.10	Zeitmanagement	523
6.11	Sabbatical – Berufsausstieg – Neuorientierung	531

7 Systembezogene Prävention und Intervention

7.1	Betriebliches Gesundheitsmanagement	537
7.2	Disability Management	548
7.3	Psychosoziale Gesundheit in der Arbeitswelt von heute – alternative Konzepte oder realitätsferne Utopien?	559

8 Betriebliche Gesundheit im Wandel von Arbeitswelt und Gesellschaft

8.1	Die Rolle der Gesetzlichen Unfallversicherung	569
8.2	Die Rolle der Betriebs- und Werksärzte	589
8.3	Perspektiven der akademischen Arbeitsmedizin	

Anhang

Autorenverzeichnis	605
Sachregister	607

Vorwort der Herausgeber

Psychosoziale Gesundheit im Beruf - vom Humankapital zur Humanität?

Andreas Weber und Georg Hörmann

Seit der Antike kommt Arbeit im menschlichen Leben ein zentraler Stellenwert zu. Noch heute ist sie für die meisten Menschen die Grundlage der materiellen Existenz und ermöglicht Konsum sowie Teilhabe am sozialen Leben. Aus der beruflichen Tätigkeit resultieren gesellschaftlicher Status, Macht, Erfolg und Selbstbewußtsein. Für viele bleibt Arbeit auch zu Beginn des 21. Jahrhunderts die wesentliche Quelle sozialer Kontakte, der Tages- und Lebensstrukturierung, ja oft Lebenssinn („leben, um zu arbeiten"). Dies verwundert nicht, denn mehr als die Hälfte der Zeit (Urlaube und Wochenenden ausgenommen), in der ein Mensch nicht schläft, verbringt er nach wie vor am Arbeitsplatz. Zudem endet Arbeit in der Dienstleistungs- und Wissensgesellschaft nicht mehr mit dem Schließen der Bürotür oder dem Verlassen des Firmenparkplatzes. Neuere wissenschaftliche Erkenntnisse belegen, dass positive und negative Erlebnisse und Gefühle am Arbeitsplatz mit dem Privatleben interagieren. Neben ihrer sozialen Bedeutung wurde der Wert der Arbeit für die menschliche Gesundheit frühzeitig thematisiert. So war das „ora et labora" für Benedikt von Nursia der beste Weg, um innere Zufriedenheit und – heute würden wir sagen – seelische Gesundheit zu erlangen. Für Sigmund Freud definierte sich Gesundheit sogar wesentlich durch die Arbeit („*Gesundheit als die Fähigkeit lieben und arbeiten zu können*"). Ein zufriedenstellender Beruf - im Sinne Martin Luthers durch Ganzheitlichkeit, Kontinuität und Lebenslänglichkeit charakterisiert - macht Menschen zu Persönlichkeiten und ist ein wesentlicher sozialer Faktor für gute Gesundheit. Gesundheit am Arbeitsplatz kann in der „globalisierten und vernetzten Welt von heute" nicht mehr isoliert von gesellschaftlichen, wirtschaftlichen und politischen Rahmenbedingungen betrachtet werden und beinhaltet folglich mehr als den Schutz vor chemischen, physikalischen oder biologischen Gefahrstoffen, die Einhaltung technischer Regelwerke oder die Verhütung von Arbeitsunfällen und Berufskrankheiten. In Zeiten anhaltender Massenarbeitslosigkeit, die auch Akademiker nicht ausnimmt, wird manchen erstmals bewusst, dass Arbeitslosigkeit krank machen, insbesondere seelisch krank machen kann. Aber auch „zuviel" oder „falsche" - weil für das Individuum unpassende - Arbeit sind nicht gesundheitsfördernd. Wie ist also mit Arbeit umzugehen in einer Gesellschaft, die sich permanent verändert, in der dem Erhalt bzw. der Schaffung von Arbeitsplätzen (nach breitem politischen Konsens) oberste Priorität zukommt, aber zugleich viele abends nicht wissen, ob es den eigenen Arbeitsplatz am nächsten Morgen noch gibt? Globalisierung, Wertewandel, Profitkultur, Instabilität, Mobilität und neue Informations- und Kommunikationstechnologien haben in den letzten 20 Jahren Arbeitswelt und Gesellschaft nachhaltig verändert. Von den Menschen wird in einem immer komplexeren, leistungs- und gewinnorientierten Wirtschaftsleben hohe fachliche Qualität, Schnelligkeit, Effizienz, Selbstverantwortung und soziale Kompetenz gefordert. Freiheit und Druck nehmen gleichermaßen zu. Motivation, Identifikation und Engagement von Mitarbeitern sind gefragt wie nie zuvor. Beschäftigte müssen sich immer öfter und schneller auf Neuerungen einstellen. Flexibilität, Lernbereitschaft, Wissen und Leistungsfähigkeit bestimmen nicht nur den Berufserfolg, sondern häufig auch das ganze Leben. Veränderungen beinhalten jedoch nicht nur (Gesundheits-)Risiken, sondern immer auch Chancen (siehe hierzu auch *Abbildung 1*). Chancen bieten sich in der „Neuen Arbeitswelt" bevorzugt denjenigen, die sie nutzen können: Jungen, gesunden („fitten"), gebildeten, gutaussehenden, mobilen Menschen, die sich Effizienz orientiert „verkaufen" und fest daran glauben, dass... „jeder seines Glückes Schmied ist" ... oder wie man es zeitgemäßer mit Hans-Olaf Henkel als „Ethik des Erfolges" definieren kann, dass ... „in Markt zentrierten Systemen jeder nur seine individuellen Fähigkeiten Wettbewerbs gerecht aufbereiten muss, um zwangsläufig Erfolg, Selbstbestätigung und Erfüllung zu finden".

Risiken	Chancen
Ökonomie als Leitprinzip (Leistungs-/Konkurrenzdruck)	Flexibilisierung (Arbeitszeit-/ort, Teamarbeit) Telearbeit, Projektarbeit
Arbeitsverdichtung (Zeitdruck/Überstunden/Präsentismus)	Eigenverantwortung (Arbeitsgestaltung)
Instabilität/Diskontinuität (Arbeitsplatz-/Wohnortwechsel)	Innovationen/ Interdisziplinarität (Anregung/Abwechslung)
Arbeitsplatzunsicherheit („hire and fire" / downgrading)	Qualifikationsmöglichkeiten (Weiterbildung, Aufstieg)
Prekarisierung („Mc Jobs"- working poor)	
Dehumanisierung („Humankapital")	

Abbildung 1: Risiken und Chancen der Neuen Arbeitswelt

Was macht man in einer Gesellschaft derartiger „Leitkultur" mit denjenigen, die sich nicht optimal „vermarkten" können: Den nicht mehr so „ganz fitten", weniger mobilen, über 50jährigen, denen mit defizitärer Bildung, geschweige denn mit kranken, behinderten oder leistungsgewandelten Menschen? Oder gibt es in dieser „Neuen Arbeitswelt" gar keine Krankheit, Schicksalsschläge und Behinderungen mehr, weil eben nur noch Gesunde und Erfolgreiche in ihr arbeiten? Muss sich der einzelne Mensch also bedingungslos den Gesetzen und Regeln eines globalisierten Marktfundamentalismus unterordnen, um im Beruf zu bestehen, ja eine Lebensperspektive zu haben? Ist das Statement von Altkanzler Schröder anläßlich der Würdigung von Papst Johannes Paul II am 3. April 2005 ... *„Wirtschaft ist für den Menschen da und nicht umgekehrt!..."* angesichts der Alltagsrealität in Deutschland nicht nur eine „hohle Phrase"? Nach Artikel 20 Absatz 1 des Grundgesetzes ist die Bundesrepublik Deutschland ein demokratischer und sozialer Bundesstaat. Der Sozialstaat stellt somit ein zentrales Ordnungsprinzip dar. Aufgabe eines modernen Sozialstaates ist es, für alle Menschen eine menschenwürdige Lebenswelt zu organisieren und Chancengerechtigkeit zu gewährleisten. Kennzeichen der Wahrnehmung des Sozialstaates in weiten Teilen von Wirtschaft, Öffentlichkeit und Politik war in den letzten Jahren die ausschließliche Fokussierung auf Missbrauch und Finanzierungsprobleme mit ständig steigenden Ausgaben des Sozial- und Gesundheitswesens bei gleichzeitigem systembedingten Rückgang der Einnahmen (u. a. lang anhaltende Arbeitslosigkeit, Trend zur Frühverrentung, demografische Entwicklung). Die Politik hat die Problematik noch verschärft, indem sie Belastungen aus der Finanzverantwortung der öffentlichen Hand in die Sozialversicherung abgeschoben hat (z. B. überproportionaler Finanzierungsbeitrag der Sozialversicherung für die deutsche Wiedervereinigung). So sieht der „Mainstream" den deutschen Sozialstaat heute einseitig negativ, im Sinne einer Bremse für ein dynamisches Wirtschaftswachstum und Wettbewerbsfähigkeit. Betont werden in diesem Kontext insbesondere die Belastungen der Unternehmen durch die sog. Lohnnebenkosten und einen „verrechtlichen, überregulierten Arbeits- und Gesundheitsschutz". Dabei ist Unternehmern a priori kein Vorwurf zu machen. Gewinnmaximierung ist ihre Aufgabe, ihr Unternehmensziel (jedenfalls in Profit-Organisationen). Unternehmen sind keine sozial-caritativen Einrichtungen. Betriebliche Gesundheitsprogramme sind keine „wohltätigen Geschenke", sondern kalkulierte Managementstrategien. Aus Sicht des einzelnen mag das sarkastisch klingen, aber auch ein „vorausschauender Personalabbau" mit Verlagerung von Arbeitsplätzen in Billiglohnländer kann der „Gesundheit der Mitarbeiter förderlich" sein, indem er dem wirtschaftlichen Wohl des Unternehmens und damit dem Erhalt von (Rest)Arbeitsplätzen dient. Vor dem alles überragenden Ziel der Maximierung des Shareholder Value großer Aktiengesellschaften und multinationaler Konzerne hat die Politik das Vertrauen in die Zukunftsfähigkeit nationaler sozialer Sicherungssysteme verloren und initiiert in einem Reformaktionismus („nach der Reform ist vor der Reform") mit einer „chronischen Neophilie" Veränderungen, die die Stärken gewachsener und erprobter sozialer und ordnungspolitischer Strukturen nehmen, ohne vorher kritisch geprüft zu haben, ob daraus wirkliche, nachhaltige Vorteile für Staat und Gesellschaft resultieren („es ist nicht alles schlecht, was früher einmal gut war"). Evaluieren bedeutet unter diesen Vorzeichen in der Regel „wegevaluieren". Damit untergraben die politischen Rahmengeber die makrosozialen Bedingungen für Bindungssicherheit, die wiederum von fundamentaler Bedeutung für die seelische Gesundheit des Menschen ist. Ständige Neuanpassungen mit nicht mehr erkennbarer Zielorientierung („heute hüh und morgen hott") und tiefe existenzielle Verunsicherung gehen auch an zwischenmenschlichen Beziehungen in der Arbeitswelt nicht spurlos vorbei. Dabei liegt unsere Wirtschaft ja keineswegs in Trümmern: Deutschland ist immer noch „Exportweltmeister", Großunternehmen bedienen riesige Märkte, machen Gewinne wie nie, Managergehälter explodieren und trotzdem wird, gewissermaßen „prophylaktisch", Personal abgebaut. Die soziale Verantwortung der Wirtschaft scheint verloren gegangen, für das Gemeinwohl bleibt in den Chefetagen offenbar kein Platz mehr. Haben wir vielleicht gar keine Konjunkturkrise, sondern ein Problem in der Verteilungsgerechtigkeit? Ist die soziale zur asozialen Marktwirtschaft mutiert? Auch hier sind Politik und Managementeliten keine guten Vorbilder, wenn sie den Gürtel bei den „Dünnen" immer enger schnallen und das Abspecken der „Dicken" vernachlässigen. Die Zahl der Parlamentarier und Staatssekretäre war noch nie so hoch wie heute, Politiker beziehen bereits nach kurzer Amtszeit üppige Pensionen, während der männliche Durchschnittsrentner nach 40 und mehr Berufsjahren um seine bescheidene gesetzliche Rente (von ca. 1000,- € /Monat) bangen muss und Beschäftigte künftig (theoretisch) bis 67 (oder 70?) arbeiten „dürfen", obwohl auch gesunde „Ältere und Alte" (Unternehmer, Politiker und Hochschullehrer ausgenommen) in der realen deutschen Berufswelt keine Chancen haben. Es scheint, dass in der Geschichte der Bundesrepublik Deutschland die Volksvertreter noch nie so weit entfernt vom Volk waren wie heute, was u. a. auch darin seinen Ausdruck findet, dass die Wahlbeteiligung für Landesparlamente (siehe Sachsen-Anhalt) unter 50 % fällt. Warum werden in der öffentlichen und politischen Diskussion nicht auch die Stärken und Vorzüge des Sozialstaates herausgestellt, statt immer nur seine vermeintlichen Schwächen zu betonen? Entgegen vieler Unkenrufe („wir bezahlen Mercedes und fahren Golf") hat Deutschland im internationalen Vergleich immer noch eines der sozialsten und leistungsfähigsten Gesundheitssysteme (betrachtet man Leistungsangebot, freien Zugang und harte Indikatoren wie Säuglingssterblichkeit, Lebenserwartung oder Langzeitüberleben nach Tumorerkrankungen) und weltweit einzigartige vorbildliche Rehabilitationseinrichtungen. Zudem verfügen wir über ein breit gefächertes Spektrum hochqualifizierter Gesundheits- und Sozialberufe. Die einseitige Fixierung auf ökonomische Aspekte hat den Beitrag eines qualifizierten und funktionierenden Sozial- und Gesundheitswesens für den Erhalt der sozialen Stabilität und der Wirtschaftskraft in den Hintergrund gedrängt. Den Wert des sozialen Friedens lernt eine Gesellschaft spätestens dann wieder zu schätzen, wenn Autos und Häuser brennen oder Straßenschlachten toben (siehe Paris im Herbst 2005). Unbeachtet bleibt zumeist auch der Beitrag von Sozialsystemen für die Entwicklung der Gesellschaft sowie der Arbeitsmarkteffekt des Gesundheitswesens. Nach Kondratieff sollen wir bekanntlich am Anfang eines neuen langen Konjunkturzyklus stehen, der von der zunehmenden Nachfrage und dem Angebot an Gesundheitsdienstleistungen geprägt wird. Gesundheit umfasst in diesem Zusammenhang auch die Beziehungsqualität in Unternehmen (soziale Gesundheit). Beziehungsqualität wiederum ist ein wesentlicher Faktor für Leistung und Erfolg. Arbeit in einer Dienst-Leistungs-Gesellschaft ist Kunden zentriert, erfordert somit soziale und emotionale Fähigkeiten. Der Mensch als soziales Wesen wird trotz fortschreitender Technisierung und Rationalisierung in Organisationen unersetzbar bleiben. Die soziale betriebliche Umwelt, das Miteinander, hat bislang weder im traditionellen Arbeitsschutz noch in der betrieblichen Gesundheitsförderung eine größere Rolle gespielt, obwohl sie wesentlich für die Gesundheit und Leistungsfähigkeit in der „Neuen Arbeitswelt" ist. Betriebliche Gesundheitspolitik beinhaltet in kapitalistischen Systemen immer auch Produktivität, Kreativität, Commitment und Wettbewerbsfähigkeit. Produktivitätssteigerung und Kundenorientierung sind nur mit motivierten und gesunden Mitarbeitern zu erreichen. Psychosoziale Gesundheit am Arbeitsplatz wird u. a. durch eine gute und vertrauensvolle (angstfreie) Kooperation, Kommunikation und gegenseitige Unterstützung von Führungskräften und Belegschaften, Handlungsspielräume und Partizipationsmöglichkeiten gefördert. **Mitarbeiterorientiertes Führungsverhalten und soziale (kollegiale) Unterstützung** gelten nach heutigem Wissensstand als die zwei wichtigsten Ressourcen in der Bewältigung beruflicher psychosozialer Stressoren. Wer als Vorgesetzter volle Leistungsfähigkeit fordert, sollte allerdings nicht nur im Reden, sondern auch im Handeln Vorbild sein. Mitarbeiter wiederum sollten sich bemühen, nicht nur Probleme und Defizite, sondern auch Stärken und Möglichkeiten ihres Unternehmens („PS"–Sichtweise) wahrzunehmen.

Die Herausgeber sind keine Anhänger des Prinzips der „sozialen Hängematte" oder eines „(n)ostalgischen Retrosozialismus", aber bloßer Sozialabbau und Steuererhöhungen sind keine wirklichen Reformen. Das „Umetikettieren" von Defiziten in Chancen macht Menschen nicht „automatisch" gesünder. Angst um den Arbeitsplatz mag zwar kurzzeitig „motivierend" und „präventiv" wirken („Prävention durch Abschreckung"), indem sie Fehlzeiten effektiver senkt als es Fitness- und Antistressprogramme jemals könnten, mittelfristig ... *"essen Angst aber nach wie vor Seele auf"*. Eigenverantwortung in Sachen Gesundheit ist nicht nur im Beruf unabdingbar und wird zunehmend wichtiger, darf aber nicht als „Alibi" für eine Individualisierung systemischer Belastungen mißbraucht werden. Deregulierung ist uneingeschränkt zu begrüßen, wenn bürokratische Hemmnisse abgebaut oder verkrustete, ineffiziente Strukturen aufgebrochen werden, darf aber nicht dazu führen, dass erprobte und bewährte Maßnahmen des betrieblichen Gesundheitsschutzes und der sozialen Sicherung aus Gründen kurzfristiger Profiterwartungen aufgegeben werden oder sich der Staat vollends aus der sozialstaatlichen Fürsorge zurückzieht. Obwohl das Rezept „immer mehr Markt" im letzten Jahrzehnt offensichtlich nicht zum Erfolg geführt hat, zweifelt kaum jemand an der Richtigkeit einer derartigen Therapie. Dabei sieht eine breite Mehrheit die Entwicklung der globalen Ökonomie gewissermaßen als „Gott gegeben" und „unveränderbares Schicksal" an. Wenn überhaupt eine Kurskorrektur für notwendig erachtet wird, erwartet man die besten „Heilungschancen" für Deutschland von einem „noch viel mehr Markt". Unerschütterlich ist der Glaube an die „heilenden Kräfte" des freien Marktes und des ungehemmten Wettbewerbes auch im Gesundheitssektor. In diesem Kontext wird Gesundheit dann zu einer „herstellbaren, qualitätsgesicherten Ware", die nur richtig gemanagt werden muss ... und alles wird gut! Wenn das wirklich so einfach wäre: Es ist ein Trugschluß, zu glauben, dass der Markt „alles gleichsam wie von selbst" regelt. Wenn man dem (Gesundheits)Markt alles überlässt, nimmt er sich den Profit, für weniger profitable Bereiche oder außerplanmäßige Kosten und Risiken bleiben Staat und Gesellschaft zuständig. Menschengerechte, gesunderhaltende, gute Arbeit und Ökonomie müssen sich nicht zwangsläufig ausschließen, wie Praxisbeispiele belegen (www.arbeit-plus.de). Ludwig Erhardts Maxime „Wohlstand für alle" baute auf soziale Gerechtigkeit und sicherte den sozialen Frieden, der eine ebenso wesentliche Bedingung für die Produktivität und den Erfolg von Unternehmen ist wie die Optimierung von Technik oder Managementmethoden. Auch 40 Jahre später gibt es in Deutschland durchaus noch wertbewusste Unternehmen, die sich um eine gerechte Verteilung von Arbeit bemühen und wirtschaftlichen Erfolg sozial verantwortlich erzielen (wollen). Unter dem anglisierten Schlagwort „Corporate Social Responsibility (CSR)" zeichnet sich hier ein Trend ab, der hoffentlich nicht nur eine Marketingstrategie bleibt. Menschen sind mehr als „Humankapital" oder „Kostenfaktoren mit zwei Ohren". Weder die Globalisierung noch die Finanzkrise sozialer Sicherungssysteme zwingen uns in ein System, das Menschen lediglich als „Mittel zum Zweck" betrachtet. Unternehmen schreiben nicht nur Bilanzen, sondern auch Biografien, auch wenn sich dafür bei einer durchschnittlichen betrieblichen Verweildauer von 4 Jahren (Führungskräfte) bzw. 6 Jahren (Beschäftigte) offenbar niemand mehr wirklich zu interessieren scheint. Aber auch dem größten „Sozialromantiker" sollte vor dem Hintergrund der demografischen Entwicklung und der deutschen sozialen Wirklichkeit bewußt sein, dass verordneter Optimismus, Durchhalteparolen oder Aussitzen („wird schon werden") allein nicht ausreichen werden. Auch ein „vorsorgender Sozialstaat" im Sinne von „Fordern und Fördern" braucht mehr als Lippenbekenntnisse. Es ist hohe Zeit für intelligente Konzepte und Lösungen, die über die „Halbwertszeit" einer Legislaturperiode hinausreichen. Bildung, Gesundheit und soziale Sicherheit sind zu wichtige Güter, als dass man sie Partikularinteressen oder „der Kleinstaaterei" überlassen sollte. Für Leistungsfähigkeit und Gesundheit am Arbeitsplatz notwendiger denn je erscheint heute ein „ethisches Investment", das Sinn stiftende Überzeugungen und Werte und die Funktion der Erwerbsarbeit für Integration und gesellschaftliche Teilhabe fördert und entsprechend würdigt. Dabei ist es wesentlich, sich auch in instabilen Zeiten um stabile Beziehungen zu bemühen, Risiken zu teilen und die Verantwortung für die Belange des anderen nicht zu scheuen.

„Gemeinsam für Deutschland - Mit Mut und Menschlichkeit!" so ist der Koalitionsvertrag der Großen Koalition vom 11.11.2005 betitelt. Dieses Leitbild könnte genauso für jeden gelten, der sich heute in Wissenschaft und Praxis engagiert, damit die Arbeitswelt von morgen nicht immer „ungesünder" wird. Das vorliegende Buch will dazu einen kleinen Beitrag leisten und ist durchaus auch als Plädoyer für eine „Ganz Grosse Koalition" in Sachen „Gesundheit im Beruf" aufzufassen. Entsprechend der bio-psycho-sozialen Dimension von Gesundheit gibt das interdisziplinäre Werk einen Überblick über Risiken und Ressourcen, die aus den zwischenmenschlichen Beziehungen (der „Schnittstelle Mensch-Mensch") in der modernen Arbeitswelt herrühren. Zum einen will es objektiv und wissenschaftlich fundiert über potentiell krankmachende psychosoziale Belastungen informieren und dazu beitragen, dass derartige Gesundheitsgefährdungen ernst genommen, zeitnah erkannt und einer adäquaten Intervention zugeführt werden. Zum anderen verfolgt das Buch den Zweck, den Lesern Wege und Chancen einer erfolgreichen Bewältigung derartiger beruflicher Anforderungen aufzuzeigen und auf diese Weise Wohlbefinden und Gesundheit positiv zu beeinflussen. Auch wenn in einigen Kapiteln zwecks Verbesserung des Leseflusses ausschließlich die männliche Form verwendet wird, sind Frauen selbstverständlich immer mit eingeschlossen. Aufgrund des begrenzten Rahmens mussten thematisch zwangsläufig Schwerpunkte gesetzt werden. Verlag, Herausgeber und Autorenteam zeigten dabei vielfachen Mut: ... Mut für ein multiprofessionelles Projekt mit eigenem Profil, das engagierte Autorinnen und Autoren verschiedener Fachdisziplinen (u. a. Medizin, Psychologie, Soziologie, Pädagogik, Ingenieur-/Arbeitswissenschaften, Betriebswirtschaftslehre, Finanzverwaltung, Journalismus, Sportwissenschaft) aus Wissenschaft und Praxis vereint hat und sich in Machart und Inhalten von üblichen arbeitsmedizinischen oder –psychologischen Werken abhebt, ... Mut, auch „Mainstream" kritisch zu hinterfragen und in Zeiten des Neoliberalismus für eine Rückbesinnung auf die Humanität zu werben.

Dem Verlag, insbesondere Herrn *Gernot Keuchen* und dem Redaktionsteam Frau Dr. *Yvonne Ferreira* und Frau *Kornelia von Speicher-Hein*, ohne die die Realisierung eines derartigen Werkes unmöglich gewesen wäre, sowie allen Autorinnen und Autoren sei an dieser Stelle für die immer angenehme, anregende und engagierte Mitarbeit recht herzlich gedankt. Der Intention des Buches entsprechend ist der Kreis der Adressaten weit. Angesprochen sind zunächst Arbeitsmediziner, Werks- und Betriebsärzte, über die nach wie vor für viele Beschäftigte (insbesondere niedrigerer Sozialschichten) ein wesentlicher Zugang (häufiger sogar der einzige!) zu Gesundheitsfragen erfolgt sowie Fachkräfte für Arbeitssicherheit als Repräsentanten eines historisch gewachsenen und bewährten betrieblichen Gesundheitsschutzes. Darüber hinaus wendet sich das Werk an Hausärzte und niedergelassene Ärzte verschiedener Fachrichtungen, die nicht selten mit der Frage und dem Management arbeitsbedingter psychosozialer Gesundheitsstörungen konfrontiert und überfordert sind. Hier wollen unsere Ausführungen Hilfestellung leisten. Vor dem Hintergrund einer politisch gewollten Deregulierung des traditionellen Arbeitsschutzes kommt aber gerade auch „nicht-ärztlichen" Akteuren für die betriebliche Gesundheit wachsende Verantwortung zu. Aus diesem Grunde richtet sich das Buch insbesondere auch an Unternehmer, Führungskräfte aller Hierarchieebenen, Personalverantwortliche, Betriebs- und Personalräte und betriebliche Sozialarbeiter. In Zeiten des Um- bzw. Rückbaus sozialer Sicherungssysteme dürfte es im weiteren aber auch für Mitarbeiter von Sozialversicherungsträgern, der Privatversicherungswirtschaft, von Behörden und Verwaltungen sowie last but not least für Arbeitnehmer selbst (insbesondere in Dienstleistungsberufen) - eine Partizipation und Stärkung der Eigenverantwortung für Gesundheit wird ja zunehmend gefordert - von Interesse sein.

Es gilt, in einer gemeinsamen „konzertierten Aktion" Alternativen zu finden, bei denen Menschlichkeit und Solidarität nicht zur Nebensache werden, auch wenn der Weg lang und für viele heute (noch) utopisch erscheint oder um es mit den Worten aus der Inaugurationsrede von John F. Kennedy auszudrücken: "… wir wollen eine Welt schaffen, in der die Starken gerecht und die Schwachen sicher sind, … wir werden das nicht in den ersten 100 oder 1000 Tagen, wahrscheinlich auch nicht in unserer Amtszeit erreichen, vielleicht sogar nicht einmal in unserer Lebenszeit, aber: … lasst uns beginnen!"

Prof. Dr. med. Andreas Weber, Köln
Prof. Dr. med. Dr. phil. Dr. rer. soc. Dipl. Psych. Georg Hörmann, MA, Bamberg

Geleitwort

Die Zukunft der Arbeit gestalten

Dr. med. Dipl. Psych. Walther Heipertz

Krank oder gesund ist man nicht nur im Beruf und auch nicht nur psychosozial. Was sich also im Titel „Psychosoziale Gesundheit im Beruf" lediglich als Facette betrieblicher Gesundheitsvorsorge ansagt, ist in Wirklichkeit eine umfassende Auseinandersetzung mit existenziellen Fragen des Exportweltmeisters Deutschland im postindustriellen und globalisierten Zeitalter.

Es ist noch keine fünf Jahre her, dass die altehrwürdige „Bundesanstalt für Arbeit" in einen folgenschweren „Vermittlungsskandal" geriet, weil sie an den Rändern des gesetzlich Möglichen – aber auch Erwünschten (!) – kurzfristig zu Weihnachtsmännern gewordene Arbeitslose als „vermittelt" zählte. Man klammerte sich eben an die Fiktion des lebenslangen Arbeitsplatzes, in dem rückstandsfrei individuelle, gesellschaftliche und wirtschaftliche Interessen in sozialer Sicherheit und Prosperität zusammenfallen – und reduzierte dabei auch gleich das Thema von Krankheit und Gesundheit in der Arbeitswelt auf die apparativ messbaren Wechselwirkungen an der Schnittstelle Mensch-Maschine.

Nur wenige Jahre später wird nun aber vom „Zugang zu Arbeit" wie dem zu Trinkwasser gesprochen. Positive und negative Aspekte von Arbeit *und* Nichtarbeit bzw. prekärer Arbeit sind nunmehr „Gestaltungsaufgaben der Zukunft". Waren es vielleicht nur bundesrepublikanische Nachkriegsbedingungen („gierige" Märkte, qualifiziertes Arbeitskräftepotential, eine noch schwache Weltkonkurrenz etc.), die Produktivität und Wachstum ständig steigen ließen und so die „Humanisierung der Arbeitswelt" zur vermeintlichen Naturkonstante machten? Gibt es wirklich die „Win-Win-Situation" zwischen Gewinnmaximierung und Wohlstand für alle oder wurde dem Faktor Arbeit nur ein rosaroter Schleier der Wohltätigkeit umgehängt, der den Blick auf die „unfreundlichen" Seiten verstellte? Wird gar mit bedrohlich-ermunternden, also sehr ambivalenten Modevokabeln, wie „Herausforderung" oder „Fordern und Fördern", das Widerständige wiederentdeckt, aber dennoch schöngeredet? Der knochenbrechende Charakter von Schwerstarbeit ist zur Rarität geworden, jetzt aber dominieren die „soft killers" Tempo, kommunikative Dichte, Flexibilität und nicht zuletzt ein Kampf *um* Arbeit schon *in* der Arbeit! Es geht immer weniger um das physische, immer mehr um das psychische Überleben. Die Bedrohung kommt von allen Seiten, nicht nur aus der Arbeitswelt – man denke nur an die Instabilität der Lebensverhältnisse, der Beziehungen, des geographischen Lebensmittelpunktes etc.

Hier hilft kein Lamento. Auch meine Organisation – jetzt eine „Bundesagentur" - hat sich rasch auf diese neue Welt eingestellt: Der „aktivierende Sozialstaat" ist angesagt. Und da bedarf es gar nicht des „demographischen Kronzeugen", um zu erkennen, dass statt der *Versorgung* von immer mehr Menschen, die unser Arbeitsmarkt noch „ausstößt", Integration und Integrationserhalt in alle(n) Bereiche(n) des gesellschaftlichen Lebens treten *muss*. In einer entwickelten Gesellschaft, in der zum Glück der „Kinderüberschuss auf Vorrat" nicht mehr zur Überlebensstrategie des kleinen Mannes gehört, erzwingt die Langlebigkeit der Menschen schon ganz alleine, dass gewonnene Lebensjahre auch durch eigene Arbeit reproduziert werden.

Wir leben in einer Transitionsphase: Das Angebot sozialversicherungspflichtiger Arbeitsverhältnisse konzentriert sich noch auf Hochqualifizierte oder allenfalls ein paar jugendliche Arbeitsathleten. Schemenhaft nimmt aber die Zukunft eines lebenslangen Patchworkdaseins – orientiert am Modell der „Ich-AG" – Gestalt an. Die Verunsicherung dabei ist aber maximal und wohlklingende „Ruck-Parolen", wie „Flexiurity" oder „die Beständigkeit des Wandels", helfen dem Einzelnen hier und heute rein gar nichts. Diese vielen einzelnen sind es aber, mit denen die Transition gestaltet werden muss. Dazu braucht es Wissen und – wo Wissen noch fehlt – zumindest „gute Gedanken". Für die Akteure der Arbeitswelt, einschließlich der Arbeitsmedizin, in den sozialen Sicherungssystemen und in der Politik ist das vorliegende Buch eine Fundgrube und ein Wegweiser, denn es findet sich zu allen maßgeblichen Themen der aktuelle Kenntnisstand – von namhaften Autoren klug eingebettet in das zeitgemäße Hauptmotiv: Wie lässt sich der Wandel so gestalten, dass der in Zukunft immer länger – und in immer stärkerer Verschränkung mit seinem „sonstigem Leben" – arbeitende Mensch und die ganze Gesellschaft gesund bleiben? Ich wünsche diesem Buch die weite Verbreitung, die es sich schon jetzt verdient hat.

Dr. med. Dipl. Psych. Walther Heipertz
Leitender Arzt der Bundesagentur für Arbeit

Geleitwort

Psychosoziale Gesundheit im Beruf - eine interdisziplinäre Herausforderung

Prof. Dr. h. c. Herbert Rebscher

In den letzten Jahren ist eine wachsende Relevanz psychischer Erkrankungen und psychosozialer Verhaltensauffälligkeiten zu beobachten. Psychische Erkrankungen gehören nach epidemiologischen Studien zu den häufigsten und auch kostenintensivsten Erkrankungen. Nach Befunden des Bundesgesundheitssurveys 1998/1999 sind 32 Prozent der erwachsenen Bevölkerung im Laufe eines Jahres entsprechend der diagnostischen Kriterien des ICD 10 von einer psychischen Erkrankung betroffen. Schätzungen gehen davon aus, dass psychische Erkrankungen bis zum Jahr 2020 die zweithäufigste Ursache für Arbeitsausfälle und verminderte Arbeitsfähigkeit sein werden.

Die DAK hat diese Entwicklung näher untersucht und kann diesen Trend bestätigen. Die Analyse der Arbeitsunfähigkeiten der berufstätigen DAK-Mitglieder zeigt seit 1997 eine kontinuierliche Zunahme der Krankheitsfälle und -tage wegen psychischer und Verhaltensstörungen sowie von Angststörungen und depressiven Störungen. Im direkten Vergleich der Jahre 1997 und 2004 haben die Arbeitsunfähigkeitstage dieser Krankheitsart um 69 Prozent, die Erkrankungsfälle um 70 Prozent zugenommen. Auch die Arbeitsunfähigkeitszeiten aufgrund von Angststörungen und Depressionen haben in den letzten Jahren deutlich zugenommen. Der starke Anstieg der Ausfalltage aufgrund psychischer Erkrankungen ist um so bemerkenswerter, als das Krankenstandsniveau insgesamt über den betrachteten Zeitraum weitgehend konstant geblieben ist und seit 2004 gegenüber den Vorjahren sogar eine rückläufige Tendenz zeigt.

Die Ursachen für krankheitsbedingte Fehlzeiten und psychosoziale Auffälligkeiten sind vielfältig. Sie können im individuellen Bereich, im sozialen Umfeld oder in der Arbeitswelt liegen. Auf der betrieblichen Ebene kommt es durch Globalisierung, einen verstärkten Wettbewerb und die Notwendigkeit von Einsparungen zu Arbeitsverdichtungen und Rationalisierungen, die krank machende Arbeitsbelastungen der Beschäftigten zur Folge haben. Dass diese Entwicklung nicht zu einem Anstieg des allgemeinen Krankenstandes geführt hat, ist vermutlich im Wesentlichen auf die Arbeitsmarktsituation zurückzuführen. Bei vielen Unternehmen wirken weiterhin Aktivitäten der betrieblichen Gesundheitsförderung und die Berücksichtigung von Fragen der Mitarbeitergesundheit bei der Organisations- und Personalentwicklung in den Unternehmen positiv auf die Fehlzeitenentwicklung.

Vor dem Hintergrund der Analysen sieht die DAK im Hinblick auf die Prävention psychosozialer Erkrankungen folgende Aspekte als vorrangig an:

- Ansätze für betriebliche Gesundheitsförderung bieten sich vor allem bei der Stärkung von Ressourcen, die für Bewältigung von Stress und erhöhten Leistungsanforderungen von großer Bedeutung sind. Dazu gehört die Verbesserung des sozialen

Klimas in den Betrieben sowie die Erweiterung des Handlungs- und Entscheidungsspielraums und der Mitbestimmungsmöglichkeiten in den Betrieben.

● Trotz einer deutlichen Abnahme von Stigmatisierung und Tabuisierung psychisch Erkrankter befürchten Beschäftigte nach wie vor, bei einer psychischen Erkrankung am Arbeitsplatz kein Verständnis bei Vorgesetzten und Kollegen zu finden. Hier sollte eine innerbetriebliche Aufklärungsarbeit dazu beitragen, die Akzeptanz weiter zu verbessern.

● Die qualitativ hochwertige Behandlung psychisch kranker Menschen stellt eine Herausforderung dar, der das Gesundheitssystem offenbar nicht in gleichem Maße nachkommt wie bei der Versorgung somatischer Erkrankungen. Nach Befunden des Sachverständigenrates für die konzertierte Aktion im Gesundheitswesen erhält nur ein kleiner Teil von Menschen mit psychischen und psychosozialen Störungen eine als adäquat zu bezeichnende Behandlung. Die Behandlungsquote sollte durch eine Stärkung der psychiatrischen und psychosozialen Kompetenz aller Professionellen, die an der Versorgung beteiligt sind, insbesondere jedoch der Hausärzte, weiter verbessert werden. Die für den hausärztlichen Bereich bereits existierenden evidenzbasierten Leitlinien sollten zur Erkennung und Behandlung psychischer und psychosozialer Störungen konsequent implementiert werden.

● Auch wenn die Akzeptanz psychischer Erkrankungen in der Bevölkerung deutlich verbessert werden konnte, sind insbesondere bei männlichen Betroffenen nach wie vor Vorbehalte zu erkennen, sich in eine entsprechende Behandlung zu begeben. Hier sind insbesondere die Hausärzte gefragt, verstärkt auf mögliche Zusammenhänge von somatischen Symptomen mit psychischen Erkrankungen zu achten und die Patienten bezüglich einer geeigneten Therapie zu beraten.

Wir wünschen uns, dass durch dieses Buch das Wissen um die Zusammenhänge zwischen psychosozialer Gesundheit und Arbeitswelt gefördert wird. Wenn es gelingt, die Leser für möglicherweise vorhandene Verbindungen zwischen körperlichen Symptomen und psychischen Erkrankungen zu sensibilisieren und Hilfestellung zu geben, hat dieses Buch sein Ziel erreicht.

Prof. Dr. h. c. Herbert Rebscher
Vorsitzender des Vorstands der DAK

1 Einführung in die Thematik

1.1 Psychische Erkrankungen im Wandel von Gesellschaft und Arbeitswelt

Andreas Weber

1.1.1 Psychische Erkrankungen – Epidemie des 21. Jahrhunderts?

Psychische und Verhaltensstörungen im Sinne der Diagnosegruppe F-ICD 10 sind komplexe, multifaktorielle Erkrankungen, deren Manifestationen auf der Ebene der Neurobiologie, der Kognition, der Affekte sowie des motorischen und sozialen Verhaltens erfolgen können. Bei Bezugnahme auf die Daten des Bundes-Gesundheitssurveys aus 1998/99 wird nahezu jeder zweite Bundesbürger (41 %) im Laufe seines Lebens wenigstens einmal an einer psychischen Gesundheitsstörung erkranken, jeder dritte wird aus diesem Grunde mindestens einmal professionelle Hilfe in Anspruch nehmen. Seit den epidemiologischen Untersuchungen der Dresdner Arbeitsgruppe von Wittchen und Jacobi ist davon auszugehen, dass in Deutschland die Häufigkeit psychischer und psychosomatischer Erkrankungen bis in die 90er Jahre des letzten Jahrhunderts unterschätzt wurde. Nach den aus dem Zusatzsurvey Psychische Störungen (Teil des Bundes-Gesundheitssurveys 1998/99) gewonnenen Erkenntnissen zur 12-Monats-Prävalenz sind Angst- (14,5 %), affektive (11,9 %), somato-

Tabelle 1: 12- Monats- Prävalenz psychischer Störungen

	Gesamt	Frauen	Männer
Angststörungen	14,5%	19,8%	9,2%
Affektive Störungen	11,9%	15,4%	8,5%
Somatoforme Störungen	11,0%	15,0%	7,1%
Schmerz-Störung	8,1%	11,4%	4,9%

[aus Bundes-Gesundheitssurvey – 1998/99- Zusatzsurvey „Psychische Störungen" Allgemeinbevölkerung – 18-65 Jahre – n = 4.181- modifiziert nach Jacobi et al. 2004]

forme (11 %) und Schmerzstörungen (8,1 %) die häufigsten psychischen Erkrankungen unter deutschen Erwachsenen (18- bis 65-jährige). Frauen sind bei allen Störungsbildern nahezu doppelt so häufig betroffen wie Männer. Bezüglich der Einzelheiten darf auf *Tabelle 1* verwiesen werden.

Innerhalb der erwachsenen EU-Bevölkerung (18- bis 65-jährige) beträgt nach einer aktuellen Metaanalyse von Wittchen und Jacobi (2005) die 12-Monats-Prävalenz für psychische Erkrankungen ca. 27 %, wobei Angst-, affektive und somatoforme Störungen sowie Suchtleiden die häufigsten Erkrankungen darstellen. Weltweit leiden nach Schätzungen der WHO etwa 450 Millionen Menschen an einer psychischen Gesundheitsstörung, davon ca. 120 Millionen an einer Depression. In den Industrienationen kommen depressiven Störungen als Ursache einer eingeschränkten Lebensqualität und Leistungsfähigkeit sowie krankheitsbedingter Fehlzeiten und eines vorzeitigen Berufsausstieges (Disability) wachsende Bedeutung zu. Darüber hinaus finden depressive Störungen auch als Begleiterkrankungen (Komorbidität) bei primär organischen Leiden (z. B. ischämische Herzerkrankungen, Diabetes mellitus) mit Prävalenzraten von bis zu 70 % in Forschung und Praxis zunehmende Beachtung. Die *Burden of Illness Study* von WHO und Weltbank geht davon aus, dass Depressionen im Jahre 2020 weltweit den 2. Rang unter den Behinderung verursachenden Erkrankungen einnehmen werden. Psychische und psychosomatische Erkrankungen stellen somit schon allein wegen ihrer Häufigkeit heute für alle Akteure im Gesundheits- und Sozialwesen eine Herausforderung dar. Dies betrifft die Prävention ebenso wie Intervention/Versorgung (Case- und Disease-Management), Begutachtung, Rehabilitation (Disability Management) sowie Reintegration/Teilhabe an Arbeitsleben und Gesellschaft. Dabei kommt insbesondere nicht-psychotischen Störungen wie depressiven Entwicklungen, Burn-out (Erschöpfungssyndromen), Angststörungen, Belastungsreaktionen oder somatoformen Störungen erhebliche sozialmedizinische und gesundheitsökonomische Relevanz zu.

Hinsichtlich möglicher Risiken für die Entstehung und Manifestation derartiger Gesundheitsstörungen werden neben biologischen/genetischen Faktoren in letzter Zeit vermehrt auch Stressoren aus Gesellschaft und Arbeitswelt diskutiert. Eine wesentliche Rolle wird dabei neben gesamtgesellschaftlichen Entwicklungen (z. B. Primat der Ökonomie, anhaltende hohe Arbeitslosigkeit, Arbeitsplatzunsicherheit, diskontinuierliche Erwerbskarrieren), schwierigen individuellen Lebenslagen (z. B. schwere körperliche Erkrankungen, pflegebedürftige Angehörige, Scheitern/Instabilität von Beziehungen) insbesondere psychosozialen Belastungen im Beruf (u. a. chronischer Stress bei defizitärer sozialer Unterstützung, Arbeitsverdichtung, Betriebsklima, Konflikte, fehlende soziale Kompetenz von Führungskräften, ständige Erreichbarkeit, gestörte Work-life-Balance) zugeschrieben. Neuere methodisch valide Längsschnittuntersuchungen legen einen Zusammenhang zwischen negativem chronischen beruflichen Stress und dem Auftreten psychischer Störungen, insbesondere depressiver Erkrankungen, nahe. Bezüglich präventiv nutzbarer salutogenetischer Ressourcen sind in diesem Kontext soziale Unterstützung und gesundheitsorientiertes Führungsverhalten von maßgeblicher - häufig immer noch unterschätzter - Bedeutung. Unabhängig von der Klärung möglicher Ursachen richtet sich das öffentliche Interesse derzeit vor allem auch auf potenzielle **soziale Folgen** psychischer und psychosomatischer Erkrankungen wie krankheitsbedingte Fehlzeiten, Verlust des Arbeitsplatzes mit sozialem Abstieg (Arbeitslosengeld II-/Sozialhilfebezug) oder Frühberentung (weit vor Erreichen gesetzlicher Altersgrenzen) mit erheblichen Konsequenzen für die Volkswirtschaft (hohe Belastungen der gesetzlichen Rentenversicherung) und das Individuum (niedrige monatliche Rentenzahlbeträge). Zerbrechen von Familien/Partnerschaften, Suchtentwicklung und vorzeitiger Tod durch Suizid oder Begleiterkrankungen sind in dieser Abwärtsspirale gewissermaßen die Endstrecke. Bei begrenztem Raum fokussieren sich die nachfolgenden Ausführungen auf sozial-

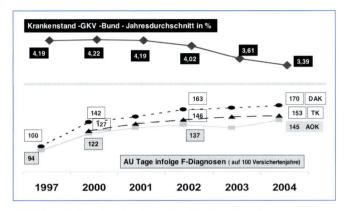

Abbildung 1: Krankenstand und Psychische Erkrankungen

Tabelle 2: Arbeitsunfähigkeit und Psychische Erkrankungen

Krankenkasse	Berufstätige Versicherte - 2004 Anteil an AU tagen		Mittelwert Dauer	Morbidität Rangplatz
Techniker Krankenkasse	13,7% AL: 28%	w › m	m: 49 Tage w: 55 Tage	2
DAK	9,8%	m: 8,4% w: 11,6%	27,8 Tage	4
AOK	7,8%	w › m	16,4 Tage	4
BKK	7,5% AL: 16,3%	m: 5,6% w: 10,0%	29 Tage	4

* AL = Arbeitslose

medizinisch und gesundheitsökonomisch wesentliche Aspekte psychischer Erkrankungen wie Krankenstand, Frühinvalidität und Versorgung.

1.1.2 Krankenstand und psychische Erkrankungen

Entgegen dem allgemeinen Trend eines sinkenden Krankenstandes ist seit etwa einem Jahrzehnt in allen Kassenarten ein kontinuierlicher Anstieg an Arbeitsunfähigkeitstagen (AU-Tage) infolge psychischer Erkrankungen (Diagnosegruppe F-ICD 10) zu verzeichnen (siehe hierzu auch *Abbildung 1*). So nahm der Krankenstand in der gesetzlichen Krankenversicherung zwischen 1997 und 2004 von 4,19 % auf 3,39 % ab (jeweils Jahresdurchschnittswerte), während im gleichen Zeitraum z. B. bei berufstätigen Versicherten der Deutschen Angestellten Krankenkasse (DAK) die AU-Tage wegen psychischer Erkrankungen um 70 % zunahmen.

Unter dem Begriff Krankenstand ist in diesem Zusammenhang der Anteil der kranken Beschäftigten an allen Beschäftigten an einem Stichtag zu verstehen. Die Anzahl der AU-Tage, bezogen auf Versichertenjahre, gibt an, wie viele Kalendertage ein durchschnittliches Krankenkassenmitglied arbeitsunfähig erkrankt war. Bei allen großen gesetzlichen Krankenkassen hat der Anteil psychischer Erkrankungen an den Arbeitunfähigkeitstagen berufstätiger Versicherter zugenommen, wobei er kassenunabhängig bei Frauen durchweg höher als bei Männern ist. Einen Überblick über den Anteil psychischer Erkrankungen an Arbeitsunfähigkeitstagen, Dauer der Arbeitsunfähigkeit und Rangplatz im Morbiditätsspektrum gibt *Tabelle 2*. Demnach verzeichnete im Jahr 2004 die Techniker Krankenkasse eine „Spitzenquote" von 13,7 % bei berufstätigen und 28 % bei arbeitslosen Versicherten, wobei psychische Erkrankungen den 2. Rangplatz im AU-Morbiditätsspektrum einnahmen.

Die Verteilung der Diagnosegruppen (nach der Klassifikation der ICD 10) unter den zu Arbeitsunfähigkeit führenden psychischen

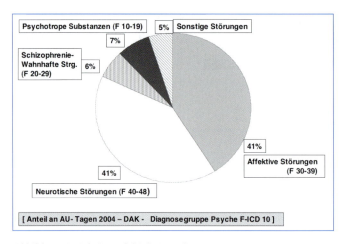

Abbildung 2: Arbeitsunfähigkeit und Diagnosen

Gesundheitsstörungen wird am Beispiel der differenzierten Erhebungen der DAK für das Jahr 2004 in *Abbildung 2* dargestellt.

Das Morbiditätsspektrum wird demnach von affektiven (F30-39) und neurotischen Störungen (F40-48) beherrscht. Bezogen auf die Berufstätigkeit bzw. die verschiedenen Branchen finden sich auf der Grundlage der Gesundheitsberichte verschiedener Krankenkassen überdurchschnittlich viele AU-Tage wegen psychischer und psychosomatischer Erkrankungen im Gesundheits- und Sozialwesen, in öffentlichen Verwaltungen, bei Organisationen, Verbänden, Versicherungen, Banken sowie im Bildungs-, Kultur- und Medienbereich. Interessant ist in diesem Kontext auch eine aktuelle Studie des MdK Sachsen-Anhalt. Hier wurden 4.069 Arbeitsunfähigkeitsbegutachtungen bei psychischen Erkrankungen (F-Diagnosen), die im Zeitraum von 2001-2003 durchgeführt wurden, einer sozialmedizinischen Evaluation unterzogen. Die Ergebnisse im Einzelnen:

- 36,7 % der Fälle betrafen affektive Störungen.
- Das Intervall zwischen erstmaliger Attestierung von Arbeitsunfähigkeit, die in 63 % der Fälle durch Hausärzte erfolgte, und Begutachtung betrug im Median 119 Tage.
- 97 % der Erkrankten waren zum Zeitpunkt der AU-Begutachtung nicht stationär behandelt worden.
- In 13,3 % der Fälle hielten die MdK Gutachter Arbeitsfähigkeit für gegeben.
- Bei 40 % sahen MdK Gutachter eine erhebliche Gefährdung oder bereits bestehende Minderung der Erwerbsfähigkeit.

Somit verwundert es nicht, dass Erkrankungen, die zu wiederholten und längeren krankheitsbedingten Fehlzeiten führen, im weiteren auch einen vorzeitigen Berufsausstieg bedingen und somit eine führende Rolle im Prozess der Frühinvalidisierung spielen.

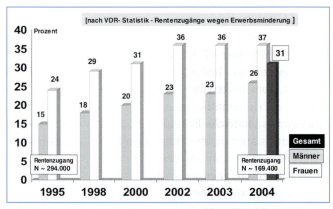

Abbildung 3: Frühinvalidität wegen psychischer Erkrankungen (F-ICD 10) in der GRV

1.1.3 Frühinvalidität und psychische Erkrankungen

Der Anteil psychischer und psychosomatischer Erkrankungen an der krankheitsbedingten Frühinvalidität in der Gesetzlichen Rentenversicherung (GRV) hat im letzten Jahrzehnt vor allem in der Angestellten-, aber auch in der Arbeiterrentenversicherung kontinuierlich zugenommen, wobei die relative Häufigkeit derartiger Gesundheitsstörungen bei Frauen, bezogen auf die gesamte GRV, durchweg zwischen 9 und 13 Prozentpunkten höher lag als bei Männern (siehe hierzu auch *Abbildung 3)*.

Nach der Rentenzugangsstatistik des Verbandes Deutscher Rentenversicherungsträger (VDR) erfolgte im Jahr 2004 fast ein Drittel (31 %) der Frühberentungen aufgrund des Vorliegens einer psychisch bedingten Erwerbsminderung. Im Morbiditätsspektrum der für eine Frühberentung wesentlichen Gesundheitsstörungen nahmen psychische und psychosomatische Erkrankungen damit den ersten Rangplatz ein. Psychisch Kranke schieden zudem fast 20 Jahre vor der gesetzlichen Altersgrenze (im Regelfall das vollendete 65. Lebensjahr) bzw. fast 13 Jahre vor dem tatsächlichen durchschnittlichen Renteneintrittsalter in der GRV (derzeit: 60,4 Jahre) aus dem Erwerbsleben aus. Frauen waren zum Zeitpunkt der Frühberentung durchschnittlich 47,8 Jahre, Männer 47 Jahre alt.

Sozialmedizinisch bislang noch weniger beachtet, aber volkswirtschaftlich von erheblicher Problematik, sind psychische und psychosomatische Erkrankungen darüber hinaus auch in der Beamtenversorgung. Die relative Häufigkeit einer vorzeitigen Dienstunfähigkeit als Grund für einen Berufsausstieg vor Vollendung des 65. Lebensjahres ist zwar seit 2001, im wesentlichen bedingt durch Änderungen der rechtlichen Rahmenbedingungen (Versorgungsabschläge, vermehrte Inanspruchnahme von Altersteilzeit), rückläufig. So schieden im Jahr 2003 rund 8.600 Beamte in Deutschland aus gesundheitlichen Gründen vorzeitig aus dem Berufsleben aus, der Anteil psychischer Erkrankungen an diesen Frühpensionierungen hat aber, wie in der GRV, zugenommen. Im Jahre 2000 lag einer vorzeitigen Dienstunfähigkeit bei Beamten im öffentlichen Dienst in 39 % der Fälle eine psychische Erkrankung zugrunde, in 2003 dagegen bereits in 50 %. Noch größer ist die Bedeutung im Frühpensionierungsgeschehen bei beamteten Lehrkräften; in dieser Berufsgruppe wurde eine krankheitsbedingte Dienstunfähigkeit im Jahr 2000 in 45 % der Fälle auf eine psychische Gesundheitsstörung zurückgeführt, im Jahr 2003 gaben dagegen schon fast zwei Drittel (65 %) wegen einer derartigen Erkrankung vorzeitig ihren Beruf auf. Auch im Bereich der Beamtenversorgung ist die Prävalenz psychischer und psychosomatischer Erkrankungen bei Frauen höher als bei Männern, dies gilt auch für Lehrkräfte, wobei wissenschaftliche Untersuchungen hier keine Abhängigkeit von Schularten oder ausgeübten Funktionen objektivieren konnten.

1.1.4 Versorgung und psychische Erkrankungen

Vor dem Hintergrund der aufgezeigten erheblichen sozialmedizinischen und sozioökonomischen Konsequenzen psychischer und psychosomatischer Erkrankungen drängt sich die Frage nach der Effektivität und Qualität der Gesundheitsversorgung förmlich auf.

Die Anzahl der an der vertragsärztlichen Versorgung beteiligten Ärzte und Psychologen mit psychotherapeutischer Fachkompetenz hat im letzten Jahrzehnt zugenom-

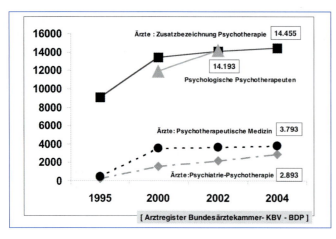

Abbildung 4: Vertragsärztliche Versorgung - Psychotherapeutische Kompetenz

men, wobei für Psychologen im Jahr 1999 der Zugang zum System der gesetzlichen Krankenkassen geöffnet wurde (siehe auch *Abbildung 4*).

In der psychotherapeutischen Versorgung besteht ein Gefälle von West- nach Ostdeutschland und von Stadt- zu Landregionen. Die meisten Psychotherapeuten sind in den Stadtstaaten Bremen, Hamburg und Berlin zugelassen. Im Jahre 2002 wurden in Deutschland rund 354.000 Patienten ambulant, ca. 276.000 stationär psychotherapeutisch behandelt. Dennoch wird insbesondere die ambulante Versorgung psychisch Kranker von Experten als unbefriedigend eingeschätzt: So bleiben nach dem Gutachten des Sachverständigenrates für die konzertierte Aktion im Gesundheitswesen rund 30 % aller depressiven Störungen unerkannt. In der Primärversorgung werden nach Untersuchungen von Jacobi et al. (2004) nur die Hälfte psychischer Störungen richtig diagnostiziert und einer Behandlung zugeführt. Nach Erhebungen der DAK erhalten rund 40 % der psychisch kranken Patienten beim Hausarzt trotz eindeutiger Indikation keine depressionsspezifische Therapie, wobei die Kosten für nicht adäquat behandelte Patienten auf ca. 13.700 Euro/Fall geschätzt werden. Gleichzeitig nimmt die Verordnung von Antidepressiva bei Versicherten der Techniker Krankenkasse, die in jedem zweiten Fall durch Hausärzte erfolgt, seit 2000 jährlich um 9 - 11 % zu. Darüber hinaus fallen bei gesetzlich Krankenversicherten lange Krankheitskarrieren auf: So kann es z. B. bei psychisch erkrankten DAK-Mitgliedern bis zu 7 Jahre vom ersten Auftreten der Störung bis zu einer qualifizierten Therapie dauern. Im internationalen Vergleich hat Deutschland einen hohen Anteil an Psychotherapiebetten, die u. a. in der Psychiatrie, psychosomatischen Medizin und in der Rehabilitation vorgehalten werden. Die Verweildauer wegen psychischer Störungen im Akut-Klinikbereich ist hoch. Mit durchschnittlich 25,3 Leistungstagen nahm sie z. B. bei BKK-Versicherten im Jahr 2003 nach den onkologischen Fällen den zweiten Rangplatz ein. Auch im Rehabilitationsgeschehen spielen psychische und psychosomatische Erkrankungen eine bedeutende Rolle: So wurden allein zulasten der Gesetzlichen Rentenversicherung im Jahre 2003 ca. 130.000 Maßnahmen der medizinischen Rehabilitation abgeschlossen.

Es versteht sich gewissermaßen von selbst, dass derart segmentierte und differenzierte Gesundheits- und Sozialleistungen mit erheblichen finanziellen Aufwendungen verbunden sind. Aus gesundheitsökonomischer Sicht lassen sich direkte von indirekten Kosten abgrenzen. Direkte Kosten entstehen bei der Inanspruchnahme von

Tabelle 3: Ausgaben für psychische Erkrankungen (F-ICD 10)

Direkte Kosten: Diagnostik - Therapie - Medikamente [in Euro]	
Kliniken	~ 6,5 Mrd.
Apotheken	~ 2,0 Mrd.
Arztpraxen	~ 1,7 Mrd.
Med. Reha	~ 1,7 Mrd.
Beruflich/Soziale Reha	~ 89 Mio.
[nach Krankheitskostenrechnung - Statistisches Bundesamt 2002]	

Leistungen innerhalb des Gesundheitssystems und fallen u. a. im Rahmen von Diagnostik, (Psychotherapie) oder Medikamentengabe (Psychopharmaka) an. Nach der Krankheitskostenrechnung des Statistischen Bundesamtes betrugen sie im Jahre 2002 für die Diagnosegruppe F-ICD 10 in den einzelnen Sektoren des Gesundheitswesens rund 12 Mrd. Euro (siehe hierzu auch *Tabelle* 3).

Demgegenüber versteht man unter indirekten Kosten Ausgaben, die u. a. aus Produktionsausfällen, verlorenen Arbeitstagen, Beschäftigung von Ersatzkräften, Lohnersatzleistungen oder vorzeitigen Rentenzahlungen resultieren. Indirekte Kosten sind schwierig quantifizierbar. Nach Einschätzung der Gewerkschaft ver.di haben psychische Gesundheitsstörungen im Jahre 2003 zu einem Produktionsausfall von ca. 4,1 Mrd. Euro geführt. Der AOK Bundesverband bezifferte die indirekten Kosten durch Fehlzeiten für das Jahr 2003 mit rund 3 Mrd. Euro. Auch international verursachen psychische Erkrankungen erhebliche Kosten: So geht man in den USA davon aus, dass allein depressive Störungen pro Jahr Arbeitsausfälle von ca. 44 Mrd. US-Dollar nach sich ziehen, die indirekten Kosten für Arbeitsausfälle und Lohnersatzleistungen werden in Großbritannien auf ca. 19 Mrd. Euro pro Jahr geschätzt.

1.1.5 Die moderne Arbeitswelt – ein Gesundheitsrisiko?

Bei den dargestellten erheblichen sozialmedizinischen und sozioökonomischen Folgen sind mögliche Ursachen für die zunehmende Bedeutung psychischer und psychosomatischer Erkrankungen in Medizin und Gesellschaft nicht nur von akademischem Interesse. Hierzu liegen gegenwärtig mehrere Hypothesen vor, von denen die am häufigsten angeführten (z. B. reale Zunahme psychischer Erkrankungen, Diagnostik-/Gesundheitsmarkt-Effekte, Interpretation von Statistik) im Folgenden näher erläutert werden sollen.

Reale Zunahme psychischer Erkrankungen („Epidemie des 21. Jahrhunderts")

Zahlreiche Sozial- und Arbeitsmediziner gehen nach den Ergebnissen einer aktuellen DAK Expertenbefragung heute davon aus, dass es sich um eine echte Zunahme psychischer und psychosomatischer Erkrankungen handelt. Diese Einschätzung wird u. a. damit begründet, dass derartige Leiden in nahezu allen modernen Industrienationen – unabhängig vom jeweiligen System der Gesundheitsversorgung und sozialen Sicherung – erheblich an Bedeutung zugenommen haben. In diesem Zusammenhang wird dem tief greifenden Wandel von Gesellschaft und Arbeitswelt als Auslöser oder zumindest manifestationsfördernder Faktor, insbesondere für depressive Störungen, wesentliche Bedeutung beigemessen („Zuviel oder keine Arbeit und/oder Gesellschaft machen krank!").

Potenziell gesundheitsgefährdende Veränderungen der Arbeitswelt können heute sachgerecht allerdings nicht isoliert vom gesellschaftlichen Umfeld beurteilt werden. An für Gesundheit und soziale Sicherung relevanten, gesellschaftlichen Entwicklungen der letzten drei Jahrzehnte sind in diesem Kontext u. a. zu nennen:
- demografische Entwicklung,
- Individualisierung/Singularisierung mit veränderter Bedeutung/Zusammensetzung von Familie,
- entpersönlichte Kommunikation,
- Anonymität/Schwinden traditioneller Unterstützungssysteme, insbesondere in Ballungsräumen,
- Massen-/Langzeitarbeitslosigkeit,
- Verlust von materieller und statusbedingter Sicherheit,
- Finanzkrise öffentlicher Haushalte und sozialer Sicherungssysteme,
- Informationsüberflutung,
- abnehmende Bedeutung tradierter Sinn und Geborgenheit stiftender Rituale und Institutionen,
- Migration,
- Werteverschiebungen,
- Bildungsexpansion,
- Zeitmangel/Mehrfachbelastungen,
- Virtualisierung von Erlebniswelten etc.

Als zwei wesentliche, gleichsam übergeordnete Bedingungen, die derzeit Gesellschaft und Arbeitswelt maßgeblich bestimmen, wären hier das *Primat der Ökonomie* (Mc Kinsey Gesellschaft) und die Instabilität in nahezu allen Lebenswelten anzuführen. *Mc Kinsey Gesellschaft* beinhaltet, dass jeder Lebensbereich nach ökonomischen Prinzipien ausgerichtet wird, wobei Effizienz die oberste Maxime darstellt. Die gesamte Gesellschaft ist gewissermaßen ein Unternehmen, Managerverhalten wird zum Rollenideal. Der Wunsch nach Stabilität zählt nach psychoanalytischer Lehrmeinung zu den ureigensten des Menschen, was nicht gleichzusetzen ist, dass Veränderungen a priori abgelehnt werden. Menschen wünschen sich vor allem Klarheit, Zielorientierung und Sicherheit, dies gilt für den Beruf genauso wie für das Privatleben. Die Alltagsrealität am Anfang des 21. Jahrhunderts sieht allerdings oft gänzlich anders aus. Die neue, globalisierte Arbeitswelt lässt sich u. a. mit folgenden Schlagworten charakterisieren:
- Dienstleistungs-/Informationsgesellschaft,
- permanenter Wettbewerb,
- wachsender Konkurrenzdruck,
- Verlust von Solidarität,
- hohe Flexibilität/Mobilität,
- wachsende Anforderungen an die soziale Kompetenz,
- Arbeitsplatzunsicherheit,
- Hire and Fire–Mentalität,
- ständige Erreichbarkeit,
- wechselnde und/oder überlange Arbeitszeiten.

Dabei verwischen die Grenzen zwischen Arbeit und Privatleben zunehmend. Flexibilität wird zum Gesundheitsrisiko, wenn sie gleichgesetzt wird mit:
- Arbeitszeiten ohne Rücksicht auf soziale oder kulturelle Traditionen bis hin zur Selbstausbeutung (pathologischer Anwesenheitsdrang, Präsentismus-Problematik, Erholungsunfähigkeit),
- Arbeitsverdichtung (steigendes Arbeitsvolumen bei sinkendem Personalstand, wobei Verschlankung wiederum Überlastung, Zeitdruck und chronischen Stress nach sich zieht),
- Erosion des Normalarbeitsverhältnisses (befristete Arbeitsverträge, Abbau des Kündigungsschutzes, diskontinuierliche Erwerbskarrieren mit wech-

selnden Zeiten von Arbeitslosigkeit und Beschäftigung, häufiger Arbeitsplatz-/Wohnortwechsel, Zeit-/Leiharbeit).

Zunehmende *Nicht-mehr-Planbarkeit* der beruflichen Zukunft lässt es auch im Privatleben immer schwerer werden, Wurzeln zu schlagen oder Familien zu gründen, was angesichts der demografischen Entwicklung volkswirtschaftlich fatal ist. Niemals in der Geschichte der Bundesrepublik Deutschland war der individuelle Freiraum größer und gleichzeitig der Leistungsdruck höher („Macht was ihr wollt, aber seid profitabel"). Aus der sozialen Marktwirtschaft des Ludwig Erhard ist nicht nur für Sozialromantiker und Linkspartei eine „neoliberale Ellbogenwirtschaft" geworden. In den Augen vieler Beschäftigter führt die viel zitierte Globalisierung bei Managern zu Gehaltsexplosionen, bei Belegschaften zu Ausbeutung und Arbeitsplatzverlust. Bisher ist ein potenzieller Nutzen der globalisierten Arbeitswelt für das Individuum bei dem durchschnittlichen Arbeitnehmer noch nicht angekommen. Die dargestellten massiven Veränderungen von Arbeitswelt und Gesellschaft ziehen für die Befürworter der These einer realen Zunahme in vermehrtem Ausmaß psychische und psychosomatische Erkrankungen (insbesondere depressive- und Angststörungen) nach sich, sodass derartige Leiden berechtigterweise als „Epidemie des 21. Jahrhunderts" bezeichnet werden können.

Diagnostik/Gesundheitsmarkt-Effekte
Weit verbreitet ist auch die These, dass es sich nicht um eine echte Zunahme psychischer Erkrankungen handelt, sondern um Folgen diagnostischer Verzerrungen bzw. von Markteffekten. Zum einen werde heute über psychische Probleme offener gesprochen, zum anderen sei die Bevölkerung über derartige Störungsbilder besser informiert, Symptom aufmerksamer und könne sich diesbezüglich adäquater mitteilen. Dies gelte insbesondere für Frauen. In Verbindung mit einer verbesserten ärztlichen Erkennung führe diese Enttabuisierung dann dazu, dass psychische Leiden leichter als Diagnose akzeptiert werden und im Vergleich zu früheren Jahren auch häufiger in den Arbeitsunfähigkeits- und Rentenzugangsstatistiken auftauchen.

Im Weiteren wird auch die Validität von Psycho-Diagnosen in Frage gestellt. Insbesondere bei einigen, in jüngerer Zeit häufiger diagnostizierten psychischen Störungen (z. B. Burn-out, posttraumatische Belastungsstörung) handele es sich um typische Modediagnosen, die nicht selten als Alibi für Leistungsverweigerer oder Übersensible dienen. So antworteten in einer Umfrage der DAK 26 % der Befragten, dass die Attestierung von Arbeitsunfähigkeit bei psychischen Leiden oft nur als Vorwand für Blaumacherei herhalten müsse. 23 % hielten es zudem für eine übertriebene Schonhaltung, wegen seelischer Probleme der Arbeit fernzubleiben. Darüber hinaus würden in Deutschland zwischenmenschliche und/oder soziale Probleme in Arbeitswelt und Gesellschaft zunehmend psychologisiert und medikalisiert, was dazu führe, dass psychische Störungen in gesundheitsbezogenen Statistiken überdokumentiert und überbewertet würden. Überlagert werde die Thematik zudem noch durch das stetig wachsende Angebot an professionellen Helfern (Angebot schafft Nachfrage). So habe in den letzten zehn Jahren nicht nur die Anzahl seriöser, vertragsärztlich tätiger, ärztlicher und psychologischer Psychotherapeuten zugenommen, auch die Coaching-Szene und der graue Bereich der Guru- und Eso-Psychosomatik sei mittlerweile kaum mehr überschaubar. Darüber hinaus seien auch Hausärzte aufgrund der wirtschaftlichen Entwicklung heute eher bereit, ihren Patienten bei primär beruflichen Schwierigkeiten eine Arbeitsunfähigkeits-Bescheinigung mit einer Psycho-Diagnose auszustellen. Aus diesen Gegebenheiten resultiere dann u. a. eine hohe Prävalenz psychischer Erkrankungen beim Krankenstand, dies gelte insbesondere in großstädtischen Ballungsräumen, wo es zudem noch eine höhere Anbieterdichte gäbe.

(Fehl-)Interpretation von Statistik
Da in Deutschland epidemiologische Längsschnittstudien, die einen echten Zuwachs (Inzidenzzunahme) psychischer Erkrankungen zweifelsfrei belegen könnten, bislang fehlen, verweisen Befürworter dieser Hypothese gerne auf die Schwächen routinemäßig anfallender Versorgungs- und Sozialdaten für die Gesundheitsberichterstattung bzw. die generelle Problematik von Sekundärdatenanalysen, die wissenschaftlich seriöse Aussagen zur psychischen Morbidität derzeit nicht zuließen. Aufgrund der schon genannten Verzerrungen und fraglichen Validität von Arbeitsunfähigkeitsdiagnosen wird davon ausgegangen, dass die sozialmedizinische Relevanz psychischer Erkrankungen mithilfe der Medien aufgebauscht wird. Somit stellt sich die Frage, ob aus Krankenstand/AU-Tagen oder Rentenzugangsstatistik wirklich eine zunehmende Gefährdung der seelischen Gesundheit der deutschen Bevölkerung abgeleitet werden kann. Maßgeblich für die Attestierung von Arbeitsunfähigkeit im Sinne der gesetzlichen Krankenversicherung sind neben krankheitsbedingten Leistungseinschränkungen und der verrichteten Berufstätigkeit in der Tat zahlreiche Faktoren, die nicht primär durch Gesundheit oder Krankheit bestimmt werden.

Anzuführen ist bei derzeitiger Wirtschaftslage als erstes der Arbeitsmarkt (Angst vor Entlassung verhindert zwar AU, aber macht sie deshalb auch gesünder?), Gesetzgebung (u. a. Regelungen zur Lohnfortzahlung), Unternehmenskultur (Betriebsklima, Verhalten von Führungskräften) oder auf individueller Ebene beruflicher Status, familiäres/soziales Umfeld (soziale Unterstützung). Bei der Interpretation von AU-Daten der Krankenkassen ist ferner zu berücksichtigen, ob es ein spezielles Kassenklientel gibt (z. B. hoher Frauenanteil) oder nur Berufstätige erfasst werden. Darüber hinaus werden routinemäßig nur Hauptdiagnosen dokumentiert, sodass Aussagen zur psychischen Komorbidität in der Regel nicht möglich sind. Unterstellt man eine hinreichende Validität der Diagnosen, führt die Auswertung von Krankenkassendaten somit eher zu einer Unterschätzung als zu einer Überschätzung der sozialmedizinischen Bedeutung psychischer Erkrankungen. Die derzeitigen Erkenntnisse aus der Versorgungsforschung stützen im Übrigen eine derartige Bewertung. Auch im Frühinvalidisierungsgeschehen kommt neben medizinischen Faktoren krankheitsunabhängigen Rahmenbedingungen eine wichtige Bedeutung zu. Zu nennen sind diesbezüglich u. a. die finanzielle Lage (künftiges Einkommen), Arbeitsbelastung/Arbeitszufriedenheit oder das private Umfeld (Alter/Gesundheit des Lebenspartners). Nichtsdestotrotz bleibt eine, zumeist chronische Gesundheitsstörung mit rentenversicherungsrechtlich relevanten Einschränkungen des erwerbsbezogenen Leistungsvermögens maßgeblich, mit anderen Worten: ohne Erkrankung keine Frühverrentung, wobei die Validität der Diagnosen in den Rentenzugangsstatistiken weitgehend außer Frage steht. Zum einen erfolgt eine Rentenbegutachtung bei psychischen

Erkrankungen durch entsprechend qualifizierte Fachärzte, zum anderen liegen aufgrund der meist längeren Vorgeschichte im Regelfall einschlägige Vorbefunde vor. Trotz der aus wissenschaftlicher Sicht bestehenden Limitationen lässt sich aus den vorgenannten Daten mit ausreichender Evidenz Handlungsbedarf begründen. Die Alltagsrealität in Arbeitswelt, Gesundheits- und Sozialsystem verlangt darüber hinaus - unabhängig von der noch lange nicht abgeschlossenen Diskussion möglicher Ursachen - nach zeitnahen Lösungen.

1.1.6 Handlungsoptionen

Bei derzeitigem Erkenntnisstand ist davon auszugehen, dass Art und Ausmaß der psychischen Morbidität mehr oder weniger durch alle oben genannten Faktoren beeinflusst werden, es sich also um ein multidimensionales und multifaktorielles Geschehen handelt. Dementsprechend ist der Erhalt bzw. die Wiederherstellung der seelischen Gesundheit heute als eine interdisziplinäre, gesamtgesellschaftliche Aufgabe zu begreifen. Diese schließt Betroffene, Gesundheits-/Sozialpolitik, Wissenschaft/Forschung, Versorgungssystem/soziale Sicherung und Arbeitswelt gleichermaßen ein. Im Weiteren besteht nach den vorliegenden Daten aus epidemiologischen Erhebungen und Statistiken der Sozialversicherungsträger hinsichtlich der Prävalenz ein Geschlechterunterschied, der im Übrigen auch international zu beobachten ist. Ob dieser primär biologisch (sex, z. B. XX-Chromosom, geschlechtsdifferente Serotoninspiegel, hormonelle Unterschiede) oder sozial (Gender-Doppelbelastungen, Rollenverhalten) bedingt ist, wird unverändert kontrovers diskutiert. Unabhängig von ätiopathogenetischen Erwägungen erscheint es notwendig, bei psychischen Erkrankungen die Gender-Perspektive stärker in künftige Handlungsoptionen einzubeziehen. Dies gilt in Besonderheit auch für die politische Gestaltung von Rahmenbedingungen (z. B. Förderung von Forschungsprojekten, gesetzliche Regelungen zum Arbeits-/Gesundheitsschutz) oder die Implementierung einer differenzierten Gesundheitsberichterstattung.

Vonseiten der Wissenschaft sollten neben der weiteren Klärung ätiologischer und pathogenetischer Faktoren in verstärktem Ausmaß auch salutogenetische Faktoren erforscht werden. Darüber hinaus ist es in Zeiten begrenzter Ressourcen von Wichtigkeit, dass gesicherte wissenschaftliche Erkenntnisse breit und zeitnah in die Praxis transferiert werden, um überflüssige Untersuchungen oder Irrwege zu vermeiden. Im Hinblick auf die Prävention wären sowohl primär- als auch sekundärpräventive Ansätze in Betracht zu ziehen, wobei die ausschließliche Beschränkung auf verhaltensbezogene Maßnahmen bei Bezugnahme auf das bio-psycho-soziale Gesundheitsmodell und das Postulat der Nachhaltigkeit zu kurz greift. Aufgrund der hohen Prävalenz einiger psychischer Störungen (wie Depressionen oder Angsterkrankungen) und des Vorliegens geeigneter Instrumente (psychometrische Tests) drängen sich Screening-Programme praktisch auf. Wissenschaftlich liegt bislang allerdings noch keine Evidenz dafür vor, dass Frühintervention zu einem besseren Outcome führt. Primärpräventiv wird heute allgemein der Setting-Ansatz favorisiert. Dabei sehen Experten im *Setting-Arbeitswelt* ein großes präventives Potential für ein ganzheitliches betriebliches Gesundheitsmanagement, von dem man sich insbesondere eine Reduktion arbeitsassoziierter psychischer Probleme wie Stress, Mobbing, oder Burn-out erhofft. Für die

Intervention wird insbesondere der Verbesserung der hausärztlichen Kompetenz im Hinblick auf Früherkennung und zeitgerechte Therapieeinleitung Bedeutung beigemessen. Krankenkassenexperten und Gesundheitspolitiker versprechen sich darüber hinaus Verbesserungsmöglichkeiten durch eine Stärkung integrierter Versorgungsmodelle und einen Ausbau von Case- und Disease-Management-Programmen. Im Rahmen der sozialmedizinischen Begutachtung stehen vor allem Fragen der Bewertung psychischer und psychosomatischer Erkrankungen (Qualitätsdiskussion, Gleichbehandlung, Transparenz, konsens-/evidenzorientierte Standardisierung) im Vordergrund. Da berentete psychosomatische Gesundheitsstörungen nach wie vor als inkurabel gelten können, kommt der Optimierung der Rehabilitation (Rehabilitation vor Rente) eine Schlüsselrolle zu.

Auch psychotherapeutische Angebote müssen sich heute Fragen der Qualität, Effektivität und Effizienz stellen. Die Weiterentwicklung neuer, berufsbezogener Therapieansätze und die Schnittstelle Reha/Beruf stellen weitere aktuelle Optionen für Forschung und Praxis dar. In diesem Zusammenhang könnte das im SGB IX §84, Abs.2 verankerte Betriebliche Eingliederungsmanagement (Disability Management) neue Möglichkeiten eröffnen. Nach umfangreichen eigenen Erfahrungen, insbesondere mit dienstunfähigen Lehrkräften, haben psychisch kranke Arbeitnehmer (zumal wenn sie über 50 Jahre alt sind) nicht einmal im Staatsdienst, geschweige denn auf dem gewerblichen Arbeitsmarkt, eine Chance auf Reintegration und Teilhabe am Arbeitsleben. Vor dem Hintergrund der demografischen Entwicklung mit zunehmend alternden Belegschaften erscheint ein Umdenken in Politik, Gesellschaft und Unternehmen dringend geboten. Bei den volkswirtschaftlich erheblichen Aufwendungen, die Frühberentungen nach sich ziehen, ist Geldmangel kein wirklich überzeugendes Argument, sondern es geht vielmehr um die Frage, ob eine Gesellschaft ihre Ressourcen lieber für Rentenzahlungen oder soziale Unterstützungsleistungen (Ausgrenzung) oder für die Förderung der Gesundheit und Teilhabe von Menschen (Prävention und Eingliederung) einsetzt. Dies umso mehr, da ohne gesunde und leistungsfähige Menschen keine gesunde Wirtschaft möglich ist. Zwischenmenschliche Beziehungen sind und bleiben entscheidend für das Gelingen von Arbeit, für ein erfülltes und zufriedenes Leben. Menschen sind wandlungsfähig und -willig, man muss sie nur mitnehmen. Wo Profitkultur und Marktfundamentalismus gelebt wird, die den Menschen auf Humankapital reduziert (Mittel statt Mittelpunkt), finden sich Innere Kündigung, hohe Krankenstände, Frühberentung und Krankheit von Leib und Seele als vermeintliche Auswege. In diesem Sinne ist die Wiederentdeckung der Humanität eine der größten Herausforderungen des kommenden Jahrzehnts.

1.1.7 Key-Message

- Entgegen dem Trend eines sinkenden Krankenstandes haben psychische Erkrankungen in allen Kassenarten im letzten Jahrzehnt zu einem Anstieg an Arbeitsunfähigkeitstagen geführt.
- Nahezu jeder dritte (in der gesetzlichen Rentenversicherung) bzw. jeder zweite Fall (in der Beamtenversorgung) eines krankheitsbedingten vorzeitigen Berufsausstieges (Frühinvalidität) wird heute mit dem Vorliegen einer psychischen Erkrankung begründet.
- Psychosoziale Belastungen der modernen Arbeitswelt werden dabei als (Mit-)Ursachen bzw. manifestationsfördernde Faktoren angesehen.
- Dementsprechend wird dem Setting Arbeitsplatz für die Prävention psychischer Erkrankungen großes Potenzial beigemessen.

Literaturhinweise

BKK Bundesverband (Hrsg.) (2004): BKK Gesundheitsreport 2004 – Gesundheit und sozialer Wandel. Essen.

Bundesministerium des Innern (Hrsg.) (2005): Dritter Versorgungsbericht der Bundesregierung – das Wichtigste in Kürze. Berlin, 25.05.2005.

Deutsche Angestelltenkrankenkasse - Versorgungsmanagement (Hrsg.) (2005): DAK-Gesundheitsreport 2005. Hamburg.

Jacobi F., Klose M., Wittchen H.-U. (2004): Psychische Störungen in der deutschen Allgemeinbevölkerung: Inanspruchnahme von Gesundheitsleistungen und Ausfalltage. Bundesgesundheitsbl-Gesundheitsforsch-Gesundheitsschutz, 47; 736-744.

Kuhn J. (2005): Der Krankenstand: Epidemiologische und betriebswirtschaftliche Bedeutung. Arbeitsmed Sozialmed Umweltmed, 40, S. 646-651.

Weber A., Weltle D., Lederer P. (2004 a): Frühinvalidität im Lehrerberuf: Sozial- und arbeitsmedizinische Aspekte. DtschÄrztebl. 101; A 850-859.

Weber A., Weltle D., Lederer P. (2004 b): „They`ll never come back"…- Anspruch und Wirklichkeit der beruflichen Reintegration dienstunfähiger Lehrkräfte. Gesundheitswesen, 66, S. 667-673.

Wittchen H.U., Jacobi F. (2005): Size and burden of mental disorders in Europe – a critical review and appraisal of 27 studies. European Neuropsychopharmacology 15, 357-376.

1.2 Gesundheit am Arbeitsplatz

Florian Krammer und Georg Hörmann

Die zunehmende Globalisierung der Wirtschaft, die Veränderung von Produktionsstrukturen sowie die anhaltende Beschäftigungskrise in Europa haben die Bedingungen der Arbeitswelt für Beschäftigte aller Branchen in massiver Weise verändert. In der tagtäglichen Diskussion in Politik und Wirtschaft ist ein stets anhaltender Grundtenor bemerkbar, weitere Anstrengungsbereitschaft der Beschäftigten in ihren Arbeitsverhältnissen einzufordern und dies mit dem Erhalt von Arbeitsplätzen zu legitimieren und zu begründen.

Ging es in der 80er Jahren des letzten Jahrhunderts vor allen Dingen darum, Betroffene zu Beteiligten zu machen und neben materiell physischen Gegebenheiten der Arbeitsindustrie die psychosozialen Aspekte der Mitarbeiter in den Blick zu nehmen, was mit den Schlagwörtern Arbeitszufriedenheit, Personalentwicklung und Human-Relations umschrieben werden kann, wurden diese Themen in einem deutlichen Maße hinsichtlich Stellenabbau, Kostenreduktion bzgl. der betrieblichen Mittel sowie betriebliche Verlagerung zurückgenommen. Insgesamt tragen die wirtschaftlichen Zwänge zu einer Spaltung und Segmentierung der Arbeitnehmerschaft bei, in der manche Beschäftigtengruppen zu Gewinnern, andere zu Verlierern werden.

Die Auswirkungen einer hemmungslos eingeforderten Flexibilisierung und Leistungssteigerung auf die seelische Gesundheit der Beschäftigten zeigen sich an dem seit etwa einem Jahrzehnt zu beobachtenden kontinuierlichen Anstieg von Arbeitsunfähigkeitstagen infolge psychischer Erkrankungen, während der Krankheitsstand insgesamt sinkt (Weber et al. 2006). Eine aus den Fugen geratene und allseits propagierte Flexibilisierung und Leistungssteigerung schädigt sowohl die personalen aber auch familialen Ressourcen der Betroffenen und verantwortet letztendlich einen massiven Raubbau an Individuum und Gesellschaft. Weber et al. (2006) sprechen hinsichtlich der hier sich ergebenden Gesundheitsrisiken in Form chronischer und psychosomatischer Erkrankungen von einer „Epidemie des 21. Jahrhunderts".

Aufgrund dieser Entwicklung sollten das Thema Gesundheit am Arbeitsplatz von einer soziostrukturellen Dimension her beschrieben sowie die Wechselwirkung zwischen personalen und strukturellen Dimensionen unter sozialwissenschaftlichen Gesichtspunkten beleuchtet werden.

Gesundheit meint einen „Zustand vollkommenen körperlichen, geistigen und sozialen Wohlbefindens und nicht allein das Fehlen von Krankheit und Gebrechen" (Definition der WHO). Diese stark auf die Erlebensperspektive des Individuums zentrierte Definition läßt für die weitere Diskussion offen, welche Bedingungsfaktoren Gesundheit ermöglichen oder determinieren. Eine vom Bundesministerium für Bildung, Wissenschaft, Forschung und Technologie von 1997 gegebene Definition weist darauf hin, dass Gesundheit nicht alleine vom Individuum beschrieben werden kann, sondern auf verschiedenen Ebenen betrachtet werden muß: Gesundheit wird als mehrdimensionales Phänomen (seltsames, ungewöhnliches Ereignis) verstanden und reicht über den Zustand der Abwesenheit von Krankheit hinaus. Gerade das Entstehen von Zivilisationskrankheiten hat zunehmend den Focus auf die Wechselwirkung zwischen Mensch und Umwelt gelegt.

Die erweiterte Sichtweise von Gesundheit im Spannungsfeld zwischen Individuum und Umweltbedingungen kann in den Sozialwissenschaften durch die Diskussion der Konzepte Gesundheitsaufklärung, -erziehung, -bildung und Gesundheitsförderung nachvollzogen werden. War im Modell der *Gesundheitsaufklärung* noch die Hoffnung vertreten, dass allein durch die Vermittlung von Wissen eine Verhaltensänderung des Individuums bewirkt werden könne, suchte die *Gesundheitsbildung* das Individuum zu unterstützen, über ein selbsttätiges und selbstbestimmtes Lernen zu einer reflexiveren Auseinandersetzung mit gesunder Lebensführung zu kommen. Beiden Modellen war eine stark individuumzentrierte Perspektive gegeben, d. h. Gesundheit wurde einerseits als Aufgabe des Einzelnen gesehen, andererseits blieben soziale und strukturelle Determinanten weitgehend unberührt.

Erst im Konzept der *Gesundheitsförderung* wurden soziale Strukturen als Bedingungsfaktoren für Gesundheit berücksichtigt. Neben Strategien des Einzelnen, seine Gesundheit im Arbeitsleben zu gestalten und zu entwickeln, wurde das Thema Gesundheit als meso- und makrostrukturelle Aufgabe gesehen. Diese Aufgabe sollte die Gestaltung von Kontexten und Lebenswelten zum Ziel haben, damit der Einzelne überhaupt erst die Möglichkeit habe, Kompetenzen einer gesunden Arbeits- und Lebensführung zu entwickeln. Gesundheit wird hier nicht zu einem individuellen und mikrosozialen Problem stilisiert, sondern bleibt an die Lebenswelt und die gesellschaftlichen Entwicklungsprozesse gebunden, insbesondere in den Sektoren, die für den gesundheitlichen Zustand der Bevölkerung von besonderer Bedeutung sind: Produktionsprozess, Arbeitsbedingungen, Einkommensverhältnisse, Wohnungsbau, Stadtplanung und Umweltgestaltung, um nur einige Bereiche zu nennen.

Gesundheit am Arbeitsplatz ist im Wesentlichen von zwei zentralen strukturellen Bereichen des Betriebes abhängig: Organisationale Stützsysteme wie auch die Möglichkeit von Dispositionsspielräumen. Bei Ersterem sind hierbei verschiedene organisatorische Maßnahmen gemeint, durch die ein Betrieb die Bereitschaft seiner Mitarbeiter zu einer gesundheitsrelevanten Gestaltung seines Arbeitslebens fördern kann. Hier sind insbesondere zu nennen:

- Menschengerechte Gestaltung der Arbeitsplätze, z. B. Lüftung, Lärmschutz, etc.,
- Ermöglichung von Arbeitsstrukturierungsmaßnahmen, z. B. Arbeitserweiterung, Arbeitsbereicherung,
- Gezielte und koordinierte Qualifikation,

- Positive Gestaltung der Arbeitsbeziehungen,
- Ernstnehmen und Ermöglichung von Arbeitszufriedenheit.

Die Ermöglichung von Dispositionsspielräumen stellt die zweite Säule betrieblicher Strukturierung im Sinne einer Gesundheitsförderung dar. Dispositionsspielräume im Arbeitsleben gewinnen ihre Bedeutung darin, dass sie es dem Beschäftigen erst ermöglichen, beispielsweise neue gesundheitsrelevante Strategien auszuprobieren, aus Gesundheitsseminaren Gelerntes anzuwenden oder soziale Unterstützung zu akquirieren:

- Möglichkeiten, höherqualifizierte Aufgaben zu übernehmen,
- Möglichkeiten, an Planungs- und Entscheidungsprozessen für die Gestaltung der Arbeitssituation mitzuwirken,
- Möglichkeiten, während der Arbeit arbeitsbedingt und informell Kontakt mit anderen Arbeitnehmern aufzunehmen und Kooperation mit ihnen einzugehen,
- Soziale Unterstützung (sowohl Kollegen als auch Vorgesetzte),
- Möglichkeiten zu eigenständiger Planung und Ausführung von Arbeitstätigkeit und -methode sowie Arbeitsrhythmus im Gegensatz zu einer ständigen detaillierten Vorgabe und Leitung,
- Vermeidung des Ausgesetztseins von kontinuierlichem Druck im Arbeitsleben und isolierter Arbeitsgänge.

In einer empirischen Untersuchung, die den Zusammenhang zwischen Stressoren, Lernprozessen der Mitarbeiter, dem organisationsstrukturellen Kontext sowie dem Lerntransfer bei bayerischen Großunternehmen evaluierte, konnte kein eindeutiger Zusammenhang zwischen Dispositionsspielräumen und Lerntransfer gefunden werden. Eine faktorenanalytische Untersuchung wies jedoch auf eine Koppelung zwischen Stressoren, Lernprozess, dem organisationsstrukturellen Kontext und den Lernerfolgserwartungen der Mitarbeiter hin, sodass die

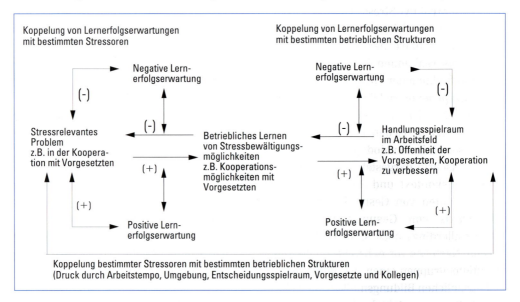

Abbildung 1: Vorschlag eines Modells zur Koppelung von stressrelevantem Problem, Stressbewältigungslernen und Handlungsspielraum (aus: Krammer 2003, S. 237)

These aufgestellt werden konnte, dass Dispositionsmöglichkeiten hinsichtlich ihrer stressrelevanten Bedeutsamkeit variieren. Folgende Grafik *(Abbildung 1)* verdeutlicht, dass Stressoren des Arbeitslebens sowohl mit dem Lernen des Einzelnen, diese zu bewältigen, als auch mit dem Handlungsspielraum im Arbeitsfeld zusammenhängen. D. h. steht der Einzelne aufgrund defizitärer Kooperation mit seinem Vorgesetzten unter Druck, so wirkt dieser Stressor nicht nur im Sinne von Stressreaktionen des Betroffenen, sondern er hängt gleichzeitig mit dem Handlungsspielraum des Betroffenen zusammen, aktiv diesen gesundheitsschädlichen Reiz bewältigen zu können.

Die Einengung von Handlungsmöglichkeiten (zunehmende Intensivierung von Arbeitsprozessen), sowie die Einschränkung von organisationalen Stützsystemen im Zuge der Einsparungen (z. B. geringere Ausgaben von Qualifikationsmaßnahmen oder Maßnahmen zur Arbeitszufriedenheit) bringen somit nicht nur die Gefahr mit sich, dass Mitarbeiter reaktive Stresssymptome entwickeln. Sie engen gleichzeitig auch die Möglichkeiten der Mitarbeiter ein, selbsttätig auf diese Stressreaktionen in adäquater und personal funktionaler Weise zu agieren.

Das Konzept der betrieblichen *Gesundheitsförderung* hat sicherlich gegenüber rein gesundheitserzieherischen und gesundheitsbildungsorientierten Modellen einen deutlichen Fortschritt dargestellt, da sie den Organisationskontext und die betrieblichen Determinanten von Gesundheit focusiert. Die Praxis von Gesundheitsförderung scheint allerdings noch stark kritikwürdig zu sein. Nach wie vor haben bestimmte Beschäftigtengruppen einen geringen Zugang zu betrieblichen Bildungsmaßnahmen (z. B. Mitarbeiter aus sozial schwächeren betrieblichen Positionen, Frauen, etc.). Viele betriebliche Maßnahmen orientierten sich auch stark an der Person des Mitarbeiters und weniger an der Gestaltung von Arbeitssituationen. Vereinzelte Modelle wie das Projekt GESA in Schleswig-Holstein, ein Verbund verschiedener Betriebe zur gegenseitigen Unterstützung von Gesundheitsförderungsprojekten, stellen Praxisansätze dar, die allerdings noch evaluiert werden müssen. Eine kritische Sozialwissenschaft hat hier sowohl die kontextuelle Reichweite für die Beschäftigen zu prüfen wie auch die Zielperspektiven der jeweiligen Gesundheitsförderungsmaßnahmen zu hinterfragen. Ohne eine kritische und empirisch geleitete Reflexion laufen Maßnahmen zur Förderung von Gesundheit am Arbeitsplatz Gefahr, als Instrument zur Aufrechterhaltung gesundheitsschädlicher struktureller Kontexte mißbraucht zu werden.

Key-Message
▸ Neben Strategien des Einzelnen, seine Gesundheit im Arbeitsleben zu gestalten und zu entwickeln, sind soziale Strukturen als Bedingungsfaktoren für Gesundheit zu berücksichtigen.
▸ Gesundheitsaufklärung, -erziehung und –bildung sind im Sinne der Gesundheitsförderung unter Einbezug meso- und makrostruktureller Aufgaben zu entwickeln.
▸ Gesundheit am Arbeitsplatz ist von zwei zentralen strukturellen Bereichen abhängig, nämlich organisationalen Stützsystemen und möglichen Dispositionsspielräumen.

LITERATURHINWEISE

Bamberg, E., Ducki, A., Metz, A.M. (Hrsg.) (1998): Handbuch Betriebliche Gesundheitsförderung. Arbeits- und organisationspsychologische Methoden und Konzepte. Verlag für Angewandte Psychologie. Göttingen.

Görs, D. / Brock, A.: Betrieblich-unternehmerische Weiterbildung aus der Sicht der Gewerkschaften. In: Grundlagen der Weiterbildung 1 (1990) 3, S. 122-125.

Hörmann, G.: Stichwort: Gesundheitserziehung. In: Zeitschrift für Erziehungswissenschaft 2 (1999), 5-29.

Hörmann, G. (2006): Beratung und Gesundheit: In: Steinebach, Ch. (Hrsg.); Handbuch Psychologische Beratung. Klett-Cotta. Stuttgart, 57-69.

Kerkau, K. (1997): Betriebliche Gesundheitsförderung. Faktoren für die erfolgreiche Umsetzung des Gesundheitsförderungskonzepts in Unternehmen. Verlag für Gesundheitsförderung G. Conrad, Gamburg.

Krammer, F. (2003): Stressbewältigung als betriebliche Bildungsarbeit. Eine erziehungswissenschaftliche Untersuchung pädagogisch relevanter Bereiche in betrieblichen Stressbewältigungsmaßnahmen. Centaurus Verlag, Herbolzheim.

Nezel, I. (1992): Allgemeine Didaktik der Erwachsenenbildung. Haupt. Bern, Stuttgart, Wien.

Schug, R. (1989): Arbeit und Stress. Ein Ratgeber für die Praxis. Herausgegeben vom Bayerischen Staatsministerium für Arbeit und Sozialordnung. München.

Severing; E. (1994): Arbeitsplatznahe Weiterbildung. Betriebspädagogische Konzepte und betriebliche Umsetzungsstrategien. Luchterhand: Neuwied.

Weber, A., Hörmann, G., Köllner, V.: Die Epidemie des 21. Jahrhunderts ? In: Deutsches Ärzteblatt. Jg.103 (2006). Heft 13, A834-41.

1.3 Psychosoziale Belastungen und Ressourcen
Begriffsklärung und theoretische Modelle
Bernhard Borgetto

1.3.1 Begriffsklärung

In der DIN EN ISO 10075-1 (Ergonomische Grundlagen bezüglich psychischer Arbeitsbelastung) aus dem Jahr 2000 wird zwischen *Belastung* und *Beanspruchung* unterschieden. *Psychische Belastung* (stress) ist demnach die Gesamtheit aller erfassbarer Einflüsse, die von außen auf den Menschen zukommen und psychisch auf ihn einwirken.

Die aus der Belastung resultierende individuelle *psychische Beanspruchung* (strain) hingegen wird definiert als „die unmittelbare (nicht langfristige) Auswirkung der psychischen Belastung im Individuum in Abhängigkeit von seinen jeweiligen überdauernden und augenblicklichen Voraussetzungen, einschließlich der individuellen Bewältigungsstrategien." Mit anderen Worten: Belastungen wirken sich je nach personellen Faktoren, wie Fähigkeiten, Leistungsvermögen, Motivation und situativen Bedingungen, wie Autonomie und soziale Unterstützung individuell unterschiedlich aus.

Weder Belastungen noch Beanspruchungen beeinträchtigen per definitionem die Gesundheit. Die Auswirkungen psychischer Beanspruchung können sowohl anregend als auch beeinträchtigend sein.

Im Kontext der Krankheitsentstehung unterscheidet man in den Gesundheitswissenschaften in der Regel drei Kausalpfade:
- Der **naturwissenschaftlich-somatische Kausalpfad** berücksichtigt pathologische Vorgänge im menschlichen Organismus, die entweder endogen (z. B. durch genetische Defekte) oder exogen (z. B. durch chemische, physische oder biologische Einwirkungen) verursacht werden.
- Der **sozio-psycho-somatische Kausalpfad** unterscheidet (soziale) Situationen, Ereignisse oder Konstellationen, die über psychische Mechanismen physiologische Vorgänge (z. B. Immunschwäche oder Hypertonie) auslösen.
- Der **verhaltensbedingte Kausalpfad** bezieht sich auf kulturell oder situativ bedingte Verhaltensweisen oder -gewohnheiten (z. B. Alkohol- oder Tabakkonsum, Risikoverhalten), die schädlich für die Gesundheit sein können.

Psychosoziale Belastungen und Beanspruchungen entfalten primär auf dem sozio-psycho-somatischen Kausalpfad ihre potenziell pathogenen Wirkungen, ebenso wie *soziale* und *personale Ressourcen* hier salutogen wirken können.

1.3.2 Belastung und Beanspruchung
1.3.2.1 Stressmodelle

Bereits in den 30er Jahren des letzten Jahrhunderts entwickelte Hans Selye das Modell des Generellen Adaptationssysndroms (GAS), mit dem er strukturelle und funktionelle Veränderungen auf der Ebene der Niere (Nierenhypertrophie), des Verdauungstraktes (gastrointestinale Ulzeration) und des Immunsystems (Schrumpfung des Thymus und der Lymphdrüsen) erklärte. Er stellte sich das GAS als unspezifische Reaktion des Organismus auf bedrohliche Situationen vor, die in drei Stufen abläuft:

1. eine initiale Alarmreaktion, die mit einer Aktivation des Sympathikus-Nebennierenmarksystems und des Hypothalamus-Hypophysen-Nebennierenrindensystems einhergeht,
2. eine Widerstandsphase, während der lokale, durch neuroendokrine Signale ausgelöste, adaptive Reaktionen den Stress eingrenzen und
3. eine Erschöpfungsphase, die durch einen graduellen Abfall der Stressresistenz gekennzeichnet ist.

Es konnte jedoch später nachgewiesen werden, dass verschiedene Formen von *Stress* auch verschiedenartige hormonelle Reaktionen hervorrufen und dass physikalische Stressoren erst dann einen endokrinen Einfluss ausüben, wenn diese einen psychoemotional aversiven Charakter aufweisen. Darauf aufbauend entwickelte Richard S. Lazarus das Transaktionale Modell der Stressreaktion, in dem die Transaktion zwischen potenziellen Stressoren und der Bewertung dieser Stressoren als auch der eigenen Ressourcen zur Bewältigung (*Coping*) eine zentrale Rolle spielt. In einer ersten Bewertung (Primary Appraisal) wird eine Situation hinsichtlich ihrer Bedeutung als Stressor beurteilt, in einer zweiten Bewertung (Secondary Appraisal) wird abgeschätzt, wie die Situation bewältigt werden könnte und welche Konsequenzen mit ihr verbunden sein könnten. Diese Bewertungsvorgänge werden durch den Grad der Motivation bzw. Involviertheit (Commitment) und durch Einstellungen (Beliefs) der Person beeinflusst.

Auf chronische Stressoren kann der Organismus in Abhängigkeit von der Stressreaktion eines Menschen mit der langfristigen Aktivierung des Sympathikus-Nebennierenmarksystems und des Hypophysen-Nebennierenrindensystems reagieren. Letzteres ist bei passivem Stress der Fall, der durch *Kontrollverlust*, Unsicherheit, *Hilflosigkeit* bis hin zu Depressionen gekennzeichnet ist. Dieser passive Stress führt offensichtlich zu einer ausgeprägten Schwächung des Immunsystems, wodurch die Entstehung von Infektionskrankheiten und Tumoren gefördert wird. Die langfristige Aktivierung des Sympathikus-Nebennierenmarksystems ist dagegen mit aktivem Stress verbunden, der durch Angst und Wut im Zusammenhang mit permanent aktivem Handeln zur Kontrolle einer chronisch belastenden Situation charakterisiert werden kann. Aktiver Stress soll langfristig die Entstehung von Arteriosklerose und Schäden des Herz-Kreislauf-Systems begünstigen.

Die unter anderem von Bernhard Badura vertretene soziologische Perspektive in der gesundheitswissenschaftlichen Stressforschung betont die sozialen Verhältnisse innerhalb einer Gesellschaft und die Stellung des Menschen in dieser Gesellschaft als sozialen Hintergrund des Stressprozesses. Sie führen dazu, dass der Mensch den Stressoren des Lebens unterschiedlich stark ausgesetzt ist. Wichtig ist in diesem Zusammenhang besonders, dass die Erfolgswahrscheinlichkeit der Strategie der problembezogenen Bewältigung im Kontext von (Arbeits-)Organisationen oft gering ist. Einzelne Personen scheitern oft an den Systemstrukturen. Erfolgversprechender sind in diesen Fällen kollektive Formen der Bewältigung. So rücken z. B. Modelle der Förderung von Sozialkapital am Arbeitsplatz in den Vordergrund.

1.3.2.2 Anforderungs-Kontroll-Modell (Kontrollchancen)

Das in Deutschland unter dem Namen *Anforderungs-Kontroll-Modell* bekannt gewordene Erklärungsmodell (job strain model) wurde von Robert A. Karasek (Karasek & Theorell 1990) zur Analyse des Zusammenhangs von Arbeit und Gesundheit entwickelt. Der Begriff der Anforderungen bezieht sich dabei auf den vom Erwerbstätigen zu leistenden Arbeitsumfang. Als Kontrolle wird in dem Modell verstanden, inwieweit der Erwerbstätige bei der Arbeit Entscheidungsspielraum hat und seine persönlichen Fähigkeiten nutzen kann.

Nach dem Anforderungs-Kontroll-Modell sind gesundheitliche Beeinträchtigungen vor allen Dingen dann zu erwarten, wenn sich eine ungünstige Kombination aus Anforderungen und Kontrolle ergibt. Die gesundheitlich ungünstigste Situation ist eine Kombination aus hohen Anforderungen und geringen Kontrollmöglichkeiten bzw. hoher Aufgabenmonotonie. Aktive Arbeitsfelder wie z. B. die von Managern sind durch die Kombination von hohen Anforderungen und einem hohen Maß von Entscheidungsspielräumen und Aufgabenvielfalt gekennzeichnet. Ein passiver Arbeitsplatz, wie etwa der eines Portiers weist hingegen niedrige Anforderungen und niedrige Kontroll- und Entfaltungschancen auf. Beide entfalten jedoch ein deutlich niedrigeres Stresspotenzial als die erstgenannte Kombination.

Das Anforderungs-Kontroll-Modell ist auf nationaler und internationaler Ebene empirisch gut abgesichert. Untersuchungen zeigen, dass Erwerbstätige, die eine ungünstige Anforderungs-Kontroll-Situation aufweisen, ein zwei- bis viermal so hohes Risiko haben, einen Herzinfarkt zu erleiden als Personen, die sich in einer günstigen Anforderungs-Kontroll-Situation befinden, und zwar unabhängig von erblichen und koronaren Risikofaktoren. Des Weiteren wurden bei Inhabern von Berufen mit hohen Job-Strain-Werten während der Arbeitszeit verstärkte Ausschüttungen von Stresshormonen und häufiger Blutdruckspitzen gefunden.

Die Berücksichtigung sozialer Kontakte am Arbeitsplatz erweitert das Modell um eine dritte Dimension und erhöht gleichzeitig seine Erklärungskraft: Sind Beschäftige tendenziell isoliert (Iso-Strain), so erhöht sich die gesundheitsschädigende Wirkung des Job-Strains.

Gestützt wird die Berücksichtigung sozialer Kontakte durch Ergebnisse aus der Erforschung der Sozialen Unterstützung (social support). Zahlreiche Längsschnittstudien zeigen, dass *soziale Isolation* – also das Gegenteil von sozialer Integration – einen Risikofaktor darstellt und das Mortalitätsrisiko nicht unbeträchtlich erhöht. Daraus wurde die sogenannte Direkteffektthese sozialer Beziehungen abgeleitet.

1.3.2.3 Gratifikationskrisen (Belohnungen)

Das Modell der *Gratifikationskrisen* ist von Johannes Siegrist zur Erklärung arbeitsbedingter Mortalität aufgrund koronarer Herzerkrankungen entwickelt worden. Zentral ist eine Disbalance zwischen Verausgabung und Belohnung am Arbeitsplatz. Eine Gratifikationskrise entsteht, wenn ein Arbeitnehmer sich in seiner Eigenwahrnehmung stark verausgabt, sein Einsatz aber nicht angemessen belohnt wird. Unter Belohnungen sind nicht nur Einkommen und materielle Vergütungen, sondern auch immaterielle Gratifikationen wie *Karrierechancen, Arbeitsplatzsicherheit*, Anerkennung und Respekt zu verstehen. Das Gefühl einer Disbalance kann auch auf eine überhöhte Verausgabungsbereitschaft zurückgehen, die ihrerseits durch hohe Gratifikationserwartungen, aber auch intrinsisch entstehen kann. Sie kann ebenfalls durch Druck, Anforderungen und Verpflichtungen erzeugt werden. Eine hohe Verausgabung ist dann kein Problem, wenn in der Wahrnehmung des Arbeitnehmers die Belohnung der erbrachten Leistung entspricht.

Das Gratifikationskrisen-Modell konnte sowohl in nationalen als auch in internationalen Studien empirisch gut belegt werden. Wer eine Belohnungskrise durchlebt, hat unabhängig von den koronaren Risikofaktoren ein drei- bis vierfach erhöhtes Risiko, einen Herzinfarkt zu erleiden.

1.3.3 Personale und soziale Ressourcen
1.3.3.1 Soziale Unterstützung

Als wichtigste soziale Ressource kann die von sozialen Beziehungen ausgehende *soziale Unterstützung* angesehen werden. *Soziale Beziehungen* unterscheiden sich hinsichtlich ihrer Qualität. Informalität, räumliche Nähe, emotionale Bindungen und kulturelle Homogenität sind Kennzeichen gemeinschaftlicher Beziehungen. Sie bestehen typischerweise zwischen Familienmitgliedern, in der Nachbarschaft oder im Freundeskreis. Gesellschaftliche Beziehungen haben demgegenüber eher Bekannte oder Geschäftspartner. Sie beruhen auf formellen Regeln, äquivalentem Tausch oder Konkurrenz. Die informellen, gemeinschaftlichen Beziehungen lassen sich weiter unterscheiden nach spezifischen Vertrauensbeziehungen (Confidant-Beziehungen), engen Beziehungen und eher oberflächlichen Bekanntschaften. Die Unterstützung bzw. der Rückhalt, der von sozialen Beziehungen ausgeht, ist unterschiedlich konzeptualisiert worden. Im Überblick lassen sich drei wichtige Dimensionen sozialer Unterstützung unterscheiden:

- Die **emotionale Dimension** der sozialen Unterstützung entsteht durch gegenseitige Wertschätzung, Zuneigung und Zuwendung, gegenseitiges Vertrauen und Interesse. Ihre wichtigste Basis sind enge Beziehungen, insbesondere Confidant-Beziehungen.
- Informationen, Ratschläge und Vorschläge bilden die informationelle oder **kognitive Dimension** sozialer Unterstützung. Ihre Basis sind sowohl enge als auch weite, eher oberflächliche soziale Beziehungen.
- Die **instrumentelle Dimension** umfasst alle praktischen Hilfen durch zeitliche Präsenz, (Mit-)arbeit und finanzielle Mittel. Auch ihre Basis besteht sowohl in engen als auch in weiten sozialen Beziehungen.

Soziale Netzwerke – die jeweilige Gesamtheit der sozialen Beziehungen, in die eine Person eingebettet ist – unterscheiden sich u. a. hinsichtlich Größe, Stabilität und Dauerhaftigkeit, Vielgestaltigkeit und Wechselseitigkeit der Kontakte sowie Dichte und Intensität. Netzwerke in städtischen Regionen moderner westlicher Gesellschaften umfassen in der Regel 20 – 30 Personen (Größe der Netzwerke), typischerweise umfassen sie Freunde, Verwandte, Partner, Kollegen und Vorgesetzte (primäre Gruppen) sowie Mitglieder einer Selbsthilfegruppe, Ärzte oder Pflegekräfte (sekundäre Gruppen). Oftmals sind die Netzwerke Kranker kleiner und enger als die Gesunder. Die Größe und Art der Zusammensetzung (Stabilität und Dauerhaftigkeit der Netzwerke) ist in der Regel erstaunlich stabil, sogar in urbanen Regionen, obwohl dort die Mitglieder häufiger wechseln.

In gut funktionierenden Netzwerken pflegen etwa zwei Drittel der Mitglieder wechselseitige Kontakte. Die Dichte und Intensität der ein- und wechselseitigen Kontakte variiert sehr stark, es lässt sich jedoch ein Intensitätsgefälle von Familien- und Freundschaftsbeziehungen zu den übrigen Arten von Sozialkontakten feststellen. Die Qualität der Kontakte kann von flüchtigen, einseitigen, eher problembezogenen Anlässen bis hin zu grundlegenden Bindungen wie Partnerschaften reichen. Qualität und Quantität des sozialen Netzwerks und die von außen beobachtbaren Unterstützungsleistungen repräsentieren die objektive Seite sozialer Unterstützung.

Entscheidend ist jedoch oft die subjektive Wahrnehmung sozialer Unterstützung. Diese ist selbstverständlich nicht völlig unabhängig von der objektiven Qualität und Quantität der Netzwerkbeziehungen, variiert jedoch in beträchtlichem Maße. Dabei spielen mehrere Faktoren eine Rolle. Da *soziale Bindungen* sowohl unterstützende als auch belastende Effekte haben können, dürfen die belastenden Effekte nicht überwiegen. Belastende Effekte können vor allem dann mit auftreten, wenn enge soziale Bindungen einen stark verpflichtenden Charakter haben und damit einen hohen Handlungs- und Anpassungsdruck erzeugen können. Des Weiteren hängt die Einschätzung, ob eine Person über ein ausreichendes soziales Netzwerk verfügt, auch von Persönlichkeitseigenschaften ab.

Schließlich muss der Bedarf an Unterstützung qualitativ und quantitativ mit der durch das soziale Netzwerk angebotenen Unterstützung übereinstimmen. Der Bedarf an sozialer Unterstützung wird sich jedoch mit großer Wahrscheinlichkeit situativ unterscheiden.

Soziale Unterstützung reduziert Morbidität und Mortalität und erhöht das körperliche, seelische und soziale Wohlbefinden. Dabei werden zwei mögliche Effekte unterschieden. Die Pufferthese besagt, dass soziale Unterstützung den pathogenen Einfluss von Stressoren abfängt. Vertreter der Präventionsthese gehen davon aus, dass soziale Unterstützung bereits die Entstehung von Stressoren verhindern kann. Die Pufferthese konnte bislang nur zum Teil nachgewiesen werden, während die Präventionsthese noch nicht ausreichend genug untersucht wurde, um klare Aussagen treffen zu können.

Die Erforschung der dabei im Einzelnen wirksamen Mechanismen steht noch vor vielen offenen Fragen und teilweise widersprüchlichen Befunden. Unter anderem ist die differenzielle Bedeutung der unterschiedlichen Dimensionen sozialer Unterstützung noch unzureichend untersucht. Aufgrund der Forschungslage kann man jedoch davon ausgehen, dass das zentrale Nervensystem, das endokrinologische System und immunologische Prozesse den Zusammenhang von sozialer Unterstützung und dem Gesundheitszustand vermitteln.

1.3.3.2 Personale Kontrolle

Personale Kontrolle ist eines der wichtigsten Konstrukte in der Stresstheorie. Als entscheidende Determinante für die Qualität und Intensität der neurohumoralen, nervalen und immunologischen Stressreaktion im Organismus gilt das Ausmaß an Kontrolle, das eine Person über aversive Reize und

Umweltbedingungen ausüben kann. Viele sozialepidemiologische Studien zeigen, dass Menschen in sozialen Umwelten mit geringen personalen Kontrollchancen ein höheres Erkrankungsrisiko aufweisen.

Umgekehrt ist die Aufrechterhaltung bzw. Wiederherstellung von Gesundheit umso wahrscheinlicher, je mehr der Betroffene überzeugt ist, über ausreichende eigene Ressourcen zu verfügen, um die Risikofaktoren der sozialen und materiellen Umwelt zu bewältigen. Das Konzept der *gesundheitlichen Kontrollüberzeugungen* unterscheidet *internale Kontrollüberzeugungen* und *externale Kontrollüberzeugungen*. Bei stark ausgeprägten internalen Kontrollüberzeugungen werden bestimmte Ereignisse als Folge eigenen Handelns und damit unter persönlicher Kontrolle erlebt. Personen mit eher externalen Kontrollüberzeugungen neigen dazu, bestimmte Ereignisse dem Zufall (fatalistische Externalität) oder dem Einfluss anderer Personen (soziale Externalität) zuzuschreiben. Ein ähnliches Konzept ist das der *Selbstwirksamkeit*.

Als Schutzfaktor für die Erhaltung von Gesundheit kann auch eine optimistische Grundhaltung gelten, wenn sie beinhaltet, anvisierte Ziele für erreichbar zu halten. In empirischen Studien konnte gezeigt werden, dass sich ein solcher *dispositioneller Optimismus* positiv auf den Umgang mit Distress auswirkt. Zudem sind optimistische Patienten, z. B. nach einer Bypass- oder Brustkrebs-Operation, mehr um eine aktive Krankheitsbewältigung bemüht als weniger optimistische.

1.3.3.3 Kohärenzsinn

Der Medizinsoziologe Aaron Antonovsky hat mit dem Modell der *Salutogenese* einen eigenständigen Ansatz der Erklärung von Krankheit und Gesundheit geprägt. Für ihn gibt es keine klare Grenzlinie zwischen Gesundheit und Krankheit. Wo sich ein Individuum zu einem bestimmten Zeitpunkt auf dem Kontinuum von Gesundheit und Krankheit befindet, ist nach dem Salutogenese-Modell das Resultat einer Interaktion von Risikofaktoren (Stressoren), Spannungsmanagement und Widerstandsressourcen. Generelle Widerstandsressourcen sind physikalische, biochemische, künstlich-materielle, kognitive, emotionale, einstellungsbezogene Eigenschaften von Individuen sowie interpersonelle und makrostrukturelle Eigenschaften von primären Gruppen, Subkulturen und Gesellschaften. Sie verhindern, dass Spannungen sich in Stress umsetzen und tragen so zur Vermeidung bzw. Bekämpfung einer Vielzahl von Stressoren bei. Im Mittelpunkt der salutogenetischen Perspektive steht der *Kohärenzsinn* (Sense of Coherence - SOC). Dieser ist als globale individuelle Orientierung zu verstehen, die die Wahrnehmung und Interpretation äußerer Ereignisse beeinflusst. Der Kohärenzsinn umfasst drei Komponenten bzw. Faktoren:

- Verstehbarkeit (sense of comprehensibility),
- Instrumentelles Vertrauen bzw. Machbarkeitsgefühl (sense of manageability),
- Bedeutsamkeitsgefühl, das sich aus der Motivation, etwas bewältigen zu wollen, speist (sense of meaningfulness).

Zusammenhänge zwischen dem SOC und Gesundheitszustand wurden bisher vor allem bei selbstberichteten Gesundheitsindikatoren und im Bereich psychosozialer Störungen gefunden, andere Studien weisen darauf hin, dass der SOC mit einer erfolgreichen Bewältigung von Krankheitsereignissen einhergeht und mit sozialer Schicht, sozialer Unterstützung, Alter und Geschlecht korreliert.

1.3.4 Ausblick

Psychosoziale Belastungen und Beanspruchungen und deren pathogene Effekte können als Spezialfall eines allgemeinen Modells der Wechselwirkung zwischen sozialer Umwelt und individueller Gesundheit aufgefasst werden (vgl. *Abbildung 1*). Von Bedeutung sind hier die Sozialstruktur einer Gesellschaft und deren Wandel. Beides konkretisiert sich für den Einzelnen in sozialen Schichten, Lagen und Milieus, innerhalb derer sich seine individuellen Lebenswelten entfalten und sein *Lebenslauf* sich abspielt. Im Zeitablauf verändern sich dementsprechend die Kontextbedingungen für die individuelle Gesundheit: die materiellen Lebensbedingungen, der *Lebensstil* und das Krankheits- wie auch das *Gesundheitsverhalten* und das je aktuelle Erleben und Wahrnehmen sozialer Situationen.

Ein Arbeitsplatz ist ein Teil der *Lebenswelt* eines Individuums, der von dem bisherigen Lebenslauf (vor allem natürlich von der Bildung und dem beruflichen Werdegang), der Zugehörigkeit zu bestimmten sozialen Schichten, Lagen und Milieus sowie der Sozialstruktur der Gesellschaft (z. B. Arbeitsrecht, Höhe der Arbeitslosigkeit, Interessenvertretung) und dem Sozialen Wandel (demographische Entwicklung, Individualisierung, Globalisierung etc.) abhängt. Gleichzeitig beeinflussen die Arbeitsbedingungen Vieler auch die Sozialstruktur und den Sozialen Wandel (z. B. durch die Gründung von Gewerkschaften, Wahlen).

Der psychosoziale Einfluss von *Arbeitsbedingungen* auf die individuelle Gesundheit vermittelt sich also sowohl über pathogene Faktoren wie Gratifikationskrisen, Dysbalancen zwischen Anforderungen und Kontrollmöglichkeiten sowie eingeschränkte

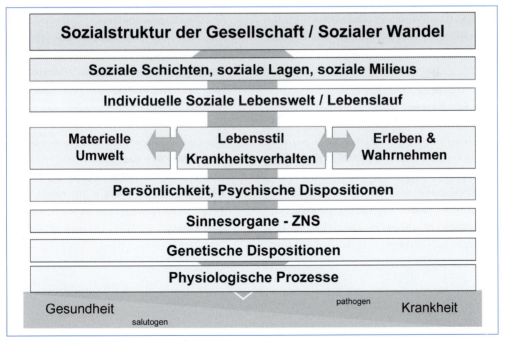

Abbildung 1: Allgemeines Modell der Wechselwirkung zwischen sozialer Umwelt und individueller Gesundheit

soziale Kontaktmöglichkeiten als auch über salutogene Faktoren wie soziale Unterstützung, personale Kontrolle und Kohärenzerleben, die teilweise auch von der Persönlichkeit und psychischen Dispositionen abhängen. Die Stressforschung und immer mehr die sich neu entwickelnden Subdisziplinen der Psychoneuroendokrinologie und der Psychoneuroimmunologie zeigen, wie diese situativen Faktoren über die Sinnesorgane und das Nervensystem pathogene und salutogene physiologische Prozesse auslösen und sich diese auf Krankheit und Gesundheit auswirken und welche Rolle genetische Dispositionen hierbei spielen.

Aber auch zwischen den Ebenen von individueller Gesundheit und Lebenswelt muss man Wechselwirkungen berücksichtigen: Veränderungen auf dem Kontinuum zwischen Gesundheit und Krankheit wirken sich natürlich auf die Psyche, Erlebens- und Wahrnehmungsprozesse, den Lebensstil und das Gesundheitsverhalten aus – bis hin zu möglichen Veränderungen des Arbeitsplatzes oder den Verlust desselben.

1.3.5 Key-Message
▶ Psychosoziale Beanspruchungen und Belastungen am Arbeitsplatz wirken sich nicht per se negativ auf die Gesundheit aus.
▶ Personelle und soziale Ressourcen können potenziell pathogene psychosoziale Einflüsse modifizieren sowie präventiv wirken, d. h. die Entstehung pathogener Einflüsse verhindern.
▶ Gesundheit und Krankheit haben wiederum Auswirkungen auf personelle und soziale Ressourcen.
▶ Insgesamt können diese Zusammenhänge als Spezialfall eines allgemeinen Modells der Wechselwirkung von sozialer Umwelt und individueller Gesundheit aufgefasst werden.

LITERATURHINWEISE

ANTONOVSKY, A. (1997): Salutogenese: Zur Entmystifizierung der Gesundheit. Tübingen: Dgvt-Verlag.

BADURA, B., STRODTHOLZ, P. (1998): Soziologische Grundlagen der Gesundheitswissenschaften. In: Hurrelmann, K., Laaser, U. (Hrsg.): Handbuch Gesundheitswissenschaften. Weinheim, München: Juventa.

BERKMAN, L. F., GLASS, T. (2000): Social Integration, Social Networks, Social Support, and Health. In: Berkman, L.F., Kawachi, I. (Eds.): Social Epidemiology. Oxford: University Press.

DEUTSCHES INSTITUT FÜR NORMUNG (2000): DIN EN ISO 10075-1 Ausgabe: 2000:11, Ergonomische Grundlagen bezüglich psychischer Arbeitsbelastung - Teil 1: Allgemeines und Begriffe. Berlin, Wien, Zürich: Beuth.

KARASEK, R. A., THEORELL, T. (1990): Healthy work: stress, productivity and the reconstruction of working life. New York: Basic Books.

SIEGRIST, J. (2001): Zukünftige Aufgaben der Sozial-Epidemiologie. In: Mielck, A., Bloomfield, K. (Hrsg.): Sozial-Epidemiologie. Weinheim, München: Juventa.

2 Berufsbezogene psychosoziale Belastungen und Beanspruchungen

2.1 Arbeit, Stress und Krankheit

Hans-Martin Hasselhorn

2.1.1 Einleitung

In diesem Beitrag soll der Zusammenhang von *psychosozialen Arbeitsbelastungen* und gesundheitlichen Beeinträchtigungen dargestellt werden. „Arbeitsstress macht krank" wissen die meisten der hierzulande etwa 30 Millionen Erwerbstätigen und jeder kennt Fälle, in denen besonders stressbelastete Kollegen krank geworden sind. Für den Wissenschaftler ist dies daher ein scheinbar dankbares Thema, das bei fast allen Gesprächspartnern auf offene Ohren stößt. Sehr oft reagieren sie in etwa mit dem Statement: „Stressforschung? – Da können Sie bei uns gleich anfangen!"

2.1.1.1 Nimmt Arbeitsstress zu?

In *Abbildung 1* sind die Ergebnisse zweier Befragungen zur Entwicklung von Arbeitsstress wiedergegeben. Links die Ergebnisse einer repräsentativen Befragung der Erwerbsbevölkerung in Deutschland aus dem Jahr 1998/99 (neuere Daten liegen nicht vor). Damals sagten 43 % der Antwortenden, *Stress* und Arbeitsdruck habe in den vergangenen zwei Jahren zugenommen, Männer in etwas höherem Maß als Frauen. Besonders häufig berichteten leitende Beamte und Angestellte (57 %, nur Personen mit mindestens 20 Wochenarbeitsstunden berücksichtigt) und Meister (56 %)

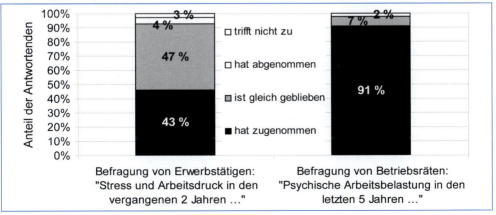

Abbildung 1: Quelle linker Stapel: BIBB/IAB-Befragung 1998/99, eigene Auswertung, N=34231, Quelle rechter Stapel: WSI-Betriebsrätebefragung, 2004, N=3563

eine Zunahme und am wenigsten gering qualifizierte Beschäftige. Die rechte Säule gibt die Einschätzung der Zunahme der psychosozialen Arbeitsbelastung in den vergangenen fünf Jahren (vor 2004) durch Betriebsräte wieder. Hier sind fast alle der Meinung, es habe eine Zunahme stattgefunden.

Es ist nahe liegend, dass angesichts der gegenwärtigen Konzentrationsprozesse in der Wirtschaft und zunehmenden sozialen Unsicherheiten der Arbeitsdruck im Mittel zunimmt. Allerdings ist eine berichtete **Zunahme von Stress** nicht gleichzusetzen mit **hohem Stress** und hoher Stress ist nicht immer gleichzusetzen mit einem hohen psychischen oder körperlichen gesundheitlichen Risiko. Ein Beispiel aus den 70er bis 80er Jahren des letzten Jahrhunderts soll dies unterstreichen: In Schweden wurde bei den regelmäßigen Bevölkerungsbefragungen über viele Jahre festgestellt, dass immer mehr Menschen unter Arbeitsstress und hohen Arbeitsanforderungen litten. Schließlich stellte man die Frage, wie sich denn der Arbeitsstress in den letzten Jahren verändert hätte: Die meisten sagten, er sei geringer geworden.

Differenziertere epidemiologische Erhebungen und Analysen sind also erforderlich und sollten rechtzeitig Fehlentwicklungen und Risikogruppen identifizieren.

Die Frage der Zunahme von Arbeitsstress ist auch vor dem Hintergrund des *demografischen Wandels* relevant, der langfristig in allen Ländern Europas – und insbesondere in Deutschland – zu einer längeren Lebensarbeitszeit führen wird. Hier ist von Interesse, ob es eine höhere kumulative Lebenszeit-Exposition von Arbeitsstress geben wird und welche Auswirkungen dies ggf. auf den Einzelnen, für die Wirtschaft und für die Gesellschaft haben kann.

2.1.1.2 Arbeit und Krankheit

60 % der Erwerbstätigen in Europa meinen, dass die Arbeit sie krank mache und 28 % nennen Arbeitsstress als eine Ursache hierfür *(Abbildung 2)*. Dies sind die Ergebnisse einer Befragung von 21.500 Erwerbstätigen aus dem Jahr 2000 in den damals 15 Mitgliedsstaaten der Europäischen Union (die neuen Daten von 2005 liegen noch nicht vor). Deutschland liegt hier im Mittelfeld.

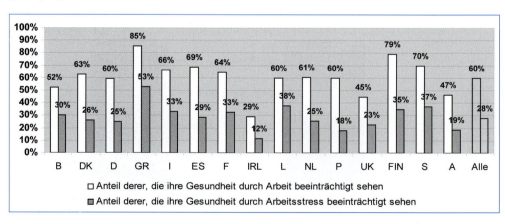

Abbildung 2: Anteil der Erwerbstätigen, die ihre Gesundheit durch ihre Erwerbsarbeit beeinträchtigt sehen (weiß), sowie Anteil derer, die Stress bei der Arbeit als eine Ursache hierfür ansehen (dunkel). Daten der European Foundation for the Improvement of the Living and Working conditions, 21.500 Befragte in 15 Ländern der EU, 2000 (www.eurofound.eu.int)

Zweifellos bestehen Zusammenhänge zwischen Arbeitsstress und Krankheit, und es wäre einfach, in diesem Beitrag lediglich einige wissenschaftliche Ergebnisse zu präsentieren, die dies bestätigen. Aber so leicht möchte ich es mir (und dem Leser) nicht machen, man hat mehr davon, wenn man dieses Thema etwas distanzierter betrachtet. Warum ist dies nötig?

1. Weil dieses Kapitel dann in diesem Buch überflüssig wäre, denn in den meisten Beiträgen wird dieser Zusammenhang ja bereits aufgezeigt.
2. Weil jeder glaubt, ein Experte zu sein, was er bezogen auf seinen Arbeitsbereich auch oft ist, aber vielleicht nicht für das gesamte Thema.
3. Weil es sich um ein populäres Thema handelt, das oft populistisch abgehandelt wird, wobei Wunschgedanken oft als Wirklichkeit dargestellt werden.
4. Weil es sich um ein hochpolitisches Thema des sozialen Dialogs handelt.
5. Weil es sich dabei um ein Thema von hoher betriebswirtschaftlicher und nationalökonomischer Relevanz handeln könnte.

Und vor allem:

6. Weil weder Stress noch Krankheit leicht zu (er)fassen sind und man daher oft etwas anderes versteht, als der andere meint.

Das Ziel dieses Beitrages soll daher sein, es der Leserin und dem Leser zu ermöglichen, den Zusammenhang von psychosozialer Arbeitsbelastung und gesundheitlichen Beeinträchtigungen leichter zu verstehen, aber auch etwas differenzierter zu sehen.

2.1.2 Arbeit und Gesundheit

Bevor ich aber der berechtigten Frage nach dem Zusammenhang von Arbeitsstress und Krankheit nachgehe, möchte ich in Erinnerung führen, dass Arbeit ein wichtiges lebenserhaltendes Element im Leben eines Erwachsenen ist. Friedrich Engels bezeichnete die Arbeit als die Grundbedingung allen menschlichen Lebens und auch für Freud und Adler war Arbeit ein integraler Teil der menschlichen Existenz. Arbeit ist allerdings nicht nur die Grundlage für wirtschaftliche Existenz, Identität, soziale Integration und auch Lebenssinn, sondern oft auch für Gesundheit. Darauf weisen u. a. zahlreiche Untersuchungen zur Auswirkung von Arbeitslosigkeit hin. Hierbei zeigt sich in aller Regel, dass sich in Personengruppen, die arbeitslos werden, die Gesundheit verschlechtert, und – umgekehrt – wenn Arbeitslose wieder eine Arbeit finden, sie sich oft wieder verbessert.

Den gesundheitsförderlichen Effekt von Arbeit nehmen offenbar auch die meisten Erwerbstätigen in Deutschland wahr: In einer Telefonbefragung von 2000 Personen fanden 81 % der Männer und 88 % der Frauen, dass ihre Arbeit sie „fit hält" (Bödecker & Dragano, 2006).

Es ist mir ein Anliegen, dass dieser salutogene Effekt von Arbeit nicht von der natürlich ebenfalls zutreffenden Erkenntnis, dass Arbeitsstress pathogen sein kann, also krank machen kann, überdeckt wird.

2.1.3 Was ist Stress?

Wenn ich in diesem Beitrag von „Stress" rede, dann meine ich – sofern nicht anders genannt – Arbeitsstress, denn hiervon handelt dieser Beitrag. Zunächst muss dieser Begriff definiert und dann muss er gegen weitere relevante Begriffe abgegrenzt werden.

2.1.3.1 Definition Stress

Die Zahl der kursierenden Stressdefinitionen ist schier endlos. Der Erste, der den Begriff Stress im situativen Zusammenhang verwendete, war der amerikanische Psychologe Walter Cannon, der zu Beginn des vergangenen Jahrhunderts das *„fight or flight"-Syndrom* beschrieb. Aufgrund von Tierversuchen hatte er die Rolle des Nebennierenmarks, insbesondere des Adrenalins für die unmittelbare Energiebereitstellung bei der physiologischen Notfallreaktion entdeckt. Er verstand unter Stress die Faktoren, die auf ein Lebewesen einwirken, also die **Stressexposition**. Für Hans Selye (österreichisch-ungarischer Forscher in Kanada) dagegen, der Cannon als einen Lehrvater ansah, war Stress eine stereotype unspezifische Reaktion eines Organismus auf alle Arten von Stressoren. Er hatte Tiere zahlreichen verschiedenen Stressoren (Kälte, Hitze, Vergiftungen, Schmerzen und mehr) ausgesetzt und festgestellt, dass die Tiere stereotyp mit der Ausschüttung von Glukocorticoiden reagierten. Selye verstand also unter Stress die **Stressreaktion**.

Sowohl empirische als auch konzeptuelle Bedenken werden heute gegen diese beiden Auffassungen von Stress vorgetragen: Keineswegs wird ein und dieselbe Stressexposition (z. B. wenig Handlungsspielraum) von allen Menschen gleich belastend erlebt (Kritik in Bezug auf Cannons Ansatz) und keinesfalls führt eine Stressexposition bei allen Menschen zur gleichen körperlichen Reaktion (Kritik in Bezug auf Selye).

Im Unterschied zu den obigen Stresskonzepten basieren die heute weitgehend akzeptierten Definitionen von Stress auf der Erkenntnis, dass Stress ein Prozess der aktiven wechselseitigen Auseinandersetzung des Menschen mit seiner Umwelt, ein *transaktionaler Prozess* ist. Damit hat sich das *transaktionale Stressmodell* durchgesetzt, das 1984 von Lazarus und Folkman konzipiert worden ist. In diesem Prozess spielt zunächst die *Interpretation* der Situation eine entscheidende Rolle. Nach der *primären Einschätzung* der Bedrohung folgt die Bewertung der eigenen Handlungsmöglichkeiten (sekundäre Einschätzung). Letztere ist davon abhängig, inwieweit auf **situative** (z. B. hohe Führungsqualität des Vorgesetzten) oder **personale** Ressourcen (z. B. gutes Fachwissen, gute Gesundheit) zurückgegriffen werden kann. Der transaktionale Ansatz berücksichtigt auch, dass der Mensch die Möglichkeit hat (und nutzt), nicht nur seine Reaktion auf eine belastende Exposition auszurichten und zu modifizieren, sondern auch die Exposition selbst zu verändern, zu reduzieren oder ganz zu meiden.

In diesem Beitrag möchte ich mich der Stressdefinition einer europäischen Expertengruppe anschließen, wie sie 1996 im Auftrag der Europäischen Kommission erstellt worden ist (EU, 2000):

Arbeitsbedingter Stress lässt sich definieren als Gesamtheit emotionaler, kognitiver, verhaltensmäßiger und physiologischer Reaktionen auf widrige und schädliche Aspekte des Arbeitsinhalts, der Arbeitsorganisation und der Arbeitsumgebung. Dieser Zustand ist durch starke Erregung und starkes Unbehagen, oft auch durch ein Gefühl des Überfordertseins charakterisiert.

Wie die meisten anderen Definitionen auch beinhaltet diese Definition

- die ungünstige (Arbeits-)Exposition,
- die negativen individuellen Reaktionen, und schließlich
- den Aspekt der Überforderung.

Letzterer Aspekt soll hier noch einmal betont werden: Wer Stress hat, ist überfordert, er hat keine Kontrolle, er weiß sich im Moment nicht zu helfen und kennt auch keinen, der ihm in dieser Situation wirklich helfen kann. So gesehen stellt selbst eine berufliche Unterforderung (z. B. Monotonie) eine Überforderung dar, dann nämlich, wenn man sich hierdurch belastet fühlt und sich aus dieser Belastung nicht heraushelfen kann.

Exkurs: Gibt es „guten Stress"?
Immer wieder wird Stress in **Eustress** und **Distress** aufgeteilt. Auch hier kann man sich auf Selye berufen, der unter Eustress „positiven Stress" verstand, die Herausforderung, die notwendig ist, um zu maximaler Kreativität, Leistung und möglicherweise sogar Gesundheit zu gelangen. Distress dagegen sei der schlechte und unerwünschte Stress wie oben skizziert.

Ich bin allerdings der Ansicht, dass die Unterteilung von Stress in Eustress und Distress zu begrifflicher und konzeptueller Unklarheit beiträgt. Distress und Eustress sind nicht zwei Extreme einer Dimension, insbesondere dann nicht, wenn man die obige Definition von Stress zugrunde legt. Dass psychosoziale Belastung und berufliche Überforderung in gewisser Dosierung den Beschäftigten gut tun würde, muss erst noch bewiesen werden. Stattdessen schlage ich vor, anstelle von Eustress den Begriff Stimulans zu verwenden. Was ist der Unterschied? Wenn ich Eustress als Teil von Stress verstehe, würde es genügen, meine Mitarbeiter etwas zu stressen, um sie zu maximaler Leistung anzuregen. Diese unspezifische negative Anregung wird per se nicht zum gewünschten Ergebnis führen; ich dagegen könnte mit meinem Glauben an optimale Stresslevel mein schlechtes Personalmanagement rechtfertigen. Der Begriff Stimulans als Mittel zur Leistungsförderung meiner Mitarbeiter verpflichtet mich dagegen zu deren zielgerichteter Förderung und aktiver Intervention, was weitaus eher zur Produktivität beitragen dürfte und im Gegensatz zur vorherigen Auffassung ungünstige psychosoziale Arbeitsbedingungen eher beseitigt, statt sie zu fördern.

2.1.3.2 Stressoren, Stressreaktion und Beanspruchungsfolgen

Nachdem ich nun eine Stressdefinition vorgelegt habe, die diesem Artikel zugrunde liegt, wende ich mich der Frage zu, welche Aspekte der Arbeit denn nun so gefährlich für den Einzelnen sein können und welche Reaktionen und gesundheitlichen Folgen letztendlich beobachtet werden. Wieder erfordert dies einige Definitionen: nämlich von Stressor, Stressreaktion und von Beanspruchungsfolgen.

2.1.3.2.1 Stressor

Stress wird verursacht durch Anforderungen und Einflüsse, die die Anpassungsfähigkeit des Organismus erfordern, die den menschlichen Erlebens- und Erfahrungsfluss in Form einer Bedrohung oder Herausforderung unterbrechen (Siegrist, 1996). Alle diese Anforderungen und Einflüsse möchte ich hier als Stressoren bezeichnen. Stressoren stellen also für den Einzelnen eine Bedrohung oder zumindest eine Herausforderung dar, sie unterbrechen den Alltag eines Menschen und fordern von ihm eine Antwort oder Lösung.

In der Arbeitswelt können Stressoren

a) durch den *Arbeitsinhalt* geprägt sein,
b) durch die Art und Weise, wie die Arbeit organisiert ist (*Arbeitsorganisation*), oder
c) durch das *soziale Arbeitsumfeld*.

In *Abbildung 4* finden sich Beispiele für diese drei Kategorien; offensichtlich überschneiden sie sich, so könnte man „Führungsqualität" der Arbeitsorganisation und dem sozialen Arbeitsumfeld zuordnen.

Stressoren wirken natürlich nicht allein und isoliert voneinander auf den Einzelnen, sondern immer gemeinsam mit anderen. Manchmal sind die Kombinationen gefährlicher als die Summe der Wirkung der einzelnen Stressoren. So scheint beispielsweise insbesondere das Zusammenwirken von körperlichen und psychischen Stressoren zu Wirbelsäulenbeschwerden zu führen und nach Siegrists *Effort-Reward Imbalance Model* (s. u.) ist ja auch die Kombination von *hoher Verausgabung* und *niedriger Belohnung* mit einem besonders hohen Gesundheitsrisiko verbunden (s. u.). Auch Karasek und Theorell (1990) postulierten bei der Entwicklung des *demand control model* (s. u.), dass das gleichzeitige Auftreten von hohen psychischen Anforderungen und niedrigem Entscheidungsspielraum zu größeren negativen gesundheitlichen Effekten führen würde, als der separate Beitrag der einzelnen Komponenten. (Interessant ist, dass in der Fachwelt an diesem Postulat sehr oft noch weiter festgehalten wird, obwohl es nur in wenigen Studien bestätigt werden konnte).

Eine vor dem Hintergrund des transaktionalen Stressmodells interessante Frage ist, ob ein Stressor erst dann einer ist, wenn er bewusst wahrgenommen wird – oder ob er selbst dann gesundheitsschädlich sein kann, wenn man ihn gar nicht bemerkt. Es gibt Hinweise dafür, dass Letzteres auch der Fall ist. Die schwedische WOLF-Studie untersucht den Zusammenhang von psychosozialen Arbeitsbedingungen und kardiovaskulären Risikofaktoren. Darin wurden einerseits die Beschäftigten zu ihren eigenen psychosozialen Arbeitsbedingungen befragt (per Fragebogen), und andererseits wurden Expertenurteile von Krankenschwestern des betriebsärztlichen Dienstes (Occupational Health Nurses) zu jedem Arbeitsplatz der Beschäftigten eingeholt. Überraschenderweise waren die Blutwerte (v. a. Blutfette) eher mit den Einschätzungen der Experten als mit den eigenen Einschätzungen assoziiert (Hasselhorn, Theorell et al., 2004).

2.1.3.2.2 Stressreaktion

Die Stressreaktion ist die individuelle Antwort auf den Stressor. Ich unterscheide zwischen der **akuten** und der **mittelfristigen** Reaktion. Die akute Reaktion ist eine normale physiologische Reaktion, die es ermöglicht, Stressoren zu begegnen. Insbesondere dient sie der Ressourcenfokussierung und der Energiemobilisierung.

Die Stressreaktion hängt von der Qualität und der Intensität der einwirkenden Stressoren und den individuellen Handlungsvoraussetzungen ab. Sie findet auf vier Ebenen statt (s. *Abbildung 4*), die in gewissem Maß zusammenspielen, aber durchaus nicht parallel aktiviert werden.

a) Auf der **kognitiven Ebene** ändern sich die Wahrnehmung von Situationen und die Aufmerksamkeit. Problemfokussierung fördert die aktive Auseinandersetzung mit dem Stressor. Entscheidungsfindungsprozesse sind unter Stress beeinträchtigt, was zur Entstehung von Unfällen beitragen kann. Bei anhaltender Stressbelastung kann die Gedächtnisleistung abnehmen, was u. a. auf die stressbedingte Cortisolantwort zurückgeführt wird. So kann man in Stressphasen leicht wichtige Termine vergessen oder Inhalte von Gesprächen kaum erinnern.

b) Die Stressreaktion ist von negativen Emotionen (**affektive Ebene**) begleitet, wie zum Beispiel Unruhe, Angst und Niedergeschlagenheit. Eine Leitemotion, die die emotionale Reaktion auf Stress charakterisiert, gibt es nicht. Interessanterweise korreliert die emotionale Reaktion kaum mit der körperlichen.

c) Wenn Cannon bei Tieren das fight or flight - Syndrom beobachtet hat, dann sind dies Komponenten einer Stressreaktion auf **Verhaltensebene**. Bei Tieren ebenso möglich ist die passive Reaktion, das Freezing oder totstellen. Im Prinzip kann man auf einen Stressor auf drei Weisen verhaltensmäßig reagieren: mit Kampf, mit Flucht, oder mit Aufgabe, wobei jede Form in bestimmten Situationen ihre Berechtigung hat, auch die Flucht: als in meinem Heimatdorf einmal ein Zirkusbär ausgebrochen war, flüchtete unser Nachbar in eine Telefonzelle – und überlebte. Im Rahmen einer Stressreaktion finden zahlreiche Adaptationen des üblichen Verhaltens statt, die zum Teil ein erhebliches gesundheitliches Risiko bergen: Suchtverhalten nimmt zu (Rauchen, Alkohol, Essen), ein sozialer Rückzug oder aber auch eine übermäßige Aktivierung kann erfolgen. Ein ungesundes Verhalten kann durchaus sinnvoll im Rahmen der Stressreaktion und im Sinne der Stressbewältigung sein. So ist es beispielsweise denkbar, dass der Entspannungseffekt des Rauchens zu einer effektiveren Problemlösung beiträgt. Weitere Verhaltensänderungen sind z. B. Schlafstörungen (z. B. nach den Terrorattacken vom 11. September 2001 in New York (Steptoe & Ayers, 2004)), Aggression und reduzierte körperliche Aktivität.

d) Die **physiologische Ebene** der Stressreaktion ist insbesondere gekennzeichnet durch die gezielte Energiebereitstellung. Zahlreiche biologische Systeme des Körpers sind an der physiologischen Stressreaktion beteiligt: das Herz-Kreislauf System, die Atmung, die Durchblutungssteuerung, das Blutgerinnungssystem, der Glukose- und Fettstoffwechsel, das Immunsystem usw. Die Aktivierung des sympathischen Nervensystems kennzeichnet den sekundenschnellen Beginn einer akuten Stressreaktion, zunächst nerval (über Nervenleitungen), dann neurohormonal (über Neurohormone, v. a. Noradrenalin und Adrenalin). Die Wirkungen lassen sich am Körper ablesen: Pupillenerweiterung (Sehvermögen gesteigert), Haarerektion (Relikt, früher zur abschreckenden Vergrößerung des Kämpfenden?), Erweiterung der Atemwege und Erhöhung der Atemfrequenz sowie Puls- und Blutdrucksteigerung (zur Verbesserung der Sauerstoffversorgung), Konzentration des Blutflusses auf das Gehirn und die Muskeln. Gleichzeitig erfolgt durch die Sympathikusaktivierung die Energiebereitstellung, insbesondere in Form von Glukose, dem schnellsten Energielieferanten für Muskeln und das Gehirn (es kann nur Glukose als Energiequelle nutzen) und auch von Blutfetten. Nach einigen Minuten kommt zum sympathischen System das Glukokortikoide System (Cortisol) hinzu, welches das wichtigste neuroendokrine Reaktionssystem bei der akuten und auch der chronischen Stressreaktion darstellt.

Die neurohormonalen Stressreaktion nach J.P Henry

Der Amerikaner J.P. Henry hat auf der Basis von Tierversuchen ein komplexes Modell für die akute neurohormonale Stressreaktion entwickelt, das heute als Grundlage für die Erklärung so mancher psychophysiologischen Beobachtungen herangezogen wird (*Tabelle 1*).

Nach Wahrnehmung einer bedrohlichen Situation wird diese in der Hirnrinde bewertet und im limbischen System mit Emotionen (z. B. Unruhe, Angst) verknüpft. Nun bestehen die drei schon oben genannten Reaktionsmöglichkeiten und der bedrohte Mensch kann sich entscheiden zwischen den Alternativen **Kampf, Flucht und Aufgabe**. Die Entscheidung fällt in Abhängigkeit von der Bedrohlichkeit des Stressors, d. h. von a) der Bekanntheit der Stresssitu-

Tabelle 1: Neurohormonale Achsen der Stressreaktion nach J.P. Henry (1992)

Achse	Hormon	Zugeschriebene Rolle
Hypothalamus-Gonaden-Achse	Testosteron	Antrieb, Beharrung
Sympathikus-Nebennierenmark-Achse	Noradrenalin	Kampf
Sympathikus-Nebennierenmark-Achse	Adrenalin	Flucht, Angst
Hypothalamus-Hypophysen-Nebennierenrinden-Achse	Cortisol	Hilflosigkeit, Depression
Oxytozinerges System	Oxytocin	soziale Bindung

ation, b) dem Vorhandensein existenter Lösungsmuster und c) den Konsequenzen einer Nichtbewältigung. Diese Entscheidung wird an den Hypothalamus (Schaltstelle im Gehirn) weitergegeben, der entsprechende Hormonachsen aktiviert, denn nach Henry ist jedes dieser drei Reaktionsmuster mit unterschiedlichen neurohormonalen Aktivierungen verknüpft.

Solange eine Stressreaktion (z. B. Kampf) noch von Erfolg gekrönt zu sein scheint, wird diese von der **Hypothalamus-Gonaden-Achse** (Testosteron) unterstützt. Im Rahmen der zunehmenden Anforderungen hilft das Kampfhormon Noradrenalin (**Sympathikus-Nebennierenmark-Achse**) beim Konfliktlösungsversuch. Wird das Problem nicht gelöst sondern eher noch größer, werden die arterhaltenden Achsen **Hypothalamus-Gonaden-Achse** (Testosteron) und das **Oxytozinerge System** reduziert. Zunächst unterstützt Noradrenalin noch weiter den Kampf. Wenn sich Zweifel einschleichen, dass das Problem in den Griff zu kriegen ist, nimmt die Angst zu und der Adrenalinspiegel steigt an, Testosteron geht zurück. Schließlich ist ein Stadium von Kontrollverlust und Erschöpfung erreicht, Noradrenalin geht zurück und die **Hypothalamus-Hypophysen-Nebennierenrinden-Achse** wird aktiviert, Cortisol steigt an und mobilisiert die Energiereserven des Körpers.

Der Verlauf einer solchen Stressreaktion ist normal, solange die Reaktion nicht zu lange andauert. Bei einer chronischen Auseinandersetzung sind am Ende allerdings dann nur noch die Sympathikus-Nebennierenmark-Achse und die Hypothalamus-Hypophysen-Nebennierenrinden-Achse aktiv. Deren Leithormone Adrenalin und Cortisol sind katabol, d. h. sie bauen die Energiereserven ab, was der Körper auf Dauer nicht verkraften kann. (nach Henry 1992 und Siegrist 1996)

2.1.3.2.3 Beanspruchungsfolgen

Als „Beanspruchungsfolgen" bezeichne ich in diesem Beitrag die Resultate der Stressexposition und Stressreaktion, die Krankheit. Die klare Definition der einzelnen Beanspruchungsfolgen ist in der Stressforschung essentiell. In Kapitel 2.1.5 wird auf eine Reihe von Beanspruchungsfolgen eingegangen.

2.1.3.2.4 Beispiel für einen potenten Stressor: kontinuierliche Arbeit mit unkooperativen Menschen

Durch die Befragung eines repräsentativen Teils der deutschen erwerbstätigen Bevölkerung (34.343 Befragte) aus den Jahren 1998/99 ergab sich für uns die Möglichkeit, Arbeitsbedingungen in Bezug zu gesundheitlichen Parametern zu setzen. Durch Faktoranalysen identifizierten wir einen

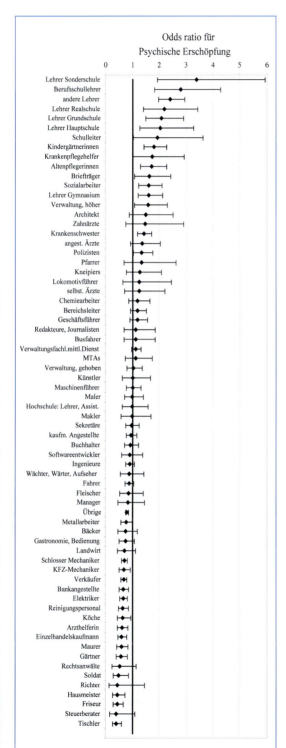

Symptomkomplex, den wir als **arbeitsbedingte psychische Erschöpfung** bezeichneten, also eine Art von arbeitsbedingtem Burnout. Die Befragten, die demnach besonders ausgebrannt waren, litten während oder unmittelbar nach der Arbeit vermehrt an den folgenden gesundheitlichen Beschwerden: Kopfschmerzen, nächtliche Schlafstörungen, Magen- oder Verdauungsbeschwerden, allgemeine Müdigkeit, Mattigkeit oder Erschöpfung, Nervosität oder Reizbarkeit und Niedergeschlagenheit. Ohne, dass wir dies in dieser Klarheit erwartet hätten, fanden sich bei den Analysen sieben *Lehrergruppen* vorne, gefolgt von Sozialberufen wie Kindergärtnerinnen, Krankenpflegehelfern und Altenpflegerinnen (*Abbildung 3*). Wir folgerten, dass diejenigen Personen und Berufsgruppen ein erhöhtes Risiko für die Entwicklung psychischer und psychosomatischer Erkrankungen haben, die

- kontinuierlich mit Menschen arbeiten,
- auf deren Kooperation sie angewiesen sind,
- deren Kooperation aber oft nicht entgegengebracht wird.

Dagegen sehen wir keine Hinweise dafür, dass es die Arbeit mit Menschen per se ist, die ein Risiko für das Ausgebranntsein darstellt, denn Verkäuferinnen, Friseure und Arzthelferinnen waren nach unseren Ergebnissen nicht ausgebrannt.

Abbildung 3: Odds Ratios (OR) für „arbeitsbezogene psychische Erschöpfung" bei 30.693 Erwerbstätigen nach Berufsgruppe. Nur Personen mit mindestens 20 Wochenarbeitsstunden. 18.338 Personen wurden in 67 Berufsgruppen kategorisiert. 12.266 Erwerbstätige konnten nicht eindeutig kategorisiert werden und befinden sich in der Gruppe „Übrige". Datenquelle: BIBB/IAB-Strukturerhebung. Details, siehe in Hasselhorn & Nübling, 2004

2.1.3.2.5 Stressoren, Stressreaktion und Beanspruchungsfolgen im Belastungs-Beanspruchungsmodell

Das unten stehende Modell stellt die Übertragung des Themas **Arbeit-Stress-Krankheit** auf das klassische *Belastungs-Beanspruchungsmodell* dar *(Abbildung 4)*. Es soll eine Übersicht über die beim Stress beteiligten Systeme geben und hier kurz erklärt werden: Stressige Situationen (Kasten 1) treten im täglichen Leben auf und wir sind dazu gemacht, sie zu bewältigen. Dies tun wir im Rahmen unserer individuellen Voraussetzungen (Kreis), unserer stützenden Umgebung (Kasten 2) und vor dem Hintergrund weiterer Belastungen, denen wir ausgesetzt sind (Kasten 3). Wie die **Stresssituation** ist auch die **Stressreaktion** (Kasten 4) zunächst einmal normal, sie dient der Bewältigung und Lösung der Stresssituation - und damit letztendlich auch der persönlichen Weiterentwicklung (z. B. ein schweres Examen). Die Doppelpfeile im obigen Schema sollen anzeigen, dass die *Stressreaktion* keine Einbahnstraße ist, sondern ein Prozess mit gegenseitigen Wechselwirkungen. Wenn mein Prüfungsstress zu viel wird, packe ich meine Sachen und ziehe vorübergehend an einen Ort, an dem ich ungestört bin. So schalte ich mit meiner Bewältigungsstrategie einige zusätzliche Stressoren aus. Die Grafik und dieses Beispiel sollen unterstreichen, dass Stress kein Zustand, sondern ein Prozess ist (siehe Definition oben). Das Modell schließt ferner ein, dass bei einer identischen Stresssituation die Stressreaktion bei

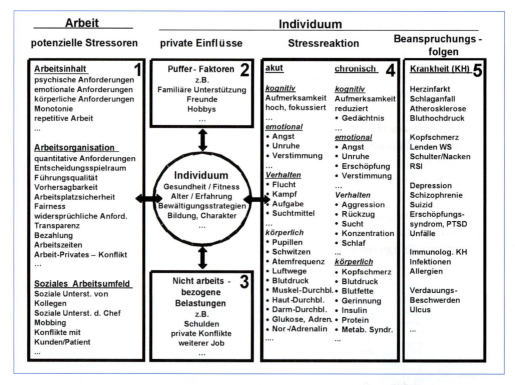

Abbildung 4: Belastungs-Beanspruchungsmodell zum Zusammenspiel von psychosozialen Arbeitsbedingungen und Krankheit. Listen stellen nur eine Auswahl dar

verschiedenen Menschen sehr unterschiedlich ablaufen kann.

Psychobiologische Studien unterstreichen die Beobachtung, dass Stresssituationen dann ein besonders hohes Risiko für eine schwere Stressreaktion bergen, wenn sie a) nicht zu kontrollieren, b) wenig vorhersehbar und c) in ihrer Art neu für den Betroffenen sind. Je länger und je stärker der Stressprozess ist, umso größer wird das Risiko, dass er negativ auf die physiologischen Regulationsabläufe einwirkt, hierdurch mittelfristig Erkrankungsprozesse (Kasten 4, rechts) und langfristig die Entstehung von Krankheiten (Kasten 5) auslöst oder verstärkt. Wenn die Stressreaktion chronisch wird, erfordert sie ständige Anstrengung und Aufmerksamkeit; angesichts der gravierenden zu erwartenden Konsequenzen des ungelösten Problems übertragen sich die Probleme auf andere Lebensbereiche. Die psychischen und aber auch körperlichen Ressourcen des Betroffenen werden immer geringer in einem Zeitpunkt, zu dem sie umso nötiger wären.

2.1.4 Arbeitsstressmodelle

Erst mit der Definition von Stress sowie der Operationalisierung von zahlreichen Stressoren und Reaktionsmustern waren die Grundlagen für die Messung von Stress am Arbeitsplatz gegeben, von Stressoren und Stressreaktionen. Dass Arbeitsstress krank macht, hatte man lange vermutet. Nun galt es, zu überlegen, welche spezifischen Zusammenhänge und Kombinationen zwischen Stressoren und Gesundheit untersucht werden sollten, und theoriegeleitete Modelle wurden entwickelt. Karasek und Theorell waren die Ersten, die mit ihrem *demand control model* den Zusammenhang von psychosozialen Arbeitsbelastungen und Krankheit belegen konnten. Sie postulierten, dass die Kombination von *hohen psychischen Arbeitsanforderungen* und *niedrigem Entscheidungsspielraum* am Arbeitsplatz (diese Konstellation nennen sie „job strain", Abbildung 5) ein gesundheitliches Risiko in sich birgt, was auch in den folgenden Jahrzehnten in zahlreichen Untersuchungen insbesondere für Herz-Kreislauferkrankungen belegt worden ist. Das Modell wurde später noch um die Dimension Soziale Unterstützung erweitert. Methodische Kritik des Modells kam in den letzten Jahren auf, was aber dessen Wert in der gesellschaftlichen und wissenschaftlichen Debatte seit den 80er Jahren nicht schmälern soll.

In den letzten 10 Jahren hat Siegrists Modell beruflicher Gratifikationskrisen, das auf Englisch *Effort-Reward Imbalance Model* (ERI) genannt wird, als ein weiteres Arbeitsstressmodell internationale Aufmerksamkeit erlangt. Im Gegensatz zum demand control model zieht es nicht nur die Art und das Ausmaß der ungünstigen psychosozialen Arbeitsbedingungen in Betracht, son-

		Psychische Anforderungen	
		niedrig	hoch
Entscheidungsspielraum	hoch	„niedrige Beanspruchung"	„Aktive"
	niedrig	„Passive"	„hohe Beanspruchung" „job strain" (Risikogruppe)

Abbildung 5: Das „demand control model" von Karasek und Theorell (1990)

dern auch deren Beurteilung durch die Beschäftigten. Das ERI-Model postuliert, dass ein Gleichgewicht herrschen muss zwischen dem, was der Beschäftigte durch seine Arbeit leistet (effort = Verausgabung) und dem, was er erhält (reward = Belohnung). Belohnung bedeutet hier Einkommen, Anerkennung und Berufsperspektive einschließlich Arbeitsplatzsicherheit. Wenn in diesem sozialen Gefüge ein andauerndes Ungleichgewicht auftritt, kann sich dies ungünstig auf die Gesundheit auswirken, etwa vermittelt durch eine übermäßige Aktivierung des autonomen Nervensystems. Eine weitere Annahme des ERI-Model ist, dass Menschen mit einer übersteigerten beruflichen Verausgabungsbereitschaft (hier overcommitment) ein Ungleichgewicht stärker erfahren und einer noch größeren Gefahr von Gesundheitsbeeinträchtigungen ausgesetzt sind.

Inzwischen liegen über 60 internationale Veröffentlichungen vor, in denen der Zusammenhang zwischen ERI und gesundheitlichen Beeinträchtigungen (v. a. Herz-Kreislauferkrankungen und psychosomatischen Beschwerden / Burnout) belegt worden ist.

Im Rahmen der europäischen NEXT-Studie haben wir das ERI-Model eingesetzt und die erwarteten Zusammenhänge gefunden. In *Abbildung 6* zeigen wir, dass das Risiko für Burnout bei einem vorliegenden hohen ERI-Ungleichgewicht (hohe Verausgabung, niedrige Belohnung) sowie hohem Overcommitment 16,9 - fach höher ist, als bei der umgekehrten (günstigsten) Konstellation. Da es sich um Querschnittdaten handelt, verbieten sich allerdings kausale Interpretationen.

2.1.5 Psychosoziale Arbeitsfaktoren und Gesundheit

In den letzten 30 Jahren wurden zunehmend Belege dazu erbracht, dass Arbeitsstress krank machen kann. Grundsätzlich kann (Arbeits-)Stress

- eine neue Krankheit hervorrufen,
- bei einer vorliegenden Krankheit den Ausbruch bzw. Verlauf beschleunigen oder
- vorliegende Krankheitssymptome verstärken.

Der Zusammenhang von Stress und Krankheit wird aus zwei verschiedenen Blickwinkeln untersucht:

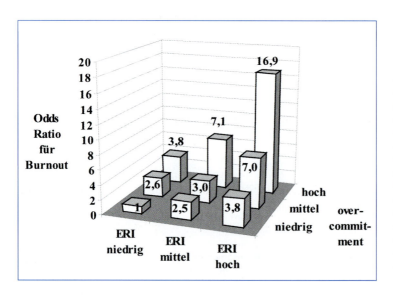

Abbildung 6: Effort-Reward Imbalance und Risiko für Burnout bei 3390 Pflegenden in Deutschland. Kontrolliert für Geschlecht, Alter, Familienstand und Negative Affektivität. Ergebnisse der Europäischen NEXT-Studie, eigene Auswertungen, modifiziert nach Hasselhorn & Tackenberg, 2004

a) Welche psychosozialen Bedingungen machen krank?
b) Welche Rolle spielt Stress bei bestimmten Krankheiten?

Eine Auswahl der psychosozialen Arbeitsbedingungen, die mit negativen gesundheitlichen Auswirkungen in Verbindung gebracht werden, ist *vorne in Abbildung 4, Kasten 1* schematisch dargestellt. Nicht jeder Faktor hat in jedem Arbeitsbereich den gleichen krankmachenden Effekt, zweifelsohne spielt hier auch die Art der Tätigkeit eine Rolle. Dies wurde bisher viel zu wenig beachtet. Ein Beispiel: die Analysen von COPSOQ-Daten (Copenhagen Psychosocial Questionnaire), zeigen uns, dass hohe emotionale Anforderungen für Personen, die vorwiegend mit Menschen arbeiten (Pflege, Lehrer usw.), ein Risikofaktor für Burnout sind. Dagegen ist dies nicht der Fall bei Personen, die vorwiegend mit Dingen, also manuell arbeiten. Hier können die emotionalen Anforderungen hoch sein, aber deshalb muss der Betroffene noch lange nicht ausbrennen.

Im Folgenden gehe ich auf einige der Krankheitsgruppen ein, deren Zusammenhang mit Stress häufig untersucht worden ist.

2.1.5.1 Kardiovaskuläre Erkrankungen

Kardiovaskuläre Erkrankungen, v. a. der Herzinfarkt, sind wohl die Erkrankungen, bei denen der Zusammenhang mit chronischer Stressbelastung bisher am überzeugendsten dargestellt worden ist. Dies hängt u. a. damit zusammen, dass diese Krankheiten a) in bestimmten Personengruppen relativ häufig und b) klar definierbar sind (im Gegensatz z. B. zu Wirbelsäulenbeschwerden). Unter Anwendung des demand control model und später auch des ERI-Model wurde in zahlreichen Studien der Zusammenhang von Arbeitsstress zunächst mit Herzinfarkt, später auch mit Schlaganfällen und Angina pectoris nachgewiesen. Hierauf folgte die Frage, welche Mechanismen dem kardiovaskulären Stressrisiko zugrunde liegen könnten.

Zweifellos ist ein Teil des Zusammenhangs auf stressbedingtes längerfristiges Risikoverhalten zurückzuführen: ungesündere Ernährung, Alkoholkonsum, Rauchen und geringere körperliche Aktivität. Dieses Verhalten fördert die Entstehung von Übergewicht und des metabolischen Syndroms, einer Stoffwechselstörung, die im Wesentlichen durch eine erhöhte Insulinresistenz, eine verringerte Fibrinolyse (führt zur Gerinnungsneigung), ungünstige Veränderungen des Blutfettprofils und einem erhöhten Blutdruck charakterisiert ist. Das Metabolische Syndrom ist ein potenter Risikofaktor für Herz-Kreislaufkrankheiten.

Ein zweiter denkbarer Weg ist die Entwicklung von kardiovaskulären Risikofaktoren infolge einer chronisch stressbedingten Aktivierung des autonomen Nervensystems. Infolge erhöhter Sympathikusaktivierung (Katecholamine) und Cortisol kommt es zu Veränderungen im Blutfettprofil, der arteriosklerotische Prozess wird gefördert und das Herz wird für Rhythmusstörungen sensibilisiert. Seit den letzten Jahren werden zunehmend Untersuchungen veröffentlicht, nach denen Stress auch jenseits der Verhaltensebene zur Entwicklung eines metabolischen Syndroms führt.

Der plötzliche Herztod wird als Folge von Arteriosklerose, daraus resultierender elektrischer Instabilität des Herzmuskels und einer neurogenen bzw. neurohormonalen Aktivierung angesehen. Ein – z. B. durch chronischen Stress – gestörtes Gleichgewicht von Sympathikus und Parasympathikus kann hier die Schwelle für gefährliche Rhythmusstörungen drastisch senken und so zu Tachyarrhythmien und tödlichem Kammerflimmern führen.

2.1.5.2 Muskuloskelettale Erkrankungen

Muskuloskelettale Erkrankungen sind zwar nicht tödlich, aber dennoch häufig in der Arbeitswelt. Untersuchungen in Skandinavien schätzten die Kosten, die durch muskuloskelettale Erkrankungen hervorgerufen werden, auf 3 bis 5 % des Bruttosozialprodukts und etwa ein Drittel dieser Kosten wurden auf arbeitsbedingte Faktoren zurückgeführt. Muskuloskelettale Beschwerden unterscheiden sich von anderen Krankheiten dadurch, dass sie bereits im niedrigen Erwachsenenalter und schon nach relativ kurzer Zeit auftreten. Trotz zahlreicher ergonomischer Verbesserungen im Arbeitsleben hat die Zahl der Betroffenen nicht abgenommen. Im European Survey des Jahres 2000 meinten 33 % (in Deutschland 34 %) der Antwortenden, dass ihre Arbeit zu Rückenbeschwerden führen würde, 5 Jahre zuvor waren es 30 % gewesen.

Dass psychosoziale Arbeitsbelastungen zum Auftreten muskuloskelettaler Beschwerden und Krankheiten beitragen, wird heute nicht mehr bestritten. Insbesondere für Lendenwirbelsäulenbeschwerden, aber auch Beschwerden im Schulter-Nacken Bereich und auch für das RSI-Syndrom (repetitive strain injury syndrome, Schädigung des Bewegungsapparates vor allem im Hand-, Arm-, Schulter- und Nackenbereich bei anhaltender monotoner Bewegung) liegen entsprechende Studien vor. Interessanterweise scheinen gute körperliche Voraussetzungen (Muskelkraft, Fitness) nicht signifikant das Auftreten von Beschwerden zu verhindern. Dagegen gibt es Hinweise auf einen Synergismus: Gerade die Kombination körperlicher und psychischer Belastung scheint ein höheres Risiko für Beschwerden zu bergen. Anhand von Ergebnissen der NEXT-Studie, in der wir die Arbeitsbedingungen und Gesundheit von Pflegepersonal in 11 europäischen Ländern untersucht haben, möchte ich zeigen, inwieweit verschiedene Arbeitsfaktoren assoziiert sind mit der Entwicklung von Einschränkungen des täglichen Lebens aufgrund von Rücken- und/oder Nackenbeschwerden (im Folgenden *Ein-*

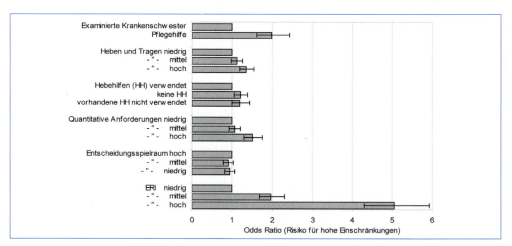

Abbildung 7: Assoziation verschiedener Arbeitsfaktoren mit der Entwicklung von hohen Einschränkungen des täglichen Lebens aufgrund von Rücken- und/oder Nackenbeschwerden (von Korff Disability Score). Fehlerbalken zeigen das 95 % Konfidenzintervall an. Quelle: NEXT-Study – eigene Analysen. Fragebogendaten, Multinomiale logistische Regression mit Adjustierung für alle Expositionsfaktoren sowie Alter, Geschlecht und Land, N=16.770

schränkungen genannt, *siehe Abbildung 7*). Überraschend zeigte das (selbst berichtete) Ausmaß an Heben und Tragen kaum einen Einfluss auf die Entwicklung von Einschränkungen, geringer Handlungsspielraum ebenfalls nicht und hohe Anforderungen nur in geringem Maß. Dagegen war ein hohes ERI-Ungleichgewicht mit einem 5-fachen Risiko assoziiert.

Diese Ergebnisse der Querschnittsanalyse wurden kürzlich durch die Analysen von NEXT Längsschnittdaten bestätigt: zunächst rückengesunde (!) Personen mit einem hohen ERI-Ungleichgewicht hatten 12 Monate später ein mehrfaches Risiko für das Vorliegen von Einschränkungen gegenüber Kollegen mit keinem ERI-Ungleichgewicht (mehr zu NEXT unter www.next-study.net).

Neben einem ERI-Ungleichgewicht wurden als psychosoziale Risikofaktoren für die Entstehung muskuloskelettaler Beschwerden und Krankheiten identifiziert: insbesondere Zeitdruck und hohe quantitative Arbeitsanforderungen, aber auch niedriger Entscheidungsspielraum, geringe soziale Unterstützung von Kollegen wie auch Vorgesetzten, hohe Konzentrationsanforderungen, hohe Verantwortung und unklare Arbeitsanforderungen.

Welche Mechanismen könnten diesem Zusammenhang zugrunde liegen? Folgende Hypothesen werden diskutiert:

- Psychosoziale Arbeitsbelastungen bringen erhöhte körperliche Belastung mit sich (z. B. durch ungeschickte Bewegungen unter Stress).
- Die Stressreaktion führt zu einer Erhöhung des Muskeltonus (in Studien belegt), was infolge von Minderdurchblutung zu Schädigungen führt.
- Die Schmerzschwelle wird unter Stress gesenkt (in Studien belegt).
- Cortisolbedingter Abbau von muskuloskelettalem Bindegewebe unter chronischem Stress mit folgender Instabilität.
- Beschwerden bei leichter muskulärer Arbeit durch Aktivierung immer derselben Muskelfasern (andere werden nur bei schwerer Arbeit aktiv). Die andauernde Aktivierung dieser Fasern führt zu degenerativen Veränderungen und letztlich Schmerzen. Es ist bekannt, dass psychische Belastung zur Anspannung von Muskeln führt. Unter andauerndem Stress könnten folglich immer dieselben Muskelfasern chronisch aktiviert sein – wenn auch niederschwellig. (Schneewittchen-Hypothese: Schneewittchen begann die Arbeit morgens als Erste und beendete sie abends als Letzte).
- Regelmäßige Erholungsphasen sind wichtig für die Regeneration der Muskelfasern. Psychosozialer Stress führt zu Muskelanspannung, was die Erholung der Muskeln selbst während Aktivitätspausen verhindern könnte. Möglicherweise könnte das Fehlen von Erholung der Muskeln von größerer gesundheitlicher Bedeutung sein als die gesamte muskuläre Aktivität eines Muskels.
- Klassische Konditionierung: Es kann nicht ausgeschlossen werden, dass es nach einer muskulären Beschwerdephase zu einer Konditionierung kommt; immer wenn man sich am Arbeitsplatz befindet, treten die Beschwerden auf. Dies könnte erklären, warum in einigen großen Interventionsprogrammen keine Erfolge registriert wurden.

2.1.5.3 Immunsystem

Fast jeder hat wohl schon die Erfahrung gemacht, dass er während oder kurz nach Phasen besonderer psychischer Belastung besonders anfällig für Infektionskrankheiten gewesen ist und sich z. B. einen grippalen Infekt zugezogen hat. Schon seit 20 Jahren befassen sich Forscher verschiedener Fachrichtungen mit dem Zusammenspiel des Zentralen Nervensystems und dem Immunsystem. Es zeigte sich, dass das ZNS mit dem Immunsystem interagiert und dass Stress und Depression die Funktion einzelner Komponenten des Immunsystems beeinflussen können. In Laborexperimenten wurden Funktionsveränderungen von Immunzellen bei Personen mit besonders hohem Stress gefunden. Der krankmachende biologische Mechanismus, der der Entstehung von Infektionskrankheiten infolge von Stress zugrunde liegen könnte, wurde aber bis heute noch nicht geklärt.

Ein ursächlicher Zusammenhang von Stress und Infektionskrankheiten wurde noch nicht sicher belegt. Studien, die dies mit hoher Wahrscheinlichkeit beweisen könnten, wären höchst aufwändig und liegen nicht vor. Einige Untersuchungen deuten allerdings die erwarteten Zusammenhänge an, darunter eine, bei der Probanden mit Grippeviren infiziert worden waren.

Es gibt keine klaren Hinweise darauf, dass psychischer Stress Autoimmunkrankheiten wie zum Beispiel Typ I Diabetes, Rheumatoide Arthritis oder Bronchialasthma auslösen kann. Allerdings scheint Stress die Symptomatik zu verstärken und kann möglicherweise Auslöser von akuten Krankheitsschüben sein.

2.1.5.4 Psychische Beschwerden/Erkrankungen

Unzählige Studien belegen den erwarteten Zusammenhang von Arbeitsstress und Burnout und Depression, beispielsweise mit Hilfe des demand control model und des ERI-Model. Es ist auch bekannt, dass psychosoziale Belastungen am Arbeitsplatz den Ausbruch einer Schizophrenie herbeiführen oder sie verschlimmern können, hier wurde eine hohe Komplexität der Arbeitsaufgaben als ein auslösender oder verstärkender Stressfaktor identifiziert.

Suizid und Beruf

Immer wieder gibt es Berichte über ein erhöhtes Selbstmordrisiko bestimmter Berufsgruppen, was nahe legt, dass berufsspezifische Belastungen diesem zugrunde liegen, meist psychische Faktoren. Unter den zahlreichen untersuchten Berufsgruppen kommen Ärzte und Pflegepersonal gehäuft vor. Die internationale Übertragbarkeit solcher Ergebnisse ist allerdings begrenzt.

„Karojisatsu" ist ein japanischer Begriff für **Selbstmord wegen Arbeit** und ist in Japan als Berufskrankheit anerkannt. In japanischen Statistiken wird davon ausgegangen, dass etwa 5 % von jährlich 30.000 Selbstmorden auf die Arbeit zurückzuführen sind. 2002/03 wurden in 43 Fällen die Hinterbliebenen entschädigt.

2.1.5.5 Posttraumatische Belastungsstörung (PTSD)

Polizisten, Feuerwehrpersonal, Rettungsdienstpersonal, Katastrophenschutz, Bankangestellte und Lokomotivführer gehören zu den Berufsgruppen, bei denen ein erhöhtes Risiko für das Erleben traumatischer Ereignisse (Critical Incidents, CI) besteht. Zu diesen zählen schwere Unfälle, schwierige Rettungseinsätze, insbesondere wenn Kinder beteiligt sind, längere Rettungseinsätze, Einsätze, bei denen das Opfer den Helfern bekannt ist, schwerer Dienstunfall (selbst oder Kollege, evtl. tödlich), Ereignisse, bei denen mehrere Menschen ums Leben kommen, räuberische Überfälle, Selbstmorde auf Bahngleisen, Suizid im Arbeitsbereich u. a.).

Solche traumatischen Ereignisse liegen außerhalb der üblichen menschlichen Erfahrungen und führen zu psychischen und körperlichen Belastungsreaktionen. Da sie plötzlich und unerwartet auftreten, können sie auch bei gut vorbereiteten Personen starke emotionale Reaktionen auslösen.

Die posttraumatische Belastungsstörung (PTSD) ist die chronische körperliche und psychische Reaktion auf ein traumatisches Ereignis in Form von quälendem Wiedererleben traumatischer Inhalte mit psychischer und körperlicher Reaktion (Zittern, Schwitzen etc.), Vermeidungsverhalten und Übererregung (Konzentrationsstörungen, Reizbarkeit, Schlafstörungen, übertriebene Aufmerksamkeit und Wachsamkeit, Nervosität, Schreckhaftigkeit sowie körperliche Reaktionen). Zu den Folgen eines PTSD zählen u. a. Sucht, Depressionen, Suizid, Berufsausstieg und auch persönliche Trennungen. Übersehen wird oft, dass auch niederschwellige körperliche und psychische Symptome und Probleme – auch am Arbeitsplatz – die Folgen solcher traumatischer Ereignisse sind.

Nach Banküberfällen ist in 20 % mit dem langfristigen Auftreten von PTSD zu rechnen. Bei Personen mit PTSD sind morphologische Veränderungen im Gehirn (Größenabnahme des Hippocampus, wichtig für Erinnerung) und in der Hirnfunktion (Aktivierung des Mandelkerns Amygdala, zuständig u. a. für Steuerung von Emotionen) nachgewiesen worden.

2.1.5.6 Unfälle

Die Informationsverarbeitung verändert sich unter anhaltendem Stress, was zu einem erhöhten Risiko für Unfälle beiträgt. Wahrnehmung, Aufmerksamkeit und Entscheidungsfindungsprozesse sind beeinträchtigt. Die Analyse von Flugunglücken zeigte, dass unter Stress periphere aber wichtige Signale nicht mehr ausreichend wahrgenommen worden waren.

Bei über 4000 Schlachtern in Dänemark war die Unfallhäufigkeit 2,5-fach erhöht, wenn sie zur Gruppe derer gehörten, die sich job strain (siehe oben) ausgesetzt fühlten.

2.1.5.7 Individuelle Prädisposition

Ein Problem der Stressforschung ist die hohe interindividuelle Variabilität bei der psychophysischen Stressreaktion. Dies heißt, dass die Menschen nicht nur psychisch, sondern auch physisch sehr unterschiedlich auf die verschiedenen Stressoren reagieren. So könnte man sich fragen, warum z. B. ein Berufsschullehrer auf die andauernde Stressbelastung durch unkooperative Schüler mit einem Herzinfarkt reagiert, sein Kollege mit einem Erschöpfungssyndrom und ein weiterer gar nicht. Zum einen liegt dies an der unterschiedlichen Stresswahrnehmung und an den individuellen Bewältigungsstrategien. Aber hier wird auch die genetische Disposition eine große Rolle spielen: Menschen können eine besondere erbliche Vulnerabilität für bestimmte Erkrankungen haben und möglicherweise für andere eine besondere Resistenz. Für die Stressforschung bedeutet dies, dass man die meisten Untersuchungen mit sehr vielen Teilnehmern durchführen muss, um zuverlässige Ergebnisse zu erhalten.

2.1.6 Besondere Risikogruppen

Während einige Arbeitsplätze immer körperlich und psychisch sicherer werden, entstehen zahlreiche neue, bei denen umso größere Risiken bestehen, die aber oft nicht erkannt werden. In den kommenden Jahren gilt es (auch für die Stressforschung), diese Risiko- (oft Rand-)gruppen zu entdecken und frühzeitig korrigierend einzugreifen. Im Folgenden sind einzelne solcher Gruppen skizziert:

- Personen mit niedrigem *sozioökonomischen Status*
In den Whitehall Studien von Sir Michael Marmot (2005) in London wurde (und wird) gezeigt, dass es ein stufenweises soziales Gefälle von Gesundheit gibt: Personen der obersten gesellschaftlichen Schicht sind am gesündesten, die der untersten Schicht am wenigsten gesund. Dies ist in ganz Europa der Fall und das Gefälle nimmt in vielen Ländern zu, wie Studien aus Finnland, Dänemark, Großbritannien, Spanien und Schweden zeigen. Nicht selten findet man Unterschiede in der Lebenserwartung von 5 bis 10 Jahren zwischen „ganz oben" und „ganz unten". Eine der Krankheiten, die diesem Gradienten unterliegt, ist der Herzinfarkt. Hier kann der Unterschied zwischen den extremen sozioökonomischen Gruppen so groß sein wie der Risikounterschied zwischen Frauen und Männern.
Einige der Differenzen zwischen den sozialen Gruppen sind auf die Unterschiede in den Lebensbedingungen und im Gesundheitsverhalten zurückzuführen, aber eine Reihe von Studien lässt vermuten, dass hier auch arbeitsbedingter Stress, v. a. niedriger Entscheidungsspielraum, einen Anteil an diesem sozialen Gesundheitsgefälle hat.
- Pekariöse Beschäftigung
Die Grenze zwischen Erwerbstätigkeit und Arbeitslosigkeit wird in Europa zunehmend durchlässiger. Es überrascht nicht, dass in Studien durchweg die Angst vor Arbeitslosigkeit, und insbesondere konkret drohende Arbeitslosigkeit mit schlechter (v. a. psychischer) Gesundheit assoziiert ist. Die psychischen Beeinträchtigungen sind dabei in der Unsicherheitsphase häufig größer als während der folgenden Zeit der Arbeitslosigkeit.
- Survivors
Beschäftigte, die trotz einer Entlassungswelle ihren Arbeitsplatz behalten haben, werden Survivors genannt. Seit Beginn der 1990er Jahre beschäftigt man sich intensiver mit dieser Gruppe, die ein erhöhtes Risiko für das Survivor - Syndrom hat: Resignation, Müdigkeit, Depression, Sorge um den Arbeitsplatz, Misstrauen gegenüber dem Management, Gleichgültigkeit, verminderte Loyalität und schlechte Gesundheit. Interessanterweise scheint dieses Syndrom dann nicht vermehrt aufzutreten, wenn der Entlassungsprozess drei Bedingungen erfüllt: 1. keine Restunsicherheit bezüglich der Arbeitsplatzsicherheit, 2. die Beteiligung der Beschäftigten an den Entlassungsmaßnahmen und 3. die Wahrnehmung von Prozessgerechtigkeit bei der Entlassungsmaßnahme.
- Sonstige
Insbesondere in schwedischen Studien, die auf die Daten regelmäßiger Befragungen zum Arbeits- und Privatleben bei über 10.000 Einwohnern zurückgreifen, werden weitere Risikogruppen für schlechte Gesundheit identifiziert: So scheinen Personen, die aus Angst vor Arbeitslosigkeit an ihrem ungeliebten Arbeitsplatz festhalten, ein eindeutig erhöhtes Risiko für schlechtere Gesundheit zu haben.

2.1.7 Wie kann man Arbeit, Stress und Krankheit messen?
Nehmen wir mal an, wir wollten den Zusammenhang von Stress und gesundheitlichen Beeinträchtigungen untersuchen, sei es in einer wissenschaftlichen Untersuchung oder auch in einem Betrieb. Nehmen wir ferner an, wir hätten alle Aspekte, die wir untersuchen wollen (Stress, Stressoren, Stressreaktion, gesundheitliche Beanspru-

chungsfolgen) gut definiert, dann stellt sich für uns jetzt automatisch die wichtige Frage: Wie sollen wir das messen?

Die *Erfassung von Stress* ist schwierig und eine Herausforderung für alle, die dies tun. Immerhin ist Stress ein subjektiver Prozess. Im Gegensatz zum Beispiel zur Messung der Hepatitis-B-Immunität, bei der man die Menge der schützenden Antikörper genau bestimmen kann, gibt es beim Stress keine perfekte Erfassungsmethode. Alle Messmethoden haben ihre Stärken und Schwächen. Je nach Untersuchungsfrage, Untersuchungsgruppe, Untersuchungsdesign und finanziellen Ressourcen sind einige Methoden geeigneter als die anderen. Die Fehlerhaftigkeit von Messverfahren ist jedoch dann kein Problem mehr, wenn man weiß, wo die Schwächen liegen und dies bei der Analyse, Interpretation und Verbreitung der Ergebnisse gewissenhaft berücksichtigt.

Was die Interpretation der Ergebnisse angeht, so sind angesichts der Schwächen jedes Messverfahrens nicht nur die Untersucher in die Pflicht genommen, sondern auch die Rezipienten von Untersuchungsergebnissen, also zum Beispiel auch die Leser dieses Artikels. Auch diese sollten bedenken, was eine Untersuchung aussagen kann und aussagt, und was nicht. Wenn Sie zum Beispiel in unserer vorne präsentierten Analyse gelesen haben, dass vor allem Lehrer ausgebrannt sind, dann sollten Sie im Hinterkopf haben, dass die Autoren ja nur die Daten einer Querschnittsbefragung ausgewertet haben, dass daher also keine zwingende Kausalität zwischen einer Ursache (Beruf) und einer Beanspruchungsfolge (psychische Erschöpfung) belegt werden konnte. Ferner sollten Sie in Erinnerung behalten haben, dass die Autoren *arbeitsbedingte* psychische Erschöpfung untersucht und damit Burnout in einer Weise definiert haben, die mit der bekanntesten Interpretation und Operationalisierung von Burnout durch Maslach nur sehr wenig gemein hat. Und schauen Sie sich die bei der Befragung gestellte Frage noch einmal genau an: es wurde gefragt, welche Beschwerden während oder unmittelbar nach der Arbeit häufig auftreten. Vielleicht sieht das Bild am Feierabend oder am Wochenende ganz anders aus? Vielleicht haben Krankenschwestern am Wochenende ein viel höheres Risiko als Lehrer? Schließlich sollten Sie die Ergebnisse mit Ihren Erfahrungen vergleichen und auf Plausibilität testen – und natürlich wissen Sie, dass Lehrer schon immer zu den Risikogruppen für Burnout und Erschöpfung gezählt haben, so dass die Studienergebnisse trotz aller Schwächen doch wohl die Wirklichkeit in gewisser Weise widerspiegeln.

Stressmessung kann beinhalten die Erfassung a) spezieller Belastungen am Arbeitsplatz, b) von Reaktionsmustern auf die Stressexposition und c) von Beanspruchungsfolgen, d. h. der psychischen und/oder körperlichen Gesundheit. In einigen Stressverfahren (z. B. beim COPSOQ, (Copenhagen Psychosocial Questionnaire, www.copsoq.de)) werden diese Aspekte vereinigt.

Eine detaillierte Beschreibung der verschiedenen Stress-Messverfahren würde den Rahmen dieses Kapitels sprengen. Allerdings werde ich unten anführen, dass die Kombination verschiedener Messmethoden ein Erfolg versprechender Schritt ist, um künftig mehr zu erfahren über den Zusammenhang von Arbeit, Stress und Krankheit. Daher gebe ich im Folgenden einen kurzen Überblick über übliche verwendete quantitative Messverfahren zur Stressexposition (eine gute Übersicht über die Messung von psychosozialen Arbeitsbedingungen im Betrieb gibt Resch, 2003).

2.1.7.1 Erfassung psychosozialer Stressoren am Arbeitsplatz

- Der Selbstbericht: Am häufigsten ist die Verwendung von strukturierten Fragebögen, die die Erwerbstätigen in aller Regel selbst ausfüllen. Dabei beantworten die Befragten eine Reihe von Fragen zu verschiedenen definierten Aspekten ihrer Arbeit. Im COPSOQ wird beispielsweise der Aspekt *Quantitative Arbeitsanforderungen* mit den folgenden vier Fragen abgefragt:
- Müssen Sie sehr schnell arbeiten?
- Ist Ihre Arbeit ungleich verteilt, sodass sie sich auftürmt?
- Wie oft kommt es vor, dass Sie nicht genügend Zeit haben, alle Ihre Aufgaben zu erledigen?
- Müssen Sie Überstunden machen?

Die Teilnehmer haben die Wahl zwischen verschiedenen vorgegebenen Antwortmöglichkeiten, in diesem Fall: immer, oft, manchmal, selten, nie/fast nie. Die Antworten werden mit einer Zahl kodiert und für jeden Teilnehmer wird ein Mittelwert errechnet, so dass im Fall des *COPSOQ* derjenige eine 0 erhält, der jede der 4 Fragen mit nie beantwortet hat (also keine Quantitativen Anforderungen erlebt) und derjenige 100, der maximale Anforderungen berichtet (4-mal „immer").

Das *Fragebogenverfahren* ist billig, schnell einsetzbar und kann sich zur Anwendung in Betrieben oder bei bestimmten Zielgruppen gut eignen, wenn man weiß, wie man mit den gewonnenen Informationen umgehen muss.

Selbstangaben sind natürlich immer subjektiv. Wenn ich die Stressexposition an meinem Arbeitsplatz beurteilen soll, dann setzt das voraus, dass ich den Stressor bewusst wahrgenommen habe und es schließt ein, dass ich auf ihn – auf meine Art – reagiert habe. Meine Antworten spiegeln also eher das wider, was ich wahrnehme und was dies mir bedeutet – und dies stimmt natürlich nicht 100-prozentig mit der Wirklichkeit am Arbeitsplatz überein (die Wirklichkeit lässt sich sowieso nicht erfassen, mit den verschiedenen Verfahren nähern wir uns ihr immer nur an).

Es gibt eine Reihe psychischer Mechanismen, die das Antwortverhalten bei Selbstberichten verzerren können, so könnte Wunschdenken in Bezug auf die eigene Arbeitssituation das Antwortverhalten beeinflussen. Häufig wird auch argumentiert, dass die Antworten durch eine ausgeprägte negative Grundstimmung (Negative Affektivität) beeinträchtigt werden könnten. Will man Stressexposition mit Stressreaktion (z. B. Burnout) koppeln, so besteht bei Selbstberichten immer das Risiko der Trivialitätsfalle: Ein sowieso kranker oder deprimierter Menschen könnte die Fragen zu den quantitativen Anforderungen eher im Sinne hoher Anforderungen und die nach Burnout im Sinne besonders hohen Ausgebranntseins beantworten. Umgekehrt könnten gesunde und zufriedene Arbeiter ihre Arbeitsbelastung zu günstig beurteilen. Der Forscher würde so eine hohe Korrelation zwischen quantitativen Anforderungen und Burnout feststellen, die nicht einen wahren Zusammenhang darstellt, sondern auf einen gemeinsam zugrunde liegenden Faktor, wie zum Beispiel eine bereits bestehende Krankheit oder auf Negative Affektivität zurückgeht.

Dieses Problem besteht vor allem bei Querschnittsstudien und Fall-Kontroll-Studien. Dennoch werden derlei Assoziationen von Exposition und Beanspruchungsfolgen aus Fragebogendaten häufig publiziert, was durchaus seine Berechtigung haben kann, denn es gibt messmethodische und statistische Möglichkeiten, mit diesem Risiko umzugehen, die hier nicht diskutiert werden sollen. Nur kausale Verknüpfungen darf man eben nicht machen.

Manche Wissenschaftler meinen, dass der Selbstbericht zur Untersuchung des Zusammenhangs von Arbeit, Stress und Krankheit besser geeignet ist, weil in ihren Augen die Stresswahrnehmung und Stressreaktion Voraussetzungen für die physische Reaktion sind – nach dem Motto: „nur was ich weiß, macht mich heiß". Andere dagegen sehen es genau umgekehrt: Wenn man den Zusammenhang von Arbeit, Stress und Krankheit erfassen wolle, solle man die Arbeit objektiv erfassen, schließlich sei das Ziel, die Arbeit zu ändern und nicht den Menschen. Die Stresswahrnehmung und -reaktion seien dermaßen von subjektiven Verzerrungen geprägt, dass sie wahre Zusammenhänge verdeckten. Sie verlangen objektivere Messverfahren zur Erfassung von Arbeitsstress.

- Expertenurteile. Das Problem der Subjektivität der Beantwortung hat man versucht zu umgehen, indem man nicht die Beschäftigten selbst, sondern Experten die psychosoziale Arbeitssituation beurteilen ließ. Experten können z. B. Kollegen, der Vorgesetzte, Krankenschwestern des betriebsärztlichen Dienstes des Betriebes oder speziell geschulte Beobachter sein. Oft werden diese Expertenverfahren als objektiv bezeichnet. In zahlreichen Stressstudien wurden sie eingesetzt. In Bezug auf job strain und kardiovaskuläre Krankheiten wurden nicht selten Zusammenhänge zwischen den Expertenurteilen und Krankheit (z. B. Herzinfarkt, Herzrisikofaktoren) in der erwarteten Richtung gefunden, wenn auch meist in geringerem Ausmaß als bei selbst berichteter Exposition.

Die Durchführung von Expertenbeurteilungen ist sehr aufwändig und oft kostspielig. Auch sie unterliegen systematischen Verzerrungseffekten. Aufgrund der auch hier menschlichen Beurteilung sind sie nicht wirklich objektiv. So könnten Experten aufgrund der punktuellen (nur kurzzeitigen bzw. einmaligen) Beurteilung relevante Aspekte verborgen bleiben, während die Beschäftigten selbst eher die kontinuierliche Exposition bewerten. Ferner könnten sich die Beschäftigten in der Phase der Beobachtung anders verhalten als üblich.

- Job Exposure Matrix. In der ersten wissenschaftlichen Untersuchung, die einen Zusammenhang zwischen job strain und Herzinfarkt belegte, ist eine Job Exposure Matrix (JEM) genutzt worden. In einer JEM werden mithilfe der Daten einer Bevölkerungsbefragung (wie zum Beispiel die BIBB/IAB Befragung von 34343 Erwerbstätigen in Deutschland) Mittelwerte für verschiedene psychosoziale Arbeitsfaktoren von Interesse errechnet (z. B. Arbeitsanforderungen und Entscheidungsspielraum) und zwar separat nach Berufsgruppe, Berufsdauer, Geschlecht und Alter. So kann man schließlich in der JEM ablesen, welche Werte für psychische Arbeitsanforderungen und Entscheidungsspielraum ein männlicher 40 - 44-jähriger Maurer mit 10 - 14 Jahren Berufserfahrung wohl hat. Auf diese Weise konnten Karasek und Theorell in den frühen 80er Jahren Herzinfarktpatienten ihren Gruppenmittelwert für diese Stressoren zuordnen und sie mit den JEM-Werten anderer Personen vergleichen, die keinen Herzinfarkt erlitten hatten.

Wenn einmal eine JEM vorliegt, dann ist ihre Anwendung für Wissenschaftler reizvoll, solange sie noch aktuell ist. Die Verwendung einer JEM in Stressuntersuchungen erfordert allerdings Zugang zu sehr vielen Patienten und Nichtpatienten. Schwächen liegen bei der möglicherweise geringen Präzision der Zuordnung in Berufsgruppen, wie auch der Werte für die psychosozialen Expositionsfaktoren (hier Arbeitsanforderungen und Entscheidungsspielraum).

- Quantifizierung der Arbeitsbelastung. Bisher noch relativ wenig Beachtung hat die Nutzung objektiver Leistungsdaten als Indikator für psychosoziale Stressoren in der stressphysiologischen Forschung gefunden. So ist durchaus denkbar, dass die Menge der bearbeiteten Waren einer Kassiererin als Expositionsindikator für Quantitative Arbeitsanforderungen verwendet wird, oder etwa die Anzahl einkommender Flüge bei Fluglotsen, die Anzahl der Gespräche in Callcentern bzw. die Arbeitszyklen bei repetitiver Arbeit.

2.1.7.2 Erfassung gesundheitlicher Folgen psychosozialer Arbeitsbelastung

2.1.7.2.1 Erfassung von Krankheiten

Auch für die Erfassung und Messung der gesundheitlichen Folgen psychosozialer Arbeitsbelastung gelten ähnliche methodische Bedenken wie bei der Erfassung der Stressoren. Das Problem der Verwendung selbst berichteter psychischer Beeinträchtigungen wie Burnout ist bereits oben beschrieben. Aber selbst bei physischen Krankheiten besteht nicht immer die Möglichkeit, das Vorliegen einer Krankheit so objektiv zu verifizieren, wie dies beim Herzinfarkt (biochemisch) oder bei der Arteriosklerose (sonografisch, Kernspin) der Fall ist. In diesen Fällen kann man sicher sagen, ob eine Krankheit vorliegt bzw. wie weit sie fortgeschritten ist. Besonders schwierig ist die Erfassung bei Wirbelsäulenleiden: Dort korrelieren a) die Untersuchungsergebnisse bildgebender Verfahren (Röntgenbild, CT, Kernspin) nur relativ gering mit b) dem Ausmaß an Schmerzen und c) dem Ausmaß an Einschränkungen des täglichen Lebens aufgrund der Beschwerden. Welchen der drei Manifestationsformen von Wirbelsäulenleiden soll man da auswählen? Wie will man ggf. Schmerzen oder die Einschränkungen erfassen?

Ein weiteres Problem der Assoziation von Exposition (Stressoren) und Krankheit ist, dass dazwischen oft viele Jahre bis einige Jahrzehnte (Latenzzeit) liegen können (z. B. beim Herzinfarkt). Die Zahl von Längsschnittstudien solcher Dauer ist begrenzt und manchmal hat man zu Beginn der Studien Parameter erhoben, die den heutigen Standards an Präzision nicht mehr genügen. In Schweden besteht die Möglichkeit, Teilnehmer über flächendeckende Register (Krebsregister, Herzinfarktregister, Todesursachenregister) anhand der individuellen Personennummer auch über Jahrzehnte noch weiter zu verfolgen, was einen enormen Erkenntnisgewinn mit sich bringt.

2.1.7.2.2 Erfassung von Risikofaktoren

Eine Weise, das Problem der langen Latenzzeit in den Griff zu bekommen, ist die Verwendung von biologischen Risikofaktoren für bestimmte Krankheiten. In vielen Stressstudien wurden Zusammenhänge von Stress mit kardiovaskulären Risikofaktoren gefunden, z. B. mit einem ungünstigen Blutfettprofil, einem erhöhten Blutdruck und einem erhöhten Ausmaß an Arteriosklerose. Auch die Funktion eines Organs kann Untersuchungsgegenstand sein (z. B. *Herzfrequenzvariabilität*, Muskelaktivität). Schließlich interessiert Wissenschaftler die Veränderung bestimmter Organe, insbesondere des Gehirns unter schwerem Stress (PTSD). Wie zuvor angedeutet hat man festgestellt, dass das Volumen bestimmter

Hirnregionen (Hippocampus) nach einem schweren psychischen Trauma (z. B. bei Flüchtlingen) schwinden (und später auch wieder zunehmen) kann.

2.1.7.2.3 Erfassung von biologischen Indikatoren von Stress

Seit Jahren werden biologische Indikatoren einer Stressreaktion gesucht, um die Stressreaktion auf bestimmte Situationen und Konstellationen oder in bestimmten Risikogruppen untersuchen zu können (Stressmarker). Die bekanntesten Vertreter sind Cortisol (i. d. R. als Speichelcortisol), Blutdruck, Herzfrequenzvariabilität, Immunparameter, Gerinnungsparameter und Blutfette. Die methodischen Probleme mit *biologischen Indikatoren* von Stress sind mannigfaltig. Ein Hauptproblem sind die meist sehr unterschiedlichen individuellen Werte zwischen den Einzelpersonen. Ferner sind die Untersuchungsergebnisse oft nicht konsistent. Weitere Bedenken betreffen die Größe der Untersuchungsgruppen, die für eine Erfolg versprechende Untersuchung erforderlich ist. Natürlich werden in solchen Untersuchungen immer mehrere verschiedene Laborparameter als Kandidaten analysiert und so besteht immer die Möglichkeit, dass etwas gefunden wird, was aber – wenn man nur genug Messungen durchgeführt hat – auch Zufall sein kann. Das Gefundene wird dann, wenn es gängigen Hypothesen entspricht, publiziert. Das Hauptproblem aber ist das Gegenteil: dass nämlich (die zahlreichen) Studienergebnisse, die keinen Zusammenhang aufweisen, in den gängigen Zeitschriften nicht publiziert werden können (publication bias).

Es wäre schön, wenn man seinen Finger an ein Messgerät klemmen oder Blut abnehmen könnte und danach sagen könnte, ob und wie sehr der Betroffene gestresst und gefährdet ist. Derlei Messinstrumente werden bereits verwendet, auch in der Unternehmensberatung, und hier müssen wir vorsichtig sein. Eine Einmalmessung hat methodische Schwächen und kann – wenn überhaupt – nur einen Teil einer akuten Stressreaktion messen, diese Reaktion kann hoch aber durchaus der Situation angemessen und damit normal sein. Über die relevante Stressexposition (akut wie chronisch), die chronische Stressreaktion und über mögliche gesundheitliche Risiken sagen diese Tests nichts aus.

2.1.7.3 Triangulierung

Um die methodischen Erfassungsprobleme zu umgehen und den Zusammenhang zwischen psychosozialer Exposition und gesundheitlichen Folgen zuverlässiger untersuchen zu können, wurde in den vergangenen 10 Jahren vermehrt dazu aufgerufen, mehrere Erfassungsmethoden gleichzeitig zu verwenden und zu schauen, wie sie jeweils mit Krankheit assoziiert sind (Triangulierung). Dies haben wir in der schwedischen WOLF-Studie getan. *Abbildung 8* zeigt die Korrelationskoeffizienten für vier verschiedene Messwerte für Entscheidungsspielraum: links oben den Selbstbericht (Fragebogen), rechts oben den Gruppenmittelwert der Arbeitsgruppe (um den Effekt individueller Unterschiede zu reduzieren), links unten die Ergebnisse der Expertenschätzung und rechts unten die Werte aus einer damals neuen JEM. Die Korrelationen waren überaus hoch, was zeigt, dass allen vier Erfassungen ein gemeinsames Konstrukt zugrunde liegt. Überraschenderweise waren die Blutwerte (v. a. Blutfette) am ehesten mit den Einschätzungen der Experten assoziiert, was darauf hinweisen könnte, dass die individuelle Wahrnehmung nicht unbedingt mit der physi-

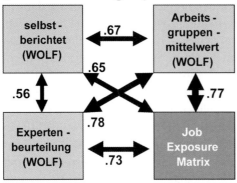

Abbildung 8. Korrelation zwischen vier verschiedenen Erfassungsmethoden von „Entscheidungsspielraum" bei 2275 Männern in der schwedischen WOLF-Studie. Quelle: Hasselhorn et al., 2004

schen Stressreaktion einhergehen muss. In einigen Jahren werden wir anhand des schwedischen Herzinfarktregisters nachsehen können, welche der Erhebungsmethoden am besten in der Lage ist, das Auftreten von Herzinfarkten vorherzusagen.

2.1.7.4 Studiendesign und die Untersuchung der Assoziation Arbeit-Stress-Krankheit

In diesem Beitrag ist es bereits mehrfach angeklungen: Die Erforschung des Zusammenhangs von Arbeitsstress und Krankheit ist auch eine Frage des Studiendesigns. Wieder haben alle ihre Vor- und Nachteile. Im Folgenden gehe ich auf einige von ihnen ein.

Querschnittsuntersuchungen. Wenn eine Untersuchung nur an einem Zeitpunkt durchgeführt wird (Querschnittsuntersuchung), müssen bei der Analyse viele Interpretationsmöglichkeiten offen bleiben. Schlussfolgerungen in Bezug auf kausale Zusammenhänge können nicht gemacht werden. Einflüsse wie der Healthy Worker Effect (kranke Beschäftigte haben den Arbeitsplatz verlassen) und die Drift-Hypothese (kranke Beschäftigte erhalten schlechtere Arbeitsplätze) können nicht ausgeschlossen werden.

Längsschnittuntersuchungen mit zwei oder – besser – mindestens drei Messzeitpunkten erlauben dagegen eher kausale Schlussfolgerungen.

Interventionsstudien sind Längsschnittstudien. Seit etwa 10 Jahren wird in der Stressforschung gefordert, vermehrt Interventionsstudien mit Gesundheitsindikatoren als Erfolgsindikatoren durchzuführen. In den vergangenen Jahren kam noch die Forderung hinzu, auch zentrale betriebliche Indikatoren (z. B. Wirtschaftlichkeit) hinzu zu nehmen. So zeigten Längsschnittuntersuchungen in der Pflege (z. B. zu Magnet Hospitals in den USA), dass ein partizipativer Führungsstil, professionelle Pflegepraxis und Möglichkeiten zur professionellen Weiterentwicklung bei Pflegepersonal nicht nur positiv mit betriebswirtschaftlichen Indikatoren verknüpft sind, sondern auch zu besseren Pflegeresultaten bei den Patienten (geringe Mortalität, Stürze, Wundinfektionen usw.) führen.

Eine besondere Form der Längsschnittuntersuchungen sind regelmäßig wiederkehrende **Bevölkerungsbefragungen**. Die alle zwei Jahre durchgeführte schwedische Arbetsmiljöundersökningen (Untersuchung zum Arbeitsmilieu) erfasst bei 10.000 bis 15.000 Erwerbstätigen nicht nur die körperliche sondern insbesondere auch die psychosoziale Exposition bei der Arbeit. Durch die Institutionalisierung derartiger wiederkehrender Befragungen können zusätzliche Erkenntnisse zur Dynamik von Entwicklungen gewonnen werden. Ein Beispiel soll die Relevanz dieser Erhebungen verdeutlichen: Ende der 90er Jahre haben die schwedischen Erhebungen gezeigt, dass Lehrer nicht nur besonders ungünstige Werte für Quantitative Arbeitsanforderungen sowie für Burnout und körperliche Erschöpfung aufwiesen, sondern dass sich diese Parameter bei Lehrern im Zeitverlauf entgegen dem allgemeinen Trend stark negativ entwickelt hatten. Die Veröffentlichung dieser Befunde in Schweden führte dort zu einer intensiven Diskussion der Arbeitsbedingungen der Lehrer und der Implementierung von detaillierteren Studien und *Präventionsmaßnahmen*. Vergleichbare Befragungen gibt es in einigen europäischen Ländern, z. B. in Dänemark, Finnland, den Niederlanden, Großbritannien und Frankreich. Die Gründe für den gelinde gesagt bedauerlichen Umstand, dass es in Deutschland noch nicht einmal eine repräsentative Querschnittsuntersuchung zur psychosozialen Arbeitssituation gibt, würden mich interessieren. Dass solche Erhebungen zweijährlich in Nordrhein-Westfalen durchgeführt werden, sei hier anerkennend erwähnt.

Mit **experimentellen Studien** lassen sich Kausalannahmen besonders gut prüfen. In Tierversuchen geschieht dies schon seit fast 100 Jahren, begonnen von Walter Cannon und fortgesetzt durch Hans Selye. Das Problem ist die Übertragbarkeit der Ergebnisse auf den Menschen, was aber durchaus getan wird, immerhin beruht das Verständnis der neurohormonalen Stressreaktion auf Tierversuchen (siehe J.P. Henry). Experimentelle Studien bei Menschen beschränken sich auf die akute Stressbelastung, solche zur chronischen Stressbelastung sind ethisch nicht vertretbar. Zwei Aspekte sind bei der Untersuchung der akuten Stressreaktion von Interesse: das Ausmaß der Stressreaktion und das Erholungsmuster: Eine stärkere Stressreaktion und ein länger andauernder Erholungsprozess gelten als risikobehaftet. Natürlich stellt sich die entscheidende Frage nach der prognostischen Validität: Lässt die Reaktion auf einen akuten Stressor Schlussfolgerungen für die Entwicklung stressbedingter Erkrankungen bei chronischer Stressbelastung zu? Die bisherigen Ergebnisse verschiedener Untersuchungen geben hier keine eindeutige Antwort.

2.1.8 Key-Message

- Arbeit ist nicht nur die Grundlage für wirtschaftliche Existenz, Identität, soziale Integration und auch Lebenssinn, sondern oft auch für Gesundheit.
- Arbeit, Stress und Krankheit ist ein populäres Thema, das oft populistisch abgehandelt wird und bei dem Wunschgedanken oft als Fakten dargestellt werden.
- Stress ist kein Zustand, sondern ein Prozess der aktiven wechselseitigen Auseinandersetzung des Menschen mit seiner Umwelt. Dieser Prozess ist gekennzeichnet durch a) eine ungünstige (Arbeits-)Exposition, eine negative individuelle Reaktion und den Aspekt der Überforderung.
- Die genaue Definition von Stress, Stressoren und gesundheitlichen Beanspruchungsfolgen ist Voraussetzung für die Untersuchung von Zusammenhängen von Stress und Krankheit.
- Die Erfassung von Stress ist schwierig, denn Stress ist ein subjektiver Prozess. Hierfür gibt es keine perfekte Erfassungsmethode. Alle Messmethoden haben ihre Stärken und Schwächen. Je nach Untersuchungsfrage, -gruppe, -design und finanziellen Ressourcen sind einige Methoden geeigneter als die anderen.
- Die Fehlerhaftigkeit von Messverfahren ist dann kein Problem mehr, wenn man weiß, wo die Schwächen liegen und dies bei der Analyse, Interpretation und Verbreitung der Ergebnisse gewissenhaft berücksichtigt.
- Arbeitsstressmodelle wie das demand control model oder das Effort-Reward Imbalance Model haben dazu beigetragen, dass Zusammenhänge von Stress und Krankheit belegt werden konnten.
- Arbeitsstress kann a) eine neue Krankheit hervorrufen, b) bei einer vorliegenden Krankheit den Ausbruch bzw. Verlauf beschleunigen, oder c) vorliegende Krankheitssymptome verstärken.
- Krankheiten, die besonders häufig mit Arbeitsstress in Verbindung gebracht werden, sind Herz-Kreislauferkrankungen, muskuloskelettale Erkrankungen sowie psychische Beschwerden und Krankheiten.
- Es gibt Risikogruppen auf dem Arbeitsmarkt, bei denen besonders mit stressbedingten Gesundheitsbeeinträchtigungen gerechnet werden muss. Diese Gruppen werden hierzulande bisher zu wenig gesucht, gefunden und beachtet. Beispiele sind: Beschäftigte in prekariöser Anstellung, Personen mit drohendem Arbeitsplatzverlust und Survivors einer Entlassungswelle.
- Die Einführung regelmäßiger Panelbefragungen zu den Arbeitsbedingungen bei Erwerbstätigen in Deutschland ist dringend erforderlich, um psychische Belastung und Beanspruchung bei Risikogruppen frühzeitig erkennen und gegensteuern zu können.

Literaturhinweise

BÖDECKER, W., DRAGANO, N. (2006): Das IGA-Barometer 2005. Einschätzungen der Erwerbsbevölkerung zum Stellenwert der Arbeit, zu beruflichen Handlungsspielräumen und zu Gratifikationskrisen www.iga-info.de/reporte.php (letzter Zugang 26.7.2006).

EUROPÄISCHE KOMMISSION (HRSG.) (2000): „Stress am Arbeitsplatz – ein Leitfaden – Würze des Lebens – oder Gifthauch des Todes?" für die Europäische Kommission.

HASSELHORN, H.M., NÜBLING M.: Arbeitsbedingte psychische Erschöpfung bei Erwerbstätigen in Deutschland. Arbeitsmed. Sozialmed. Umweltmed. 2004; 39:568-576.

HASSELHORN, H.M., TACKENBERG P.: Effort-Reward Imbalance bei Pflegepersonal in Deutschland im internationalen Vergleich – Ergebnisse von der europäischen NEXT-Studie. Zbl Arbeitsmed 2004; 54:460-470.

HASSELHORN, H.M., THEORELL T., HAMMAR, N., ALFREDSSON, L., WESTERHOLM P. AND THE WOLF STUDY GROUP (2004): Occupational health care team ratings and self reports of demands and decision latitude – Results from the Swedish WOLF Study. Karolinska Institutet, National Institute for Psychosocial Factors and Health: Stress Research Report 314, Stockholm, 2004

HENRY, J.P.: Biological Basis of the Stress Response. Integrative Physiological and Behavioural Science, January-March, 1992; 27(1):66-83.

KARASEK, R.A., THEORELL T. (1990): Healthy work: stress, productivity, and the reconstruction of working life. New York: Basic Books.

MARMOT, M. (2005): Status Syndrome. How your social standing directly affects your health. Bloomsbury Publishing.

RESCH, M. (2003): Analyse psychischer Belastungen – Verfahren und ihre Anwendung im Arbeits- und Gesundheitsschutz. Reihe „Praxis der Arbeits- und Organisationspsychologie", Verlag Hans Huber, Göttingen.

SIEGRIST, J. (1996): Soziale Krisen und Gesundheit. Hogreve; Göttingen, Bern, Toronto, Seattle.

STEPTOE, A, AYERS, S.: Stress, health and illness. In Sutton S., Baum A., Johnston M. (Eds.) Handbook of Health Psychology. London: Sage Publications, 2004, 169-196.

2.2 Das Burnout-Syndrom – eine Krankheit moderner Gesellschaften?
Andreas Weber

2.2.1 Ausgangslage – Historie

Nach einer Aufsehen erregenden Gallup-Umfrage aus dem Jahr 2003 arbeiten lediglich 15 % der deutschen Erwerbstätigen noch engagiert, 70 % leisten Dienst nach Vorschrift, 15 % haben bereits innerlich gekündigt. Würde man in einer großstädtischen Fußgängerzone berufstätige Menschen zu ihrer Arbeit befragen, wären folgende, spontane „O-Töne" häufig vertreten: „…Ich bin ständig im Stress, … total ausgebrannt …, möchte am liebsten alles hinschmeißen …, mein Akku ist leer …!". Handelt es sich bei derartigen Aussagen lediglich um Alltagsfloskeln, die zu einer modernen Dienstleistungsgesellschaft gehören wie Handy und Computer, um Ausreden für nicht erbrachte Leistungen oder um Symptome einer Gesundheitsstörung, die sich unter der Bezeichnung Burnout-Syndrom zusammenfassen lassen? Der Begriff „Burnout" (aus dem Englischen wörtlich übersetzt mit „ausgebrannt"), mittlerweile integraler Bestandteil auch der deutschen Umgangssprache, wurde im Zusammenhang mit seelischer Gesundheit vor gut 30 Jahren in den USA geprägt. So publizierte der Psychoanalytiker Freudenberger (1974) eine der ersten wissenschaftlichen Umschreibungen des Burnout-Syndroms als Energieverlust mit multiplen psychischen und physischen Beschwerden, erhöhtem Krankenstand und vorzeitigem Berufsausstieg. Die Sozialpsychologin Christina Maslach stellte Anfang der 80er Jahre eine weitergehende Definition und das noch heute am häufigsten verwendete Instrument zur Messung des Burnout vor, das Maslach-Burnout-Inventory (MBI). Im deutschsprachigen Raum hatte Bräutigam bereits 1968 ein Müdigkeitssyndrom mit gespannter, reizbarer Erschöpfung, diffusen psychischen und physischen Beschwerden und depressiver Verstimmung beschrieben. Dennoch setzte sich in den folgenden Jahrzehnten auch in Deutschland die „anglisierte Version" unter dem Terminus Burnout durch. 1982 fand Burnout als psychosomatisches Phänomen erstmals Eingang in ein Lexikon. Seit den 90er Jahren des letzten Jahrhunderts ist in den Industrienationen ein zunehmendes öffentliches Interesse an der Burnout-Problematik festzustellen. In der Laienpresse konnte das Thema teilweise einen regelrechten Boom verzeichnen, wobei in populärwissenschaftlichen Publikationen eine Diskrepanz zwischen veröffentlichten Meinungen und gesichertem Wissen auffällig ist. Wissenschaftlich haben sich in der Bundesrepublik bisher vor allem

Psychologen und Psychosomatiker mit dem Forschungsgegenstand Burnout beschäftigt, während er in der akademischen Arbeitsmedizin allenfalls ein Randgebiet darstellte. Demgegenüber wurde Burnout aufgrund der erheblichen sozial-medizinischen, betriebs-/volkswirtschaftlichen und gesundheitsökonomischen Bedeutung (siehe auch Kapitel 1.1) für die betriebsärztliche Praxis in den letzten Jahren ein wichtiges, aber zugleich schwieriges Handlungsfeld. Zentrale Probleme für Praxis und Wissenschaft rühren unter anderem daher, dass eine in allen Fachdisziplinen akzeptierte und verbindliche Definition von Burnout bis heute fehlt, die Diagnose und Abgrenzung zu anderen Gesundheitsstörungen schwierig ist und potenziell ursächliche Faktoren nach wie vor kontrovers diskutiert werden. So ist es z. B. in der psychotherapeutischen Medizin nach wie vor umstritten, ob Burnout überhaupt als eigenständige Gesundheitsstörung aufzufassen ist.

2.2.2 Definition

Die weit verbreitete und heute wohl am häufigsten verwendete Definition von Maslach und Shirom aus dem Jahr 1983, die sich am Erhebungsinstrument MBI orientiert, und auch für arbeits- und sozialmedizinische Fragestellungen maßgeblich sein sollte, stellt auf drei wesentliche Elemente (Trias) ab, die ein Burnout-Syndrom charakterisieren. Es sind dies:
- Emotionale Erschöpfung
(das Gefühl von Überforderung, Frustration, Erschöpfung, und Angst vor dem nächsten Arbeitstag)
- Depersonalisation
(eine gefühllose, zynische oder gleichgültige Einstellung gegenüber Klienten, Kunden, Patienten oder Kollegen)
- Verminderte Leistungszufriedenheit
(eine negative Einschätzung der persönlichen Kompetenz und beruflichen Leistungsfähigkeit)

In der 10. Revision der internationalen statistischen Klassifikation der Krankheiten (ICD 10) der WHO von 1994 wird Burnout nicht in der Gruppe F, in der Psychische und Verhaltensstörungen aufgeführt sind, sondern in der Gruppe Z genannt, wobei die Kategorien Z00 – Z99 Fälle umfassen, in denen Sachverhalte als Diagnosen oder Probleme angegeben sind, die nicht als Krankheit, Verletzung oder äußere Ursache in den Kategorien A – Y der ICD klassifizierbar sind. Burnout wird dabei unter Z73 (Probleme mit Bezug auf Schwierigkeiten bei der Lebensbewältigung, die zu einer Inanspruchnahme des Gesundheitswesens führen) eingeordnet, und unter der Schlüsselposition Z73.0 unbestimmt und aus diagnostischer Perspektive wenig hilfreich als … „Ausgebranntsein – Zustand der totalen Erschöpfung …" definiert. Im amerikanischen DSM-IV (Diagnostic and Statistical Manual of Mental Disorders) findet Burnout gar keine Berücksichtigung, was von Kritikern des Burnout Konzepts gerne als Argument gegen die Existenz dieser Gesundheitsstörung angeführt wird. In Deutschland wird Burnout nichtsdestotrotz heute von Ärzten und Psychologen mehrheitlich im Sinne einer medizinischen Diagnose verstanden und behandelt.

2.2.3 Epidemiologie

Entgegen älteren Annahmen, die davon ausgingen, dass ein Burnout-Syndrom nur bei Menschen auftritt, die in Sozialberufen (z. B. Kranken-/Altenpflegepersonal, Ärzte, Psychotherapeuten, Sozialarbeiter oder Lehrkräfte) überdurchschnittlich engagiert mit großem Idealismus („nur wer brennt, kann ausbrennen") tätig sind, ist heute festzustellen, dass das Vorkommen von Burnout nicht an bestimmte Arbeitsplätze, Lebenssituationen, Geschlecht oder Lebensalter gebunden ist.

So kann sich eine Burnout-Symptomatik in jedem Lebensalter manifestieren, nach neueren Erkenntnissen soll der Häufigkeitsgipfel allerdings zwischen dem 30. und 50. Lebensjahr liegen, wobei Frauen häufiger betroffen sind. Burnout Fälle werden mittlerweile bei Angehörigen diverser Berufe beschrieben. So ist in den letzten 10 Jahren eine „Epidemie ähnliche" Zunahme in vielen qualifizierteren beruflichen Tätigkeiten zu verzeichnen. Betroffen sind u. a.: Kranken-/Altenpflegepersonal, Sozialarbeiter, Beratertätigkeiten, Lehrkräfte/Erzieher, Ärzte/Zahnärzte, Logopäden, Ergotherapeuten, Polizisten/Justizvollzugsbeamte, Beschäftigte/Beamte im öffentlichen Dienst/bei Behörden, Beschäftigte bei Versicherungen/Verbänden/Banken, Manager, Juristen, Stewardessen, aber auch Hausfrauen, Arbeitslose oder Studierende. Wegen der weiten Verbreitung und der Betroffenheit zahlreicher Berufsgruppen verstehen insbesondere Arbeitsmediziner Burnout heute zunehmend als Folge problematischer Entwicklungen auf dem Arbeitsmarkt und in der Gesellschaft und weniger als Ausdruck eines individuellen Scheiterns (siehe hierzu auch Kapitel 1.1). Psychologische Erklärungsansätze beschreiben für viele der vorgenannten Berufe ein Risikomuster, bestehend aus den Anforderungen „Beraten/Schützen/Versorgen/Heilen" und der Notwendigkeit „emotionaler Zuwendung", teilweise erschwert durch „unkooperative Klienten". Die in der Literatur für einzelne Berufsgruppen mitgeteilten Prävalenzraten sind aufgrund uneinheitlicher Definitionen bzw. diagnostischer Kriterien mit Vorsicht zu bewerten. Nach einer Emnid Umfrage aus Mitte der 90er Jahre sollen bis zu 25 % der Erwerbstätigen in Deutschland an Beschwerden leiden, die unter einer Burnout-Symptomatik subsumiert werden können, was bei fehlender diagnostischer Absicherung angezweifelt werden darf. Im Rahmen einer neueren Querschnittuntersuchung, die 453 erwerbstätigen Personen in Mittelhessen einschloß, objektivierte Bolm-Audorff (2004) mittels standardisierter Befragungsinstrumente und Maslach Burnout Inventar eine Prävalenzrate von 18,5 %. Für Lehrkräfte, einer Berufsgruppe, die in besonderer Weise von Burnout betroffen ist, wurden in Abhängigkeit von Erhebungsinstrumenten bzw. Klassifikationssystemen Erkrankungshäufigkeiten zwischen 30 und 50 % mitgeteilt. Derzeit erfüllen in Deutschland nach neueren wissenschaftlichen Untersuchungen etwa ein Drittel aller im Beruf stehenden Lehrkräfte (insgesamt sind etwa 800.000 hauptberuflich tätig) die Kriterien eines Burnout-Syndroms. Darüber hinaus werden heute mehr als die Hälfte aller vorzeitigen krankheitsbedingten Berufsausstiege (Frühpensionierungen) von Lehrkräften mit Burnout und/oder in diesem Sinne interpretierbaren psychischen und psychosomatischen Symptomen begründet, wobei Lehrerinnen, unabhängig von Schultyp oder beruflichem Status (beamtet/angestellt) häufiger betroffen sind als Lehrer (Gender Problematik). Auch international sind bei Lehrkräften hohe Prävalenzraten zu verzeichnen (z. B. in Norwegen: ca. 30 %, in Finnland: bis 38 %). Für die Gruppe der berufstätigen Ärzte und Zahnärzte wurden u. a. in Abhängigkeit von Status und Tätigkeit (z. B. Assistenzärzte/Niedergelassene) relative Burnout-Häufigkeiten von 20-50 % beschrieben.

Tabelle 1: Burnout-Syndrom – wesentliche ätiopathogenetische Konzepte

A. Unbewältigter chronischer Stress („Markroebene")   (Focus: Arbeitswelt - Belastungs/Beanspruchungs Konzept)
B. Person-Environment-Misfit („Mesoebene")   (Focus: Wechselwirkung/Passung Arbeitswelt -Individuum)
C. Diskrepanz Erwartung – Realität („Mikroebene")   (Focus: Individuum - Gratifikationskrise/Effort - Reward- Imbalance)

2.2.4 Ätiopathogenese

Neben der Frage einer einheitlichen, allgemein verbindlichen Definition werden auch ätiologische und pathogenetische Aspekte unverändert kontrovers diskutiert. Ist Burnout lediglich Folge eines erheblichen arbeitsbedingten Stresses oder das Ergebnis komplexerer Wechselwirkungen zwischen gesellschaftlichen (Verhältnissen) und individuellen (Verhalten) Faktoren?

Weitgehende Einigkeit besteht heute dahingehend, dass chronischer negativer Stress (Disstress) ein Schlüsselphänomen darstellt. Als weitere Risiken gelten neben einer prädisponierenden Primärpersönlichkeit bei derzeitigem Wissensstand vor allem folgende berufsbezogene Faktoren: (psychische)Arbeitsüberlastung/lange Arbeitszeiten/Überstunden/Zeitdruck (wahrscheinlich für Frauen relevanter als für Männer) Führungsverhalten/Führungsschwäche (defizitäre Kommunikation/fehlendes Feedback), geringe Handlungsspielräume/Mitbestimmung/Fremdbestimmung, schlechtes Betriebsklima/Gemeinschaftsgefühl/geringe soziale Unterstützung (wahrscheinlich für Männer relevanter als für Frauen), schlechte Kommunikation/Informationsdefizite, Ungerechtigkeit (Gefühl mangelnder Fairness), interpersonelle Konflikte, konkurrierende berufliche/private Anforderungen, Multitasking, Mikromanaging (Delegationsunfähigkeit), Erwartungsenttäuschung (fehlende Belohnung trotz Verausgabung), aber auch ein „Aufgehen in der Alltagsroutine" (Perspektivlosigkeit). Die zahlreichen, in der psychologischen und psychosomatischen Fachliteratur publizierten Hypothesen und Konzepte zur Entstehung eines Burnout-Syndroms lassen sich aus arbeits- und sozialmedizinischer Sicht auf drei wesentliche Ansätze fokussieren (s. hierzu auch *Tabelle 1*).

So wird Burnout bei Betonung der Belastungen aus dem Arbeitsumfeld („Makro-Ebene") im Wesentlichen als Folge unbewältigten chronischen Stresses (mit dadurch induzierten emotionalen, mental-kognitiven, neuroendokrinen, immunologischen, metabolischen Reaktionen und Verhaltensänderungen) aufgefasst. Nach dem Job-Strain-Modell, das in der Arbeitsmedizin als Belastungs-Beanspruchungs-Konzept langjährig etabliert ist, kann aus psychosozialen und –mentalen Belastungen bei Kumulation und defizitärer Belastbarkeit eine hohe Beanspruchung resultieren, die in diesem Kontext als „negativer Stress" zu werten ist. „Negativer Stress" zieht bei Chronifizierung und mangelhafter Bewältigung („coping") bzw. defizitärer sozialer Unterstützung („social support") wiederum gesundheitsschädigende Wirkungen nach sich, wobei vor allem psychosomatische und Herz-Kreislauferkrankungen (insbesondere arterielle Hypertonie und ischämische Herzerkrankungen) gewissermaßen als „Endstrecke" gelten. Im pathogenetischen Geschehen spielen nicht nur psychologische und soziale Faktoren eine Rolle, sondern auch biologisch-biochemische. Diskutiert werden diesbezüglich vor allem neuroendokrinologische Veränderungen im Sinne einer dauerhaften Erhöhung des Cortisolspiegels bzw. eines gestörten Regelkreises „Hypothalamus-Hypophyse-Nebennierenrinde". Neuere Forschungsergebnisse legen nahe, dass derartige Einflüsse nicht nur für die Verursachung eines Burnout-Syndroms, sondern auch in der Pathogenese bzw. für die Manifestation weiterer psychischer Erkrankungen (insbesondere depressiver Störungen) relevant sind. Daneben scheint nach aktuellen skandinavischen Untersuchungen einer reduzierten Schlafdauer und gestörten Schlafqualität für die Pathogenese eines Burnout-Syndroms Bedeutung zuzukommen.

Nach dem aus Public Health Perspektive zu favorisierendem Konzept des Person -Environment-Fit („Meso-Ebene") kommt dem Missverhältnis bzw. Ungleichgewicht zwischen Organisation (berufliche Anforderungen-Bedürfnisse) und Person (individuelle Fähigkeiten-Erwartungen) in der Entstehung eines Burnout-Syndroms entscheidende Bedeutung zu („Passungsproblem" – Person-Environment-Misfit). Das Burnout-Risiko wird dabei nicht nur von der Stärke der Stressoren bzw. den Defiziten in den persönlichen Ressourcen, sondern vor allem auch von Unterstützungssystemen („social support") und Bewältigungsstrategien („coping") beeinflusst. Zweifelsohne hat der in *Abbildung 1* dargestellte Wandel von Gesellschaft und Arbeitswelt nicht nur zu veränderten Anforderungsprofilen mit gestiegener Bedeutung persönlicher Kompetenzen („soft skills") wie Serviceorientierung, Flexibilität, Mobilität, Kommunikations-/Teamfähigkeit, Umstellfähigkeit, Schnelligkeit, Frustrationstoleranz geführt, sondern auch zu einer – weitgehend unbestrittenen – Zunahme heterogener psychosozialer und -mentaler Belastungen. Als berufliche Stressoren sind in diesem Zusammenhang u. a. anzuführen: Zeitdruck, Überstunden, Schichtarbeit, negatives Betriebsklima (z. B. Konflikte, Konkurrenzdruck, Mobbing), Mangel an Autonomie (Fremdbestimmung), wirtschaftliche Zwänge, Mehrfachbelastungen (Beruf, Familie, Freizeit), fehlende Anerkennung. Als negative Faktoren für die individuelle Belastbarkeit gelten neben der primären Persönlichkeitsstruktur (z. B. Perfektionismus, Ängstlichkeit, Unsicherheit, emotionale Instabilität) auch inadäquate oder feh-

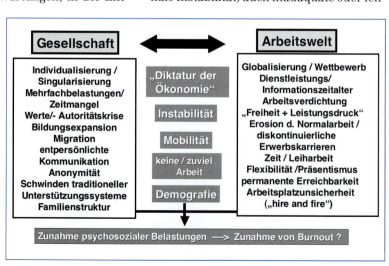

Abbildung 1: Burnout-Krankheit moderner Gesellschaften

lende Verarbeitungsstrategien, enttäuschte Erwartungen/negative Vorerfahrungen sowie der Lebensstil (z. B. mangelhafte Unterstützung infolge fehlender sozialer Beziehungen/Partnerschaft). Der als Freizeitforscher bekannt gewordene Soziologe Opaschowski hat die Bedingungen der „neuen Arbeitswelt" bereits Anfang der 90er Jahre prägnant mit der „Arbeitsformel 0,5 x 2 x 3" zusammengefasst ‚was übersetzt bedeutet: „die Hälfte hat Arbeit, bekommt doppelt soviel Geld und muß dreifach soviel Leistung bringen".

Ein weiteres Konzept, das heute bevorzugt von Psychosomatikern vertreten wird, focussiert Burnout stärker auf das Individuum („Mikro-Ebene") und ist in Deutschland vor allem durch die Medizinsoziologie als Gratifikationskrisenmodell (Effort-Reward-Imbalance) bekannt geworden.

Hierbei wird der Diskrepanz zwischen Erwartung und Realität (fehlende Belohnung trotz erheblicher Anstrengung) in der Pathogenese eines Burnout entscheidende Bedeutung zugemessen.

2.2.5 Symptomatik-Beschwerdebild

Das Beschwerdebild von Burnout-Betroffenen weist in der Regel eine Multidimensionalität mit Vorhandensein mehrerer psychischer, psycho-somatischer, somatischer sowie sozialer Beeinträchtigungen auf. Dabei ist in den meisten Fällen ein primärer Bezug zum Beruf (psychosoziale Arbeitsbelastung) zu eruieren. Darüber hinaus gilt es heute als Konsens, dass Burnout ein dynamischer, häufig auch langwieriger Prozeß (mit keineswegs immer terminierbarer Initialreaktion) ist. Dieser Tatsache trägt auch der von Psychologen geprägte Begriff der Burnout-Kaskade Rechnung (siehe hierzu auch *Abbildung 2*). Wissenschaftlich ist es allerdings nach wie vor umstritten, ob Burnout immer in Stadien verläuft, voll reversibel ist oder unbehandelt regelmäßig in einen Endzustand mündet. Als wesentliche psychische Symptome werden neben einer chronischen Müdigkeit und ständigen Erschöpfung vor allem „mentale Dysfunktionen" beschrieben. Diese umfassen u. a. Konzentrations- und Gedächtnisstörungen (mangelnde Präzision, Desorganisation), Antriebsdefizite und Persönlichkeitsveränderungen (Interessenlosigkeit, Zynismus, Aggressivität). Schwerwiegendere Beeinträchtigungen stellen Angst- sowie depressive Störungen dar, die bis zum Suizid kulminieren können. Auch die Entwicklung von Sucht-Erkrankungen (z. B. Alkohol, Medikamentenabhängigkeit) wird nicht selten mit

1. Überengagement	- („nur wer brennt, kann ausbrennen...")
2. Erschöpfung	- chronische Müdigkeit / Energiemangel
3. Reduziertes Engagement	- („innere Kündigung")
4. Emotionale Reaktionen	Aggression / Depression - kognitive Leistungsfähigkeit - Motivation - Kreativität
5. Abbau	
6. Verflachung	-emotional /geistiges Leben - soziale Kontakte
7. Psychosomatische Reaktionen	¬ Schlafstörungen ¬ Infektanfälligkeit ¬ Magen-Darm-Beschwerden ¬ Sexualstörungen ¬ kardiovaskuläre Probleme ¬ Genußmittelmissbrauch
8. (Existentielle) Verzweiflung	- Negativismus - Hoffnungslosigkeit - Suizidalität

Abbildung 2: Burnout als Prozess (die „Burnout-Kaskade")

Burnout in Verbindung gebracht. Häufig beobachtete somatische Symptome sind: Kopfschmerzen, Magen-/Darmbeschwerden (Reizmagen, Durchfälle), Infektanfälligkeit (gestörtes Immunsystem), Herz-Kreislaufstörungen (Tachykardie, Arrhythmie, Hypertonie), Rückenschmerzen, Schlaf- und Sexualstörungen. Darüber hinaus finden sich in Abhängigkeit von Dauer und Schwere des Burnouts oft zusätzliche negative soziale Folgen. Diese beinhalten aus Sicht des Individuums z. B. einen Rückzug am Arbeitsplatz („innere Kündigung") oder private Rückwirkungen (Partner-/Sexualprobleme, soziale Isolation). Aus gesellschaftlicher Perspektive ist in diesem Zusammenhang ein erhöhtes Risiko für wiederholte oder länger dauernde Krankenstände bzw. eine Frühinvalidisierung anzuführen.

2.2.6 Diagnose – Differentialdiagnose

Aus arbeits- und sozialmedizinischer Sicht ist wegen der aufgezeigten, überwiegend unspezifischen Symptome und fehlender eindeutiger klinischer oder biochemischer „Marker" hinsichtlich der Diagnosestellung eines Burnout-Syndroms ein gleichermaßen differenzierter wie ganzheitlich orientierter Ansatz zu favorisieren. In der Regel vertrauen sich Betroffene mit ihren Beschwerden zunächst ihrem Hausarzt an. Nicht selten ist eine Burnout-Problematik als erstes Angehörigen und/oder Arbeitskollegen aufgefallen. Vertrauenspersonen wie Lebens(Ehe)partnern und Freunden kommt eine besondere Bedeutung zu. Bei entsprechenden Verdachtsmomenten sollte darauf hingewirkt werden, dass frühzeitig die professionelle Hilfe eines Arztes oder Psychologen in Anspruch genommen wird. Die Praxis zeigt, dass dies trotz zunehmender Enttabuisierung psychischer und psychosomatischer Beschwerden nach wie vor häufig nicht geschieht. Auch Betriebsärzte sollten sich nicht scheuen, eine zeitnahe diagnostische Abklärung zu veranlassen, wenn sich Mitarbeiter mit Burnout-Verdacht primär an sie wenden. Aufgrund der für Betriebsärzte geltenden ärztlichen Schweigepflicht können Hilfesuchende auch bei einem konkreten betrieblichen Hintergrund ihrer Gesundheitsprobleme (z. B. infolge von Konflikten am Arbeitsplatz) mit absoluter Verschwiegenheit rechnen. Im Rahmen der diagnostischen Abklärung ist eine gute interdisziplinäre Kooperation und Kommunikation zwischen den in den Prozess involvierten Personen (Betroffene-Hausärzte-Fachärzte-Betriebsärzte-Psychologen, sonstige Disziplinen) unbedingt empfehlenswert, aber in der heutigen Realität enger Budgets oft nur ein Wunschtraum. Wesentlich bleibt, dass Helfer über ausreichendes Fachwissen zur Burnout-Problematik verfügen und entsprechende Beschwerden weder tabuisiert oder bagatellisiert noch dramatisiert werden. Zur Sicherung der Diagnose Burnout bietet sich ein mehrstufiges Vorgehen an. Zunächst hat eine valide Objektivierung und Quantifizierung gesundheitlicher Beeinträchtigungen und/oder Funktionsstörungen zu erfolgen. Diese Aufgabe verlangt ärztliche und psychologische Kompetenz und kann nicht an Laien delegiert werden. In diesem Zusammenhang ist vor schnellen „Selbstdiagnosen" oder fragwürdigen „Psycho-Testen" aus Internet oder Unterhaltungspresse ausdrücklich zu warnen. Derartige Angebote können bestenfalls einen Burnout-Verdacht erhärten, ersetzen jedoch keine Abklärung durch Experten. Neben der allgemeinen gesundheitlichen Vorgeschichte zur Erfassung von Vor- und Begleiterkrankungen ist insbesondere auch eine problemzentrierte Sozial- und Berufsanamnese zu erheben. Diese dient sowohl der Identifizierung potentieller Stressoren als auch der Erfassung möglicher negativer sozialer Folgen in Privat- und Berufsleben. Darüber hinaus ist ein etwaiger Nikotin-, Alkohol-, Medikamenten- oder Drogenkonsum zu quantifizieren. Das subjektive Beschwerdebild sollte möglichst ausführlich unter Skizzierung etwaiger zeitlicher Veränderungen aufgenommen werden. Unabdingbar ist ferner eine körperliche Untersuchung (internistischer Status), ergänzt durch wichtige Routine-Laborparameter (z. B. Blutbild, Blutzucker, Blutfette, Leberwerte, Elektrolyte, Nierenfunktion, ggfs. Schilddrüsenhormone), sofern derartige Informationen nicht anderweitig verfügbar sind. Zusätzlich können spezielle endokrinologische (z. B. Cortisolspiegel/-tagesprofile/„Stress-Biomonitoring"-Untersuchungen des Regelkreises: Hypothalamus-Hypophyse-NNR) und/oder immunologische Analysen (zelluläres/humorales Immunsystem) in Betracht gezogen werden, wenngleich eindeutige pathognomonische biochemische Profile oder Muster für ein Burnout wissenschaftlich bislang nicht gesichert sind. Derartige Untersuchungen werden daher spezialisierten Zentren oder wissenschaftlichen Studien vorbehalten bleiben. Wesentlicher ist in jedem Fall eine möglichst frühzeitige psychosomatische/klinisch psychologische Untersuchung unter Einschluss psychometrischer Testverfahren. Breite Verwendung findet in der Burnout-Diagnostik der 1981 erstmals vorgestellte Maslach-Burnout-Inventory (MBI), ein Selbstbeurteilungsfragebogen mit 22 Items zur Erfassung von emotionaler Erschöpfung, Depersonalisation und Leistungsunzufriedenheit. Im Einzelfall können weitere psychometrische Untersuchungen (u. a. Hospital Anxiety Depression Scale-HADS-deutsche Version, AVEM-Arbeitsbezogenes Verhaltens- und Erlebensmuster) auch zur Erfassung einer Komorbidität (gleichzeitiges Vorliegen mehrerer Gesundheitsstörungen) oder im Rahmen der Differentialdiagnostik indiziert sein. Ergebnisse psychometrischer Testverfahren stellen jedoch nur „Steinchen im diagnostischen Mosaik" eines Burnout-Syndroms dar und können eine qualifizierte klinische und psychosomatische/psychologische Befunderhebung nicht ersetzen.

Differentialdiagnostisch sind chronische körperliche und/oder seelische Erkrankungen mit ähnlicher Symptomatik abzugrenzen. Zu denken ist in diesem Kontext zunächst an primäre, d.h. von exogenen Belastungen unabhängige, psychische Gesundheitsstörungen (u. a. Angststörungen, Depressionen, Suchterkrankungen). Insbesondere die Abgrenzung einer Depression von einem Burnout ist aufgrund vieler nahezu identische Symptome (wie z. B. Interessen-/Motivationsverlust, Rückzug, vermindertes Selbstwertgefühl, Gefühl mangelnder Kompetenz) wissenschaftlich umstritten. Empirische Studien belegen einen mittelhohen Zusammenhang von Depression und Burnout für das charakteristische Symptom emotionale Erschöpfung, einen niedrigen für Depersonalisation und verminderte Leistungszufriedenheit. Ein Unterschied besteht in den meisten Fällen auch im Krankheitsbezug. Während die Beschwerden von Burnout-Betroffenen meistens sofort mit dem Beruf bzw. arbeitsbedingten Stress in Zusammenhang gebracht werden, ist dies bei primär Depressiven eher selten der Fall. Vielleicht wäre es in der kontroversen akademischen Diskussion ein Kompromiss, Burnout besser als arbeitsbezogene depressive Störung zu klassifizieren. Im Weiteren blieben chronisch-somatische Erkrankungen, wie chronische Infektionen (z. B. Virushepatitis, insbesondere vom Typ C), Endokrinopathien (z. B. M. Addison, Hypothyreose), Autoimmunopathien, Tumorleiden oder ein sog. Chronic-Fatigue-Syndrom (CFS) in Betracht zu ziehen. Die Unterscheidung eines Burnout von einem CFS kann dabei aufgrund ähnlicher Symptomatologie und vergleichbarem Verlauf unmöglich werden. Bei einem CFS wird von Betroffenen jedoch häufig ein primärer Bezug zu einer abgelaufenen (Virus)Infektion und nicht zum Beruf angegeben. In der Praxis bleibt die diagnostische Zuordnung der oben beschriebenen, weitgehend unspezifischen Symptome zu einem Burnout-Syndrom auch bei differenziertem Vorgehen problematisch. Die Aufdeckung zeitlicher und ursächlicher Zusammenhänge zu vorangegangenen psychosozialen Belastungen ist bei häufig längerer Krankengeschichte, multiplen Beschwerden und vielschichtigen Einflußfaktoren sehr schwierig. Eine Objektivierung oder Quantifizierung berufsbedingter Stressoren ist für betreuende Haus- oder Fachärzte nahezu unmöglich, da sie im Regelfall nicht über ausreichende Informationen bzw. detaillierte Kenntnisse der konkreten Arbeitsplatzsituation verfügen. Hier ist es eine vorrangige Aufgabe, die bislang größtenteils noch defizitäre Kommunikation zwischen Haus- und Betriebsärzten zu verbessern. Aber auch bei optimaler Kooperation zwischen behandelnden Ärzten und Betriebsärzten verbleiben die generellen methodischen Probleme in der Erfassung von negativem Stress am Arbeitsplatz. Zusätzlich ist anzumerken, dass berufliche und außerberufliche Stressoren häufig ineinander übergreifen bzw. sich im Hinblick auf ihre biologischen Folgen nicht voneinander trennen lassen. Somit steht nicht nur die Validität der Diagnose Burnout-Syndrom, sondern auch die ausschlaggebende Bedeutung eines schädigenden Arbeitslebens unverändert zur Diskussion. Vor diesem Hintergrund sollte der Begriff Burnout nicht inflationär und unreflektiert für jede Form von (chronischer) Müdigkeit oder Erschöpfung verwendet werden, wie es leider nicht nur in der Laienpresse nach wie vor geschieht. Die Diagnose Burnout verlangt Sorgfalt und Seriosität und wird bei derzeitigem Wissenstand hinreichend wahrscheinlich, wenn

- die essentiellen Merkmale (Emotionale Erschöpfung, Depersonalisation, verminderte Leistungszufriedenheit) vorliegen,
- sich ein prädispondierender beruflicher/individueller Hintergrund (chronischer Stress/psychosoziale Arbeitsbelastung) aufdecken lässt (hierbei kommt der beruflichen und sozialen Anamnese besondere Bedeutung zu),
- und die (fach)ärztlich/psychologisch erhobenen Befunde einschließlich, der psychometrischen Testergebnisse (MBI) mit einem Burnout vereinbar sind bzw. andere differentialdiagnostisch zu bedenkende Erkrankungen ausgeschlossen werden können.

2.2.7 Therapie-Intervention

Eine wissenschaftliche Evaluation der in der Literatur publizierten Vorschläge zur Therapie des Burnout im Hinblick auf Wirksamkeit (Effektivität) oder Kosten-Nutzen Relation (Effizienz) ist bis heute nur ansatzweise erfolgt (siehe hierzu auch *Tabelle 2*). Der Schwerpunkt liegt dabei auf Maßnahmen, die eine Verhaltensänderung des Individuums zum Ziel haben („it's easier to change individuals than to change an organisation"). Die Ergebnisse der we-

Tabelle 2: Interventions und Therapiemassnahme bei Burnout Evaluation hinsichtlich Effektivität

A. Verhaltenstherapie – positiv!
B. Multimodale Programme – positiv
C. Entspannungstechniken – schwach positiv (Verminderung emotionaler Erschöpfung Depersonalisation - Leistungsfähigkeit)
D. Soziale Unterstützung – positiv (bei Lehrkräften)
E. Arbeitsorganisations-Massnahmen – ?? (wenig Daten)

nigen, auf Veränderungen der Arbeitssituation abzielenden Interventionen fallen größtenteils widersprüchlich und bislang eher deprimierend aus. Der eigentlich logische und sozialpolitisch sinnvolle Standpunkt, dass die Verbesserung belastender Verhältnisse sinnvoller ist, als der Versuch, Menschen zu befähigen, besser mit ungünstigen Verhältnissen umzugehen, läßt sich derzeit (leider) kaum mit wissenschaftlichen Daten untermauern. Im Regelfall wird sich der zur diagnostischen Klärung aufgesuchte (Fach)Arzt zu Notwendigkeit und Möglichkeiten einer individuell angepassten Therapie äußern und sie ggfs. auch gleich einleiten. Insbesondere bei klinisch relevanten Befunden, bei denen bereits Arbeitsunfähigkeit besteht und Frühinvalidität droht, ist eine ambulante bzw. in Abhängigkeit von der Schwere auch eine stationäre psychotherapeutische Behandlung notwendig. Dabei kommen verschiedene Ansätze (z. B. kognitive Verhaltenstherapie) zur Anwendung. Häufig erfolgen derartige Interventionen als medizinische Rehabilitationsmaßnahmen in psychosomatischen Fachkliniken, die bei gesetzlich rentenversicherten Erwerbstätigen dann zu Lasten des jeweiligen Rentenversicherungsträgers erfolgen können. Einige psychosomatische Rehakliniken haben mittlerweile spezielle Therapieprogramme für Burnout Patienten entwickelt. Gerade die Herausnahme aus dem bisherigen Alltagsmilieu wird von Fachleuten unverändert als vorteilhaft bewertet, wenngleich ambulante Maßnahmen bei knappen Kassen der Versicherungsträger an Bedeutung gewinnen. In Abhängigkeit von den vorherrschenden Symptomen kann z. B. bei stärker ausgeprägter depressiver Komponente frühzeitig auch eine zusätzliche Therapie mit Antidepressiva indiziert sein. In besonders schweren Fällen ist neben einer fortlaufenden psychotherapeutischen Betreuung (Nachsorge) auch das Ausscheiden aus einem belastenden Arbeitsumfeld bzw. eine berufliche und/oder private Neuorientierung in Betracht zu ziehen. Zur Behandlung weniger stark ausgeprägter oder drohender Burnout-Symptome finden sich in der Literatur diverse weitere Empfehlungen, so u. a.: Supervision, Coaching, Selbstsicherheitstraining, Übungen zur Selbstwahrnehmung, Ich-Stärkung, Muskelentspannung, Biofeedback, Stressmanagement-Seminare, Kommunikationstraining, Konfliktmanagement, Sport-/Bewegungstherapie etc. Dabei lässt sich häufig nicht mehr zwischen Vorbeugung oder Therapie unterscheiden. Bei größtenteils noch fehlenden allgemein akzeptierten und evaluierten Qualitätskriterien ist es für Laien nahezu unmöglich, unter den heterogenen

Angeboten und Anbietern die „Spreu vom Weizen" zu trennen. Erschwerend kommt noch hinzu, dass in Zeiten eines marktwirtschaftlich orientierten Gesundheitswesens nicht wenige Kliniken und ambulante Einrichtungen Burnout-Patienten (häufig privat versicherte Akademiker) als lohnendes (zahlungskräftiges) Klientel entdeckt haben und ihre Behandlungsstrategien werbewirksam nach Marketingaspekten oder „Kundenwünschen" ausrichten. Umso wichtiger wird eine an wissenschaftlich gesicherten Erkenntnissen ausgerichtete Information und Beratung durch unvoreingenommene Experten.

2.2.8 Prävention

Maßnahmen zur Prävention von Burnout lassen sich nach Präventionsansatz und – ebenen differenzieren. Hinsichtlich des Präventionsansatzes kommen sowohl Modifikationen des Arbeitsumfeldes (Verhältnisprävention) als auch Verbesserungen der individuellen Belastbarkeit (Verhaltensprävention) in Betracht. Bezogen auf die Präventionsebenen können Primär-(Vermeiden/Abstellen krankmachender Faktoren) von Sekundär-(Früherkennung/Screening- „Intervention vor manifester Erkrankung") und Tertiärprävention (Rehabilitation/Reintegration/Rückfallprophylaxe-Bewältigung von Krankheitsfolgen) unterschieden werden. In der Praxis weit verbreitete Konzepte zur Verhaltensprävention sind schwerpunktmäßig primärpräventiv ausgerichtet und eine „Domäne" der Psychologie. An einzelnen Maßnahmen sind hier u. a. anzuführen: Verbesserung der Stressbewältigung, Erlernen von Entspannungstechniken, Delegieren von Verantwortung („Nein-Sagen lernen"), Pflege von Hobbys (Sport, Kultur, Natur), Bemühen um stabile Partnerschaften (mit erfüllender Sexualität) und soziale Beziehungen (Freundschaften), Frustrationsprophylaxe (überzogene oder falsche Erwartungen reduzieren). Darüber hinaus wird auch der Religion bzw. Spiritualität ein präventives Potential beigemessen (siehe auch Kapitel 3.7). Derzeit praktizierte Strategien der Verhältnisprävention stellen zumeist eine Kombination aus Primär- und Sekundärprävention dar. Unterscheiden lassen sich dabei Aktivitäten, die schwerpunktmäßig auf Arbeitsplatz und Organisation abstellen, von Vorschlägen, die primär auf Personen/Individuen ausgerichtet sind. Organisationsbezogene Maßnahmen sind in diesem Zusammenhang u.a Schaffung und Erhaltung eines „gesunden Betriebsklimas" (u. a. Beachtung/Zuwendung/Höflichkeit: „grüßen/bitten/danken" – Fairness/offene, direkte Kommunikation – Information/ Feedback-Handlungsspielräume/Mitentscheidung/Einflußnahme – soziale Unterstützung), Anerkennung von Leistung (Lob, Wertschätzung, Geld), Auswahl und Schulung von Führungskräften (Führungsverhalten, Vorbildfunktion). Obwohl es mittlerweile Allgemeinwissen sein dürfte, dass Vorgesetzten eine entscheidende Rolle für den Erhalt der seelischen Gesundheit ihrer Belegschaften zukommt, erfolgt die Auswahl von Führungskräften diesbezüglich fast „kontraproduktiv" („erstklassige Leute stellen erstklassige Leute ein, zweitklassige nur drittklassige"). In einer auf Äußerlichkeiten und schnellen Erfolg getrimmten Gesellschaft („mehr scheinen als sein") kommen nicht selten „hochpathologische Narzissten" mit „schauspielerischem Talent" und „diktatorischen Tendenzen" in Führungspositionen, die der seelischen Gesundheit und Arbeitszufriedenheit ihrer Mitarbeiter alles andere als förderlich sind. Soziale Kompetenz gilt zwar auf dem Papier und im Assessment-Center als die Schlüsselqualifikation, in der Realität einer Arbeitswelt, die von Profitorientierung, Gewinnmaximierung und Personalabbau geprägt ist, wird sie jedoch fast zu einem Ausschlußkriterium. Nicht nur Betriebsräte sehen in einer Optimierung des Führungsverhaltens von Vorgesetzten den größten Handlungsbedarf, auch viele Experten im Arbeits- und Gesundheitsschutz werten die zunehmenden Burnoutraten als Folge von Managementfehlern bzw. sozialer Inkompetenz von Führungskräften. Personenorientierte Strategien beinhalten im Sinne des „Person-Environment-Fit" Konzeptes u. a. eine differenzierte Personalauswahl mit systematischem und standardisiertem Vergleich (Matching) von Anforderungen (des Arbeitsplatzes) und Fähigkeiten (des Individuums), z. B. auf der Grundlage des Profilvergleichsystems „IMBA" (Abkürzung für: Integration von Menschen mit Behinderungen in das Arbeitsleben), das zwar ursprünglich für die berufliche Rehabilitation entwickelt wurde (zur Optimierung des Einsatzes leistungsgewandelter Arbeitnehmer), sich aber durchaus auch als Instrument für den Personaleinsatz eignet. Als weitere Maßnahmen wären zu nennen: die Durchführung von speziellen Eignungstests vor Berufsausbildung/Tätigkeitsaufnahme („Tauglichkeitsuntersuchungen"), Supervision/Coaching für gefährdete Berufsgruppen (z. B. Lehrkräfte) oder eine regelmäßige arbeitsmedizinische und -psychologische Betreuung (z. B. Etablierung einer speziellen Vorsorgeuntersuchung „arbeitsbedinger Stress" mit dem Ziel der Früherkennung von Burnout). Auf diese Weise bekäme das betriebsärztliche Management von Stress-Gefährdeten bzw. Burnout-Fällen nicht nur einen standardisierten Rahmen, sondern darüber hinaus

wäre auch ein genereller Erkenntnisgewinn zu erwarten, der auf fundierte Beobachtungen basiert. Bei allen Bemühungen in der Entwicklung und Umsetzung von Präventionsstrategien kommt in Zeiten begrenzter ökonomischer Ressourcen Aspekten der Kosten, Effektivität, Effizienz, Akzeptanz und Machbarkeit entscheidende Bedeutung zu. Zudem sollte nicht vergessen werden, dass effektive und effiziente Prävention ausreichende Erkenntnisse zur Ätiopathogenese voraussetzt. Insofern wäre der Abbau diesbezüglicher Wissensdefizite auch für die Burnout-Prävention ein großer Fortschritt.

2.2.9 Sozialrechtliche Einordnung

Bei zunehmender gesellschaftlicher und gesundheitsökonomischer Relevanz kommt der Frage der sozialrechtlichen Bewertung eines Burnout-Syndromes wachsendes Interesse zu. Weitgehend unbestritten dürfte es heute sein, dass die mit einem Burnout assoziierten Gesundheitsbeeinträchtigungen nicht nur bei Zugrundelegung der allgemeinen medizinischen Krankheitsdefinition (…"regelwidriger Körper- und/oder Geisteszustand, …"), sondern auch nach den strengeren Maßstäben der gesetzlichen Krankenversicherung (GKV) (…"regelwidriger Körper- und/oder Geisteszustand der Arbeitsunfähigkeit und/oder Behandlungsbedürftigkeit nach sich zieht…") in Deutschland als Krankheit klassifiziert werden können. Ätiologische Aspekte sind für eine Begründung der Leistungspflicht der GKV ohne Relevanz (Finalitätsprinzip).
Stellt das Burnout-Syndrom darüber hinausgehend jedoch auch eine „typische Berufskrankheit der modernen Arbeitswelt" dar? Die sachgerechte Beantwortung dieser Frage verlangt fundiertes arbeits- und sozialmedizinisches Wissen, das in der öf-

fentlichen Diskussion oft nicht erkennbar wird. Zunächst muss klargestellt werden, dass es sich bei dem Terminus „Berufskrankheit" um einen fest umschriebenen sozialrechtlichen Begriff (Sozialgesetzbuch-SGB VII) aus dem Bereich der gesetzlichen Unfallversicherung (GUV) handelt. Ein maßgebliches Ordnungsprinzip der GUV ist im Unterschied zu den anderen Zweigen der sozialen Sicherung das Kausalitätsprinzip, d.h. ein Leistungseintritt kann nur bei rechtlich wesentlicher Ursache der Arbeitstätigkeit erfolgen. Diese Besonderheit erklärt sich aus der historischen Konzeption der GUV im Sinne einer Haftpflichtversicherung der Unternehmer zur Ablösung von Schadensersatzansprüchen der Arbeitnehmer. Entgegen einem nicht nur unter medizinischen Laien anzutreffenden Irrtum sind nun Berufskrankheiten keineswegs alle Leiden, die durch berufliche Umstände hervorgerufen werden können, sondern nur solche, die in der Anlage zur Berufskrankheitenverordnung (BKV) aufgeführt sind (Berufskrankheiten/BK-Liste). In die BK-Liste werden durch Rechtsverordnung der Bundesregierung (zuständig: Bundesminister für Arbeit und Soziale Sicherung) mit Zustimmung des Bundesrates Krankheiten aufgenommen, ... die nach gesicherten Erkenntnissen der medizinischen Wissenschaft durch besondere Einwirkungen verursacht sind, denen bestimmte Personengruppen durch ihre Arbeit in erheblich höherem Grade als die übrige Bevölkerung ausgesetzt sind (§ 9 Abs. 1 SGB VII). Entsprechend neuen Erkenntnissen der medizinischen Wissenschaft erfolgt von Zeit zu Zeit eine Aktualisierung der BK-Liste. Die derzeit gültige Fassung umfasst insgesamt 69 Listenpositionen (nicht Erkrankungen) und ist nach schädigenden Einwirkungen (z. B. chemisch-physikalische Einwirkungen) bzw. organkrankheitsbezogen gegliedert (z. B. Atemwegs-, Hauterkrankungen, Infektionen). Einwirkungs- oder krankheitsbezogene Listenpositionen, die berufliche, psychosoziale oder -mentale Belastungen erfassen, z. B. „Erkrankungen infolge chronischer beruflicher Stresseinwirkung ..." oder „berufsbedingte psychische/psychosomatische Erkrankungen ..." liegen bislang nicht vor. Neben der Anerkennung einer Listen-Erkrankung kann in Ausnahmefällen auch ein Leiden, das unter keiner aktuellen Listennummer einzuordnen ist, wie eine BK entschädigt werden, wenn sich seit der letzten BKV neue wissenschaftliche Erkenntnisse ergeben haben und die oben genannten allgemeinen Merkmale zur Aufnahme einer Krankheit in die BK-Liste erfüllt sind (Öffnungsklausel gemäß § 9 Abs. 2 SGB VII). Im Rahmen der arbeits- und sozialmedizinischen Beurteilung potentieller Wechselwirkungen zwischen Krankheit und Arbeitswelt sind von den Berufskrankheiten im Sinne des § 9 SGB VII vor allem arbeitsbedingte Erkrankungen und Gesundheitsgefahren abzugrenzen. Der Terminus „Arbeitsbedingte Erkrankungen" fand erstmalig im Arbeitssicherheitsgesetz (ASIG) von 1973 Erwähnung, heute nehmen u. a. § 14 SGB VII (GUV) bzw. § 20 SGB V (GKV) darauf Bezug. Es handelt sich um weit gefasste Begriffe ohne einheitliche Umschreibung, die primär im Kontext mit einem präventiven Engagement verwendet werden. Nach der noch heute gültigen Definition des damaligen Bundesministeriums für Arbeit aus 1993 sind arbeitsbedingte Erkrankungen „Erkrankungen, die durch Arbeitseinflüsse (mit)-verursacht bzw. in ihrem Verlauf ungünstig beeinflusst werden ...." Gemeint sind dabei nur Krankheiten im Sinne der GKV, d.h. Arbeitsunfähigkeit und/oder Be-

Tabelle 3: Burnout-Syndrom - Berufskrankheit im Sinne des SGB VII?

Definitionsmerkmale einer BK:		Prüfung „Burnout"
1. Krankheiten ...,	+	regelwidriger Körper-/Geisteszustand
2. die nach gesicherten Erkenntnissen der medizinischen Wissenschaft	+/-	Erkenntnisdefizite (Definition/Ätiologie/Pathogenese)
3. durch besondere Einwirkungen	+/-	Objektivierung/Quantifizierung/Abgrenzung beruflicher Stressoren
4. verursacht sind,	+/-	Kausalität - chronischer Stress? („generelle Geeignetheit")
5. denen bestimmte Personengruppen	+	Beschäftigte in Gesundheits- pädagogischen, sozialen Berufen
6. durch ihre Arbeit	+/-	Kausalbezug/Objektivierung?
7. in erheblich höherem Ausmaß als die übrige Bevölkerung ausgesetzt sind	-	Epidemiologische Datenlage defizitär! Probleme: Studienqualität (Design/ Confounding) „Risikoverdopplung" (RR > 2)
+ = Kriterium erfüllt - = Kriterium nicht erfüllt +/- = keine abschliessende Bewertung möglich		

handlungsbedürftigkeit muß vorliegen. Beispiele für arbeitsbedingte Erkrankungen wären: Kopfschmerzen nach Bildschirmarbeit, Erkältungen durch Arbeit in Zugluft, Nässe, Kälte oder mit Arbeitsstress assoziierte Gesundheitsstörungen.

Der Begriff Arbeitsbedingte Gesundheitsgefahren ist noch weiter gefasst. Nach mehrheitlicher Auffassung sind hierunter u. a. chemische, physikalische, biologische Einwirkungen oder physische oder psychische Belastungen am Arbeitsplatz zu verstehen, die unter Berücksichtigung der besonderen individuellen Umstände die Gefahr einer nicht unerheblichen gesundheitlichen Beeinträchtigung nach sich ziehen. Arbeitsbedingte Erkrankungen und Gesundheitsgefahren umfassen somit potentiell gesundheitsschädigende Einflüsse des Arbeitsplatzes, ohne dass die strengen Kausalitätsnormen einer Berufskrankheit erfüllt sein müssen.

Unter welche Kategorie ist nun ein Burnout-Syndrom einzuordnen? Die differenzierte Prüfung im Hinblick auf die Erfüllung essentieller Kriterien einer Berufskrankheit ist in *Tabelle 3* dargestellt.

Während die Definitionsmerkmale „Krankheit" (unbestritten) und „bestimmte Personengruppen" (zumindest für Beschäftigte in pädagogischen Berufen und im Gesundheits- und Sozialwesen) als erfüllt betrachtet werden können, zeigen sich bei den anderen generellen Voraussetzungen mehr oder weniger große Defizite. Diese betreffen neben den eingangs genannten definitorischen bzw. ätiopathogenetischen Unklarheiten vor allem die Objektivierung, Quantifizierung und Abgrenzung beruflicher Stressoren sowie die wissenschaftliche Validierung eines Kausalzusammenhangs zwischen Krankheit und Arbeitsleben. Lückenhaft ist darüber hinaus auch die epidemiologische Datenlage, die für die Beurteilung des „erheblich höheren Risikos exponierter Personen" (Kriterium der Risikoverdopplung im Vergleich zur Allgemeinbevölkerung) von maßgeblicher Bedeutung ist. Somit kann als Fazit festgehalten werden, dass beim heutigen wissenschaftlichen Kenntnisstand eine Aufnahme des Burnout-Syndroms in die Liste der Berufskrankheiten nicht erfolgen kann. Auch die Voraussetzungen zur Anwendung von § 9 Abs. 2 SGB VII sind bei den vorliegenden Erkenntnisdefiziten als nicht erfüllt zu werten. Ein Burnout-Syndrom ist also – entgegen häufiger anzutreffender Laienauffassung- bei gegenwärtiger Rechtslage keine Berufskrankheit im Sinne der gesetzlichen Unfallversicherung. Im Gegensatz dazu stellt ein Burnout – bei Bezugnahme auf die oben skizzierten Definitionen – zweifelsohne eine arbeitsbedingte Gesundheitsgefahr, im Individualfall durchaus auch eine arbeitsbedingte Erkrankung dar, wenn es zur Arbeitsunfähigkeit und/oder Behandlungsbedürftigkeit führt. Diese Tatsache begründet gerade vor dem Hintergrund des erweiterten Präventionsauftrages durch den § 14 SGB VII durchaus auch einen Handlungsbedarf der Träger der gesetzlichen Unfallversicherung (siehe auch Kapitel 8.1). Dies gilt insbesondere für den Bereich des öffentlichen Dienstes, den Dienstleistungssektor im Allgemeinen, das Gesundheits- und Sozialwesen sowie die Schulen. Psychische und psychosomatische Erkrankungen sind in der gesetzlichen Rentenversicherung und Beamtenversorgung mittlerweile die häufigste Ursache einer krankheitsbedingten Frühinvalidität, so dass sich auch gesetzliche Rentenversicherung, Bund, Länder und Kommunen mit der Burnout Problematik konfrontiert sehen (siehe auch Kapitel 1.1). Zwar darf nicht jede derartige Erkrankung a priori mit einem Burnout gleichgesetzt bzw. als dessen Folge aufgefasst werden, einige neuere Forschungsergebnisse sprechen jedoch dafür, dass ungünstigen beruflichen Einflüssen eine nicht zu vernachlässigende Rolle in der Ätiopathogenese psychischer und psychosomatischer Erkrankungen zukommen kann. Die im Gesundheitsreformgesetz (GRG) 2000 vorgenommene Wiederbelebung des präventiven Auftrages der gesetzlichen Krankenversicherung (§ 20 SGB V) verlangt darüber hinaus trägerübergreifende Initiativen bzw. Konzepte. Aufgrund der mittlerweile gesamtgesellschaftlichen Relevanz von Burnout („Burnout-Epidemie") sind aber nicht nur die Sozialversicherungsträger, sondern in gleicher Weise auch Arbeitgeber, Gewerkschaften, Ärzte, letztlich alle Akteure im Gesundheits- und Sozialwesen gefordert.

2.2.10 Fazit – Forschungsbedarf

Bei den aufgezeigten Wissenslücken ist die Versuchung groß, Burnout lediglich als Folge einer Medien gesteuerten „Psychologisierung von Arbeitswelt und Gesellschaft" oder „Modekrankheit übersensibler Charaktere" abzutun. Darüber hinaus mag es für die akademische Arbeitsmedizin in der Ära der Molekularen Medizin sinnvoller erscheinen, psychosoziale Gesundheitsgefährdungen ausschließlich Psychologen, Soziologen oder Gesundheitswissenschaftlern zu überlassen. Vor einer derartigen Auffassung bleibt zu warnen, da sie der Medizin eine wichtige Dimension (die soziale) entzieht. Zweifelsohne erfordert die Vielschichtigkeit des Phänomens Burnout eine intensive multiprofessionelle Kooperation. Hierbei ist medizinischer Sachverstand unersetzbar. Darüber hinaus verlangt Burnout als Ergebnis komplexer Wechselwirkungen zwischen Arbeitswelt/Gesellschaft und Individuum geradezu nach arbeits- und sozialmedizinischer Kompetenz, und kann somit nicht nur als Musterbeispiel für die enge Verwandtschaft von Arbeits- und

Sozialmedizin, sondern auch als Argument für die Notwendigkeit der Wiederentdeckung der gesellschaftswissenschaftlichen Wurzeln der Arbeitsmedizin herangezogen werden. Auch die vielfältigen sozialen Folgen eines Burnouts (z. B. wiederholter und länger dauernder Krankenstand, Frühinvalidisierung) sind klassische sozial- und arbeitsmedizinische Themen. Sozial- und arbeitsmedizinisches „Know how" darf sich allerdings nicht nur auf Defizit-Analysen beschränken, sondern sollte die Erarbeitung konstruktiver, wissenschaftlich fundierter Lösungsansätze nach sich ziehen. Hier muß es ein prioritäres Ziel sein, einen tragfähigen Konsens hinsichtlich der Verwendung einheitlicher Definitionen sowie diagnostischer Kriterien zu erzielen. Nur so lassen sich valide Aussagen zu etwaigen Prävalenzraten in bestimmten Berufsgruppen und damit zum Ausmaß der Gefährdung treffen. Im Weiteren ist eine sinnvolle, epidemiologische Studienplanung zur Aufdeckung potentieller Kausalzusammenhänge mit psychosozialen Belastungen der Arbeitswelt von Wichtigkeit. In diesem Zusammenhang besteht auch in Zeiten knapper Mittel und kurzfristigen Denkens unveränderter Bedarf an interdisziplinären, methodisch validen prospektiven Längsschnittuntersuchungen (ggfs. auch mit Interventionsarmen), die sowohl subjektive als auch objektive Daten erfassen. Darüber hinaus sollte im Hinblick auf die Aufdeckung maßgeblicher pathogenetischer Prinzipien die Grundlagenforschung natürlich nicht vernachlässigt werden. Zu nennen wäre vor allem die weitere Erforschung biologischer, biochemischer oder molekularer Wirkungen einer chronischen Stress-Exposition. Aber auch die Verfolgung eines salutogenetischen Ansatzes („warum erkranken bei einer systemischen Belastung und schwierigen Bedingungen nicht alle?") erscheint eine durchaus lohnenswerte Option. Für die (betriebs)ärztliche Praxis dürfen die aufgezeigten Wissensdefizite keine Entpflichtung von einem Engagement in Prävention und Intervention bedeuten. Betroffene benötigen kompetente Hilfe und sollten sich in ihren Beschwerden an- und ernst genommen fühlen. Auch bei begrenzten Budgets ist daher eine möglichst frühzeitige, umfassende Abklärung unter gleichzeitiger Vermeidung einer vorschnellen „iatrogenen Fixierung" auf bestimmte Kausalzusammenhänge anzustreben.

2.2.11 Key-Message
- Der Begriff Burnout ist kritisch zu verwenden: Burnout ist nicht mit (chronischer) Müdigkeit oder starker Erschöpfung nach einem harten Arbeitstag gleichzusetzen!
- Von einem Burnout-Syndrom sollte ärztlicherseits nur gesprochen werden, wenn die diagnostischen Kriterien erfüllt sind, insbesondere im Hinblick auf die maßgebliche Trias: emotionale Erschöpfung, Depersonalisation, verminderte Leistungszufriedenheit.
- Burnout ist eine reale arbeitsbedingte Gesundheitsgefahr (insbesondere für Beschäftigte in Gesundheits-, pädagogischen und sozialen Berufen) und kann zu einer arbeitsbedingten Erkrankung werden, ist aber keine Berufskrankheit im Sinne des SGB VII!
- Betroffene benötigen frühzeitig professionelle Hilfe!
- Aus Public Health Perspektive erscheint ätiopathogenetisch das Person-Environment – Misfit Konzept am plausibelsten, demnach ist Burnout nicht als Individualversagen aufzufassen, sondern als Ergebnis eines Mißverhältnisses zwischen Merkmalen des Arbeitsplatzes (Anforderungen) und der Person (Fähigkeiten).
- In der Burnout Prävention kommt Führungskräften eine Schlüsselrolle zu.
- Unter Zugrundelegung des Person-Environment-Misfit Konzeptes sollten Präventionsmaßnahmen Verhalten und Verhältnisse einschließen.
- Die Aufarbeitung der bestehenden Wissensdefizite verlangt gleichermaßen wissenschaftliche Seriosität, Interdisziplinarität und Pragmatismus.

LITERATURHINWEISE

BAUER, J., HÄFNER, S., KÄCHELE, H., WIRSCHING, M., DAHLBENDER, R. W. (2003): Burn-Out und Wiedergewinnung seelischer Gesundheit am Arbeitsplatz. Psychother Psych Med; 53; 213-222.

BOLM-AUDORFF, U., ISIC, A., LAUBNER, J., SEIDLER, A., ZAPF, D. (2004): Berufliche und außerberufliche Risikofaktoren des Burnout-Syndroms. In: Baumgartner, E., Stork, J. (Hrsg.), Verhandlungen der Deutschen Gesellschaft für Arbeitsmedizin und Umweltmedizin e.V. gemeinsam mit der Österreichischen Gesellschaft für Arbeitsmedizin. Berichtsband 44.Jahrestagung, Innsbruck; 237-241.

BURISCH, M. (2005): Das Burnout-Syndrom – Theorie der inneren Erschöpfung 3. Auflage, Springer Verlag, Berlin-Heidelberg.

EKSTEDT, M., SÖDERSTRÖM, M., AKERSTEDT, T., NILSSON, J., SONDERGARD, H. P., ALEKSANDER, P. (2006): Disturbed sleep and fatigue in occupational burnout Scand J Work Environ Health 32 (2); 121-131.

HALBESLEBEN, J. R. B, BUCKLEY, M. R. (2004): Burnout in organizational life, Journal of Management 30(6); 859-879.

HILLERT, A., SCHMITZ, E. (HRSG.) (2004): Psychosomatische Erkrankungen bei Lehrerinnen und Lehrern Schattauer Verlag, Stuttgart.

HILLERT, A., MARWITZ, M. (HRSG.) (2006): Die Burnout-Epidemie oder: Brennt die Leistungsgesellschaft aus? C.H. Beck-Verlag, München.

PRUESSNER, J. C., HELLHAMMER, D. H., KIRSCHBAUM, C. (1999): Burnout, perceived stress and cortisol responses to awakening Psychsomatic Medicine 61; 197-204.

TENNANT, C. (2001): Work-related stress and depressive disorders J Psychsom Res 51; 697-709.

WEBER, A., KRAUS, T. (2000): Das Burnout-Syndrom – eine Berufskrankheit des 21. Jahrhunderts? Arbeitsmed Sozialmed Umweltmed 35; 180-188

2.3 Konflikte und Gewalt am Arbeitsplatz

Dirk Windemuth

2.3.1 Einführung

Konflikte am Arbeitsplatz sind eine Ursache von *Gewalt* am Arbeitsplatz neben anderen. Selbstverständlich ist, dass Konflikte nicht zur Gewaltanwendung führen müssen – und in den seltensten Fällen ist dies tatsächlich so. Darüber hinaus können innerbetriebliche Konflikte einen positiven Effekt auf ein Unternehmen haben und sie sind fester Bestandteil in der Zusammenarbeit von Menschen. In diesem Artikel stehen die Gewaltproblematik und jene Konflikte im Vordergrund, die zur Gewalt führen. Einen zweiten Schwerpunkt stellen Möglichkeiten der Prävention von Gewalt am Arbeitsplatz dar.

2.3.2 Definitionen

Der Begriff **Gewalt am Arbeitsplatz** wird in mehreren Punkten kontrovers diskutiert. Zum Beispiel in dem, ob verbale *Aggressionen*, darunter besonders Beleidigungen, Beschimpfungen und Bedrohungen, ebenfalls als Gewalt zu betrachten sind; es wird z. B. auch diskutiert, ob *Mobbing* eine Gewaltanwendung ist oder nicht. Es zeichnet sich zunehmend ab, dass Bedrohungen, schwere Beleidigungen und massive Beschimpfungen, nicht aber Mobbing als Gewalt betrachtet werden. Um das Verständnis von Gewalt am Arbeitsplatz zu vereinheitlichen, hat die Internationale Arbeitsorganisation (International Labour Organization, ILO) im Jahr 2003 eine Expertengruppe den Begriff (Workplace Violence) definieren lassen. Diese Definition hat aufgrund der internationalen Zusammensetzung der Expertengruppe eine besondere Stellung. Danach ist Gewalt am Arbeitsplatz „Any action, incident or behavior that departs from reasonable conduct in which a person is assaulted, threatened, harmed, injured in the course of, or as a direct result of, his or her work. Internal workplace violence is that which takes place between workers, including managers and supervisors. External workplace violence is that which takes place between workers (and managers and supervisors) and any other person present at the workplace".

Diese Definition ist sehr allgemein gehalten und bezieht sowohl Angriffe von Kollegen als auch von Außenstehenden ein. Darüber hinaus werden jene Attacken zur Gewalt am Arbeitsplatz gezählt, die das Opfer nicht direkt während der Arbeitszeit erleidet, die sich aber inhaltlich oder zeitlich direkt aus der Arbeit ableiten. Hierzu zählt beispielsweise die Bedrohung einer Person in ihrer Freizeit, wenn diese Bedrohung ihren Ursprung in einem beruflichen Kundenkontakt hatte.

Über die Definition von Konflikten gibt es zahlreiche Abhandlungen in der Literatur. Die Diskussion soll hier nicht wiedergegeben werden. Einige Autoren stellen die Unvereinbarkeit von Verhaltenstendenzen unterschiedlicher Personen in den Kern ihrer Definition. Für die Frage des Umgangs mit Konflikten eignet sich besonders das Modell *Kooperation und Wettbewerb* (Cooperation and Competition) von Deutsch (1973, s. u.).

2.3.3 Prävalenz

Von Gewalt am Arbeitsplatz kann jeder Beschäftigte betroffen sein, der im Rahmen seiner Beschäftigung mit anderen Menschen Kontakt hat. Die Europäische Agentur für Sicherheit und Gesundheitsschutz am Arbeitsplatz geht von einem besonderen Gewaltrisiko für Beschäftigte im Gesundheitswesen sowie im Einzelhandel aus und benennt fünf Risikofaktoren für das Auftreten von Gewalt am Arbeitsplatz. Diese sind:

- Der Umgang mit Waren, Bargeld und Wertsachen (z. B. in Banken und Sparkassen, Verkaufsstellen/Geschäften oder Tankstellen).
- Einzelarbeitsplätze (z. B. im Kiosk oder Wachdienst, im Taxi, Bus oder in der Straßenbahn).
- Inspektion, Kontrolle und allgemeine Autoritätsfunktionen (z. B. bei Wach- und Schließgesellschaften, bei der Fahrausweisprüfung, der Polizei, bei Politessen oder Beschäftigten im Arbeits- oder Sozialamt).
- Der Kontakt mit bestimmten Kunden (z. B. mit Patienten, zu deren Symptomatik Gewalt gehört, alkoholisierte oder andere Menschen, die in der Vergangenheit durch Gewalttaten auffällig wurden).
- Schlecht organisierte Unternehmen und Behörden, bei denen es zu Be- oder Abrechnungsfehlern kommt (z. B. in Ämtern, die unkorrekte Bescheide verschicken, Geschäfte, in denen Angebote nicht vorrätig oder Preise falsch ausgezeichnet sind).

Darüber hinaus belegen neue Untersuchungen, dass Frauen in Männerberufen oder Männer in Frauenberufen einer deutlich erhöhten Gefährdung durch Gewalt ausgesetzt sind. Beispielsweise ist für Männer im Bereich der Krankenpflegehilfe das Risiko, Opfer von Gewalt zu werden, fast zweieinhalb Mal so hoch wie für die Frauen.

Die absolute Häufigkeit von Gewalt am Arbeitsplatz ist nur schwer zu schätzen. Verlässliche Daten liegen nur für einige Branchen und für solche Übergriffe vor, die meldepflichtig sind, also zu mehr als drei Tagen Arbeitsunfähigkeit infolge der Gewaltanwendung führen. Die Häufigkeit von Gewaltübergriffen mit geringeren gesundheitlichen Folgen und von solchen verbaler Art ist nicht bekannt. Auf der Basis dieser Einschränkungen können branchenspezifisch einige Zahlen benannt werden:

Bei den Versicherten der BG BAHNEN (z. B. Beschäftigte der regionalen Verkehrsgesellschaften) ist ca. jeder 10. Arbeitsunfall (etwa 500 jedes Jahr) durch Gewaltübergriffe verursacht, 80 % davon werden gegen Fahrer und Fahrausweisprüfer ausgeübt.

In der *Pflegebranche* geht knapp ein Viertel der gemeldeten Arbeitsunfälle auf Gewalt zurück. Besonders betroffen sind Beschäftigte aus *Behinderteneinrichtungen* und *Altenheimen*.

Der Bundesverband der Unfallkassen (BUK) meldet – entgegen der öffentlichen Wahrnehmung - für das Bundesgebiet einen deutlichen Rückgang von Gewalt an Schulen (*Raufunfälle*) in den vergangenen zehn Jahren. Für 2003 werden 11,3 Unfälle je 1.000 Schüler gemeldet, wobei an Hauptschulen mehr Unfälle zu verzeichnen sind als in allen anderen Schulen und Jungen doppelt so häufig beteiligt sind wie Mädchen. Die Brutalität der Auseinandersetzungen hat nicht zugenommen, ausländische Kinder sind anteilig gleich häufig an körperlicher Gewalt beteiligt wie deutsche Kinder.

In mehreren Branchen ist zwar eine Zunahme der gemeldeten Gewaltübergriffe zu verzeichnen; dies muss jedoch nicht zugleich eine Zunahme der Gewaltdelikte bedeuten, denn möglicherweise ist nur die Bereitschaft zur Anzeige entsprechender Vorgänge aufgrund einer Enttabuisierung der Thematik gestiegen.

2.3.4 Ursachen

Die Ursache für Konflikte ist bereits in der Definition angegeben: Die Unvereinbarkeit von Verhaltenstendenzen (s. o.) bedeutet, dass die von zwei Personen oder Gruppen angestrebten Ziele nicht miteinander zu vereinbaren sind. Als Grundlage für die Frage des Umgangs mit Konflikten eignet sich besonders das Modell **Kooperation und Wettbewerb** (Cooperation and Competition) von Deutsch (1973). Danach ist *Konfliktmanagement* eine Funktion der Bedeutung des Konfliktgegenstandes für die eigene und für die andere Person. Ist die Bedeutung für beide Personen gering, wird der Konflikt vermieden. Ist die Bedeutung für beide groß, wird von beiden Seiten eine Konfliktlösung angestrebt. Ist die Bedeutung für die eigene Person groß und für die andere gering, werden die eigenen Interessen mit Nachdruck eingefordert, während in der umgekehrten Konstellation die Person mit geringen Interessen nachgibt. Eine echte Problemlösung ist danach nur erforderlich, wenn beide Parteien großes Interesse an der Durchsetzung ihrer Ziele haben. Dieses Modell kann nicht erklären, wann aus einer Konfliktsituation Gewalt entsteht. Dafür müsste das Modell dreidimensional angelegt werden, wobei die dritte Dimension beschreibt, ob das Problem - in der Terminologie von Watzlawick - eher auf der Inhalts- oder eher auf der Beziehungsebene angesiedelt ist. Insbesondere bei Problemen auf der Beziehungsebene mit starken Interessen auf beiden Seiten ist eine emotional belastete Konflikteskalation bis hin zur Gewalt möglich.

Ursachen für Gewalt am Arbeitsplatz können solche eskalierenden Konflikte sein. Darüber hinaus gibt es zahlreiche weitere Ursachen, die aber in wenige Gruppen unterteilt werden können. Diese sind:

- Vorteilsverschaffung (Raubüberfälle, Geiselnahmen, sexuelle Übergriffe usw.),
- Neurologische oder psychiatrische Erkrankungen oder veränderte Bewusstseinszustände wie Demenzen, Folgen psychotroper Substanzen (Drogen, Medikamente),
- Emotionen wie Aggression (sozialpsychologisch definiert als Verhalten mit dem Ziel der Schädigung von Leben oder Objekten), Hilflosigkeit, Hass oder Angst. Auch Stresserleben begünstigt die Entstehung von Gewalt.

In unterschiedlichen Branchen stehen unterschiedliche Ursachen im Vordergrund. Bei gewalttätigen *Überfällen* auf Tankstellen, Banken, Werttransporte oder Kioske steht die Vorteilsverschaffung im Vordergrund. In der Pflege dagegen sind neurologische / psychiatrische Ursachen wichtiger und in Ämtern (Sozialamt, Arbeitsamt usw.) sind emotionale Auslöser neben der Vorteilsverschaffung von besonderer Bedeutung. Präventionskonzepte tragen dieser Unterscheidung Rechnung (s. u.) und sollten dementsprechend immer branchen- und betriebsspezifisch sein.

2.3.5 Intervention

Eine Intervention bei innerbetrieblichen Konflikten ist dann erforderlich, wenn sich die Konfliktparteien alleine nicht einigen können und zugleich das Durchsetzen eigener Interessen anstreben. Solange sich die Konfliktsituation auf der Inhaltsebene befindet, ist eine Einigung durch Unbeteiligte (i. d. R. genügen betriebliche Kollegen oder Vorgesetzte) möglich und die Konflikte können für den Betrieb wertvoll sein, weil sie eine stabilisierende und oft konstruktive Wirkung haben. Sobald Probleme auf der Beziehungsebene hinzukommen oder sich ausschließlich dort befinden, können sich die Konflikte verhärten und die Hinzunahme externer Personen (Moderatoren, *Mediatoren* usw.) ist sinnvoll. Konflikte dieser Art sind ungünstig für den Betrieb und stellen zumeist eine betriebswirtschaftliche Belastung durch *kontraproduktives Verhalten* der Konfliktparteien dar. Die Hinzuziehung externer Personen zahlt sich deshalb in der Regel aus.

Konflikte zwischen Kunden und Beschäftigten weisen eine andere Struktur auf, da fast immer ein Ungleichgewicht in der Macht zwischen den Beteiligten besteht, z. B. wenn der Beschäftigte (Dienstleister) über finanzielle Mittel verfügen kann. An die Stelle der Einigung tritt die (oft einseitige) Entscheidung. Die Art der Vermittlung dieser Entscheidung und somit das Ausmaß der kommunikativen Kompetenz dessen, der entscheidet, ist maßgeblich mit dafür verantwortlich, ob die Konfliktsituation auf der Inhaltsebene bleibt oder ob sich Probleme auf der Beziehungsebene einstellen. Dann würden Emotionen wachgerufen, die zur Eskalation des Konfliktes und damit zur Gewalt führen können. Der Prävention kommt somit eine entscheidende Bedeutung zu. Intervention kann insbesondere in der Verwendung deeskalierender Gesprächstechniken bestehen. Diese beinhalten sechs Schritte (Berkel, 2002):

- Erregungskontrolle,
- Vertrauen aufbauen,
- Offene Kommunikation,
- Problemlösung,
- Vereinbarung treffen,
- Persönliche Verarbeitung.

Durch eine systematische Anwendung dieser Schritte gelingt es, Konflikte wieder auf die Sachebene zu überführen und zu lösen, ohne dass es zum Gesichtsverlust einer der beteiligten Personen kommen muss. Interventionen dieser Art müssen jedoch gelernt und intensiv geübt werden, damit sie in Stress- oder *Krisensituationen* routiniert angewandt werden können (entsprechende Trainings werden z. B. von mehreren Berufsgenossenschaften angeboten).

Interventionsmöglichkeiten bei gewalttätigen Übergriffen sind sehr begrenzt. Im Grundsatz gilt, dass vom Angegriffenen die Flucht ergriffen werden muss, wenn dies möglich ist. Ist dies nicht möglich, stehen für einige Branchen (z. B. in der Pflege) *Selbstverteidigungstrainings* zur Verfügung. In anderen Branchen wird gezielt auf solche Trainings für Mitarbeiter verzichtet, u.a. weil die räumlichen Gegebenheiten im Konfliktfall zu beengt sind (z. B. bei Fahrausweisprüfern in Bussen oder Straßenbahnen) und weitere Fahrgäste zu Schaden kommen könnten. Ferner wird befürchtet, dass die Vermittlung von Selbstverteidigungstrainings zur Selbstüberschätzung führt, was wiederum zum Auslassen präventiver Möglichkeiten verleiten kann.

Organisatorisch und technisch sind Empfehlungen zu beachten, die detailliert Hinweise auf Flucht- und *Alarmsysteme* für den Fall von gewalttätigen Übergriffen geben. Empfehlungen dieser Art sind branchen- und teilweise sogar betriebsspezifisch und reichen von günstigen Sitzanordnungen (z. B. sitzt der Dienstleister näher an der Tür als der Kunde) bis zu Notrufinstallationen (Notrufschalter, stiller Alarm, Sensoren, die Fluchtbewegungen erkennen und Alarm auslösen usw., s. u.).

2.3.6 Prävention

Die *Maßnahmenhierarchie* im Arbeitsschutz nennt die Reihenfolge der Schritte, die für eine effektive Prävention eingehalten werden sollten. Sie wurde ursprünglich für klassische Gefahrenquellen (z. B. durch elektrische Spannung) entwickelt, lässt sich aber auch auf die Prävention von Gewalt und (in der letzten Stufe) auf die Prävention eskalierender Konflikte anwenden (s. *Abbildung 1*).

Gefahrenquelle vermeiden/beseitigen
Sicherheitstechnische Maßnahmen
Organisatorische Maßnahmen
Nutzung persönlicher Schutzausrüstung
Verhaltensbezogene Sicherheitsmaßnahmen

Abbildung 1: Maßnahmenhierarchie im Arbeitsschutz

Die Maßnahmenhierarchie besagt, dass im Arbeitsschutz zuerst versucht wird, Gefahrenquellen (Ursachen von Gefährdungsfaktoren) erst gar nicht entstehen zu lassen oder aber – wenn sie vorhanden sind – sie zu beseitigen. Ist die erste Maßnahme nicht umsetzbar, folgen im zweiten Schritt sicherheitstechnische Maßnahmen, welche die Wirkung der Gefährdungsfaktoren auf den Menschen verringern/verhindern (Abschrankung, Einhausung, Schutzeinrichtungen usw.). Sind keine technischen Maßnahmen möglich, folgen im dritten Schritt organisatorische Maßnahmen (zum Beispiel die räumliche Trennung von Lärmquelle und Mensch). Ist auch dies nicht möglich, muss eine persönliche Schutzausrüstung benutzt werden. Diese schützt den Menschen vor den auf den Körper einwirkenden Gefährdungsfaktoren. Verhaltensbezogene Maßnahmen stehen an letzter Stelle, weil sie als alleinige Maßnahme unzureichend wirken (zumindest im Bezug auf technische Prozesse in produzierenden Bereichen) und deshalb nur in Verbindung mit den Schritten zwei bis vier zur Unterstützung zulässig sind. Bei der Prävention von Gewalt am Arbeitsplatz ist der Gefährdungsfaktor der Mensch oder mehrere Menschen (der Kunde, Kollege, Klient oder Patient), deren Gewaltpotential in seiner Wirkung auf andere Menschen oder Gegenstände durch geeignete Maßnahmen verhindert bzw. verringert werden muss. In diesem Zusammenhang bekommen verhaltensbezogene Maßnahmen einen höheren Stellenwert als im technischen Arbeitsschutz, da es sich hier primär um eine Verhaltensbeeinflussung bei den Gewalttätern handelt.

Im Folgenden werden Beispiele für die ersten vier Stufen der Maßnahmenhierarchie zur Prävention von Gewalt am Arbeitsplatz genannt, bevor anschließend ergänzende verhaltensbezogene Maßnahmen vorgestellt werden, die sich auch auf die Prävention eskalierender Konflikte beziehen.

Vermeidung der Gefahrenquelle

Die Vermeidung der Gefahrenquelle *Mensch* kann nur dadurch gelingen, dass ein Kontakt zwischen Beschäftigten und Kunden beziehungsweise dritten Personen verhindert wird. Beispiele sind elektronische Fahrpläne oder Serviceleistungen via Internet, also Systeme, die Kundenkontakte und Zahlungswege automatisieren, oder Callcenter, in denen der Kontakt mit dem Kunden fernmündlich stattfindet. Der telefonische Kontakt zu Kunden, etwa bei der Annahme von Kundenreklamationen, birgt aber die Gefahr verbaler Aggressionen gegen den Dienstleister. Bei Automaten mit Geldeinwurf (z. B. Fahrkartenautomaten) ist die Gefahrenquelle nur verlagert. Der Kundenkontakt wird dadurch zwar reduziert, die Leerung der Kassenautomaten ist aber, wenn keine ausschließliche Nutzung mit Kreditkarten vorgesehen ist, weiterhin erforderlich und stellt eine Gefahrenquelle für gewalttätige Raubüberfälle dar. Weitere Maßnahmen für diese Hierarchiestufe sind z. B.

- die *Ausleuchtung* von Betriebswegen oder deren Videoüberwachung,
- eine freundliche und saubere Gestaltung von Räumen, um die Hemmschwelle für Gewalt zu erhöhen oder
- die Verwendung von *Zeitverschlussbehältnissen* für Bargeld, das über den Wechselgeldbestand hinausgeht.

Sicherheitstechnische Maßnahmen

Sicherheitstechnische Maßnahmen werden dann eingesetzt, wenn die Gefahrenquelle nicht vermieden werden kann. Zur Gewaltprävention bestehen sie oft in einer sicheren Abgrenzung zwischen Beschäftigten und Kunden. Sie werden häufig dann angewandt, wenn Beschäftigte mit Geld oder anderen Wertsachen umgehen müssen. Die Verwendung von Sicherheitsglas am Geldschalter von Sparkassen und Banken, für die Kabine des Straßenbahnfahrers oder für den Nachtschalter an Tankstellen sind Beispiele hierfür. Sie werden aber von den Beschäftigten nicht überall akzeptiert, z. B. stößt eine Abschirmung des Taxifahrers von den Kunden durch eine Glaskabine (*Schwedenhaube*), wodurch plötzliche Angriffe von hinten verhindert werden, oft bei Kunden und Taxifahrern auf Ablehnung, da der Kontakt zwischen Fahrer und Fahrgast unmöglich ist. Ähnlich verhält es sich bei Glaskabinen für Busfahrer. Technische Veränderungen zur Erhöhung der Akzeptanz sind wichtige Aufgaben für die Zukunft. Zugleich ist jedoch zu beachten, dass diese Maßnahmen keine vollständige Sicherheit bieten, da eine Überwindung z. B. durch Geiselnahme von Kunden im offenen Bereich einer Bank möglich bleibt.

Organisatorische Maßnahmen

Das Ziel organisatorischer Maßnahmen zur Gewaltprävention ist die Reduzierung des Gefahrenpotenzials für Beschäftigte immer dann, wenn die Gefahrenquelle nicht beseitigt werden kann und zusätzliche sicherheitstechnische Maßnahmen nicht ausreichen. Dies ist z. B. immer dann der Fall, wenn mit Wertsachen umgegangen werden muss oder Kontrolltätigkeiten (Wach- und Schließgesellschaften, Kontrollen usw.) ausgeübt werden. Sie sind in vielen Branchen bereits realisiert. Beispiele für Maßnahmen auf dieser Stufe der Hierarchie sind:

- Die Reduzierung von Geldbeständen in Kassen.
- Der Ausdruck von Fahrscheinen nach Bedarf und dadurch Reduktion der Wertbestände an Fahrkarten.
- Die Ausleuchtung von Betriebswegen.
- Die Reduzierung von Warteschlangen in Ämtern.
- Die Ausführung von Tätigkeiten in Teams mit mindestens zwei Personen (z. B. bei Werttransporten oder bei der Fahrkartenkontrolle).

Einige der organisatorischen Maßnahmen zielen auf Abschreckung, z. B. dadurch, dass Aufgaben im Team erledigt oder besonders kräftige Männer für die Tätigkeiten (als Türsteher usw.) ausgewählt werden. Diese Maßnahmen haben sich nicht immer bewährt, da sie – etwa im Falle der auffälligen Türsteher – provozierend und eskalierend wirken können. Teilweise ist deshalb eine Abkehr davon zu beobachten.

Nutzung persönlicher Schutzausrüstung
Persönliche Schutzausrüstungen (PSA) können nur bedingt und im engeren Sinne nur zur Prävention körperlicher Gewalt eingesetzt werden. Ihr Zweck ist dabei nicht, Gewalt vorzubeugen, sondern im Falle der Gewaltanwendung die Verletzungsfolgen zu reduzieren. Schutzwesten sind ein Beispiel für PSA, die den Beschäftigten auch ein sichereres Gefühl vermitteln können. Die Verfügbarkeit von Waffen bei der Polizei kann ebenfalls als PSA betrachtet werden. Im übertragenen Sinne sind PSA zur Gewaltprävention dann weitaus wichtiger, wenn der psychische Selbstschutz eingeschlossen wird. Ein häufig beklagter Effekt aus verbaler Gewalt ist eine emotionale Abstumpfung oder verringerte Sensibilität, die sich auch auf das Privatleben von Beschäftigten auswirkt. *Selbstschutztechniken* helfen, diese negativen Effekte nicht oder nur in reduziertem Ausmaß aufkommen zu lassen. Sie wurden ursprünglich für Menschen in helfenden Berufen entwickelt, können aber in leicht abgewandelter Form auch Personen dienen, die häufig von Kunden beschimpft oder beleidigt werden. Wie für die kommunikativen Techniken gilt auch hier, dass die Betroffenen diese Strategien lernen und üben müssen, damit sie sie in kritischen Situationen auch tatsächlich erfolgreich anwenden können. Das Prinzip der meisten Selbstschutztechniken ist, dass sich die Betreffenden ihrer Rolle und ihrer Funktion bewusst werden und sich somit nicht mehr als Person angegriffen fühlen (z. B. durch Selbstverbalisationen in der Art „Dies hier ist meine Aufgabe, die ich so gut es geht erledige. Wenn mich jemand angreift, meint er nicht mich, sondern meine Funktion. Jeder andere in meiner Situation würde genauso beschimpft werden"). *Selbstinstruktionen* dieser Art sind nur hilfreich, wenn der Betroffene sie richtig anwendet. Ein ausreichendes Training z. B. im Rahmen von Seminaren zur Gewaltprävention ist erforderlich.

Verhaltensbezogene Maßnahmen
Verhaltensbezogene Maßnahmen sollten Maßnahmen auf den anderen Ebenen der Maßnahmenhierarchie ergänzen. Sie zielen darauf ab,
- Konfliktsituationen, aus denen Gewalt resultieren kann, erst gar nicht entstehen zu lassen,
- im Falle der Konfliktentstehung deeskalierend einzugreifen und psychologische Selbstschutztechniken anzuwenden oder aber
- im Falle der Gewaltanwendung Alarm- und Fluchtsysteme zu nutzen.

Die wichtigsten zur Verfügung stehenden Mittel für die ersten beiden Punkte sind die nonverbale und die verbale Kommunikation (Gesprächstechniken). Hierzu gehören u. a. folgende Techniken, die in der Literatur näher beschrieben sind:
- *Transparenz* (z. B. von Entscheidungen auf Ämtern, wodurch dem Kunden Verständnis ermöglicht wird, so dass er Entscheidungen leichter akzeptieren kann).
- Zuhören und Verständnis signalisieren (dadurch wird dem Gegenüber verdeutlicht, dass er verbale Handlungsmöglichkeiten hat, so dass nicht das Gefühl der Hilflosigkeit mit resultierender Aggressivität entsteht).

- *Ich-Botschaften* (um Meinungen oder Emotionen beim Gegenüber nicht als Vorwurf oder verbalen Angriff ankommen zu lassen).
- Die Wahl einer verständlichen und einfachen Sprache,
- Meta-Kommunikation (wodurch sich schwierige Gesprächssituationen oder Konflikte auflösen lassen).

Unter *nonverbaler Kommunikation* oder Körpersprache wurde bis in die 80er Jahre hinein das verstanden, was durch eine bestimmte Mimik oder Gestik ausgedrückt wird. Verschränkte z. B. ein Sprecher seine Arme vor dem Körper, so wurde dies als Distanzierung von den Zuhörern übersetzt. Dieses Verständnis von nonverbaler Kommunikation ist heute nicht mehr seriös. Die Forschung hat sich seit ca. zwanzig Jahren von dieser Frage des Ausdrucks von Nonverbalem abgewandt. Im Vordergrund steht heute nicht mehr die spekulative Frage, was eine Person durch eine bestimmte Mimik oder Gestik ausdrückt, sondern welchen Eindruck eine Mimik oder Gestik beim Gegenüber hinterlässt. Diese Frage kann die Wissenschaft empirisch überprüfen, und inzwischen liegen einige Befunde vor, die für die Frage der Prävention von Gewalt von Bedeutung sind. Exemplarisch sei ein Befund hervorgehoben: Bei der **Links-rechts-Neigung** des Kopfes einer Person entsteht beim Betrachter immer dann der Eindruck von Unfreundlichkeit, geringer Sympathie und Arroganz, wenn die Richtung der Kopfneigung nicht mit der Blickrichtung übereinstimmt. Eine Übereinstimmung von Kopfneigung und Blickrichtung dagegen lässt den Eindruck von Freundlichkeit und Zugewandtheit entstehen. Techniken, um diesen Effekt zur Gewaltprävention und Deeskalation zu nutzen, können im Rahmen von Seminaren vermittelt werden.

Beispiele für branchenspezifische Verhaltensempfehlungen

In zahlreichen Branchen gibt es über die allgemeinen Gesprächstechniken hinaus konkrete Verhaltensempfehlungen zur Prävention von Gewalt (z. B. von der zuständigen Unfallversicherung). An dieser Stelle seien einige Beispiele genannt und kurz erläutert:

Fahrausweisprüfer

Ein Fahrgast, der ohne gültigen Fahrausweis festgestellt wurde, kann die Flucht ergreifen. In diesem Fall sollte der Fahrausweisprüfer dem Fliehenden nicht folgen. Grund: Fluchtreaktionen entstehen oft aus einem erhöhten Stressniveau, aus dem auch Aggression und Gewalt resultieren kann. Folgt der Fahrausweisprüfer dem Fliehenden, läuft er somit in die Gefahrenquelle hinein. Andere, weniger gefährliche Mechanismen sollten dazu führen, dass der Fliehende ergriffen wird. Das speziell für diese Zielgruppe entwickelte *3-D-Konzept* (Gehrke & Erb, 2006) gibt darüber hinaus Empfehlungen für die Gestaltung des Kontaktes mit dem Fahrgast (Darin) und in dessen Vor- und Nachbereitung (Davor bzw. Danach), um einer Eskalation von Konflikten vorzubeugen.

Ladendetektive

Wird ein Ladendiebstahl aufgedeckt und handelt es sich bei dem gestohlenen Gegenstand um ein wenig kostbares Produkt, sollten Ladendetektive abwägen, ob sie den Vorgang polizeilich anzeigen oder aber den Dieb zur Herausgabe der Ware bewegen und anschließend ein Ladenverbot erteilen. Grund: Die Zeit bis zum Eintreffen der Polizei bindet nicht nur Personal, das mit dem Täter zusammen in einem (in der Regel abgetrennten) Raum wartet; diese Wartezeit ist auch besonders gefährlich, denn Diebe werden in dieser Wartezeit auch besonders häufig aggressiv und flüchten.

Tankstellen- oder Bankbeschäftigte
Bei Überfällen sollte Personal in diesen Branchen Geldbestände ohne Gegenwehr herausgeben und (stillen) Alarm auslösen. Grund: Die persönliche Unversehrtheit hat Vorrang vor der Sicherung materieller Werte. Gegenwehr kann Gewalt hervorrufen, obwohl der Täter dies nicht geplant hatte. Gut funktionierende Alarmsysteme erhöhen die Wahrscheinlichkeit für die Ergreifung des Täters.

Taxifahrer
Ist ein Fahrgast ortskundig und meint, eine kürzere Strecke zu kennen als der Taxifahrer, sollte der Fahrer den Fahrgast bitten, die Strecke zu führen. Grund: Der Fahrer vermittelt dem Fahrgast so das Gefühl, die Situation zu kontrollieren. Eine möglicherweise eskalierende Diskussion über den besten Weg entfällt.

Alarmsysteme
Wenn die Präventionsmaßnahmen nicht greifen und Beschäftigte angegriffen werden, sind gut funktionierende Alarm- und Fluchtsysteme von möglicherweise lebensrettender Bedeutung. Empfehlungen werden für zahlreiche Branchen von den zuständigen Unfallversicherungen gegeben, hier seien einige Beispiele abschließend kurz vorgestellt:
- Taxifahrer können per Knopfdruck für den Angreifer unmerklich ein Alarmzeichen am Dachschild des Taxis auslösen. Außenstehende (Kollegen, Passanten) können durch diesen Dachschild-Alarm Hilfe herbeirufen.
- An Einzelarbeitsplätzen (Wachpersonal, Pflege in Nachtschichten usw.) sollten Personen-Notsignal-Anlagen vorhanden sein. Diese Anlagen ermöglichen es, entweder durch einen am Körper angebrachten Schalter manuell oder durch Bewegungslosigkeit, horizontale Lage oder Fluchtbewegungen automatisch Alarm auszulösen.
- An Kassentischen kann durch Entnahme eines speziell aufbewahrten Geldscheines aus der Geldscheinmulde ein Alarm ausgelöst werden (insbesondere bei Banken).

Für die Entscheidung, ob stiller oder lauter Alarm ausgelöst wird, ist abzuwägen, ob ein Täter abgeschreckt werden soll oder ob durch eine Abschreckung eine unkalkulierbare Panikreaktion beim Täter hervorgerufen wird. Eine solche Panikreaktion durch den Alarm könnte Personenschäden durch Gewalt hervorrufen.

2.3.7 Fazit – Public Health Relevanz

Konflikte am Arbeitsplatz können eine konstruktive oder stabilisierende Funktion haben. Eskalierende Konflikte können eine von mehreren Ursachen gewalttätiger Übergriffe sein. Gewalt am Arbeitsplatz ist von großer persönlicher und wirtschaftlicher Bedeutung. Branchenspezifische Programme zur Verbesserung des Umgangs mit Konflikten sowie zur Prävention von Gewalt am Arbeitsplatz werden insbesondere von vielen Unfallversicherungsträgern angeboten. Einige Programme müssen noch evaluiert werden. Auf der Basis der Evaluationsergebnisse sollten diese Programme ggf. optimiert und möglichst breit für gefährdete Beschäftigte angeboten werden.

2.3.8 Key-Message
- Ursachen für Gewalt am Arbeitsplatz;
- eskalierende Konflikte;
- Branchenspezifität von Prävalenz, Prävention und Intervention;
- Maßnahmenhierarchie im Arbeitsschutz für Prävention von Gewalt und eskalierende Konflikte;
- Bedeutung unterschiedlicher Alarmsysteme.

LITERATURHINWEISE

DEUTSCH, M. (1973): The resolution of conflict: constructive and destructive processes. Yale University Press. New Haven.

BERKEL, K. (2002): Konflikttraining. Konflikte verstehen, analysieren, bewältigen. Heidelberg. Sauer.

GEHRKE, A., ERB, R. (2006): Präventionsmaßnahmen zum Schutz vor Übergriffen Dritter auf Mitarbeiter im Personennahverkehr. Die BG; in Druck.

INTERNATIONAL LABOUR ORGANIZATION (2003): Code of Practice on workplace violence in services sectors and measures to combat this phenomenon. www.ilo.org/public/english/dialogue/sector/techmeet/mevsws03/mevsws-cp.pdf.

WINDEMUTH, D. (2005): Gewalt am Arbeitsplatz. Bundesarbeitsblatt (3/2005) 8-14.

2.4 Mobbing – Außenseiterleiden oder Managementversagen?

Andreas Weber

2.4.1 Ausgangslage – Historie

Solange Menschen zusammenarbeiten, gibt es berufliche Konflikte und Machtkämpfe. Dass dabei nicht immer Fairness und Sachorientierung Maßstab sind, ist ebenfalls keine neue Erkenntnis.

Doch seit einigen Jahren scheint der Umgangston rauer zu werden, die Auseinandersetzungen am Arbeitsplatz haben an Schärfe gewonnen. Wertewandel, Arbeitsverdichtung, Konkurrenzdenken und Angst vor eigener Arbeitslosigkeit bestimmen vielerorts das soziale Klima. Steigende Anforderungen an soziale Kompetenz, Kommunikations-, Team- und Konfliktfähigkeit überfordern nicht selten Beschäftigte und Führungskräfte gleichermaßen. Parallel dazu werden Anschuldigungen, im Beruf gemobbt worden zu sein, in letzter Zeit geradezu inflationär geäußert: „Warum grüßt mich der Pförtner heute schon wieder nicht?" – „Ganz schön gemein, dass mich die Kollegen nicht in die Kantine mitgenommen haben?" – „Muss der Chefarzt mich vor Patienten immer so runterputzen?" – „Warum hören alle mit dem Reden auf, wenn ich ins Lehrerzimmer komme?".

Handelt es sich bei derartigen Klagen lediglich um narzisstische Krisen übersensibler „Soziochonder" und typische Alltagsprobleme schrulliger Außenseiter oder vielleicht um wichtige diagnostische Hinweise auf eine ernst zunehmende innerbetriebliche Konfliktsituation, die sich unter dem Schlagwort Mobbing im letzten Jahrzehnt auch in der deutschen Umgangssprache etabliert hat und heute bereits zum Wortschatz von Grundschülern gehört. Die Bezeichnung *Mobbing* stellt ein Kunstwort dar und ist etymologisch aus dem englischen Verb *to mob* (über jemanden herfallen, anpöbeln) bzw. dem Substantiv the mob (Pöbel, Horde, Gesindel) ableitbar.

Der wissenschaftliche Ursprung des Begriffes Mobbing liegt in der biologischen Verhaltensforschung. Konrad Lorenz verstand darunter Gruppenangriffe unterlegener Tiere mit dem Ziel, einen überlegenen Gegner zu verscheuchen. In den 60er Jahren des letzten Jahrhunderts wurde Mobbing durch den schwedischen Arzt Peter Paul Heinemann in die Schulpädagogik eingeführt, der damit ein aggressives und feindseliges Verhalten von Schülern gegenüber Mitschülern charakterisierte. Der aus Wolfenbüttel stammende Psychologe und Betriebswirtschaftler Heinz Leymann (1932-1999), der seit 1955 in Schweden lebte und arbeitete, importierte den Mobbing-Begriff in das Setting Arbeitswelt und gilt heute als der Vater der Mobbing-Forschung. Ihm war seit den 70er Jahren des letzten Jahrhunderts aufgefallen, dass die Ursachen für psychische Belastungen bei schwedischen Arbeitnehmern oftmals mit einem antisozialen Verhalten von Kollegen oder Vorgesetzten in Verbindung gebracht werden konnten. Später gründete er in Schweden die erste Fachklinik für Mobbingopfer und entwickelte spezielle Rehabilitationsprogramme. Seine Erkenntnisse wurden seit Mitte der 80er Jahre des letzten Jahrhunderts vielfach publiziert. So wurde sein in 1993 erschienenes Buch „Mobbing, Psychoterror am Arbeitsplatz und wie man sich dagegen wehren kann" ein Bestseller und führte dazu, dass sich in Deutschland zunächst vor allem Gewerkschaften, Krankenkassen und Kirchen verstärkt mit dem Phänomen Mobbing beschäftigten (u. a. Einrichtung von Mobbingtelefonen, Gründung von Selbsthilfegruppen). Seit Mitte der 1990er Jahre ist gleichsam eine Flut an populärwissenschaftlichen Darstellungen und Ratgebern zu verzeichnen, deren Ausmaß und Qualität auch für Experten heute kaum noch überschaubar sind. Auch in den Massenmedien ist das Thema zum Dauerbrenner avanciert, wobei nicht selten aus tragischen Einzelfällen, die besonders Schlagzeilen trächtig sind, undifferenzierte Pauschalierungen abgeleitet werden. Auffällig ist zudem eine Diskrepanz zwischen veröffentlichten Meinungen und gesichertem Wissen. Wissenschaftlich haben sich in Deutschland bisher vor allem Psychologen mit dem Forschungsgegenstand Mobbing beschäftigt, von der akademischen Medizin, einschließlich der Arbeitsmedizin, wurde das Phänomen lange Zeit als „soziologischer Mumpitz" oder inflationäre Modeerscheinung abgetan, wohingegen sich Betriebsärzte und Arbeitsschützer immer häufiger mit vermeintlichen und tatsächlichen Mobbing-Fällen konfrontiert sahen. Heute wird die erhebliche gesellschaftliche, volks- und betriebswirtschaftliche sowie arbeits- und sozialmedizinische Relevanz von Mobbing in Wissenschaft und Praxis kaum mehr ernsthaft bezweifelt. Im Vordergrund stehen vielmehr Fragen einer einheitlichen, allgemein akzeptierten Definition und Diagnostik, insbesondere hinsichtlich der Abgrenzung zu banalen betrieblichen Streitigkeiten, der Verhinderung von Mobbing und Folgen, die aus einem unkritischen, unangemessenen Umgang mit dem Begriff herrühren.

2.4.2 Definition

Bis heute existiert **keine** einheitliche, international anerkannte Definition für Mobbing. Im alltäglichen Sprachgebrauch setzt man Mobbing oft mit Schikanieren, Sabotieren, Intrigieren, Fertigmachen oder Rausekeln gleich. Populärwissenschaftlich wird Mobbing häufig mit *Psychoterror am Arbeitsplatz* umschrieben, was aufgrund der Unbestimmtheit zahlreiche Interpretationsmöglichkeiten offen lässt. Die in der wissenschaftlichen Literatur publizierten Definitionsvorschläge sind heterogen und betonen in Abhängigkeit von der Fachdisziplin der Autoren verschiedene Aspekte. Nachfolgend werden die in Deutschland am häufigsten verwendeten angeführt.

Auf Leymann geht eine erste allgemeine Definition aus dem Jahr 1992 zurück, die bis heute vor allem im populärwissenschaftlichen Bereich sehr beliebt ist. Sie lautet: *„Mobbing umfasst negative kommunikative Handlungen, die gegen eine Person gerichtet sind (von einer oder mehreren anderen) und die sehr oft und über einen längeren Zeitraum hinaus vorkommen und damit die Beziehung zwischen Täter und Opfer kennzeichnen"*

Weitergehend präsizierte Leymann, *„dass Mobbing dann vorliegt, wenn eine oder mehrere von 45 genau beschriebenen negativen Handlungen über ein halbes Jahr oder länger mindestens einmal pro Woche vorkommen".*

Die Gesellschaft gegen psychosozialen Stress und Mobbing e.V. versteht in Anlehnung an Leymann under Mobbing: „Eine konfliktbelastete Kommunikation am Arbeitsplatz unter Kollegen oder zwischen Vorgesetzten und Untergebenen, bei der die angegriffene Person:
- unterlegen ist und
- von einer oder mehreren anderen Personen,
- systematisch,
- oft und während längerer Zeit,
- mit dem Ziel und / oder dem Effekt des Ausstoßes aus dem Arbeitsverhältnis,
- direkt oder indirekt angegriffen wird und dies als Diskriminierung empfindet".

Den beiden obigen sehr ähnlich ist die für die praktische Arbeit gut geeignete, vom Hauptverband der gewerblichen Berufsgenossenschaften (HVBG) propagierte Mobbing Definition. Demnach ist „Mobbing eine konflikthafte Kommunikation am Arbeitsplatz unter Kollegen oder zwischen Vorgesetzten und Mitarbeitern, bei der:
- eine Person von einer oder einigen Personen,
- systematisch,
- häufig (mindestens einmal pro Woche),
- während längerer Zeit (mindestens sechs Monate),
- mit dem Ziel des Ausstoßes aus dem Arbeitsverhältnis,
- direkt oder indirekt angegriffen wird".

Die Bundesanstalt für Arbeitsschutz und Arbeitsmedizin (BAuA) wählte für die erste deutsche repräsentative Mobbing-Studie die nachfolgende Umschreibung: *„Unter Mobbing ist zu verstehen, dass jemand am Arbeitsplatz häufig über einen längeren Zeitraum schikaniert, drangsaliert oder benachteiligt und ausgegrenzt wird."*

Die Europäische Agentur für Sicherheit und Gesundheitsschutz am Arbeitsplatz schlug 2002 folgende Mobbing Definition vor: *„Unter Mobbing ist wiederholtes, unangemessenes Verhalten gegenüber einem Beschäftigten oder einer Gruppe von Beschäftigten zu verstehen, das Gesundheits- und Sicherheitsrisiken hervorruft."*

Als unangemessenes Verhalten gilt jedes Verhalten, dass von vernünftig reagierenden Menschen als Unterdrückung, Demütigung oder Bedrohung erlebt wird. Unter Gesundheits- und Sicherheitsrisiken ist eine Gefährdung der geistigen oder körperlichen Gesundheit der Beschäftigten zu verstehen. Mobbing kann verbale wie auch körperliche Angriffe sowie subtilere Formen (z. B. Abwertung der Arbeit eines Kollegen, soziale Ausgrenzung) einschließen. Mobbing vollzieht sich zudem häufig in Verbindung mit einem Missbrauch von Macht, bei dem die Opfer Schwierigkeiten haben, sich zu wehren.

Auch **juristischerseits** wurden in den letzten Jahren Mobbing Definitionen vorgenommen. So hat der Rechtsanwalt und Mobbing-Experte Martin Wolmerath (2004) zusammen mit Axel Esser den Begriff weiterentwickelt. Sie verstehen unter Mobbing
- „einen Geschehensprozess in der Arbeitswelt,
- in dem destruktive Handlungen unterschiedlicher Art wiederholt und über einen längeren Zeitraum gegen Einzelne vorgenommen werden,
- welche von den Betroffenen als eine Beeinträchtigung und Verletzung ihrer Person empfunden werden und

- dessen ungebremster Verlauf für die Betroffenen grundsätzlich dazu führt, dass ihre psychische Befindlichkeit und Gesundheit zunehmend beeinträchtigt werden,
- ihre Isolation und Ausgrenzung am Arbeitsplatz zunehmen,
- dagegen die Chancen auf eine zufriedenstellende Lösung schwinden und
- der regelmäßig im Verlust ihres bisherigen beruflichen Wirkbereichs endet".

Im Weiteren liegen auch höchstrichterliche Mobbing Definitionen in Deutschland vor. So definierte das Bundesarbeitsgericht in seinem Beschluss vom 15.1.1997 - 7ABR 14/96 nicht nur den Tatbestand, sondern ging darüber hinaus auch auf mögliche Ursachen ein: *„Mobbing ist das systematische Anfeinden, Schikanieren oder Diskriminieren von Arbeitnehmern untereinander oder durch Vorgesetzte. Es wird durch Stress am Arbeitsplatz begünstigt, deren Ursachen unter anderem in einer Über-/Unterforderung einzelner Arbeitnehmer, in der Arbeitsorganisation oder im Verhalten von Vorgesetzten liegen können".*

Grosse Beachtung in Laien und Fachkreisen - weit über die Justiz hinaus - fand ein grundlegendes Urteil des Landesarbeitsgerichts Thüringen vom 10.4.2001- 5SA 403/00, in dem eine präzise Definition von Mobbing dokumentiert ist. Demnach gilt: *„Im arbeitsrechtlichen Verständnis erfasst der Begriff Mobbing fortgesetzte, aufeinander aufbauende oder ineinander übergreifende, der Anfeindung, Schikane oder Diskriminierung dienende Verhaltensweisen, die nach Art und Ablauf im Regelfall einer übergeordneten, von der Rechtsordnung nicht gedeckten Zielsetzung förderlich sind und jedenfalls in ihrer Gesamtheit das allgemeine Persönlichkeitsrecht oder andere ebenso geschützte Rechte, wie die Ehre oder die Gesundheit des Betroffenen verletzen. Ein vorgefasster Plan ist nicht erforderlich. Eine Fortsetzung des Verhaltens unter schlichter Ausnutzung der Gelegenheiten ist ausreichend".*

Zusammenfassend ist zu konstatieren, dass bislang in der betrieblichen und gerichtlichen Praxis in Deutschland keine der vorgestellten Definitionen vorrangig verwendet wird, was den Umgang mit dem Phänomen Mobbing nicht erleichtert. Gemeinsame Charakteristika der vorgenannten Umschreibungen sind:
- Eine Systematik der Anfeindung,
- eine gewisse Häufigkeit und Dauer (Intensität),
- die Gerichtetheit (Individuum zentriert),
- die Zielorientierung (Ausschluss aus dem Arbeitsverhältnis) sowie
- eine Machtasymmetrie bzw. ein Stärkeungleichgewicht („Täter/Opfer–Verhältnis").

Gleichzeitig wird deutlich, dass nicht jede Stichelei oder Beleidigung oder vereinzelte, alltägliche Streitigkeiten unter Arbeitskollegen mit Mobbing gleichgesetzt werden dürfen. **Nicht jedes soziale Problem erfüllt den Tatbestand von Mobbing!**

Darüber hinaus lassen sich verschiedene Formen von Mobbing unterscheiden. So werden als *Bossing* Mobbing-Handlungen von Vorgesetzten gegen Untergebene bezeichnet, während *Staffing* den umgekehrten Sachverhalt beschreibt (Mobbing von Untergebenen gegen den Vorgesetzten). Unter **strategischem Mobbing** werden in der Populärliteratur Mobbinghandlungen als Mittel des Personalabbaus (z. B. bei ansonsten unkündbaren Beschäftigten im öffentlichen Dienst) verstanden. High Tech Mobbing beinhaltet, dass Manipulationen am PC des Opfers (z. B. das Löschen von Dateien, Eingriffe in den E-Mail Verkehr) das Mobbing Ziel darstellen.

In der internationalen Literatur werden für gleiche oder ähnliche Phänomene wie Mobbing häufiger auch die Begriffe *Harassment / Non-sexual Harassment, Emotional Abuse* oder *Bullying* verwendet (abgeleitet vom englischen Verb „to bully" – tyrannisieren/schikanieren). Bullying ist aber weiter gefasst als Mobbing und schließt z. B. Handgreiflichkeiten oder eine sexuelle Belästigung am Arbeitsplatz mit ein. Letztere wird wiederum von einigen Experten als eine Sonderform von Mobbing angesehen. In der 10. Revision der internationalen statistischen Klassifikation der Krankheiten (ICD 10) der WHO wird Mobbing in der Gruppe Z abgebildet, wobei die Kategorien Z 00 – Z 99 Fälle umfassen, in denen Sachverhalte als Diagnosen oder Probleme angegeben sind, die nicht als Krankheit, Verletzung oder äußere Ursache in den Kategorien A–Y der ICD klassifizierbar sind. Mobbing assoziierte Beeinträchtigungen werden dabei unter Z 56 (Probleme mit Bezug auf die Berufstätigkeit) eingeordnet. In Betracht kommt insbesondere Schlüsselposition Z 56.4 (Unstimmigkeiten mit Vorgesetzten oder Arbeitskollegen) oder auch Z 56.6 (Andere physische oder psychische Belastung im Zusammenhang mit der Arbeit). Mobbing selbst wird jedoch, im Gegensatz zu Mobbing assoziierten Beschwerden und Gesundheitsstörungen, die sich zumeist als psychische und psychosomatische Erkrankungen (Gruppe F- ICD 10) manifestieren, von Psychologen und Medizinern mehrheitlich nicht im Sinne einer medizinischen Diagnose verstanden.

2.4.3 Epidemiologie – Vorkommen

Mobbing ist **kein** spezifisches Problem des deutschen Sozialstaates, sondern ein internationales, transkulturelles Phänomen. Die in der Fachliteratur verfügbaren Angaben zu Vorkommen und Häufigkeit von Mobbing in Industrienationen zeigen aufgrund unterschiedlicher Definitionen, diagnostischer Kriterien, kultureller Unterschiede in der Wahrnehmung und Bewertung sowie divergierender rechtlicher und wirtschaftlicher Rahmenbedingungen erhebliche Schwankungsbreiten. In der allgemeinen Arbeitnehmerschaft wurden relative Häufigkeiten zwischen 1 – 15 % (bezogen auf die Gesamtzahl der Berufstätigen) beschrieben. Die Europäische Agentur für Sicherheit und Gesundheitsschutz am Arbeitsplatz ging im Jahr 2000 für die damalige EU von einer Mobbing Prävalenz von ca. 9 % aus, dem entspricht eine Anzahl von etwa 12 Mio. Erwerbstätigen. Die 12-Monats-Prävalenz wird in der EU derzeit mit 5 – 10 % geschätzt, wobei die Häufigkeit zwischen den einzelnen Mitgliedstaaten variiert. Aus Finnland wurden Prävalenzraten von bis zu 15 %, aus den Niederlanden und Großbritannien von bis zu 14 % mitgeteilt. In Frankreich schätzten Mobbing-Experten in 1999 die relative Häufigkeit auf etwa 9 %. In Österreich wurden bereits Mitte der 1990er Jahre Prävalenzraten von bis zu 8 % beobachtet. In der Schweiz betrug die relative Häufigkeit nach einer repräsentativen Untersuchung des Staatssekretariats für Wirtschaft (seco) aus 2002 knapp 8 %. Auch in Südeuropa gibt es Mobbing: so haben derartige Fälle in der spanischen Erwerbsbevölkerung im letzten Jahrzehnt erheblich zugenommen, derzeit wird von einer Prävalenz von 12 % ausgegangen. Leymann ermittelte für Schweden bereits in den 1990er Jahren eine Mobbing Arbeitsleben-Prävalenz von 3,5 %. Demnach wird dort nahezu jeder 4. Erwerbstätige im Laufe seines Berufslebens mit Mobbing konfrontiert. In älteren, nicht repräsentativen deutschen arbeitspsychologischen und - medizinischen Untersuchungen aus den 90er Jahren fanden sich Prävalenzraten von 1,2 –3,5 bis 7 %. Für Deutschland lieferte der im Jahr 2002 publizierte *Mobbing Report* der Bundesanstalt für Arbeitsschutz und Arbeitsmedizin (BAuA) erstmalig empirische repräsentative Daten, die im Jahr 2000 erhoben worden waren. Zum Zeitpunkt der Untersuchung wurde - bezogen auf die Gesamtzahl der Erwerbstätigen (etwa 38 Mio.) - eine Mobbing Quote von 2,7 % objektiviert. Somit waren im Jahr 2000 ca. 1 Mio. Beschäftigte in Deutschland betroffen. Die 12-Monats-Prävalenz für Mobbing betrug 5,5 %, die relative Häufigkeit für die Gesamtdauer der Berufstätigkeit lag bei 11,3 %. Der Deutsche Gewerkschaftsbund (DGB) schätzt die Zahl der jährlichen Mobbing Opfer auf ca. 1,5 Mio. und sieht darüber hinaus in bis zu 10 % aller Suizide einen Zusammenhang mit einer Mobbing Problematik.

Mobbing tritt unabhängig von Geschlecht, Lebensalter, Art der beruflichen Tätigkeit oder Beschäftigungsdauer auf und kann grundsätzlich jeden treffen. Neue Mitarbeiter sollen dabei jedoch Mobbing gefährdeter sein als langjährig Beschäftigte. Im Weiteren findet sich in der überwiegenden Zahl der einschlägigen Studien ein höheres Mobbing Risiko für Frauen im Vergleich zu Männern. Nach den Daten des deutschen Mobbing Reports haben Frauen sogar ein um 75 % höheres Mobbing Risiko als Männer. Die am stärksten betroffenen Altersgruppen sind demnach unter 25-jährige und Auszubildende (3,7 %) sowie über 55jährige (2,9 %). Häufigste Mobbing Täter sind männliche Vorgesetzte im Alter zwischen 35 und 55 Jahren. In den von Leymann untersuchten Kollektiven waren unter Mobbing Opfern die 21-40jährigen am häufigsten vertreten. Ob z. B. Behinderte oder Migranten a priori einem höheren Mobbing Risiko unterliegen, ist wissenschaftlich nicht gesichert. Es gibt weder die Mobbing Branche noch ist ein Beruf von vorneherein ausgenommen. In allen Berufsgruppen und Betriebsgrößen, in der gewerblichen Wirtschaft, im öffentlichen Dienst und in Schulen kommt Mobbing vor. Mobbing anfälliger sollen jedoch größere, von Männern dominierte Unternehmen der Old Economy sowie Dienstleistungs- und Verwaltungseinrichtungen des Gesundheits-, Sozial- und Bildungswesens sein, in denen noch tief gestufte Hierarchien bestehen (z. B. Kliniken, Schulen, öffentliche Verwaltungen), zahlreiche Vorschriften zu beachten sind und enge Budgets bzw. häufigeres Downsizing mit hohen Anforderungen und geringen Handlungsspielräumen der Mitarbeiter verbunden ist. Hier ist das Statusdenken häufiger noch ausgeprägt und die Distanz zwischen den Hierachieebenen wird stärker betont als die Nähe. Die Kommunikation läuft bevorzugt über den Dienstweg. Im produzierenden Gewerbe und unter Arbeitern soll die Mobbing Prävalenz dagegen am niedrigsten sein. Bei derzeitigem Wissensstand scheint das Mobbing Risiko in Sozialen Berufen (u. a. Lehrkräfte, Erzieher, Sozialarbeiter, Altenpfleger) und Gesundheitsberufen (u. a. Ärzte, Pflegekräfte), bei Beschäftigten von Banken/Versicherungen, im öffentlichen Dienst (u. a. Polizei, Verwaltungen, Behörden), und bei Verkaufspersonal am höchsten zu sein. So wurden u. a. im Gesundheits- / Sozialwesen Mobbingraten von bis zu 30 %, in Schulen von bis zu 20 % und in öffentlichen Verwaltungen von bis zu 15 % beschrieben. Bei Bezugnahme auf die Daten des Mobbing Reports der BAuA haben Beschäftigte in sozialen Berufen (u. a. Erzieher, Sozialarbeiter, Altenpfleger) das höchste Mobbing Risiko.

2.4.4 Ätiopathogenese

Neben der Frage einer einheitlichen, allgemein verbindlichen Definition werden auch ätiologische und pathogenetische Aspekte nach wie vor kontrovers diskutiert. Ist Mobbing lediglich Folge eines schlechten Betriebsklimas, eines Managementversagens bzw. einer Persönlichkeitsstörung übersensibler Zeitgenossen oder das Ergebnis komplexerer Wechselwirkungen zwischen gesellschaftlich-beruflichen (Verhältnissen) und individuellen Faktoren (Verhalten)?

Weitgehende Einigkeit besteht heute dahingehend, dass Mobbing ein multifaktoriell verursachter Prozess ist, dessen Entstehungsbedingungen sich sowohl aus Verhalten (Opfer und Täter) als auch aus Verhältnissen (Organisation - Gruppe) rekrutieren. Aus **stresstheoretischer** Perspektive kann Mobbing als eine extreme Form sozialer Stressoren, bei **konflikttheoretischer** Betrachtung als ein eskalierter, nicht richtig gelöster Konflikt bezeichnet werden. Einige Experten sprechen in diesem Zusammenhang auch von der darwinistischen Art der Konfliktlösung („der Stärkere siegt"). Im Vordergrund stehen Beziehungs-(Antipathie – „die Chemie stimmt nicht") und Rollenkonflikte (nicht klar definierte Zuständigkeiten oder Aufgaben). Die Europäische Agentur für Sicherheit und Gesundheitsschutz am Arbeitsplatz unterscheidet zwischen Mobbing als „Folge eines eskalierenden Konfliktes" und „Mobbing Fällen, in denen Täter ihre Aggressionen ausleben (Suche nach einem Sündenbock) und die Opfer primär nicht in einen Konflikt verwickelt waren". Wissenschaftlich liegen derzeit keine empirischen Belege für eine ausschlaggebende Bedeutung bestimmter Faktoren vor. In der Populärliteratur finden sich in Abhängigkeit von Profession und Intention der Autoren die unterschiedlichsten Katalogisierungen bislang diskutierter möglicher Ursachen. Die zahlreichen Hypothesen und Konzepte zur Entstehung von Mobbing lassen sich aus arbeits- und sozialmedizinischer Sicht auf drei wesentliche Ansätze fokussieren (siehe hierzu auch *Abbildung 1*).

So wird Mobbing bei Betonung der **Arbeitsumwelt (Makroebene)** primär als Folge risikobehafteter Verhältnisse gesehen. Dabei wird vor allem auf konjunkturelle Rahmenbedingungen, Arbeitsorganisation, Betriebsklima und Führungsverhalten

---

A. Arbeitsumwelt – Verhältnisse *(„Makroebene")*
(Focus: Arbeitsorganisation- Betriebsklima - Management)

B. Individuum – Verhalten *(„Mikroebene")*
(Focus: Persönlichkeit – Frustrationstoleranz - soziale Kompetenz)

- -

C. Person – Environment /Group- Misfit *(„Mesoebene")*
(Focus: Wechselwirkung/ Passung Individuum – Arbeitsaufgabe/Gruppe)

Abbildung 1: Mobbing – wesentliche ätiopathogenetische Konzepte

> - Arbeitsverdichtung - Überforderung -chronischer Stress
> - Verschärfter Wettbewerb (Zeit- / Erfolgsdruck)
> - Unterforderung („Langeweile")
> - Perspektivlosigkeit - Inhaltsarmut
> - Unklare Arbeitsorganisation
> - Arbeitsplatzunsicherheit – Angst vor Arbeitsplatzverlust
> - Pathologisches Konkurrenzdenken
> - Schlechtes Betriebsklima
> - Formatierte Arbeitswelt („standardisierter Arbeitnehmer")
> - Innerbetriebliche Veränderungen (neue Vorgesetzte, neue Abläufe)
> - Unternehmenskultur, die Mobbing verharmlost
> - Defizitäre Führungskompetenz – mangelhafte Personalpolitik
> - Defizitäre Kommunikation - Intransparenz von Entscheidungen
> - Fehlende Anerkennung („Feed-Back")
> - Fehlende gemeinsame Werte – soziales Desinteresse
> - Rollenkonflikte

Abbildung 2: Mobbing – begünstigende Faktoren der Arbeitswelt

abgehoben. Durch hohe Zielvorgaben sind in der neuen Arbeitswelt insbesondere Kooperations- und Kommunikationsanforderungen gestiegen. Zudem gibt es weniger Nischen als früher, in denen Personen arbeiten können, mit denen es Schwierigkeiten im persönlichen Umgang gibt. Weitere wichtige Faktoren des Arbeitsumfeldes, die im Zusammenhang mit einem häufigeren Auftreten von Mobbing diskutiert werden, sind in *Abbildung 2* dargestellt.

Nicht nur Betriebs- und Personalräte bewerten mittlerweile das Auftreten von Mobbing Fällen in einem Unternehmen in erster Linie als Führungsschwäche bzw. Managementversagen. Primär an Menschen nicht interessierte Führungspersönlichkeiten mit inkonsequentem Verhalten und Unfähigkeit für Lob, Dank oder positives Feedback sind mit adäquater Kommunikation und lösungsorientiertem Konfliktmanagement oft überfordert. Für tiefenpsychologisch ausgerichtete Mobbing Experten steht insbesondere der **hochpathologische (perverse) Narzissmus** von Führungskräften im Vordergrund, deren Berufsleben von der Trias Kräftemessen - Misstrauen - Manipulation bestimmt wird.

Hierbei sind Mitarbeiter zu allererst Rivalen und eine Bedrohung der eigenen Macht. Somit wird jeder dominiert oder zerstört. Aufgrund ihrer häufig exzellenten Performance, verbunden mit Charisma, perfektem Outfit und guten Beziehungen steigen hochpathologische Narzissten in einer an Geld, Erfolg, Äußerlichkeiten und Oberflächlichkeit orientierten Gesellschaft schnell auf und besetzen entsprechende Führungspositionen.

Ein stärker **individuum-zentriertes (Mikroebene)** und bevorzugt von Psychologen vertretenes Konzept versteht Mobbing primär als Folge eines vom gesellschaftlichen und beruflichen Umfeld weitgehend unabhängigen persönlichen Verhaltens bzw. individueller Einstellungen. Im Focus stehen hier vor allem **pathologische Persönlichkeitsmerkmale**, eingeschränkte Frustrationstoleranz und soziale Kompetenz von Opfern und Tätern. Wissenschaftlich ist eine spezifische Opfer-Typologie bis heute nicht gesichert. Dennoch werden die in *Abbildung 3* genannten Charaktereigenschaften und Verhaltensweisen immer wieder als Risiko erhöhend angeführt.

So sollen Mobbing Opfer eher unsicher und ängstlich sein, überempfindlich auf Mei-

> - nicht gruppenkonform   („Außenseiter - Sonderling")
> - fehlende / falsche Beziehungen   („keine Lobby - Chef zum Feind")
> - Sündenbock - Image
> - mangelndes Selbstwertgefühl
> - zu kompetent   („ der Bessere ist der Feind des Guten")
> - zu hohe Erwartungen an Tätigkeit
> - übersteigertes Bedürfnis nach Anerkennung
> - übereifrig / zu offensiv („ das Gedinge kaputt machen")

Abbildung 3: Verhalten und Persönlichkeitsmerkmale von Mobbing Opfern

nungsverschiedenheiten oder banale Streitigkeiten reagieren und sich am Arbeitsplatz von der übrigen Belegschaft stärker unterscheiden. Für Mobbing Täter stehen dagegen die fehlende Bereitschaft zur Konfliktlösung und die Aggression, der Wunsch, andere zu verletzen, im Vordergrund. Daneben können auch Intoleranz, Neid, Eifersucht, Angst, Rivalität und persönliche Probleme wie gescheiterte Karriereträume, private Beziehungen, Krankheiten oder Alkohol-/Drogenmissbrauch eine Rolle spielen.

Ein weiterer Erklärungsansatz sieht die Entstehung von Mobbing im Gefolge eines *Person – Environment/Group-Misfit (Mesoebene)*. Im Focus steht hier die Passung von Individuum, Gruppe (Team), Arbeitsaufgabe und Organisation, wobei der Störung des Gleichgewichts der Gruppe entscheidende Bedeutung zukommt. Das Mobbing Risiko wird demnach nicht nur von individuellen Persönlichkeits-/Verhaltensdefiziten oder ungünstigen Arbeitsverhältnissen, sondern auch von gruppendynamischen Prozessen (u. a. soziale Unterstützung) beeinflusst.

> 1. *Angriffe auf die Möglichkeiten, sich mitzuteilen*
>   - Einschränkungen der Meinungsäußerung durch Vorgesetzte
>   - Man wird ständig unterbrochen
>   - Einschränkungen der Meinungsäußerung durch Kollegen
>   - Anschreien oder lautes Schimpfen
>   - Ständige Kritik an der Arbeit - am Privatleben
>   - Telefonterror
>   - Schriftliche - mündliche Drohungen
>   - Kontaktverweigerung durch abwertende Blicke/ Gesten
>   - Kontaktverweigerung durch Andeutungen
>
> 2. *Angriffe auf die sozialen Beziehungen*
>   - Man spricht nicht mehr mit dem/ der Betroffenen
>   - Man lässt sich nicht ansprechen
>   - Versetzung in Raum weitab von Kollegen
>   - Es wird verboten, die / den Betroffene(n) anzusprechen
>   - Man wird „wie Luft" behandelt
>
> 3. *Auswirkungen auf das soziale Ansehen*
>   - Hinter dem Rücken wird schlecht geredet
>   - Man verbreitet Gerüchte
>   - Man macht jemanden lächerlich
>   - Man verdächtigt jemanden, psychisch krank zu sein
>   - Man will jemanden zu einer psychiatrischen Untersuchung zwingen
>   - Man macht sich über eine Behinderung lustig
>   - Man imitiert Gang, Stimme, Gesten
>   - Man greift politische oder religiöse Einstellung an
>   - Man macht sich über Nationalität – Privatleben lustig
>   - Man zwingt jemanden zu Arbeiten, die Selbstbewusstsein verletzen
>   - Man beurteilt den Arbeitseinsatz in falscher/ kränkender Weise
>   - Man stellt Entscheidungen des/ der Betroffenen in Frage
>   - Man ruft obzöne Schimpfworte nach
>   - Sexuelle Annäherungen oder verbale sexuelle Angebote
>
> 4. *Angriffe auf die Qualität von Berufs-/Lebenssituation*
>   - Man weist keine neuen Arbeitsaufgaben zu
>   - Man verteilt sinnlose Arbeitsaufgaben
>   - Man erteilt Aufgaben weit unterhalb des Könnens
>   - Man vergibt ständig neue Aufgaben
>   - Man nimmt jede Beschäftigung am Arbeitsplatz
>   - Man erteilt Aufgaben, die Qualifikation übersteigen
>   - Man erteilt kränkende Arbeitsaufgaben
>
> 5. *Angriffe auf die Gesundheit*
>   - Zwang zu gesundheitsschädlichen Arbeiten
>   - Androhung körperlicher Gewalt
>   - Anwendung leichter Gewalt
>   - körperliche Mißhandlung
>   - Sexuelle Handgreiflichkeiten
>   - Man verursacht Kosten für die/ den Betroffene(n)
>   - Man richtet physischen Schaden im Heim oder am Arbeitsplatz der / des Betroffenen an

Abbildung 4: Die „45 - Mobbing Handlungen" nach Leymann

2.4.5 Phänomenologie:
Mobbing Handlungen und Verlauf

Das Spektrum potentieller Mobbing Strategien ist nahezu unbegrenzt und unterliegt einer ständigen Weiterentwicklung. Leymann hat zwischen **45 konkreten feindseligen Handlungen** unterschieden, die er fünf Kategorien zugeordnet (siehe hierzu *Abbildung 4*) und als *LIPT-Fragebogen (Leymann Inventory of Psychological Terrorization)* auch im Sinne eines diagnostischen Instrumentes verwendet hat.

Dieses Vorgehen ist jedoch wegen Unvollständigkeit, logischen Unstimmigkeiten und Redundanz bestimmter Handlungen bis heute wissenschaftlich umstritten. So haben deutsche Experten u. a. über 100 verschiedene Mobbing Strategien beschrieben. Die in der betrieblichen Praxis am häufigsten beobachteten Mobbing Handlungen sind in *Abbildung 5* dargestellt.

Auch jemand anderen des Mobbens zu beschuldigen, kann eine Strategie sein. Darüber hinaus lassen sich Mobbing Handlungen anhand der beteiligten Hierarchieebenen einer Organisation unterscheiden. Nach heute vorliegenden empirischen Befunden kommt Kollegen-Mobbing (gleiche Hierarchieebene) mit ca. 50 % am häufigsten vor. Es folgt Bossing (von Vorgesetzten auf Untergebene) mit Prävalenzraten von etwa 40 %, vor kombiniertem Mobbing (Vorgesetzte und Kollegen beteiligt – bis 15 % der Fälle) und dem eher seltenen Staffing (von Untergebenen auf Vorgesetzte- ca. 2 % der Fälle). Hinsichtlich der Häufigkeit von Mobbing Attacken zeigte sich auf der Datengrundlage des Mobbing Reports der BAuA, dass nahezu jeder 4. Betroffene täglich und etwa jeder 3. mehrmals pro Woche gemobbt wurde. Bezogen auf die Dauer von Mobbing ergeben sich aus der Literatur Zeitintervalle von mehreren Monaten bis zu mehreren Jahren. Der Mobbing Report objektivierte eine durchschnittliche Dauer von **16,4 Monaten**. Demgegenüber ermittelte Zapf auf der Grundlage von Opferstichproben eine durchschnittliche Mobbing Dauer von 3-4 Jahren.

Nach den bisher vorliegenden wissenschaftlichen Erkenntnissen lassen sich Mobbing Prozesse chronologisch in typische Phasen untergliedern. Auf Leymann geht ein heute breit akzeptiertes 4-stufiges Verlaufsmodell zurück, das in *Abbildung 6* zusammengefasst ist. Dabei ist es nicht

---

- Soziale Isolierung (Ausgrenzung, Vorenthalten von Informationen)
- Gerüchte („Brunnenvergiftung" - Verbreitung von Unwahrheiten)
- Verbale Aggressionen (Drohungen, Demütigungen)
- Aufgaben- / Kompetenzentzug („Kaltstellen")
- Angriff auf Person / Privatsphäre
- Androhung / Ausübung körperlicher Gewalt
- Überforderung (Zuteilung unlösbarer Aufgaben)
- Abwertung der Person (vor Kollegen lächerlich machen)
- Ständige Kritik
- Falsche Bewertung der Arbeitsleistung
- Ständiges Sticheln und Hänseln
- Sabotage („Dateien löschen – Ideenklau")

Abbildung 5: Häufig beschriebene Mobbing Strategien

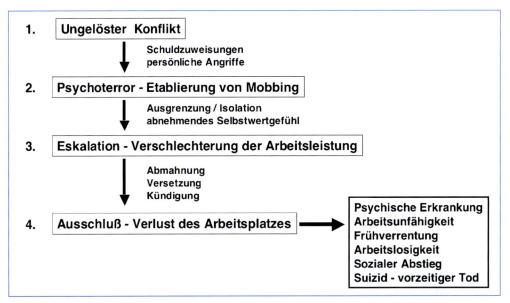

Abbildung 6: Mobbing – Verlaufsmodell nach Leymann

zwingend, dass Mobbing Betroffene jede Stufe konsekutiv durchlaufen müssen, einzelne Phasen können ineinander übergehen oder auch übersprungen werden. Grundsätzlich kann ein Mobbing Prozess auf jeder Stufe beendet werden, mit zunehmender Dauer wird dies jedoch immer unwahrscheinlicher.

Am Anfang der Mobbing Kaskade steht in der Regel ein ungelöster oder unzureichend bearbeiteter Konflikt, aus dem Schuldzuweisungen und persönliche Angriffe gegen eine bestimmte Person erwachsen. Im weiteren Verlauf gerät der Konflikt in den Hintergrund, während die Person immer häufiger zur Zielscheibe systematischer Schikanen wird (Opferrolle). Das Mobbing Opfer wird zunehmend ausgegrenzt und isoliert, sein Selbstwertgefühl ist beschädigt. Die Entwicklung eskaliert, die Arbeitsleistung des Opfers sinkt, es treten gehäuft Fehler auf. Die Vorgesetzten drohen arbeitsrechtliche Maßnahmen an (Abmahnung, Versetzung, Downgrading). Der Fall wird offiziell, die gemobbte Person zum Sündenbock. Fortgeschrittene Mobbingfälle enden fast immer mit dem Verlust des Arbeitsplatzes. Entweder kündigen die Betroffenen selbst, weil sie es nicht mehr aushalten oder ihnen wird gekündigt bzw. sie willigen auf Druck in Auflösungsverträge ein.

Nach den Daten des deutschen Mobbing Report endeten mehr als 50 % der Fälle durch Kündigung des Arbeitsvertrages. Häufiger zieht der Verlust des konkreten Arbeitsplatzes auch das generelle Ausscheiden aus dem Erwerbsleben nach sich. Nach längerer Arbeitsunfähigkeit wegen psycho-somatischer Erkrankungen schaffen die Betroffenen den Wiedereinstieg in die Arbeitswelt nicht mehr. Es drohen Frühinvalidität oder Langzeitarbeitslosigkeit mit erheblich limitierter Lebensperspektive und im schlimmsten Fall ein frühzeitiger Tod durch Selbstmord („Abwärtsspirale").

2.4.6 Symptomatik- Beschwerdebilder – Diagnose – Differentialdiagnose

Mobbing ist primär zwar keine medizinische Diagnose und somit auch keine ärztliche Domäne, wird aber aufgrund der daraus abgeleiteten Gesundheitsstörungen und -folgen (sozial)medizinisch immer bedeutsamer. Hinsichtlich der Symptomatik lassen sich betriebliche und individuelle Ebene abgrenzen.

Betriebliche Indikatoren für eine Mobbing Problematik können u. a. sein:
- Motivationsverlust / Passivität von Mitarbeitern,
- lautstarke Auseinandersetzungen,
- Häufung von Mitarbeiterbeschwerden,
- Häufung von Kundenbeschwerden,
- hohe Personalfluktuation,
- Zunahme von Fehlzeiten,
- Zunahme von Qualitätsmängeln,
- abnehmende Beteiligung an betrieblichen sozialen Aktivitäten.

Derartige Anzeichen sollten insbesondere Führungskräfte alarmieren, etwaige Mobbing Fälle aufzudecken.

Individuell weist das Beschwerdebild von Mobbing Betroffenen in der Regel eine Multidimensionalität mit Vorhandensein psychischer, psycho- somatischer, somatischer sowie sozialer Beeinträchtigungen auf. Dabei wird zumeist ein **primärer Bezug** zur beruflichen Tätigkeit hergestellt. Beklagt werden diverse unspezifische Symptome, die in ihrer Ausprägung und Ausgestaltung vielgestaltig sind, so u. a.:
- Selbstzweifel/Selbstwertkrise,
- Schuld-/Ohnmachtsgefühle,
- Unsicherheit,
- Gereiztheit,
- Konzentrationsdefizite,
- Leistungs- und Denkblockaden,
- Niedergeschlagenheit,
- Kopfschmerzen,
- Schlaf-/Sexualstörungen,
- Magen-/Darm (Reizmagen, Durchfälle),
- Herz-/Kreislaufbeschwerden (Schwindel, Schweißausbrüche, Herzrhythmusstörungen, Bluthochdruck),
- Rückenschmerzen,
- bis hin zu schweren Beeinträchtigungen der seelischen Gesundheit, wie z. B.:
- depressive Störungen,
- Vitalitätsverlust,
- Existenzangst,
- Alpträume,
- Selbstmordgedanken/suizidale Handlungen,
- Entwicklung von Suchterkrankungen oder posttraumatische Belastungsstörungen.

Leymann unterscheidet hierbei 4 Schweregrade: Stadium 1 und 2 beinhalten leichtere Stressreaktionen und beginnende psychische und/oder funktionelle Symptombildungen. Stadium 3 und 4 umfassen anhaltenden Belastungsstörungen mit schwerwiegenderen gesundheitlichen Beeinträchtigungen. Die **epidemiologische Forschung** zu Gesundheitsbeschwerden bzw. Krankheiten im Gefolge von Mobbing ist noch **relativ jung**. In Querschnittstudien wurden bei Betroffenen u. a. erhöhte Prävalenzraten von gesundheitsschädigendem Stress, depressiven Symptomen, Angststörungen und eine geringere Arbeitszufriedenheit beobachtet. In Längsschnittuntersuchungen objektivierte man bei gemobbten Schulkindern ein vermehrtes Auftreten von depressiven- und Angststörungen. Eine neuere, methodisch valide, prospektive Kohortenstudie (Kivimäki 2003) aus Finnland, die über 5000 Beschäftigte des Gesundheitswesens einschloss, erbrachte positive Assoziationen zwischen Mobbing am Arbeitsplatz und dem Auftreten depressiver und kardiovaskulärer Erkrankungen. Dabei ließen sich sogar Dosis-/Wirkungsbeziehungen aufzeigen. Von Betroffenen selbst werden darüber hinaus weitere diverse Erkrankungen wie z. B. Neurodermitis, Tinnitus, Asthma bronchiale, Rückenschmerzen, Migräne, Lähmungen oder Tumorleiden auf die Einwirkung von Mobbing zurückgeführt.

Hinsichtlich der Sicherung der individuellen Diagnose „krank durch Mobbing" ist wegen der überwiegend unspezifischen Symptome und fehlender eindeutiger klinischer oder biochemischer Marker aus arbeits- und sozialmedizinischer Sicht ein gleichermaßen differenzierter wie ganzheitlich orientierter Ansatz zu favorisieren. Der Verdacht auf Mobbing wird in der heutigen Arbeitswelt teilweise inflationär geäußert, ohne dass er im Einzelfall hinreichend begründet ist. Mobbing wird dabei als Selbstdiagnose von Betroffenen verwendet, die unter kränkenden oder abwertenden Umgangsweisen im Berufsalltag und an multiplen Beschwerden leiden. Ihre im Rahmen eines (Haus-)Arztkontaktes nicht selten drängend vorgebrachten Anliegen stoßen ärztlicherseits häufiger auf übertriebene Skepsis oder unangemessene Solidarisierung. Mobbing prädisponierende Risikokonstellationen werden von Haus- oder Fachärzten allerdings nach wie vor nicht erkannt bzw. tabuisiert/bagatellisiert („so schlimm kann`s doch wohl nicht sein" – seien Sie froh, dass Sie Arbeit haben") oder iatrogen dramatisiert, indem jede banale Streitigkeit ohne spezifische Kenntnis des konkreten betrieblichen Umfeldes unter generellen Mobbing Verdacht gestellt wird. Als hilfreich für die Diagnosefindung wird von Experten das Führen eines Mobbing- Tagebuches angesehen, in dem feindselige und diskriminierende Handlungen dokumentiert werden. Bei hinreichend begründeten Verdachtsmomenten – hierbei kommt auch Vertrauenspersonen wie Lebens(Ehe)-partnern, sonstigen Angehörigen und Freunden eine wichtige Rolle zu - sollten Mobbing Betroffene frühzeitig innerbetriebliche - (z. B. Betriebsrat, Betriebsarzt, Mediatoren, Gleichstellungsbeauftragte, Mobbingbeauftragte) und/oder außerbetriebliche Informations- und Hilfsangebote (z. B. von Gewerkschaften, Selbsthilfegruppen, Verbänden, Kirchen, Hotlines, Arzt, Psychologe, spezialisierter Jurist) in Anspruch nehmen. Insbesondere Betriebs- und Werksärzte sollten sich nicht scheuen, an einer zeitnahen Abklärung mitzuwirken, wenn sich Mitarbeiter mit Mobbing Verdacht primär an sie wenden. Aufgrund der für Betriebsärzte geltenden ärztlichen Schweigepflicht können Hilfesuchende auch bei einem konkreten betrieblichen Hintergrund ihrer Gesundheitsprobleme (z. B. infolge von Konflikten mit Vorgesetzten) mit absoluter Verschwiegenheit rechnen. Im Rahmen der individualdiagnostischen Abklärung eines Mobbing Falles ist eine gute interdisziplinäre Kooperation und Kommunikation zwischen den in den Prozess involvierten Personen (Betroffene – Hausärzte – Fachärzte – Betriebsärzte – Psychologen - Betriebsräte -sonstige betriebliche Akteure) unter Wahrung datenschutzrechtlicher Vorgaben unbedingt empfehlenswert. Wesentlich ist darüber hinaus, dass professionelle Helfer über ausreichendes Fachwissen verfügen. Ärztlicherseits sollten sich Mobbing Betroffene in ihren Beschwerden und Nöten ernst- und angenommen fühlen, d. h. man sollte sie dort abholen, wo sie stehen: in einer lähmenden, oft hilflosen Konfliktsituation, sich mißverstanden und ausgegrenzt fühlend. Daher ist auf eine tragfähige Arzt - Patient - Beziehung mit einem taktvollen Umgang ohne Vorverurteilungen oder übereilte

Rückschlüsse besonderer Wert zu legen. Die sachgerechte Sicherung der Diagnose „krank durch Mobbing" ist schwierig und zeitintensiv. Nach der allgemeinen gesundheitlichen Vorgeschichte zur Erfassung von Vor- und Begleiterkrankungen ist eine problemzentrierte Sozial- und Berufsanamnese zu erheben. Diese dient sowohl der Identifizierung von Konflikten und möglichen Mobbing Handlungen als auch der Erfassung negativer sozialer Folgen in Privat- und Berufsleben. Darüber hinaus ist ein etwaiger Nikotin-, Alkohol-, Medikamenten- oder Drogenkonsum zu quantifizieren. Das subjektive Beschwerdebild sollte möglichst ausführlich unter Skizzierung etwaiger zeitlicher Veränderungen aufgenommen werden. Dabei sollte eine Klärung von Dauer, Häufigkeit und Intensität betrieblicher Ausgrenzungs- und Kränkungserlebnisse erfolgen, wobei neben (fremdanamnestischen) Informationen zum Mobbing Prozess (betriebliches Umfeld, Vorgesetzte, Kollegen, Mobber) auch Eigenanteile des Betroffenen in den Blick zu nehmen sind. Für die Objektivierung und Quantifizierung gesundheitlicher Beeinträchtigungen und/oder Funktionsstörungen ist in der Regel eine körperliche Untersuchung (internistischer Status), ergänzt durch wichtige Routine- Laborparameter (z. B. Blutbild, Blutzucker, Blutfette, Leberwerte, Elektrolyte, Nierenfunktion, ggf. Schilddrüsenhormone) durchzuführen, sofern derartige Informationen nicht anderweitig verfügbar sind. Unverzichtbar für eine sachgerechte Diagnosestellung, Differentialdiagnostik und die Beurteilung möglicher gesundheitlicher Folgen ist in jedem Fall eine möglichst frühzeitige **psychosomatische/psychologische** und/oder **psychiatrische Untersuchung unter Einschluss psychometrischer Testverfahren**. In diesem Zusammenhang ist insbesondere der bereits oben genannte, von Leymann entwickelte LIPT (Leymann Inventory of Psychological Terrorization) anzuführen. Hierbei handelt es sich um einen Fragebogen mit 99 Items (sozioökonomische Fragen: 10, Mobbinghandlungen: 45, Intensität/Dauer: 5, Stresssymptome: 39) zur Feststellung von Mobbingverhalten und –verläufen, der allerdings – obgleich in der Praxis vielfach verwendet - wissenschaftlich nach wie vor umstritten ist. Im Einzelfall können weitere psychometrische Untersuchungen, wie z. B. AVEM (Arbeitsbezogenes Verhaltens- und Erlebnismuster), ISTA (Instrument zur stressbezogenen Tätigkeitsanalyse) oder HADS-D (Hospital Anxiety Depression Scale - deutsche Version) zur Erfassung einer Komorbidität (gleichzeitiges Vorliegen mehrerer Gesundheitsstörungen) oder im Rahmen der Differentialdiagnostik indiziert sein. Ergebnisse psychologischer Testverfahren stellen jedoch immer nur Steinchen im diagnostischen Mosaik eines Mobbing Falles dar und können eine qualifizierte klinische, psychologische und psychosomatische / psychiatrische Befunderhebung nicht ersetzen.

Differentialdiagnostisch sind vor allem primäre, d. h. von den Arbeitsbedingungen unabhängige, seelische Erkrankungen oder Persönlichkeitsstörungen abzugrenzen, die sich unter einer Mobbing ähnlichen Symptomatik manifestieren. In Betracht zu ziehen sind u. a. schizophrene Psychosen, schwere depressive Störungen, generalisierte Angsterkrankungen oder primäre (z. B. querulatorische) Persönlichkeitsstörungen. So wurde gerade in letzter Zeit über angebliche Mobbing Opfer berichtet, die in Wirklichkeit an Psychosen aus dem schizophrenen Formenkreis litten. In der Praxis bleibt die diagnostische Zuordnung der oben beschriebenen, weitgehend unspezifischen

Symptome zu einer Mobbing Problematik auch bei differenziertem Vorgehen problematisch. Die Aufdeckung zeitlicher und ursächlicher Zusammenhänge zu vorangegangenen ungelösten Konflikte und psychosozialen Belastungen des beruflichen Umfeldes ist bei häufig längerer Vorgeschichte, multiplen Beschwerden und vielschichtigen Einflußfaktoren aufwändig. Eine Objektivierung oder Quantifizierung berufsbedingter Stressoren oder Konflikte ist für betreuende Haus- oder Fachärzte häufig unmöglich, da sie im Regelfall nicht über ausreichende valide Informationen bzw. detaillierte Kenntnisse der konkreten Arbeitsplatzsituation verfügen. Umso entscheidender wird für die Verknüpfung fachärztlicher Expertisen mit etwaigen psychosozialen Belastungen des Arbeitsplatzes und abschließender synoptischer Beurteilung eine ausreichende arbeits- und sozialmedizinische Kompetenz. Hier bleibt es eine vorrangige Aufgabe, die teilweise noch defizitäre Kommunikation zwischen Haus-/Fach-/Rehaärzten und Betriebs-/und Werksärzten zu verbessern. Vor diesem Hintergrund sollte der Begriff Mobbing gerade von Ärzten nicht inflationär und unreflektiert für jede Form von betrieblichen Streitigkeiten oder persönlichen Meinungsverschiedenheiten verwendet werden. Die Individualdiagnose Mobbing verlangt Sorgfalt und Seriosität und ist insbesondere dann in Betracht zu ziehen, wenn

- geplante Schikanen/Anfeindungen (Systematik)
- zielgerichtet gegen eine Person (Zielorientierung/Machtassymmetrie)
- in gewisser Kontinuität/Intensität (Häufigkeit: mindestens einmal pro Woche, Dauer: mindestens 6 Monate) objektivierbar
- und die (fach)ärztlich/psychologisch erhobenen Befunde mit Mobbing Folgen vereinbar sind

- bzw. andere differentialdiagnostisch zu bedenkende, insbesondere primäre psychische Erkrankungen, vernachlässigbar bleiben.

Sie lässt sich erhärten, wenn zusätzlich

- ein nicht bearbeiteter Konflikt erkennbar wird und/oder
- betriebliche Veränderungen (neue Personen, Hierarchien, Arbeitsformen) vorangingen.

2.4.7 Folgen von Mobbing

Hinsichtlich der Auswirkungen von Mobbing lassen sich individuelle, betriebliche und gesellschaftliche Folgen abgrenzen. In Abhängigkeit von Dauer und Intensität sowie persönlichen Bewältigungsstrategien und sozialer Unterstützung finden sich bei Mobbing Opfern negative Rückwirkungen auf Gesundheit, Beruf und/oder Privatleben. Schwerere Fälle zeigen Beeinträchtigungen in allen Bereichen, vergleichbar mit Opfern von Katastrophen. Die gesundheitlichen Beschwerden und die mit Mobbing assoziierten (in erster Linie) psychischen und psychosomatischen Erkrankungen wurden bereits oben dargestellt. Nach den Angaben im Mobbing Report der BAuA berichteten 44 % der gemobbten Personen über stärkere gesundheitliche Einschränkungen bzw. manifeste Erkrankungen. Ein Drittel mußte therapeutische Hilfe in Anspruch nehmen, bei jedem sechsten war eine stationäre Behandlung notwendig. Die Fähigkeit zur Berufsausübung kann ebenso schwerer beeinträchtigt sein:
Regelmäßige feindselige Attacken führen zu Verunsicherung und negativen Gefühlen mit Folgen auf Arbeitsverhalten und Leistungsfähigkeit (z. B. Isolation, innere Kündigung). Rückwirkungen auf das Privatleben sind u. a. familiäre Krisen, Partnerschafts-/Sexualprobleme und/oder Trennungen.

In **Betrieben** wird durch Mobbing nicht nur Unternehmenskultur und Wettbewerbsfähigkeit (u. a. Arbeitsausfall und Minderleistung) negativ beeinflusst, sondern manchmal sogar die Lebensfähigkeit einer Organisation gefährdet. Betriebswirtschaftlich wurden die Kosten aufgrund erhöhter Fehlzeiten, Fluktuation, Qualitätseinbußen oder verminderte Produktivität pro Mobbingfall auf bis zu 30.000,- € geschätzt. Auch die gesellschaftlichen Auswirkungen von Mobbing sind erheblich. Nach volkswirtschaftlichen Berechnungen macht der gesamtwirtschaftliche Schaden allein in Deutschland jährlich ca. 15 Mrd. Euro aus (dies entspricht ungefähr dem gesamten jährlichen Ausgabenvolumen der gesetzlichen Unfallversicherung). Dabei schlagen insbesondere Krankschreibungen, Arztbehandlungen, Psychotherapie, Klinikaufenthalte, Rehamaßnahmen, vorzeitige Berentungen und Arbeitslosigkeit zu Buche. Wie hoch die durch Mobbing bedingten Leistungen der einzelnen Sozialversicherungsträger sind, ist wissenschaftlich noch nicht hinreichend evaluiert worden. Hochrechnungen, die bis zu 20 % der jährlich etwa 11.200 Selbstmorde in Deutschland und ca. 25.000 (von etwa 180.000) Frühberentungen pro Jahr auf Mobbing zurückführen, bleiben derzeit (noch) spekulativ. Auch die Zunahme psychischer Erkrankungen als Grund für Arbeitsunfähigkeit und vorzeitige Erwerbsminderung kann unter Wahrung der wissenschaftlichen Seriosität nicht „eins zu eins" mit der Zunahme von Mobbing gleichgesetzt werden.

2.4.8 Intervention

Interventionsmaßnahmen gegen Mobbing lassen sich im Hinblick auf Zielgruppe/Setting (z. B. Individuum, Arbeitsgruppe, Organisation, Rahmenbedingungen) und Ansatz (z. B. Änderung von Verhalten und/oder Verhältnissen) unterscheiden. Dabei ist in der Praxis die eher akademische Trennung zwischen Intervention (Therapie) und Prävention (Vorbeugung) nicht immer möglich bzw. sinnvoll. Eine wissenschaftliche Evaluation der in der Literatur publizierten Vorschläge zu Mobbing Interventionen bezüglich Qualitätssicherung, Wirksamkeit (Effektivität) oder Kosten-Nutzen-Relation (Effizienz) steht heute noch weitgehend aus.

Individuum zentrierte Maßnahmen beinhalten vor allem **Änderungen des Verhaltens**, zumeist als Strategien zur persönlichen Bewältigung oder als Ermutigung zu einer aktiven Gegenwehr. Viele verhaltensorientierte Maßnahmen stammen ursprünglich aus dem Stressmanagement und wurden auf den Mobbing Prozeß übertragen. Mobbing-Ratgeber empfehlen Betroffenen, nicht in Duldsamkeit und Passivität zu verharren, sondern sich frühzeitig an eine Vertrauensperson zu wenden und die professionelle Hilfe Dritter in Anspruch zu nehmen. Die Problematik sollte möglichst früh offen und direkt angesprochen werden, um dem Mobber zu signalisieren, dass sein Verhalten nicht toleriert wird. Zudem sollte vor der Phase der Eskalation versucht werden, den sachlichen Kern und etwaige eigene Anteile eines zugrunde liegenden Konfliktes herauszufinden und Lösungsvorschläge anzubieten. Nach den Daten des deutschen Mobbing Report haben 74 % der Betroffenen versucht, eine Aussprache herbeizuführen, 44 % den Mobber aufgefordert, seine Handlungen zu unterlassen und 36 % Vorschläge zur Lösung unterbreitet. Dennoch bleibt festzustellen, dass die direkte Gegenwehr gegenüber Mobbern offenbar nur selten erfolgreich ist, so wurden in 83 % der Fälle alle Klärungsversuche blockiert. Maßnahmen zur persönlichen Bewältigung umfassen insbesondere das Ignorieren der Situation (Anteil von 19 % der Befragten im Mobbing Report) oder den Versuch, den Mobber zu meiden (Anteil 17 %). Derartige verdrängende Ansätze werden allerdings von Betroffenen später häufiger als Fehler empfunden. Bezüglich **professioneller Unterstützung** lassen sich inner- und außerbetriebliche Angebote abgrenzen. Von vielen Experten werden **innerbetriebliche Helfer** (z. B. Betriebs-/Personalräte, Betriebs-/Werksärzte, betrieblicher Sozialdienst, Gleichstellungsbeauftragte, Mobbingbeauftragte, Mediatoren, Personalleiter) aufgrund ihrer speziellen Kenntnisse der Organisation, der Sensibilisierung für die Thematik und des oftmals größeren Engagements präferiert. Hauptansprechpartner im Betrieb sind laut Mobbing Report Betriebs-/Personalräte (69 %) vor befreundeten Kollegen (62 %). Dagegen wurden Betriebsärzte in lediglich 3 % der Fälle konsultiert. 23 % der Betroffenen wünschten keinerlei innerbetriebliche Unterstützung, weil sie Angst um ihren Arbeitsplatz hatten oder aus dem Betrieb keine wirksame Hilfe erwarteten. Außerbetriebliche Helfer werden u. a. in der Familie, beim Partner, bei Freunden, in Beratungsstellen von Gewerkschaften, Verbänden oder Kirchen, in Selbsthilfegruppen, bei Rechtsanwälten, Psychologen, Psychotherapeuten und Haus-/Fachärzten gesucht. Eine derartige Unterstützung wurde von 94 % der Befragten im Mobbing Report angegeben. Der Anschluß an eine Selbsthilfegruppe wirkt meistens entlastend, da er Selbstzweifel verringert und die eigene Wahrnehmung bestätigt. Zudem bietet die Selbsthilfegruppe einen geschützten Reflexionsraum und soziale Unterstützung. **Juristischer** Rat ist insbesondere dann gefragt, wenn bereits arbeitsrechtliche Sanktionen oder eine Kündigung drohen. **Ärztliche** Kompetenz ist dagegen bei stärkeren Beeinträchtigungen der seelischen und/oder körperlichen Gesundheit vonnöten. Im Regelfall wird sich der aufgesuchte (Fach)Arzt zu Notwendigkeit und Möglichkeiten einer individuell angepassten Therapie äußern und sie, wenn erforderlich, auch gleich einleiten. (Haus)ärztlicherseits kann vor allem in einer akuten Eskalationssituation eine Entlastung durch Krankschreibung (Auszeit für Ruhe und Selbstfindung) notwendig werden. Ansonsten ist in frühen Stadien bzw. bei geringerer Ausprägung von Gesundheitsstörungen allenfalls eine kurzfristige Attestierung von Arbeitsunfähigkeit sinnvoll, um die Problematik baldmöglichst in Kooperation mit den oben genannten (innerbetrieblichen) Helfern offensiv anzugehen. Eine Dauerkrankschreibung ohne gleichzeitige Lösungsversuche ist kontraproduktiv, da sie zu einer Entfremdung vom Arbeitsplatz führt und einer endgültigen Ausgliederung aus dem Arbeitsleben Vorschub leistet. Bei schwereren Beeinträchtigungen kann in Abhängigkeit vom vorliegenden Störungsbild und fachärztlicher Beurteilung eine medikamentöse und/oder ambulante/stationäre psychotherapeutische Behandlung indiziert sein. Mehrere deutsche psychosomatische Rehabilitationskliniken haben mittlerweile spezifische Therapiekonzepte für Mobbing Opfer entwickelt. Zur Therapie weniger schwerwiegenderer gesundheitlicher Beeinträchtigungen finden sich in der Literatur diverse weitere Empfehlungen, so u. a.: **Supervision, Coaching, Selbstsicherheitstraining, Stärkung von Eigeninitiative und Selbstverantwortung, Muskelentspannung, Biofeedback, Kommunikationstraining, Stress-/Konfliktmanagement, Sport-/Bewegungstherapie, soziale Aktivitäten, Mitarbeit in Selbsthilfegruppen.**

Betriebliche Interventionen (Mobbing als Symptom eines kranken Unternehmens) beinhalten verschiedene Maßnahmen. Hierbei sind Vorgesetzte (sofern sie nicht in den Prozess involviert sind) in besonderer Weise gefordert. Zum einen ist ein Mobbingvorwurf zeitnah zu klären, zum anderen ist ein zugrunde liegender Konflikt möglichst einvernehmlich zu lösen. Bei der Aufarbeitung sind Täter und Opfer gleichermaßen zu hören. Die Wahl der Strategie hängt u. a. von den personellen Ressourcen und der Größe des Unternehmens ab. Die Reaktionen auf Mobbingfälle können durchaus abgestuft erfolgen: über ein offenes, gemeinsames Gespräch, eine eindringliche Ermahnung, ein betriebliches Schlichtungsverfahren bis hin zu arbeitsrechtlichen Sanktionen (z. B. Abmahnung, Kündigung) gegen Täter. Bewährt hat sich für eine betriebliche Schlichtung das Einschalten einer **dritten Instanz** (Konfliktbeauftragter, Mobbingberater, unabhängiger Ansprechpartner) zur Wahrung der Neutralität bzw. Aufhebung von Hierachieebenen. Im weiteren sollte zwischen den Beteiligten die Bereitschaft zur Konfliktarbeit bestehen bzw. geweckt werden, die für die Zukunft auch einen neuen Kurs (z. B. organisatorische Veränderungen) oder eine Wiedergutmachung nach sich ziehen kann.

2.4.9 Prävention

Da es mit zunehmender Dauer eines Mobbing-Prozesses immer schwieriger wird, den Konflikt ohne Schaden zu beenden, kommt der Mobbing-Prävention eine entscheidende Bedeutung zu.

Maßnahmen zur Prävention lassen sich ebenfalls nach Setting/Zielgruppe, Präventionsansatz und -ebenen differenzieren. Hinsichtlich des Präventionsansatzes kommen sowohl Modifikationen des betrieblichen Umfeldes oder der gesellschaftlichen und politischen Rahmenbedingungen (Verhältnisprävention) als auch Verbesserungen der individuellen Belastbarkeit (Verhaltensprävention) in Betracht. Im Vordergrund der Verhältnisprävention steht die Risikominderung, während Verhaltensprävention vor allem auf Ressourcenstärkung (Coping-Verbesserung) abhebt. Bezogen auf die Präventionsebenen können Primär- (Vermeidung von Mobbing) von Sekundär- (Früherkennung/Screening - Intervention vor Manifestation psycho-somatischer Erkrankungen) und Tertiärprävention (Rehabilitation/Reintegration/Bewältigung von Mobbingfolgen) unterschieden werden. In Deutschland kommt heute insbesondere der **betrieblichen Mobbing-Prävention** eine führende Rolle zu. Gewerkschaften, Betriebsräte und Selbsthilfegruppen haben sich im letzten Jahrzehnt maßgeblich für eine verbesserte Sensibilisierung und die Implementierung von Programmen zur Verhinderung von Mobbing engagiert.

Betriebliche Mobbing-Prävention umfasst im Wesentlichen drei Maßnahmenpakete:
- Sensibilisierung für das Problem Mobbing,
- Reduzierung mobbingfördernder betrieblicher Faktoren,
- Institutionalisierter (professioneller) Umgang mit Mobbing.

Sensibilisierung für das Problem Mobbing

Unternehmenseigene Normen und Wertvorstellungen (betriebliche Sozialcharta) sind festzulegen, in geeigneter Weise bekannt zumachen, z. B. durch Infoveranstaltungen, Rundschreiben oder Mitarbeiterhandbücher und im Sinne eines fortlaufenden Prozesses weiterzuentwickeln. Sie müssen von allen Betriebsangehörigen eingehalten werden. Beschäftigte aller Hierarchieebenen sollten in adäquater Form über das Problem Mobbing, seine Erscheinungsbilder, Folgen und Maßnahmen der Vorbeugung informiert werden. Dies schließt eine Aufklärung über Rechte und unabhängige Anlaufstellen im Unternehmen ebenso ein wie eine ausreichende Beteiligung der Mitarbeiter oder deren Vertretungen. Anti-Mobbing-Kampagnen, die Bildung von Mobbing-Präventionsteams (z. B. aus Betriebsarzt, Personalvertretung und Unternehmensleitung) oder betriebliche Vertrauenspersonen (Mobbingbeauftragte) können die Entstigmatisierung wesentlich fördern. Unkenntnis, Wegschauen und Schweigen sowohl von Kollegen als auch von Vorgesetzten unterstützen den Fortgang eines Mobbing Prozesses. Nichtstun wirkt hier im Sinne einer Billigung.

Reduzierung mobbingfördernder betrieblicher Faktoren

Hierunter fallen in erster Linie Maßnahmen der Arbeitsorganisation und des Personalmanagements.

Als Mobbing-Prophylaxe gelten u. a. klare Arbeitsstrukturen, das Festlegen von Aufgaben und Verantwortung bei gleichzeitigem Raum für Selbst- und Mitbestimmung, ausreichende Information und Partizipation der Mitarbeiter bei Planungs- und Entscheidungsprozessen, ein transparentes, faires System von Aufstiegsmöglichkeiten, die Förderung kommunikativer und sozialer Kompetenzen, ein konstruktiver Umgang mit Konflikten. Hinsichtlich des Personalmanagements ist bei der Personalauswahl eine möglichst gute Passung der Ziele des Mitarbeiters mit denen der Organisation anzustreben. Darüber hinaus steht es heute wissenschaftlich außer Frage, dass Vorgesetzten in der betrieblichen Mobbing-Prävention eine Schlüsselrolle zukommt. Ob Mobbing sich in einer Abteilung, in einem Unternehmen etablieren kann, hängt wesentlich vom Führungsverhalten ab, Mobbing vorbeugendes Führen beinhaltet u. a. soziale Kompetenz, Vorbild im Handeln sein, insbesondere im Umgang mit Andersdenkenden und Außenseitern, erreichbare Ziele setzen, klare Entscheidungen treffen, Aufgaben delegieren können, Kritik konstruktiv üben und Erfolge neidlos anerkennen (**integrieren statt intrigieren**). Moderne Kommunikationstechniken wie Handy, E-Mail oder SMS haben den direkten Dialog und das Zuhören in den Hintergrund gedrängt. Man glaubt, solange es läuft, nicht miteinander reden zu müssen, dabei fördern regelmäßige persönliche Gespräche Arbeitsmotivation und -zufriedenheit. Schulungen von Führungskräften zu den Themen Mitarbeiterführung, Motivation, Kommunikation und Konfliktmanagement sind mittlerweile in vielen Unternehmen Standard. Allerdings wird die besondere Situation des mittleren Managements noch zu wenig berücksichtigt („Sandwichposition" zwischen Leistungsdruck/Erwartungen der Geschäftsleitung und Gesundheitsförderung der Mitarbeiter). Vorgesetzte müssen wissen, was Mobbing ist, wie man es (frühzeitig) erkennt, wie man es verhindern kann bzw. wie man derartige Fälle im Unternehmen managt.

Institutionalisierter (professioneller) Umgang mit Mobbing

Kernstück eines professionellen betrieblichen Mobbing-Management ist neben den oben genannten Aktivitäten vor allem die Implementierung einer *Betriebs-/Dienstvereinbarung gegen Mobbing*. Diese sollte die in *Abbildung 7* aufgeführten wesentlichen Aspekte beinhalten, kann aber selbstverständlich erweitert oder der speziellen betriebliche Situation angepasst werden.

> - Definition (Häufigkeit / Dauer / Handlungen)
> - Geltungsbereich (alle Hierarchieebenen !)
> - Unternehmenskultur - Leitbild
> - Ächtung von Mobbing und Ausgrenzung
> - Wahrung der Vertraulichkeit
> - Interventionspflicht des Arbeitgebers
> - Hinweise auf Hilfe/ Unterstützungsleistungen für Betroffene
> - Einrichtung einer neutralen Clearingstelle (Falldokumentation)
> - Beschwerderecht von Betroffenen
> - Erläuterung des Beschwerde-/ Schlichtungsverfahrens
> - Sanktionen von Mobbing Verhalten
> - Rolle der Geschäftsleitung, Vorgesetzten, Kollegen
> - Qualifizierung von Führungskräften / Personalverantwortlichen

Abbildung 7: Inhalte einer Betriebs-/Dienstvereinbarung gegen Mobbing

Nach Erfahrungen aus der Praxis wirkt dabei bereits die bloße Existenz einer formalen Regelung zum Vorgehen gegen Mobbing präventiv. Primärer Sinn einer Anti-Mobbing–Vereinbarung ist es nicht, Täter auszumachen oder die Frage einer persönlichen Schuld zu klären, entscheidend für Unternehmen ist vielmehr, Mobbing bereits in der Entstehung zu verhindern bzw. frühestmöglich Problemlösungen zu finden. Dieser Intention entsprechend werden heute partnerschaftliche Ansätze zur Prävention favorisiert, die die Sozialpartner und alle relevanten betrieblichen Akteure von Anfang an einbeziehen. In diesem Zusammenhang kommt auch einer regelmäßigen arbeitsmedizinischen und- psychologischen Betreuung (ggf. mit der Veranlassung weiterführender Untersuchungen) insbesondere für die Sekundärprävention (Früherkennung) eine wichtige Rolle zu, sofern Betriebsärzte hier ausreichend eingebunden werden und über entsprechende Sachkenntnisse verfügen.

Individuelle Mobbing-Prävention ist eine Domäne der Psychologie und schwerpunktmäßig primärpräventiv und verhaltensorientiert. Im Wesentlichen steht sie auf den zwei Füßen: **Erhalt bzw. Aufbau eines gesunden Selbstvertrauens** und **soziale Unterstützung** (Netzwerkbildung und –pflege) durch Lebenspartner, Familie, Freunde, Bekannte, Kollegen, Engagement in Vereinen, Pflege von Hobbies etc. An einzelnen Aktivitäten sind hier u. a. zu nennen:

- Verbesserung der Selbstverantwortung Selbstreflexion (sich selbst nicht so wichtig nehmen),
- Erlernen von Gelassenheit/innerer Distanz,
- Grenzen setzen („Nein sagen lernen"),
- konstruktive Konfliktbearbeitung.

Darüber hinaus werden auch **Supervision, Coaching** und **Gesundheitszirkel** als Maßnahmen der Primärprävention empfohlen. Die zwar sehr populäre, aber eher destruktiv gefärbte „3er Regel" zur Mobbing-Prävention

1. im Betrieb nicht negativ oder positiv auffallen,
2. sich nicht zu sehr von der Gruppe unterscheiden,
3. sich niemals einen Vorgesetzten zum Feind machen,

birgt dagegen die Gefahr, der Entwicklung von Mitarbeitern zu „angepassten, nicht kreativen Duckmäusern und Schleimern" Vorschub zu leisten bzw. innere Kündigungen zu fördern.

2.4.10 Juristische Aspekte

Aufgrund zunehmender gesellschaftlicher, volks- und betriebswirtschaftlicher sowie arbeits- und sozialmedizinischer Relevanz kommt juristischen Fragen im Zusammenhang mit tatsächlichem oder vermeintlichem Mobbing und seinen Folgen wachsendes Interesse zu. Rechtlich geht es dabei zumeist um die Klärung der Frage, ob es sich bei dem angeschuldigten Verhalten um Mobbing handelt bzw. wenn dies zu bejahen ist, ob hierdurch eine gesundheitliche Schädigung des Opfers hervorgerufen wurde. In Deutschland gibt es im Gegensatz zu anderen Ländern, wie z. B. in Frankreich, kein Anti-Mobbing-Gesetz, das Mobbing als eigenen Straftatbestand definiert und sanktioniert. Daher ist zu prüfen, ob geltendes Recht für die Beurteilung der unter Mobbing subsummierbaren Verhaltensweisen zugänglich ist. In Betracht kommen hierbei u. a. **straf-, zivil-, arbeits-, sozial-, dienst-** und **betriebsverfassungsrechtliche Aspekte**. Die Notwendigkeit eines juristischen Mobbingschutzes wurde in Deutschland mittlerweile auch in der höchstrichterlichen Rechtsprechung anerkannt und hat Verankerung in dem von jedermann zu achtenden Persönlichkeitsrecht gefunden. So haben das Bundesverfassungsgericht (BverG-11.06.2002) und der Bundesgerichtshof (BGH-1.08.2002) Entscheidungen getroffen, nach denen Mobbing als Verletzung des allgemeinen, verfassungsrechtlich geschützten Persönlichkeitsrechts (Art. 1 und 2 GG) einzuordnen ist. Probleme im rechtlichen Umgang mit Mobbing ergeben sich derzeit nicht so sehr aus mangelnden Rechten der Opfer, sondern vielmehr aus Schwierigkeiten in der Beweisführung und damit in der Durchsetzbarkeit etwaiger Ansprüche (bezüglich der detaillierten Darstellung spezieller juristischer Gesichtspunkte darf an dieser Stelle auf die ausgezeichnete Übersicht von Wolmerath aus dem Jahr 2004 verwiesen werden). Im Einzelfall bleibt Betroffenen eine frühzeitige juristische Beratung zu empfehlen.

Strafrechtlich besteht im Rahmen einer Strafanzeige die Möglichkeit, zu prüfen, ob durch Mobbing strafrechtlich relevante Tatbestände erfüllt werden. Zu berücksichtigen sind hier u. a. die nachfolgenden Paragraphen des Strafgesetzbuches (StGB): § 223 (Körperverletzung), § 185 (Beleidigung), § 186 (üble Nachrede), § 187 (Verleumdung). Staatsanwaltlich wird allerdings bei derartigen Delikten im Kontext mit Mobbing häufig auf den Privatklageweg verwiesen. Zudem ist die Beweislage wegen fließender Grenzen zwischen noch tolerierbarem und schon strafbarem Verhalten oft unklar. In Zweifelsfällen gilt zusätzlich der strafrechtliche Grundsatz „in dubio pro reo" (im Zweifel für den Angeklagten), so dass Strafverfahren meistens mit einem Freispruch enden.

Zivilrechtlich können Schadensersatz und Schmerzensgeldansprüche (§ 823 BGB) geltend gemacht werden. Hierbei müssen jedoch die Ansprüche vom Mobbing Opfer bewiesen werden (u. a. der Vorsatz des Täters), zudem sind die zu erwartenden finanziellen Entschädigungen gering. Zivilklagen werden dementsprechend oft abgewiesen. Bei unsicheren Erfolgsaussichten ist die Durchsetzung von Schadensersatzansprüchen für Mobbing Opfer mit weiteren emotionalen Belastungen und ggf. zusätzlichen finanziellen Risiken verbunden.

Arbeitsrechtlich haben das Bundesarbeitsgericht (1997) sowie das Landesarbeitsgericht Thüringen (2001) nicht nur präzise Definitionen des arbeitsrechtlichen Tatbestandes Mobbing vorgelegt (siehe hierzu auch 2.4.2), sondern auch Wege für die Beweisführung aufgezeigt und Leitsätze formuliert, die es Arbeitsgerichten erleichtern, Mobbing zu erkennen und zu bewerten. Auch in der arbeitsrechtlichen Standardliteratur hat das Thema Mobbing mittlerweile eine gute Präsenz. Arbeitsrechtliche Maßnahmen gegen Mobbing reichen von formloser Ermahnung bis hin zur fristlosen Kündigung. Allerdings müssen auch im Arbeitsrecht Mobbing Opfer etwaige Ansprüche beweisen.

Betriebsverfassungsrechtlich haben Arbeitgeber und Betriebsräte nach § 75 Betriebsverfassungsgesetz (BetrVG) die Pflicht, die freie Entfaltung der Persönlichkeit von Beschäftigten zu schützen. Dazu gehört z. B. auch ein Belästigungsverbot am Arbeitsplatz. Nach § 76 (BetrVG) kann der Betriebsrat anregen, dass zur Beilegung von Meinungsverschiedenheiten eine ständige Einigungsstelle eingerichtet wird.

Sozialrechtlich resultieren selbst aus einem zweifelsfrei nachgewiesenen Mobbing-Fall mit Mobbing assoziierten Gesundheitsstörungen **keine** Ansprüche gegen die Gesetzliche Unfallversicherung (GUV). Mobbing bzw. mit Mobbing einhergehende oder durch Mobbing wesentlich (mit)verursachte Erkrankungen stellen derzeit keine Berufskrankheiten im Sinne des § 9 Abs. 1 SGB VII („Listenerkrankungen") dar. Auch die vom Gesetzgeber vorgegebenen essentiellen Kriterien für eine Entschädigung über die Öffnungsklausel des § 9 Abs. 2 SGB VII sind derzeit nicht als erfüllt zu bewerten. Darüber hinaus ist Mobbing auch nicht als Arbeitsunfall einzuordnen, da es sich hierbei typischerweise um schädigende psychosoziale Einwirkungen handelt, die nicht auf eine Arbeitsschicht begrenzt sind (was dagegen ein wesentliches Kriterium eines Arbeitsunfalles ist). Auch wenn somit aus kompensatorischer Sicht eine Leistungspflicht der GUV nicht resultiert, stellt Mobbing aus präventiver Sicht (§ 14 SGB VII / § 20 SGB V) heute zweifelsohne eine **reale arbeitsbedingte Gesundheitsgefahr** dar, aus der im Einzelfall dann auch eine **arbeitsbedingte Erkrankung** entstehen kann, wenn Arbeitsunfähigkeit und/oder Behandlungsbedürftigkeit vorliegt (bezüglich der Einzelheiten sei hier auf die Ausführungen zum Burnout-Syndrom, Kapitel 2.2 verwiesen). Diese Tatsache begründet gerade vor dem Hintergrund des erweiterten Präventionsauftrages durch den § 14 SGB VII bzw. § 20 SGBV durchaus auch einen Handlungsbedarf der Träger der gesetzlichen Unfall- und Krankenversicherung. Dies gilt insbesondere für den Bereich des öffentlichen Dienstes, den Dienstleistungssektor im Allgemeinen, das Gesundheits- und Sozialwesen sowie die Schulen. Auch die Europäische Union wertet Mobbing in einer entsprechenden Entschließung (2001/2339/INI) als ernste Gesundheitsgefahr. In Deutschland sind heute bei hoher gesamtgesellschaftlicher Relevanz von Mobbing nicht nur Gesetzgeber, Sozialversicherungsträger und Gerichte, sondern in gleicher Weise auch Arbeitgeber, Gewerkschaften, Rechtsanwälte, Ärzte, Psychologen, letztlich alle Akteure im Gesundheits- und Sozialwesen gefordert.

2.4.11 Fazit – Forschungsbedarf

Bei den aufgezeigten Wissenslücken ist die Versuchung groß, Mobbing lediglich als eine Modeerscheinung des Zeitgeistes abzutun. Vor einem solchen Vorgehen ist allein schon wegen der Häufigkeit dieses Problems zu warnen. Man sollte sich aber ehrlich eingestehen, wieviel noch zu tun bleibt. Dabei ist eine Intensivierung der interdisziplinären Kommunikation und Kooperation zwischen Wissenschaft und Praxis unabdingbar. Nicht nur wegen der erheblichen Public Health Anteile von Mobbing sollten sich Arbeits- und Sozialmediziner einer Mitarbeit nicht entziehen. So sollte es ein Ziel sein, zu einer allgemein akzeptierten Definition zu kommen bzw. verbindliche Indikatoren für Mobbing festzulegen, um validere und repräsentative Aussagen zu etwaigen Prävalenzraten in bestimmten Berufsgruppen und damit zum Ausmaß der Gefährdung treffen zu können. Noch dringlicher erscheinen wissenschaftlich fundierte Evaluationen der verschiedenen Interventions- und Präventionsmaßnahmen im Hinblick auf Machbarkeit, Akzeptanz, Wirksamkeit und Kosten/Nutzen Verhältnis.

2.4.12 Key-Message

- Der Begriff Mobbing ist seriös zu verwenden: Nicht jede Streitigkeit am Arbeitsplatz ist Mobbing!
- Von Mobbing sollte nur gesprochen werden, wenn die definitorischen Kriterien erfüllt sind, insbesondere im Hinblick auf Dauer, Häufigkeit, Systematik, Zielorientierung, Machtasymmetrie.
- Mobbing stellt in vielen Branchen der heutigen Arbeitswelt eine reale arbeitsbedingte Gesundheitsgefahr dar (insbesondere im Dienstleistungssektor, Gesundheits-, Bildungs- und Sozialwesen) und kann zu einer arbeitsbedingten Erkrankung werden, ist aber derzeit weder eine Berufskrankheit noch ein Arbeitsunfall im Sinne des SGB VII!
- Betroffene benötigen frühzeitig professionelle Hilfe!
- Ätiopathogenetisch kommt unbewältigten Konflikten eine Schlüsselrolle zu!
- Führungskräfte spielen eine maßgebliche Rolle in der Mobbing Prävention und Intervention!
- Präventionsmaßnahmen sollten individuelles Verhalten und betriebliche Verhältnisse einschliessen!

LITERATURHINWEISE

BRINKMANN, R.D.; STAPF, K.H. (2005): Innere Kündigung – Wenn der Job zur Fassade wird. C.H. Beck Verlag, München.

BUNDESANSTALT FÜR ARBEITSSCHUTZ UND ARBEITSMEDIZIN (BAuA) (HRSG.) (2002): Der Mobbing- Report. Repräsentativstudie für die Bundesrepublik Deutschland, Wirtschaftsverlag NW, Bremerhaven.

EUROPÄISCHE AGENTUR FÜR SICHERHEIT UND GESUNDHEITSSCHUTZ AM ARBEITSPLATZ (HRSG.) (2002): Mobbing – Factsheet 23. Brussels, Belgium.

HIRIGOYEN, M.F. (2002): Wenn der Job zur Hölle wird – Seelische Gewalt am Arbeitsplatz und wie man sich dagegen wehrt. C.H. Beck Verlag, München.

JACOBSHAGEN N. (2004): Mobbing – ein langer, zermürbender Prozess. Schweiz Med. Forum 4; 873 – 878.

KIVIMÄKI, M.; VIRTANEN, M.; VARTIA, M.; ELOVAINIO, M.; VAHTERA, J.; KELTIKANGAS-JÄRVINEN L. (2003): Workplace bullying and the risk of cardiovascular disease and depression. Occup Environ Med 60; 779 – 783.

LEYMANN, H. (2000): Mobbing – Psychoterror am Arbeitsplatz und wie man sich dagegen wehrt. 11. Auflage, Rowohlt Verlag, Reinbek.

POPPELREUTER, S., MIERKE, K. (2005): Psychische Belastungen am Arbeitsplatz. Ursachen – Auswirkungen – Handlungsmöglichkeiten. 2. Auflage, Erich Schmidt Verlag, Berlin.

SCHONNEBECK M. (2005): Mobbing – ein Fall für den Hausarzt? MMW Fortschr. Med. 147; 40 -42.

SCHWICKERATH, J.; CARLS, W.; ZIELKE, M.; HACKHAUSEN, W. (HRSG.) (2004): Mobbing am Arbeitsplatz – Grundlagen, Beratungs- und Behandlungskonzepte. Pabst Science Publishers, Lengerich.

WOLMERATH, M. (2004): Mobbing im Betrieb – Rechtsansprüche und deren Durchsetzbarkeit. 2. Auflage, Nomos Verlagsgesellschaft, Baden-Baden.

ZAPF, D. (1999): Mobbing in Organisationen – Ein Überblick zum Stand der Forschung. Zeitschrift für Arbeits- und Organisationspsychologie, 43, 1-2.

2.5 Depressive Störungen und Beruf

Volker Köllner

2.5.1 Definition

Depressionen gehören zu den affektiven Störungen. Die Symptome sind vielgestaltig und äußern sich auf den Ebenen des Verhaltens, der Gefühle, der Gedanken und des Körpers. Typisch ist die von A. Beck beschriebene Triade kognitiver Verzerrungen: Negative Sicht von sich selbst, der Welt und der Zukunft. Die wichtigsten Symptome sind in *Tabelle 1* dargestellt.

Tabelle 1: Symptome der Depression nach ICD-10

Zur Diagnose einer leichten depressiven Episode müssen mindestens 2 Haupt- und 2 Nebensymptome über einen Zeitraum von 2 Wochen bestehen.

Hauptsymptome:
- Gedrückte, depressive Stimmung,
- Interessen-/ Freudlosigkeit auch bei sonst angenehmen Tätigkeiten,
- *Antriebsmangel*, erhöhte Ermüdbarkeit.

Andere häufige Symptome:
- *Konzentrationsstörungen*,
- Vermindertes Selbstwertgefühl,
- *Schuldgefühle* oder Gefühl von Wertlosigkeit,
- Pessimistische Zukunftsperspektiven,
- *Suizidgedanken*/-handlungen,
- *Schlafstörungen*,
- sexuelle Störungen,
- Verminderter Appetit.

Allgemein- und Arbeitsmedizinern begegnen folgende Formen der Depression am häufigsten:

- Bei einer *depressiven Episode* (ICD-10: F32) treten die depressiven Symptome erstmalig, als einzelne Phase und akut auf. Je nach Anzahl und Schwere der Symptome wird zwischen leichten, mittelgradigen und schweren Episoden unterschieden. Bei letzterer können auch psychotische Symptome (z. B. depressiver Wahn) hinzukommen. Die Symptome müssen mindestens zwei Wochen bestehen, um die Diagnose zu begründen. Eine depressive Episode kann aber auch über viele Monate anhalten.
- Als *rezidivierende depressive Störung* (ICD-10: F33) bezeichnet man ein akutes Krankheitsbild, dass durch wiederholte depressive Episoden in der Vergangenheit gekennzeichnet ist. Wenn zusätzlich manische Episoden auftreten, spricht man von einer *bipolaren affektiven Störung* (F31).
- Die *Dysthymie* (ICD-10: F43.1) zählt zu den anhaltenden affektiven Störungen mit chronischer, mehrere Jahre bestehender depressiver Verstimmung, welche im Vergleich zu einer depressiven Episode in der Regel milder ausgeprägt ist.

- Tritt eine *depressive Reaktion* eindeutig als Reaktion auf ein belastendes oder herausragendes Ereignis ein, so kann diese als *Anpassungsstörung* (ICD-10: F43.2) klassifiziert werden, sofern sie nicht durch die Symptome einer depressiven Episode besser beschrieben wird.

Die heute gebräuchliche Klassifikation des ICD-10 beruht auf der Beschreibung von Symptomen und Verläufen und nicht mehr auf ätiologischen Hypothesen, wie dies z. B. bei der Unterscheidung zwischen neurotischer und *endogener Depression* der Fall war. Das Krankheitsbild der Depression muss von dem Gefühl der Traurigkeit oder *Trauer* abgegrenzt werden, die zu den Grundemotionen des Menschen gehören. Im Vergleich zur Depression lässt sich Trauer oft durch positive Tätigkeiten und Ereignisse zumindest teilweise unterbrechen. Trauer ist etwas vorübergehendes mit erhaltener Zukunftsperspektive und der erhaltenen Fähigkeit, Hilfe und Unterstützung zu suchen. Missglückte oder blockierte Trauerarbeit kann jedoch die Entstehung einer Depression begünstigen. Bei der Traurigkeit sind die Symptome nicht so intensiv und nicht so lange anhaltend wie bei einer depressiven Episode.

2.5.2 Bedeutung und Prävalenz

Depressionen gehören sowohl zu den häufigsten psychischen Störungen als auch zu den häufigsten Erkrankungen überhaupt. In Deutschland erleiden bis zu 12 % der Männer und bis zu 20 % der Frauen zumindest einmal in ihrem Leben eine depressive Episode. Nach den Ergebnissen des Bundesgesundheitssurveys beträgt die Einjahresprävalenz bei 18 - 65-jährigen in Deutschland für eine depressive Episode 8,8 %, für die Dysthymie 4,5 % und für eine Episode bei bipolarer Störung 1,3 %. Nicht erfasst sind hierbei Anpassungsstörungen mit depressiver Symptomatik und unterschwellige Krankheitsbilder, die nicht die ICD-10 - Kriterien erfüllen, wohl aber zur Inanspruchnahme von medizinischen Leistungen führen können. Das Risiko, zu erkranken, ist für Frauen etwa doppelt so hoch wie für Männer, nur bipolare Störungen haben ein ausgeglichenes Geschlechterverhältnis. Das Alter für die Erstmanifestation einer depressiven Episode oder Dysthymie liegt für Frauen bei 31,7 und für Männer bei 33 Jahren. Die höchsten Prävalenzraten liegen jedoch jenseits des 65. Lebensjahres. Etwa zwei Drittel der Fälle verlaufen phasenweise oder chronisch, bei einem Drittel der Betroffenen bleibt es bei einer einmaligen Episode oder einer Anpassungsstörung. Über die Lebenszeit betrachtet beträgt die mittlere Anzahl von Krankheitsepisoden bei rezidivierendem Verlauf 5,7. Dabei ist die Episodendauer höchst variabel und liegt bei der Hälfte aller Betroffenen unter zwölf Wochen, in 24,9 % bei drei bis sechs Monaten und in 22,3 % bei mehr als einem Jahr. Unter angemessener medikamentöser oder psychotherapeutischer Behandlung verkürzt sich die Episodendauer deutlich. Ebenso konnte in den letzten Jahren durch konsequente Therapie eine deutliche Reduktion der Suizide erreicht werden. Dennoch versterben immer noch etwa 10 % der Patienten mit einer rezidivierenden depressiven Störung durch Suizid. Depressive Störungen verschlechtern nicht nur die Lebensqualität der Betroffenen ähnlich stark wie schwere, chronische körperliche Erkrankungen, sondern sie sind auch mit einer erhöhten Mortalität verbunden. Hierfür ist weniger die Suizidgefahr verantwortlich als der deutlich schlechtere Verlauf körperlicher Erkrankungen. Eine komorbide Depression ist mit einer deutlich erhöhten *Mortalität* bei Patienten nach Herzinfarkt, Herzoperation oder Diabetes verantwortlich. Auch subklinisch erhöhte Depressivität führt bereits zu einer signifikant erhöhten Sterblichkeit nach Herzinfarkt.

Depressive Erkrankungen haben erhebliche sozialmedizinische Konsequenzen. Bei insgesamt sinkendem Krankenstand nahmen die AU-Tage wegen depressiver Störungen von 2000 bis 2004 um 42 % zu. 30 % der Betroffenen litten unter relevanten Einschränkungen ihrer Arbeitsproduktivität. Die depressive Episode steht bei den AU-begründeten Diagnosen nach den Rückenschmerzen (7,6 %) und den akuten Atemwegsinfektionen (4,0 %) mit 3,1 % an dritter Stelle, Anpassungsstörungen stehen auf Platz 9. Wenn man Patienten mit depressiven Störungen nach einem Jahr nachuntersucht, finden sich noch 3 AU-Tage im vergangenen Monat im Vergleich zu 1,5 Tagen bei Patienten mit körperlichen Erkrankungen. In der Global burden of disease-Studie zeigte sich, dass Depressionen hinsichtlich der gesamtgesellschaftlichen Kosten nach den Herz-Kreislauferkrankungen weltweit Platz 2 einnehmen. Die WHO geht davon aus, dass sich dieses Verhältnis ab dem Jahr 2020 umkehrt.

Trotz der Bedeutung dieses Krankheitsbildes wird in Deutschland nur etwa die Hälfte aller Patienten mit depressiven Störungen überhaupt behandelt, hiervon erhält wiederum nur der kleinere Teil eine nach evidenzbasierten Kriterien wirksame Therapie. Häufigste Behandlungsfehler sind die zu niedrige Dosierung von Antidepressiva und der zu frühe Behandlungsabbruch.

2.5.3 Ursachen und aufrechterhaltende Faktoren

Für die Entwicklung einer Depression spielen genetische, neurobiologische, psychologische, soziale und Verhaltensfaktoren gleichermaßen eine Rolle. Der traditionelle Begriff der endogenen Depression deckt sich teilweise mit dem neuen Begriff rezidivierende depressive Störung. Identisch sind sie jedoch nicht, weil heute berücksichtigt wird, dass nicht alle depressiven Episoden ausschließlich auf neurobiologische Ursachen zurückgeführt werden können. Belastende Lebensereignisse können ebenso sekundär depressive neurobiologische Veränderungen induzieren. Reaktive Depressionen stellen im Vergleich zu endogenen also keinesfalls die leichteren Formen dar und sind gleichermaßen behandlungsbedürftig. Folgende *Vulnerabilitäts- und Risikofaktoren* gelten heute als empirisch gesichert:

- Frauen haben eine höhere Erkrankungswahrscheinlichkeit als Männer.
- Die Verwandten ersten Grades von depressiv Erkrankten haben ein deutlich erhöhtes Erkrankungsrisiko.
- Trennungserfahrungen oder schwere Gefährdung der maßgeblichen beschützenden Beziehung führen zu einer Sensibilisierung der biologischen Stressantwort auf Konflikte, Trennungen und Verluste sowie zu einer erhöhten Vulnerabilität für depressive Störungen im Erwachsenenalter.
- Bei Depression kommt es zu Störungen der Signalübertragung innerhalb und zwischen Nervenzellen, endokrinologischen Veränderungen sowie Störungen der Schlaf- Wach- Regulation.
- Depressionen sind durch dysfunktionale Kognitionsstile gekennzeichnet.
- Angsterkrankungen und Abhängigkeit von psychotropen Substanzen gehen der Depression häufig voraus.
- Akute und chronische Belastungsfaktoren, Arbeitslosigkeit und Gefahr des Verlustes des Arbeitsplatzes, Lebenskrisen, Trennungen und Verlusterlebnisse, Einsamkeit und chronische körperliche Erkrankungen erhöhen das Risiko für Depression.

Für Depressionen kommen jedoch auch eine Reihe von körperlichen Erkrankungen als Verursacher in Frage, vor allem Hypothyreose, Herzinsuffizienz, Hirntumore, Durchblutungsstörungen des Gehirns, Hirntraumata, Morbus Alzheimer, Anämie und Vitaminmangelkrankheiten. Aber auch Medikamente und Drogen können Depressionen auslösen, wie z. B. L-Dopa, Antihypertensiva, Cortison, Alkohol, Halluzinogene, Kokain, Opiate oder Methadon.

Ebenso bedeutsam sind die aufrechterhaltenden Bedingungen der Depression. Depressive Patienten neigen dazu, sich aus sozialen Kontakten zurückzuziehen, Aktivitäten zu reduzieren sowie bei Schlafstörungen und Erschöpfung Schlaf am Tag nachzuholen. So entsteht ein Teufelskreis aus depressiven Symptomen, Rückzugs- und Schonverhalten und Verstärkerverlust, der wiederum zu einer Verstärkung der depressiven Symptome führt. In diesem Zusammenhang ist eine längere Krankschreibung ohne therapeutisches Konzept bei Depressiven ein möglicher Chronifizierungsfaktor, da hierdurch Aktivität und Tagesstruktur verloren geht und depressogenem Grübeln mehr Raum eingeräumt wird. Andererseits ist es notwendig, schwerer erkrankte Patienten vor Überforderung zu schützen. Dies sollte allerdings mit einem konkreten Zeitplan zur Durchführung einer spezifischen Therapie geschehen.

Vor dem erstmaligen Auftreten einer Depression finden sich insbesondere Lebensereignisse, die mit der Bedrohung oder dem Verlust zwischenmenschlicher Bindungen einhergehen. Dies gilt auch für den beruflichen Bereich: Sowohl für Arbeitslose als auch für Mitarbeiter, die nach einem Personalabbau im Betrieb verbleiben, konnte eine erhöhte Prävalenz depressiver Störungen nachgewiesen werden. Darüber hinaus sind Arbeitsbedingungen, die wenig Selbstkontrolle zulassen und wenig materielle oder ideelle Anerkennung der eigenen Leistung vermitteln, als potentiell depressogen einzuschätzen.

Mobbing-Situationen stellen für die Betroffenen meist eine substanzielle Bedrohung der sozialen Bindung im beruflichen Bereich dar und sind mit wiederholten Kränkungserlebnissen und einer Bedrohung des Selbstwertgefühls verbunden. Als Folge entwickelt die Mehrzahl der Betroffenen eine Anpassungsstörung oder depressive Episode. Auch lang anhaltende berufliche Verausgabung und Perfektionismus erhöhen das Risiko einer Depression erheblich, Übergänge zum *Burnout* sind fließend. Bei der Mehrzahl der Burnout-Betroffenen lässt sich im späteren Verlauf eine depressive Störung diagnostizieren. Vor dem Hintergrund zunehmender *Arbeitsplatzunsicherheit* vermeiden immer mehr Menschen Krankschreibungen und sind bereit, sich über ihre Leistungsgrenzen hinweg zu engagieren. Kurzfristig mag diese Strategie sowohl für den Betroffenen als auch für das Unternehmen erfolgreich sein. Langfristig steigt aber die Prävalenz für Krankheitsbilder, die als Folge der Erschöpfung auftreten. Hierzu gehören – wie die aktuellen Statistiken der Krankenversicherer zeigen – vor allem psychische und psychosomatische Störungen. Bereits eine subklinische Depression kann durch *Konzentrationsstörungen*, schnelle *Erschöpfbarkeit* und *Antriebsmangel* zu einer deutlichen Reduktion der beruflichen Leistungsfähigkeit führen.

2.5.4 Symptomatik und Differentialdiagnose

Die o. g. Symptome der Depression zu erkennen ist nicht einfach, da depressive Patienten eher dazu neigen, sich zurückzuziehen und nicht über ihre Beschwerden zu berichten. Deshalb ist es entscheidend, aktiv nach Symptomen zu fragen. Angesichts der Häufigkeit und der sozialmedizinischen Bedeu-

Tabelle 2: Depression-Screening-Questionnaire (aus Wittchen & Pfister, 1997)

DSQ (Depression-Screening-Questionnaire)	ja	nein
• Fühlen Sie sich fast durchgängig traurig, niedergeschlagen oder hoffnungslos?		
• Haben Sie so gut wie jedes Interesse an fast allen Dingen verloren, empfinden Sie keine Freude mehr, zum Beispiel auch an Dingen, die Ihnen gewöhnlich Freude bereiten?		
• Haben Sie keinen Appetit mehr oder erheblich an Gewicht verloren? Schmeckt es Ihnen nicht mehr so wie früher?		
• Leiden Sie fast täglich unter Schlafstörungen (Einschlafstörungen, Durchschlafstörungen oder frühem Erwachen am Morgen)?		
• Sprechen und bewegen Sie sich langsamer als sonst? Oder leiden Sie im Gegenteil unter einer inneren Unruhe, so dass Sie nicht stillsitzen können, sondern auf- und abgehen müssen?		
• Hat sich Ihr sexuelles Verlangen vermindert oder ist es gar nicht mehr vorhanden?		
• Haben Sie kein Selbstvertrauen mehr? Fühlen Sie sich wertlos oder machen Sie sich viele Selbstvorwürfe?		
• Haben Sie Schwierigkeiten, sich zu konzentrieren und sich Dinge zu merken, oder fallen Ihnen sogar ganz alltägliche Entscheidungen schwer?		
• Denken Sie häufig über den Tod nach oder sogar daran, sich das Leben zu nehmen?		
Auswertung: Zählen Sie alle Ja- Antworten zusammen. Bei mehr als 4 Antworten mit Ja besteht der Verdacht auf Depression.		

tung des Krankheitsbildes sollte ein Screening auf Depression ebenso zur ärztlichen Routine gehören, wie Kontrollen von Blutdruck und -zucker. Dies kann sowohl durch Abfragen der Leitsymptome in der Anamnese als auch durch ein *Fragebogen-Screening* geschehen. Screening-Fragebögen wie das *Beck-Depressions-Inventar* (BDI) oder die *Hospital Anxiety and Depression Scale* sind von Patienten in wenigen Minuten auszufüllen und können von medizinischem Assistenzpersonal in noch kürzerer Zeit ausgewertet werden. Ebenso ökonomisch ist der in *Tabelle 2* dargestellte Depression-Screening-Questionnaire einzusetzen. Ebenso gut ist es möglich, die hier aufgeführten Fragen im ärztlichen Gespräch zu stellen.

Bei einem positiven Screening-Befund ist ein ausführliches Abfragen der diagnostischen Kriterien der Depression unerlässlich. Angesichts der Verbreitung des Krankheitsbildes ist die Stellung der Diagnose als allgemeine ärztliche Aufgabe anzusehen. Wenn eine Depression vorliegt, sollte dies mit dem Patienten ebenso thematisiert werden, wie die Notwendigkeit und die guten Erfolgsaussichten einer Behandlung. Depressive Patienten neigen dazu, ihren Zustand zu bagatellisieren bzw. nicht als Krankheit, sondern als charakterlichen Mangel anzusehen oder - bei schwereren Formen - keine Hoffnung auf eine Besserung zu haben. Deshalb kommt der Diagnosemitteilung und der Motivation zur Therapie eine besondere Bedeutung zu. In größeren Betrieben kann es auch sinnvoll sein, im Rahmen von Aktionstagen und Projekten über das Krankheitsbild sowie seine guten Behandlungsmöglichkeiten zu informieren und Vorurteile abzubauen.

2.5.5 Interventionsmöglichkeiten

Angesichts der Häufigkeit depressiver Störungen ist deren Behandlung zunächst eine primärärztliche Aufgabe. Die modernen *Antidepressiva* (siehe Kap. 6.1) erlauben auch unter den Bedingungen der hausärztlichen Praxis eine adäquate Pharmakotherapie, die zusammen mit Gesprächen im Rahmen der *psychosomatischen Grundversorgung* in der Mehrzahl der Fälle eine erfolgreiche Behandlung ermöglicht - wenn das Krankheitsbild erkannt wird. Besondere Bedeutung kommt hier der Arzt–Patient-Beziehung zu. Depressive Patienten sind aufgrund ihres verminderten Selbstwertgefühls besonders vulnerabel. Zunächst sollte der Arzt den Patienten geduldig anhören und seine Klagen annehmen, ohne ihn vorschnell aufzumuntern. Kurzfristige Ratschläge führen dazu, dass der Patient sich unverstanden fühlt und in seiner negativen Weltsicht bestätigt wird. Unbedingt sollte eine akut oder latent bestehende *Suizidalität* erfragt und thematisiert werden. Im weiteren Verlauf sollte der Patient ausführlich über das Krankheitsbild, seine Häufigkeit und die guten Behandlungsmöglichkeiten informiert werden (Psychoedukation). Hinweise zur Gesprächsführung mit depressiven Patienten und zu Strategien, um dysfunktionale Denkmuster zu verändern, gibt die Verhaltensmedizin, deren Anliegen es ist, Erkenntnisse der empirischen Psychologie für die Medizin nutzbar zu machen. Eine praxisorientierte Darstellung von solchen Strategien findet sich bei Weigel et al. (2005).

Zur akuten Entlastung kann zunächst eine Krankschreibung sinnvoll sein, jedoch ist darauf zu achten, dass der Patient seine Tagesstruktur behält und insbesondere Schlaf bis in den Vormittag - ein nachgewiesen depressionsförderndes Verhalten - vermeidet. Auf jeden Fall ist eine abwechslungsreiche Tagesstruktur, die sowohl angenehme und notwendige Aktivitäten als auch Entspannungsphasen enthält, sinnvoll. Regelmäßiges körperliches Ausdauertraining und sportliche Aktivität sind ebenso antidepressiv wirksam, wie die Wiederaufnahme sozialer Kontakte und Aktivitäten.

Bei schwerer ausgeprägter Symptomatik, Suizidalität oder bei ausbleibendem Therapieerfolg innerhalb von 4–6 Wochen sollte die Überweisung zur spezifischen fachärztlichen psychiatrischen oder psychotherapeutischen Therapie erfolgen. Patienten mit akuten (z. B. Tod eines Angehörigen, Arbeitslosigkeit oder Überforderungssituation) oder früheren biographischen Stressoren (z. B. Verlusterlebnisse, Vernachlässigung oder Misshandlung in der Kindheit) scheinen dabei eher von Psychotherapie und Patienten ohne diese Faktoren eher von einer medikamentösen Behandlung zu profitieren.

Psychotherapie stellt die wichtigste Säule in der Behandlung der Depression dar. Zwar tritt die Wirkung im Vergleich zur medikamentösen Behandlung später ein, dafür ist aber mit einem nachhaltigeren Behandlungseffekt nach Therapieende und im Langzeitverlauf zu rechnen. Beim erstmaligen Auftreten einer Depression kann Psychotherapie das Risiko weiterer depressiver Episoden signifikant vermindern.

Als evidenzbasierte Therapieverfahren gelten die *kognitive Verhaltenstherapie* sowie die *psychodynamische Therapie* und die hieraus entwickelte *interpersonelle Therapie* der Depression (IPT). Diese Therapieverfahren gehören im Rahmen der Richtlinienpsychotherapie zum Leistungsspektrum der gesetzlichen Krankenversicherung. Bei schwereren oder chronischen

Krankheitsbildern kann der Behandlungseffekt durch die Kombination mit Antidepressiva verbessert werden.

Die medikamentöse Behandlung der Depression wird in Kapitel 6.1 ausführlich dargestellt. *Antidepressiva* helfen bei etwa 70-80 % der Patienten. Bei schweren Störungsbildern, Suizidalität und psychotischen Symptomen sind sie unverzichtbarer Bestandteil der Therapie. Entscheidend für den Behandlungserfolg ist es, mit dem Patienten über mögliche Vorbehalte über Psychopharmaka zu sprechen und ihn sowohl über den verzögerten Wirkungseintritt (nach etwa 2-4 Wochen) als auch über die häufigsten Nebenwirkungen und ihre meist harmlose oder vorübergehende Natur zu informieren. Andernfalls besteht ein hohes Risiko für Non-Compliance.

Schwere depressive Episoden mit ausgeprägter Antriebsstörung, psychotischen Symptomen und Suizidalität erfordern meist initial eine stationäre psychiatrische Behandlung. Bei längerer AU-Zeit (> 3-4 Wochen) oder häufig wiederkehrender Arbeitsunfähigkeit, die den Arbeitsplatz oder sogar die Erwerbsfähigkeit des Patienten gefährden kann, ist auch bei leichteren Formen eine stationäre Rehabilitation in einer psychosomatisch-psychotherapeutischen Fachklinik sinnvoll, um dem Patienten Wege aus dem Rückzugsverhalten aufzuzeigen und depressionsbedingte Störungen von Aktivität und Teilhabe gezielt behandeln zu können.

Problemsituation Suizidalität

Suizidalität beinhaltet Ruhe- und Todeswünsche, Suizidideen, Suizidversuche und Suizid. Entlastung, Hoffnungslosigkeit und Appelle an Mitmenschen sind dabei häufige Suizidmotive. Bei affektiven Störungen treten bei bis zu 80 % der Patienten im Verlauf Suizidgedanken auf. 40–60 % der Patienten haben bereits einmal einen Suizidversuch unternommen. 10–15 % der Patienten versterben an einem Suizid. Daher ist die Suizidprävention ein wichtiger Aspekt der antidepressiven Therapie. Hierzu muss der Patient einfühlsam auf dieses Thema angesprochen werden. Folgende Fragen muss sich der Behandler beantworten können:

- Handelt es sich um gelegentliche Gedanken an den Tod oder Selbstmord ohne Handlungsabsicht?
- Liegen bereits konkrete Vorstellungen über Art und Ort vor?
- Sind bereits Vorbereitungen getroffen (Waffen besorgt, Abschiedshandlungen)?
- Drängen sich Suizidgedanken passiv auf?
- Wurden Suizidabsichten bereits angekündigt?
- Hat sich der Patient von zwischenmenschlichen Kontakten zurückgezogen?

Ein höheres Risiko besteht bei Männern, alten Menschen, ersterkrankten Patienten, Patienten mit schlechtem Behandlungserfolg und Patienten mit vorherigem Suizidversuch. Protektive Faktoren sind familiäre, berufliche, soziale und religiöse Einbindung. Bei Unsicherheit in der Einschätzung der Suizidalität ist unbedingt ein psychiatrischer Facharzt hinzuzuziehen. Bei akuter Suizidalität sollte eine Verlegung in eine psychiatrische Fachklinik veranlasst werden, gegebenenfalls mit richterlicher oder polizeilicher Unterbringung.

2.5.6 Prävention

Als wirksamer Schutz vor der Entwicklung einer Depression können ein sicheres und tragfähiges Netz sozialer Bindungen sowie Arbeits- und Lebensbedingungen angesehen werden, die einerseits als sinnvoll erlebte Herausforderungen und andererseits angemessene Ressourcen zu deren Bewältigung bieten. Im betrieblichen Bereich gehören hierzu sichere Arbeitsplätze mit der Möglichkeit zum Erleben von Selbstwirksamkeit. Der Aufbau sozialer Netze kann auch durch ein gutes Weiterbildungs- und Gesundheitsförderungsangebot verbessert werden. Sportgruppen wirken auf doppelte Weise (soziales Netz und aerobes Training) präventiv gegen Depression.

Entscheidende Bedeutung kommt der Früherkennung depressiver Störungen zu. Auf betrieblicher Ebene können hierzu Aufklärungskampagnen und im Einzelfall auch Beratungsgespräche durch den Betriebsarzt beitragen. In einzelnen Regionen gibt es Modellprojekte im Rahmen der integrierten Versorgung, bei denen Betriebskrankenkassen, Betriebsärzte und verhaltensmedizinische Rehabilitationskliniken bei der Früherkennung und Behandlung depressiver Störungen kooperieren.

2.5.7 Fazit - Forschungsbedarf

Berufliche Faktoren wie Verlust oder Unsicherheit des Arbeitsplatzes, Verausgabung, Arbeitsplatzkonflikte und Mobbing sind relevante Auslöser einer Depression. Depressive Störungen sind eine der wichtigsten Ursachen für Arbeitsunfähigkeit. Depressive Patienten, die nicht krank geschrieben sind, weisen eine signifikant geringere Arbeitsproduktivität auf. In der arbeitsmedizinischen Forschung wurden diese Zusammenhänge bisher nur in geringem Maße beachtet und zum Ausgangspunkt von Interventionen gemacht. Auch besteht noch ein erheblicher Forschungsbedarf. Weitere relevante Forschungsfragen sind:

- In welchem Ausmaß und über welchen Mechanismus wirken ungünstige Arbeitsbedingungen und Unsicherheit oder Verlust des Arbeitsplatzes depressogen?
- Welche Patienten benötigen initial Schonung (AU-Schreibung) und ab wann wirkt sich diese kontraproduktiv aus?
- Wie können betriebliche Screening- und Präventionsprogramme zur Früherkennung, schnelleren Behandlung und besseren Akzeptanz des Krankheitsbildes beitragen?

2.5.8 Key-Message

▸ Depressive Störungen gehören zu den häufigsten Ursachen von Arbeitsunfähigkeit und Produktivitätsverlust. Trotzdem wird nur die Hälfte der Fälle diagnostiziert und ein noch geringerer Teil adäquat behandelt.
▸ Die berufliche Situation kann sowohl ein auslösender Faktor für, als auch ein Schutzfaktor vor depressiven Erkrankungen sein.
▸ Arbeitsmedizinern kommt daher eine wesentliche Rolle bei Früherkennung und Fallmanagement zu.

Literaturhinweise

Hautzinger, M. (1998): Depression. Hogrefe. Göttingen.

Linden, M.; Weidner, C.: Arbeitsunfähigkeit bei psychischen Störungen. Nervenarzt 76 (2005) 1421-1431.

Linden, M.: Epidemiologie und Therapie depressiver Störungen. Z Psychosom Med Psychother 49 (2003) 333-345.

Weigel, B.; Scherk, H.; Pajonk; F.-G.; Hoyer, J. (2005): Depression. Köllner V., M. Broda (Hrsg.): Praktische Verhaltensmedizin. Thieme. Stuttgart, S. 155-174.

Wittchen, H.-U.; Jacobi, F.: Die Versorgungssituation psychischer Störungen in Deutschland. Eine klinisch-epidemiologische Abschätzung anhand des Bundesgesundheitssurveys 1998. Bundesgesundheitsbl Gesundheitsforsch Gesundheitsschutz 44 (2001) 993-1000.

2.6 Angst am Arbeitsplatz

Volker Köllner

2.6.1 Definition

Angst ist, ebenso wie Schmerz, jedem Menschen vertraut und gehört zu den biologischen Warnsystemen, ohne die wir nicht überlebensfähig wären. Bei der Verarbeitung körperlicher Krankheiten konnte der positive Effekt mittelgradig ausgeprägter Angst nachgewiesen werden. So korreliert bei Patienten im Langzeitverlauf nach Herzinfarkt Angst positiv mit der Überlebenszeit, wahrscheinlich, weil sie die Betroffenen dazu motiviert, sinnvolle Verhaltensänderungen wie körperliches Training oder Nikotinabstinenz vorzunehmen.

Zum Problem wird Angst erst, wenn sie in unangemessenen Situationen und in zu starker Ausprägung auftritt. Erst dann ist es gerechtfertigt, eine *Angststörung* zu diagnostizieren. Unterschieden wird zwischen *Phobien*, bei denen Angst durch bestimmte Situationen oder Objekte ausgelöst wird, und Störungen, bei denen die Angst plötzlich und unvorhersehbar auftritt (*Panikstörung*) oder ein nahezu ständiger Begleiter ist (*Generalisierte Angststörung*). Im ICD-10 werden folgende Angststörungen unterschieden:

Phobische Störungen

Bei den phobischen Störungen ist die Angst an bestimmte auslösende Reize und Situationen gebunden, die dementsprechend vermieden werden. Dieses Vermeidungsverhalten führt zu einer kurzfristigen Reduktion der Angst und wird somit operant verstärkt. Mittel- und langfristig untergräbt das Vermeiden aber das Vertrauen in die eigene Bewältigungsfähigkeit und führt zu vermehrtem Rückzug und verstärkter Angst. Das *Vermeidungsverhalten* ist die wichtigste aufrechterhaltende Bedingung und gleichzeitig der wichtigste Ansatzpunkt für die Behandlung von Phobien. Je nach auslösendem Reiz werden unterschieden:

Agoraphobie (F40.0)

Als Agoraphobie wird Angst bezeichnet, die an Orten auftritt, die als unsicher erlebt werden und von denen aus ein sicherer Ort (meist die eigene Wohnung oder eine Klinik/Arztpraxis) nur schwierig erreicht werden kann. Solche Orte sind z. B. volle, enge Räume, öffentliche Verkehrsmittel, Staus auf der Autobahn, Kinos, Theater oder volle Supermärkte ebenso wie Aufzüge. Die Unterscheidung in Agoraphobie und Klaustrophobie hat sich klinisch nicht bewährt und wurde deshalb aufgegeben. Reduziert wird die Angst häufig durch die Anwesenheit vertrauter Personen oder das Mitführen von Medikamenten. Durch das

Vermeidungsverhalten engt sich der Lebensraum der Betroffenen zunehmend ein. Das Krankheitsbild kann auch zu erheblichen Einschränkungen im beruflichen Bereich führen, z. B. wenn Außendienstmitarbeiter Autobahnfahrten vermeiden. Meist ist den Betroffenen die Ursache ihrer Beschwerden zunächst nicht klar oder sie wird aus Scham verschwiegen und es werden medizinische Gründe für die Einschränkung genannt („In vollen Räumen bekomme ich nicht genug Sauerstoff"). Im Rahmen der Agoraphobie kommt es nicht selten zu Panikanfällen.

Soziale Phobie (F40.1)

Inhalt der Angst ist es, sich vor anderen Menschen zu blamieren, sich lächerlich zu machen, negative Bewertungen auszulösen oder gedemütigt zu werden. Um dies zu vermeiden, gehen die Betroffenen sozialen Kontakten aus dem Weg, es sei denn, es handelt sich um vertraute Personen. Angstauslösend sind z. B. Essen oder Sprechen in der Öffentlichkeit. Mit der Angst einhergehende körperliche Reaktionen sind Zittern, Erröten, Schwitzen oder Harndrang. Diese können die Angst im Sinne eines Teufelskreises verstärken und selbst Angstinhalt werden („Peinlich, wenn jeder meine Schweißflecken sieht!"). Bei gleichzeitigem sozialem Kompetenzdefizit besteht die Angst meist primär seit der Jugend, bei guter sozialer Kompetenz kann sie auch später durch ungünstige Erlebnisse ausgelöst werden. Betroffen können also auch zunächst beruflich erfolgreiche und sozial kompetente Mitarbeiter sein. Da in der modernen Arbeitswelt sozialer Kompetenz und der Fähigkeit zur Selbstdarstellung ein großer Stellenwert eingeräumt wird, stellt dieses Krankheitsbild eine erhebliche Behinderung im Beruf dar. Aufgrund der eingeschränkten Kommunikations- und Durchsetzungsfähigkeit werden die Betroffenen häufiger zu Mobbing-Opfern.

Spezifische Phobien (F40.2)

Bei spezifischen Phobien beschränkt sich die Angst auf bestimmte, eng umgrenzte Auslösereize, wie z. B. Spinnen, Katzen, Hunde, Blut, Spritzen, Höhe oder Flüge. Der Grad der Beeinträchtigung hängt sowohl davon ab, wie gut es möglich ist, dem angstauslösenden Reiz auszuweichen als auch davon, wie ausgeprägt das Vermeidungsverhalten ist. So ist *Flugangst* für einen Landwirt weniger beeinträchtigend als für einen Wissenschaftler, der häufig internationale Konferenzen besuchen muss. Die Beeinträchtigung nimmt zu, wenn bereits Orte vermieden werden, an denen der gefürchtete Reiz nur mit geringer Wahrscheinlichkeit auftreten könnte. Wenn der angstauslösende Reiz der Arbeitsplatz ist (z. B. im Rahmen von einer Mobbing-Problematik) kann von einer Arbeitsplatz-Phobie gesprochen werden.

Andere Angststörungen sind:
Panikstörung (F41.0)

Bei der Panikstörung kommt es zu anfallsweise auftretender, starker Angst, die von vegetativen Symptomen (Herzklopfen, Brustschmerzen, Schwitzen, Zittern, Erstickungsgefühl, Schwindel etc.) und dem Gefühl von Kontrollverlust begleitet ist. Häufig erklären sich die Betroffenen ihre Symptome als Folge einer körperlichen Erkrankung (z. B. Herzinfarkt), was zusätzlich Todesangst auslöst. Eine Verstärkung der Symptome kann durch *Hyperventilation* ausgelöst werden. Negative Bewertung, Angst und Körpersymptome verstärken sich im Sinne eines Teufelskreises (siehe hierzu *Abbildung 1*), so dass auch Angst vor der Angst einen Panikanfall auslösen kann. Obwohl die Anfälle in für die Betroffenen nicht vorhersehbaren Situationen auftreten (auch aus dem Schlaf heraus), entwickelt sich doch nicht selten ein agoraphobieähnliches Vermeidungsverhalten mit dem Bemühen, stets möglichst schnell eine Klinik erreichen zu können. Panikanfälle dauern wenige Minuten bis zu einer Stunde.

Generalisierte Angststörung (GAS) (F41.1)
Das Krankheitsbild ist durch ständige *Sorgen* und angstbesetztes *Grübeln* über mehrere unterschiedliche Lebensbereiche (Arbeit, Gesundheit, Familie und Partnerschaft, Kriminalität, Umweltverschmutzung, soziale und politische Situation) gekennzeichnet. Die Sorgen nehmen einen erheblichen Teil des Tages in Anspruch und können zu Rückversicherungsverhalten (z. B. ständige Kontrollanrufe von der Arbeit aus, ob zu Hause noch alles in Ordnung ist) führen. Folgen der ständigen Sorge sind Konzentrationsstörungen (da die Sorgen auch bei der Arbeit ständig im Hintergrund mitlaufen), Erschöpfung, *Schlafstörungen* und vegetative Symptome. Trotz des erheblichen Leidensdrucks ist den Betroffenen meist nicht klar, dass sie unter einer Angststörung leiden und ärztliche Hilfe wird erst spät wegen der o. g. Folgeprobleme aufgesucht.

Posttraumatische Belastungsstörung (F43.1)
Posttraumatische Belastungsstörungen können nach außergewöhnlichen belastenden Ereignissen auftreten, bei denen es zu einer potentiellen oder realen Todesbedrohung kam, ernsthafte Verletzungen oder eine Bedrohung der körperlichen Unversehrtheit bei sich oder anderen geschah und auf die mit Todesangst oder Gefühlen von Hilflosigkeit und Grauen reagiert wurde. Leitsymptome sind:
- Wiedererleben des Traumas durch unwillkürliche belastende Erinnerungen, die ständig präsent sein, anfallsweise

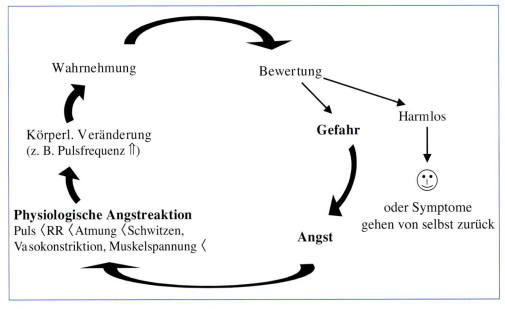

Abbildung 1: Verstärkung durch negative Bewertung, Angst und Körpersymptome

(Flashbacks) oder in Albträumen auftreten können.
- Vermeiden von Umständen, die der traumatischen Situation ähneln und entsprechende Erinnerungen auslösen können.
- Chronische Übererregung, z. B. Schlafstörungen, Schreckhaftigkeit, Reizbarkeit.
- Hinzu kommen depressive Symptome, Anhedonie oder der Missbrauch von Alkohol, Medikamenten und Drogen, um die quälenden Erinnerungen zu unterdrücken.

Anpassungsstörung (F43.2)

Als Folge einer belastenden Situation kann es auch zu einer Anpassungsstörung mit Überwiegen von Angstsymptomen kommen. Wenn jedoch die diagnostischen Kriterien eines der o. g. Krankheitsbilder erfüllt sind, sollte die jeweilige Diagnose vergeben werden.

Ängstlich-Vermeidende Persönlichkeitsstörung (F60.6)

Persönlichkeitsstörungen zeichnen sich durch tief verwurzelte und anhaltende Störungen des Verhaltens, Denkens und Fühlens sowie der Beziehungsgestaltung aus. Im Gegensatz zur Psychose ist der Realitätsbezug überwiegend intakt. Der Beginn der Erkrankung liegt meist in der Jugend und die Störung erschwert die psychosoziale Anpassung. Betroffen sind etwa 5 % der Bevölkerung. Als mögliche Ursachen gelten eine genetisch bedingte neurophysiologische Vulnerabilität, frühe körperliche Beeinträchtigungen (z. B. Hirnschäden), sowie frühe Bindungsstörungen und Traumatisierungen. Untergruppen werden durch charakteristische Störungsmuster des Denkens und Fühlens unterschieden.

Bei der ängstlich-vermeidenden Persönlichkeitsstörung neigen die Betroffenen zu:
- andauernden Gefühlen von Anspannung und Besorgtheit,
- der Vorstellung, sozial minderwertig oder unattraktiv zu sein,
- einer übertriebenen Furcht, von anderen kritisiert zu werden,
- der Vermeidung sozialer oder beruflicher Aktivitäten, bei der sie sich der Gefahr von Aufmerksamkeit oder Kritik aussetzen könnten,
- einem durch das Bedürfnis nach Sicherheit und Unauffälligkeit eingeschränkten Lebensstil.

Da die gesamte Persönlichkeit betroffen ist, erkennen es die Betroffenen mangels gesundem Referenzbereich zunächst nicht, dass sie unter einer psychischen Störung leiden. Häufig bleiben die Betroffenen lange Zeit psychisch stabil, indem sie sich in soziale Nischen zurückziehen. Wenn diese aber durch

Tabelle 1: Einteilung, ICD-10-Schlüssel und Häufigkeiten von Angststörungen

Diagnose	ICD-10	Lebenszeitprävalenz
Agoraphobie	F40.0	2,1%-10,9%, Median 5,4%; m/w = 1/2
Soziale Phobie	F40.1	11,1% für Männer, 15,5% für Frauen
Spezifische Phobie	F40.2	5,9% - 15,1%, m/w = 1/2
Panikstörung	F41.0	3,2% - 3,6%, Median 3,6%, m/w = 1/2
Generalisierte Angststörung	F41.1	4,0% - 5,1%, m/w = 2/3
Anpassungsstörung mit ängstlich-depressiver Symptomatik	F43.22	noch keine gesicherten Daten

Veränderungen im Betrieb (Umstrukturierung, Umsetzung, Kündigung) bedroht werden, kann es zur Dekompensation in Form einer der oben genannten Angststörungen oder einer Depression kommen. Patienten mit dieser Form der Persönlichkeitsstörung geraten unter den sich zur Zeit abspielenden Veränderungen in der Arbeitswelt zunehmend unter Druck, können in ihrer Leistungsfähigkeit eingeschränkt sein und haben schlechtere Aufstiegschancen bzw. streben aus Furcht vor Versagen und / oder Veränderung einen Aufstieg gar nicht erst an.

2.6.2 Bedeutung und Prävalenz

Angststörungen sind die häufigste psychische Erkrankung bei Frauen und die zweithäufigste bei Männern. Im Bundesgesundheitssurvey 1998 zeigte sich, dass 14,2 % der 18 – 65-jährigen (dies entspricht hochgerechnet 6,91 Millionen Betroffenen) innerhalb der letzten 12 Monate unter einer klinisch relevanten Angststörung litten. Frauen erkrankten hierbei etwa doppelt so häufig wie Männer. *Tabelle 1* gibt eine Übersicht über die unterschiedlichen Diagnosen. Die überwiegende Mehrzahl der

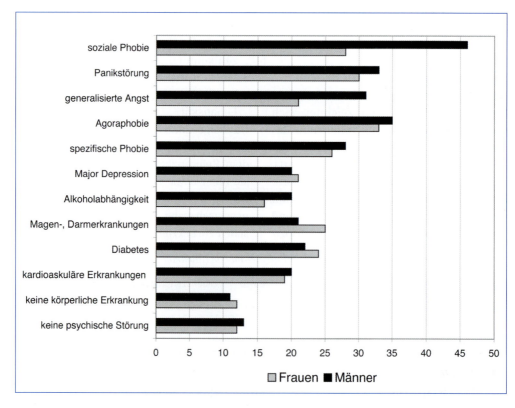

Abbildung 2: Prozentualer Anteil von Männern und Frauen mit mindestens einem Ausfalltag pro Monat für verschiedene Erkrankungsgruppen im Vergleich zur Gruppe ohne psychische Störungen und ohne körperliche Erkrankungen. Angabe in Prozent (Quelle: BGS 98)

Betroffenen wies einen hohen Schweregrad mit zumindest zeitweiser Arbeitsunfähigkeit auf, lediglich bei den spezifischen Phobien überwogen geringere Grade der Beeinträchtigung. Angststörungen beginnen meist zwischen der 2. und der 4. Lebensdekade. Das Alter bei Ersterkrankung ist bei der sozialen Phobie mit 16 Jahren am niedrigsten und bei der generalisierten Angststörung am höchsten.

Wie *Abbildung 2* zeigt, sind Angststörungen mit einer besonders hohen Rate von Ausfalltagen in Beruf oder Haushalt verbunden. Aber auch Arbeitnehmer, die am Arbeitsplatz erscheinen, können eine durch Vermeidungs- oder Rückversicherungsverhalten sowie Ablenkung durch Sorgen deutlich eingeschränkte Arbeitsproduktivität haben.

Trotz dieser sozialmedizinischen Bedeutung bleibt ein erheblicher Teil der Patienten unbehandelt. Bei der Panikstörung ist die Behandlungsquote wegen der Dramatik des Krankheitsbildes mit 73,9 % recht hoch, bei den phobischen Störungen beträgt sie hingegen nur 41,8 %, obwohl hier die Erfolgsaussichten einer Therapie mit über 80 % sehr hoch sind. Von den Behandelten erhält wiederum nur ein geringer Anteil eine evidenzbasierte Behandlung, wie z. B. Expositionstherapie bei phobischen Störungen.

2.6.3 Symptomatik und Differentialdiagnose

Entscheidend für die Diagnosestellung bei Angststörungen ist eine sorgfältige Anamnese. Aufgrund der typischen Symptomatik ist hierdurch meist eine Abgrenzung des genauen Störungsbildes und eine Unterscheidung von körperlichen Erkrankungen möglich. *Strukturierte Interviews* wie SKID oder DIPS erlauben eine sichere Differentialdiagnose der unterschiedlichen Angststörungen und komorbider psychischer Erkrankungen, was vor allem bei gutachterlichen Fragestellungen relevant ist. Bei 31 % aller Patienten besteht eine *komorbide Depression* und bei 10 % eine *Alkoholabhängigkeit*. Besonders häufig treten komorbide psychische Erkrankungen bei der Panikstörung sowie bei der GAS auf. Alkohol und Medikamente (v. a. *Benzodiazepine*) werden von Angstpatienten häufig missbräuchlich zur Selbstmedikation eingesetzt. Umgekehrt können ein (auch kurzzeitiger) Alkohol- oder Benzodiazepinentzug Panikanfälle auslösen.

Aufgrund der mit dem Angstgefühl einhergehenden Aktivierung des vegetativen Nervensystems sind körperliche Symptome wie Herzklopfen, Herzrasen, Schwindel, kalte Extremitäten, Schwitzen oder Hyperventilationssymptome für einen Teil der Betroffenen deutlicher spürbar als das Angstgefühl selbst. Die Betroffenen suchen daher Ärzte auf, in der Annahme, es läge eine körperliche Erkrankung vor. Der Ausschluß körperlicher Erkrankungen ist nicht immer einfach. Einerseits besteht die Gefahr, bei dramatischer Beschwerdeschilderung den Patienten nicht ernst zu nehmen und körperliche Erkrankungen zu übersehen, andererseits kann eine Überdiagnostik den Patienten somatisch fixieren und zur Chronifizierung beitragen. Deshalb ist es wichtig, eine Diagnostik entsprechend der jeweiligen Leitlinien durchzuführen bzw. Befunde anzufordern, wenn Untersuchungen bereits kurz zuvor erfolgt sind. *Tabelle 2* gibt einen Überblick über sinnvolle Untersuchungen zum Ausschluß körperlicher Erkrankungen:

Wichtige somatische Differentialdiagnosen sind:
- Hyperthyreose,
- Koronare Herzkrankheit,
- Paroxysmale Tachykardien (z. B. WPW-Syndrom),
- Phäochromozytom,

- Hypoglykämien,
- Zerebrale Anfallsleiden,
- Medikamentennebenwirkung,
- Drogenabusus.

Ein Bindeglied zwischen Diagnostik und Therapie stellt der Hyperventilationstest dar. Hierbei kann einerseits abgeschätzt werden, ob Hyperventilation bei einer Panikstörung oder einer Phobie ein relevanter aufrechterhaltender Faktor ist. Andererseits stellt er einen ersten Schritt in Richtung Konfrontationstherapie dar und ermöglicht dem Patienten die Erfahrung, dass die bisher gefürchteten Symptome der Hyperventilation sowohl ungefährlich als auch kontrollierbar sind.

2.6.4 Ursachen und aufrechterhaltende Faktoren

Folgende prädisponierende Faktoren für Angststörungen konnten empirisch abgesichert werden:
- Genetische Disposition,
- Ängste im familiären Umfeld (Modelllernen),
- Ängstlich-ambivalenter Bindungsstil. Dieser Bindungsstil wird durch bestimmte Eltern-Kind-Interaktionen gefördert:
- anhaltende Warnungen überprotektiver Eltern über die Gefährlichkeit der Welt außerhalb der Familie.
- ständiges Betonen von körperlichen oder emotionalen Schwächen des Kindes.
- Kinder werden zur Beruhigung eigener Ängste ständig in der Nähe gehalten.
- angstinduzierende Erziehungsmethoden.
- Vernichtungsängste, die bei Trennungskonflikten auftreten.
- Verlorenheitsgefühle, aktiviert durch Verlassenwerden in abhängigen Beziehungsstrukturen. Das Angstverhalten ist ein Copingmechanismus, um bedrohlichere, meistens mit Trennung assoziierte Gefühle wie Trauer und Wut zu vermeiden.

Empirisch konnten folgende frühe Belastungen bei Panikpatienten signifikant gehäuft gefunden werden: Tod eines Elternteils, vorwiegend nicht bei den Eltern aufgewachsen, Eheprobleme der Eltern, Gewalt in der Erziehung und in der Familie, Alkoholmissbrauch eines Elternteils, sexuelle Belästigung durch Erwachsene.

Aktuelle Stressoren und Belastungssituationen können auf dem Boden einer solchen Vulnerabilität eine Angststörung klinisch manifest werden lassen. Im Beruf sind solche Auslöser v. a. chronische Stress- und Überlastungssituationen sowie die Bedrohung von sozialen Bindungen durch innerbetriebliche Umstrukturierungen oder realen bzw. befürchteten Personalabbau. Vermehrtes Auftreten von Angststörungen konnte u. a. in Betrieben nach Rationalisierungsmaßnahmen sowie bei den verbliebenen Beschäftigten nach Personalabbau ebenso nachgewiesen werden wie bei denjenigen, die ihren Arbeitsplatz verloren hatten. Für die Auslösung von Ängsten scheint weniger die reale als die empfundene Unsicherheit des Arbeitsplatzes entscheidend zu sein.

Entscheidend für das Verständnis und die Behandlung von Angststörungen ist die Frage nach den aufrechterhaltenden Bedingungen: Warum persistiert die Angst, obwohl keine Bedrohung (mehr) vorliegt? Hier spielt das durch die Angst ausgelöste *Vermeidungsverhalten* eine besondere Rolle. Wenn angstbesetzte Situationen vermieden werden oder wenn die Flucht angetreten wird, bevor sich die angstassoziierten Körpersymptome zurückgebildet haben, kann keine korrigierende Erfahrung gemacht werden und das Gefühl von Bedrohung bleibt bestehen. Ebenso können über-

dauernde Denk- und Gefühlsmuster (Furchtstruktur) aktiviert worden sein, die dazu führen, dass auch vorher als harmlos erlebte Situationen als bedrohlich bewertet werden.
Ein weiterer aufrecht erhaltender Faktor kann operante Verstärkung sein: Vermeidungsverhalten wird durch verkehrte Zuwendung oder Entlastung im familiären oder beruflichen Bereich belohnt.

2.6.5 Interventionsmöglichkeiten

Bei der Behandlung von Angststörungen kommt der Psychotherapie eine entscheidende Bedeutung zu. Folgende evidenzbasierte Behandlungsverfahren stehen zur Verfügung:

2.6.5.1 Kognitive Verhaltenstherapie

Bei **Phobien** ist das verhaltenstherapeutische *Expositionstraining* in vivo die Therapie der Wahl. Massive *Reizkonfrontation* ist wirkungsvoller als ein abgestuftes Vorgehen, allerdings ist es schwieriger, Patienten zu dieser Behandlungsform zu motivieren. Zu Beginn der Therapie ist es sinnvoll, mehrere Therapieeinheiten zu Blocksitzungen zusammenzufassen, da sichergestellt sein muss, dass der Patient in der Expositionsübung einen deutlichen Symptomabfall erlebt, bevor die Übung beendet wird. Andernfalls besteht die Gefahr eines Versagens der Therapie mit Chronifizierung der Symptomatik.
Bei der *sozialen Phobie* ist *Gruppentherapie* sinnvoll, da hier Exposition bereits im therapeutischen Setting durchgeführt werden kann. Bei in vivo schwierig herzustellenden sozialen Situationen ist zusätzlich Konfrontation in sensu (Imaginationsübung) indiziert. Wenn, was häufig der Fall ist, soziale Kompetenzdefizite aufrechterhaltender Faktor der sozialen Ängste sind, ist zusätzlich ein soziales Kompetenztraining indiziert. Dies kann ebenfalls effektiv in einer Gruppentherapie durchgeführt werden (Rollenspiel-Übungen). Bei längerer Arbeitsunfähigkeit ist es häufig sinnvoll, ein solch komplexes Therapieprogramm in einer verhaltensmedizinischen Rehabilitationsklinik durchzuführen.
Bei der **Panikstörung** hat sich die kognitive Therapie als effektiv erwiesen. Zusätzlich ist die Konfrontation mit Panik auslösenden internen Reizen (z. B. Herzklopfen, Schwindel) indiziert. Wenn es zu länger andauernder körperlicher Schonung im Sinne eines Vermeidungsverhaltens gekommen ist, sollte ein Konditionstraining verhaltenstherapeutisch begleitet werden. Hierzu kann eine stationäre psychosomatische Rehabilitation indiziert sein.
Die *generalisierte Angststörung* galt lange als psychotherapeutisch schwer behandelbar. Inzwischen liegen jedoch Erfolg versprechende kognitiv-verhaltenstherapeutische Behandlungskonzepte vor, deren wesentliche Elemente in der Konfrontation mit den Sorgen-Inhalten, der Konfrontation mit Sorgen auslösenden Situationen und der kognitiven Umstrukturierung bestehen. Wenn Sorgen nur eine geringe Rolle spielen, kommen alternativ *Entspannungsverfahren* zum Einsatz.
Auch bei der *posttraumatischen Belastungsstörung* liegt eine hohe Evidenz für die Wirksamkeit der kognitiven Verhaltenstherapie vor. Bei einer PTB nach Trauma im Erwachsenenalter (z. B. *Arbeitsunfall*) steht die Traumakonfrontation im Vordergrund, oft ist eine Kurztherapie zur Behandlung ausreichend. Bei einer PTB nach lang anhaltender Traumatisierung (z. B. sexuelle oder gewalttätige Misshandlung in der Kindheit) sind ergänzend häufig stabilisierende Maßnahmen und die Therapie

komorbider Störungen im Rahmen einer Langzeittherapie erforderlich.

Wenn eine Anpassungsstörung mit ängstlicher Symptomatik vorliegt, so ist die zur jeweiligen Symptomatik passende oben genannte Therapieform indiziert. Spezifische Behandlungskonzepte liegen für dieses Störungsbild noch nicht vor.

2.6.5.2 Psychodynamische Therapie

Langzeitkatamnesen zeigen ein gutes Ansprechen komplexer Angststörungen auf psychodynamische Therapie. Therapieprinzipien sind:
- Herstellen der Beziehungssicherheit,
- Einbeziehen unbewusster Konflikte, vor allem Aggressions- Trennungs-Verlustkonflikte,
- Verarbeitung von Verlusterfahrungen,
- Bearbeitung negativer emotionaler Schemata,
- Bearbeitung interpersoneller Konflikte möglichst unter Einbeziehung des Partners,
- Bearbeitung der Selbstwertvulnerabilität,
- ggf. Traumatherapie.

Stationäre Rehabilitation

Bei längerer oder wiederholter Arbeitsunfähigkeit liegt häufig bereits ein ausgeprägtes Vermeidungsverhalten vor. Eine ambulante Therapie ist in diesen Fällen oft nicht mehr ausreichend oder würde zu lange brauchen, um einen ausreichende Effekt zu erzielen. Nicht selten droht mittelfristig der Verlust des Arbeitsplatzes und im weiteren Verlauf kann die *Erwerbsfähigkeit* gefährdet sein. In diesen Fällen ist die Einleitung einer stationären Rehabilitationsmaßnahme in einer psychosomatischen oder verhaltensmedizinischen Fachklinik sinnvoll, weil hier ein intensiveres Therapieprogramm möglich ist. Bei sozialen Ängsten und Persönlichkeitsstörungen ist das dort in der Regel vorhandene Angebot störungsspezifischer Gruppen besonders effizient. In Regionen mit langen Wartezeiten auf ambulante Psychotherapie kann eine Reha-Maßnahme der einzig gangbare Weg sein, um eine Chronifizierung der Angststörung zu verhindern.

2.6.5.3 Medikamentöse Therapie

Die Behandlung von Angsterkrankungen sollte primär psychotherapeutisch erfolgen, da hier besonders im Langzeitverlauf die besten Ergebnisse zu erwarten sind. Während bei Psychotherapiestudien auch in der Katamnese gleichbleibende oder sogar noch ansteigende Effekte zu beobachten sind, entwickelt ein größerer Teil der ausschließlich medikamentös behandelten Patienten nach dem Absetzen wieder Angstsymptome. Hinzu kommt, dass Patienten mit körperbezogenen Ängsten Nebenwirkungen von *Psychopharmaka* angstbesetzt umdeuten, was die Compliance verschlechtert. Wenn eine medikamentöse Therapie (siehe auch Kapitel 6.1) primär oder in Kombination mit Psychotherapie indiziert ist, so sind *Antidepressiva* Mittel der Wahl. *Benzodiazepine* sollten in der Angstbehandlung nur kurzzeitig und mit großer Zurückhaltung eingesetzt werden (z. B. in Krisensituationen). Bei den Patienten ist diese Stoffgruppe zunächst sehr beliebt - bringt sie doch die quälenden Symptome schnell und ohne Nebenwirkungen zum Verschwinden. Dem steht jedoch ein erhebliches Abhängigkeitsrisiko gegenüber. Da der Reboundeffekt nach dem Absetzen zu einem massiven Rückfall der Angstsymptome führen kann, sind Angstpatienten häufig schon nach wenigen Wochen in einer Abhängigkeitsfalle gefangen.

2.6.6 Prävention

Spezielle Konzepte zur Prävention von Angststörungen wurden bisher noch nicht entwickelt. Im medizinischen Kontext kann eine Chronifizierung der Störung durch wiederholte Ausschlussdiagnostik ohne therapeutische Konsequenz verursacht werden. In diesem Sinne kann eine weitere Verbreitung psychosomatischer Konsiliar- und Liaisondienste, die es erlaubt, Angststörungen frühzeitig zu diagnostizieren und zu behandeln, als Sekundärprävention wirken. Ebenso sollten alle in der Primärversorgung tätigen Ärzte mit den Störungsbildern vertraut sein, um die Diagnose stellen und eine spezifische Therapie einleiten zu können. Dies gilt natürlich ebenso für die Arbeitsmedizin. Wenn wiederholte AU wegen einer Angststörung vorliegt, ohne dass diese adäquat behandelt wird, sollte der Betriebsarzt von seiner Möglichkeit, eine Rehabilitationsmaßnahme im Rückkehrgespräch anzuregen, Gebrauch machen, da sich hierdurch häufig der Chronifizierungs-Teufelskreis aus Angst, sozialem Rückzug und Depression unterbrechen lässt. Nicht nur bei arbeitsplatzbezogenen Ängsten unterstützt eine längerfristige oder wiederholte Krankschreibung das Vermeidungsverhalten und fördert somit die Chronifizierung. Zur Prävention von Angststörungen sollten entsprechende Wünsche deshalb kritisch hinterfragt werden.

Da *Arbeitsplatzunsicherheit* ein möglicher Auslöser von Angststörungen ist, sollte solchen Ängsten durch eine gute Informationspolitik entgegengewirkt werden. Wenn *Personalabbau* unvermeidlich ist, sollte dieser schnell und konsequent durchgeführt werden, da mehrere Kündigungswellen ein Gefühl permanenter Bedrohung schaffen. Angst vor Arbeitsplatzverlust kann zwar kurzfristig die Produktivität erhöhen, bereits mittelfristig wird dies jedoch durch einen höheren Krankenstand, verminderte Produktivität und eine höhere Zahl von Arbeitsunfällen wieder aufgewogen. Innerbetriebliche Umstrukturierungen können auch Ängste auslösen, wenn keine Arbeitsplätze bedroht sind. Hier kann das frühzeitige Informieren und Einbeziehen der Beschäftigten Gefühle von Kontrollverlust und Ängste vermeiden.

2.6.7 Fazit - Forschungsbedarf

Angststörungen sind wegen ihrer Häufigkeit und des hohen damit verbundenen Produktivitätsausfalls von erheblicher Relevanz für die Arbeits- und Sozialmedizin. Auch Arbeitsbedingungen können Auslöser für Angststörungen sein. Arbeitsplatzunsicherheit, ständiger Wandel und höhere Anforderungen an die soziale Kompetenz sind Charakteristika der heutigen Arbeitswelt, die für Patienten mit einer erhöhten Vulnerabilität für Ängste besonders problematisch sind. Bisher wurden diese Zusammenhänge in der arbeitsmedizinischen Forschung jedoch noch zu wenig aufgegriffen. Hinsichtlich des Zusammenhangs von Arbeitsbedingungen und Angststörungen besteht ebenso erheblicher Forschungsbedarf, z. B. bei der Entwicklung von Präventionsprogrammen. Ein weiteres Problem ist darin zu sehen, dass bisher ein erheblicher Teil der Störungen nicht erkannt wird und somit trotz an sich guter Therapierbarkeit unbehandelt bleibt.

2.6.8 Key-Message

- Angststörungen gehören nicht nur zu den häufigsten Krankheitsbildern überhaupt, sie sind auch mit besonders hohen Raten an Arbeitsunfähigkeit und Einschränkung der Produktivität verbunden.
- Arbeitsplatzunsicherheit und einschneidende Veränderungen des Arbeitsumfeldes sind geeignet, Ängste auszulösen.
- Angststörungen können v. a. durch Verhaltenstherapie schnell und effektiv behandelt werden, wenn die Diagnose gestellt wird.

LITERATURHINWEISE

KÖLLNER, V. (2005): Ängste. Köllner V., Broda, M. (Hrsg.): Praktische Verhaltensmedizin. Thieme. Stuttgart, S. 125-143.

LINDEN, M.; OBERLE-THIEMANN, C.; WEIDNER, C.: Krankschreibung kann schaden. MMW Fortschr Med. 33 (2003) 352-355.

MAERCKER, A.; KÖLLNER, V. (2005): Die Posttraumatische Belastungsstörung in der ärztlichen Praxis. Köllner V., M. Broda (Hrsg.): Praktische Verhaltensmedizin. Thieme. Stuttgart, S. 217-225.

STANGIER, U.; HEIDENREICH, T.; PEITZ, M. (2003): Soziale Phobie. Beltz Verlag. Weinheim.

WITTCHEN, H.-U., F. JACOBI (2004): Angststörungen. Gesundheitsberichterstattung des Bundes, Heft 21. Robert-Koch-Institut. Berlin.

2.7 Chronischer Schmerz und Somatisierung

Volker Köllner, Kathrin Bernardy und Stefan Rupp

2.7.1 Definition

Gegenstand dieses Kapitels sind zwei Gruppen von Erkrankungen, deren wesentliches Symptom in Schmerzen oder anderen Körpersymptomen besteht, die ihre physiologische Warnfunktion verloren haben. Während bei chronischen Schmerzsyndromen körperliche Läsionen einen mehr oder weniger großen Anteil an der Entstehung und Aufrechterhaltung des Schmerzes haben, dominiert bei den Somatisierungsstörungen eindeutig die Psychogenese der Symptome. Eine Trennung zwischen eindeutig biologisch oder somatisch ausgelöstem Schmerz wurde aber zugunsten eines bio-psycho-sozialen Krankheitskonzepts aufgegeben. Eine Übersicht über Gruppen mit unterschiedlicher Gewichtung dieser Faktoren gibt *Abbildung 1*.

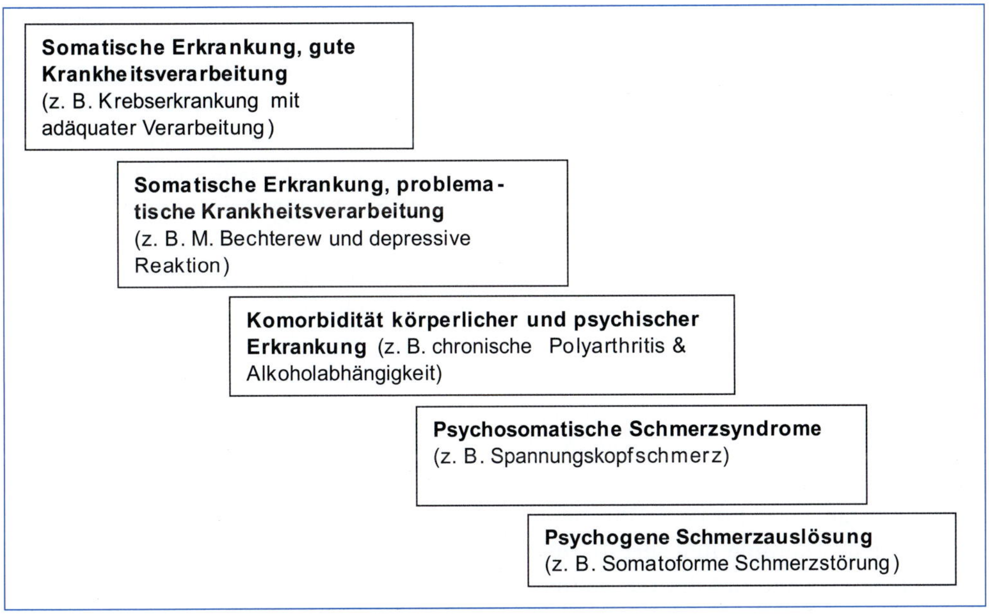

Somatische Erkrankung, gute Krankheitsverarbeitung
(z. B. Krebserkrankung mit adäquater Verarbeitung)

Somatische Erkrankung, problematische Krankheitsverarbeitung
(z. B. M. Bechterew und depressive Reaktion)

Komorbidität körperlicher und psychischer Erkrankung (z. B. chronische Polyarthritis & Alkoholabhängigkeit)

Psychosomatische Schmerzsyndrome
(z. B. Spannungskopfschmerz)

Psychogene Schmerzauslösung
(z. B. Somatoforme Schmerzstörung)

Abbildung 1: Subgruppen chronischer Schmerzsyndrome

2.7.1.1 Chronische Schmerzen

Während akute Schmerzen eine wichtige Warnfunktion als Krankheitssymptom haben, sind chronische Schmerzen Ausdruck einer Fehlfunktion des nozizeptiven Systems; sie haben ihre physiologische Warnfunktion verloren und sich zu einem eigenständigen Krankheitsbild entwickelt. Prinzipiell können alle Schmerzen chronifizieren, wenn keine frühzeitige, suffiziente Schmerztherapie erfolgt und psychosoziale Belastungsfaktoren hinzutreten. Eine Verhinderung von Chronifizierungskarrieren durch adäquate Therapie des akuten Schmerzes ist deshalb ebenso wichtig, wie eine angemessene Behandlung chronischer Schmerzen. Die häufigsten Schmerzsyndrome sind:

Chronischer Rückenschmerz

Die Punktprävalenz für Rückenschmerzen liegt in Deutschland bei etwa 40 %. In der Mehrzahl der Fälle sind die Beschwerden jedoch nur von kurzer Dauer und bilden sich ohne therapeutische Hilfe oder sonstige Interventionen wieder zurück. Vielfach wird angegeben, dass bei etwa 90 % der Patienten, die wegen akuter Rückenschmerzen einen Arzt aufsuchen, keine organische Läsion und keine radikuläre Symptomatik gefunden werde. Allerdings wird in der Mehrzahl der Fälle keine vollständige Bildgebung durchgeführt. Vielfach liegen Funktionsstörungen einzelner Bewegungssegmente oder des Iliosakralgelenkes zugrunde, die nur der chirodiagnostischen Abklärung zugänglich sind. Zur Behandlung sind kurzzeitig antiphlogistisch wirkende Analgetika, frühzeitige Mobilisation, Physiotherapie und ggf. auch lokale Infiltrationen und manuelle Therapie indiziert. In 90 % der Fälle lassen sich mit diesen Maßnahmen binnen 14 Tagen eine Remission der Beschwerden und die Wiederherstellung der Arbeitsfähigkeit erreichen. Die übrigen 10 % laufen Gefahr, zu chronifizieren. Grundlage sind häufig pathologisch anatomische Veränderungen wie:

- Gewebeverlagerung der Bandscheibe mit Druck auf das hintere Längsband, welches sehr dicht mit Schmerzrezeptoren besetzt ist,
- *Arthrose* der kleinen Wirbelgelenke mit Kapselentzündung,
- Überlastungsentzündung der stabilisierenden Bänder,
- durch Bandscheibendegeneration bedingte Segmentinstabilitäten,
- *myofasziale Schmerzsyndrome* durch Triggerpunkte in der überlasteten und durchblutungsgestörten Muskulatur.

Sekundäre segmentale Funktionsstörungen sind häufig. Der gerne verwendete Begriff des unspezifischen Rückenschmerzes ist ungeeignet die Komplexität der somatischen und funktionellen Schmerzentstehung zu beschreiben und zu differenzieren. Eine entsprechend unspezifische konservative Behandlung bleibt nicht selten erfolglos.

Ein Aspekt der *Chronifizierung* an der Wirbelsäule ist neben der fehlenden Berücksichtigung psychosozialer Faktoren die unzureichende Diagnostik der zugrunde liegenden Schmerzursache und unzureichende Therapie. Hier unterscheidet sich die Wirbelsäule von den peripheren Gelenken wie beispielsweise dem Hüftgelenk. Patienten mit fortgeschrittener Coxarthrose leiden unter erheblichen Schmerzen, häufig Ruheschmerz und Nachtschmerz sowie Aufhebung der freien Gehstrecke. Auch nach jahrelangem Leiden bewirkt die Implantation einer Totalendoprothese bereits nach wenigen Tagen und dem Abklingen des Wundschmerzes vollständige Beschwerdefreiheit. Die Wirbelsäule kann in ihrer Komplexität nicht endoprothetisch

ersetzt werden. Deshalb ist eine optimierte konservative Therapie zwingend.
Angesichts der Häufigkeit stellen chronische Rückenschmerzen eine der größten Belastungen für das Gesundheits- und Sozialsystem dar. Notwendig sind interdisziplinär abgestimmte Leitlinien, die eine umfassende Therapie und Diagnostik innerhalb weniger Wochen sicherstellen. Nur wenn auf diese Weise sichergestellt wird, dass relevante somatische und psychosoziale Ursachen der Symptomatik erfasst und konsequent behandelt werden, kann eine Chronifizierung verhindert werden.

Chronische Kopfschmerzen
Die häufigsten Kopfschmerzformen sind die *Migräne* (G43) mit und ohne Aura sowie der episodische *Spannungskopfschmerz* (G44.2). Mischformen sind nicht selten. An Bedeutung gewinnt der *medikamenteninduzierte Kopfschmerz* (G44.4). Wenn ein Patient über mindestens 3 Monate hinweg an mindestens 15 Tagen / Monat (bei Ergotaminpräparaten, Triptanen und Mischpräparaten 10 Tage / Monat) Analgetika wegen Kopfschmerzen einnimmt, hat er ein hohes Risiko, einen medikamenteninduzierten Kopfschmerz zu entwickeln. Hierbei handelt es sich meist um einen Dauerschmerz, der dann zu einer weiteren Steigerung der Analgetikaeinnahme mit entsprechenden Nebenwirkungen bis hin zur terminalen Niereninsuffizienz oder gastrointestinalen Blutungen mit letalem Ausgang führt.

Fibromyalgie und andere generalisierte Schmerzsyndrome
Leitsymptom der Fibromyalgie sind chronische Schmerzen in Muskulatur, Bindegewebe, gelenknahen Knochen und nicht selten auch im gesamten Bewegungsapparat, die bei der Mehrzahl der Patienten von chronischer Müdigkeit, Erschöpfung, Schlafstörungen und vegetativen Syndromen (z. B. Reizdarmsyndrom) begleitet werden. Das American College of Rheumatology hat ursprünglich als Forschungskriterium gefordert, dass mindestens 11 von 18 definierten Tenderpoints bei einem Druck von 4kp/cm^2 schmerzhaft tastbar sein können. Dieses Kriterium hat sich für die klinische Diagnostik jedoch nicht bewährt. Richtungweisend sind die chronischen Schmerzen in mehreren Regionen des Körpers und die vegetativen Begleitsymptome. Im ICD 10 wird die Fibromyalgie entweder als chronisches Schmerzsyndrom mit psychischen aufrechterhaltenden Faktoren (M79.0 & F54) oder als somatoforme Schmerzstörung kodiert. Obwohl sich keine entsprechenden laborchemischen Veränderungen nachweisen ließen, wurde zunächst vermutet, dass das Krankheitsbild zum rheumatischen Formenkreis gehört, was zur Entwicklung des für Patienten missverständlichen und dysfunktionalen Begriffs *Weichteilrheumatismus* führte. Häufig finden sich in der Anamnese eine Vielzahl frustraner Diagnostik- und Therapiemaßnahmen und eine ausgeprägte Überzeugung, nicht mehr leistungs- oder erwerbsfähig zu sein. Dies führte dazu, dass gerade sozialmedizinische Gutachter an der Existenz dieses Krankheitsbildes zweifelten. Inzwischen konnte jedoch durch neurobiologische Forschung und funktionelle Bildgebung nachgewiesen werden, dass dem Krankheitsbild meist eine Störung der zentralen Stress- und Schmerzregulation zugrunde liegt.
Abzugrenzen sind myofasziale Schmerzsyndrome mit positiven Triggerpunkten und typischer Schmerzausstrahlung. Hier ist die Schmerzgenese somatisch und einer entsprechenden Therapie (Stoßwellenbehandlung, Dry Needeling oder intraläsionale Lokalanästhesie) zugänglich.

2.7.1.2 Somatoforme Störungen

Von einer somatoformen Störung spricht man, wenn
- Ein Patient durch körperliche Beschwerden belastet ist, für die keine hinreichende organische Ursache gefunden werden kann.
- Der Patient trotzdem überzeugt ist, dass die Beschwerden Ausdruck einer (schwerwiegenden) körperlichen Erkrankung sind.
- Er deswegen wiederholt Hilfe bei (primär somatisch ausgerichteten) Ärzten sucht und
- die körperlichen Beschwerden in Zusammenhang mit aktuellen oder zurückliegenden psychischen oder sozialen Belastungen stehen. Diese sind dem Patienten häufig nicht bewusst.

In der Praxis hat sich folgende Einteilung bewährt:
- *Somatisierungsstörung*. Bei der schwersten Ausprägung dieser Krankheitsgruppe (F45.0) kommt es über Jahre hinweg zu vielfältigen und häufig wechselnden körperlichen Symptomen in verschiedenen Organsystemen, die erheblichen Leidensdruck auslösen und zu ausgeprägten Doktorshopping führen. Wenn der Patient häufig am Hausarzt vorbei unterschiedliche Fachärzte aufsucht und niemand eine umfassende Anamnese erhebt, bleibt das Krankheitsbild über viele Jahre unentdeckt.
- Wenn als einziges Symptom Schmerzen auftreten, handelt es sich um eine *somatoforme Schmerzstörung* (F45.4).
- *Somatoforme autonome Funktionsstörungen*. Hier betreffen die Symptome nur ein vegetativ enerviertes Organsystem (Herz-Kreislauf, Atmung, unterer und oberer Gastrointestinaltrakt). Es treten sowohl Schmerzen als auch vegetative Beschwerden auf. Gebräuchliche Syndrome sind z. B. *Herzneurose, Hyperventilationssyndrom, Reizmagen, Dyspepsie, Reizdarmsyndrom, Reizblase oder chronisch unspezifische Prostatitis*. Im ICD-10 wird das Störungsbild unter F45.3x codiert, die letzte Ziffer bezeichnet das betroffene Organsystem.
- *Hypochondrische Störung* (F45.2). Hier wird der Leidensdruck weniger durch Körpersymptome als durch die beständige Furcht, an einer schweren, lebensbedrohlichen Erkrankung zu leiden, aufrechterhalten. Die Betroffenen suchen immer wieder nach Beruhigung und Rückversicherung durch ärztliche Untersuchungen, die jedoch nur kurzfristig anhält.

2.7.2 Bedeutung und Prävalenz

Chronische Schmerzen sind in den westlichen Industrieländern zu einem Volksleiden geworden, Schmerz als Symptom gehört zu den häufigsten Anlässen eines Arztbesuches. Eine europäische Schmerzstudie, in der in 16 Ländern über 46 000 Menschen befragt wurden, machte deutlich, dass fast jeder Fünfte an chronischen Schmerzen leidet. Für Deutschland zeigten die Daten, dass 17 % der erwachsenen Bevölkerung über chronische Schmerzen berichten; am häufigsten sind dabei Rückenschmerzen. Die sozialmedizinischen Belastungen sind enorm: die Beschwerden sind der häufigste Grund für Krankschreibungen und für fast ein Drittel aller Rehabilitationsmaßnahmen verantwortlich, 18 % aller Frühberentung geht alleine auf Kosten der Lendenwirbel-Syndrome. Frauen sind etwas häufiger betroffen als Männer, der Gipfel einer allerdings flachen Alterkurve liegt zwischen dem 54. und dem 64. Lebensjahr. Chronische Rückenschmerzen waren 1998 für 3,7 Millionen AU-Fälle mit insgesamt 75,5 Millionen AU-

Tagen verantwortlich. Wenn ein Patient länger als 6 Monate wegen Rückenschmerzen arbeitsunfähig ist, beträgt die Rückkehrwahrscheinlichkeit ins Erwerbsleben unter 40 %, nach einem Jahr AU werden nahezu 90 % der Patienten berentet. 1998 verursachten chronische Rückenschmerzen gesamtgesellschaftlich Kosten von 15 – 17,5 Milliarden Euro. Auch in den USA stiegen die direkten und indirekten Krankheitskosten in den vergangenen beiden Jahrzehnten so an, dass dies als eine ökonomische Bedrohung ersten Ranges eingestuft wurde. Kopfschmerzen sind noch weiter verbreitet, von Migräne sind etwa 25 % und von Spannungskopfschmerz nahezu 40 % aller Deutschen zumindest gelegentlich betroffen. Allerdings sind die sozialmedizinischen Auswirkungen geringer, da es zu wesentlich weniger Inanspruchnahme von Gesundheitsleistungen und Arbeitsunfähigkeit kommt als beim Rückenschmerz. Kopfschmerzen reduzieren aber in signifikantem Ausmaß die Arbeitsproduktivität, auch wenn es nicht zu Ausfallzeiten kommt. Bei der Migräne überwiegen Frauen im Verhältnis von 3 : 2, beim Spannungskopfschmerz lässt sich kein Geschlechtsunterschied nachweisen. Migräne wird mit zunehmendem Alter deutlich seltener, während Spannungskopfschmerz weitgehend altersunabhängig auftritt.

Die Häufigkeit der Fibromyalgie wird für Nordamerika auf 2 % bis 3,3 % der erwachsenen Bevölkerung geschätzt, ähnlich sehen die europäischen Raten aus. In Norwegen fand sich eine Prävalenzrate von 3,2 %, in Deutschland wird von einer Rate von ca. 4,0 % für die gesamte erwachsene Bevölkerung ausgegangen. Frauen sind weitaus häufiger betroffen als Männer, das Verhältnis beträgt 6 – 9 : 1. Der durchschnittliche Krankheitsbeginn ist das 35. Lebensjahr, der Häufigkeitsgipfel liegt um und nach dem Klimakterium. Unter den Frauen steigt das Risiko mit dem Alter ständig an, mit < 1 % für das Alter von 18 - 30 auf fast 8 % für die Altersgruppe 55 - 64 Jahre. Anschließend fällt die Rate wieder ab. Die sozioökonomischen Belastungen der Fibromyalgie sind enorm und stellen damit für das Gesundheitswesen einen erheblichen Kostenfaktor dar. Vor allem die indirekten Kosten wie die hohe Invaliditäts-Prävalenz tragen zu den hohen finanziellen Belastungen bei. Fibromyalgie-Patienten nehmen im Vergleich zu Patienten mit anderen chronischen muskulo-skelettalen Erkrankungen und zur Allgemeinbevölkerung den Gesundheitsservice pro Jahr deutlich häufiger in Anspruch, und verursachen dementsprechend auch fast doppelt so hohe jährliche Kosten.

Die 12-Monats-Prävalenz somatoformer Störungen beträgt in Deutschland etwa 12 %. Auch hier überwiegen Frauen eindeutig, nur bei der Hypochondrie ist das Geschlechterverhältnis ausgeglichen. Diese Patientengruppe weist ein deutlich erhöhtes Inanspruchnahmeverhalten von Gesundheitsleistungen auf. Ca. 30 % aller Arztbesuche erfolgt wegen körperlicher Beschwerden ohne pathologischen Befund. Bei Patienten mit somatoformen Störungen kommt es zu mehr als doppelt so vielen stationären Behandlungstagen wie bei der Normalbevölkerung, auch die Zahl der AU-Tage ist entsprechend erhöht.

2.7.3 Ursachen und aufrechterhaltende Faktoren

Viele Patienten verkennen, dass Gesundheit keineswegs mit **Abwesenheit von Körpersymptomen** gleichzusetzen ist und dass vorübergehende Beschwerden auch bei Gesunden häufig vorkommen. Bei chronischen Rückenschmerzen wird gelegentlich die Bedeutung mechanischer Abnutzung der Wirbelsäule und der Bandscheibe überschätzt, was zur Vermeidung von Bewegung und körperlicher Belastung und zu ängstlicher Selbstbeobachtung und Anspannung der Muskulatur führt. Ein Beispiel sind *Spannungskopfschmerzen*, die nicht selten fälschlicherweise mit der Arbeit am PC in Zusammenhang gebracht werden. Tatsächlich findet sich aber ein Zusammenhang von hohem Krankenstand durch chronischen Schmerz und Somatisierung mit konflikthaften oder unsicheren Arbeitsbedingungen sowie mit Arbeitslosigkeit. Problematisch ist es auch, wenn die Beschäftigten längere Zeit in Zwangshaltungen verharren müssen oder keine ausreichenden Bewegungspausen haben (z. B. Callcenter), da solche Arbeitsbedingungen chronische Muskelverspannungen fördern.

Um *Schmerzsyndrome* verstehen und effektiv behandeln zu können, ist es von entscheidender Bedeutung, die Mechanismen zu erforschen, die bei einem Teil der Patienten, die von akuten Schmerzen betroffen sind, zur Chronifizierung der Symptomatik führen. Von gleicher Relevanz ist die salutogenetisch formulierte Frage: Wie gelingt es der Mehrzahl der Betroffenen, in relativ kurzer Zeit wieder schmerzfrei zu werden?

Chronifizierung ist ein sehr individueller Prozess, wobei die Ausbildung eines chronischen Krankheitsverhaltens nicht zwangsläufig mit dem Ausmaß der organischen Schädigung korreliert. Der Begriff **Chronisches Krankheitsverhalten** beschreibt ein Verhaltensmuster, bei dem die Erkrankung zunehmenden Raum in der Selbstdefinition des Betroffenen einnimmt. Hierzu gehören:

- zunehmende Passivität und Hilflosigkeit,
- Verlust an Selbsthilfemöglichkeiten,
- zunehmende Inanspruchnahme medizinisch-diagnostischer Leistungen,
- Verlust in die eigene psychische und physische Funktionsfähigkeit – auch in Bereichen, die eigentlich nicht von der Erkrankung betroffen sind.
- Körperliches und psychisches Schonverhalten – Trainingsmangel,
- Stabilisierung sozialer Beziehungen und des Selbstbildes durch die Krankenrolle.

So gibt es Krankheiten, die mit starken Schmerzen einhergehen, ohne dass eine relevante Chronifizierung eintritt und bei denen es den Patienten trotz der körperlichen Symptomatik gelingt, weiterhin aktiv am Sozial- und Erwerbsleben teilzunehmen. Ein Beispiel sind Patienten mit chronischer Polyarthritis. Nicht ausreichend therapierte Rückenschmerzen führen hingegen häufig zu einer chronischen Schmerzkrankheit. Ursächlich für diese Entwicklung ist die Mehrdimensionalität des chronischen Schmerzes, dessen Entstehung nicht nur als einfaches Reiz-Antwort-Modell zu verstehen ist. Neben organischen Schmerzursachen (die vorhanden sein können, aber nicht müssen) spielen soziale, emotionale und kognitive Faktoren und deren wechselseitige Beeinflussung mit dem Schmerz eine große Rolle. Diese Erkenntnisse führten zur Entwicklung des *bio-psycho-sozialen Modells* des chronischen Schmerzes.

Während die Bedeutung psychosozialer Einflussfaktoren für die Entwicklung einer chronischen Schmerzkrankheit gesichert ist, gibt es mittlerweile auch Hinweise aus der neurophysiologischen Forschung über strukturelle Veränderungen des Schmerz verarbeitenden Systems. Ständigen und intensiven Schmerzen folgen plastische Veränderungen im ZNS. Bei Patienten mit chronischen Rückenschmerzen fanden sich im Vergleich zu Gesunden in der Reaktion auf elektrische Reize signifikant erhöhte kortikale Reaktionen, die allerdings nur auf die

Rückenstimulation beschränkt waren. Bei Fingerstimulationen zeigten sich dagegen keine Unterschiede. Die Annahme eines *Schmerzgedächtnisses* auf der Basis zentralnervöser Plastizität wird durch zahlreiche Befunde unterstützt. Die Sensibilisierung für Schmerzen im Gedächtnis durch wiederholte Schmerzreize ist mit motorischem Lernen vergleichbar, bei dem auch durch wiederholte Reize in Form von Übungen Bewegungsabläufe gebahnt werden. Intensive und anhaltende Schmerzimpulse führen also zu verstärkten Sensibilisierungsprozessen, die neben Schwellenveränderungen und einer damit verbundenen erhöhten Schmerzempfindlichkeit auch zu qualitativen Veränderungen der Schmerzwahrnehmung führen. So entstehen z. B. pathologische Kopplungen zwischen Leitungsbahnen von Schmerz und Berührung, in deren Folge einfache Berührungsreize als schmerzhaft empfunden werden. Diese Entwicklung ist jedoch nicht zwangsläufig, wie das Beispiel Coxarthrose zeigt. Nach der Theorie muss man die Entwicklung eines Schmerzgedächtnisses erwarten (lange andauernder, die Lebensqualität massiv einschränkender Schmerz), was jedoch regelhaft nicht eintritt. Tatsächlich ist die Mehrzahl der Patienten nach der Implantation einer Endoprothese schmerzfrei.

Neben diesen morphologischen Veränderungen sind in nachfolgender Übersicht weitere *Chronifizierungsfaktoren* dargestellt:

Iatrogen
Überdiagnostik, einseitige Bewertung somatischer Befunde, Überbewertung der Bandscheibe für die Entstehung und Aufrechterhaltung der Schmerzen, längere Attestierung von Arbeitsunfähigkeit ohne therapeutisches Konzept, keine Patientenmotivation zur Aktivierung. Fortsetzung invasiver Therapiemaßnahmen (z. B. wiederholte Injektionsbehandlungen ohne oder mit nur sehr kurzzeitigem Effekt, Quaddelungen), auch wenn diese keinen Erfolg gebracht haben.

Psychosozial
Chronisch anhaltende Belastungen im beruflichen oder privaten Alltag, z. B. Arbeitsplatzunzufriedenheit, Arbeitslosigkeit, familiäre Konflikte und Belastungen
Dysfunktionale Copingstrategien, wie

- „ängstliche Vermeider", Katastrophisieren, Hilf- und Hoffnungslosigkeit, inadäquates Schon- und Vermeidungsverhalten,
- „fröhliche (oder auch verbissene) Durchhalter" beißen die Zähne zusammen, Unfähigkeit zur Entspannung, keine Akzeptanz von Belastungsgrenzen, psychische Komorbidität (Depressive Störungen, Angststörungen, Somatoforme Störung).

Psychophysiologisch
Erhöhte Muskelspannung kann durch Stimulierung und Sensibilisierung von Nozizeptoren über Ischämie zu verstärkten Schmerzen führen. Hinwendung der Aufmerksamkeit zum Schmerz schwächt die deszendierende Schmerzhemmung, Aufmerksamkeitsablenkung aktiviert diese hingegen. Dementsprechend korrespondiert die subjektiv empfundene Schmerzintensität und -qualität mit der Aufmerksamkeitsrichtung. Andauernder Stress führt zur Ausschüttung des Corticotropin-Releasing-Hormons, das seinerseits die Aktivität des absteigenden Schmerzhemmsystems vermindert, wodurch die Impulse aus den Nozizeptoren intensiver und schneller weitergeleitet werden. Dauerhafte Cortisolfreisetzung kann Myopathie (entzündliche oder degenerative Muskelerkrankungen), Schwäche und Müdigkeit produzieren.

2.7.4 Symptomatik und Differentialdiagnose

Die Darstellung von Symptomatik und Differentialdiagnose der dargestellten Krankheitsbilder würde den Rahmen dieses Kapitels sprengen. Deshalb wird hier auf die weiterführende Literatur verwiesen und nur eine kurze Übersicht über Hinweise auf das mögliche Vorliegen einer somatoformen Störung und einer beginnenden Chronifizierung gegeben.

Hinweise für eine somatoforme Schmerzstörung oder Somatisierungsstörung können sein:

- Schmerz-/Symptomlokalisation entsprechen nicht den zu erwartenden anatomischen und pathophysiologischen Mustern. Einschränkend muss erwähnt werden, dass viele Aspekte der Schmerzentstehung (z. B. myofasziale Schmerzsyndrome, hier besonders die Bedeutung der Faszien für die Schmerzvermittlung) noch nicht ausreichend verstanden werden.
- Fehlen von Schmerz verstärkenden oder lindernden Faktoren.
- Bericht, dass ständig maximal starke Schmerzen/Symptome vorliegen und dass es keine symptomfreien Zeiten gibt.
- Inadäquate Affekte (z. B. theatralisch oder auch affektindifferent) bei der Symptomschilderung.
- Auftreten oder Verstärkung der Symptome in biographischen Belastungs- und Konfliktsituationen (die dem Patienten nicht unbedingt bewusst sein müssen, deshalb ist eine sorgfältige biographische Anamnese unerlässlich).

Von entscheidender Bedeutung ist es, Warnhinweise auf Chronifizierung rechtzeitig zu erkennen. Hierzu gehören:

- Wiederholte oder längerfristige Krankschreibung wegen Schmerzen oder somatoformen Beschwerden.
- Wiederholte Untersuchungen oder Arztwechsel ohne klare medizinische Begründung.
- Ausbleibender Therapieerfolg trotz adäquater Behandlung.
- Ungünstige Krankheitsverarbeitung im Sinne einer ängstlichen oder depressiven Reaktion.
- Hinweise auf sekundären Krankheitsgewinn, z. B. Fluchtmöglichkeit vor einer belastenden Situation am Arbeitsplatz (Mobbing) durch Krankschreibung.

Bei Hinweisen auf Chronifizierung sollte einerseits nochmals die Diagnose überprüft werden, andererseits sollte ab diesem Zeitpunkt die Behandlung um rehabilitative, edukative und/oder psychotherapeutische Module erweitert werden.

2.7.5 Interventionsmöglichkeiten
Prächronischer und chronischer Schmerz

Die schnelle und konsequente Behandlung **akuter Rückenschmerzen** stellt die beste Prophylaxe chronischer Schmerzen dar. Die Basis ist eine möglichst exakte funktionell-anatomische Zuordnung der Schmerzentstehung (Druck der Bandscheibe auf das hintere Längsband, Arthrose der kleinen Wirbelgelenke, Einengung des Neuroforamens oder des Spinalkanals, segmentale Funktionsstörung einschl. ISG, segmentale Instabilitäten, muskuläre Überlastung, Triggermechanismen, Überlastungsentzündung der Ligamente etc.). Den unspezifischen Rückenschmerz als Verlegenheitsdiagnose sollte es nicht geben. Die Therapie ist entsprechend anzupassen. Es stehen folgende Optionen zur Verfügung:

- Medikamentengabe (WHO Stufe I bis III, Psychopharmaka als Koanalgetika, Cortikosteroide) (vgl. *Abbildung 2*),
- Physikalische Therapie (detonisierend, analgetisch und durchblutungsverbessernd)

- Nach Schmerzgenese differenzierte Injektionstherapie,
- Lokale Muskelinfiltration,
- Facettengelenksinfiltration,
- Extravertebrale Spinalnervenanalgesie,
- Sacralblock,
- Epiperidurale Spinalnervenanalgesie.
- manuelle Therapie,
- Krankengymnastik und medizinische Trainingstherapie (nach Abklingen der akuten Schmerzen),
- weitere Maßnahmen wie Akupunktur, extrakorporale Stoßwellenbehandlung (ESWT) oder transkutane elektrische Nervenstimulation (TENS).

Bei klarer Indikation und ausgeschöpften konservativen Maßnahmen kommen orthopädisch-chirurgische Verfahren in Betracht wie Nucleotomien, Dekompressionen und Spondylodesen. Für den Erfolg dieser Maßnahmen ist eine sorgfältige und strenge Indikationsstellung essentiell, nicht klar indizierte Eingriffe haben geringe Erfolgsaussichten und können ihrerseits die Chronifizierung fördern.

Chronische Rückenschmerzen gehen häufig mit einem physischen und psychischen Dekonditionierungsprozeß einher, der schließlich zu chronischem Krankheitsverhalten und einem invaliden Lebensstil führt. Grundlage der Therapie ist eine Analyse auf 2 verschiedenen Ebenen:
- Somatische Ebene: Schmerzgenese (s. o.),
- Psychosoziale Ebene: Krankheitsverarbeitung, sekundärer Krankheitsgewinn, Reaktion des sozialen Umfelds, psychische Komorbidität.

Die Gewichtung der therapeutischen Maßnahmen richtet sich nach dem Ergebnis dieser Abklärung. Die Therapie auf somatischer Ebene folgt den für die Akutbehandlung dargestellten Grundsätzen. Analgetika sollten in retardierter Form und nach festem Zeitschema gegeben werden. So kann eine Abhängigkeit vermieden werden und die Patienten können selbst unter Opioidtherapie arbeits- und leistungsfähig bleiben.

Bei ausreichender Schmerzkontrolle, die die Voraussetzung für körperliche Aktivität ist, erhalten aktive Maßnahmen (Kranken-

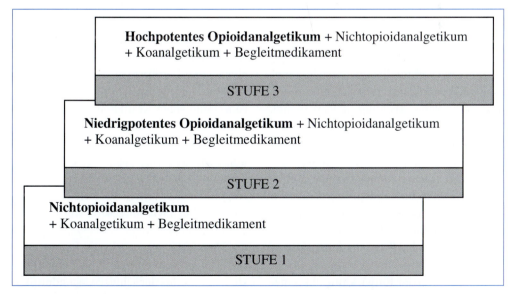

Abbildung 2: Stufenschema WHO

gymnastik und Medizinische Trainingstherapie) einen höheren Stellenwert.

Ein weiteres Ziel der Therapie ist es, die Wahrnehmung der eigenen Belastungsgrenzen und -möglichkeiten zu schulen, in diesem Rahmen Aktivität zu trainieren und Schonverhalten abzubauen. Diese Maßnahmen gehen zunächst mit einer deutlichen Verbesserung der Lebensqualität einher. Mit einer Reduzierung von Schmerzintensität und -häufigkeit ist erst im weiteren Verlauf zu rechnen. Die Behandlung chronischer nichtradikulärer Schmerzen kann zusätzlich umfassen:

- Training von Arbeits- und Gebrauchsbewegungen (work hardening),
- Patienteninformation und Heimübungsprogramme,
- Kognitive Verhaltenstherapie, meist in störungsspezifischen Kurzgruppen (10 – 15 Doppelstunden, bei psychischer Komorbidität Einzel-Verhaltenstherapie).

Chronische Kopfschmerzen: Während bei der Migräne effektive medikamentöse Behandlungsstrategien (im Anfall ASS oder Triptane, med. Prophylaxe mit Betablockern oder Calciumantagonisten) durch verhaltensmedizinische Interventionen ergänzt werden, steht beim Spannungskopfschmerz die nichtmedikamentöse Behandlung im Vordergrund. Wirksam sind regelmäßiges aerobes Training (z. B. Walking), Entspannungsverfahren (v. a. Progressive Muskelentspannung) und, wenn diese Maßnahmen nicht ausreichen, Verhaltenstherapie. Im medikamentösen Bereich sind lediglich trizyklische Antidepressiva eine evidenzbasierte Option. Der regelmäßige und längerfristige Einsatz freiverkäuflicher Analgetika ist (v. a. bei Kombinationspräparaten) mit dem Risiko schwerwiegender Komplikationen und der Entwicklung eines medikamenteninduzierten Kopfschmerzes belastet. Einzige Therapiemöglichkeit der letztgenannten Kopfschmerzform ist der Medikamentenentzug.

Evidenzbasierte Behandlungsmöglichkeiten der **Fibromyalgie** sind (trizyklische) Antidepressiva, langsam aufbauendes aerobes Training und Psychotherapie. Hier ist v. a. der Effekt kognitiver Verhaltenstherapie gut belegt, in letzter Zeit wurden aber auch viel versprechende Studien zur psychodynamischen Therapie veröffentlicht. Bei Chronifizierung und längerfristiger Arbeitsunfähigkeit ist ambulante Therapie nur in wenigen Fällen ausreichend, um das chronische Krankheitsverhalten zu durchbrechen, so dass hier eine stationäre Rehabilitation in einer verhaltensmedizinischen oder psychosomatischen Fachklinik indiziert ist.

Somatoforme Störungen: Aufgrund der Häufigkeit dieser Krankheitsbilder sollte die Behandlung zunächst im Rahmen der psychosomatischen Grundversorgung erfolgen. Bei schwereren Krankheitsbildern oder drohender Chronifizierung ist ambulante oder stationäre Fachpsychotherapie indiziert. Analgetika erweisen sich hier als wenig wirksam (allerdings gibt es häufig wie auch bei invasiven Behandlungsversuchen einen kurzfristigen Effekt zu Beginn der Behandlung, was die Patienten in ihrem somatischen Krankheitsverständnis fixiert), als medikamentöse Behandlungsoption sind v. a. Antidepressiva wirksam, bei ängstlich gefärbter Symptomatik hat sich Opipramol bewährt. Neuroleptika sollten wegen der Gefahr irreversibler Nebenwirkungen eher nicht eingesetzt werden.

2.7.6 Prävention

Die Prävention chronischer Schmerzen stellt angesichts der schwerwiegenden ökonomischen Folgen dieser Krankheitsbilder

eine besondere Herausforderung dar. Folgende Möglichkeiten der Prävention sind zu nennen:
- Ergonomische Gestaltung von Arbeitsplätzen, sodass schwere Belastungen in ungünstigen Positionen oder längere Zwangshaltungen vermieden werden.
- Regelmäßige Bewegungspausen v. a. an Büro- und PC-Arbeitsplätzen, Callcenter etc. Hierzu gehört auch die Schulung der Körperwahrnehmung durch Methoden wie konzentrative oder funktionelle Entspannung, um dysfunktionale Anspannung rechtzeitig wahrnehmen und z. B. durch kleine Bewegungen oder Änderungen der Sitzposition gegen regulieren zu können.
- Angebote zur betrieblichen Gesundheitsförderung, wie Entspannungs- oder Nordic Walking-Kurse. Bei kleineren und mittleren Betrieben, die solche Angebote nicht eigenständig realisieren können, bietet sich die Kooperation mit Physiotherapie-Praxen oder ggf. auch nahe gelegenen Rehabilitationskliniken an.

Bei Rückkehrgesprächen nach Arbeitsunfähigkeit sollte ausgelotet werden, ob die Schmerztherapie bisher monokausal erfolgte oder ob nach einem bio-psycho-sozialen Konzept vorgegangen wurde. Rehabilitationsmaßnahmen werden leider häufig erst eingeleitet, wenn sich die Prognose für die Erwerbsfähigkeit durch fortgeschrittene Chronifizierung deutlich verschlechtert hat. Hier hat der Arbeitsmediziner die Möglichkeit, Weichen noch rechtzeitig zu stellen.

2.7.7 Fazit - Forschungsbedarf

Chronische Schmerzen und somatoforme Störungen sind die volkswirtschaftlich teuerste Krankheitsgruppe. Hierzu tragen, mehr noch als direkte Behandlungskosten, die mit chronischen Schmerzen verbundene deutlich erhöhte Quote an Arbeitsunfähigkeitstagen und Frühberentungen bei. Ein monokausales, auf mechanische Schädigung ausgelegtes Schmerzverständnis greift sowohl für eine erfolgreiche Behandlung als auch für die Prävention chronischer Schmerzen zu kurz. Viele Aspekte der Schmerzentstehung (z. B. myofaszialer Schmerz) sind noch nicht völlig geklärt. Der Stellenwert neuer oder noch wenig etablierter Therapieverfahren muss noch bestimmt werden.

Organisatorisch sind Netzwerke zwischen Betriebsärzten, Akutmedizinern, Physiotherapeuten und Rehabilitationskliniken sinnvoll, um durch frühzeitige und konsequente Behandlung und Rehabilitation Chronifizierung zu verhindern. Betriebsärzte können durch gezielte Interventionen in Rückkehrergesprächen sowie Programmen zur betrieblichen Gesundheitsförderung entscheidend dazu beitragen, dass Chronifizierung von Schmerzen verhindert wird.

In der Arbeitsmedizin gibt es Forschungsbedarf vor allem darüber, welche Maßnahmen zur Prävention und Gesundheitsförderung bei chronischem Schmerz und Somatisierung effektiv sind. Ebenso gilt es nachzuweisen, dass sich solche Programme rechnen, also dass die Kosten für die Programme durch einen niedrigeren Krankenstand sowie eine höhere Produktivität und Mitarbeiterzufriedenheit mehr als kompensiert werden. Ebenso gilt es Kriterien zu evaluieren, nach denen Betriebsärzte Patienten mit einem hohen Chronifizierungsrisiko schnell und ökonomisch identifizieren können, um sie dann in integrierte Behandlungs- und Präventionsprogramme einschleusen zu können.

2.7.8 Key-Message
- Chronische Schmerzen und somatoforme Störungen sind die volkswirtschaftlich teuerste Krankheitsgruppe.
- Hierzu tragen direkte und indirekte Krankheitskosten ebenso wie Produktivitätsausfälle bei.
- Betriebsärzte können durch gezielte Interventionen in Rückkehrergesprächen sowie Programmen zur betrieblichen Gesundheitsförderung entscheidend dazu beitragen, dass Chronifizierung von Schmerzen verhindert wird.

LITERATURHINWEISE

BISCHOFF, C., H.; TRAUE, C. (2004): Kopfschmerz. Fortschritte der Psychotherapie Band 22. Göttingen. Hogrefe. Göttingen.

BRODA, M. (2005): Chronisches Krankheitsverhalten. Köllner V., M. Broda (Hrsg.): Praktische Verhaltensmedizin. Thieme. Stuttgart, S. 118 -122.

EGLE, U.T.; HOFFMANN, S. O.; LEHMANN, K. A.; NIX, W. A. (HRSG.) (2003): Handbuch Chronischer Schmerz. Schattauer. Stuttgart.

KRÖNER-HERWIG, B. (2000): Rückenschmerz. Fortschritte der Psychotherapie Band 10. Hogrefe. Göttingen.

MICHEL, S.; BERNARDY, K. (2005): Chronische Schmerzen. Köllner V., M. Broda (Hrsg.): Praktische Verhaltensmedizin. Thieme. Stuttgart, S. 175-188.

TIMMER, B.; RIEF, W. (2005): Symptome ohne Befund. Köllner V., M. Broda (Hrsg.): Praktische Verhaltensmedizin. Thieme. Stuttgart, S. 144 -156.

WIDDER, B.; EGLE, U. T.; FOERSTER, K.; SCHILTENWOLF, M.: Leitlinien für die Begutachtung von Schmerzen. Aktuelle Neurologie 32 (2005) 149-154.

2.8 Tinnitus und Beruf

Frank Rosanowski

2.8.1 Definition
Tinnitus ist ein Höreindruck, der nicht auf der Stimulation durch einen äußeren Schallreiz beruht.

2.8.2 Klassifikation
Objektiv wird der Höreindruck *Tinnitus* genannt, der nicht nur vom Betroffenen selbst, sondern auch von Außenstehenden gehört werden kann. Der objektive Tinnitus ist extrem selten. Er kommt z. B. bei Gefäßerkrankungen im Ohr oder in dessen unmittelbarer Umgebung vor, durch spontane Kontraktionen der Gaumenmuskulatur oder durch Reibegeräusche des Kiefergelenks. Der größte Teil der Betroffenen hat einen subjektiven Tinnitus. Dieser wird nur vom Betroffenen selbst wahrgenommen, nicht aber von Außenstehenden. Akut ist der Tinnitus, der seit nicht mehr als 3 Monaten besteht, subakut einer, der seit 3 bis 12 Monaten besteht, und als chronisch bezeichnet man den Tinnitus, der seit mehr als 12 Monaten vorliegt. Die Dauer der Symptomatik erlaubt keinen Rückschluss auf die individuelle Ätiologie oder das subjektive Belastungsgefühl. Kompensiert ist der Tinnitus, der beim Patienten keine relevanten Folge- bzw. Begleitsymptome im körperlichen, kognitiven oder emotionalen Bereich hervorruft. Dekompensiert wird der Tinnitus dann genannt, wenn solche weiteren Symptome bestehen: Im körperlichen Bereich können dies z. B. Ein- und Durchschlafstörungen sowie Verspannungen im Bereich der Halswirbelsäule sein. Folgen im kognitiven Bereich sind v. a. Störungen der Konzentration. Emotionale Störungen können sich z. B. als ein Gefühl der Angst oder Hilflosigkeit, als traurige Verstimmung oder im Extremfall als Suizidabsicht äußern. Der chronisch-dekompensierte Tinnitus wird auch als (chronisch-) komplexer Tinnitus bezeichnet.

2.8.3 Epidemiologie
Allgemeines: In Industriegesellschaften berichten bis zu 45 % der Erwachsenen von einem zu irgendeinem Lebenszeitpunkt aufgetretenen vorübergehenden oder anhaltenden Ohrgeräusch von unterschiedlicher Lautheit und unterschiedlicher subjektiver Belastung für den Betroffenen. Bei etwa 15 % der Betroffenen hält das Ohrgeräusch länger als 5 Minuten an. Zwischen 8 und 10 % der Betroffenen fühlen sich durch ihr Ohrgeräusch belästigt oder weisen Folgesymptome wie Schlaf- und Konzentrationsstörungen auf. Bei 0,5 bis 1 % der Betroffenen hat der Tinnitus den Stel-

lenwert einer eigenständigen Erkrankung, bei der es in der Folge des Tinnitus und durch die Begleit- oder Folgesymptome zu einer wesentlichen psychosozialen Beeinträchtigung mit einer Einschränkung der allgemeinen Lebensqualität und Lebensführung kommt. In Deutschland sind von dieser schweren Tinnitusform zwischen 400.000 und 1 Million Menschen betroffen. Aus diesen Zahlen wird deutlich, dass nur bei einem sehr kleinen Teil der von einem Tinnitus Betroffenen überhaupt eine behandlungsbedürftige Störung vorliegt, gleichwohl ist die Zahl dieser ernsthaft und behandlungsbedürftig Erkrankter erheblich und auch volkswirtschaftlich bedeutsam.

Geschlechtsrelation: Übereinstimmend finden die epidemiologischen Studien bei der Prävalenz eine Bevorzugung des weiblichen Geschlechtes. Der Unterschied wird noch deutlicher, wenn nach dem Ausmaß der Beeinträchtigung durch den Tinnitus gefragt wird. Mit zunehmendem Lebensalter nimmt allerdings auch der Anteil betroffener Männer zu. Anders als bei vielen anderen psychosomatischen Störungen suchen insgesamt mehr Männer als Frauen wegen ihres Ohrgeräusches einen Arzt auf.

Altersabhängigkeit. Der Anteil der Tinnitusbetroffenen, die wegen ihres Geräusches einen Arzt aufsuchen, nimmt jenseits des 45. Lebensjahres zu und weist eine Häufung um das 50. Lebensjahr auf. Bei diesen Patienten betrug die mittlere Tinnitusdauer gehäuft zwischen einem und fünf Jahren.

Soziale Aspekte. Die Prävalenz des Tinnitus ist in der Gruppe der Arbeitslosen am höchsten und in der Gruppe der Selbständigen am niedrigsten. Entsprechend dem allgemeinen Krankheitsverhalten suchen Angehörige höherer sozialer Schichten wegen des Tinnitus eher therapeutische Hilfe. In der höheren sozialen Schicht nimmt der Anteil von Frauen mit tinnitusbedingten Folgesymptomen gegenüber anderen sozialen Gruppen zu. Eine Abhängigkeit der Tinnitusprävalenz vom Bildungsniveau scheint nicht zu bestehen.

2.8.4 Ätiologie des akuten und des subakuten Tinnitus

Ein akuter Tinnitus kann im Grunde durch jedwede Ohrerkrankung hervorgerufen werden (äußeres Ohr: Cerumen, Otitis externa; Mittelohr: akute oder exazerbierte chronische Entzündung, Otosklerose; Innenohr: chronische Schwerhörigkeit, Hörsturz, M. Ménière u. a. m.). Bei einem ohne äußeres Unfallereignis akut aufgetretenen oder einem akut verschlimmerten Tinnitus finden sich sehr häufig außergewöhnliche psychosoziale Belastungssituationen. Sie legen den ursächlichen Zusammenhang im Sinne einer psychogenetischen Begünstigung des Auftretens eines Tinnitus nahe. Diese Situation ist aus klinischer Erfahrung mit dem Auftreten eines Hörsturzes vergleichbar.

2.8.5 Ätiologie des chronischen Tinnitus

Otologische Aspekte. Patienten mit einer Innenohrschwerhörigkeit haben statistisch signifikant häufiger einen Tinnitus als Personen ohne einen Hörverlust. Nach Lenarz ist die Ursache des Hörverlustes in mehr als zwei Drittel eine chronisch-progrediente Form, eine Lärmschwerhörigkeit, ein M. Menière oder ein Hörsturz. In 60 % dieser Fälle liegt ein Hochtonverlust vor. Zwischen der Tinnitusprävalenz einerseits, sowie dem Lebensalter und der Lärmbelastung andererseits, besteht ein positiver Zusammenhang. Alter und Lärm scheinen die Prävalenz additiv zu beeinflussen. Unter beruflicher Lärmexposition ist nach einigen Erhebungen die Tinnitushäufigkeit doppelt so hoch wie in einer Kontrollgruppe, persönlicher Lärmschutz wirkt möglicherweise protektiv. In jüngeren Altersgruppen ist Freizeitlärm als möglicher Tinnitus-(und Schwerhörigkeits-)Auslöser relevant (Diskotheken, Walkman).

Allgemeine Faktoren: Es besteht eine signifikante Korrelation zwischen einer erhöhten Plasmaviskosität und dem Grad einer Innenohrschwerhörigkeit, in deren Folge ein Tinnitus auftreten kann. Andere internistische Faktoren haben für die Tinnitusentstehung keine Bedeutung. Ein Halswirbelsäulenbeschleunigungstrauma (Schleudertrauma) kann einen Tinnitus verursachen. Bei diesen Betroffenen tritt das Ohrgeräusch typischerweise mit einigen Stunden bis zu wenigen Tagen Abstand zum Unfallereignis auf. Frequenzbezug und Ausmaß einer komorbiden Hörminderung sind sehr unterschiedlich. Aufgrund bestehender Nervenverbindungen zwischen der Halswirbelsäule und dem Innenohr kann möglicherweise der Tinnitus ausgelöst werden. In einem selektionierten Patientenkollektiv ohne vorherige Halswirbelsäulenverletzung wurden bei etwa 12 % der Betroffenen funktionelle Halswirbelsäulenbeschwerden als Tinnitusursache beschrieben. Anamnestische Hinweise sollen eine bewegungs- und lageabhängige Auslösbarkeit, eine Einseitigkeit und Normalhörigkeit ohne Nachweis einer Innenohrstörung sowie das Auftreten im jungen Erwachsenenalter sein. In diesen Fällen wird die Diagnose eines vertebragenen Tinnitus häufig erst a posteriori nach einer erfolgreichen chiropraktischen oder krankengymnastischen Behandlung gestellt. Es gibt keine sicheren diagnostischen Kriterien, anhand derer die Vertebragenität a priori festgestellt werden kann, es sei denn im Falle des abgelaufenen Unfalls. Funktionelle Kiefergelenksbeschwerden und ein Bruxismus (Zähneknirschen) treten gehäuft gemeinsam mit einem chronischen Tinnitus auf. Eine entsprechende zahnärztliche Behandlung (z. B. Anpassung einer Aufbissschiene) kann die Diagnose eines durch Zahn- und Kieferbeschwerden verursachten Tinnitus erst a posteriori sichern. Ob die Koinzidenz beider Symptomkomplexe ursächlicher Natur ist, kann heute noch nicht abschließend beantwortet werden.

2.8.6 Genese des chronischen Tinnitus

Die Diskussion pathogenetischer Konzepte des chronischen Tinnitus ist noch nicht abgeschlossen. Im Hinblick auf den chronischen Tinnitus z. B. im Rahmen von Lärmschwerhörigkeiten sind heute morphologische und funktionelle Defekte der mechanoelektrischen Schallumwandlung im Bereich der äußeren Haarzellen des Innenohrs weitgehend gesichert. Für die nicht grundsätzlich an eine gestörte Haarzellfunktion gebundene Tinnitusentstehung und für die zentralnervöse Tinnitusverarbeitung scheinen Stoffwechselveränderungen bedeutsam zu sein. Dazu gehören Membrandefekte und auch Veränderungen von Neurotransmittern, aber auch oxidativer Stress. Die Kenntnis dieser Stoffwechselveränderungen ist zum Teil auch therapeutisch relevant, so für den klinisch bewährten Gebrauch des Membranstabilisators Lidocain oder für die weitere Entwicklung des möglichen therapeutischen Einsatzes von Neurotransmittern wie des Glutamats. Dennoch bilden diese pathophysiologischen Modelle das Phänomen Tinnitus kaum umfassend ab, da sie weder die Chronifizierung noch den Prozess der Dekompensierung und Manifestation als chronisch komplexen Tinnitus erklären. Die individuelle Pathogenese ist also für klinische Zwecke in der Regel nur von untergeordneter Bedeutung.

2.8.7 Diagnostisches Vorgehen bei chronischem Tinnitus

Die pathophysiologischen Kenntnisse zum chronischen Tinnitus sind noch unzureichend. Daher ist das *diagnostische Ziel* nicht die individuelle Klärung eines pathogenetischen Zusammenhangs, sondern die klinisch orientierte differentialdiagnostische Abklärung möglicher Ursachen, die Spezifizierung symptommodifizierender Faktoren sowie die Erfassung der individuellen Reaktionen und der Verarbeitungsmöglichkeiten des Betroffenen. Daraus sollte sich im klinischen Alltag ein Behandlungskonzept mit der Veranlassung bestimmter Heilmaßnahmen ergeben.

Anamnese: Grundsätzlich wird bei jedem Tinnituspatienten auch eine allgemeine medizinische Anamnese erhoben. Die spezifische Tinnitus-Anamnese hat zunächst audiologisch orientierte Fragen zu beantworten:
- Beginn des Tinnitus (akut z. B. im Zusammenhang mit Hörsturz oder Stress oder schleichender Beginn),
- Lokalisation des Tinnitus (rechtes oder linkes Ohr, im ganzen Kopf),
- bisheriger Verlauf (progredient, regredient, intermittierend o. ä.),
- Veränderungen im Tages- oder Wochenverlauf,
- Abhängigkeit von Wetterlage oder z. B. von Umgebungsgeräuschen,
- Tinnitusverhalten in Ruhephasen (z. B. im Urlaub),
- (Frequenz-)Charakter des Tinnitus (Hoch- oder Tieftontinnitus, tonaler Tinnitus, breitbandiges Rauschen, Pochen, Pulsieren), Vergleich mit bekannten Geräuschen,
- Lautheit des Geräusches, Vergleich mit der Lautheit anderer Geräuschquellen,
- Verdeckbarkeit durch Alltagsgeräusche,
- Verstärkungsfaktoren (Lärm, Schlafmangel, Alkohol, Nikotin, Medikamente),
- bisherige Behandlungsversuche,
- Zusammenhang mit Hörstörung.

Sofern eine Hörminderung erfragt werden kann, sind folgende weitere Punkte zu beantworten:
- Seite der Hörminderung,
- Beginn und Verlauf der Hörminderung (z. B. Progredienz),
- Wie hat sich die Schwerhörigkeit bemerkbar gemacht (z. B. als vorübergehendes Vertäubungsgefühl nach einer Arbeitsschicht oder nach bestimmten Arbeitsverrichtungen, als bleibende Schwerhörigkeit, als Ohrensausen)?
- Wie wirkt sich die Hörminderung konkret aus (z. B. als Verständigungsproblem in Gruppengesprächen oder im Störgeräusch wie Straßenlärm)?
- Waren die Beschwerden Anlass, einen Arzt aufzusuchen?
- Wurden wegen der Hörminderung Behandlungsmaßnahmen ergriffen?
- Weitere Ohrsymptome (Ohrsekretion, Ohrenschmerz, Schwindel),
- zeitlicher Zusammenhang des Auftretens der Hörminderung und des Tinnitus,
- abgelaufene Entzündungen, Operationen, Unfälle (mit Schädelbeteiligung),
- familiäre Schwerhörigkeit; Lärmexposition.

Wenn eine Lärmexposition vorgelegen hat, sollte versucht werden, anamnestisch zwischen einer Belastung durch Freizeitlärm und durch beruflichen Lärm zu unterscheiden. In diesem Fall sind folgende weitere Punkte zu klären und zu dokumentieren:
- Beginn und ggf. Ende sowie Art, Intensität und Dauer der beruflichen Lärmexposition.
- Wurden persönliche Schallschutzmaßnahmen getroffen (Gehörgangsstöpsel o. a.)?

• Wurden arbeitsmedizinische Vorsorgeuntersuchungen durchgeführt?

Otologische Untersuchung: Die klinische Untersuchung durch den Hals-Nasen-Ohren-Arzt ist standardisiert und wird hier nicht weiter ausgeführt. Die audiometrische Untersuchung hat die Bestimmung des Hörvermögens und die Tinnitusbestimmung zum Inhalt. Die Bestimmung des Hörvermögens erfolgt nach Kriterien, wie sie von der entsprechenden klinisch-wissenschaftlichen Fachgesellschaft definiert sind. Das Vorgehen ist standardisiert.
Die spezielle audiometrische Tinnitusuntersuchung umfasst die Fragen nach Tonhöhe und Frequenzspektrum, Lautheit und Verdeckbarkeit des Tinnitus.

Tinnitusfrequenz: Dem Patienten werden verschiedene Audiometertöne und Geräusche mit ungefähr 10 dB über der individuellen Hörschwelle vorgespielt. Durch den Vergleich des Tinnitus mit diesen Tönen und Geräuschen kann der Untersucher einen Eindruck vom subjektiven Klangeindruck des Patienten bekommen. Sofern der Tinnitus mehrere Komponenten hat, sollte versucht werden, diese differenziert zu erfassen. Es entspricht der klinischen Erfahrung, dass Tinnituspatienten bei diesem Vergleich häufig Schwierigkeiten haben. So sind auch die subjektiv empfundene und die audiometrisch bestimmte Tinnitusfrequenz statistisch nur mäßig miteinander korreliert. In einer statistischen Erhebung an 128 Patienten dominierten pfeifende (38,8 %), rauschende (27,9 %) und summende (10,9 %) Ohrgeräusche. Andere Geräuscheindrücke (Zischen, Klingeln, Piepsen, Zirpen, Pulsieren, Hämmern u. a. m.) traten in jeweils weniger als 5 % der betroffenen Patienten auf. Die Tinnitusfrequenz ist mit der Intensität und der subjektiven Belastung nicht korreliert. Anhand der Bestimmung der Tinnitusfrequenz ist eine individuelle ätiologische Zuordnung nicht möglich.

Tinnituslautheit: Die Lautheit kann erst dann bestimmt werden, wenn die Frequenz - zumindest in gewissen Grenzen - bekannt ist. Die Prüfung erfolgt mit gepulsten Vergleichstönen und -geräuschen, die stufenweise lauter angeboten werden, bis der Patient die gleiche Lautheit wie die seines Tinnitus beschreibt. Auffällig ist die Tatsache, dass in sehr vielen Fällen die Tinnituslautheit nur gering größer als die individuelle Hörschwelle ist. Für die betroffenen Patienten ist dieses Phänomen dann unverständlich, wenn sie ihren Tinnitus als sehr laut empfinden. Die Tinnituslautheit und die subjektive Belastung durch den Tinnitus sind statistisch nicht miteinander korreliert. Es kann also aus einer geringen Tinnituslautheit nicht geschlossen werden, dass die Klagsamkeit des Patienten gering sein müsse. Die subjektiv empfundene Lautheit und der Frequenzcharakter sind in dem Sinne korreliert, dass hochfrequente Geräusche lauter als tieffrequente empfunden werden.

Verdeckbarkeit des Tinnitus: Jedes akustische Ereignis kann verdeckt (maskiert) werden, auch der nur subjektiv empfundene Tinnitus. Bei der Prüfung der sogenannten *Simultanverdeckung* wird untersucht, bei welchen minimalen Lautstärken vorgespielter unterschiedlicher Töne oder Geräusche der Tinnitus gerade eben unhörbar wird. Die Verdeckungskurven werden in das Hörtestformular eingetragen und zeigen in der Regel eine charakteristische Beziehung zur individuellen Tonhörschwel-

le. Nach Feldmann werden im Wesentlichen vier unterschiedliche Konfigurationen unterschieden.
1. Kongruenztyp: Die Tonhörschwelle und die Verdeckungskurve verlaufen nahe beieinander, d. h. der Tinnitus ist im gesamten Frequenzbereich leicht verdeckbar. Dieser Verdeckungstyp wird vorwiegend bei pantonalen Schwerhörigkeiten und bei Hochtonschwerhörigkeiten gefunden.
2. Konvergenztyp: Dieser Typ wird vorwiegend bei Hochtonschwerhörigkeiten gefunden. Die Verdeckungskurve verläuft dabei im Wesentlichen horizontal und mündet im Bereich der größten Hörminderung in die Tonhörschwellenkurve ein.
3. Distanztyp: Die Verdeckungskurve verläuft mit großem Abstand zur Tonhörschwelle. Dieser Typ wird bei allen audiometrischen Bildern, vorwiegend aber bei Normalhörigen gefunden.
4. Persistenztyp: Der Betroffene kann keine Verdeckung seines Tinnitus erkennen. Dieser Typ wird zumeist bei hochgradigen Schwerhörigkeiten gesehen. Unter diesem Verdeckungstyp werden auch diejenigen Patienten eingeordnet, die bei der Prüfung eine Zunahme ihres Tinnitus angeben.

Die Residualinhibition wird geprüft, indem zunächst die Verdeckungsschwelle des Tinnitus durch ein Breitbandgeräusch bestimmt wird. Dieses Geräusch wird jeweils einem Ohr mit einer um 10 dB lauteren Intensität als die Verdeckungsschwelle für 1 Minute vorgespielt. Danach wird die Zeit bestimmt, während der der Tinnitus abgeschwächt bleibt. Sowohl die Simultanverdeckung als auch die Residualinhibition können auch vom jeweilig gegenseitigen Ohr geprüft werden. Dies kann in seltenen Fällen von ausgeprägten einseitigen Hörstörungen bedeutsam sein, z. B. bei Patienten mit einem Tinnitus in einem nach einem Unfallereignis ertaubten Ohr, ist insgesamt aber von untergeordneter Bedeutung.

2.8.8 Bedeutung der otologischen Tinnitusdiagnostik

Die otologische Tinnitusdiagnostik hat für den Patienten den nicht zu unterschätzenden Wert, dass er sich in seiner Problematik auf zunächst nur symptombezogener Ebene durch den untersuchenden Arzt angenommen fühlt. Die verschiedenen Verdeckungsphänomene lassen nach Eysholdt in Grenzen eine lokalisatorische Zuordnung des Tinnitus zu, sie lenken damit den weiteren symptombezogenen therapeutischen Weg (Medikamenteneinsatz, Hörgerät, Tinnitusmasker, Tinnitusnoiser).

Otologische Besonderheiten beim Tinnitus bestimmter Ätiologie

Der Tinnitus im Rahmen einer Lärmschwerhörigkeit hat in der Regel eine Frequenz im Bereich der größten Hörminderung, d. h. im Hochtonbereich. Die Lautheit wird zumeist geringfügig über der Hörschwelle in diesem Bereich angegeben. Die Simultanverdeckung ist meistens vom Konvergenztyp. Die Residualinhibition hängt auch von der Dauer der Tinnitussymptomatik ab und ist daher diagnostisch oft nicht richtungweisend. Tinnitus nach einem Halswirbelsäulenbeschleunigungstrauma ist anders als beim chronischen Lärmschaden nicht regelhaft einem bestimmten Frequenzbereich zuzuordnen. Sofern eine Normalhörigkeit vorliegt, wird häufig eine Simultanverdeckung vom Distanz- oder Persistenztyp gefunden. In eher seltenen Fällen eines Hörschadens lassen sich keine Regeln aufstellen, bei welcher Hörminderung mit welcher Simultanverdeckungskurve zu rechnen ist. Die Residualinhibition scheint ähnlich wie beim chronischen Lärmschaden von der Dauer der Tinnitussymptomatik abzuhängen. Insgesamt sind die Befunde der Tinnitus-Diagnostik bei Patienten nach einem Halswirbelsäulenbeschleunigungstrauma sehr viel heterogener als bei Patienten mit einem chronischen Lärmschaden.

2.8.9 Psychologische Diagnostik bei chronischem Tinnitus

Die *subjektive Betroffenheit des Tinnituspatienten* ist die wesentliche Zielgröße sowohl für die Therapieentscheidung als auch z. B. für eine gutachterliche Einschätzung des Störungsbildes. Der Belästigungsgrad (Annoyance) und die Beeinträchtigung der allgemeinen Lebensführung werden zunächst im freien Gespräch erfragt und durch Tinnitus-Fragebögen standardisiert quantifiziert. Grundsätzlich ist im klinischen Alltag dem freien (Anamnese-)Gespräch die größere Bedeutung beizumessen, da ein solches Gespräch auch einen großen therapeutischen Wert hat. Für gutachterliche Fragestellungen haben Tinnitus-Fragebögen den Vorteil der Standardisierung. Beide Erhebungsinstrumente zielen auf die Frage, ob der Tinnitus als chronisch-komplex einzustufen ist oder nicht und welche therapeutischen Konsequenzen sich daraus ergeben. Im deutschen Sprachgebiet hat sich der Tinnitus-Fragebogen von Goebel auch bei Begutachtungsfragen als diagnostisches Instrument bewährt und wird zur Benutzung empfohlen. Mit diesem Bogen ist eine valide Quantifizierung der individuellen Belastung durch den Tinnitus möglich. Auf der Basis dieser Quantifizierung können auch Empfehlungen für bestimmte therapeutische Maßnahmen (ausführliche Beratung als sogenanntes Tinnitus-Counselling, ambulante oder stationäre Psychotherapie) abgegeben werden. Der Fragebogen hat mittlerweile eine so große Verbreitung gefunden, dass er z. B. auch für vergleichende Verlaufsuntersuchungen zum Wert verschiedener Behandlungsverfahren eingesetzt wird. Selbstredend bedarf die fachkundige Erfassung, Quantifizierung und Wertung einer tinnitusassoziierten Psychopathologie aus klinisch-praktischer als auch aus gutachterlicher Sicht, z. B. vor der Indikationsstellung zu einer Psychotherapie, einer entsprechenden Qualifikation des jeweiligen Untersuchers. Auch wenn der Tinnitus ein genuines Störungsbild des Hals-Nasen-Ohren-ärztlichen Fachgebietes ist, so dürfte der Hals-Nasen-Ohren-Arzt mit der Fragestellung nach der Quantifizierung des subjektiven Beeinträchtigungsgefühls des Betroffenen, nach dem Vorliegen psychiatrischer Nebenerkrankungen oder nach der Indikation zu bestimmten psychotherapeutischen Behandlungsmaßnahmen in der Regel überfordert sein. Sofern also das Haus- oder das Hals-Nasen-Ohren-ärztliche Anamnesegespräch Hinweise für eine tinnitusassoziierte Psychopathologie ergibt, sollte ein interdisziplinäres Konsilium erfolgen. Mitunter wird die Gewichtung der Ergebnisse der Hals-Nasen-Ohren-ärztlichen Untersuchung einerseits und der psychologisch-psychotherapeutischen Einschätzung andererseits dazu führen, dass das Störungsbild unter therapeutischen Gesichtspunkten in die Hände des Nicht-HNO-Arztes hinübergeht.

Akzeptanz des chronischen Tinnitus in der Bevölkerung

Die bisher nur sehr unvollständig gelöste Problematik des medizinischen Umgangs mit dem chronischen Tinnitus bildet sich auch in der Akzeptanz der Störung in der Gesamtbevölkerung ab. Der Tinnitus ist in den allermeisten Fällen subjektiv, d. h. er wird sich nicht beweisen lassen, Patienten fühlen sich daher häufig als Simulanten oder Aggravanten missverstanden. Die in der Regel fehlende Objektivierbarkeit des Tinnitus schließt aber weder sein Vorhandensein noch eine u. U. erhebliche Beeinträchtigung des Betroffenen aus.

2.8.10 Tinnitussprechstunde beim HNO-Arzt
Im Rahmen der Tinnitussprechstunde hat die Hals-Nasen-Ohren-ärztliche Untersuchung zunächst den Versuch der ursächlichen Abklärung des Tinnitus zum Ziel (Diagnosefindung). Die exakte Befunderhebung (otologische Tinnitusuntersuchung) hat neben der Abklärung von Kausalitäten auch das Ziel, eine Behandlungsempfehlung für ein Hörgerät oder andere technische Hilfen (z. B. Tinnitus-Masker oder Tinnitus-Noiser) zu geben, denn durch eine Optimierung des gesamten Höreindrucks durch ein Hörgerät kann eine Tinnitusproblematik häufig abgemildert werden. In der Regel wird ein durch den Tinnitus deutlich beeinträchtigter Patient bereits mehrere erfolglose Behandlungsversuche unternommen haben. Es dürfte der alltäglichen Erfahrung entsprechen, dass man in speziellen Tinnitus-Sprechstunden dem Patienten a posteriori die Indikationen zu bestimmten – auch unsinnigen – Behandlungen erklären soll. Die Frage nach der Dekompensation des Tinnitus kann mit wenigen gezielten persönlichen Fragen und auf der Basis des Fragebogens von Goebel erfasst werden. Es ist uns nicht bekannt, welche Faktoren ein plötzlich aufgetretenes Ohrgeräusch chronisch werden und dekompensieren lässt. Die Chronifizierung und Dekompensation markiert den Übergang von der reinen Ohrerkrankung (Organerkrankung) hin zu einer Beeinträchtigung des gesamten Menschen in seiner körperlichen, seelischen und sozialen Intaktheit (Systemerkrankung). Die ohrbezogene Behandlung kann die Hörgeräteversorgung und die Ausstattung mit anderen apparativen Hilfen umfassen. Die Dekompensation des Tinnitus mit der Folge von zum Teil erheblichen Folgeerkrankungen im körperlichen, emotionalen und kognitiven Bereich, kann in einer großen Zahl der Fälle mit Methoden der modernen Verhaltensmedizin erfolgreich behandelt werden. Die Aufgabe des HNO-Arztes besteht beim chronisch-dekompensierten Tinnitus also neben der organmedizinischen Diagnostik und Behandlung in der Bereitung des Weges hin zur psychotherapeutischen Behandlung. Im Falle eines kompensierten Tinnitus gilt heute die umfassende fachärztliche Patienteninformation im Sinne eines sogenannten Tinnitus-Counselling als wesentliche und therapeutisch wirksame Maßnahme, losgelöst von der Frage einer audiologisch motivierten Indikation für eine Hörhilfe. Im Rahmen der Tinnitus-Retraining-Therapie (s. u.) ist das Tinnitus-Counselling eines der Behandlungsmodule.

2.8.10.1 Psychotherapie bei chronischem Tinnitus
Sofern ein Tinnitus dekompensiert ist und im Tinnitus-Fragebogen nach Goebel ein Tinitus-Score von ≥ 40 vorliegt, kann eine Psychotherapie als *kognitive Verhaltenstherapie* indiziert sein. Diese Behandlungsform gilt heute als wissenschaftlich abgesichert. Sie kann nach den Psychotherapie-Richtlinien veranlasst und damit auch zulasten der Gesetzlichen Krankenversicherung verordnet werden. Die Behandlung kann als Einzel- oder als Gruppentherapie erfolgen. Stationäre Behandlungen in psychosomatischen Fachkliniken oder in spe-

zialisierten Tinnitus-Kliniken kommen auch aus wirtschaftlichen Gründen nur für besonders schwere Formen in Frage. Ziel der Behandlung ist nicht die Beseitigung des Tinnitus, sondern die Verbesserung der Akzeptanz des Tinnitus (Coping), also das Überführen eines dekompensierten in einen kompensierten Tinnitus.

2.8.10.2 Entspannungsverfahren bei chronischem Tinnitus

Die meisten Konzepte zur Tinnitusbehandlung beinhalten den Einsatz von *Entspannungsverfahren*. Im deutschen Sprachgebiet hat aus historischen Gründen das Autogene Training eine besonders große Bedeutung. Die progressive Muskelentspannung nach Jacobson gewinnt eine zunehmende Verbreitung. Beide Verfahren können zulasten der Gesetzlichen Krankenversicherung verordnet werden und sind sowohl als Einzel- wie auch als Gruppenverfahren geeignet. Die meisten Tinnituspatienten folgen der Empfehlung zum Erlernen einer dieser Techniken, ohne dass nach Erfolgskriterien eines der beiden Verfahren favorisiert werden könnte. Die Indikationsstellung kann dem Patienten ggf. auf der Basis eines Stressfragebogens (z. B. nach Groeninger) transparent gemacht werden. Andere Entspannungsverfahren, wie z. B. Yoga o. ä. mögen durchaus denselben Wert wie die oben genannten haben, sie sind jedoch wissenschaftlich nicht abgesichert und nicht verordnungsfähig.

2.8.10.3 Apparative Hilfen bei chronischem Tinnitus

Hörgeräte. Beim gleichzeitigen Vorliegen eines Tinnitus und einer Hörminderung kann auch bei geringgradigen oder einseitigen Schwerhörigkeiten, die aus Gründen des Sprachverstehens (noch) keine Hörgeräteversorgung begründen, die Anpassung eines oder zweier Hörgeräte indiziert sein. Die Verstärkung der Umweltgeräusche kann zu einer kompletten oder partiellen Maskierung des Tinnitus führen. Eine anhaltende Tinnitus-Unterdrückung nach Abnehmen des Hörgeräts (Residualinhibition) kann in aller Regel nicht erreicht werden. Ein tief- und mittelfrequenter Tinnitus kann durch Hörgeräte besonders in den Fällen verdeckt werden, in denen in diesen Frequenzbereichen eine Hörminderung vorliegt. Weniger günstig ist ein hochfrequenter Tinnitus auf diese Weise zu verdecken, da der Anteil hochfrequenter Umgebungsgeräusche geringer ist. Gleichwohl sollte auch bei isolierten Hochtonschwerhörigkeiten mit assoziiertem Tinnitus eine Hörgeräteversorgung mit einem Hochtonhörgeräte versucht werden, da u. U. der Gesamthöreindruck des Betroffenen durch eine Verbesserung des an die hohen Frequenzen gebundenen sozialen Gehörs, d. h. dem Hören in Gruppen oder bei Störgeräuschen, optimiert wird und damit das Gesamtempfinden des Patienten besser wird. Dieser Effekt kann durch besondere Formen der Otoplastik noch gesteigert werden. Eine Verstärkung des Tinnitus durch Hörgeräte ist in der Regel nicht zu erwarten, auf eine entsprechende Begrenzung des maximalen Ausgangsschalldruckpegels ist zu achten. Im Beratungsgespräch vor der Einleitung einer Hörgeräteversorgung ist auf einen möglicherweise erforderlichen längeren Anpass- und Erprobungsprozess hinzuweisen. Die Verordnung von Hörgeräten erfolgt nach bestimmten Richtlinien und Rahmenverträgen zulasten der Gesetzlichen Krankenversicherung. Bei aus unter Höraspekten grenzwertigen Indikationen kann eine Einzelfallbegründung mit dem Hinweis auf die Tinnitus-Problematik erforderlich sein.

Tinnitus-Masker: Bei nur geringer oder fehlender Schwerhörigkeit kann die Versorgung mit einem Tinnitus-Masker versucht werden. Diese Geräte entsprechen vom äußeren Aspekt in der Regel einem HdO-Hörgerät, sind jedoch auch als IdO-Geräte lieferbar. Sie enthalten einen Rauschgenerator mit einem veränderbaren Frequenzspektrum sowie einen Lautstärkeregler. Im Unterschied zum Hörgerät verstärkt der Masker nicht die externen Schallreize, sondern verdeckt den Tinnitus durch das intern erzeugte Geräusch. Vor einer grundsätzlich möglichen Verordnung zulasten der Krankenversicherung ist eine entsprechend lange Erprobungsphase anzustreben, in der sich der tatsächliche Wert für den betroffenen Patienten herausstellen muss. Die Langzeitakzeptanz der Geräte korreliert positiv mit der subjektiv eingeschätzten Effektivität, und diese kann prospektiv in der Erprobungsphase eingeschätzt werden. Insgesamt ist der Wert von Tinnitus-Maskern nur bei entsprechend strenger Patientenauswahl hoch.

Tinnitus-Instrument: Das Tinnitus-Instrument ist eine Kombination von Hörgerät und Masker. Es stellt eine Behandlung der zweiten Wahl dar, wenn nämlich beim Vorliegen einer Schwerhörigkeit mit einem Hörgerät allein keine ausreichende Verdeckung des Tinnitus erreicht werden kann. In diesen Fällen wird aber grundsätzlich empfohlen, vor einer Anpassung zunächst eine vorhandene Hörgeräteeinstellung zu optimieren, letztendlich auch um eine kostenträchtige Neuversorgung zu umgehen. Auch vor der endgültigen Verordnung eines Tinnitus-Instruments muss sich das Gerät in einem längeren Erprobungsprozess bewährt haben. Insgesamt ist der Stellenwert dieser apparativen Tinnitus-Hilfe gering.

Tinnitus-Noiser: Tinnitus-Noiser sind externe Schallgeber, die nicht die Verdeckung des Tinnitus zum Ziel haben, sondern ein anderes Geräusch neben den Tinnitus stellen und den Höreindruck vom Tinnitus weglenken. Der Tinnitus-Noiser ist in aller Regel Teil des umfassenden Behandlungskonzeptes *Tinnitus-Retraining-Therapie (TRT)* (s. u.). Ziel des gesamten Therapie-Regimes ist die Umgewöhnung des Höreindruckes mit einer Anpassung an den Tinnitus. Nach gängiger Lehrmeinung muss der Tinnitus-Noiser (im Rahmen der TRT) mindestens 6 Stunden täglich für insgesamt 6 Monate bis 2 Jahre getragen werden. Der Tinnitus-Noiser wird derzeit von den Hilfsmittel-Richtlinien noch nicht erfasst und kann daher nicht zu Lasten der gesetzlichen Krankenversicherung verordnet werden.

2.8.10.4 Tinnitus-Retrainig-Therapie TRT

Die *Tinnitus-Retraining-Therapie* ist ein auf den Modellen von Jastreboff und Hazell basierendes Konzept zur ambulanten Therapie des Tinnitus, das sich aus mehreren Modulen zusammensetzt. Grundlage ist eine umfassende Patienteninformation auf der Basis einer substantiellen symptombezogenen, HNO-ärztlichen Untersuchung und der Lösungswege aufzeigenden Einschätzung der psychischen Aspekte des Tinnitus. Der zweite Anteil ist eine apparative Hilfe. Ursprünglich war damit lediglich der Tinnitus-Noiser gemeint, in abgewandelter Form kommen aber auch Hörgeräte und Tinnitus-Masker zum Einsatz. Der dritte Teilaspekt ist eine psychologische Therapie, die sich an den o. g. Maßnahmen zur Verhaltensmodifikation orientiert. Das Dilemma besteht darin, dass mit dem Begriff TRT ein vermeintlich neues Behandlungsverfahren implementiert werden soll, das den Kostenträgern gegenüber zunächst begründet werden und sich durchsetzen muss. TRT setzt sich aber im Grunde aus anerkannten Behandlungsmethoden zusammen, die – jede für sich – auch gegenüber der gesetzlichen Krankenversicherung abgerechnet werden können, nämlich die ausführliche Patienteninformation (ggf. im Rahmen der psychosomatischen Grundversorgung), die apparative Hörhilfe und die verhaltenstherapeutisch orientierte Psychotherapie. Insofern ist die Einschätzung des Tinnitus-Spezialisten Goebel nachvollziehbar, die TRT sei „alter Wein in neuen Schläuchen". Die Leitlinienentwicklung der beteiligten Fachgesellschaften sowie die entsprechenden Gespräche mit den Kostenträgern sind aber noch nicht abgeschlossen, sodass in Deutschland derzeit die TRT als spezifisches Verfahren noch nicht abschließend eingeordnet werden kann. Der Wert der einzelnen Behandlungsmodule bleibt davon unberührt.

2.9.10.5 Medikamente bei chronischem Tinnitus

Der Wert medikamentöser Behandlungen beim chronischen Tinnitus wird gemeinhin überschätzt. Je länger ein Ohrgeräusch anhält (chronischer Tinnitus, d. h. länger als 12 Monate anhaltend), desto geringer sind die Erfolgsaussichten einer medikamentösen Beeinflussung. Die vielfach geübte Praxis eines (unkritischen) Einsatzes rheologisch wirkender Medikamente ist wegen der insgesamt nur geringen Erfolgsquote zu kritisieren. Die Anwendung von Membranstabilisatoren (Lidocain) und Neurotransmitterabkömmlingen (Glutamat) sollte dem damit erfahrenen (HNO-)Arzt vorbehalten bleiben.

2.8.10.6 Hyperbare Sauerstofftherapie

Nach einer anfänglichen Euphorie ist die Einstellung gegenüber der hyperbaren Sauerstofftherapie einer rationalen Einstellung und Ernüchterung gewichen. Nach einer aktuellen Stellungnahme der wissenschaftlichen Fachgesellschaft wird diese Therapie beim Tinnitus nicht empfohlen. Sie wird von den Kostenträgern der GKV auch nicht bezahlt.

2.8.10.7 Chiropraktik

Chiropraktische Maßnahmen an der Halswirbelsäule gehören nur in die Hand des damit Erfahrenen. Es gibt keine Möglichkeit, den Wert solcher Maßnahmen a priori abzuschätzen. Insofern muss die Indikation in Wertung möglicher Risiken einschließlich der Tinnitus-Verstärkung kritisch abgewogen werden.

2.8.10.8 Alternativmedizin

Alternativmedizinische Maßnahmen zur Tinnitus-Behandlung werden zwar in großer Zahl angeboten, halten jedoch einer wissenschaftlichen Hinterfragung nicht stand.

2.8.11 Besondere berufliche Aspekte bei Tinnitus

Im Falle eines akut aufgetretenen Tinnitus richtet sich die Frage der Bescheinigung einer *Arbeitsunfähigkeit* nach der individuellen Ursache und nach dem notwendigen therapeutischen Aufwand. Eine alleinige Krankschreibung ohne die Veranlassung einer wie auch immer gearteten spezifischen Therapie dürfte in aller Regel nicht zu rechtfertigen sein. Jenseits des Akutstadiums richtet sich die Beantwortung dieser Frage nach der Art und dem Ausmaß der Begleit- oder Folgestörungen. So kann die *Behandlung psychischer Komorbiditäten* im emotionalen und kognitiven Bereich im Einzelfall Maßnahmen erfordern, die vorübergehend eine Arbeitsunfähigkeit bedingen können. Grundsätzlich muss aber abgewogen werden, ob denn der Verlust der normalen Tagesstruktur bei einer Krankschreibung dem Therapieziel einer Optimierung des Coping nicht sogar entgegensteht. Im Falle der Dekompensation des Tinnitus sind also weniger die „ohrbezogenen" Aspekte der Erkrankung für das Berufsleben bedeutsam, sondern die psychischen. Und dies gilt sowohl für den Zuständigkeitsbereich der Krankenversicherung als auch – unabhängig vom Kostenträger – für die ggf. notwendige Rehabilitation oder sonstige Hilfen bei der Wiedereingliederung ins Berufsleben.

LITERATURHINWEISE

DELB, W.; D´AMELIO, R.; ARCHONTI, CH.; SCHONECKE, O. (2002): Tinnitus. Ein Manual zur Tinnitus-Retrainingtherapie. Hogrefe, Göttingen.

GOEBEL, G. (2003): Tinnitus und Hyperakusis. Hogrefe, Göttingen.

KRÖNER-HERWIG, B. (1997): Psychologische Behandlung des chronischen Tinnitus. Psychologie Verlags Union, Weinheim.

ROSANOWSKI, F.; EYSHOLDT, U. (2004): Ärztlicher Ratgeber Tinnitus. Wort und Bild Verlag, Beierbrunn.

2.8.12 Key-Message
- Tinnitus hat in den Fällen eine besondere Relevanz für das Berufsleben, wenn er dekompensiert ist, d. h. wenn relevante Folge- und Begleitstörungen insbesondere im emotionalen und kognitiven Bereich auftreten.
- Diese Störungen sind in aller Regel interdisziplinär zu diagnostizieren, zu behandeln bzw. zu rehabilitieren.
- Frühzeitige Interventionen sichern eine günstige Prognose, ein therapeutischer Nihilismus beim chronisch-dekompensierten Tinnitus ist nicht gerechtfertigt, denn dafür steht eine Summe von validen apparativen und psychotherapeutischen Verfahren zur Verfügung.

2.9 Arbeitssucht – Erholungsunfähigkeit – Pathologische Anwesenheit

Stefan Poppelreuter

„Ich bin arbeitssüchtig. Meine Arbeitssucht ist ein einziger Zwang. Sie ist eine Krankheit. Der Zwang zur Arbeit hat mich im Griff. Ich bin Sklave meines unentwegten Arbeitens. Mein Leben gehört mir nicht mehr selbst. Ich bin süchtig nach Arbeit. Dabei, und das ist das Groteske, bin ich inzwischen pensioniert." (Zitat eines Betroffenen aus einer Studie zum Thema Arbeitssucht)

2.9.1 Eine kurze Einführung in die Erforschung der Arbeitssucht

Wer kennt ihn nicht, den Kollegen, der morgens als einer der Ersten im Büro ist, und der abends meist der Letzte ist, der geht? Oder die witzig gemeinte Bemerkung zum Werkstattmeister, der regelmäßig auch nach 20:00 Uhr noch im Betrieb anzutreffen ist: „Na, haben Sie wieder Krach mit Ihrer Frau?" Oder die Mitarbeiterin, die gerne Zusatzaufgaben mit den Worten übernimmt: „Kein Problem, darum kann ich mich am Wochenende kümmern"? Muss man da hellhörig werden? Hat das etwas mit Arbeitssucht zu tun? „Moment einmal", kann man hier einwenden. „Wer seinen Arbeitsplatz in den heutigen unsicheren Zeiten behalten will, der muss sich halt ein wenig reinhängen". Auch wenn die offiziellen Statistiken einen Rückgang der *Überstunden* in den letzten Jahren aufweisen, so kann dies nicht darüber hinweg täuschen, dass durch die mit der Rezession allgemein verbundene Sorge um den Arbeitsplatz vielfach Mehrarbeit gar nicht mehr dokumentiert und von nicht wenigen Arbeitgebern auch stillschweigend erwartet wird. Doch hat diese *Angst* um den Arbeitsplatz und die sich daraus ergebende – wohl eher *extrinsisch* als *intrinsisch* ausgelöste – *Motivation* etwas mit süchtigem Arbeiten zu tun? Und was ist das überhaupt – süchtiges Arbeiten?

Im Anfang viel Anekdotisches, wenig Empirisches

Zwar haben die Begriffe von der Arbeitssucht und vom *Workaholic* in den letzten Jahren zunehmend Eingang in unsere Alltagssprache gefunden, aber bei näherer Beschäftigung mit der Thematik fällt unmittelbar eine Diskrepanz auf. Obschon in der Presse, in Rundfunk und Fernsehen immer häufiger über Arbeitssucht und arbeitssüchtiges Verhalten berichtet wird, findet sich auf Seiten der wissenschaftlichen Beschäftigung mit dem süchtigen Arbeiten – und zwar unabhängig von der wissenschaftlichen Fachdisziplin – wenig Einschlägiges. Erste Bücher zum Thema tauchten in den 70er Jahren des letzten

Jahrhunderts in den USA auf. In einem 1971 im Wall Street Journal erschienenen Artikel wurde auf Mitarbeiterinnen und Mitarbeiter eingegangen, denen es abends schwer fällt, das Büro zu verlassen und nach Hause zu gehen. Eine Art pathologische Anwesenheit war also schon damals bekannt. Vieles, was anfänglich über Arbeitssucht berichtet wurde, war aber eher anekdotischer Natur. Empirische Studien fanden sich kaum, und wenn, dann waren die Fragestellungen vage, die Stichproben klein und die eingesetzten Instrumente zur Erfassung von Arbeitssucht unzuverlässig. Zudem wurden oftmals die Daten von Personen interpretiert, die aufgrund zweifelhafter diagnostischer Strategien als Arbeitssüchtige deklariert wurden. Einige US-amerikanische Forscher gingen damals sogar so weit, dass die Arbeitssucht als etwas Erstrebenswertes, nicht nur für Unternehmen, sondern auch für das einzelne Individuum betrachtet wurde, eine Ansicht, die auch heute noch in den Köpfen nicht weniger Wissenschaftler, Arbeitgeber und auch (potenziell) Betroffener präsent ist.

Neuere Entwicklungen in den USA und in Deutschland
In der Zwischenzeit hat sich die Lage etwas gebessert. In den USA durchgeführte Forschungen zur Arbeitssucht können inzwischen auf zuverlässigere Erfassungsinstrumente, ausgefeiltere wissenschaftliche Studien und die Einbindung von tatsächlichen Arbeitssüchtigen zurückgreifen. Doch wie ist die Lage in Deutschland? Auch hier gab es, mit einer gewissen Verzögerung im Vergleich zu den USA, in den 70er Jahren des letzten Jahrhunderts ein erstes Interesse am Phänomen der Arbeitssucht. Zwar tauchte der Begriff von der Arbeitssucht vereinzelt sowohl in der Wissenschaft als auch in der Literatur auf, aber es war ein Artikel von Gerhard Mentzel, seinerzeit Ärztlicher Direktor der Hardtwaldklinik II in Bad Zwesten, einer psychosomatischen Rehabilitationsklinik in Nordhessen, der sich erstmalig in der deutschen Fachliteratur mit der Arbeitssucht befasste. Schon damals stellte Mentzel einen an die Fragebögen der *Anonymen Alkoholiker* zur Erfassung von Alkoholproblemen angelehnten Fragebogen zur Erfassung von Arbeitssucht vor. In der Folge sollte es aber weitere 10 Jahre dauern, bis Sabine Rentrop eine erste auf qualitativen Daten beruhende Studie zum süchtigen Arbeiten vorlegte. Da diese Untersuchung jedoch nur auf wenige Interviewdaten zurückgreifen konnte, musste die Reichweite ihrer Aussagen als gering betrachtet werden. Erst Mitte der 90er Jahre des letzten Jahrhunderts erschien die erste empirische Studie zum Thema Arbeitssucht in Deutschland. Diese von Poppelreuter vorgelegte Arbeit basierte zwar auch nur auf relativ kleinen Stichproben, stellte aber aufgrund ihrer hypothesengeleiteten und methodisch fundierten Vorgehensweise einen ersten Markierungspunkt in der Erforschung der Arbeitssucht in Deutschland dar.

Ein Anfang – aber noch lange kein Durchbruch
Wer gehofft hatte, dass hiervon ein Aufbruchsignal zur systematischeren und intensiveren Erforschung der Arbeitssucht ausgehen würde, der sah sich getäuscht. Inzwischen hat es zwar weitere vereinzelte Studien und (Teil-) Untersuchungen zur Arbeitssucht gegeben, und das Feld der *nicht-stoffgebundenen Süchte* – zu denen neben der Arbeitssucht auch Verhaltensauffälligkeiten wie z. B. die *Spielsucht*, die *Kaufsucht* oder die *Online-Sucht* gehören –

findet auch im wissenschaftlichen Bereich immer größere Aufmerksamkeit. Insgesamt aber ist festzuhalten, dass der Wissensstand zur Arbeitssucht in Deutschland wie auch in den anderen Ländern, in denen überhaupt Arbeitssuchtforschung in nennenswertem Umfang betrieben wird – Nordamerika und Japan – nach wie vor noch gering ist. Insofern müssen die nachfolgenden Ausführungen, sei es zur Diagnostik, zur Prävalenz oder auch zur Intervention bei Arbeitssucht, mit gewisser Vorsicht gelesen werden.

Arbeitssucht – ein zunehmendes Problem
Es lässt sich nicht länger verdrängen, dass es zunehmend Menschen gibt, die über ihren Umgang mit Arbeit, über ihre Unfähigkeit abzuschalten und sich auch einmal eine Auszeit zu nehmen, klagen. In dieses Klagen stimmen auch immer mehr Partner/innen oder Kinder von betroffenen Arbeitssüchtigen ein, die unter deren Einstellungs- und Verhaltensmustern zunehmend leiden. Und schließlich setzt sich auch auf Seiten der Unternehmen die Erkenntnis mehr und mehr durch, dass es zwar erstrebenswert ist, motivierte Angestellte zu haben, dass aber der Workaholic aufgrund zahlreicher Probleme und Schwierigkeiten, die er in Unternehmen, Organisationen und Verwaltungen hineinträgt, längst nicht das Idealbild des Mitarbeiters darstellt. Dass entsprechende Interventionsmaßnahmen der Unternehmen eher als *Work-Life-Balance-Maßnahmen* deklariert werden, denn als Strategien zur Bekämpfung von Arbeitssucht, ändert nichts an der Tatsache, dass die Einsicht in die Notwendigkeit eines ausgewogenen – und damit in keiner Weise süchtigen, also auch nicht arbeitssüchtigen – Lebensstils auch auf Seiten der Unternehmen zunehmend spürbar ist.

2.9.2 Definition und Diagnose der Arbeitssucht

Obschon der deutsche Begriff Arbeitssucht und sein englisches Gegenstück Workaholism innerhalb der wissenschaftlichen Diskussion unterschiedliche Traditionen haben, lässt sich sagen, dass sich die Begriffe vor allem in den 80er und 90er Jahren in der fach- wie populärwissenschaftlichen Literatur etablierten. Dabei ist arbeitssüchtiges Verhalten keineswegs ein Phänomen unserer Zeit. Sowohl in der Belletristik als auch in der wissenschaftlichen Literatur finden sich schon sehr viel früher Beschreibungen arbeitssüchtiger Verhaltensmuster. Diese wurden dort aber selten explizit als Arbeitssucht bezeichnet.

Arbeitssucht – deskriptiv betrachtet
Versucht man den Begriff Arbeitssucht zu definieren, so muss man sich zwangsläufig auf der deskriptiven Ebene bewegen. So ließe sich Arbeitssucht beschreiben als ein exzessives Bedürfnis nach Arbeit, das ein solches Ausmaß erreicht hat, dass es für den Betroffenen zu unübersehbaren Beeinträchtigungen der körperlichen Gesundheit, des persönlichen Wohlbefindens, der interpersonalen Beziehungen und des sozialen Funktionierens kommt. Eine solche Definition wirft jedoch unmittelbar die Frage auf, wie Begriffe wie „exzessiv", „unübersehbar" und „Beeinträchtigungen" genau zu erfassen sind. Im Alltagssprachgebrauch wird unter einem Arbeitssüchtigen eine Person verstanden, die außerordentlich viel in ihre Arbeit investiert und andere Lebensbereiche vernachlässigt. Nicht zuletzt aufgrund dieser Beschreibung des Arbeitssüchtigen als unausgeglichener oder unbalancierter Person findet sich die Arbeitssuchtproblematik heutzutage häufig in Work-Life-Balance-Trainings wieder.

Definitorische Schwierigkeiten – diagnostische Probleme

Wie schwierig eine Definition des Begriffs Arbeitssucht ist zeigt die Tatsache, dass sich der Begriff Arbeitssucht trotz seiner weiten Verbreitung bislang nicht in der offiziellen medizinisch-psychiatrischen und psychologischen Diagnostik hat durchsetzen können. Die definitorischen Probleme finden ihre unmittelbare Widerspiegelung in diagnostischen Schwierigkeiten.

Dabei waren bereits Ende des 19. Jahrhunderts die allgemeinen Merkmale stoffgebundener und auch stoffungebundener Suchterkrankungen, wie beispielsweise der *Alkoholabhängigkeit* einerseits und der *Spielsucht* andererseits, bekannt. Offensichtlich fand schon damals eine gewisse Gleichsetzung stoffgebundener und stoffungebundener Suchterkrankungen statt, zumindest was ihre diagnostischen Kriterien angeht. Kennzeichnend für den Konsum von psychotropen Substanzen (Alkohol, Drogen etc.) sind eine Reihe von Syndromen, die von der Intoxikation unmittelbar nach dem Konsum bis zum schädlichen Gebrauch (Missbrauch) und zum *Abhängigkeitssyndrom* reichen. Das Abhängigkeitssyndrom wiederum kann von Entzugssymptomen, Toleranzbildung bis hin zu erheblichen körperlichen und diversen schweren psychischen Beeinträchtigungen begleitet sein. Diese Beeinträchtigungen können sich sowohl auf körperlicher als auch auf Verhaltens- und auch auf geistig-seelischer Ebene äußern. Zu nennen sind in diesem Zusammenhang beispielsweise das Auftreten von *Entzugssymptomen* beim plötzlichen Absetzen einer Substanz, der unwiderstehliche Wunsch, eine Droge zu konsumieren, der Kontrollverlust während des Konsums einer Substanz oder einer Substanzklasse sowie der Vorrang des Konsums gegenüber gesellschaftlichen, sozialen und rechtlichen Verpflichtungen.

Stoffgebundene Abhängigkeiten und stoffungebundene Süchte

Bei den stoffungebundenen Süchten, den so genannten *Verhaltenssüchten*, werden keine psychotropen Substanzen von außen zugeführt bzw. eingenommen. Der psychotrope Effekt kann sich unter anderem jedoch aus körpereigenen biochemischen Veränderungen ergeben, die durch bestimmte exzessive, belohnende bzw. belohnungssuchende Verhaltenweisen ausgelöst werden. Belohnende Faktoren eines arbeitssüchtigen Verhaltens können dabei beispielsweise die Verdrängung unangenehmer Gefühle wie Minderwertigkeit, soziale Ängste oder fehlendes Selbstbewusstsein sein, aber natürlich auch positive Effekte wie Lob und Anerkennung, materieller Wohlstand und gesellschaftliche Reputation. Bislang wird die Verhaltenssucht im Allgemeinen in den gängigen Klassifikationssystemen psychischer Störungen, der Internationalen Klassifikation psychischer Störungen (ICD 10) und dem Diagnostischen und Statistischen Manual Psychischer Störungen (DSM IV-TR), noch nicht als eigenständiges Störungsbild beschrieben. Somit wird eine Diagnosestellung hierfür erschwert.

Probleme der Definition am Beispiel des pathologischen (Glücks-)Spielens

Als einzige Verhaltenssucht findet sich derzeit das pathologische (Glücks-) Spielen (als Spielverhalten mit klinischer Relevanz) in den internationalen Klassifikationssystemen psychischer Störungen DSM-IV und ICD-10. Spielsucht wird dort unter der Kategorie der Psychischen und Verhaltensstörungen als „Abnorme Gewohnheiten und *Störungen der Impulskontrolle*" aufgelistet. Gegenwärtig besteht lediglich die Möglichkeit, eine Verhaltenssucht in Anlehnung an die Einordnung des pathologischen (Glücks-) Spielens als Störung der Impulskontrolle, nicht andernorts klassifiziert, zu diagnostizieren. Bei den *Abnormen Gewohnheiten* und Störungen der Impulskontrolle sind andernorts nicht klassifizierbare Verhaltensstörungen zusammengefasst, die sich im Merkmal eines als unkontrollierbar beschriebenen Impulses ähneln. Als Störungen der Impulskontrolle werden Verhaltensweisen bezeichnet, bei denen der Betroffene nicht in der Lage ist, dem Impuls, Trieb oder der Versuchung zu widerstehen, eine Handlung auszuführen, die für die Person selbst oder andere schädlich ist. Bei den meisten dieser Störungen fühlt der Betroffene zunehmende Spannung oder Erregung, bevor er die Handlung durchführt, und erlebt dann Vergnügen, Befriedigung oder ein Gefühl der Entspannung während der Durchführung der Handlung. Nach der Handlung können eventuell Reue, Selbstvorwürfe oder Schuldgefühle auftreten. Die Einordnung des pathologischen (Glücks-) Spielens unter die Störung der Impulskontrolle erweist sich jedoch als unzureichend und kann verhindern, dass geeignete Elemente aus der Behandlung suchtkranker Patienten in der Therapie angewendet werden. Darüber hinaus stellt sich die Frage, ob das diagnostische Merkmal vom nicht widerstehbaren Impuls, Trieb oder der entsprechenden Versuchung für die Diagnose der Arbeitssucht zielführend ist. Während die auch in der Alltagssprache vorfindbare Assoziation beispielsweise vom Spieltrieb oder auch vom Sexualtrieb eine entsprechende Kategorisierung für die Spiel- oder die *Sexsucht* angemessen erscheinen lässt, fällt es bezüglich der Arbeitssucht ungleich schwerer, von einem Arbeitstrieb zu sprechen. Hier erweisen sich Diagnosemerkmale als hilfreicher, die eher die Entwicklung und Verfestigung bestimmter Verhaltens- und Einstellungsmuster bis in destruktive Bereiche hinein betonen.

Arbeitssucht: Impulskontrollstörung? Zwanghaftes Verhalten? Verhaltenssucht?

In der Literatur stehen einheitlichen Kriterien für das Störungsbild der exzessiven belohnenden bzw. belohnungssuchenden Verhaltensweisen mit klinischer Relevanz denn auch tatsächlich verschiedene Bezeichnungen gegenüber. So bevorzugen einige Autoren den Begriff der Impulskontrollstörung. Bezogen auf die Arbeitssucht lassen sich allerdings kaum Quellen finden, die diese Symptomatik als Impulskontrollstörung betrachten.

Des Weiteren wird das exzessive Vielarbeiten von einigen Autoren als ein zwanghaftes Verhalten beschrieben und das Störungsbild der exzessiven belohnenden Verhaltensweisen generell als *Zwangshandlung* definiert. Die Diagnose *Zwangsstörung* scheint jedoch für die exzessiven belohnenden Verhaltensweisen (Verhaltenssucht) im Allgemeinen und für die Arbeitssucht im Besonderen nicht zutreffend zu sein. So werden z. B. Zwangshandlungen (auch anfangs) nicht als angenehm empfunden und gelten häufig als Vorbeugung gegen ein objektiv unwahrscheinlich eintretendes Ereignis, das Unheil anrichten könnte. Die Zwangshandlung wird in der Regel nicht lange vorbereitet und teilweise unmittelbar mehrfach stereotyp wiederholt. So schließt die ICD-10 die Bezeichnung „zwanghaft" für pathologisches Glücksspielverhalten konsequenterweise auch explizit aus. Bezogen auf die Arbeitssucht ist es ebenfalls nicht angemessen von einer Zwangsstörung zu sprechen. Allerdings besteht die Möglichkeit, arbeitssüchtiges Verhalten als Resultat einer *zwanghaften Persönlichkeitsstörung*

zu betrachten. Diagnostische Merkmale der zwanghaften Persönlichkeitsstörung sind beispielsweise
- Unentschlossenheit, Zweifel und übermäßige Vorsicht als Ausdruck einer tiefen persönlichen Unsicherheit.
- *Perfektionismus*, Bedürfnis nach ständiger Kontrolle und peinlich genaue Sorgfalt, was zur Bedeutung der Aufgabe in keinem Verhältnis steht und bis zum Verlust des Überblicks über die allgemeine Situation führt.
- Übermäßige Gewissenhaftigkeit, Skrupelhaftigkeit und unverhältnismäßige Leidensbezogenheit unter Vernachlässigung von Vergnügen und zwischenmenschlichen Beziehungen.
- Pedanterie und Konventionalität mit eingeschränkter Fähigkeit zum Ausdruck warmer Gefühle.
- Rigidität und Eigensinn, wobei anderen gegenüber auf einer Unterordnung unter eigene Gewohnheiten bestanden wird.
- Andrängen beharrlicher und unerwünschter Gedanken oder Impulse, die nicht die Schwere einer Zwangsstörung erreichen.
- Bedürfnis zu frühzeitigem, detailliertem und unveränderbarem Vorausplanen aller Aktivitäten.

Es muss dabei jedoch ausdrücklich auf den Unterschied zwischen der Zwangsstörung und der zwanghaften Persönlichkeitsstörung hingewiesen werden. Auch lassen sich die Konzepte Sucht und *Zwang* nicht integrieren, denn während die Ausübung einer Sucht höchste Lust ist und vorübergehend befriedigt, ist die Ausübung eines Zwanges eher quälend und wird von den Betroffenen häufig auch als völlig sinnlos erlebt. Sehr wohl lässt sich süchtiges Verhalten jedoch mit den Merkmalen einer zwanghaften Persönlichkeitsstörung in Einklang bringen.

Schließlich lässt sich das Arbeitsverhalten der Arbeitssüchtigen auch als Abhängigkeitsstörung definieren. Hier wird von einer Verhaltenssucht gesprochen und betont, dass sowohl das Verlangen von Verhaltenssüchtigen, ihrer Verhaltensroutine nachzugehen, als auch das auftretende körperliche und psychische Unbehagen und die Nervosität, wenn die Durchführung des Verhaltens verhindert wird, die Verlangens- und Entzugssymptomatik von Substanzabhängigen widerspiegeln. Des Weiteren wird von einer Toleranzentwicklung bei der Ausübung des Verhaltens berichtet. So wurden bereits mehrfach bei verschiedenen Formen der Verhaltenssucht (z. B. Arbeits-, Kauf- und Spielsucht) die diagnostischen Kriterien und das klinische Erscheinungsbild einer Abhängigkeitserkrankung beschrieben. Der synonym genutzte Begriff der Verhaltensabhängigkeit bzw. Verhaltenssucht impliziert, dass sowohl sekundäre Verstärker wie pharmakologische Substanzen, die direkt auf Neurotransmitter wie das dopaminerge Belohnungssystem Einfluss haben, als auch Verhaltensweisen, die wie andere Umweltreize indirekt auf das Gehirn einwirken, eine Belohnung für das Gehirn darstellen.

Eine operationale Definition der Arbeitssucht
Aufgrund der konträren und zum Teil widersprüchlichen Forschungslage kann lediglich eine operationale Definition der Arbeitssucht formuliert werden. Diese orientiert sich an ausgewählten allgemeinen Indikatoren nicht-stoffgebundener Süchte. Danach ist unter Arbeitssucht – im Sinne einer Verhaltenssucht - eine Symptomatik zu verstehen, die sich primär durch folgende Merkmale kennzeichnen lässt:
- Der Betroffene ist dem Arbeitsverhalten völlig verfallen, das gesamte Denken und

Handeln, der gesamte Vorstellungsraum beziehen sich auf die Arbeit.
- Der Betroffene hat die Kontrolle über sein Arbeitsverhalten verloren, er ist unfähig, Umfang und Dauer des Arbeitsverhaltens zu bestimmen. Der Betroffene ist abstinenzunfähig. Er erlebt es subjektiv als unmöglich, kürzere oder längere Zeit nicht zu arbeiten.
- Beim Betroffenen treten *Entzugserscheinungen* bei gewolltem oder erzwungenem Nicht-Arbeiten auf, bis hin zu vegetativen Symptomen.
- Der Betroffene entwickelt eine gewisse Toleranz gegenüber der Arbeitsquantität, das heißt, zur Erreichung angestrebter Gefühlslagen oder Bewusstseinszustände muss immer mehr gearbeitet werden.
- Beim Betroffenen treten psychosoziale und/oder psychoreaktive Störungen auf.

Diagnostische Merkmale und Kriterien der Arbeitssucht

Es lässt sich noch nicht sagen, wie viele der genannten Indikatoren in welcher Intensität und über welchen Zeitraum hinweg auftreten müssen, um eine zuverlässige Arbeitssuchtdiagnose stellen zu können. Zudem ist deutlich herauszustellen, dass die Arbeitssuchtdiagnose keinesfalls nur an rein quantitativen Merkmalen festgemacht werden sollte. Entgegen des landläufigen Vorurteils beginnt die Arbeitssucht nicht erst ab einer wöchentlichen Arbeitsstundenzahl von beispielsweise 60plus. Sowohl kann es sein, dass Personen mit deutlich weniger Arbeitsstunden als arbeitssüchtig einzuschätzen sind, als auch dass Personen, die mehr als 60 Stunden pro Woche arbeiten, nicht zur Gruppe der Arbeitssüchtigen gehören. Es gibt keine objektiv festlegbare Wochenarbeitsstundenzahl, ab der von süchtigem Arbeiten die Rede sein kann. Entscheidend ist nicht, wie viele Stunden jemand arbeitet. Viel entscheidender ist die Frage, wie und warum jemand arbeitet, um eine Arbeitssuchtdiagnose stellen zu können.

Neben der Fixierung des gesamten Handelns und Denkens auf die Arbeit sowie des zunehmenden Verlusts der Kontrolle über das Arbeiten wurde in empirischen Studien in Deutschland zudem festgestellt, dass bei Arbeitssüchtigen häufig eine zwanghaft-perfektionistische Grundeinstellung vorzufinden ist. Die Arbeit muss nach bestimmten, festgelegten Regeln ablaufen. Flexibilität und innovative Veränderungen des Arbeitsablaufs werden vermieden. An die Qualität der Arbeitserledigung werden extrem hohe Ansprüche gestellt, und zwar unabhängig von der Bedeutung einer Arbeitsaufgabe für das Gesamtziel. Die Unfähigkeit, unwichtige von wichtigen Aufgaben unterscheiden zu können, und das Unvermögen, Aufgaben zu delegieren, d. h. Verantwortung abzugeben, kennzeichnen den Arbeitssüchtigen ebenfalls. Insofern erscheint eine Einordnung der Arbeitssucht in die Kategorie der Verhaltenssüchte mit deutlichen Merkmalen einer zwanghaften Persönlichkeitsstörung derzeit sinnvoll.

Diagnostische Instrumente – Checklisten und Fragebögen

Aufgrund der Vielzahl von Definitionen und der daraus resultierenden divergierenden Operationalisierungen von Arbeitssucht und mit dieser Symptomatik verbundener Verhaltensmuster (z. B. süchtiges Verhalten, zwanghaftes Verhalten, *Typ-A-Verhalten* etc.) finden sich in der Literatur zahlreiche unterschiedliche Checklisten und Fragebögen zur Erhebung arbeitssüchtiger Einstellungen und Verhaltensweisen. Die wenigsten Verfahren jedoch werden den Minimalanforderungen gerecht, die an die Konstruktion eines psychologischen Diagnoseinstruments zu stellen sind. So werden Fragen zur Erfassung des Ausmaßes der Arbeitssucht zumeist völlig theoriefrei und/oder nicht modellorientiert zusammengestellt. Verschiedenste Aspekte des arbeitssüchtigen Verhaltens werden mit teilweise sehr stark variierenden Zahlen von Fragen, die auch noch in unterschiedlichster Art und Weise präsentiert werden, zu erfassen versucht. So verwundert es auch nicht, dass die zur Erfassung von Arbeitssucht eingesetzten Verfahren sich nahezu vollständig durch fehlende Überprüfungen von Item- und/oder Testgütekriterien sowie mangelnde empirische Analysen auszeichnen. Insofern lassen sich die Mehrzahl der in der Literatur wiedergegebenen Messinstrumente zur Erfassung von Arbeitssucht eher als explorative Fragenkataloge denn als standardisierte diagnostische Verfahren verstehen. Häufig wird von den Autoren solcher Fragenkataloge jedoch auch gar nicht der Anspruch erhoben, ein diagnostisches Testverfahren zur Messung von Arbeitssucht zu präsentieren, sondern es sollen Kategorisierungshilfen zur Unterscheidung arbeitssüchtiger oder arbeitssuchtgefährdeter bzw. nicht-arbeitssüchtiger Personen angeboten werden. Der Wert solcher Fragebogen liegt nicht in der vorgeblichen Möglichkeit, zu einer absoluten Definition zu gelangen, sondern in ihrer Nützlichkeit als Katalysatoren des Nachdenkens über sich selbst.

In der amerikanischen Literatur finden sich einige wenige Fragebogenentwicklungen, bei denen zumindest in Ansätzen wissenschaftliche Kriterien der Testentwicklung berücksichtigt wurden. Zu diesen Verfahren zählen die *Workaholic Adjective Checklist (WAC)* sowie der *Work Addiction Risk Test (WART)*. Reliabilitätsüberprüfungen des WART führten zu Koeffizienten zwischen .83 und .85. Zuverlässige Übertragungen des WART in ein deutsches Verfahren bzw. entsprechende psychometrische Überprüfungen im Rahmen empirischer Untersuchungen in Deutschland liegen derzeit nicht vor.

2.9.3 Vorkommen – Bedeutung – Prävalenz

Eine der beliebtesten – und auch berechtigtsten – Fragen, wenn man über Krankheiten, psychische Auffälligkeiten oder Abweichungen spricht, ist die nach der Häufigkeit des Vorkommens. Eine Krankheit oder Auffälligkeit gilt dabei als umso gravierender, je mehr Menschen davon betroffen sind. Prävalenzaussagen zur Arbeitssucht sind besonders schwierig, weil die fehlende einheitliche Auffassung über definitorische Merkmale und diagnostische Kriterien zur Arbeitssucht eine solche Einschätzung nahezu unmöglich macht. Denn wie sollte man angeben, wie viele Menschen von einer Problematik betroffen sind, wenn man noch nicht einmal einig darüber ist, wodurch sich die Problematik genau kennzeichnen und feststellen lässt?

Warum die Arbeitssucht ein zunehmendes Problem ist

Zahlreiche in jüngerer Zeit feststellbare Entwicklungen belegen allerdings deutlich, dass das Phänomen des süchtigen Arbeitens individuell, gesamtgesellschaftlich und auch wissenschaftlich zunehmend bedeutsam wird. Zu nennen wäre hier eine steigende Zahl von Betroffenen sowie die gehäufte Gründung von *Selbsthilfegruppen* für Arbeitssüchtige nach dem Vorbild der Anonymen Alkoholiker insbesondere in den USA und Deutschland. Zahlreiche psychosomatische und Rehabilitationskliniken in der Bundesrepublik Deutschland öffnen sich zudem mehr und mehr für den Problembereich des süchtigen Arbeitens, obschon die Arbeitssucht bislang nicht als Krankheit im Sinne der Sozialversicherungsordnung anerkannt ist. Auffällig ist zudem eine starke Präsenz des Themas in den Massenmedien, aber auch in ersten Ansätzen in der wissenschaftlichen Forschung und Lehre, was auf ein wachsendes Interesse an der Arbeitssuchtproblematik schließen lässt. Dennoch ist es sicherlich derzeit nicht angemessen, von der Arbeitssucht als einem Massenphänomen zu sprechen. Weder lässt sich eine solche Einschätzung empirisch untermauern, noch ist sie im Hinblick auf eine weitere Erforschung der Symptomatik hilfreich. Vielmehr ist es notwendig, zu brauchbaren differentialdiagnostischen Kriterien bezüglich der Arbeitssucht zu gelangen, nicht zuletzt auch, um dem Argument entgegenzutreten, dass letztlich alle Mitglieder westlicher Industrienationen aufgrund der wirtschaftlichen Systeme, in denen sie arbeiten, Arbeitssüchtige sein müssen.

Prävalenz – vorsichtige Schätzungen

Über die *Prävalenz* der Arbeitssucht kann angesichts der defizitären Forschungslage bislang also nur spekuliert werden. Angaben aus US-amerikanischen Studien, wonach 5 % bis 10 % der berufs- bzw. erwerbstätigen Bevölkerung von Arbeitssucht betroffen sind, müssen nach gegenwärtigem Forschungsstand allerdings als übertrieben betrachtet werden. Diese Einschätzung wird auch nicht durch die Tatsache geändert, dass vereinzelte Studien (z. B. bei einer Stichprobe von Ärzten, Rechtsanwälten und Psychiatern / Therapeuten) sogar einen Anteil von 23 % Arbeitssüchtigen ausmachten. Aus Japan liegt eine Studie vor, wonach 21 % der japanischen Manager als arbeitssüchtig zu bezeichnen sind. Erst recht überzogen muss das Ergebnis einer US-amerikanischen Studie gelten, wonach bis zu 49 %(!) der US-amerikanischen Bevölkerung am Symptom der Arbeitssucht leiden. Eigene Untersuchungen in Deutschland kommen zu dem als realitätsnäher zu betrachtenden Ergebnis, dass – legt man bestimmte, aufgrund empirischer Erkenntnisse definierte Kriterien zur Diagnose von Arbeitssucht an – ca. 13 % der untersuchten Mitarbeiterinnen und Mitarbeiter (N=185) zweier großer deutscher Industrieunternehmen als zumindest arbeitssuchtgefährdet gelten können. Die Zahl der betroffenen Arbeitssüchtigen in Deutschland dürfte bei ca. 200.000 bis 300.000 Personen liegen.

Gibt es speziell betroffene Berufsgruppen?

Auch wenn entsprechend des Laienverständnisses von der Natur und den Merkmalen der Arbeitssucht vor allem Manager, Führungskräfte und Selbstständige in der Gefahr stehen, arbeitssüchtig zu werden, kann man aufgrund der vorliegenden empirischen Erkenntnisse ganz deutlich sagen, dass prinzipiell jeder, der arbeitet, auch arbeitssüchtig werden kann. Dabei ist mit Arbeit nicht nur Erwerbsarbeit gemeint, sondern prinzipiell jede Form des produktiven Tätigseins. Dadurch wird erklärlich, dass selbstverständlich auch Hausfrauen, Rentner und Studenten arbeitssüchtig werden können, obschon sie nach häufig anzutreffender landläufiger Auffassung ja gar keiner „wirklichen" Arbeit nachgehen.

Holger Heide geht aufgrund seiner Studien zur Arbeitssucht allerdings davon aus, dass die an Arbeitssucht erkrankten Personen in drei Gruppen eingeteilt werden können. Zunächst sind da die Erwerbstätigen, die einer relativ selbstständigen Arbeit nachgehen (Ärzte, Handwerker, Bauern, Politiker, Manager) bzw. die sich in einem sozialen Berufsfeld bewegen (Seelsorger, Sozialarbeiter,

Lehrer). Die persönliche Identität dieses Personenkreises hängt sehr stark mit ihrer Erwerbsarbeit zusammen – oft wird auch von Berufung zur Arbeit gesprochen. Als zweite Gruppe werden die abhängig Beschäftigten genannt, die durch ein besonderes Vielarbeiten den oftmals geringen Entscheidungsspielraum und die Unselbstständigkeit der eigenen Arbeit kompensieren wollen. Durch neue Arbeitsformen (*Teamarbeit, flache Hierarchien, Heimarbeitsplätze*) etabliert sich aber auch bei den abhängig Beschäftigten eine neue Selbstständigkeit, nicht zuletzt gefördert durch flexible Arbeitszeiten und mehr Verantwortung hinsichtlich des Unternehmensgewinns. Die dritte Gruppe umfasst Personen außerhalb des Erwerbslebens. Hierzu zählen Hausfrauen und Rentner. Besonders am Beispiel der Rentner lässt sich die hohe Bedeutung der Arbeit für die soziale Anerkennung und die damit verbundene Selbstachtung verdeutlichen.

Insgesamt jedoch ist die empirische Basis zur Aussage der Häufigkeit von Arbeitssucht immer noch sehr dünn. Angesichts der unterschiedlichen Definitionen und diagnostischen Kriterien zur Differenzierung von Arbeitssüchtigen und Nicht-Arbeitssüchtigen verwundern die immens großen Variationen in der Prävalenz der Symptomatik nicht. Solange es jedoch keine einheitliche Auffassung dessen was Arbeitssucht ist und sie kennzeichnet gibt, wird eine zuverlässige Schätzung der Häufigkeit des Phänomens auch schwierig bleiben.

2.9.4 Ursachen und Entstehung von Arbeitssucht

Begibt man sich auf die Suche nach theoretischen Modellen und Erklärungsansätzen zur Entstehung arbeitssüchtigen Verhaltens und damit auch zu möglichen Ursachen der Entwicklung einer solchen Problematik, so lassen sich suchttheoretische, psychoanalytische, lerntheoretische, persönlichkeitsbasierte sowie kognitive und systemtheoretische bzw. familiendynamische Ansätze voneinander abgrenzen. Im Folgenden soll kurz auf die Grundannahmen der einzelnen Ansätze eingegangen werden.

Suchttheoretische Modelle

Hier ist zwischen medizinischen bzw. psychologischen Erklärungsansätzen zur Entstehung von Sucht zu differenzieren. Im medizinischen Modell wird davon ausgegangen, dass ein süchtiges – korrekterweise abhängiges – Verhalten dann entsteht, wenn ein Individuum körperlich abhängig wird von exogen zugeführten psychotrop wirkenden Substanzen (beispielsweise Alkohol, Nikotin, Heroin etc.). Im Rahmen der Arbeitssuchtforschung lassen sich vereinzelt Ansätze finden, die davon ausgehen, dass das exzessive Vielarbeiten zur Ausschüttung von so genannten körpereigenen Drogen führt. Darunter sind morphium-, valium- oder LSD-ähnliche Transmitterstoffe zu verstehen, die wiederum zu angenehmen Körpergefühlen und Gemütszuständen führen. Diese Möglichkeit der Selbststimulation - so die Annahme - führt dazu, dass das die körperlichen Prozesse auslösende Verhalten aufrecht erhalten und intensiviert wird und letztlich Arbeitssucht durch eine Abhängigkeit von endogen produzierten *Glückshormonen* verursacht ist. Für diese Annahme steht ein empirischer Beleg sowohl bezogen auf sämtliche stoffungebundenen Suchtformen als auch in Bezug auf die Arbeitssucht noch aus. Angesichts der Komplexität biochemischer Prozesse sind noch zahlreiche ungeklärte Probleme zu lösen, so dass eine Bestätigung oder Widerlegung des medizinischen Modells der Sucht noch längere Zeit auf sich warten lassen wird.

Das psychologische Modell der Sucht hebt auf eine psychische Abhängigkeit von bestimmten Verhaltens- und Einstellungsmustern ab und nimmt an, dass arbeitssüchtiges Verhalten sich entwickelt und bestehen bleibt, weil der Betroffene vor allem positive Auswirkungen seines Verhaltens wahrnimmt. Die positiven Wirkungen der Arbeitssucht können – wie bereits angesprochen – vielfältigster Natur sein und beispielsweise vom erhaltenen Lob und der u. U. auch finanziell sichtbaren Anerkennung bis hin zur Vermeidung von belastenden partnerschaftlichen Situationen durch ständiges Arbeiten reichen. Das psychologische Modell der Sucht ist eng assoziiert mit den lerntheoretischen Vorstellungen von der Entstehung der Arbeitssucht, die weiter unten noch einmal aufgegriffen werden.

Psychoanalytische Erklärungsansätze
Die psychoanalytischen Erklärungsmodelle zur Suchtentstehung beziehen sich nicht nur auf den Konsum von psychoaktiven Substanzen, sondern finden auch Anwendung bei rauschmittellosen Süchten. Allgemein sind zu unterscheiden:
1. triebpsychologische Ansätze zum Suchtgeschehen,
2. das ich-(struktur-)psychologische Modell der Sucht,
3. das objektpsychologische Konzept.

Zentral für die unterschiedlichen Erklärungsansätze ist, dass sie der Funktion einer bestimmten Suchtproblematik bei einer Person besondere Aufmerksamkeit widmen. Während triebpsychologische bzw. objektpsychologische Ansätze zur Erklärung der Arbeitssucht bislang weitgehend unberücksichtigt blieben, ist, als

Zweig der *Ich-Psychologie*, die *Selbstpsychologie (Narzissmustheorie)* bzgl. der Arbeitssucht von besonderer Bedeutung. Die Selbstpsychologie bietet eine Erklärungsmöglichkeit für die insbesondere bei Arbeitssüchtigen häufig feststellbaren Grandiositätsvorstellungen. Da es Süchtigen nach Auffassung der Selbstpsychologie generell nicht genügend gelungen ist, ihr Selbst bis hin zu einer tragfähigen Identität zu entwickeln, bleiben sie einem grandiosen Selbst verhaftet. Bei solchen *narzisstischen Persönlichkeiten* dient das süchtige Verhalten als vorherrschender Mechanismus, um das pathologische Größen-Selbst aufzutanken und sich dessen Omnipotenz und Schutzfunktion gegenüber einer überwiegend als frustrierend und feindlich erlebten Umwelt, die nicht mehr genügend an Befriedigung und Bewunderung zu bieten hat, zu versichern. Solche narzisstischen Persönlichkeitsstörungen sind bei Arbeitssüchtigen häufig vorzufinden und haben zur Folge, dass der Arbeitssüchtige aufgrund des engen Zusammenhangs zwischen Arbeit und Identität durch ein ständiges (Mehr-)Arbeiten ein Gefühl eigener Größe und persönlicher Identität zu erlangen versucht.

Lerntheoretische Ansätze
Im Zusammenhang mit den drei klassischen lerntheoretischen Ansätzen (*Klassische Konditionierung, Lernen am Modell, Operante Konditionierung*) ist das operante Lernen bzgl. der Arbeitssucht wohl als bedeutsamster Erklärungsansatz zu beurteilen. Unter Bezugnahme auf die operante Konditionierung entsteht arbeitssüchtiges Verhalten dadurch, dass ein freiwillig gezeigtes Verhalten (z. B. besondere Anstrengung, intensive Beschäftigung mit einer Aufgabe) beibehalten wird, wenn die

daraus erwachsenden Konsequenzen als erwünscht und erstrebenswert wahrgenommen werden. Umgekehrt kann es auch zu einer Wiederholung eines bestimmten Arbeitsverhaltens kommen, wenn dadurch negative Konsequenzen und/oder Zustände vermieden werden.

Persönlichkeitstheoretische Ansätze
Im Rahmen der persönlichkeitstheoretischen Ansätze zur Erklärung von Arbeitssucht wird dieses Verhaltensmuster auf feststehende Persönlichkeitsmerkmale der Betroffenen zurückgeführt. Die Versuche, süchtiges oder abhängiges Verhalten über das Vorliegen einer speziellen *Suchtpersönlichkeit* hinreichend erklären zu können, dürfen jedoch als erfolglos bezeichnet werden. Umfassende persönlichkeitstheoretische Ansätze zur Erklärung der Entstehung arbeitssüchtigen Verhaltens lassen sich in der Literatur nicht finden. Es wird zwar häufig versucht, Arbeitssüchtige über Persönlichkeitsmerkmale zu beschreiben oder bestimmte Persönlichkeitsmerkmale für ihr exzessives Arbeitsverhalten verantwortlich zu machen. Die Ableitung dieser Persönlichkeitsmerkmale geschieht jedoch in aller Regel atheoretisch und willkürlich und hat allenfalls deskriptiven Wert. Offen bleibt, inwiefern diese Persönlichkeitsmerkmale tatsächlich charakteristisch für Arbeitssüchtige sind, da Vergleichsuntersuchungen mit Nicht-Arbeitssüchtigen fehlen. Die Kategorisierung arbeitssüchtig vs. nicht-arbeitssüchtig basiert zudem auf unklaren und/oder subjektiven und über verschiedene Studien hinweg unterschiedlichen Kriterien. Geringe Stichprobengrößen schmälern den Aussagegehalt vieler Studien. Völlig offen bleibt die Frage, ob die untersuchten Persönlichkeitsmerkmale Ursache oder Folge der Arbeitssucht sind.

Kognitive Ansätze
Kognitive Ansätze zur Erklärung der Entstehung von Arbeitssucht beschäftigen sich insbesondere mit den Einstellungs-, Wert- und Überzeugungssystemen von Arbeitssüchtigen. Hierzu gehören beispielsweise grundsätzliche Überzeugungen darüber, wie die Welt funktioniert (bei Arbeitssüchtigen beispielsweise „Leistung lohnt sich"), Annahmen über Ursache-Wirkungs-Prinzipien („Ohne Fleiß kein Preis") sowie Selbstwahrnehmungen und -charakterisierungen („Ich bin ein Perfektionist!"). Solche Kognitionen können im Laufe der Zeit immer handlungsrelevanter werden und letztlich zu eindimensionalen Sichtweisen und Reaktionsmustern führen. Speziell im Hinblick auf therapeutische Interventionen liefern die kognitiven Ansätze einen wichtigen Beitrag zum Verständnis und damit auch zur möglichen Modifikation der Erlebenswelt des Workaholics.

Systemtheoretische oder familiendynamische Ansätze
Familiendynamische Erklärungsmodelle der Arbeitssucht basieren auf der Annahme, dass Verhaltens- und Interaktionsmuster im Erwachsenenalter ihre Wurzeln in der Ursprungsfamilie und in der Kindheit haben. In die Theoriebildung gehen sowohl psychodynamische als auch verhaltenstheoretische Überlegungen ein. Arbeitssucht wird als Symptom eines dysfunktionalen Familiensystems in der Kindheit betrachtet, welches später in der eigenen Familie fortgesetzt wird und sich auf die eigenen Kinder überträgt. So kann sich ein generationsübergreifender Kreislauf aus gelernten Regeln, Überzeugungen und Verhaltensmustern entwickeln. Offensichtlich spielen in den familiendynamischen Ansätzen auch kognitive sowie lerntheoretische

Komponenten eine Rolle. Das Klima in der Ursprungsfamilie ist häufig durch starre Regeln geprägt, die offene Gefühlsäußerungen oder Auseinandersetzungen über persönliche oder zwischenmenschliche Probleme verhindern. Elterliche Erziehungsmuster von später arbeitssüchtigen Personen können auch durch unangemessene Verantwortungsübertragung auf das Kind, durch Überforderung, durch massive Bevormundung oder durch emotionale Distanz gekennzeichnet sein. Es wird davon ausgegangen, dass sich bei Familien mit einem arbeitssüchtigen Mitglied ähnliche Dysfunktionalitäten herausbilden wie in Familien mit Alkoholkranken. An Kinder aus Familien mit einem arbeitssüchtigen Mitglied werden unrealistisch hohe Ansprüche gestellt, und Wertschätzung ist stets an Bedingungen geknüpft, z. B. an gute Schulnoten oder besondere Leistungen. Die Kinder werden vom Arbeitssüchtigen als Verlängerung seines Ichs betrachtet, auf das er seine eigenen perfektionistischen Ansprüche überträgt. Dadurch, dass Zuneigung nie vorbehaltlos gewährt wird, entstehen Minderwertigkeitsgefühle und Versagensängste, die durch noch mehr Anstrengung und exzessives Arbeiten zu kompensieren versucht werden. Aus dem familiären Klima heraus entwickeln sich eine überdauernde perfektionistische Haltung und die Schwierigkeit, befriedigende Beziehungen aufzubauen.

2.9.5 Symptomatik

Sowohl die Vielfalt unterschiedlicher Arbeitssuchttypen, welche sich – ähnlich wie in der Alkoholismusforschung – auch bei empirischen Studien zur Arbeitssucht finden ließen, als auch die Unspezifität verschiedener von Arbeitssüchtigen berichteter Symptome und Konsequenzen ihres nicht mehr kontrollierbaren Arbeitsverhaltens machen es schwierig, einen einheitlichen Symptomkatalog zur Arbeitssucht vorzustellen. In Anlehnung an die Entwicklung einer Alkoholproblematik bzw. –abhängigkeit wurde die Entstehung einer Arbeitssucht auch als *Phasenmodell* dargestellt.

Das Phasenmodell der Arbeitssucht

Demnach zeigt sich die Arbeitssucht in einem fortschreitend veränderten Verhalten und sich mehr und mehr auf die Arbeit fokussierenden Einstellungsmustern der Betroffenen. Die Arbeitssucht durchläuft nach diesem Modell vier Stadien: eine Einleitungsphase, eine kritische Phase, eine chronische Phase und eine Endphase.

Die Einleitungsphase wird auch als psychovegetatives Stadium bezeichnet, in dem bei Betroffenen Erschöpfungsgefühle, leichte Depressionen, Verstimmungs- und Konzentrationsstörungen und unbegründete Ängste, aber auch körperliche Symptome wie Herz-Kreislauf-Beschwerden sowie Kopf- und Magenschmerzen auftreten können. Diese Beschwerden werden häufig durch einen vermehrten Arbeitseinsatz wettgemacht und überspielt. Auch heimliches Arbeiten, das zunehmende gedankliche Kreisen um die Arbeit, die Vernachlässigung sozialer Beziehungen und hastiges Arbeiten zur Erzielung von Rauscherlebnissen ist kennzeichnend für diese frühe Phase der Arbeitssucht.

Die kritische Phase, auch als psychosomatisches Stadium bezeichnet, ist durch einen zunehmenden Kontrollverlust in Bezug auf das Arbeiten gekennzeichnet. Die Arbeitssüchtigen versuchen, beispielsweise durch Zeiteinteilungssysteme, ihre Arbeit zu optimieren. Dazu finden sich vermehrt Erklärungssysteme, warum man ständig arbeiten muss. In menschlichen Beziehungen werden die betroffenen Arbeitssüchtigen unduldsam und aggressiv, während sie im psychosomatischen Bereich Symptome wie *Bluthochdruck*, *Magengeschwüre* und *Depressionen* aufweisen. Dadurch wird ihre Arbeitsfähigkeit zunehmend beeinträchtigt.

In der chronischen Phase verfestigt sich diese Symptomatik, wobei die Arbeitssüchtigen nun auch an Sonn- und Feiertagen arbeiten und oft zusätzliche Ämter übernehmen. Es kommt zu einer zunehmenden Rücksichtslosigkeit anderen gegenüber und zu einem Fortschreiten der Selbstzerstörung bis hin zum *Herzinfarkt* als möglicher Konsequenz.

In der Endphase – auch als Stadium des Ausgebranntseins gekennzeichnet – kommt es aufgrund der schweren körperlichen und psychischen Schäden häufig zu einem irreversiblen Knick in der Leistungsfähigkeit des Arbeitssüchtigen, was im schlimmsten Falle zu einer frühzeitigen *Berufsunfähigkeit* führen kann. Als bleibende Folgeschäden der Überarbeitung sind beispielsweise eine deutliche Konzentrationsschwäche, verlangsamte Wahrnehmung und Denkschwäche feststellbar. Ebenso können chronische Depressionen und ein vorzeitiger Tod eintreten.

Ähnlich wie in der Alkoholismusforschung muss ein solches Phasenmodell der Symptomentwicklung eher als ein theoretischer Rahmen denn als ein empirisch gesichertes Faktum bewertet werden. Sucht- und Abhängigkeitsverläufe sind von vielen individuell unterschiedlichen Erfahrungen, Entwicklungen, Dispositionen und Sozialisationsfaktoren abhängig, so dass eine Vereinheitlichung des Krankheitsverlaufes weder möglich noch wünschenswert ist, denn alleine durch das Abprüfen bestimmter Symptome oder Symptomkonstellationen lassen sich komplexe Problematiken wie Sucht und Abhängigkeit nicht erfassen. Es besteht sogar die Gefahr, dass es bei einer all zu engen Orientierung an Symptomlisten zu einer Fehldiagnose kommen kann, und zwar sowohl derart, dass Personen fälschlicherweise als arbeitssüchtig eingeschätzt werden, obschon sie es nicht sind, als auch dass tatsächlich Betroffene nicht erkannt werden, weil bestimmte Symptome bei ihnen nicht oder nur schwach feststellbar sind. Insofern sind die genannten Symptome als Orientierungspunkte für eine Arbeitssuchtdiagnose zu sehen, die aber im individuellen Einzelfall immer einer eingehenden Erfassung und Überprüfung bedürfen.

2.9.6 Prävention und Intervention

Arbeitssucht ist eine gefährliche, im Einzelfall sogar tödlich verlaufende Krankheit. Arbeitssüchtige Verhaltensmuster können zu erheblichen körperlichen, seelischen und sozialen Problemen führen, die den betroffenen Menschen nachhaltig beeinträchtigen und schädigen können. Die Tatsache, dass das arbeitssüchtige Verhalten – das liegt in der Natur der Sache – insbesondere im Arbeits- und Berufsleben sichtbar wird, stellt hinsichtlich der Prävention und Intervention insbesondere an Vorgesetzte und Führungskräfte, aber auch an Kollegen und Mitarbeiter sowie Personalverantwortliche und Betriebsmediziner besondere Anforderungen.

Was kann der Einzelne tun?

Dennoch ist bei der Arbeitssucht – ähnlich wie bei allen anderen Sucht- und Abhängigkeitssymptomatiken – eine zumindest ansatzweise Problemeinsicht des Betroffenen vonnöten, um zu Präventions- und Interventionsmaßnahmen zu gelangen. Ist eine solche erste Einsicht auf Seiten des Betroffenen vorhanden, dass mit dem eigenen Arbeitsverhalten etwas nicht stimmt und man etwas tun möchte, so sind gute Voraussetzungen zur Bewältigung der Problematik gegeben. Umgekehrt ist ohne diesen Leidensdruck kaum zu erwarten, dass ein Arbeitssüchtiger erfolgreich therapiert werden kann. Bislang gibt es keine spezifischen therapeutischen Interventionen oder gar spezielle Trainings zur Überwindung einer Arbeitssuchtproblematik. Die Aufnahme einer individual- oder gruppentherapeutischen Maßnahme oder auch der Besuch einer Selbsthilfegruppe für Personen mit Arbeitsstörungen dürfte jedoch in jedem Fall hilfreich und auch unumgänglich sein, sich damit der persönlichen Arbeitssuchtproblematik und insbesondere den dahinterstehenden Gründen und Ursachen anzunähern, um dann darauf aufbauend zu einer Einstellungs- und Verhaltensänderung im Problembereich zu gelangen. Unterschiedliche therapeutische Schulen wenden dabei unterschiedliche Vorgehensweisen an. Letztlich gilt es wie bei jeder Therapiemaßnahme individuell und selbstverantwortlich zu prüfen, ob durch die angefragte Hilfe der Betroffene eigene Wünsche, Bedürfnisse und Zielsetzungen realisieren kann oder nicht. Die zunehmende Zahl von Selbsthilfegruppen für Arbeitssüchtige, aber auch die Spezialisierung von ambulant tätigen Psychotherapeuten und stationär arbeitenden Kliniken verdeutlichen, dass es einerseits offensichtlich sowohl eine Nachfrage nach solchen Leistungen, aber auch eine verstärkte Professionalisierung bei der Bewältigung der Arbeitssuchtproblematik gibt.

Was kann eine Organisation tun?
Viele Unternehmen scheinen immer noch davon auszugehen, dass der Vielarbeiter gleichzeitig immer auch ein guter Arbeiter ist. Dies kann keineswegs generell angenommen werden und ist in zahlreichen psychologischen Forschungsarbeiten eindrucksvoll unter Beweis gestellt worden. Arbeitszeit und Arbeitsoutput stehen in keinem linearen Verhältnis zueinander, und schon gar nicht in einem exponentiellen, wie manche Arbeitssüchtige eigenen Angaben zufolge manchmal glauben. Arbeitssucht schadet nicht nur dem Betroffenen, sondern auch und gerade dem Unternehmen, für das er arbeitet. Unternehmen sollten also arbeitssüchtige Verhaltensmuster ihrer Mitarbeiter frühzeitig erkennen und entsprechende Gegenmaßnahmen ergreifen. Dabei sind die Gründe dafür, eine arbeitssüchtige Belegschaft zu vermeiden, vielfältig:

- Arbeitssucht hat einen negativen Einfluss auf die Aufgabenerfüllung: Betroffene Mitarbeiter halten sich nicht an Arbeitsteilungen und Kompetenzzuweisungen, sie mischen sich in alles ein und glauben, alles besser zu können.
- Arbeitssucht hat einen negativen Einfluss auf das Interaktionsverhalten: Betroffene Mitarbeiter werden zunehmend kommunikationsunfähig, sie ziehen sich zurück, als Vorgesetzte überfordern sie ihre Mitarbeiter, sie delegieren nicht.
- Arbeitssucht hat einen negativen Einfluss auf die individuelle Leistungsfähigkeit: Der problematische Arbeitsstil führt mit fortschreitender Zeit zu physischen und psychischen Auffälligkeiten, die krankheitsbedingte Abwesenheit nimmt zu, längere Arbeitsunfähigkeit und/oder Frühinvalidität drohen.

Zunächst sollten Unternehmen daher ihre *Personalauswahlverfahren* und ihre *Anforderungsprofile* bei Stellenbesetzungen überdenken, um zu vermeiden, dass eine Organisationsumgebung entsteht, die arbeitssüchtiges Verhalten fördert. Zusätzlich sollten die Anreizsysteme, aber auch Arbeitszeit-, Pausen- und Urlaubsregelungen im Hinblick auf suchtfördernde Aspekte untersucht werden. Die zugesagten Urlaubstage sollten beispielsweise auch tatsächlich genommen und nicht ausbezahlt werden. Schließlich sollten Unternehmen sich bemühen, Arbeitssüchtige in ihrer Organisation zu identifizieren, die Mitarbeiter insgesamt für die Problematik zu sensibilisieren und geeignete Maßnahmen zur Prävention und Rehabilitation bei Arbeitssucht zu realisieren. Durch Maßnahmen wie Rollenanalysen, *Zielvereinbarungen*, soziale Unterstützung und *Teamentwicklung* können zudem die Arbeitsplatzbeziehungen verbessert werden. Schließlich können Mitarbeiter darin unterstützt werden, zu einer angemesseneren Koordination von Arbeitsanforderungen und persönlichen Bedürfnissen zu gelangen. *Entspannungstrainings*, körperliche Übungen und *Coaching* sind beispielsweise zielführend.

Prävention und Intervention bei Arbeitssucht als gesamtgesellschaftliche Aufgabe
Es fehlt im primärpräventiven Bereich bzgl. der Verhinderung, Vermeidung und/oder Eindämmung süchtigen Arbeitens an Hilfsangeboten und unterstützenden Maßnahmen. Hier wären wünschenswert:
- eine offensivere Öffentlichkeitsarbeit, die auch die möglichen individuellen und gesellschaftlichen Folgekosten eines arbeitssüchtigen Verhaltensstiles berücksichtigt,
- eine Verbesserung des Angebots entsprechender Präventions- und Interventionsmaßnahmen,
- eine stärkere Berücksichtigung des Problems des süchtigen Arbeitens sowohl in der medizinischen als auch in der psychologischen Therapie, und schließlich
- die Entwicklung und Etablierung geeigneter, zum süchtigen Arbeiten alternativer, auch langfristig stabiler Verhaltensmuster unter besonderer Berücksichtigung der für den Suchtbereich immer wesentlichen Rückfallproblematik.

2.9.7 Fazit
Die zunehmende Relevanz der Arbeitssuchtsymptomatik muss zu verstärkten Aktivitäten auf der Ebene der (Früh-) Erkennung sowie der Prävention und Intervention führen. Ohne heute schon abschließend endgültige Aussagen zur zukünftigen Relevanz der Arbeitssucht machen zu können, ist aufgrund der Entwicklungen im Verhältnis Individuum – Arbeit und auch angesichts der Erkenntnisse in anderen westlichen Industrienationen (speziell USA und Japan) von einer zunehmenden Notwendigkeit zur Beschäftigung mit dieser Symptomatik auszugehen. Dies sollte nicht nur zum Nutzen der einzelnen Betroffenen geschehen, sondern insbesondere auch, um eine gesamtgesellschaftliche Diskussion über den Stellenwert der Arbeit in unserer Gesellschaft zu befördern. Dass diesbezüglich ein erhöhter Bedarf besteht, zeigt sich nicht zuletzt auch an dem zunehmenden Interesse an der Work-Life-Balance-Thematik.

Es bleibt zu wünschen, dass weitere intensive Forschungsbemühungen in Theorie und Praxis zu fundierten Erkenntnissen bezüglich der Diagnose, Vermeidung und Behandlung der vielschichtigen Problematik Arbeitssucht führen.

2.9.8 Key-Message

- Bei der Arbeitssucht handelt es sich um eine zunehmend bedeutsam werdende Problematik, die aufgrund ihrer – teilweise fatalen – Auswirkungen auf die Betroffenen, aber auch auf deren näheres und weiteres Umfeld besonderer Aufmerksamkeit bedarf.
- Der Forschungsstand zur Arbeitssuchtproblematik ist zwar noch dünn, aber es gibt erste Erfolge versprechende Ansätze zur Diagnose, Prävention und Behandlung.

Literaturhinweise

Grüsser, S.M. & Thalemann, C.N. (2006): Verhaltenssucht. Huber Verlag. Bern.

Heide, H. (Hrsg.) (2002): Massenphänomen Arbeitssucht. Atlantik Verlag. Bremen.

Poppelreuter, S. (1997): Arbeitssucht. Beltz/Psychologie Verlags Union. Weinheim.

Poppelreuter, S. & Gross, W. (2000): Nicht nur Drogen machen süchtig. Entstehung und Behandlung stoffungebundener Süchte. Beltz/Psychologie Verlags Union. Weinheim.

Poppelreuter, S.: Tüchtig und doch süchtig? Arbeitssucht - Alte und neue Erkenntnisse, alte und neue Probleme. PsychoMed 16 (2004) 147-153.

2.10 Suchtmittelmissbrauch am Arbeitsplatz

Kristin Hupfer

2.10.1 Einführung

Betriebe sind ein Spiegel der Gesellschaft. Je häufiger in einem Land Suchtmittelprobleme auftreten, desto häufiger findet man sie auch in den Betrieben.

Durch ein aufmerksames betriebliches Umfeld können allerdings schon frühzeitig Anhaltspunkte für ein gesundheitsgefährdendes Konsumverhalten registriert werden. Gerade der Arbeitsplatz ist ein geeigneter Ort, um bei betroffenen Mitarbeitern Problembewusstsein und Änderungsbereitschaft zu erzeugen, falls deren Leistungsfähigkeit suchtmittelbedingt beeinträchtigt erscheint. Damit kann die allmähliche Entwicklung von riskanten Konsummustern bis hin zur *Abhängigkeit* unterbrochen werden. Das alte Motto, ein Abhängiger müsse erst ganz unten landen, bevor er bereit sei, Hilfe anzunehmen, ist mannigfaltig widerlegt. Im Gegenteil: Wir sollten alles tun, um es bei Betroffenen nicht zum Fall ins Bodenlose kommen zu lassen, denn dabei entstehen meist irreparable Schäden. Mit geeigneten Gesprächstechniken ist es häufig schon bei ersten Auffälligkeiten möglich, wirkungsvoll zu intervenieren. Damit kann allen Beteiligten, dem Betrieb, dem Betroffenen und seiner Familie, viel Ärger und Leid erspart werden. Je früher die Intervention erfolgt, desto geringer ist meist der Bedarf an Unterstützung und Therapie. Liegt schon eine ausgeprägte Abhängigkeit vor, ist allerdings nicht selten die Einleitung einer 12- bis 16-wöchigen Entwöhnungstherapie sinnvoll.

Berufliche oder private Belastungs- bzw. Überforderungssituationen, aber auch körperliche oder psychische Gesundheitsstörungen sind häufig Auslöser für einen gesteigerten Suchtmittelkonsum. Daher ist es zur Unterstützung der Betroffenen auch wichtig, dass individuelle Belastungsfaktoren erkannt und ggf. unter Einbeziehung des betrieblichen Umfeldes (Betriebsleiter, Meister, Personalstelle, Betriebsrat, Betriebsarzt, Sozialdienst) an Lösungen gearbeitet wird. Voraussetzung dafür ist natürlich das umgehende Beenden des auffälligen Konsummusters, denn es soll schnellstmöglich das Vertrauen in die Arbeitsfähigkeit und Zuverlässigkeit des Mitarbeiters wiederhergestellt werden. Auch der betroffene Mitarbeiter braucht gerade in diesen schwierigen Situationen einen klaren Kopf, um aus seinem Dilemma einen gangbaren Ausweg zu finden.

2.10.2 Definitionen

Suchtmittel im weiteren Sinne sind alle Drogen, die Stimmung, Wahrnehmung und

Verhalten beeinflussen und potenziell zu Abhängigkeiten führen können. Von betrieblicher Relevanz sind die legalen Drogen Alkohol und Nikotin, ebenso eine Reihe von Medikamenten sowie die illegalen Drogen, insbesondere Cannabis, Stimulanzien und Opiate.

Der Hilfebedarf für die Betroffenen ist unter anderem abhängig von dem Ausmaß des problematischen Konsums. Man unterscheidet in diesem Zusammenhang folgende Stadien mit fließenden Übergängen:

2.10.2.1 Risikoarmer Konsum

Wer nicht mehr trinkt, als gesundheitlich verträglich ist und seinen Konsum auf Gelegenheiten beschränkt, in denen er weder sich noch andere gefährdet, betreibt einen risikoarmen Konsum.

Die Menge an reinem Alkohol, den die meisten gesunden Menschen vertragen, ist nach der WHO eine tägliche Durchschnittsmenge von 20 g bei der Frau (entsprechend 0,5 l Bier oder 0,25 l Wein) und 30 - 40 g beim Mann. Dabei gilt jedoch die Empfehlung, an mindestens zwei Tagen pro Woche auf Alkohol zu verzichten, schon um einer Gewohnheitsbildung vorzubeugen.

Da jede Zigarette der Gesundheit schadet, gibt es hier keinen risikoarmen Konsum. Auch bei illegalen Drogen kann der Begriff so nicht angewendet werden.

2.10.2.2 Riskanter Konsum

Ein riskanter Konsum liegt vor, wenn der Mensch mehr Drogen konsumiert, als für ihn gesundheitlich vertretbar ist. Für einen trockenen Alkoholiker ist jeder Tropfen Alkohol riskant. Auch Menschen mit bestimmten Gesundheitsstörungen, wie z. B. einer Epilepsie, sollten je nach Einzelfall sehr wenig oder überhaupt nichts trinken.

2.10.2.3 Missbrauch (Schädlicher Konsum)

Von Missbrauch spricht man:
- Bei unangepasstem Konsum, obwohl schon gesundheitliche oder soziale Schwierigkeiten durch die Konsummenge aufgetreten sind.
- Bei Konsum in gefährdenden Situationen, z. B. am Arbeitsplatz oder am Steuer.
- Bei häufigem und gezieltem Einsatz der Substanz zum Abbau von Spannungen, Ängsten oder Ärger.

2.10.2.4 Abhängigkeit

Abhängigkeit besteht, wenn der Betroffene zumindest phasenweise nicht mehr auf die Substanz verzichten kann, selbst wenn er es anstrebt und/oder wenn er die Konsummenge nicht mehr regulieren kann (Kontrollverlust) und dadurch schon Probleme aufgetreten sind.

Bei missbräuchlichem Konsum ist es Betroffenen eher möglich, aus eigener Kraft zu einem gesundheitsverträglichen Konsummaß zurückzufinden, den Abhängigen gelingt das oft nicht mehr alleine. Daher sind diese auf eine verstärkte Unterstützung von außen angewiesen. In der Regel ist dann auch Jahre später ein mäßiger Alkoholgenuss nicht mehr möglich.

Die Übergänge zwischen *Missbrauch* und Abhängigkeit sind fließend. Welches der beiden Störungsbilder vorliegt, ist für den betrieblichen Umgang mit dem Mitarbeiter jedoch unerheblich. Entscheidend allein ist, ob der Betroffene suchtmittelbedingt am Arbeitsplatz auffällt. Immer dann besteht Handlungsbedarf.

Weitere Kennzeichen für Abhängigkeit oder Missbrauch sind:
- heimlicher Konsum,
- morgendlicher Konsum,
- Konsum gegen das Auftreten von Zittern oder Unruhe,

- Fortsetzen der Konsumgewohnheiten trotz schwerer Folgeprobleme,
- wenn man sich ohne Substanzeinnahme nicht mehr wohl fühlt,
- übermäßig großer Zeitaufwand für Beschaffung, Konsum oder Erholung vom Konsum,
- erhöhte Verträglichkeit (Toleranz) für die Substanz.

2.10.3 Epidemiologie des Suchtmittelkonsums
2.10.3.1 Alkohol
Beim Alkoholkonsum befindet sich Deutschland weltweit in der Spitzengruppe. Mit einem durchschnittlichen pro Kopf Verbrauch von 10,2 l reinem Alkohol im Jahr steht die Bundesrepublik beispielsweise deutlich vor Italien (7,4 l), den USA (6,7 l), Japan (6,5 l) und Norwegen (4,4 l). Die geschätzten volkswirtschaftlichen Kosten durch überhöhten Alkoholkonsum werden auf 20 Mrd. Euro und somit auf ca. 1 % des Bruttosozialprodukts geschätzt (bezogen auf 2004).

Etwa 8 % der deutschen Bevölkerung leben abstinent, 77 % trinken mäßig und 15 % liegen in ihrem Trinkverhalten oberhalb des risikoarmen Konsums. Davon erfüllen etwa 5 % die Kriterien für Missbrauch und 3 % die für eine Abhängigkeit (4,8 % der Männer und 1,3 % der Frauen).

Alkohol fordert seinen tödlichen Tribut: In der produktivsten Altersgruppe zwischen 35 und 64 Jahren ist jeder vierte Todesfall bei Männern (jeder achte bei Frauen) durch übermäßigen Alkoholkonsum verursacht. Insgesamt sterben etwa 41.000 Deutsche pro Jahr durch Alkohol. Diese Menschen zeigten in der Regel jahrzehntelang ein auffälliges Trinkverhalten, teilweise auch ohne die Kriterien für eine Abhängigkeit zu erfüllen und die meisten von ihnen waren in dieser Zeit auch berufstätig.

2.10.3.2 Illegale Drogen
Illegale Drogen werden vor allem von Auszubildenden und jungen Erwachsenen konsumiert. Ein gelegentlicher Gebrauch in der Freizeit macht sich am Arbeitsplatz meist nicht bemerkbar, birgt jedoch unkalkulierbare Risiken. So können beispielsweise durch Cannabis- oder Stimulanzienkonsum in seltenen Fällen Psychosen ausgelöst werden. Eine regelmäßige Verwendung der Drogen gefährdet Gesundheit und Ausbildungserfolg. Man schätzt die Anzahl der Abhängigen von harten Drogen auf 0,2 % der Bevölkerung. Während Opiate in den letzten Jahren tendenziell seltener angewendet werden, nimmt die Anzahl derjenigen, welche Cannabiserfahrungen haben, seit Jahren stetig zu. Inzwischen haben etwa 40 % der jungen Erwachsenen diese Droge schon einmal ausprobiert, 13 % auch in den letzten 12 Monaten (17 % der Männer, 10 % der Frauen), 5 % geben an, dass sie aktuell Cannabiskonsumenten sind, die Rate der Cannabisabhängigen wird auf 0,3 % der Deutschen geschätzt. Die Verbreitung von aufputschenden Drogen wie Ecstasy und Amphetaminen nimmt, wenn auch im deutlich geringeren Maße ebenfalls zu, aktuell sind etwa 1 % der jüngeren Bevölkerung (Gelegenheits-)Konsumenten.

Durch die illegalen Drogen kamen im Jahr 2004 insgesamt 1385 Menschen ums Leben, fast alle starben an den Folgen eines Opiatkonsums. Alle anderen Drogen führen nur selten zu Todesfällen.

2.10.3.3 Medikamente
Bezüglich der Medikamente besteht vor allem bei bestimmten Beruhigungsmitteln ein erhebliches Abhängigkeitspotential, seltener ist die Schmerzmittelabhängigkeit. Infolge intensiver Aufklärung über die Gefahren der missbräuchlichen Einnahme

von Beruhigungs- und Schlafmitteln aus der Benzodiazepingruppe geht die Verordnung dieser Substanzen in den letzten 10 Jahren zwar kontinuierlich zurück, trotzdem ist weiterhin mit ca. 1,4 Mio. Medikamentenabhängigen zu rechnen, davon sind 1,1 Mio. abhängig von Beruhigungsmitteln aus der Benzodiazepingruppe. Die meisten davon sind allerdings schon im Rentenalter. Im Gegensatz zum Alkohol sind hier Frauen häufiger betroffen als Männer: 8 % der Frauen über 70 Jahren nehmen regelmäßig diese Beruhigungsmittel ein. Infolge der Medikation sind die Reaktionen verlangsamt und die Bewegungen unsicherer, was zu einer erhöhten Unfallgefährdung, bei älteren Menschen insbesondere auch zur Sturzgefahr führt. Jeder Berufstätige, welcher Psychopharmaka einnimmt, sollte sich an seinen behandelnden Arzt und ggf. auch an seinen Betriebsarzt wenden, um zu klären, ob unter der verordneten Medikation mit besonderen Sicherheitsproblemen zu rechnen ist und die Einsetzbarkeit am Arbeitsplatz vorübergehend eingeschränkt werden muss. Allerdings können z. B. auch antiallergische, blutdrucksenkende und Schmerz hemmende Medikamente die Aufmerksamkeit und Wachheit beeinflussen. Wichtig ist es daher, grundsätzlich im Beipackzettel nach entsprechenden Hinweisen zu suchen, sich selbst aufmerksam zu beobachten und ärztlichen Rat einzuholen.

2.10.3.4 Nikotin

27 % der Bevölkerung über 15 Jahre (33 % der Männer und 22 % der Frauen) bezeichnen sich im Jahr 2004 als Raucher. Während die Raucherquote bei Männern zurückgeht, nimmt sie bei Frauen stetig zu. Am häufigsten rauchen die 20 bis 24-Jährigen (41 %), bei den 50 bis 54-Jährigen sind es noch 30 %, bei den 60 bis 64-Jährigen 18 %. In dieser Altersgruppe haben schon 73 % derjenigen, die jemals regelmäßig geraucht haben, das Rauchen wieder eingestellt. Das Suchtpotenzial von Nikotin ist vermutlich ähnlich hoch wie von Opiaten. Mindestens ein Drittel der Raucher gelten als abhängig, bei Alkohol sind das vergleichsweise nur 3 %. In Deutschland sterben jährlich 110.000 Menschen vorzeitig an den Folgen des Rauchens. Ein Raucher verkürzt seine Lebenserwartung um durchschnittlich 10 Jahre. Die Tabaksteuererhöhung hat zu einer Reduktion der bislang stetig steigenden Raucherquote Jugendlicher geführt: Diese sank jetzt von 28 % im Jahr 2001 auf 20 % im Jahr 2005. Auch der gesamte Tabakwarenverbrauch ging in diesem Zeitraum um 13 % zurück.

2.10.4 Ätiologie und Pathogenese

Unstrittig ist, dass bei der Entstehung von süchtigem Verhalten sowohl die Vererbung als auch die kindliche Entwicklung, der Freundeskreis, die aktuelle Lebenssituation und die Sozialkompetenz wesentliche Einflussfaktoren darstellen.

Kinder drogen- oder alkoholabhängiger Elternteile entwickeln selbst etwa viermal häufiger als Kinder diesbezüglich unbelasteter Eltern selbst Suchtprobleme, wobei Kinder Alkoholabhängiger oft auch drogenabhängig werden. In mehreren Studien ließ sich belegen, dass bei den eineiigen Zwillingen doppelt so häufig beide Zwillinge alkoholabhängig waren als bei den Zweieiigen. In einer Adoptivstudie zeigte sich, dass sowohl die im Säuglingsalter zur Adoption gegebenen Kinder alkoholkranker Väter, als auch die Kinder, die in ihrer abhängigen Ursprungsfamilie verblieben, jeweils viermal häufiger selbst alkoholabhängig wurden, als dies bei Adoptivkindern ohne alkoholabhängigen Elternteil der Fall war.

Risikofaktor für eine Alkoholerkrankung scheint eine genetisch determinierte besonders gute Verträglichkeit für diese Substanz zu sein: Wenn die Alkoholwirkung als ausgesprochen positiv erlebt wird und kaum unerwünschte Folgeerscheinungen wie Koordinationsstörungen oder ein Kater auftreten, erhöht sich die Abhängigkeitsgefahr, denn es fehlt ein natürliches Warnsignal. Ein oft nachweisbarer ursächlicher Faktor dafür ist der vergleichsweise schnelle Abbau des Zellgifts Acetaldehyd, welches als erstes Abbauprodukt aus Alkohol entsteht, und für die unangenehmen Folgewirkungen eines übermäßigen Alkoholkonsums verantwortlich ist. Ein weiterer suchtfördernder Faktor ist eine Unterfunktion bei der Übertragung des Botenstoffes Serotonin im Zentralen Nervensystem. Dies kann genetisch bedingt sein oder aber auch als Folge einer frühen sozialen Stressbelastung auftreten, wie das an Rhesusaffen, welche früh von ihren Müttern getrennt wurden, belegt werden konnte. Der funktionelle Serotoninmangel im Gehirn führt einerseits zu einer höheren Alkoholverträglichkeit, andererseits aber auch zu verstärkter Aggressionsneigung. Der Alkoholkonsum scheint besonders hier dem Gefühl der Bedrohtheit und Angst entgegenzuwirken. Der niedrige Serotoninspiegel wiederum vermindert die GABA-erge Inhibition, wirkt damit also erregend auf das Zentrale Nervensystem, sodass der Alkohol für diese Menschen eher stimulierend und weniger sedierend wirkt. Die Rolle genetischer Faktoren an der Entstehung der Abhängigkeit wird auf 60 % geschätzt.

Als weiterer Risikofaktor für einen späteren gefährlichen Suchtmittelkonsum gelten verschiedene Entwicklungs- bzw. Erziehungsfaktoren: Dazu zählen sowohl eine Vernachlässigung und unzureichende Bestätigung und Förderung des Kindes, welche zu mangelndem Selbstvertrauen und vorzeitiger Resignation führt, aber auch die übermäßige Verwöhnung, denn daraus resultiert oft eine übersteigerte Anspruchshaltung, reduziertes Durchhaltevermögen und unzureichende Frustrationstoleranz.

Wenn schon die genetische Veranlagung und die kindliche Entwicklung für Suchtprobleme prädisponieren, steigt die Gefahr, falls ein trinkfreudiges oder drogenkonsumierendes soziales Umfeld zu problematischem Suchtmittelkonsum verführt. Belastende Lebensereignisse wie Partnerschaftskrisen, Angst vor Arbeitslosigkeit oder berufliche Unzufriedenheit stellen dann oft den Auslöser für eine Verschärfung oder gar Entgleisung der Konsumgewohnheiten dar.

Belegt ist inzwischen, dass bestimmte Berufe und Arbeitsformen mit verstärktem Alkoholkonsum in Verbindung zu bringen sind: Dies gilt für alkoholnahe Berufe, z. B. Kellner, Winzer und Koch, für Vertreterberufe und für Berufe mit wechselnden Arbeitszeiten insbesondere Schichtarbeit. Prädisponierende Arbeitsformen sind Tätigkeiten mit wenigen Freiräumen, mit hohem Zeitdruck, besonders verantwortungsvolle, überfordernde aber auch monotone Arbeit.

Gender-Aspekte des Suchtmittelmissbrauchs

Während der Alkohol- und Drogenmissbrauch drei- bis viermal häufiger bei Männern als bei Frauen diagnostiziert wird, besteht bei Frauen etwa doppelt so häufig eine Medikamentenabhängigkeit; diese fällt der Umwelt jedoch sehr häufig gar nicht auf, sie beschränkt sich oft auf eine abendliche Tabletteneinnahme ohne Dosissteigerung (low dose dependency) ohne erkennbare körperliche Schädigungen und mit geringen sozialen Folgeproblemen. Bei Absetzen dieser Medikation entwickeln sich jedoch über Monate anhaltende Entzugssymptome in Form von Schlaflosigkeit, Angst und quälender innerer Unruhe, sodass eine Entzugsbehandlung oft vorzeitig abgebrochen wird und eine weitere Behandlungsbereitschaft gering ist.

Frauen haben bei gleichen Alkoholtrinkmengen höhere Blutalkoholspiegel, sie bauen den Alkohol deutlich langsamer ab und erleiden früher gravierende körperliche Folgeschäden. Dies betrifft sowohl die Leber und andere innere Organe als auch eine messbare Hirnsubstanzverminderung, welche sich durch eine Verschlechterung von Gedächtnis, Merkfähigkeit und Intelligenzleistung bemerkbar macht. Ob der Konsum illegaler Drogen auf den weiblichen Körper ebenfalls schädlichere Auswirkungen hat als beim anderen Geschlecht, ist bislang nicht klar.

Aus Therapieeinrichtungen ist bekannt, dass Frauen später als Männer alkoholkrank werden, dann aber frühzeitiger eine suchtspezifische Behandlung in Anspruch nehmen. Dies könnte mit der schneller auftretenden körperlichen Schädigung begründbar sein; als eine weitere Ursache ist zu vermuten, dass die negative Resonanz der Umgebung schneller spürbar wird. Ein überhöhter Alkoholkonsum der Frauen wird gesellschaftlich stärker geächtet und führt beispielsweise auch schneller zur Trennung vom Lebenspartner als umgekehrt. Trinkende Frauen sind häufiger sozial isoliert. Während für Männer der Gang in die Stammkneipe zu den Trinkkumpanen eine recht einfache Möglichkeit ist, ihrer häuslichen Einsamkeit zu entgehen, trinken die abhängigen Frauen eher alleine in ihrer Wohnung. Da sie damit keine gleich gesinnten Mitkonsumenten um sich haben, wird ihnen auch schneller deutlich, dass ihr Trinkstil problematisch ist.

Typisch weibliche Persönlichkeitszüge wie Fürsorglichkeit und auch weibliche Berufe wie Pflegetätigkeiten sind mit wenig Alkoholkonsum assoziiert, typisch männliche Persönlichkeitszüge wie Aggressivität und Macho-Verhalten sowie männliche Berufe mit höherem Alkoholkonsum.

Suchtmittelauffällige Frauen und Männer berichten häufiger als unauffällige Konsumenten, ihr Suchtmittel zur Bekämpfung negativer Emotionen einzusetzen, wobei der Unterschied bei unauffälligen vs. auffälligen Frauen deutlich größer ausfällt. Darüber hinaus besteht bei Frauen häufiger als bei Männern eine Komorbidität von depressiver Erkrankung und Sucht. Trinkende Frauen werden von Männern als sexuell eher verfügbar eingeschätzt. Unter anderem deshalb haben suchtmittelabhängige Frauen auch sehr häufig Erfahrungen mit sexuellem Missbrauch und Gewalt.

Die Langzeiterfolge bezüglich Abstinenz nach einer Entwöhnungstherapie sind bei Frauen niedriger als bei Männern. Vermutlich ist das darauf zurückzuführen, dass es deutlich weniger abhängige Frauen mit relativ unproblematischer Vorgeschichte und ohne Komorbidität gibt.

2.10.5 Auffälligkeiten am Arbeitsplatz, die auf Suchtmittelprobleme hinweisen

Eine Abhängigkeit entwickelt sich meistens über Jahre hinweg schleichend. Die Übergänge riskanter Konsum – Missbrauch – Abhängigkeit sind fließend. Gefährlich wird es, wenn ein Mensch immer häufiger Alkohol trinkt, um Stress, Ärger, Wut oder Trauer besser aushalten zu können. Ein kritischer Punkt ist erreicht, wenn man sich ohne Alkohol bzw. die gewohnte Droge kaum mehr entspannen und wohl fühlen kann.

2.10.5.1 Mögliche Auffälligkeiten im Arbeitsverhalten

- Unzuverlässigkeit (Nichteinhalten von Absprachen, Versäumen von Terminen) einzelne Fehltage, die als Kurzerkrankungen durch Dritte entschuldigt werden,
- kurzfristig oder nachträglich nach unentschuldigtem Fehlen beantragte Einzelurlaubstage,
- kurzfristiges Verschwinden vom Arbeitsplatz, Überziehen der Pausen,
- morgendliche Verspätungen oder vorgezogenes Arbeitsende,
- fehlerhafte Arbeitsergebnisse oder Arbeitsrückstände,
- Konzentrationsverminderung und Gedächtnislücken, Vergesslichkeit,
- zunehmende Verschlechterung der Leistungsfähigkeit, evtl. periodische Überaktivität, Unkonzentriertheit, Nervosität,
- Anlegen von Alkohol- bzw. Drogenverstecken,
- Klagen über wechselnde körperliche Beschwerden.

2.10.5.2 Mögliche Auffälligkeiten im äußeren Erscheinungsbild

- Alkoholfahne (oft nur aus der Nähe wahrnehmbar, evtl. überdeckt durch starke Aromastoffe),
- Veränderungen im Aussehen (gerötete Augen, gerötete Gesichtshaut, aufgedunsenes Gesicht, glasige Augen),
- ungepflegtes Erscheinungsbild,
- körperliche Entzugssymptome wie Zittern insbesondere der Hände, Schwitzen, starke Unruhe,
- unsicherer Gang.

2.10.5.3 Mögliche Auffälligkeiten im Sozialverhalten

- Stimmungsschwankungen zwischen Euphorie und Depression,
- Schwanken zwischen Aggressivität und Überangepasstheit,
- Wechsel zwischen Selbstüberschätzung und Selbstmitleid,
- erhöhte Kränkbarkeit,
- Fehler werden nicht eingestanden, Schuld wird bei anderen gesucht,
- Suchen von Verbündeten, die ins Vertrauen gezogen werden,
- erpresserisches Verhalten, manchmal auch mit Äußern von Selbstmordgedanken,
- zunehmender Rückzug aus dem bisherigen Bekanntenkreis,
- Aufgabe alter Hobbys,
- leichtfertige Versprechungen,
- Verlust ethischer und moralischer Grundsätze (Lügen, Stehlen …),
- Geldprobleme,
- Probleme in der Familie.

Natürlich können solche Auffälligkeiten auch aufgrund ganz anders gelagerter Probleme auftreten, beispielsweise in der Folge eines Partnerverlustes oder anderer Schicksalsschläge oder auch als Symptome einer körperlichen oder seelischen Erkrankung. Deshalb ist es sinnvoll, zuerst mit dem Betroffenen selbst zu reden, bevor vage Vermutungen sich als Gerüchte verselbstständigen.

2.10.5.4 Besonderheiten bei Konsumenten illegaler Drogen

Auch wenn die Anzahl derjenigen, die abhängig von harten Drogen sind, 15 mal geringer ist als die Anzahl der Alkoholabhängigen, darf das Problem betrieblich nicht außer Acht gelassen werden. Wie bei den Alkoholkonsumenten ist die Anzahl der Gelegenheitskonsumenten, die ja auch ein Sicherheitsrisiko darstellen können, weit größer als die der Abhängigen.

Die gesundheitlichen und sozialen Schäden durch eine Abhängigkeit von harten Drogen entwickeln sich meist rasanter als beim Alkoholismus. Ursache ist nicht nur die Droge selbst, sondern im besonderen Maße auch die Auswirkungen des Konsums in der Illegalität (unklarer Wirkstoffgehalt der Substanz, Beimengungen, unsaubere Spritztechnik, hoher Geldbedarf, der oft zur *Beschaffungskriminalität* führt, Prostitution). Während es sich bei Alkohol um eine chemische Substanz handelt, deren Wirkung auf unseren Stoffwechsel sehr gut untersucht ist, sind die Beeinträchtigungsintensität und -zeit durch den Konsum illegaler Drogen weit weniger kalkulierbar, insbesondere dann, wenn kurz hintereinander verschiedene Drogen eingenommen wurden.

Zeichen einer akuten Drogeneinwirkung können sehr weite (Aufputschmittel) oder sehr enge (Morphium, Heroin) Pupillen sein. Aufputschende Drogen führen zu Euphorie und/oder Aggressivität mit anschließender übermäßiger Müdigkeit. Dämpfende Drogen wie Morphin und Heroin führen zu Passivität und Lethargie.

Da das Rauscherleben in der Regel nicht am Arbeitsplatz gesucht wird, ist es eher unwahrscheinlich, einen Mitarbeiter zu erleben, der sich gerade im Drogenrausch befindet, es sei denn, es besteht eine starke körperliche Abhängigkeit und der Betroffene nimmt die Droge während der Arbeitszeit ein, um nicht in den Entzug zu geraten.

Viel häufiger als die oben beschriebene akute Drogenwirkung fallen jedoch die relativ unspezifischen Verhaltensänderungen auf, die Folgen des Konsums in der Freizeit sind. Diese überdauern die direkte chemische Einwirkzeit der Droge auf das Gehirn und sind den Auswirkungen eines überhöhten Alkoholkonsums zum Teil nicht unähnlich: Der Betroffene wirkt in seiner gesamten Persönlichkeit verändert. Typisch ist auch hier eine bisher nicht gekannte Gleichgültigkeit, eine verminderte Leistungsbereitschaft, ein Rückzug aus der bisherigen Clique, Fehlzeiten, Unzuverlässigkeiten, Stimmungsschwankungen und Geldnöte. Diese Auffälligkeiten könnten jedoch genauso einer psychischen Erkrankung, einer seelischen Erschütterung, z. B. durch das Zerbrechen einer Beziehung oder auch nur der jugendlichen Labilität zugerechnet werden. In letzterem Fall ist der Betroffene üblicherweise jedoch in der Lage, das vom Betrieb kritisierte Verhalten zu ändern, wenn er die unangenehmen Konsequenzen (schlechte Noten, Ermahnungen) spürt. Das gelingt einem Drogenabhängigen krankheitsbedingt oft nicht mehr. Im Zweifel sollte auf jeden Fall kompetente Unterstützung, z. B. durch den Arzt, ggf. auch unter Einbeziehung der Sozialberatung gesucht werden. Falls eine psychische Erkrankung vorliegt, können geeignete Behandlungsangebote eröffnet werden, bei seelischen Erschütterungen sind beratende Gespräche hilfreich.

Entscheidend ist jedenfalls, auch bei diesen nicht drogentypischen Auffälligkeiten an die Möglichkeit zu denken, dass Drogen ursächlich für die Veränderungen sein könnten. Die betrieblichen Regeln, die für Auffälligkeiten infolge von Alkoholkonsum gelten, können in gleicher Weise angewendet werden.

Lenkt das Arbeitsverhalten den Verdacht auf eine Beeinträchtigung durch illegale Drogen, kann, vergleichbar dem Vorgehen bei Verdacht auf Alkoholisierung, der Mitarbeiter aufgefordert werden, seinen Urin auf die Abbauprodukte der Drogen untersuchen zu lassen. Teststäbchen sind entweder in der werksärztlichen Ambulanz verfügbar oder in den Praxen niedergelassener Kollegen, welche Drogenpatienten betreuen bzw. in Klinikambulanzen. Ein positiver Drogenschnelltest ist allerdings kein

Beleg für eine aktuelle Berauschtheit, es handelt sich lediglich um einen qualitativen Nachweis verschiedener Substanzgruppen, die chemisch gleich oder ähnlich sind wie die nachzuweisende Droge. Überwiegend befinden sich im Urin daher die für den Organismus unwirksamen Abbauprodukte der Droge; aber auch chemisch ähnliche Pharmaka können falsch positive Ergebnisse verursachen. So können eine antiallergische Medikation und der Genuss stark tyraminhaltiger Käsesorten einen positiven Test auf Amphetamine verursachen. Zahlreiche Husten- und Schmerzmittel enthalten Codein, welches wegen der strukturellen Ähnlichkeit einen positiven Screeningtest auf Opiate bewirkt. Auch nach Mohnbrötchengenuss kann der Test positiv sein. Im Verkehrsrecht wird eine Drogenfahrt dadurch belegt, dass in einer Blutprobe mittels gaschromatographischer/massenspektroskopischer Analyse die Wirksubstanz der Droge nachgewiesen wird. Dementsprechend muss bei arbeitsrechtlich drohenden Konsequenzen ein positiver Screeningtest ebenfalls mittels GC/MS gesichert werden. Bei den betrieblich veranlassten Drogenscreenings aus dem Urin finden sich am häufigsten die Abbauprodukte des Cannabis, da diese Substanz die mit Abstand am weitesten verbreitete illegale Droge ist, darüber hinaus ist sie auch am längsten im Urin nachweisbar. Delta-9-Cannabinol, die Hauptwirksubstanz, wird zwar relativ rasch metabolisiert, aufgrund der hohen Lipophilie werden die unwirksamen Abbauprodukte jedoch noch lange im Fettgewebe gespeichert, sodass ein einmaliger Konsum über mindestens eine Woche noch ein positives Drogenscreening verursacht, ein chronischer Konsum sogar über 4-6 Wochen. Selbst das Passivrauchen kann unter besonderen Umständen, wie einer Autofahrt mit Cannabis rauchenden Beifahrern, zu einem positiven Screening im grenzwertig niedrigen Bereich führen. Die Einnahme von Heroin oder von Aufputschmitteln bewirkt über 3-7 Tage ein positives Screening.

Die Gefahren durch *Cannabis* wurden in weiten Kreisen lange unterschätzt. Zwar gelingt es der überwiegenden Mehrheit der jugendlichen User, ihren Konsum so gering zu halten, dass sie nach außen nicht auffallen, die Mehrheit gibt das Kiffen nach einiger Zeit auch ohne therapeutische Hilfe spontan wieder auf. Die Anzahl derjenigen, die wegen gravierender drogenbedingter Probleme jedoch in Beratungsstellen und Therapieeinrichtungen kommen, nimmt sprunghaft zu. Je niedriger das Einstiegsalter, je labiler die Persönlichkeit und je schwieriger die sozialen Randbedingungen sind, desto häufiger entwickelt sich eine Cannabisabhängigkeit. Diese zeigt sich in Interessenverlust, Gedächtnis- und Konzentrationsstörungen sowie einer Gleichgültigkeit gegenüber dem Ausbildungserfolg bzw. den beruflichen Anforderungen. Deshalb ist der Ausbildungs- bzw. Arbeitsplatz bei Dauerkonsumenten oft gefährdet. In selteneren Fällen kann durch den Cannabiskonsum auch eine wahnhafte Psychose ausgelöst werden.

Die Hälfte aller Opiatabhängigen ist inzwischen in Methadonprogrammen eingebunden, um ihnen einen Weg aus der Illegalität zu ebnen und eine neue Chance zur Reintegration anzubieten. Bei guter Compliance ist die Arbeitsfähigkeit oft gegeben. Eine enge Abstimmung mit dem behandelnden Arzt und die Befreiung von der Schweigepflicht hinsichtlich der Ergebnisse der dortigen Drogenscreenings sind dann allerdings unerlässlich. Leider ist jedoch ein Beigebrauch von Benzodiazepinen, Cannabis und/oder Opiaten aus der Szene nicht selten. Falls wiederholt solche Rückfälle auftreten, ist eine Weiterbeschäftigung an den meisten Arbeitsplätzen nicht möglich.

2.10.6 Plädoyer für ein frühes betriebliches Handeln bei Auffälligkeiten mit Suchtmitteln

Oft wird lange gezögert, bis man im Betrieb auf vermutete Alkoholprobleme reagiert. Lange möchte man es noch als Kavaliersdelikt werten, so mancher Kollege denkt an eigene Verfehlungen aus der Vergangenheit und wartet erst einmal ab, ob auch die Arbeitsleistung sich eindeutig verschlechtert, bevor er sich entschließt, seinem Vorgesetzten von seinem Verdacht zu berichten. Bei einem vermuteten Drogenkonsum ist diese Scheu vor einer klaren Reaktion geringer, da der Drogenrausch bzw. -konsum allgemein als ungleich gefährlicher eingeschätzt wird.

Meist schöpfen die direkten Arbeitskollegen, die sich mitunter schon Jahrzehnte kennen und den engsten Kontakt haben, zuerst Verdacht, dass ein Alkohol- oder Drogenproblem vorliegen könnte. Manchmal sind Auslöser für einen plötzlich deutlich gesteigerten Suchtmittelkonsum klar (z. B. eine Scheidungsproblematik), dann hoffen die Kollegen oft allzu lange, dass sich ihr Kumpel wieder von selbst fängt. Der Betroffene selbst hat bei ausbleibender kritischer Rückmeldung des Arbeitsumfeldes die Illusion, dass er niemandem auffällt und sein Konsum damit auch als normal und unbedenklich zu werten ist. In anderen Fällen entwickeln sich Suchtkarrieren oft über Jahre hinweg schleichend, dann sind erste Auffälligkeiten oft unspektakulär und leicht zu übersehen oder zu entschuldigen. Verschiedene Ängste tragen auch dazu bei, dass den Verdachtsmomenten nicht nachgegangen und das Problem nicht konsequent verfolgt wird. Oft wird beispielsweise die Befürchtung geäußert, man könnte sich vielleicht doch täuschen und dann dem Mitarbeiter Unrecht tun, andere Kollegen haben Skrupel, weil sie nicht schuld zu sein wollen, wenn dem Betroffenen gekündigt wird und er dann ggf. mit seiner Familie ins soziale Abseits gerät. Deshalb ist es wichtig, dass die in Betriebsvereinbarungen festgelegten Sanktionen bei Erstauffälligkeit, möglichst auch bei der zweiten Auffälligkeit nicht zu hart ausfallen, damit die Hemmschwelle, diese Verfehlungen auch anzusprechen und ggf. weiterzumelden, möglichst niedrig ist. Erfahrungsgemäß werden die Skrupel, das Problem offen anzusprechen umso größer, je länger man damit wartet. Selbst wenn der Betroffene das erste Mal mit einer Fahne auffällt, muss das umgehend angesprochen werden. Es soll jedem Mitarbeiter klar sein, dass die Forderung nach Nüchternheit am Arbeitsplatz immer und für alle gilt. Eine Berauschtheit am Arbeitsplatz ist ein nicht hinzunehmendes Sicherheitsrisiko, unabhängig davon, ob eine Suchterkrankung vorliegt, oder ob der Mitarbeiter nur dieses Mal über die Stränge geschlagen hat. Wenn ein Arbeitsunfall auftritt, führt das gegebenenfalls zu Konsequenzen nicht nur für den Betroffenen, der möglicherweise seinen Versicherungsschutz bei der Berufsgenossenschaft verliert, sondern auch für den Vorgesetzten, denn es wird geprüft, ob dieser seine Fürsorgepflicht verantwortungsvoll wahrgenommen hat.

Unsere betrieblichen Erfahrungen zeigen außerdem, dass ein laxes Umgehen mit dem Nüchternheitsgebot mitunter dazu führt, dass sich andere in der Gruppe animieren lassen, mitzutrinken. Darüber hinaus begibt sich der Vorgesetzte in einen Rechtfertigungsnotstand, wenn er beim nächsten Mitarbeiter mit Alkoholfahne umgehend reagiert ("als der Kollege F. besoffen war, hat er doch auch nichts unternommen, nur auf mich hat er es abgesehen"). Ein von Anfang an konsequentes Handeln kann im Übrigen dazu beitragen, dass der Betroffene zu einem moderaten Trinkstil zurückfindet, bevor sich eine Abhängigkeit entwickelt.

Eine Suchterkrankung lässt sich nicht beweisen. Nicht selten stirbt der Betroffene an seiner Leberzirrhose, ohne dass eine Suchtdiagnose besteht oder gesichert wurde. Unsere langjährige Erfahrung zeigt, dass sich die Kollegen im Betrieb meist nicht irren, wenn dort ein Suchtmittelproblem vermutet wird. Ein nicht ausgesprochener Verdacht, der vielleicht nur mit anderen, aber nicht mit dem Betroffenen diskutiert wird, belastet das Arbeitsklima mehr, als eine umgehende Klärung der Situation. Eine spezifische Eigenheit bei Abhängigkeitserkrankungen besteht jedoch darin, dass die meisten Suchtkranken das Problem vor sich selbst und ihrer Umwelt verleugnen. Das Suchtmittel erscheint als Trost in einer scheinbar sonst ausweglosen Situation. Meist sind viel Überzeugungsarbeit und ein logisch nachvollziehbares, konsequentes Vorgehen nötig, um Betroffene zu bewegen, die entscheidende Wende einzuleiten. Der Betroffene braucht die Zuversicht, dass er seine Lage ohne Alkohol besser meistern kann. Einmalige Ermahnungen sind in der Regel nicht ausreichend. Je mehr Menschen dem Betroffenen rückmelden, was ihnen auffällt und je konsequenter sie es tun, desto größer sind die Aussichten auf Veränderung. Bildlich kann man sich das wie eine Entscheidungswaage vorstellen, bei der unter anderem durch unseren gewichtigen Beitrag irgendwann die Gründe für eine anhaltende Verhaltensänderung (Arbeitsplatzerhalt, Gesundheit, Familie, Freunde, Führerschein, Selbstach-

tung, ...) schwerer wiegen als die Gründe so weiterzumachen (Gewohnheit, mithalten wollen, Tröster bei Angst, Stress, Einsamkeit oder Schüchternheit).

2.10.7 Betriebliche Intervention bei suchtmittelbedingten Auffälligkeiten im Betrieb

Nicht nur die Vorgesetzten, sondern alle im Betrieb tätigen Mitarbeiter sind gefordert, auf vermutete suchtmittelbedingte Probleme zu reagieren: Jeder Beschäftigte ist nach dem Arbeitsschutzgesetz, Paragrafen 15 und 17 dazu verpflichtet, Gefahren, die er erkennt, an seinen Vorgesetzten zu melden. Dazu zählen selbstverständlich auch Gefahren durch die in ihrer Leistungsfähigkeit beeinträchtigten, möglicherweise suchtkranken Mitarbeiter. Da in der Regel die Kollegen der gleichen Hierarchieebene als Erste die Veränderungen im Verhalten, die auf Suchtmittelkonsum zurückgeführt werden könnten, registrieren, ist es eine zentrale Aufgabe in der betrieblichen Suchtprävention, dass die Bereitschaft, diese Problematik frühzeitig anzusprechen auf allen Ebenen in der Belegschaft gefördert wird. Dies kann am ehesten dadurch erreicht werden, wenn überzeugend vermittelt wird, dass es primär darum geht, den Betroffenen zu helfen, keinesfalls, diese schnellstmöglich zu entlassen. Deshalb ist es wichtig, dass das Unternehmen in einer Betriebsvereinbarung klar und verbindlich zusagt, bei Auffälligkeiten Unterstützung anzubieten und nur dann zu kündigen, wenn trotz wiederholter Verfehlungen, Ermahnungen und Hilfsangeboten keine Veränderungs- bzw. Behandlungsbereitschaft zu erzeugen ist. Spätestens, wenn im Kollegenkreis Bemühungen, in vertraulichen Gesprächen eine Veränderung im Verhalten des Mitarbeiters zu erreichen, gescheitert sind, müssen die Mitarbeiter bereit sein, ihren Dienstvorgesetzten zu informieren, denn diesem obliegt eine Fürsorgepflicht für die ihm unterstellten Beschäftigten. Er darf diese nur mit den Arbeiten betrauen, die sie ohne sich und ihre Kollegen zu gefährden korrekt ausführen können, daher muss er mögliche Einschränkungen in deren Arbeitsfähigkeit kennen und berücksichtigen. Inhalt der Betriebsvereinbarung sollten allerdings nicht nur die vorgesehenen Sanktionen bei suchtmittel-bedingtem Fehlverhalten im Betrieb sein. Wichtiger Bestandteil ist ebenso das Bekenntnis zu Maßnahmen der betrieblichen Prävention und Reintegration (*Tabelle 1*).

Tabelle 1: Mögliche Betriebsvereinbarung zum Thema „Suchtmittel"

1. Festlegung und Koordination von Präventivmaßnahmen mit definierten Zuständigkeiten.
2. Regelung, wie vorgegangen wird, wenn ein Mitarbeiter berauscht am Arbeitsplatz erscheint.
3. Stufenplan für die Intervention bei suchtmittelbedingten Auffälligkeiten.
4. Regelung der Reintegration Betroffener.
5. Maßnahmen bezüglich der Alkoholverfügbarkeit am Arbeitsplatz; absolutes Alkoholverbot empfehlenswert!

Beispielhaft werden Inhalte der Betriebsvereinbarung und die betriebliche Praxis aus der BASF Aktiengesellschaft Ludwigshafen vorgestellt.

2.10.7.1 Prävention
Werksleitung und Betriebsmitarbeiter sind sich darin einig, dass ein überhöhter Suchtmittelkonsum zu ernsten gesundheitlichen, sozialen und betrieblichen Problemen führen kann. Deshalb wird der Aufklärung über diese Zusammenhänge ein hoher Stellenwert beigemessen. Vorgesetzte und Mitarbeiter werden zu dieser Thematik regelmäßig geschult. Dazu werden das Intranet, Führungsseminare, Sicherheitsbesprechungen und andere betriebsinterne Fortbildungsveranstaltungen genutzt. In der Abteilung Arbeitsmedizin und in der Sozialberatung gibt es Ansprechpartner, die Präventionsarbeit koordinieren und beratend tätig sind. Dabei richtet sich das Beratungsangebot an Betroffene, ggf. auch deren Angehörige, an Kollegen und Vorgesetzte. Arzt und Sozialarbeiter können auch, wenn erforderlich, externe Therapie beantragen und in die Wege leiten.

2.10.7.2 Berauschtheit am Arbeitsplatz
Entsteht am Arbeitsplatz der Verdacht, dass ein Mitarbeiter berauscht ist, muss der Vorgesetzte ihn umgehend zur Klärung der Arbeitsfähigkeit in der Ambulanz vorstellen lassen. Dabei muss der Betroffene aus Gründen der Sicherheit entweder von einem Betriebsmitarbeiter oder vom Werkschutz begleitet werden. Falls der Arzt bei der dann folgenden Untersuchung feststellt, dass der Mitarbeiter nicht arbeitsfähig ist, gibt er dies an den Vorgesetzten so weiter. Der Betroffene kann an diesem Tag nicht weiterarbeiten, der Betrieb hat dafür zu sorgen, dass er sicher nach Hause gelangt. Der Heimtransport kann über Angehörige, Taxi oder Werksschutz erfolgen. Bei Begleitung durch den Werksschutz werden dem Betroffenen die dabei entstehenden Kosten in Rechnung gestellt. Der Vorgesetzte meldet den Vorgang an die Disziplinarstelle. In der Regel wird bei der Erstauffälligkeit eine geringe Geldbuße verhängt, die bei einer zweiten Auffälligkeit höher ausfällt.
In dem Fall, dass der Kollege zwar noch nie am Arbeitsplatz berauscht wirkte, aber an-

dere Umstände wie zunehmende Konzentrations- und Merkfähigkeitsstörungen, vermutete Entzugssymptome, Fehlleistungen, Versäumnisse, typische Fehlzeiten u. a. jedoch ein Alkohol- oder Drogenproblem vermuten lassen, sollte dies dem Mitarbeiter gegenüber offen angesprochen werden. Wenn noch keine Suchterkrankung vorliegt, sondern lediglich ein unvernünftiger Umgang mit dem Suchtmittel, können einige ernste Gespräche mit dem Kollegen vielleicht schon eine Veränderung bewirken. Um wieder Planungssicherheit herzustellen, kann ein Vorgesetzter bei oben genannten Auffälligkeiten verlangen, dass der Mitarbeiter ab dem ersten Krankheitstag eine ärztliche Arbeitsunfähigkeits-Bescheinigung vorlegt und er kann festlegen, dass kurz vor einer vorgesehenen Arbeitsaufnahme erbetene Urlaubstage nicht gewährt werden.

2.10.7.3 Disziplinarisches Vorgehen nach dem Stufenplan

In unserer Betriebsvereinbarung 85 ist festgelegt, dass der Vorgesetzte mit seinem Mitarbeiter bei Verdacht auf Beeinträchtigung der Arbeitsleistung durch Suchtmittelkonsum als ersten Schritt ein offenes Gespräch führt. Dabei sollte stets am Ende dieses Gesprächs ein weiterer Termin vereinbart werden, in dem dann geklärt werden soll, ob sich die Situation inzwischen zufrieden stellend entwickelt hat. Ist dies nicht der Fall, werden entsprechend dem Stufenplan zu den nächsten Gesprächen weitere Verantwortliche wie Vertrauensmann, Arzt, Sozialarbeiter und Personalstelle einbezogen, denn bei Mitarbeitern mit fehlender Einsicht in die Problematik ist in der Regel ein gemeinsames und koordiniertes Vorgehen im Betrieb unter Einbeziehung der zuständigen Fachstellen notwendig. Dem Betroffenen wird in den folgenden Gesprächen im erweiterten Kreis nahe gelegt, die geeigneten Beratungs- und Behandlungsangebote zu nutzen, denn ein Fortbestehen der Leistungsmängel gefährdet den Arbeitsplatz. Gleichzeitig wird gemeinsam geklärt, ob der Mitarbeiter aus Sicherheitsgründen vorübergehend an einen anderen Arbeitsplatz mit geringerem Gefährdungspotential versetzt werden muss. Treten weitere Auffälligkeiten auf, erfolgen Abmahnungen und bei fehlender Veränderung schließlich eine Kündigung, die jedoch mit einer Wiedereinstellungszusage verbunden ist, falls der Mitarbeiter innerhalb von einem Jahr an einer anerkannten Entwöhnungstherapie erfolgreich teilgenommen hat.

2.10.7.4 Reintegration

Wird der Mitarbeiter nach einer Entwöhnungstherapie wiedereingestellt, erfolgt dies an demselben oder einem vergleichbaren Arbeitsplatz, die vor der Therapie erworbenen Anrechte entsprechend der Dauer der Betriebszugehörigkeit bleiben erhalten.

Falls es gewünscht wird, kann der Mitarbeiter in jeweils festzulegenden Zeitabständen in die arbeitsmedizinische Sprechstunde oder auch zur Sozialberatung kommen, wo Probleme, welche sich aktuell ergeben, besprochen werden können. Wichtig ist auch, dass der Mitarbeiter weiß, wo er Unterstützung findet, wenn ein Rückfall droht oder aufgetreten ist (der sogenannte Notfallplan), damit er nicht aus Scham und falschem Stolz weiter trinkt.

Wenn ein Mitarbeiter, der sonst zuverlässig war, plötzlich zu den vereinbarten Sprechstundenterminen nicht mehr erscheint, besteht ein dringender Verdacht auf Rückfälligkeit. Daher ist es empfehlenswert, dem nachzuforschen und nochmals ein persönliches Beratungsangebot zu machen.

2.10.7.5 Alkoholverfügbarkeit

Am Standort besteht ein absolutes Alkohol- und Drogenverbot. Sie dürfen weder eingeführt noch auf dem Werksgelände konsumiert werden. Testungen nach einem Zufallsprinzip (Random-Screenings) sind unzulässig.

2.10.7.6 Indikation für die Überprüfung der Arbeitsfähigkeit

Nach deutschem Arbeitsrecht ist eine Überprüfung der Mitarbeiter auf Alkohol oder Drogenkonsum nur zulässig, wenn konkrete Verdachtsmomente dafür bestehen, dass der Mitarbeiter aktuell infolge des Konsums beeinträchtigt ist. Random-Screenings dürfen von Betriebsmitarbeitern verweigert werden. Wehrt sich ein Mitarbeiter jedoch bei begründbarem Verdacht auf eine drogenbedingte Beeinträchtigung gegen eine Alkomat-Messung oder ein Drogenscreening, darf dies trotzdem als Drogenkonsum gewertet werden, wenn mehrere Zeugen diesen Eindruck bestätigen. In dem Fall ist es dem Mitarbeiter anzulasten, dass er -falls der Anschein getrogen hat - diesen Verdacht durch die Testung nicht ausgeräumt hat, was letztlich wie ein Eingeständnis er drogenbedingten Arbeitsunfähigkeit gewertet wird.

Die gängige Praxis mancher Unternehmen, bei Einstellungsuntersuchungen auch vorangekündigte Drogenscreenings durchzuführen, ist bisher von Arbeitsgerichten noch nicht untersagt worden, es wurde jedoch festgehalten, dass der Betriebsrat dieser Untersuchung zugestimmt haben muss (Landesarbeitsgerichtsurteil Baden-Württemberg 2003).

2.10.8 Das Gespräch mit dem Mitarbeiter

Der Erfolg des geplanten Gesprächs hängt von einer sorgfältigen Vorbereitung ab. Im Kern sollte es folgendermaßen ablaufen:

Der Vorgesetzte bzw. Arbeitskollege leitet das Gespräch ein, indem er betont, dass sich aus seiner Sicht das Arbeitsverhalten verschlechtert hat, und belegt das mit möglichst gut nachprüfbaren Beobachtungen. Er erklärt, was er in Zukunft erwartet und mit welchen Konsequenzen zu rechnen ist, wenn das problematische Verhalten sich nicht ändert. Dann vereinbart er mit dem Mitarbeiter ein Feedback-Gespräch nach Ablauf von etwa vier Wochen.

Für das Gespräch gelten folgende Empfehlungen:

- Planen Sie vorher genau, was Sie Ihrem Kollegen in dem Gespräch sagen wollen. Notieren Sie alle Auffälligkeiten der letzten Monate, beschränken Sie sich dabei auf Fakten und vermeiden Sie vage Vermutungen, welche zu fruchtlosen Diskussionen führen könnten. Diskutieren Sie beispielsweise auch nicht über genaue Trinkmengen.
- Führen Sie das Gespräch nur, wenn Ihr Gegenüber nüchtern ist.
- Machen Sie schon am Anfang Ihr Gesprächsziel klar: Es geht Ihnen darum, dass Sie Fehl- oder Minderleistungen Ihres Kollegen festgestellt haben und einen Zusammenhang mit seinem Suchtmittelkonsum vermuten. Ihr Ziel ist, dass der Betrieb und er selbst nicht weiteren Schaden nehmen. Sie handeln aus Sorge um ihren Kollegen.
- Wenn Sie sich nicht sicher sind, ob Alkohol/Drogen Ursache der von Ihnen beobachteten Auffälligkeiten sind, stellen Sie diese Hypothese neben anderen Möglichkeiten (z. B. private oder gesundheitliche Probleme) in den Raum. Stellen Sie keine Diagnosen.
- Machen Sie sich klar: Es ist nicht erforderlich, dass Ihnen der Mitarbeiter alle seine Probleme im Detail offen legt, das

ist schon gar nicht zu erwarten, wenn Sie der disziplinarische Vorgesetzte sind. Entscheidend ist, dass er sein problematisches Verhalten verändert. Dabei soll ihm vermittelt werden, wo er sich Unterstützung holen kann, wenn er feststellt, dass er es alleine nicht schafft.

- Senden Sie Ich-Botschaften, z. B. „ ... mir ist aufgefallen, dass Sie nicht mehr so zuverlässig arbeiten wie sonst ..., ich bekomme Schwierigkeiten durch Ihr Verhalten ..., ich glaube, dass der Alkohol eine entscheidende Rolle bei diesem Problem spielt..., ich mache mir Sorgen...".
- Lassen Sie den Gesprächspartner zu Wort kommen, vielleicht weiß er einen für seine spezielle Situation guten Lösungsweg, den er aus verschiedenen Gründen bisher noch nicht konsequent ausprobiert hat.
- Bleiben Sie sachlich, meiden Sie den moralischen Zeigefinger, werten Sie den Mitarbeiter nicht in seiner ganzen Person ab. Zeigen Sie, dass Sie ihm helfen wollen, seinem Dilemma zu entkommen.
- Vermeiden Sie einen Schlagabtausch. Versuchen Sie, das Band zwischen Ihnen und Ihrem Mitarbeiter nicht zu zerreißen.
- Sprechen Sie offen die drohenden Konsequenzen an, falls sich nichts verändert.
- Mitleid allein führt in der Regel nicht weiter. Es ist auch für das praktische Vorgehen vorerst unerheblich, ob der Alkoholmissbrauch auf private oder berufliche Probleme zurückzuführen ist, oder die Probleme auf den Alkoholmissbrauch. Richtig verstandene Hilfe ist es, durch konstruktiven Druck und offene Konfrontation mit der Realität den Mitarbeiter zu einer Verhaltensänderung zu bewegen, die ihn wieder zu seiner alten Leistungsfähigkeit zurückführt. Viele Betroffene benötigen hierzu fachkundige Unterstützung.
- Berufliche und private Lebensumstände üben einen wesentlichen Einfluss auf Entstehung und Verlauf einer Suchterkrankung aus. Im zweiten Schritt kann es daher auch wichtig sein, die Arbeitsbedingungen kritisch zu analysieren und/oder Hilfestellungen bei privaten Problemen zu geben bzw. zu vermitteln, soweit das möglich ist.
- Sie können ihren Kollegen nicht heilen. Ob er sich und sein Verhalten verändert, liegt in seiner, nicht in Ihrer Verantwortung!

2.10.9 Lässt sich die Wirksamkeit einer betrieblichen Intervention belegen?

Für den hausärztlichen Bereich konnte in mehreren Studien belegt werden, dass ärztliche Kurzinterventionen nach den Regeln der Motivierenden Gesprächsführung in vielen Fällen zu einer Trinkmengenreduktion oder Abstinenz führen. Für den arbeitsmedizinischen Sektor existierten solche Untersuchungen bislang nicht.

In einer Längsschnittuntersuchung 2003-2004 wurden 100 BASF-Mitarbeiter, die wegen Alkoholauffälligkeiten bei der Betriebsärztin vorstellig wurden, erfasst und Veränderungen des Trinkverhaltens, der Lebenssituation und der Blutlaborwerte im Vergleich zum Erstkontakt erhoben sowie die in Anspruch genommenen Therapieangebote erfragt. Zwischen dem betriebsärztlichen Erstkontakt und der aktuellen Statuserhebung lagen vier Monate bis vier Jahre.

Bei 82 Mitarbeitern bestand die Diagnose einer Abhängigkeit nach ICD10, die anderen18 lagen im Bereich Missbrauch / riskanter Konsum.

78 % der als abhängig Diagnostizierten lebten zum Nacherhebungszeitpunkt alkoholabstinent, 17 % tranken wöchentlich weniger als 14 alkoholische Getränke à 20 g

Reinalkohol/Getränk und 5 % lagen über dieser Grenze. Die durchschnittliche Trinkmenge reduzierte sich von 1147 g Alkohol/Woche auf 58 g Alkohol/Woche.

Von den Nicht-Abhängigen waren zum Nachbefragungszeitpunkt 17 % abstinent, 72 % tranken wöchentlich maximal 14 alkoholische Getränke und 11 % lagen über dieser Grenze. Die durchschnittliche Trinkmenge pro Woche reduzierte sich von 28 auf fünf alkoholische Getränke. Passend dazu reduzierten sich auch die durchschnittlichen Gamma-GT Werte bei den Abhängigen von 204 U/l auf 67.4 U/l und bei den Nicht-Abhängigen von 107 U/l auf 65 U/l. 48 % der Abhängigen hatten inzwischen an einer Langzeit-Entwöhnungstherapie teilgenommen.

Hinsichtlich der Veränderung der persönlichen Situation zeigte sich in absteigender Reihenfolge eine Verbesserung in den Bereichen Lebenszufriedenheit (98 %), Gesundheitszustand (97 %), Freizeitgestaltung (75 %) und Arbeitsplatzsituation (68 %).

Als wesentlichen Auslöser für das veränderte Trinkverhalten wurden in absteigender Reihenfolge Beruf, ärztliche Beratung und Partner/Familie genannt.

Die Ergebnisse zeigen, dass die konsequente werksärztliche Betreuung im Betrieb in Kooperation mit dem betrieblichen Umfeld, geeignet ist, das Trinkverhalten auffälliger Mitarbeiter positiv zu beeinflussen. Eine empathische Konfrontation mit der Realität im betrieblichen Kontext unter Verwendung der Gesprächstechniken der motivierenden Gesprächsführung führt zur verstärkten Inanspruchnahme verschiedener therapeutischer Angebote und einer nachfolgend hohen Erfolgsquote.

2.10.10 Key-Message

▸ Das betriebliche Umfeld ist im besonderen Maße geeignet, auf problematisches Konsumverhalten von legalen oder illegalen Drogen Einfluss zu nehmen, sofern die Arbeitsfähigkeit beeinträchtigt ist.

▸ Klarheit und Verbindlichkeit schafft eine Betriebsvereinbarung mit der Selbstverpflichtung zur Prävention und Festlegung eines Stufenplans bei drogenbedingten Auffälligkeiten.

▸ Eine empathische aber konsequente Konfrontation mit den Auswirkungen des aktuellen Verhaltens leistet häufig den entscheidenden Beitrag zur Wiedererlangung der Gesundheit und Leistungsfähigkeit.

LITERATURHINWEISE

ZIEGLER,H., BRANDL,G., (2004): Suchtprävention als Führungsaufgabe. Universum Verlag. Wiesbaden.

MANN, K.: The long-term course of alcoholism, 5, 10 and 16 years after treatment. Addiction Medicine 100 (2004), 797-805.

NOLEN-HOEKSEMA, S.: Gender differences in risk factors and consequences for alcohol use and problems. Clinical Psych. Review 24 (2004) 981-1010.

RUMPF, H-J.: Inanspruchnahme suchtspezifischer Hilfen von Alkoholabhängigen und – missbrauchern. : Ergebnisse der TACOS- Bevölkerungsstudie. Sucht 46 (2000) 9-17.

HUPFER, K. (2001): Drogenkonsum und Gefährdung am Arbeitsplatz, DHS (Hrsg.):Sucht und Arbeit. Lambertus-Verlag. Freiburg, S.129-144.

2.11 Sexuelle Belästigung am Arbeitsplatz

Annegret Elisabeth Schoeller

2.11.1 Einleitung

Sexuelle Belästigung am Arbeitsplatz war insbesondere in den 90er Jahren des letzten Jahrhunderts aufgrund der öffentlichen Diskussion über spektakuläre Fälle in Deutschland ein herausgehobenes Thema. Aufgrund der großen Öffentlichkeitswahrnehmung wurde in den 90er Jahren - nur auf wenige Studien basierend - der politische Druck so groß, dass im Jahr 1994 das *Beschäftigungsschutzgesetz* zum Schutz vor sexueller Belästigung am Arbeitsplatz geschaffen wurde. Das Gesetz verpflichtet Arbeitgeberinnen und Arbeitgeber, ihre Beschäftigten vor sexuellen Belästigungen zu schützen. Das Europäische Parlament hat erst 8 Jahre später ein entsprechendes Gesetz verabschiedet.

Im neuen Jahrtausend wurde zunehmend das Thema Mobbing in den Fokus der Gesellschaft und der Politik genommen. Daraus resultiert, dass sexuelle Belästigung nicht mehr als eigenständiges Phänomen angesehen wird, sondern jetzt einen Teilaspekt des Mobbings darstellt. Auswirkung hieraus ist, dass dieses Thema öffentlich kaum mehr wahrgenommen wird. Dies hat sich auch auf die Forschung ausgewirkt.

Ein guter Arbeitsplatz ist ein Arbeitsplatz, an dem eine Atmosphäre herrscht, in der sich Frauen und Männer respektiert fühlen und ihre Leistung anerkannt und Wert geschätzt wird. Die Realität in den Betrieben, Unternehmen und Organisationen sieht oft anders aus. Der Arbeitsplatz ist auch der Ort der erzwungenen Nähe zu anderen Menschen sowie von Hektik und Stress geprägt.

Wer im Betrieb oder seiner Dienststelle von sexueller Belästigung betroffen ist, hat nach dem Beschäftigungsschutzgesetz das Recht, sich bei den zuständigen Stellen des Betriebes zu beschweren. Diese sind verpflichtet, Beschwerden nachzugehen und ggf. unverzüglich Maßnahmen zur Abwehr weiterer Belästigung zu treffen. Insbesondere ist es den Arbeitgeberinnen und Arbeitgebern oder Dienstvorgesetzten verboten, Beschäftigte zu benachteiligen, nur weil sie sich gegen eine sexuelle Belästigung gewehrt und in zulässiger Weise ihre Rechte ausgeübt haben. Bislang wurde sexuelle Belästigung am Arbeitsplatz im besten Fall als Kavaliersdelikt angesehen, im schlimmsten Fall tabuisiert.

Im Rahmen nationaler Umsetzung von europäischen Richtlinien wurde das Beschäftigten-Schutzgesetz in das Allgemeine Gleichbehandlungsgesetz vom 18.08.2006 überführt.

Es ist unumgänglich, Alltagsnormen zu entwickeln, die einen respektvollen Umgang ermöglichen, also Grenzziehungsprozesse regulieren und gleichzeitig Zuwendung und Freundlichkeit gegenüber den Anderen ermöglichen. Werden Grenzüberschreitungen im sexuellen Bereich erlaubt und dort ohne Korrektur geduldet, so stört dies die gesamte Kommunikationsstruktur und -kultur des Betriebes empfindlich. Die Kombination von schützenden rechtlichen Rahmenbedingungen und deren Anwendung und der Übernahme von Selbstverantwortung scheint ein geeignetes Mittel zu sein, die Unternehmenskultur und -ethik, die Arbeitsmotivation der Arbeitnehmerinnen und Arbeitnehmer und das Betriebsklima entscheidend zu verbessern.

2.11.2 Definition der sexuellen Belästigung

Sexuelle Belästigung ist eine Form der sexuellen Gewalt, meist gegen Frauen. Im Rahmen der nationalen und internationalen Forschungen wird *sexuelle Gewalt* sehr unterschiedlich definiert. Weitere Ausprägungen der sexualisierten Gewalt sind sexuelle Bedrängnis, ungewollte sexuelle Handlungen unter psychisch-moralischem Druck bis hin zu erzwungenen sexuellen Handlungen gegen den ausdrücklichen Willen der Frau mit Anwendung von Drohungen oder körperlichem Zwang. Eine eindeutige und allgemein gültige Grenze, wo sexuelle Gewalt beginnt, gibt es nicht. Die Definition von sexueller Belästigung am Arbeitsplatz nach dem Beschäftigtenschutzgesetz (BSchG) vom 1.09.1994 lautet nach § 2 BSchG Abs. 2-3:

(2) Sexuelle Belästigung am Arbeitsplatz ist jedes vorsätzliche, sexuell bestimmte Verhalten, dass die Würde von Beschäftigten am Arbeitsplatz verletzt. Dazu gehören

- sexuelle Handlung und Verhaltensweisen, die nach den strafgesetzlichen Vorschriften unter Strafe gestellt sind, sowie
- sonstige sexuelle Handlungen und Aufforderungen zu diesen, sexuell bestimmten körperlichen Berührungen, Bemerkungen sexuellen Inhalts sowie Zeigen und sichtbares Anbringen pornografischer Darstellungen, die von dem Betroffenen erkennbar abgelehnt werden.

(3) Sexuelle Belästigung am Arbeitsplatz ist eine Verletzung der arbeitsvertraglichen Pflichten oder ein Dienstvergehen.

Auf europäischer Ebene ist im Rahmen der Änderung der Richtlinie 76/207/EWG des Rates zur Verwirklichung des Grundsatzes der Gleichbehandlung von Männern und Frauen hinsichtlich des Zugangs zur Beschäftigung, zur Berufsbildung und zum beruflichen Aufstieg sowie in Bezug auf die Arbeitsbedingungen durch die Richtlinie 2002/73 vom 23.09.2002 (Ableitung EGL269/15) die sexuelle Belästigung gemeinschaftsrechtlich definiert und als Diskriminierungstatbestand integriert worden. Danach wird Artikel 2 der Gleichbehandlungsrichtlinie neu gefasst mit folgendem Wortlaut:

Artikel 2:
(…)
(2) Im Sinne dieser Richtlinie bezeichnet der Ausdruck

- „Unmittelbare *Diskriminierung*": Wenn eine Person aufgrund ihres Geschlechts in einer vergleichbaren Situation eine weniger günstige Behandlung erfährt, als eine andere Person erfahren hat, oder erfahren würde.
- „Mittelbare Diskriminierung": Wenn dem Anscheinen nach neutrale Vorschriften, Kriterien oder Verfahren Personen, die einem Geschlecht angehören in besonderer Weise gegenüber Personen des anderen Geschlechts benachteiligen können, es sei denn die betreffenden Vorschriften, Kriterien oder Verfahren sind durch ein

regelmäßiges Ziel sachlich gerechtfertigt und die Mittel sind zur Erreichung des Zieles angemessen und erforderlich.
- „Belästigung": Wenn unerwünschte geschlechtsbezogene Verhaltensweisen gegenüber einer Person erfolgen, die bezwecken oder bewirken, dass die Würde der betreffenden Person verletzt und ein von Einschüchterungen, Anfeindungen, Erniedrigungen, Entwürdigungen und Beleidigungen gekennzeichnetes Umfeld geschaffen wird.
- *Sexuelle Belästigung*": Jede Form von unerwünschtem Verhalten sexueller Natur, das sich in unerwünschter verbaler, nichtverbaler oder physischer Form äußert und das bezweckt oder bewirkt, dass die Würde der betreffenden Person verletzt wird, insbesondere wenn ein von Einschüchterungen, Anfeindungen, Erniedrigungen, Entwürdigungen und Beleidigungen gekennzeichnetes Umfeld geschaffen wird.

(3) Sexuelle Belästigung im Sinne der Richtlinie gilt als Diskriminierung aufgrund des Geschlechts und ist daher verboten. Die Zurückweisung oder Duldung solcher Verhaltensweisen durch die betreffende Person darf nicht als Grundlage für eine Entscheidung herangezogen werden, die diese Person berührt.

2.11.3 Formen der sexuellen Belästigung

Sexuelle Belästigung ist alles, was nicht im gegenseitigen Einvernehmen geschieht. Sexuelle Belästigung am Arbeitsplatz kann sich unterschiedlich ausdrücken. In einer 1991 vom damaligen Bundesministerium für Jugend, Familie, Frauen und Gesundheit in Auftrag gegebenen Studie wurden branchenübergreifend vor allem folgende Handlungen in überwiegender Mehrheit von 75 – 100 % der Befragten als sexuelle Belästigung erkannt und bewertet:

- Pornografische Bilder am Arbeitsplatz,
- Anzügliche Bemerkungen über die Figur und sexuelles Verhalten der Frau im Privatbereich,
- Unerwünschte Einladungen mit eindeutiger Absicht,
- Kneifen oder Klapsen des Gesäßes,
- Telefongespräche, Briefe mit sexuellen Anspielungen,
- Androhung beruflicher Nachteile bei sexueller Verweigerung,
- Versprechen beruflicher Vorteile beim sexuellen Entgegenkommen,
- Aufgedrängte Küsse oder Umarmungen,
- Unerwartetes Berühren der Brust oder des Genitals,
- Zur Schau stellen des Genitals,
- Aufforderung zu sexuellem Verkehr,
- Erzwingen sexueller Handlungen, tätliche Bedrohung.

Männer und Frauen kamen zur ähnlichen Einschätzung darüber, welche Handlungen als sexuelle Belästigung am Arbeitsplatz einzustufen sind. Daraus lässt sich schließen, dass Männer, die Frauen belästigen, genau wissen, was sie tun. Sexuelle Belästigung am Arbeitsplatz ist also eine gezielte und bewusste Handlung.

2.11.4 Folgen der sexuellen Belästigung bei den Opfern

Frauen reagieren auf sexuelle Belästigungen im Arbeitsleben individuell unterschiedlich. Häufig zeigen sich direkte Reaktionen wie Ekelgefühle, Empörung und Wut, Erstarrung, Verunsicherung und Rückzug. Dem ersten Schreck folgen Gefühle von Ohnmacht, Hilflosigkeit und des Ausgeliefertseins. Hinzu kommen vielfach Selbstzweifel und Schuldgefühle, z. B. sich möglicherweise falsch verhalten zu haben, sich nicht hinreichend gewehrt zu haben oder überzogen reagiert zu haben. Viele Frauen schweigen aufgrund dieser Schamgefühle über die Tat. Die Verarbeitung sexueller Grenzverletzung führt außerdem zu einer Senkung der Frustrationstoleranz, einer höheren Reizbarkeit und einem sinkenden Selbstbewusstsein.

Zu den körperlichen Krankheitsbildern können gehören Magen- und Kreislaufbeschwerden, Rückenschmerzen, allergische Reaktionen, Schlafstörungen, Gürtelrosen, Harnwegserkrankungen, Herzschmerzen, Essstörungen und starker Gewichtsverlust. Ferner wird auch über psychische Krankheitsbilder wie Angststörungen, Alpträume, Schmerzreaktionen, sexuelle Probleme und Beziehungskonflikte, die eine medizinische oder therapeutische Behandlung notwendig machen können, berichtet.

Für viele Frauen stellt die sexuelle Belästigung am Arbeitsplatz eine erhebliche Belastung dar, die sich auch negativ auf ihre Leistungsfähigkeit auswirkt. Nicht selten stellen sie Anträge auf Versetzung, obwohl das eigentlich nicht ihr Wunsch ist. Sie kündigen, geben ihren erlernten Beruf auf oder brechen ihre Karriere ab, sodass längerfristige Folgen auch Arbeitslosigkeit bis hin zur Arbeitsunfähigkeit sein können.

2.11.5 Die Entwicklung der rechtlichen Rahmenbedingungen in Deutschland

Frauen haben im Laufe der Geschichte auf Gesetzgebungsprozesse im Hinblick auf sexuelle Belästigung am Arbeitsplatz in Deutschland kaum Einfluss gehabt. Dies änderte sich erst mit der Frauenbewegung im 19. Jahrhundert. Seit der industriellen Revolution im 19. Jahrhundert sind insbesondere die Töchter und Ehefrauen von Arbeitern massenhaft in die Fabrikarbeit und damit in eine außerhäusliche Sphäre einbezogen worden. Nach anfänglichen Diskussionen in der Arbeiterbewegung über die Frage, ob Fabrikarbeit von Frauen generell zu verbieten ist, setzte sich dort die Linie durch, die außerhäusliche Arbeit von Frauen zu gestatten, gleichzeitig aber ihren Schutz in der Erwerbsarbeit zu fordern.

Arbeitsrechtliche Schutznormen für Frauen hatten und haben damit einen problematischen Doppelcharakter: Einerseits zementierten sie die Auffassung, dass Frauen eigentlich keinen Platz in der Erwerbsarbeit haben und dort besonders schutzbedürftig sind, andererseits ermöglichten sie Frauen bei bestimmten Arbeitsbelastungen kompensatorische Regelungen gegenüber den für Männer geltenden Normen. Berichte aus dem 19. Jahrhundert belegen, dass mit dem verstärkten Eintritt von Frauen in die Erwerbsarbeit viele sexuelle Übergriffe, sowohl bei den Dienstmädchen, als auch in den Fabriken an der Tagesordnung waren. Die eher spärlichen Untersuchungen zu der Problematik machen deutlich, dass mit dem Eintritt der Frauen in die außerhäusliche Erwerbssphäre das Bild über Funktion und Rolle von Frauen und Männern neu definiert, die Beziehungen untereinander neu geordnet werden mussten.

Mitte der 70er Jahre des letzten Jahrhunderts war zuerst die körperliche Gewalt gegen Frauen zum Thema geworden. Dies führte zu der Gründung autonomer Frauenhäuser. Sexuelle Gewalt und Missbrauch gegen Frauen und Mädchen schlossen sich als weitere zentrale Themen an. Die autonome Selbstorganisation von Frauen, wie z. B. in Notrufen, ermöglichte es den Frauen, unabhängig von vorgegebenen Interpretations- und Deutungsmustern eigene Erfahrungen aufzuarbeiten und entsprechende Handlungsstrategien zu entwickeln. Ähnliche Prozesse fanden gleichzeitig in anderen europäischen Ländern statt. Die Erfahrungen der Frauen aus den USA wurden in die öffentlichen Diskussionen eingeführt.

Sexualisierte Machtstrategien und sexuelle Grenzverletzungen in den Betrieben werden in der Bundesrepublik Deutschland unter dem Stichwort der sexuellen Belästigung am Arbeitsplatz seit Mitte der 80er Jahre des letzten Jahrhunderts öffentlich diskutiert. Einer der ersten Anstöße war im Sommer 1983 der Sexskandal bei den Grünen. Mitarbeiterinnen eines Grünen Bundestagsabgeordneten berichteten von sexuellen Übergriffen des Abgeordneten. Dies gab den Anstoß für erste Untersuchungen zu dem Thema. Sybille Plogstedt und Kathleen Bode veröffentlichten 1984 die entsprechenden Dokumentationen der Grünen Frauen im Bundestag, in denen sie zahlreiche Beispiele aus anderen Bereichen von sexuellen Übergriffen öffentlich machten und die bisherigen Untersuchungen zu dem Thema auswerteten. Die Berichte standen in der deutlichen Kontinuität der Aktivitäten der so genannten zweiten deutschen Frauenbewegung, deren Schwerpunkt von Anfang an das Thema der körperlichen und sexuellen Gewalt gegen Frauen war.

1988 gab die damalige Frauenministerin, Rita Süßmuth für das Bundesministerium für Jugend, Familie, Frauen und Gesundheit eine umfassende Studie über Ausmaß, Art und Vorgehensweise bei sexueller Belästigung am Arbeitsplatz in Auftrag, die 1991 veröffentlicht wurde. Gleichzeitig wurde eine branchenübergreifende Erhebung durchgeführt. In der Bundesstudie wurde festgestellt, dass 72 % aller Frauen bereits am Arbeitsplatz belästigt wurden. Der Prozentsatz der Frauen, die von sexuellen Belästigungen wissen, ist noch höher. Damit war deutlich geworden, dass sexuelle Belästigung am Arbeitsplatz ein Alltagsproblem erwerbstätiger Frauen ist. Zu der Art, dem Umfang, den Täterprofilen der Lage der Betroffenen, der Gegenwehr wurde umfangreiches Material vorgelegt.

Die Autorinnen interpretieren die Ergebnisse der Erhebung dahingehend, dass es bei der sexuellen Belästigung nicht um Sexualität im eigentlichen Sinne geht. Sie formulieren, analog zur Diskussion um sexuelle Gewalt, dass es sich bei der sexuellen Belästigung am Arbeitsplatz weniger um einen fehlgeleiteten, weil aggressiven Ausdruck von Sexualität handelt als vielmehr um einen sexuellen Ausdruck von Aggressionen. Der Bezug auf Sexualität ist lediglich ein Hilfsmittel, sozusagen ein Vehikel für den Transport nicht sexueller Inhalte. Mit dieser Definition wird sexuelle Belästigung abgegrenzt von freiwilligen und erwünschten Sexualkontakten und –beziehungen, die auf einem gleichberechtigten Willen beider Beteiligten beruhen. Die Definition sexueller Belästigung ist demnach auch abhängig vom subjektiven Empfinden, Kontext, Vorerfahrungen und den Normen des Betriebsalltages, wenn es sich um Grenzverletzung handelt, die nicht generell weitgehend gesellschaftlich und kulturell geächtet sind, wie Vergewaltigung, sexuelle Nötigung, sexuelle Erpressung, körperliche Übergriffe etc.

In der Bundesstudie sind auch die typischen Täter- und Betroffenenprofile herausgearbeitet worden. Belästiger sind im Allgemeinen zwischen 30 und 55 Jahre alt, verheiratet und haben eine langjährige Betriebszugehörigkeit, während Betroffene in der Mehrzahl der Übergriffe zwischen 20 und 30 Jahre alt sind und eine kürzere Betriebszugehörigkeit aufweisen. Auch die Vorgesetzten, die eigentlich eine Fürsorgepflicht gegenüber den Beschäftigten haben, gehören zu den Tätern und zwar zu 29 %. Auch wird gezeigt, dass es gerade die Führungsverantwortlichen sind, die das Thema abwehren und für unwichtig halten und damit das tabuisierende Betriebsklima überhaupt erschaffen.

Diese Bundesstudie zur sexuellen Belästigung am Arbeitsplatz von 1991 gab einen wichtigen Anstoß für eine verbesserte Rechtssituation betroffener Frauen. Sie hatten nicht nur das hohe Ausmaß sexueller Übergriffe deutlich gemacht, sondern auch gezeigt, dass straf- und arbeitsrechtliche Schutzvorschriften vor sexuellen Übergriffen zwar bestehen, jedoch in den Betrieben weder bekannt sind, noch in der Rechtswissenschaft näher erörtert wurden. Auf die Frage hin, ob ein Gesetz gegen sexuelle Belästigung am Arbeitsplatz geschaffen werden sollte, antworteten in der Bundesuntersuchung ca. 36 % der Befragten positiv. Diese Ergebnisse der Studie waren ausschlaggebend für die Bundesregierung, ein Gesetz zum Schutz der Beschäftigten vor sexueller Belästigung am Arbeitsplatz zu erarbeiten.

2.11.6 Rechtliche Rahmenbedingungen in Deutschland

Folgende gesetzliche Grundlagen sind – je nach Art der Belästigung – anwendbar:

Das Verfassungsrecht

Das Grundgesetz (GG) der Bundesrepublik Deutschland garantiert im Artikel 1 Grundgesetz, Abs. 1, dass die Würde des Menschen unantastbar ist. Sie zu achten und zu schützen, ist Verpflichtung aller staatlichen Gewalt. In Artikel 1 Abs. 2 GG wird ein Bekenntnis zu den unveräußerlichen Menschenrechten als Grundlage jeder menschlichen Gemeinschaft, des Friedens und der Gerechtigkeit der Welt abgegeben. Artikel 2 garantiert in Abs. 1 GG das Recht auf die freie Entfaltung der Persönlichkeit, soweit sie nicht die Rechte Anderer verletzt und in Abs. 2 das Recht auf Leben und körperliche Unversehrtheit. Schließlich normiert Artikel 3 GG eine umfassende Gleichheitsnorm, deren Kern das Verbot der Geschlechtsdiskriminierung sowie der Gleichberechtigung von Frauen und Männern ist. Seit der Verfassungsänderung 1994 beinhaltet Artikel 3 Abs. 2, 3 GG den Zusatz, dass der Staat die tatsächliche Durchsetzung der Gleichberechtigung fördert und auf die Beseitigung bestehender Nachteile hinzuwirken hat. Artikel 12 garantiert das Recht auf Berufsfreiheit.

Mit dieser verfassungsrechtlichen Einordnung sind weit reichende Rechtsinterpretationen und Rechtsforderungen verbunden. Sie implizieren, den Schutz gegen sexuelle Belästigung als zentralen Aspekt der Gleichheitsnormen ernst zu nehmen und umfangreiche Kompensations- und Schutzmaßnahmen durchzusetzen. In der Bundesrepublik orientiert sich das Recht gegen sexuelle Belästigung allerdings eher an dem Gesichtspunkt der Würde am Arbeitsplatz.

Gesetz zum Schutz der Beschäftigten vor sexueller Belästigung am Arbeitsplatz - Beschäftigtenschutzgesetz

Das Beschäftigtenschutzgesetz definiert in § 1 als Gesetzesziel: „Ziel des Gesetzes ist die Wahrung der Würde von Frauen und Männern durch den Schutz vor sexueller Belästigung am Arbeitsplatz." Es bildet die rechtliche Grundlage für arbeitsrechtliche Auseinandersetzungen in Fällen sexualisierter Machtausübung. Der Schutz umfasst auch Belästigungen von z. B. Patienten in Krankenhäusern, Kunden, Mitarbeiter von Fremdfirmen (§ 3 Abs. 1 BSchG) und das Verbot, Dritte im Rahmen des Arbeitsverhältnisses zu belästigen, wie z. B. Kundinnen, Patientinnen, Studentinnen, Schülerinnen etc. Dies ergibt sich aus § 2 Abs. 3 BSchG. Der Arbeitgeber ist für den Schutz vor sexueller Belästigung verantwortlich (§ 2 Abs. 1 BSchG).

Das Beschäftigtenschutzgesetz ist ein Gesetz zum Schutz der Betroffenen. Dies bedeutet, dass die Rechte des Beschuldigten sich nach allgemeinen Rechtsgrundsätzen des Arbeits- und Disziplinarrechts richten. Das Gesetz ist ein Zivilgesetz und existiert demnach unabhängig von der Möglichkeit, strafrechtliche Schritte gegen den Beschuldigten bzw. den Arbeitgeber einzuleiten. Geregelt ist in diesem Gesetz im Einzelnen:
- die Definition sexueller Belästigung,
- die Verpflichtung von Arbeitgeberinnen, Arbeitgebern, Dienstvorgesetzten, im Rahmen ihrer Möglichkeiten vorbeugende Maßnahmen zu treffen,
- das *Beschwerderecht* der Betroffenen,
- die Pflicht der Arbeitgeberinnen, Arbeitgeber und Dienstvorgesetzten, die Beschwerde zu prüfen und bei Feststellung einer Belästigung unverzüglich geeignete Maßnahmen zu ergreifen,
- notwendige Maßnahmen, die zu diesem Zwecke ergriffen werden können, wie Abmahnung, Umsetzung, Versetzung, Kündigung,
- das *Leistungsverweigerungsrecht* der Betroffenen und dafür notwendige Umstände,
- das Verbot von Benachteiligungen von Betroffenen, weil sie sich gewehrt haben,
- die Berücksichtung der Problematik der sexuellen Belästigung, des Rechtsschutzes und der Handlungsverpflichtung der Dienstvorgesetzten im Rahmen der beruflichen Aus- und Fortbildung von Beschäftigten,
- das Auslegen oder Aushängen des Gesetzestextes in Betrieben und Dienststellen.

Das Allgemeine Gleichbehandlungsgesetz
Die Europäische Union hat aufgrundlage des Artikels 13 EG-Vertrag vier Richtlinien beschlossen, die es verbieten, Menschen aufgrund verschiedener individueller Merkmale zu diskriminieren. Die vier EU-Richtlinien mussten in deutsches Recht umgesetzt werden. Ein Entwurf wurde bereits vom Bundestag verabschiedet (Drucksache 445/05 vom 17.06.2005) und konnte aufgrund der vorgezogenen Bundestagswahlen im September 2005 nicht im Rahmen des Gesetzgebungsverfahrens beendet werden. Der Entwurf des Gesetzes zur Umsetzung europäischer Richtlinien zur Verwirklichung des Grundsatzes der Gleichbehandlung ehemals Antidiskriminierungsgesetz genannt, trat am 18.08.2006 in Kraft. Hierbei liegt der Schwerpunkt im Bereich von Beschäftigung und Beruf. Das Gesetz erstreckt sich aber auch auf das Zivilrecht. Wer diskriminiert wird, kann Anspruch auf Schadensersatz geltend machen.

Arbeitsschutzgesetz
In Umsetzung der EG-Rahmenrichtlinien zum Arbeitsschutz ins innerdeutsche Recht ist am 21.08.1996 ein umfassendes Gesetz über die Durchführung von Maßnahmen des Arbeitsschutzes zur Verbesserung der Sicherheit und des Gesundheitsschutzes der Beschäftigten bei der Arbeit in Kraft getreten. Es konkretisiert die bisher sehr allgemein gehaltenen Umsetzungsnormen des § 618 Bürgerliches Gesetzbuch und den § 125 a und b Gewerbeordnung und gilt für den gesamten Bereich der Privatwirtschaft und des öffentlichen Dienstes. Es ist gleichzeitig ein Rahmengesetz für die umfangreichen, detaillierten Arbeitsschutzvorschriften in anderen Gesetzen, Rechtsverordnungen und Unfallverhütungsvorschriften. Arbeitsschutz wird nicht nur definiert als eine Verpflichtung des Arbeitgebers, die Beschäftigten vor den sich immer rasanter entwickelnden Technikgefahren zu schützen, sondern auch vor dem als wichtigen

Gefährdungsfaktor angesehenen Verhalten von Menschen am Arbeitsplatz. Der zum Arbeitsschutz verpflichtete Arbeitgeber hat nach § 3 Punkt 8 ArbSchG dafür zu sorgen, dass mittelbar oder unmittelbar geschlechtsspezifisch wirkende Regelungen nur zulässig sind, wenn dies aus biologischen Gründen zwingend geboten ist. Das Gesetz verwendet demnach einen so genannten modernen Arbeitsschutzbegriff. Der Hinweis auf geschlechtsspezifische Benachteiligung, die Wichtigkeit, die soziale Bindung und der speziellen Gefahr für besonders schutzbedürftige Beschäftigtengruppen zeigt unmissverständlich, dass auch sexuelle Übergriffe und männliches Dominanzverhalten gegenüber umgebenen Frauen in den Geltungsbereich dieses Gesetzes fallen. Dass eine Gefährdung dann vorliegt, wenn über die entsprechenden Gefahren noch nicht ausreichend informiert und keine Fachkompetenz im Betrieb eingesetzt wird, macht auch § 5 Abs. 3 Nr. 5 ArbSchG deutlich. Alle Beschäftigten haben für ihren eigenen Arbeitsschutz und den ihrer Kolleginnen und Kollegen Sorge zu tragen. Dies gilt insbesondere für Vorgesetzte (§ 15 Abs. 1 ArbSchG). Das Arbeitsschutzgesetz regelt auch, wie sich Beschäftigte zu verhalten haben, um den Arbeitgeber dazu zu bringen, ihre eigenen Arbeitsschutzprobleme ernst zu nehmen. Sie haben im ersten Schritt dem Arbeitgeber die Mitteilung zu machen, welche Mängel des Arbeitsschutzes sie sehen. Diese Meldung kann im Falle eines frauenfeindlichen Arbeitsklimas auch durch mehrere Frauen, anonymisiert oder über die zuständigen Interessensvertretungen, wie Betriebsrat, Personalrat oder Frauenbeauftragte erfolgen. § 17 Abs. 2 ArbSchG regelt dann den Weg zu den zuständigen Behörden, wenn der Arbeitgeber den Beschwerden der Beschäftigten nicht abhilft bzw. unzureichende Sicherheitsmaßnahmen ergreift. Auch hier ist ein zusätzlicher Nachteilschutz in § 17 Abs. 2 Satz 2 ArbSchG gesetzlich verankert. Welche Stellen für die Überwachung des Arbeitsschutzes zuständig sind und welche Schritte sie gegen den Arbeitgeber unternehmen können, regeln die §§ 21, 22 ArbSchG. Die Angriffsmöglichkeiten sind sehr konkret und beinhalten unter anderem das Recht der zuständigen Behörde anzuordnen, welche Maßnahmen der Arbeitgeber zu erfüllen hat (§ 2 Abs. 3 ArbSchG). Nach der Rechtslage des ArbSchG haben die für den Arbeitsschutz zuständigen Behörden demnach die rechtliche Möglichkeit, in den einzelnen Betrieben dafür Sorge zu tragen, dass eine frauenfeindliche Atmosphäre verhindert wird, z. B. durch die Auflagen, entsprechende Richtlinien zu erlassen, Arbeitgeber und Beschäftigte auf ihre Verpflichtungen hinzuweisen, besondere Schulungen durchzuführen etc..

Gewerbeordnung

Der Schutz vor Gesundheitsgefahren auch im Zusammenhang mit sexuellen Übergriffen ist in § 120 a und b Gewerbeordnung (GewO) geregelt. Als Schutznormen können sie Grundlage von Handlungsverpflichtungen des Arbeitgebers und evtl. Schadensersatzansprüche nach § 823 Abs. 2 BGB sein und eröffnen die Möglichkeit die Gewerbeämter, die die Arbeitsschutznormen zu kontrollieren haben, einzuschalten. Nach § 120 d GewO sind die zuständigen Behörden befugt, im Wege der Verfügung diejenigen Maßnahmen anzuordnen, welche zur Durchführung der in § 120 a und b GewO enthaltenen Grundsätze erforderlich sind. Es wäre hilfreich, wenn Arbeitsschutzbehörden und Gewerbeämter entsprechende Handlungsempfehlungen, wie es auch in Bereichen des Arbeits- und Gesundheitsschutzes üblich ist, vorhalten.

Landesgleichstellungsgesetze

Strafgesetzbuch

Das Strafgesetzbuch regelt im Hinblick auf sexuelle Gewalt Beleidigungsdelikte (§§ 185 ff.), Körperverletzungsdelikte (§§ 223 ff.) sowie exhibitionistische Handlungen (§ 183). Beleidigungs- und Körperverletzungsdelikte sowie exhibitionistische Handlungen sind sogenannte Antragsdelikte, d. h. sie werden nur auf Antrag der anzeigenden Person verfolgt, wobei der Strafantrag innerhalb von 3 Monaten nach der Tat erfolgen muss. Der Strafantrag kann zurückgezogen werden, sodass es zur Einstellung des Verfahrens kommt.

Ferner wird auch sexueller Missbrauch von Schutzbefohlenen in § 174 geregelt. Hierunter können sexuelle Handlungen an unter 16jährigen Auszubildenden oder an unter 18jährigen unter Ausnutzung eines Abhängigkeitsverhältnisses fallen. Vergewaltigung und sexuelle Nötigung regelt § 177, Verbreitung pornografischer Schriften regelt § 184. Sexueller Missbrauch, Vergewaltigung, sexuelle Nötigung und die Verbreitung pornografischer Schriften sind sogenannte Offizialdelikte, deren Verfolgung im öffentlichen Interesse liegt. Erfahren Polizei oder Staatsanwaltschaft von solchen Delikten, sind sie zur Ermittlung verpflichtet, auch ohne ausdrücklichen Strafantrag durch die Betroffene. Ein Strafantrag kann nicht zurückgezogen werden.

Bürgerliches Gesetzbuch

Die rechtliche Einordnung der sexuellen Belästigung am Arbeitsplatz als Frage der Diskriminierung hat nicht nur symbolische und ideologische Bedeutung. Sie berührt auch vor allem die Frage der *Beweislast*. Nach dem europäischen und innerdeutschen Recht (§ 611 a, BGB) besteht Einigkeit, dass Diskriminierungen derart subtil und unbeweisbar vorgenommen werden, dass es im Interesse der Betroffenen einer *Beweiserleichterung* bedarf. § 611 a BGB enthält unter der gegenwärtigen Rechtslage bereits eine entsprechende *Beweislastumkehr*. Eine allgemeine Arbeitsschutznorm, die den Arbeitgeber verpflichtet, gegen sexuelle Belästigung am Arbeitsplatz sowie präventiv als auch im Einzelfall vorzugehen, bildet § 618 BGB. Der Arbeitgeber haftet gemäß § 618 Abs. 3 BGB, wenn er diesen Schutzauflagen nicht nachkommt.

2.11.7 Gesetzliche Rahmenbedingungen in der Europäischen Gemeinschaft

Die Grundlage des Rechts der Europäischen Union sind Verträge unter den einzelnen Mitgliedsstaaten und die Normen, die sich die Europäische Union auf der Grundlage dieser Verträge gibt. Dabei stellen in diesem Bereich Richtlinien wichtigste Formen der gemeinschaftlichen Rechtsetzung dar. Sie richten sich in erster Linie an die Mitgliedsstaaten und verpflichten diese, die jeweiligen Normeninhalte in ihr nationales Recht umzusetzen.

Richtlinien zur Antidiskriminierung

Die Europäische Union hat auf Grundlage des Artikels 13 EG-Vertrag vier Richtlinien beschlossen, die es verbieten, Menschen aufgrund verschiedener individueller Merkmalen zu diskriminieren. Die eine Richtlinie verbietet jede Benachteiligung wegen der ethnischen Herkunft – sowohl in allen Bereichen der Arbeitswelt als auch beim Zugang zu Gütern und Dienstleistungen (2000/43/EG). Die zweite Richtlinie verbietet es, Menschen aufgrund Ihrer Religion oder Weltanschauung, ihres Alters, einer Behinderung oder ihrer sexuellen Identität in der Arbeitswelt zu benachteiligen (2000/78/EG). Zwei weitere Richtlinien verbieten Benachteiligungen aufgrund des Geschlechts – egal ob weiblich oder männlich. Die eine Richtlinie verbietet Diskriminierung in der Arbeitswelt und damit auch sexuelle Belästigung am Arbeitsplatz (2002/73/EG) und die andere beim Zugang zu Gütern und Dienstleitung (2004/113/EG). Alle Richtlinien geben vor, dass Menschen, die aufgrund eines der genannten Merkmale benachteiligt wurden, die Möglichkeit haben müssten, dagegen – z. B. vor Gericht – vorzugehen. Diskriminierungen müssen geahndet werden, entweder strafrechtlich oder durch einen angemessenen Schadensersatz für die Opfer.

Die Betroffenen werden zudem durch die Richtlinie über die Beweislast bei Diskriminierung aufgrund des Geschlechts (97/80/EG) geschützt, indem es dem Beklagten obliegt, zu beweisen, dass er nicht den Gleichbehandlungsgrundsatz verletzt hat. Diese Beweislastumkehr fand Eingang in o.g. Richtlinien.

Im Hinblick auf sexuelle Belästigung sind von den o.g. Richtlinien folgende hervorzuheben:

Richtlinie zur Verwirklichung des Grundsatzes der Gleichbehandlung von Männern und Frauen hinsichtlich des Zugangs zur Beschäftigung zur Berufsbildung und zum beruflichen Aufstieg sowie in Bezug auf die Arbeitsbedingungen

Erst im Rahmen der Änderung der Richtlinie 76/207/EWG des Rates zur Verwirklichung des Grundsatzes der Gleichbehandlung von Männern und Frauen hinsichtlich des Zugangs zur Beschäftigung, zur Berufsbildung und zum beruflichen Aufstieg, sowie in Bezug auf die Arbeitsbedingungen von 1976 durch die Richtlinie 2002/73/EG des Europäischen Parlamentes und des Rates vom 23.09.2002, ist die sexuelle Belästigung gemeinschaftsrechtlich definiert. Damit sind sexuelle Übergriffe am Arbeitsplatz nicht nur als Problem des Arbeitsschutzes und der Schutz der Würde einer Person, sondern auch als Diskriminierungstatbestand integriert worden. Die bisherigen zu sexuellen Belästigungen verabschiedeten EU-Rechtsakten hatten lediglich den Charakter von Empfehlungen und Ratschlägen.

Geregelt ist in diesem Gesetz im Einzelnen:
Der Grundsatz der Gleichbehandlung im Sinne der nachstehenden Bestimmungen beinhaltet, dass keine unmittelbare oder mittelbare Diskriminierung aufgrund des Geschlechts – insbesondere unter Bezugnahme auf den Ehe- oder Familienstand erfolgen darf. Begriffe der unmittelbaren und der mittelbaren Diskriminierung werden gemeinschaftsrechtlich definiert; sexuelle Belästigung wird ebenfalls definiert und ausdrücklich als Fall der Diskriminierung eingeordnet.

Sexuelle Belästigung im Sinne der Richtlinie gilt als Diskriminierung aufgrund des Geschlechts und ist daher verboten. Die Zurückweisung oder Duldung solcher Verhaltensweisen durch die betreffende Person darf nicht als Grundlage für eine Entscheidung herangezogen werden, die diese Person berührt. Die Anweisung zur Diskriminierung einer Person aufgrund des Geschlechts gilt als Diskriminierung im Sinne dieser Richtlinie.

Die Arbeitgeber und die für Berufsbildung zuständigen Personen werden ersucht, Maßnahmen zu ergreifen, um allen Formen der Diskriminierung aufgrund des Geschlechts und insbesondere sexueller Belästigung am Arbeitsplatz vorzubeugen.

Jeder Mitgliedsstaat soll eine oder mehrere Stellen bezeichnen, deren Aufgabe darin besteht, die Verwirklichung der Gleichbehandlung aller Personen ohne Diskriminierung aufgrund des Geschlechts zu fördern, zu analysieren, zu beobachten und zu unterstützen. Die Stellen können Teil von Einrichtungen sein, die auf nationaler Ebene für den Schutz der Menschenrechte oder der Rechte des Einzelnen zuständig sind.

Die Mitgliedsstaaten sollen sicherstellen, dass es zu den Zuständigkeiten dieser Stellen gehört, unbeschadet der Rechte der Opfer und der Verbände, der Organisationen oder anderer juristischer Personen nach Artikel 6, Abs. 3 die Opfer von Diskriminierungen auf unabhängige Weise dabei zu unterstützen, ihren Beschwerden wegen Diskriminierung nachzugehen. Sie sollen unabhängige Untersuchungen zum Thema der Diskriminierung durchführen; unabhängige Berichte veröffentlichen und Empfehlungen zu allen Aspekten vorlegen, die auf diesen Diskriminierungen in Zusammenhang stehen.

Richtlinie über die Beweislast bei Diskriminierung aufgrund des Geschlechts

Die Europäische Union verabschiedete die Richtlinie über die Beweislast bei Diskriminierung aufgrund des Geschlechts (1997/80/EG) zur Bekämpfung der Diskriminierungen jeglicher Art, insbesondere von Geschlecht, Hautfarbe, Rasse, Überzeugung oder Glaube. Und um überall dort, wo dies erforderlich ist, Maßnahmen zu verstärken, mit denen die Verwirklichung der Gleichheit von Männern und Frauen, vor allem im Hinblick auf den Zugang zur Beschäftigung, Arbeitsentgelt, sozialem Schutz, allgemeiner beruflicher Bildung sowie beruflichen Aufstieg, sichergestellt wird. Mit dieser Richtlinie müssen die Mitgliedsstaaten, im Einklang mit dem System ihrer nationalen Gerichtsbarkeit, die erforderlichen Maßnahmen ergreifen, nach denen dann - wenn Personen, die sich durch die Verletzung des Gleichbehandlungsgrundsatzes für beschwert halten und bei einem Gericht bzw. bei einer anderen zuständigen Stelle Tatsachen glaubhaft machen, die das Vorliegen einer unmittelbaren oder mittelbaren Diskriminierung vermuten lassen - es den Beklagten obliegt, zu beweisen, dass keine Verletzung des Gleichbehandlungsgrundsatzes vorgelegen hat. Das Europäische Parlament unterstreicht die entscheidende Bedeutung des Gender-*Mainstreaming*, d. h. die Einbeziehung der Geschlechterfrage in die Aktivitäten und Analyse auf dem Gebiet von Sicherheit und Gesundheitsschutz am Arbeitsplatz und weist darauf hin, dass die Gemeinschaftsstrategie für Gesundheit und Sicherheit die Einbeziehung der Geschlechtsdimension in den Bereich Sicherheit und Gesundheit am Arbeitsplatz fördert und ersucht die Mitgliedsstaaten, diese Dimension systematisch und effizient umzusetzen und zu fördern.

2.11.8 Die gesetzlichen Rahmenbedingungen in den Vereinigten Staaten

Deutsche Firmen, die in den USA Niederlassungen haben, müssen damit rechnen, dass nicht nur Niederlassungen selbst, sondern auch die deutschen Muttergesellschaften mit Schadensersatzklagen in erheblicher Höhe wegen sexueller Belästigung am Arbeitsplatz konfrontiert werden. Es kommt erschwerend hinzu, dass es schwierig ist, diese Risiken sicherungsrechtlich abzudecken. An Einfluss gewinnt die US-amerikanische Rechtslage, weil größere Erfahrungen in rechtlichen Auseinandersetzungen mit dieser Problematik in den USA bereits vorliegen. Dort ist das Recht gegen sexuelle Belästigung am Arbeitsplatz in erster Linie Rechtssprechungsrecht und in der Gesetzgebung wenig verankert. Durch die hohen Schadensersatzansprüche, die im US-Recht möglich sind, werden immer wieder Fälle bekannt, in denen Frauen erhebliche Schadensersatzsummen zugesprochen wurden. Durch die hohen Schadensersatzforderungen und die exemplarischen Gerichtsurteile sind die meisten Firmen in den USA dazu übergegangen umfangreiche Präventionsmaßnahmen gegen sexuelle Belästigung, insbesondere Trainingsprogramme für ihre Führungskräfte durchzuführen. Auf die Problematik spezialisierte Unternehmensberatungsfirmen untersuchen Firmen auf ihre feindselige Arbeitsatmosphäre und schlagen vorbeugende Maßnahmen vor. In den USA hat die Androhung ökonomischer Nachteile und Verluste, die in der Regel auch von starken Imageverlusten begleitet sind, dazu geführt, dass die Prävention sehr ernst genommen wird.

2.11.9 Ergreifen von persönlichen Abwehrmaßnahmen

Personen, die am Arbeitsplatz sexuell belästigt werden/wurden, können folgende Schritte unternehmen:

- Empfindungen ernst nehmen

Eine erste Schwierigkeit besteht häufig im Erkennen, dass es sich bei dem Erlebten tatsächlich um eine sexuelle Belästigung handelt. Zunächst ist es deshalb wichtig, die eigenen Empfindungen ernst zu nehmen und sich zu verdeutlichen, dass jede Frau ein Recht auf einen Arbeitsplatz hat, an dem sie nicht belästigt wird. Es kann erst einmal schwierig sein, die Peinlichkeit, die bei sexuellen Belästigungen häufig empfunden wird, zu überwinden und zu handeln.

- Belästigungen energisch zurückweisen

Frauen neigen oft zu defensiven Formen der Gegenwehr, z. B. durch den Versuch, die Annäherungsversuche zu ignorieren, den Versuch, den Belästiger zu meiden oder scherzhaft mit den Belästigungen umzugehen. Diese Formen der Gegenwehr sind selten erfolgreich. Von Vorteil ist es, die Belästigung unmittelbar und direkt beim ersten Vorfall energisch zurückzuweisen, z. B. mit lauten Entgegnungen – auch wenn die Belästigung im Flüsterton erfolgt. Mit lauten Entgegnungen kann Belästigungssituationen das Vertrauliche und die Heimlichkeit genommen werden, und es besteht die Möglichkeit, dass andere Personen etwas von dem Vorfall mitbekommen.

- Offensives und aktives Vorgehen

Ein offensives und aktives Vorgehen direkt und unmittelbar beim ersten Übergriff ist eindeutig von Vorteil. Den Belästigter zur Rede zu stellen und sich die Belästigungen zu verbitten, die Androhung einer Beschwerde oder eine tatsächliche Beschwerde, die Ankündigung, die Tat anderen zu erzählen oder den Belästigter zu verklagen und auch die körperliche Gegenwehr sind gute Möglichkeiten einer ersten Reaktion.

- Direkte körperliche Gegenwehr

Für viele Frauen ist eine direkte körperliche Gegenwehr, z. B. in Form einer Ohrfeige schwierig, da zum Zuschlagen eine zu große Hemmschwelle zu überschreiten ist. Generell empfehlenswert sind Selbstverteidigungskurse, in denen Frauen u. a. lernen, diese Hemmschwelle zu überschreiten. Erfolgt eine körperliche Gegenwehr direkt und spontan auf eine handgreifliche Belästigung, so ist sie Notwehr. Geplante, d. h. nicht direkt erfolgende körperliche Gegenwehr zu einem späteren Zeitpunkt kann jedoch als tätliche Beleidigung strafrechtlich verfolgt werden.

- Schriftliche Reaktionen

Auch schriftliche Reaktionen sind sinnvoll, vor allem dann, wenn die verbale Zurückweisung nicht gelingt bzw. vom Belästigteren ignoriert wird. In einem solchen Schreiben sollte sachlich und detailliert – d. h. mit Angabe von Datum, Ort, Tathergang usw., das Verhalten des Belästigens kritisiert und zurückgewiesen werden. Zudem sollten Konsequenzen für den Fall aufgezeigt werden, dass der Belästigter die Belästigungen nicht einstellt. Es sollte eine Kopie des Schreibens angefertigt werden und das Schreiben sollte möglichst in Gegenwart einer dritten Person übergeben oder per Einschreiben mit einem Rückschein verschickt werden.

- Sich anderen anvertrauen

Entlastend kann ein Gespräch mit einer Vertrauensperson sein, sowie Gespräche mit Kolleginnen und Kollegen, bei denen sich häufig herausstellt, dass ein Belästiger bereits schon mehrere Frauen im Betrieb bedrängt und belästigt hat. Ein gemeinsames Vorgehen gegen den Täter kann sehr wirkungsvoll sein.

- Zeugen/Zeuginnen

Sinnvoll ist zudem eine gezielte Suche nach Zeugen/Zeuginnen, die die Belästigungssituationen genau beobachten.

- Professionelle Ansprechpartnerinnen

Frauennotrufe, Frauenbeauftragte, Gewerkschaften, Rechtsanwältinnen, Betriebsärzte usw. können über mögliche Maßnahmen der Gegenwehr informieren.

- Tathergang schriftlich festhalten

In jedem Fall sollte der Tathergang direkt nach der Tat schriftlich aufgezeichnet werden, wie oben beschrieben.

- Offizielle Beschwerde

Diese Aufzeichnungen können mit einer eidesstattlichen Erklärung bei einer Anwältin hinterlegt werden und für eine mögliche spätere offizielle Beschwerde verwendet werden.

- Betriebsrat/Personalrat/Frauenbeauftragte

Ein vertrauliches Gespräch mit dem Personalrat oder der Frauenbeauftragten sollte spätestens dann geführt werden, wenn die Belästigungen wiederholt erfolgen und/oder der Täter die Belästigungen auch nach einer mündlichen oder schriftlichen Aufforderung nicht einstellt.

2.11.10 Instrumente der Abwehr
Offizielle Beschwerde

Arbeitgeberinnen und Arbeitgeber sind verpflichtet, gegen sexuelle Belästigungen vorzugehen, ansonsten verstoßen sie gegen ihre Fürsorgepflicht (§ 618 BGB).

Betriebs- und Personalräte sind verpflichtet, die Schutzgesetze zu überwachen und bei Belästigungen Abhilfe zu schaffen. Nach Prüfung des Sachverhaltes, zu der beide Seiten gehört werden müssen, sollen unverzüglich Maßnahmen ergriffen werden, damit der Belästiger sein Verhalten einstellt und eine Wiederholung unterlässt, z. B. Abmahnung, Umsetzung oder Kündigung.

Werden Arbeitgeberin, Arbeitgeber und Dienstvorgesetzte nicht tätig, so haben belästigte Frauen nach § 4 Abs. 2 des Gleichstellungsgesetzes und § 4 BSchG das Recht, die Arbeitsleistung zu verweigern, wenn es ihnen wegen der Schwere der Tat oder wegen Wiederholungsgefahr nicht zumutbar ist, an ihrem Arbeitsplatz weiterzuarbeiten. Die Verweigerung der Arbeitsleistung bezieht sich allerdings nur auf den Ort, an dem die Belästigungen stattfinden, d. h. nicht zwangsläufig auf den gesamten Betrieb, und das Verweigerungsrecht muss dann zurücktreten, wenn öffentliche oder privatrechtliche Aufgaben akut erfüllt werden müssen – z. B. in einem Krankenhaus.

Anzeige zur strafrechtlichen Verfolgung

Je nach Art der sexuellen Belästigung können verschiedene Straftatbestände des Strafgesetzbuches erfüllt sein, die auch unterschiedliche Verjährungsfristen haben. Eine Beratung mit einer Anwältin ist unbedingt empfehlenswert. Strafanzeige kann die betroffene Frau selbst oder der Arbeitgeber erstatten.

• Anzeige beim Arbeitsgericht
Gegenstand der Anzeige kann z. B. die Kündigung der betroffenen Frau oder des Belästigers sein, ebenso wie Versetzungen o. ä. Häufig wird in diesen Verfahren versucht, einen Vergleich zu erwirken, d. h. eine Einigung zu erzielen, die weder für die eine, noch für die andere Seite einen vollständigen Sieg bzw. eine vollständige Niederlage bedeutet. Für alle Schritte ist es sinnvoll, zuvor eine Beratung in Anspruch zu nehmen insbesondere für den Entschluss einer Anzeigeerstattung sollte sich eine betroffene Frau mit einer Rechtsanwältin beraten.

2.11.11 Präventive Lösungsansätze

Gewaltprävention, die Durchsetzung der politischen Forderungen nach Gleichheit und die Beachtung der Vielfältigkeit von Menschen und dem Respekt der Andersartigkeit stehen in einem untrennbaren Zusammenhang. Ausdrücke wie Geschlechtsdemokratie, Geschlechtergerechtigkeit oder Gendermainstreaming zeigen die Versuche, die Problematik der Gleichheit der Geschlechter umzusetzen und für die politische Kultur innerhalb und außerhalb des Betriebes fruchtbar zu machen.

Insbesondere der *Diversity-Ansatz* ist geeignet, die Geschlechterfrage mit der grundsätzlichen Frage von Vielfalt und Differenz unter Menschen zu verknüpfen. Danach ist es für eine *positive Unternehmenskultur* unumgänglich, mögliche Diskriminierungen zu identifizieren, zu benennen und diese sowohl präventiv als auch bei der Konfliktbehandlung zu berücksichtigen. Kernaspekte sind dabei, dass alle Mitarbeiter und Mitarbeiterinnen eine gleichberechtigte wertschätzende Behandlung erwarten können. Gefordert sind Offenheit und Toleranz im Umgang miteinander. Dies erfordert ein *Konfliktmanagement*. Erfahrungen aus den Organisationen und Betrieben anderer Länder zeigen ebenfalls, dass ein solches Umsetzungskonzept, das das Ziel hat, Gleichstellung und Vielfalt zu gewährleisten, zu einer Steigerung der Mitarbeiterinnen/Mitarbeiter-Motivation und Zufriedenheit führt.

Internationale tätige Unternehmen mit einem US-amerikanischen Hintergrund, wie z. B. Hewlett-Packard oder Ford, sind mit der Forderung nach *Diversity-Management* sehr vertraut und bieten unterschiedliche Maßnahmen in den Bereichen Training, Mentoring, Netzwerkbildung und Kommunikation an. DaimlerChrysler und die Deutsche Bank wurden im Rahmen von Unternehmenszusammenschlüssen mit den amerikanischen Standards des Diversity-Managements konfrontiert und erschließen sich jetzt diesem Handlungsfeld.

Im Beschäftigungsschutzgesetz selbst sind die Präventionsmöglichkeiten des Arbeitgebers nur im § 6 und in Form von Fortbildungsverpflichtungen und in § 7 eine Aushangverpflichtung erfasst. Darüber hinaus lässt sich jedoch als Vielzahl von Präventionsmöglichkeiten denken, wie das Schaffen geeigneter Anlauf- und Beratungsstellen, Wahl und Schulung von Ansprech- und Vertrauenspersonen, Qualitätszirkel, Aufklärungskampagnen zur sexuellen Belästigung, Ausstellungen zu dem Thema, die Aufnahme von entsprechenden Bildungsbausteinen in die Fortbildungsarbeit, das Ansprechen des Themas auf Personalversammlungen, bei Mitarbeiterbesprechungen in der Öffentlichkeit. Präventiv wirkt auch, den Gedanken des ausreichenden Schutzbereichs bei Bauvorhaben, z. B. bei Firmenparkplätzen, der Anlage der Räumlichkeiten bei Betriebsfeierlichkeiten etc. zu berücksichtigen. Auch die Aufnahme des Verbots sexueller Belästigung in Arbeitsverträge, Betriebsvereinbarungen, Satzungen, Mitteilungen an die Belegschaft, Aushänge am schwarzen Brett, entsprechende Artikel in den Mitarbeiterzeitschriften und Fachzeitschriften dienen dem präventiven Schutz ebenso wie eine Berücksichtigung des Themas bei der Gestaltung der Arbeitszeit und bei Schichtplänen.

Im Rahmen des Direktionsrechts hat zudem der Arbeitgeber vielfältige zusätzliche präventive Möglichkeiten, um beispielsweise ein frauenfeindliches Klima zu verhindern, z. B. ein Alkoholverbot bei Betriebsfeiern, bei Betriebsausflügen, in der Kantine, die Aufnahme des Alkoholverbots in Arbeitsverträge. Der Arbeitgeber kann Untersuchungen über den Umfang sexueller Übergriffe in seinem Betrieb / Unternehmen in Auftrag geben, er kann eindeutige Richtlinien zum Umgang mit diesem Problem erlassen und er kann auch initiativ werden, um entsprechende Betriebs- und Dienstvereinbarungen abzuschließen. Ein Arbeitgeber, der weiß, wie schädlich sich ein frauenfeindliches Klima auf den Betrieb auswirkt, kann selbstverständlich auch anordnen, dass bestimmte Darstellungen, z. B. unbekleidete Frauen auf Plakaten, in Zeitungen und Zeitschriften etc. im Betrieb nicht geduldet werden. In den letzten Jahren nahm das Problem der Pornografie in den EDV-Programmen immer mehr zu.

Der Betriebsarzt wird dem Arbeitgeber und Arbeitnehmer beratend zur Seite stehen und für den Betrieb passende Vorschläge zur Prävention einer sexuellen Belästigung vorlegen. Wie auch andere Akteure im Arbeitsschutz und im Gesundheitssystem wird es Aufgabe sein, Konzepte zu entwickeln, damit Beschäftigte psychische Belastungen am Arbeitsplatz bewältigen können oder erst gar nicht entstehen lassen.

2.11.12 Kosten von Auswirkungen der sexuellen Belästigung am Arbeitsplatz

Sexuelle Belästigung als Form des Mobbings kann nicht nur seelisch belasten, sondern auch körperlich krank machen. Leistungsminderung, Effizienzverluste, Fehlzeiten, notwendige medizinische Behandlung, Arbeitslosigkeit und Arbeitsunfähigkeit können Auswirkungen von sexueller Belästigung sein. Deutlich wird, dass dies nicht nur für den individuell betroffenen Menschen, sondern auch für die Gesellschaft erhebliche Folgekosten nach sich zieht. Im Gegensatz zu den USA, die der Frage der sexuellen Belästigung am Arbeitsplatz erheblich mehr Aufmerksamkeit schenken, gibt es für die Bundesrepublik Deutschland nur wenige Untersuchungen bzw. Schätzungen über die Kostenbelastung bei sexueller Belästigung.

Eine Studie „Mobbingberatung hilft, senkt Kosten und Probleme"- eine wissenschaftliche und praktische Stellungnahme zur Negativliste der Ersatzkassen zu den Kosten von Mobbing von 1997 - wurde von der Ärztekammer Berlin in Zusammenarbeit u. a. mit der Gewerkschaft Handel, Banken und Versicherungen Berlin und Hessen sowie den Bildungswerken der Deutschen Angestellten Gewerkschaft Göttingen und Hannover veröffentlicht. Die Autoren weisen in der Studie darauf hin, dass die Auswirkungen nicht nur von den Betroffenen, sondern auch von den Unternehmen, den Krankenkassen, den Rentenversicherern, der Arbeitsverwaltung und der öffentlichen Hand getragen werden müssen. In der Studie werden die Kosten, die dem Betrieb aufgrund von Leistungsminderung, Fehlzeiten und Kündigungen ca. auf 25.500 bis 76.500 Euro pro Jahr und Betroffenen beziffert.

Di Martino et al. haben eingeschätzt, dass allein durch psychischen Terror die Arbeitsproduktivität um ca. 2 % abnehmen kann. Negative Auswirkungen von Schikanen am Arbeitsplatz auf die Produktivität können für die Betroffenen hohe Abwesenheitszeiten, schlechter Gesundheitszustand, Frühpensionierung, starke Personalfluktuation, geringe Jobzufriedenheit sowie hohe Versicherungsprämien sein.

2.11.13 Forschungsergebnisse
Im europäischen und US-amerikanischen Forschungskontext wurden bislang einige Studien zu sexueller Belästigung von Frauen, insbesondere am Arbeitsplatz erstellt. Der Vergleich der Studienergebnisse aus den frühen und mittleren 1990er Jahren mit den Daten ab dem Jahr 2000 zeigt, dass sexuelle Belästigung ein substanzielles Problem in den meisten europäischen Ländern repräsentiert, obwohl ein klares Bild schwer darstellbar ist, da große Diskrepanzen zwischen den evaluierten Ergebnissen bestehen.

Um das wahre Ausmaß der Gewalt und Belästigung am Arbeitsplatz in Europa zu erfassen, hat die europäische Stiftung zur Verbesserung der Lebens- und Arbeitsbedingungen in Dublin ein Projekt in Auftrag gegeben, dessen Ergebnisse in einem Report zusammengefasst wurden. Die Studie untersucht viele Aspekte der sexualisierten Gewaltausübung, wobei die sexuelle Belästigung einen Teilaspekt darstellt.

Der Forschungsbericht zeigt, dass fast ein Zehntel der Arbeitnehmer angibt, Einschüchterungsversuchen am Arbeitsplatz ausgesetzt gewesen zu sein. Mehr als 7 % der Arbeitnehmer in der EU sind sich des Vorkommens körperlicher Gewalt an ihrem Arbeitsplatz bewusst und 2 % berichten von eigenen Erfahrungen mit körperlicher Gewalt am Arbeitsplatz. Sexuelle Belästigung wird in Europa zunehmend als Form von Gewalt und Angriff gegen die Würde des Einzelnen betrachtet, auch in den Ländern, in denen bisher Gewalt sexueller Art oft als weniger schwerwiegend angesehen wurde. Die Vielfalt an Definitionen von Schikanen am Arbeitsplatz sowie die kulturellen Faktoren, die dieses Problem umgeben, sind komplex. Bei jedem Versuch, das Problem zu beheben, müssen diese Faktoren berücksichtigt werden. Die Ergebnisse zeigen die Verwundbarkeit von Frauen am Arbeitsplatz ebenso die Kosten und Produktivitätseinbußen, die den Arbeitgebern durch dieses Phänomen entstehen. Diese Studie ist insofern interessant, da sie einen Überblick über alle europäischen Länder im Hinblick auf unterschiedliche Formen der sexuellen Gewalt und Belästigung am Arbeitsplatz in der EU und über die Rechtslage bietet.

1998 fasste die Europäische Kommission unter dem Titel „Sexual harassment at the workplace in the European Union" im Rahmen einer Studie die Aktivitäten in den einzelnen Ländern zusammen. Ergebnis ist, dass lediglich Belgien, Finnland, Frankreich, die Niederlande und Schweden spezielle Gesetze eingeführt haben, um das Problem zu bewältigen. In Deutschland soll nur das bestehende Straf- und Zivilrecht Anwendung finden. Unterstützende Gesetze wie das Gesetz zum Schutz der Beschäftigten vor sexueller Belästigung am Arbeitsplatz vom 24. Juni 1994 waren den Autoren nicht bekannt. Dänemark und Luxemburg haben keine Rechtsvorschriften geschaffen, sondern sie haben versucht, diesem Problem mit Verhaltensänderungen, Verordnungen und Tarifverträgen zu begegnen. In Italien und Spanien ist erst seit Mitte der 90er Jahre des letzten Jahrhunderts ein Problembewusstsein entstanden, das sich mit dieser Thematik auseinandersetzt.

Die Bundesstudie zur sexuellen Belästigung am Arbeitsplatz aus dem Jahr 1991 gab in Deutschland einen wichtigen Anstoß für eine verbesserte Rechtssituation betroffener Frauen. Sie hatten nicht nur das hohe Ausmaß sexueller Übergriffe deutlich gemacht, sondern auch gezeigt, dass straf- und arbeitsrechtliche Schutzvorschriften vor sexuellen Übergriffen zwar bestehen, jedoch in den Betrieben weder bekannt sind, noch in der Rechtswissenschaft näher erörtert wurden. Diese Studie und Vorstudien waren Grundlage zur Verfassung des Beschäftigungsschutzgesetzes.

In der Studie des Bundesministeriums für Familie, Senioren, Frauen und Jugend Beschäftigtenschutzgesetz in der Praxis wurde erstmalig evaluiert, wie sich das Beschäftigungsschutzgesetz in der betrieblichen Praxis und in der Rechtssprechung ausgewirkt hat. Die Studie zeigt, dass das Beschäftigtenschutzgesetz nur selten mobilisiert. Dies gilt für die Nutzung des Gesetzes gegen sexuelle Belästigung in den Betrieben, wo dieses Gesetz so gut wie keine Beachtung findet, als auch für die Umsetzung vor den Gerichten, was auch Richterinnen und Richter in Interviews bestätigen. Die Stichprobe der Betriebsstudie ergibt, dass in etwa 50.000 Arbeitsstätten deutlich identifizierbare Vorfälle sexueller Belästigung erinnert werden. Doch nach der Hochrechnung ist von 300.000 Betroffenen auszugehen, wozu eine erhebliche Dunkelziffer addiert werden muss. Dennoch wird die Bedeutung des Problems von zahlreichen Akteuren heruntergespielt.

Schwächen des Beschäftigtenschutzgesetzes sind, dass zwar die Pflichten der Arbeitgeber betont werden, aber gerade in dieser Hinsicht wird es im Gesetz nicht konkretisiert. Die Personalverantwortlichen lehnen eine eigene Haftung für solche Vorkommnisse eher ab. Der geringe Mobilisierungsgrad des Beschäftigtenschutzgesetzes hat offensichtlich zur Folge, dass solche Verfahren nicht die Regel sind, sondern die Ausnahme und im Bereich der Personalführung sowie auch im richterlichen Arbeitsalltag und aufgrund der nicht routinierten Vorgehensweisen und fehlenden Teilwissens Fehler entstehen. Vor Gerichten wird das Beschäftigtenschutzgesetz nicht von Betroffenen, sondern von dem Belästiger herangezogen. Betroffene spielen im gerichtlichen Verfahren durchgehend nur eine untergeordnete Rolle und sind in unter 60 % der Verfahren aktiv beteiligt. Dies könnte darauf beruhen, dass das Gesetz Arbeitgeber, nicht Betroffene, in den Vordergrund stellt. Der Bekanntheitsgrad des Beschäftigtenschutzgesetzes ist bei allen Beteiligten und den Betroffenen gering. Es wird auch in Fällen, in denen es einschlägig wäre, von Gerichten oft nicht genutzt. In nur etwa der Hälfte der analysierten arbeitsrechtlichen Entscheidungen, fand das Gesetz Erwähnung. 41,9 % der Befragten von gewerkschaftlichen Rechtschutzstellen gaben an, dass ihnen das Gesetz unbekannt sei. Die befragten Anwältinnen und Anwälte schätzen den Bekanntheitsgrad des Gesetzes als gering ein. Richterinnen und Richter gingen zwar überwiegend davon aus, dass ihre Zunft zumindest eine oberflächliche Kenntnis von dem Gesetz hätte und das insbesondere auf der betrieblichen Ebene, z. B. der Betriebsrat mit dem Regelungsgehalt vertraut ist. Doch zeigen die Analysen der Verfahren, dass diese Vermutung eher nicht zutrifft. Dies steht im deutlichen Widerspruch zur Bekanntmachungspflicht, nach § 7 Beschäftigtenschutzgesetz in den Betrieben. Das Beschäftigtenschutzgesetz wird in Betrieben nicht individuell bekannt gemacht und Schulungen fehlen weitgehend. Die Relevanz der Regelungen bestreiten die Personalverantwortlichen. Die Studie zeigt, dass der Anwendungsbereich des Gesetzes beispielsweise vor Gericht kaum geprüft wird. Spezielle Ansprechstellen mit kompetenter Besetzung sind in den Unternehmen mit 1,1 % so gut wie nicht vorhanden. Aufgrund dessen finden auch Fortbildungen äußerst selten statt. Auch professionelle Verfahren im Umgang mit Belästigung existieren nicht regelhaft.

Auch die im Beschäftigtenschutzgesetz verankerte Pflicht des Arbeitgebers zur Prävention spielt weder im Unternehmen noch im Gericht eine Rolle. Allerdings unternehmen hier Gleichstellungsbetriebe deutlich mehr als andere - 22,5 % im Gegensatz zu 9,8 % - und schaffen damit ein besseres Arbeitsklima. Das Gesetz wird von den Akteuren als zu unkonkret wahrgenommen. Auch fehlen Sanktionen, wenn der Arbeitgeber seiner Pflicht zur Prävention nicht nachkommt. Aber gerade diese Sanktionen sind nach Vorstellung der Betroffenen das wichtigste Instrument, um sexuelle Belästigung zu bekämpfen.

Anhand der Datenlage werden Handlungsempfehlungen von den Autoren der Studie abgeleitet. Sie sind sowohl auf der Ebene des Gesetzes, als auch auf der Ebene der Akteure, die ebenfalls im Wege eines Gesetzes adressiert werden können, angesiedelt. Insbesondere soll der Schutzzweck des Gesetzes ausdrücklich um den Aspekt der Bekämpfung von Diskriminierung ergänzt werden. Es sind Vorkehrungen zur Bekanntheit des Beschäftigtenschutzgesetzes zu treffen. Die Studie zeigt eindeutig, dass gerade in kleineren Betrieben nur außerbetriebliche Stellen eine Schutzfunktion erfüllen können. Aber auch in größeren Betrieben ist den innerbetrieblichen Ansprechpersonen für ein entscheidendes Vorgehen gegen Belästigung nicht selten die Handlungsfreiheit eingeschränkt. Schutz vor sexueller Belästigung bieten am effektivsten differenzierte, vorab bekannte Beschwerdeverfahren. Diese beinhalten unter anderem geschulte Ansprechpersonen, mehrere Personen verschiedenen Geschlechts an verschieden Stellen des Betriebes und ein im Betrieb allgemein durchschaubares und bekanntes Verfahren. Ferner fordern die Autoren, dass die Anonymität des Betroffenen gewährleistet sein muss und die Betriebsleitung sich deutlich gegen Belästigung einsetzen muss.

Diese Studie zeigt, dass trotz eines Gesetzes zur Bekämpfung der sexuellen Belästigung am Arbeitsplatz von 1994 noch viel zu tun ist, um die Betroffenen zu schützen.

Mit dem Inkrafttreten des Allgemeinen Gleichbehandlungsgesetzes vom 18. August 2006 konnte sich die Situation für die Betroffenen durch die Einführung der Beweislastumkehr und der Verpflichtung des Arbeitgebers, den entstandenen Schaden finanziell zu ersetzen, grundlegend verbessern.

Die Betriebsärztin und der Betriebsarzt könnten als neutrale und beratende Person eine entscheidende Rolle spielen. Erste Schritte sind, das Gesetz im Betrieb auszuhängen und die Schulung des Betriebes im Einvernehmen mit der Personalleitung durchzuführen.

2.11.14 Key-Message

▸ Wer im Betrieb oder seiner Dienststelle von sexueller Belästigung betroffen ist, hat nach dem Beschäftigungsschutzgesetz das Recht, sich bei den zuständigen Stellen des Betriebes zu beschweren. Diese sind verpflichtet, Beschwerden nachzugehen und ggf. unverzüglich Maßnahmen zur Abwehr weiterer Belästigungen zu treffen.

▸ Eine Bundesstudie zeigt, dass der Bekanntheitsgrad des Beschäftigungsschutzgesetzes bei allen Beteiligten gering ist. Es wird auch in Fällen, in denen es einschlägig wäre, von Gerichten oft nicht genutzt. Zudem wird das Beschäftigungsschutzgesetz in Betrieben selten individuell bekannt gemacht und Schulungen fehlen weitgehend.

▸ Zum Schutz der Betroffenen, können die Betriebsärztin und der Betriebsarzt als neutrale und beratende Person eine entscheidende Rolle bei dem Schutz der Betroffenen spielen. Sie/er wird dem Arbeitgeber und Arbeitnehmer beratend zur Seite stehen und für den Betrieb passende Vorschläge zur Prävention einer sexuellen Belästigung vorlegen. Wie auch andere Akteure im Arbeitsschutz und im Gesundheitssystem wird es Aufgabe sein, Konzepte zu entwickeln, damit Beschäftigte psychische Belastungen am Arbeitsplatz bewältigen können, oder erst gar nicht entstehen.

▸ Erste Schritte können sein, das Allgemeine Gleichbehandlungsgesetz im Betrieb bekannt zu machen und die Schulung des Betriebes im Einvernehmen mit der Personalleitung durchzuführen.

Literaturhinweise

Müller, U., Schöttle, M. (2004): Lebenssituation, Sicherheit und Gesundheit von Frauen in Deutschland. Eine repräsentative Untersuchung zu Gewalt gegen Frauen in Deutschland. Hauptstudien des Bundesministeriums für Familie, Senioren, Frauen und Jugend (Hrsg.).

Braszeit, A., Holzbecher, M., Müller, U., Plogstedt, S. (1991): Sexuelle Belästigung am Arbeitsplatz, Schriftenreihe des Bundesministers für Jugend, Familie, Frauen und Gesundheit, Band 260, Bonn.

Plogstedt, S., Bode, K. (1984): Übergriffe, Sexuelle Belästigung in Büros und Betrieben, Reinbek, bei Hamburg.

Gesetz zum Schutz der Beschäftigten vor sexueller Belästigung am Arbeitsplatz – Beschäftigtenschutzgesetz, Bundesgesetzblatt I 1994, 1406,1412.

Di Martino, V., Hoel, H. and Cooper, C. L. (2003): Preventing violence and harassment in the workplace. European Foundation for the Improvement of Living and Working Conditions, Wyattville Road Loughlinstown, Dublin 18, Ireland.

Pflüger, A., Baer, S., Schlick, G., Büchs, M., Kalender, U.: Beschäftigtenschutzgesetz in der Praxis. Bericht. Bundesministerium für Familie, Senioren, Frauen und Jugend (Hrsg.), NFO Infratest München, Rechtsforschung, München, Berlin 12/2002.

Kuner, C. (1995): Das US-amerikanische Recht betreffend sexueller Belästigung – Ein Überblick für deutsche Unternehmen, WiB, Seite 421 ff.

Fausten, T. (1996): Zur Problematik des sexual harassment bei US-Risiken und zu deren Bedeutung für Betriebshaftpflichtpolicen VersR 1996, Seite 17 ff.

Hansen, K., Dolff, M. (2000): Von der Frauenförderung zum Management von Diversity, in: Cottmann, A., Kortendiek, B., Schildmann, U. (Hrsg.), Das undisziplinierte Geschlecht, Frauen und Geschlechterforschung – Einblick und Ausblick, Seite 151, Oppladen.

3 Psychosoziale Gesundheit: Ressourcen und Risiken

3.1 Betriebsklima (Kommunikation – Kooperation)

Heinz Werner Gödert

3.1.1 Einleitung

Das Thema Betriebsklima ist seit jeher Gegenstand kontroverser Diskussionen. Dies hängt zum einen damit zusammen, dass bis heute keine allgemein verbindliche Definition des Begriffs Betriebsklima existiert und dementsprechend in der Öffentlichkeit, aber auch in Fachkreisen sehr unterschiedliche Auffassungen kursieren, was unter dem Begriff zu verstehen ist. Durch dieses Fehlen eines verbindlichen begrifflichen Bezugsrahmens wurde zwangsläufig auch das systematische Zusammentragen empirischer Daten erschwert, sodass der gegenwärtige sozialwissenschaftliche Erkenntnisstand zum Thema Betriebsklima insgesamt als vergleichsweise unbefriedigend einzustufen ist. Der Mangel an empirisch abgesicherten Erkenntnissen wiederum macht die einschlägige Diskussion leichter zugänglich für spekulative bis hin zu ideologisch motivierten Aussagen (z. B. gutes Betriebsklima als „betriebswirtschaftliches Allheilmittel" vs. Betriebsklima als „Sozialklimbim").

Der vorliegende Artikel hat zum Ziel, das Phänomen Betriebsklima begrifflich zu präzisieren, die wichtigsten Einflussgrößen zu erläutern, Möglichkeiten zur Messung des Betriebsklimas zu beschreiben, einen Grobüberblick über die empirische Befundlage zu vermitteln und wichtige Ansatzpunkte für die Prävention aufzuzeigen. Es sei vorausgeschickt dass die folgende Darstellung sich weitgehend an der Arbeit von von Rosenstiel und Bögel orientiert, die nach Auffassung der Autoren bis zum heutigen Zeitpunkt als Standardwerk der sozialwissenschaftlichen Auseinandersetzung mit dem Thema Betriebsklima betrachtet werden kann.

3.1.2 Definition und Abgrenzung

Der Begriff Betriebsklima bezieht sich darauf, wie ein Betrieb von seiner Belegschaft wahrgenommen wird. Die Wahrnehmung der betrieblichen Gegebenheiten durch einen individuellen Mitarbeiter ist zwar für sich genommen jeweils ein subjektiver Prozess; wird das subjektive Erleben des Betriebs jedoch von vielen Mitarbeitern bzw. der gesamten Belegschaft geteilt, so erlangt es den Charakter von Objektivität bzw. betrieblicher Realität. Insofern kann das von einer Vielzahl der Mitarbeiter erlebte Betriebsklima als Ausdruck des Zustands des Betriebs angesehen werden bzw. als Beschreibung der Lebens- und Arbeitssituation im Betrieb. Besonderes Gewicht liegt darauf, wie der Betrieb als soziales Gebilde wahrgenommen wird, d. h. wie die zwischenmenschlichen Beziehungen innerhalb des Betriebs von der Belegschaft empfunden werden. Die besondere Relevanz der sozialen Komponente liegt auch in der Natur der modernen Arbeitswelt begründet. Im Zuge des Wandels weg von rein körperlichen hin zu vornehmlich wissens- und kommunikationsbasierenden Tätigkeitsinhalten kommt den zwischenmenschlichen Beziehungen innerhalb der Belegschaft eine immer entscheidendere Bedeutung nicht nur für das physische und psychische Wohlbefinden der Mitarbeiter sondern auch für das Betriebsergebnis selbst zu. Die besondere Bedeutung der sozialen Ebene impliziert, dass der Begriff Betriebsklima sich nur auf den Betrieb als ganzes oder auch auf größere innerbetriebliche Einheiten (z. B. Zweigwerke, Abteilungen, Arbeitsgruppen) beziehen kann, nicht jedoch darauf, wie ein einzelner Arbeitsplatz vom entsprechenden Stelleninhaber wahrgenommen wird.

Eine präzise Klärung des Begriffs Betriebsklima gelingt am besten, wenn man ihn von dem - insbesondere in der Alltagssprache häufig fälschlicherweise synonym verwendeten - Begriff der Arbeitszufriedenheit abgrenzt. Beiden Termini ist zwar gemeinsam, dass sie das subjektive Erleben von Menschen innerhalb eines Betriebs betreffen. Sie unterscheiden sich jedoch in drei zentralen inhaltlichen Merkmalen, nämlich (1) der Analyseeinheit, (2) dem Analyseelement und (3) der Art der Erfassung. Die Analyseeinheit bezieht sich darauf, ob es um die Wahrnehmung des Betriebs durch ein einzelnes Individuum (Arbeiter bzw. Angestellter) oder um die Wahrnehmung des Betriebs durch ein soziales Kollektiv (Belegschaft) geht. Das Analyseelement bezieht sich darauf, ob die isolierte Wahrnehmung des einzelnen Arbeitsplatzes oder aber die Wahrnehmung des gesamten betrieblichen Umfelds im Vordergrund steht. Die Art der Erfassung bezieht sich schließlich darauf, ob das Wahrgenommene eher objektiv beschrieben oder eher subjektiv bewertet wird. Während bei dem Begriff Arbeitszufriedenheit die Analyseeinheit der einzelne Mitarbeiter, das Analyseelement der einzelne Arbeitsplatz und die Art der Erfassung die subjektive Bewertung ist (siehe *Tabelle 1*), beinhaltet der Terminus Betriebsklima als Analyseeinheit die Belegschaft, als Analyseelement das gesamte betriebliche Umfeld und als Art der Erfassung in erster Linie die objektive Beschreibung, wobei jedoch zusätzlich auch subjektive Bewertungen mit einfließen können (in der Art, dass das objektiv Beschriebene als gut bzw. schlecht empfunden wird). Dementsprechend könnte eine typische Formulierung aus einem Arbeitszufriedenheitsfragebogen etwa folgendermaßen lauten: *Ich* (Analyseeinheit: Individuum) *bin mit den mir aufgetragenen Aufgaben* (Analyseelement: Arbeitsplatz) *zufrieden* (Art der Erfassung: Bewertung). *... ja ... nein*. Demgegenüber ist für einen Fragebogen zur Erfassung des Betriebsklimas folgende typische Formulierung denkbar: *Wir hier in unserem Betrieb* (Analyseeinheit: soziales Kollektiv) *haben den Eindruck* (Art der Erfassung: Beschreibung und Bewertung), *dass wir von der Betriebsleitung stets rechtzeitig*

Tabelle 1: Inhaltliche Facetten der Konzepte Arbeitszufriedenheit und Betriebsklima

	Arbeitszufriedenheit	Betriebsklima
Analyseeinheit	einzelner Mitarbeiter	Belegschaft
Analyseelement	einzelner Arbeitsplatz	gesamtes betriebliches Umfeld
Art der Erfassung	subjektive Bewertung	objektive Beschreibung und subjektive Bewertung

über geplante Änderungen informiert werden (Analyseelement: gesamtes betriebliches Umfeld). ... ja ... nein.

Im Gegensatz zu dem Begriff Arbeitszufriedenheit steht der Begriff Betriebsklima also nicht für ein individuelles Gefühl bzw. eine individuelle positive oder negative Einstellung gegenüber dem einzelnen Arbeitsplatz, sondern dafür, wie die arbeitsplatzübergreifenden Bedingungen innerhalb des Betriebs, und hier insbesondere die zwischenmenschlichen Aspekte, von der Belegschaft als Kollektiv wahrgenommen und bewertet werden, wobei selbstverständlich gilt, dass Betriebsklima und Arbeitszufriedenheit sich in aller Regel gegenseitig beeinflussen. Die Wahrnehmung und Bewertung der arbeitsplatzübergreifenden Bedingungen innerhalb des Betriebs können ihrerseits bestimmte Stimmungslagen in der Belegschaft zur Folge haben, so etwa eine positive Stimmung, wenn der Führungsstil als mitarbeiterorientiert wahrgenommen wird. In diesem Falle kann die Stimmungslage als Symptom des Betriebsklimas betrachtet werden. Es gilt jedoch zu beachten, dass es auch Stimmungslagen innerhalb einer Belegschaft geben kann, deren Ursachen außerhalb der betrieblichen Rahmenbedingungen liegen und die folglich nichts mit dem Betriebsklima zu tun haben. Beispielsweise könnte die gesamte Belegschaft schlecht gelaunt sein, weil die branchenspezifischen konjunkturellen Rahmenbedingungen sich zunehmend verschlechtern.

3.1.3 Determinanten des Betriebsklimas

Das Betriebsklima hängt von verschiedenen Merkmalen des Betriebs ab. Zwischen den Mitarbeitern herrscht in aller Regel relativ große Übereinstimmung darin, welchen Aspekten sie bei der Wahrnehmung und Bewertung ihres Betriebs zu einem gegebenen Zeitpunkt besonderes Gewicht beimessen. In wissenschaftlichen Analysen haben sich die folgenden Aspekte immer wieder als wichtige inhaltliche Komponenten bzw. Determinanten des Betriebsklimas herausgestellt:

- Der übergreifende Gesamteindruck vom Betrieb: Wie wird der Betrieb als Ganzes von der Belegschaft wahrgenommen?
- Die Kollegen: Sind die sozialen Beziehungen zischen den Kollegen bzw. Arbeitsgruppen eher durch Vertrauen und Sympathie, eher durch Misstrauen und Rivalität oder auch durch Anonymität und Entfremdung geprägt?
- Die Vorgesetzten: Inwiefern zeichnet sich der Führungsstil der Vorgesetzten durch Leistungs-/Wettbewerbsorientierung einerseits und durch Mitarbeiterorientierung (Ausrichtung am körperlichen und psychosozialen Wohlergehen der Belegschaft) andererseits aus?
- Die betriebliche Planung bzw. Organisation: Wie sehr werden die Tätigkeiten der Belegschaft durch verwaltungstechnische Vorgaben reguliert (Extrempole: Totale Vorgabe des Arbeitsablaufs bis ins kleinste Detail vs. grenzenloser Handlungs-/Entfaltungsspielraum für die Mitarbeiter)?
- Die Information und Mitsprache: Wie gut wird die Belegschaft von der Betriebsleitung und den Vorgesetzten über wichtige betriebsinterne Angelegenheiten, und hier insbesondere geplante Veränderungen bzw. Neuerungen, in Kenntnis gesetzt? Wird der Belegschaft ausreichend Gelegenheit geboten, in solchen Angelegenheiten Einfluss zu üben?
- Die Interessenvertretung: Werden die Belegschaftsinteressen durch den Betriebs- bzw. Personalrat in angemessener Weise gegenüber der Unternehmensleitung zur Geltung gebracht?

- Die betrieblichen Leistungen: Werden die Mitarbeiter für die aufgebrachte Arbeitskraft, Loyalität etc. vom Betrieb ausreichend belohnt, und zwar nicht nur in materieller (Lohn, Urlaubstage etc.) sondern auch in ideeller Hinsicht (Lob, Anerkennung etc.)?

Die relative Wichtigkeit der einzelnen Determinanten unterliegt einem stetigen Wandel. Welchen betrieblichen Aspekten die Belegschaft zu einem gegebenen Zeitpunkt besondere Bedeutung beimisst, hängt auch stark vom wirtschaftlichen, politischen und gesellschaftlichen Gesamtkontext ab. Um dies an einem Beispiel zu erläutern: In Zeiten ausgeprägten Beschäftigungsmangels sind die Mitbestimmungsrechte für die Belegschaft sicherlich weit weniger wichtig als etwa die Arbeitspatzsicherheit. Dagegen mag sich die Rangfolge dieser beiden Determinanten des Betriebsklimas unter prosperierenden konjunkturellen Rahmenbedingungen durchaus umkehren.

Es gilt auch zu beachten, dass die genannten betrieblichen Rahmenbedingungen sich nur in dem Maße auf das Betriebsklima auswirken können, in dem sie für die Belegschaft auch wahrnehmbar sind. Beispielsweise kann sich ein hohes Engagement des Betriebsrats für die Interessen der Mitarbeiter nur dann positiv auf das Betriebsklima auswirken, wenn die Belegschaft auch ausreichend über die Aktivitäten des Betriebsrats informiert wird.

3.1.4 Messung des Betriebsklimas

Streng genommen ist das Betriebsklima nur durch direkte schriftliche oder mündliche Befragung der Belegschaft erfassbar, denn nur die Mitarbeiter selbst können wiedergeben, wie sie die betrieblichen Bedingungen wahrnehmen. Andererseits ist es prinzipiell jedoch auch denkbar, das Betriebsklima indirekt zu erfassen, indem man betriebliche Daten heranzieht, die vermeintlich als Symptome des Betriebsklimas interpretiert werden können. Diesbezüglich kommen etwa Angaben zu Fehlzeiten, Fluktuation, Produktivität, Weiterbildungsbereitschaft sowie Verbesserungsvorschlägen (betriebliches Vorschlagswesen) und Kritik seitens der Belegschaft (Meckerkasten) in Frage. Der Rückschluss von den genannten Symptomen auf das Betriebsklima sollte aber in jedem Fall unter Vorbehalt erfolgen, da diese Symptome auch andere Ursachen haben können und ihre tatsächliche Beziehung zum Betriebsklima empirisch noch nicht hinreichend geklärt ist (s. u.).

In der Praxis existiert eine Vielzahl von *Fragebogenverfahren* zur Messung des Betriebsklimas. Diese wurden jedoch meist für einen bestimmten Betrieb entwickelt und dementsprechend auf dessen spezielle Gegebenheiten zugeschnitten. Die Folge hiervon ist, dass die diversen Fragebogen sich in wesentlichen Gesichtspunkten voneinander unterscheiden: Zum einen basieren die Verfahren nicht auf einer einheitlichen Definition von Betriebsklima, zum anderen werden in den verschiedenen Fragebogen sehr unterschiedliche inhaltliche Aspekte des Betriebsklimas fokussiert. Schließlich ist auch noch die heterogene formale Gestaltung der Fragebogen zu bemängeln, die insbesondere die Frageformulierungen und Antwortformate betrifft. All dies hat zur Konsequenz, dass die mit den diversen Fragebogen erhobenen Daten kaum vergleichbar sind. Dies wiederum erschwert die Interpretation der jeweiligen Befragungsergebnisse, da keine breite oder gar repräsentative Basis von Vergleichsdaten (Norm- bzw. Referenzwerte) existiert. Ferner ist die fehlende testtheoretische Evaluation der meisten Verfahren zu bemängeln.

Angesichts dieser Problematik entwickelten von Rosenstiel und Bögel einen Betriebsklima-Fragebogen, der flexibel in unterschiedlichen Betrieben und Branchen einsetzbar ist und für den inzwischen auch an umfangreichen Stichproben Normwerte (Referenzwerte) erhoben wurden. Die Konstruktion des Fragebogens basierte auf der oben angeführten Definition von Betriebsklima. Die inhaltlichen Aspekte, die in dem sog. *Erhebungsbogen zur Erfassung des Betriebs- und Organisationsklimas* thematisiert werden, sind zusammen mit entsprechenden Beispielitems in *Tabelle 2* aufgeführt.

Zwar steht mittlerweile mit dem Fragebogen von von Rosenstiel und Bögel ein normiertes und testtheoretisch fundiertes Erhebungsinstrument zur Verfügung. Aber auch abseits aufwändiger Befragungen der Belegschaft empfiehlt es sich, im betrieblichen Alltag auf Auffälligkeiten zu achten, die Begleiterscheinungen einer schleichenden Verschlechterung des Betriebsklimas sein können. Solche Warnsignale sind z. B.:

- heruntergekommene Sozialräume,
- Verzicht auf Höflichkeitsgesten und -floskeln (Morgengruß, Bitte, Danke, etc.),
- allgemeines Informationsdefizit (Die eine Hand weiß nicht, was die andere tut.),
- Entstehung von innerbetrieblichen Randgruppen oder Einzelgängern,
- hastiges Entfliehen der Mitarbeiter nach Arbeitsende,

Tabelle 2: Inhaltliche Aspekte des Erhebungsbogens zur Erfassung des Betriebs- und Organisationsklimas mit Beispielitems (Anmerkung: Die Beantwortung der Items erfolgt auf einer fünfstufigen Skala mit den Extrempolen „stimmt" bzw. „stimmt nicht".)

Inhaltliche Dimensionen	Exemplarische Items
1. Allgemeines Bild des Betriebs	• Bei uns legt man Wert darauf, dass die Mitarbeiter gerne hier arbeiten • Man braucht sich nicht zu wundern, wenn die Leute bei unseren Arbeitsbedingungen krank werden
2. Kollegenbeziehungen	• Wenn einer Schwierigkeiten bei der Arbeit hat, wird ihm ganz sicher von den Kollegen geholfen • Wer sich bei uns vor Intrigen schützen will, hält am besten ständig den Mund
3. Vorgesetztenverhalten	• Unsere Vorgesetzten sorgen dafür, dass unter uns Kollegen die Zusammenarbeit reibungslos funktioniert • Unsere Vorgesetzten versuchen, von ihnen selbst gemachte Fehler auf uns abzuwälzen
4. Organisation	• Die Aufgaben werden bei uns entsprechend den Fähigkeiten und Leistungsmöglichkeiten der Mitarbeiter verteilt • Hier wird nichts der Eigeninitiative überlassen, für alle Vorkommnisse gibt es detaillierte Anweisungen
5. Innerbetriebliche Information und Mitsprachemöglichkeiten	• Die Information über die geplante Einführung von neuen Einrichtungen und Ausstattungen ist so ausreichend, dass wir genau wissen, was auf uns zukommt • Es kommt oft vor, dass wir vor vollendete Tatsachen gestellt werden
6. Interessenvertretung	• Auch wenn Arbeitnehmer und Arbeitgeber unterschiedliche Interessen haben, erzielen sie bei uns immer eine Lösung, die letztlich allen dient • Unsere gewählten Interessenvertreter lassen sich oft von der Geschäftsführung überfahren
7. Betriebliche Leistungen	• Die Übernahme von Verantwortung wird bei uns anerkannt • Wichtige Sozialleistungen, die woanders üblich sind, fehlen bei uns

- Betriebsfeiern werden als Pflichtveranstaltung angesehen,
- Drogenkonsum in der Belegschaft,
- hohe Fehlzeiten und Personalfluktuation.

3.1.5 Aktuelle Situation in Deutschland

Eine repräsentative Erhebung des Wissenschaftlichen Instituts der AOK (WIdO) an mehr als 20.000 Arbeitnehmern aus über 100 Betrieben unterschiedlicher Branchen und Größenordnungen ergab, dass auf die Frage, ob sie das Betriebsklima insgesamt gut fänden, nur 36,5 % mit ja antworteten; 12,4 % der Arbeitnehmer antworteten mit nein, und weitere 51,1 % beurteilten das Betriebsklima als verbesserungswürdig (WIdO 2001).

Eine weitere groß angelegte Studie, die vom Institut für praxisorientierte Forschung und Bildung (ifb) im Auftrag der Arbeitskammer des Saarlandes durchgeführt wurde, ist besonders interessant, da hier die Sichtweisen der Geschäftsleitungs- und Arbeitnehmervertretungen getrennt erhoben wurden und deren Angaben somit vergleichend gegenübergestellt werden können. An der schriftlichen Befragung beteiligten sich 183 Geschäfts- bzw. Behördenleitungen und 226 Betriebs- und Personalräte aus insgesamt 393 saarländischen Betrieben und Behörden, in denen ca. 125.000 Beschäftigte tätig sind. Das Betriebsklima wurde auf einer fünfstufigen Skala (sehr gut, eher gut, durchschnittlich, eher schlecht, sehr schlecht) beurteilt. Während immerhin 63,9 % der Geschäftsleitungen das Betriebsklima als sehr gut oder eher gut beurteilten, wurde diese positive Einschätzung nur von 31 % der Belegschaftsvertretungen (die wiederum nur 19 % der durch die Stichprobe repräsentierten Beschäftigten vertraten) geteilt. Umgekehrt sahen immerhin 23,5 % der Belegschaftsvertretungen - gegenüber nur 3,2 % der Geschäftsleitungen - das Betriebsklima als eher schlecht oder sehr schlecht an. Des weiteren stellte sich heraus, dass das Betriebsklima insbesondere in Produktionsunternehmen (verglichen mit dem Dienstleistungssektor und der öffentlichen Verwaltung) sowie in belegschaftsstarken Unternehmen (verglichen mit kleinen und mittleren Betrieben) von den jeweiligen Belegschaftsvertretungen als relativ schlecht empfunden wurde. Die Interpretierbarkeit dieser Zahlen ist allerdings durch eine potenzielle Selektionsproblematik (nicht alle angeschriebenen Geschäftsleitungen und Arbeitnehmervertretungen nahmen an der Befragung teil) eingeschränkt.

3.1.6 Auswirkungen des Betriebsklimas: Annahmen und empirische Befunde

Eine weit verbreitete und plausible Annahme ist, dass ein gutes Betriebsklima die Leistungsmotivation der Belegschaft fördere und sich somit positiv auf deren Produktivität auswirke. Des Weiteren wird allgemein angenommen, dass als Konsequenz eines positiven Betriebsklimas die Erkrankungshäufigkeit der Mitarbeiter sowie die Fehlzeiten- und Fluktuationsrate abnehmen und die allgemeine Kommunikation und das gegenseitige Vertrauen im Unternehmen ansteigen. All dies soll sich dann letztendlich auch in einer Verbesserung des Betriebsergebnisses niederschlagen. Die genannten Annahmen werden zwar durch viele Erfahrungen aus der betrieblichen Praxis gestützt. Gleichwohl muss konstatiert werden, dass diese Hypothesen zu den Auswirkungen des Betriebsklimas, insbesondere zur kausalen Beziehung zwischen Betriebsklima und Arbeitsleistung, noch nicht eindeutig durch systematische empirische Studien belegt sind.

Der Grund hierfür liegt hauptsächlich darin, dass Betriebsklimaforschung naturgemäß im Feld, also in den Betrieben stattfindet. Die dort gegebenen von Sachzwängen bestimmten Betriebsabläufe lassen jedoch in aller Regel nur querschnittlich angelegte Studien zur Korrelation gleichzeitig auftretender Phänomene zu, welche allenfalls spekulativ Rückschlüsse auf Ursache-Wirkungs-Beziehungen gestatten; Längsschnittstudien oder gar Feldexperimente sind hingegen kaum realisierbar.

Grundsätzlich sind vier Arten von Kausalbeziehungen zwischen dem Betriebsklima einerseits und den damit häufig in Zusammenhang gebrachten Phänomenen andererseits denkbar. Diese lassen sich - exemplarisch am Zusammenhang Betriebsklima-Leistung - wie folgt darstellen:

(1) Das Betriebsklima bedingt die Leistung.
(2) Das Betriebsklima wird durch die Leistung bedingt.
(3) Betriebsklima und Leistung bedingen sich wechselseitig.
(4) Betriebsklima und Leistung stehen in keiner direkten Kausalbeziehung, werden aber beide durch ein und dieselbe Drittvariable (z. B. Aufstiegsmöglichkeiten im Unternehmen) bedingt.

Nachfolgend werden einige exemplarische empirische Befunde zu den (potenziellen) Auswirkungen des Betriebsklimas angeführt. Diese sind jedoch vor dem Hintergrund der oben genannten methodischen Probleme der Betriebsklimaforschung zu bewerten.

Die Relevanz des Faktors Betriebsklima für den Unternehmenserfolg wird z. B. durch die Ergebnisse der oben erwähnten Befragung in saarländischen Betrieben und Behörden gestützt. Hier wiesen Unternehmen und Behörden, denen von der Belegschaftsvertretung ein positives Betriebsklima attestiert wurde, im Vergleich zu solchen mit durchschnittlichem oder schlechtem Betriebsklima häufiger eine positive Ausprägung in den folgenden Merkmalen auf: wirtschaftliche Gesamtlage, Wettbewerbsposition, Kostenstruktur, Leistungs- und Produktqualität, Produktivität, Flexibilität/Anpassungsfähigkeit, Innovationsfähigkeit, Qualifikationspotenzial/Know-how, Kundenorientierung sowie Ansehen/Image in der Öffentlichkeit. Ähnliche Ergebnisse zeigten sich auch in ausländischen Untersuchungen, z. B. in einer schweizerischen Studie von Wohlgemuth. Weitere Studien deuten darauf hin, dass ein mangelhaftes Betriebsklima mit suboptimalen Einstellungen der Mitarbeiter gegenüber ihren Kunden und Produkten einhergeht.

Für den postulierten Zusammenhang zwischen Betriebsklima und Fluktuation sprechen z. B. die Ergebnisse einer Längsschnittstudie von von Rosenstiel, in der Hochschulabsolventen u. a. zu den Gründen für das Verbleiben in bzw. Kündigen von Arbeitsverhältnissen befragt wurden. Für das Verbleiben erwies sich u. a. das Vorhandensein eines unternehmensinternen Netzwerks sozialer Beziehungen mit gegenseitiger menschlicher und fachlicher Unterstützung als besonders wichtig. Als Kündigungsgrund wurde an zweithäufigster Stelle das Vorgesetztenverhalten - ebenfalls eine wichtige inhaltliche Dimension des Betriebsklimas (siehe oben) - genannt, ferner wurde auch das generelle soziale Klima sehr häufig als Grund angegeben. In einer anderen Studie zeigte sich, dass nach der Implementierung betriebsklimaförderlicher Rahmenbedingungen in einem Telekommunikationsunternehmen die Verweildauer von Callcenter-Beschäftigten im Unternehmen deutlich anstieg, was wiederum mit einer Senkung der Einarbeitungskosten und einer Erhöhung der Gesamtproduktivität einherging.

Aus arbeitsmedizinischer Sicht besonders interessant ist sicherlich die Frage nach dem Zusammenhang zwischen Betriebsklima und Gesundheit. Diesbezüglich zeigte sich in der oben bereits erwähnten WidO-Studie, dass diejenigen Beschäftigten, die das Betriebsklima negativ beurteilten, auch deutlich häufiger unter Rückenschmerzen, Verspannungen/Verkrampfungen und Müdigkeit/Abgeschlagenheit litten als ihre Kollegen. Ein als schlecht empfundenes Betriebsklima ging in 58,9 % der Fälle mit Rückenschmerzen, in 44,8 % mit Verspannungen/Verkrampfungen und in 50,2 % mit Müdigkeit/Abgeschlagenheit einher. Hinweise auf einen Zusammenhang zwischen Betriebsklima und Gesundheitszustand/Wohlbefinden ergaben sich auch in anderen Untersuchungen.

Im Zusammenhang mit den potenziellen Auswirkungen eines negativen Betriebsklimas muss auch das Phänomen Mobbing erwähnt werden. Ein schlechtes Betriebsklima gilt als wesentlicher Risikofaktor für die Entstehung von Mobbing in der Belegschaft. Mobbing, von dem immerhin ca. jeder neunte Erwerbstätige in Deutschland im Laufe seines Berufslebens einmal als Opfer betroffen ist, zieht seinerseits eine ganze Reihe negativer Konsequenzen nach sich. Eine repräsentative Erhebung zu Mobbing in Deutschland ergab, dass es bei nahezu allen Mobbingopfern zu einer Beeinträchtigung des Arbeits- und Leistungsverhaltens kam; 43,9 % der Betroffenen wurden krank, davon wiederum fast die Hälfte länger als sechs Wochen. Die Beeinträchtigung des Gesamtarbeitsvolumens aller Erwerbstätigen durch Mobbing im Jahr 2000 wurde auf 3,1 % beziffert.

3.1.7 Präventionsmöglichkeiten

Im Folgenden werden einige zentrale Ansatzpunkte zur Aufrechterhaltung bzw. Herstellung eines positiven Betriebsklimas aufgezeigt. Vorab sei jedoch betont, dass es keine allgemeinen Rezepte gibt, mit denen sich in jedem Einzelfall nach Belieben ein positives Betriebsklima herbeiführen lässt. Das Betriebsklima hängt im Wesentlichen von den betrieblichen Rahmenbedingungen ab, und diese sind in jedem Betrieb anders. Dementsprechend müssen auch Maßnahmen zur gezielten Verbesserung des Betriebsklimas auf die spezielle Situation des jeweiligen Unternehmens zugeschnitten sein. Am Anfang jeglicher Maßnahmen sollte daher die genaue Analyse des Ist-Zustands mittels geeigneter diagnostischer Verfahren (siehe oben) stehen. Dabei ist es wichtig, dass alle inhaltlichen Aspekte des Betriebsklimas (Beziehungen zu Kollegen und Vorgesetzten, Organisation, Mitsprachemöglichkeiten etc.) berücksichtigt werden, denn nur auf der Basis eines differenzierten Klimaprofils lassen sich gezielte Veränderungsmaßnahmen planen. Mitunter kann es auch sinnvoll sein, bei der Auswertung der Betriebsklimabefragung zwischen einzelnen Arbeitsbereichen, Abteilungen, Gruppen o. ä. zu unterscheiden; sind nämlich deren Rahmenbedingungen sehr unterschiedlich, so besteht die Gefahr, dass im Klimaprofil des Gesamtbetriebs Auffälligkeiten einzelner Betriebseinheiten verwischt und somit übersehen werden. Unbedingt zu beachten ist auch, dass die Ergebnisse einer Betriebsklimabefragung und die daraus abgeleiteten Maßnahmen an die Belegschaft zurückgemeldet werden, da ansonsten die Gefahr von Verunsicherung, Misstrauen und Motivationsabnahme besteht.

Neben der anfänglichen *Analyse des Ist-Zustands* (Phase 1) umfasst das allgemeine Vorgehen bei gezielten Interventionen zur Verbesserung des Betriebsklimas noch vier weitere Phasen, nämlich:
(2) Bestimmung des *Soll-Zustands* (angestrebtes Betriebsklima),
(3) Planung bzw. Bereitstellung des *Handlungswissens* für die Überführung des Betriebsklimas vom Ist- in den Soll-Zustand (Auswahl angemessener, d. h. wissenschaftlich begründeter und praktisch bewährter Vorgehensweisen)
(4) *Praktische Umsetzung* der Maßnahmen,
(5) *Evaluation*, d. h. Überprüfung der Annäherung an den Sollzustand mit entsprechenden diagnostischen Verfahren.

Im Folgenden sollen die wichtigsten Ansatzpunkte und Maßnahmen für die gezielte Herstellung ebenso wie für die vorbeugende Bewahrung eines positiven Betriebsklimas erläutert werden.

Ein wichtiger Aspekt des Betriebsklimas ist der allgemeine Eindruck, den die Belegschaft vom Betrieb hat. Dieser allgemeine Eindruck hängt insbesondere von dem grundsätzlichen Vertrauensverhältnis der Mitarbeiter zur Unternehmensleitung ab. Dementsprechend sollte die Unternehmensleitung im Sinne der Förderung eines positiven Betriebsklimas stets darauf achten, fair mit den Mitarbeitern umzugehen und diese nicht nur als Produktionsmittel zu betrachten, sondern die Unternehmenspolitik auch an humanitären Aspekten auszurichten, d. h. bei wichtigen Entscheidungen immer das physische und psychosoziale Wohlbefinden der Belegschaft im Auge zu behalten.

Ein weiterer wichtiger Aspekt des Betriebsklimas und damit Ansatzpunkt für seine Verbesserung sind die *sozialen Beziehungen* zwischen den Mitarbeitern. Diese hängen zwar einerseits stark von den Persönlichkeitseigenschaften der Mitarbeiter selbst ab; andererseits ist ihre optimale Entfaltung jedoch nur dann möglich, wenn entsprechende betriebliche Rahmenbedingungen vorhanden sind. Konkret setzt z. B. eine befriedigende Kommunikation zwischen den Mitarbeitern voraus, dass die Gespräche in einer ruhigen und ungestörten Atmosphäre stattfinden können, was durch die Bereitstellung entsprechender Räumlichkeiten und durch eine entsprechende Arbeitsablauforganisation (Vermeidung von Hektik etc.) gewährleistet werden kann. Besonders wichtig in diesem Zusammenhang ist auch die Größe der Arbeitsgruppen. Diesbezüglich kann als Faustregel gelten, dass das Betriebsklima in kleineren Arbeitsgruppen besser ist, da hier weniger Interessen aufeinanderprallen und die Bearbeitung aufgekommener Konflikte unkomplizierter ist. Ein weiterer wichtiger Ansatzpunkt in diesem Zusammenhang ist das betriebsinterne Konkurrenzdenken bzw. die Wettbewerbshaltung zwischen den Mitarbeitern. Wenn das Konkurrenzdenken - beispielsweise aufgrund entsprechender Maßnahmen der Betriebsleitung (Mitarbeiter der Woche, Prämien für die beste Arbeitsgruppe, Leistungsranking der Abteilungen im Jahresabschlussbericht etc.) - sehr stark ausgeprägt ist, hat dies keineswegs zwangsläufig eine Steigerung der Tüchtigkeit innerhalb der Belegschaft zur Folge, sondern kann auch zu Neid zwischen den Kollegen bzw. Abteilungen führen und dazu, dass man sich gezielt gegenseitig behindert. Daraus folgt, dass die Unternehmensleitung die Erzeugung von Konkurrenzdruck innerhalb der Belegschaft weitgehend vermeiden sollte.

Eine Verbesserung der Beziehungen zwischen den Kollegen kann schließlich auch noch im Rahmen der Aus- und Weiterbildung erfolgen. Hier sollte man nicht nur auf die fachliche Schulung Wert legen, sondern auch auf die Förderung sozialer Kompetenz und die Teamentwicklung.

Der *Führungsstil* der Vorgesetzten kann vor allem dadurch zu einem positiven Betriebsklima beitragen, dass er nicht ausschließlich auf den wirtschaftlichen Erfolg ausgerichtet ist, sondern auch die persönlichen Belange der Mitarbeiter berücksichtigt. Konkret heißt dies z. B., dass der Vorgesetzte seine Mitarbeiter bei Planungs- und Entscheidungsprozessen mit einbezieht, dass entsprechende Mitarbeiter-Gespräche in kooperativer Weise geführt werden und dass Mitarbeiter für ihre Leistungen angemessen gelobt bzw. in konstruktiver Weise kritisiert werden. Die hierfür erforderlichen Führungskompetenzen sollten in entsprechenden Schulungsmaßnahmen gefördert werden. Zudem sollte auch bei der Beurteilung der Führungskräfte durch die Unternehmensleitung die Führungskompetenz (im Sinne eines nicht ausschließlich leistungs- sondern auch mitarbeiterorientierten Führungsstils) als Kriterium mit eingehen. Einen wichtigen Beitrag zu einem guten Betriebsklima kann auch die Vermeidung von Kompetenzgerangel zwischen verschiedenen Führungskräften bzw. -ebenen leisten, da dieses sich in aller Regel negativ auf den gesamten Betriebsablauf und damit auf die Stimmung in der Belegschaft auswirkt. Schließlich sollten die Führungskräfte sich auch stets ihrer Vorbildrolle bewusst sein und dieser gerecht werden, z. B. im Hinblick auf Freundlichkeit, Pünktlichkeit, Arbeitseinsatz etc.

Die *betriebliche Planung* bzw. *Organisation* wirkt sich immer dann negativ auf das Betriebsklima aus, wenn sie zu extreme Formen annimmt. Macht die Verwaltung der Belegschaft zu viele Vorschriften, so geht dies auf Kosten der Spontaneität, Motivation und Eigeninitiative. Werden dagegen zu wenige Richtlinien vorgegeben, können daraus Chaos und zwischenmenschliche Konflikte resultieren. Optimal ist es daher, den Mittelweg zu finden. Dabei sollte stets kritisch hinterfragt werden, ob angedachte neue Vorschriften überhaupt erforderlich bzw. sinnvoll sind und ob bestehende Vorschriften gestrichen werden können.

Ein weiterer Ansatzpunkt zur Verbesserung des Betriebsklimas ist die regelmäßige *Information* der Mitarbeiter über betriebliche Angelegenheiten und das Einräumen von *Mitsprachemöglichkeiten*. Bezüglich des Informationsbedürfnisses der Mitarbeiter wird mitunter verkannt, dass diese sich keineswegs nur für Dinge interessieren, die unmittelbar mit ihrem speziellen Arbeitsplatz zusammenhängen, sondern auch für die Gesamtzusammenhänge im Betrieb, also beispielsweise für das, was in anderen Abteilungen geschieht, in der Führungsebene diskutiert wird etc. Dementsprechend sollte darauf geachtet werden, dass auch das arbeitsplatzübergreifende Informationsbedürfnis der Mitarbeiter befriedigt wird. Ferner ist dafür Sorge zu tragen, dass die Information in einer ansprechenden und übersichtlichen Form präsentiert wird. Konkret bedeutet dies z. B., dass Informationsbroschüren nicht schon aufgrund ihres Umfangs oder ihrer monotonen bzw. unübersichtlichen Gestaltung die - grundsätzlich durchaus interessierten - Mitarbeiter vom Lesen abschrecken. Sehr wichtig ist, dass der Informationsweg nicht ein- sondern zweiseitig ist, d. h. dass die Mitarbeiter die Möglichkeit zur Rückfrage und Informationsvertiefung haben. Insofern ist die mündliche Kommunikation in Form von Vorträgen, Gesprächen und Diskussionsrunden als geeignetes Informationsmedium anzusehen. Im Hinblick auf die Mitsprachemöglichkeit der Mitarbeiter ist darauf zu achten, dass diese auf den Informationsstand der Mitarbeiter abgestimmt wird. Konkret bedeutet dies, dass Mitarbeiter mit Vorgesetzten nur dann konstruktiv diskutieren können, wenn sie von diesen auch früh genug vor dem angesetzten Gespräch über das Diskussionsthema in Kenntnis gesetzt wurden und die relevanten Hintergrundinformationen erhalten haben.

Was den Bereich *Interessenvertretung* betrifft, ist unbedingt darauf zu achten, dass der Betriebs- bzw. Personalrat nicht in ein Abhängigkeitsverhältnis zur Betriebsleitung gerät, beispielsweise dadurch, dass die Betriebsratsmitglieder von der Betriebsleitung persönliche Begünstigungen erhalten, wenn sie deren Forderungen nachgeben. Andererseits sollte der Betriebsrat jedoch auch keine unrealistischen Forderungen an die Betriebsleitung stellen und prinzipiell kompromissfähig sein.

Was die *betrieblichen Leistungen* angeht, so hängt das Betriebsklima weniger von deren Quantität ab, sondern vielmehr davon, wie gerecht sie vergeben werden. Das bedeutet, es kommt dem einzelnen Belegschaftsmitglied nicht nur darauf an, wie hoch beispielsweise sein Lohn ist, sondern insbesondere auch darauf, ob dieser in einem angemessenen Verhältnis zu seiner Arbeitsleistung, zu seinem Engagement und seiner Loyalität für den Betrieb, zu den allgemeinen konjunkturellen Rahmenbedingungen und zur Bezahlung der anderen Mitarbeiter steht. Ein sehr wichtiger Aspekt in diesem Zusammenhang ist auch die interpersonelle Fairness, mit der die betrieblichen Leistungen vergeben werden. Damit ist nicht nur gemeint, dass beispielsweise bei jedem Mitarbeiter die gleiche Arbeitsleistung mit gleichviel Geld entlohnt wird. Noch grundsätzlicher ist damit gemeint, dass die betrieblichen Leistungen nur dann als gerecht empfunden werden, wenn ihre Höhe bei allen Mitarbeitern von denselben Kriterien abhängt. So wird es beispielsweise als unfair empfunden, wenn bei einigen Mitarbeitern die innerbetrieblichen Aufstiegsmöglichkeiten von der erbrachten Arbeitsleistung abhängig gemacht werden, während bei anderen Kollegen persönliche Beziehungen zur Unternehmensleitung den Ausschlag geben. Der entscheidende Ansatzpunkt zur Förderung des Betriebsklimas unter dem Aspekt betrieblicher Leistungen ist daher, dass die Verfahren der Leistungsbewertung bzw. Personalbeurteilung so konzipiert werden, dass sie für alle Mitarbeiter transparent und nachvollziehbar sind und als gerecht empfunden werden.

Wie oben bereits angemerkt wurde, können die objektiven Gegebenheiten in einem Betrieb sich nur in dem Maße auf das Betriebsklima auswirken, in dem sie für die Belegschaft auch wahrnehmbar sind. Daraus ergibt sich auch, dass die oben angeführten Maßnahmen nur dann eine Verbesserung des Betriebsklimas bewirken können, wenn die vorgenommenen innerbetrieblichen Änderungen von der Belegschaft zur Kenntnis genommen werden. Dementsprechend lässt sich die Wirkung der genannten Maßnahmen noch steigern, indem man gezielt die Aufmerksamkeit der Belegschaft darauf lenkt, so etwa durch Maßnahmen begleitende Informationskampagnen.

Hat sich das Betriebsklima bereits sehr zum schlechten entwickelt, lässt es sich

Tabelle 3: Verhaltensregeln zur Verbesserung des Betriebsklimas

Regeln für Vorgesetzte	Regeln für Mitarbeiter
• Vermeiden Sie Konflikte mit Ihren Mitarbeitern bzw. bereinigen Sie diese so früh wie möglich. • Vermeiden Sie Konflikte unter den Beschäftigten bzw. sprechen Sie entstehende Konflikte so früh wie möglich an und bemühen sich um eine Klärung. • Sorgen Sie für einen gerechten Schichtplan und Freizeitausgleich. • Sprechen Sie Dienst- und Urlaubspläne gemeinsam mit den Mitarbeitern ab. • Legen Sie die Arbeitsteilung fest. • Geben Sie jedem Mitarbeiter klare Arbeitsanweisungen. • Grenzen Sie die Aufgaben- bzw. Zuständigkeitsbereiche der einzelnen Mitarbeiter eindeutig voneinander ab. • Informieren Sie die Belegschaft regelmäßig über betriebsinterne Abläufe und Neuigkeiten. • Gehen Sie auf Vorschläge und Ideen der Mitarbeiter ein und versuchen Sie diese, falls sinnvoll, umzusetzen. • Loben Sie die Mitarbeiter für gute Leistungen. • Üben Sie Kritik in konstruktiver Weise. • Seien sie Vorbild (in Bezug auf Freundlichkeit, Pünktlichkeit, Hilfsbereitschaft etc.)	• Begrüßen Sie Ihre Kollegen bei Arbeitsbeginn freundlich und verabschieden Sie sich nach Arbeitsende von ihnen. • Tragen Sie zur Sauberkeit der Sozialräume und Toiletten bei. • Machen Sie die Kollegen darauf aufmerksam, wenn Ihnen an der Zusammenarbeit etwas nicht gefällt. • Sprechen Sie mit unterschiedlichen Kollegen statt immer nur mit denselben. • Suchen Sie Kontakt zu Kollegen anderer Abteilungen (beispielsweise in der Kantine). • Kritisieren Sie Kollegen direkt und konstruktiv (anstatt hinter deren Rücken). • Bitten Sie die Kollegen höflich um Leistungen und bedanken Sie sich anschließend dafür (anstatt sie als selbstverständlich vorauszusetzen). • Leiten Sie wichtige Informationen auch an neue bzw. eher unbekannte Kollegen weiter. • Tragen Sie durch Pflanzen, Bilder, regelmäßiges Aufräumen etc. zu einer angenehmen Gestaltung des Arbeitsplatzes bei. • Engagieren Sie sich bei der Vorbereitung von Betriebsfesten, der Gestaltung der Mitarbeiterzeitschrift o. ä.

häufig nur noch durch langfristig angelegte, aufwändige Maßnahmen verbessern, deren Planung, Durchführung und Evaluation zudem externen Fachleuten bzw. Beratern übertragen werden muss. Führungskräfte und Mitarbeiter können jedoch bereits im Vorfeld durch die Einhaltung einfacher Verhaltensregeln möglichen Fehlentwicklungen vorbeugend begegnen. Abschließend sind diesbezüglich in *Tabelle 3* einige konkrete Empfehlungen aufgelistet.

3.1.8 Key-Message

▸ Der Begriff Betriebsklima bezieht sich darauf, wie ein Betrieb von seiner Belegschaft wahrgenommen wird.
▸ Determinanten des Betriebsklimas sind: Der übergreifende Gesamteindruck vom Betrieb, die Kollegen, die Vorgesetzten, die betriebliche Planung bzw. Organisation, die Information und Mitsprache, die Interessenvertretung und die betrieblichen Leistungen.
▸ Betriebsklima kann durch direkte schriftliche oder mündliche Befragung der Belegschaft erfasst werden oder durch betriebliche Indikatoren wie z. B. Fehlzeiten oder Fluktuation.
▸ Ein schlechtes Betriebsklima gilt als wesentlicher Risikofaktor für die Entstehung von Mobbing in der Belegschaft.
▸ Vorgehen zur Verbesserung des Arbeitsklimas: Analyse des Ist-Zustands, Bestimmung des Soll-Zustands, Planung bzw. Bereitstellung des Handlungswissens, Praktische Umsetzung der Maßnahmen, Evaluation.
▸ Hat sich das Betriebsklima bereits sehr zum schlechten entwickelt, lässt es sich häufig nur noch durch langfristig angelegte, aufwändige Maßnahmen verbessern, deren Planung, Durchführung und Evaluation zudem externen Fachleuten bzw. Beratern übertragen werden muss.

Literaturhinweise

Arbeitskammer des Saarlandes: Bericht an die Regierung des Saarlandes 2000 [Kapitel 2.3 Betriebsklima: Erste Ergebnisse einer aktuellen Standortbestimmung zeichnen ernüchternde Bilanz] 2000.

Benson, M.: Gutes Betriebsklima rechnet sich. In: Hangebrauck, U.-M., K. Kock, E. Kutzner, G. Muesmann (Hrsg.). Handbuch Betriebsklima. Hampp, München 2003, S. 97–104.

Meschkutat, B., M. Stackelbeck, G. Langenhoff: Der Mobbing-Report. Eine Repräsentativstudie für die Bundesrepublik Deutschland. Bundesanstalt für Arbeitsschutz und Arbeitsmedizin Dortmund 2002.

Lohrer, B.: Das Produkt-Image der Ford-Automobile aus Sicht der Mitarbeiter und der Kunden und die Zusammenhänge mit der Identifikation und dem Betriebsklima der Händlerbetriebe. Dissertation. Universität München 1995.

Pede, I.: Betriebsklima und Gesundheit. Zum gegenwärtigen Erkenntnisstand und Ergebnisse einer betrieblichen Gesundheitsanalyse. Edition Erata Leipzig 2002.

Rosenstiel, L. v., R. Bögel: Betriebsklima geht jeden an! Bayerisches Staatsministerium für Arbeit und Sozialordnung, Familie, Frauen und Gesundheit München 1992.

Rosenstiel, L. v.: Betriebsklima und Leistung - eine wissenschaftliche Standortbestimmung, In: Hangebrauck, U.-M., K. Kock, E. Kutzner, G. Muesmann (Hrsg.). Handbuch Betriebsklima. Hampp, München 2003a, S. 23–38.

Rosenstiel, L. v.: Bindung der Besten. Ein Beitrag zur mitarbeiterbezogenen strategischen Planung, In: Ringlstetter, M. J., H. A. Henzler, M. Mirow (Hrsg.). Perspektiven der strategischen Unternehmensführung. Gabler, Wiesbaden 2003b, S. 229–254.

Wissenschaftliches Institut der AOK: Gesundheit am Arbeitsplatz. Wissenschaftliches Institut der AOK Bonn 2001.

Wohlgemuth, A. C.: Die Strategie der Erfolgreichen. Personal 42 (1990) 400–404.

3.2 Arbeitszufriedenheit und Arbeitsmotivation

Yvonne Ferreira

3.2.1 Einleitung

Um gesundheitliche Schäden bei berufstätigen Menschen zu verhindern und gleichzeitig die Wirtschaftlichkeit eines Betriebes zu erhöhen, werden sehr häufig die zwei Konstrukte Arbeitszufriedenheit und Arbeitsmotivation herangezogen. Beide Konstrukte beinhalten eine Einstellung der Beschäftigten zu ihrer Arbeit bzw. zu ihrem Betrieb. Eine hohe Arbeitsmotivation wird immer auch mit einer hohen Leistungsbereitschaft gleichgesetzt, ebenso wie eine hohe Arbeitszufriedenheit viele positive Auswirkungen auf Arbeitsmenge und –qualität verspricht. Gleichzeitig wird davon ausgegangen, dass eine hohe Arbeitszufriedenheit und –motivation für die Beschäftigten von persönlichem Vorteil sind und sich beispielsweise in verbesserter Stressresistenz, geringeren Unlustgefühlen bis hin zu vermehrten sozialen Kontakten äußern. Diese pauschalen Urteile sollten jedoch aus wissenschaftlicher Sicht relativiert werden.

Bei Arbeitszufriedenheit und Arbeitsmotivation handelt es sich prinzipiell um zwei getrennte Konstrukte, die im Folgenden auch getrennt behandelt werden. Dass sie sehr häufig zusammen genannt werden, liegt zum einen an den positiven Auswirkungen die man beiden Konstrukten zuspricht, sofern sie bei den Beschäftigten vorhanden sind. Zum anderen finden sich zwischen den beiden Konstrukten in zahlreichen Untersuchungen signifikante Zusammenhänge.

3.2.2 Arbeitszufriedenheit

3.2.2.1 Definition Arbeitszufriedenheit

Das Begriffsverständnis von Arbeitszufriedenheit ist ebenso reichhaltig wie Art und Inhalt der zahlreichen Publikationen. In der vielfältigen organisationspsychologischen Literatur, die sich mit der Arbeitszufriedenheit beschäftigt, werden sehr viele verschiedene Definitionen und Begriffsbestimmungen nebeneinander verwandt. Allen Definitionen gemein ist jedoch, dass es sich bei dem Begriff der Arbeitzufriedenheit um ein hypothetisches Konstrukt handelt.

Im deutschen Sprachraum hat sich als Übersetzung des Begriffs *„job satisfaction"* der Terminus der Arbeitszufriedenheit durchgesetzt. Der Ausdruck steht für die Zufriedenheit mit einem gegebenen betrieblichen Arbeitsverhältnis. Nicht gemeint sind dagegen „Berufszufriedenheit" und der engere Begriff „Zufriedenheit mit der Arbeitstätigkeit". Neben „job satisfaction" treten in der englischsprachigen Fachliteratur die Ausdrücke „morale", „job attitude" und „vocational satisfaction" auf.

In unterschiedlicher Häufigkeit werden diese Termini von manchen Autoren als Synonyme für „job satisfaction" verstanden, andererseits werden sie aber auch von „job satisfaction" definitorisch abgehoben und stehen für Konzepte, die dem der „job satisfaction" zwar zuzuordnen, aber nicht gleichzusetzen sind.

Eine sehr umfangreiche Abbildung der in der Literatur vorzufindenden Definitionen und Beschreibungen, was Arbeitszufriedenheit bedeuten kann, liefert die Arbeit von Neuberger & Allerbeck. Neuberger selbst, insbesondere im Hinblick auf den Entwurf eines Instrumentes zur Bewertung vorhandener Arbeitszufriedenheit, legt sich als Definition von Arbeitszufriedenheit auf die folgende Formulierung fest:

„Arbeitszufriedenheit ist die kognitiv-evaluative Einstellung zur Arbeitssituation."
(Neuberger & Allerbeck 1978, S. 32)
Damit definieren Neuberger & Allerbeck die Arbeitszufriedenheit als ein einstellungsbezogenes Konstrukt.

Bruggemann et al. schlagen eine allgemeinere Definition vor:
„Der Terminus „Arbeitszufriedenheit" - entsprechend dem englischen Analogon zu „job satisfaction" - ist zu sehen als „Zufriedenheit mit einem gegebenen (betrieblichen) Arbeitsverhältnis". „Arbeitszufriedenheit" bezeichnet damit eine Attitüde, die das Arbeitsverhältnis, mit allen seinen Aspekten, hinsichtlich der Beurteilungsdimension „zufrieden-unzufrieden" betrifft."
(Bruggemann et al. 1975, S. 19)
Eine Definition, in der die *Emotionen* in den Mittelpunkt gerückt werden, wurde von Locke geprägt. Er bezeichnet Arbeitszufriedenheit als *„positiven emotionalen Zustand, der sich aus der Bewertung der eigenen Arbeit und der Arbeitserlebnisse der Person ergibt"*.

3.2.2.2 Charakteristik der Arbeitszufriedenheit

Der Begriff der Arbeitszufriedenheit hat einen festen Platz nicht nur in unzähligen wissenschaftlichen Publikationen sondern auch – oder gerade – in populärwissenschaftlichen Veröffentlichungen und im Alltagsgebrauch. Die wissenschaftliche Forschung zum Konstrukt der Arbeitszufriedenheit geht bis in die Anfänge des 20. Jahrhunderts zurück und zieht bis heute großes Interesse auf sich. Dieses nach wie vor hohe allgemeine Interesse an der Thematik Arbeitszufriedenheit basiert auf zahlreichen Untersuchungen, in denen Zusammenhänge zwischen Arbeitzufriedenheit und anderen Faktoren dargestellt werden, beispielsweise wechselseitige Einflüsse der Arbeitszufriedenheit auf *Leistung, Fehlzeiten, Fluktuation, Commitment, Produktivität, Unternehmenserfolg* u. v. m. Diese Ansätze stellen den Versuch dar, Arbeitszufriedenheit als abhängige oder unabhängige Variable bezogen auf einzelne Faktoren zu definieren, um Interventionsstrategien zu identifizieren, welche Arbeitszufriedenheit erhöhen können und somit postulierte positive Auswirkungen messbar machen können. Die Erhöhung der Arbeitszufriedenheit würde somit eine durchaus erstrebenswerte *Win-Win-Situation* für Betrieb und Arbeitnehmer darstellen: Erhöhte Zufriedenheit könnte für den Arbeitnehmer verbesserte Gesundheit, steigendes Selbstwertgefühl, vermehrte Freude bei der Arbeit u. v. m. hervorrufen, während der Betrieb seine Situation durch sinkende Fehlzeiten, geringere Fluktuation, steigende Leistungen u. a. m. verbessern könnte. – Eine reizvolle Sicht und ein lohnendes Einsatzgebiet dieses wissenschaftlichen Forschungszweiges.

Bedauerlicherweise konnten viele der postulierten Zusammenhänge nicht eindeutig nachgewiesen werden. Gründe hierfür sind

u. a. die mangelnde Vergleichbarkeit der Studien aufgrund Verwendung unterschiedlicher Messinstrumente, die Analyse im Querschnitt statt im Längsschnitt, Mängel bei der Erhebung der unabhängigen Variable (z. B. Leistung, die häufig nicht auf Individualebene erhoben wird sondern es wird eine Leistungsbeurteilung durch den Vorgesetzten vorgenommen), und unterschiedliche Modellvorstellungen, um nur einige zu nennen.

3.2.2.3 Determinanten der Arbeitszufriedenheit

Zu den Einflussfaktoren der Arbeitszufriedenheit sind sowohl Umstände und Bedingungen zu zählen, unter denen die Arbeit ausgeführt wird, als auch Personen und Personengruppen, die Erwartungen und Arbeitsziele setzen, welche die Wertestruktur und die Zusammenarbeit, den Führungsstil und das Arbeitsklima bestimmen. Hierbei sind *Erwartungen*, *Bedürfnisse* und Werte des Mitarbeiters sehr bedeutsam, weil sie das Anspruchsniveau für das Zufriedenheitsgefühl des einzelnen im Wesentlichen festlegen.

Die Determinanten der Arbeitszufriedenheit können in situative und persönliche Faktoren unterteilt werden, die in gegenseitiger Verflechtung die Arbeitszufriedenheit bestimmen. Unter den **situativen** Faktoren sind exemplarisch Tätigkeitsinhalte, physiologische Faktoren am Arbeitsplatz, Arbeitsbelastung, Lohnstrukturen und Vorgesetztenverhalten zu nennen. Diese Liste lässt sich über konjunkturelle, branchenspezifische bis hin zu familiären Einflüssen verlängern.

Unter den **persönlichen** Determinanten ist neben Persönlichkeitscharakteristika und Fähigkeiten auch das Anspruchsniveau der Beschäftigten zu betrachten. Bei dem Versuch einer Prognose über die möglichen Konsequenzen bestimmter Merkmale der Arbeitssituation wird man also immer berücksichtigen müssen, welche Erfahrungen ein Mitarbeiter überhaupt schon einmal gemacht hat, woran er sich möglicherweise gewöhnt hat, mit wem er sich vergleicht und welche Alternativen er ansonsten realisieren kann.

3.2.2.4 Messung der Arbeitszufriedenheit

Die Messung der Arbeitszufriedenheit wird aus Praktikabilitätsgründen in der Regel schriftlich mit Hilfe eines Fragebogens vorgenommen. Die Auswertung eines Fragebogens, der Antwortvorgaben enthält, ist objektiv und ökonomisch. Mit Hilfe eines Fragebogens können sehr viele Beschäftigte effizient, effektiv und vergleichbar befragt werden. Es gibt zahlreiche Fragebögen, die entwickelt wurden, um Arbeitszufriedenheit zu erfassen. In einer eigenen Studie konnten 307 deutschsprachige Fragebögen ermittelt werden. Einschränkend ist zu sagen, dass eine Vielzahl der recherchierten Fragebögen nicht den wissenschaftlichen Anforderungen an Erhebungsinstrumente genügten (beispielsweise Objektivität, Reliabilität, Validität). Drei der am häufigsten eingesetzten und im deutschsprachigen Raum am meisten akzeptierten Fragebögen sind im Folgenden dargestellt.

Arbeitsbeschreibungsbogen (ABB)

Größere Varianzanteile der Arbeitszufriedenheit aber auch des menschlichen Verhaltens können weder durch persönliche Faktoren noch durch situative Faktoren alleine erklärt werden, sondern dies ist nur durch eine Interaktion zwischen Person und Situation möglich. Neuberger & Allerbeck (1974) weisen darauf hin, dass es an der empirischen Untersuchung dieser Interaktion mangelt. Sie postulieren, dass der Interaktionsprozess durch folgende perso-

nenspezifischen Aspekte geprägt wird, welche die Einbettung von Arbeitszufriedenheit in das System Person-Situation-Konsequenzen bestimmen:
1. Demographische Merkmale (Alter, Geschlecht, Bildung usw.),
2. Stabile Persönlichkeitsmerkmale (Werte, Fähigkeiten, Fertigkeiten usw.),
3. Dynamische Persönlichkeitsmerkmale (Bedürfnisse, Motive usw.),
4. Kognitive Persönlichkeitsmerkmale (Erwartungen, Einstellungen usw.),
5. Aktuelle Persönlichkeitsmerkmale (Stimmungen, Launen, Gefühle usw.).

Von der Seite der situativen Gegebenheiten wird der Interaktionsprozess durch folgende Aspekte beeinflusst:
1. Physische Merkmale der Arbeitssituation (Staub, Hitze, Lärm usw.),
2. Merkmale der Arbeitsaufgabe (muskuläre oder mentale Beanspruchung usw.),
3. Soziale Merkmale der Arbeitssituation (Arbeitsgruppen, Vorgesetzte usw.),
4. Organisatorische Prozesse und Strukturen (Arbeitsablauf, Arbeitszeit usw.),
5. Umweltbedingungen (Arbeitsmarkt, Familie, Freizeit, Politik usw.).

Bestimmte Erfahrungen in der Arbeitswelt werden vom Individuum bewertend registriert. Der Ansatzpunkt liegt nicht in den Bedürfnissen des Menschen und deren Befriedigung, sondern in den äußeren Aspekten der Arbeitssituation. Anreiztheoretische Konzeptionen liegen dem Prinzip zugrunde, wonach Menschen zwei mögliche Verhaltenstendenzen haben: das Streben nach positiven Erfahrungen (Erreichungstendenz) und das Vermeiden von negativen Erfahrungen (Vermeidungstendenz). Der Grad der Arbeitszufriedenheit ergibt sich dabei aus deren Bewertung anhand einer subjektiven Soll-Größe.

Die handelnde Person wird hierbei nicht als passives Opfer ihrer Arbeitsumwelt gesehen, sondern sie nimmt vielmehr in selektiver und evaluativer Weise zu ihrer Lage Stellung. Diese Erfahrungen werden das künftige Deutungs-, Zuwendungs- und Meidungsverhalten des Individuums beeinflussen.

Der von Neuberger & Allerbeck entwickelte Arbeitsbeschreibungsbogen (ABB) stellt eine Weiterentwicklung des Job-Descriptive-Index (JDI) dar und zählt zu den am häufigsten eingesetzten Messinstrumenten zur Erfassung der Arbeitszufriedenheit. Hier wird die Arbeitszufriedenheitsdefinition der Autoren, dass Arbeitszufriedenheit die Einstellung zu verschiedenen Facetten der Arbeitssituation sei, in ein Messkonzept umgesetzt, indem der ABB die kognitiv-evaluative Einstellung zu sieben Arbeitsaspekten erfasst:
1. Kollegen,
2. Vorgesetzte,
3. Tätigkeit,
4. Arbeitsbedingungen,
5. Organisation und Leitung,
6. Entwicklung,
7. Bezahlung.

Neben den genannten Aspekten wurden zusätzliche Items zur Beurteilung der Arbeitszeit, der Arbeitsplatzsicherheit sowie der allgemeinen Arbeits- und Lebenssituation angefügt, da sich diese Punkte nach Ansicht der Autoren nicht in die übrigen Bereiche integrieren ließen.

Besonders dieses Messinstrument, das Arbeitszufriedenheit nach verschiedenen inhaltlichen Aspekten differenziert, lenkt die Aufmerksamkeit auf ein interessantes Problem des Konzepts.

Die Messung von Einzelzufriedenheiten der wichtigsten Aspekte der Arbeitssituation steht beim ABB im Vordergrund. Der Vorteil des ABB gegenüber anderen Messinstrumenten liegt darin, dass Beschreibungen der Arbeitssituation verwendet werden. Die Beschreibung deskriptiv formulierter Arbeitsaspekte ist wesentlich einfacher und präziser, als die Beschreibung eines bestimmten Gefühlszustandes. So können trotz globaler Zufriedenheit einzelne Aspekte dennoch negativ beurteilt werden. Zudem ermöglicht dieses Erhebungsinstrument den Probanden eine individuelle Bedeutungsgewichtung der Arbeitsaspekte.

Entgegen der Kritik der Gegenstandsbezogenheit der erfassten Zufriedenheitsaspekte, lassen sich mit Hilfe des Arbeitsbeschreibungsbogens dennoch gezielte Hinweise auf einzelne Schwachstellen in den die Arbeitszufriedenheit bestimmenden Faktoren lokalisieren.

Arbeitszufriedenheits-Kurzfragebogen (AZK)
Im Gegensatz zu dem Arbeitsbeschreibungsbogen, in dem das Gesamtkonzept der Arbeitszufriedenheit nach inhaltlichen Gesichtspunkten der umgebenden Arbeitssituation differenziert wird, werden beim Arbeitszufriedenheits-Kurzfragebogen (AZK) von Bruggemann (1976) verschiedene Formen der Arbeitszufriedenheit in Abhängigkeit vom intrapsychischen Prozess der Entstehung des jeweiligen Grades der Arbeitszufriedenheit unterschieden. Der Kurzfragebogen besteht aus sechs Fragen. Bruggemann hat einen Fragebogen entwickelt, der das Ziel verfolgt, die von ihr postulierten verschiedenen Formen der Arbeitszufriedenheit messend zu erfassen. Es soll somit möglich sein, Befragte mit resignativen Einstellungsakzenten von jenen abzuheben, die deutlich Befriedigung ihrer Bedürfnisse und Wünsche durch das Arbeitsverhältnis artikulieren.

Im Mittelpunkt dieses Fragebogens steht die bewertende Erfassung verschiedener Arbeitszufriedenheitsformen. Problematisch erscheint jedoch die Komplexität der Items, die mangelnde Differenzierung einzelner Arbeitsbereiche und deren fehlende individuelle Bedeutungsgewichtung für die Arbeitszufriedenheit sowie die Verwendung verschieden skalierter Itemtypen.

Skala zur Messung der Arbeitszufriedenheit (SAZ)
Das erste im deutschsprachigen Raum entwickelte Instrument zur Messung der Arbeitszufriedenheit wurde von Fischer & Lück (1972) entwickelt. Die nach dem Verfahren der summierten Einschätzungen entwickelte Skala zur Messung der Arbeitszufriedenheit (SAZ) soll die allgemeine Arbeitszufriedenheit unter Berücksichtigung einzelner Arbeitsaspekte messen. Daher wurde neben allgemeinen Fragen zur Arbeitszufriedenheit ein möglichst vollständiger Katalog von relevanten Aspekten der Arbeit berücksichtigt, die sich bereits in vorhergehenden Untersuchungen als bedeutsam erwiesen hatten.

Die SAZ enthält 37 Items (36 davon werden ausgewertet), zu denen jeweils 5 Antwortmöglichkeiten vorgegeben werden, durch die abgestuft die Zustimmung zu den Items ausgedrückt werden kann. Hinzu kommen Fragen zur Erhebung der demographischen Daten.

Bei einer ersten Überprüfung dieser Skala konnten die einbezogenen Items auf vier sinnvoll interpretierbare Faktoren verdichtet werden, von denen angenommen wurde, dass sie sowohl situative Aspekte der Arbeitszufriedenheit als auch motivationale Aspekte erfassen.

Neben der SAZ wurde eine SAZ-Kurzskala entwickelt, die acht vorwiegend globale Items enthält. Da sie mit der Langskala hoch korreliert, wird die Kurzskala als ökonomischer Ersatz der Langform erachtet. Die Faktorenanalyse mit ihrer Verdichtung

ergab die vier im Folgenden angegebenen interpretierbaren Faktoren:
1. Zufriedenheit mit der Möglichkeit, die eigenen Fähigkeiten am Arbeitsplatz anzuwenden,
2. Psychische und physische Reaktionen auf die Arbeitssituation,
3. Zufriedenheit mit der Bezahlung,
4. Einschätzung der Firma, z. B. Führungsstil, Aufstiegsmöglichkeiten usw.

Die von Fischer und Lück entwickelte SAZ ermöglicht die differenzierte Erfassung der allgemeinen Arbeitszufriedenheit unter Berücksichtigung einiger Aspekte der Arbeitssituation. Das Instrument erlaubt es, kurzfristig ein Maß an Gesamtzufriedenheit der Mitarbeiter zu ermitteln. Eine den individuellen Präferenzen entsprechende Gewichtung einzelner Arbeitszufriedenheitsaspekte für die allgemeine Arbeitszufriedenheit wird jedoch vernachlässigt.

3.2.3 Arbeitsmotivation
3.2.3.1 Definition Arbeitsmotivation
Die Frage nach der Motivation impliziert die Frage nach den Gründen für ein bestimmtes Verhalten. Warum verfolgt ein Mensch mit welcher Anstrengungsbereitschaft ein Ziel? Bei motivationspsychologischen Analysen geht man davon aus, dass eine Person zielgerichtet handelt. Um das Ziel zu erreichen, muss die Person über die Fähigkeiten und Fertigkeiten verfügen, die gestellte Aufgabe zu lösen und bereit sein, ihr Können auch einzusetzen. Außerdem muss sie die Möglichkeit haben, in der Situation auch die gewünschte Handlung vollziehen zu können.
Bei der Arbeitsmotivation wird die Frage gestellt, welche (Arbeits-)Bedingungen gegeben sein sollten, damit sich die Beschäftigten das *Unternehmensziel* zu Eigen machen und dieses auch verfolgen: Es steht das Leistungsbild im Vordergrund. Wie bei der Arbeitszufriedenheit, so erhofft man sich auch aus einer erhöhten Arbeitsmotivation positive Auswirkungen für den Betrieb: beispielsweise geringere Fehlzeiten, sorgsamerer Umgang mit Arbeitsmitteln, erhöhtes Commitment, geringere Fluktuation u. v. m.

3.2.3.2 Charakteristik der Arbeitsmotivation
Es gibt zahlreiche Theorien, um Motivation zu erklären. Ihre Ursprünge liegen in den 30er Jahren des letzten Jahrhunderts. Ähnlich wie beim Konstrukt Arbeitszufriedenheit, so stieß auch das Konstrukt der Arbeitsmotivation auf sehr großes Interesse. Die Theorien lassen sich in Anlehnung an Brandstätter und Frey unterteilen.

Bedürfnis-Motiv-Wert-Theorien
Das Ziel, das einen Menschen zum Handeln bringt, hat gemäß den Bedürfnis-Motiv-Wert-Theorien seinen Ursprung in überdauernden Bedürfnissen, Motiven und Werten der Person. Ein bekannter Vertreter dieser Theorie ist Maslow. Seine Motivationstheorie postuliert, dass der Mensch Bedürfnisse hat, die sich in einer Pyramide hierarchisch darstellen lassen. Nur wenn eine Bedürfnisstufe befriedigt ist, wird die Befriedigung der nächsten Stufe durch Handlung des Menschen in Angriff genommen werden. Die einzelnen Stufen lauten:
1) Physiologische Grundbedürfnisse,
2) Sicherheit,
3) Soziale Beziehungen,
4) Anerkennung und Status,
5) Selbstverwirklichung.

Sind die Bedürfnisse 1-4 nicht erfüllt, dann wird der Mensch durch Handlung versuchen, diese zu befriedigen. Das Bedürfnis nach Selbstverwirklichung wird nie gänzlich gestillt.

Kognitive Theorien der Zielwahl

Diese Theorien werden auch Erwartungs-x-Wert-Theorien genannt. Sie postulieren, dass ein Mensch seine Handlungsziele bewusst wählt. Hierbei wird die Attraktivität eines Ziels (als Wert bezeichnet) mit der Wahrscheinlichkeit (als Erwartung bezeichnet) dieses zu erreichen, multipliziert. Als einer der wichtigsten Vertreter dieser Theorien ist Atkinson zu nennen, der das Risikowahl-Modell entwickelte. Dieses Modell ermöglicht eine Vorhersage, welche Aufgabe eine Person wählt, wenn sie die Wahl zwischen mehreren unterschiedlich schweren Aufgaben erhält. Der Handelnde bewertet eine subjektive Erfolgswahrscheinlichkeit und eine subjektive Misserfolgswahrscheinlichkeit. Diese beiden Aspekte werden beeinflusst von der objektiven Aufgabenschwierigkeit und der eigenen Fähigkeit. Der Wert, den das Ziel erhält, wird bestimmt durch das Gefühl des Stolzes (wenn das Ziel erreicht wird) bzw. der Scham (wenn das Ziel nicht erreicht wird). Atkinson geht davon aus, dass die Person umso stolzer bzw. weniger betroffen ist, je geringer die Erfolgswahrscheinlichkeit (das Ziel zu erreichen) war. Eine weitere wichtige Rolle in dieser Theorie spielen annäherungsorientierte Erfolgsmotive und vermeidungsorientierte Misserfolgsmotive. Eine der interessanten Aussagen von Atkinsons Theorie ist, dass erfolgsmotivierte Menschen am ehesten Aufgaben mittlerer Schwierigkeit wählen und misserfolgsmotivierte Menschen Leistungssituationen am liebsten ganz meiden. Misserfolgsmotivierte Menschen werden am stärksten durch mittelschwere Aufgaben motiviert, diese zu meiden. Dies kann dazu führen, dass sich die Betroffenen sehr stark anstrengen, um einen möglichen Misserfolg abzuwenden.

Volitionale Theorien der Zielrealisierung

Diese Theorien beschäftigen sich mit der Frage, wie gewählte Handlungsziele erreicht werden können. Ein Beispiel ist die Zielsetzugstheorie von Locke und Latham. Besonderes Augenmerk richten die Autoren auf die Merkmale, die ein Ziel aufweisen muss, um leistungsförderlich zu sein. Die Hauptannahme dieser Theorie besagt, dass hohe und konkret formulierte Ziele zu höheren Leistungen anregen als Ziele, die allgemein formuliert und anspruchslos sind. Vermittelt wird die Zielverfolgung durch 1. Zielbindung, 2. Rückmeldung und 3. Aufgabenstruktur. Interessant ist der Aspekt des Zielkonflikts, der entsteht, wenn verschiedene Ziele im Widerspruch stehen (beispielsweise die Bearbeitung von zwei gleich wichtigen und eiligen Projekten).

3.2.3.4 Zielsetzung

Bei der Frage nach der Arbeitsmotivation geht es in erster Linie nicht um Ziele, die sich die arbeitende Person selbst setzt, sondern es handelt sich um fremdgesetzte Ziele (Ziele der Organisation). Damit ein Mensch sich dieser Ziele annimmt, müssen die gestellten Aufgaben auch persönliche *Motive* befriedigen und mit diesen übereinstimmen. Solche Motive sind beispielsweise das Leistungsmotiv, das Neugiermotiv, das Anschlussmotiv und das Machtmotiv. Die Ausprägungen dieser Motive sind individuell unterschiedlich. Ist das Leistungsmotiv hoch ausgeprägt, dann streben diese Menschen nach Wissen, das über ihre eigene Leistungsfähigkeit hinausgeht. Menschen mit niedrigem Leistungsmotiv zeichnen sich durch Ängste vor Misserfolg und Versagen aus. Ein hoch ausgeprägtes Neugiermotiv führt zu einer Offenheit gegenüber Neuerungen. Ein niedriges Neugiermotiv führt dementsprechend zu Angst vor dem Unbekannten. Ein hohes Anschlussmotiv führt eine Person dazu, viele soziale Kontakte zu pflegen und neue zu schaffen. Ein niedriges Anschlussmotiv beinhaltet auch die Angst vor einer Zurückweisung. Ein hohes Machtmotiv erleichtert es den arbeitenden Menschen, ihre eigenen Vorstellungen durchzusetzen und ermöglicht ihnen die Beeinflussung der Geschehnisse, denn das Machtmotiv ist das Bedürfnis, Einfluss auf andere Menschen auszuüben. Ein niedriges Machtmotiv verhindert die Durchsetzung der eigenen Ideen.

Zur Erhebung der Leistungsmotivation gibt es standardisierte Fragebögen wie beispielsweise das Leistungsmotivationsinventar LMI von Schuler et al. (2001).

3.2.4 Gesundheitsrelevanz

Arbeitszufriedenheit und Arbeitsmotivation sind Aspekte der Arbeitsgestaltung, die auf den ersten Blick nicht gesundheitsrelevant sind. Es scheint, als wären diese Aspekte lediglich dazu geeignet, das individuelle Wohlbefinden und die Leistung einer Person zu moderieren. Gerade in Zeiten, in denen es deutlich mehr Arbeitssuchende als Arbeitsplätze gibt, dominieren heute oftmals scheinbar rein ökonomische Aspekte. Zielsetzung dieser rein betriebswirtschaftlichen Betrachtungsweise ist eine Reduzierung von Personalkosten durch Arbeitsplatzabbau und Leistungsverdichtung. Die ökonomischen (und humanen) Auswirkungen sinkender Arbeitsmotivation und –zufriedenheit oder zunehmender Belastungshöhen und –dauern bleiben hierbei häufig außer Acht.

Gleichzeitig gibt es jedoch auch andere Strömungen bei den Unternehmungen. Aufgrund der Globalisierung in Europa müssen sich Unternehmen immer häufiger an geänderte Liefertermine, Produktionsprozesse, Arbeitszeiten u. v. m. anpassen. Es zeigt sich sehr schnell, dass die Konkurrenzfähigkeit eines Betriebes nur mit motivierten, leistungsorientierten und zufriedenen Beschäftigten auf Dauer erreicht und erhalten werden kann. Den zahlreichen positiven Auswirkungen von hoher Arbeitsmotivation und –zufriedenheit bezogen auf Güte und Menge der Produkte, Termintreue, Umgang mit Arbeitsmitteln u. v. m. stehen auch positive Auswirkungen auf den einzelnen Menschen gegenüber, wie beispielsweise Stressreduktion, Steigerung des subjektiven Wohlbefindens oder Ausgeglichenheit. Diese positiven Auswirkungen sind in der Lage, überhöhte Beanspruchungen einer Tätigkeit zu reduzieren.

Werden Arbeitszufriedenheit und –motivation erhoben, so ist die gleichzeitige Erhebung von detaillierten Informationen über den Arbeitsplatz, die Tätigkeit, die Arbeitsumgebung usw. unabdingbar. Statistische Auswertungen ermöglichen es dann, so genannte Stellschrauben zu identifizieren. In einer Untersuchung bei den Stadtwerken einer hessischen Kleinstadt wurde neben der Erhebung der relevanten Aspekte der Arbeit ein Arbeitzufriedenheitsinventar eingesetzt. Zusammenhänge zu Items der Arbeitszufriedenheit wiesen beispielsweise aus, dass in diesem Betrieb Fluktuationsabsichten mit dem Ausprägungsgrad der Abwechslung der Tätigkeit (= Aspekt der Arbeitszufriedenheit) hochsignifikant zusammenhängen. Dies lässt die Aussage zu, dass die *Fluktuationsabsichten* dann sinken (= wirtschaftlicher Aspekt), wenn der *Abwechslungsgrad der Tätigkeit* (= humaner Aspekt) verändert wird. Weiterhin konnte ein signifikanter Zusammenhang zwischen dem Abwechslungsgrad der Tätigkeit und der wahrgenommenen Unterforderung dargestellt werden. Hier lässt sich folgern, dass die Erhöhung des Abwechslungsgrads der Tätigkeit zu einer Verringerung der Unterforderung führt. Unterforderung ist sowohl ein humaner Aspekt (*Unterforderung* kann zu zahlreichen psychosomatischen Beschwerden und sozialen Beeinträchtigungen führen) als auch ein hochgradig wirtschaftlicher, denn zur Verfügung stehendes Potenzial wird nicht abgerufen.

3.2.5 Fazit/Forschungsbedarf

Vor allem bei der Arbeitszufriedenheit versprechen neuere Forschungen interessante Ergebnisse für Wissenschaft und Praxis. Viele Kritikpunkte an der bisherigen Forschung werden aufgegriffen und abgearbeitet. Beispielsweise gibt es Ansätze, das Konstrukt der Arbeitszufriedenheit von anderen Konzepten besser abzugrenzen sowie Forschungsaktivitäten, die den Zusammenhang zwischen Arbeitszufriedenheit und Emotionen oder Commitment untersuchen und darstellen. So wird beispielsweise der Frage nachgegangen, ob Arbeitszufriedenheit eine Emotion ist und welche Zusammenhänge zwischen Wertüberzeugung und Urteil über die eigene Zufriedenheit haben. Besonderes Augenmerk wird auf emotionale und kognitive Prozesse gerichtet, welche die Urteilsbildung beeinflussen. Hier wird beispielsweise der Frage nachgegangen, welche Erlebnisse und Erfahrungen die gemachten Arbeitszufriedenheitsaussagen widerspiegeln. Es können soeben erlebte Situationen sein (wird das Urteil schlechter ausfallen, wenn der Befragte gerade einen Streit mit seinem Vorgesetzten hatte) oder aber auch das additive Maß aller erlebten Situationen. Hierbei wird auch das Anspruchsniveau der Person vermehrt in Betracht gezogen.

Trotz kritischer und einschränkender Bemerkungen hinsichtlich der Konstrukte Arbeitszufriedenheit und Arbeitsmotivation sollten beide Aspekte bei einer betrieblichen Untersuchung der Arbeitsplätze, Arbeitsabläufe und Arbeitsumgebungen mit erhoben werden. Die Ergebnisse können zahlreiche Gestaltungshinweise aufweisen, die zu humaneren aber auch zu wirtschaftlicheren Arbeitsplätzen führen.

3.2.6 Key-Message

- Arbeitszufriedenheit und Arbeitsmotivation sind zwei getrennte Konstrukte, die jedoch in signifikantem Zusammenhang stehen.
- Arbeitszufriedenheit kann definiert werden als ein *positiver emotionaler Zustand, der sich aus der Bewertung der eigenen Arbeit und der Arbeitserlebnisse der Person ergibt.*
- Arbeitsmotivation fragt danach, wie die (Arbeits-) Bedingungen gegeben sein sollten, damit sich die Beschäftigten das Unternehmensziel zu Eigen machen.
- Arbeitszufriedenheit und -motivation können zahlreiche Gestaltungshinweise aufweisen, die zu humaneren aber auch zu wirtschaftlicheren Arbeitsplätzen führen.

Literaturhinweise

BRANDSTÄTTER, V.; FREY, D. (2004): Motivation zu Arbeit und Leistung. In: Schuler, Heinz (Hrsg.): Enzyklopädie der Psychologie, Themenbereich D Praxisgebiete, Serie III Wirtschafts-, Organisations- und Arbeitspsychologie, Band 3 Organisationspsychologie – Grundlagen und Personalpsychologie. Hogrefe, Göttingen et al.

BRUGGEMANN, A. (1976): Zur empirischen Untersuchung verschiedener Formen von Arbeitszufriedenheit. Zeitschrift für Arbeitswissenschaft, 1976, 30, 71–75.

BRUGGEMANN, A.; GROSKURTH, P.; ULICH, E.: Arbeitszufriedenheit. In: Ulich, Eberhard (Hrsg.): Schriften zur Arbeitspsychologie 17. Huber, Bern et al.

FERREIRA, Y. (2005): Arbeitszufriedenheit als Grundlage arbeitsorganisatorischer Maßnahmen. In: Personalmanagement und Arbeitsgestaltung. 51. Kongress der Gesellschaft für Arbeitswissenschaft. Universität Heidelberg, 22.-24. März 2005. GfA-Press, Dortmund.

FISCHER, L. (HRSG.) (2005): Arbeitszufriedenheit. Konzepte und empirische Befunde. 2., vollständig überarbeitete und erweiterte Auflage. Hogrefe, Göttingen et al.

FISCHER, L.; LÜCK, H. E. (1972): Entwicklung einer Skala zur Messung der Arbeitszufriedenheit. Psychologie und Praxis 16, 1972, 64-76.

NEUBERGER, O. (1974): Messung der Arbeitszufriedenheit. Kohlhammer, Mainz.

NEUBERGER, O.; ALLERBECK, M. (1978): Messung und Analyse von Arbeitszufriedenheit: Erfahrungen mit dem „Arbeitsbeschreibungsbogen (ABB)". Schriften zur Arbeitspsychologie 26. Huber, Bern.

SCHULER, H., PROCHASKA, M., FRINTRUP, A. (2001): LMI: Leistungsmotivationsinventar. Dimensionen berufsbezogener Leistungsorientierung. Hogrefe, Göttingen.

ULICH, E. (2005): Arbeitspsychologie. Schäffer-Poeschel Verlag, Stuttgart.

3.3 Arbeitsorganisation
Andreas Krause

3.3.1 Definition
Eine Organisation ist ein soziales System, das bestimmte Ziele verfolgt und formale Regelungen aufweist, mit denen die unter die Mitgliedschaftsbedingungen fallenden Aktivitäten der Mitglieder auf diese Ziele ausgerichtet werden sollen. Mitgliedschaftsbedingungen sind sowohl schriftlich als auch mündlich vereinbarte, vertragliche Regelungen, die umgrenzte Leistungsanforderungen beinhalten und in der Regel einzelnen Organisationsmitgliedern bestimmte Arbeitsaufgaben zuteilen. Unter *Arbeitsorganisation* ist das System von geltenden Regelungen für die Steuerung der Leistung und des Verhaltens der Organisationsmitglieder zu verstehen. Die Arbeitsorganisation hat also Einfluss auf das Verhalten und das Erleben der Organisationsmitglieder und bestimmt die Merkmale der zu erledigenden Aufgabe (z. B. Entscheidungs- und Handlungsspielraum, Anzahl an Kundenkontakten, Zeitdruck oder Qualifikationserfordernisse).

Die *Aufbauorganisation* gliedert ein Unternehmen in Teileinheiten (Bildung von Stellen und Abteilungen), ordnet ihnen Aufgaben und Kompetenzen zu und ermöglicht die Koordination der Organisationseinheiten. Die *Ablauforganisation* bezieht sich auf den Ablauf des betrieblichen Geschehens, d. h. die inhaltliche, räumliche und zeitliche Folge der Arbeitsprozesse.

3.3.2 Zentrale Organisationsmerkmale und Begriffe
Obwohl aktuell weit reichende Änderungen in der Arbeitswelt festzustellen sind (z. B. Abbau von Hierarchieebenen, erhöhte Flexibilität und verstärkte Kundenorientierung), sind die meisten Organisationen auch in der heutigen Zeit noch von Merkmalen des bürokratischen Modells gekennzeichnet und damit beeinflusst von Max Webers idealtypischer Beschreibung einer besonders stark strukturierten Organisation. Hierbei wird das Ziel der Rationalisierung verfolgt. Folgende Merkmale kennzeichnen eine bürokratische Organisation:
- Personenunabhängige Aufgabenspezialisierungen und Stellenbildung: Für jede Stelle besteht ein Kompetenzbereich, der die Pflichten des zuständigen Mitarbeiters beschreibt und mit der notwendigen Entscheidungsbefugnis ausstattet.
- Hierarchische Koordination: Stellen und Abteilungen sind hierarchisch angeordnet, d.h. niedrigere Stellen und Abteilungen werden durch jeweils höhere Vorgesetzte und Abteilungen angewiesen und

kontrolliert. Da jeder Führungsperson jeweils mehrere Personen untergeordnet sind, ergibt sich ein pyramidenförmiger Hierarchie-Aufbau.
- Durch ein System abstrakter (personenunabhängiger) Regeln wird die Arbeit gesteuert und Kontinuität auch bei Personalwechsel gewährleistet.
- Wichtige Vorgänge bzw. Informationen werden über Akten festgehalten (Aktenmäßigkeit). Vorgänge sind somit kontrollierbar und können bei Personalwechsel unverändert fortgesetzt werden.
- Mitarbeiter werden über auf Leistung beruhenden Beförderungen und Verdienstmöglichkeiten motiviert.

Neben Weber hatte zu Beginn des letzten Jahrhunderts die wissenschaftliche Betriebsführung (*Scientific Management*) des amerikanischen Ingenieurs Frederick Winslow Taylor weit reichende Auswirkungen. Folgende Managementprinzipien werden dabei berücksichtigt:
- Trennung von Kopf- und Handarbeit: Das Management übernimmt die Arbeitsplanung und –kontrolle, die Arbeitenden führen die vorgeplante Arbeit aus.
- Systematische Zeit- und Bewegungsstudien: Menschliche Arbeit wird in möglichst kleine Einheiten zerlegt, die zu optimalen und hoch spezialisierten Arbeitsabläufen zusammen gefasst werden, einem one best way der Aufgabenerledigung. In der Folge sind die Anforderungen an die (Hand-)Arbeiter sehr niedrig und die Anlernzeiten für neue Mitarbeiter gering.
- Pensum bzw. Festlegung einer Normalleistung: Die täglich von einem Arbeitenden zu erbringende Arbeitsleistung wird genau festgelegt.
- Bonus bzw. Differential-Lohnsystem: Ein Anreizsystem soll das Überschreiten der Normalleistungen stark belohnen.
- Funktionsmeistersystem: Die Führungsaufgaben werden auf verschiedene Personen (Funktionsmeister) verteilt, u. a. getrennt nach Arbeitsverteilung, Unterweisung und Instandhaltung.
- Auslese und Anpassung der Arbeiter an die festgelegten Aufgaben.

Um Organisationen zu verstehen und auch selbst Arbeit zu organisieren, ist ein Verständnis dieser und weiterer „traditioneller" Ansätze der Organisationstheorie unbedingt notwendig (z. B. die Verwaltungsprinzipien von Henry Fayol, die u. a. fordern, dass jeder Stelle nur eine weisungsbefugte Instanz übergeordnet wird). Zudem finden sich in aktuellen Managementkonzepten (wie Benchmarking, Total Quality Management) mit anderem Sprachgebrauch stets Elemente früherer Organisationstheorien wieder, z. B. wenn formale Regelwerke und damit ein one best way der Aufgabenerledigung als Beitrag zum Qualitätsmanagement erstellt werden sollen.

Bei der Arbeitsorganisation geht es insbesondere um die Klärung, welche Aufgaben von welchen Organisationsmitgliedern auf welche Art und Weise geleistet und wie die Leistungen verschiedener Mitglieder koordiniert werden sollen. Grundfragen jeder Organisation betreffen somit die *Arbeitsteilung* und die *Koordination*. Es gilt: Je spezialisierter die Arbeitsaufgaben (also zunehmende Arbeitsteilung), desto umfangreicher ist die notwendige Koordination.

Arbeitsteilung
Aufgaben in Organisationen werden in unterschiedlichem Ausmaß in separate Teilaufgaben untergliedert. Die einzelnen Mitglieder einer Organisation führen unterschiedliche Funktionen aus, die von ihren Fähigkeiten, Fertigkeiten und ihrer Berufsausbildung abhängen. Ein höherer Grad an

Arbeitsteilung führt zu einer verstärkten Spezialisierung der Tätigkeiten der arbeitenden Personen. Hierbei kann es sich um anspruchsvolle Spezialtätigkeiten handeln, häufiger resultieren daraus jedoch Routinetätigkeiten. Besonders stark ausgeprägt ist letzteres im Taylorismus (siehe oben). Die negativen Auswirkungen solch stark zergliederter Arbeitsaufgaben auf den arbeitenden Menschen sind vielfach belegt. Kritisch sind die häufig niedrigen Anforderungen, die wenige Möglichkeiten zum Entwickeln und Weiterqualifizieren bieten und dazu führen, dass die Arbeitenden keine eigenen Entscheidungen zu treffen haben. Ferner sind die Möglichkeiten, auf die alltäglichen Störungen und Schwankungen (z. B. fehlende Informationen, Produktionsstillstand, unerwartete oder hohe Kundenwünsche) effektiv einzugehen, stark eingeschränkt. Damit sind die Möglichkeiten eingeschränkt, die eigene Arbeitssituation zu beeinflussen und zu verstehen. Häufig führen Störungen auch zu Zeitdruck. Tayloristische Arbeitsorganisation lässt sich in der heutigen Zeit noch häufig antreffen und wird in neuen Tätigkeitsfeldern weiterhin umgesetzt (z. B. in Callcentern). Festzuhalten ist: Zu leistende Arbeit in einer Organisation kann stets auf unterschiedliche Weise geteilt und auf die Mitarbeiter verteilt werden. Das gewählte Vorgehen führt zu unterschiedlichen Anforderungen an (und Arbeitsbedingungen für) die Mitarbeiter.

Die Spezialisierung in Organisationen führt nicht nur zu einzelnen Stellen, sondern auch zur Spezialisierung ganzer Abteilungen mit bestimmten Funktionen (wie Einkauf, Vertrieb oder Produktion), d. h. zu einer Abteilungsbildung, bei der auch die Entscheidungs- und Weisungsbefugnisse der Abteilungen festgelegt werden.

Koordination

Arbeitsteilung erzeugt Koordinationsbedarf, insbesondere damit die Teilaufgaben verschiedener Stelleninhaber abgestimmt und auf Organisationsziele ausgerichtet werden. Je größer Organisationen werden, desto ausgefeilter sind die Instrumente zur Koordinierung. Koordination erfolgt über persönliche Weisungen (vertikal von Führungskraft an Nachgeordnete), Selbstabstimmung (innerhalb einer Hierarchiestufe), Programme und Pläne (schriftlich in Verfahrensrichtlinien oder in Handbüchern fixiert), organisationsinterne Märkte (innerhalb einer Organisation werden Profit-Center geschaffen, die Leistungen anbieten und dafür Verrechnungspreise veranschlagen) und über die Organisationskultur (Mitarbeiter verinnerlichen Überzeugungen und Werte, die zur Organisation passen und handlungsleitend werden).

Die in einer Organisation getroffenen Entscheidungen bezüglich der Spezialisierung und der Koordination lassen sich über Organisationsschaubilder (Organigramme) abbilden, die ein rasches Verständnis der *Aufbauorganisation* ermöglichen. Unterschieden wird zwischen Einlinien- (Jeder Stelle ist genau eine weisungsberechtigte Instanz übergeordnet) und Mehrlinien- (Leitungsfunktionen und damit Weisungsbefugnisse sind auf mehrere Personen verteilt) Systemen. Neben den Linienstellen, d. h. Ausführungsstellen und jeweils weisungsbefugten Instanzen, bestehen in vielen Organisationen Stabsstellen *ohne* Entscheidungs- und Weisungsbefugnisse, die andere Instanzen *unterstützen*. Für zeitlich begrenzte Stellen werden zudem Projektmanager (oder Produktmanager) notwendig, die für genau bestimmte Unterziele der Unternehmung befristete Projekte koordinieren (Projektmanagement). Häufig erhalten Projektmanager keine festen Ressourcen bzw. Budgets zugeordnet und müssen zur Aufgabenerledigung auf Ressourcen der funktionalen Abteilungen zurückgreifen. In diesen Fällen wird von einer Matrixorganisation gesprochen: Projektleiter können den Instanzen bzw. Stelleninhabern in den funktionalen Abteilungen Anweisungen erteilen. Auf diese Weise sollen bürokratisierte und schwerfällige Organisationen in kleinere und flexiblere Einheiten untergliedert werden. Dieser Trend in Richtung flexibler und selbständiger Organisationseinheiten kann noch extremer in form von Netzwerkorganisation erfolgen, indem faktisch und rechtlich selbständige Organisationseinheiten gebildet werden, die nur noch als lockerer Verbund (z. B. als Basis virtueller Organisationen) und nur noch phasenweise im Sinne einer strategischen Allianz zusammenarbeiten. Die Anzahl der Hierarchieebenen nimmt ab, die persönliche Verantwortung der Beschäftigten für die Arbeitsergebnisse nimmt zu.

Über die in Organisationsschaubildern enthaltene Aufbauorganisation lassen sich typische Auswirkungen auf die arbeitenden Personen vorhersagen: So treten in einer Matrixorganisation für Mitarbeiter verstärkt Konflikte und Unsicherheit (z. B. aufgrund widersprüchlicher Anweisungen) auf, während bei einem bürokratischen Einliniensystem (abteilungsübergreifende) Informationen schwieriger einzuholen sind.

Es wäre allerdings nicht ausreichend, sich im Rahmen einer *Organisationsdiagnose* auf die Aufbauorganisation zu beschränken. Organisationsdiagnosen dienen einer systematischen Bestandsaufnahme, um darauf aufbauend gezielt Entwicklungsmaßnahmen ableiten zu können. Auch wenn Fragen hinsichtlich der Effektivität und Effizienzsteigerung von Organisationen häufig dominieren, sind Organisationsdiagnosen ein wichtiges Mittel, um mitarbeiterorientierte Aspekte und damit die psychosoziale Gesundheit der Mitarbeiter zu berücksichtigen.

Aspekte wie die bereits angesprochene Aufbauorganisation, die vorhandenen Informations- und Produktionssysteme, das Gebäude usw. stehen für das *technische* Teilsystem einer Organisation. Gleichzeitig ist bei einer arbeitswissenschaftlich fundierten Organisationsdiagnose das *soziale* Teilsystem zu berücksichtigen. Dazu zählen insbesondere die Kompetenzen, Fähigkeiten, Erwartungen und Bedürfnisse der Mitarbeiter und das soziale Miteinander. Sinnvoll ist es, eine gleichzeitige Optimierung und Passung des technischen und des sozialen Teilsystems anzustreben. Im Rahmen der Organisationsdiagnose sollten nach dem *soziotechnischen Systemansatz* folgende Schritte aufeinander aufbauend durchlaufen werden:

1. Analyse auf Ebene des Unternehmens: Analyse von Unternehmenszielen, Unternehmensstrategien, Aufbauorganisation, Arbeitszeitmodellen, Lohnsystem usw.
2. Analyse von Auftragsdurchläufen: Typische Aufträge werden vom Beginn bis zu ihrem Ende mit allen Bearbeitungsschritten nachverfolgt und aufgezeichnet.
3. Analyse von Arbeitssystemen: Berücksichtigt werden z. B. der Input für die Organisation (etwa Material und Informationen), die Veränderungs- bzw. Transformationsprozesse und der resultierende Output, sowie die bei der Bearbeitung auftretenden Störungen und Schwankungen.
4. Analyse von Arbeitsgruppen: Auf welche Weise können Arbeitsgruppen ih-

re Arbeitssituation gemeinsam beeinflussen, etwa die Arbeitszeit, die Arbeitsaufgaben und ihre Koordination, die Umgebung und Qualität?
5. Bedingungsbezogene Analyse von Schlüsseltätigkeiten: Besonders bedeutsame (z. B. hohe Anzahl an Schnittstellen) und typische Tätigkeiten werden ausführlicher betrachtet, z. B. hinsichtlich Zeitdruck und auftretender Schwierigkeiten bei der Aufgabenerledigung.
6. Personbezogene Arbeitsanalysen: Im Fokus sind die Erwartungen der Beschäftigten an die Arbeit und ihre Wahrnehmung der Arbeitssituation.
7. Analyse der soziotechnischen Geschichte: Bevor Maßnahmen zur Organisationsentwicklung umgesetzt werden, werden bisherige Vorgehensweisen, Meilensteine und Schwierigkeiten bei der Entwicklung des Betriebes reflektiert.

Bei solchen Analysen wird die Bedeutung der Arbeit für die psychosoziale Gesundheit der Beschäftigten berücksichtigt. So werden beim fünften Schritt Störungen bzw. Regulationsbehinderungen bei der Aufgabenerledigung, die sich negativ auf die Arbeitsausführenden auswirken, und beim sechsten Schritt die aus Mitarbeitersicht bestehenden Wünsche aufgedeckt. Die Berücksichtigung der Erwartungen der Mitarbeiter ist zwar häufig mit den Organisationszielen vereinbar, teilweise bestehen aber auch Konflikte zwischen individuellen und Organisationszielen (z. B. Arbeitsmenge und Zeitdruck). Der Umgang mit diesen Konflikten ist Teil der Organisationsentwicklung.

Auf jeden Fall gilt: Aufbauend auf solch umfassenden Organisationsdiagnosen unter Berücksichtigung fundierter Instrumente zur Datenerhebung können Maßnahmen der *Organisationsentwicklung* mit höherer Erfolgswahrscheinlichkeit umgesetzt werden. Das Muster der Organisationsentwicklung wird in Anlehnung an Kurt Lewin häufig mit einem schrittweisen Vorgehen umschrieben, das **Unfreezing** (Auftauen bzw. Bereitschaft zur Veränderung erzeugen), **Changing** (Verhalten und Einstellungen verändern) und **Refreezing** (Wiedereinfrieren) umfasst und eine Änderung von betrieblichen Gleichgewichtszuständen hervorrufen soll. Daneben existieren aber eine Reihe weiterer Änderungsstrategien, z. B. die Strategie des Bombenwurfs, bei der Top-Down vom Management ein neues Konzept schlagartig und ohne Diskussion durchgesetzt wird. Die verschiedenen Vorgehensweisen in Unternehmen können ferner danach unterschieden werden, ob sie eher radikale Einschnitte anstreben (revolutionärer Wandel) oder eher auf kontinuierliche Verbesserungsprozesse setzen (evolutionärer Wandel). Angesichts eines zunehmenden weltweiten Konkurrenzdrucks am Markt (Globalisierung, Liberalisierung und Privatisierung von Märkten) wird die fortlaufende Weiterentwicklung von Organisationen inzwischen als normaler Bestandteil angesehen und mit Begriffen wie *Lernender Organisation* und *Change Management* versehen.

Vor dem Hintergrund der aktuellen Veränderungen wurde die zunehmende Bedeutung psychosozialer Belastungen am Arbeitsplatz und psychischer bzw. psychosomatischer Erkrankungen in der Bevölkerung vielfach belegt. Neben der Angst vor Arbeitslosigkeit kann eine zunehmende Intensivierung (während der Arbeit wird intensiver gearbeitet, da Zeitpuffer und Pausen entfallen und der Leistungsdruck steigt) und Extensivierung (Arbeitszeit und -umfang nehmen zu, da durch Vertrauensarbeitszeit u. Ä. die klassische Begrenzung der Arbeitszeit aufgehoben wird) der Arbeit, ebenso erhöhte Anforderungen an die zeitliche und örtliche Flexibilität und die Übernahme von Verantwortung (bei eingeschränkten Entscheidungsmöglichkeiten) festgestellt werden. In dieser Entwicklung zeigen sich auf den ersten Blick paradoxe Effekte: Aus arbeitswissenschaftlicher Sicht werden (auch zum Wohle der Gesundheit der Mitarbeiter) bereits seit Jahrzehnten dezentrale, flexible Organisationsstrukturen mit weitgehenden Handlungs- und Entscheidungsspielräumen für die Mitarbeiter gefordert, um eine rasche Bewältigung der unvermeidbaren Schwankungen und Störungen im Arbeitsalltag erreichen zu können. Inzwischen ist aber eine beträchtliche Anzahl von Mitarbeitern und Führungskräften mit einem so großem Verantwortungs- und Zeitdruck bei durchaus flexiblen und dezentralen Organisationsstrukturen konfrontiert, dass die möglichen positiven Effekte zunehmender (Teil-)Autonomie auf die Beschäftigten häufig nicht mehr festzustellen sind. Stattdessen resultiert daraus eine Entgrenzung der Arbeit(szeit) insbesondere bei anspruchsvollen Fach- und Führungstätigkeiten. Wenn eine starke Leistungsorientierung und erhöhtes Arbeitsengagement (etwa bei Freiberuflern) mit der Unterdrückung von Ermüdungszuständen einhergeht, ist Erholungsunfähigkeit ein häufiges Resultat, welche sich beispielsweise in Schlafschwierigkeiten äußert. Besonders deutlich werden die Veränderungen im Arbeitsleben in der aktuellen Diskussion zur Vereinbarkeit von Arbeit und Privatleben (z. B. Familie), die meist mit dem Stichwort *Work-Life-Balance* versehen wird. Eine zweite aktuelle gesellschaftliche Diskussion, die bislang noch unzureichend in konkreten Maßnahmen bei Unternehmen umgesetzt wurde, bezieht sich auf die Möglichkeiten, die Stärken und Kompetenzen älterer Mitarbeiter zu berücksichtigen und Ältere länger als bislang im Betrieb zu halten (alters- und alternsgerechte Arbeitssysteme). Auch andere Unterschiede zwischen Beschäftigten wie Geschlecht oder kulturelle Hintergründe sollten zunehmend im Rahmen der Arbeitsorganisation beachtet werden (*Diversity Management*).

3.3.3 Gesundheitsrelevanz

Die mit der Arbeitsorganisation verbundenen Festlegungen (etwa zur Arbeitsteilung) haben Auswirkungen auf die bei der Arbeitsausführung für die Beschäftigten entstehenden Belastungen und die zur Verfügung stehenden Ressourcen. Somit kommt der Arbeitsorganisation eine wesentliche Bedeutung für die psychosoziale Gesundheit der arbeitenden Personen zu. Diese Bedeutung wird in der Arbeitswissenschaft (als Querschnittsdisziplin verschiedener Fachwissenschaften wie Arbeitsmedizin, Arbeits- und Organisationspsychologie und Industriesoziologie) berücksichtigt und führte zu einer grundlegenden Forderung an die menschengerechte Gestaltung von Arbeitsprozessen. Arbeitsprozesse sind so zu gestalten, dass die arbeitenden Menschen in produktiven und effizienten Arbeitsprozessen

- schädigungslose, ausführbare, erträgliche und beeinträchtigungsfreie Arbeitsbedingungen vorfinden,
- Standards sozialer Angemessenheit nach Arbeitsinhalt, Arbeitsaufgabe, Arbeitsumgebung sowie Entlohnung und Kooperation erfüllt sehen,
- Handlungsspielräume entfalten, Fähigkeiten erwerben und in Kooperation mit anderen ihre Persönlichkeit erhalten und entwickeln können.

Eine wesentliche Forderung der Arbeitswissenschaft besteht somit darin, die Arbeitsorganisation nicht allein gemäß ökonomischer Kriterien vorzunehmen und die Menschen nicht einseitig der vorhandenen Technik anzupassen, sondern stets auf die Berücksichtigung so genannter *Humankriterien* zu achten: Passen die Arbeitsbedingungen zu den Bedürfnissen und Fähigkeiten der arbeitenden Personen? Auch in der bekannten Ottawa-Charta der Weltgesundheitsorganisation von 1986 heißt es: „Die Art und Weise, wie eine Gesellschaft die Arbeit, die Arbeitsbedingungen und die Freizeit organisiert, sollte eine Quelle der Gesundheit und nicht der Krankheit sein. Gesundheitsförderung schafft sichere, anregende, befriedigende und angenehme Arbeits- und Lebensbedingungen." Die Auswirkungen von Merkmalen der Arbeitssituation auf die psychosoziale Gesundheit wurden inzwischen auch über Längsschnittuntersuchungen sehr gut belegt. Solche arbeitswissenschaftlichen Erkenntnisse haben inzwischen ihren Weg in rechtlich verankerte Forderungen an Unternehmen gefunden. Insbesondere ein Blick in das Arbeitsschutzgesetz und die resultierenden praktischen Konsequenzen belegt, dass die Arbeitsorganisation als Quelle von Gesundheit und Krankheit (an)erkannt wird.

Unternehmen sind in Deutschland nach dem Arbeitsschutzgesetz verpflichtet, *Gefährdungsbeurteilungen* durchzuführen, um Unfälle und arbeitsbedingte Gesundheitsgefahren zu vermeiden. Maßnahmen sind abzuleiten, umzusetzen, zu dokumentieren und auf ihre Wirksamkeit zu überprüfen. In § 4 des Arbeitsschutzgesetzes von 1996 wird gefordert, dass Maßnahmen des Arbeitsschutzes mit dem Ziel zu planen sind, die Arbeitsorganisation, Technik, soziale Beziehungen und den Einfluss der Umwelt auf den Arbeitsplatz sachgerecht zu verknüpfen. Dabei sind gesicherte arbeitswissenschaftliche Erkenntnisse zu berücksichtigen. Für die Konkretisierung dieser noch allgemeinen Forderungen sind in Deutschland insbesondere die Veröffentlichungen der Bundesanstalt für Arbeitsschutz und Arbeitsmedizin (BAuA) heranzuziehen, in denen gesicherte arbeitswissenschaftliche Erkenntnisse für die betriebliche Praxis veröffentlicht werden. In dem „Ratgeber zur Ermittlung gefährdungsbezogener Arbeitsschutzmaßnahmen im Betrieb" werden 13 physische (Unfall-)Gefährdungen aufgezeigt (z. B. mechanische und elektrische Gefährdungen), für die überwiegend bewährte Checklisten vorliegen und eindeutig bestimmbare Grenzwerte und Schutzziele formuliert werden können. Entsprechend lassen sich beim Einsatz der Checklisten häufig von Experten rasch konkrete Gestaltungsmaßnahmen ableiten. Dies ist bei den psychischen Belastungen (14. Gefährdung) wesentlich schwieriger. Dafür gibt es mehrere Ursachen (z. B. häufig fehlende Grenzwerte für psychische Belastungen, Notwendigkeit der Beteiligung der Beschäftigten bei der Maßnahmenableitung), ein wesentlicher Aspekt ist, dass in der Regel die Arbeitsorganisation in sehr komplexer Weise betroffen ist. Wenn etwa die Entscheidungsspielräume aufgrund der Aufgabenteilung (Arbeitsorganisation) zu gering sind und erhöht werden sollen, betrifft dies gleichzeitig auch weitere Arbeitsplätze innerhalb und häufig sogar außerhalb der Abteilung und zudem die Tätigkeit der direkten Führungskraft. Entsprechend ist der Einsatz kurzer Checklisten und Fragebögen nicht ausreichend für eine Ableitung von Gestaltungsmaßnahmen, und es bedarf umfassenderer Arbeitsanalysen und Organisationsdiagnosen (siehe oben).

Die Hinweise in dem Leitfaden der BAuA verdeutlichen, welche potenziellen psychosozialen Belastungen zu berücksichtigen sind. Eine Reihe von Belastungen resultiert direkt aus der Arbeitsorganisation und wird im Folgenden aufgelistet.

- Vollständigkeit der Tätigkeit: Vollständige Tätigkeiten enthalten das selbständige Setzen von Zielen, die Handlungsvorbereitung, die Auswahl der Mittel, die Ausführung und die Erfolgskontrolle. Negative Auswirkungen gehen von aus der Arbeitsteilung resultierenden unvollständigen Tätigkeiten aus, z. B. wenn nur ausgeführt wird. Besonders kritisch sind Resttätigkeiten nach erfolgter Automatisierung anzusehen. Ungünstig sind auch Tätigkeiten, bei denen Daueraufmerksamkeit notwendig ist, jedoch nur selten Handlungserfordernisse bestehen (z. B. Überwachungstätigkeit in automatisierten Anlagen).
- Verantwortung: Die Möglichkeit, Verantwortung übernehmen zu können, ist grundsätzlich positiv anzusehen. Kritisch wird es erst dann, wenn die zugeordnete Verantwortung für Arbeitsergebnisse und für andere Menschen zu hoch wird, z. B. weil man nur ungenügenden Einfluss auf das Arbeitsergebnis hat. Häufig bestehen in Organisationen zudem unklare Kompetenzen und Verantwortlichkeiten, die zu Unsicherheiten und Rollenkonflikten führen.
- Information: Zur Aufgabenerledigung werden stets Informationen benötigt (z. B. zum eingehenden Auftrag, zum Arbeitsablauf und zu Ansprechpartnern). Negative Auswirkungen gehen von fehlenden, unvollständigen oder verspätet eintreffenden Informationen aus. Häufig werden dann zusätzliche Arbeitshandlungen notwendig, die seitens des Betriebs nicht vorgesehen sind. Bisweilen müssen auch Entscheidungen von Arbeitnehmern getroffen werden, obwohl die notwendigen Informationen nicht vorhanden sind (riskantes Handeln). Kritisch ist auch das Fehlen von Rückmeldungen (Feedback) zu Arbeitsergebnissen und zur eigenen Leistung anzusehen. Auf der anderen Seite besteht bisweilen auch eine Informationsüberflutung, d. h. eine zu große Menge überflüssiger Informationen muss verarbeitet werden (z. B. eingehende E-Mails).
- Zeitlicher und inhaltlicher Tätigkeitsspielraum: Arbeitsaufgaben sollten den Arbeitenden Möglichkeiten bieten, die Arbeitsausführung selbständig zu beeinflussen. Wenn dies nicht der Fall ist, resultiert daraus z. B. eine zu enge Zeitbindung (Fristen sind genau vorgegeben und enthalten zu wenig Zeitpuffer) und zu hoher Zeitdruck. Kritisch ist zudem die genaue Festlegung der stets gleichen Aufgabenerledigung, so dass keine Variationsmöglichkeiten für die arbeitende Person bestehen.
- Kooperation und Kommunikation: Die Aufgabenerledigung sollte soziale und fachliche Kontakte mit Kollegen erforderlich machen. Zudem sollte über die Arbeitsorganisation unterstützt werden (z. B. gemeinsame Planungsphasen), dass sich Beschäftigte und Vorgesetzte gegenseitig unterstützen, etwa beim Auftreten unvorhergesehener Schwierigkeiten im Arbeitsablauf.
- Durchschaubarkeit: Kritisch ist eine unzureichende Klarheit über den Arbeitsablauf, z. B. Unkenntnis über die Einbindung der eigenen Tätigkeit in den Gesamtprozess.
- Vorhersehbarkeit: Mangelnde Vorhersehbarkeit macht sich bemerkbar in der

häufigen Bewältigung unvorhergesehener Abweichungen vom Normalbetrieb, z. B. weil die Technik nicht funktioniert, Materialien aufgrund von Lieferengpässen nicht ankommen oder Personalmangel besteht.
- Beeinflussbarkeit: Beeinflussbarkeit bezieht sich auf die Möglichkeit, die eigene Arbeitssituation mit zu gestalten. Angesichts der häufig komplexen Abhängigkeiten innerhalb von Abteilungen kann eine Beeinflussbarkeit häufig eher über gemeinsame Absprachen innerhalb von Arbeitsgruppen erreicht werden. Kritisch ist das Fehlen solcher individuellen und kollektiven Möglichkeiten der Mitgestaltung anzusehen.
- Emotionale Inanspruchnahme: In den letzten Jahren werden die emotionalen (neben den kognitiven und körperlichen) Arbeitsanforderungen zunehmend stärker berücksichtigt. Bei bestimmten Tätigkeiten etwa im Rettungsdienst (z. B. Verkehrsunfall mit zahlreichen Toten) oder bei der Polizei (z. B. Einsatz von Schusswaffen oder Tötung eines Kollegen im Einsatz) treten extreme Einzelereignisse auf, die posttraumatische Belastungsstörungen hervorrufen können und einer frühzeitigen professionellen Unterstützung bedürfen. Daneben zeichnen sich andere Tätigkeiten etwa von Therapeuten oder Erziehern dadurch aus, dass über einen langen Zeitraum beständig auf andere Menschen einzugehen ist. Kritisch ist vor allem das organisational vorgegebene Zeigen von Gefühlen, welche eigentlich nicht empfunden werden, anzusehen. Dieser Widerspruch zwischen gezeigten und erlebten Gefühlen, die so genannte *emotionale Dissonanz*, tritt insbesondere bei der Konfrontation mit hohen und unvorhergesehenen Kundenwünschen auf (z. B. im Callcenter oder bei Flugzeugpersonal).
- Körperliche Abwechslung: Kritisch sind fortlaufend erforderliche einseitige Körperhaltungen (z. B. nur Sitzen oder nur Stehen) und Zwangshaltungen.
- Ausgeglichenheit des Arbeitsanfalles über die Arbeitszeit: Negative Auswirkungen auf die Mitarbeiter gehen von fortlaufend stoßweisem Arbeitsanfall und von fehlenden Zeitpuffern aus.
- Störungen und Unterbrechungen (Regulationsbehinderungen): An jedem Arbeitsplatz finden sich in der Regel eine Vielzahl an Störungen im Arbeitsalltag, die als Einzelfall zwar zunächst unbedeutend erscheinen, sich jedoch meist über eine Arbeitswoche aufsummieren (*daily hassles*). Kritisch ist vor allem das Fehlen von organisationalen Ressourcen zum Umgang mit diesen alltäglichen Störungen anzusehen (z. B. keine Möglichkeit, Fristen zu verlängern oder Teilaufgaben an Kollegen abzugeben), da sie effektives Handeln unmöglich machen. Auf diese Weise wird ein Hindernis zu einer *Regulationsbehinderung* des menschlichen Handelns und wirkt sich negativ auf das Befinden der Beschäftigten aus.
- Qualifikationsnutzung und -erweiterung: Auch Arbeitsplätze, die einen qualifikationsfremden Einsatz der Beschäftigten erfordern und mit ungenügenden Schulungen verbunden sind, wirken sich negativ aus. Anzustreben ist eine gute Passung der Qualifikation der Beschäftigten mit der aus der Tätigkeitsausführung resultierenden Anforderung sowie das Bereitstellen von Lernmöglichkeiten im Arbeitsalltag.
- Erfüllbarkeit und Akzeptanz der Verhaltensanforderungen: Es ist zu prüfen, in-

wieweit die vorhandenen Verhaltensanforderungen (auch zur Gewährleistung der Sicherheit) erfüllbar und zumutbar sind.
- Dauer der Arbeitszeit: Die tatsächlichen Arbeitszeiten sollten nicht fortlaufend die vorgesehenen werktäglichen Arbeitszeiten überschreiten.
- Vereinbarkeit von Familie und Beruf: Arbeitszeitregelungen sollten mit sozialen Verpflichtungen, etwa zur Kinderbetreuung, vereinbar sein.
- Nacht- und Schichtarbeit: Bei der Schichtplangestaltung bestehen arbeitswissenschaftlich fundierte Empfehlungen, die zu berücksichtigen sind.
- Pausengestaltung: Es bestehen gesetzlich vorgeschriebene Ruhepausen.
- Flexibilisierung: Ein zu hohes Ausmaß geforderter zeitlicher und örtlicher Flexibilität (etwa fortlaufend Arbeit auf Abruf) oder hinsichtlich der Beschäftigungsform ist kritisch.

Bei sämtlichen angeführten Einflussfaktoren ist belegt, dass ungünstige Ausprägungen negative Auswirkungen auf die psychosoziale Gesundheit haben. Zudem lassen sich die Ausprägungen der Belastungsfaktoren durch die gewählte Arbeitsorganisation erklären und bieten unmittelbar Ansatzpunkte für mögliche Gestaltungsmaßnahmen. Ein ganz wesentlicher Einflussfaktor für das Befinden blieb dabei noch ausgespart: Das soziale Miteinander, etwa die gelebte soziale Unterstützung, ist eine bedeutsame Ressource beim Umgang mit Belastungen im Arbeitsalltag. Dazu werden in dem Ratgeber der BAuA gezählt:

- Führungsverhalten: Ungünstig sind häufige Konflikte zwischen Vorgesetzten und Mitarbeitern (z. B. aufgrund fehlender Einbeziehung der Mitarbeiter oder widersprüchlicher Anweisungen).
- Verhalten der Kollegen: Auch hier sind Konflikte kritisch einzuordnen, etwa bei Fragen der Arbeitsteilung und Entlohnung. Besondere Aufmerksamkeit hat in den letzten Jahren die Ausgrenzung von Gruppenmitgliedern und die Schikanierung bis hin zu Mobbing gefunden.
- Mitsprache der Beschäftigten (*Partizipation*): Ungünstig ist die fehlende Einbindung in Planungs-, Entscheidungs- und Veränderungsprozesse einzustufen, insbesondere wenn diese die Arbeitstätigkeiten der Beschäftigten direkt betreffen. Auch die fehlende Beachtung von Verbesserungsvorschlägen seitens der Mitarbeiter ist kritisch einzuordnen.

Solche Indikatoren des Betriebsklimas werden durchaus von den individuellen Besonderheiten der Mitarbeiter und Führungskräfte (*Führungsstil*) beeinflusst, sollten jedoch stets auch als soziale Bedingungen und Merkmale der Organisation bzw. Abteilung verstanden werden (*Organisationskultur*). Ferner wird das soziale Klima von der Arbeitsorganisation und der Gestaltung der Arbeitsbedingungen indirekt beeinflusst (z. B. aus der Arbeitsaufgabe resultierende Möglichkeiten, gemeinsam zu planen und zu entscheiden; Bereitstellung formeller und informeller Austauschmöglichkeiten wie Besprechungen und Sozialräume).

Die angeführte Kriterienliste könnte noch ergänzt werden, zeigt aber bereits umfassend arbeitswissenschaftlich fundierte Kriterien zur Bewertung der Arbeitsorganisation auf. Wenn strukturelle Verbesserungen der Arbeitsorganisation zur Gesundheitsförderung (*Verhältnisprävention*) angestrebt werden, so ist im Vorfeld eine Organisationsdiagnose durchzuführen, um gezielte Maßnahmen ableiten zu können. Typische Beispiele für Maßnah-

men zur Änderung der Arbeitsorganisation sind insbesondere bei Tätigkeiten in der Industrie mit niedrigen Entscheidungsspielräumen und Qualifikationsanforderungen:
- Arbeitsplatzwechsel (job rotation),
- Arbeitserweiterung (job enlargement),
- Arbeitsbereicherung (job enrichment),
- teilautonome Gruppenarbeit mit erweiterten Handlungs- und Entscheidungsspielräumen und
- Verringerung von Zeitzwängen.

Ein neues Phänomen ist nun, dass arbeitswissenschaftlich begrüßenswerte Entwicklungen (z. B. klare Zuteilung von Verantwortlichkeiten zu Arbeitsergebnissen auf Individuen und Gruppen; Vertrauensarbeitszeit) paradoxe Effekte haben können, die sich z. B. in der Entgrenzung von Arbeit(szeit) und einer Erholungsunfähigkeit von Mitarbeitern äußern. In diesen Fällen sind entsprechend andere Maßnahmen zur Änderung der Arbeitsorganisation anzustreben (z. B. kann es in einer Abteilung für Forschung und Entwicklung auch darum gehen, die Anzahl der Projekte und der Schnittstellen pro Mitarbeiter zu reduzieren und ausreichend Zeiträume zur Fortbildung zu schaffen).

3.3.4 Fazit und Forschungsbedarf

Gesundheit wird häufig als individuelle Angelegenheit verstanden: Jeder ist seines Glückes Schmied und auch für seine Gesundheit selbstverantwortlich. Eine solche Sichtweise ist zu einseitig, wird aber gleichwohl auch von Vertretern im Gesundheitssektor immer wieder vertreten. Sie ist zu ergänzen mit einem Blickwinkel auf Einflüsse der Arbeitsorganisation: Inwieweit liegt eine gesunde Organisation vor, die die psychosoziale Gesundheit fördert oder verhindert? Insbesondere wenn eine Organisation ihre Mitarbeiter als wertvolles Humankapital versteht (und nicht einseitig als Kostenfaktor), sollte dieser Blickwinkel selbstverständlich sein, um einen nachhaltigen Erfolg anzustreben. Zudem sind Unternehmen nach dem Arbeitsschutzgesetz verpflichtet, die sich aus der Arbeitsorganisation ergebenden Gefährdungen zu erkennen und zu beseitigen. Während in vielen Unternehmen physische (Unfall-)Gefahren erfolgreich, z. B. über Sicherheitsfachkräfte, berücksichtigt werden, erfolgt die Umsetzung bei den psychosozialen Gefährdungen nicht bzw. noch schleppend. Dies hängt u. a. damit zusammen, dass

- in kleineren und mittleren Unternehmen die Kapazitäten und das Know-how fehlen, um entsprechende Gefährdungsanalysen durchzuführen.
- In vielen Unternehmen (mit Verweis auf zunehmendem Wettbewerb, Globalisierung etc.) eine einseitige Orientierung an Kostenaspekten erfolgt, zu Lasten der Einhaltung von Humankriterien und der Bedürfnisse und Erwartungen der Beschäftigten.
- Es einfacher und schneller umsetzbar ist, Maßnahmen der *Verhaltensprävention* (z. B. Stressbewältigungsseminare) anzubieten, die allein beim Individuum ansetzen und Merkmale der Arbeitsorganisation ausblenden.
- Bei psychosozialen Gefährdungen eine Verbesserung der Arbeitssituation über die Beteiligung der Mitarbeiter und insbesondere der Führungskräfte erfolgen muss. Häufig sind aber die Kompetenzen und Entscheidungsbefugnisse zur gesundheitsbezogenen Optimierung der Arbeitsorganisation bei Mitarbeitern und Führungskräften noch nicht ausreichend vorhanden.
- Häufig in Betrieben noch fälschlicherweise darüber gestritten wird, was psychische Belastungen überhaupt seien und

ob diese nicht in erster Linie ein Merkmal des Individuums seien. Zusätzlich kommt teilweise ein verkürztes Verständnis von Gesundheit zum Vorschein, welches sich einseitig an der Vermeidung von Krankheiten und Unfallen orientiert.
- Unzureichende Instrumente zur Gefährdungsbeurteilungen eingesetzt werden (etwa kurze Checklisten und Fragebögen, aus deren Auswertungen keine Änderungsmaßnahmen direkt abgeleitet werden können), die zudem unzureichend in ein Projektmanagement eingebunden sind. In der Folge resultieren daraus Enttäuschungen bei den Beteiligten.

Hilfreich ist es, die Durchführung psychosozialer Gefährdungsbeurteilungen als Baustein in umfassendere Managementsysteme einzubinden. Die Einrichtung funktionierender Arbeitsschutz- bzw. Gesundheitsmanagementsysteme kann als zentrale Herausforderung für Unternehmen angesehen werden, die auf das Potenzial ihrer Mitarbeiter setzen. Dabei sollte auch eine Auseinandersetzung mit den in diesem Beitrag skizzierten, vergleichsweise neuen Belastungskonstellationen (z. B. Entgrenzung von Arbeit, Arbeitsverdichtung) erfolgen.

Angesichts der zunehmenden volkswirtschaftlichen Bedeutung des Dienstleistungssektors und den damit häufig einhergehenden direkten Kundenkontakten, wird sich der Blickwinkel zukünftig auch auf die Kunden erweitern. Die Arbeitsorganisation hat nicht nur Auswirkungen auf die Organisationsmitglieder (Mitarbeiter und Führungskräfte), sondern unmittelbar auch auf die Kunden. Beispielsweise arbeiten Kunden bei der Dienstleistungserstellung zunehmend mit (z. B. Online-Banking). Es stellt sich zukünftig verstärkt die Frage, welche Auswirkungen die Arbeitsorganisation auf die psychosoziale Gesundheit der Kunden hat.

3.3.5 Key-Message

▶ Die in Organisationen zu bewältigenden Gesamtaufgaben können stets auf sehr unterschiedliche Weise auf ihre Mitarbeiter verteilt werden (Arbeitsteilung und Koordination).

▶ Die gewählte Form der Arbeitsorganisation hat große Bedeutung für die psychosoziale Gesundheit der Beschäftigten.

▶ Anzustreben sind Arbeitsplätze und -aufgaben, die u. a. Erfahrungen und Fähigkeiten der Beschäftigten berücksichtigen, Entfaltung von Kompetenzen gestatten, Arbeitsschritte von Planung bis Kontrolle ermöglichen, Arbeitenden ihren Beitrag am Gesamten erkennen lassen, angemessenen Handlungs- und Entscheidungsspielraum beinhalten, ausreichende Rückmeldung ermöglichen und Regulationsbehinderungen bzw. Störungen im Arbeitsfluss minimieren.

▶ Neue Formen der Arbeitsorganisation (z. B. Vertrauensarbeitszeit, erhöhte zeitliche und örtliche Flexibilität) können zur Entgrenzung der Arbeit(-szeit) der Beschäftigten führen und die Work-Life-Balance beeinträchtigen.

LITERATURHINWEISE

BUNDESANSTALT FÜR ARBEITSSCHUTZ UND ARBEITSMEDIZIN (HRSG) (2004): Ratgeber zur Ermittlung gefährdungsbezogener Arbeitsschutzmaßnahmen im Betrieb. Handbuch für Arbeitsschutzfachleute. BAuA. Dortmund.

KIESER, A., P. WALGENBACH (2003): Organisation. Schäffer-Poeschel. Stuttgart.

OESTERREICH, R.; VOLPERT, W. (HRSG) (1999): Psychologie gesundheitsgerechter Arbeitsbedingungen. Huber. Bern.

RESCH, M. (2003). Analyse psychischer Belastung. Verfahren und ihre Anwendung im Arbeits- und Gesundheitsschutz. Huber. Bern.

SCHULER, H. (HRSG.) (2004): Lehrbuch Organisationspsychologie. Huber: Bern.

ULICH, E. (2005): Arbeitspsychologie. Schäffer-Poeschel. Stuttgart.

3.4. Gesundheitsförderliches Führen – Defizite erkennen und Fehlbelastungen der Mitarbeiter reduzieren

Erika Spieß und Peter Stadler

3.4.1 Einleitung

Personen mit Führungsaufgaben haben eine herausragende Position bei der Um- und Durchsetzung unternehmensbezogener Ziele. Ihre Aufgabe ist es, betriebliche Wirtschaftlichkeits-, Qualitäts- und Produktivitätsziele durch Organisationsprozesse (Sachaufgabe) und Mitarbeiterführung (Personenaufgabe) zu realisieren (siehe *Abbildung 1*). Trotz aller technologischen Fortschritte ist der wirtschaftliche Erfolg eines Unternehmens in nicht zu unterschätzendem Ausmaß von der optimalen Nutzung der Ressource Mensch abhängig – es ist sogar davon auszugehen, dass im Übergang von der Produktionsgesellschaft zur Wissensgesellschaft die Ressource Mensch für die Leistungsziele eines Unternehmens immer wichtiger wird. Daher kommt der Mitarbeiterführung im Unternehmen wachsende Bedeutung zu.

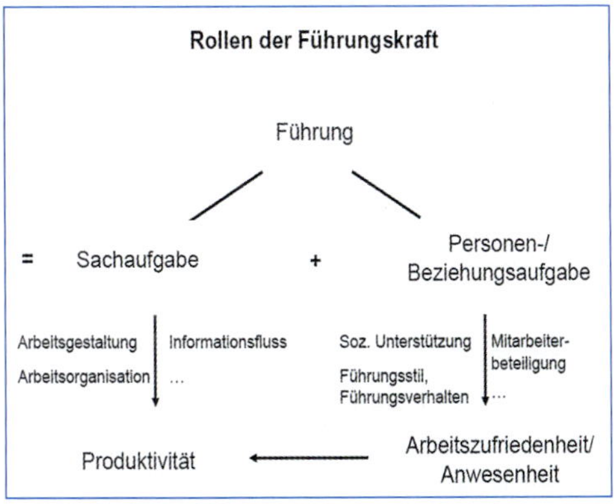

Um auf Dauer qualitativ hochwertige Leistungen zu erbringen, ist es eine zentrale Aufgabe von Führungskräften, Gesundheitsgefährdungen von den Mitarbeitern fernzuhalten und Belastungen zu optimieren. Wie eine Vielzahl von empirischen Studien zeigt, tragen Vorgesetzte durch die Gestaltung der Arbeitstätigkeit und Arbeitsorganisation sowie durch ihr Führungsverhalten wesentlich zum Niveau des betrieblichen Gesundheitsschutzes und zum Wohlbefinden der Mitarbeiter bei. Ihre Sensibilität gegenüber allen Arten von Gesundheitsgefahren ist ein wichtiger Faktor dafür, ob Gesundheitsgefahren frühzeitig erkannt und gegensteuernde Maßnahmen ergriffen werden (z. B. durch arbeitsgestalterische Maßnahmen). Vorgesetzte haben einen zentralen Einfluss auf den Erhalt und die Förderung der psychischen Gesundheit ihrer Mitarbeiter, z. B. durch Abbau von stresserzeugenden Arbeitsbedingungen und Arbeitsabläufen oder durch die soziale Unterstützung der Mitarbeiter. Da Führungs-

Abbildung 1: Rollen der Führungskraft (Nieder 2000)

kräfte eine Vorbildfunktion haben, wirkt sich ihre Einstellung zum Thema Gesundheitsförderung auch auf die Belastungssituation ihrer Mitarbeiter aus. Führungskräfte sind Multiplikatoren und können durch ihr Vorbild einen wichtigen Beitrag für die betriebliche Prävention und zur Initiierung sozialer Unterstützungsprozesse leisten.

In der betrieblichen Realität erklären sich jedoch viele Vorgesetzte nur in geringem Ausmaß für belastungs- und gesundheitsrelevante Prozesse in ihrem Verantwortungsbereich zuständig; es gibt große Unterschiede, wie sehr sie sich dafür engagieren, *Fehlbelastungen* bei den Mitarbeitern zu erkennen und abzubauen. Zentrales Kriterium für die Auswahl von Führungskräften ist in vielen Fällen deren fachliche Kompetenz; deren *Sozialkompetenzen* (die Einbindung der Mitarbeiter in die Planungs- und Entscheidungsprozesse, der Umgang mit Konflikten, Führungsstil, Schaffung von Transparenz etc.) und *gesundheitsbezogene Kompetenzen* (Gestaltung belastungsoptimierter und gesundheitsförderlicher Arbeitsplätze) spielen jedoch eine nachgeordnete Rolle, wenn es darum geht, die Stelle eines Vorgesetzten zu besetzen.

Zudem wird in Führungskräftetrainings das Hauptaugenmerk auf die (kurzfristige) Erreichung unternehmensbezogener Ziele durch ablauf- und aufbauorganisatorische Maßnahmen gelegt, dagegen bleibt der Aspekt *gesundheitsgerechtes Führen* häufig unberücksichtigt. Daher fehlen vielen Vorgesetzten entsprechendes Wissen und Umsetzungsstrategien zur Belastungsoptimierung und Gesundheitsförderung, schließlich sind sie ja in der Regel keine Psychologen oder arbeitswissenschaftlichen Experten. In einer Führungskräftebefragung wurde der Unterstützungsbedarf von Vorgesetzten in der Frage, wie man hohe Arbeitsbelastungen von Mitarbeitern reduzieren kann, ermittelt. Vor allem beim Umgang mit Konflikten und der mitarbeitergerechten Übertragung neuer Aufgaben wurde hoher Unterstützungsbedarf bejaht (siehe *Tabelle 1*).

Tabelle 1: Befragung von Führungskräften zum Unterstützungsbedarf in Fragen psychischer Fehlbelastungen und Belastungsoptimierung (Mehrfachnennung möglich)

„Bei welchen Themen wünschen Sie sich mehr Informationen / Unterstützung?"	Ja-Antworten (Prozentangaben)
• Umgang mit Konflikten, Mobbing, Burnout etc.	53,3%
• Wie überträgt man mitarbeitergerecht neue Aufgaben?	44,4%
• Mitarbeiterorientierter Führungsstil und Führungsverhalten	37,8%
• Umgang mit privaten Problemen bei den Mitarbeitern, die sich auf das Arbeitsverhalten auswirken	37,8%
• Soziale Unterstützung der eigenen Mitarbeiter	20,0%

Viele Führungskräfte sehen also Unterstützungsbedarf in diesen Fragen – aber wie kann dieser Bedarf gedeckt werden? Hierbei spielen gerade Betriebsärzte eine wichtige Rolle. Sie sind neben Arbeitspsychologen die Wissensträger auf diesem Gebiet und daher prädestiniert, Führungskräfte bei dem Anliegen zu beraten und zu unterstützen, beanspruchungsoptimierte Arbeitsplätze zu schaffen. Ihre Aufgabe nach § 3 des Arbeitssicherheitsgesetzes ist es, Arbeitgeber und Vorgesetzte auch bei arbeitspsychologischen Fragen zu beraten. Diese Aufgabe wird in Zukunft für Betriebsärzte an Bedeutung gewinnen: Eine zentrale Forderung der gemeinsamen von der Bertelsmann- und von der Hans-Böckler-Stiftung getragenen „Expertenkommission Betriebliche Gesundheitspolitik" richtet sich an die Führungskräfte, sich stärker für das Wohlbefinden und die Gesundheit der Mitarbeiter verantwortlich zu zeigen und sich entsprechend fortbilden und unterstützen zu lassen.

3.4.2 Defizitäres und die Gesundheit beeinträchtigendes Führungsverhalten – empirische Befunde

Es gibt eine Reihe von empirischen Studien, die sich mit den Auswirkungen des Führungsverhaltens auf die Belastungssituation der Mitarbeiter und deren Gesundheit beschäftigt haben. Dabei dienten häufig die Fehlzeiten als Indikator für das Vorhandensein von psychischen *Fehlbelastungen* und damit einhergehenden gesundheitlichen Beeinträchtigungen. Hier eine kleine Auswahl an Forschungsergebnissen:

- Schmidt konnte nachweisen, dass vom Verhalten der Vorgesetzten ein bedeutsamer Einfluss auf das Fehlzeitenverhalten der Mitarbeiter ausgeht. Was die Vorgesetzten-Mitarbeiter-Beziehung betrifft, beeinflusst seiner Untersuchung zufolge vor allem die Bereitschaft von Vorgesetzten, Mitarbeitern Mitbestimmungs- und Beteiligungsmöglichkeiten einzuräumen, das Fehlzeitenverhalten der Mitarbeiter. Die Mitarbeiter hatten dann geringere Fehlzeiten, wenn ihre Vorgesetzten den von ihnen gemachten Änderungsvorschlägen zugänglich waren, wenn sie gemeinsam mit den Mitarbeitern deren Aufgaben festlegten und wichtige Entscheidungen, von denen die Mitarbeiter betroffen waren, fällten.
- Laschinger, Wong, McMahon und Kaufmann haben den Einfluss von Führungsverhalten auf die Arbeitseffektivität in einem kanadischen Krankenhaus untersucht. Wenn die Führungskräfte sich ermutigend verhalten haben, hat dies die Wahrnehmungen der Angestellten positiv beeinflusst. Es zeigten sich weniger Spannungen in der Arbeit und eine erhöhte Arbeitseffektivität.
- In einer Studie, die sich mit den Fehlzeiten von Rettungssanitätern beschäftigte, hatten Mitarbeiter, deren Vorgesetzte sich gleichgültig gegenüber den Aufgabenzielen und den Bedürfnissen der Mitarbeiter verhielten, höhere Fehlzeiten.
- Eine Umfrage der Bertelsmann Stiftung zeigte einen klaren Zusammenhang zwischen den Fehlzeiten und dem Verhältnis der Beschäftigten zu ihrem direkten Vorgesetzten. Mit dem Vorgesetzten unzufriedene Beschäftigte waren überdurchschnittlich oft krank. Kritisiert wurde an den Vorgesetzten vor allem, dass sie ihre Mitarbeiter nicht gleich behandeln, dass sie sie in ihren Arbeitsbereichen bei Entscheidungen zu wenig beteiligen, und dass sie die üblichen Delegationsregeln missachten.
- Nach einer Untersuchung von Cooper und Roden waren für Steuerbeamte in England die beiden größten Stressursachen ein autokratischer Führungsstil und Mangel an Rücksprache und Einbindung. Von Rosenstiel, Molt und Rüttinger zeigen auf, dass ein partizipativer Führungsstil belastungs- und Fehlzeiten reduzierend wirkt; ein autoritärer Führungsstil hingegen lässt Fehlzeiten steigen.

In verschiedenen Metaanalysen wurden folgende Varianten des Führungsverhaltens als demotivierend, belastend und tendenziell Fehlzeiten fördernd herausgefunden:
- Konzentration auf die Sachaufgaben und Vernachlässigung der Personenaufgaben,
- autoritäres Führungsverhalten,
- zu geringe Anerkennung der Leistung der Mitarbeiter,
- zu häufige und zu unsachliche Kritik,
- Vorenthalten von Information,

- mangelnde Vermittlung des Sinns der Arbeit,
- ungerechte Arbeitsverteilung und fehlende Gleichbehandlung der Mitarbeiter,
- zu ausgeprägte Kontrolle und Aufsicht,
- unklare und ständig wechselnde Zielvorgaben und Führungsrichtlinien,
- zu geringe Einarbeitung neuer Mitarbeiter oder in neue Aufgaben,
- zu häufige Versetzung an verschiedene Arbeitsplätze und kurzfristige Änderungen der Tätigkeitsinhalte,
- Nichteinhalten von Versprechen über Entwicklungsmöglichkeiten,
- mangelnde Weiterbildungsangebote,
- mangelnde Berücksichtigung der persönlichen Berufsziele der Mitarbeiter,
- Leistungsziele werden nicht realistisch gesetzt und verursachen dadurch Zeitdruck und Überstunden,
- häufiges Einmischen in Delegationsbereiche (Managementdurchgriff).

3.4.3 Gesundheitsförderliches Führen

Mit dem Begriff *gesundheitsförderliches Führen* ist die Gesamtheit von Führungstechniken, -stilen und -verhaltensweisen gemeint, die sich am *Wohlbefinden* und der *Gesundheit* der Mitarbeiter orientieren und damit die zentrale Voraussetzung für leistungsfähige und leistungsbereite Mitarbeiter bilden. Gesundheitsförderliches Führen widerspricht somit nicht den betrieblichen und betriebswirtschaftlichen Zielen, die zu erreichen, wichtigste Führungsaufgabe ist. Im Gegenteil. Das Wohlbefinden der Mitarbeiter ist die zentrale Ressource für den Unternehmenserfolg und zumindest langfristig kann es nicht unternehmerischen Erfolg ohne gesunde Mitarbeiter geben: Qualitativ hochwertige Leistungen können auf Dauer am effektivsten von gesunden und motivierten Mitarbeitern erbracht werden.

Im Folgenden geht es darum, das gesundheitsförderliche Führen anhand eines Vier-Ebenen-Modells zu veranschaulichen und zu erläutern *(Abbildung 2)*. Das Modell unterscheidet vier Ebenen, wobei der Kern aus der ziel- und aufgabenorientierten

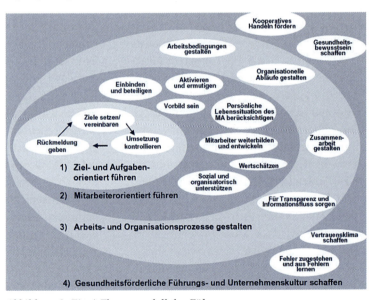

Abbildung 2: Ein 4-Ebenenmodell der Führung

Führung besteht. Diese richtet den Fokus auf den Mitarbeiter. Die Gestaltung von Arbeits- und Organisationsprozessen bildet einen weiteren Rahmen. Für alle Maßnahmen ist entscheidend, dass sie in eine gesundheitsförderliche Führungs- und Unternehmenskultur eingebettet sind.

3.4.3.1 Ziel- und aufgabenorientiert führen

Kernstück des Modells bildet die klassische Aufgabe von Führungskräften, die den gängigen Definitionen der Führungsliteratur entspricht. Demnach wird Führung als zielbezogene Einflussnahme verstanden, die sich kommunikativ und in Interaktion mit den Strukturen der Organisation, Persönlichkeitsmerkmalen der Personen und situativen Aspekten vollzieht.

Eine wichtige Aufgabe der Führung ist somit, dass Ziele gesetzt – bzw. besser noch – vereinbart werden. Um dies erfolgreich umzusetzen, sind bestimmte Regeln zu berücksichtigen. So sollten die Ziele (heraus)fordern und nicht überfordern, überprüfbar, konkret und realistisch sein. Ebenso sollten die Arbeitsaufgaben und Rollen klar definiert werden, denn Rollenunklarheit ist in empirischen Studien als Belastungsfaktor identifiziert worden.

Dabei sollten die Mitarbeiter immer eingebunden werden, da so eine höhere Akzeptanz bei den Mitarbeitern erzeugt werden kann. Ebenso ist eine höhere Bindung an die Ziele wahrscheinlich. Die **Umsetzung** der Ziele muss jedoch auch kontrolliert und in der Folge rückgemeldet werden. Dies geschieht bevorzugt dadurch, dass sich die Führungskraft

- Zeit für den Mitarbeiter nimmt,
- ihn vor Ort aufsucht,
- Rückmeldung über die Arbeitsergebnisse in persönlichen Gesprächen gibt,
- positive Leistungen anerkennt,
- aber auch die Dauerleistung wertschätzt und
- konstruktive Kritik übt, wenn das Ziel nicht in dem gewünschten Umfang erreicht wurde.

Gerade für Kritikgespräche ist Einfühlungsvermögen ebenso erforderlich wie Strategien einer für alle Seiten befriedigenden Konfliktlösung (z. B. Konfliktdeeskalationsstrategien im Sinne des Harvard-Konzepts).

3.4.3.2 Mitarbeiterorientiert führen und unterstützen

Das Besondere bei der *mitarbeiterorientierten Führung* besteht darin, dass der Mitarbeiter durch die Führungskraft eingebunden und beteiligt wird und als Person mit eigenen Bedürfnissen und Interessen ernst genommen wird. Es müssen dem Mitarbeiter *Entscheidungsspielräume* zugestanden werden, aber auch zeitliche und inhaltliche Freiheitsgrade bei der Arbeit. Ebenso sollte er in Planungs- und Entscheidungsprozesse miteinbezogen werden. Das Schaffen von *Partizipationsmöglichkeiten* für die Mitarbeiter sollte ein zentrales Anliegen der Führungskräfte sein. Arbeit über die Köpfe der Mitarbeiter hinweg zu organisieren, hat häufig Reaktanz (Trotzreaktionen) zur Folge. Dagegen führt die Berücksichtigung des Erfahrungswissens und der Bedürfnisse der Mitarbeiter dazu, dass Verantwortungsgefühl und Akzeptanz steigen, weil die Mitarbeiter auf die eigenen Arbeitsbedingungen Einfluss nehmen können. Sie wissen häufig selbst am besten, was sie an ihrer Arbeit belastet, und wie diesen Belastungen zu begegnen ist.

Es geht darum, dass der Mitarbeiter durch die Führungskraft aktiviert und ermutigt wird. Das geschieht z. B. dadurch, dass die Führungskraft

- Gefühle der Wertschätzung vermittelt,
- den Sinn der Arbeit erkennen lässt und
- durch Anreizsysteme motiviert.

Die Führungskraft sollte Vorbild sein für den Mitarbeiter. Das drückt sich für die gesundheitsorientierte Führung so aus, dass sie z. B. auf die eigene Gesundheit achtet und auf die Einhaltung von Pausen bei sich ebenso wie den eigenen Mitarbeitern dringt.

Um Über- bzw. Unterforderung vorzubeugen, sollen die Mitarbeiter gemäß ihren Leistungsvoraussetzungen und Qualifikationen eingesetzt werden. Gerade der direkte Vorgesetzte ist aufgrund seines ständigen Kontakts mit den Mitarbeitern am besten in der Lage, angemessene Arbeitsanforderungen zu entwickeln. Besteht die Gefahr der Überforderung, muss der Vorgesetzte die erforderlichen zusätzlichen Qualifizierungsschritte einleiten (oder aber die Aufgabenschwere/-fülle reduzieren). Führungskräfte, die die Qualifizierung ihrer Mitarbeiter zu ihrem Anliegen machen, Zeit und finanzielle Mittel zur Verfügung stellen, demonstrieren damit ihre Wertschätzung und machen ernst mit der Sicht des Mitarbeiters als wichtiges Potenzial für den wirtschaftlichen Erfolg eines Unternehmens. Im Einzelnen kann die Weiterentwicklung des Mitarbeiters durch folgende Maßnahmen erreicht werden:

- Förderung der fachlichen Qualifizierung, wenn Defizite bei der Aufgabenerledigung bestehen,
- Weiterentwicklung sozialer und methodischer Fähigkeiten,
- Verbessern des Stressmanagements,
- Befördern der persönlichen beruflichen Ziele der Mitarbeiter und
- Aufzeigen von Entwicklungsmöglichkeiten (z. B. in regelmäßigen Mitarbeitergesprächen).

Aus der Stressforschung ist bekannt, dass *Ressourcen* Merkmale der Arbeitssituation oder Person sind, die sich positiv auf die Mitarbeiter auswirken und ihnen helfen, mit Belastungen besser umzugehen. Um die Fähigkeiten der Mitarbeiter zur Stressprävention und zum Stressmanagement zu erhöhen, gilt es, betriebliche und außerbetriebliche Weiterbildungsmaßnahmen für die Mitarbeiter zu fördern. Die Teilnahme an Seminaren zur Erweiterung fachlicher Kompetenzen (z. B. EDV) und sozialer Fähigkeiten wie Zeitmanagement, Gesprächsführung, Umgang mit Konflikten, Entspannungstechniken kann dabei helfen, die individuellen Ressourcen zu erweitern. Auch die *soziale Unterstützung* der Mitarbeiter bei der Aufgabenerledigung ist ein wichtiger Gesundheitsfaktor am Arbeitsplatz. So hat jeder schon an seinem Arbeitsplatz die Erfahrung gemacht, dass erst durch die Hilfe von anderen – Kollegen oder Vorgesetzten – eine Arbeitsaufgabe oder Probleme, die den eigenen Arbeitsbereich betrafen, besser gelöst werden konnten. In der Regel können Schwierigkeiten gemeinsam besser bewältigt werden. Die Unterstützung anderer hilft aber auch dabei, Belastungen besser zu ertragen, da auch emotionale Unterstützung gewährt wird.

Diese gegenseitige Unterstützung hat auch positive Auswirkungen auf das Betriebsklima. Mitarbeiter, die in schwierigen Arbeitssituationen nicht allein gelassen werden, Fehler zugeben können, bewerten erfahrungsgemäß die an sie gestellten Anforderungen als weniger stressend. All dies sollte die Führungskraft sozial und organisatorisch unterstützen, z. B. durch Tutorsysteme für neue Mitarbeiter und durch das Vorsehen von Zeitpuffern, z. B. bei der Übertragung neuer Aufgaben.

Dabei sollte immer auch die persönliche Lebenssituation des Mitarbeiters berücksichtigt werden. So wird er als Einzelfall und Individualschicksal wahrgenommen und nicht als Nummer in einem großen Betrieb behandelt. Gerade in kritischen Lebensphasen (wie Scheidung oder Tod eines nahen Angehörigen) können die beruflichen Anforderungen leicht zu Überforderungen werden. Wichtig ist hierbei, dass die Führungskraft frühzeitig um die kritischen Lebensereignisse weiß und kompensierende Maßnahmen ergreift (Aufgabenreduzierung, Unterstützung durch Kollegen bei der Aufgabenerledigung). Dies setzt indes voraus, dass die Führungskraft eine vertrauensvolle Beziehung zu ihren Mitarbeitern aufbaut, andernfalls wird sie kaum über Schwierigkeiten privater Natur informiert werden. Das macht deutlich, dass die Führungsspanne, also die Anzahl der Mitarbeiter im unmittelbaren Verantwortungsbereich des Vorgesetzten, klein genug sein muss, um zu jedem Mitarbeiter einen persönlichen Kontakt aufbauen zu können.

Die beständige Kommunikation mit den eigenen Mitarbeitern ist auch deshalb nötig, um präventiv psychosoziale Fehlentwicklungen erkennen zu können, die im Kontext der Arbeitsanforderungen und der Zusammenarbeit in der Gruppe zu verorten sind. Dazu gehört z. B. das Erkennen der ersten Anzeichen von Burnout oder Mobbing bei Mitarbeitern. Wie aus Mobbing-Studien hinlänglich klar geworden ist, sind Verhalten und Strategien von Vorgesetzten entscheidend für das Entstehen von Mobbingprozessen und deren Verhindern gleichermaßen.

3.4.3.3 Arbeits- und Organisationsprozesse gestalten

Die *Gestaltung von Arbeits- und Organisationsprozessen* ist ein weiterer wichtiger Meilenstein für eine gute *Führungskultur*. Dazu gehören die Gestaltung der Arbeitsbedingungen und organisatorischen Abläufe, z. B. durch räumliche, klimatische und ergonomische Verbesserungen, oder die Schaffung von (Zeit-)Puffern. Gerade bei eher monotonen Arbeitsaufgaben ist es wichtig, sie so zu gestalten, dass sie inhaltlich weniger ermüdend sind und die Mitarbeiter komplexere Anforderungen (mit höheren Entscheidungsspielräumen) erfüllen können.

Ebenso gehört dazu, für *Transparenz* und *Informationsfluss* zu sorgen, z. B. dadurch, dass die Mitarbeiter umfassend über betriebliche Belange und Veränderungen informiert werden und somit die betrieblichen Abläufe für alle Beschäftigten transparent sind. Dadurch wird auch das allgemeine *Vertrauensklima* gefördert.

Ferner sollte die Teamarbeit und der Zusammenhalt in der Arbeitsgruppe gefördert werden, wobei auch ein wichtiger Aspekt ist, zu dieser zu qualifizieren, denn für einige Mitarbeiter kann diese Form der Arbeit ungewohnt sein. Dabei gilt es, Konflikte rechtzeitig zu erkennen und zu ihrer Lösung beizutragen und z. B. zur Konfliktvermeidung die Arbeit gerecht zu verteilen. Auch angemessene Belohnungssysteme sind hier wichtig.

3.4.3.4 Gesundheitsförderliche Führungs- und Unternehmenskultur schaffen

Die dargestellten Maßnahmen können besonders wirksam werden, wenn die gesamte *Führungs- und Unternehmenskultur* einer Organisation darauf ausgerichtet ist. Es geht darum, eine gesundheitsförderliche Kultur zu schaffen, für die es selbstverständlich ist, dass die Mitarbeiter und Führungskräfte gesundheitsbewusst leben und arbeiten. Die Gestaltung der Zusammenarbeit kann nur erfolgreich sein, wenn dies im Rahmen einer allgemeinen kooperativen Unternehmenskultur erfolgt. Effektive Kooperation sollte sich aber nicht nur auf die Kundgabe in den Führungsgrundsätzen beziehen, sondern sie muss im Unterneh-

Tabelle 2: Gesundheitsförderliches Führen: Ansatzpunkte, Ziele und Maßnahmen

Ansatz-punkte	Führungsgrundsätze entwickeln	Führungsstil	Führungstechniken	Arbeitssituation gestalten
Ziele	• Führen mit Bezug auf Unternehmens- und Mitarbeiterziele • Gesundheitsbewusstsein als Führungsaufgabe • Prinzipien der Kooperation • Gendering • Diversity Management	• Mitarbeiter- und partizipationsorientierter Führungsstil • Kooperativer Führungsstil • Veränderungsorientierter Führungsstil • Führungscoaching • Vertrauenserweckender Führungsstil • Authentischer Führungsstil • Sensibilisierung für Gesundheitsvorsorge und -probleme	• Zielvereinbarung • Einräumen von Beteiligungsmöglichkeiten • Verantwortung delegieren • Umgang mit Konflikten • Führen im Team • Vorbildfunktion • regelmäßige Mitarbeitergespräche • Feed-back • Anerkennung • Mitarbeiterpotenzial-Entwicklung • Kompetenzentwicklung	• Wünsche der Mitarbeiter einbeziehen • Beeinflussbarkeit und Sinnhaftigkeit als Kriterien der Arbeitsgestaltung • Motivations-/ Anreizsysteme • Partizipationsmöglichkeiten geben • Zeitpuffer einplanen, um Dauerstress vorzubeugen • Selbststeuerung ermöglichen
Verankerung	Unternehmensleitbild / Unternehmensgrundsätze; Übernahme in OE-/ PE-Leitlinien; Entwicklung eines Controlling-Systems	Kontinuierliche Überprüfung, ob Führungsgrundsätze „gelebt" werden; mitarbeitergerechtes Führen als Kriterium der Führungskräfte-Auswahl und Führungskräfte-Beurteilung	Rückkopplung mit den Führungsgrundsätzen	Rückkopplung mit den Führungsgrundsätzen
Maßnahmen zur Implementierung	Einrichtung von Gesundheitszirkeln; regelmäßige Check-ups	„Mitarbeiter-gerechtes Führen" als Bestandteil von Führungskräfteseminaren	Kontrollierte Trainings, Workshops	Kontrollierte Trainings, Workshops

men auch aktiv gelebt werden, z. B. indem man sich gegenseitig unterstützt, Hilfen anbietet und auch annimmt. Dazu gehört auch Fehler zuzugestehen, keine Schuldigen zu suchen und aus Fehlern zu lernen ebenso wie Systeme technisch fehlertolerant zu entwickeln.

Im Rahmen einer differenzierten Personalführung sollte auch auf die besonderen Bedürfnisse unterschiedlicher Zielgruppen geachtet werden: So müssen für ältere Arbeitnehmer andere gesundheitsrelevante Maßnahmen sowohl in ergonomischer wie sozialer Sicht getroffen werden als für jüngeres Personal. Ebenso gilt es im Sinne von Gendering auch die Bedürfnisse von Frauen mit Kindern zu berücksichtigen. Ein ausgeglichenes Verhältnis der Faktoren Arbeit, Familie und Freizeit ist für die Gesundheit und das Wohlbefinden der Mitarbeitenden und ihrer Familien von großer Bedeutung. Gerade familienfreundliche Arbeitszeit- und Teilzeitmodelle spielen hierbei eine wichtige Rolle.

In *Tabelle 2* sind noch einmal im Überblick die wichtigsten Ansatzpunkte und Maßnahmen für das gesundheitsförderliche Führen aufgeführt: Die Ansatzpunkte gliedern sich in das Entwickeln angemessener Führungsgrundsätze, in denen bereits das *Gesundheitsbewusstsein* als Führungsaufgabe niedergelegt ist, sowie in die Prinzipien der Kooperation. Als *Führungsstile* werden ein partizipations- und veränderungsorientierter sowie ein kooperativer Stil vorgeschlagen. Neuere Ergebnisse der Führungsliteratur weisen darauf hin, dass es wichtig ist, als Führungskraft authentisch zu sein, d. h. auf die Mitarbeiter glaubwürdig zu wirken. Also: nicht Grundsätze der Gesundheit verkünden und dann anders handeln!

Führungstechniken werden aufgelistet, die sich für das Erreichen unternehmerischer ebenso wie mitarbeiterbezogener Ziele bewährt haben: z. B. Zielvereinbarungen treffen, Vorbildfunktion, Feedback, Anerkennung. Wichtig ist es auch, die Arbeitssituation – etwa durch den Einbezug der Wünsche des Mitarbeiters, durch das Einplanen von Zeitpuffern – so zu gestalten, dass Selbststeuerung und Handlungsspielräume möglich werden.

All diese Ansatzpunkte müssen in *Unternehmensleitbildern und in Organisations-/Personalentwicklungs-Leitlinien* (OE-/PE-Leitlinien) verankert werden. Doch ebenso bedarf es der kontinuierlichen Überprüfung und Rückkoppelung mit den Führungsgrundsätzen, ob diese Leitsätze auch wirklich im Unternehmen – in den Führungstechniken und in der konkreten Arbeitssituation - gelebt werden. Die Aufnahme in die Beurteilung der Führungskräfte erscheint daher sinnvoll. Geeignete Maßnahmen zur Implementierung sind z. B. die Einrichtung von Gesundheitszirkeln, regelmäßige Gesundheits-Check-Ups für alle, die Aufnahme des mitarbeitergerechten Führens in Führungskräfteseminare, Workshops sowie kontrollierte Trainings (d. h., es wird im betrieblichen Alltag überprüft, ob die im Training initiierten Verhaltensänderungen dort umgesetzt werden).

3.4.4 Fazit und weiterer Forschungsbedarf

Mitarbeiter sind die zentrale Ressource zur Erreichung der Unternehmensziele. Deren Förderung ist eine wichtige Aufgabe von Führungskräften, so dass die Mitarbeiter auf Dauer qualitativ hochwertige Leistungen erbringen können. In der betrieblichen Realität wird jedoch noch zu wenig *Gesundheitsförderung* als Führungsaufgabe erkannt und – mit Hilfe der Unterstützung der betrieblichen Gesundheitsschutzakteure – in entsprechendes Handeln umgesetzt. Forschungsergebnisse zu negativen Auswirkungen eines mangelhaften Führungsstils und Führungsverhaltens auf die Motivation, Gesundheit und Anwesenheit der Mitarbeiter machen den Stellenwert einer mitarbeitergerechten und gesundheitsbewussten Führung deutlich. Wichtige gesundheitsförderliche Instrumente und Vorgehensweisen einer Führungskraft sind – wie aus *Abbildung 2* hervorgeht – auf folgenden Ebenen angesiedelt:

- *Ziel- und Aufgabenorientierung* (Ziele vereinbaren, kontrollieren, rückmelden),
- *Mitarbeiterorientierung* (Vorbild sein, beteiligen, aktivieren, wertschätzen, weiterentwickeln und unterstützen),
- *Arbeits- und Organisationsgestaltung* (organisatorische Abläufe, Arbeitsbedingungen und Zusammenarbeit gestalten, für Transparenz sorgen),
- *Führungs- und Unternehmenskultur* (Vertrauensklima schaffen, kooperatives

Handeln fördern, Gesundheitsbewusstsein schaffen und fehlertolerante Systeme entwickeln).

Es besteht hier noch weiterer Forschungsbedarf. So ist z. B. zu fragen, ob und inwieweit weibliche Führungskräfte Gesundheitsfragen stärker beachten. Hinweise dafür gibt es in der Befragung, die Stadler und Spieß mit überwiegend weiblichen Führungskräften durchgeführt haben und die sich mehrheitlich offen für diese Fragen zeigten. Ebenso darf die Frage Interesse beanspruchen, inwieweit sich weibliche Beschäftigte andere Gesundheitsmaßnahmen wünschen bzw. im Zuge einer differenziellen Personalentwicklung welche Personengruppen welche Bedürfnisse mit Blick auf gesundheitsförderliche Arbeitsplätze und Arbeitsprozesse haben.

3.4.5 Key-Message
- Die Forschungsergebnisse zu den negativen Auswirkungen eines mangelhaften Führungsstils bzw. eines entsprechenden Führungsverhaltens auf die Mitarbeiter zeigen, wie wichtig eine mitarbeitergerechte und gesundheitsförderliche Führung ist.
- Das ausgeführte Vier-Ebenen-Modell zur Führung gibt Hinweise, wie dies in der Praxis umzusetzen ist und weist auf die besondere Rolle der Unternehmenskultur für das gesundheitsförderliche Führen hin.

LITERATURHINWEISE

AVOLIO, B. J., GARDNER, W. L.: Authentic leadership development: Getting to the root of positive forms of leadership. The Leadership Quarterly, 16, (2005) S. 315-338.

RICHTER, P.; HACKER, W. (1998): Belastung und Beanspruchung: Streß, Ermüdung und Burnout im Arbeitsleben. Asanger. Heidelberg.

ROSENSTIEL, L. VON & WEGGE, J. (2004), FÜHRUNG, SCHULER (HRSG.): Enzyklopädie der Psychologie/ Organisationspsychologie. Band 4: Organisationspsychologie – Gruppe und Organisation. Hogrefe. Göttingen, S. 493-558.

STADLER, P., SPIESS, E. (2003): Psychosoziale Gefährdung am Arbeitsplatz. Optimierung der Beanspruchung durch die Entwicklung von Gestaltungskriterien bezüglich Führungsverhalten und soziale Unterstützung am Arbeitsplatz. Wirtschaftsverlag NW. Bremerhaven.

MITARBEITERORIENTIERTES FÜHREN UND SOZIALE UNTERSTÜTZUNG AM ARBEITSPLATZ. INQA-Broschüre herunterladbar: http://www.baua.de/nn_21604/de/Informationen-fuer-die-Praxis/Publikationen/Quartbroschueren/A17,xv=vt.pdf (Stand: 06.04.2006).

3.5 Soziale Unterstützung

Frank Nestmann

3.5.1 Das Konzept soziale Unterstützung (social support)

Unter *sozialer Unterstützung (social support)* versteht man all die praktischen und materiellen, informierenden und beratenden Hilfeleistungen aus unseren sozialen Beziehungen. Es ist auch der eher psychologische, emotionale Rückhalt, den unsere Bezugsgruppen uns geben. Wir werden durch die Versicherung anderer unterstützt, dass wir eine gewürdigte Stellung in der Gemeinschaft innehaben und durch die mehr oder weniger expliziten Rückmeldungen, wie unsere Mitmenschen die Anforderungen und Probleme einschätzen, die sich uns stellen. Sie signalisieren, dass unsere persönlichen Potenziale und Fähigkeiten, Belastungen zu meistern, positiv beurteilt werden und dass wir dabei auf Hilfe und Beistand rechnen können, sollten wir darauf angewiesen sein.

Die meisten sozialen Unterstützungsmodelle unterscheiden emotionale, informatorisch-beratende, instrumentell-materielle und interpretativ-rückmeldende Dimensionen. Soziale Unterstützung aus engen persönlichen Bindungen wie aus entfernteren Sektoren unseres *sozialen Netzwerks* kann einmal dazu beitragen, dass Wohlbefinden und Gesundheit hergestellt und gesichert wird. Mitglied eines unterstützenden sozialen Netzwerks zu sein, heißt soziale Gemeinschaft und Geselligkeit in ihren für das Wohlbefinden förderlichen Funktionen erleben zu können und Einsamkeit und soziale Isolation sowie deren schädigende Folgen nicht erfahren zu müssen.

So wird durch soziale Unterstützung sowohl die Auftretenswahrscheinlichkeit von Risiken und Belastungen reduziert als auch die Entwicklung von persönlicher Identität, positivem Selbstbild und Selbstvertrauen, Optimismus und Kontrollbewusstsein über sich und sein eigenes Leben aufgebaut und gestärkt. Dies ist ein *direkter* oder *Haupt-Effekt* sozialer Unterstützung aus sozialen Netzwerken.

Die soziale Gemeinschaft kann sogar über *soziale Regulation* und *soziale Kontrolle* – also Funktionen, die persönlich Autonomie eher begrenzen, kanalisieren oder gar einschränken – dazu beitragen, dass Belastungen und mögliche Stressursachen reduziert oder vermieden werden – z. B. wenn Individuen auf Grund sozial regulierender und kontrollierender Interventionen ihrer Bezugspersonen und Bezugsgruppen weniger gesundheitsriskantes Verhalten zeigen oder sich potenziellen Schädigungen nicht aussetzen.

Zum anderen ist soziale Unterstützung durch soziale Netzwerke eine der wichtigsten Moderatorvariablen im *Stress-/Bewältigungsprozess*. Das heißt, interaktiv rückt sie wie ein *Puffer* zwischen Stressor (Stressursache), Stress und Stresserfahrung (strain) und Stressfolgen für unser Wohlbefinden und unsere Gesundheit. Emotionale, praktische, informationsbezogene oder rückversichernde Hilfeleistungen dämpfen hier die Wirkungen von auftretenden Belastungen, denen wir uns nicht entziehen können und moderieren unser Stresserleben. Oft genug sind sie die entscheidende Voraussetzung für eine Aktivierung und Stärkung der individuellen Selbsthilfe- und Selbstheilungskräfte der Einzelnen. Sie ermöglichen die Überwindung von unterschiedlichsten zwischenmenschlichen, gesundheitlichen, ökonomischen etc. Problemen und Krisen in allen Ausprägungen, allen Bereichen und in allen Phasen unseres Lebens.

Soziale Unterstützung scheint somit von der *Prävention*, d. h. der proaktiven Verhinderung von Belastung und Stressoren, über die *Bewältigung*, d. h. das Überwinden und Meistern von Anforderungen, Problemen, Stress, Krisen und Krankheit mit Hilfe anderer, bis zur *Rehabilitation*, d. h. die längerfristige Wiedererlangung und Wiederentstehung von persönlichem Gleichgewicht, Handlungsfähigkeit und Wohlbefinden, ein ausschlaggebender Faktor von Gesundheitsschutz und Gesundheitssicherung. Zudem ist sie in ungleich größerem Ausmaß als professionelle Hilfeleistungen im Gesundheitssystem unabdingbare Voraussetzung für ein soweit möglich gelingendes Arrangement mit den unveränderbaren Beeinträchtigungen und Behinderungen von Leben und Gesundheit.

Unterschiedliche Quellen sozialer Unterstützung stehen im Gesamt eines persönlichen sozialen Netzwerks bereit. Enge familiale oder freundschaftliche Beziehungen (wie Partner, Kinder, Eltern, Geschwister, Freunde und Freundinnen etc.), weitere Bezüge zu Verwandten, Kollegen, Nachbarn und Bekannten und entferntere Netzwerksektoren, wie Menschen, mit denen wir nur auf Grund ihrer Funktionen interagieren, weiter entfernt Lebende, Zufallsbekanntschaften oder gar Fremde sind potenzielle Quellen sozialer Unterstützung. Ihre Verortung im Netzwerk wie gesellschaftlich tradierte und normierte Zuständigkeiten prägen ihre spezifischen Unterstützungsfunktionen und Zuständigkeiten mit. Die Wirkung sozialer Unterstützung auf diejenigen, die sie erhalten, scheint stark von der Beziehungsart und der Beziehungsqualität zwischen den Beteiligten geprägt.

So sind soziale Unterstützungsprozesse komplexe Interaktionen von Individuen und Gruppen in sozialen und sozialökologischen Kontexten, bei denen sowohl **strukturelle** Gegebenheiten und Bedingungen (wie die Größe von Netzwerken, die Enge oder Dichte von Beziehungen, ihre Häufigkeit und Dauer etc.), wie **Verhaltens**dimensionen der Beteiligten (beobachtbare Hilfearten und Unterstützungsstrategien, spezifische Formen der Unterstützungsnachfrage etc.), vor allem aber **qualitativ-interpretatitve** Aspekte (Erwartungen und Zufriedenheit, Bewertung von Angemessenheit, Beurteilung von Gegenseitigkeit und Ausgleich etc.) wichtige Rollen spielen. Vieles deutet darauf hin, dass insbesondere die Support**wahrnehmungen** und **-interpretationen** der Beteiligten geeignetere Wirkungsprädiktoren sind als beispielsweise die **Struktur** eines sozialen Unterstützungssystems oder operationalisierte **Verhaltens**daten, also das, was eine Person faktisch an Unterstützung erhält.

Es ist davon auszugehen, dass das Passen von Unterstützungsanlässen, -bedürfnissen, -leistungen und -quellen sowie die möglichst gute Kongruenz von Struktur-, Verhaltens- und Interpretationsmerkmalen stark beeinflusst, ob und wie effektiv soziale Unterstützung zur Förderung und zum Schutz von Gesundheit und Wohlbefinden sein kann. Insbesondere kontrollierbare Stressoren, d. h. Belastungen, die von Betroffenen und UnterstützerInnen beeinflussbar sind, erfordern eine solche Passform, während unkontrollierbarere Stressoren (die nicht oder nur schlecht veränderbar sind) primär durch eine emotionale Zuwendung und durch ideellen Rückhalt in der Wirkung auf Wohlbefinden zu puffern sind.

3.5.2 Die soziale Unterstützungsforschung

Soziale Unterstützungsforschung gehört wie soziale Netzwerkforschung zu den umfassendsten sozial- und gesundheitswissenschaftlichen Forschungsdomänen der letzten zwanzig Jahre. In vornehmlich angloamerikanischer Tradition wurden in einer heute unüberschaubaren Anzahl empirischer Studien soziale Unterstützungseffekte auf Wohlbefinden und Gesundheit, aber auch auf eine Vielzahl anderer Wirkungsfelder untersucht (Studien- und Berufserfolg, Lebens- und Arbeitszufriedenheit, kulturelle Integration etc.). Keine Bevölkerungs- oder Alters- und ethnische Gruppe, keine Anforderungs- und Herausforderungssituation in Privatheit und Beruf, kein kritisches Lebensereignis und kein Übergang im Lebenszyklus, keine Risiko- oder Krankheitspopulation bleiben in diesem Forschungsboom ausgespart. Vornehmlich Querschnittsvergleiche in Korrelationsstudien haben seit Beginn in ihrer überwältigenden Mehrheit die salutogene Wirkung von sozialer Unterstützung unter Beweis stellen können – generell im Sinne *sozialer Integration* zur Gesundheitsförderung wie spezifisch im Sinne des Puffers von Belastungen, Stress und Stressfolgen[1]. Komplexe Wirkungsmodelle und Supporttheorien und entsprechend elaborierte Untersuchungsdesigns (Längsschnittstudien, experimentelle Untersuchungen wie qualitative Feldexperimente etc.) haben mit wachsendem Wissenschaftsstand versucht, kausale interaktionale Effektkonzepte zu entwickeln. Soziale Unterstützung wurde so nicht mehr nur in Form einer Einbahnstraße als stabile, unabhängige Variable konzipiert und studiert, sondern auch als prozessuale Größe, die selbst als abhängige Variable von Stress, Stressreaktion und Gesundheitszustand der betroffenen Empfänger beeinflusst wird. Neben den Rezipienten von Support gewannen die alltäglichen Helfer und Helferinnen und die unterstützenden Interaktionsprozesse an Aufmerksamkeit. Schließlich wurden über die flächendeckenden korrelativen Wirkungsbelege hinaus die differenzierteren Wirkungswege und -ursachen unter die Lupe genommen.

---

[1] Diese verallgemeinerte Aussage scheint angesichts heute vorliegender Zusammenschauen und Metaanalysen zulässig, auch wenn in verschiedenen Studien weder Haupt- noch interaktive Effekte gefunden werden konnten, in anderen sogar negative Wirkungen von sozialer Unterstützung unter spezifischen Bedingungen registriert wurden. Soziale Unterstützung ist wie jede – auch professionelle – Hilfe nicht voraussetzungslos und in komplexe Wirkungsgefüge eingebunden, die letztlich entscheiden, ob sie helfen oder nicht (s. o.).

Sozialer Rückhalt und soziale Unterstützung scheinen physische und psychische Gesundheit auf verschiedenen Wegen zu fördern und zu sichern. In einem *bio-psycho-sozialen* Modell ist davon auszugehen, dass miteinander verwobene physiologische, psychologische und soziale Prozesse die vielfältigen Supportwirkungen erklären lassen.

Die Unterstützungsbeiträge des sozialen Netzwerks scheinen auf **bio**-psychische Zustände Einfluss zu nehmen, die selber wiederum schädigende physische Prozesse beeinflussen, sei es, dass das persönliche Immunsystem gestärkt wird oder dass die physiologischen Stressreaktionen gedämpft werden. Immunologische, humorale und neurale Prozesse sind entscheidend. Soziale Unterstützung scheint hämodynamische und neuroendokrinale Abläufe zu bremsen. Unter Stress führen z. B. positive Unterstützungsbedingungen zur Pulsregulierung und zur günstigen Beeinflussung der Herzkreislaufwerte. Die vorliegenden neurophysiologischen Befunde sprechen für eine Freisetzung von Betaendorphinen – opiatähnliche Stoffe, die euphorisierend, narkotisierend, beruhigend und schmerzlindern wirken –, die auf die bei Stress im Bereich des Hypothalamus auftretenden adrenokortikotropen Reaktionen hemmend wirken, wenn soziale Unterstützung aus Netzwerkeinbindungen erfahren wird.

Psychologische Unterstützungseffekte erreichen soziale Netzwerke durch Integration, das Vermitteln von Zugehörigkeit, Aufgehobensein, Akzeptiert werden, Bestätigung und Wertschätzung. Emotionales Wohlbefinden, Selbstwert und Selbstbewusstsein werden so erhöht. Optimistische Stimmung wird geschaffen. Personen erfahren Sicherheit und Reduktion von Angst durch das Eingebettetsein in soziale Beziehungen und die Aussicht auf Hilfe in Notsituationen. Sie erleben in reziproken Beziehungen auch Bestätigung durch ein Gebrauchtwerden und dadurch, wenn sie anderen helfen können, d. h. durch positive Kontroll- und Selbstkontrollerfahrungen. Psychologisch wirkt auch die Stressreduktion in der Belastungssituation durch unterstützende Interpretationsprozesse, durch emotionalen Beistand oder durch die Erfahrung einer gelingenden Bewältigung, wenn eigene Bewältigungsanstrengungen durch die sozialen Hilfebezüge des Netzwerks aktiviert, gefördert und unterstützt werden.

Sozial wirkt Unterstützung durch die praktische, informatorische und materielle Hilfe aus den Netzwerken. Alltägliche Hilfe, aber auch intensivere Versorgungs- und Pflegeleistungen informeller HelferInnen für gesunde und kranke Netzwerkmitglieder nehmen direkten alltagsmedizinischen Einfluss auf unsere Gesundheit und unsere Krankheiten. Zudem ist eine entscheidende Wirkweise die soziale Beeinflussung von Gesundheitsverhalten, d. h. die sozialen Netzwerke vermitteln Werte, Normen und Verhaltensanweisungen zur Gesundheit (Effekte sozialer Regulation und sozialer Kontrolle) zu ihrer Erhaltung und Sicherung wie zu ihrer Wiederherstellung. So werden Ernährungsgewohnheiten, körperliche Aktivitäten, Körperpflege, Gefahren- oder Risikoverhalten in sozialen Beziehungen reguliert. Zudem sind viele gemeinsame und gesellige Aktivitäten in Freizeit, Sport etc. sozial unterstützend und gesundheitsförderlich.

3.5.3 Arbeitsstress und soziale Unterstützung

Von Beginn an sind auch die Bereiche Arbeit und Beruf – später auch Arbeitsplatzverlust und Arbeitslosigkeit – prominente Felder der sozialen Unterstützungsforschung. Probleme, wie hohe berufliche Belastungen und Stress am Arbeitsplatz, Burnout in besonders stressreichen beruflichen Funktionen und Rollen oder die Vereinbarkeit und Konflikte von Beruf und Familie (insbesondere bei berufstätigen Paaren) forcieren die Frage, welche Bedeutung soziale Unterstützung für Gesundheitsförderung und Gesundheitssicherung in Beruf und Arbeit hat oder bei gezielter Förderung haben könnte.

Die Ergebnisse allgemeiner Studien zu Stress – sozialer Unterstützung – und Gesundheit wie spezifischer zu Arbeitsstress – sozialer Unterstützung – und Gesundheit belegen recht durchgängig und konsistent die These, dass social support Arbeitsbelastungen (Stressoren), Stresserfahrungen und deren negative Folgen auf Wohlbefinden und Gesundheit reduzieren kann. Einfach gesagt: Soziale Unterstützung vermindert Stress, verbessert Gesundheit und puffert den Einfluss von Stress auf Gesundheit auch im Beruf und am Arbeitsplatz. Die zahlreichen vorliegenden Untersuchungen – von kleinen samples verschiedener Berufsgruppen und Organisationsmitgliedern bis zu Repräsentativstudien und vermehrten Sekundär- und Metaanalysen entsprechender Studien der letzten 25 Jahre – beziehen sich:

1. auf eine große Bandbreite beruflicher *Stressoren* (quantitative Belastungen, Zeit und Fallzahldruck, Über- und Unterforderung, Rollenüberlastung und -konflikt, unsichere Berufszukunft, Organisationsveränderung, hohe Kontrolle und wenig Partizipation, Konfrontation mit Leid und Krankheit in Gesundheitsberufen etc.)
2. auf verschiedene Dimensionen *von Stresserfahrungen, Stressfolgen* für den Einzelnen wie *organisationsbezogene Konsequenzen*
   a) psychologisch-affektive Folgen (Depressionen, Ängste, Unsicherheit, Desorientierung, emotionale Erschöpfung, Burnout)
   b) physiologisch-organisch-somatische Wirkungen (Herzkreislaufwerte, Blutdruck, Rückenbeschwerden, Psychosomatik etc.)
   c) organisationsbezogene Konsequenzen (Fehlzeiten, Absentismus, fehlende Leistungsbereitschaft, Fluktuation, Arbeitsunzufriedenheit und Langeweile, mangelnde Identifikation mit der Organisation etc.)
3. auf die potenziellen Unterstützungs*quellen* im Beruf: Vorgesetzte/Supervisoren, Kollegen und Kolleginnen im Privaten: Familie/Partner und Freunde
4. und insbesondere auf die Unterstützungs*arten* emotionaler und instrumentell/praktischer Unterstützung.

Es ist heute davon auszugehen, dass Haupteffekte, also direkte Wirkungen sozialer Unterstützung auf (weniger) Stressoren, (geringeren) wahrgenommenen Stress wie auf (bessere) Gesundheit und Wohlbefinden im Beruf, unzweifelhaft gegeben sind. Sie beziehen sich sowohl und vor allem auf **affektive** psychologische Beeinträchtigungen wie auf **generelle** Gesundheit und **somatische** Gesundheitsfolgen bei den Beschäftigten als auch auf **berufs- und organisationsbezogene** Merkmale wie das Engagement und die Identifikation mit dem Unternehmen, die Arbeitszufriedenheit, die Leistung und den Berufserfolg, die durch soziale Unterstützung gefördert werden.

Nicht durchgängig und weniger eindeutig konnten die moderierenden *Puffereffekte* von sozialer Unterstützung am Arbeitsplatz gefunden werden. Wahrgenommene Unterstützung scheint zwar die Wirkung von

Arbeitsstressoren und erfahrenem Stress auf Depressionen, Ängste, Desorientierung und andere affektive Störungen sowie (weniger ausgeprägt) auf generelle und somatische Gesundheit zu puffern, nicht aber auf berufsbezogene Aspekte wie Arbeitsunzufriedenheit, Langeweile, Fehlzeiten etc. Vermutet wird hier u. a., dass arbeitsbezogene Stressfolgen, wie z. B. Arbeitsunzufriedenheit oder geringe Leistungsbereitschaft von Betroffenen wie von Kollegen und Kolleginnen, nicht als unterstützungs- und pufferbedürftige Anlässe gesehen, sondern eher als normal betrachtet werden. Deutliche Stresswirkungen auf affektive Gesundheitszustände, wie Ängste und Depressionen, werden hingegen registriert und emotional unterstützt, d. h. somit abgepuffert, während die weitergehenden organisch somatischen Folgen möglicherweise von potenziellen Helfern nicht als pufferbar betrachtet werden und deshalb auch keine Unterstützungsanstrengungen auslösen.

Zudem wird deutlich, dass die jeweiligen Supportquellen hier einen entscheidenden Einfluss haben.

Trotz einer immer wieder nachgewiesenen Verflechtung und Durchdringung von Belastungen und Belastungsreaktionen im Beruf und im Privatleben scheinen die Grenzen der Lebenssphären doch markiert. Arbeitsstress tangiert primär Wohlbefinden im Beruf sowie Berufszufriedenheit und Familienstress tangiert primär Wohlbefinden in der Familie sowie Familienzufriedenheit. Soziale Unterstützung im Beruf – durch Kollegen und durch Vorgesetzte/Supervisoren – ist zentrale Voraussetzung für Wohlbefinden und Zufriedenheit im Beruf. Soziale Unterstützung durch Partner und Familie ist von zentraler Bedeutung für Familienzufriedenheit und privates Wohlbefinden. Im jeweils anderen Bereich sind sie jeweils weniger relevant.

Je spezifischer die Stressursachen, desto spezifischer scheinen auch die notwendigen sozialen Unterstützungsleistungen, die als Stresspuffer wirken können, sowie die geeigneten sozialen Unterstützungsquellen. Deshalb sind *berufsbezogene Unterstützer* und Unterstützerinnen am Arbeitsplatz offenbar hilfreicher als andere. So werden Arbeitsstressoren und Arbeitsstress ganz zuallererst von arbeitsbezogenen Unterstützungsquellen beeinflusst, wobei die überwiegende Anzahl von Studien hier die Bedeutung der Unterstützung durch Vorgesetzte und Vorarbeiter gegenüber den Kollegen und Kolleginnen ausweist und hervorhebt.

Emotionaler Rückhalt und (die weniger häufig untersuchte) *praktische instrumentelle Unterstützung* durch Vorgesetzte und Supervisoren scheinen zentrale Unterstützungsbedingung zur Sicherung und Förderung von Gesundheit und Wohlbefinden im Beruf. Insbesondere der direkte Vorgesetzte hat hier offenbar einen großen Einfluss auf die eigene Wahrnehmung und Erfahrung von positiver Gestimmtheit und Zufriedenheit im Beruf, auf Arbeitsplatzidentifikation und Engagement und Leistung der Beschäftigten, niedrige Fehlzeiten und ein geringeres Burnout. Diese Supportquelle im Beruf kann neben emotionaler Zuwendung und praktischer Hilfe auch dafür Sorge tragen, dass berufliche Anforderungen als weniger ängstigend und verunsichernd wahrgenommen werden. Ihre soziale Anerkennung fördert zudem das Selbstwertgefühl und verringert persönliche Verunsicherung der Beschäftigten. Unterstützung ist also effektiver, wenn sie aus dem Lebensbereich kommt, in dem die Belastung liegt und aus der Stress resultiert, obwohl in spezifischen Konstellationen auch externe und bereichsübergreifende, z. B. familiäre Supportquellen, hilfreich sein können. Partnerschaftliche und familiale Unterstützungen treten somit in ihrer Bedeutung als Schutz und Puffer für generelle und affektive Gesundheit im Beruf zurück und gewinnen erst beim Verlust des Arbeitsplatzes und bei Arbeitslosigkeit sowie deren negativen Folgen auf Gesundheit und Leben wieder ihre generell herausragende Bedeutung.

Voraussetzung für die positiven stressreduzierenden und gesundheitsförderlichen Unterstützungswirkungen von berufs- und arbeitsplatzbezogenen Supportquellen, wie Vorgesetzte und Kollegen, scheint jedoch, dass Unterstützung gewünscht und gebraucht wird und sie nicht als aufgezwungen und unnötig erlebt wird. Ist das nicht der Fall, sind konträre, d. h. sogar stressverstärkende, Effekte beobachtbar. Dies ist auch dann der Fall, wenn Unterstützung nicht in eine generelle positive persönliche Beziehung eingebettet ist, sondern ereignisabhängig durch eine ansonsten belastende oder bedrohliche Person (z. B. den Vorgesetzten) erfolgt oder wenn der Inhalt unterstützender Interaktion und Kommunikation nicht zu einer positiveren und zuversichtlicheren Beurteilung der Anforderungen der Stresssituation führt, sondern im Gegenteil eine noch pessimistischere und negativere Deutung und Haltung der Betroffenen fördert. Solche Unterstützungsleistungen führen eher zu höherer Belastung, höherem Stress und stärkerer Beeinträchtigung der Beschäftigten.

Emotionale und instrumentelle Unterstützung haben beide einen stresspuffernden, aber unabhängigen komplementären Einfluss auf die Arbeitszufriedenheit und auf das Wohlbefinden im Beruf. Insbesondere Berufsgruppen, die unter erhöhten quantitativen (Menge, Zeit), emotionalen (intensiv affektiven) und organisatorischen (Organisationsveränderung) beruflichen Belastungen arbeiten, profitieren hier vom support ihrer Vorgesetzen und Kollegen.

Berufsbedingungen, die schnell zu Burnout und zu emotionaler Erschöpfung führen (z. B. in bestimmten Gesundheitsberufen, IT-Berufen) oder spezifische berufliche Funktionen - vor allem Leitungsfunktionen, die ein hohes Maß an Rollenkonflikten, Rollenambiguität und rollenabhängiger Anforderung und Stress aufweisen, – werden durch berufsbezogene soziale Unterstützung besser und konstruktiver bewältigbar. Dort, wo diese Arbeitsbelastungen und Funktionen selbst nur zum Teil veränderbar, d. h. die damit verknüpften Stressoren kaum reduzierbar sind, können über die Steigerung von sozialer Unterstützung Stress und negative Stressfolgen reduziert werden.

Soziale Unterstützung durch Vorgesetzte und Supervisoren ist ein Kernelement des *wahrgenommenen Organisationssupports (perceived organizational support)* und wird ergänzt durch Fairness und durch Belohungen durch die Organisation sowie gute Arbeitsbedingungen. Die wahrgenommene Organisationsunterstützung ist eng verknüpft mit Arbeitszufriedenheit und positiver Stimmung der Beschäftigten sowie mit engerem affektiven Bezug zum Unternehmen, höherer Leistung und geringerem Rückzug gegenüber der Organisation.

Es wird in der Organisationssupporttheorie angenommen:

- dass Beschäftigte die Leistungen der Organisation ihnen gegenüber als gezielt und beabsichtigt erleben und diese meist in den Interaktionen mit ihren Vorgesetzen personifizieren,
- dass reziproke Verpflichtungsgefühle entstehen und sich Beschäftigte mit den Zielen der Organisation stärker identifizieren,

- dass sozio-emotionale Bedürfnisse und Leistungsbelohnungserwartungen der Beschäftigten erfüllt werden, wenn sie sich entsprechend gewürdigt sehen.

Wahrgenommener Organisationssupport wird auch als eine Versicherung erlebt, dass Hilfe und Unterstützung von der Institution zu erwarten ist, falls man sie braucht, um den Beruf effektiv auszuüben und in Stresssituationen konstruktive Bewältigungswege zu finden. Diese Prozesse führen zu positiven Effekten bei den Beschäftigten wie bei den Organisationen. Wahrgenommene Organisationsunterstützung führt nach allen heute vorliegenden Erkenntnissen zu generell positiver affektiver Einstellung der Beschäftigten zum Beruf und zum Arbeitsplatz, zu Arbeitszufriedenheit, Identifikation mit der Arbeit, die man tut, und positiver Gestimmtheit, zu hoher Leistung (generell) und weitergehendem Engagement, zu hohem Verbleib und niedrigen Fluktuationen, Fehl- und Verspätungszeiten etc. Bei den Beschäftigten führt dies vor allem aber zu einem generell niedrigeren Stressniveau in der Arbeit (bei hoher wie bei niedriger Belastung), zur Reduzierung negativer psychologischer und psychosomatischer Reaktionen auf Stressoren, zu geringerem Burnout, geringerer Erschöpfung, weniger Ängsten und Kopfschmerzen etc. Beschäftigte, die ein hohes Maß an Organisationsunterstützung erleben, finden ihre Arbeit angenehmer, sind in besserer Stimmung bei der Arbeit und leiden an weniger Stresssymptomen. In der Erfahrung von emotionalem Rückhalt, positiver Bezogenheit und Würdigung durch Vorgesetzte wie Kollegen und Kolleginnen werden sie zudem in ihrem Selbstwert signifikant gefördert.

Auch für die immer bedeutsamer werdenden Reibungen zwischen Arbeit, Beruf und Familie und Privatheit, in der in *Interrollenkonflikten* die Zwänge von Beruf und Familie inkompatibel werden, kann die wahrgenommene Organisationsunterstützung helfen, wechselseitige Beeinträchtigungen (die meist stärker in Richtung von Beruf auf Familie erlebt werden) zu dämpfen. Geraten Familienrollen in Konflikt mit dem Beruf, gelingt es so, Fehlzeiten und Berufsstress zu mindern. Beeinflusst die Berufsrolle das Familienleben, kann allgemein Lebenszufriedenheit gefördert, Unzufriedenheit mit dem Beruf und genereller psychologischer Stress reduziert werden.

In zahlreichen berufsbedingten Stressbewältigungs- und sozialen Unterstützungskonstellationen und -prozessen unterscheiden sich – wie in der Netzwerk- und sozialen Unterstützungsforschung generell – die Geschlechter signifikant. Auch wenn sich männliche und weibliche Familien- und Berufsrollen in vielen Bereichen tendenziell annähern, bleiben konturierte Geschlechterdifferenzen erkennbar.

Soziale Unterstützung wird von Frauen und Männern in Familie wie im Beruf anders praktiziert und genutzt. Frauen sind in Familie wie im Beruf aktivere Unterstützerinnen. Frauen suchen aber auch mehr Unterstützung in beruflichen Stresssituationen z. B. durch Reden mit anderen. Sie erfahren auch mehr Unterstützung von FreundInnen und KollegInnen. Sie haben mehr (vor allem emotional) unterstützende Beziehungen in familialen Netzwerken wie am Arbeitsplatz. Für berufstätige Frauen ist dieser arbeitsbezogene support ein signifikanter Prädikator der Arbeitsplatzzufriedenheit und der generellen Lebenszufriedenheit.

Menschen managen ihre eigenen Beziehungs- und Berufskarrieren proaktiv, indem sie sich eine Reihe informeller zwischenmenschlicher Unterstützungsbeziehungen schaffen und diese pflegen. Persönliche Unterstützung wird eingeworben und Informationsaustausch mit FreundInnen zu Karrierethemen wird gesucht. Peer-support in Unterstützung und Anleitung wird bei erfahrenen Kollegen und Kolleginnen eingeholt. Netzwerkunterstützung wird aktiviert, wo einflussreiche Kollegen und Vorgesetzte in ein die Laufbahn förderndes Kontaktnetzwerk eingebunden werden. Männer präferieren und nutzen hierbei peer- und Netzwerkunterstützungsstrategien stark instrumentell und pragmatisch, um direkten Zugang zu einflussreichen Unterstützern zu bekommen und erfolgreich ihr berufliches Fortkommen zu sichern, und sie nutzen die Unterstützung dieser Quellen als Bezugsrahmen ihrer persönlichen Evaluation von Karriereerfolg. Frauen hingegen sorgen für gelingende zwischenmenschliche Beziehungen in Privatheit wie im Beruf und erhalten mehr emotionale und weniger instrumentelle Hilfe. Ihr Bezugsrahmen für subjektive Erfolgserwartungen ist stärker der persönliche Kollegen-support. Im Beruf sind den berufstätigen Frauen enge KollegInnenbezüge äußerst wichtig. Arbeitende Frauen erleben mehr support als nichtberufstätige oder arbeitslose. Die Gemeinschaft mit anderen ist der wichtigste nichtfinanzielle Grund für die Berufstätigkeit von Frauen.

In fast allen geschlechtervergleichenden Studien zeigt sich die subjektive und objektive Dominanz emotionaler Unterstützungserfahrungen von Frauen.

Auch in der Situation von Arbeitsplatzverlust und Arbeitslosigkeit ist (emotionale) Unterstützung der wichtigste Faktor, der Gesundheit und Wohlbefinden bei Frauen beeinflusst. Da Beschäftigung durch die soziale Integration in den Beruf, die Zuwendung und Rückmeldung der Kollegen, die Anerkennung durch Vorgesetzte etc. eine wichtige Supportquelle für Frauen (insbesondere auch in Leitungsfunktionen) darstellt, ist die Erfahrung von Arbeitsplatzverlust und Arbeitslosigkeit auch für sie ein einschneidendes Stresserlebnis mit weit reichenden negativen Folgen auf psychische und körperliche Gesundheit.

Partnerschaft ist hierbei eine wichtige Schutzvariable – allerdings ist weniger deren Existenz als vielmehr die Beziehungsqualität entscheidend und eine nicht – unterstützende Partnerschaft verschlechtert die Situation der Frauen, wird zum zusätzlichen Stressor. Arbeitslose Männer erleben emotionalen Support vor allem durch ihre Partnerinnen. Arbeitslose Frauen hingegen erleben hier mehr instrumentelle, finanzielle und informationsbezogene Unterstützung, obwohl ihnen der emotionale support wichtiger ist. So sehen sie zwar ihre Familien als zentrale Supportquellen, aber sie erhalten zu wenig und zu wenig emotionale Hilfe vor allem von Partnern und Kindern. Im Hintergrund stehen oft ein familiales Unverständnis der Bedeutung des Arbeitsplatzverlustes der Mutter und/oder die ohnehin skeptisch ablehnende Haltung zur Berufstätigkeit der Frau. Die eigenen Eltern werden dann oft zu einer wichtigen Supportquelle. Zudem nehmen Freunde und Freundinnen die zentralen Unterstützungsaufgaben wahr. Bei Frauen sind dies eher enge und dyadische Freundschaften, bei Männern eher gruppenorientierte Freundschaftsbezüge. Die Menge und die Qualität aktiver sozialer Unterstützung durch Nichtfamilienmitglieder, d. h. von Freunden aber auch von Kollegen und Kolleginnen, sinken signifikant mit dem Eintritt der Arbeitslosigkeit. Die Netzwerke werden kleiner und die Beziehungsqualitäten (Intensität und Häufigkeit) verändern sich negativ (wohl auch durch den eigenen Rückzug, fehlende finanzielle Mittel etc.). Wenn Unterstützung bei Arbeitsplatzverlust oder in der Arbeitslosigkeit am meisten gebraucht wird, um Stress und Gesundheitsfolgen zu moderieren, fehlt diese Unterstützung in vielen Fällen.

Wie in der privaten Lebensführung und in der Bewältigung kritischer Lebensereignisse im familialen Alltag und Freizeit, so benötigen Männer und Frauen auch im beruflichen Leben und in ihren Arbeitskontexten soziale Unterstützung durch die ihnen nahe stehenden Menschen und für sie bedeutsame andere, um ihr psychosoziales Wohlbefinden zu fördern und ihre Gesundheit angesichts unterschiedlichster beruflicher Anforderungen und vielfältiger Belastungen insbesondere bei hohem Arbeitsstress zu fördern. In einer neuen Arbeitswelt, die vermehrte und tiefer greifende Flexibilitäts- und Veränderungsanforderungen, Unwägbarkeiten und Unsicherheiten, Ambiguitäten, Rollenkonflikte und Risiken mit sich bringt, sollten organisatorische Berufsbedingungen und betriebliche Arbeitsplatzverhältnisse den Unterstützungsbedarfen und -bedürfnissen der Menschen im Eigeninteresse der Organisation wie im Interesse einer Förderung psychosozialer Gesundheit der Beschäftigten Rechnung tragen.

3.5.4 Key-Message
- Unter sozialer Unterstützung (social support) versteht man die praktischen und materiellen, informierenden und beratenden Hilfeleistungen aus unseren sozialen Beziehungen.
- Soziale Unterstützung durch soziale Netzwerke ist eine der wichtigsten Moderatorvariablen im Stress-/Bewältigungsprozess.
- Sozialer Rückhalt und soziale Unterstützung fördern bzw. sichern physische und psychische Gesundheit.
- Die Ergebnisse allgemeiner Studien belegen recht durchgängig und konsistent die These, dass social support Arbeitsbelastungen (Stressoren), Stresserfahrungen und deren negative Folgen auf Wohlbefinden und Gesundheit reduzieren kann.
- Emotionale und instrumentelle Unterstützung haben einen stresspuffernden, aber unabhängigen komplementären Einfluss auf die Arbeitszufriedenheit und auf das Wohlbefinden im Beruf.
- Soziale Unterstützung wird von Frauen und Männern in Familie wie im Beruf anders praktiziert und genutzt.

LITERATURHINWEISE
House, J. S. (1981): Work Stress and Social Support. Reading: Addison Wesley.

Rhoades, L.; Eisenberger, R. (2002): Perceived Organizational Support: A Review of the Literature. Journal of Applied Psychology. 87, 4, 698-714.

Cohen, S.; Wills, A. P. (1985): Stress, Social Support and the Buffering Hypothesis. Psychological Bulletin 98, 310-357.

LaRocco, J.; House, J. S.; French, J. R. P. (1980): Social Support, Occupational Stress and Health. Journal of Health and Social Behavior 21, 202-218.

Röhrle, B. (1994): Soziale Netzwerke und soziale Unterstützung. Weinheim: PVU.

3.6 Liebe im Büro – eine ökonomische Perspektive

Hanno Beck

3.6.1 Einleitung

Es ist ein Aufreger im doppelten Sinne des Wortes - Liebe am Arbeitsplatz schafft Genuss und Verdruss, ab und an zugleich, ab und an nacheinander. In vielen amerikanischen Unternehmen sind Beziehungen zwischen Mitarbeitern oder gar zu Vorgesetzen streng reglementiert. So mussten bis vor ein paar Jahren noch Ford-Mitarbeiter unterschreiben, dass sie der Personalabteilung mitteilen, wenn sie sich in Vorgesetzte verlieben. IBM strich erst vor wenigen Jahren aus der Betriebsvereinbarung den Passus, der Beziehungen zwischen leitenden und normalen Angestellten ausdrücklich verbot. Xerox, AT&T und Corning fordern in ihren Betriebsvereinbarungen leitende Angestellte auf, ihre Personalchefs über Beziehungen zu Kollegen zu informieren.

Zuletzt stolperte der Chief Executive Officer und Präsident des Luftfahrtkonzerns Boeing, Harry Stonecipher, über eine persönliche Affäre mit einer weiblichen Führungskraft: Eine interne Untersuchung des Unternehmens hatte zwar ergeben, dass das Verhältnis von beiden Seiten gewollt war und es auch weder die Karriere noch das Gehalt der Managerin beeinflusst hatte. Die Frau sei Stonecipher außerdem nicht direkt unterstellt gewesen. Trotzdem entschied der Verwaltungsrat, dass der Sachverhalt nicht mit dem Verhaltenskodex des Unternehmens vereinbar sei. „Der Verwaltungsrat kam zu dem Schluss, dass die Fakten das Urteilsvermögen von Harry Stonecipher in schlechtem Licht erscheinen lassen und seine Fähigkeit, das Unternehmen zu führen, beeinträchtigen. Der CEO muss den Standard für untadeliges berufliches und persönliches Verhalten setzen", lautete die Begründung des Verwaltungsrates.

Für Unruhe sorgte die Liebe auch beim Handelsriesen Wal-Mart: Der amerikanische Supermarkt-Konzern veröffentlichte weltweite Leitlinien auch in Deutschland, aus denen man ein Verbot von Beziehungen am Arbeitsplatz herauslesen kann – zumindest, wenn es sich um Beschäftigte unterschiedlicher Hierarchie-Ebenen handelt. Vorläufig ist Wal-Mart allerdings beim Arbeitsgericht Wuppertal abgeblitzt.

Schon diese wenigen Beispiele zeigen, welche Konfliktpotentiale *Beziehungen am Arbeitsplatz* haben können. Aber warum lassen sich dennoch immer wieder Kollegen aufeinander ein, und warum ist das für die Betriebe oft ein Problem? Beide Fragen sollen im Folgenden beantwortet werden. Im zweiten Abschnitt werden Vor- und Nachteile der Liebe im Büro aus Sicht der Arbeitnehmer erörtert, im dritten Kapitel werden Vor- und Nachteile aus Sicht der Betriebe behandelt. Ein kurzes Fazit bildet den Abschluss des Beitrags.

3.6.2 Die Sicht der Arbeitnehmer
3.6.2.1 Partnersuche am Arbeitsplatz: Vorteile

Einer der entscheidenden Vorteile einer Beziehungssuche am Arbeitsplatz ist die großer Verfügbarkeit potentieller Partner: Je größer das Unternehmen ist, um so mehr potentielle Partner stehen dem einzelnen Arbeitnehmer zur Auswahl, was den Erfolg einer *Partnersuche* wahrscheinlicher macht. Hinzu kommt der Umstand, dass man einen Großteil seiner Lebenszeit am Arbeitsplatz verbringt, hier also am meisten Zeit hat zu suchen. Insofern kann man vermuten, dass die Partnersuche am Arbeitsplatz dazu führt, dass der einzelne Arbeitnehmer einen Teil seiner Freizeitaktivitäten – nämlich die Suche nach einem Partner – an den Arbeitsplatz verlagert. Ein weiterer Vorteil der Partnersuche am Arbeitsplatz besteht in der wesentlich erleichterten Kontaktaufnahme: Wer im gleichen Unternehmen arbeitet, hat fast zwangsläufig natürliche Gründe für eine erste Kontaktaufnahme – ein Unterfangen, das sich in der freien Wildbahn wesentlich schwieriger gestaltet. Zudem kann er sich über Kollegen erste Informationen über das potentielle Objekt der Begierde verschaffen – informationstechnisch betrachtet ein großer Vorteil.

Eben jene Informationsvorteile machen es dem oder der Angesprochenen auch leichter, Kontaktversuche zu beantworten, da er oder sie sich zum einen ebenfalls über Dritte verlässliche Informationen über den oder die Kontaktaufnehmenden beschaffen kann, zum anderen alleine die Zugehörigkeit zur gleichen Firma ein gewisses Vertrauenskapital schafft. Bei einer Kontaktaufnahme außerhalb des Berufslebens weiß man oftmals über das Gegenüber nichts und tut sich auch oft schwer, verlässliche Informationen über den anderen zu beschaffen. Der Umstand aber, dass das Gegenüber im gleichen Unternehmen arbeitet, schafft zunächst eine gewisse Sicherheit über einen wichtigen Teil der Lebensumstände des oder der potentiellen Partners, was eine erste Einschätzung sowie Erwiderung der Kontaktaufnahme leichter macht. Der oder die Angesprochene fühlt sich sicherer, was die Eigenschaften, Fähigkeiten und Lebensumstände des anderen angeht.

Aus dieser informationstheoretischen Perspektive betrachtet erweist sich der Arbeitsplatz als das ideale Feld zur Anbahnung von Kontakten: Alleine die Tatsache der Zugehörigkeit schafft eine gewisse Informationssicherheit und damit einen Vertrauensvorschuss, und der leichtere Zugang zu weiteren Informationen verbessert noch den Informationsstand der beiden potentiellen Partner. Nimmt man noch den Umstand hinzu, dass man viel Zeit am Arbeitsplatz verbringt und dort auf einen großen Pool potentieller Partner trifft, kommt man zu dem Schluss, dass Partnerschaften, die über den Arbeitsplatz angebahnt werden, eine größere Erfolgswahrscheinlichkeit haben müssen. Man findet leichter einen passenden Partner und kann selbigen länger, intensiver und informationssicherer auf seine Eignung als Partner abklopfen. Beides reduziert das Risiko, bei der Partnerwahl aufgrund mangelnder Gelegenheiten, andere Partner zu treffen oder aufgrund von Erwartungsirrtümern den falschen Partner auszuwählen, was sich negativ auf die Dauer und Güte der Beziehung auswirkt.

Verstärkt werden kann der positive Effekt einer Partnerwahl am Arbeitsplatz dann, wenn sich Partner aus gleichen Führungsebenen und Abteilungen finden. Die Literatur zeigt, dass Partnerschaften vor allem dann erfolgreicher und stabiler sein können, wenn die Partner sich in bezug auf bestimmte soziodemographische Merkmale wie Bildungsstand, Intelligenz und Ansichten ähneln. Der Grund dafür liegt in den besonderen Gütern, die innerhalb einer Beziehung hergestellt werden: Güter wie Wärme, Geborgenheit, Nähe oder aber auch die Aufzucht gemeinsamer Kinder lassen sich leichter herstellen, wenn sich zwischen den Partnern möglichst viele Gemeinsamkeiten finden. Treffen also zwei Abteilungsleiter mit gleichem Ausbildungsniveau, gleichem beruflichen Werdegang und ähnlicher Fachrichtung aufeinander, so dürfte den beiden die Gestaltung einer Beziehung aufgrund des hohen Grades an Gemeinsamkeiten leichter fallen als einer Beziehung zwischen dem Vorstand und beispielsweise Jemandem vom Kantinenpersonal.

Unter dem Strich zeigt sich, dass der Arbeitsplatz als Heiratsmarkt aus Sicht der Partnersuchenden eine gute Idee ist und viele Vorteile bietet, die sich positiv sowohl auf den Sucherfolg als auch die Stabilität der Beziehungen auswirken kann. Nichtsdestotrotz finden sich natürlich auch Nachteile einer Beziehung am Arbeitsplatz.

3.6.2.2 Nachteile einer Beziehung am Arbeitsplatz

Die Nachteile einer Beziehung am Arbeitsplatz lassen sich trennen in die Zeit vor der Bekanntmachung der Liaison und den Zeitraum danach. Will man – aus welchen Gründen auch immer – die persönliche Verbindung zu einem Kollegen nicht offiziell machen, so ist die Beziehung mit höheren Kosten verbunden als herkömmliche Beziehungen. So gilt es, sich öffentlich voneinander zu distanzieren, jegliche Hinweise auf eine Beziehung zu vermeiden und zu verheimlichen. All die damit verbundenen Handlungen sind allerdings mit hohen Kosten verbunden, welche den Ertrag der Beziehung reduzieren und sie damit anfälliger für eine Trennung machen. Allerdings sind auch Szenarien denkbar, in denen gerade die Heimlichtuerei der Beziehung Auftrieb gibt, da man das Verbotene Tun als aufregend empfindet.

Hat man die Beziehung offiziell gemacht, so kann man sich den eigentlichen Problemen einer Beziehung am Arbeitsplatz zuwenden. An erster Stelle steht da die Frage, wie viel Nähe eine Beziehung verträgt – kann man nach einem 12-Stunden-Arbeitstag auch noch die restlichen 12 Stunden gemeinsam verbringen oder ist das zuviel Nähe für eine Beziehung? Allerdings wird dieses Problem umso geringer, je weiter die beiden Partner sowohl räumlich als auch organisatorisch innerhalb des Unternehmens getrennt sind. Je größer diese Distanz ist, umso geringer wird auch die Gefahr, dass berufliche Konflikte in die Privatsphäre getragen werden oder aber häusliche Konflikte auch die Zusammenarbeit im Unternehmen belasten. Die Gefahr solcher Konflikte wird auch umso größer, je mehr ein Unterordnungsverhältnis zwischen den beiden Partnern besteht, also einer der beiden weisungsbefugt über den Anderen ist. Ein eher weniger beachteter, aber aus ökonomischer Perspektive wichtiger Aspekt ist das Fehlen einer innerfamiliären Risikodiversifizierung bei Partnern, die im gleichen Unternehmen arbeiten. Ein Vorteil einer Partnerschaft liegt nämlich auch darin, dass beide Partner dadurch, dass sie ihre Einkommen poolen, die Schwankungsanfälligkeit ihres Gesamteinkommens reduzieren können. Verliert ein Partner seinen Arbeitsplatz, so bleibt immer noch das

Einkommen des anderen Partners, um die Existenz beider Partner abzusichern. Das Risiko eines Totalverlustes des Familieneinkommens ist mithin geringer als das Einkommensrisiko, dem sich eine einzelne Person ausgesetzt sieht. Arbeiten jedoch beide Partner im gleichen Unternehmen, so entfällt dieser Diversifikationseffekt. Im Gegenteil erhöht sich das Einkommensrisiko innerhalb der Partnerschaft: Verliert der eine Partner sein Einkommen, weil es seinem Arbeitgeber schlecht geht, so steigt zugleich auch das Einkommensrisiko des anderen Partners, da er ja im gleichen Unternehmen beschäftigt ist. Partner, die im gleichen Unternehmen arbeiten, verzichten also auf den Diversifikationseffekt einer Ehe und damit zumindest auf einen Teil der ökonomischen Erträge einer Ehe.

3.6.3 Die Sicht der Arbeitgeber
3.6.3.1 Vorteile von Beziehungen am Arbeitsplatz

Die Vorteile von Beziehungen am Arbeitsplatz halten sich für die Arbeitgeber im Vergleich zu den Nachteilen eher in Grenzen – was erklären mag, warum viele Unternehmen Zwischenmenschlichkeiten am Arbeitsplatz eher dulden als befürworten. Zu einer Duldung müssen sie sich letztlich durchringen, da in der Regel die Persönlichkeitsrechte der betroffenen Arbeitnehmer hier Vorrang vor den Interessen des Betriebes genießen. So wurde auch der amerikanische Handelsriese Wal-Mart von den deutschen Gerichten dazu verurteilt, einen Kodex, der sämtliche Liebesbeziehungen zwischen Mitarbeitern untersagen soll, außer Kraft zu setzen.

Als ein Vorteil von Beziehungen am Arbeitsplatz mag gelten, dass im besten Falle die betroffenen Mitarbeiter entspannter und motivierter bei der Sache sind – ein Paar kann unter Umständen ein wesentlich besseres Teamwork liefern als andere Teams, die nicht durch persönliche Verbindungen zusammengeschweißt sind. Nicht umsonst fördern Unternehmen auch das Zusammensein und die persönlichen Kontakte zwischen Mitarbeitern, wenngleich damit Liebesbeziehungen weniger das beabsichtigte Resultat sein dürften. Im besten Falle können Beziehungen zwischen Mitarbeitern zu einem entspannteren Betriebsklima und zu einer besseren Zusammenarbeit führen.

Ein weiterer – eher pragmatischer – Grund dafür, dass Unternehmen Beziehungen am Arbeitsplatz dulden, dürfte darin zu sehen sein, dass man diese in der Regel sowieso nicht untersagen kann und ein Verbot solcher Beziehungen lediglich zu mehr Stress und Aufwand für die Betroffenen führen dürfte, die dieses Verbot zu umschiffen suchen. Zudem dürfte das Betriebsklima vermutlich darunter leiden, wenn jedes zwischenmenschliche Gespräch stets unter dem Vorbehalt einer verbotenen Kontaktaufnahme gesehen werden muss.

Insgesamt erschöpfen sich die Vorteile zwischenmenschlicher Beziehungen am Arbeitsplatz für den Arbeitgeber recht schnell, während bei den Nachteilen schon mehr zu Buche schlägt.

3.6.3.2 Nachteile von Beziehungen am Arbeitsplatz

Genauso wie man vermuten mag, dass die Produktivität am Arbeitsplatz durch glückliche Beziehungen gesteigert werden kann, kann man auch argumentieren, dass sie – vor allem bei weniger glücklichen Beziehungen – rasch zu einem Absinken des Betriebsklimas führen kann. Schlimmstenfalls kann eine Beziehung am Arbeitsplatz dazu führen, dass der private Rosenkrieg auf betrieblicher Ebene fortgesetzt wird – zum

Schaden des Unternehmens. Zudem muss der Arbeitgeber befürchten, dass auch das Klima zwischen dem zerstrittenen Paar und dem Rest der Belegschaft in Mitleidenschaft gezogen wird – ein solcher Konflikt kann rasch weite Kreise in die restliche Belegschaft ziehen, mit entsprechenden Folgen für das Arbeitsplatzklima und die Produktivität auch der unbetroffenen Mitarbeiter. Noch problematischer für das Betriebsklima kann es werden, wenn es sich um eine Liaison zwischen Vorgesetztem und Untergebenen handelt. Abgesehen von den Verdächtigungen und Anfeindungen der Kollegen, denen sich dann beide Protagonisten ausgesetzt sehen dürften, muss man zudem befürchten, dass Entscheidungen des Vorgesetzten unter Berücksichtigung des Partners nicht immer zum Wohle des Betriebs erfolgen. Ein Vorgesetzter, der seinen Partner befördert, ist ein Problem. Allerdings kann es genau so ein Problem sein, wenn der Vorgesetzte den Partner nicht befördert, weil es der Partner ist, obwohl er für den Posten geeignet wäre. Dieses Dilemma ist nicht auflösbar. Im schlimmsten Fall kann es sogar zu einer Kollusion der beiden Partner zum Schaden der Firma und der Kollegen kommen. In den deutschen Banken etwa arbeiten Eheleute nicht in derselben Filiale. Die Kreditinstitute wollen damit jede Möglichkeit zur Manipulation im Keim ersticken und schon den Anschein unlauteren Handelns vermeiden. Ein weiteres Problem für das Unternehmen besteht darin, dass sich bei Beziehungen zwischen Vorgesetzen und Untergebenen oftmals nicht mehr genau trennen lässt, inwieweit denn hier möglicherweise auch Machtmissbrauch durch den Vorgesetzten vorliegt. Im schlimmsten Fall muss der Arbeitgeber sogar bei einem späteren Rosenkrieg noch mit Klagen wegen sexueller Belästigung rechnen, was – egal ob gerechtfertigt oder nicht – dem Betriebsklima und möglicherweise auch dem Ruf des Unternehmens bei Kunden und Lieferanten schaden kann. Nicht wenige Büro-Affären landen in letzter Instanz vor dem Richter – in der Regel zum Leidwesen des Unternehmens.

3.6.4 Fazit

Die Liebe, so sagt ein Bonmot unter Ökonomen, ist auch so ein Problem, das Karl Marx nicht gelöst hat. Das gilt wohl in noch stärkerem Maße für die Liebe am Arbeitsplatz. Den Mitarbeitern bringt die Liebe am Arbeitsplatz eine Reihe von Vorteilen: Man kann leichter nach einem Partner suchen, die Kontaktaufnahme fällt leichter, zudem bietet der Arbeitsplatz große Vorteile bei der Informationsbeschaffung über den zukünftigen Partner oder die zukünftige Partnerin. Unangenehm wird es für die betroffenen Beschäftigten erst dann, wenn die Liebe der Krise gewichen ist – dann kann der Arbeitsplatz zur Arena werden, aus der nur die Kündigung als einziger Ausweg bleibt. Kritischer hingegen ist die Liebe am Arbeitsplatz für die Unternehmen, den vermuteten positiven Wirkungen einer Beziehung auf Gesundheit und Motivation der Mitarbeiter stehen viele menschliche, organisatorische und auch juristische Probleme gegenüber. Dass die Unternehmen dennoch nicht umhin kommen, zwischenmenschliche Schwächen ihrer Mitarbeiter zu dulden, liegt angesichts der Persönlichkeitsrechte der Betroffenen auf der Hand. Allenfalls ein vorsichtiges Management solcher Beziehungen – beispielsweise durch eine Versetzung eines der beiden Partner – wäre hier möglich, kann aber unter Umständen ebenfalls auf arbeitsrechtliche Probleme stoßen. Auch, wenn nicht besonders für Unternehmen gilt also: Die Liebe ist das charmanteste Unglück, das uns zustoßen kann.

3.6.5 Key-Message
- In vielen amerikanischen Unternehmen sind Beziehungen zwischen Mitarbeitern oder zu Vorgesetzen streng reglementiert.
- Der Arbeitsplatz ist das ideale Feld zur Anbahnung von Kontakten.
- Die Vorteile von Beziehungen am Arbeitsplatz halten sich für die Arbeitgeber im Vergleich zu den Nachteilen in Grenzen.

LITERATURHINWEISE

BECK, H. (2005): Der Liebesökonom. Kosten und Nutzen einer Himmelsmacht. Frankfurter Allgemeine Buch.

HARTWIG, K.-H.: Partnerschaften – Ökonomie zwischenmenschlicher Beziehungen, in: Bernd-Thomas Ramb, Manfred Tietzel (Hrsg.): Ökonomische Verhaltenstheorie. Verlag Franz Vahlen, München 1993, S. 33 – 61.

HESS, G. D.: Marriage and consumption insurance: What's love got to do with it? CESinfo Working Paper No. 507, June 2001.

RIBAR, D. C. (2004): What do social scientist know about the benefits of marriage? A review of quantitative methodologies. IZA Discussion Paper No. 998, Bonn.

RIBHEGGE, H.: Ökonomische Theorie der Familie, in: Bernd-Thomas Ramb, Manfred Tietzel (Hrsg.): Ökonomische Verhaltenstheorie. Verlag Franz Vahlen, München 1993, S. 63 – 87.

3.7 Spiritualität/Religiosität

Michael Utsch

3.7.1 Einleitung

Auf den ersten Blick scheinen menschliche *Spiritualität* und *Religiosität* nichts mit der Arbeitswelt zu tun haben. Treffen hier nicht zwei unvereinbare Welten aufeinander? Wo berühren sich die konsumgesteuerte Welt des *Besitzes* (*Materialismus*) mit der meditativen Welt des *Geistes* (*Idealismus*)? Während die materielle Welt von den Prinzipien der Leistung, des Wettbewerbs und der Gewinn-Maximierung beherrscht wird, sind in der geistigen Welt inneres Wachstum, Vertrauen und Loslassen zentrale Ziele. Allerdings setzt sich zunehmend die Einsicht durch, dass auch die Arbeitswelt durch *Werte*, die *Moral* und das menschliche *Grundbedürfnis* nach *Sinn* und Bedeutung bestimmt wird.

Die umwälzenden Veränderungen in Gesellschaft, Kultur und Wirtschaft haben das Vertrauen in traditionelle Werte und bislang verlässliche Märkte zerfallen lasen. Die sozio-ökonomischen, ökologischen und kulturellen Krisenphänomene haben zu einer weit verbreiteten Verunsicherung geführt. Deshalb werden seit einigen Jahren die Voraussetzungen, Grundlagen und Funktionsweisen der Erwerbsarbeit und Produktivität neu und intensiver untersucht und bestimmt. Bei aller Unterschiedlichkeit der Deutungen und Lösungsvorschläge wird übereinstimmend hervorgehoben, dass trotz aller technischer Errungenschaften das höchste Gut in der Arbeitswelt der Mensch in seiner ganzen Vielfalt als Körper-Seele-Geist-Einheit darstellt. Damit kommen auch seine religiös-spirituellen Bezüge und Bedürfnisse zum Tragen. Gerade angesichts knapper werdender materieller *Ressourcen* wächst der Stellenwert der Spiritualität für die Arbeitswelt – sowohl als persönliche Mitarbeiterressource als auch für die Bereiche der Unternehmenskultur, Organisationsentwicklung und Mitarbeiterführung.

Nach der Definition von Spiritualität und Religiosität wird der Bedarf nach religiös-spiritueller Orientierung in Bezug auf die Wirtschaft hervorgehoben. Die Weltsichten der Marktwirtschaft und Religiosität/Spiritualität werden gegenübergestellt, und der Beitrag moralischer *Werte* zur materiellen Wertschöpfung wird herausgearbeitet. Schließlich wird die Nützlichkeit der Spiritualität für Unternehmen und Mitarbeiter aufgezeigt. Ein Fazit fasst die wichtigsten Ergebnisse des Artikels zusammen.

3.7.2 Zur Definition von Spiritualität und Religiosität

Die Sozialwissenschaften haben bisher keine einheitlichen Definitionen von Spiritualität und Religiosität entwickeln können. Die meisten empirischen Studien – sie stammen vorwiegend aus den USA – verwendeten bisher die Häufigkeit des Gottesdienstbesuchs als Indikator für Religiosität. Mittlerweile sind jedoch differenziertere Verfahren entwickelt worden, die stärker subjektive Merkmale wie die persönliche religiöse Praxis, die Tönung des Gottesbildes, die Vergebungsbereitschaft, die *Dankbarkeit* und andere Faktoren einbeziehen.

Religionen liefern ein Deutungssystem, um mit den existentiellen Fragen des Menschseins (*Sinn*, Zufall, Leid, Schuld, Tod) umzugehen. Die Gemeinschaft der Gläubigen stiftet Trost, Halt und Geborgenheit. Durch religiöse Rituale, Symbole und Traditionen wird das Schicksalhafte des menschlichen Lebens relativiert.

Während sich die *Religiosität* auf eine verfasste Religion bezieht, wird mit Spiritualität eine persönliche sinnstiftende Grundeinstellung beschrieben, die neben anderen auch religiös sein kann. Spiritualität kann verstanden werden als eine nach innen gerichtete Erfahrung, in der sich die Wirklichkeit in einer tiefen Schau oder in einem intuitiven Wissen zu erkennen gibt. Angesichts der unlösbaren Existenzfragen erscheint einem spirituellen Menschen das Leben als etwas unfassbar Geistiges (lateinisch spiritus), das im Gegensatz zur materiellen Dingwelt steht und weit über seine biologischen Funktionen hinausgeht. Das Geistige lässt sich allerdings nicht rational-analytisch erfassen. Es entzieht sich einer empirischen Kontrolle und ist nur meditativ zu erspüren. Für einen spirituellen Menschen sind innere Werte Ursprung und Ziel seines Lebens, die seine Lebensführung, Verantwortlichkeit und Ethik maßgeblich bestimmen.

Spiritualität beinhaltet ganz allgemein das Bemühen, sinnvoll zu leben. Dabei will sie inhaltlich keine Vorgaben geben und sich weltanschaulicher Positionen und Dogmen enthalten. All diejenigen Aktivitäten besitzen eine spirituelle Qualität, durch die den zufälligen Ereignissen im Leben Sinn verliehen und versucht wird, in Harmonie und Übereinstimmung mit sich und der Welt zu leben. Spiritualität als die alltägliche Umsetzung einer Lebenseinstellung transformiert eine gewöhnliche, alltägliche oder unachtsame Erfahrung oder Handlung in eine spirituelle oder religiöse. Spiritualität ist damit eine Lebensweise, die der religiösen Erfahrung der Zugehörigkeit einspringt - dem Gefühl der Verbundenheit mit dem gesamten Kosmos. Die Anerkennung und Wahrnehmung des menschlichen Eingebundenseins in ein sinnhaltiges größeres System kann somit als die Grundlage der Spiritualität bezeichnet werden.

Vor diesem Hintergrund leuchten Verbindungen zur Arbeitswelt ein: Sobald sich eine Mitarbeitende als wichtiger und sinnvoller Teil in einem größeren Ganzen erlebt, wo sie mit ihren Fähigkeiten, Begabungen und mit ihrer *Kreativität* gefordert ist, kann sich dieses Erleben günstig auf das Betriebsklima und ihre *Motivation* auswirken. Besonders in den USA wird die menschliche Spiritualität auf verschiedenen Wegen psychologisch erforscht. Ein Entwurf enthält zahlreiche Anregungen, wie Spiritualität bis in die Arbeitswelt hineinreichen kann. In einer persönlichkeitspsychologischen Studie wurde nämlich *spirituelle Intelligenz* als die Fähigkeit beschrieben,

- veränderte *Bewusstseinszustände* zu erfahren,

- die alltägliche Erfahrung zu einer heiligen zu machen,
- spirituelle Ressourcen zur Problemlösung einzusetzen,
- Entscheidungen und Handlungen *wertorientiert* vorzunehmen.

Die Überzeugung, selber Teil ein größeren sinnvollen Systems zu sein, stellt empirischen Studien zufolge ein Pfeiler der Arbeitsmotivation und -zufriedenheit dar. Eine derartige Sinngebung kann dazu führen, dass Mitarbeiter ihre alltäglichen Aufgaben aufmerksamer, sorgfältiger und sogar liebevoller erledigen. Der Schlüssel für eine derartige Haltung liegt in einer Bewusstseinshaltung, die von spirituellen Tugenden geprägt ist. Spirituelle *Tugenden* bieten neue und hilfreiche Ansätze für eine Problemlösung. Mehrere Arbeiten haben in den letzten Jahren erstaunliche Parallelen zwischen der Unternehmenskultur erfolgreicher Firmen und spirituellen Gemeinschaften wie etwa christlichen oder buddhistischen Klöstern herausgearbeitet. Klassische religiös-spirituelle Tugenden wie *Vertrauen, Hoffnung, Wertschätzung,* das rechte *Maß* und Urteilsvermögen sowie die *Demut* spielen in neueren Ansätzen der Unternehmensführung eine wichtige Rolle. Wenn Mitarbeiter, die ihr persönliches Leben nach spirituellen Grundsätzen führen, in einem Unternehmen beschäftigt sind, die ähnlichen Werten verpflichtet sind, kann sich das günstig auf die *Loyalität* und Arbeitsmotivation auswirken.

3.7.3 Bedarf nach religiös-spiritueller Orientierung in der Wirtschaft

Zahlreiche Indizien weisen seit einigen Jahren auf einen steigenden gesellschaftlichen Bedarf nach *ethisch-moralischer Orientierung* hin. Deshalb sind religiös-spirituelle Ratgeber unterschiedlichster Provenienz – vom Christentum über die Esoterik bis zum Buddhismus – zu Bestsellern geworden. Umfragen belegen, dass im Zuge des Wertewandels Reichtum und Besitz ihr Monopol als höchstes Gut verloren. „Mit Geld kann man kein Glück einkaufen", titelte dazu die New York Times. Nachdenklich stimmen Zahlen, nach denen das Realeinkommen in den letzten 30 Jahren in Amerika um 16 Prozent angestiegen ist, während der Prozentsatz der Menschen, die sich als sehr glücklich bezeichneten, von 36 auf 29 Prozent absank. Nach Einschätzung von Kulturwissenschaftlern erzeugt die Lebenshaltung Konsumismus mittelfristig ein Sinnvakuum. Die subjektive Lebenszufriedenheit speist sich nicht nur aus materiellem Reichtum oder Besitz. Heute werden – einer repräsentativen Umfrage aus München zufolge – Selbstbestimmung und Geborgenheit als wichtige Lebensziele verfolgt. Beide Werte sollten also am Arbeitsplatz erlebt werden können, um die Zufriedenheit und die Gesundheit der Mitarbeiter zu fördern. Dies erfordert allerdings ein gründliches Umdenken in der Mitarbeiterführung.

Die Bedeutung einer sinn- und werteorientierter Mitarbeiterführung und Organisationsentwicklung wird seit etwa zwei Jahrzehnten vermehrt betont. In der Theologie wurden in dem Arbeitszweig *Wirtschaftsethik* zahlreiche Modelle entwickelt, warum und wie ethische Verpflichtungen wirtschaftspolitische Veränderungen bewirken können. Es fehlen allerdings empirische Studien, die genauer die Zusammenhänge zwischen religiösen und spirituellen Überzeugungen und wirtschaftlichem Handeln beschreiben und erklären können. Zu diesem Themenfeld liegen nur stichprobenartige Befunde vor. Immerhin gaben 19,3 Prozent von 200 deutschen Managern in einer aktuellen

Umfrage an, sich bei ihren Entscheidungen in erster Linie an religiösen Überzeugungen zu orientieren. Differenziertere Aussagen dazu liegen aber nicht vor.

Aus zahlreichen religiösen und weltanschaulichen Perspektiven sind in den letzten Jahren Modelle dazu entwickelt worden, wie eine positive Spiritualität die lahmende Weltwirtschaft beleben könne:

- Leitende katholische Mönche haben Konzepte zu einer christlichen Mitarbeiterführung und Organisationsentwicklung entwickelt, die Einsichten des Klosterlebens auf Wirtschaftsprozesse beziehen. Einzelne haben ihren Orden verlassen und sind heute als Unternehmensberater in eigenen Firmen erfolgreich tätig.
- Im konservativ-protestantischen Milieu finden Kongresse für christliche Führungskräfte statt, 2005 mit zweieinhalbtausend Teilnehmern zum Thema „Mit Werten in Führung gehen".
- Die interreligiös und global angelegte Initiative „Spirit in Business" möchte Werte und spirituelle Anregungen in Unternehmen und die Mitarbeiterführung einbringen. In diesem Netzwerk sollen Wissenschaft und Spiritualität integriert werden, Gesundheit und Wohlbefinden gestärkt und Wohlstand durch Werte geschaffen werden.
- Auf Grundlage eines spirituellen Bewusstseins kann nach Überzeugung transpersonaler Psychologen ein neuer Geist in der Wirtschaft entstehen – so das Motto eines großen Kongresses im Mai 2006 in Süddeutschland.
- Eine „Zen-Akademie für Führungskräfte" führt Tagungen und Weiterbildungen durch, um zu einer spirituellen Erneuerung der Marktwirtschaft im Geiste des Buddhismus' beizutragen.

Der große ethische Orientierungsbedarf wird auch an den Angeboten der rasant expandierten privaten Beratungsfirmen deutlich. Coaching in jeglicher weltanschaulicher Couleur ist heute sehr gefragt, sei es in anthroposophischer Ausrichtung, in buddhistischer Gestalt zum Erwerb einer buddha-nature in business® oder unter Einsatz von Tarot-Karten und des Enneagramms. Diese Strömungen sind als eine Antwort auf die intensive Suche nach zukunftsweisenden Wertmaßstäben für eine Unternehmerkultur zu verstehen, die mit rapiden gesellschaftlichen Transformationsprozessen zurechtkommen muss.

Angesichts vollmundiger Aussichten bis hin zu Glücks- und Heilsversprechen stellt sich allerdings die Frage, welches Menschenbild bestimmte Coaching-Anbieter eigentlich vertreten, wenn beispielsweise Erfolg in nahezu beliebiger Größenordnung in Aussicht gestellt wird. Kritisches Nachfragen ist nötig, wenn schwammige Erfolgsversprechen gemacht und Perfektionsphantasien geschürt werden, Mehrdeutigkeiten ausgeklammert werden und die *Machbarkeit* von Glück, Sinn, Zufriedenheit und Konfliktfreiheit zugesichert wird.

Während die Bereiche der Religiosität und Spiritualität von der Ökonomie lange Zeit vernachlässigt wurden, erfordern sie unter den gegenwärtigen gesellschaftlichen Bedingungen intensive Beachtung. Forsch prognostizierte die Chefin eines aufstrebenden Hamburger Wirtschaftsmagazins kürzlich in einem Interview: „Es wird ein Wettbewerb der Unternehmen um *Moral* geben". Moral darf jedoch nicht instrumentalisiert werden oder einem Selbstzweck dienen, sondern ist auf eine zugeschnittene *Weltanschauung* angewiesen, wenn sie befreiend und nicht unterdrückend wirken soll.

3.7.4 Unterschiedliche Weltanschauungen

In einer multikulturellen Gesellschaft fällt die inhaltliche Gestaltung der spirituell-religiösen Überzeugungen sehr verschiedenartig aus. Weil heute das selbstverständliche Vertrauen in die geistige Geborgenheit eines allgemein anerkannten Weltanschauungssystems nicht mehr vorausgesetzt werden kann, müssen die Grundlagen des persönlichen Wertesystems neu bestimmt werden. Aus psychologischer Sicht kommen der Spiritualität und Religiosität die wichtige Funktion zu, ein Gefühl der Sicherheit und *Geborgenheit* angesichts der stets ungewissen Zukunft zu vermitteln. Die Weltanschauung eines Menschen setzt sich aus den folgenden fünf Bereichen zusammen:

- *Weltbild:* Wie erklärt man sich Herkunft und Zukunft der Welt?
- *Menschenbild:* Was sind Besonderheiten, was die Grenzen des Menschen?
- *Sinnorientierung:* Was macht den Alltag bedeutungsvoll?
- *Wertekanon:* Welche Ideale werden verfolgt?
- *Moral und Ethik:* Welche Regeln und Normen sind verpflichtend?

Eine amerikanische Untersuchung hat die Ethiken verschiedener Religionen und Philosophien verglichen und ihre Einstellungen zum Wohlstand und zu Konsum untersucht (Tabelle 1):

Hier wird deutlich, dass die großen Religionen eher skeptisch gegenüber Konsum und Wohlstand eingestellt sind. Sie stellen heraus, dass sich eine spirituell-religiöse Weltsicht mit einer marktwirtschaftlichen Sichtweise widersprechen: Zählen in den Religionen Tugenden wie Demut, Liebe, Mitgefühl und Verzeihen, geht es in Marktwirtschaft um *Konkurrenz, Produktionssteigerung, Gewinnmaximierung* und eine ausschließliche *Kosten-Nutzen-Rechnung*.

Wird die Arbeitswelt durch leistungsbezogene Prämien gesteuert und in strenger Hierarchie geführt, sind in der Spiritualität *Achtsamkeit* und andere eher passive Bewusstseinshaltungen gefragt. Natürlich werden in dieser plakativen Gegenüberstellung wichtige Entwicklungen wie etwa die soziale Marktwirtschaft übergangen, jedoch verdeutlicht sie die bis heute bestehende Spannung zwischen *Gemeinwohl* und *Eigennutz*. Es sind eher moderne Ansätze einer religionsübergreifenden Spiritualität, die den Nutzen religiöser und spiritueller Einstellungen für die Wirtschaft betonen.

3.7.5 Materielle Wertschöpfung durch moralische Werte

Der Wertewandel hat zu einer anderen Arbeitseinstellung geführt. Wenn die Selbstbestimmung und die eigene Gesundheit hohe Werte sind, stellt sich die Frage, wie diese innerhalb der Arbeitswelt verwirklicht werden können. Noch weiter reicht die Frage, welchen Beitrag Religionen und spirituelle Überzeugungen für die Produktivität, *Arbeitszufriedenheit* und letztlich das Wirtschaftswachstum leisten können.

Sinnorientierung und Werte sind heute nicht mehr vorgegeben, sondern autonom zu bestimmen. Dies ist für viele Menschen ungewohnt und schwierig. Wenn ein Unternehmen seine Ziele auch über den jährlichen Gewinn hinaus bestimmt und sich Gedanken zur *Nachhaltigkeit*, soziale und ökologische *Verantwortung* und dem zwischenmenschlichen Umgangston macht und darüber in seinem *Leitbild* Auskunft gibt, können sich die Mitarbeiter daran orientieren. Wenn dann ein Mitarbeiter mit der *Firmenphilosophie* übereinstimmt, sind als ein positiver Effekt Loyalität und innere Beteiligung zu erwarten.

Tabelle 1: Vergleich einiger wichtiger Religionen/Philosophien und deren Ethik

	Aufklärung	Romantik	Christentum	Hinduismus	Buddhismus
Herkunft des Menschen	Evolution nach Darwin	Entstehen aus der Natur	Göttliche Schöpfung als Ebenbild Gottes	Entstehung aus der Ursubstanz	Zwölf Glieder abhängigen Entstehens; beginnend mit Unwissenheit
Natur des Menschen	Getrennte Vergnügen suchende Individuen. Rationaler Geist + Emotionaler Körper	Emotionales Individuum, sozial, expressiv, komplexe Manifestation von Archetypen (Jung)	Individuen mit unsterblicher Seele und sterblichem Körper	Vielfältige Funktionen: Denken, Emotionen, Willenskraft	Illusion von Wissen, Denken, Emotionen, Willenskraft, Form
Beschaffenheit der Welt	Materiell, unbelebt, unendlich, nicht anthropozentrisch	Rund um Prinzipien wie Liebe und Schönheit organisiert, anthropozentrisch	Materiell, durch Gott erschaffen	Gott erschaffen Materiell, durch Gott erschaffen	Illusion
Ethische Prinzipien	Freiheit, Gleichheit, Maximierung des Glücks, Rechte und Pflichten	Der inneren Stimme folgend: Rückkehr zur Natur als Quelle; Rechte und Bedürfnisse des Individuums	Entwicklung der Tugenden (z. B. Glaube, Hoffnung, Mildtätigkeit). Pflichten gemäß Heiliger Schrift	Pflichten und Tugenden	Pflichten und Tugenden, Mitgefühl
Beziehung zur Natur	Gebrauch	Individuum als Teil der Natur	Herrschaft, Verwalteramt, Unterwerfung	Gemeinsamer Urgrund des Seins (Atman-Brahman)	Gemeinsame illusorische Natur
Das gute Leben	Individuell bestimmt: das Streben nach Glück	Harmonie mit der Natur; der inneren Stimme folgend	Gehorsam gegenüber Gott, Entwicklung von Tugenden	Rechtes Handeln, Kenntnis der wahren Natur, spirituelle Hingabe	Achtgliedriger Pfad zur Lösung von der Illusion des Ego und der materiellen Existenz. Rechtes Handeln, rechtes Wissen, rechte geistige Sammlung
Einstellung zu Konsum und Wohlstand	Unterstützung von Konsum im Streben nach Glück	Unterstützung von Konsum für ästhetische Würdigung und Ausdruck	Wohlstand ist eine Quelle der Versuchung und sollte geteilt werden. Genügsamkeit wird ermutigt.	Die Upanishaden treten für Nicht-Anhaftung und manchmal für Askese ein	Nicht-Anhaftung an Besitz, Askese wird aber auch abgelehnt – der mittlere Weg
Ziel der Gesellschaft	Fortschritt	Harmonie mit der Natur	Universelles Praktizieren der wahren Religion: Gottes Reich; Frieden	Freiheit von materieller Existenz	Umfassende Befreiung von Leiden

Bündelt man die Einsichten neuerer Wirtschaftsanalysen, woher im unerbittlichen *Konkurrenzkampf* globaler Märkte weiterhin Wettbewerbsvorteile zu erwarten sind, stößt man auf einen überraschenden Faktor, denn ihre gemeinsame Quelle ist spiritueller Natur. Eine hohe Mitarbeitermotivation, der Ideenreichtum und die Intuition aller Mitarbeiter und Optimismus trotz Krisenstimmung fallen Menschen leichter, die einer spirituellen Lebenseinstellung verpflichtet sind und diese auch in ihrer Firma berücksichtigt wissen.

Materielle Güter bestehen ohne eine festgelegte Zielbestimmung. Entweder dienen sie der Gier einzelner oder dem Wohl einer Gemeinschaft. Spirituelle Werte tragen zur Ego-Deflation bei und bilden somit die Grundlage für ein gelingendes Miteinander.

3.7.6 Spirituelle Unternehmenskultur, Organisationsentwicklung und Mitarbeiterführung

Weil in der Gesellschaft, der Kultur und den Wissenschaften die Fragen nach Sinn und Werten seit Jahren eindringlich thematisiert werden, hat das Auswirkungen auf die Unternehmenskultur. Firmen, die diesen grundsätzlichen Fragen auf ihrem Tätigkeitsgebiet nachgehen und beantworten, entwickeln nicht nur eine möglichst stimmige corporate identity, sondern legen auch Wert auf eine überzeugende corporate integrity. Damit sind übergreifende Werte und Verpflichtungen gemeint, die den Mitarbeitern, der Umwelt, der Nachwelt und der Zukunft dienen und nicht nur dem shareholder value. Überlegungen zur sozialen und ökologischen Verantwortung von Unternehmen stecken erst in den Kinderschuhen und bedürfen dringend der Fortentwicklung. Allerdings ist schon heute absehbar, dass ein Unternehmen, das in diesen Fragen ein reflektiertes und transparentes Firmenleitbild entwickelt hat und anwendet, ein Wettbewerbsvorteil zumindest für die wachsende Zahl der Kunden und Mitarbeiter darstellt, die ebenfalls wertbezogen denken und handeln.

Im Hinblick auf das Innovationspotential eines Unternehmens ist anzunehmen, dass durch die Einbeziehung der Spiritualität des Mitarbeiters eine Kreativitätssteigerung möglich wird. In der psychologischen Erforschung des Problemlösens hat sich erwiesen, dass ungewohnte, scheinbar widersprüchliche Vorgehensweisen oft der Auslöser für entscheidende Veränderungs- und Lösungsschritte waren. Mitarbeiter, die während ihrer Arbeitszeit nicht nur Dienst nach Vorschrift leisten, sondern sich mit ihrer ganzen Person engagieren, können hier neue und effektive Vorschläge zur Bewältigung anstehender Probleme leisten.

Ein wesentliches Merkmal einer spirituellen Haltung ist die Betonung der gegenwärtigen *Aufmerksamkeit* – im Hier und Jetzt leben. Die Betonung des Augenblicks steht im Gegensatz zur klassischen Marktwirtschaft, dessen Denken in der Regel um zukünftige Zielvereinbarungen und vergangene Erträge kreist. Es bleibt eine spannende Herausforderung, wie die spirituelle Perspektive der Gegenwarts-Betonung mit der Markt-Perspektive und ihren unhintergehbaren Fakten der Vergangenheits- und Zukunftsmargen sinnvoll und nutzbringend miteinander verbunden werden kann.

In einer englischen Studie wurden verschiedene Mitarbeitergruppen befragt, welche Werte bei einer Arbeit eine entscheidende Rolle für sie spielen. Bei den befragten weiblichen Angestellten rangierte respektvolle Behandlung auf Platz 1, während es bei ihren männlichen Kollegen zwischen den Rangplätzen 5 und 7 erschien. Besonders weiblichen Mitarbeitern scheinen demnach humanitäre Werte wie Respekt und Wertschätzung in der Arbeitswelt wichtig zu sein. Eine derartige Unternehmenskultur ist eher von einer Firma zu erwarten, die diese Bereiche reflektiert hat und umsetzen möchte.

3.7.7 Spiritualität als Mitarbeiterressource
Der Entdecker des Flow-Prinzips, Mihaly Csikszentmihalyi, hat in den letzten Jahren zusammen mit zwei anderen amerikanischen Wissenschaftlern untersucht, wann Menschen gute Arbeit machen im Sinne von guter Qualität und hoher Zufriedenheit. Sie fanden dabei durch Hunderte von Interviews drei Aspekte, die zu diesem Ziel führen: Mission, Vorbild und eigene Moral. Wenn ein Mitarbeiter seine Arbeit aus innerer Überzeugung leistet, ist er zufriedener, zuverlässiger und engagierter. Hilfreich dabei sind Vorbilder, die nicht durch Worte überzeugen, sondern ihre Taten. Entscheidend wirkte sich das Gespür für die eigene moralische Identität aus. Wenn ein Mitarbeiter seine Arbeitswelt als einen wichtigen Teil seines Lebens ansehen kann, wird er oder sie auch mit einer anderen Arbeitsmotivation tätig sein. Sinnvolle Arbeit ist für alle Menschen ein Grundbedürfnis, weil durch sie Bestätigung und Wertschätzung erfolgen.

Medizinsoziologische Untersuchungen hauptsächlich aus den USA belegen seit vielen Jahren, dass ein religiöser Glaube die Gesundheit positiv beeinflussen kann. Diese Glaubensmedizin-Forschung berichtet Erstaunliches – erstaunlich zumindest für Leser aus Europa, wo solche Untersuchungen bisher kaum durchgeführt wurden. Nach über 1.200 Studien dürfte erwiesen sein, dass zwischen körperlicher Gesundheit und persönlichem Glauben ein positiver statistischer Zusammenhang besteht, den man durchaus kausal interpretieren kann. Das heißt: Wer glaubt, ist gesünder, verfügt über mehr Bewältigungsstrategien und genießt eine höhere Lebenszufriedenheit, ja sogar eine höhere Lebenserwartung.

Für die Arbeitswelt bedeutet dies, dass bei spirituell orientierten Mitarbeitern ein verbesserter Umgang mit Stress und Konflikten und eine schnellere Verarbeitung von Niederlagen möglich sind. Nach wie vor dient die Arbeit als Quelle der Bestätigung, des Stolzes, des persönlichen *Wachstum* und dem Erleben von *Gemeinschaft*. Gerade Gemeinschaftserfahrungen sind in einer Zeit, wo der Trend zur Individualisierung in vielen Lebensbereichen massive Folgen nach sich zieht und bestehende Gemeinschaftsverbände wie die Familie, der Sportclub und die Nachbarschaft erodieren, heute sehr gefragt. In der bereits angeführten Münchener Wertestudie zählte die *Geborgenheit* zu einem der derzeit am höchsten gewichteten Werten. Die Zugehörigkeit zu einem Unternehmen kann ein solches Gefühl zumindest zeitweise vermitteln und dadurch einen Stabilisierungseffekt erzielen.

3.7.8 Fazit: Wie Spiritualität der Ökonomie dienen kann
Es scheint den gegenwärtigen marktwirtschaftlichen Bedürfnissen zu entsprechen, den firmeninternen Wertekanon, die Unternehmensphilosophie sowie die Betriebsethik transparent zu machen. Die Reflexion und Transparenz der weltanschaulichen Grundlagen und Ziele eines Unternehmens ist angesichts einer multikulturellen Gesellschaft und vielfältigen weltanschaulichen Optionen wichtig geworden. Erst

die Kenntnisnahme des *Firmen-Leitbildes* ermöglicht es, Überlegungen zur Passung zwischen Firmenphilosophie und Mitarbeiterethik oder des Kundeninteresses anzustellen.

Es ist allerdings unübersehbar, dass eine verstärkte Erforschung der Zusammenhänge zwischen Spiritualität, Arbeitsmotivation und Arbeitszufriedenheit erforderlich ist, um zu den hier angesprochenen Themen differenziertere Aussagen treffen zu können.

Zum Schluss soll mit Nachdruck auf die Gefahr einer Funktionalisierung der Spiritualität und Religiosität aufmerksam gemacht werden. Echte Spiritualität und authentische Religiosität lassen sich nämlich nicht funktionalisieren oder instrumentalisieren. Weder sind die so genannten neurotheologischen Forschungen ein Beweis für die Existenz Gottes, noch macht Religion automatisch reich, glücklich und gesund, wie manche propagieren. Darauf weisen auch zahlreiche Studien über die positiven Gesundheitseffekte der Meditation hin.

Meditationsforscher sowohl mit buddhistischem als auch mit christlichem Hintergrund stießen nämlich übereinstimmend auf den paradoxen Befund, dass die Heilwirkung der Meditation dann besonders groß ist, wenn diese gerade nicht zielgerichtet und funktional eingesetzt wird. Gesundheit und Entspannung treten demnach nur als indirekte Nebeneffekte ein: „Wir meditieren nicht, um Schmerzen, Krankheit oder Probleme zu beseitigen. Der beste Weg, in der Meditation Ziele zu erreichen, ist, diese loszulassen. Es geht nicht darum, irgendetwas zu erreichen. Die Entspannung entsteht als Nebenprodukt regelmäßiger Übung, sie ist nicht das Ziel", betont ein buddhistischer Lehrer. „Gewöhnen Sie sich an, Ihre Entspannungsübungen einfach aus Freude an der Sache zu machen", rät auch christlich orientierter Arzt den Teilnehmenden seines Kursprogramms, nicht um irgendein Ziel zu erreichen. „Spiritualität und Absicht vertragen sich nicht", fasst eine Schweizer Psychologin ein Ergebnis ihrer Studien zusammen: „Spiritualität ist Berührung mit einer andersartigen Realität, zu der man Ja sagen kann oder Nein". Religiosität und Spiritualität haben also mit *Ehrfurcht* und Aufmerksamkeit gegenüber einer größeren, umfassenderen Wirklichkeit zu tun. Diese kann auch in der Arbeitswelt Wirkungen hervorrufen, jedoch nicht unter dem Druck von *Nutzen* und *Effizienz*.

Eine bewährte Methode meditativer Gesundheitspflege ist die Einübung der Entspannungsreaktion (relaxation response). Sie ist das Gegenteil der Stressreaktion, die jeder kennt: das Herz rast, die Hände werden schweißnass, Nervosität breitet sich aus. Die kontemplative Ruhe hingegen ist körperlich weniger deutlich wahrnehmbar und muss deshalb eingeübt werden. Sie verlangt Eigeninitiative und Disziplin, belohnt aber durch nachweisbare gesundheitliche Effekte, wie das folgende Beispiel zeigen: In einer amerikanischen Studie erlernten 25 Arbeiter bei einem Meditationsexperten Entspannungstechniken. Anschließend impfte man sie und eine Kontrollgruppe gegen Grippe. Bei den Meditierenden schlug die Impfung besser an – sie hatten eine bis zu 25 Prozent höhere Zahl von Antikörpern im Blut. Das konzentrierte Wiederholen eines *Gebets* oder Mantras bewirkt eine tiefe körperliche Entspannung und eine wohltuende innere Leere. Meditative *Entspannungsübungen* sind ein wirkungsvolles Mittel gegen beruflichen Stress; Ärger und Sorgen, die den Mitarbeitern von zunehmend mehr von Unternehmen empfohlen werden.

Die positiven Effekte von Religiosität und Spiritualität auf die Arbeitswelt lassen sich folgendermaßen zusammenfassen:
Moralische Orientierung – eine ethisch verantwortete Lebens- und Betriebsführung.
Mentale Übereinstimmung – hohe Loyalität und Arbeitsmotivation bei übereinstimmenden Werten.
Soziale Unterstützung – Eingebundensein in eine größere Gemeinschaft.
Kognitive Bewältigung – Trost, Hoffnung, Gelassenheit auch bei Stress und Krisen.

3.7.9 Key-Message

- Während die materielle Welt von den Prinzipien der *Leistung*, des *Wettbewerbs* und der *Gewinn-Maximierung* beherrscht wird, sind in der geistigen Welt inneres *Wachstum*, *Vertrauen* und *Loslassen* zentrale Ziele.
- Während sich die Religiosität auf eine verfasste Religion bezieht, wird mit Spiritualität eine persönliche sinnstiftende Grundeinstellung beschrieben, die neben anderen auch religiös sein kann.
- Aus psychologischer Sicht kommen der Spiritualität und Religiosität die wichtige Funktion zu, ein Gefühl der Sicherheit und *Geborgenheit* angesichts der stets ungewissen Zukunft zu vermitteln.
- Echte Spiritualität und authentische Religiosität lassen sich nicht funktionalisieren oder instrumentalisieren.

LITERATURHINWEISE

CSIKSZENTMIHALYI, M. (2004): Flow im Beruf. Stuttgart.

GALUSKA J. (HRSG.) (2004): Pioniere für einen neuen Geist in Beruf und Business. Die spirituelle Dimension im wirtschaftlichen Handeln. Bielefeld.

TOMASCHEK M. (HRSG.) (2005): Management & Spiritualität: Sinn und Werte in der globalen Wirtschaft. Bielefeld.

OPPELT, S. (2004): Management für die Zukunft. Spirit im Business. München.

RUH, H.; LEISINGER, K. M. (HRSG.) (2004): Ethik im Management. Ethik und Erfolg verbünden sich. Zürich.

UTSCH, M. (2005): Religiöse Fragen in der Psychotherapie. Psychologische Zugänge zu Religiosität und Spiritualität. Stuttgart.

4 Psychosoziale Gesundheit und Neue Arbeitswelt

4.1 Informationsüberflutung: E-Mails im Beruf
Roman Soucek

Die *Neuen Medien* erweiterten die Informations- und Kommunikationsmöglichkeiten wesentlich. Neben dem Internet eroberte insbesondere die *E-Mail-Kommunikation* den Arbeitsplatz und ist heute fester Bestandteil des Berufsalltags. Die E-Mail-Kommunikation zeichnet sich durch einen schnellen und einfachen Informationsaustausch aus. Diesen Vorteilen stehen aber einige Nachteile gegenüber: Die Menge an Informationen nimmt zu und die Kommunikation über E-Mail ist anfälliger für Fehlinterpretationen. Durch diese Nachteile kann es zu einer *Informationsüberflutung* kommen, die zu erhöhtem *Stress* am Arbeitsplatz führen kann. Im Kontext der E-Mail-Kommunikation tritt eine Informationsüberflutung ein, wenn die Menge an eingehenden E-Mails die Informationsverarbeitungskapazität übersteigt. Dem entsprechend hängt die Informationsüberflutung nicht nur von der absoluten Menge der Informationen ab, sondern auch von den individuellen Fähigkeiten zum Umgang mit der gegebenen Menge an Informationen. Die folgenden Ausführungen berichten zunächst über die Häufigkeit des Einsatzes der E-Mail-Kommunikation und betrachten anschließend die Informationsüberflutung durch E-Mail.

4.1.1 Zum Begriff der Informationsüberflutung
Der Begriff der Informationsüberflutung beinhaltet zwei Aspekte. Unter einer Informationsflut versteht man die Menge an Informationen, die von außen auf ein Individuum einströmt. In diesem Sinne kann das E-Mail-Aufkommen als psychische Belastung interpretiert werden. Der Begriff der Informationsüberflutung geht darüber hinaus und berücksichtigt gesundheitliche Auswirkungen der eintreffenden Menge an Informationen und ist als psychische Beanspruchung zu verstehen, die zu erhöhtem

4.1.2 Häufigkeit der E-Mail-Kommunikation
Der vorliegende Beitrag widmet sich der Frage, ob der Einsatz der E-Mail-Kommunikation zu einer E-Mail-Flut führt und in einer Informationsüberflutung resultiert. Zur Einschätzung der Häufigkeit der E-Mail-Kommunikation im Berufsleben werden zunächst einige statistische Daten dokumentiert. Eine Studie des Statistischen Bundesamtes zur Informationstechnologie in Unternehmen und Haushalten für das Jahr 2004 stellt fest, dass 55% der Berufstätigen den Computer regelmäßig am Ar-

beitsplatz nutzen. Der Anteil bei Bürotätigkeiten im Bereich der Datenverarbeitung sowie Forschung und Entwicklung liegt sogar bei 96%. Insgesamt haben bereits 41% aller Beschäftigten Zugang zum Internet und können somit auch außerhalb des eigenen Unternehmensnetzwerks über E-Mail kommunizieren. In privaten Haushalten setzen 80% der Internetnutzer das Kommunikationsmedium E-Mail ein.

Die Informationsüberflutung am Arbeitsplatz durch die Neuen Medien war Gegenstand einer Studie im Auftrag der Bundesanstalt für Arbeitsschutz und Arbeitsmedizin im Jahre 2002. Dieser Studie zufolge berichten 81% der befragten Berufstätigen über eine Zunahme der erhaltenen Informationen durch die Einführung der Neuen Medien. Die durchschnittliche Anzahl der erhaltenen E-Mails an einem typischen Arbeitstag liegt bisherigen Untersuchungen zufolge bei ca. 25 E-Mails. Differenzierter ist die Frage nach den Konsequenzen dieser absoluten Menge an Informationen zu beantworten. E-Mail-Kommunikation zeichnet sich durch einige medienspezifische Besonderheiten aus, die eine Informationsüberflutung begründen können. Im nächsten Abschnitt werden deshalb die charakteristischen Eigenschaften der E-Mail-Kommunikation dargelegt und erläutert. Anschließend wird auf die Frage eingegangen, ob die gestiegene Menge an E-Mails zu einer Informationsüberflutung führen kann und welche negativen gesundheitlichen Konsequenzen daraus resultieren können.

4.1.3 Charakteristische Eigenschaften der E-Mail-Kommunikation

E-Mail ist ein computervermitteltes, interpersonales Kommunikationsmedium, das eine geringe mediale Reichhaltigkeit aufweist. Als mediale Reichhaltigkeit kann der Umfang an Informationen verstanden werden, die durch das Medium übermittelt werden. Die vermittelten Inhalte bleiben bei E-Mails zumeist auf Textnachrichten beschränkt, können allerdings durch Formatierungen des Textes und Dateianhänge ergänzt werden. Als Benutzeroberfläche kommen eine Vielzahl von E-Mail-Programmen oder webbasierten Oberflächen in Betracht. In größeren Unternehmen werden überwiegend komplette Groupware-Lösungen eingesetzt. Die entsprechenden Programme werden als „Personal Information Manager" bezeichnet und bieten – neben der E-Mail-Funktionalität – die Möglichkeit einer gemeinsamen elektronischen Terminverwaltung und Pflege von Kontaktdaten.

Die E-Mail-Kommunikation ist im Berufsalltag ein relativ junges Medium und zeichnet sich gegenüber bisherigen Kommunikationsmedien durch einige Besonderheiten aus. Im Vergleich zur papiergebundenen geschäftlichen Korrespondenz können Informationen schnell und einfach versendet und weitergeleitet werden. E-Mails können schnell versendet werden, da weder ein Gang zum Drucker noch zum Fach für ausgehende Post notwendig ist. Der einfache Versand kann auch dazu führen, dass Nachrichten voreilig oder versehentlich abgeschickt werden. Eine weitere Besonderheit von E-Mail ist, dass Nachrichten ohne nennenswerten zusätzlichen Aufwand an mehrere Empfänger versendet werden können (z. B. beim Einsatz von Verteiler- und Mailinglisten). Dadurch werden Informationen oft pauschal weitergeleitet, d. h. es wird nicht mehr der Empfängerkreis angeschrieben, für den diese Informationen tatsächlich relevant sind. Beispielsweise werden E-Mails zur Kenntnisnahme an die gesamte Abteilung weitergeleitet. Bei der papiergebundenen geschäftlichen Korrespondenz wird eine solche breite Streuung von Informationen durch den damit verbundenen Aufwand verhindert.

Ein weiteres Merkmal der E-Mail-Kommunikation ist die direkte Zustellung von Nachrichten. Dadurch erreichen den E-Mail-Empfänger viele nicht nachgefragte Informationen. Einen höheren Anteil haben dabei Spam-E-Mails, falls diese nicht automatisch mit Spam-Filtern aussortiert werden. Im Gegensatz zur elektronischen Kommunikation werden unseriöse Werbewurfsendungen spätestens durch das Sekretariat aussortiert. Durch die soeben beschriebene einfache Versendung und direkte Zustellung von E-Mails sieht sich der Empfänger mit zwei Problemen konfrontiert: Zum einen nimmt die absolute Menge der erhaltenen Informationen zu, und zum anderen handelt es sich dabei vielfach um irrelevante Informationen, die den Überblick im Posteingang erschweren.

E-Mail ist ein asynchrones Kommunikationsmedium. E-Mails werden zwar sofort zugestellt, allerdings kommunizieren Absender und Empfänger nicht gleichzeitig. Die vermittelten Inhalte sind meistens auf Textnachrichten beschränkt. Durch die Merkmale der asynchronen und textbasierten Kommunikation fehlen soziale Kontextfaktoren, wie Mimik oder Tonfall. Mehr noch als im persönlichen Gespräch, bei dem die nonverbale Kommunikation die Aussagen ergänzt, kann es bei der E-Mail-Kommunikation durch Fehlinterpretationen zu Missverständnissen kommen. Allerdings sollte man E-Mail-Kommunikation nicht als defizitär betrachten, sondern den Zweck des Informationsaustausches berücksichtigen. E-Mail ist ein Kommunikationsinstrument, das sich vor allem zur Übermittlung von kurzen Sachinformationen eignet. Dem entsprechend sollte die E-Mail-Kommuni-kation insbesondere zur Mitteilung von Tatsachen eingesetzt werden, die in geringem Maße interpretationsbedürftig sind. Komplizierte Sachverhalte, wie z. B. Terminvereinbarungen oder Diskussionen, sollten nicht über E-Mail abgewickelt werden. Eine Terminvereinbarung lässt sich mit einem Telefonat einfacher und schneller klären, als mit dem Austausch mehrerer E-Mails.

Schließlich bestehen unterschiedliche Auffassungen über den Charakter und Status der E-Mail-Kommunikation. E-Mail wird häufig als spontanes und informelles Kommunikationsmedium betrachtet. Durch das einfache und schnelle Versenden werden E-Mails vielfach oberflächlicher und weniger formalisiert verfasst, als dies bei der Formulierung eines Geschäftsbriefs der Fall ist. Oft werden fragmentarische Informationen versandt, wenn z. B. Anhänge vergessen werden oder einzeln weitergeleitete Informationen aus dem Gesamtzusammenhang gerissen sind. Ferner wird oft auf Groß- und Kleinschreibung verzichtet, wodurch für den Empfänger das Lesen eines Textes erschwert wird. Ebenso werden häufig Abkürzungen verwendet, wie z. B. „TYVM" für „thank you very much". Mit E-Mail-Jargon unerfahrene Mitarbeiter können solche Abkürzungen nicht deuten. Grußformeln werden nur noch abgekürzt verwendet, z. B. „mfg" für „Mit freundlichen Grüßen", oder komplett weggelassen. Dadurch wird E-Mail-Kommunikation zum Teil als unhöflich empfunden. Alle diese Faktoren erschweren die Interpretation und richtige Deutung von Informationen, die via E-Mail eintreffen.

Zusammenfassend lässt sich feststellen, dass der einfache Versand und die direkte Zustellung nicht nachgefragter Nachrichten einen Anstieg der Informationen bewirken. Die fehlenden sozialen Kontextfaktoren, der spontane und unangemessene Einsatz der E-Mail-Kommunikation erschweren die Interpretation der Informationen. Das Zusammenwirken dieser beiden Faktoren kann zu einer Informationsüberflutung führen, da zum einen die Menge der Informationen ansteigt und zum anderen die Informationen schwieriger zu verarbeiten sind.

4.1.4 Gesundheitsrelevanz

Die bisherigen Ausführungen legten die charakteristischen Merkmale der E-Mail-Kommunikation dar und kamen zu dem Schluss, dass diese eine Informationsüberflutung bewirken können. In diesem Abschnitt wird auf die gesundheitlichen Folgen einer Informationsüberflutung durch den Einsatz von E-Mail-Kommunikation eingegangen. Zunächst wird beschrieben, welche negativen Reaktionen mit einer Informationsüberflutung einhergehen. Anschließend werden gesundheitsrelevante Korrelate dieser Reaktionen berichtet.

Die bereits erwähnte Studie zur Informationsüberflutung am Arbeitsplatz konnte feststellen, dass 81% der Berufstätigen eine Zunahme der Informationen durch die Neuen Medien berichten. Allerdings gibt nur eine Minderheit von 10% an, sich von Informationen überflutet zu fühlen. Die Studie weist in diesem Zusammenhang aber darauf hin, dass eine Informationsüberflutung vielmehr in Form von bestimmten Einzelproblemen durch Beschäftigte berichtet wird. Im Folgenden wird die Informationsüberflutung deshalb differenzierter anhand von vier Aspekten betrachtet. Die berichteten Ergebnisse wurden im Rahmen der Entwicklung und Evaluation eines Trainings zur effektiven E-Mail-Kommunikation erhoben und bestätigen die Ergebnisse der genannten Studie zur Informationsüberflutung am Arbeitsplatz.

Zunächst berichten die befragten Beschäftigten Probleme bei der Nutzung der Neuen Medien mit einer mittleren Ausprägung von 3.30 (auf einer Skala von 1 bis 7). Insbesondere werden die Neuen Medien aufgrund der hohen Menge an qualitativ schlechten und schwer verständlichen Informationen eher als Belastung, denn als Erleichterung wahrgenommen. Ebenso führen die Neuen Medien eher zu einer oberflächlichen Arbeitweise (Mittelwert von 3.06). Bereits genannte Beispiele sind ein flapsiger Umgangston, der Verzicht auf Groß- und Kleinschreibung etc. Darüber hinaus klagen Beschäftigte über eine Beeinträchtigung der Arbeit durch die Neuen Medien (Mittelwert von 3.20). Durch die sofortige Zustellung von E-Mails werden Mitarbeiter – zusätzlich zu eingehenden Telefonaten – im Arbeitsablauf unterbrochen. Dabei ist das schnelle Beantworten einer E-Mail nicht das eigentliche Problem, vielmehr kostet das erneute Hineindenken in die unterbrochene Aufgabe Arbeitszeit. Die Konsequenzen sind ein hoher Regulationsaufwand und der Wegfall von Zeitpuffern. In Kombination mit der hohen Menge an Informationen ist eine hohe Selektivität erforderlich, da man keine Zeit mehr hat, um alle eintreffenden Informationen zu verarbeiten. Informationen werden nur flüchtig bearbeitet und die Erledigung anderer Aufgaben wird vernachlässigt. Darüber hinaus berichten die befragten Beschäftigten über Symptome psychischer Belastung (Mittelwert von 2.23). Beispielsweise fällt es schwer, nach der Arbeit abzuschalten oder man muss im Urlaub an Probleme mit der Flut an Informationen denken, die durch die Neuen Medien bedingt sind.

Zusammengefasst bestehen Probleme beim Einsatz der Neuen Medien, die Arbeit wird beeinträchtigt und die Arbeitsweise ist oberflächlicher im Vergleich zu bisherigen

Kommunikationsmedien. Schließlich werden verschiedene Formen psychischer Belastung durch den Einsatz der Neuen Medien berichtet. Die bereits erwähnte Studie zur Informationsüberflutung am Arbeitsplatz nennt darüber hinaus gesundheitsrelevante Aspekte, die in Zusammenhang mit den soeben beschriebenen Problemen stehen. So bestehen zwischen allen vier Skalen statistisch signifikante Zusammenhänge mit psychosomatischen Beschwerden sowie einer negativen psychischen Befindlichkeit. Im Rahmen der psychosomatischen Beschwerden werden beispielsweise Übelkeit, Mattigkeit und innere Unruhe genannt. Eine negative psychische Befindlichkeit äußert sich darin, dass Mitarbeiter bekümmert, ängstlich oder nervös sind. Zudem gibt es einen signifikanten Zusammenhang zwischen dem Ausmaß der psychischen Belastung und den Krankheitstagen. Schließlich signifikante negative Zusammenhänge zwischen den vier Skalen und der Arbeitszufriedenheit. Diese Ergebnisse sprechen dafür, dass eine Informationsüberflutung infolge des Einsatzes der E-Mail-Kommunikation tatsächlich einen Stressor darstellt und negative Auswirkungen auf die Gesundheit haben kann.

4.1.5 Interventionsansätze

Das Ausmaß der Informationsüberflutung hängt neben der absoluten Menge an eintreffenden Informationen von den individuellen Fähigkeiten der Informationsverarbeitung ab. Aus dieser Perspektive bestehen zwei Ansatzpunkte zur Intervention bei einer Informationsüberflutung. Zum einen kann die Menge an Informationen begrenzt werden, und zum anderen kann die Verarbeitung der Informationen optimiert werden. Neben diesen personenbezogenen Ressourcen kann die Verbesserung der E-Mail-Kommunikation im Unternehmen als situationsbezogene Ressource verstanden werden.

Zur Umsetzung dieser Ansatzpunkte bieten sich als Interventionsmaßnahmen verhaltensorientierte Trainings an. Im Folgenden wird die inhaltliche Ausgestaltung eines Trainingskonzeptes vorgestellt, das die beiden genannten Ansatzpunkte aufgreift und die Medien- und Informationskompetenz verbessert, damit eine gestiegene E-Mail-Flut bewältigt werden kann. Dieses Trainingskonzept wurde wissenschaftlich evaluiert und in seiner Wirkung bestätigt. Insbesondere wurden durch das Training Probleme mit der Nutzung der Neuen Medien sowie die Beeinträchtigung der Arbeit si-

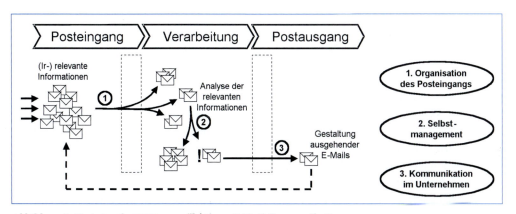

Abbildung 1: Trainingskonzept zur effektiven E-Mail-Kommunikation

gnifikant verringert. Darüber hinaus weisen aktuelle Ergebnisse auf eine tendenzielle Verbesserung der psychischen Belastung hin.

Die Gestaltung des Trainings orientiert sich an einem einfachen Prozessmodell der E-Mail-Kommunikation mit den Phasen Posteingang, Verarbeitung und Postausgang (siehe *Abbildung 1*). Inhaltlich gliedert sich das Training in drei Module, die im Folgenden erläutert werden.

Das erste Modul beinhaltet die Organisation des Posteingangs, die eine Selektion und thematische Gruppierung der eintreffenden E-Mails umfasst. Eine Selektion betrifft das Herausfiltern irrelevanter Nachrichten, wie z. B. durch den Einsatz von automatischen Spam-Filtern. Dadurch sollen unnötige Nachrichten aus dem Posteingang sortiert werden, so dass dieser übersichtlich bleibt. Die Selektion betrifft nicht nur den Einsatz technischer Filter, sondern auch die eigene Organisation der E-Mail-Kommunikation. So sollten überflüssige Newsletter abbestellt werden oder über gesonderte E-Mail-Konten empfangen werden, die bei zunehmender Überflutung gelöscht werden können. Eine weitere Maßnahme ist die thematische Gruppierung von relevanten Nachrichten. Technische Umsetzungsvarianten sind der Einsatz automatischer Filterregeln, die eingehende E-Mails entweder in thematische Ordner verschieben oder farblich markieren. So kann man für ein Projekt einen Ordner einrichten, wobei neue E-Mails automatisch in diesem Ordner verschoben werden. Alternativ oder ergänzend können E-Mails von Vorgesetzten rot oder E-Mails, die einen in Kopie erreichen, grün markiert werden.

Diese Filterregeln werden nicht das gesamte E-Mail-Aufkommen abdecken können, sie erweisen sich jedoch als nützliche Helfer, die den Posteingang vorstrukturieren, was die weitere Informationsverarbeitung unterstützt. Die gemeinsame Sichtung zusammengehörender E-Mails erleichtert den Überblick und einzelne Informationen können besser in den Gesamtzusammenhang eingeordnet werden. Die Effizienz eines automatisierten Posteingangs hängt im hohen Maße von den angewendeten Kriterien der Selektion und Gruppierung sowie einer sinnvollen Gestaltung der Ablagestruktur ab. So macht es wenig Sinn, ein differenziertes Ablagesystem zu führen, wenn in jedem Ordner nur ein paar E-Mails liegen oder einige wenige Ordner mit mehreren hundert E-Mails gefüllt sind. Die automatischen Regeln müssen mit der Zeit angepasst werden, damit deren effektive Funktion bei einem veränderten E-Mail-Aufkommen sichergestellt ist. Ob der Einsatz von automatischen Regeln sinnvoll ist oder nicht, entscheidet letztlich die Menge der eintreffenden E-Mails sowie die individuelle Präferenz des einzelnen Mitarbeiters.

Das zweite Modul des Trainingskonzeptes betrifft die Verarbeitung und Verwaltung der E-Mails. Wenn die Menge der eintreffenden E-Mails die Informationsverarbeitungskapazität übertrifft, wird eine Selektion und Priorisierung der Nachrichten notwendig. Die effiziente Verarbeitung der Informationen kann durch klassische Techniken des Selbstmanagements, wie z. B. Zielsetzung und Prioritätensetzung, verbessert werden. Das Setzen von klaren Zielen ist wichtig, da dadurch eingehende Informationen eindeutiger hinsichtlich ihrer Zielrelevanz und -instrumentalität eingeschätzt werden können. Ferner sollte die E-Mail-Kommunikation in die tägliche Zeitplanung aufgenommen werden. Das Abrufen und Bearbeiten von E-Mails sollte zu festen Zeiten erfolgen, z. B. alle 1-2 Stunden. In der restlichen Zeit sollte das E-Mail-Programm geschlossen werden, damit die Erledigung sonstiger Aufgaben nicht unterbrochen wird.

Die Inhalte des dritten Moduls befassen sich mit der effizienten Gestaltung der E-Mail-Kommunikation im Unternehmen und in Arbeitsgruppen. Der Einsatz der E-Mail-Kommunikation beginnt mit der Frage, ob diese in einer gegebenen Situation das adäquate Medium ist. Da E-Mail-Kommunikation aufgrund der geringen medialen Reichhaltigkeit anfälliger für Fehlinterpretationen ist, sollte E-Mail nur dann eingesetzt werden, wenn Tatsachen kommuniziert werden, die keine weitergehende Interpretation erfordern. Interpretationsbedürftige Inhalte sollten vielmehr durch medial reichhaltigere Medien kommuniziert werden, wie z. B. telefonisch oder im persönlichen Gespräch. Zudem sei an dieser Stelle darauf hingewiesen, dass ein persönliches Gespräch neben dem Informationsaustausch auch eine vertrauensbildende Maßnahme darstellt, was die E-Mail-Kommunikation nur bedingt erreichen kann. Schließlich umfasst die medienadäquate Gestaltung von E-Mail-Nachrichten die Formulierung von aussagekräftigen Betreffzeilen, eine übersichtliche Formatierung des Textes sowie das richtige Zitieren von beantworteten E-Mails. Da E-Mail-Kommunikation asynchron ist, sollten Inhalte, die eine weitere Abstimmung benötigen, nicht per E-Mail abgewickelt werden. Beispielsweise lassen sich Terminabsprachen schneller telefonisch als mit mehreren E-Mails klären. Auf der anderen Seite erlaubt die Asynchronität eine bessere Vorbereitung einer Nachricht, da man selber bestimmen kann, wann man die E-Mail versendet. Beispielsweise können Mitarbeiter, die in einer Fremdsprache kommunizieren, E-Mail-Korrespondenz vorziehen, da sie unbekannte Wörter nachschlagen können und mehr Zeit zur Formulierung einer Nachricht haben als bei einem Telefonat. Zusammenfassend sollte E-Mail-Kommunikation maßvoll und zielgerichtet eingesetzt werden.

Die Schulung einzelner Mitarbeiter kann und sollte von organisatorischer Seite unterstützt werden. An dieser Stelle sind vor allem Richtlinien zur E-Mail-Kommunikation zu nennen, die unterschiedliche Aspekte der E-Mail-Kommunikation im Unternehmen regeln. Diese Richtlinien betreffen meistens Sicherheitsaspekte, wie z. B. Daten- und Virenschutz sowie den Umgang mit vertraulichen Informationen. Die Einführung von E-Mail-Richtlinien betrifft nicht nur die Unternehmensebene, sondern kann in Form von gemeinsamen Vereinbarungen Gegenstand der E-Mail-Kommunikation innerhalb von Abteilungen oder Projektgruppen sein. Diese Regelungen betreffen z. B. den Einsatz von teilweise standardisierten Betreffzeilen oder die Zuordnung von E-Mails zu Kategorien, die eine verlässliche Selektion ermöglichen.

4.1.6 Fazit

Der vorliegende Beitrag beschäftigte sich mit der Frage, ob die charakteristischen Merkmale der E-Mail-Kommunikation zu einer Informationsüberflutung führen können. Dabei wurde festgestellt, dass die gestiegene Menge und Ambiguität der Informationen in einer Informationsüberflutung resultieren können. Als Aspekte einer Informationsüberflutung konnten Probleme des Einsatzes der Neuen Medien, Beeinträchtigung der Arbeit sowie eine oberflächliche Arbeitsweise festgestellt werden. Diese Aspekte gehen über eine psychische Belastung hinaus und stehen mit negativen gesundheitlichen Konsequenzen in Zusammenhang, wie psychosomatischen Beschwerden, einer negativen psychischen Befindlichkeit sowie einer geringen Arbeitszufriedenheit. Vor diesem Hintergrund kann die Informationsüberflutung durch den Einsatz von E-Mail-Kommunikation als Stressor aufgefasst werden. Bisherige Prognosen gehen von einem weiteren Anwachsen der Menge an Informationen aus, die über die Neuen Medien ausgetauscht werden. Insofern ist es wichtig, den effektiven Umgang mit Informationen zu schulen (information literacy) und die Medienkompetenz von Mitarbeitern zu steigern. Zukünftige Forschung zur Informationsüberflutung sollte deshalb belastende Merkmale der E-Mail-Kommunikation identifizieren, Präventionsstrategien und Interventionsmaßnahmen entwickeln sowie deren Wirksamkeit evaluieren. Das vorgestellte Trainingskonzept bietet wertvolle Hinweise, wie Interventionsmaßnahmen gestaltet werden können. Neben der Steigerung der individuellen Medien- und Informationskompetenz sollte eine Verbesserung der E-Mail-Kommunikation auf kollektiver Ebene angestrebt werden. Dabei ist zunächst die Formulierung von E-Mail-Richtlinien zu nennen, die innerhalb eines Unternehmens ein gemeinsames Verständnis der E-Mail-Kommunikation schaffen. Dabei sollten die inhaltliche Ausgestaltung solcher Richtlinien sowie ihr Beitrag zu einer Verbesserung der E-Mail-Kommunikation bestimmt werden. Schließlich sollten transferförderliche Faktoren identifiziert werden, die die Umsetzung von Trainingsinhalten und E-Mail-Richtlinien in die tägliche Arbeitspraxis erleichtern und die dauerhafte Anwendung fördern.

Durch den Aufbau von Medienkompetenz sowie einer umfassenden Informationskompetenz können die Vorteile der E-Mail-Kommunikation genutzt werden, ohne dass eine Informationsüberflutung zu erhöhtem Stress am Arbeitsplatz beiträgt.

4.1.7 Key-Message

- Durch die E-Mail-Kommunikation steigt die Menge und Ambiguität von Informationen im Berufsalltag.
- Der Einsatz der E-Mail-Kommunikation kann in einer Informationsüberflutung resultieren und gesundheitliche Konsequenzen nach sich ziehen.
- Zur Vorbeugung und Bewältigung einer Informationsüberflutung sollte die individuelle Medien- und Informationskompetenz verbessert werden.

LITERATURHINWEISE

EDMUNDS, A., MORRIS, A.: The problem of information overload in business organisations: a review of the literature. International Journal of Information Management 20 (2000) 17-28.

MOSER, K., PREISING, K., GÖRITZ, A. S., PAUL, K. (2002): Steigende Informationsflut am Arbeitsplatz: belastungsgünstiger Umgang mit elektronischen Medien (E-Mail, Internet). Schriftenreihe der Bundesanstalt für Arbeitsschutz und Arbeitsmedizin. Dortmund.

SASSENBERG, K. (2004): Formen und Bedeutung elektronischer Kommunikation in Unternehmen, Hertel, Konradt (Hrsg.): Human Resource Management im Inter- und Intranet. Hogrefe Verlag. Göttingen, S. 92-109.

SOUCEK, R., MOSER, K. (2004): Entwicklung und Evaluation eines Trainings zur effektiven E-Mail-Kommunikation, Bungard, Koop, Liebig (Hrsg.): Psychologie und Wirtschaft leben. Aktuelle Themen der Wirtschaftspsychologie in Forschung und Praxis. Rainer Hampp Verlag. München, S. 201-205.

VOIGT, S. (2003): E-Mail-Kommunikation in Unternehmen: Eine explorative Studie zu individuellen Nutzungsstrategien. Verlag Reinhard Fischer. München.

4.2 Berufliche Mobilität und psychosoziale Gesundheit

Norbert F. Schneider

4.2.1 Ausmaß und Formen beruflicher Mobilität in Deutschland

Etwa jeder sechste Erwerbstätige ist gegenwärtig in Deutschland aus beruflichen Gründen mobil. Beruflich veranlasste räumliche Mobilität tritt in sehr unterschiedlichen Formen auf: (1) Punktuell, als beruflich motivierter Fernumzug innerhalb eines Landes, grenzüberschreitend als Migration oder als längere Auslandsentsendung mit Wohnortwechsel durch den Arbeitgeber; (2) regelmäßig zirkulär als Tages- oder als Wochenendpendler und (3) unregelmäßig zirkulär, wie etwa im Fall von Saisonarbeitern, Fernfahrern oder Unternehmensberatern. Mobilität erzeugt Stress. Stress, der das körperliche und psychische Wohlbefinden der mobilen Person selbst und das seines Partners bzw. seiner Partnerin und der Kinder beeinträchtigen kann. Je nachdem, welche Mobilitätsform vorliegt, wirken verschiedenartige *Stressoren* und entstehen unterschiedliche Belastungen.

Beruflich induzierte räumliche Mobilität ist beileibe kein neues Phänomen. Erinnert sei nur an die gewaltigen Migrationsbewegungen in die Städte Ende des 19. Jahrhunderts oder die stundenlangen Fußwege in die Fabriken, die viele Arbeiter noch zu Beginn des 20. Jahrhunderts zurückgelegt haben. Neu ist der veränderte soziale Stellenwert von Mobilität. In Zeiten der Globalisierung und ihren Folgen für den Arbeitsmarkt ist Mobilität eine fast zwangsläufige Begleiterscheinung in vielen Berufen und auf den meisten Ebenen der betrieblichen Hierarchie. Die Bereitschaft, mobil zu werden oder zu bleiben ist eine persönliche Eigenschaft, die heute von vielen Beschäftigten von Wirtschaft und Politik ganz selbstverständlich erwartet wird, um überhaupt berufstätig sein zu können. Wer dem Ruf nach Mobilität nicht folgt, sieht seine Karrierechancen und immer häufiger auch seine Beschäftigungschancen auf dem Arbeitmarkt beeinträchtigt. Besonders Menschen mit einer geringeren Mobilitätsbereitschaft und mit schwach entwickelten Mobilitätskompetenzen erleben berufliche Mobilitätserfordernisse häufig als bedrohlich und belastend. Mobil sein heißt für sie in erster Linie bewegt zu werden und nicht sich zu bewegen. Mobilität wandelt sich hier vom Symbol für Freiheit und Aufbruch zu einem Mechanismus, der auch Zwang und Fremdbestimmung verkörpert.

Neu an den heutigen beruflichen Mobilitätserfordernissen ist neben ihrem veränderten Stellenwert, dass zunehmend auch *Frauen* damit konfrontiert sind. Das alte

Muster, der Mann wird mobil und die Frau geht mit, hat in dieser Form jedenfalls an Bedeutung verloren. Daraus erwächst für viele Menschen das Erfordernis, neue Gestaltungsweisen bei der Vereinbarung von Beruf, Mobilität und *Familie* zu entwickeln, die auch die Ausbalancierung von Wechsel und Beständigkeit, von Vorhersehbarkeit und Unsicherheit sowie von Nähe und Distanz beinhalten. Probleme bei der Bewältigung dieser Aufgaben können als zusätzliche Stressoren wirken und das Wohlbefinden der Beteiligten ebenfalls beeinträchtigen. Vielfach stellen sich mobilen Beschäftigten neue Herausforderungen und Gestaltungsaufgaben, denen sie auch deshalb nicht immer gewachsen sind, weil bewährte Lösungsstrategien fehlen und erforderliche Mobilitätskompetenzen nicht ausreichend entwickelt sind. Ein typisches Beispiel ist die Vereinbarung von Berufs- und Hausarbeit bei mobilen Paaren. Aus diversen Studien ist bekannt, dass im Fall mobiler Männer deren Frauen einen Großteil der Hausarbeit übernehmen, aber mit dieser Art der Arbeitsteilung oftmals unzufrieden sind. Sind die Frauen mobil, bemühen sie sich, ihren Beitrag zur Hausarbeit möglichst gut zu erbringen, um eventueller Kritik durch Mann, Kinder oder (Schwieger-)Eltern zu entgehen und leiden dann unter der Dreifachbelastung Beruf, Familienarbeit und Mobilität.

Aus der wachsenden Integration von Frauen in den Arbeitsmarkt und den erhöhten Mobilitätserfordernissen erwachsen auch für Unternehmen neue Gestaltungsaufgaben, die sie bislang verbreitet noch nicht ausreichend erkannt haben. Wer mobile Beschäftigte will, muss deren Mobilitätsbereitschaft fördern. Ein zentrales Element ist dabei auch, Angebote für die Partner zu machen, da diese oft einen mobilitätshemmenden Einfluss nehmen. Einerseits beklagen Unternehmen mangelnde Flexibilität, andererseits sind sie selbst häufig besonders unflexibel, wenn es um innovative Angebote geht, die Mobilität der Mitarbeiter sozialverträglich zu unterstützen.

Neu an der heutigen Mobilität ist schließlich auch, dass Berufsmobilität nicht immer durch den Arbeitgeber oder den Wandel auf dem Arbeitsmarkt hervorgerufen wird, sondern vermehrt durch das Diktat des Wohnungsmarkts im Zusammenspiel mit gestiegenen Ansprüchen an die Qualität der Wohnung und des Wohnumfelds. Gerade junge Familien entscheiden sich, unter Beibehaltung des Arbeitsplatzes in der Stadt, dafür, aufs Land zu ziehen, weil nur dort der Traum vom eigenen Haus oder der Wunsch vom Leben im Grünen erfüllt werden kann. Besonders in Ballungszentren, wo die Wohnungspreise erst weit außerhalb spürbar sinken, werden durch diese Residenzentscheidungen Menschen in größerer Zahl zu *Fernpendlern*.

Wie sich die Zahl beruflich mobiler Menschen in den letzten dreißig Jahren entwickelt hat, ist aufgrund der mangelhaften Datenlage nicht abschließend zu beurteilen. Es kann angenommen werden, dass Auslandsentsendungen und die Formen unregelmäßig zirkulärer Mobilität zugenommen haben. Die Zahl der Fernpendler, darauf weisen die wenigen vorliegenden Daten hin, scheint dagegen, mit einem Anteil von drei bis fünf Prozent unter den Erwerbstätigen, eher konstant geblieben zu sein. Als Fernpendler gelten Erwerbstätige, die normalerweise täglich mindestens eine Stunde für den einfachen Weg vom Wohnort zum Arbeitsplatz benötigen. Zwar legen Pendler heute längere Distanzen zurück, aber die dafür benötigten Zeiten haben sich, auch wenn die täglichen

Stauerfahrungen etwas anderes nahe legen, nicht wesentlich verändert.
Dagegen dürfte die Zahl der *Wochenendpendler* zugenommen haben. Exakte Zahlen liegen hier nicht vor, aber es gibt empirische Hinweise, dass unter den jüngeren Erwerbstätigen (25- bis 39-jährige) gegenwärtig etwa sieben bis acht Prozent als Wochenendpendler mobil sind.
Im Hinblick auf beruflich bedingte Fernumzüge sind keine Aussagen über quantitative Veränderungen möglich. Als sicher kann gelten, dass Umzug in Deutschland eine weithin ungeliebte Alternative ist. Für die geringe Umzugsbereitschaft gibt es zahlreiche Gründe: Immer mehr Beschäftigte arbeiten in befristeten Arbeitsverhältnissen, so dass sich ein Umzug an den Arbeitsort nicht lohnt, da nach Ablauf des Vertrages mit einem Wechsel des Arbeitsortes gerechnet werden kann. Ein Wechsel des Wohnortes ist auch dann erschwert, wenn beide Partner berufstätig sind und der mitziehende Partner befürchten muss, am möglichen neuen Wohnort keinen geeigneten Arbeitsplatz zu finden. Hinzu kommt eine besondere Mobilitätskultur. Mit einem Umzug wird in Deutschland weniger die Idee eines Aufbruchs, sondern verbreitet der Verlust lieb gewonnener Lebensumstände assoziiert, die man nicht aufgeben möchte. Wer nicht umziehen kann oder will, aber mobil sein muss, entscheidet sich oftmals für eine der regelmäßig zirkulären Mobilitätsformen. Damit entsteht eine hohe Mobilitätsdynamik, die neben ökologischen, wirtschaftlichen und gesellschaftlichen Folgen auch vielfältige soziale und gesundheitliche Auswirkungen für die Menschen hat. Welche dieser Auswirkungen aufgrund des Forschungsstandes belegbar sind, ist Gegenstand der weiteren Betrachtungen.

4.2.2 Mobilitätsbedingte Stressoren und ihre Folgen

Mobilität ist ein ambivalentes Phänomen – für viele die einzige Möglichkeit um die Berufstätigkeit beider Partner und Familie in akzeptabler Weise zu verbinden und an einem attraktiven Wohnort zu leben, aber zweifellos oftmals auch ein potentiell belastendes Ereignis. Besonders Menschen mit langen Umzugskarrieren sowie Fern- und Wochenendpendler sind mobilitätsbedingten Risiken ausgesetzt. Mit dem gegenwärtigen Forschungsstand kann davon ausgegangen werden, dass diese Mobilitätsformen das

- Mobilitätsbedingte Belastungen
- Chronische Zeitknappheit
- Entfremdung vom familialen Umfeld

Abbildung 1: Mobilitätsbedingte Stressoren

Berufs- und das Familienleben nachhaltig prägen und die Gestaltung der sozialen Beziehungen in und außerhalb der Familie beeinflussen. Zudem weisen zahlreiche Studienergebnisse darauf hin, dass zirkuläre Mobilitätsformen das Wohlbefinden und die Lebenszufriedenheit der Menschen in erheblicher Weise mindern können. Aber die mobilitätsbedingten Folgen betreffen nicht nur das Privatleben der mobilen Person, sie können auch, nach den Ergebnissen einer neueren britischen Studie, die Produktivität am Arbeitsplatz beeinträchtigen. Hervorgerufen werden diese möglichen Begleiterscheinungen zirkulärer beruflicher Mobilität hauptsächlich durch drei mobilitätsbedingte Stressoren (vgl. *Abbildung 1*).
Mobilitätsbedingte Belastungen entstehen unmittelbar im Zusammenhang mit der täglichen oder wöchentlichen Fahrt zwischen Wohn- und Arbeitsort. Das Stressempfinden und die wahrgenommenen Belastungen sind unter anderem abhängig

von der gewählten Verkehrsform, der Dauer und der Häufigkeit der Mobilität und von den vorhandenen Bewältigungsstrategien. Aus einschlägigen Studien ist bekannt, dass das Stresserleben unabhängig von der Verkehrsform bei Kontrollverlust rapide ansteigt. Verspätungen im Zugverkehr oder unvorhergesehene Verkehrsstaus erzeugen regelmäßig ein extrem hohes Stressempfinden. Bei der Fahrt zum Arbeitsplatz ist dies besonders ausgeprägt, wenn starre Arbeitszeiten oder fixe Termine keine Spielräume für Verspätungen lassen. Bei Bahnfahrern treten Stressspitzen zudem immer dann auf, wenn durch Verspätungen droht, Anschlussverbindungen zu verpassen. Das Stresserleben bei Bahn fahrenden Fernpendlern steigt in überfüllten, lauten und unkomfortablen Zügen und bei ungünstigen Fahrplänen. Bahnfahrer, die Direktverbindungen nutzen können, fühlen sich in der Regel weniger belastet als solche, die umsteigen müssen.

Autofahrer empfinden weniger Stress, weil sie sich unabhängiger fühlen und ihr Tagesrhythmus nicht vom Diktat der Fahrpläne bestimmt wird. Allerdings haben sie im Vergleich zu Bahnfahrern weniger Gelegenheit, die Fahrtzeiten zur Entspannung oder Erholung zu nutzen und sie sind einer höheren Unfallgefahr ausgesetzt.

Mehr noch als die Fahrtdauer, die sich vornehmlich auf die berichtete Lebenszufriedenheit auswirkt, ist die Häufigkeit der Mobilität eine entscheidende Einflussgröße auf das Stressempfinden und das Belastungserleben. Bei Fernpendlern sinkt der mobilitätsbedingte Stress deutlich, wenn sie, etwa wegen der Möglichkeit auch zuhause arbeiten zu können, nur an vier statt an fünf Tagen pro Woche pendeln müssen. Zirkulär mobile Beschäftigte leiden häufig unter chronischer Zeitknappheit. Fernpendler, weil sie meist mehr als zwölf Stunden täglich abwesend sind, Wochenendpendler, weil sie oftmals nur zwei Tage zuhause sind. Viel Zeit bleibt im wahrsten Sinne auf der Strecke. Bei einem typischen Fernpendler sind es 15 Stunden wöchentlich und bei einem typischen Wochenendpendler immerhin auch etwa sechs Stunden pro Woche. Beiden Gruppen fehlt es an Zeit für sich selbst, z. B. auch zur Gesundheitsvorsorge, an Zeit für Partner, Kinder und soziale Kontakte und häufig reicht die Zeit nicht aus, Dinge rund ums Haus zu erledigen. Zeitknappheit ist neben Kontrollverlust ein zentraler Stress induzierender Faktor.

Viele zirkulär Mobile klagen über Entfremdungsgefühle vom Partner und von der Familie sowie über sozialen Kontaktverlust. Wochenendpendler leiden zudem häufiger unter Gefühlen der Einsamkeit und der sozialen Isolierung. Zeitknappheit und das Leben an zwei Orten macht eine permanente Organisation des Alltags erforderlich und kann Gefühle der Zerrissenheit und der Rastlosigkeit hervorrufen, Entfremdungsgefühle entstehen durch die geringe gemeinsam verbrachte Zeit in Verbindung mit der häufig zu beobachtenden Tendenz, dass der nicht-mobile Partner Entscheidungen, die die Familie betreffen, alleine fällt und der mobile Partner, zumindest aus seiner Sicht, nicht in ausreichendem Umfang beteiligt wird. Dadurch entsteht Kontrollverlust und Gefühle der Ausgrenzung und der Ohnmacht tauchen auf.

Entfremdung vom Partner und den Kindern kann auch durch unterschiedliche Freizeitinteressen entstehen. Während sich der mobile Partner, zuhause angekommen, häufig nach Ruhe und Entspannung sehnt, ist der nicht-mobile Partner oft bestrebt, endlich etwas unternehmen zu können und drängt auf außerhäusliche Freizeitaktivitäten. In vielen Pendlerfamilien ist zudem festzustellen, dass der nicht-mobile Partner viel Freizeit für gemeinsame Aktivitäten verplant. Dadurch reduzieren sich für den mobilen Partner die Möglichkeiten zu Muße und Zeit in der Familie und es wird sein Eindruck verstärkt, auf die Freizeitgestaltung, als Teil des Familienlebens, nur wenig Einfluss zu haben. Diese aus den verschiedenartigen Tagesabläufen resultierenden unterschiedlichen Interessenslagen können dazu führen, dass noch weniger Zeit mit der Familie gemeinsam verbracht wird.

Ähnliche Prozesse sind auch im weiteren sozialen Umfeld zu beobachten. Mobile haben weniger Zeit, sich an gemeinsamen Unternehmungen zu beteiligen, können sich weniger engagieren und nur begrenzt aktiv einbringen. Sie ziehen sich daher zurück oder werden allmählich ausgegrenzt. Solche Prozesse lassen sich in Freundescliquen beobachten, aber z. B. auch in Sportvereinen oder politischen Interessensgruppen. Zeitmangel und hohe physische Belastungen führen so tendenziell zu sozialer Isolierung und Entfremdung.

Die Beziehung zum Partner kann auch dadurch belastet werden, dass die knapp bemessene gemeinsame Zeit mit Erwartungen überfrachtet wird, die nicht eingelöst werden (können), ein besonders im Fall von Wochenendpendlern häufiger beobachtbares Problem. Zu hochgesteckte Erwartungen an den Partner produzieren fast zwangsläufig Enttäuschungen, die die Partnerschaft belasten können. Bei Wochenendpendlern wird die Situation dadurch verkompliziert, dass diese Enttäuschungen nach der Abreise nicht mehr unmittelbar gemeinsam bewältigt werden und so längere Zeit schwelen können.

Die Beziehungen zwischen einem mobilen Elternteil und seinen Kindern sind in Abhängigkeit vom Alter der Kinder und dem Umfang der Abwesenheit ebenfalls tangiert. Typische Entwicklungen bestehen darin, dass Kinder entweder auf Distanz zum abwesenden Elternteil gehen oder es mystifizieren und sich während seiner Anwesenheit an dieses Elternteil klammern.

Der erfolgreiche Umgang mit diesen Stressoren setzt geeignete Bewältigungsstrategien voraus. Mit den Erkenntnissen aus unseren eigenen Studien ist davon auszugehen, dass die erfolgreiche Bewältigung mobilitätsinduzierter Belastungen auch davon abhängt wie es zum Eintritt der beruflichen Mobilität kam. Prinzipiell sind drei Formen zu unterscheiden: Die Mobilitätserfordernisse können völlig unerwartet auftreten, etwa wenn der Arbeitgeber seinen Produktionsstandort verlegt und die Beschäftigten vor der Wahl stehen in die Arbeitslosigkeit zu gehen oder am neuen Arbeitsort zu arbeiten. Die Entscheidung für die Mobilität wird in diesen Fällen meist als Wahl der weniger schlechten von zwei unerwünschten Alternativen betrachtet. Man fühlt sich in eine Lebenssituation gezwungen, die man eigentlich ablehnt und ist von Anfang an unzufrieden, deprimiert oder stark distanziert. Wenn es den Betreffenden nicht gelingt, die Mobilität anzunehmen und besser in das eigene Leben zu integrieren, sind die wahrgenommenen Belastungen zumeist signifikant höher als in solchen Fällen, in denen sich Beschäftigte aktiv für die mobile Lebensform entscheiden. Sei es durch einen Umzug aufs Land, die Annahme einer attraktiven neuen Arbeitsstelle an einem entfernten Ort oder deshalb, weil Mobilität eher als reizvoll und attraktiv erscheint. In diesen Fällen werden mobilitätsbedingte Folgen normalerweise besser adaptiert und bewältigt. Mobilität wird nicht abgelehnt und ihr wird mit weniger Distanz begegnet.

Im Hinblick auf ihre belastenden Folgen liegt eine dritte Form, wie es zu relativ dauerhafter zirkulärer Mobilität kommen kann, zwischen den beiden angesprochenen Mustern. Dabei handelt es sich um „prozessproduzierte" Mobilität. Das heißt, dass sich Mobilitätserfordernisse schleichend erhöhen können und sich nicht immer abrupt einstellen. Zum Beispiel kann die Notwendigkeit, an anderen Orten tätig zu werden, zunächst nur sporadisch auftreten und sich dann langsam intensivieren. Nach einiger Zeit entsteht fast unbemerkt die Situation des Fernpendlers. In anderen Fällen, etwa bei befristeten Arbeitsverhältnissen, wird die Entscheidung für eine mobile Situation explizit unter der Vorgabe getroffen, dass es sich um eine zeitlich begrenzte Phase handelt. Gegen Ende der Vertragsdauer wird dann eine Weiterbeschäftigung angeboten und es kommt zur Verstetigung der Situation des Fern- oder Wochenendpendelns. 29 Prozent der Befragten in unserer Studie beschreiben die Entstehung ihrer mobilen Lebensform als prozessproduzierte Entwicklung, die anfangs als Übergangs- oder Testphase geplant war und nun länger als vorgesehen aufrechterhalten wird oder werden muss.

Zusammengefasst: Art und Umfang mobilitätsbedingter Auswirkungen auf Wohlbefinden und Gesundheit bei Fern- und Wochenendpendlern hängen ab von der Dauer und der Häufigkeit des Pendelns, von den individuellen Kontrollmöglichkeiten über die Tagesabläufe, von der Verkehrsinfrastruktur und dem Verkehrsgeschehen (Umsteigen, Pünktlichkeit, Stau), von den Möglichkeiten zur flexiblen Gestaltung von Arbeitszeiten und –orten und vom Ausmaß der wahrgenommenen Selbstbestimmtheit bei der Wahl und Ausgestaltung der mobilen Situation.

Lebensform	Mittelwerte der mobilen bzw. nicht mobilen Personen (N=364)	Mittelwerte der Partner (N=244)
Fernpendler	3,58	2,93
Wochenendpendler	3,42	3,26
Nicht-Mobile	1,80	1,46

Grundlage dieser Werte ist eine transformierte 5-stufige Ratingskala. „5" bedeutet „sehr belastend", „1" „gar nicht belastend", d.h. je größer der Durchschnittswert, desto höher die wahrgenommene Belastung.

Abbildung 2: Subjektiv wahrgenommene durchschnittliche Gesamtbelastung zirkulär mobiler und nicht-mobiler Personen und deren Partner

4.2.3 Auswirkungen zirkulärer Mobilität auf Wohlbefinden und Gesundheit

Nach den Ergebnissen einer von uns durchgeführten Studie zum Thema „Mobilität und Lebensform" (vgl. Schneider et al. 2002), in der unter anderem 414 Interviews mit Fern- und Wochenendpendlern sowie 194 Interviews mit nicht-mobilen Beschäftigten und deren Partnern durchgeführt wurden, ist die Gesamtbelastung zirkulär mobiler Personen signifikant höher als die nicht-mobiler Personen. Das Gleiche gilt für deren Partner (vgl. *Abbildung 2*).

Fernpendler weisen die im Durchschnitt höchste Gesamtbelastung auf. Wochenendpendler berichten über eine nur geringfügig niedrigere Gesamtbelastung. Im Vergleich dazu berichten nicht-mobile Berufstätige über eine signifikant geringere Gesamtbelastung. Ähnlich ausgeprägt sind auch die Unterschiede bei den Partnern der befragten Personengruppen. Auch hier weisen die Partner mobiler Beschäftigter eine signifikant höhere Gesamtbelastung auf als die Partner nicht-mobiler Berufstätiger. Bemerkenswert ist, dass sich das berichtete Belastungsniveau bei Wochenendpendlern nicht signifikant zwischen den Mobilen und ihren Partnern unterscheidet. Diese Ergebnisse verweisen darauf, dass die durch Mobilität geprägte Lebenssituation nicht nur das Wohlbefinden der Pendler, sondern auch das ihrer Partner nachhaltig beeinträchtigt.

Signifikante Unterschiede bestehen auch bei den berichteten Wahrnehmungen der eigenen Gesundheit: Während annähernd jeder dritte Befragte aus einer nicht-mobilen Lebensform über keinerlei Beeinträchtigungen seiner Gesundheit klagte, waren es bei den Fernpendlern nur acht und bei den Wochenendpendlern in unserer Studie nur 15 Prozent. Diese Daten sind nur als allgemeine Hinweise auf mögliche gesundheitsrelevante Folgen zirkulärer Mobilität zu interpretieren. Aber es gibt mehrere gesundheitswissenschaftliche Studien aus Deutschland und der Schweiz, die alle zu ähnlichen Ergebnissen gelangen: Fern- und Wochenendpendeln geht verbreitet einher mit funktionellen Störungen, oft ohne körperlichen Befund. Am häufigsten zu beobachten sind höherer Blutdruck, Nacken- und Gliederschmerzen, Schlafstörungen, Erschöpfungszustände, Niedergeschlagenheit und Mattigkeit. Nach einer Studie von Häfner et al. leiden ca. drei von vier Fernpendlern und zwei von drei Wochenendpendlern „häufig" unter Zuständen der Erschöpfung und der Mattigkeit. Hinzu kommt, dass viele Pendler aufgrund ihrer knappen Zeit unter Bewegungsmangel leiden.

Mobile Frauen leiden unter den genannten Symptomen aufgrund ihrer angesprochenen Mehrfachbelastung signifikant stärker als Männer und sie fühlen sich weniger zufrieden mit ihrem Familienleben und mit ihren Möglichkeiten Familien- und Erwerbsarbeit zu verbinden.

Zirkuläre Mobilität, vor allem wenn sie über längere Zeiträume hinweg erfolgt, ist ein potentielles Gesundheitsrisiko. Allerdings können damit auch sehr konkrete Vorzüge verbunden werden. Wochenendpendler betonen, dass sie es als durchaus angenehm und effektiv empfinden, sich unter der Woche weitgehend ungestört ganz ihrer Arbeit widmen zu können und am Wochenende viel Zeit für ihre Familie zu haben. Manche Fernpendler verweisen darauf, dass die Zeit des Pendelns häufig die einzige am Tag sei, in der sie ungestört Zeit für sich selbst haben, zum Lesen, zum Entspannen oder zum Unterhalten. Zirkuläre Mobilität führt also nicht zwangsläufig in eine hoch belastende Situation. Zusammen mit den konkreten Umständen sind die Folgen mitbestimmt durch die subjektive Wahrnehmung und Deutung der Mobilität.

4.2.4 Prävention

Zu einer Reduzierung mobilitätsbedingter Gesundheitsrisiken können viele Akteure beitragen: Die mobile Person selbst, ihr familiäres und soziales Nahumfeld, ihr Arbeitgeber, und die Politik auf kommunaler, Landes- und Bundesebene.

- Was können die Mobilen tun?

Entscheidend für eine erfolgreiche Bewältigung zirkulärer Mobilitätserfordernisse sind eine hohe *Mobilitätskompetenz* und erfolgreiche *Problembewältigungsstrategien*. Erfolgreiche Strategien zur Problembewältigung sind vor allem dadurch gekennzeichnet, dass sich die Akteure um eine positive Grundeinstellung gegenüber der Mobilität bemühen und ihr auch positive Seiten abzugewinnen versuchen. Wer seine mobile Situation dauerhaft grundsätzlich ablehnt oder bei ihrer aktiven Gestaltung völlig resigniert, wird in der Regel stärker darunter leiden als Pendler, die aus ihrer Situation das Beste zu machen versuchen. Wenn es den Akteuren gelingt, die Wegezeiten für sich möglichst gewinnbringend zu füllen, zum Beispiel um sich fortzubilden, während der Zugfahrt zu arbeiten oder sich zu unterhalten, das ist mit Hörbüchern auch für Autofahrer möglich, werden nachteilige psychosomatische Folgeerscheinungen weniger wahrscheinlich. Die gezielte Entwicklung von Kompetenzen im Umgang mit zirkulärer Mobilität und auch mit anderen Mobilitätsformen kann einen wesentlichen Beitrag darstellen, um die gesundheitlichen Risiken zu reduzieren.

Gerade im Fall von Wochenendpendlern scheinen Gefühle der Entfremdung vom Partner und der Einsamkeit vermindert werden zu können, wenn regelmäßig unter der Woche mit dem Partner kommuniziert wird. Dabei kann man sich wechselseitig über den Alltag informieren, Probleme gemeinsam zu bewältigen versuchen, Nähe und Vertrautheit herstellen und Entscheidungen besprechen. Vielfach hat es sich aus Sicht von Paaren als hilfreich erwiesen, wenn gemeinsame Rituale geschaffen werden, etwa jeden Abend miteinander zu telefonieren oder via E-Mail zu kommunizieren. Dies strukturiert den Alltag und kann als Höhepunkt des Tages in dessen Ablauf integriert werden.

Zu erfolgreichen Bewältigungsstrategien gehört auch, die mobile Situation möglichst angenehm und möglichst effizient zu gestalten. Fahrgemeinschaften beispielsweise senken nicht nur die Kosten, sie können in ihrer Form als gemeinschaftliche Unternehmung auch Stressspitzen vermeiden und so zu einer Belastungsminderung beitragen.

Die Intensität des Stresserlebens wird auch dadurch beeinflusst, in welcher Situation sich die mobile Person befindet und welche Kompetenzen sie entwickelt, ihre Rahmenbedingungen in günstiger Weise zu beeinflussen: So wäre zu prüfen, ob alle Möglichkeiten, die Arbeitszeiten zu flexibilisieren, ausgeschöpft wurden oder ob die heimische Kinderbetreuung in optimaler Weise gestaltet ist? Oft sind es hier Kleinigkeiten, die zu einer erheblichen Belastungsreduktion beitragen können. Zielführend ist, die Situation adäquat zu evaluieren und so Ansatzpunkte für eine angemessene Umgestaltung zu erkennen und richtig umzusetzen.

- Was können die Familie und das soziale Nahumfeld der Mobilen tun?

Der Partner, oder besser zumeist die Partnerin, stellen die wichtigste Entlastungsmöglichkeit im Privatbereich der Mobilen dar. Die Entlastung von großen Teilen der Haus- und Familienarbeit ist für viele Fern- und Wochenendpendler eine zentrale Voraussetzung dafür, überhaupt in dieser Form mobil sein zu können. Ein Fernpendler aus unserer Studie hat die Bedeutung dieser Unterstützung so zusammengefasst: „Dass meine Frau den ganzen Job vor Ort übernimmt ist schon eine Riesengeschichte. Wenn das nicht wäre ... weiß ich gar nicht, ob ich das dann überhaupt machen könnte."

Die weitere Familie kann die mobile Person flankierend unterstützen, indem sie z. B. bei der Haus- und Familienarbeit ebenfalls entlastend wirkt, indem Verständnis für die Folgen der Mobilität aufgebracht und Rücksicht auf die Bedürfnisse geübt wird. Das soziale Umfeld reagiert auf die zeitlichen Restriktionen zirkulär Mobiler zumeist mit Unverständnis und geringer Rücksichtnahme. Dadurch werden Prozesse der Ausgrenzung oder der Desintegration in Gang gesetzt, die wiederum Stress induzierend wirken können. Ein unterstützendes familiäres und soziales Nahumfeld kann einen wesentlichen Beitrag liefern um das Wohlbefinden von Pendlern zu fördern und stressbedingte Gesundheitsrisiken zu verringern.

- Was können die *Unternehmen* tun?

Betrieblich wird der Zusammenhang zwischen Arbeitsweg, Fehlzeiten und Leistungsfähigkeit bisher kaum hergestellt. Weder ist den meisten Unternehmen etwas über die Arbeitswege ihrer Beschäftigten bekannt, noch haben Arbeitgeber auf die spezifische Situation zirkulär mobiler Beschäftigter in nennenswertem Umfang reagiert. Grundsätzlich können Arbeitgeber einen großen Beitrag zur Belastungsreduktion ihrer mobilen Mitarbeiter leisten. Zentral sind hierfür primär flexible Arbeitszeiten, die verhindern, dass Tagespendler bei kleineren Verspätungen mit nachteiligen Konsequenzen rechnen müssen. Als hilfreich haben sich Arbeitszeiten erwiesen, die mit den Fahrplänen abgestimmt werden können und ein möglichst großes Maß an individueller Gestaltbarkeit offerieren. Ein großes Problem für Fernpendler sind Überstunden. Länger im Betrieb zu bleiben kann für sie dann zum Problem werden, wenn sie Gefahr laufen, den letzten Zug zu verpassen. In diesen Fällen kann der Arbeitgeber unterstützend wirken, wenn er Übernachtungsmöglichkeiten anbietet, die nach unseren Erfahrungen von den Beschäftigten gerne in Anspruch genommen werden. Damit kann in erheblichem Umfang Stress- und Konfliktpotential auf Seiten der Beschäftigten und der Arbeitgeber vermindert werden.

Eine weitere sehr bedeutsame Möglichkeit der Reduzierung mobilitätsbedingter Belastungen kann die Möglichkeit zur Heimarbeit bieten oder die Option Vollzeit an nur vier Arbeitstagen pro Woche zu arbeiten. Fern- und Wochenendpendler empfinden eine signifikant höhere *Lebenszufriedenheit*, wenn sie nur vier Tage pro Woche pendeln bzw. schon nach vier Arbeitstagen nach Hause fahren können. Arbeitgeber, die ihren Beschäftigten in dieser Weise entgegen kommen, leisten einen wichtigen Beitrag zur Senkung gesundheitlicher Risiken, ohne dass ihnen dadurch Kosten entstünden. Allerdings stehen viele Arbeitgeber diesen Alternativen noch sehr distanziert gegenüber, da sie befürchten, zuhause arbeitende Beschäftigte seien weniger produktiv. Ein Fernpendler fasst seine Erfahrungen folgendermaßen zusammen: „Möglichkeiten zu Hause zu arbeiten, die im Prinzip da wären, würden mich sehr entlasten. Aber meine Einschätzung ist, dass das vom Arbeitgeber einfach nicht angeboten wird aus Angst, die Kontrolle zu verlieren."

Eine weitere Handlungsebene vor allem in größeren Unternehmen sind betriebsärztliche Unterstützung und Förderung der Mobilitätskompetenzen der Mitarbeiter. Betriebliche Schulungen und Kurse, die darauf abzielen, mobilitätsbedingte Belastungen der Mitarbeiter zu reduzieren und deren Bewältigungsstrategien zu optimieren, können ebenfalls zu einem besseren Mobilitätsmanagement beitragen.

Zeitknappheit entsteht bei mobilen Beschäftigten oftmals auch dadurch, dass die Möglichkeiten zum Einkauf des Alltagsbedarfs sehr eingeschränkt sind. Gerade in ländlichen Regionen sind die Geschäfte bei der Rückkehr bereits geschlossen und am Morgen noch nicht geöffnet. Bei fehlender Unterstützung durch die Familie, z. B. wenn auch der Partner mobil ist, kann es zu erheblichen Belastungen kommen. Abhilfe können hier z. B. betriebliche Concierge-Dienste bieten, die den Mitarbeitern Teile des Einkaufs abnehmen.

Unter bestimmten Umständen können schließlich auch finanzielle Hilfen, die die teilweise immense, durch das Pendeln verursachte, finanzielle Belastung abmildern, die Lebenssituation der Pendler verbessern helfen.

Unternehmen müssen bei ihren Bestrebungen nicht auf sich allein gestellt bleiben. Zielführender kann es sein, ein überbetriebliches Mobilitätsmanagement unter Einbeziehung anderer lokaler Unternehmen zusammen mit der Kommune zu betreiben. Die Gestaltung von Fahrplänen regionaler Verkehrsbetriebe oder die Einrichtung betriebsnaher Haltestellen können zu einer wesentlichen Verbesserung für Pendler beitragen. Auch können neue oder verbesserte Angebote zur Kinderbetreuung mobile Beschäftigte mit kleinen Kindern erheblich entlasten, da sie mit räumlich günstig gelegenen Einrichtungen, die ihre Öffnungszeiten zudem auf die Betriebszeiten abgestimmt haben, das Zeitmanagement wesentlich erleichtern, wodurch ebenfalls gesundheitsrelevante Auswirkungen entstehen können.

Diese Überlegungen verdeutlichen, dass es zahlreiche Interventionsmöglichkeit für eine mobilitätsorientierte *Personalpolitik* gäbe – und manche Unternehmen verfolgen auch sehr erfolgreich solche Strategien. Die große Realität sieht freilich anders aus. Bei unseren Befragungen wurde erkennbar, dass Beschäftigte befürchten, als Berufsmobile unattraktiv für Arbeitgeber zu sein und aus Angst um ihren Arbeitsplatz keine Forderungen nach Entlastungsmöglichkeiten oder Sonderrechten stellen. Der einzige Wunsch dieser Personen besteht darin, dass Arbeitgeber die zirkuläre Mobilität bei der Personalauswahl nicht als Nachteil bewerten.

- Was kann die Politik unternehmen?

Jenseits der kommunalen Ebene, die wie angedeutet in erheblichem Umfang zur Reduktion mobilitätsbedingter Belastungen beitragen kann, sind die Handlungsmöglichkeiten von Landes- und Bundespolitik in diesem Zusammenhang eher beschränkt. Die weitere Verbesserung der Verkehrsinfrastruktur und die Fortführung der steuerlichen Entlastung von Pendlern sind sehr allgemeine Interventionsformen, die einen Beitrag in der gewünschten Richtung leisten können. Daneben kann politisches Handeln darauf ausgerichtet werden, die Mobilitätskompetenzen der Erwerbstätigen durch entsprechende Maßnahmen und Angebote zu fördern und die Politik kann verstärkt konzertierte Aktionen anregen und fördern, die auf eine Verbesserung der Lebenssituation mobiler Erwerbstätiger abzielen.

4.2.5 Fazit und Ausblick

Eine Prävention gesundheitlicher Beeinträchtigungen mobiler Beschäftigter kann im Hinblick auf drei Fragen erfolgen:

Unternehmen können und müssen sich fragen: Wie viel Mobilität brauchen wir eigentlich? In den wenigsten Unternehmen gibt es bisher Kostenrechnungen über die betriebswirtschaftlichen Folgen erhöhter Mobilität. Welche Kosten-Nutzen-Relation haben Auslandsentsendungen, welche Kosten entstehen durch die Fluktuation von Beschäftigten, was kostet die Versetzung oder die Abkommandierung von Mitarbeitern? Auf alle diese Fragen können Unternehmen zumeist keine Antwort geben. Das ist angesichts eines vielfach sehr differenzierten Controllingwesens erstaunlich. Mobilität wird verbreitet sehr unkritisch und voraussetzungslos als positiv und nützlich erachtet, ohne dass mögliche negative Konsequenzen zur Kenntnis genommen würden. Vielfach wird Mobilsein als Wert an sich betrachtet und Mobilität als Zeichen des Erfolgs missdeutet. Eine kritischere Reflexion betrieblich für notwendig erachteter Mobilitätserfordernisse erscheint dringend sinnvoll. Würde sich in der Folge die Mobilitätsdynamik verringern, wäre dies eine hoch relevante präventive Maßnahme.

Mit Blick auf die sozialen, familiären, aber insbesondere die betrieblichen Folgen erhöhter Mobilität sind die Unternehmen gehalten, sich auch mit der Frage „Wie viel Mobilität ist den Menschen zumutbar?" mehr als bisher auseinanderzusetzen. Der gegenwärtig verbreitete betriebliche Totalzugriff auf die Beschäftigten, ohne Rücksichtnahme auf deren familiäre Verpflichtungen und auf deren eigene Gesundheitsvorsorge, reduziert die Produktivität am Arbeitsplatz. Mitarbeiter, die unter gesundheitlichen oder unter Familienproblemen leiden, sind weniger leistungsfähig. Sind diese Problem betrieblich mit verursacht, etwa weil Maßnahmen fehlen, die eine bessere Vereinbarkeit von Familie und Beruf ermöglichen würden, könnten Unternehmen durch die Einführung solcher Maßnahmen auch die Produktivität im Betrieb steigern. Wenn Betriebe erkennen, dass sie eine erhebliche Mitverantwortung an den gesundheitlichen Folgen betrieblich verursachter Mobilität tragen und sich in der Folge um Antworten auf die Frage „Wie können mobilitätsinduzierte Belastungen minimiert werden?" bemühen, ist ebenfalls ein wichtiger Beitrag zur Prävention geleistet. Die oben dargelegten betrieblichen Möglichkeiten von Flextime bis zu Angeboten zur Erhöhung der Mobilitätskompetenzen der Mitarbeiter sind wichtige Beiträge im Rahmen der Prävention, die durch ein entsprechende Personalpolitik geleistet werden können. Bei den angesprochenen Maßnahmen handelt es sich, wegen ihrer unmittelbaren produktivitätssteigernden Folgen, nicht (nur) um Sozialleistungen, die man sich nur in wirtschaftlich günstigen Zeiten leisten will, sondern um zukunftsweisende Investitionstätigkeiten. Im Betrieb

Insgesamt gilt: Nur im gemeinsamen Zusammenwirken von mobilen Beschäftigten, ihren Arbeitgebern und der Politik, die für bessere Rahmenbedingungen sorgen kann, kann eine Reduktion mobilitätsinduzierter Belastungen erreicht und damit eine wichtiger Beitrag zur Verringerung gesundheitlicher Risiken bei Pendlern geleistet werden.

4.2.6 Key-Message

- Berufliche Mobilität kann das Familienleben und die Produktivität am Arbeitsplatz nachhaltig belasten und das Wohlbefinden und die Gesundheit der Mobilen beeinträchtigen.
- Insbesondere Fern- und Wochenendpendler und ihre Partner sind in dieser Hinsicht erhöhten Risiken ausgesetzt. Bessere Mobilitätskompetenzen und flexiblere Arbeitszeiten können die gesundheitlichen Risiken mindern und die wahrgenommenen Belastungen reduzieren.

LITERATURHINWEISE

HÄFNER, S., H. KORDY, H. KÄCHELE (2001): Psychosozialer Versorgungsbedarf bei Berufspendlern. Psychother Psychosom Med Psychol, 51, 373-376.

KOSLOWSKY, M., A. N. KLUGER, M. REICH (1995): Commuting Stress. Causes, Effects, and Methods of Coping. Plenum Press. New York.

SCHNEIDER, N. F., R. LIMMER, K. RUCKDESCHEL (2002): Mobil, flexibel, gebunden. Familie und Beruf in der mobilen Gesellschaft. Campus Verlag. Frankfurt am Main.

SENNETT, R. (2000): Der flexible Mensch. Büchergilde Gutenberg. Frankfurt am Main.

STADLER, R., W. FASTENMEIER, H. GSTALTER, J. LAU (2000): Beeinträchtigt der Berufsverkehr das Wohlbefinden und die Gesundheit von Berufstätigen? Zeitschrift für Verkehrssicherheit, 46, 2, 56-66.

4.3 Telearbeit – Homeoffice

Ina Ueberschär

4.3.1 Definition

Telearbeit ist jede auf Informations- und Kommunikationstechnik gestützte Tätigkeit, die ausschließlich oder zeitweise an einem außerhalb der zentralen Betriebsstätte liegenden Arbeitsplatz verrichtet wird. Dieser Arbeitsplatz ist mit der zentralen Betriebsstätte durch elektronische Kommunikationsmittel verbunden (www.bmwi.de). Telearbeit stellt somit nicht ein Berufsbild im eigentlichen Sinne, sondern eine besondere Arbeitsorganisationsform dar.

Homeoffice bezeichnet den Telearbeitsplatz in der privaten Wohnung oder im eigenen Haus des Telearbeiters.

4.3.2 Vorkommen/Bedeutung

Nach einer in den 90er Jahren des letzten Jahrhunderts anfangs eher zögerlichen Zunahme der Telearbeitsplätze hat sich mittlerweile Telearbeit rasant verbreitet. Allein zwischen 1999 und 2002 verdoppelte sich die Anzahl der Telearbeiter in der EU, in Deutschland hat sie sich sogar verdreifacht. Dieser Zuwachs erfolgte in erster Linie auf dem Gebiet der mobilen und supplementären Telearbeit (s. weiter unten). Im Jahr 2002 wurde bereits die 20-Millionen-Grenze von Telearbeitenden in den EU-Mitgliedsländern überschritten. Mit den USA, dem Ursprungsland der Telearbeit, hier als *Telecommuting* bezeichnet, kann die Europäische Union allerdings noch nicht mithalten. Dort ist die Zahl der Telearbeiter immer noch doppelt so hoch wie in Europa. Vergleicht man die Absolutzahlen der einzelnen EU-Mitgliedsländer, so sind Großbritannien und Deutschland die führenden Nationen. Betrachtet man die Zahlen im Verhältnis zur Gesamtbevölkerung, so liegen die skandinavischen Staaten und die Niederlande an der Spitze. Im vorderen Mittelfeld folgen Deutschland und das Vereinigte Königreich. Dahinter rangieren Italien und Irland, gefolgt von Frankreich, Luxemburg und Portugal. Für Deutschland wird für die kommenden Jahre weiterhin ein großes Wachstumspotential im Bereich der Telearbeit angenommen. Die rasante Entwicklung des Telearbeitssektors in den vergangenen Jahren resultiert nicht nur aus den neuen technischen Möglichkeiten, sondern auch aus den Chancen für die Unternehmen, wirtschaftliche Vorteile aus dem Einsatz der weltweit verfügbaren Telearbeiter zu erzielen (Einsparung an anzumietender Bürofläche, Nutzung der erheblichen regionalen Tarifunterschiede, der unterschiedlichen Gesetzlichkeiten in den verschiedenen Ländern sowie der verschiedenen Zeitzonen usw.). So bringt es die zunehmende Globalisierung beispielsweise auch mit sich, dass mehr und mehr auch über Zeitzonen hinweg direkte Arbeitskontakte bestehen, die innerhalb normaler Arbeitszeiten nur schwer wahrgenommen werden können.

Telearbeit tritt entsprechend der unterschiedlichen räumlichen und/oder zeitlichen Dimension in verschiedenen Formen auf.

Unterscheidungsformen der Telearbeit nach räumlicher Dimension

Heimbasierte Telearbeit: Unter heimbasierter Telearbeit wird die Telearbeit am häuslichen PC-Arbeitsplatz in der Privatwohnung des Telearbeiters (= *Teleheimarbeit* oder häusliche Telearbeit) verstanden. Dabei kann dieser Arbeitsplatz in den privaten Räumen, wie bereits ausgeführt auch als **Homeoffice** bezeichnet, entweder auf eigene Kosten oder vom Arbeitgeber eingerichtet worden sein.

Mobile Telearbeit bezeichnet das ortsunabhängige Arbeiten mit mobiler Kommunikationstechnik. Mittels moderner Informations- und Kommunikationstechnik ist es möglich, sich ortsunabhängig und damit weltweit online in den Zentralrechner und damit in das IT-Netz seines Unternehmens einzuwählen, Daten abzurufen sowie Ergebnisse, Termine und andere Daten zu übertragen. Fahrten zur Unternehmenszentrale werden somit überflüssig. Als typische Erscheinungsform der mobilen Telearbeit hat sich das mobile Büro herausgebildet, das insbesondere von Außendienstmitarbeitern oder Servicetechnikern genutzt wird.

Bei der Telearbeit im *Telecenter (Center-Based-Telearbeit)* handelt es sich um Telearbeit in speziellen, mit moderner Informations- und Kommunikationstechnik ausgestatteten Telezentren in Form von Satellitenbüros (spezielle ausgelagerte Büroräume eines Unternehmens in der Wohnortnähe der Mitarbeiter) oder Nachbarschaftsbüros (ähnlich wie Satellitenbüros, Büronutzung jedoch durch mehrere Unternehmen gemeinsam).

On-Site-Telearbeit: Für zahlreiche Berufe gehört es bereits heute zur üblichen Praxis, beim Kunden oder Lieferanten vor Ort zu arbeiten und dennoch über Telemedien mit der eigenen Firma bzw. Organisation stets in enger Verbindung zu stehen. So befinden sich die physischen Arbeitsplätze von Unternehmensberatern ebenso wie die vieler Softwareentwickler oder Systemspezialisten häufig jeweils projektbezogen am Kundenstandort, wobei bei On-Site-Telearbeit die Telearbeitsplätze im Unterschied zur mobilen Telearbeit stationär eingerichtet sind.

Unterscheidungsformen der Telearbeit nach zeitlicher Dimension

Permanente Telearbeit: Hierbei verbringt der Telarbeiter nahezu die gesamte Arbeitszeit außerhalb der betrieblichen Arbeitsstätte, lediglich zu Besprechungen begibt sich der Telearbeiter zur Betriebsstätte.

Alternierende Telearbeit bezeichnet eine Mischform aus einer Tätigkeit am Telearbeitsplatz und an einem betrieblichen Arbeitsplatz, z. B. teilweise in der Firma und teilweise als Teleheimarbeit im Homeoffice, wobei mindestens an einem vollen Arbeitstag pro Woche reine Teleheimarbeit geleistet wird.

Supplementäre Telearbeit: Hier wird Teleheimarbeit nur ergänzend (supplementär) an einigen Stunden pro Arbeitstag, nicht aber an einem oder mehreren vollen Arbeitstagen erbracht.

Telekooperation bezeichnet die entsprechende mediengestützte arbeitsteilige Leistungserstellung von individuellen Aufgabenträgern, Organisationseinheiten und Organisationen, die über mehrere Standorte verteilt sind. So können z. B. internationale Entwicklerteams standortunabhängig zeitgleich gemeinsam an einem Projekt arbeiten.

Telearbeit kann in unterschiedlichen Beschäftigungsformen geleistet werden:
- in einem üblichen Arbeitnehmerarbeitsrechtsverhältnis,
- als Heimarbeitsverhältnis,
- in einem Rechtsverhältnis als arbeitnehmerähnliche Person oder auch als Selbstständiger.

4.3.3 Charakteristik
Wesentliche Merkmale

Es handelt sich bei sämtlichen Telearbeitsplätzen um eine überwiegende Computer- und damit um eine *Bildschirmarbeit*. Die dabei zu verrichtenden Arbeitsaufgaben sind sehr unterschiedlich und auch hinsichtlich ihrer psychonervalen und intellektuellen Anforderungen weit gefächert, z. B. Programmierung, Datenerfassung, Textverarbeitung, elektronische und telefonische Auftragsannahme und -bearbeitung (e-Commerce, Callcenter), telefonische Informationsdienste, Telefonmarketing, Vorlagenerstellung für Webseiten, Internetwerbung, Controlling, Finanzberatung, Rechnungsführung, Technisches Zeichnen, Grafik und Designentwicklung, Architektentätigkeit, Gutachtertätigkeit, journalistische Tätigkeit, Autorentätigkeit, Redakteurtätigkeiten, Rechtsanwaltstätigkeiten u. a.

Letztendlich können fast alle firmeninternen Aufgaben und Dienstleistungen über das Internet oder andere geeignete Kommunikationsmedien von einer bislang üblichen lokalen Ausprägung (Firmengebäude, Firmenniederlassung, Kommune u. ä.) auf eine unbegrenzte weltweite Ausprägung ausgedehnt werden, z. B. Software-Entwicklung durch Telearbeiter in Indien, Erstellung von technischen Zeichnungen in China oder statistische Berechnungen in Südafrika für ein deutsches Unternehmen. In welchem Umfang bereits heute ausländische Telearbeiter, z. B. in Indien, China usw., in ihren Heimatländern für deutsche Firmen tätig sind, kann leider nicht mit verlässlichen Daten belegt werden.

Belastungen

Es handelt sich bei Telearbeit um eine leichte körperliche Arbeit in meist sitzender Arbeitshaltung mit erheblichem Bewegungsmangel und Zwangshaltungen für die Arme (Computerarbeitsplatz) und Wirbelsäule (ganztägiges, einseitiges Sitzen) sowie Belastungen der Augen infolge der ständigen Bildschirmarbeit.

Die psychonervalen Belastungen sind abhängig von Art und Inhalt der jeweiligen Telearbeit sehr unterschiedlich (z. B. zwischen einem Telearbeitsplatz in einem Telecenter und Teleheimarbeit). Eine Tätigkeit in *Großraumbüros* führt oft zu einer hohen psychomentalen Belastung, aber auch physischen Beanspruchung (ständiger Geräuschpegel, Ablenkung durch Nachbararbeitsplätze, künstliches Dauerlicht, fehlendes Tageslicht, klimatisierte Räume u. a.); außerdem oft unregelmäßige Arbeitszeiten. Bei mobiler Telearbeit oder Telearbeit im Telecenter erfolgt die Tätigkeit nicht selten im *Wechselschichtrythmus* einschließlich *Nachtarbeit* sowie *Wochenend- und Feiertagsarbeit*. Nicht selten besteht durch Termin- und Arbeitsmengenvorgaben ein hoher Leistungs- und Termindruck.

Telearbeit bietet sowohl für den Telearbeiter, den Arbeitgeber und für die Gesellschaft mehrere Vorteile.

Vorteile für den Telearbeiter
(insbesondere bei Arbeiten im Homeoffice und bei mobiler Telearbeit):
- Bessere Vereinbarkeit von Beruf, Familie und Freizeit durch eine freie und flexible Arbeitszeitgestaltung.
- Optimale Nutzung der individuellen Leistungshochs: Im Gegensatz zur normalen Büroarbeit ist der Telearbeiter nicht gezwungen, dann zu arbeiten, wenn ihm die Arbeitszeitregelung dies vorschreibt, sondern wenn er Lust dazu hat. Befragungen ergaben, dass 80 Prozent der Telearbeiter von einer Erhöhung ihrer Arbeitsproduktivität ausgehen: Jeder fünfte von ihnen gab an, dass seine Produktivität sogar um mehr als 20 Prozent gestiegen sei.
- Umsetzung guter Einfälle auch außerhalb der regulären Arbeitszeit.
- Höhere Kreativität und höheres Leistungspotenzial durch ruhigere Arbeitsatmosphäre zu Hause (bei Arbeit im Homeoffice).
- Gewährleistung eines als angenehm empfundenen individuellen Raumklimas (bei Arbeit im Homeoffice).
- Zeit- und Kostenersparnis durch Reduzierung der Pendelfahrten.
- Erhöhte Eigenverantwortung und Selbstständigkeit bei der Erfüllung betrieblicher Aufgaben.
- Erleichterung des Verbleibs und auch des Wiedereinstiegs in das Erwerbsleben (behinderte Menschen, Betreuung von Kindern und pflegebedürftigen Angehörigen).
- Verlagerung der Fahrtzeiten außerhalb der Spitzenzeiten.
- Bewahrung beruflichen Wissens während der Elternzeit, um eventuell im Anschluss an die Erziehungspause problemlos wieder eine Vollzeitstelle im Betrieb einzunehmen.

Vorteile für Arbeitgeber
- Einsparung von Büroraum und -ausstattung durch das so genannte *Shared Desk-Konzept*: Mehrere Mitarbeiter teilen sich einen Schreibtisch, da sie durch Telearbeit nur noch an wenigen Arbeitstagen im Unternehmen selbst sind, bei IBM in den USA liegt dieses Verhältnis im Vertrieb bei etwa fünf zu eins. Einziges persönliches Möbelstück beim Shared-Desk-Konzept ist der Ablageschrank, in dem sich die Arbeitsunterlagen und persönlichen Dinge des Telearbeiters befinden. Wenn er ins Unternehmensbüro kommt, sucht er sich einen freien Schreibtisch und holt sich alles Notwendige aus dieser Ablage - einschließlich des Familienfotos. Sobald er seine Arbeit abgeschlossen hat, räumt er diese Dinge wieder zurück und stellt den Arbeitsplatz dem nächsten Telearbeiter zur Verfügung.
- Einsparung von Parkplatzflächen, Energie, Umzugskosten etc.
- Höhere Attraktivität als Arbeitgeber durch bessere Vereinbarkeit von Beruf, Familie und Freizeit (= *familienfreundliches Unternehmen*).
- Produktivitätssteigerung: Durch höhere Produktivität der Telearbeiter und durch Kostenreduktion.
- Geringere *Fehlzeiten* der Telearbeiter (so kann beispielsweise bei Arbeit im Homeoffice der Telearbeiter auch bei Krankheit des Kindes weiter seine Arbeit verrichten, gleiches gilt auch bei eigener Erkrankung, z. B. grippaler Infekt).
- Reduzierung der Personalfluktuation.
- Bessere Kapazitätsauslastung durch eine *flexiblere Arbeitszeitgestaltung*.
- Einsparung von Sozialleistungen (Essenzuschuss, Reisekosten, betriebliche Kinderbetreuung, aber auch durch Verlagerung von Telearbeit in Länder mit geringeren Sozialleistungen).

Vorteile für die Gesellschaft:
- Investitionsschub und Beschäftigungsimpulse durch Einrichtung von Telearbeitsplätzen.
- Sicherung bestehender Arbeitsplätze in Deutschland.
- Flexibilisierung des Arbeitsmarktes.
- Integration von im Erwerbsleben benachteiligten Gruppen.
- Verbesserung der Betreuung pflegebedürftiger Angehöriger in der Familie.
- Kostenersparnis durch Reduzierung der notwendigen Zahl von Plätzen in Kindertagesstätten.
- Verbesserung der Kommunikationsinfrastruktur.
- Zusätzliche Entwicklungschancen für ländliche/strukturschwache Räume.
- Schonung der Umwelt; Einsparung nicht regenerativer Energieressourcen.
- Entzerrung von Verkehrsspitzen.
- Entschärfung der Wohnsituation in Ballungsräumen.
- Entlastung der Verkehrswege.

Nachteile und Probleme

Im Unterschied zu den Vorteilen beziehen sich die möglichen Nachteile der Telearbeit fast ausschließlich auf den Telearbeiter selbst. Diese sind im Einzelnen:
- Gefahr einer sozialen Isolation (bei permanenter Telearbeit im Homeoffice in den eigenen vier Wänden). Die alternierende und supplementäre Telearbeit vermeidet diese Gefahr, weil bei ihr durch regelmäßige Arbeit im Firmensitz eine entsprechende aufgabenbezogene und soziale Kommunikation gewährleistet ist. In der Praxis hat sich die Einführung von Mitarbeitersitzungen als geeignetes Mittel zur Unterstützung sozialer Kommunikation erwiesen.
- Fehlende oder schlechtere berufliche Aufstiegschancen.
- Fehlende Trennung von Beruf und Privatleben (Gefahr einer zu engen Verflechtung von beruflichem und privatem Bereich. Es ist sowohl die Beeinträchtigung des Privatlebens durch berufliche Einflüsse als auch der umgekehrte Fall zu beobachten).
- Gefahr der *Selbstausbeutung* (überlange Arbeitstage, fehlendes *Pausenregime*, Arbeit auch bei eigentlich krankheitsbedingter Arbeitsunfähigkeit).
- Fehlende *Ergonomie* des Arbeitsplatzes (bei selbsteingerichteten Homeoffice-Arbeitsplätzen).
- Mögliche Nichteinhaltung der entsprechenden Bestimmungen des Arbeitsschutzes bei Telearbeitern in einem fernen Land der dritten Welt (z. B. Programmierer in Indien).

4.3.4 Gesundheitsrelevanz

Telearbeit beinhaltet per se keine besonderen arbeitsbedingten Gefährdungen. Die modernen Bildschirme sind mittlerweile so strahlungsarm, dass eine entsprechende Gesundheitsgefährdung ausgeschlossen werden kann. Telearbeit beinhaltet sogar durchaus einige *gesundheitsrelevante Vorteile*. Diese sind:
- Gestaltung der Arbeitszeiten nach der eigenen biologischen Uhr, dem individuellen *Biorhythmus*: Statt morgendlichem Stau auf der Autobahn oder lästigem Warten auf den öffentlichen Personennahverkehr kann der Teleheimarbeiter ausschlafen. Auch durch die Möglichkeit der optimalen Nutzung der individuellen Leistungshochs und eines individuellen Pausenregimes kann Disstress vermieden werden.
- Minimierung der Gefahr von Infektionskrankheiten, insbesondere von akuten Erkrankungen der oberen Atemwege. Zum einen durch Reduktion der Ansteckungs-

möglichkeiten bei Teleheimarbeit (weniger direkter Kontakt zu anderen Menschen im Büro und auch in öffentlichen Verkehrsmitteln) und zum anderen durch Stärkung des Immunsystems durch Vermeidung eines chronischen Schlafdefizits durch sehr frühzeitiges Aufstehen am Morgen, um rechtzeitig im Büro zu sein.

- Verminderung der Doppelbelastung durch Familie und Beruf durch eine freie und flexible Arbeitszeitgestaltung, dadurch Erhöhung des psychischen und physischen Wohlbefindens sowie Vermeidung einer so genannten Burn-out-Symptomatik.
- Durch Arbeitszeitsouveränität bietet die Arbeit in einem Homeoffice sehr gute Voraussetzungen, die telearbeitplatzbedingte einseitige sitzende Tätigkeit durch andere stehende und gehende Tätigkeiten in der Wohnung bzw. im Haus oder Garten oder sportliche Aktivitäten zu unterbrechen und somit muskuloskeletalen Beschwerden wirksam vorzubeugen.
- Bei einer Arbeit im Homeoffice werden *Mobbing*situationen weitgehend vermieden; auch erfolgt keine Ablenkung durch Nachbararbeitsplätze bzw. Störung durch Kollegen oder Mitarbeiter.
- Durch die ruhige und ungestörte häusliche Arbeitsatmosphäre insgesamt positive Auswirkungen auf die Belastungs-Beanspruchungs-Situation.

So belegen entsprechende Vergleiche krankheitsbedingter *Fehlzeiten*, dass diese bei Telearbeiter in der Regel deutlich niedriger liegen als bei üblichen betrieblichen Mitarbeitern.

Risiken

Durch den bereits erwähnten Nachteil der telearbeitsbedingten fehlenden sozialen Kontakte bis hin zur persönlichen Isolation kann allerdings eine deutliche Beeinträchtigung der Möglichkeit der Konfliktverarbeitung und Problembewältigung resultieren. Zum einen kann man mit niemanden über sein Problem sprechen, zum anderen ist man durch die häusliche ungestörte Arbeitsatmosphäre auch bezüglich auftretender Probleme nicht abgelenkt, sondern mit seinen Problemen im wahrsten Sinne des Wort allein gelassen. Der Mensch ist ein soziales Wesen und braucht den Kontakt zu anderen Menschen. Somit stellt permanente Telearbeit, vor allem im Homeoffice, insbesondere für Singles oder Alleinerziehende ein ernst zu nehmenden Risiko dar, das Krankheitsrelevanz erreichen kann.

Telearbeit ermöglicht in starkem Maße ein selbst bestimmtes Arbeiten in Eigenkontrolle. Statt der Erfassung der Anwesenheitszeiten am Arbeitsplatz erfolgt die Kontrolle der erbrachten Arbeitsleistungen ergebnis- und terminorientiert. Dabei spielt keine Rolle, in welcher Arbeitszeit - beispielsweise am Sonntag oder nachts - dies geschieht. Um die gestellten Anforderungen zu erfüllen, sind deshalb Telearbeiter häufig bereit, ihre Arbeitszeit freiwillig auch über das gesundheitlich langfristig verträgliche Maß hinaus auszudehnen. Durch die fehlende räumliche Trennung zwischen dem heimischen Arbeitsplatz und dem familiären Bereich erfolgt keine Trennung von Beruf, Familie und Freizeit. Somit gelingt es einigen Telearbeitern nicht wirklich Feierabend zu machen und abzuschalten. Durch so entstehende chronische Überlastungssituationen kommt es nicht selten zu psychosomatischen Befindlichkeitsstörungen bis hin zu Erschöpfungssyndromen.

Häufig ist auch die Gestaltung des häuslichen Arbeitsplatzes aus arbeitsmedizinischer bzw. ergonomischer Sicht nicht optimal, teilweise sogar erheblich defizitär. Bei der Gestaltung des Homeoffice sollte eine unbedingte Trennung des beruflichen und privaten Teils der Wohnung gegeben und damit eine strikte Trennung zwischen Arbeiten und Wohnen möglich sein. So kann einem Verschwimmen von Privatleben und Arbeit am besten vorgebeugt werden. Idealerweise sollte sich das Homeoffice in einem separaten Arbeitszimmer befinden.

Bei der Gestaltung des Arbeitsplatzes ist insbesondere auf folgende Aspekte zu achten:

- Ausreichender Platz für Möbel und Bildschirmarbeitsplatz, eine entsprechende Anordnung von Tischen und Stühlen innerhalb des Raumes sollte dazu anregen, regelmäßig die Sitzhaltung zu verändern bzw. sich im Raum zu bewegen.
- Tische sollten so angeordnet werden, dass ausreichende Ablageflächen vorhanden sind.
- Ein Platz für Besucher sollte vorhanden sein.
- Es sollte eine ausreichende Beinfreiheit (im Fußbereich mindestens 80 cm) gewährleistet sein, um ein Ausstrecken der Beine zu ermöglichen und so Kniegelenksproblemen und Durchblutungsstörungen vorzubeugen.
- Verwendung eines ergonomischen, individuell eingestellten Arbeitsstuhles.
- Gewährleistung einer optimalen Arbeitsplatzbeleuchtung: Die Lichtverhältnisse sollten so gestaltet sein, dass sowohl Tageslicht als auch eine optimale künstliche Beleuchtung vorhanden sind und gleichzeitig auf dem Monitor störende Blendungen, Reflexe oder Spiegelungen vermieden werden. Es empfiehlt sich möglichst die Verwendung von flimmerarmen Flachbildschirmen. Wegen der Blendungsproblematik sind Südräume eher ungeeignet. Es empfiehlt sich eine Ausrichtung nach Nordosten. Gardinen sind als Blendschutz nicht ausreichend, stattdessen bieten sich im Innenraum Lamellen, verstellbare Jalousien oder Markisen an der Außenwand an.
- Die Raumtemperatur sollte regelbar und die Lüftung ausreichend sein, Fenster und Heizung sollten frei zugänglich sein.
- Abschirmung gegenüber Lärmquellen, gerade Geräusche aus dem Wohnumfeld, zum Beispiel aus dem Kinder- oder Badezimmer, können eine erhebliche Belastung darstellen. Wer ein Homeoffice direkt unter oder neben dem Kinderzimmer betreibt, muss außerdem damit rechnen, dass Gesprächspartner am Telefon irritiert sind, wenn im Hintergrund Kinderlärm zu hören ist. Ein gewisser Schallschutz lässt sich durch dämmende Bodenbeläge, wie Teppich oder Kork, relativ leicht erreichen.

Gender Aspekte

Telearbeit bietet sich infolge der besseren Vereinbarkeit von Beruf, Familie und Freizeit durch eine freie und flexible Arbeitszeitgestaltung auch gerade für Frauen an. Daher verwundert es etwas, dass eine geschlechtsdifferenzierte Betrachtung zeigt, dass gegenwärtig 75 bis 80 Prozent aller Telearbeitsplätze von meist hochqualifizierten Männern und nur 20 bis 25 Prozent von Frauen besetzt werden. Hier besteht bezüglich des Anteils weiblicher Telearbeiter ein großer Nachholbedarf. Auch bietet Telearbeit die Möglichkeit, in der Familienpause bzw. der Elternzeit den beruflichen und fachlichen Anschluss nicht zu verlieren, einen Berufsausstieg zu vermeiden bzw. den Wiedereinstieg zu erleichtern. Durch die Telearbeit haben Frauen trotz Mutterschaft die Chance einer Kontinuität ihrer Berufsbiographie. Dies könnte auch gerade bei höher qualifizierten Frauen zu einer höheren Kinderzahl führen, was in Anbetracht der langen Ausbildungszeiten und damit verbundenen volkswirtschaftlichen Kosten und vor dem Hintergrund der demografischen Entwicklung in Deutschland und in der gesamten EU von großer Wichtigkeit wäre.

4.3.5 Prävention/Intervention

Um eine fehlende Trennung von Beruf und Privatleben zu vermeiden, ist es bei Telearbeit im Homeoffice wichtig, den Tag zu planen und zu strukturieren. Folgende Verhaltensregeln können helfen, die zu enge Verflechtung von Beruf und Privatleben zu vermeiden:

- Verhaltensregeln mit dem privaten Umfeld (Familie, Freunde, Nachbarn) besprechen. Insbesondere Kinder müssen lernen, dass der Elternteil nicht ständig ansprechbar ist. Eine geschlossene Tür zum Homeoffice schafft beispielsweise die nötige Distanzierung und signalisiert, dass man nicht gestört werden möchte.
- Zeitpunkt des Arbeitsendes festlegen, dazu kann ggf. auf dem Bildschirm ein Zeitalarm eingeblendet werden. Dieser Endpunkt sollte nur in Ausnahmefällen überschritten werden.
- Am Ende des Telearbeitstages PC abschalten, Schreibtisch aufräumen, Tür zum Arbeitszimmer schließen und Freizeitkleidung anziehen.
- Arbeitsstuhl und Bildschirm individuell einstellen: Ein dynamisches Sitzverhalten praktizieren, ein regelmäßiger Wechsel der Sitzhaltung entlastet die Bandscheiben, ggf. auch zwischen sitzender und stehender Arbeitshaltung wechseln (Stehpult, Telefonate im Stehen führen u. ä.).
- Regelmäßige Pausen einplanen und einhalten, diese für Bewegungs- und Entspannungsübungen nutzen, Augen durch Blick in die Ferne (jedoch nicht Fernsehen) entlasten.
- Signale des Körpers bezüglich Über- bzw. Fehlbelastungen beachten: Muskel-Skelett-Beschwerden, Schmerzen im Unterarm oder Handbereich, Rückenschmerzen, eingeschlafene Arme oder Beine, Augenbeschwerden und Kopfschmerzen, Erleben innerer Unruhe und Anspannung oder Reizbarkeit.
- Bei Anzeichen von Erkrankungen bzw. andauernden gesundheitlichen Beschwerden einen Arzt konsultieren.

Bezüglich *arbeitsmedizinischer Vorsorgeuntersuchungen* ist der berufsgenossenschaftliche Grundsatz G 37 *„Bildschirmarbeitsplätze"* einschließlich der üblichen Nachuntersuchungsfristen (Personen bis 40 Jahre vor Ablauf von 60 Monaten und Personen über 40 Jahren vor Ablauf von 36 Monaten) zu beachten.

4.3.6 Fazit/Forschungsbedarf

Telearbeit eröffnet sowohl für den Telearbeiter als auch für Arbeitgeber völlig neue Möglichkeiten und Freiheiten der Arbeitserbringung. Durch ein damit verbundenes hohes Maß an Zeitsouveränität und Eigenverantwortung bietet diese neue Arbeitsorganisationsform dem Telearbeiter die Chance einer besseren Vereinbarkeit von Beruf, Familie und Freizeit und darüber hinaus auch mobilitätseingeschränkten behinderten Menschen erleichterte Bedingungen für eine *Teilhabe am Arbeitsleben*. Telearbeit ist per se nicht krank machend, sondern kann vielmehr bei richtigem Einsatz auf Grund der dargestellten Faktoren zu einer Belastungsreduzierung, Produktivitätserhöhung und insgesamt höheren *Arbeitszufriedenheit* und damit zu einem positiven Einfluss auf die Gesundheit und das Wohlbefinden führen. Allerdings kann Telearbeit durch die Gefahr der Selbstausbeutung und einer mangelnden Abgrenzung von Arbeit und Privatleben auch mit entsprechenden negativen gesundheitlichen Auswirkungen verbunden sein.

Forschungsseitig sollten die verschiedenen Formen der Telearbeit bezüglich ihres Einflusses auf die Gesundheit und das Wohlbefinden unter Berücksichtigung personeller Variablen, wie Alter und Geschlecht, Bewältigungsverhalten etc. herausgearbeitet werden. Diese Ergebnisse sind wichtig für entsprechende verhaltens- und verhältnispräventive Maßnahmen, um negative gesundheitliche Auswirkungen zu vermeiden.

4.3.7 Key-Message

- Telearbeit bietet durch die weltweite elektronische Vernetzung mittels moderner Informations- und Kommunikationstechnik die Möglichkeit, außerhalb der Betriebsstätte tätig und dennoch mit seiner Firma jederzeit verbunden zu sein.
- Neben zahlreichen Vorteilen für den Telearbeiter selbst, den Arbeitgeber und die Gesellschaft sind auch mögliche Nachteile zu beachten; dies sind in erster Linie die Gefahr der Selbstausbeutung und das Verschwimmen von Arbeit und Privatleben mit entsprechenden negativen gesundheitlichen Auswirkungen.

LITERATURHINWEISE

BÜSSING, A., A. DRODOFSKY, K. HEGENDÖRFER (2003): Telearbeit und Qualität des Arbeitslebens. Ein Leitfaden zur Analyse, Bewertung und Gestaltung: Hogrefe Göttingen.

OERTEL, B., M. SCHEERMESSER, B. SCHULZ, S.L. THIO, H JONUSCHAT (2002): Auswirkung von Telearbeit auf Gesundheit und Wohlbefinden. Begleitung von Telearbeitsprojekten aus Sicht des Arbeits- und Gesundheitsschutzes. Schriftenreihe der Bundesanstalt für Arbeitsschutz und Arbeitsmedizin, Forschungsbericht Fb 973. Wirtschaftsverlag NW, Bremerhaven.

UEBERSCHÄR, I., H.-J. UEBERSCHÄR (2004): Telearbeit, Landau et al. (Hrsg.): Medizinisches Lexikon der beruflichen Belastungen und Gefährdungen. Gentner Verlag. Stuttgart, S. 621-624.

UEBERSCHÄR, I., H.-J. UEBERSCHÄR: Telearbeiter(in) In: Arbeitsmedizinische Berufskunde. Arbeitsmed. Sozialmed. Umweltmed. 36 (2001) 458-460.

TELEARBEIT: Leitfaden für flexibles Arbeiten in der Praxis. Bundesministerium für Arbeit und Sozialordnung (2001): Bundesministerium für Wirtschaft und Technologie und Bundesministerium für Bildung und Forschung [Hrsg.]: Stand Februar 2001. Westermann, Braunschweig, Kostenlos erhältlich bei den herausgebenden Ministerien Download: http://www.bma.bund.de/download/broschueren/a199.pdf.

4.4 Callcenter

Ina Ueberschär

4.4.1 Definition

Unter Callcentern versteht man Dienstleistungseinrichtungen, die entweder als eigenständige Betriebe (externes Callcenter) oder als Betriebsabteilungen (Inhouse-Callcenter) als Auftragnehmer für Fremdfirmen bzw. für die eigene Firma über telefonische Kontakte Dienstleistungen mit dem Ziel einer besseren Kundenbetreuung und damit Kundenbindung sowie Kundengewinnung erbringen. Auch werden Callcenter für Telefonumfragen durch Meinungsforschungsinstitute u. ä. Institutionen genutzt. Die Dienstleistungsfunktionen, die von Callcentern wahrgenommen werden, basieren auf einer Bündelung des informations- und kommunikationstechnisch gestützten, meist auch gesteuerten telefonischen Kundenverkehrs in einem Arbeitskräftepool. Der an einem Callcenterarbeitsplatz tätige Mitarbeiter wird als (Callcenter-)Agent bezeichnet. Die Agenten sind in der Regel in Teams (10 bis 15 Mitarbeiter pro Team) organisiert, die einem Teamleiter, Supervisor genannt, unterstehen.

4.4.2 Vorkommen/Bedeutung

Callcenter schießen wie Pilze aus dem Boden. Ob sie **Service-Center**, **User Hotline**, **Info-Hotline** oder **User-Help-Desk** heißen, Callcenter haben für die Entwicklung von Marktchancen und das Bestehen im Wettbewerb eine immer größere Bedeutung. Der deutsche Callcenter-Markt wächst seit Jahren. In Deutschland sind Ende 2005 bereits mehr als 330.000 Menschen in rund 3.000 Callcentern beschäftigt. Im kommenden Jahr wird mit einer weiteren Zuwachsrate von 12 Prozent gerechnet. Die Zahl der Beschäftigten liegt, bei einem sehr hohen Anteil von Teilzeit- bzw. Nebenjobarbeitsverhältnissen, mindestens doppelt so hoch wie die Zahl der Arbeitsplätze. Fachkräfte werden teilweise händeringend gesucht. Auf der anderen Seite beträgt die jährliche Fluktuation in der Branche bis zu 50 Prozent, weit überdurchschnittliche Arbeitsunfähigkeitsraten sind nicht selten. Etwa zwei Drittel der Beschäftigten sind jünger als 35 Jahre (auch viele Studenten als Nebenjob); es gibt kaum Arbeitskräfte über 45 Jahre. Da das perfekte Beherrschen der deutschen Sprache in Wort und Schrift unabdingbare Vorraussetzung für eine nachhaltige Anruferakzeptanz ist, ist der Ausländeranteil entsprechend gering.

Grundsätzlich wird zwischen Inbound-Callcentern, die nur extern eingehende Anrufe entgegennehmen und Outbound-Callcentern, die von sich aus Personen kontaktieren, sowie Callcentern, in denen beide Formen gleichzeitig vorkommen, unterschieden. Im Inbound ruft der Kunde das Callcenter an. Ein typisches Inbound-Callcenter ist z. B. die Schadensabteilung eines Versicherungsunternehmens, die Bestellannahme im Versandhandel oder auch die Annahme von Beschwerden oder Störmeldungen. Outbound-Callcenter finden sich z. B. im Bereich der Kundengewinnung und der Marktforschung. Allerdings gibt es viele Callcenter, die sowohl im Inbound- als auch im Outbound-Bereich tätig sind. Reine Arten sind nur noch bei 14 Prozent der Callcenter anzutreffen. In der Praxis überwiegen Mischformen aus Help Desk, Inbound und Outbound.

Callcenter werden seit einigen Jahren häufig in Regionen mit niedrigen Lohnkosten eingerichtet, im ländlichen Raum oder an Standorten von Universitäten (Studenten als Callcenter-Agenten im Nebenjob sind besonders gefragt). Multinationale Konzerne haben vor allem in Irland, Belgien und den Niederlanden ihre zentralen Callcenter gegründet, um von dort aus den gesamten europäischen Markt abzudecken.

4.4.3 Charakteristik

Wesentliche Merkmale

Eine spezielle Telekommunikationsanlage, PBX (private automatic branch exchange) genannt, verbindet via Telefonleitungen das öffentliche Telefonnetz mit den Telefonen im Callcenter. Zwischen der PBX und den Agenten befindet sich als Kernstück des Callcenters die ACD-Anlage (automatic call distribution). Diese ermöglicht die Annahme und Weiterleitung eines Anrufs zum nächsten freien Anschluss. Im Regelfall wird die Verteilung nach dem FIFO-Prinzip (first in, first out) und dem Longest Idle-Prinzip vorgenommen. Das bedeutet, dass der ankommende Anruf, der als erster in der Telekommunikationsanlage registriert wurde, an denjenigen Mitarbeiter weitergeleitet wird, dessen letztes Gespräch am längsten zurückliegt. Wenn kein Agent frei ist, um einen ankommenden Anruf entgegenzunehmen, leitet die ACD den Anrufer automatisch an eine Warteschlange (Queue) weiter – hier wird der Anrufer von einer aufgezeichneten Stimme darum gebeten, solange zu warten, bis ein Mitarbeiter frei geworden ist, der seinen Anruf entgegennehmen kann.

Über sogenannte IVR-Systeme (interactive voice response) kann durch einen vorgeschalteten automatisierten Sprachdialog eine Eingrenzung des Anrufgrundes und damit eine gezielte Weiterleitung des Anrufes an den richtigen Ansprechpartner/Experten erfolgen. VM-Systeme (voice mail) bieten zusätzlich, vergleichbar mit einem Anrufbeantworter, die Option, bei Nichterreichbarkeit Informationen aufzunehmen oder auch weiterzugeben. Jedoch bieten die meisten Callcenter mittlerweile schon eine 24-stündige Erreichbarkeit an sieben Tagen in der Woche an (z. B. Callcenter für Versandhäuser, Geschäftsbanken, Versicherungen, Telefonnummernauskunft, DB-Fahrplanauskunft u. v. a. m.). Der Kunde soll sein Anliegen vorbringen können, wenn er Zeit oder Bedarf hat, also auch an seinem Feierabend, nachts und am Wochenende.

Neben der Telekommunikationsanlage (TKA) stellt der Computer das andere wesentliche Arbeitsmittel für den Agenten dar. Der PC bietet im Zusammenwirken mit der TKA die Möglichkeit, spezifische anrufer- und kontextbezogene Informationen für das Gespräch bereitzustellen, Kundenwünsche und -meinungen zu erfassen, Bestellungen aufzunehmen und Kundendaten zu aktualisieren. Die Verknüpfung von TKA und PC wird durch eine sogenannte CTI-Anlage (computer telecommunication integration) gewährleistet. Dieses CTI-System verbindet die PBX des Callcenters mit einem Computersystem. Ist der Anrufer identifiziert, z. B. durch seine Telefonnummer oder die Eingabe seiner Kontonummer oder PIN, können sämtliche über den Kunden gespeicherten Daten am Bildschirm des Agenten angezeigt werden. Der Agent kann nachvollziehen, was der Anrufer mit anderen Mitarbeitern besprochen hat, ohne dass der Kunde seinen Wunsch erneut vortragen bzw. der Agent mit seinen Kollegen Rücksprache halten muss. Durch diese moderne Technik kann neben einer optimalen Kundenberatung und -betreuung als Nebeneffekt genau so präzise und individuell die Arbeitsweise eines jeden Callcenter-Agenten erfasst und einem Benchmarking unterzogen werden: Wie viele Gespräche wickelt er mit welchem Erfolg ab, wie lange dauern seine Gespräche, wie oft und wie lange nimmt er sich eine Auszeit? Ferner ist ein technisches Abhören der Gespräche möglich (call monitoring), das neben Trainingszwecken auch als Instrument der Leistungskontrolle eingesetzt werden kann. Wichtig sind ein sicheres Beherrschen der modernen Telefon- und PC-Technik; eine angenehme, möglichst dialektfreie Telefonstimme; gutes Deutsch (für deutschsprachigen Raum).

Es existiert bislang keine einheitliche Ausbildung, weil es nicht *das* Callcenter und *den* Callcenter-Agenten gibt, da die Aufgabenbereiche und Anforderungen extrem unterschiedlich sind (z. B. qualifizierte Geldanlageberatung; Herausfinden und Aufzeigen von Problemlösungen bei Computerstörungen, Annahme von Versandhausbestellungen usw.). Teilweise werden Lehrgänge zur Basisqualifikation für telefonische Kundenbetreuung von den Industrie- und Handelskammern und entsprechenden Firmen angeboten (z. B. IHK-Zertifikat *Callcenter-Agent*). Ab Herbst 2006 ist vorgesehen, eine zweijährige Berufsausbildung zum Kaufmann bzw. zur Kauffrau für Dialog und *Kommunikationsmarketing* einzuführen.

Belastungen und Anforderungen

Unabhängig von der Art des Callcenters handelt es sich bei der Tätigkeit eines Callcenter-Agenten um eine Tätigkeit in einem *Großraumbüro* an einem *Bildschirmarbeitsplatz* mit telefonischem *Kundenkontakt*. Hör-/Sprechgarnituren (Head-Sets) erlauben dem Agenten das freihändige Telefonieren, um die Hände für die PC-Bedienung frei zu haben. Zur Schalldämpfung befinden sich zwischen den einzelnen Arbeitsplätzen Raumgliederungselemente. Mittlerweile existieren auch schnurlose Head-Sets, so dass ein größerer Bewegungsspielraum für den Agenten gegeben ist und der bisherige reine kabelgebundene Sitzarbeitsplatz grundsätzlich auch mit Steharbeitsplätzen kombiniert werden kann. Bei den meisten Callcenter-Arbeitsplätzen handelt es sich allerdings derzeit noch um reine Sitzarbeitsplätze.

Der Agent spricht am Telefon mit Kunden, je nach Schwerpunkt und Projekt führt er Verkaufsgespräche, nimmt Bestellungen auf, gibt Informationen weiter, erarbeitet Problemlösungen, protokolliert Sachverhalte und anderes. Die Themen- und Produktvielfalt für Callcenter ist sehr breit gefächert, z. B.:

- Auskunftserteilung (Telefonnummern, Fahrplanauskunft usw.),
- Bank- und Versicherungsgeschäfte (Telebanking, Direktversicherung, Schadensfallmeldung usw.),
- Marketing, Verkauf (Kundengewinnung, Kundenpflege, Verkauf von Waren),

- Bedarfs- und Ansprechpartnerermittlung (= Presale),
- Bestellannahme (Versandhandel),
- Beratung und Problemlösung (z. B. im Lieferumfang bei Kauf eines Gerätes enthaltene Leistung, bei Problemen eine „Hotline" anrufen zu können (*User Help Desk: UHD*), bis hin zu ärztlichen Beratungen eines Patienten zu seiner Krankheit (z. B. medizinisches Callcenter),
- Reklamationsannahme, Störungsannahme, Beschwerdemanagement,
- Kunden- und Bürgerbefragungen (für Meinungsforschungsinstitute, Rundfunk- und Fernsehsender usw.).

Ein Agent muss freundlich, kommunikativ und aufgeschlossen sowie teamfähig und zu selbstständigem Handeln befähigt sein; weiterhin belastbar und stressfähig; möglichst zeitlich nicht gebunden (Schichtarbeit rund um die Uhr an 365 Tagen im Jahr), flexible Einsatzplanung nach Gesprächsaufkommen; je nach Einsatzgebiet sind detaillierte Produkt- und Fachkenntnisse notwendig. Der Agent benötigt teilweise eine hohe Frustrationstoleranz (z. B. Beschwerdemanagement, Reklamationsannahme, Kundenakquisition), englische und andere Sprachkenntnisse sind teilweise erforderlich (z. B. Airline-Callcenter).

Die Arbeitsumgebung eines Callcenters ist im Allgemeinen ein klimatisiertes *Großraumbüro* (künstliches Dauerlicht und fehlendes Tageslicht) mit vielen abgeteilten Arbeitsplätzen, an denen die Mitarbeiter mit Head-Sets vor Computer-Terminals sitzen und die Anrufer bedienen. Aber auch konventionelle Büros mit zwei bis drei Mitarbeitern können im Falle anspruchsvoller Servicehotlines als Callcenter genutzt werden. Es besteht ein ständiger starker (meist zwischen 50 und 70 dBA) *Geräuschpegel* (Gespräche anderer Agenten) sowie Ablenkung durch Nachbararbeitsplätze. Es bestehen hohe Anforderungen an das Konzentrationsvermögen durch gleichzeitige Anforderungen an mehrere Sinnesfunktionen (Sprechen, Hören, Sehen, Feinmotorik) bei insgesamt hoher Arbeitsverdichtung (Auslastungsquote bis zu 80 Prozent der Arbeitszeit!). Teilweise monotone Tätigkeiten (z. B. Bestellannahme im Versandhandel, Telefonbanking) bis hin zu komplexen und komplizierten Tätigkeiten (z. B. bei UHD-Computer-Hotlines), emotionale Belastung (z. B. Beschwerde-Hotline, Kundenakquisition). Zusätzlicher psychischer Stress durch besondere Formen der unmittelbaren personengebundenen Qualitäts- und Leistungskontrolle und dadurch uneingeschränkte Transparenz der Arbeitsleistung (z. B. „stilles" Mithören der Gespräche, Kontrolle des Pausenregimes, Erfassung der Dauer und der Zahl der Telefonate). Unregelmäßige Arbeitszeiten mit Nacht- und Wechselschichtrhythmus und Wochenendarbeit. Oft isolierter Arbeitsplatz mit geringer Kommunikation am Arbeitsplatz innerhalb des Agententeams. Nicht selten hoher Leistungs- und Termindruck, so wird beispielsweise den Agenten im Callcenter in der Regel online angezeigt, wie viele Anrufer sich momentan in der Queue befinden.

4.4.4 Gesundheitsrelevanz

Betrachtet man Callcenter-Arbeitsplätze näher, so wird ihre grundsätzliche Ähnlichkeit mit Bildschirmarbeitsplätzen offenkundig und damit auch deren Gestaltung. Callcenter-Arbeitsplätze sind zunächst einmal Bildschirmarbeitsplätze und unterliegen damit bei der Gestaltung den gleichen Auflagen. Viele der Gestaltungsprobleme sind geblieben, einige sind neu entstanden oder treten angesichts der Arbeitsverdichtung noch deutlicher hervor.

Es handelt sich um eine leichte körperliche Arbeit in sitzender Arbeitshaltung mit erheblichem *Bewegungsmangel* und *Zwangshaltungen* für die Arme (Computerarbeitsplatz) und der Wirbelsäule (einseitiges kabelgebundenes Sitzen) sowie Belastungen der Augen infolge der ständigen Bildschirmarbeit und des Stimmapparates durch *Sprechberuf*. Durch schnurlose Head-Sets ist rein technisch auch ein Wechsel zwischen Sitzarbeitsplatz und Stehpult möglich, jedoch in der Praxis noch eher selten. Nicht selten kommt es bei Callcenter-Agenten zu Stimmerkrankungen durch den *Sprechberuf* bei oft relativ trockener Raumluft. Infolge der meist einseitigen sitzenden und kabelgebundenen Arbeitshaltung an einem Computerarbeitsplatz sind entsprechende statische Beschwerden im Bereich des Stütz- und Bewegungssystems (Rückenschmerzen, Schulterbeschwerden, Kopfschmerzen infolge von Verspannungen der paravertebralen Muskulatur im Bereich der Halswirbelsäule u. ä.) ebenfalls häufig anzutreffen. Wegen des oft unphysiologischen *Arbeitszeitregimes* sowie der hohen *Arbeitsverdichtung* mit parallelen Anforderungen an mehrere Sinnesfunktionen können Erkrankungen auftreten oder verschlimmert werden, die durch psychischen Stress ausgelöst bzw. mit verursacht werden.

4.4.5 Prävention/Intervention

Eine weitere Optimierung der Arbeitsplatzgestaltung und -ergonomie ist anzustreben: u. a. durch
- Bereitstellung von schnurlosen Head-Sets und damit der
- Möglichkeit des Wechsels zwischen Sitzen und Stehen und Reduktion der körperlichen Zwangshaltungen für die Arme und die Wirbelsäule,
- flimmerarme Bildschirme bei optimaler Arbeitsplatzbeleuchtung,
- Optimierung der Raumbedingungen: Luftbefeuchter, um 65 Prozent Luftfeuchte zu erreichen; 21-22°C Raumtemperatur; Luftgeschwindigkeit von unter 0,5 m/s;
- Geräuschpegel möglichst unter 55 dB A, idealerweise unter 50 dB A.

Um die sehr hohen Arbeitsunfähigkeits- und auch Fluktuationsraten bei Callcenter-Agenten zu senken, werden in jüngster Zeit entsprechende Präventionsmaßnahmen angeboten bzw. durchgeführt, wie z. B. Bewegungsübungen für Callcenter-Agenten sowie Maßnahmen zur Verhütung von Stimmstörungen einschließlich Stimmtraining.

Bezüglich *arbeitsmedizinischer Vorsorgeuntersuchungen* ist der berufsgenossenschaftliche Grundsatz G 37 „Bildschirmarbeitsplätze" einschließlich der üblichen Nachuntersuchungsfristen (Personen bis 40 Jahre vor Ablauf von 60 Monaten und Personen über 40 Jahren vor Ablauf von 36 Monaten) zu beachten.

Durch die Bundesanstalt für Arbeitsschutz und Arbeitsmedizin (BAuA) wurden Empfehlungen für sicherheits- und gesundheitsgerechte Gestaltung von Callcentern erarbeitet. In diesem Zusammenhang wurde ein speziell auf die Bedürfnisse der Gestaltung von Callcentern und den dort verwendeten Arbeitsmitteln zugeschnittener Wissensspeicher entwickelt und wird als Unterstützung für die Callcenter-Gestaltung zur Verfügung gestellt. Bis auf die grundsätzlichen Bestimmungen des Arbeitsschutzgesetzes (ArbSchG) sowie der *Bildschirmarbeitsplatzverordnung* (BildscharbV) gibt es keine besonderen Arbeitsschutzmaßnahmen. Die für Callcenter-Mitarbeiter zuständige *Berufsgenossenschaft* ist die Verwaltungs-Berufsgenossenschaft (VBG).

4.4.6 Fazit/Forschungsbedarf

Zukunftsprognose: Die Callcenterbranche verfügt auch zukünftig über ein großes Wachstumspotential. Einer der wichtigsten Zukunftstrends im Callcenter ist die Integration des Internets, das sogenannte Multimedia-Callcenter. Ein Internet-Surfer kann bereits heute bei bestimmten Webseiten durch das Anklicken eines Icons ein Telefonat z. B. zum Callcenter eines Online-Shops auslösen. Das parallele Telefonat funktioniert per Internet-Telefonie, wenn der Kunde einen Multimedia-PC mit Soundkarte und Mikrofon hat. Das Gespräch kostet den Anrufer dann keine zusätzlichen Telefongebühren. Bei der alternativen Variante, Telefonat parallel über das Festnetz, muss der Kunde über einen ISDN-Anschluss oder einen weiteren analogen Anschluss verfügen, da eine Leitung bereits durch die Internet-Verbindung belegt ist. Beide Varianten sind derzeit in der Praxis noch nicht sehr häufig, schon in Kürze dürfte es aber eine höhere Verbreitung geben. Mit verbesserten Übertragungstechniken wird sich der Trend zum Multimedia-Callcenter beschleunigen. Die Daten werden dann
- per DSL (digital subscriber line),
- per Satellit,
- über das Stromkabel bzw.
- über das TV-Kabelnetz übertragen.

Damit rückt das Video-Callcenter in greifbare Nähe. Der Callcenter-Agent kann dann vor seiner Webkamera bestimmte Handgriffe live demonstrieren und so z. B. die Bedienung eines Handys oder Videorecorders erläutern. Der Kunde sieht diesen Film in einem kleineren Fenster auf seinem Bildschirm. Durch eine solche Live-Demonstration oder das Überspielen vorgefertigter Bilder, Video-Sequenzen, Skizzen oder Texte ist eine schnelle Beratung bzw. Hilfe bei häufig auftretenden Problemen möglich.

4.4.7 Key-Message

▶ Callcenter haben sich als neue Form der effizienten Dienstleistung und der Kundenbindung bereits in vielen Branchen etabliert, die Tendenz ist weiter steigend. Entsprechend wächst auch der Bedarf an qualifiziertem Personal für den anspruchsvollen telefonischen Kundenservice.

▶ Die Tätigkeit in einem Callcenter ist mit spezifischen psychophysischen Belastungen und entsprechenden Gesundheitsgefährdungen verbunden.

LITERATURHINWEISE

SUST, CH. (2002): Callcenter-Design: arbeitswissenschaftliche Planung und Gestaltung von Callcentern: Schriftenreihe der Bundesanstalt für Arbeitsschutz und Arbeitsmedizin, Fb 954. Wirtschaftsverlag NW. Bremerhaven.

CCALL REPORTE 1-15 DER VERWALTUNGS-BERUFSGENOSSENSCHAFT (2001): www.ccall.de. Hamburg.

KLEEMANN, F.; MATUSCHEK, I. (2003): Immer Anschluss unter dieser Nummer. Rationalisierte Dienstleistung und subjektivierte Arbeit in Callcentern. Edition sigma. Berlin.

UEBERSCHÄR, I.; UEBERSCHÄR, H.-J. (2004), CALLCENTER, LANDAU ET AL (HRSG.): Medizinisches Lexikon der beruflichen Belastungen und Gefährdungen. Gentner Verlag. Stuttgart, S. 171-174.

UEBERSCHÄR, I.; UEBERSCHÄR, H.-J.: Callcenter Agent(in). Arbeitsmedizinische Berufskunde. Arbeitsmed. Sozialmed. Umweltmed. 38 (2003) 38-40.

4.5 Multitasking/Mikromanagement

Ralf Nöcker

4.5.1 Definition

Die Begriffe *Multitasking* und *Mikromanaging* haben zunächst einmal gemein, dass beide aus der Computerterminologie stammen, beziehungsweise dort typischerweise Verwendung finden. Multitasking meint dort die Fähigkeit eines Betriebssystems oder einer Software, verschiedene Aufgaben scheinbar gleichzeitig auszuführen. In Wahrheit arbeitet Software die Aufgaben häufig ab, indem sie kurzfristig zwischen verschiedenen Prozessen wechselt, wodurch der Eindruck von Gleichzeitigkeit entsteht. Ähnlich arbeitet das menschliche Gehirn, auch hier folgen Bewusstseinsinhalte sequentiell und nicht parallel aufeinander. Tatsächlich sind also Menschen nicht wirklich Multitasking-fähig, sondern erzeugen lediglich die Illusion, sie wären es.

Der Begriff Mikromanagement findet im Bereich Computerspiele Anwendung, wo er die einzelnen Züge bestimmter Einheiten in Strategiespielen beschreibt. Beide Begriffe werden mittlerweile auch im Zusammenhang mit Mitarbeiterführung verwendet. In diesem Kontext spricht man von Multitasking, wenn Mitarbeiter an mehreren Aufgaben beziehungsweise Projekten parallel arbeiten. Der Begriff Mikromanagement ist in der Literatur durchweg negativ besetzt und beschreibt einen Führungsstil, der sich durch übertriebene Detailorientierung auszeichnet. Übertrieben bedeutet hierbei auch „nicht der Hierarchiestufe angemessen". Denn typisch für den Mikro-Manager ist das Überspringen von Hierarchiestufen, d. h. er gibt Detail-Anweisungen an Mitarbeiter der dritten Ebene, wobei er die zweite Ebene außer Acht lässt. Der Mikro-Manager vergibt Aufgaben an Mitarbeiter und kontrolliert deren Erfüllung genau, statt diesen unter Vorgabe genereller Richtlinien weitgehende Handlungsautonomie einzuräumen. Mikromanagement kann also als Extremform des *Management by Direction and Control* - Führungsstils betrachtet werden.

Ein Mikro-Manager ist übrigens selten auch ein Multi-Tasker, obwohl diese Kombination eigentlich nahe liegt. Die fehlende Fähigkeit und/oder Bereitschaft zum Delegieren führt geradezu zwangsläufig dazu, dass er es nach dem Motto „alles über meinen Tisch" stets mit mehreren Aufgaben gleichzeitig zu tun hat. Leider aber sorgt seine Bedürfnisstruktur dafür, dass er in der Regel nicht in der Lage ist, mehrere Dinge gleichzeitig zu tun, wie im folgenden Abschnitt gezeigt wird.

4.5.2 Ursachen und Folgen von Mikromanagement

Eine wesentliche Ursache für Mikromanagement liegt zumeist in der Person der Führungskraft selbst. Es sind gerade solche Manager, denen es an Delegationsfähigkeit fehlt, die zu Mikromanagement neigen. Mikro-Managern mangelt es typischerweise an Sicherheit, sie neigen zu Selbstzweifeln. Solche Führungskräfte haben ein extrem ausgeprägtes Bedürfnis nach Konstanz und Stabilität. Delegation bedeutet aber gerade Risiko, schließlich weiß man nie, was dabei herauskommt, wenn man anderen eine Aufgabe überträgt. Ist der Mikro-Manager gezwungen, Aufgaben zu delegieren, so versucht er in der Regel, die entstehende Unsicherheit mit einem hohen Maß an Kontrolle zu kompensieren. Zudem spezifiziert er die Aufgaben, die er verteilt, auf das Genaueste, so dass sie möglichst exakt in seinem Sinne ausgeführt werden können.

Es mehren sich jedoch auch Einflüsse von außen, die Mikro-Management zunehmend zu einer rationalen Vorgehensweise werden lassen. Viele Manager verbringen heute einen Großteil ihrer Arbeit damit, gesetzliche Auflagen zu erfüllen. Besonders drastisch wird dies am Beispiel des amerikanischen Sarabanes-Oxley-Gesetzes sichtbar, das solchen Unternehmen, die an einer amerikanischen Börse notiert sind, umfassende Auflagen zu Berichtswesen und Risikomanagement auferlegt. Die hiermit betrauten Manager werden für Fehler und Verstöße persönlich zur Rechenschaft gezogen, was im Extremfall zu hohen Gefängnisstrafen führen kann. Dass eine solche Arbeitssituation die Neigung zum Delegieren nicht gerade bestärkt, liegt auf der Hand. Aber auch in inhabergeführten Unternehmen findet sich das Phänomen häufig. Der Inhaber, nicht selten Gründer des Unternehmens, kennt seine Firma natürlich besser als sonst jemand und glaubt deshalb, Mikro-Management müsse der Führungsstil seiner Wahl sein. Dies führt in vielen Unternehmen dieses Typs zu einem stetigen Hineinregieren des Inhabers auch in Details – teils sogar über dessen Ruhestand hinaus.

Die Folgen des Mikro-Managements spürt zunächst der Mikro-Manager selbst. Sein Karriereweg ist tendenziell eher kurz, denn für den Aufstieg an die Spitze eines Unternehmens fehlen ihm wichtige Eigenschaften. Fragen, die mit Unsicherheit behaftet sind, sind seine Sache nicht, daher hat er auf dem Gebiet der Strategie große Schwächen. Mikro-Manager neigen zudem dazu, sich zu verzetteln. Sie sitzen bis tief in die Nacht an den vielen Aufgaben, häufig ohne sie alle bewältigen zu können. Mikromanagement geht daher häufig mit hoher Frustration der betreffenden Führungskraft einher.

Mikromanagement führt aber nicht nur zu Arbeitsüberlastung des Mikro-Managers selbst, sondern auch zu Frustration nachgelagerter Hierarchiestufen. Führung mittels Aufgabenerteilung und anschließender Kontrolle führt in aller Regel nicht dazu, dass das Potential an intrinsischer Motivation bei Mitarbeitern ausgeschöpft wird, sondern zu Dienst nach Vorschrift. Der Mikro-Manager bringt mit seinem Führungsstil permanent zum Ausdruck, dass er den Mitarbeitern und ihren Fähigkeiten nicht traut. Oder, in die Terminologie des Management-Theoretikers *Douglas McGregor* gewendet: Mikro-Manager sind extreme Anhänger der *Theorie X*, nach der Mitarbeiter von Natur aus faul sind und Arbeit als ein notwendiges Übel ansehen, sie deshalb geführt und kontrolliert werden müssen, weil sie aus sich heraus nicht motiviert sind. Gerade der Führungsstil des Mikro-Managers führt aber zu noch weniger intrinsischer Motivation und damit Leistung. Dies wiederum bestärkt den Mikro-Manager in seiner Meinung über seine Mitarbeiter. Mikromanagement wohnt also durchaus eine selbst verstärkende Dynamik inne.

Mikro-Manager ärgern ihre Mitarbeiter, indem sie sie ständig korrigieren und ihnen ins Handwerk pfuschen, sie bestärken diese aber nicht in ihrem Tun und in ihrem Glauben an die eigenen Fähigkeiten. Teilweise werden Mitarbeiter aber auch schlicht verängstigt, wenn sie sich unter ständiger Beobachtung fühlen. Aus Sicht der Geführten ist weiterhin die mangelnde Fähigkeit des Mikro-Managers, Prioritäten zu setzen, zu beklagen. Folge ist eine Flut von Aufgaben, die über einen Mitarbeiter hereinbricht, ohne dass er deren Bedeutung beziehungsweise Dringlichkeit jeweils einschätzen kann. Dies wird, schenkt man Berichten glauben, teils sogar absichtlich eingesetzt. Mikro-Management steht zumindest in den Vereinigten Staaten bereits in Verdacht, planmäßig gegen unliebsame Mitarbeiter eingesetzt zu werden um diese zum Verlassen des Unternehmens zu bewegen. Kurz und gut: Mikromanagement ist kein Führungsstil, der in Literatur und Praxis besonders positiv gewürdigt wird. Praktiziert wird er dennoch fleißig.

4.5.3 Multitasking und Effizienz

Multitasking im Computerbereich hat die Effizienz von PCs deutlich gesteigert. Es fragt sich, ob dasselbe auch für den Mitarbeiter gilt, der mehrere Aufgaben gleichzeitig erfüllt. Empirische Befunde legen das Gegenteil nahe.

Der Blick in die Unternehmenspraxis zeigt zunächst, dass gerade im Zuge des weithin vollzogenen Abbaus der Personalstärke in den Unternehmen der einzelne Mitarbeiter mit immer mehr zusätzlichen Aufgaben bedacht wurde. Zusätzlich sind die Möglichkeiten zum parallelen Ausführen mehrerer Tätigkeiten dank technischer Hilfsmittel wie PC oder Mobiltelefon stetig gewachsen. Gerade diese Hilfsmittel haben den Mitarbeiter in historisch einmaliger Weise in die Lage versetzt, mehrere Aufgaben parallel auszuführen. Grundsätzlich hat die Bedeutung des Themas in den vergangenen Jahren also erheblich zugenommen. Diesen klar sichtbaren Veränderungen stehen aber noch weniger offensichtliche, dafür aber möglicherweise schwerwiegendere Veränderungen der Arbeitswelt gegenüber, die als Ursache für die zunehmende Parallelität verschiedener Aufgaben je Mitarbeiter gesehen werden müssen. Unternehmen haben sich stark gewandelt. Starke Hierarchisierung und damit verbundene strenge Aufgabenteilung sind in vielen gerade größeren Unternehmen Netzwerkstrukturen gewichen. Der *Organisation Man*, der sich auf einen im Prinzip immergleichen Tagesablauf in seinem Unternehmen verlassen konnte, ist dem *Network-Man* gewichen, der sein Unternehmen selten von Innen sieht, mit Kollegen via Mobiltelefon oder mobilen Computer in Verbindung steht und, statt einen relativ genau definierten Teil einer Prozess- beziehungsweise Wertschöpfungskette zu bearbeiten, ständig mit Projekten zu tun hat. 40 Prozent der 320.000 Mitarbeiter von IBM sind mobil, befinden sich also überwiegend nicht in einem IBM-Gebäude. Viele von ihnen haben keinen eigenen Büro-Arbeitsplatz. Dieser neue Arbeitsmensch kommuniziert ständig, fällt permanent Entscheidungen und ist dabei ständig unterwegs – er ist mithin der natürliche Multi-Tasker.

Ob diese Arbeitsweise auch effizient ist, darf bezweifelt werden. Eine Untersuchung an der Universität von Michigan zeigt, dass Multitasking erhebliche (Opportunitäts-)Kosten verursachen kann. Die Studie hat ergeben, dass die Produktivität von Mitarbeitern nicht steigt, wenn sie gleichzeitig mehrere Aufgaben übernehmen, sondern sogar sinkt. Je komplexer die Aufgaben, zwischen denen die Mitarbeiter hin und her wechseln müssen, desto länger brauchen sie, um sich in die einzelnen Tätigkeiten jeweils hineinzufinden. Das Gehirn – es ist, wie gesagt, in Wahrheit nicht multitaskingfähig - brauche einige Zeit, um sich erstens auf die neuen Ziele einzustellen, die mit einer neuen Aufgabe zusammenhängen, und um sich zweitens der Regeln, die zur Aufgabenerfüllung verwendet werden, jeweils wieder gewahr zu werden. Zwischen 20 und 40 Prozent der Arbeitszeit können so aus Unternehmenssicht schlicht verschwendet werden, haben die Forscher herausgefunden. Und, vielleicht noch schlimmer, es werden erheblich mehr Fehler gemacht. Wer Aufgaben hintereinander abarbeitet, konzentriert sich jeweils auf die gerade aktuelle Tätigkeit. Wer gleichzeitig telefoniert und E-Mails beantwortet, macht nichts von beidem richtig.

Allerdings ist die Fähigkeit zum Multitasking auch eine Typfrage. Die Organisationspsychologie unterscheidet grob zwischen **monochronen** und **polychronen** Arbeits- und Organisationsstilen. Der monochrone Typ arbeitet Aufgaben nacheinander ab, hält viel auf Pünktlichkeit, plant alles konsequent. Er wirkt zuverlässig und korrekt, aber auch unpersönlich. Der polychrone Typ neigt zum Chaos, macht mehrere Dinge gleichzeitig, ist flexibel, gut im Improvisieren, wirkt locker, aber wenig zuverlässig. Zu Multitasking fähig sind überhaupt nur polychrone Typen, Mikro-Manager gehören dagegen typischerweise zu den monochronen Charakteren. Schwierig wird es speziell im Unternehmen dann, wenn beide Typen aufeinander treffen. In einer Konstellation aus monochronem Chef und polychronem Mitarbeiter sind Konflikte programmiert.

Hartnäckig hält sich die Behauptung, Frauen seien eher zu Multitasking in der Lage als Männer. Die These hält jedoch einer empirischen Überprüfung offenbar nicht stand. Wie der renommierte Hirnforscher Erich Pöppel feststellte, gibt es keinerlei Hinweise auf eine besondere Prädisposition von Frauen für Multitasking. Das Vorurteil halte sich deshalb so nachhaltig, weil Frauen immer noch öfter auf solchen Tätigkeitsfeldern wirkten, die Multitasking schlicht notwendig machten, beispielsweise in der Kindererziehung.

Exkurs: Multitasking und Vergütung

Der Wirtschaftswissenschaftler Bengt Holmstrom weist auf ein Problem hin, das Multitasking im Zusammenhang mit erfolgsabhängiger Vergütung aufwirft. Bei komplexen Aufgabenstellungen, also bei Multitasking, handelt es sich beim Output eines Mitarbeiters um mehrdimensionale Größen. Nicht alle dieser Outputgrößen sind jedoch in der Regel gleich gut messbar. Angesichts dessen stellt sich die Frage, ob ein leistungsabhängiges Lohnsystem trotz nicht-messbarer Outputgrößen sinnvoll ist. Nicht unbedingt, postuliert Holmstrom. Ein leistungsabhängiges Vergütungssystem bei Multitasking würde Anreize in der Art setzen, dass der Mitarbeiter die schwerer messbaren Aufgabenteile vernachlässigen und sich auf die gut messbaren Teile konzentrieren würde, da diese den größten Einfluss auf seine Vergütung haben. Ein Beispiel könnten Mengen- und Qualitätsziele sein. Obwohl also solche schwer messbaren Aufgabenbestandteile für den Unternehmenserfolg große Bedeutung haben können, werden sie wegen des Anreizsystems vernachlässigt.

4.5.4 Forschungsbedarf

Zum Forschungsbedarf lässt sich schlicht feststellen: Er ist gewaltig. Die Zahl der Veröffentlichungen zu den Themen Mikromanagement und Multitasking ist hierzulande wie auch im angloamerikanischen Raum äußerst gering und steht in keinem Verhältnis zur praktischen Bedeutung dieser Phänomene.

4.5.5 Key-Message
- Multitasking heißt, mehrere Dinge gleichzeitig zu tun, Mikro-Management heißt, Dinge zu tun, die man zumindest zum Teil besser delegiert hätte.
- Beide Phänomene haben in den vergangenen Jahren an Bedeutung gewonnen, nicht zuletzt wegen tief greifender Veränderungen der Arbeitswelt.
- Sowohl Multitasking als auch Mikro-Management sind im Hinblick auf Arbeitseffizienz kritisch zu sehen. Mikro-Manager stehen permanent unter Stress, ohne wirklich bedeutende Beiträge leisten zu können. Multitasking führt zu Zeitverlusten und Fehlern.

LITERATURHINWEISE

CHAMBERS, H. E. (2004): My Way to the Highway. The Micromanagement Survival Guide. Berrett-Koehler-Publishers, San Francisco.

ELVERFELDT, F. v.(2005): Selbstcoaching für Manager. Orell Füssli Verlag. Zürich.

HOLMSTROM, B.; MILGROM, P. (1991): Multitask Principal-Agent Analyses: Incentive Contracts, Asset Ownership, and Job design. Journal of Law, Economics, and Organization, Vol. 7, pp 24 – 52.

KELL, T. (2005): Die Kunst der Führung. Gabler Verlag. Wiesbaden.

RUBINSTEIN, J. S.; MEYER, D. E.; EVANS, J. E. (2001): Executive Control of Cognitive Processes in Task Switching. Journal of Experimental Psychology, Vol. 27, No.4, pp 763 – 797.

4.6 Leiharbeit/Zeitarbeit

Ina Ueberschär

4.6.1 Definition

Leiharbeit (auch als Zeitarbeit, Arbeitnehmerüberlassung oder Personalleasing bezeichnet) liegt vor, wenn ein Arbeitgeber (Verleiher, Verleihfirma) einem Dritten (Entleiher, Entleihbetrieb) Arbeitskräfte (Leiharbeiter bzw. Zeitarbeiter) zur Arbeitsleistung überlässt. Leiharbeit ist somit eine Dreiecks- oder Dreierbeziehung zwischen einem Arbeitnehmer, einer Zeitarbeitsfirma und einem Nutzerunternehmen, wobei die Zeitarbeitsfirma den Leiharbeiter einstellt, diesen dann aber an das Nutzerunternehmen verleiht.

Seit 1972 ist Leiharbeit in Deutschland gesetzlich durch das entsprechende Gesetz zur Regelung der gewerbsmäßigen Arbeitnehmerüberlassung (AÜG) erlaubt. Die Verleihfirma benötigt für ihre Verleihtätigkeit eine entsprechende Lizenz, da die Ausübung der *Arbeitskräfteüberlassung* und der damit verbundenen Dienstleistungen entsprechend §§ 1 und 2 AÜG nur nach Erteilung einer sogenannten Verleiherlaubnis durch die Bundesagentur für Arbeit zulässig ist.

4.6.2 Vorkommen/Bedeutung

Die Arbeitsform der Leiharbeit erfährt in Deutschland insbesondere seit Mitte der neunziger Jahre ein erhebliches Wachstum. Im Jahre 2004 lag der Anteil der Zeitarbeit bei allen Erwerbspersonen in Deutschland mit 845.000 Zeitarbeitern immerhin schon bei reichlich zwei Prozent (im Jahr 2001 waren es 0,8 Prozent), wobei andere Länder der Europäischen Union sogar schon mehr als vier Prozent erreichen (Niederlande und Großbritannien). Seit dem 01.01.2004 wurde auch in Deutschland das Befristungsverbot (Verbot der wiederholten Befristung eines Leiharbeitsverhältnisses, ohne dass ein sachlicher Grund vorliegt), das Wiedereinstellungsverbot (bis dahin war eine wiederholte Einstellung eines Leiharbeitnehmers nach vorangegangener Kündigung durch den Verleiher unzulässig) sowie die Beschränkung der Überlassungsdauer auf 24 Monate aufgehoben. Dadurch ist mit einem weiteren raschen Anwachsen des Zeitarbeitssektors in Deutschland zu rechnen.

Die Unternehmen, die erlaubte Arbeitnehmerüberlassung betreiben, können in zwei Bereiche unterschieden werden: Unternehmen, die überwiegend oder ausschließlich Arbeitnehmerüberlassung betreiben, also reine Verleihunternehmen sind, und sogenannte Mischbetriebe, die neben einem anderen Betriebszweck auch Beschäftigte an andere Unternehmen verleihen.

Am 30.06.2004 betrug die Zahl der überwiegenden oder ausschließlichen Verleihbetriebe in Deutschland 7153, das entspricht einer Steigerung gegenüber dem Jahr 2000 von immerhin 24 Prozent.

Die *Verleihfirma* und der Leiharbeiter schließen grundsätzlich einen unbefristeten oder auch befristeten Arbeitsvertrag mit den üblichen Leistungen wie Renten-, Kranken-, Arbeitslosen-, Pflege- und Unfallversicherung, bezahltem Urlaub, Lohnfortzahlung im Krankheitsfall, gesetzlichem Kündigungsschutz u. Ä. ab. In der Arbeitgeberfunktion obliegt dem Verleiher die Entlohnung des Leiharbeiters einschließlich der Abführung der entsprechenden Beiträge zur gesetzlichen Sozialversicherung. In Deutschland besteht diese Arbeitgeberpflicht gegenüber dem Leiharbeiter auch in den verleihfreien Zeiten. Der Entleiher zahlt an die Verleihfirma eine Gebühr pro geleisteter Arbeitsstunde des Leiharbeiters, den sogenannten Verrechnungssatz, dessen Höhe neben der Stundenvergütung auch einen Zuschlag für den Verleiher und dessen erbrachte Dienstleistung berücksichtigt.

Das durchschnittliche Monatseinkommen eines Leiharbeiters liegt daher im Vergleich zu dem Stammpersonal meist etwas niedriger, auch sind die Arbeitsbedingungen und die Weiterbildungsmöglichkeiten bei Leiharbeitern im Vergleich zum Stammpersonal häufig noch nicht adäquat.

Die Leiharbeiter dienen der Entleihfirma als flexibel handhabbarer Personalpuffer, mit dem man zeitnah und unkompliziert auf die Dynamik der jeweiligen Auftragslage der Firma sowie auf saisonale Schwankungen reagieren kann; teures Stammpersonal muss bei schwächerer Auftragslage nicht vorgehalten werden. Bei Bedarf kann der Leiharbeiter just in time angefordert werden. Typische Bedarfsfälle sind Termindruck, Auftragsspitzen, Krankheit, Urlaub, Bundeswehr oder Schwangerschaft bzw. Elternzeit. Auch nutzen viele Entleihfirmen die Möglichkeit der Leiharbeit zunehmend als Probearbeitsverhältnis mit dem Ziel der eigenen Personalrekrutierung unter der Vermeidung von teuren Personalfehlentscheidungen.

Die in der Vergangenheit im Einzelfall beschriebenen sozialen und arbeitsmedizinischen Missstände in der Leiharbeitsbranche (z. B. Wallraff, G. in seinem Buch „Ganz unten", 1985) führten in der Öffentlichkeit zu einer gewissen Negativeinstufung der Leiharbeit in solche Rubriken wie moderner Sklavenhandel bzw. Menschenhandel. Dabei beinhaltet Leiharbeit durchaus auch viele positive Aspekte. Sie entlastet den Arbeitsmarkt, verhindert Arbeitslosigkeit und bringt viele Arbeitslose, auch Langzeitarbeitslose, wieder in Arbeit. Zeitarbeit ist oft ein Sprungbrett hinein in eine Festanstellung. Ca. 65 Prozent der in der Zeitarbeit beschäftigten Frauen und Männer waren vorher ohne Beschäftigung. Die Leiharbeiter sammeln durch ihre unterschiedlichen Verleihtätigkeiten Erfahrungen in verschiedenen Firmen und werden so für Arbeitgeber interessant und begehrt. Leiharbeit hat somit eine wichtige Brückenfunktion in den ersten Arbeitsmarkt. Durchschnittlich werden immerhin 30 Prozent der Leiharbeiter von dem Entleihbetrieb anschließend auf Dauer übernommen.

Vorkommen

Grundsätzlich sind in Deutschland sämtliche beruflichen Tätigkeiten als Leiharbeit denkbar. In Deutschland war allerdings in der Baubranche die *Arbeitnehmerüberlassung* seit Dezember 1981 nicht erlaubt (Überlassungsverbot in das Bauhauptgewerbe entsprechend § 1 b AÜG). Bis 1981 war gerade das Baugewerbe ein Schwerpunkt der Arbeitnehmerüberlassung gewesen. In vielen anderen europäischen Ländern bestand bzw. besteht diese Einschränkung nicht. Der Bundesverband Zeitarbeit (BZA) forderte daher schon seit Längerem wieder die Öffnung des Baugewerbes für Zeitarbeit. Seit 2003 ist Leiharbeit nunmehr auch in Deutschland wieder im Bauhauptgewerbe, allerdings nur für den Fall des Vorliegens eines allgemein verbindlichen Tarifvertrages, zugelassen.

Bei Männern stellte bislang die Metall- und Elektrobranche das Haupteinsatzgebiet für Leiharbeiter dar, bei Frauen waren es der Verwaltungs- und Bürobereich sowie der Dienstleistungssektor (s. auch unter www.bza.de). War im Jahr 2000 nur jeder fünfte Leiharbeiter eine Frau, so ist im Jahre 2004 bereits jede dritte Leiharbeitskraft weiblich. Hintergrund dafür ist eine Steigerung von 24 Prozent bei der Zahl der weiblichen Leiharbeiter und um nur 16 Prozent bei den Männern in dem Zeitraum zwischen 2000 und 2004. Die Anzahl der überlassenen Zeitarbeiter schwankt erwartungsgemäß jahreszeitlich erheblich. So steigt ihre Zahl im Jahresverlauf an, erreicht in den Sommermonaten Juli, August und September (Dienstleistungssektor, Urlaubsvertretung, Bausektor u. a.) ihren Höchststand und nimmt gegen Jahresende wieder ab. Der Anteil der ausländischen Leiharbeitnehmer lag im Jahr 2004 bei etwa 15 Prozent, wobei ausländische Zeitarbeiter vor allem für ungelernte und Hilfsarbeiten eingesetzt wurden.

4.6.3 Charakteristik

Etwa 60 Prozent der Leiharbeiter sind Facharbeiter, ca. 25 Prozent Ungelernte bzw. ohne abgeschlossene Berufsausbildung und die restlichen 15 Prozent höher qualifizierte Arbeitnehmer einschließlich akademischer Berufe. Über 60 Prozent aller Leiharbeiter waren, wie bereits erwähnt, vorher ohne Beschäftigung, davon fast 10 Prozent langzeitarbeitslos.

Verleihbetriebe beschäftigen überwiegend jüngere Arbeitskräfte. Die Altersgruppen zwischen 20 und 35 Jahren sind überproportional vertreten. 67 Prozent der Leiharbeitnehmer sind unter 35 Jahre. Da Leiharbeit im besonderen Maße *Mobilität* und *Flexibilität* verlangt, überrascht die Dominanz der jüngeren Arbeitskräfte im Leiharbeitssektor nicht. Allerdings bietet Zeitarbeit nicht nur Chancen für Jüngere, sondern auch für ältere Arbeitssuchende, Mütter bzw. auch Väter nach der Babypause und Wiedereinsteigern nach längeren Berufspausen.

Körperliche, psychische und gesundheitliche Anforderungen

Die Anforderungen sind sehr unterschiedlich, abhängig von der als Zeitarbeiter tatsächlich verrichteten beruflichen Tätigkeit. Selbstverständlich gelten in Deutschland für Leiharbeiter, die Verleihfirmen und die Entleihbetriebe die gleichen rechtlichen Regelungen wie für alle übrigen Arbeitnehmer und Arbeitgeber. Allerdings muss dennoch festgestellt werden, dass es im Leiharbeitssektor bezüglich der Einhaltungen dieser Regelungen teilweise erhebliche Defizite gibt. Zahlreiche juristische und sozialwissenschaftliche Schriften zur Leiharbeit kritisieren diesen Fakt, dessen Ursächlichkeit in der Konstellation der Beschäftigungsform selbst begründet liegt. Eine betriebliche Interessenvertretung bei der Verleihfirma lässt sich nur schwer und wenn überhaupt, dann wohl auch nur wenig wirksam konstituieren. Die Arbeitnehmervertretung im Entleihbetrieb ist vorrangig auf die Interessen und Belange der Stammbelegschaft ausgerichtet. Der Leiharbeiter selbst wagt nur selten, sicher-

heitswidrige *Arbeitsbedingungen* anzuzeigen, weil er hofft, bei Wohlverhalten einen Dauerarbeitsplatz zu erhalten.
So ist festzustellen, dass Leiharbeiter
- häufiger repetitive und monotone Arbeitsabläufe ausführen müssen,
- bei ihrer Tätigkeit häufiger ermüdende und einseitige Körperhaltungen einnehmen müssen,
- häufiger im Schichtrhythmus arbeiten,
- weniger Einfluss auf die Reihenfolge ihrer Aufgabenerledigung, das Arbeitstempo und die Arbeitssicherheit haben und
- seltener über mögliche Risiken am Arbeitsplatz aufgeklärt werden.

Zeitarbeit ist außerdem häufig vergesellschaftet mit wechselnden Arbeitsaufgaben und Arbeitsplätzen, unregelmäßigen Arbeitszeiten, Überstunden bzw. überlangen Arbeitstagen, Zeit- und Termindruck sowie teilweise auch mit Einsatzorten mit auswärtiger Unterbringung.

4.6.4 Gesundheitsrelevanz

Die Palette der Belastungen und der damit verbundenen gesundheitlichen Gefährdungen ist, abhängig von der Art der jeweiligen Leiharbeit, sehr weit gefächert. Sie reicht von leichter körperlicher Arbeit in geschlossenen, temperierten, teilweise auch klimatisierten Räumen (Büros, Großraumbüros) in Tagschicht bis hin zu schwerer körperlicher Arbeit, auch im Freien unter teilweise extremen Witterungseinflüssen, mit wechselnden Einsatzorten, auswärtiger Unterbringung, im Wechselschichtrhythmus mit Überstunden und mit Wochenend- und Feiertagsarbeit. Zusätzlich können Zeitdruck (z. B. Akkord- oder Fließbandarbeit), Nässe, Feuchtarbeit, Schmutzarbeiten, Hautbelastung durch toxische oder Allergien auslösende Arbeitsstoffe; Zugluft, Temperaturschwankungen, Kälte, Hitze; die Exposition von Staub, Rauch, Gasen und Dämpfen; Lärm; Arbeiten mit erhöhtem Absturzrisiko, auch Steigen und Klettern, schweres Heben und Tragen ohne technische Hilfsmittel, gehäufte Zwangshaltungen (z. B. Überkopfarbeit, Armvorhalte, Oberkörper vornübergebeugt), Vibrationsbelastungen (z. B. Benutzung von Werkzeugen mit Rückstoßerschütterungen, Fahrtätigkeiten auf LKW, Gabelstapler und Traktoren), Bildschirmarbeit usw. vorkommen.

Aufgrund der sehr unterschiedlichen beruflichen Tätigkeiten und damit Expositionsmöglichkeiten ist bei Leiharbeitern theoretisch die gesamte Breite der arbeitsmedizinisch relevanten Gefährdungen möglich. Infolge der meist nur kurzzeitigen, in der Regel nur auf wenige Monate beschränkten beruflichen Belastungen und damit Expositionen sind spezifische arbeitsbedingte Krankheitsbilder bei Leiharbeitern eher selten. Allerdings kann wegen des häufigen Wechsels der Tätigkeit eine mögliche berufsbedingte Kausalität einer Erkrankung auch leicht übersehen werden. Wegen des häufig unphysiologischen Arbeitszeitregimes, des oft vorhandenen Leistungs- und Termindrucks sowie der wechselnden Arbeitsorte, teilweise mit auswärtiger Unterbringung oder täglich längeren Pendelstrecken, können allerdings gehäuft Erkrankungen auftreten oder verschlimmert werden, die durch psychischen Stress ausgelöst bzw. mit verursacht werden.

Der zuständige Unfallversicherungsträger für Leiharbeiter bzw. für die Unternehmen der gewerbsmäßigen Arbeitnehmerüberlassung ist, unabhängig von der Art der Tätigkeit des Zeitarbeiters, die Verwaltungs-Berufsgenossenschaft. So ergibt sich die Konstellation, dass ggf. zwei Arbeitnehmer, die in der gleichen Abteilung bzw. im gleichen Team an einer gemeinsamen Aufgabe arbeiten, bei unterschiedlichen Berufsgenossenschaften gesetzlich unfallversichert sind. Der zum Stammpersonal gehörende Arbeitnehmer ist bei der zuständigen *Berufsgenossenschaft (BG)* der jeweiligen Firmenbranche (z. B. bei der Maschinenbau- und Metall-BG, BG der Feinmechanik und Elektrotechnik, BG der chemischen Industrie, BG Nahrungsmittel und Gaststätten oder der BG für Gesundheitsdienst und Wohlfahrtspflege usw.) versichert, der Leiharbeiter unabhängig von der Firmenbranche seines Entleihbetriebes in der Verwaltungs-Berufsgenossenschaft.

Die Verwaltungs-Berufsgenossenschaft und der Berufsverband Zeitarbeit haben 1996 eine gemeinsame Empfehlung zur Verbesserung des Arbeitsschutzes der Leiharbeiter erarbeitet. Danach sollen Verleiher und Entleiher, abhängig von der spezifischen Gefährdung, vereinbaren

- welche persönlichen Schutzausrüstungen, wie Gehörschutz, Staubmaske, Atemschutz, Schutzbrille, Schutzkleidung, Schutzhandschuhe, Sicherheitsschuhe, Schutzimpfung, Dosimeter, usw. der Verleiher oder der Entleiher zu stellen hat,
- wie die Erste Hilfe geregelt ist,
- welche arbeitsmedizinischen Vorsorgeuntersuchungen erforderlich sind,
- welche Bescheinigungen dazu vorliegen müssen,
- wer die erforderlichen Untersuchungen veranlasst und
- wer die sicherheitstechnische Einweisung am Einsatzort vornimmt.

4.6.5 Prävention/Intervention

Wie bereits erwähnt, gelten für Leiharbeiter die gleichen rechtlichen Regelungen wie für alle anderen Arbeitnehmer, so u. a. das Arbeitsschutzgesetz (ArbSchG), das Arbeitssicherheitsgesetz (ASiG), die Berufskrankheiten-Verordnung (BeKV) und die Technischen Regeln für *Gefahrstoffe* (TRGS). Selbstverständlich sind auch die Bestimmungen des Mutterschutzgesetzes (MuSchG) einzuhalten. Bei Jugendlichen unter 18 Jahren, die allerdings nur sehr selten in der Zeitarbeitsbranche beschäftigt sind, ist das Jugendarbeitsschutzgesetz (JArbSchG) einschließlich der vorgeschriebenen Jugendarbeitsschutzuntersuchung zu beachten.

4.6.6 Fazit/Forschungsbedarf

Zeitarbeit ist insbesondere in den letzten Jahren zu einem unverzichtbaren Bestandteil der Wirtschaft geworden und gehört zu einer der wenigen Wachstumsbranchen in Deutschland. Im Bereich der Leih- bzw. Zeitarbeit werden schon seit Jahren konsequent und kontinuierlich neue Arbeitsplätze geschaffen. Der Vorteil für den Kunden, den Entleiher, liegt bei einer deutlich erhöhten Flexibilisierung des Personalbestands. Er kann schnell, unkompliziert und risikofrei auf Schwankungen der Geschäftsentwicklung reagieren. Diese können saisonal, konjunkturell oder durch die eigene Auftragslage bedingt sein. Da die Zeiten, in denen produzierende und verarbeitende Betriebe über mehrere Monate oder sogar Quartale im Voraus Materialeinsatz und Personalbedarf verbindlich planen konnten, endgültig vorbei sind, bietet die Zeitarbeit die notwendige Pufferfunktion. Dies ist ein wesentlicher Erfolgsfaktor im internationalen Wettbewerb. Zeitarbeit bietet aber noch mehr Vorteile: Zeitarbeit erleichtert den Wiedereinstieg in Arbeitsleben und entlastet damit den Arbeitsmarkt. Der Zeitarbeitnehmer lernt viele Betriebe und verschiedene Tätigkeiten kennen und stellt ein hohes Maß an *Flexibilität* unter Beweis, das ihn auf dem Arbeitsmarkt attraktiv macht. Der schlechte Ruf, den die Zeitarbeit vor wenigen Jahren noch hatte, hat sich mittlerweile gewandelt. Die häufig geäußerten Kritikpunkte werden zunehmend eliminiert. Dennoch sollten die Betriebs- und Werksärzte sowie die Sicherheitsfachkräfte ein besonderes Augenmerk auf die Einhaltung der Arbeitsschutzbestimmungen einschließlich der Vorsorgeuntersuchungen und der entsprechenden Untersuchungsfristen bei Leiharbeitern legen.

Forschungsseitig sollte verfolgt werden, wie sich eine Tätigkeit im Zeitarbeitssektor mit ihren erhöhten Anforderungen bezüglich Flexibilität und Mobilität im Vergleich zu traditionellen Arbeitsformen auf Gesundheit, Belastbarkeit und Arbeitszufriedenheit auswirkt. Dabei sind insbesondere auch Gender Aspekte sowie die Auswirkungen auf das familiäre und soziale Umfeld der Zeitarbeitnehmer zu berücksichtigen.

4.6.7 Key-Message
- Der Leiharbeitnehmer erbringt seine Arbeitsleistung im Gegensatz zu einem normalen Arbeitnehmer nicht in dem Unternehmen, in dem er angestellt ist, sondern wird von diesem an ein anderes Unternehmen ausgeliehen.
- Grundlage für die Tätigkeit der Zeitarbeitsunternehmen ist das Arbeitnehmerüberlassungsgesetz.
- Mittlerweile sind Leiharbeitskräfte in allen Branchen und mit allen Qualifikationen vertreten, sowohl im kaufmännischen als auch im gewerblichen Bereich.

LITERATURHINWEISE

10. BERICHT DER BUNDESREGIERUNG ÜBER DIE ERFAHRUNGEN BEI DER ANWENDUNG DES ARBEITNEHMERÜBERLASSUNGSGESETZES – AÜG -, Drucksache 15/6008: Deutscher Bundestag 15. Wahlperiode vom 30.09.2005 unter www.bza.de.

GESETZ ZUR REGELUNG DER GEWERBSMÄSSIGEN ARBEITNEHMERÜBERLASSUNG (ARBEITNEHMERÜBERLASSUNGSGESETZ - AÜG) vom 7. August 1972 (BGBl. I S. 1393) und zur Änderung anderer Gesetze in der Fassung der Bekanntmachung vom 3. Februar 1995 (BGBL. I S. 158): zuletzt geändert durch Gesetz vom 23. Dezember 2003 (BGBl. I S. 2848).

UEBERSCHÄR, I. (2004): Leiharbeit. In: Landau et al. (Hrsg.): Medizinisches Lexikon der beruflichen Belastungen und Gefährdungen. Gentner Verlag. Stuttgart, S. 406-409.

WIELAND, R.; GRÜNE, P.; SCHMITZ, U.; ROTH, K. (2001): Zeitarbeit optimal gestalten. Spezifische psychische Belastungen bei Leiharbeit: Schriftenreihe der Bundesanstalt für Arbeitsschutz und Arbeitsmedizin, Fb 912. Wirtschaftsverlag NW. Bremerhaven.

4.7 Nanotechnologie

Ina Ueberschär

4.7.1 Definition

In der Literatur finden sich unterschiedliche Definitionen, je nachdem, ob der Autor aus dem technischen/technologischen Bereich (z. B. Ingenieurwesen, Physik oder Chemie) oder aus dem Anwendungsbereich (z. B. Medizin oder Biologie) kommt. Definitionen aus dem technischen Umfeld heben dabei eher auf die Größendimension ab, das Augenmerk der Anwender liegt dagegen mehr auf der Wirkung der Technologie. Beide Aspekte berücksichtigend ist Nanotechnologie ein Sammelbegriff für eine breite Auswahl von Technologien, die sich der Erforschung, Bearbeitung und Produktion von Gegenständen und Strukturen widmen, die in mindestens einer Dimension kleiner als 100 Nanometer (nm) sind. Ein Nanometer bezeichnet den milliardsten Teil eines Meters bzw. den millionstel Teil eines Millimeters, wobei sich die Vorsilbe nano, der physikalische Einheitenvorsatz für den Faktor 10^{-9}, vom griechischen Wort für Zwerg (nānnos) ableitet. Die Nanotechnologie ist damit größenmäßig dem Übergangsbereich zwischen der makroskopischen Ebene der Festkörperphysik und der Ebene der Atomphysik (Bereich von wenigen Nanometern bis hin zum Sub-Ångström-Bereich (1 Ångström (Å) = 10^{-10} m) zuzuordnen. In welchen winzigen Dimensionen die Nanotechnologie stattfindet, wird deutlich, wenn man weiß, dass der Durchmesser eines menschlichen Haares ca. 80.000 nm bis 200.000 nm und der eines Erythrozyten etwa 7.000 nm beträgt.

4.7.2 Vorkommen/Bedeutung

Die Nanotechnologie wird von vielen Experten als die Schlüsseltechnologie des 21. Jahrhunderts schlechthin angesehen. Wegen ihrer weit reichenden Einsatzpotenziale wird im Zusammenhang mit der Nanotechnologie oft sogar von einer Nano-Revolution gesprochen. Forscher vergleichen die Kraft, die von diesem neuen interdisziplinären Wissenschaftszweig ausgeht, in ihren Auswirkungen für Arbeitswelt bereits mit der Erfindung der Dampfmaschine oder des Mikrochips.

Deutschland gehört auf dem Gebiet der Nanotechnologie mit zur absoluten Weltspitze. Bei den nanotechnologischen Patentanmeldungen liegt Deutschland auf Platz 2 hinter den USA, noch vor Japan. Auch gehört Deutschland zu den publikationsstärksten Akteuren auf dem Gebiet der Nanotechnologie. Hier wird Deutschland nur von den USA und Japan übertroffen. Die industrielle Eroberung der Nanometer-Dimension hat bereits eingesetzt. Ähnlich wie in der Informationstechnik gehen die Erforschung der physikalischen Grundlagen und die Entwicklung und Markteinführung erster Produkte Hand in Hand. Schon heute nutzen wir nanotechnologische Produkte, beispielsweise bei Sonnencremes mit hohem Lichtschutzfaktor, bei einigen Schuhcremes, bei speziellen Schmutz abweisenden Textilien u. v. a. m.

4.7.3 Charakteristik

Im Gegensatz zu den Miniaturisierungen, die uns mit dem Einzug von immer leistungsfähigeren und kleineren Computern, Handys und digitalen Fotoapparaten im täglichen Leben begleiten und die sich bisher allenfalls im Mikrometer-Bereich, also "nur" im Bereich von millionstel Metern abgespielt haben, werden mit der nanotechnologisch bedingten weiteren Miniaturisierung bis hinein in den Nanometerbereich nicht nur Dimensionen weiter verkleinert. Es wird vielmehr eine vollkommen neue, bisher nahezu unantastbare physikalische, chemische und biologische Ebene erreicht. Die technologische Eroberung dieses Übergangsbereiches zwischen der klassischen makroskopischen Welt und der Atom- bzw. Quantenphysik eröffnet die Möglichkeit, die atomare und molekulare Dimension der uns umgebenden Materie gezielt zu verändern und somit letztendlich zu beherrschen. Es ist für einen Nichtphysiker zunächst schwer vorstellbar, dass sich ein Stoff in der Nano-Dimension anders verhalten und völlig neue Eigenschaften zeigen kann als der gleiche Stoff in seiner üblichen makroskopischen Dimension; jedoch ist dies in der Physik mit ihren entsprechenden Teildisziplinen schon seit mehreren Jahrzehnten bekannt und beschrieben. Im Nanometerbereich kommen die Effekte der Quantenphysik mehr und mehr zum Tragen, außerdem gewinnen Grenzflächeneigenschaften zunehmend an Bedeutung. Bislang war es jedoch nicht möglich aus jenen atomaren bzw. molekularen Bausteinen gezielt und kontrolliert künstliche Strukturen Stück für Stück aufzubauen. Exakt hier setzt die Nanotechnologie an, mit deren Hilfe auf dieser Nano-Ebene Materialien mit neuen Eigenschaften Atom für Atom bzw. Molekül für Molekül „konstruiert" werden. Durch den kontrollierten Aufbau makroskopischer Körper aus atomaren und molekularen Bausteinen lassen sich deren Strukturen und damit deren Eigenschaften gezielt definieren und so Produkte mit maßgeschneiderten Eigenschaften herstellen, die gegenüber den bisherigen makroskopischen Objekten des gleichen Materials vollkommen neue funktionelle Qualitäten aufweisen. Dazu gehören beispielsweise eine deutlich höhere Härte, Bruchfestigkeit und -zähigkeit bei niedrigen Temperaturen sowie eine Superelastizität bei hohen Temperaturen, die Ausbildung zusätzlicher elektromagnetischer Zustände (wie z. B. die Supraleitfähigkeit), eine hohe chemische Selektivität der Oberflächenstrukturen und eine deutlich vergrößerte Oberflächenenergie.

Wie gelangt man in die Nanostrukturebene?
Es gibt grundsätzlich zwei unterschiedliche Wege, um in die Nanometerdimensionen vorzudringen: Zum einen den **Top-down-** und zum anderen den **Bottom-up-Ansatz**. Beim Top-down-Ansatz (= von oben nach unten), der vor allem in der Physik und in der physikalischen Technik dominiert, werden von der Mikrotechnik ausgehend Strukturen und Komponenten immer weiter miniaturisiert, bis sie schließlich im Nanometerbereich vorliegen. Beim Bottom-up-Ansatz (= von unten nach oben), der bislang mehr in der Biologie und Chemie verfolgt

wird, werden aus bereits im Nanometerbereich vorliegenden atomaren bzw. molekularen Bausteinen komplexere Strukturen aufgebaut. Durch die Nanotechnologie werden die Trennungen bzw. Abgrenzungen zwischen Physik, Chemie und Biologie weiter verschwinden. Alle naturwissenschaftlichen Prozesse basieren letztendlich auf der elementaren Ebene der Physik der Atome und Moleküle. Es wird in der Fachwelt zwar durchaus sprachlich zwischen Nanophysik, Nanochemie, Nanobiologie, Nanotoxikologie, Nanobiotechnologie, Nanomechanik, Nanoelektronik, Nanooptik u. a. unterschieden, die Grundlagen sind jedoch identisch, die Nanowissenschaft fungiert hier als Bindeglied zwischen den einzelnen klassischen Naturwissenschaften. Die Nanotechnologie stellt somit eine Querschnittsdisziplin und der Nanotechnologe bzw. Nanowissenschaftler ein klassisches interdisziplinäres Berufsbild dar.

Überblick über bereits realisierte bzw. denkbare Anwendungen der Nanotechnologie

Oberflächenfunktionalisierung und –veredelung
- Entspiegelung von Oberflächen (bereits seit mehreren Jahren Standard bei Brillen und anderen Optiken),
- Antireflexbeschichtung von Instrumententafeln,
- Wärmeabweisung bei Sonnenschutzverglasungen durch ultradünne Filme,
- selbstreinigende bzw. schmutzabweisende Oberflächen aufgrund ihrer nanostrukturell bedingten besonderen hydrophoben und oleophoben Eigenschaften (Lotus-Effekt, Easy-to-clean-Effekt),
- Lacke mit neuen, nanotechnologisch bedingten Farbeffekten, längerer Haltbarkeit und Kratzfestigkeit bis hin zu sogenannten selbstheilenden Lacken.

Energieumwandlung und –nutzung
- Einsatz von Nanotechnologie-Werkstoffen in Brennstoffzellen und Möglichkeit der Realisierung einer effizienten Speicherung von Wasserstoff,
- Minimierung der hohen Energieverluste beim Stromtransport durch Einsatz von Supraleitern.

Konstruktion
- Optimierung von Leichtbaukonstruktionen durch veränderte Materialien,
- Einsatz von Hochleistungsbetonen mit höheren Druckfestigkeiten und verbessertem Verschleiß- und Erosionswiderstand.

Nanosensoren und Aktuatoren
Hochpräzise nanoskalierte Messung physikalischer Größen über hochsensible und extrem genaue Sensoren (z. B. für Airbag-Systeme und Leseköpfe von Festplattenspeichern sowie für genaueste Laboranalysen, auch in der Medizin).

Informationsverarbeitung und –übermittlung (Nanoelektronik)
- Herstellung von sogenannten Superchips durch nanotechnologisch bedingte Vergrößerung des Wafer-Durchmessers,
- allein auf Licht basierende optische Informationsverarbeitung durch nanotechnologisch erzeugte Bauelemente, wie beispielsweise photonischer Kristalle,
- vollkommen neue Rechnerkonzepte auf Grundlage der Quantenphysik (sogenannte Quantencomputer) oder der Biochemie (DNA-Computing).

Wirkstoffherstellung und Herstellung biokompatibler Materialien und Oberflächen:
- Verbesserungen in Diagnostik und Therapie,

- Ertragssteigerungen in der Tier- und Pflanzenproduktion,
- Abwasseraufbereitung,
- Schadstoffbeseitigung und Nebenproduktabtrennung.

Nanotechnologische Anwendungspotenziale bestehen praktisch für fast alle Industriebranchen, einige diesbezügliche Beispiele sind:

Automobilindustrie
- Nanoskalierte Partikel als Füllstoff für Autoreifen (bereits realisiert und laufende Weiterentwicklung),
- nanopartikelverstärkte Metalle (Entwicklungsphase, teilweise realisiert),
- nanotechnologisch modifizierte Klebetechniken und Haftvermittler (in Entwicklung),
- katalytische Nanopartikel als Zusatz in Kraftstoffen (Forschungsstadium),
- spezielle Oberflächenbeschichtung als Antibeschlagbeschichtung (Zukunftsvision),
- selbstheilende Lacke (Zukunftsvision).

Luft- und Raumfahrtindustrie
- Gewichts- und Energieeinsparung durch den Einsatz leichter, dennoch hochfester Materialien,
- effizientere Gestaltung der Datenübertragung zwischen den Raum- und Luftfahrzeugen und terrestrischen Informationsnetzen mit Hilfe elektronischer und optoelektronischer Nanotechnologiekomponenten,
- Verbesserung der medizinischen Überwachung der Astronauten mittels nanostrukturierter Sensoren,
- Verbesserung des Thermalschutzes und der Thermalkontrolle durch nanostrukturierte diamantartige Kohlenstoffschichten.

Bauwesen
- Verbesserung des Korrosionsschutzes durch nanometerdünne Oberflächenbeschichtung,
- Zusatz von Siliziumdioxid-Nanopartikeln (sogenannte Nanosilica) zur Verbesserung der Haftzug- und Haftscherfestigkeit von Beton (besonders wichtig in erdbebengefährdeten Regionen),
- Verbesserung der Wärme- und Schalldämmung,
- besondere Außenflächengestaltung (Selbstreinigungsfunktion, Anti-Graffiti-Schutz, Kratz- und Abriebfestigkeit (vgl. Lotus-Effekt)).

Textilindustrie
Herstellung neuer textiler Materialien mit Verbesserungen hinsichtlich Atmungsaktivität, Wasserabweisung, Feuerschutz, Knitterfreiheit, Verschleißfestigkeit, Antistatik u. ä.

Energiewirtschaft
Verbesserungen bei der Energiebereitstellung (z. B. nanotechnologisch bedingte Optimierung von Brennstoff- und Solarzellen), der Energiespeicherung und beim Energietransport.

Chemische Industrie und Pharmaindustrie
Nanotechnologisch basierte verfahrenstechnische Innovationen:
- Verbesserungen bei der Katalyse,
- der Erzeugung von Füllstoffen, Pigmenten, Schmierstoffen u. ä.,
- in der Kosmetikaherstellung bereits heute Verwendung von Nanopartikeln beispielsweise für Sonnenschutzmittel mit verbesserten Eigenschaften,
- Entwicklung von hochwirksamen, aber nebenwirkungsarmen Medikamenten, die durch gezielten Transport des Medikaments an den gewünschten Einsatzort

im Körper den restlichen Organismus schonen (sogenanntes Drug Targeting auf der Basis nanostrukturierter Drug-Carrier-Systeme).

Militär- bzw. Sicherheitsbereich
- Verbesserungen bei direkten (Panzerungen) und indirekten Schutz (Tarnen und Täuschen) militärischer Fahr- und Flugzeuge,
- Herstellung von selbsttarnenden Kampfanzügen,
- Intensivierung bei der Herstellung von unbemannten Systemen im Weltraum, in der Luft, auf See usw.

Medizin- und Medizintechnik
Im Rahmen der Nanobiotechnologie Entwicklung neuer, kleinerer und immer leistungsfähigerer Biochipsysteme. Funktionalisierte *Nanopartikel* spielen nicht nur als Marker für bestimmte laboranalytische Verfahren eine große Rolle, sie werden auch als Wirkstofftransportsysteme sowie als Kontrastmittel in vivo für die medizinische Therapie (z. B. zur Krebsbekämpfung) erforscht und eingesetzt. Neben der Onkologie zeichnen sich noch viele weitere Einsatzmöglichkeiten für die Nanotechnologie in der Medizin ab, so z. B. auch für die Gen- und Zelltherapie einschließlich der Beeinflussung der Alternsvorgänge. Aber auch hinsichtlich der Herstellung, Implantation und Transplantation von künstlichen Geweben und Organen sind die nanotechnologischen Möglichkeiten vielversprechend (Xenotransplantation etc.). Die Visionen gehen bis hin zu speziellen winzigen Nanorobotern, die durch unser Blutgefäßsystem und Gewebe patrouillieren, um Defekte frühzeitig zu erkennen und im Idealfall auch sofort zu reparieren. Nanofähren könnten Medikamente genau an den gewünschten Ort des Körpers transportieren und sehr zielgenau zum Einsatz bringen, so könnten unerwünschte Nebenwirkungen vermieden werden. Ziel ist es sogar, die pharmazeutischen Wirkstoffe und selbst auch Genomteile mittels solcher etwa 25 Nanometer „großen" *Nanofähren* durch die Zellmembran direkt in den Zellkern zu transportieren. Viele heute noch nicht kausal therapierbare Krankheiten würden heilbar.

4.7.4 Gesundheitsrelevanz
Vorteile
Durch die Entwicklung neuer Diagnose- und Therapieverfahren wird sich die durchschnittliche Lebenserwartung des Menschen zukünftig weiter deutlich erhöhen. Mit Hilfe nanotechnologiebasierter Diagnoseinstrumente können mit hoher Wahrscheinlichkeit Krankheiten oder Dispositionen für Krankheiten früher als bisher erkannt werden. Bei der Therapie besteht Aussicht, mit Hilfe der Nanotechnologie gezielte und nebenwirkungsfreie bzw. -ärmere Behandlungsverfahren zu entwickeln. Die breite Anwendung nanopartikulärer Dosiersysteme wird zu Fortschritten bei der medikamentösen Behandlung führen. Durch Verfahren der Nanotechnologie kann die Biokompatibilität künstlicher Implantate verbessert werden. Relativierend ist anzumerken, dass mit wenigen Ausnahmen die positiven Auswirkungen von Nanotechnologie auf die menschliche Gesundheit jedoch bisher überwiegend hypothetisch sind.

Entlastungseffekte für die Umwelt können sich durch die Einsparung von stofflichen Ressourcen, die Verringerung des Anfalls von umweltbelastenden Nebenprodukten, die Verbesserung der Effizienz bei der Energieumwandlung, die Verringerung des Energieverbrauchs und die Entfernung umweltbelastender Stoffe aus der Umwelt ergeben.

Risiken

Während viele Wissenschaftler auf die großen Zukunftschancen der Nanotechnologie verweisen, gibt es aber auch einige kritische und warnende Stimmen. Die Nanoskeptiker befürchten, dass die Nanotechnologie unseren Planeten letztendlich zerstören könnte, in dem sie unseren Lebensraum in etwas verwandelt, das unter dem Schlagwort „grauer Schleim" (engl. = „grey goo") bekannt geworden ist. An dieser Stelle sind die Science-Fiction-Horrorvisionen von Autoren, wie M. Crichton, zu erwähnen, die in der Nanotechnologie die Gefahr des Untergangs der Menschheit sehen. So beschreibt Crichton in seinem Roman Prey (engl.: Beute) ein Schreckensszenario, in dem intelligente, außer Kontrolle geratene Nanoroboter sich unaufhörlich vermehren und Mensch und Natur zerstören. Auch B. Joy, Mitbegründer und Chefingenieur von Sun Microsystems, warnt in einem Essay im Jahr 2000 vor der unkontrollierbaren und unaufhaltsamen Zersetzung aller Materie in eine homogene, graue, leblose Masse, eben diesen grauen Schleim, durch Stoffabbau auf molekularer Ebene. Er leitet aus diesem Horrorszenario die Unbeherrschbarkeit der Nanotechnologie ab und forderte das generelle Einstellen entsprechender Forschungen auf diesem Gebiet.

Was ist das Gefährliche an Nanopartikeln?

Da Nanopartikel extrem winzig sind, besteht die Gefahr, dass sie unbemerkt in die Umwelt gelangen oder ungewollt in Zellen, Blutbahn und Organe eindringen. Die Aufnahme ultrafeiner Partikel in Zellen kann Reaktionen des Immunsystems und DNA-Veränderungen auslösen. In vielen Bereichen der Nanotechnologie treten lungengängige Fasern auf, die sogenannten Nanotubes oder Nanoröhren, die wie spitze lange Nadeln aussehen und einen Faserquerschnitt von nur wenigen Nanometern aufweisen und so ggf. ähnliche gesundheitliche Auswirkungen nach sich ziehen können wie Asbestfasern, die im Faserquerschnitt immerhin noch mindestens um den Faktor 10 größer sind. Die aktuelle Diskussion über die gesundheitlichen Risiken der ultrafeinen Stäube – Nanopartikel und ultrafeine Staubpartikel sind von der Größe her identisch, beide haben einen Durchmesser kleiner 100 nm – unterstreicht die Notwendigkeit einer wissenschaftlichen Risikobewertung und exakter toxikologischer Studien. Es zeichnet sich ab, dass gebundene Nanopartikel, wie sie beispielsweise im Autolack, in Sonnenschutz- und Schuhcremes vorkommen, wahrscheinlich gesundheitlich unbedenklich sind, schon eher könnten freie Nanopartikel gefährlich sein. Auch dürfte hier eine Dosis-Wirkung-Beziehung anzunehmen sein. Dies bedeutet u. a., dass Menschen, die beruflich auf dem Gebiet der Nanotechnologie tätig sind, ein deutlich höheres gesundheitliches Risiko haben könnten.

4.7.5 Prävention/Intervention

Um gesundheitliche Risiken der Nanotechnologie zu erforschen und mögliche Folgeschäden für Mensch und Umwelt vermeiden zu können, hat sich mittlerweile ein eigenständiger Forschungszweig, die *Nanotoxikologie*, etabliert. Auch beschäftigen sich bereits große Versicherungen mit den Möglichkeiten und Risiken der Nanotechnologie. Es gibt allerdings weltweit derzeit noch relativ wenig Studien zu gesundheitlichen Risiken der Nanotechnologie. Wegen der Latenzproblematik (lange Zeit zwischen Exposition und möglicher Schädigung – in Analogie zur Latenzzeit zwischen der Inhalation von Asbestfasern und dem Auftreten eines Pleuramesothelioms) und der nur eingeschränkten Übertragbarkeit von tierexperimentellen Ergebnissen mit Nanopartikeln auf den Menschen ist das tatsächliche Risiko für den Menschen und seine Umwelt derzeit noch nicht genau abschätzbar, jedoch mit Sicherheit weit geringer und kalkulierbarer als in den oben genannten Horrorszenarien beschrieben. Somit sind die Nanotechnologie und die Nanotoxikologie gerade auch für die Arbeitsmedizin ein wichtiges und praxisrelevantes Thema. Einen Schwerpunkt bildet dabei die Frage nach den Auswirkungen und der Vermeidung einer unkontrollierten Freisetzung von Nanopartikeln.

4.7.6 Fazit / Forschungsbedarf

In der Bundesrepublik Deutschland hat das Institut für Technikfolgenabschätzung und Systemanalyse (ITAS) des Forschungszentrums Karlsruhe die Aufgabe, mögliche Folgen technischer Entwicklungen zu erkennen, in ihrer Tragweite zu erfassen und, wenn notwendig, rechtzeitig zu warnen. Das ITAS betreibt ein spezielles Büro für Technikfolgenabschätzung (TAB), das den Deutschen Bundestag und seine Ausschüsse zu Fragen des wissenschaftlich-technischen Fortschritts berät. In dem TAB-Arbeitsbericht Nr. 92 (Stand Juli 2003) werden die Chancen und Risiken der Nanotechnologie umfassend bewertet. In diesem Bericht wird zusammenfassend eingeschätzt, dass der Stand der Forschung über die potenziellen Umwelt- und Gesundheitswirkungen bei der Herstellung und Anwendung nanotechnologischer Verfahren derzeit noch unbefriedigend ist und verstärkte Forschungsanstrengungen hier dringend erforderlich sind.

4.7.7 Key-Message

▸ Die Nanotechnologie beschäftigt sich mit der Forschung und Konstruktion in sehr kleinen Strukturen und nutzt dabei gezielt die besonderen Eigenschaften, die für viele Nanostrukturen charakteristisch sind.

▸ Die künftigen Fortschritte der Nanotechnologie sind entscheidend für die weitere Entwicklung vieler Industriesektoren und damit für den Wirtschaftsstandort.

▸ Bei aller Euphorie wegen der riesigen Zukunftspotenziale dürfen die möglichen Risiken nicht übersehen werden, hier ist eine wissenschaftlich fundierte nanotoxikologische Begleitung unabdingbar.

LITERATURHINWEISE

BERUFENET: Datenbank für ausbildungs- und Tätigkeitsbeschreibungen der Bundesagentur für Arbeit. Dipl.-Ing. (Uni) Nanotechnologie. (www.berufenet.de).

NANOTECHNOLOGIE PRO GESUNDHEIT: Chancen und Risiken. Innovations- und Technikanalyse. Bericht im Auftrag des Bundesministeriums für Bildung und Forschung, Aachen, 2004 (http://www.bmbf.de/pub/nano_pro_gesundheit_bericht.pdf).

OPPERTUNITIES AND RISKS OF NANOTECHNOLOGIES. Report in co-operation with the OECD International Futures Programmes. Allianz-Versicherung 2005 (http://www.allianz.com/azcom/dp/cda/0,,796496-49,00.html).

UEBERSCHÄR, I.; UEBERSCHÄR, O.: Nanotechnologie – ein zukunftsträchtiges Berufsfeld. ErgoMed 28 (2004)5, S. 138-143.

ZUSAMMENFASSUNG DES TAB-ARBEITSBERICHTES NR. 92 zum Thema „Nanotechnologie" (Stand 07.07.2003): www.tab.fzk.de/de/projekt/zusammenfassung/ab92.htm.

4.8 Arbeitszeit, Schicht- und Nachtarbeit

Yvonne Ferreira

4.8.1 Definitionen

Die gesetzlichen Regelungen zur Arbeitszeit wurden durch das Arbeitszeitgesetz (ArbZG) 1994 neu formuliert. Das Arbeitszeitgesetz löste die Arbeitszeitordnung (AZO) von 1938 und die Sonn- und Feiertagsruhebestimmungen der Gewerbeordnung aus dem Jahr 1891 ab. Gegenüber der AZO eröffnet das ArbZG zusätzliche Flexibilisierungspotenziale für die Gestaltung der Arbeitszeit. Außerdem wurde die unterschiedliche Behandlung von Männern und Frauen in Bezug auf Pausen und Nachtarbeit aufgehoben.

Arbeitszeit

Im Arbeitszeitgesetz ist die Arbeitszeit definiert als „die Zeit vom Beginn bis zum Ende der Arbeit ohne die Ruhepausen; Arbeitszeiten bei mehreren Arbeitgebern sind zusammenzurechnen. Im Bergbau unter Tage zählen die Ruhepausen zur Arbeitszeit". Auch Arbeitsbereitschaft und Bereitschaftsdienst gelten als Arbeitszeit. Bei Rufbereitschaft zählt nur die Zeit, in der die Arbeitnehmerin oder der Arbeitnehmer tatsächlich arbeiten.
Von der so definierten gesetzlichen Arbeitszeit wird unterschieden:

- Tarifliche Arbeitszeit (zwischen Tarifpartnern vereinbarte Arbeitszeit.).
- Betriebszeit (Zeit, in der innerhalb eines Betriebes Leistungen erbracht werden. Die Festlegung erfolgt nach wirtschaftlichen Vorgaben durch den Arbeitgeber.).
- Anwesenheitszeit (Arbeitszeit zuzüglich Betriebs- und Ruhepausen sowie Zeit für Waschen, Umkleiden etc.).

Flexible Arbeitszeit

Arbeitszeit besteht aus der **chronologischen** Komponente, welche die Verteilung und zeitliche Lage der Arbeitszeit angibt, und der **chronometrischen** Komponente, welche die Dauer der Arbeitszeit festlegt.
Arbeitszeit wird als flexibel bezeichnet, wenn sowohl chronologische als auch chronometrische Dimensionen permanent veränderbar sind. Arbeitszeit ist demnach dann flexibel, wenn die zeitliche Lage und die Zeitdauer permanent veränderbar sind.

Schichtarbeit

Eine Möglichkeit, Arbeitszeit flexibel zu gestalten, ist die Schichtarbeit. Unter Schichtarbeit wird eine Arbeitszeitorganisation verstanden, bei der die Arbeit entweder zu wechselnder Zeit (z. B. Wechselschicht) oder zu konstanter, aber ungewöhnlicher Zeit (z. B. Dauer-Nachtschicht) ausgeführt wird.

Bei Schichtarbeit wird die betriebliche Arbeitszeit in mehrere Zeitabschnitte mit versetzten Anfangszeiten bzw. mit unterschiedlicher Lage und Dauer aufgeteilt. Die gleiche Tätigkeit wird also innerhalb dieser verschiedenen Abschnitte am gleichen Arbeitsplatz von verschiedenen Arbeitnehmern ausgeführt. Bei der Schichtarbeit sind zahlreiche Variationen möglich.

Man unterscheidet permanente Schichtsysteme, wie beispielsweise Dauerfrühschicht, von Wechselschichtsystemen. Wechselschichtsysteme können weiterhin unterschieden werden nach:
- Vorhandensein von Nachtarbeit
- Vorhandensein von Wochenendarbeit
- Zwei- oder Dreischichtsystem
- Anzahl der Schichtbelegschaften
- Regelmäßigkeit

Als Nachtarbeit werden solche Schichten bezeichnet, die mit mindestens zwei Stunden im Zeitraum zwischen 22.00 und 6.00 Uhr liegen.

4.8.2 Vorkommen/Bedeutung

Das Arbeitszeitgesetz hat durch seine neuen Regelungen zahlreiche Möglichkeiten geschaffen, Arbeitszeit flexibel und für jeden Betrieb individuell zu gestalten. Das Hauptziel neuer Arbeitszeitmodelle ist erhöhte Wirtschaftlichkeit durch beispielsweise längere Maschinenlaufzeiten und kundenorientierte Öffnungszeiten. Aber auch gesellschaftspolitisch wichtige Ziele wie Beschäftigungswirksamkeit, Schädigungslosigkeit und Zeitsouveränität können durch sinnvolle (flexible) Arbeitszeitmodelle realisiert werden.

Seit 1984 werden Ansätze der *Arbeitszeitflexibilisierungen* verstärkt diskutiert. Auslöser war damals unter anderem die Verkürzung der Wochenarbeitszeit, die mit dem „Leber-Kompromiss" in der Metallindustrie ihren Anfang nahm. Im Auftrag des DIHK haben die Industrie- und Handelskammern im Jahr 2005 20.000 Unternehmen zu verschiedenen Aspekten der Arbeitszeit und Arbeitszeitflexibilisierung befragt. Es wurde aufgezeigt, dass knapp zwei Drittel der befragten Unternehmen Arbeitszeitflexibilisierung anwenden. Im Vergleich zum Jahr 2000 wurde Arbeitszeitflexibilisierung deutlich stärker genutzt.

Der Ursprung der Nachtarbeit geht weit bis ins Mittelalter zurück (man denke beispielsweise an Hebammen oder Priester). Heute arbeiten in Deutschland etwa 18 % der Beschäftigten regelmäßig in einem Nacht- und/oder Schichtsystem. Eine Verringerung dieses Anteils ist nicht zu erwarten denn die Gründe für den Erhalt oder die Einführung von Schichtarbeit sind zahlreich. Diese können in drei Hauptgruppen unterteilt werden:
- Versorgung der Bevölkerung (Beispiele: Krankenhäuser, Polizei, Verkehrsmittel, Elektrizität, Gastronomie ...),
- Technologische Gründe (Beispiel: Kernkraftwerke, Rechenzentren ...),
- Wirtschaftliche Gründe (Beispiel: Erhöhung der Maschinenlaufzeiten, Ausweitung von Ansprechzeiten ...).

4.8.3 Charakteristik

Die Arbeitszeitgestaltung befindet sich grundsätzlich in einem Spannungsfeld der Interessen: Sowohl Unternehmerinteressen – zum Beispiel Entkopplung individueller Arbeitszeiten von den Betriebszeiten - als auch Individualinteressen – z. B. bessere Vereinbarkeit von Beruf, Freizeit und Familie – führen zur Akzeptanz oder Ablehnung eines Arbeitszeitmodells. Auch die Partizipation der Mitarbeiter vor und während der Einführung neuer Arbeitszeitmodelle führt zu Erfolg oder Misserfolg.

Moderne Arbeitszeitmodelle müssen dementsprechend sowohl die Erwartungen der Unternehmen als auch die der Arbeitnehmer in Einklang bringen. Institutionelle Vorgaben (z. B. rechtliche Aspekte sowie tarifvertragliche Vereinbarungen der Sozialpartner) geben hierbei den Handlungsspielraum vor.
Es stehen grundsätzlich drei Elemente zur Variation von Arbeitszeit zur Verfügung:
- die Dauer bzw. das vertraglich vereinbarte Volumen der Arbeitszeit als chronologischer Faktor,
- die Verteilung bzw. Lage der Arbeitszeit als chronometrischer Faktor (z. B. gestaffelte Arbeitszeit),
- der Umfang der Arbeitsplatzbesetzung (z. B. Mehrfachbesetzung).

Die **Arbeitszeitdauer** bestimmt die mitarbeiterbezogenen Stunden pro Zeiteinheit (z. B.: Teilzeit mit 30 Stunden/Woche; Vollzeit mit 40 Stunden/Woche).

Die **Arbeitszeitverteilung** regelt sowohl die zeitliche **Lage** der Arbeitszeiten (z. B.: Zwei-Schicht-System mit definierten Anfangs- und Endzeiten) als auch eine mögliche **Verteilung** in Zeiträumen (z. B.: Erstes Jahresquartal mit 32 Stunden/Woche; zweites Jahresquartal mit 40 Stunden/Woche).

Die **Arbeitsplatzbesetzung** bestimmt, wie viele Mitarbeiter an einem Arbeitsplatz eingesetzt werden (beispielsweise Mehrfachbesetzungssystem). In der Arbeitsplatzbesetzung finden sich demzufolge auch Aspekte der Arbeitsorganisation und der Arbeitsplatzflexibilität wieder.

Die Variation dieser drei Elemente führt zu einer fast unüberschaubaren Anzahl an individuellen Möglichkeiten, Arbeitszeit zu gestalten. Gleichzeitig jedoch können Arbeitszeitgestalter durch sinnvolle Veränderungen dieser drei Elemente Arbeitszeitmodelle schaffen, die individuelle Lösungen für Betriebe darstellen.

4.8.4 Gesundheitsrelevanz

Flexible Arbeitszeiten liegen im Trend. Die Veränderung der Ladenschlusszeiten, die erhöhten Ansprüche der Kunden an Öffnungszeiten im Dienstleistungsbereich, der steigende internationale Konkurrenzdruck aber auch die Hoffnung auf Erhöhung des Profits lassen immer mehr Unternehmen flexible Arbeitszeiten einführen; häufig jedoch ohne Berücksichtigung der Belastungsgrenzen der Beschäftigten! Flexible Arbeitszeiten stellen eine hohe Anforderung an die physische und psychische Leistungs- und Anpassungsfähigkeit der Beschäftigten. Leider scheint diese Argumentation heute nicht mehr zur Einsicht zu führen, denn der angespannte Arbeitsmarkt verleitet, Beschäftigte als leicht austauschbar einzuschätzen. Kann (oder will) ein Beschäftigter die vom Unternehmen geforderten Arbeitszeiten nicht leisten, ist dies schon lange kein Hindernis mehr. Es gibt andere Beschäftigte die bereit sind, hier einzuspringen. Dabei bringt ein flexibles Arbeitszeitmodell, das basierend auf dem betrieblichen Bedarf individuell für (und mit!) Betroffenen ausgearbeitet wird, zahlreiche Vorteile, wie steigende Arbeitszufriedenheit und –motivation, geringere Fehlzeiten, erhöhtes Engagement u. v. m. Häufig liegen praxisorientierten Arbeitszeitgestaltern keine Informationen vor über die physiologische Leistungsfähigkeit eines menschlichen Körpers oder über die psychologische und teilweise willentlich zu beeinflussende Leistungsbereitschaft.

Lebewesen unterliegen einer Tagesperiodik, die ihre Körperfunktion und ihre Leistungsfähigkeit steuert und beeinflusst. Diesem tageszeitlichen Wechsel folgen viele Organfunktionen wie beispielsweise der Schlaf, die Körpertemperatur, Magen-Darm-Tätigkeit und andere vegetativ gesteuerte Körperfunktionen. Folglich sind die meisten

Tiere während der hellen Zeit des Tages wach und erzeugen Wärme, während sie nachts schlafen und Energie sparen. Auch der Mensch ist ein tagaktives Lebewesen, d.h. sein Organismus ist tagsüber auf Leistung und nachts auf Erholung eingestellt.

Innere Uhren, die biologische Rhythmen mit einer Periodenlänge von etwa einem Tag regeln, nennt man nach dem lateinischen *circa* für "etwa" und *dies* für "Tag" circadian. Untersuchungen haben ergeben, dass der Mensch einen Schlaf- und Temperaturrhythmus mit einer Periodenlänge von etwas mehr als 24 Stunden hat. Durch äußere Zeitgeber (wie z. B. Uhr, Sonnenuntergang, soziales Leben) wird diese annähernde 24-Stunden-Rhythmik auf genau 24 Stunden reguliert. Auch ohne äußeren Zeitgeber ist der Mensch in der Lage, Ruhe und Aktivität, Schlaf- und Wachzustand und den Verlauf der Körpertemperatur einem annähernd 24stündigen Rhythmus anzugleichen.

Im Menschen laufen zwei sehr starke physiologische Zyklen ab: Der circadiane Ruhe-Aktivitäts-Zyklus mit einer Zykluslänge von etwa 24 Stunden und der ultradiane Schlaf-Traum-Zyklus mit einer Zykluslänge von ungefähr 1,5 Stunden. Sie arbeiten in enger Wechselwirkung. Versucht der Mensch, entgegen seiner natürlichen Rhythmik zu leben, also beispielsweise nachts zu arbeiten und tags zu schlafen, gibt es unweigerlich Diskrepanzen und Anpassungsversuche des Körpers, um wieder eine Übereinstimmung zwischen Tagesperiodik und Lebensweise zu erreichen. Eine Diskrepanz kann zu Störungen des körperlichen, seelischen und gesellschaftlichen Wohlbefindens führen oder sogar zu Erkrankungen.

Untersuchungen zeigen, dass sich die Circadianrhythmik der Körpertemperatur bei Nachtarbeit in der ersten Nachtschicht gegenüber den Verhältnissen bei der Tagschicht *nicht* verändert. Im Verlauf der sich anschließenden Nachtschichten gibt es jedoch eine Erniedrigung der Temperatur während der Schlafzeit und eine Erhöhung während der Arbeitszeit. Jedoch wird nie eine Umkehr der Verläufe von Körperfunktionen erzielt, denn die Verläufe verflachen lediglich (also gibt es weniger Spitzen). Auch nach Dauernachtschichten findet man lediglich verflachte Verläufe, aber keine Umkehr, was dafür spricht, dass die oftmals zitierte „Gewöhnung an die Nachtschicht" ausschließlich psychischer Natur, nie aber physischer Natur ist! Es gibt keine körperliche Gewöhnung an Nachtschicht, was zu zahlreichen Problemen führt. Diese Probleme treten nicht nur bei Dauernachtschicht, sondern bei fast allen Schichtmodellen auf. Jedoch sind Beschäftigte in Arbeitszeitmodellen mit Nachtarbeit häufiger betroffen.

Schlafstörungen

In Abhängigkeit von der Schichtform kommen Schlafstörungen in unterschiedlicher Häufigkeit vor; besonders häufig jedoch dann, wenn in Dauernachtschicht gearbeitet wird oder aber sehr häufig Nachtschichten zu leisten sind. Der Mitarbeiter muss zu einer Uhrzeit schlafen, zu der sein Körper aufgrund der biologischen Rhythmik nicht auf Schlaf sondern auf Leistung eingestellt ist. Die Folgen sind mangelnde Qualität und Quantität des Schlafes.

Beschwerden des Magen- und Darmtraktes

Die Nahrungsaufnahme von Schicht- und vor allem Nachtarbeitern kann in der Regel nicht mehr unter sozialen Bedingungen erfolgen. Häufig sind Nachtarbeiter gezwungen, ihr Essen alleine einzunehmen und öffentliche Einrichtungen, wie beispielsweise eine Kantine, stehen ihnen nicht zur Verfügung. Weiterhin findet die Nahrungsaufnahme häufig nur noch in Form von kaltem Essen statt. Darüber hinaus unterliegt das Verdauungssystem dem circadianen Rhythmus. Die Nahrungsaufnahme findet im Nachtdienst zu Zeiten statt, in denen auch z. B. die Magensaftsekretion auf Ruhe eingestellt ist. Beschwerden des Magen- und Darmtraktes können die Folge sein.

Soziales Leben

Alle Hochkulturen weisen einen sozialen Tag im Wochenablauf auf. In Deutschland war dies, insbesondere aus religiösen Gründen, der Sonntag gewesen. Zwischenzeitlich lässt sich eine Verschiebung hin zum Samstag erkennen. Möglich wäre, dass an Samstagen der Abend intensiver genutzt werden kann, ohne dass ein Schlafdefizit die Folge wäre. Flexible Hobbys, wie beispielsweise Spaziergehen, Gartenarbeit oder Treffen mit Freunden, werden von Schichtarbeit und anderen wechselnden Arbeitszeitregelungen wenig tangiert. Probleme ergeben sich jedoch bei größeren Veranstaltungen, die zumeist in der Zeit zwischen 18.00 und 24.00 Uhr stattfinden. Alle hier angebotenen Freizeitmöglichkeiten, wie beispielsweise Vereinsleben, Fortbildungskurse oder ähnliches, können von Schichtarbeitern - wenn überhaupt - nur eingeschränkt genutzt werden. Wichtige betroffene Bereiche sind Sport, Politik, Kultur und Unterhaltung, kirchliche und karitative Aktivitäten sowie Weiterbildungen. Oftmals reagieren in Schicht arbeitende Menschen mit einem passiven Freizeitverhalten.

4.8.5 Prävention / Intervention

Wie auch in anderen Bereichen unternehmerischen Handelns verlangt die Gestaltung von Arbeitszeitregelungen eine ausgewogene Berücksichtigung von betrieblichen Erfordernissen und Mitarbeiterinteressen. Die Qualität dieses Interessenaustausches bestimmt wesentlich die Akzeptanz von Arbeitszeitregelungen durch Vorgesetzte, Mitarbeiter und Betriebsräte. Zu einer positiven Akzeptanzbewertung können beitragen:
- betriebliche Notwendigkeit sachgerecht erläutern,
- Mitarbeiter an Entscheidungsvorbereitungen beteiligen,
- mehrere Arbeitszeitmodelle zur Wahl stellen,
- entstehende Nachteile durch zum Beispiel Freizeitblöcke oder Zulagen kompensieren, Vorhaltung spezieller Infrastruktur für Schichtarbeiter (Verpflegung usw.),
- Gewährung vereinbarter Dispositionsspielräume durch den Vorgesetzten,
- Abweichungen vom Arbeitsmodell einsehbar darstellen,
- ...

Zu einer negativen Akzeptanzbewertung können beitragen:
- nur betriebliche Erfordernisse werden berücksichtigt,
- Vorschläge der Mitarbeiter werden ohne Begründung nicht berücksichtigt,
- zugesagte Tauschmöglichkeiten werden nicht gewährt,
- vergleichbare Arbeitszeiten am gleichen Standort werden mit unterschiedlichen Konditionen ausgestattet,
- mangelnde Synchronisierung der Arbeitszeiten mit anderen Organisationen bzw. Firmen.

Das Arbeitszeitgesetz schreibt vor, dass Nacht- und Schichtarbeit nach gesicherten arbeitswissenschaftlichen Erkenntnissen zu gestalten sind. Somit können Schädigungen vermindert oder verhindert werden. Die arbeitswissenschaftlichen Empfehlungen sowie deren erwartete Auswirkungen sind in den folgenden *Tabellen 1 und 2* dargestellt.

Tabelle 1: Arbeitswissenschaftliche Empfehlungen in Bezug auf das Schichtplanmerkmal »Aufeinanderfolge der Schichten« (Knauth, im Druck)

Kriterien		Empfehlungen		Erwartete Wirkungen bei Berücksichtigung der Empfehlung ⇓ vermeiden, minimieren, reduzieren ⇑ verbessern,
Maximale Anzahl hintereinanderliegender gleicher Schichten	Nachtschichten	1) möglichst wenige hintereinanderliegende Nachtschichten (max. 3)		Umstellungsprobleme ⇓ (biolog. Tagesrhythmik) Anhäufung von Schlafdefiziten ⇓ soziale Kontakte ⇑
		2) Dauernachtschicht vermeiden		mögliche langfristige Gesundheitsschäden ⇓ Anhäufung von Schlafdefiziten ⇓ soziale Kontakte ⇑
	Frühschichten	3) möglichst wenige hintereinanderliegende Frühschichten (max. 3)		Anhäufung von Schlafdefiziten ⇓
	Spätschichten	4) möglichst wenig hintereinanderliegende Spätschichten (max. 3)		soziale Kontakte ⇑
Rotationsrichtung FSN = Vorwärtswechsel NSF = Rückwärtswechsel		5) Vorwärtswechsel		Umstellungsprobleme ⇓ (biolog. Tagesrhythmik)
Spezielle Schichtfolgen		N - F	mind. 2 freie Tage nach der letzten Nachtschicht	Schlafreduzierung vor Frühschicht ⇓
		N - N	7) N – N vermeiden	Umstellungsprobleme ⇓ (biolog. Tagesrhythmik)
		- F - - S - - N -	8) einzelne Arbeitstage zwischen freien Tagen vermeiden	Unterbrechung von Freizeitblöcken ⇓

4.8.6 Einführung neuer Arbeitszeitmodelle

Nicht nur die Gestaltung der Arbeitszeit ist von grundlegender Wichtigkeit, sondern auch die Art und Weise, wie ein neues Arbeitszeitmodell eingeführt wird.

Vor der erfolgreichen Einführung neuer Arbeitszeitsysteme müssen vielfältige Hindernisse überwunden werden, da arbeitsorganisatorische Veränderungen Widerstände bei allen Beteiligten hervorrufen, die auf Ängste der Betroffenen zurückzuführen sind. Der praktische Erfolg und die Akzeptanz flexibler Arbeitszeitmodelle werden wesentlich durch die Vorgehensweise bei der Einführung, das Verhalten der Vorgesetzten und organisatorische Rahmenbedingungen bestimmt.

Eine Flexibilisierung der Arbeitszeit betrifft nicht nur die betriebliche Zeitgestaltung, sondern hat auch Auswirkungen auf den gesamten Betrieb im Hinblick auf die Kosten- und Wettbewerbssituation, die Organisation, die Führung oder die Datenerfassung. Außerdem beeinflusst das Arbeitszeitsystem ganz wesentlich die Zeitverwendungsmöglichkeiten der Mitarbeiter. Die erfolgreiche Einführung eines Arbeitszeitmodells setzt daher einerseits ein systematisches Vorgehen bei der Umsetzung und andererseits die Akzeptanz durch die Mitarbeiter voraus.

Eine sinnvolle Methode zur Einführung neuer Arbeitszeitmodelle kann in fünf Phasen vor sich gehen.

Tabelle 2: Arbeitswissenschaftliche Empfehlungen in Bezug auf die Schichtplanmerkmale „Dauer und Verteilung der Arbeitszeit" (Knauth, im Druck)

Kriterien	Empfehlungen	erwartete Wirkung bei Berücksichtigung der Empfehlung
maximale Anzahl hintereinander liegender Arbeitstage	9) maximal fünf bis sieben Arbeitstage (siehe auch Empfehlung 10)	Anhäufung von Ermüdung ⇩
Schichtdauer	10) Lange Arbeitsschichten (⸱⸱⸱> 8 Std.) sind nur dann akzeptabel, wenn - die Arbeitsinhalte und die Arbeitsbelastungen eine längere Schicht zulassen - ausreichend Pausen vorhanden sind - das Schichtsystem so angelegt ist, dass eine zusätzliche Ermüdungsanhäufung vermieden werden kann - die Personalstärke zur Abdeckung der Fehlzeiten ausreicht - keine Überstunden hinzugefügt werden - die Einwirkung gesundheitsgefährdender Arbeitsstoffe begrenzt ist - eine vollständige Erholung nach der Arbeitszeit möglich ist	- Anhäufung von Ermüdung ⇩ - Fehlleistungen - Unfälle ⇩ - mögliche langfristige Gesundheitsschäden ⇩
Ruhezeiten zwischen zwei Schichten	11) Die Dauer der Ruhezeit sollte ⸱⸱⸱> 11 Stunden betragen	Schlafreduzierung ⇩

Planungsphase

In der Planungsphase wird ein Projektteam eingesetzt, das die Einführung des neuen Arbeitszeitsystems vorzubereiten hat. Dem Team sollen sowohl Vertreter der Arbeitnehmer als auch der Arbeitgeber angehören. Primäres Ziel in der Planungsphase ist die Bedarfsanalyse, die auch die Zielfestlegung beinhaltet. Die Rahmenbedingungen des neuen Arbeitszeitmodells werden festgelegt.

Analysephase

Die wichtigsten, in der Analysephase durchzuführenden Projekte, sind die Ist-Analyse (was haben wir jetzt / wie wird Arbeitszeit momentan gehandhabt) und die Information der betroffenen Mitarbeiter sowie aller indirekt Betroffener. Das Vorgehen sollte zuerst auf eine Pilotgruppe beschränkt bleiben.

Ausarbeitungsphase der Arbeitszeitmodellalternativen

In dieser Phase werden mögliche Modelle entwickelt, die in Anbetracht der formulierten Ziele, Aufgabentypen und Mitarbeiterinteressen umgesetzt werden sollen. Man sollte dabei nicht jede Kleinigkeit in feste Regeln einbetten, sondern Gestaltungsraum für Autonomie und Freiheitsgrade zu lassen.

In dieser Phase ist es ratsam, auch Gestaltungsvorschläge der Mitarbeiter und des Betriebsrates einzubeziehen. Um die Präferenzen der Mitarbeiter ermitteln zu können, sollte die Einstellung zu potentiellen Arbeitszeitmodellen in einer Mitarbeiterbefragung ermittelt werden. Durch eine frühe Einbindung der Arbeitnehmer können Arbeitszeitkonzepte ausgewählt werden, die später die höchste Akzeptanz aufweisen.

Pilotphase
Die Pilotphase sieht eine Erprobung des Modells für einen vereinbarten Zeitraum vor, der etwa 6 bis 12 Monate dauern kann. In dieser Probezeit ist ein ständiger Erfahrungsaustausch zwischen dem Projektteam und der Pilotgruppe wichtig. So können unerwartet auftretende Schwierigkeiten beseitigt werden. Da die Pilotphase für einen bestimmten Zeitraum festgelegt wurde, muss an deren Ende über die Fortführung des neuen Arbeitszeitmodells abgestimmt werden.

Realisierungsphase
Die Realisierungsphase beginnt mit vier möglichen Alternativen:
1. Das Pilotmodell wird abgelehnt und das alte Modell wieder aufgenommen.
2. Das Pilotmodell wird abgelehnt und ein neues Modell muss erprobt werden.
3. Das Pilotmodell wird mit kleineren Modifikationen akzeptiert.
4. Das Pilotmodell wird ohne Modifikationen akzeptiert.

Nach Akzeptanz des Pilotmodells wird dieses auch in anderen Abteilungen eingeführt. Bei der Übertragung des Modells auf andere Abteilungen muss man beachten, dass die vorliegenden Gegebenheiten in der neuen Abteilung nicht unbedingt gleich sind.

Da die Einführung eines Arbeitszeitmodells der Mitbestimmung gemäß Betriebsverfassungsgesetz (BetrVG) unterliegt, wird eine Betriebsvereinbarung abgeschlossen.

4.8.7 Fazit
Die Veränderung von Arbeitszeitmodellen ist ein Einschnitt in die Organisation. Um ein ganzheitliches Vorgehen zu gewährleisten, sollten bei dieser Maßnahme auch noch weitere Aspekte der Arbeit optimiert werden wie beispielsweise die Reduzierung von starken Arbeitsbelastungen oder ungünstigen Arbeitsumgebungen (Temperatur, Schall, Schwingungen, Stäube, Luftfeuchte …), unangemessene Pausenregelungen oder mangelnde Autonomie der Beschäftigten.

(Flexible) Arbeitszeitmodelle können für den Betrieb aber auch für die Beschäftigten einen Gewinn bringen. Voraussetzung ist, dass alle Parteien zusammen einen gemeinsamen Weg finden. Dieses Vorgehen ist (nicht nur langfristig) ein sicherer Weg zum Erfolg. Die Einschätzung, Beschäftigte müssten aufgrund der wirtschaftlichen Lage froh sein, überhaupt einen Arbeitsplatz zu haben oder Beschäftigte seien willkürlich austauschbar ist ignorant und kurzsichtig. Nicht nur, dass die physische und psychische Gesundheit der Beschäftigten angegriffen wird; mit dieser Einstellung tragen die Verantwortlichen zum Verlust von organisationalem Wissen bei, welches vor allem in Anbetracht des demographischen Wandels von größtem Interesse ist und zwischenzeitlich als Wettbewerbsfaktor erkannt wurde. Das Eingehen auf Mitarbeiterwünsche bei der Arbeitsgestaltung trägt zu einer Steigerung der Verbundenheit der Mitarbeiter zum Betrieb bei, entlastet Mitarbeiter durch eine vereinfachte Koordination zwischen Arbeit und Freizeit (was wiederum zu erhöhter Belastbarkeit führt) und lässt das Unternehmen auch nach außen progressiv und innovativ erscheinen.

4.8.8 Key-Massage

- Arbeitszeitflexibilisierung wird immer häufiger in Betrieben umgesetzt.
- 18 % der in Deutschland Beschäftigten arbeitet in einem Nacht- und/oder Schichtsystem
- Moderne Arbeitszeitmodelle müssen sowohl die Erwartungen der Unternehmen als auch die der Arbeitnehmer in Einklang bringen
- Es stehen drei Elemente zur Variation von Arbeitszeit zur Verfügung: Die Dauer der Arbeitszeit, die Verteilung / die Lage der Arbeitszeit und der Umfang der Arbeitsplatzbesetzung
- Flexible Arbeitszeiten stellen eine hohe Anforderung an die physische und psychische Leistungs- und Anpassungsfähigkeit der Beschäftigten.
- Der menschliche Organismus ist tagsüber auf Leistung und nachts auf Erholung eingestellt. Versucht der Mensch entgegen seiner natürlichen Rhythmik zu leben, gibt es unweigerlich Diskrepanzen und Anpassungsversuche des Körpers, die zu Störungen des körperlichen, seelischen und gesellschaftlichen Wohlbefindens oder zu Erkrankungen führen können.
- Das Arbeitszeitgesetz schreibt vor, dass Nacht- und Schichtarbeit nach gesicherten arbeitswissenschaftlichen Erkenntnissen zu gestalten sind.
- Eine Veränderung der Arbeitszeit sollte in Zusammenarbeit mit allen Beteiligten vorgenommen werden, um die Akzeptanz zu steigern.

LITERATURHINWEISE

FERREIRA, Y. (2001): Auswahl flexibler Arbeitszeitmodelle und ihre Auswirkungen auf die Arbeitszufriedenheit. Ergonomia. Stuttgart.

KNAUTH, P. (IM DRUCK): Arbeitswissenschaftliche Kriterien der Schichtplangestaltung. In: J. Kutscher, E. Eyer und H. Antoni (Hrsg.): Das flexible Unternehmen: Arbeitszeit, Gruppenarbeit, Entgeltsysteme. Loseblattwerk, Gabler-Verlag. Wiesbaden.

KNAUTH, P.; HORNBERGER, S.: Einführung flexibler Arbeitszeitmodelle. Widerstände (Teil I), iomanagement, Jg. 69, Nr. 7/8, S. 68-73, 2000 a.

KNAUTH, P.; HORNBERGER, S.: Einführung flexibler Arbeitszeitmodelle. Die Überwindung der Widerstände. (Teil II) iomanagement, Jg. 69, Nr. 9, S. 52-59, 2000 b.

4.9 Working Poor

Horst Christoph Broding

4.9.1 Definition

Working Poor (*arbeitende Arme*) charakterisiert Menschen bzw. in wissenschaftlichen Untersuchungen oft Haushalte, die ungeachtet ihrer Erwerbstätigkeit keinen Existenz sichernden Lebensunterhalt (*living wage*) über der per Konvention festgelegten Armutsgrenze verdienen. Bisher gibt es keine einheitliche Definition des anglizierten Begriffs. Wissenschaftliche Untersuchungen berücksichtigen zumeist Vollzeitbeschäftigte.

Wissenschaftliche Arbeitsgruppen definieren Working Poor als Wechselbeziehung des Forschungsfeldes, der Arbeit und Armut.

In den Vereinigten Staaten wird eine offizielle Definition, unterstützt durch politische und administrative Institutionen, von Working Poor vertreten. Diese beruht auf einer gewissen Forschungstradition der Vereinigten Staaten auf diesem Gebiet (U.S. Bureau of Labor Statistics). Die offizielle Definition wird durch das Bureau of Labor Statistics (BLS) herausgegeben. Innerhalb der englischsprachigen Literatur existieren weitere ähnliche Definitionen über Working Poor, die allerdings unterschiedlich interpretiert werden. Die unterschiedlichen Definitionen basieren dabei stets auf unterschiedlichen wissenschaftlichen Ansätzen, wozu oftmals der Zustand der Tätigkeit wie auch der Zustand der Armut gehören.

Eine offizielle Definition aus den USA im Jahre 1989 besagt: Die Working Poor sind als solche Personen zu bezeichnen, die sich im letzten halben Jahr den Anforderungen des Arbeitsmarktes ergeben haben und im entsprechenden Zeitraum entweder arbeitend oder arbeitssuchend waren, aber dennoch in armen Familienverhältnissen leben. In einer Übersicht eines Berichts der Europäischen Union sind weitere unterschiedliche Definitionen gegenübergestellt.

Studien des nationalen statistischen Instituts in Frankreich haben eine weitere, ähnliche Definition der Working Poor herausgegeben: Die Working Poor sind Individuen, die die letzten 6 Monate im Erwerbsleben gestanden haben, derzeit arbeitstätig oder arbeitssuchend sind, aber deren Haushaltsstandard unterhalb der Armutsschwelle liegt.

Teilweise wird in wissenschaftlichen Ansätzen bei Armut zwischen absoluten und relativen Ansätzen unterschieden: Der absolute Ansatz definiert Armut auf der Basis einer Haushaltsfähigkeit, sich eine bestimmte Auswahl eines Einkaufskorbes sowie Minimaldienstleistungen für einen bescheidenen

Lebensstandard leisten zu können. Der relative Ansatz definiert Armut durch die monetäre Größe des mittleren Einkommens für einen minimalen Lebensstandard. Haushalte, die unter diese Marke fallen, werden oft als relativ arm bezeichnet.

Als armutsgefährdet gilt gemäß Definition der Europäischen Union ein Arbeitnehmer oder ein Haushalt, der weniger als 60 % des durchschnittlichen Äquivalenzeinkommens des Landes zur Verfügung hat.

Zusammenfassend ist daher festzuhalten, dass die Definitionen von Working Poor in der internationalen wissenschaftlichen Literatur unterschiedlich gehandhabt werden, je nach dem, welche Hauptelemente die Definition mit einbezieht.

Ferner findet sich in der deutschsprachigen Literatur ein großes Spektrum existierender Definitionen hinsichtlich der Charakteristika von Armut, welche als Zielrichtungen der Armutsdefinition mit absolutem und relativem Ansatz betrachtet werden können.

4.9.2 Ursachen

Armut trotz Erwerbstätigkeit entsteht im Wesentlichen durch ungünstige Arbeitsverhältnisse im Zuge anhaltender Strukturkrisen des Arbeitsmarktes. Merkmale sind:
- Lohndumping,
- geringfügige Beschäftigung,
- Teilzeitarbeit,
- Leiharbeit,
- Scheinselbständigkeit,
- im Haushalt lebende Familienmitglieder ohne oder mit geringem Einkommen (*Kinder als Armutsrisiko*),
- Haushaltscharakteristika,
- Qualität der Beschäftigung,
- Individuelle Charakteristika.

4.9.3 World Employment Report 2004 - 2005, ILO 2005

Die Arbeitslosigkeit in den europäischen Wirtschaftsräumen betrug 2004 etwa 7,9 %, verglichen mit der Arbeitslosenrate von 5,9 % außerhalb Europas.

In den letzten Jahrzehnten expandierte die Beschäftigung der Industriewirtschaft außerhalb der EU mehr als innerhalb der industrialisierten Länder der Europäischen Union. Die Gesamtbeschäftigungsrate in den Industriestaaten Europas betrug 8,8 %, verglichen mit 10,8 % in den Industriestaaten außerhalb Europas.

Produktive Beschäftigung ist die wirtschaftliche Grundlage beruflicher Arbeit. Daraus ergeben sich neue wirtschaftliche und soziale Herausforderungen. Produktive Beschäftigungsverhältnisse weichen zunehmend der Desillusionierung durch in Realität steigende Arbeitslosigkeit. Problematisch sind ferner Beschäftigungsverhältnisse, die nicht die Möglichkeit bieten, einer gewissen Armutsgrenze zu entkommen. Der Zugang zu produktiver Beschäftigung, die ein adäquates Einkommen für Arbeitnehmer und deren Familien bietet, wäre ein Weg aus derartiger Situation. Die in den letzten Jahren zu beobachtende Verlangsamung im Abbau von Armut belegt, dass ein Appell nach gerechter Beschäftigung für alle nicht mehr ausreicht. Mehr als drei Mal so hoch wie die Anzahl der Arbeitslosen in der Welt sind Arbeitsverhältnisse unter Bedingungen, die als so ärmlich bezeichnet werden können, dass sie Beschäftigten und ihren Familien kaum mehr als ein Einkommen von 1,00 US $ pro Tag ermöglichen. Arbeitslosigkeit als solche ist daher nur ein Scheitelpunkt in Grafiken über Beschäftigungsverhältnisse. Daher werden nicht nur genügend, sondern auch lohnendere Arbeitsplätze benötigt.

Die Hälfte aller weltweit im Niedriglohnbereich Beschäftigen kann sich und ihre Familien von ihrem Einkommen nicht ernähren, wobei rund 1,4 Milliarden Erwerbstätige mit einem Einkommen unterhalb der Einkommensgrenze von 2,00 US $ pro Tag auskommen müssen. 550 Millionen von ihnen verdienen weniger als 1,00 US $ täglich. Entsprechende Angaben sind dem Weltbeschäftigungsbericht 2004 - 2005 der ILO zu entnehmen. Um die weltweite Armut wirksam zu bekämpfen, fordert die ILO mehr Anstrengungen der Politik, menschenwürdigere Arbeitsplätze zu schaffen und die Arbeitsproduktivität zu erhöhen. Dem ILO-Bericht zufolge waren etwa 186 Millionen Menschen 2003 weltweit offiziell arbeitslos gemeldet. Mehr als sieben Mal so viele Personen haben Arbeit, leben aber unter der Armutsgrenze. Hierbei ist zu berücksichtigen, dass nicht nur der Mangel an Arbeit, sondern vor allem ihre geringe Produktivität Ursache der Armut ist. Werden nicht gleichzeitig menschenwürdige Arbeitsplätze geschaffen, haben Arbeitnehmerinnen und Arbeitnehmer keine Chance, den Weg aus der Armut zu finden.

4.9.3.1 Einflussfaktoren
mit Beitrag zur Armut der Arbeitenden
Hauptergebnisse geringer Bezahlung und Haushaltscharakteristika zeigen, dass gering bezahlte Arbeitnehmer ein erhöhtes Risiko an Armut trotz Arbeit besitzen. Dennoch ist Armut trotz Arbeit nicht gleichzusetzen mit geringer Bezahlung. Drei von vier der gering bezahlten Arbeitern sind Frauen, wobei das Wachstum des Dienstleistungssektors entsprechend zu dieser Entwicklung beigetragen hat. Zudem sind gering bezahlte Arbeiter meist schlecht ausgebildet. Untersuchungen aus dem Jahre 2003 zufolge ist die Haushaltsstruktur bei drei von vier Haushalten eine der Hauptursachen für das Leben in Armut trotz Arbeit.

Bei Betrachtung des Aspekts der einzelnen Haushalte haben kleine Haushalte ein erhöhtes Armutsrisiko: Hierzu zahlen Haushalte mit wenigen Haushaltsmitgliedern oder mit geringer Beschäftigungsrate. Single-Haushalte haben ein hohes Risiko der Armutsentstehung, und der gegenwärtige Trend zu kleineren Haushaltsgrößen könnte die Anzahl dieser Gruppe noch erhöhen. Haushalte von Alleinerziehenden haben eine höhere Wahrscheinlichkeit zu verarmen, obwohl der allein erziehende Elternteil einer geregelten Arbeit nachgeht.

4.9.3.2 Working Poor in der Europäischen Union
In der Europäischen Union (EU) ist eine Vollzeitbeschäftigung kein Garant, Armut zu vermeiden. Entsprechend unterschiedlicher Quellen beträgt die Inzidenz gering bezahlter Arbeiten etwa 12,6 bis 15,8 % in der EU. Allerdings bestehen Unterschiede zwischen den einzelnen Ländern der Europäischen Union, wobei geringe Bezahlung als Grund für in Armut lebende Arbeitende von 6,3 % in Belgien bis zu 42,5 % in Deutschland rangieren. Armut ist traditionell ein Phänomen, welches oft mit sozialen Schichten wie Obdachlosen und Arbeitslosen in Zusammenhang gebracht wird. Bezahlte Beschäftigungsverhältnisse wurden seither als effektives Gegenmittel angesehen, welches davor bewahrt, in die Armutsfalle zu geraten. Diese Einschätzung ist in zunehmendem Maße nicht mehr zutreffend. Der Anstieg untypischer Arbeitsmuster sowie eine wachsende Polarisierung der Arbeitsmärkte zwischen niedrig oder schlecht ausgebildeter Tätigkeit und hoch qualifizierter Arbeit haben neue Armutsrisiken in der arbeitenden Bevölkerung geschaffen. Als ein Ergebnis dieser Entwicklung hat das Konzept der arbei-

tenden Armen (Working Poor), welches seinen Ursprung in den Vereinigten Staaten der 70er und 80er Jahre hat, zunehmend auch in Europa auf die soziale und die Arbeitsmarkt-Wirklichkeit Anwendung gefunden. Armut und Arbeit in Europa unterminieren Bestrebungen einer Verbesserung der Arbeitsqualität. Ebenso beeinträchtigt die zunehmende Armut der Arbeitenden die Verantwortung, Armut in jeglicher Form zu beseitigen. Die Armut unter der arbeitenden Bevölkerung wird daher zunehmend als eine Schlüsselvoraussetzung sowohl im Bereich der Beschäftigungspolitik als auch in Bezug auf damit verbundene soziale Bindungen gesehen.

Untersuchungen aus 1999 zufolge waren 6 % der Beschäftigten, etwa 7,8 Millionen Menschen in der EU, die in Arbeit standen, als verarmt zu bezeichnen. Südliche EU Länder (7 % - 10 %) und ebenso Frankreich, Luxemburg und Großbritannien weisen höhere Armutsraten als der europäische Durchschnitt auf. Die höchsten Armutsraten finden sich bei arbeitslosen Beschäftigten in der EU, wobei große Unterschiede in den einzelnen EU-Mitgliedsstaaten bestehen. In den skandinavischen Ländern ist die Armutsrate unter den Arbeitslosen, speziell in Dänemark (mit nur 7 % der arbeitslosen Armen) sowie in Österreich und in den Niederlanden sehr gering. In Belgien, Frankreich, Deutschland, Griechenland und Portugal soll die Armutsrate der Arbeitslosen bei etwa 30 – 40 % liegen. Mehr als 40 % der verarmten Arbeitslosen leben in Spanien, Italien, Luxemburg und Großbritannien sowie teilweise in Irland, wo etwa mehr als 50 % der Arbeitslosen unter die Armutsgrenze fallen. Das in den entsprechenden Untersuchungen hierbei festgestellte Verteilungsmuster bildet sich ähnlich der globalen Armutsrate, mit Ausnahme von Luxemburg und Deutschland, ab, wobei in diesen Ländern eine sehr geringe Rate allgemeiner Armut neben gleichermaßen hohem Anteil arbeitsloser verarmter Leute festgestellt werden kann.

Aktive Arme (d. h. Arbeitsuchende oder Arbeitende für mindestens 6 Monate im letzten Jahr) repräsentieren nach Schätzungen 10 % der aktiven Bevölkerung in der EU im Jahr 1999 (17,2 Millionen Menschen).

4.9.3.3 Working Poor in den USA

Im Jahre 2003 lebten in den USA 35,9 Millionen Menschen (12,5 % der Bevölkerung) in Höhe oder unterhalb der offiziellen Armutsschwelle. Insgesamt wurden 1,3 Millionen mehr als im Jahre 2002 gezählt. Obwohl es sich bei den sogenannten *Armen der Nation* überwiegend um Kinder und Erwachsene handelt, die nicht zu den Berufstätigen gehören, wurde jeder Fünfte oder 7,4 Millionen Individuen als Working Poor eingestuft. Dieser Bereich betrug etwa dieselbe Höhe wie im Jahre 2002. Die sogenannten Working Poor sind nach US-amerikanischer Definition solche, die zumindest 27 Wochen ihrer Arbeitskraft für die Arbeit oder die Arbeitsuche verwendeten, deren Einkommen aber unterhalb der offiziellen Armutsgrenze lag. Das Working Poor-Verhältnis im Vergleich zu allen arbeitenden oder in Arbeit stehenden Individuen (für mindestens 27 Wochen) betrug 5,3 % seit dem letzten Bericht im Jahr 2002.

Folgende Ergebnisse aus den Daten des Jahres 2003 sind auffallend:

Von 140 Millionen Leuten, die für mindestens 27 Wochen im Jahr oder mehr im Jahr 2003 im Arbeitsleben standen, wurden nur 3,8 % als Vollzeitbeschäftigte der sogenannten Working Poor-Gruppe zugerechnet, verglichen mit 10,6 % der Teilzeitbeschäftigten.

- Obwohl postuliert wird, dass Ganztagsbeschäftigung substanziell die Wahrscheinlichkeit zu verarmen offenbar vermindert, war festzustellen, dass 3 von 5 sogenannter Working Poor-Beschäftigter im Jahr 2003 dennoch ganztägig arbeiteten.
- Die Wahrscheinlichkeit, als Working Poor bezeichnet zu werden, ist geringer, sobald ein Arbeiter einen höheren Ausbildungsgrad erreicht. Im Jahr 2002 waren nur 1,7 % der College-Graduierten unter den Working Poor zu finden, verglichen mit 14,1 % der Menschen, die kein Hochschuldiplom besaßen.
- Frauen, die sich um die Familie kümmern, gehörten zwei Mal so oft zur Gruppe der Working Poor wie männliche Vergleichsgruppenzugehörige.

Die vorliegenden Daten repräsentieren in gewissen Grenzen die Beziehung zwischen arbeitender Bevölkerung und Verarmung im Jahr 2003 für Arbeiter und ihre Familien. Die spezifischen Einkommensschwellen, welche als Armutsgrenze bezeichnet werden, differieren, je nachdem, ob entsprechende Individuen zusammen mit der Familie oder als Alleinstehende, ohne Bezug zu anderen Menschen, leben. Für solche, welche mit Familienmitgliedern leben, wurde die Armutsschwelle im Hinblick auf das gesamte Familieneinkommen bestimmt. Für Individuen, die nicht mit Familien leben, wurde das persönliche Einkommen als Determinante der Armutsschwelle gewählt.

Aus vorgenannten Untersuchungsergebnissen ist für Menschen, die in Familien leben, das Einkommen aus ihrer Beschäftigung nur ein Faktor ihrer Armutssituation. Andere wichtige Faktoren beinhalten andere Einkommensquellen, die Einzelindividuen gegebenenfalls haben könnten, oder andere Einkommen weiterer Familienmitglieder, je nach Größe der Familie.

Die U.S.-Daten wurden im Jahr 2004 im so genannten „Annual Social and Economic Supplement to the Current Population Survey" erstellt.

4.9.4 Welche Erkenntnisse über erwerbstätige Arme liegen vor?

Erwerbstätige können aufgrund unzureichenden Verdienstes arm sein. Dabei können diese arm sein, wenn ihr Lohn nicht ausreicht, den Haushalt insgesamt über die Armutsgrenze zu heben. Ferner ist es für gering Qualifizierte zunehmend schwierig, auf einem Arbeitsmarkt Fuß zu fassen, der eine kontinuierliche Weiterbildung erfordert.

Zu den auslösenden Faktoren von Armut trotz Erwerbstätigkeit ist bekannt, dass Erwerbstätige mit niedrigem Lohn zunehmend dem Phänomen der Armut ausgesetzt sind. In der EU sind zwischen 12,6 % und 15,8 % der Löhne Niedriglöhne. In der Personengruppe mit niedrigem Lohn liegt der Frauenanteil bei 75 %. Die meisten Erwerbstätigen mit niedrigem Lohn verfügen außerdem über keine ausreichenden beruflichen Qualifikationen. Die Hauptursache für die Armut von Erwerbstätigen liegt in bis zu 75 % aller Fälle in der Haushaltsstruktur begründet. Schlanke Haushalte mit wenigen Mitgliedern und/oder geringer Erwerbstätigkeit sind einem höheren Armutsrisiko ausgesetzt. Armut von Erwerbstätigen kann ein Auslöser für Migration sein. Viele Einwanderer laufen jedoch Gefahr, auch im Aufnahmeland in dieser Kategorie zu bleiben.

In der europäischen Wirtschaftssituation ergab sich bislang eine Akzeptanz höherer Arbeitslosigkeit, die oft damit begründet wird, dass qualitativ bessere Arbeitsplätze und ein höherer sozialer Schutz gewährleistet werden können. Gleichzeitig wurden zur Verringerung der Arbeitslosigkeit und

Wettbewerbsverbesserung von Unternehmen Impulse oder Anreize für eine bessere Beschäftigungssituation gegeben. Ziel war eine größere Flexibilität und die Deregulierung der europäischen Arbeitsmarktsituation. Schließlich hat, entgegen den Zielen, der Anstieg der Arbeitslosigkeit seit den 70er Jahren dazu geführt, dass ungünstige Arbeitsplatzmuster eine neue Armut generiert haben. Diese Form von Armut betrifft außerhalb der traditionell Armen in unserer Gesellschaft - wie Obdachlose, Arbeitslose oder berentete Bevölkerungskreise - mittlerweile auch wirtschaftlich aktive Bevölkerungsgruppen.

Die Beziehung zwischen Beschäftigung, Arbeit, Armut und sozialen Ausschlussfaktoren und die damit verbundene Lebensqualität wird aus vorgenannten strukturellen Gründen auf den künftigen Arbeitsmärkten mehr Bedeutung als zuvor erlangen.

Während Beschäftigungsanstieg prinzipiell wünschenswert wäre, ist die Verbindung zwischen Qualität und Quantität der Beschäftigung von fundamentaler Bedeutung. Forschungsresultate belegen, dass das Polarisierungsrisiko der Gesellschaft zunimmt und es zunehmend für gering oder schlecht Qualifizierte schwierig wird, weiterhin im Arbeitsmarkt zu bleiben, der eine permanente Weiterbildung beruflicher Fähigkeiten fordert. Das schnelle Wachstum der Wissensgesellschaft wie auch Informations- und Kommunikationstechnologien stellt darüber hinaus eine Ausschlussebene dar, die die Lücke zwischen Einkommensstarken und Armen verbreitern wird.

Schlechte Arbeitsbedingungen sind dabei eine, aber nicht die ausschlaggebende Bedingung, wenn es um die Entstehung von Armut durch gering bezahlte Arbeit geht. Während es Unterschiede zwischen arbeitenden armen Personen und tatsächlich Armen gibt, so sind dem auch entsprechende Ähnlichkeiten gegenüberzustellen. Der Hauptunterschied besteht darin, dass die arbeitenden Armen einem ständigen oder zeitweiligen Beschäftigungsverhältnis zugerechnet werden können. Dabei beziehen sich die Unterschiede zwischen den Armen und den arbeitenden Armen auf die Aktivität und den Status im aktuellen Arbeitsmarkt.

Europäische Untersuchungen ziehen zumeist Bezahlung und Beschäftigungsstatus als Maßstab für die Arbeitsqualität heran. Armutsformen unter der arbeitenden Bevölkerung existieren zwar, werden aber nicht dabei erfasst. Als Beispiel sei hier der illegale Arbeitsmarkt genannt. Gering bezahlte oder unsichere Tätigkeit führt in diesem Kontext zu einem erhöhten Risiko, zur Gruppe der arbeitenden Armen zu gehören. Die Faktoren Bezahlung und Beschäftigungsstatus, zusammen mit sozialer Absicherung und Arbeitsmarktrechten, assoziieren daher Karriere und Beschäftigungssicherheit in der heutigen Arbeitswelt.

4.9.4.1 "McJobs"

Es ergeben sich Hinweise dafür, dass auch in Deutschland die Zahl der arbeitenden Armen ansteigt. Von gewerkschaftsnahen Ökonomen wird von einer wachsenden Lohn-Gewinn-Spreizung gesprochen. Die Unternehmenskapital- und -zinseinkünfte steigen stärker als die Nettolöhne. Verantwortlich gemacht wird dafür neben der Belastung der Arbeitseinkommen durch steigende Sozialkosten der Anstieg bestimmter Beschäftigungsverhältnisse im Niedriglohnbereich.

Bereits 1980 verdienten rund 15 % der deutschen Arbeitnehmer ihr Einkommen im Rahmen von Teilzeitarbeit, geringfügiger Beschäftigung, Leiharbeit oder Scheinselbständigkeit - im Jahre 2000 Jahre bereits über ein Drittel.

4.9.4.2 Working Poor im Beruf

Die Wahrscheinlichkeit, zur Gruppe der Working Poor zu gehören, variiert stark in den unterschiedlichen Berufen. 2003 gehörten in Deutschland zwei Drittel der als Working Poor zu bezeichnenden Beschäftigten zu einer der folgenden drei großen Berufsgruppen:
Dienstleistungen, Verkauf und Büro oder Produktion, Transport und Materialtransport.

Arbeiter in Berufen, die eine höhere Ausbildung erfordern und die durch höhere Einkommen charakterisiert waren, zählten am wenigsten zu den Working Poor. Lediglich 2 % der Beschäftigten in Manager- und ähnlichen Berufsgruppen waren als Working Poor zu klassifizieren. Demgegenüber waren Beschäftigte in Berufen, die typischerweise keine höhere Ausbildung erfordern und welche auch durch geringere Einkommen charakterisiert waren, wie z. B. Servicedienstleistungsberufe, auch im Bereich der Gewinnung von natürlichen Rohstoffen, Baugewerbe und Kundendienstberufe anzutreffen, die am ehesten zu den Working Poor gezählt werden könnten.

Etwa 30 % der Working Poor waren 2003 in Dienstleistungsberufen beschäftigt. Die Working Poor-Rate der Dienstleistungsbeschäftigten lag bei 10,6 %. Dieser Durchschnitt liegt doppelt so hoch wie jener für die gesamte Arbeiterschaft. Der Anteil der Arbeiter im Bereich der Gewinnung von Rohstoffen, Baugewerbe und Kundendienst, die als Working Poor zu klassifizieren waren, betrug 6,5 %. Innerhalb dieser Berufskategorie beinhalteten die Working Poor-Raten für Landwirte 14,6 % sowie 7,2 % für im Baugewerbe Beschäftigte.

4.9.4.3 Arbeitsmarkt

Arbeiter, deren Einkommen unterhalb der Armutsschwellengrenze fällt, haben typischerweise bereits eines oder mehr von drei Haupt-Arbeitsmarktproblemen erfahren müssen. Hierzu zählen: Arbeitslosigkeit, geringes Einkommen und unfreiwillige Teilzeitarbeit.

Im Jahr 2003 waren es 80,1 % der Working Poor, die gewöhnlich ganztägig arbeiteten, aber dennoch mit mindestens einem der drei Haupt-Arbeitsmarktprobleme konfrontiert wurden. Geringe Einkommen sind das Hauptproblem derjenigen mit geringem Einkommen oder in Kombination mit anderen Arbeitsmarktproblemen. Etwa 37 % sind mit Arbeitslosigkeit oder Arbeitslosigkeit in Kombination mit anderen Problemen konfrontiert. Nur 3,7 % der Working Poor wurden gleichzeitig mit allen drei Haupt-Arbeitsmarktproblemen - geringes Einkommen, Arbeitslosigkeit und unfreiwillige Teilzeitarbeit - konfrontiert.

4.9.4.4 Geschlechterunterschiede und andere individuelle Charakteristika

Die geschlechterspezifische Zusammensetzung der erwerbstätigen Bevölkerung ist seit Umfragen aus dem Jahr 1995, im Durchschnitt gesehen, gleich geblieben (42 % der Erwerbstätigen sind Frauen). Allerdings konnte festgestellt werden, dass sich bedeutende Veränderungen innerhalb der einzelnen Berufsgruppen ergaben. So stieg der Anteil der Frauen in der gehobenen Kategorie "Angehörige gesetzgebender Körperschaften und Führungskräfte in der Privatwirtschaft" von 30 % auf 34 % und in der Kategorie "Wissenschaftlerinnen" von 44 % auf 47 %. Zugleich verringerte sich ihr Anteil an den Hilfsarbeitskräften und an den Bürokräften und kaufmännischen Angestellten. Wesentlich mehr Frauen sind allerdings heute in Dienstleistungsberufen tätig (Steigerung um 11 %), was auch durch die Zunahme der Zahl der Arbeitsplätze bedingt ist.

Es konnte in den Untersuchungen der Europäischen Union gezeigt werden, dass Armut trotz Arbeit eine große Anzahl von Individuen aus verschiedenem Hintergrund heraus betrifft. Die Daten eines Surveys aus dem Jahre 1999 lassen feststellen, dass es insgesamt mehr arbeitende arme Männer als Frauen gibt. Die weiblichen Armutsraten sind höher innerhalb der Gruppe der auf dem Arbeitsmarkt inaktiven und berenteten Individuen. Frauen verdienen in den meisten Fällen weniger als Männer, wobei die Kinderzahl in den meisten Fällen die Einkommensmöglichkeiten der Frauen einschränkt. Hierbei handelt es sich speziell um gering ausgebildete Anteile von Frauen in einigen Ländern, die schließlich zu Armut trotz Arbeit führen. Wie bereits erwähnt, laufen allein erziehende Elternteile sehr schnell in die Gefahr der Verarmung. Es ist wahrscheinlich, dass sich die einzelnen Einkommensverteilungen in den jeweiligen Haushalten ungünstig bei Frauen auswirken.

Insbesondere sind Frauen in gering ausgebildeten Berufen in der Gruppe der arbeitenden Armen überrepräsentiert. Männer dagegen sind häufiger gering ausgebildet als Frauen und zählen oft zu ethnischen Minderheiten, die in den einzelnen europäischen Ländern in der gering ausgebildeten Kategorie oft überrepräsentiert sind.

4.9.5 Lohn- und Einkommenseinflüsse auf die Gesundheit

Zusammenhänge zwischen Einkommen und Gesundheit sind bekannt und auf den insgesamt niedrigeren Lebensstandard, das häufigere Auftreten von finanziellen Engpässen und Überschuldung, schlechtere Arbeitsbedingungen und ein gesundheitsriskanteres Verhalten in den einkommensschwachen Bevölkerungsgruppen zurückführbar. Unterschieden in der Gesundheitsversorgung dürfte dabei geringe Bedeutung zukommen, da die gesetzliche Krankenversicherung allen Versicherten einen Zugang zur notwendigen medizinischen Versorgung, unabhängig vom sozialen Status und Einkommen, garantiert.

Daten eines bundesweiten Gesundheits-Surveys 2003 zeigten, dass Erwachsene im mittleren Lebensalter mit einem Nettoäquivalenzeinkommen unter 60 % des gesamtgesellschaftlichen Medians häufiger gesundheitliche Probleme haben. Im Vergleich zur einkommensstärkeren Bevölkerung, leiden sie vermehrt an Krankheiten oder Gesundheitsstörungen (42,1 % gegenüber 36,7 %), berichten häufiger von starken gesundheitsbedingten Einschränkungen in der Alltagsgestaltung (10,5 % gegenüber 8,2 %) und beurteilen ihren eigenen Gesundheitszustand öfter als schlecht oder sehr schlecht (10,2 % gegenüber 5,0 %). Bei Männern sind diese Unterschiede stärker ausgeprägt als bei Frauen. Zu den Krankheitsbildern, die in den ökonomisch benachteiligten Bevölkerungsgruppen verstärkt auftreten, zählen u. a. Herzinfarkt, Schlaganfall, Adipositas, chronische Bronchitis, Depressionen und bei Männern auch Leberzirrhose.

Der Anteil der Raucher bei Männern und Frauen ab 15 Jahren mit einem Haushaltsnettoeinkommen unter 700,00 € lag im Jahr 2003 bei etwa 37,2 % im Vergleich zu 27,2 % der Personen mit einem höheren Einkommen. Im Jahre 1999 betrugen die entsprechenden Anteile 35,2 % bzw. 28,2 %, sodass eher von einer Zunahme als von einer Verringerung der Einkommensdifferenzen im Rauchverhalten auszugehen ist. Ein ähnlicher Trend zeichnet sich auch im Hinblick auf die körperliche Aktivität ab. Gegenwärtig liegt der Anteil der sportlich Inaktiven in der einkommensarmen Gruppe mit 50,2 % deutlich über dem entsprechenden Anteil in der nicht einkommensarmen Bevölkerung mit 36,7 %. Auch bei Sozialhilfeempfängern bestehen Hinweise, dass sie eine schlechtere allgemeine Gesundheit haben, häufiger aus gesundheitlichen Gründen in der Alltagsbewältigung beeinträchtigt sind und zu einem gesundheitsriskanteren Verhalten neigen.

Die stärkere Verbreitung von Gesundheitsrisiken und Krankheiten in der einkommensschwachen Bevölkerung schlägt sich auch in Mortalitätsunterschieden nieder. So weisen die Einkommensschwächsten im Vergleich zu den Einkommensstärksten eine etwa zweifach erhöhte vorzeitige Sterblichkeit auf.

4.9.5.1 Arbeitswelt und Gesundheit

Arbeitsweltbezogene Unterschiede im Gesundheitszustand bestehen hinsichtlich Morbidität, Krankheitsfolgen, Mortalität, subjektiver Gesundheit und gesundheitsrelevantem Verhalten. Dabei ist unter der arbeitsweltlichen Situation nicht nur die Stellung im Beruf oder die ausgeübte Tätigkeit zu verstehen, sondern sind z. B. auch die Dauer und Lage der Arbeitszeit sowie die Beziehung zu Kollegen und Vorgesetzten nachweislich wichtig für die Gesundheit.

Durch gemeinsame Anstrengung der staatlichen Arbeitsschutzbehörden der Unfallversicherungsträger, der Betriebe, der Betriebsräte, Betriebsärzte und Sicherheitskräfte vor Ort hat das Risiko, hierzulande einen Arbeitsunfall zu erleiden, den niedrigsten Stand seit Bestehen der Unfallerfassung erreicht. Im Zeitraum von 1992 bis 2002 verringerten sich die Arbeitsunfälle um ein Drittel von rund 2,1 Millionen auf 1,3 Millionen Fälle. Die Zahl der Unfälle je 1000 Vollzeitbeschäftigte sank im gleichen Zeitraum um ein Drittel, von 55 auf 36 pro Jahr. Dabei bestehen zwischen verschiedenen Branchen allerdings große Unterschiede.

4.9.5.2 Prävention und medizinische Rehabilitation

Vorsorge ist für alle Altersgruppen und Lebensbereiche von entscheidender Bedeutung, um den Eintritt einer Behinderung oder chronischen Krankheit möglichst zu vermeiden. Die erforderlichen Maßnahmen müssen zielgerichtet, unverzüglich und ohne Zugangshemmnisse erbracht werden, damit Armutsrisiken möglichst gering gehalten werden können. Auch während des Erwerbslebens gilt es, die Beschäftigungsfähigkeit zu erhalten, indem drohende Behinderung frühzeitig erkannt, vermieden und trotz nicht vermeidbarer Behinderungen die Teilhabe am Arbeitsleben gesichert wird.

Der betrieblichen Prävention könnte in Deutschland in Zukunft eine zunehmend wichtigere Rolle zukommen. Frühzeitige Informationen und Interventionen zur Anpassung der Arbeitsplätze an gesundheitsbedingte Anforderungen mit passgenauen Leistungen würde den Betroffenen zugutekommen und Arbeitgeber entlasten helfen. Einer Frühverrentung wird vorgebeugt und damit ein wesentlicher Beitrag zur Verlängerung der effektiven Lebensarbeitszeit geleistet. Rechtzeitig eingeleitete Rehabilitationsmaßnahmen können betroffene Arbeitnehmer vor Entlassung schützen und Arbeitsplätze sichern.

Unterschiedliche Studien aus Ländern mit höheren Einkommenskategorien haben gezeigt, dass ein schlechter Gesundheitszustand Einkommen und Löhne negativ beeinflusst. Die Größe solcher gemessener Einflüsse variiert, je nach Studiendesign, in unterschiedlichen Ländern der Europäischen Union. Länderübergreifende Vergleiche derartiger Untersuchungsergebnisse sind daher nur begrenzt möglich. In einer Studie aus dem Jahre 2001 wurde untersucht, ob die Krankengeschichte Einflüsse auf die jährlichen Einkommen und Stundenlöhne hat. Der empirische Teil der Untersuchung basiert allerdings auf schwedischen Daten aus den Jahren 1983 bis 1991, für arbeitende Individuen im Alter von 16 bis 64 Jahren. In dieser Longitudinalstudie wurden die Einflüsse von Krankheit auf das Individuum untersucht. Andrén und Palmer (2001) schätzten sowohl das jährliche Einkommen als auch die Stundenlöhne und fanden heraus, dass gesunde Leute mit einer längerfristigen Krankheitsphase in den vorangehenden 5 Jahren geringere Einkommen in den Folgejahren haben als solche ohne längere Krankheitsvorphasen.

In einer schwedischen Studie wurde im Jahr 2000 der Effekt von krankheitsbedingtem Fehlen am Arbeitsplatz insbesondere auf die Löhne untersucht. Die Ergebnisse besagen, dass sich die Löhne bei krankheitsbedingter Abwesenheit bei Frauen verringerten, wohingegen Abwesenheit durch die Betreuung eines kranken Kindes keinen signifikanten Einfluss auf das Einkommen hatte. Die Ergebnisse wurden dahingehend interpretiert, dass es gesellschaftlich eher legitimiert ist, ein krankes Kind zu betreuen, als selbst krank zu sein. Ferner ergeben die Daten, dass Frauen signifikant häufiger Arbeitsplatzfehlzeiten aufweisen, nicht zuletzt aufgrund der Kinderbetreuungszeiten. Für Männer ergaben sich keine signifikanten Ergebnisse hinsichtlich krankheitsbezogener Fehlzeiten am Arbeitsplatz und deren Einflüsse auf die Einkünfte.

Der Effekt von Gesundheitsproblemen auf die Beschäftigung, Arbeitsstundenzeit und Stundenlöhne wurde im Jahr 2004 unter Zugrundelegung von US-Daten untersucht. Es wurde dabei festgestellt, dass dauerhafte schlechte Gesundheitsbedingungen negative Einflüsse auf das Arbeitsmarktergebnis haben. Schlechte Gesundheit hat wiederum unterschiedliche Konsequenzen für Frauen und Männer. Frauen mit schlechter Gesundheit haben zu einem höheren Anteil größere Einkommensverluste als Männer. Während Frauen Abzüge in ihren Einkommen haben, liegt bei Männern häufiger eine Minderung der Arbeitsstundenzahl vor. Vorübergehende gesundheitliche Einschränkungen haben nur geringen Einfluss auf den Stundenlohn oder die Wochenarbeitszeit. Das Auftreten von Gesundheitsproblemen in der 4. Altersdekade führt zu den größten negativen Konsequenzen für Männer, wohingegen die Spitze negativer Auswirkungen für Frauen in der 3. Lebensdekade festgestellt wurde. Die Autoren der U.S.-Studie führen dies darauf zurück, dass die negativen Einflüsse der Gesundheit in den untersuchten Alterskategorien deswegen so hoch sind, weil die Gesundheitsprobleme in den Altersdekaden begonnen haben, die sich in der Nähe der Spitze ihrer höchsten Lebenszyklus-Einkommensperiode zugetragen haben.

4.9.6 Armuts- und Reichtumsbericht der Bundesregierung

Bereits im ersten Armuts- und Reichtumsbericht (2002) wird ein kontinuierlicher Anstieg der Armutsrisikoquoten von 1983-1998 festgestellt. Die Armutsrisikoquote nach öffentlichen Transferzahlungen ist von 12,1 % in 1998 auf 13,5 % in 2003 gestiegen. Gleichwohl gehört Deutschland - trotz höherer Arbeitslosigkeit - im europäischen Vergleich nach Dänemark und Schweden zu den Ländern mit der niedrigsten Armutsrisikoquote und relativ geringer Armut und sozialer Ausgrenzung. Neben der Entwicklung der Bevölkerungsanteile unterhalb der Einkommensarmut ist auch das Ausmaß des Einkommensrückstandes der Betroffenen zur Beurteilung der Gesamtsituation von Bedeutung. Bei gegebener Armutsrisikoquote ist der Problemdruck umso größer, je weiter die Einkommen der Armutspopulation unter dem Grenzwert liegen. Ergänzende Analysen auf Grundlage der sozioökonomischen Grundlage für die einzelnen Jahre im Zeitraum zwischen 1998 und 2003 zeigen, dass sich die Quoten für das Einkommensarmutsrisiko analog zu den gesamtwirtschaftlichen Rahmenbedingungen entwickelten.

Hinter dem für die Gesamtbevölkerung ermittelten Risiko der Einkommensarmut verbergen sich unterschiedliche, gruppenspezifische Besonderheiten. Während sich beim Vergleich zwischen 1998 und 2003 eine Zunahme in der relativen Betroffenheit der meisten Gruppen zeigt, bilden Selbständige und in geringem Ausmaße Frauen in Einpersonenhaushalten neben den Senioren Ausnahmen. Einer Auswertung anhand der OECD-Skala zufolge ist die relative Einkommensarmut in Paarhaushalten mit Kindern weniger gestiegen als in der Gesamtbevölkerung. Unter Zugrundelegung der alten OECD-Skala ergibt sich für diese Gruppe ein gleich bleibender Wert. Bei den Alleinerziehenden ist der Trend nicht eindeutig. Besonders ins Auge fällt das unverändert hohe Niveau der Quoten bei Arbeitslosen und Alleinerziehenden. Offensichtlich sind die dortigen Einkommensprobleme nicht mit Transferleistungen allein zu lösen, sondern haben ihre Ursachen in der fehlenden Erwerbsmöglichkeit. Im Fall der Alleinerziehenden hängt dies auch mit dem in vielen Teilen Deutschland noch unzureichenden Angebot außerhäuslicher Kinderbetreuung zusammen.

4.9.7 Mehrfachbeschäftigung und Moonlighting

4.9.7.1 Definition

Der Begriff der Mehrfachbeschäftigung wird im deutschen Sprachgebrauch überwiegend auf die Begrifflichkeiten *Nebentätigkeiten* und *Mehrfachbeschäftigung* reduziert. Demgegenüber ist in der englischsprachigen Literatur ein breiteres Vokabular, wie z. B. multiple employment, dual employment und alternative work arrangements bekannt. Der Begriff der Pluri-Aktivität wird in der französischen Literatur bereits seit mehr als 20 Jahren verwendet, um hierunter ein plurales Konzept *atypischer Beschäftigungsformen* zu subsumieren. Die unscharfe Definition der bislang verwendeten Begrifflichkeiten bezieht sich auf ein sich gerade weiterhin erst noch strukturierendes Forschungsgebiet, welches sich überwiegend mit der Umwandlung typischer Beschäftigungsformen in so genannte atypische oder nicht standardisierte Beschäftigungsverhältnisse befasst. Mehrfachbeschäftigungen beschreiben daher ein Beschäftigungsphänomen, welches in der wissenschaftlichen Forschung gegenwärtig noch unterrepräsentiert ist. Bislang liegen nur geringe statistische Angaben darüber vorliegen vor, dass in der Europäischen Union mehr als 5 Millionen Menschen etwa im Jahr 1999 mehr als ein Beschäftigungsverhältnis innerhalb eines Monats innehatten.

4.9.7.2 Gründe für Mehrfachbeschäftigungen

Die Motivationen für Mehrfachbeschäftigungen sind vielfältig: Vier von etwa zehn Mehrfachbeschäftigten nutzen ihre Zweiteinkommen, um ihre eigenen Haushaltsausgaben decken oder Geldschulden abtragen zu können. Weitere allgemein bekannte Gründe für Mehrfachbeschäftigungen sind, dass innerhalb eines Berufes Nebentätigkeiten in einem weiteren Bereich ausgeübt werden, um Geld für die Zukunft zu sparen, neue Berufserfahrungen zu sammeln sowie ferner, um Geld für ein Unternehmen zu sparen oder zusätzliche Einkünfte für spezielle Ausgaben zu akkumulieren. Die Gründe für Mehrfachbeschäftigungen variieren unter den demografischen Gruppen: Beispielsweise ist der Anteil der Mehrfachbeschäftigten bei jenen, die Geldschulden haben, im Alter bis zu 24 Jahren am höchsten und nimmt mit zunehmendem Alter, bis zum 65. Lebensjahr, stetig ab. Junge Beschäftigte im Alter von 16 bis 24 Jahren sind solche, die auch am häufigsten eine Mehrfachbeschäftigung annehmen, um mehr Geld für Sonderausgaben zur Verfügung zu haben. Bei der Gruppe im Alter von 55 Jahren und älter wird überwiegend angegeben, dass sie zusätzlich Freude an ihrem Zweitberuf hat. Im Allgemeinen kann man sagen, dass Frauen und Männer, die in mehr als einem Beruf tätig waren, dies aus zumeist gleichen Gründen tun. Die größten Unterschiede zwischen Männern und Frauen lassen sich bei älteren Mehrfachbeschäftigten feststellen. Ein großer Anteil von Männern über 55 Jahren arbeitet in einem Zweitberuf, weil ihnen dieser mehr Freude als ihr Erstberuf bereitet. Bei älteren Frauen ist es auf der anderen Seite oftmals so, dass diese meist zu sogenannten *Moonlightern* zählen, um ihre regulären Haushaltsausgaben wie auch Finanzschulden abzahlen zu können. Für Frauen, die als allein erziehend gelten, ist dies, im Gegensatz zu allein erziehenden Männern, zumeist der überwiegende Grund dafür, Mehrfachbeschäftigungen anzunehmen.

Mehrfachbeschäftigung wird somit als eine weitere Facette der atypischen Beschäftigung bezeichnet und wurde lange Zeit nicht berücksichtigt. Es ist insofern erstaunlich, als diese Art von Arbeit sehr eng mit Änderungen im Arbeitsmarkt sowie entsprechenden regulatorischen Arbeitsmarktinstitutionen verknüpft ist, da es sich hierbei sowohl um Teilzeit- als auch um feste Arbeitsverhältnisse handelt. Darüber hinaus ist aus Untersuchungen bekannt, dass das sogenannte Moonlighting ein sehr weit verbreitetes Phänomen der westlichen Industrienationen darstellt. In den USA und Kanada existieren bereits mehrere Studien, die von offiziellen Stellen über Arbeitsstatistiken herausgegeben werden und zum gegenwärtigen Zeitpunkt überwiegend deskriptiv das Phänomen des Moonlighting über bestimmte Zeiträume dokumentieren. Aus Untersuchungen in den USA ist bekannt, dass die Mehrfachbeschäftigung dort von 5,2 % aller Beschäftigten in den 70er Jahren bis auf 6 % in den 90er Jahren überwiegend durch den Anteil der mehrfach beschäftigten Frauen angestiegen ist. In Kanada beispielsweise, liegt die Prävalenz des Moonlightings mit einem Anstieg um 2 % bei allen Beschäftigten Ende der 70er Jahre und derzeit um etwa 5 % höher als etwa 1997. In Deutschland konnte eine eher abnehmende Entwicklung von etwa 9 % Anteil in der Mitte der 80er Jahre zu einem stabilen Anteil von Mehrfachbeschäftigungen von 6 – 7 % festgestellt werden, wohingegen sich im europäischen Ausland, wie etwa Großbritanniens, etwa 10 % Moonlighter finden.

4.9.7.3 Hintergründe des Moonlighting
Wenn Beschäftigte gefragt werden, warum sie mehr als einer Beschäftigung nachgehen, zeigen die Antworten, dass es über-

wiegend finanzielle Gründe sind, welche die Hauptmotivation des Moonlighting ausmachen. Unter den möglichen Gründen ist die Notwendigkeit, die erforderlichen Haushaltsausgaben decken zu können, mit einem Anteil von etwa 30 bis 35 % der wichtigste Grund, der von Moonlightern zitiert wird. Folglich ist die erste Erklärung für eine Mehrfachbeschäftigung prinzipiell die Tatsache, dass es eine fixe Stundenanzahl im Hauptberuf zulässt, noch eine zweite Tätigkeit aufzunehmen. Wenn die Anzahl der realisierbaren Arbeitsstunden im Erstberuf unter der gewünschten Höhe liegt, zwingt diese Tätigkeit meist dazu, sich vor zu niedrigem Einkommen zu bewahren. Wie aus vielen analytischen Details einiger Studien hervorgeht, ist anzunehmen, dass die Diskrepanz zwischen der gewünschten und der tatsächlichen Anzahl von Arbeitsstunden meist die Suche nach einer Mehrfachbeschäftigung stimuliert.

Darüber hinaus gibt es noch weitere mögliche Gründe für das Moonlighting. Während etwa 10-15 % der Moonlighter angeben, Erfahrungen in einem neuen Beruf zu erlangen, führen etwa 15 % der Befragten einfach die Antwort an, dass sie Freude an einem Zweitberuf haben. Sie arbeiten in ihrem Zweitberuf nicht ausschließlich aus zwingenden Motiven. Es existieren nur wenige Studien, die sich mit dem theoretischen Hintergrund der Ideen befassen, die unter den so genannten heterogenen Arbeitsmotiven subsumiert werden können. Im Allgemeinen beziehen sich solche Mehrfachbeschäftigungsverhältnisse auf Arbeitsbereiche, die sich nicht auf eigenständige Ersatztätigkeiten beschränken. Als typisches Beispiel wird zumeist der Universitätsprofessor zitiert, der seine berufliche Expertise im Consulting-Bereich nutzt, oder der Musiker, der nicht ausschließlich von den Einnahmen seiner einzelnen Aufführungen leben kann, um seine Lebenshaltungskosten zu bestreiten. Diese einfachen Beispiele sollen nur die Unterschiede zwischen zwingenden und nicht zwingenden Moonlightern beschreiben. Im ersten Fall, mit einem gewissen Stundenzwang, ist der Hauptberuf typisch, in dem in der Regel auch das höhere Einkommen verdient wird. Sofern die Einkommenskapazität in diesem Berufsbereich limitiert ist, akzeptieren die meisten Beschäftigten geringere Bezahlungen im Zweitberuf. Geringere Bezahlung im Zweitberuf ist auch zumeist der Grund für so genannte heterogene Job-Moonlighter.

4.9.8 Fazit

Zusammenfassend lassen sich aus den wenigen vorliegenden Untersuchungen bisher nur einige Ergebnisse ableiten. In einer Studie am Beispiel des deutschen und britischen Arbeitsmarktes konnte gezeigt werden, dass sich arbeitsmarktspezifische Besonderheiten auf die Eigenschaften der Mehrfachbeschäftigung hinsichtlich Geschlecht und landestypischer Eigenheiten auswirken. Im Einzelnen scheinen offenbar Termindruck oder Zeitdruck eine wichtige Rolle männlicher Beschäftigter in ihrer Entscheidung für Mehrfachbeschäftigung zu sein, wobei es sich um Ergebnisse für deutsche Beschäftigte handelt. Dieses Ergebnis ist insofern plausibel, da es mit verschiedenen Analysen der OECD und dem deutschen Arbeitsmarkt als einem sehr regulierten und restriktiven Arbeitsmarkt übereinstimmt. Im Gegensatz dazu kann der britische Arbeitsmarkt als einer der am meisten liberalisierten und daher auch am flexibelsten gesteuerten Arbeitsmärkte gelten. Tatsächlich lassen Ergebnisse des britischen Arbeitsmarktes erkennen, dass, im Gegensatz zu deutschen Mehrfachbeschäftigten, der Hauptteil der britischen Beschäftigten eine zufrieden stellende Lösung hinsichtlich der Anzahl seiner Arbeitsstunden für sich selbst findet. Darüber hinaus hat das Einkommen im Hauptberuf einen großen Einfluss auf das Verhalten der Mehrfachbeschäftigten in Großbritannien, aber nicht auf das der deutschen Beschäftigten. Aus einer Analyse (Heineck und Schwarze, 2004) lassen sich heterogene Beschäftigungsmotive feststellen. Wie bereits vorangehend ausgeführt, versteht man hierunter, dass die Beschäftigten zwar nicht unter Termindruck oder dem Zwang leiden, einer Mehrfachbeschäftigung nachzugehen, aber beispielsweise ihren Hauptberuf aus pekuniären Gründen wirtschaftlicher Stabilität und Sicherheit behalten und eine zweite Beschäftigung annehmen, die ihnen zusätzlich monetäre Verbesserungen schafft. Eine weitere mögliche Erklärung für heterogene Beschäftigungsmotive ist, dass Beschäftigte weitere Tätigkeiten annehmen, um ihre Fähigkeiten oder Erfahrungen in anderen Berufen als ihrem gegenwärtigen auszuweiten oder zu verbessern. Derartige Hinweise finden sich insbesondere bei britischen Berufstätigen, die oftmals nach einem neuen Berufszweig Ausschau halten, der möglicherweise für eine angestrebte Selbständigkeit geeignet sein könnte. Die ausgeprägten Unterschiede in Arbeitsmarktregulierungsformen erklären dabei einen wesentlichen Teil der Ausübung und der jeweiligen Ausprägung der Mehrfachbeschäftigungen, der länderspezifisch berücksichtigt werden muss. Für weitere Forschungsarbeiten auf diesem Gebiet ist es daher erforderlich, die Heterogenität des Erst- oder Zweitberufes detaillierter zu untersuchen. Des weiteren wären eingehendere Analysen über die Zeiträume von Mehrfachbeschäftigungen und sogenannten Moonlightern sowie auch individuelle Veränderungen in der Einkommenssituation und Einkommensverteilung aus dem Zweitberuf relevant, um Entscheidungen einzelner Individuen zur Aufnahme weiterer beruflicher Tätigkeiten besser zu verstehen.

4.9.9 Key-Message

- Working Poor (arbeitende Arme) bezeichnet Menschen oder Haushalte, die trotz Erwerbstätigkeit keinen Existenz sichernden Lebensunterhalt über der Armutsgrenze verdienen.
- Als armutsgefährdet gilt ein Arbeitnehmer oder ein Haushalt, der weniger als 60 % des durchschnittlichen Äquivalenzeinkommens des Landes zur Verfügung hat.
- Ursachen von Armut trotz Erwerbstätigkeit sind ungünstige Arbeitsverhältnisse aufgrund anhaltender Strukturkrisen des Arbeitsmarktes.
- Um die weltweite Armut wirksam zu bekämpfen, fordert die ILO mehr Anstrengungen der Politik, menschenwürdigere Arbeitsplätze zu schaffen und die Arbeitsproduktivität zu erhöhen.
- Zusammenhänge zwischen Einkommen und Gesundheit sind bekannt und auf den insgesamt niedrigeren Lebensstandard, das häufigere Auftreten von finanziellen Engpässen und Überschuldung, schlechtere Arbeitsbedingungen und ein gesundheitsriskanteres Verhalten in den einkommensschwachen Bevölkerungsgruppen zurückführbar.
- Unterschiedliche Studien aus Ländern mit höheren Einkommenskategorien haben gezeigt, dass ein schlechter Gesundheitszustand Einkommen und Löhne negativ beeinflusst.

Literaturhinweise

ANDRÉN, D.; PALMER, E.: The effect of sickness on earnings. Working Papers in Economics No 45, Department of Economics, Gothenburg University (2001), (http://www.handels.gu.se:81/epc/archive/00002222/01/gunwpe0045.pdf).

BRAVEMAN, P.; GRUSKIN, S: Poverty, equity, human rights and health, in: Policy and Practice, Bulletin of the World Health Organization 81 (7), S. 539-545 (2003).

BRENNAN, WIRSHOP M.: Working for the Working Poor. Medical Economics, S. 65-67 Feb 6 (2004).

BUNDESMINISTERIUM FÜR GESUNDHEIT UND SOZIALE SICHERUNG (HRSG.) (2005): Lebenslagen in Deutschland: 2. Armuts- und Reichtumsbericht der Bundesregierung, Berlin.

ESPING-ANDERSEN, G. (2002): Why we need a new welfare state. Oxford University Press. Oxford.

FROEHLICH, J.: Steps toward dismantling poverty for working, poor women. Work Vol. 24 (4) S. 401-408 (2005).

GALLIE, D.; WHITE, M. ET AL. (1998): Restructuring the employment relationship. Clarendon Press. Oxford.

MERLLIÉ, D.; PAOLI, P.: Dritte Europäische Umfrage über die Arbeitsbedingungen 2000, Europäische Stiftung zur Verbesserung der Lebens- und Arbeitsbedingungen (Hrsg.).

SCHWARZE UND HEINECK: "Fly me to the moon - The determinants of secondary jobholding in Germany and the UK", IZA-Discussion Paper No. 1358 (2004).

STRENGMANN-KUHN, W.: Armut trotz Erwerbstätigkeit - Analysen und sozialpolitische Konsequenzen. Campus-Verlag, Frankfurt (2003).

4.10 Ich-AG – Freelancer – Freiberufler

Karsten Groth und Ralf Wegner

Ich-AG, *Freelancer* und *Freiberufler* sind Begriffe, die keine jeweils eindeutigen eigenständigen Berufe oder Tätigkeitsfelder beschreiben. So kann ein Freelancer als Ich-AG sowohl gewerblich als auch freiberuflich tätig werden. Auch eine Ich-AG, deren Protagonist sich nicht das Etikett des Freelancers zuschreibt, lässt sich sowohl im Gewerbe als auch in einem der vom Gesetzgeber privilegierten, sogenannten *Freien Berufe* gründen. Ein Freiberufler wird hingegen nur selten als Freelancer bezeichnet werden. Denn die letzteren sind vornehmlich im IT- und Medienbereich angesiedelt und ihre berufliche Tätigkeit wird vom Gesetzgeber in der Regel als Gewerbe eingestuft. Die verbindenden Elemente der drei Gruppen sind ihre Selbständigkeit und das Risiko, vom Finanzamt immer dann als sogenannte Scheinselbständige enttarnt zu werden, wenn sie im Wesentlichen für immer die gleichen Auftraggeber tätig sind. In diesen Fällen droht ihnen die Nachzahlung erheblicher Beiträge zur Sozialversicherung, was durchaus auch das Ende der Selbständigkeit bedeuten kann.

Insgesamt waren in Deutschland – ob freiberuflich oder gewerblich – im Jahre 2004 rund 3 Millionen Männer und 1,25 Millionen Frauen selbständig. Dabei nimmt der Anteil der selbständigen Frauen langsam aber stetig zu. Ebenso nimmt gegenüber den Haupterwerbsgründungen die Anzahl der Nebenerwerbsgründungen (neben einer abhängigen Beschäftigung) und Zuerwerbsgründungen (neben einer Tätigkeit als Hausfrau oder Hausmann) zu. Dieser Anteil der Teilselbständigkeit liegt bei 22 % und wird gerade von Frauen in der Familienphase als Chance genutzt, sich ein berufliches Standbein zu sichern. Die Zahl der weiblichen Selbständigen im Zu- und Nebenerwerb nahm in der Zeit von 1996 bis 2004 um ein Drittel deutlich zu. Der Anteil derjenigen Selbständigen, die ohne Beschäftigte auskommen und keine weiteren Mitarbeiter einstellen, ist mit steigender Tendenz inzwischen auf 49 % angewachsen (2004). Ein Teil dieses Anstiegs ist dabei auf die Förderung der Ich-AG's seit Januar 2003 zurückzuführen.

Mit der deutlichen Zunahme an Erwerbsgründungen haben wir es allerdings auch mit einer tendenziell ansteigenden Anzahl von Insolvenzen im Bereich der Einzelunternehmen zu tun (2004: 16.299). In den USA wird die Anzahl der selbständig arbeitenden Berufstätigen bzw. Freiberufler – der sogenannten *Lone Eagles* – derzeit auf 10 Millionen geschätzt.

4.10.1 Ich-AG

Die Bezeichnung *Ich-AG* stammt von der sogenannten Hartz-Kommission der Bundesregierung. Sie besitzt keinerlei gesellschaftsrechtliche Bedeutung etwa im Sinne einer Aktiengesellschaft, sondern ist ein politisches Schlagwort für ein ganz normales, in der Regel wohl Einzelunternehmen. Die Ich-AG ist gekoppelt an bestimmte staatliche Zuschüsse für Neugründungen von Ein-Personen-Unternehmen. Dazu zählen der sogenannte Existenzgründungszuschuss sowie gewisse steuerliche Erleichterungen, die den Weg eines Arbeitslosen in die Selbständigkeit fördern und erleichtern sollen. Die Bezeichnung *Ich-AG* kann auch als Ausdruck eines gewandelten Verständnisses sozialer und arbeitsrechtlicher Verhältnisse gewertet werden: Nicht mehr der Staat, der Betrieb oder die Behörde, sondern der Einzelne selbst ist für sich verantwortlich. Als *Arbeitskraftunternehmer* immer wieder neue Chancen für sich zu nutzen und die Selbstvermarktung sind die zentralen Herausforderungen für die Ich-AG. Das gilt mehr noch als für den klassischen Freiberufler für den Freelancer, der sich auf einem sich in rasanter Entwicklung befindenden IT- und Medienmarkt quasi permanent neu erfinden muss.

Das der Ich-AG zugehörige staatliche Förderinstrumentarium, der Existenzgründungszuschuss, ist zum 01.07.2006 ausgelaufen. Es ist zu erwarten, dass unter Hinzuziehung des Überbrückungsgeldes ein neues Instrument zur Förderung der Selbständigkeit aus der Arbeitslosigkeit heraus entstehen wird.

4.10.2 Freiberufler

Als *Freiberufler* werden alle Selbständigen bezeichnet, die steuerrechtlich nicht als Gewerbetreibende einzustufen sind und die den Kriterien für das steuerrechtliche Privileg der Freiberuflichkeit entsprechen. Im Einzelnen handelt es sich also um:
- freie Heil- und Sozialberufe (Ärzte, Psychologen, Ergotherapeuten …),
- freie rechts-, wirtschafts- und steuerberatende Berufe (Rechtsanwälte, Steuerberater …),
- freie technische und naturwissenschaftliche Berufe (Architekten, Sachverständige …),
- freie künstlerische, publizistische und pädagogische Berufe (Lehrer, Journalisten, Musiker, Bildende Künstler …).

Das steuerliche Privileg der Freiberufler ergibt sich aus der fiskalisch begründeten Grundannahme, dass sie aufgrund besonderer beruflicher Qualifikation persönlich, eigenverantwortlich und fachlich unabhängig geistig-ideelle Leistungen im Interesse ihrer Auftraggeber und der Allgemeinheit erbringen. Insofern entscheidet letztlich das Finanzamt, ob ein Selbständiger auch als Freiberuflicher einzustufen ist.

Die Anzahl der Selbständigen in einem Freien Beruf steigt zurzeit jährlich um rund 3 Prozent auf mittlerweile ca. 800.000. Sie erwirtschaften ca. 9 Prozent des Bruttoinlandsproduktes und beschäftigen gemeinsam über zweieinhalb Millionen Mitarbeiter. Damit zählen sie zu einer bedeutenden Säule des deutschen Mittelstandes.

Im Verhältnis zu den meisten abhängig beschäftigten Berufstätigen verfügen die in den traditionellen Berufen freiberuflich Selbständigen in ihrer Arbeitsgestaltung über enorme Entscheidungs- und Handlungsspielräume. Es handelt sich um weitgehend selbst gesteuerte Arbeitsprozesse bei hoher Eigenständigkeit und Selbstverantwortung. Besondere Vorteile werden oft in der Möglichkeit gesehen, die Arbeits- und Lebensgestaltung aneinander zu koppeln und individuell aufeinander abstimmen zu können. Freiberufliche Selbständigkeit ist eine Arbeitsform, die wohl am ehesten mit Erfüllung und Persönlichkeitsentwicklung im Arbeitsleben in Verbindung gebracht wird.

Gleichzeitig droht bei hoher Motivation und hohem Arbeitseinsatz die Gefahr der Überforderung nicht nur durch lange und unregelmäßige Arbeitszeiten sowie wenig Urlaub und Freizeit. Wechselnde Auftragslagen, Abhängigkeiten von Auftraggebern und Unsicherheiten über die Zukunft und Entwicklung der geschäftlichen Entwicklung sowie die angemessene Anpassung an das Marktgeschehen stellen erhebliche Anforderungen an den selbständigen Freiberufler dar.

Ob sich aus dem Verhältnis von Vor- und Nachteilen der freiberuflichen Tätigkeit besondere berufliche Belastungen ergeben, die zu einem dauerhaften Gefährdungspotenzial werden, oder ob diese Belastungen durch die spezifischen besonderen motivations- und persönlichkeitsfördernden Vorteile des Selbständigseins kompensiert werden können, das lässt sich hier kaum beurteilen. Dafür sind die Unterschiede zwischen den Berufsgruppen auch zu groß. Allerdings besteht nach eigenen Untersuchungen bei 28 % der freiberuflich tätigen Ärzte bereits eine erhöhte Burnout-Gefährdung, aber nur bei 11 % der Freiberufler im Architektenberuf. Und das trotz höherer durchschnittlicher Arbeitszeit der Architekten (47,5 bzw. 54,2 Std./Woche; eigene Untersuchungen bei 146 niedergelassenen Ärzten und 251 freiberuflich tätigen Architekten). Eine mögliche Ursache für diesen Unterschied ist die erhebliche gesundheitspolitische, demotivierende Einflussnahme auf das Gesamttätigkeitsfeld des niedergelassenen Arztes, während im Architektenberuf auch bei schlechter Auftragslage Eigeninitiative und Selbstverwirklichung weniger beeinträchtigt werden. Wenn Frauen die freiberufliche Tätigkeit erreicht haben, sind die beruflichen Belastungen und die resultierenden Beanspruchungen in beiden Berufsgruppen durchaus vergleichbar. Frauen erkaufen sich diese Selbständigkeit allerdings sehr viel häufiger als Männer mit Einschränkungen im außerberuflichen Bereich, z. B. in der Familienplanung: Während 70 % der Architekten und 86 % der Ärzte verheiratet sind (eigene Kinder 73 % bzw. 85 %), liegen die entsprechenden Zahlen mit 29 % bzw. 39 % bei freiberuflich tätigen Architektinnen und Ärztinnen erheblich niedriger (eigene Kinder 24 % bzw. 43%). Die Selbständigkeit und Erfüllung im Beruf wird also häufig mit Verzicht auf eine eigene Familie erkauft.

4.10.3 Freelancer

Der Begriff *Freelancer* wird alltagssprachlich inzwischen so breit verwendet, dass er nicht viel mehr aussagt, als dass es sich bei dem so Bezeichneten um einen Menschen handelt, der entweder gewerblich oder freiberuflich selbständig tätig ist (engl. freelance: Freiberufler, Freischaffender). Entsprechend lässt sich auch für den Freelancer nicht auf eine allgemeine und allen gemeinsame Arbeitsplatzbeschreibung im engeren Sinne zurückgreifen. Freelancer ist, wer sich so fühlt bzw. wer von seinem Umfeld mit diesem Etikett versehen wird. Der inflationäre Gebrauch des Begriffes lässt sich mit der Zunahme selbständiger Auftragnehmer und freier Mitarbeiter von großen Unternehmen erklären. Diese haben, aktuellen Managementstrategien folgend, auf diese Weise große Teile ihrer ehemaligen Belegschaft abgebaut, Fertigungs- und Entwicklungsbereiche ausgelagert sowie vermehrt projektförmige Organisations- und Entwicklungsstrategien entwickelt, die den zeitlich begrenzten und projektbezogenen Einsatz externer Fachkräfte mit in der Stammbelegschaft nicht verfügbaren Kenntnissen und Praxis-Erfahrungen sinnvoll erscheinen lassen.

Löst man sich von diesem alltagssprachlichen Gebrauch, kann das „Freelancing" allerdings durchaus als der wesentliche Erwerbstypus der sogenannten *Neuen Selbständigkeit* gesehen werden, der sich insbesondere auf den expandierenden Märkten wissensorientierter und kultureller Dienstleistungen ausbreitet. Der Freelancer unterscheidet sich von dem modernen Gründer, für den die Selbst-Beschäftigung nur ein Durchgangsstadium auf dem Weg zur Gründung eines Unternehmens bedeutet, durch seinen strategischen Verzicht auf die Risiken, die mit der Einrichtung eines Betriebes und mit der Beschäftigung von Arbeitnehmern verbunden sind. Auch wenn das Freelancing deutliche Parallelen zur klassischen Freiberuflichkeit aufweist, gilt der Freelancer als Freiberufler nur dann, wenn er im engeren Sinne wissenschaftlich, beratend, publizistisch, erzieherisch oder künstlerisch tätig ist und damit dessen vom Gesetzgeber privilegierte Stellung eingeräumt bekommt. Auch fehlt den Freelancern das für die freien Berufe typische institutionelle Regulierungssystem aus definierten akademischen Berufsbildern und Zugangsqualifikationen, Monopolgarantien und körperschaftlicher Selbstverwaltung in Form des Kammerwesens. Darüber hinaus ist der berufliche und gesellschaftliche Status des traditionellen Freiberuflers in deutlich höherem Maße institutionell definiert und gegen individuelles Scheitern abgesichert.

In diesem Beitrag soll explizit auf eine von der Bundesanstalt für Arbeitsschutz und Arbeitsmedizin (BAuA) in Auftrag gegebene Studie zu den gesundheitlichen Auswirkungen flexibler Arbeitsformen zurückgegriffen werden. Mit dieser Studie legten Pröll und Gude auch grundlegende Daten und Ergebnisse sowohl zu den Tätigkeitsmerkmalen als auch zu den gesundheitlichen Implikationen des Freelancing vor. Die Beschäftigungsform des Freelancing beinhaltet hohe Anforderungen an Selbstregulierung und individuelles Risikomanagement; dieses nicht nur auf der Ebene der Strukturierung von (häuslichem) Arbeitsplatz, Arbeits(zeit)organisation und der Schnittstelle von Arbeit und Leben, sondern auch auf der Ebene der permanenten Selbstvermarktung und eigenverantwortlichen Sicherung fachlicher Kompetenzen und psycho-sozialer Ressourcen langfristiger Beschäftigungsfähigkeit. Das Freelancing kann damit im Betrachtungskontext *Flexibilisierung der Arbeit* durchaus als Gegenpol zum *Normalarbeitsverhältnis* bezeichnet werden, das sich noch am Arbeitszeitrecht, Arbeitsschutz und Tarifrecht sowie an kulturell verankerten Normalitäten von Beruf, Karriere und Leistung orientiert. Ein typisches Element vieler Freelancer-Biografien ist die Professionalisierung gerade jenseits standardisierter akademischer Berufsrollen und formeller Ausbildungsabschlüsse. Als moderne Form der Selbständigkeit scheint sich das Freelancing zu einem eigenständigen Erwerbskonzept mit einer längerfristigen berufsbiografischen Perspektive entwickelt zu haben. Damit stellt es keine bloße Not- oder Durchgangslösung auf prekären Arbeitsmärkten dar, sondern wird als eine echte Alternative zu abhängiger Beschäftigung, klassischer Freiberuflichkeit und klassischem Unternehmertum praktiziert.

4.10.3.1 Tätigkeitsmerkmale

Wesentliche Kennzeichen des Freelancing sind das Erbringen informationsverarbeitender Dienstleistungen in den Bereichen Informationstechnologie und Softwaregestaltung, Kultur und Medienwirtschaft, elektronischer Handel, Journalismus, Wissenschaft und Forschung sowie Planung und Beratung. Der Freelancer ist ohne eigene Arbeitnehmer selbständig und an kein klassisches Betriebs- und Unternehmenskonzept gebunden. Die modernen Informations- und Kommunikationstechnologien stellen sowohl als Arbeits- als auch als Produktmedium eine nahezu unabdingbare Voraussetzung seiner Tätigkeit dar. Technik- und Medienkompetenz sind von zentraler Bedeutung, die permanente Informationsbeschaffung und Weiterbildung erfolgt meist in Form autodidaktischer Praktiken, da die auf dem Markt angebotenen Schulungen oft zu unspezifisch und für die meisten *Neuen Selbständigen* kaum erschwinglich sind.

Kriterien seiner unabhängigen Tätigkeit sind die Ungebundenheit von Weisungen, Arbeitsort und Arbeitszeit eines Arbeitgebers. Ein Freelancer ist weder in die betriebliche Organisation eingegliedert noch an nur einen Arbeitgeber gebunden. Freelancer organisieren sich häufig in *Netzwerken* bzw. virtuellen Organisationen, die mehrere Dienstleistungen im Paket anbieten können und in denen sich die einzelnen Mitglieder gegenseitig in ihrer Arbeit unterstützen (als Berufsgruppe wie z. B. Fotojournalisten, als Berufsverband, Jobbörse oder unter Gender Aspekten wie z. B. in Frauennetzwerken). Die strategische Beziehungsarbeit (social networking) mit dem Aufbau, der Pflege und Nutzung von sozialen Geflechten tritt damit als unverzichtbare Einzelleistung des Freelancers an die Stelle eines einfachen Rückgriffs auf institutionell oder organisatorisch vorgefertigte soziale Unterstützungs- und Kooperationsstrukturen, wie sie für das Normalarbeitsverhältnis noch charakteristisch sind. Bei den Tätigkeiten des Freelancers handelt es sich überwiegend um komplexe und qualifizierte Dienstleistungsaufgaben, die einen hohen Anteil konzeptioneller, analytischer und planender Funktionen beinhalten. Vermutlich an die 50 % der Freelancer sind in den Bereichen Projektmanagement, Webdesign und Softwareentwicklung anzutreffen. Das Professionalisierungsniveau ist mit Schwerpunkten bei Informatikern, Designern und Ingenieuren hoch. Der Akademikeranteil wird bei 60 % vermutet.

Das Freelancing stellt hohe Anforderungen an Selbstorganisation und Zeitmanagement. Das Vermeiden von einerseits Unterauslastung und andererseits Überakquisition erfordert eine geschickte und vorausschauende Arbeitsplanung. Bei zeitlicher und fachlicher Flexibilität wird von den Kunden eine ausgeprägte Dienstleistungsorientierung erwartet. Vornehmlich in Fällen unrealistischer Leistungserwartungen und unklarer Schnittstellen zwischen Auftraggeber und Auftragnehmer stellen die Kooperationen mit dem Kunden oft Quellen von Konflikten und Irritationen dar.

4.10.3.2 Gesundheitliche Relevanz

Viele motivationale Besonderheiten der Aufnahme einer freiberuflichen Tätigkeit sowie die Vor- und Nachteile der Freiberuflichkeit treffen ganz offensichtlich auch auf den Erwerbstypus des Freelancers zu. Von Pröll und Gude gesichtete Studien ermitteln eine hohe Beteiligung an Autonomie orientierter Motive beim Wechsel in die neue Selbständigkeit. Dabei spielen die Möglichkeiten zur freien Zeiteinteilung und das Arbeiten jenseits von Hierarchien und Vorgesetzten bei

Aussicht auf eine inhaltlich interessante und vielseitige Arbeit mit persönlichen Entfaltungsmöglichkeiten eine wesentliche Rolle. Gleichzeitig kann als gesichert gelten, dass prekäre Arbeitsverhältnisse und hohe Arbeitsbelastungen auch schon unabhängig voneinander in hohem Maße mit körperlicher und psychischer Gesundheit korrelieren. Bei Angestellten führt die Bedrohung der Arbeitsplatzsicherheit zu nachteiligen Auswirkungen auf den Gesundheitsstatus, die sich nicht durch Gesundheitsauslese (healthy worker effect) oder das Gesundheitsverhalten erklären lassen. Es stellt sich also auch für den Freelancer die Frage, ob die durch seine spezifische berufliche Tätigkeit bedingten besonderen Belastungen im Kontext seiner spezifischen motivations- und persönlichkeitsfördernden Vorteile seiner beruflichen Tätigkeit zumindest kompensiert wenn nicht gar ausbalanciert (work life balance) werden können.

Grundsätzlich kann nicht davon ausgegangen werden, dass der Freelancer über einen nach formalen Kriterien der Ergonomie optimierten häuslichen Arbeitsplatz verfügt. Doch scheinen Ergonomie und Arbeitsplatzgestaltung in der subjektiven Arbeitsperspektive der Neuen Selbständigen auch von untergeordneter Bedeutung zu sein. Ihr Maßstab ist nicht formelle ergonomische Qualität, die durch die extrem kurzen Innovationszyklen sowie die Normierung im Bereich der Hard- und Software weitgehend gegeben ist, sondern die subjektive Bequemlichkeit, für die die (relative) Zeitsouveränität mit ihren Entscheidungsspielräumen über die Zeitverwendung auf der Mikroebene des Arbeitsablaufs von entscheidender Bedeutung ist. Sie drückt sich sowohl durch die Möglichkeiten spontaner Arbeitsunterbrechungen oder Aufgabenwechsel aus, als auch durch den Einfluss auf und die Koppelung von Arbeits- und Lebensgestaltung. Gesundheitliche Brisanz entsteht allerdings in Situationen, in denen gravierende Ergonomiedefizite mit eingeschränkter Zeitsouveränität sowie quantitativer und qualitativer Überlastung z. B. in Folge von mangelnder Ausstattung und Überakquisition zusammentreffen. Sich häufende Muskel-Skelett-Beschwerden werden von einigen Autoren im Zusammenhang mit intensiver PC-Nutzung vor allem auf die Kombination von ergonomischen Defiziten und Distress zurückgeführt.

Durch den aus wirtschaftlichen Gründen unabdingbar notwendigen Einsatz der modernen Telekommunikationsmedien gerät der Freelancer in erhebliche Verfügbarkeitszwänge. Die Entkleidung der Kommunikation von bürokratischen und sozialen Puffern stellt ihn unter erhebliche Anforderungen permanenter Selektionsleistungen mit der Konsequenz einer möglichen als *Technostress* (informational overload) beschriebenen chronischen Überlastung. Bei diesem hohen Anteil technisch (digital) vermittelter Kommunikation tritt die natürliche analoge (face to face) Kommunikation tendenziell in den Hintergrund. Eine sozial anregungsarme und als isoliert empfundene Arbeitssituation, ergänzt durch den Verlust sozialer Alltagskontakte, kann dann zu erheblichen Problemen führen.

Zusammenfassend deuten nach Pröll und Gude vorliegende Befunde zur Arbeits- und Gesundheitssituation nicht darauf hin, dass das Freelancing pauschal als prekäre Arbeits- und Erwerbsform einzustufen ist. Die überwiegende Anzahl der Freelancer steht bei verbreitet hohen inhaltlichen Arbeitsanforderungen, Arbeitsintensitäten und Arbeitszeitvolumina aktuell in einem mindestens normal gesunden Regulationszusammenhang. Bei den extrem belasteten dieser

Gesunden kann allerdings ein kritischer Zugriff auf deren Ressourcen vermutet werden. Eine nicht unerhebliche Teilpopulation der Neuen Selbständigen zeichnet sich durch einen problematischen Gesundheitsstatus aus, der sich plausibel auf eine Kausalkette von ökonomischem Druck, Arbeitszeitextensivierung, reduzierter Arbeitszeit-Souveränität und gestörter *work life balance* zurückführen lässt.

4.10.3.3 Prävention und Forschungsbedarf

Als Schlüsselressourcen für die erfolgreiche Bewältigung der an die Freelancer gestellten Anforderungen werden zum einen hohe berufliche und unternehmerische Kompetenzen, zum anderen gut ausgebaute und gepflegte sozial-kommunikative Netzwerke genannt, an denen sowohl Kunden und Auftraggeber, als auch weitere freie Kooperationspartner beteiligt sein sollten. Derartige Netzwerke werden auch *Virtuelle Communities* oder *Virtuelle Gemeinden* genannt. Sie bestehen aus Gruppen, Teams und Einzelnen mit gemeinsamen Interessen, Zielen und Bedürfnissen innerhalb und außerhalb von Unternehmen. Sie unterstützen ihre Mitglieder z. B. bei der Problemlösung in den jeweiligen Handlungsfeldern durch den Austausch von Fach- und Methodenwissen. Und sie können für den Einzelnen eine wichtige soziale Ressource zur Abfederung der individuellen Belastungen darstellen.

Neben den individuellen und sozialen Ressourcen wird es gezielter externer Unterstützung durch professionelle Beratungsdienstleistungen und Trainings bedürfen, um ein erfolgreiches Selbstmanagement des Freelancers mit dem Ziel zu unterstützen, seine Ziele als freiberuflich oder gewerblich Selbständiger über die Zeit und über wechselnde situative Kontexte hinweg erfolgreich verfolgen zu können.

Bei zunehmender gesellschaftlicher Bedeutung dieses Erwerbstypus wird im Rahmen gesamtgesellschaftlicher Gesundheitspolitik sicherzustellen sein, dass auch Freiberufler und neue Selbständige von präventiven Arbeitsschutzmaßnahmen und Arbeitsschutzprogrammen erfasst werden können. Im Zuge der im Bereich des Freelancing fortschreitenden Auflösung von Organisationsgrenzen und der gleichzeitig zunehmenden Verkoppelung von Erwerbsleben und privater Lebensgestaltung wird der Fokus des Arbeitsschutzes allerdings nicht mehr auf dem abgrenzbaren Raum der Erwerbstätigkeit und der Organisation gerichtet sein, sondern eher auf einer präventiven Arbeits- und Lebensgestaltung. Dies schon allein deshalb, um das Interesse und ein Handlungspotenzial im Sinne eines präventiven Arbeitsschutzes bei der betroffenen Gruppe überhaupt erst zu wecken.

Eine Integration der Neuen Selbständigen in das soziale Sicherungssystem würde diese gegen die Risiken von Alter, Erwerbsunfähigkeit und Krankheit absichern und damit an der für die Freelancer besonders gesundheitskritischen Konstellation von ökonomischem und psycho-sozialem Stress ansetzen. Da sich die sozialen Risiken und auch die Durchschnittseinkommen der Freelancer von denen vergleichbarer Angestelltentätigkeiten nicht wesentlich unterscheiden, sollte es in dieser Frage aus sozialpolitischer Sicht keine Einwände geben. Nicht zuletzt wird es zur Entlastung von Unsicherheiten und der Angst vor Fehlentscheidungen zusätzlicher staatlicher Regelungen zur Aufhebung rechtsfreier Räume vor allem im Bereich der digitalen Ökonomie bedürfen.

Es darf wohl davon ausgegangen werden, dass sich auf dem Hintergrund sozioökonomischer Entwicklungen der Trend zu neuen Arbeitsformen auf Kosten des sogenannten *Normalarbeitsverhältnisses* fortsetzen wird. Arbeitsmedizinische und arbeitswissenschaftliche Untersuchungen konzentrierten sich allerdings bisher weitgehend auf die Gruppe der abhängig Beschäftigten in eben diesen Normalarbeitsverhältnissen. Studien zur Arbeitssituation der Selbständigen in sowohl den freien als auch den neuen selbständigen Berufen liegen kaum vor. Prekäre Beschäftigungsverhältnisse und weniger leicht zugängliche Beschäftigtengruppen außerhalb der großen Milieus sind in der aktuellen arbeitswissenschaftlichen Forschung deutlich unterrepräsentiert.

Pröll und Gude weisen auf dem Hintergrund der Auswertung aktueller Forschungsarbeiten darauf hin, dass es keinen deterministischen Zusammenhang zwischen Flexibilisierung und atypischen Beschäftigungsformen sowie sozialer und gesundheitlicher Prekarität gibt. Es könne vielmehr von einem Kontinuum ausgegangen werden, dessen Pole auf der einen Seite durch relativ stabile und gesundheitlich effiziente Bewältigungskonstellationen und auf der anderen Seite durch instabil-gesundheitskritische Bedingungen gekennzeichnet seien. Ebenso lehrreich wie die noch im Vordergrund stehenden Prozesse scheiternder oder gescheiterter Bewältigung sei die Erforschung der Systemvoraussetzungen stabiler und gesundheitskonformer Bewältigung von Belastungen und Arbeitsanforderungen flexibler und selbständiger Arbeitsformen. Zukünftige Forschung sollte demnach hinreichend differenziert angelegt werden und eine salutogenetische Sichtweise mit einbeziehen.

4.10.4 Key-Message

▸ Selbständige verfügen - bei der Gefahr der Überforderung durch Arbeitszeitextensivierung, ökonomische und zukunftsbezogene Prekarität sowie Verlust des Selbstregulationsvermögens - über die Vorteile einer in ihrer Eigenständigkeit und Selbstverantwortung begründeten Autonomie in ihrer Arbeits- und Lebensgestaltung.

▸ Als moderne Form der Selbständigkeit hat sich das Freelancing zu einem eigenständigen Konzept der Erwerbsarbeit entwickelt.

▸ Dabei ist ein eindeutiger und deterministischer Zusammenhang zwischen der mit dieser Erwerbsform verbundenen Flexibilisierung und einer sozialen und gesundheitlichen Prekarität nicht anzunehmen.

LITERATURHINWEISE

D'SOUZA, R.M.; STRAZDINS, L.; LIM, L.L.; BROOM, D.H.; RODGERS, B. (2003): Work and health in a contemporary society: demands, control and insecurity. J Epidemiol Community Health. 57(11):849-854.

ELKE, G. (2001): Herausforderungen an einen präventiven Arbeitsschutz: Die neuen Selbständigen. ErgoMed, 25 (1), 8-14.

ERTEL, M.; PRÖLL, U. (2004): Arbeitssituation und Gesundheit von "neuen Selbständigen" im Dienstleistungssektor. Arbeit, Heft 1, Jg. 13, S. 3-15.

FERRIE, J.E.; SHIPLEY, M.J.; MARMOT, M.G.; STANSFELD, S.A.; SMITH, G.D. (1998): An uncertain future: the health effects of threats to employment security in white-collar men and women. American Journal of Public Health. 88 (7): 1030-1036.

GENDERMONITOR EXISTENZGRÜNDUNG 2004 (2005): Existenzgründungen im Kontext der Arbeits- und Lebensverhältnisse in Deutschland. Hrsg. v. Statistischen Bundesamt.

PRÖLL, U.; GUDE, D. (2003): Gesundheitliche Auswirkungen flexibler Arbeitsformen. Schriftenreihe der Bundesanstalt f. Arbeitsschutz u. Arbeitsmedizin. Wirtschaftsverlag NW. Bremerhaven.

4.11 Arbeitslosigkeit
Andrea Egger

4.11.1 Einleitung
Das Problem der *Arbeitslosigkeit* ist in den letzten Jahren aufgrund immer weiter steigender Arbeitslosenzahlen in den Mittelpunkt wirtschaftlicher und gesellschaftspolitischer Überlegungen gerückt. Nicht nur in Deutschland oder Österreich, sondern in ganz Europa ist Arbeitslosigkeit zu einem wichtigen gesellschaftspolitischen Problem geworden. Die Quoten liegen in Europa zwischen 10 und 15 %. Millionen von Menschen sind somit arbeitslos. Langzeitarbeitslosigkeit wird immer häufiger und betrifft mittlerweile alle Berufssparten. Die Erforschung möglicher gesundheitlicher Folgen von Arbeitslosigkeit ist daher als wichtiger denn je zu bewerten. Vor dem Hintergrund dieser wirtschaftlichen und gesellschaftlichen Problematik stellt sich nun die Frage, welchen Beitrag die verschiedenen Fachdisziplinen leisten können, um die Situation zu entschärfen und zu verbessern.
Erst wenn klar ist, welche Faktoren der Arbeitslosigkeit wofür bedeutsam sind und welche Gruppe von Menschen auf welche *Ressourcen* zurückgreifen kann, kann an Interventionsmaßnahmen gearbeitet werden, die eine raschere Reintegration in den Arbeitsmarkt ermöglichen und negative Auswirkungen minimieren. Durch diese Vorgehensweise können zwar keine neuen Jobs geschaffen und auch der stetig zunehmende Stellenabbau nicht verhindert werden, jedoch kann versucht werden, die psychischen und physischen Ressourcen der Betroffenen zu stärken bzw. Ressourcen gezielt zu aktivieren. Beispielhaft könnte es so gelingen, den Selbstwert und die Motivation dieser Menschen im Hinblick auf einen Wiedereinstieg in den ursprünglichen Beruf oder im Rahmen einer reellen Alternative zu verbessern.

Welche somatischen und psychischen Auswirkungen hat nun Arbeitslosigkeit und wie lässt sich gesundheitsförderndes Verhalten verbessern? Wie wirkt sich Arbeitslosigkeit auf körperliche und psychische Parameter aus?

4.11.2 Erkenntnisse zu den Auswirkungen von Arbeitslosigkeit
Die Arbeitslosenforschung unterscheidet zwischen zwei grundlegenden Aufgaben:
- Publikation der Erkenntnisse über jene Wirkmechanismen, die die schädigenden Folgen von Arbeitslosigkeit ausmachen. Basierend auf diesem Wissen können bestimmte Handlungs- und Tätigkeitsmöglichkeiten zur Kompensation entwickelt werden.

- Evaluation dieser Maßnahmen, um die tatsächliche Effizienz der Strategien zu prüfen.

Die *Arbeitslosenforschung* hat eine große Anzahl unterschiedlicher Ergebnisse präsentiert. Bei genauerer Betrachtung der verschiedenen psychischen, sozialen, gesundheitlichen oder Verhaltensaspekte gibt es wohl kaum ein Symptom, welches nicht mit der kritischen Lebenssituation Arbeitslosigkeit assoziiert werden kann. So verändert Arbeitslosigkeit nicht nur die finanziellen Möglichkeiten der Betroffenen, sondern greift in alle Lebensbereiche wie z. B. Ernährung, Sozial- und Partnerschaftsverhalten ein. Sie kann als Schock erlebt werden, der einerseits depressiv andererseits auch stimulierend wirken kann. Darüber hinaus kann es auch zu einem deutlichen Leistungsabfall der Betroffenen kommen. Die bisherige Forschung zeigt, dass es zwar deutliche Zusammenhänge zwischen Arbeitslosigkeit und physischen bzw. psychischen *Gesundheitsrisiken* gibt, es jedoch keine Untersuchungen zum zeitlichen Verlauf gibt.

4.11.3 Die Moderatoren

Die Konzeption von Arbeitslosigkeit als komplexer, dynamischer, multifaktorieller Prozess bildet den empirischen Tatbestand ab, dass die Betroffenen auf diese Situation nicht einheitlich reagieren. Wie sich die Verkettung und Interaktion multipler sozialer *Stressoren* auswirkt und gestaltet, hängt im Wesentlichen ab von:
- der individuellen Ausgangssituation,
- spezifischen Kontextbedingungen und
- interindividuell unterschiedlichem Bewältigungsverhalten.

Aus der wechselseitigen Beeinflussung dieser Bedingungen resultieren die interindividuell unterschiedlichen Belastungsprofile. Im Folgenden werden jene Einflussfaktoren (Stressmoderatoren) zusammengefasst, die es bezüglich der Arbeitslosigkeit zu berücksichtigen gilt:

Das Alter

Die demographischen Variablen wirken nur selten für sich alleine, sondern stellen eher einen Marker für bestimmte Lebenssituationen dar, die erst die eigentlichen Wirkfaktoren beinhalten. Nach empirischen Befunden zeigt sich die höchste psychische Belastung durch Arbeitslosigkeit bei Betroffenen, die 35 bis 44 Jahre alt sind. Bei 45 bis 54 Jährigen ist diese weniger stark ausgeprägt. Eine mögliche Erklärung liegt darin, dass sich ältere Personen bereits in Richtung Pensionierung hin orientieren. Im Gegensatz dazu sind Menschen im mittleren Lebensalter durch eine ausgeprägte Berufs- und Arbeitsorientierung charakterisiert. Männer dieses Alters zeigen die intensivste Bindung an Arbeit und Arbeitsplatz. Auch der soziale Status der Familie definiert sich in dieser Phase über den Lebensstandard und damit über Beruf und Einkommen. Darüber hinaus ist in diesem Lebensabschnitt die Verantwortung für die Familie am größten.

Das Geschlecht

Männern und alleinerziehende, allein verdienende Frauen reagieren auf Arbeitslosigkeit ähnlich. Das Geschlecht ist in Zusammenhang mit bestimmten Rollenerwartungen als Moderatorvariable bedeutsam. Die Rolle der Hausfrau und die Rolle des Ernährers für den Mann stellen traditionelle Rollenbilder dar, die nach wie vor soziale und psychologische Wirkung haben können. Die Hausarbeit bietet Frauen für die Zeit der Arbeitslosigkeit eine sozial akzeptierte Alternativrolle, während Männer diese Möglichkeit nicht haben. Frauen, für die die Arbeitslosigkeit eine Rückkehr in die Rolle von Hausfrau und Mutter bedeutet, fühlen sich oft als nicht arbeitslos und zeigen daher weniger negative Folgeerscheinungen im psychosozialen Bereich, zumal die soziale Statusordnung immer noch weitgehend über die berufliche Stellung des Mannes erfolgt. Die persönliche Vulnerabilität aufgrund belastender Lebensumstände sowie die Übergänge zwischen den verschiedenen sozialen Rollen haben hier ebenfalls einen wichtigen Einfluss.

Der berufliche und soziale Status
Obwohl Arbeiter/-innen über größere finanzielle Probleme infolge von Arbeitslosigkeit im Vergleich zu Angestellten, AkademikerInnen und ManagerInnen berichten, korrespondiert diese Situation nicht unmittelbar mit dem Ausmaß der psychosozialen Belastung. Hinsichtlich des Einflusses der sozialen Schicht gibt es widersprüchliche Ergebnisse. In einigen Untersuchungen waren die Angehörigen der Ober- und Mittelschicht am meisten belastet; in anderen hat man stärkere Belastungen der Unterschichtangehörigen ermittelt.

Die finanzielle Situation
Die finanzielle Situation als solche übt nur einen geringen Einfluss auf das Wohlbefinden aus. Erst im Zusammenwirken mehrerer Moderatoren wird sie zu einer relevanten Größe. Die finanziellen Schwierigkeiten führen vor allem dann zu einer Belastung, wenn die Betroffenen wenig berufsorientiert sind und wenn durch die finanzielle Einschränkung die gewohnte Lebensweise geändert werden muss. Entsprechend zeigt sich in Experimenten zur Einkommensgarantie, dass durch ein garantiertes, unverändertes Einkommen die negativen Folgen der Arbeitslosigkeit nicht kompensiert werden können.

Die Dauer der Arbeitslosigkeit
Plausibel erscheint die Annahme, dass mit zunehmender Dauer der Arbeitslosigkeit auch die negativen Folgen zunehmen. Jedoch ist gerade in diesem Zusammenhang darauf zu verweisen, dass für Personen, für die die Arbeitslosigkeit keine bedeutenden Rollen- bzw. Lebensstiländerungen bedeutet, wie z. B. für Menschen nahe dem Pensionsalter, kein Zusammenhang zwischen der Dauer der Arbeitslosigkeit und dem Ausmaß psychosozialer Belastungen besteht. Die Dauer der Arbeitslosigkeit lässt die Chancen für eine Reintegration ins Berufsleben sinken. Damit einhergehend lässt sich bei den Betroffenen eine Abnahme längerfristiger Berufsorientierung und die zunehmende Bereitschaft beobachten, für einen Arbeitsplatz auch schlechtere Bedingungen und berufliche Degradierung zu akzeptieren. Die Dauer der Arbeitslosigkeit und die daraus resultierende Belastung stehen darüber hinaus in keinem linearen Zusammenhang. Es wird ein Verlauf angenommen, in dem es in den ersten sechs Monaten zu starken Veränderungen kommt und sich dann eine Art Stabilisierung auf einem erhöhten Beeinträchtigungsniveau einstellt. Die Verschlechterung des subjektiv erlebten Gesundheitszustandes nach dem Beginn der Arbeitslosigkeit wird als eine sinusförmige Kurve mit der Maximalbelastung im dritten Jahr beschrieben.

Die arbeits- und tätigkeitsbezogene Orientierung
Es besteht weitgehende Übereinstimmung, dass Betroffene, die eine ausgeprägte *Arbeitsorientierung* haben, Arbeitslosigkeit als belastender erleben. Diese Tendenz wird sich auf den Erfolg der Bewältigung der Situation auswirken: Wenn die Arbeitsorientierung nicht nur auf eine bestimmte

Tätigkeit fokussiert ist, sondern eine allgemeine Prädisposition darstellt, aktiv zu sein, kann der/die Betroffene die Kraft aufbringen, ein neues Aufgabengebiet zu finden. Wenn aber die Arbeitsorientierung spezifisch auf die verlorene Arbeit fokussiert ist, und es unwahrscheinlich scheint, eine neue, ähnliche Arbeit zu finden, führt dies zu negativen Folgen.

Kognitive Stile
Die *Attributionsforschung* (Ursachenforschung) hat gezeigt, dass Reaktionen auf Ereignisse durch die Art der Ursachenzuschreibung beeinflusst werden. Es wird dabei deutlich, dass Kausalattributionen von negativen Ereignissen eher internal und stabil passieren und deshalb psychisch belastend wirken, während externale, variable Attributionen entlastend sind. Der Einwand jedoch gilt, dass die eigene Arbeitslosigkeit sowohl intern als auch extern attribuiert werden kann: Jemand sieht seine Arbeitslosigkeit in der schlechten Arbeitsmarktlage oder in seinen eigenen mangelnden Qualifikationen erklärt. Daher sollte an dieser Stelle immer auch kontextbezogen interpretiert werden. Der Attributionsstil scheint auch Auswirkungen auf die Bewältigung der Situation zu haben: Personen mit einer hohen Kontrollerwartung, die ihre Situation und die Arbeitsmarktlage realistisch einschätzen und davon ausgehen, dass eine Veränderung der Situation nur durch eigenes Handeln erreicht werden kann, zeigen weniger psychische und physische Beeinträchtigungen und ein stärkeres Engagement bei der Suche nach einem neuen Arbeitsplatz. Aber auch in diesem Fall sollten Kontextbedingungen berücksichtigt werden. Es konnte gezeigt werden, dass Personen mit hoher persönlicher Kontrollerwartung nach dem Arbeitsplatzverlust weniger depressiv waren. Werden die Kontrollerwartungen allerdings enttäuscht, dann leiden diese Personen mehr unter ihrer Situation, als jene mit einer von vornherein niedrigen Kontrollerwartung. Eine wichtige Rolle spielt auch die erlebte Sicherheit: Je größer die wahrgenommene Sicherheit ist, desto geringer sind psychische und physische Beschwerden.

Die Aktivität
In einer Reihe von Untersuchungen erwies sich Aktivität als bester Prädiktor für psychisches Wohlbefinden. Je eher Personen angaben, inaktiv zu sein (Herumsitzen, Fernsehen, Schlafen untertags, etc.), desto geringer war ihr psychisches Wohlbefinden. Jede Form von sinnvoller Aktivität (z. B.: Besuch von Seminaren, Nachbarschaftshilfe, etc.) scheint ein Schutz gegen die negativen Folgen von Arbeitslosigkeit zu sein. Es geht hierbei aber nicht um Beschäftigung per se, sondern vielmehr um die individuelle Bewertung der Tätigkeit und die Bedeutung dieser für die persönliche Lebensperspektive. Die Aktivität muss also als sinnvoll erlebt werden.

Die sozialen Rahmenbedingungen
Es herrscht Konsens darüber, dass *soziale Unterstützung* (instrumental, informativ und emotional) die Belastung vermindert. Die Familie ist aber nicht immer in der Lage, die notwendige Unterstützung zu geben. Auch wenn sich die Familienmitglieder zu Beginn der Arbeitslosigkeit oft solidarisch verhalten, werden bereits vorher vorhandene familiäre Probleme aktualisiert und verstärkt. Nur Beziehungen, die auch vor Beginn der Arbeitslosigkeit als gut funktionierend einzustufen waren, können in der Krise Unterstützung geben. Darüber hinaus spielt auch die Fähigkeit eine Rolle, mit kon-

fliktbehafteten Rollenerwartungen umzugehen und diese anforderungs- und situationsspezifisch anzupassen. Es gibt aber auch Forschungsergebnisse, die bezüglich der sozialen Unterstützung als widersprüchlich gelten: So kann Hilfsbedürftigkeit auch als kränkend erlebt werden.

- Die Wahrnehmung der Arbeitslosigkeit in der Gesellschaft unter Berücksichtigung der lokalen, regionalen oder nationalen Arbeitslosenraten. Folgende Mechanismen besitzen einen Einfluss auf das Bild von Arbeitslosigkeit in der Gesellschaft:
- Medikalisierung oder Psychologisierung: Arbeitslosigkeit wird zu einem Behandlungsproblem.
- Privatisierung: Arbeitslosigkeit wird als Schuld der Betroffenen bewertet.
- Selbsterfüllende Prophezeiung: Arbeitslosigkeit wird als Problem gesehen, somit wird davon ausgegangen, dass alle Betroffenen auch wirklich Probleme erwarten.
- Normalisierung: Arbeitslosigkeit wird als unvermeidlich und vom Schicksal bestimmt bewertet und semantisch in Arbeitsfreiheit umgewandelt.
- Unrealistische Hoffnungen: der Versuch, das Problem der Arbeitslosigkeit zu lösen, stößt auf unrealistische Erwartungen und somit auf die Gefahr, enttäuscht zu werden (z. B. unrealistische Gehaltsvorstellungen, gewollte Rückkehr in den ursprünglichen Beruf ohne Alternativen in Erwägung zu ziehen, etc.).

Eine Reihe von Untersuchungen bestätigen diese Mechanismen, jedoch muss hierbei von einer differentiellen Sichtweise ausgegangen werden. So zeigen Arbeitslose in Gebieten mit hohen Arbeitslosenzahlen weniger psychische Belastungen als solche in Gegenden mit niedrigen Raten. Die Selbststigmatisierung funktioniert bei vielen Arbeitslosen sehr gut. Persönliche Schuldzuweisungen führen oftmals zu Selbstvorwürfen. Das öffentliche Bild wird übernommen und verinnerlicht. Der Arbeitsplatzverlust bedeutet eine persönliche Kränkung und wird häufig als Ungerechtigkeit bewertet. Weiter spielen die folgenden Parameter eine wichtige Rolle:

- Die erwünschten und/oder erzielbaren Alternativen zur früheren Beschäftigung und zur Arbeitslosigkeit.
- Die Anzahl der Versuche zur Reintegration in den Arbeitsmarkt.
- Die persönliche Vulnerabilität aufgrund belastender Lebensumstände und aufgrund des Übergangs zwischen den sozialen Rollen (Beschäftigte und Arbeitslose).

Aus dieser Auflistung wird deutlich, wie komplex sich diese Problematik darstellt. Dennoch konnten unter Berücksichtigung dieser Einflussgrößen und ihrer Interaktion keine Personengruppe identifiziert werden, die durch Arbeitslosigkeit als psychisch nicht belastet einzustufen war.

Es wurde auch verdeutlicht, dass Arbeitslosigkeit trotz unzureichender, kontroversieller Forschungsergebnisse für Betroffene eine belastende Lebenssituation darstellt, die zwar in Abhängigkeit von persönlichen und sozialen Ressourcen, je nach Einstellungen und individuellen Werten, Handlungs- und Bewältigungsstil und sozialem Kontext sehr unterschiedlich bewältigt werden kann, letztlich aber nicht ohne psychische Folgen für die Person und ihre Umgebung bleibt.

4.11.4 Zwei Modellskizzen der psychologischen Arbeitslosenforschung

Die psychologische Erforschung von Arbeitslosigkeit kann zwei Modellskizzen, die sich wie folgt beschreiben lassen, zugeordnet werden.

4.11.4.1 Modellskizze 1

Ein Erklärungsansatz geht davon aus, dass veränderte Lebensbedingungen, wie wirtschaftliche Deprivation, soziale Rollenveränderungen und Stigmatisierung zu täglichen Herausforderungen führen und in dieser Form negative Auswirkungen auf die psychische und physische Befindlichkeit haben.

Die Deprivationserklärung

Der Arbeitsplatzverlust geht zumeist mit einer eingeschränkten Bedürfnisrealisierung einher, die sich in erster Linie durch die finanziellen Belastungen der Betroffenen ergibt. Dabei geht es sowohl um Grundbedürfnisse wie Wohnen, Kleidung und Ernährung, als auch um den gewohnten Lebensstandard, der meist nicht aufrechterhalten werden kann. Darüber hinaus wird die Teilnahme am sozialen Leben und an Freizeitaktivitäten eingeschränkt. Das Fehlen eines regulären Einkommens verhindert längerfristiges Planen. Zukunftsperspektiven und Hoffnung gehen verloren. Es konnte gezeigt werden, dass die Einschätzung der eigenen finanziellen Situation ein Prädiktor psychischer Symptome ist.

Die Funktionen der Arbeit

Da die verschiedenen Tätigkeiten unterschiedliche psychosoziale Funktionen haben, gehen mit dem Arbeitsplatzverlust auch diese Funktionen verloren. Allerdings fällt die Bewertung dieser Funktionen individuell verschieden aus. Arbeitslosigkeit kann daher auch aus dieser Sicht auf verschiedene Personen unterschiedliche Auswirkungen haben.
Diese Funktionen sind:
- Erwerbseinkommen als Grundlage finanzieller Absicherung
- Aktivität und Kompetenz: Durch Aktivität wird die Entwicklung von Qualifikationen gefördert. In der Bewältigung von Arbeitsaufgaben erwerben wir Fähigkeiten, Fertigkeiten und auch das Wissen um die eigenen Kenntnisse. Dies sind wiederum wichtige Komponenten für die Handlungsmotivation. Als mögliche Konsequenz des Arbeitsplatzverlustes sind die Hemmung des Aktivitätsbedürfnisses und damit ein Passivitätszustand zu befürchten.
- Zeitstrukturierung: Arbeit strukturiert die gesamte Lebensplanung. Auch Freizeit und Urlaub stehen in direktem Zusammenhang mit Arbeit. Sie bietet eine Orientierungshilfe.
- Kooperation und Kontakt: Die meisten beruflichen Anforderungen können nur im Team bewerkstelligt werden. Diese Zusammenarbeit erfordert kooperative Fähigkeiten und schafft die Möglichkeit, diese weiterzuentwickeln. Die soziale Kompetenz wird gefördert und ein soziales Netz kann aufgebaut werden.
- Soziale Anerkennung: Die eigenen Leistung und die Kooperation mit Kollegen oder Vorgesetzten schafft ein Gefühl der Anerkennung.
- Persönliche Identität: Arbeit hat sinngebende Funktion. Man definiert sich über seine Arbeit. Sie ist die Grundlage für die Identitätsentwicklung und für das Selbstwertgefühl.

Der Verlust dieser Funktionen zieht eine Verunsicherung der Lebensperspektive nach sich. Nicht nur die Richtigkeit des eigenen Handelns wird bezweifelt, sondern die Sinnhaftigkeit aller Bemühungen wird in Frage gestellt. Es müssen also auch die Charakteristika der verlorenen Arbeit betrachtet werden, um zu erkennen, welche psychosozialen Funktionen als Folge des Arbeitsplatzverlustes in Mitleidenschaft gezogen werden.

Die rollentheoretische Erklärung

Diese sieht die Folgen von Arbeitslosigkeit in der Belastung begründet, die durch die unfreiwillige Aufgabe der Rolle des Arbeitenden und die erzwungene Übernahme der Arbeitslosenrolle entsteht. Die neue Rolle ist mit ungewohnten und unangenehmen Tätigkeiten verbunden, die Erfahrungen der Abhängigkeit, Handlungsohnmacht und sozialer wie auch persönlicher Erniedrigung mit sich bringen. Es kommt auch zur Veränderung weiterer wichtiger Rollen, wie z. B. der Elternrolle, der Rolle des Ehepartners oder der Rolle als Mitglied verschiedener sozialer Gruppen. Auch die Verfügbarkeit einer Alternativrolle ist entscheidend. Es konnte gezeigt werden, dass Arbeitslose nach ihrer Pensionierung (also als Rentner) weniger Depressivitätssymptome zeigten, als Menschen, die weiterhin arbeitslos blieben. Dies könnte als soziale Entlastung durch diese Alternativrolle gesehen werden. Ähnliches gilt auch für die Hausfrauenrolle.

Die Stigmatisierungserklärung

Sie stellt häufige Erfahrungen der Zweitklassigkeit, der sozialen Abwertung in den Blickpunkt der Betrachtung. Wer länger arbeitslos ist, gilt als faul oder leistungsgemindert. Diese Bewertungen setzten den Selbstwert des Betroffenen empfindlich herab.

4.11.4.2 Modellskizze 2

Die zweite Modellvorstellung fasst Arbeitslosigkeit als belastendes Lebensereignis auf, durch welches die persönliche Integrität bedroht wird. Es kommt dadurch zu einer Beleidigung des Selbstwerts, wobei auch der zeitliche Verlauf berücksichtigt wird.

Die stresstheoretische Erklärung

Diese orientiert sich am kognitiven Modell von Lazarus. Der Arbeitsplatzverlust löst Stress aus. Dieser verursacht Verhaltensauffälligkeiten sowie physische und psychische Beschwerden. Dabei stellen Unterschiede im Bewältigungsverhalten Moderatorvariablen der Stresswirkung dar. Bezüglich des auftretenden gesundheitsschädigenden Verhaltens weisen Studien darauf hin, dass ein gesteigerter Alkohol- und Medikamentenkonsum aufgrund eingeschränkter finanzieller Möglichkeiten eher nicht auftritt, vielmehr reduziert wird bzw. unverändert bleibt. Als gesichert gilt aber, dass bereits bestehende Alkoholprobleme durch Arbeitslosigkeit noch verstärkt werden. Diese Verhaltensauffälligkeiten zeigen natürlich auch Auswirkungen auf die Rollenverteilung innerhalb des Familienverbandes, auf die Schulleistungen und die Befindlichkeit der Kinder. Wachsende familiäre Spannungen sind die Folge. Es darf dabei aber auch nicht auf die stützende Funktion der Familie vergessen werden. Untersuchungen zeigen, dass Konflikte innerhalb der Familie durch Arbeitslosigkeit zwar verstärkt, aber nicht verursacht werden. Häufig ist die Qualität der Beziehung bereits vor der Arbeitslosigkeit schlecht. Ein Zusammenbruch der Familienstruktur wird in nur wenigen Fällen berichtet.

Die Erklärung der erlernten Hilflosigkeit

Arbeitslosigkeit löst Kontrollverlust und Gefühle der Handlungsohnmacht aus. Depressionen sind nicht selten die Folge. Als wichtige Moderatorvariablen gelten dabei die unterschiedlichen Attributionsstile bei der Erklärung der Ursachen der eigenen Arbeitslosigkeit. Dazu liegt eine Reihe von Meta-Analysen vor. Die Ergebnisse zeigen, dass psychosoziale Symptome wie Gefühle der

Nutzlosigkeit, Angst, Depression, Schuldgefühle, den Verlust des Selbstwertgefühls und das Fehlen von Struktur und Zukunftsperspektiven mit Arbeitslosigkeit in Verbindung stehen. Auch lässt sich eine eindeutige Kausalität feststellen. Das Befinden verschlechtert sich nach Verlust der Arbeit und verbessert sich bei denjenigen, die wieder eine Arbeit finden konnten. Die mittlere Altersgruppe wies die höchsten Belastungswerte auf. Dies lässt sich darauf zurückführen, dass das Hauptaugenmerk dieser Altersgruppe auf der Sicherung des eigenen Lebensunterhalts und des der Familie liegt. Ältere Arbeitslose sind überproportional von Langzeitarbeitslosigkeit betroffen. Sie haben geringere Chancen, wieder in den Arbeitsprozess integriert zu werden und leiden häufig an psychischen Beschwerden. Im Sinne des Selektionseffekts sind Personen mit gesundheitlichen Problemen dem Risiko der Arbeitslosigkeit eher ausgesetzt. Auch die Selbstmordrate ist bei arbeitslosen Personen höher als bei Beschäftigen. Gleichzeitig fanden sich aber in den Biographien der Arbeitslosen häufiger instabile Familien- und Berufsverhältnisse, mehr krankheitsbedingte Absenzen, mehr psychiatrische Erkrankungen und mehr Berufe mit einem erhöhten Krankheitsrisiko.

Arbeitslosigkeit als kritisches Lebensereignis
Dieser Ansatz sieht Arbeitslosigkeit als kritisches Lebensereignis *(life-event)* und beschäftigt sich mit der Funktion sozialer Unterstützungssysteme als wichtige Einflussbedingungen auf die psychischen und physischen Folgen der Arbeitslosigkeit. In diesem Zusammenhang dürfen Selektionseffekte nicht außer acht gelassen werden. Gesundheitlich belastende Arbeitsplätze erhöhen das Risiko gesundheitlicher Einschränkungen. Diese machen einen Arbeitsplatzverlust wahrscheinlicher. Bereits gesundheitlich vorbelastete Arbeitslose sind anfälliger für Stress, der durch Arbeitslosigkeit entsteht. Andere, alltägliche Belastungen können dadurch schlechter bewältigt werden.

Arbeitslosigkeit als dynamischer Prozess
Arbeitslosigkeit kann nicht als etwas Statisches gesehen werden. Sie ist ein dynamisches Phänomen, welches zumeist schon vor ihrem Beginn einsetzt und in Abhängigkeit von der Zeit und den bereits genannten Moderatorvariablen unterschiedlich verläuft. Seit den Arbeitslosenstudien von Marienthal existiert ein Phasenmodell bestehend aus vier Phasen: Schock, Optimismus, Pessimismus, Fatalismus. Eine Bestätigung der Existenz dieser vier Phasen steht noch aus. Was jedoch als gesichert gilt, ist die Tatsache, dass der Prozess mit der Arbeitsplatzgefährdung beginnt. Objektive Gefährdung und subjektive Wahrnehmung stimmen dabei nicht immer überein. Bei den meisten Beschäftigen entwickelt sich daraus eine Antizipation eines persönlichen Verlustes. Wird diese durch unklare und widersprüchliche Aussagen zur beruflichen Perspektive sowie durch mangelnde Möglichkeit zur Einflussnahme verstärkt, so können daraus eine Zunahme von Befindlichkeitsstörungen und eine Beeinträchtigung der seelischen Gesundheit resultieren. So konnte gezeigt werden, dass bei Arbeitern Ängstlichkeit und psychosomatische Beschwerden nach der Konkursanmeldung ihres Betriebes anstiegen. Die individuellen Kontrollmöglichkeiten, die Dauer der Anstellung, alternative Beschäftigungsmöglichkeiten und soziale Unterstützung hatten einen moderierenden Effekt auf die physische und psychische Gesundheit. Diese Entwicklung setzt sich in der Schockphase, unmittelbar nach Arbeits-

platzverlust, fort. Genannt werden depressive Verstimmungen, Schlafstörungen und Veränderungen der Herz-Kreislauf-Funktionen. Die Situation wird als existenzbedrohend erlebt, was mit einem Verlust des Selbstwertgefühls einhergeht. Dies ruft weitere psychische Symptome hervor, welche die interpersonellen Beziehungen belasten und insbesondere im familiären Bereich konfliktträchtig sind. Erhöhte Reizbarkeit, Affektlabilität, Misstrauen, Verzweiflung, Gefühle der Hilflosigkeit sowie das Auftreten pathologisch bedeutsamer neurovegetativer und psychosomatischer Symptome treten auf. Diesen Ausführungen entgegengesetzt konnte bei der Erstuntersuchung Betroffener direkt nach Arbeitsplatzverlust festgestellt werden, dass die Hoffnung, wieder einen Arbeitsplatz zu finden, vorherrschend war und damit verbunden Depressivitätssymptome weniger auftraten. Zum Zeitpunkt der zweiten Untersuchung derselben Probanden musste jedoch festgestellt werden, dass diejenigen, die ursprünglich hoffnungsvoll waren, aber trotzdem keinen neuen Arbeitsplatz finden konnten, deutlich erhöhte Depressivitätssymptome zeigten. Die zuerst positiven Effekte wurden von negativen abgelöst. Unrealistischer Optimismus und lähmender Pessimismus können also recht nah beieinanderliegen.

4.11.5 Die psychischen Auswirkungen von Arbeitslosigkeit

Der Beginn der psychologischen Erforschung der Auswirkungen von Arbeitslosigkeit ist auf die Zeit der Weltwirtschaftskrise Anfang des 20. Jahrhunderts zu datieren. Mit ihrer berühmten Studie: „Die Arbeitslosen von Marienthal" konnten Jahoda, Lazarsfeld und Zeisel am Beispiel eines Dorfes anschaulich zeigen, wie Arbeitslosigkeit auf das Leben der Betroffenen Einfluss nimmt und mit welchen Belastungen sie einhergeht. Das Leben dieser Menschen war vor allem durch finanzielle Nöte geprägt, von dem heutige Betroffene sicher weit entfernt sind. Dennoch ist die ökonomisch schlechte Situation auch heute für die Betroffenen selbst, aber auch für ihre Familien als belastend zu sehen.

Hierbei ist nicht nur die Befriedigung von Grundbedürfnissen wie Ernährung, Wohnen oder Kleidung eingeschränkt, sondern auch die Möglichkeit am sozialen Leben aktiv teilzunehmen. Dies führt in vielen Fällen zu sozialer Isolation. Der Verlust eines geregelten Einkommens macht eine längerfristige Planung unmöglich und schränkt die Zukunftsperspektiven hochgradig ein. Es liegt auf der Hand, dass somit die Einschätzung der eigenen finanziellen Situation einen guten Prädiktor für psychische Symptome darstellt. Zu den Folgen von Arbeitslosigkeit liegt eine Reihe von Meta-Analysen vor. Die Ergebnisse verdeutlichen, dass psychosoziale Symptome, wie Gefühle der Nutzlosigkeit, ein Fehlen von Tages- bzw. Zeitstrukturen, Angst, Hilflosigkeit und Störungen des Selbstwerts nicht nur mit Arbeitslosigkeit korrelieren, sondern sich auch kausal als Folge von lang andauernder Arbeitslosigkeit interpretieren lassen. Die psychische Befindlichkeit verschlechtert sich nach dem Arbeitsplatzverlust und verbessert sich bei denjenigen, die wieder eine neue Arbeit finden. Im Sinne der *Selektionseffekte* zeigte sich auch, dass Personen mit psychischen Problemen ein höheres Risiko haben, arbeitslos zu werden. Allerdings sind die Folgen von Arbeitslosigkeit als stärker zu bewerten. Daraus könnte geschlossen werden, dass Optimismus die negativen Folgen von Arbeitslosigkeit mildert. Im Zuge einer weiteren Untersuchung zeigte sich jedoch ein zusätzlicher Effekt: diejenigen, die hoffnungsvoll waren, dennoch aber keine neue Stelle fanden, wiesen deutlich erhöhte Depressivitätswerte auf. Optimismus kann also leicht in Hoffnungslosigkeit umschlagen, und so die negativen Folgen noch verstärken. Auch soziale Isolation, *Stigmatisierung* und familiäre Spannungen sind zu beobachten. Hierbei darf jedoch die stabilisierende Funktion der Familie nicht außer Acht gelassen werden.

Eine Maßnahme gegen die negativen Folgen von Arbeitslosigkeit war die kurzzeitige Wiedereinstellung in einen Beruf, der in kein festes Anstellungsverhältnis mündete. Diese Strategie wurde geprüft und man fand, dass Lehrer, die nach einer kurzfristigen Anstellung wieder arbeitslos wurden, besonders hohe psychosoziale Belastungen aufwiesen. Erst ein mittelfristig angelegtes Konzept mit einer Verknüpfung von Bildungs- und Beschäftigungsmaßnahmen kann ein stabilisierender Ansatzpunkt für eine berufsbezogene Orientierung sein. In diesem Zusammenhang sei jedoch darauf verwiesen, dass das heute so hoch bewertete und gelobte Konzept der Flexibilität mit Vorsicht zu beurteilen ist. Flexibilität, welche Unsicherheit nach sich ziehen kann, würde diese Strategie zu einer Belastung werden lassen.

Qualifikationen durch Schulungen und Seminare zu verbessern, kann ebenfalls eine effektive Strategie darstellen. Eine Qualifikationsverbesserung kann die Erwartungen hinsichtlich einer Wiederbeschäftigungschance erhöhen. Realisieren sich jedoch die Erwartungen nicht, führen diese ihrerseits zu psychischer Belastung und Selbstwertproblemen. Ausgehend von diesen Überlegungen ergibt sich für die wissenschaftliche Forschung die Notwendigkeit, Erklärungsmöglichkeiten für die Folgen von Arbeitslosigkeit zu finden.

4.11.6 Die physischen Auswirkungen von Arbeitslosigkeit

Die Forschungsergebnisse zur physischen Befindlichkeit sind nicht eindeutig. In verschiedenen Untersuchungen konnte ein 20 – 30 % erhöhtes Sterberisiko bei Arbeitslosen gefunden werden. Dieses Risiko muss jedoch nicht auf die Arbeitslosigkeit per se zurückzuführen sein, da auch Todesursachen wie Selbstmord und Unfälle in dieser Statistik enthalten sind. Fest steht, dass Arbeitslosigkeit mit einem individuell erhöhten Risiko für gesundheitliche/körperliche Belastungen einhergeht.

Die Tatsache, dass kein einheitliches Reaktionsmuster feststellbar ist, macht die Erforschung und Interpretation der Ergebnisse schwierig. Auch die davon abzuleitenden Interventionen gestalten sich daher nicht unproblematisch. Einen möglichen Typ des Arbeitslosen bildet der männliche Arbeitslose im mittleren Alter, der verheiratet und Alleinverdiener ist. Er hat zwei Kinder, eine hohe Arbeitsorientierung und bislang einen guten und stabilen Arbeitsplatz inne. Nach dem Arbeitsplatzverlust durchlebt er die in der Marienthalstudie postulierten Phasen der Arbeitslosigkeit „vom Schock zum Fatalismus". Er repräsentiert ungefähr ein Fünftel aller Arbeitslosen. Der große Rest setzt sich aus den unterschiedlichsten Typen zusammen: Ältere Personen, die vor ihrer Pensionierung stehen, junge unverheiratete Betroffene, alleinstehende Mütter, etc. Sie alle haben diverse Biographien, Erwartungen, Wertvorstellungen und Ziele. Vor allem aber bestehen verschiedene Bewertungen von Arbeitslosigkeit, und daher auch die unterschiedlichsten körperlichen und psychischen Belastungsreaktionen.

Die Entscheidungsträger sind angehalten, die oben beschriebenen Erkenntnisse anzuwenden, damit Maßnahmen gegen die negativen Folgen von Arbeitslosigkeit entwickelt werden können. Gleichzeitig werden in der Forschung theoretische Konzepte wie der Attributionsstil (Ursachenzuschreibung) und die Kontrollerwartung, Selbstwertproblematik, Stress, Hilflosigkeit oder die Arbeitsorientierung weiter untersucht und zu modifizieren bzw. zu adaptieren versucht.

Betrachtet man diese Ausführungen aus psychologischer Sicht, so konzentriert sich die Psychologie auf die Betrachtung motivational-kognitiver Folgeschäden langfristiger Arbeitslosigkeit, Stützung und Stabilisierung der Persönlichkeit, Bewältigung der Situation und Herstellung tragfähiger, interpersonaler Beziehungen. Im Mittelpunkt steht dabei die Verbesserung der Selbststeuerung auf kognitiver, emotionaler, motivationaler und sozialer Ebene mit dem Ziel, die psychische Gesundheit zu verbessern. So wird langfristig gesehen eine Wiedereingliederung in den Arbeitsprozess angestrebt.

Dies sind in der Tat anspruchsvolle Ziele, zumal sich Arbeitslosigkeit, wie aus den bisherigen Ausführungen ersichtlich, als ein komplexes und vielseitiges Phänomen darstellt. Vor diesem Hintergrund gilt auch die Tatsache zu berücksichtigen, dass die Betroffenen keine homogene Gruppe sind. Verschiedenste Faktoren können die Art und Weise beeinflussen, wie jemand arbeitslos wird, wie er/sie die Situation bewertet und erlebt und wie er/sie diese zu bewältigen versucht. Die Umsetzung dieser Ziele macht eine interdisziplinäre Zusammenarbeit unabdingbar. Sie ist Voraussetzung für eine positive Wirkung jeder Verbesserungsstrategie.

4.11.7 Der gesundheitsassoziierte Aspekt der Arbeit

Die Tatsache, dass Arbeit nicht nur gesundheitsschädlich, sondern auch –förderlich sein kann, mutet doch eigentlich angesichts einer öffentlichen Meinung, die weithin Arbeit eher als gesundheitsschädlich denn als gesundheitsförderlich ansieht, eigenwillig an. Gab es doch in der letzten Zeit immer wieder Diskussionen zum Thema: „Arbeit macht krank" oder „Muss Arbeit die Gesundheit kosten?" Vor diesem Hintergrund erleben wir derzeit einen beispiellosen Rückzug aus dem Arbeitsleben. Waren um 1900 noch fast 70 % der 65-jährigen Männer berufstätig, so waren es 1990 nur noch 17 %. Gleichzeitig stieg jedoch die Lebenserwartung der Männer von 46 Jahren um 1900 auf fast 80 Jahre im Jahr 1990. Da wäre doch folgender Schluss nicht fern: „Seit wir weniger arbeiten, werden wir auch älter – somit kann Arbeit ja nur ungesund sein!" Dieser Kausalzusammenhang kann so sicher nicht hingenommen werden. Stattdessen ist wohl anzunehmen, dass die verbesserten Lebensbedingungen, bessere Hygiene und medizinische Versorgung und die geringere Säuglings- und Kindersterblichkeit die wesentlichen Faktoren einer gestiegenen Lebenserwartung sind. Dazu kommt ein im Allgemeinen wachsender Wohlstand der Bevölkerung, der auch dazu geführt hat, dass niemand mehr mit 65 Jahren arbeiten muss, um sein Auslangen zu finden. Doch auch diese Überlegung greift zu kurz. Ein weiterer Gesichtspunkt muss hier näher beleuchtet werden: Das *Prinzip der Anforderungs-Ressourcen-Balance,* welches auch die Möglichkeit bietet, die Auswirkungen von Arbeit bzw. Arbeitslosigkeit zu erklären:

4.11.8 Das Prinzip der Anforderungs-Ressourcen-Balance

In den Arbeitswissenschaften wird zwischen *Belastung und Beanspruchung* unterschieden. Unter erst Genanntem wird die Gesamtheit der Bedingungen, die auf einen Menschen einwirken, verstanden. Unter zweit Genanntem wird die Summe der Veränderungen und Reaktionen, welche durch die Belastung ausgelöst werden, zusammengefasst. Gleiche Belastung kann also individuell zu ganz unterschiedlicher Beanspruchung führen.

Dies liegt wohl an den Ressourcen, die der einzelne einer Belastung entgegen zu setzen hat und die individuell unterschiedlich ausgeprägt sein können, z. B. Gesundheit, Ausbildung, Alter oder soziales Netzwerk. Beanspruchung kann auf zweierlei Arten reduziert werden: entweder durch eine Reduzierung der Belastung oder durch eine Stärkung von Ressourcen. Hier kommt eine weitere wichtige Überlegung ins Spiel, die beinahe paradox anmutet: Die wichtigste Maßnahme zur Ressourcenstärkung ist wiederum Belastung, nämlich in dem Sinne, dass nur Fähigkeiten, die benötigt oder gefordert werden, auch erhalten bleiben (use it or lose it Prinzip).

(Dosierte) Belastung macht aktiv und fähig, alltägliche Beanspruchung zu meistern, Belastungsdefizit macht unfähig und vulnerabel. Die Beziehung zwischen Beanspruchung und Belastung folgt also nicht einem linearen Zusammenhang, sondern ist als u-förmig zu klassifizieren. Es gibt eine individuell optimale Belastung, sodass nicht nur das Überschreiten dieses Optimums sondern auch das Unterschreiten zu negativen psychischen und physischen Auswirkungen führen kann. Dies bedeutet aber nicht dass unsere Ressourcen unerschöpflich sind. Irgendwann ist eine kritische Schwelle erreicht, wo die Leistungsfähigkeit nicht mehr ausreicht, Belastungen des Alltags ohne fremde Hilfe zu bewältigen. Diesen Zusammenhang verdeutlicht *Abbildung 1*.

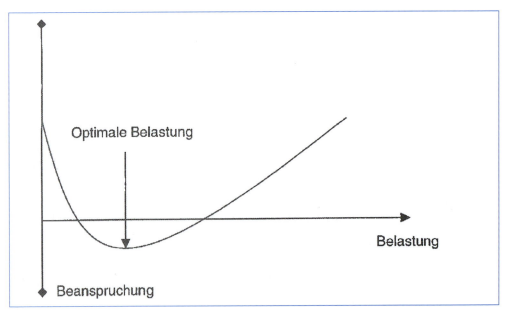

Abbildung 1: Beziehung zwischen Belastung und Beanspruchung

Vor dem Hintergrund, dass der Mensch durch nichts in so ganzheitlicher komplexer Weise gefordert wird, wie durch Arbeit ist vor allem diesbezüglich eine Anforderungs-Ressourcen-Balance zu schaffen. Dies könnte durch eine sinnvolle Ergänzung der Arbeitsbelastung funktionieren (körperliche, geistige, intellektuelle und soziale Betätigung). Aktiv zu sein bedeutet auch eine Reduktion psychischer Probleme – dieser Zusammenhang wird oft unterschätzt. Arbeit bedeutet also vor dem Hintergrund einer ausgewogenen Anforderungs-Ressourcen- Balance Aktivität, Wohlbefinden und Leistungsfähigkeit. Überträgt man dieses Prinzip auf die Arbeitslosigkeit, so stellt diese ein sozial-ökonomisches Problem für die Gesellschaft und ein schwerwiegendes kritisches Lebensereignis für den individuell Betroffenen dar. Durch Arbeitslosigkeit werden Ressourcen verbraucht, wohingegen die Anforderungen durch die Situation (finanzieller Druck, fehlende Struktur, Sinnfrage, Scham, Stigmatisierung, soziale Isolation, Hoffnungslosigkeit etc.) immer weiter steigen. Dadurch entsteht je nach der Ressourcenausprägung psychischer Stress, der sich in weiterer Folge auch physisch auswirkt. Die Anforderungs-Ressourcen-Balance wird immer mehr gestört, der Stress nimmt zu und damit auch die negativen Auswirkungen auf Körper und Seele (siehe *Abbildung 2*).

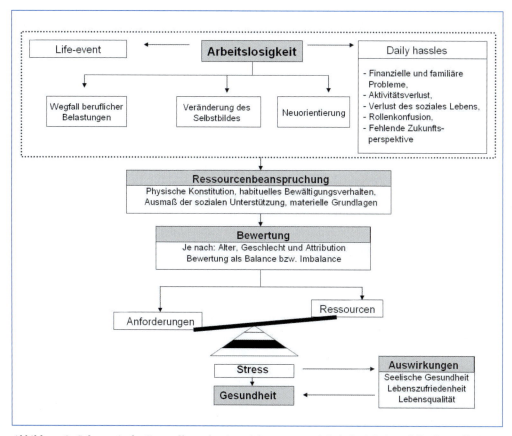

Abbildung 2: Schematische Darstellung der Auswirkungen von Arbeitslosigkeit auf die Gesundheit

4.11.9 Der Bio-Psycho-Soziale Zugang zur Anforderungs-Ressourcen-Balance

Ein Modell, welches genau diese Balance mitberücksichtigt ist das *Bio-Psycho-Soziale Modell*. Es stellt einen multidisziplinären Zugang zur Stressproblematik dar und liefert dabei Strategien zur Lokalisation stressinduzierender Umgebungsfaktoren und Analyse ihrer Konsequenzen auf individueller Ebene. Sowohl psychische, physische als auch soziale Faktoren werden berücksichtigt. Es ist dabei davon auszugehen, dass die individuelle Bewertung eines belastenden Lebensereignisses von den Ressourcen, Erfahrungen, Werten, sowie Umgebungsanforderungen und dem Grad der sozialen Unterstützung abhängt. Daraus ergeben sich physiologische Reaktionen, die sich wiederum auf die *Gesundheit*, das *Wohlbefinden* und die *Leistungsfähigkeit* auswirken.

Basierend auf diesem Modell wurde an der Klinischen Abteilung für Arbeitsmedizin der Medizinischen Universität Wien eine zweijährige Studie (2002-2004) mit dem Ziel durchgeführt, die Auswirkungen von Arbeitslosigkeit auf die psychische und physische Gesundheit zu erfassen. Es wurden insgesamt 100 Kurz- und 200 langzeitarbeitslose Personen sowohl medizinisch als auch psychologisch untersucht. Es konnte gezeigt werden, dass sich durch den Verlust von Arbeit sowohl die psychische als auch die körperliche Befindlichkeit in Abhängigkeit der Dauer der Arbeitslosigkeit massiv verschlechtern. Serumcortisol als objektiver Stressparameter und *Body Mass Index* korrelieren positiv mit der Dauer der Arbeitslosigkeit, während die körperliche Leistungsfähigkeit negativ assoziiert ist. Erhöhte *Carbohydrate Deficient Transferrin* Werte (CDT, objektiver Parameter für Alkoholabusus) gehen mit den Indizes für eine negative Stressbewältigung einher. Wohlbefinden, Stimmungslage, Lebensqualität und positive Stressbewältigung nehmen mit Fortbestand der Arbeitslosigkeit ab. Sie bestätigen somit auch das Anforderungs-Ressourcen-Prinzip als eine Anwendung für die Erklärung der Auswirkungen von Arbeitslosigkeit. Durch die beobachtete Zeitabhängigkeit der Parameter sollten präventive Maßnahmen frühzeitig einsetzten, um der Verschlechterung des Gesundheitszustandes entgegenzuwirken.

Arbeitslosigkeit bedeutet also vor dem Hintergrund einer unausgewogenen Anforderungs-Ressourcen Balance Passivität, schlechtes körperliches und psychisches Befinden und verminderte Leistungsfähigkeit. Diese Überlegungen gewinnen zunehmend an Bedeutung, betrachtet man die Arbeitslosenzahlen in Europa. Arbeitslosigkeit stellt somit ein sozial-ökonomisches Problem für die Gesellschaft und ein schwerwiegendes kritisches Lebensereignis für den individuell Betroffenen dar. Durch Arbeitslosigkeit werden Ressourcen verbraucht, wohingegen die Anforderungen durch die Situation (finanzieller Druck, fehlende Struktur, Sinnfrage, Scham, etc.) immer weiter steigen. Dadurch entsteht je nach der Ressourcenausprägung psychischer Stress, der sich in weiterer Folge auch physisch auswirkt. Die Ressourcen-Anforderungs-Balance wird immer mehr gestört, der Stress nimmt zu und damit auch die negativen Auswirkungen auf das körperliche und psychische Befinden. Vorläufige Befunde der zweijährigen Studie an der Klinischen Abteilung für *Arbeitsmedizin* zeigen eindeutige Beeinträchtigungen der psychischen und physischen Gesundheit. Diese sind somit als wichtige Ressourcen zu werten, die eine raschere Reintegration in den Arbeitsmarkt ermöglichen können.

4.11.10 Schlussbemerkung - Fazit

Psychische und physische Gesundheit sind somit als wichtige Ressourcen zu werten, die sowohl Arbeitsfähigkeit erhalten, als auch eine raschere Reintegration in den Arbeitsmarkt ermöglichen können. Im Sinne eines *Interventionsprogramms,* welches genau auf diese Ressourcenstärkung abzielt, sollte versucht werden, diese Reintegration zu erleichtern und eine Anforderungs-Ressourcen Balance wiederherzustellen.

Arbeit fördert also die Gesundheit in dem Maße, in welchem das Hauptaugenmerk auf einer ausgewogenen Anforderungs-Ressourcen-Balance liegt. Diese gilt es sowohl für arbeitslose Menschen, als auch für Menschen, die im Berufsleben stehen, im Sinne einer Arbeitsbelastungsergänzung zu fördern bzw. zu erhalten.

4.11.11 Key-Message

- Arbeitslosigkeit stellt ein kritisches Lebensereignis dar, welches per se, aber auch durch daraus resultierende alltägliche Anforderungen (finanzieller Druck, Stigmatisierung, etc.) zu negativen Auswirkungen auf die psychische und physische Gesundheit führt.
- Im Sinne einer Anforderungs-Ressourcen-Balance ist die Gesundheit somit als wichtige Ressource zu werten, die Arbeitsfähigkeit erhält und zu mehr Wohlbefinden beiträgt.

LITERATURHINWEISE

BARTLEY, M.: Unemployment and Ill-Health: Understanding the Relationship. Journal of Epidemiology and Community Health 48 (1994) 333-337.

BRENNER, H.H. (1979): Wirtschaftskrisen, Arbeitslosigkeit und psychische Erkrankung. Urban & Schwarzenberg. München.

FILIPP, S.H.; AYMANNS, P.: Die Bedeutung sozialer und personaler Ressourcen in der Auseinandersetzung mit kritischen Lebensereignissen. Zeitschrift für Klinische Psychologie 26 (1987) 383-396.

NYLEN, L.; VOSS, M.; FLODERUS, B.: Mortality among women and men relative to unemployment, part time work, overtime work, and extra work: a study based on data from the Swedish twin register. Occup-Environ-Med. 58 (2001) 52-57.

SEMMER, N.K.; MOHR, G.: Arbeit und Gesundheit: Konzepte und Ergebnisse der arbeitspsychologischen Stressforschung. Psychologische Rundschau 52 (2001) 150-158.

4.12 Change Management
Ralf Nöcker

4.12.1 Definition

Eine eindeutige Definition des Begriffs Change Management gibt es nicht, in der Literatur werden vielmehr die unterschiedlichsten Begriffsfassungen verwendet. In einem ersten Zugriff heißt Change Management die Führung von Veränderungsprozessen im Unternehmen oder, noch allgemeiner, den Wandel gestalten. Dabei handelt es sich bei den Veränderungen um solche des Unternehmens beziehungsweise seiner Organisation, nicht etwa seiner Produkte. Welche Dimension das Change Management annehmen kann, hängt in erster Linie von Ausmaß und Typus des Veränderungsprozesses ab. Es lassen sich langsame und abrupte sowie rudimentäre und umfassende Veränderungen unterscheiden. Als Beispiel einer abrupt umfassenden Veränderung lässt sich etwa die Fusion mit einem anderen Unternehmen nennen. Gemein ist den Veränderungsprojekten, dass sie nur selten auf ungeteilte Zustimmung der Mitarbeiter treffen. Der Mensch steht Veränderungen, da sie mit Unsicherheit einhergehen, tendenziell mit Unbehagen oder gar Ablehnung gegenüber. Change Management hat also in erster Linie die Aufgabe, Widerstände zu überwinden. Daher scheint, um die wesentliche Handlungsdimension des Begriffs zu betonen, folgende Definition von Change Management am zweckmäßigsten: Change Management bedeutet im wesentlichen, auftretende Widerstände zu erkennen und geeignete Methoden auszuwählen und einzusetzen, um Widerstand in konstruktives Handeln umzusetzen.

Wichtig ist dabei die Feststellung, dass Veränderungsprozesse ihren Ausgangspunkt keineswegs zwingend im Management haben müssen, sondern häufig auch Bottom-up von unteren Hierarchiestufen initiiert werden.

Die Fähigkeit zum Management von Veränderungsprozessen ist aus Sicht von Personalchefs mittlerweile die wichtigste einer Führungskraft, wie eine Untersuchung der Personalberatung Boyden zeigt. Nahezu ohne explizites Change Management kommen Unternehmen aus, die nach dem *Kaizen*-Prinzip arbeiten. In solchen Unternehmen, die allerdings in der Praxis äußerst selten zu finden sind, ist die kontinuierliche Veränderung beziehungsweise Verbesserung quasi in die Unternehmensprozesse eingeschrieben und wird daher permanent, ohne eigens aufgesetzte Projekte, vollzogen.

4.12.2 Relevanz in der Unternehmenspraxis
Veränderungen sind in den meisten Unternehmen zum Normalzustand geworden. Ständig werden Organisationen umgebaut oder Strategien den veränderten Marktgegebenheiten angepasst. Obwohl Studien zeigen, dass *Veränderungsprozesse* vor allem dann zu einem erfolgreichen Ende geführt werden können, wenn sie ohne Druck von außen erfolgen, zeigen andere empirische Befunde, dass gerade diese Situation die große Ausnahme darstellt. Solange es einem Unternehmen gut geht, sehen die wenigsten Manager einen Anlass für Veränderungen. Wenn dann die Krise droht, beginnt häufig hektische Betriebsamkeit und es werden Umbauten angegangen, die vor allem die Kostenseite im Blick haben. Wichtigster Anlass von Veränderungsprozessen ist deshalb die Restrukturierung beziehungsweise Reorganisation von Unternehmen. In einer Studie des Beratungsunternehmens Capgemini nennen 71 Prozent solche Umbauten als wichtigsten Anlass von Veränderungsprojekten. Nach einer Untersuchung des Marktforschungsunternehmens Emnid hatten in den vergangenen drei Jahren Rationalisierungsmaßnahmen die größte Bedeutung unter den Change-Prozessen. 83 Prozent der befragten Führungskräfte haben in diesem Zeitraum solche Projekte umgesetzt. Andere Anlässe sind beispielsweise die Einführung eines Qualitätsmanagementsystems wie ISO 9000 oder Six Sigma, Sortiments- beziehungsweise Portfolioänderungen oder Prozessoptimierung im Sinne eines Reengineering.

Relativ ernüchternd fallen die Befunde zum Erfolg von Veränderungsprojekten aus. Nahezu sämtliche Studien berichten von Erfolgsquoten von mehr oder weniger deutlich unterhalb der 50-Prozentmarke. Nicht einmal die Hälfte der befragten Manager war etwa laut Hernstein-Studie mit dem Erfolg der Change-Management-Projekte der vergangenen drei Jahre zufrieden. Offenbar führen dabei Veränderungsprozesse in kleineren Unternehmen häufiger zum Erfolg als in großen Unternehmen. 39 Prozent der Change-Projekte in kleinen, aber 51 Prozent in großen Unternehmen waren nach den Befragungsergebnissen nicht erfolgreich. Laut einer Erhebung des Marktforschungsunternehmens Standish Group werden gerade einmal 16 Prozent der begonnenen Software-Projekte im Rahmen des Zeit- und Budgetplans abgeschlossen. 31 Prozent werden vorzeitig abgebrochen, und die verbleibenden 53 Prozent entfallen auf solche Vorhaben, bei denen das Budget um mindestens 189 Prozent überschritten wurde. Aber auch sonst ist immer wieder aus Unternehmen zu hören, dass Projekte oder Veränderungsprozesse ins Stocken geraten oder schlicht versanden.

Dabei gilt: Je konkreter es wird, desto höher die Wahrscheinlichkeit, dass es schief läuft. Neun von zehn Unternehmen stoßen erst in der Endphase von Veränderungsprozessen auf große Schwierigkeiten. Während die Analyse-, Strategie- und Planungsphasen in den meisten Unternehmen relativ reibungslos ablaufen, scheitert die konkrete Umsetzung häufig an der mangelnden Unterstützung seitens der Mitarbeiter. Dies zeigt eine von der Unternehmensberatung Cambridge Management Consulting (München) in Auftrag gegebene Emnid-Studie. Führungskräfte aus 400 europäischen Unternehmen gaben darin Auskunft über ihre Change-Management-Prozesse. Die skeptische Einstellung der Mitarbeiter zu Veränderungen wurde vor allem in Deutschland als Hauptgrund für das Scheitern von Change-Management-Projekten identifiziert. 88 Prozent der Befragten führen das Stocken solcher Projekte auf die Unbeweglichkeit der Mitarbeiter zurück. Nur 11 Prozent der Befragten äußerten dagegen, Veränderungsprozesse scheiterten an technischen Problemen oder fehlenden Fachkenntnissen der Mitarbeiter. Diese Befunde sollten aber nicht den Schluss zulassen, die Mitarbeiter hätten die alleinige Schuld am Stillstand in den Unternehmen, heißt es in der Studie. Über 40 Prozent der Befragten räumten ein, dass die Geschäftsführung durch unzureichende Kommunikation mit den Mitarbeitern, durch mangelhafte Projektplanung und ein zu wenig praxisorientiertes Verständnis von Veränderungsprozessen selbst einen wesentlichen Beitrag zum Scheitern solcher Prozesse leistet. Eher kritisch beurteilen die Befragten außerdem die Rolle externer Berater. 44 Prozent der Führungskräfte gaben an, Berater wären beim Anstoß von Veränderungsprozessen nicht erfolgreich gewesen. Trotz dieses ernüchternden Befundes wollen drei Viertel der Unternehmen auch in Zukunft bei Veränderungsprozessen nicht auf die Mitwirkung externer Berater verzichten. Vor allem die strategischen, analytischen und fachlichen Kenntnisse der Berater würden bei Change-Management-Prozessen benötigt, heißt es.

Als wesentlich für den Erfolg von Veränderungsprozessen halten 83 Prozent der befragten Manager zunächst die aktive Mitwirkung der Mitarbeiter sämtlicher Ebenen bei der Umsetzung solcher Projekte. Wichtig sei zudem, den Mitarbeitern unmittelbar Rückmeldung über ihre Arbeit und den Projektfortschritt zu geben. 80 Prozent der Manager sind zudem der Ansicht, die Veränderungsprozesse müssten sich auf alle Unternehmensbereiche beziehen, Tabuzonen dürfe es nicht geben. Außerdem sei dafür zu sorgen, dass die Prozesse möglichst schnell spürbare Resultate zeigten.

Angesichts der relativ geringen Erfolgsquote von Change-Projekten stellt sich die Frage nach den Ursachen. Im Widerstand der Mitarbeiter lag der wichtigste Grund für das Scheitern von Veränderungsprozessen. Dabei ist nicht zu vergessen, dass Mitarbeiter in der Regel nicht nur mit einem, sondern mit mehreren parallel laufenden Projekten konfrontiert werden, und all das zusätzlich zur normalen Tätigkeit. Mangelhafte Prozesssteuerung sowie ein zu hohes Tempo, mit dem die Veränderungen umgesetzt werden sollten, folgen. Veränderungsprozesse üben dabei offenbar einen deutlich negativen Einfluss auf das Betriebsklima aus. Wie das Beratungsunternehmen Hernstein International (Wien) ermittelt hat, haben drei Viertel der Manager aus dem deutschsprachigen Raum eine Verschlechterung des Betriebsklimas beobachtet, nachdem ein Veränderungsprojekt in die Wege geleitet wurde.

4.12.3 Die Phasen des Veränderungsprozesses

Jedes Veränderungsprojekt ist anders. Je nach Anlass und Gegenstand sind mal radikale Einschnitte nötig, manchmal ist ein langsamer Umbau besser geeignet, die Projektziele zu erreichen. Insofern hat eine Unterteilung eines Veränderungsprojekts in Phasen immer etwas Willkürliches. Das folgende 4-Phasen-Schema scheint jedoch, wie Praktiker immer wieder bestätigen, in der Realität häufig anzutreffen zu sein. Es stellt eine Modifikation des berühmten **Drei-Phasen-Schemas** von *Kurt Lewin* dar, der bereits in den vierziger Jahren Veränderungsprozesse beschrieben hat. Lewin unterschied die Phasen **Unfreeze**, in der die Notwendigkeit für Veränderungen offenkundig und der bisher vorhandene Zustand aufgetaut wird, **move**, die eigentlich verändernde Bewegung, und schließlich **re-freeze**, in dem der neue Zustand festgezurrt oder, um im Bild zu bleiben, eingefroren wird.

Phase eins ist nach dem hier verwendeten Vier-Phasen-Schema durch Unverständnis der Mitarbeiter für das neue Vorhaben gekennzeichnet. Der Großteil sieht die Notwendigkeit für Veränderungen nicht ein, reagiert skeptisch und hält lieber am Althergebrachten fest. Den Satz "Das haben wir schon immer so gemacht" bekommen die Projektinitiatoren in Phase eins häufiger zu hören. Zu Beginn ist es entscheidend, dass die Initiatoren den Mitarbeitern Inhalt und Ziel des Projekts glaubwürdig und umfassend mitteilen und ihnen erläutern, welche Konsequenzen sie selbst aus den Veränderungen zu erwarten haben. Das reduziert Unsicherheit und dürfte maßgeblich zum Abbau von Widerstand beitragen. Wichtig ist hierbei, nur verbindliche Maßnahmen zu kommunizieren und diese dann auch zügig umzusetzen. Um die Glaubwürdigkeit von Projektmanagern, die ankündigen, was anschließend nicht stattfindet, ist es schnell geschehen. Am Ende der Phase sollten die Mitarbeiter über ein Bewusstsein für das Problem verfügen, das mittels Veränderungsprozess gelöst werden soll. Häufig bauen Führungskräfte in dieser Phase Druck auf, indem sie die Situation des Unternehmens in besonders düsteren Farben schildern.

In Phase zwei kristallisieren sich Kritiker und Befürworter eines Projekts heraus. Die Mitarbeiter diskutieren mit anderen und stellen fest, dass es Gleichgesinnte gibt. In dieser Phase ist die Chance der Mitarbeiter, das Vorhaben noch zu kippen, am größten, zeigen Erfahrungen von Praktikern. Von entscheidender Bedeutung für den Projekterfolg ist jetzt, dass die Meinungsführer im Unternehmen für die geplanten Veränderungen begeistert werden können.

Gelingt dies, so wirken sie als Multiplikatoren und leisten Überzeugungsarbeit bei den übrigen Mitarbeitern. Zunächst gilt es dabei, derartige Schlüsselpersonen im eigenen Unternehmen zu identifizieren. Wortführer bei informellen Meetings, Mitarbeiter, die schon länger im Unternehmen sind, sowie Mitglieder des Betriebsrats sind hierfür mögliche Kandidaten. Die größte Gefahr für den Projekterfolg besteht in dieser Phase darin, dass die Verantwortlichen die Schachzüge der Gegner, die das Projekt im Keim ersticken wollen, nicht erkennen. Widerstand wird oft auf einer äußerst subtilen Ebene geleistet und ist somit nur schwer zu erkennen. Dennoch lassen sich Symptome für Resistenz erkennen: In Besprechungen antworten die widerspenstigen Mitarbeiter auch auf einfache Fragen eher unklar, zeigen Gleichgültigkeit oder Unlust und führen endlose Debatten über Unwichtiges. In dieser Phase spielen Machtkämpfe eine besonders starke Rolle. Mitarbeiter sehen möglicherweise eigene Privilegien in Gefahr und versuchen, diese zu bewahren, was nicht selten in Widerstand gegen das Projekt mündet.

Haben die Verantwortlichen die Projekt-Kritiker überzeugt und Befürworter begeistert, tritt das Projekt in Phase drei ein. Nun ist im besten Falle die Mehrzahl der Mitarbeiter von dessen Nutzen überzeugt. Schulungen helfen zusätzlich, die Akzeptanz zu fördern. Allerdings sollten die Schulungen sich so weit wie möglich an der Realität im Unternehmen orientieren. Soll beispielsweise eine Software eingeführt werden, sollte bei den Schulungen mit Originaldaten gearbeitet werden, statt auf Spieldaten zurückzugreifen. Auf diese Weise können die Mitarbeiter gleich auch den Nutzen der neuen Software erkennen, was deren Akzeptanz zugutekommt.

Wichtig ist aber auch die vierte Phase, in der die Mitarbeiter beginnen, die Chancen der Veränderung zu erkennen. Hier haben die Beteiligten ein hohes Eigenpotential - das heißt, sie sind in hohem Maße bereit, den Projekterfolg aus sich heraus herbeizuführen. Wer jedoch glaubt, in dieser Phase werde ein Projekt zum Selbstläufer, irrt. Das Potential will erst ausgeschöpft werden, und dazu müssen die Mitarbeiter intensiv gefördert werden. Die Phasen, in denen sich die Verantwortlichen sicher sind, die Mitarbeiter für das Projekt gewonnen zu haben, sind häufig die gefährlichsten für den Erfolg.

4.12.4 Kommunikationsstörungen
Kommunikationsstörungen sind eine häufige Ursache für das Scheitern eines Veränderungsprojekts und sollen deshalb hier kurz gesondert behandelt werden. Sie treten in vielerlei Gestalt auf und sind wohl nicht zu verhindern. Um den Wandel auch begrifflich zu verdeutlichen, schaffen Veränderungsmanager neue Begriffe für eigentlich Althergebrachtes, gerne in Form von Anglizismen. Aus der frühzeitigen Arbeitsvermittlung der Bundesagentur (vormals Bundesanstalt) für Arbeit wurde im Zuge des Change-Prozesses die **Job-to-Job-Vermittlung**. Solche Neuetikettierungen gehen nicht selten auf Vorschläge externer Berater zurück und sorgen regelmäßig für Verwirrung oder Ablehnung.

Der vielleicht schwerwiegendste Kommunikationsfehler besteht darin, etwas anzukündigen, was anschließend nicht geschieht. Ist die Glaubwürdigkeit eines Change-Managers erst einmal angekratzt, wird es sehr schwer für ihn, Widerstände seitens der Mitarbeiter mittels Überzeugungskraft zu überwinden. Es kommt aber im Change Management auch nicht nur darauf an, wie etwas gesagt wird, sondern auch wer etwas sagt. Wie anfangs deutlich gemacht, heißt Change Management im Wesentlichen das Überwinden von Widerständen. Dies kann jedoch niemand besser als der Chef. Häufig aber hält gerade der sich mit Äußerungen zum Veränderungsprozess zurück und überlässt dies seinen direkten Untergebenen (schlecht), externen Beratern (ganz schlecht) oder dem Flurfunk (katastrophal). Das soll allerdings nicht heißen, dass Gerüchte per se immer kontraproduktiv sein müssen. In vielen Change-Prozessen wurde der Flurfunk erfolgreich gezielt eingesetzt, er gehört mithin in den Instrumentenkasten der internen Kommunikation.

Doch nicht nur das Kommunikationsverhalten von Vorgesetzten kann den Veränderungsprozess hemmen, auch die beteiligten Mitarbeiter können den Prozess mittels Kommunikation stören. So setzen Kritiker eines Vorhabens gerne sogenannte Killerphrasen ein. Beispiel: "Ein schöner Ansatz, theoretisch wunderbar, aber leider nichts für die Praxis, die sieht ganz anders aus." Auch das typische „das haben wir schon immer so gemacht" gehört dazu. Solche Bemerkungen bringen einerseits den Widerstand zum Ausdruck, schaffen aber auch ein Gemeinschaftsgefühl unter den Veränderungsgegnern. Kommunikationsstörungen ergeben sich beispielsweise aber auch daraus, dass Mitarbeiter mit einem jeweils eigenen Fachjargon aufeinandertreffen. Wenn beispielsweise Mitarbeiter aus dem IT-Bereich oder anderer technischer Spezialdisziplinen im Spiel sind, ist die Wahrscheinlichkeit solcher Störungen groß. Wer aber schon auf inhaltlicher Ebene nicht versteht, was hinter einer Veränderung steckt und was diese bringen soll, ist für Change-Prozesse nicht zu gewinnen.

4.12.5 Key-Message

- Change Management bedeutet in erster Linie das Erkennen und Überwinden von Widerständen.
- Change-Prozesse verlaufen in mehreren Phasen, bei denen jeweils unterschiedliche Führungsaufgaben in den Vordergrund rücken.
- Besonders bedeutsam für den Erfolg von Veränderungsprozessen ist die Kommunikation. Typisch sind in dieser Situation allerdings gerade Kommunikationsstörungen, was einer der Gründe für den geringen Anteil erfolgreicher Veränderungsprojekte darstellt.

LITERATURHINWEISE

DOPPLER, K. (2003): Der Change Manager. Campus Verlag, Frankfurt, New York.

DEEKELING, E.; BARGHOP, D. (2003): Kommunikation im Change Management. Gabler Verlag, Wiesbaden.

REISS, M.; ROSENSTIEL, L. V.; LANZ, A. (HRSG.) (1997): Change Management. Programme, Projekte und Prozesse. Schäffer-Poeschel, Stuttgart.

4.13 „Sandwicher" – Das mittlere Management unter Druck

Gernot Keuchen

4.13.1 Neue Rolle der mittleren Führungskräfte in Veränderungsprozessen

Die heutige Arbeitswelt verändert sich durchgreifend. Die treibenden externen Faktoren sind u. a. die sich immer stärker ausdifferenzierenden nationalen und internationalen Märkte, Ressourcenknappheit, demographische Veränderungen, der Einsatz neuer Technologien mit entsprechenden Rationalisierungseffekten bei Mitteleinsatz, Personal, Produktentwicklung und Prozessabläufen. Qualitätsansprüche steigen bei Waren und Dienstleistungen. Im Wettbewerb konkurrieren nicht nur Produkte und Services miteinander, sondern verstärkt und häufig entscheidend effiziente Organisationsformen, *IT-Kompetenz* sowie Führungs- und Sozialsysteme in Unternehmen und Institutionen. Das Tempo in der neuen Arbeitswelt hat erheblich zugenommen. Die „Rasanz" der Veränderungsdynamik bei Wettbewerb und Technologien führt zu kontinuierlichen Veränderungsprozessen in den Betrieben. Viele bisherige Vorgehensweisen müssen völlig neuen und komplexen Abläufen angepasst werden.

Vor diesem Hintergrund und heruntergebrochen auf Betriebsebene zeichnet sich als bedeutender Engpass das mittlere Management bei der Umsetzung von Strategien zur Bewältigung der Veränderungsprozesse ab. In der Regel sind mittlere Führungskräfte für das operative Geschäft und damit für das Erreichen von Budgetzielen verantwortlich. Die traditionelle Schlüsselrolle der mittleren Führungskräfte beruht auf einer fest gefügten Position, langer Unternehmensbindung, Erfahrung, Fachkompetenz und Informationsvorsprung. Die extern bestimmten, komplexer werdenden Anforderungen an neue Organisations- und Wertschöpfungsprozesse erzeugen auf dieser Managementebene jetzt jedoch einen wachsenden Druck. Die künftige Rolle einerseits als Kompetenzträger und andererseits als Mittler zwischen der langfristigen Unternehmensstrategie und der operativen Basis verlangt die Entwicklung zum neuen Typus des *Change Managers*. Dieser muss die Balance zwischen den Anforderungen des tragenden Basisgeschäfts und den künftigen Veränderungsprozessen permanent herstellen. Dies betrifft das mittlere Management in der ganzen Breite der Unternehmen vom Großbetrieb bis hin zu kleineren Unternehmen. Es betrifft auch die nichtkommerziellen Institutionen und Behörden, die sich dienstleistungsorientierter und leistungsbezogener aufstellen müssen.

Die benötigten Freiräume für die Bewältigung der geforderten Anpassungen sind häufig nicht gegeben. Zu viele Personen sind am Entscheidungsprozess beteiligt, ein enormer Stressfaktor. Das laufende Geschäft und die eingefahrene Organisationsstruktur binden den Großteil der Kapazität. In diesem Spannungsfeld sollen mittlere Manager die Struktur der aktuellen operativen Organisation an die Veränderung anpassen. Um dies zu leisten, muss die erforderliche Qualifikation der Mitarbeiter gewährleistet sein. Denn gerade in Veränderungsprozessen sind mittlere Manager für die zielorientierte Führung und Entwicklung von Mitarbeitern verstärkt verantwortlich.

4.13.2 „Sandwich"-Position des mittleren Managements

Die Situation des betroffenen Managers oder der Managerin ist aufgrund ihrer Vielschichtigkeit sehr gespannt. Der Strategieablauf wiederholt sich permanent: Die oberste Führungsebene stellt die strategischen Weichen für den Umbau des Unternehmens mit allen Zielvorgaben für Marktwachstum, Umsatz und Rendite, Qualitätsoffensive, Organisationsveränderung usw. Die mittleren Führungskräfte sind mit der operativen Umsetzung dieser Ziele beauftragt. Dies verlangt von ihnen vielfältige Anpassungen wie Verhaltensänderungen, initiatives Vorgehen, Abkehr von bisherigen Routinen und Denkschemata. Noch während des Prozesses, für das mittlere Management und die Mitarbeiter eine verlässliche neue Positionierung zu finden, setzt das obere Management häufig erweiterte oder neue Strategieprozesse ingang. Damit findet eine Überlagerung von Aufgaben statt. Der Grad der Verantwortung für die Umsetzung auf das mittlere Management bleibt dagegen unverändert. Je massiver und vielschichtiger die Aufgaben von „oben" kommen, desto problematischer wird die Delegation von Teilaufgaben der Prozessgestaltung an die Mitarbeiter. Diese fürchten den Verlust des bisherigen Bezugsrahmens und versuchen, sich an den „alten" Verhaltensweisen zu orientieren. Es entsteht ein Führungsproblem.

Der mittlere Manager als entscheidender Regisseur des Veränderungsprozesses muss gegensteuern, um das Risiko des Scheiterns der Prozessveränderung unter allen Umständen zu vermeiden. Die klassische „Sandwich"-Position ist gegeben, manche Autoren bezeichnen sie auch als „Schraubstock"-Position. In dieser Rolle sind sie zugleich Mitarbeiter und Führungskraft. Sie sind verantwortlich für den Unternehmenserfolg. Sie arbeiten dabei in zwei Richtungen und stehen unter Druck von oben und von unten und können nicht ausweichen. Vor allem in Konzernhierarchien empfindet sich dieser Personenkreis häufig als fremdbestimmt. Die Betroffenen kompensieren dies meist mit dem Einsatz ihres firmenspezifischen Erfahrungswissens, mit veränderten Bedingungen gut umgehen zu können. Aus der Sandwich-Position ergeben sich sehr unterschiedliche Anforderungen an die individuelle Arbeitsorganisation und -struktur. Bei der klassischen Rollenverteilung gibt das obere Management die strategischen Ziele *top down* vor, die Umsetzung erfolgt *bottom up*. Dabei setzt das mittlere Management die Vorgaben in konkrete Projekte, Einzelentscheidungen und Abläufe um. Die Ausführung geschieht auf der darunter angesiedelten Ebene der Spezialisten und Sachbearbeiter in den Bereichen Entwicklung, Produktion, Marketing usw., also bei den Akteuren im Wertschöpfungsprozess.

4.13.3 Alltag der Führungskraft im mittleren Management

Jedes Unternehmen in einer modernen Volkswirtschaft ist mit der Medienrevolution und den daraus folgenden Konsequenzen konfrontiert. Milliarden Menschen sind weltweit online. Millionen elektronischer Transaktionen bei Waren und Dienstleistungen finden rund um die Uhr statt. Die heutigen Verbraucher und Nutzer entscheiden selbst, welches Medium und welchen Kanal sie nutzen. Diese Entwicklung stellt Unternehmen vor gewaltige Aufgaben. Die neuen digitalen Möglichkeiten überfordern die am Kommunikationsprozess Beteiligten, vor allem das Mittlere Management im Veränderungsprozess. Die größte Herausforderung für die Verantwortlichen in Entwicklung, Produktion, Marketing und Dienstleistung wird die Nutzung und Bündelung der Vielzahl neuer Medien unter einer zentralen Kommunikationsregie sein. IT-Kompetenz ist gefragt. Während unentschlossene Manager noch auf die nächsten Entwicklungen warten, wächst der vom Markt kommende Innovationsdruck in den Unternehmen erheblich. Intern drängt das Nachwuchsmanagement zum Einsatz neuer digitaler Kommunikations- und Arbeitsmittel, vor allem zur Vernetzung von Kunden-, Produkt- und Marktdaten in modernen Datenbanken (Stichwörter: *Contentdatenbank, Data-Warehouse*)

Auch der persönliche Arbeitsplatz der mittleren Führungskräfte unterliegt der Veränderung. Zum Beispiel das Sekretariat. Immer häufiger wird das „Vorzimmer" wegrationalisiert. Die „Sekretarisierung" des Management greift Platz. Wo früher eine professionell ausgebildete und erfahrene Sekretärin das *Officemanagement* übernommen hatte, greift der heutige Manager zum Computer und organisiert sich digital.

Das „Überleben ohne Sekretärin", Titelzitat eines Sachbuchs (Matejcek), will gelernt sein und verdeutlicht aus der Sicht des Managers die auftretende Problematik, neben den zentralen Tätigkeiten nun auch typische Sekretariatsaufgaben zu übernehmen wie den kräftezehrenden Telefon-, Fax-, E-Mail-Verkehr, Korrespondenzen, Reise- und Konferenzvorbereitung, Terminüberwachung, Aktuellhaltung von Ablagen und Archiven, Aufrechterhaltung des Informationsflusses an größere Verteiler usw. Die moderne *Bürokommunikation* erfordert bei stetig anschwellendem In- und Output an Informationen schnelle Reaktionen und deshalb die ständige Verfügbarkeit auch bei Abwesenheiten von Verantwortlichen. Rufumleitungen auf das Mobiltelefon, Onlinekommunikation über Organizer, Notebooks und Internet schaffen eine Rund-um-die-Uhr-Bereitschaft. Diese greift immer häufiger auch in die private Sphäre von mittleren Managern ein. Diesen bleibt keine andere Wahl. Wer ohne Sekretärin „überleben" will, muss sich in diesem Szenario einrichten und die professionelle Anwendung der modernen Bürokommunikation lernen und einsetzen. Dieser zusätzliche Anteil nichtdispositiver, häufig kleinteiliger und meist reaktiver Tätigkeiten addiert sich zu einem beachtlichen kumulativen Faktor der Gesamttätigkeit mit entsprechenden Belastungen für den Betroffenen.

4.13.4 Gesundheitliche Probleme und Folgen der Arbeitsverdichtung

Die Folge können berufliche Belastungsfaktoren wie Stress, depressive Zustände, problematischer Alkoholkonsum, Schlafstörungen, Kopfschmerzen, Kreislaufprobleme, Konzentrationsstörungen, Disposition für Mobbingangriffe, Konflikte zwischen Beruf und Familie usw. sein. Die psychischen und physischen Reserven sind angegriffen. Arbeitszeiten von regelmäßig 50 bis 60 Stunden werden schnell erreicht, Urlaube nicht mehr regelgerecht genommen, Freiräume schmelzen ein oder werden nicht mehr wahrgenommen. Die Beanspruchung durch andere Mitarbeiter wächst mit der zunehmenden Kleinteiligkeit der Vorgänge und Abläufe. Das Verhältnis von Arbeitsleistung und Vergütung sowie von Anstrengung und Anerkennung ist nicht mehr ausgewogen. Die Gefahr für den Betroffenen kann eine zunehmende Frustration, Arbeitsunlust, Rückzug in isoliertes Arbeiten, Fehlerrisiken usw. sein. Die Kritikanfälligkeit in der betrieblichen Umwelt nimmt zu. Die Belastungsspirale kann schließlich zur Aufgabe und Kündigung führen.

4.13.5 Auswege aus der Stressfalle

Zunächst sollte eine kompetente mittlere Führungskraft die neu entstandene Arbeitssituation, die häufig erheblich geänderten Rahmenbedingungen, die künftigen Anforderungen und Belastungen analysieren und Prioritäten für daraus abgeleitete Tätigkeiten setzen. Dies gilt auch für die Führung von Arbeitsgruppen, also deren Organisation und Aufgabeneinteilung. Nach Möglichkeit sollte die Entlastung auch über vermehrte Delegation von Aufgaben an Mitarbeiter erfolgen, deren Rahmenbedingungen entsprechend angepasst werden müssen. In die „Verschlankungsprozesse" von Unternehmen wird zunehmend auch *Outsourcing* (Outside Resource Using) integriert. Dabei werden bisher wahrgenommene Funktionen und Geschäftsprozesse an externe Dienstleister (Outsourcingnehmer) vergeben. Ziel soll es sein, das sich das Unternehmen und seine verantwortlichen Mitarbeiter auf ihre Kernkompetenzen und –funktionen (z. B. Produktentwicklung und Marketing) konzentrieren und dabei die Dienstleister und Zulieferer steuern. Für den mittleren Manager bietet sich hier die Chance, sich durch Vergabe von outsourcingfähigen Tätigkeiten wie bürogebundene Arbeiten, Agenturprojekte, Datenpflege usw. erheblich zu entlasten. Auch umfangreiche Projekte können auf Werkvertragsbasis an Dritte delegiert werden. Betriebswirtschaftlich fallen bei Outsourcingprojekten Honorare und keine Personalkosten an, entlasten also die Kostenseite. Diese Supportfunktionen sind jederzeit steuerbar und ersetzbar. Outsourcing von bisher internen Leistungsbereichen und Arbeitsprozessen führt zu einer Straffung der Abläufe und Strukturen, berührt mithin auch die weisungsgebundenen Mitarbeiter. Mittlere Manager müssen in der Situation des Veränderungsprozesses darauf achten, ihren Wissensstand und ihre Managementkompetenz situationsgerecht aktuell zu halten. Dem können Verhaltens- und Fachtrainings dienen, die von vielen Unternehmen angeboten werden. Sie dienen auch dem Erhalt der Autoritätsbasis an der sensiblen Schlüsselposition zwischen dem zentralen Management und den Mitarbeitern.

4.13.6 Key-Message

- Die mittlere Führungskraft in Unternehmen und Institutionen wird zum zentralen Gestalter (Change Manager) von Veränderungsprozessen in der neuen Arbeitswelt.
- Aus der „Sandwich"-Position zwischen oberster Leitungsebene und Mitarbeitern resultieren insbesondere in Zeiten des Strukturwandels erhebliche Anforderungen an die Führungskraft bei der Umsetzung strategischer Zielvorgaben.
- Der heutige Alltag des mittleren Managers ist durch die zunehmende Digitalisierung der Kommunikation, Informationsverarbeitung und Prozessabläufe entscheidend geprägt und fordert eine Neuorientierung in seiner Arbeitsorganisation.
- Die Arbeitsverdichtung und die damit verbundenen Belastungen können zu gesundheitlichen Gefährdungen führen, die für die Betroffenen und das Unternehmen ein Risikopotential darstellen.
- Strategien zur Stressbewältigung sowie Verhaltens- und fachliche Fortbildungstrainings sind geeignete Maßnahmen, um den Erfolg des mittleren Managers im Veränderungsprozess zu sichern.

LITERATURHINWEISE

FREIMUTH, J.; HAUCK, O.; TREBISCH, K. (2003): They (n)ever come back – Orientierungsweisen und Waisen im mittleren Management, In: OrganisationsEntwicklung, Heft 1, S. 24-35.

HASENBECK, M. (2006): werben & verkaufen, Corporate Publishing 26.

MATEJCEK, K. (2003): Überleben ohne Sekretärin – perfekt organisiert, gut vernetzt, immer up to date. Ueberreuter. Frankfurt, Wien.

NÖBAUER, B.: Berufliches Selbstverständnis und Hauptaufgaben mittlerer Führungskräfte, In: WISO, 24. Jg. (2001), Nr. 4.

UNTERMARZONER, D. (o.J.): Das mittlere Management in Veränderungsprozessen (Lemon Consulting).

4.14 Gender und Arbeitswelt

Lotte Habermann-Horstmeier

4.14.1 Definition

Der Begriff *gender* kommt aus dem Angloamerikanischen und bezeichnet das soziale, anerzogene Geschlecht – im Gegensatz zum biologischen Geschlecht, das dort mit *sex* bezeichnet wird. Nach einer Definition der WHO versteht man unter „sex" die biologischen und physiologischen Charakteristika, die den Menschen ausmachen, unter gender hingegen die durch das soziale Zusammenleben bedingten Rollen, Verhaltensweisen, Aktivitäten und Eigenschaften, die die jeweilige Gesellschaft als für Männer und Frauen angebracht erachtet.

Geprägt wurde der Begriff gender vor allem in den 1970er Jahren des letzten Jahrhunderts durch US-amerikanische Feministinnen. Diese legten ihm eine scharfe Trennung von Kultur und Natur, von Gesellschaft und Biologie zugrunde. Auch im Bereich der Medizin entwickelte sich seither – zuerst allerdings nur sehr zögernd - eine Richtung weg von der traditionell an der männlichen Lebenssituation und am männlichen Gesundheitsempfinden orientierten Medizin, hin zu einer geschlechterspezifischen Betrachtung. Die so entstandene *Gender Medicine* richtete dabei den Blickwinkel vom Biologisch-Medizinischen auf die gesellschaftlichen Bedingungen, psychologischen Gegebenheiten und Umweltanteile der Erkrankungen. Erklärungsansätze für die Geschlechterdifferenzen werden dabei zunehmend von unterschiedlichen Fachdisziplinen geliefert. Zusätzlich zu genetischen und anderen biologischen Faktoren werden geschlechterspezifische Lebens- und Arbeitsbedingungen sowie gesellschaftliche Vorstellungen und Selbstkonzepte von Weiblichkeit und Männlichkeit als Ursache von Erkrankungen diskutiert.

4.14.2 Bedeutung/Charakteristik

Arbeit hat eine zentrale Bedeutung für die Gesundheit und das Wohlbefinden des Menschen - dies gilt sowohl für Männer als auch für Frauen. Viele Frauen in Deutschland ziehen eine überaus positive Bilanz der eigenen Berufstätigkeit. Wichtige Faktoren sind hierbei neben der finanziellen Unabhängigkeit die Möglichkeit der Selbstverwirklichung, der gesellschaftlichen Anerkennung und vor allem eine größere Selbstsicherheit. Auch wenn weibliche Erwerbsarbeit zunehmend als selbstverständlich angesehen wird, entlastet die Gesellschaft Frauen aber nicht von den ihnen zugeordneten Familienpflichten. Das Thema *Familie und Beruf* wird bis heute daher eher als ein Frauenthema angesehen. Studien in diesem Bereich gibt es vor allem zur Arbeits- und Lebenssituation berufstätiger Mütter, Vergleiche mit Männern in entsprechenden Verhältnissen existieren kaum. Dass solche Doppelt- und Mehrfachbelastungen bei Frauen gesundheitliche Probleme zur Folge haben können, wurde schon seit Längerem vermutet.

Allerdings verknüpfte man - dem klassischen medizinischen Gesundheitsverständnis entsprechend - Geschlechterunterschiede in der Medizin lange Zeit ausschließlich mit biologischen Faktoren sowie natürlich mit den reproduktiven Organen von Mann und Frau. Erst durch eine mehrdimensionale Betrachtung, die neben den biologisch-physiologischen Aspekten auch psychologische, soziale und kulturelle Faktoren einbezog, konnte sich eine *Frauengesundheitsforschung* - später auch eine *Männergesundheitsforschung* - entwickeln, welche die geschlechtertypischen Besonderheiten von Gesundheit und Krankheit zu berücksichtigen sucht.

4.14.2.1 Einfluss weiblicher und männlicher Rollenstereotype auf die Gesundheit

In diesem Bereich engagierte Wissenschaftler fragen sich beispielsweise, warum die *Lebenserwartung* von Frauen in den meisten Ländern dieser Erde in der Regel höher ist als die der Männer (siehe *Abbildung 1*), Frauen aber – vor allem in den westlichen Industrieländern – häufiger medizinische und psychosoziale Hilfe in Anspruch nehmen. Frauen haben im jüngeren und mittleren Lebensalter eine geringere Mortalitätsrate als Männer. Sie klagen jedoch häufiger über Beschwerden und suchen deswegen öfter medizinische Hilfe als Männer. Darüber hinaus sind sie ab einem Alter von 25 Jahren auch häufiger krankgeschrieben als gleichaltrige Männer (siehe *Abbildung 2*). Allerdings kommt ein nicht unerheblicher Teil der ärztlichen Kontakte durch die Betreuung ihrer reproduktiven Funktion (Schwangerschaft, Geburt, Empfängnis-

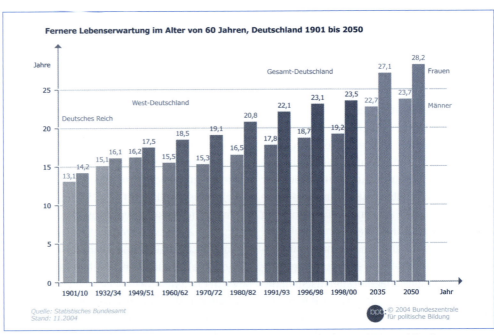

Abbildung 1: Entwicklung der Lebenserwartung von Männern und Frauen in Deutschland (Quelle: Bundeszentrale für politische Bildung, 2004)

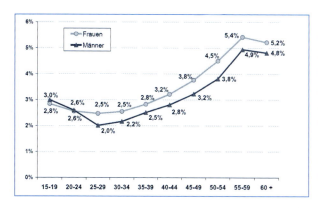

Abbildung 2: Krankenstand der DAK-versicherten Männer und Frauen im Jahr 2005, untergliedert in 10 Altersgruppen (Quelle: DAK Gesundheitsreport 2006)

verhütung und perimenopausale Hormonersatztherapie) zustande. Darüber hinaus ist die längere Lebenszeit von Frauen oftmals durch Behinderungen und Einschränkungen gekennzeichnet.

Frauen beobachten sich intensiver als Männer, sie sorgen sich um ihren Körper und versuchen, ihn gesund zu halten. Männer nehmen dagegen nur im Notfall Hilfe - sei es ärztlicher, psychologischer, sozialer oder auch seelsorgerischer Natur - in Anspruch. Sie halten sich grundsätzlich für gesünder als Frauen, äußern weniger Beschwerden und gehen seltener zu Vorsorge- und Früherkennungsuntersuchungen. Dies heißt jedoch nicht, dass sie auch gesünder als Frauen sind. Bei ihrer generellen Scheu vor Gesundheitseinrichtungen spielt vor allem die Furcht vor dem Verlust der Selbstständigkeit eine große Rolle, der typisch männliche Anspruch an sich selbst, Probleme ohne fremde Hilfe zu lösen, Unwohlsein ertragen zu können und Kontrolle über die eigene Leistungsfähigkeit zu erhalten. Solche geschlechterspezifischen Rollenstereotype beim Inanspruchnahmeverhalten können zum Gesundheitsrisiko werden.

Auch das weibliche Rollenstereotyp, nach dem nur Krankheit ein legitimer Grund ist, sich aus Überlastungen in Familie und Beruf zurückzuziehen, ansonsten aber durchzuhalten und Befindlichkeitsprobleme zurück zu stellen, um für Andere da zu sein, wirkt sich auf das Inanspruchnahmeverhalten von Gesundheitseinrichtungen aus. Nicht nur in unserem Kulturkreis ist es traditionell Aufgabe von Frauen, sich um die Gesundheit der Familienmitglieder zu kümmern, bei schweren Krankheiten deren Pflege und Versorgung zu übernehmen und dafür ggf. die eigenen beruflichen Aktivitäten zurückzustellen. Dies führt dann oftmals zu gesundheitlichen Belastungen in psychischer und physischer Hinsicht und einem höheren Erkrankungsrisiko.

Einer der Gründe für die häufigere *Inanspruchnahme medizinischer Einrichtungen* durch Frauen ist, dass Frauen ihren Körper sensibler wahrnehmen und daher oftmals früher zum Arzt gehen als Männer. Wenn sie dort über Gesundheit und Krankheit sprechen, beziehen sie sich nicht vornehmlich auf körperliche Symptome, wie das Männer tun, sondern schildern häufig auch ihre seelischen Empfindungen und die Entstehungszusammenhänge der Krankheit. Da unsere Medizin jedoch vor allem darauf ausgerichtet ist, die körperlichen Ursachen für möglichst klar umrissene Beschwerden zu finden, bieten Frauen den auf diese Weise ausgebildeten Ärzten oft ein (zu) vielfältiges Spektrum an Symptomen. Das führt bei den Ärzten nicht selten zu einer gewissen Ratlosigkeit, Patient und Arzt sprechen aneinander vorbei. Häufig werden dann ohne hinlänglichen Befund seelische Gründe als Ursache der Beschwerden angenommen. Andererseits neigen Beschäftigte im Gesundheitswesen dazu, Beschwerden von Männern ernster zu nehmen als die von Frauen. Bei Männern werden eher somatisch orientierte Diagnosen gestellt und die Behandlung dann auch entsprechend ausgerichtet. Oftmals ist bei ihnen die Krankheit auch schon weiter fortgeschritten und leichter zu diagnostizieren, sodass Männer somit schneller und direkter Hilfe bekommen. Bei Frauen werden dagegen den Erkrankungen früher und häufiger psychische Faktoren zugrunde gelegt, meist wird mit einem Rezept über Psychopharmaka reagiert. Selbst bei akuten koronaren Herzerkrankungen haben Frauen u. a. aufgrund eines anderen, uncharakteristischeren Symptombildes eine schlechtere Überlebenschance als Männer.

Es leiden jedoch andererseits auch wesentlich mehr Frauen als Männer an manifesten seelischen Erkrankungen (siehe *Tabelle 1*). Dieser höhere Anteil psychosomatischer und psychiatrischer Krankheiten bei Frauen wird vielfach mit der größeren seelischen Vulnerabilität von Frauen erklärt, die aus beruflicher und häuslicher *Doppelbelastung* resultiert. Auch spielt hier die unterschiedliche Art der Bewältigung von Problemsituationen eine Rolle: Während viele Frauen sich bis zur Lösung eines Problems ständig mit ihm beschäftigen, vermeiden es Männer häufig, darüber nachzudenken. Sie zeigen in höherem Maße Vermeidungsverhalten beim Umgang mit Belastungen und Risiken und gehen wesentlich seltener als Frauen

Tabelle 1: Geschlechtsunterschiede in der Lebenszeitprävalenz psychischer Erkrankungen (Modifiziert zitiert nach: Österreichischer Frauengesundheitsbericht 2005)

Studie	Münchner Jugendstudie			Lübecker TACOS-Studie		
Stichprobengröße	2.000			4.000		
Alter der Population	14-21 Jahre			18-64 Jahre		
Autor/In, Publikationsjahr	Wittchen, 1998			Meyer, 2000		
Land	München, BRD			Lübeck, BRD		
	M (%)	F (%)	SR*	M (%)	F (%)	SR*
Gesamt	53,8	59,2	43,4	47,4		
Major Depression	9,1	14,5	1,6	10,2	24,8	2,4
Dysthymie	1,5	4,5	3,0	1,6	3,3	2,1
Angststörungen	8,3	20,3	2,4	9,3	20,8	2,2
Panikstörungen	0,8	2,4	3,0	1,3	3,2	2,5
Phobien	1,2	3,2	2,6	6,5	14,7	2,3
Sozialphobie	2,2	4,8	2,2	1,3	2,5	1,9
Agoraphobie	1,0	4,2	4,2	0,6	1,5	2,5
Zwangsstörung	0,5	0,9	1,8	0,1	0,9	9,0
Essstörungen	1,1	4,9	4,5	0,3	1,0	3,3
Körperbezogene Störungen	0,2	2,3	11,5	8,8	17,1	1,9
Alkoholbedingte Störungen	35,1	7,0	0,2	14,0	2,5	0,2
Drogenbedingte Störungen	6,6	3,4	0,5	1,4	0,9	0,6
Nikotinabhängigkeit	19,1	18,5	0,9	24,2	17,7	0,7

von der Möglichkeit aus, dass ihnen dabei gesundheitliche Beeinträchtigungen widerfahren können. Entsprechend selten ergreifen sie Vorsichtsmaßnahmen. Ihre typische Reaktion auf Stress besteht vielmehr im vermehrten Konsum von Alkohol und Drogen. Bei Frauen führt eine höhere Belastung dagegen häufiger zu Depressionen und Angst. Inwieweit Stress dabei eine krankmachende Wirkung entfaltet, hängt maßgeblich vom Ausmaß der sozialen Unterstützung (u. a. emotionale Unterstützung durch Trost, Bereitstellung von Informationen, etc.) ab, welche die betroffenen Frauen und Männer durch ihr *soziales Netzwerk* erhalten. Obwohl Frauen meist über größere soziale Netze verfügen als Männer, profitieren Letztere jedoch häufiger von der positiven Wirkung des Beziehungsgeflechts. Männer selbst leisten weniger Unterstützung bzw. sind darin bei Frauen weniger erfolgreich.

4.14.2.2 Vereinbarkeit von Erwerbsarbeit und Familie

Die Vereinbarkeit von Erwerbsarbeit und Familie mit der Folge von *Doppelt- und Mehrfachbelastungen* ist noch immer ein großes Problem für Frauen in unserer Gesellschaft. Verstärkt nach dem 2. Weltkrieg begannen sich traditionelle soziale Muster aufzulösen, die für Männer eine durchgängige Vollzeiterwerbstätigkeit vorsahen, Frauen dagegen der Familie zuordneten und eine eigene Erwerbstätigkeit für Frauen nur dann zuließen, wenn die Familie versorgt war und/oder der Mann als Ernährer der Familie ausfiel. Heute möchten die meisten Frauen Familie und Beruf miteinander vereinbaren können. Viele Frauen sehen dabei ihre Berufstätigkeit nicht mehr nur unter dem Gesichtspunkt des Zusatzverdienstes zur Haushaltskasse. Ihr Streben nach einer eigenen beruflichen Karriere und die meist geringe soziale Entlastung im Bereich der Familie führen jedoch zur oben beschriebenen Vereinbarkeitsproblematik. Noch immer sind die Verantwortlichkeiten in den meisten Haushalten ungleich verteilt. Berufstätige Mütter generell und besonders berufstätige, allein stehende Mütter müssen ein erhebliches Arbeitspensum leisten. Sie haben kaum Zeit für sich selbst, leiden vielfach unter Schlafmangel und können oftmals kaum den verschiedenen Pflichten gerecht zu werden. Es kommt immer wieder zu Situationen, in denen der mühsam aufrecht erhaltene Familien- und Berufsalltag ins Schleudern kommt, etwa wenn ein Kind krank wird und keine Ersatzpflegekraft vorhanden ist. Schon seit langem wird immer wieder darauf hingewiesen, dass die sozialen Gegebenheiten zur Kinderbetreuung in Deutschland im Verhältnis zu anderen europäischen Staaten äußerst mangelhaft sind. Vor allem fehlen Betreuungsangebote für die unter dreijährigen Kinder und ein ausreichendes Angebot an Ganztagsschulen. Dies zwingt berufstätige Mütter immer wieder zu improvisieren, zu einem ständigen Spagat zwischen Familie und Beruf.

Berufstätigkeit erhöht also die Belastung und den Stresspegel besonders bei Frauen mit Kindern. Auf der anderen Seite können aber auch eine positive Einstellung zur Arbeit und die Unterstützung am Arbeitsplatz zu einer Entlastung und damit zu einer besseren Bewältigung von Erziehung und Hausarbeit führen. Dies gilt besonders bei Frauen, die in einer gut funktionierenden Partnerbeziehung leben. Sie empfinden die subjektive Belastung durch den Berufsstress als weniger intensiv. Anders dagegen bei *allein stehenden Müttern*, hier addieren sich oftmals Belastungen und Stress in Haushalt, Familie und Beruf – mit der Folge, dass die

Lebenszeitprävalenz von chronischen Krankheiten bei Alleinerziehenden signifikant höher ist als in der Vergleichsgruppe verheirateter Mütter. Die sozialen Rahmenbedingungen spielen somit eine große Rolle: Besteht eine Partnerbeziehung und ist diese geprägt von Kooperation und Gleichberechtigung, dann scheint die Kombination von verschiedenen Rollen eher gesundheitsfördernd zu sein. Dies zeigt sich auch bei der Betrachtung der für unseren Kulturkreis typischen männlichen Fixierung auf nur eine oder wenige soziale Rollen. Wenn Männer, die ihr Leben lang einer *Vollzeiterwerbstätigkeit* nachgegangen sind und diese als Sinn gebend für ihr Leben empfunden haben, durch Arbeitslosigkeit oder *Erwerbsunfähigkeit* diese Rolle und damit auch das wichtigste Reservoir ihrer Selbstdefinition verlieren, wirkt sich das in der Regel wesentlich ungünstiger auf ihre gesundheitliche und psychosoziale Situation aus als bei Frauen, die in der Regel mehrere soziale Rollen einnehmen. Mehrfachbelastungen können also durchaus auch als *Mehrfach-Gestaltungsmöglichkeiten* betrachtet werden, u. a. als Gelegenheit zum Erwerb von Kompetenzen, von Erfahrung der Kooperation sowie als Möglichkeit zur Gewinnung von Selbstvertrauen. Zwar haben die spezifischen Rollenkonstellationen von Frauen nicht zu übersehende Nachteile, sie können jedoch unter günstigen Bedingungen auch spezifische gesundheitliche Vorteile haben.

4.14.2.3 Karriereknick durch Familienpause

Viele Frauen sehen Familie und Beruf als gleichrangig an - anders als Männer, die ihre berufliche Karriere in der Regel bewusst planen und die sich darin auch kaum von familiären Bedürfnissen und Bindungen beeinflussen lassen. Frauen gehen daher häufig nur bis zum ersten Kind einer *Vollzeiterwerbstätigkeit* nach und sehen sich dann gezwungen, ihre Erwerbstätigkeit längere Zeit zu unterbrechen. Der Wiedereinstieg nach einer solchen Familienphase erfolgt oft über eine *Teilzeiterwerbstätigkeit* und unterhalb der tatsächlichen Qualifikation. Andererseits bleibt heute bereits – anders als in vielen anderen europäischen Staaten - ein Drittel der deutschen Frauen kinderlos, bei den westdeutschen Akademikerinnen sind es sogar über 40 Prozent (siehe *Abbildung 3*).

Die Gründe hierfür liegen u. a. in den fehlenden Kinderbetreuungsmöglichkeiten, aber auch im zu geringen Angebot an qualifizierter Teilzeitarbeit. Zwar steigt die Zahl der Teilzeitbeschäftigten in Deutschland derzeit weiter an (2003 betrug sie nach Aussagen des Instituts für Arbeitsmarkt- und Berufsforschung der Bundesagentur für Arbeit 27,3 %), jedoch sind dies meist Jobs für geringer Qualifi-

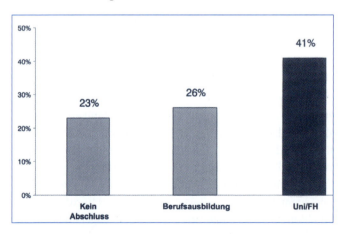

Abbildung 3: Anzahl der kinderlosen Frauen zwischen 35 und 40 Jahren in Westdeutschland - unterschieden nach Bildungsabschluss (Quelle: Mikrozensus 2003)

zierte. Frauen mit höherer Qualifikation haben es nach einer längeren Elternzeit oft schwer, beruflich wieder Fuß zu fassen. Typisch ist ein Karriereknick mit der Folge einer geringeren Rente und schlechterer Sozialleistungen. Sichtbar wird dies auch an den geschlechterspezifischen Lohnunterschieden in Deutschland, wie sie das IAB 2005 veröffentlicht hat. Der Durchschnittslohn vollzeitbeschäftigter Frauen war hiernach 2001 in den alten Bundesländern um etwa 24 Prozent geringer als der Lohn von Männern. Dies liegt nicht in erster Linie daran, dass Frauen häufiger in Berufen und Betrieben arbeiten, in denen unterdurchschnittlicher Lohn bezahlt wird. Auch innerhalb des gleichen Berufs verdienen Frauen im Durchschnitt 22 Prozent weniger als Männer. Vergleicht man Männer und Frauen mit gleicher Ausbildung und gleichem Alter im selben Betrieb beträgt der Lohnunterschied noch 12 Prozent. Im Vergleich dazu findet man beispielsweise in den USA und in Skandinavien kaum geschlechterspezifische Lohnunterschiede im gleichen Beruf und gleichen Betrieb. Die Gründe für die erheblichen Lohnunterschiede in Deutschland liegen vor allem in der häufigeren Unterbrechung der Erwerbsarbeit bei Frauen und der dadurch geringeren Berufserfahrung. Frauen gelangen deshalb seltener in besser bezahlte Positionen.

4.14.2.4 Frauen in Führungspositionen

Geringere Geschlechterunterschiede gibt es allerdings innerhalb der Gruppe der Leitungskräfte und Wissenschaftler. Hier liegen die Lohnunterschiede mit 5 bis 7 Prozent wesentlich niedriger, möglicherweise auch eine Folge der steigenden Anzahl kinderloser Akademikerinnen. Da Frauen mit Karrierewünschen im Gegensatz zu ihren männlichen Kollegen oft kaum auf soziale und berufliche Unterstützung zurückgreifen können, bleibt ihnen meist nichts anderes übrig, als ein Einzelkämpferdasein zu führen - mit all den belastenden Folgen, die im Laufe der Jahre immer deutlicher hervortreten können. Die meisten männlichen Führungskräfte haben eine Familie, die sie tendenziell entlastet und die ihre Karriere fördert. Aufstiegwillige Frauen haben in Deutschland dagegen meist nur die Wahl zwischen Karriere und Familie. Gründe hierfür sind die geringe Flexibilität vieler Arbeitgeber, das fehlende Angebot an Haushaltshilfen bzw. Kinderbetreuung, sowie meist auch die geringe Unterstützung durch Partner und andere Familienangehörige. Ob die Entscheidung für oder gegen Familie bzw. Kinder allerdings bewusst getroffen wird oder ob sich hier traditionelle Rollenvorstellungen unserer Gesellschaft widerspiegeln, ist bislang unklar.

Auch heute noch gelingt es nur ganz wenigen Frauen, bis in die obersten Etagen vorzustoßen. Gründe hierfür liegen etwa in den unsichtbaren Hürden für Frauen auf dem Weg nach oben. Nicht nur die Beförderung männlicher Mitarbeiter durch die Protegierung von männlichen Vorgesetzten hindert Frauen daran, die sogenannte *gläserne Decke* zu durchbrechen. Andere unsichtbare Hürden sind subtile Rollenzuschreibungen und Diskriminierungen. Auch haben bislang nur wenige Frauen Zutritt zu männerdominierten *Netzwerken*, die ihnen beim Aufstieg in der Unternehmenshierarchie behilflich sein können. Die meisten Frauen kommen recht bald an einen Punkt, wo ihnen ein weiterer Aufstieg nicht möglich ist, die Karriere stecken bleibt. Je höher man in der Hierarchie geht und je größer das Unternehmen ist, desto kleiner wird der Anteil der Frauen im Management. So waren im Jahr 2004 im Top-

Management der bedeutendsten 100 Firmen in Deutschland lediglich vier Frauen vertreten waren, in den Dax-30-Unternehmen gab es nur zwei und in den 50 MDax-Unternehmen sieben weibliche Vorstände. Der Punkt, an dem es mit der Karriere nicht mehr vorwärts geht, in die man so viel investiert hat, der man Kinderwunsch und Familie geopfert hat, ist nicht selten auch der Punkt, an dem sich das Gefühl einstellt, im Leben etwas verpasst zu haben. Den Frauen, die nun meistens zwischen 45 und 55 Jahre alt sind, wird oft schlagartig klar, dass sich - anders als bei ihren männlichen Kollegen - eine Familie mit Kindern jetzt nicht mehr verwirklichen lässt. Zugleich tritt das Thema „älter werden" ins Bewusstsein, für Frauen in unserer Gesellschaft, die sich dem Slogan „forever young" verschrieben hat, eine nicht zu unterschätzende Herausforderung. Es ist daher nicht verwunderlich, dass nun verstärkt gesundheitliche Probleme sichtbar werden. So fanden z. B. mehrere Studien bei älteren weiblichen Führungskräften hohe Werte problematischen *Alkohol*konsums.

4.14.3 Gesundheitsrelevanz

Medizin mit geschlechtersensiblem Blick verfolgt grundsätzlich einen *biopsychosozialen* Ansatz, d. h. sie berücksichtigt nicht nur die biologisch-physiologischen und psychologischen Gegebenheiten, sondern auch die gesellschaftlichen Bedingungen, in denen der Mensch lebt. So zeigen Untersuchungen, dass Frauen Gesundheit anders wahrnehmen, dass sie gesundheitliche Belastungen auf eine andere Art und Weise bewältigen als Männer. Geschlechtertypische Unterschiede finden sich z. B. auch bezüglich des Körperbewusstseins, der Krankheitsausprägung und –häufigkeit sowie der Inanspruchnahme der Gesundheitsversorgungssysteme.

Veröffentlichungen der letzten Jahre haben u. a. folgende gendermedizinischen Erkenntnisse gebracht:

- Hiernach sind Frauen sensibler gegenüber Störungen ihres Körpers. Bei ihnen werden wesentlich häufiger psychosomatische und funktionelle Beschwerden diagnostiziert.
- Etwa doppelt so viele Frauen wie Männer leiden an *Depressionen* und *rheumatischen Erkrankungen*.
- Insgesamt sind wesentlich mehr Männer als Frauen *sucht*krank - aber ein Großteil der Medikamentenabhängigen sind Frauen.
- Es gibt deutliche Unterschiede im *Schmerz*empfinden. Anders als Frauen verfügen Männer über ein als GIRK2 bezeichnetes Eiweiß, das die Schmerzweiterleitung in den Nerven hemmt. Dass chronische Schmerzen im Bereich des Bewegungsapparates - eine häufige Ursache für Fehlzeiten und Frühverrentung - bei Frauen wesentlich häufiger als bei Männern vorkommen, könnte hier eine Ursache haben.
- Männer erkranken zwar insgesamt häufiger und früher an *Herzinfarkt*. Es sterben jedoch mehr weibliche als männliche Infarktpatienten, ohne ins Krankenhaus zu gelangen. Dies liegt u. a. daran, dass Frauen bei einem Herzinfarkt über andere Beschwerden klagen als Männer. Gefährliche Situationen werden so oftmals nicht rechtzeitig erkannt.
- In den vergangenen Jahren ist die Zahl der *Raucher*innen ständig gestiegen, während die Zahlen bei den Männern fallen (siehe *Abbildung 4*). Frauen aus starken Raucherinnen-Jahrgängen kommen nun in die Jahre, in denen das Herzinfarktrisiko steigt. Zusammen mit der Einnahme von Hormonen (Pille bzw. HET bei

Wechseljahrsbeschwerden) stellt dies ein erhebliches Risikopotential für die Zukunft dar.
- Ein arbeitsbedingtes *Burn-out* kann über immunologische Reaktionen Entzündungsprozesse auslösen, welche wiederum eine Schlüsselrolle bei der Auslösung und dem Fortschreiten kardiovaskulärer Erkrankungen spielen. Männer und Frauen reagieren hier jedoch unterschiedlich. Während bei Frauen das Burn-out-Syndrom zu einem 1,6-fach erhöhten Risiko für Herz-Kreislauf-Erkrankungen und *Schlaganfall* führt, ist das kardiovaskuläre Risiko bei Männern mit einer Depression um mehr als das Dreifache erhöht.

Solche direkten Verbindungen zwischen Erkrankungen mit gendermedizinischem Bezug und der Arbeitssituation wurden jedoch bisher nur in den wenigsten Fällen hergestellt. Die WHO mahnte daher im September 2004 in ihrer Publikation Gender, Health and Work, in Zukunft arbeitsmedizinische Forschung und Anwendung in diesem Bereich verstärkt unter gendermedizinischen Gesichtspunkten zu betrachten. Über arbeitsbezogene Krankheiten bei Frauen werde vor allem deshalb weniger geforscht, weil Frauenarbeit im Allgemeinen als sicher gelte. Vorwiegend aus diesem Grund würden solche arbeitsbezogenen gesundheitlichen Probleme nicht diagnostiziert oder wenn sie denn diagnostiziert würden, nicht mit dem Faktor Arbeit in Verbindung gebracht.

Bislang wurden beispielsweise im Bereich *Gender Medicine / weibliche Führungskräfte* vor allem Studien veröffentlicht, die sich mit den Besonderheiten des Alkoholkonsums bei älteren weiblichen Führungskräften beschäftigen. Auch die besonderen Formen des *Stress*es, denen Frauen in Führungspositionen ausgesetzt sind sowie dessen Auswirkungen und die *Coping-Methoden*, die diese Frauen entwickelt haben, werden thematisiert. Ein weiteres Thema ist der spezielle *Work-Family Conflict*, mit dem sich besonders weibliche Führungskräfte auseinandersetzen müssen.

4.14.4 Depression und Angst

Frauen leiden wesentlich häufiger an affektiven Störungen und an Angststörungen als Männer (siehe *Tabelle 1*). Erklärt wird dies meist durch die berufliche und häusliche Doppel- und Mehrfachbelastung und die daraus entstehende größere seelische Verwundbarkeit von Frauen. Man geht davon aus, dass Frauen dadurch stärker unter Stress leiden und es somit häufiger zu Depressionen und Angsterkrankungen kommt. Eine Rolle spielten hier die noch immer unzureichende Übernahme familiärer Pflichten durch den jeweiligen Partner sowie die zunehmend geringere soziale Unterstützung durch Familienmitglieder wie Mütter oder Schwiegermütter. Letzteres kann eine Folge der zunehmenden beruflichen Mobilität und der dadurch vorhandenen größeren räumlichen Distanzen sein,

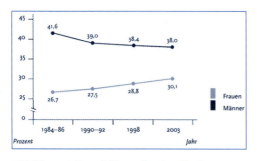

Abbildung 4: Entwicklung des Anteils der Raucher in der 25- bis 69-jährigen Bevölkerung in Deutschland (1984-1986: nur alte Bundesländer) (Quelle: Robert-Koch-Institut, nach den Daten des telefonischen Gesundheitssurveys 2003)

oftmals sind jedoch die Mütter und Schwiegermütter ebenfalls berufstätig oder mit der Pflege älterer Familienangehöriger beschäftigt und stehen daher z. B. für die Betreuung ihrer Enkelkinder nicht zur Verfügung. Besonders gravierend wirkt sich dies bei der steigenden Zahl *allein stehender Mütter* aus und bei Müttern, deren Partner aus beruflichen Gründen nur an Wochenenden zu Hause ist.

Neben unterschiedlichen psychosozialen Aspekten und sogenannten *Life Events* spielen hier jedoch auch neurobiologische und hormonelle Aspekte eine Rolle. Psychosoziale Aspekte mit Bezug zur Arbeitswelt sind z. B. finanzielle Schwierigkeiten, aber auch berufliche Probleme durch *Stress*, *Mobbing* oder *Burn-Out*, insbesondere das Gefühl, nichts an der gegenwärtigen beruflichen und finanziellen Situation ändern zu können und ihr hilflos ausgeliefert zu sein. Dem können bei Männern und Frauen durchaus unterschiedliche Ursachen zugrunde liegen. Aktuell auftretende belastende Lebensereignisse, sogenannte Life Events, sind beispielsweise (drohende) Arbeitslosigkeit, aber auch eine berufliche Beförderung, der man sich vielleicht nicht ausreichend gewachsen sieht. Darüber hinaus können hormonelle Aspekte an der Auslösung depressiver Erkrankungen beteiligt sein. So ist etwa das Risiko, an einer Depression zu erkranken, bei Jungen und Mädchen noch gleich hoch, später bei Frauen jedoch doppelt so hoch wie bei Männern. Der Beginn einer depressiven Phase bei Frauen steht nicht selten im Zusammenhang mit Zeiten hormoneller Änderungen, wie sie etwa vor und während der Menstruation, während und nach einer Schwangerschaft sowie während des Klimakteriums vorkommen. Solche Änderungen u. a. in der Höhe der Östrogen- und Gestagenspiegel können die Funktion der Neurotransmitter im Gehirn beeinflussen. Eine nicht unerhebliche Rolle spielt dabei auch die Unterdrückung der *Hypothalamus-Hypophyse-Nebennierenrinde-Achse (HPA-Achse)*. Beide Faktoren reagieren darüber hinaus sehr stark auf psychosoziale Faktoren und Umwelteinflüsse. Ein typisches Beispiel ist das oftmals mit einer depressiven Verstimmung, Reizbarkeit, Ängstlichkeit und/oder emotionaler Labilität einhergehende *Prämenstruelle Syndrom (PMS)*, das bei einigen Frauen während der späten lutealen Phase des Menstruationszyklus auftritt. Auch hier hat man Störungen des *Serotonin-Haushalts* und der HPA-Achse gefunden. Ebenso stehen Schwangerschafts- und Wochenbettdepressionen in Zusammenhang mit starken Schwankungen des Steroidhormon-Haushalts. Die oben genannten Symptome können auch Zeichen einer perimenopausalen Depression sein. Hier fand man einen deutlichen Bezug zum Anstieg des FSH-Spiegels und dem Sinken des Östrogenspiegels in der späten Prämenopause. In der postmenopausalen Phase stabilisieren sich FSH- und Östrogenwerte. Das Risiko, an einer Depression zu erkranken, sinkt dann wieder ab.

Es gibt also vielfältige Gründe für die erheblichen Geschlechterunterschiede in der Häufigkeit von Depressionen, wobei ein nicht zu unterschätzender Teil sich aus den beruflichen Lebensumständen ergibt.

4.14.5 Abhängigkeitserkrankungen

Männer reagieren vielfach auf Stresssituationen, in dem sie ihren *Alkohol-* und *Drogen*konsum erhöhen. Sie trinken auch durchschnittlich mehr Alkohol als Frauen und sind in allen risikoreichen Alkohol-Konsumkategorien stärker vertreten als diese. Derzeit sind in Deutschland 4,8 % der Männer, aber nur 1,3 % der Frauen alkoholabhängig. In den letzten Jahren hat man jedoch eine Zunahme von Abhängigkeitserkrankungen bei Frauen registriert. Frauen probieren danach immer häufiger auch sog. männliche Konsumformen aus (siehe *Abbildung 5*).

Anders als beim Alkohol ist ein Großteil der *Medikamentenabhängigen* weiblich. Am häufigsten konsumiert werden rezeptfrei gekaufte Schmerzmittel und ärztlich verordnete Benzodiazepinderivate. Ärzte verordnen Frauen mehr Beruhigungs- und Schlafmittel als Männern - nach Ansicht der Deutschen Hauptstelle für Suchtfragen liegt einer der Gründe in dem bunten Spektrum von Symptomen, das Frauen bieten und dem Ärzte nicht selten ratlos gegenüber stehen, was zu Verlegenheitsverschreibungen führen kann. Andererseits sind die Medikamentenkosten bezüglich Psychopharmaka für Männer insgesamt höher als für Frauen und das, obwohl Frauen mengenmäßig mehr Medikamente erhalten und diese über längere Zeiträume hinweg einnehmen. Es sind jedoch auch mehr Frauen als Männer medikamentenabhängig, weil es sich hierbei um eine heimliche Sucht handelt, die sich unter dem Deckmantel des Heilmittels verbirgt. Erst spät wird den Betroffenen deutlich, dass das vom Arzt verordnete helfende Medikament bei Kopfschmerzen, Schlafstörungen oder allgemeinen Störungen des Wohlbefindens zum Suchtmittel geworden ist. Schließlich erlaubt es das längere Funktionieren und deckt vorhandene seelische Probleme zu. Auf diese Weise entstehen Abhängigkeiten von Entspannungs- und Beruhigungsmitteln, von Schlafmitteln, Schmerz- und Aufputschmitteln. Im Gegensatz zu alkoholabhängigen Frauen bleiben medikamentenabhängige Frauen lange Zeit innerhalb der gesellschaftlichen Normen, sie fallen nicht auf. Im Gegenteil – das Einnehmen von Medikamenten ist gesellschaftlich akzeptiert, man tut sich und seiner Gesundheit etwas Gutes damit. In der Wahl des Medikamentes als Suchtmittel spiegelt sich eine Seite unserer gesellschaftlichen Wirklichkeit wider, die Frauen ein Idealbild vermittelt, in dem sie schön, jung, belastbar usw. sein sollen. Eine Frau, die sich durch die verschiedenen Aufgaben in Familie und Beruf überlastet fühlen (siehe *Abbildung 6)*, greift daher wesentlich häufiger zu Medikamenten als zu Alkohol oder sog. harten Drogen. Auch dauert es oft lange, bis das helfende Medikament über den Missbrauch hin zur Abhängigkeit führt und sich dann persönlichkeitsverändernde Wirkungen und/oder körperlichen Schädigungen zeigen.

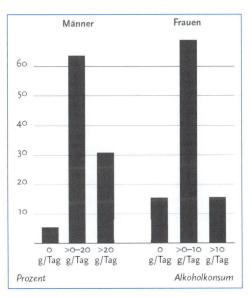

Abbildung 5: Alkoholkonsum von Männern und Frauen in Deutschland unter Berücksichtigung der tolerierbaren oberen Alkoholzufuhrmenge (TOAM) von ca. 20g Alkohol pro Tag für den erwachsenen Mann und ca. 10g Alkohol pro Tag für die erwachsene Frau. Daraus ergeben sich die unterschiedlichen Einteilungen in der Abbildung für Männer und Frauen. (Quelle: Robert-Koch-Institut, Bundes-Gesundheitssurvey: Alkohol, 2003; Zahlen von 1998)

Abbildung 6: Berufsgruppen erwerbstätiger Frauen mit den höchsten Anteilen an Antidepressiva-Verordnungen unter den BKK-Pflichtmitgliedern (Quelle: BKK Faktenspiegel. Schwerpunktthema Krankenstand, September 2005)

Allerdings kommt es im Laufe der Zeit vor allem bei Frauen auch oft zur Abhängigkeit von mehreren Medikamenten und zu einer doppelten Abhängigkeit von Medikamenten und Alkohol. Medikamente und Alkohol werden dann meist wechselweise im Entweder-oder-Verfahren eingesetzt, d. h. während der Arbeitszeit werden etwa Benzodiazepine als Alkoholersatz eingenommen, während zu Hause - alleine, damit es keiner merkt - Alkohol getrunken wird.

4.14.6 Fazit / Forschungsbedarf

Arbeit ist von zentraler Bedeutung für unsere Gesundheit und unser Wohlbefinden. Gesundheitsgerechte und persönlichkeitsfördernde Arbeitsbedingungen dienen dabei nicht nur der verbesserten Gesundheitssituation der Beschäftigten und der besseren Arbeitszufriedenheit, sondern unter wirtschaftlichen Aspekten auch der Verringerung oder Vermeidung von Fehlzeiten. Um solche Arbeitsbedingungen zu schaffen, ist es wichtig, die gesundheitlichen Risiken in der Arbeitswelt zu kennen, um dann auf deren Beseitigung hinzuwirken bzw. präventive Maßnahmen ergreifen zu können.

Im Bereich der arbeitsmedizinischen Forschung finden Gender-Gesichtspunkte erst seit wenigen Jahren Berücksichtigung. Bislang gibt es kaum Studien, die Gender-Erkenntnisse auf den Bereich der Arbeitsmedizin übertragen und nur wenige Wissenschaftler, die hier eigenständig Forschung betreiben. Dass es Geschlechterunterschiede, etwa im Bereich der psychosomatischen und psychiatrischen Erkrankungen oder des Suchtverhaltens gibt, ist mittlerweile allgemein anerkannt. Allerdings gibt es bislang kaum Ansätze, diese Erkenntnisse in die arbeitsmedizinische Praxis zu transferieren. Grundlegende Präventivmaßnahmen wie das Schaffen von Voraussetzungen für eine bessere Vereinbarkeit von Karriere und Familie, die bessere soziale Unterstützung von Frauen – auch außerhalb familiärer Strukturen - und eine Flexibilisierung starrer Arbeitszeiten sind zwar seit Jahren bekannt, es fehlt jedoch an der entsprechenden Umsetzung. Darüber hinaus wären spezielle betriebsärztliche Angebote mit interdisziplinärem, biopsychosozialem Ansatz zur individuellen Gesundheitsberatung und -förderung wünschenswert, und zwar nicht nur für Frauen.

4.14.7 Key-Message
- Integration von Gender Medicine in den Bereich Arbeitsmedizin.
- Einfluss weiblicher und männlicher Rollenstereotype.
- Vereinbarkeit von Erwerbsarbeit und Familie.
- Karriereknick durch Familienpause.
- Besonderheiten bei Frauen in Führungspositionen.
- Gesundheitsrelevanz, z.B. bei Depressionen, Angst- und Suchterkrankungen.

LITERATURHINWEISE

BUNDESMINISTERIUM FÜR FAMILIE, SENIOREN, FRAUEN UND JUGEND (HG.) (2001): Bericht zur gesundheitlichen Situation von Frauen in Deutschland. Eine Bestandsaufnahme unter Berücksichtigung der unterschiedlichen Entwicklung in West- und Ostdeutschland. Schriftenreihe des BMFSFJ, Bd. 209. Kapitel 7: Arbeit und Gesundheit. Kohlhammer. Berlin.

HUBER, J. (2005): Frauenspezifische Medizin. Verlag Wilhelm Maudrich. Wien, München, Bern.

HURRELMANN, K.; KOLIP, P. (HRSG.) (2002): Geschlecht, Gesundheit und Krankheit: Frauen und Männer im Vergleich. Huber. Bern.

RIECHER-RÖSSLER, A.; BITZER, J. (HRSG.) (2004): Frauengesundheit. Ein Leitfaden für die ärztliche und psychotherapeutische Praxis. Elsevier. Urban & Fischer. München, Jena.

RIEDER, A.; LOHOFF, B. (HRSG.) (2004): Gender Medizin. Geschlechtsspezifische Aspekte für die klinische Praxis. Springer. Wien, New York.

5 Psychosoziale Gesundheitsstörungen – Diagnose, Differentialdiagnose

5.1 Individuelle Diagnostik/Differentialdiagnostik – Untersuchungsmethoden

Kathrin Bernardy und Volker Köllner

Im vorliegenden Kapitel wird ein Überblick über Methoden und Verfahren zur Diagnostik psychischer Störungen sowie psychosozialer Belastungen und Ressourcen gegeben. Beginnend mit dem breiten Feld der klinischen Diagnostik, ihren Klassifikationssystemen und Verfahren sowie deren Einsatzbereichen folgt eine kurze Darstellung eines aktuellen Diagnostikbereichs, nämlich die Diagnostik der Fähigkeitsstörungen. Im Anschluss werden klassische Themen und Methoden (Verhaltensbeobachtung und Intelligenzmessung) referiert. Abschluss des Kapitels bildet die berufsbezogene Diagnostik mit den Schwerpunkten der Eignungsdiagnostik und berufswahlunterstützenden Diagnostik.

5.1.1 Klinische Diagnostik

Eine *Diagnose* ist das Ergebnis der Zuordnung von krankhaften Normabweichungen zu Krankheitsbegriffen und somit ihre Einordnung in ein nosologisches System (Zandig, 2005). Dies setzt voraus, dass der betreffende Begriff wohl definiert bzw. operationalisiert ist, was neben der Beschreibung pathogenetischer Wirkzusammenhänge vor allem Implikationen für die Therapie hat.

Für die *Klassifikation psychischer Störungen* sind derzeit zwei Klassifikationssysteme relevant:
- International Classification of Diseases, 10. Rev. (*ICD-10*; Dilling et al., 1995).
- Diagnostisches und statistisches Manual Psychischer Störungen, 4. Rev. (*DSM-IV-TR*; APA, 2000).

Beide Systeme basieren auf folgenden Grundsätzen:
- Der deskriptiv-phänomenologische Ansatz: Die Symptomatik wird möglichst einfach und rein symptomorientiert betrachtet und beschrieben.
- Eine einheitliche und systematische Struktur im Rahmen der Definition und Beschreibung von Störungen.
- Die Einführung eines multiaxialen Ansatzes: Die klinisch relevanten Merkmale werden auf unterschiedlichen Betrachtungsebenen (so genannten Achsen) dargestellt.
- Die Etablierung von diagnostischen Entscheidungsbäumen.
- Die Einrichtung eines Glossars mit den wichtigsten Kriterienbegriffen.

Eine Diagnose nach ICD-10 oder DSM-IV ist eine syndromale Diagnose, sie ersetzt nicht den *diagnostischen Prozess*. Dieser beinhalt die Beschreibung und Festlegung der Symptome und der relevanten Syndrome, den Verlaufsaspekt der Syndrome sowie den Ausschluss organischer Ursachen. Parallel werden durch die Anamnese biographische Faktoren, Lernbedingungen sowie aufrechterhaltende Faktoren, Persönlichkeitsfaktoren und organische Ursachen erhoben (Zandig, 2005).

Grundlagen der Diagnostik sind nach wie vor die sorgfältige Erhebung der *Anamnese* und die körperliche Untersuchung. Hier werden die Informationen zur Ableitung von Hypothesen für ggf. notwendige weitere diagnostische Maßnahmen gewonnen und die Grundlagen für eine vertrauensvolle *Arzt-Patient-Beziehung* geschaffen.

Bei der Diagnostik psychischer Störungen wird im Anamnesegespräch auch der *psychopathologische Befund* erfasst. Hierzu gehört die Beurteilung von:

- äußerem Erscheinungsbild,
- Kontakt und Verhalten,
- Persönlichkeitsstruktur und Intelligenz,
- Bewusstsein und Orientierung,
- Merk- und Erinnerungsfähigkeit,
- Denken (formale und inhaltliche Denkstörungen),
- Wahrnehmung (Sinnestäuschungen, Wahrnehmungsstörungen),
- Ich-Erleben,
- Affektivität,
- Antrieb und Psychomotorik,
- Suizidalität.

Hierbei muss beachtet werden, dass ein psychopathologisches Symptom für sich alleine genommen nie Grundlage einer Diagnose darstellt, sondern in bestimmten Situationen auch bei Gesunden auftreten kann (z. B. Wahrnehmungsstörungen bei Übermüdung). Einzelne Symptome dürfen deshalb nur im Kontext der Gesamtpersönlichkeit und des Zeitverlaufs interpretiert werden. Häufig lassen sich valide Diagnosen nicht in einer einzigen Untersuchung, sondern erst in einem längeren diagnostisch-therapeutischen Prozeß stellen (siehe hierzu *Abbildung 1*). Auch bei der Begutachtung psychischer Störungen sind nicht selten mehrere Untersuchungstermine notwendig.

Im klinischen Alltag wird eine Diagnose meist dadurch gestellt, dass die im Anamnesegespräch erfassten Informationen (in der Regel implizit) mit den *diagnostischen Kriterien* abgeglichen werden. Häufig geschieht dies in einem Prozess, der sich über mehrere Begegnungen mit dem Patienten erstreckt. Eine Alternative ist die standardisierte Erhebung der diagnoserelevanten Informationen. Standardisierte Verfahren zur Erhebung der ICD-10- bzw. DSM-Diagnose lassen sich in unterteilen in:

Checklisten

Diese enthalten lediglich Auflistungen von diagnostischen Kriterien, legen aber nicht das konkrete Vorgehen fest. Sie erreichen nicht immer die gleiche Reliabilität und Validität wie vollständig standardisierte Verfahren. Einsatzgebiet ist so vor allem das diagnostische Vorscreening. Beispiel einer solchen Checkliste ist die Internationale Diagnose-Checkliste (ICDL, Hiller et al., 1995).

Strukturierte Interviews

In diesen werden durch einen Leitfaden Fragen, deren Reihenfolge, Sprungregeln zur Auslassung sowie die Antwortkategorien vorgegeben. Dem Interviewer bleibt jedoch ein Beurteilungsspielraum erhalten, durch den er sein klinisches Urteil mit einfließen lassen kann. Beispiel für ein strukturiertes Interview ist das Strukturierte Klinische Interview (SKID-I, Wittchen et al., 1997).

Standardisierte Interviews
Bei diesen Interviews sind die Schritte der Datenerhebung und Auswertung genau standardisiert und es werden nur die Antworten des Interviewten kodiert. Ein vorgegebener Algorithmus fasst dann die Symptome und Syndrome zu Diagnosen zusammen. Diese Art der Datenerhebung hat den Vorteil einer hohen Objektivität und Reliabilität sowie der Durchführbarkeit durch klinisch nicht geschulte Interviewer. Nachteil ist, dass Fehlerquellen wie z. B. widersprüchliche Angaben nicht berücksichtigt werden können, sodass die Validität eingeschränkt sein kann. Beispiel für ein standardisiertes Interview ist das Diagnostische Expertensystem, welches auch in einer computerisierten Version vorliegt (DIA-X-M-CIDI, Wittchen & Pfister, 1997).

Innerhalb der klinischen Diagnostik stellen *Fragebögen* eine der gebräuchlichsten psychodiagnostischen Untersuchungsmethoden dar. Der Einsatz von solchen *klinischen Selbstbeurteilungsverfahren* ist vor allem dann indiziert, wenn es um die Erfassung von Merkmalen geht, welche am leichtesten über die Selbsteinschätzung erhoben werden können, bzw. nur der Selbstbeobachtung zugänglich sind. Allerdings sollten beim Einsatz dieser Verfahren und der Interpretation des Ergebnisses mögliche Fehlerquellen berücksichtigt werden, wie z. B. Antworttendenzen (z. B. soziale Erwünschtheit) oder Effekte der Itempositionierung.

Ein nützliches Klassifikationskriterium dieser Verfahren stellt die Einteilung nach störungsgruppenübergreifenden und störungsgruppenbezogenen Verfahren dar. Zu den *störungsgruppenübergreifenden Verfahren* gehören solche, die sich auf Merkmalsbereiche beziehen, welche grundsätzlich im Zusammenhang mit verschiedenen psychischen Störungen stehen können. Solche Bereiche sind z. B. das interpersonale Verhalten oder die Lebensqualität. Beispiele solcher Verfahren sind zum einen das Inventar zur Erfassung Interpersonaler Probleme (IIP-D, Horowitz, et al., 2000), welches ein Fragebogen zur Einschätzung von interpersonalen Problemen ist. Ein weiterer, viel eingesetzter und weit verbreiteter Fragebogen ist der Fragebogen zum Gesundheitszustand (SF 36, Bullinger & Kirchberger, 1998). Dieser dient der krankheitsübergreifenden Erfassung des subjektiven Gesundheitszustandes von Patienten verschiedener Populationen in Bezug auf psychische, körperliche und soziale Aspekte.

Störungsgruppenbezogene Verfahren sind solche, die zentrale Merkmalsbereiche wie Angst, Depressionen, Zwang, Schizophrenie, Persönlichkeitsstörungen, somatoforme und psychosomatische Störungen erfassen (Übersicht in: Schumacher & Brähler, 2003). Beispielhaft wäre hier zum einen die Hospital Anxiety and Depression Scale (HADS-D, Herrmann, Buss & Snaith, 1995) zu nennen, welche der Erfassung von psychischer Beeinträchtigung in den Symptombereichen Angst und Depressivität bei Patienten mit primär somatisch wahrgenommenen Beschwerden dient. Zur Erfassung des Niveaus der Persönlichkeitsorganisation kann das Borderline-Persönlichkeits-Inventar (BPI, Leichsenring, 1997) eingesetzt werden. Dieses Verfahren schätzt die Wahrscheinlichkeit des Vorliegens einer Borderline-Störung anhand der Kriterien Identitäts-Diffusion, primitive Abwehrmechanismen und Objektbeziehungen, Realitätsprüfung und Angst vor Nähe.

5.1.2 Integration unterschiedlicher Informationen zu einer Gesamtdiagnose

Diagnosen sind kein Selbstzweck - sie sollen therapeutische Handlungsanweisungen geben oder eine Grundlage der Begutachtung darstellen. Eine bio-psycho-soziale Diagnostik bedeutet den dynamischen Einbezug psychischer, sozialer und somatischer Einflussfaktoren auf das Krankheitsgeschehen und deren Integration zu einer Gesamtdiagnose. Pfeiler und Ausgangspunkt eines jeden diagnostischen und auch therapeutischen Prozesses ist die interaktionelle Ebene, also die Beziehung zwischen Arzt und Patient. Vor diesem Hintergrund muss entschieden werden, ob eine sorgfältige Anamnese und körperliche Untersuchung als diagnostisches Funda-

Basis: Arbeitsbündnis zwischen Arzt und Patient	
Zeitpunkt: Erstgespräch	1. Begrüßung des Patienten, eigene Vorstellung, Herstellung einer möglichsten komfortablen Lage für den Patienten
	diese eher „selbstverständlich" anmutenden Schritte können dem Patienten das Interesse des Arztes vermitteln, und unterstützten so das Vertrauensverhältnis
	2. Aufforderung des Patienten durch eine offene Frage, alle Beschwerden zu schildern
	die Schilderungen des Patienten geben Hinweise auf Leitsymptome, derzeitige Lebensumstände und auf die Persönlichkeit des Patienten
	3. Exploration des aktuellen Leidens: zeitliches Auftreten, Qualität, Intensität, Lokalisation und Ausstrahlung, Zusammenhang mit anderen Beschwerden, Umstände des Auftretens, der Verschlimmerung und Milderung
	4. Frühere Erkrankungen, Familienanamnese, persönliche Entwicklung und soziale Lebensumstände des Patienten
	der Arzt folgt den Assoziationen des Patienten mit Empathie und Intuition, und integriert diese in die aktuelle Symptomatik des Patienten
	5. Systematische Erforschung von Symptomen in den relevanten Organsystemen, körperliche Untersuchung
	6. Schilderung der Ursachen und Behandlungsmöglichkeiten aus Patientensicht
	die Schilderungen des Patienten geben Aufschluss darüber, wie bewusst dem Patienten Zusammenhänge zwischen psychischen und/oder sozialen Problemen und den Beschwerden sind. Der Arzt gewinnt so Erkenntnisse über Abwehr und Widerstände des Patienten, und kann diese nun sowohl in den Behandlungsplan als auch in die Erläuterung der diagnostischen und therapeutischen Pläne einbeziehen.
	7. Diagnose I, erste Therapieplanung
Zeitpunkt: über Wochen nach Erstgespräch	8. Einsatz von standardisierten Test- und Interviewverfahren und ggf auch medizinisch-apparativer Diagnostik
	Hinweise in der Anamnese auf psychische Störung können dadurch untermauert, quantifiziert und klassifiziert werden. Wichtig ist hierbei, dem Patienten die Anwendung, sowie ggfls Sinn und Zweck dieses Verfahrens zu erläutern.
	9. Erweiterung, Revision oder Bestätigung Diagnose I und der Therapie
	10. Einsatz von Methoden der strukturierten Selbstbeobachtung
	Ein Beschwerdetagebuch, das vom Patient über mehrere Wochen geführt und bei jedem Arztbesuch mitgebracht wird, lässt Arzt und Therapeut systematische Zusammenhänge zwischen den Beschwerden und äußeren bzw. inneren Faktoren entdecken. Neben der diagnostischen Zielsetzung kann dieses Tagebuch auch zur Verlaufs- bzw. Ergebniskontrolle in der Therapie eingesetzt werden. Ideal ist die parallele Aufzeichnung von physiologischen Parametern (z.B. durch Biofeedback).
	11. Laufende Überprüfung der Diagnose und ständige Therapieoptimierung im diagnostisch-therapeutischen Prozeß

Abbildung 1: Der Prozess der bio-psycho-sozialen Diagnostik (aus Bernardy et al., 2005)

ment für das weitere Handeln ausreichen, oder ob strukturierte Interviews, testpsychologische Untersuchungen und apparative Diagnostik hinzukommen müssen. Eine Übersicht über den diagnostisch-therapeutischen Prozeß gibt *Abbildung 1*.

5.1.3 Diagnostik von Fähigkeitsstörungen

Die Beschreibung und Messung von *Fähigkeitsstörungen* hat erst in den letzten Jahren verstärkte Aufmerksamkeit gefunden. Die ICD-10 diagnostiziert zwar psychische Störungen, nicht aber die Krankheitsfolgen chronischer Erkrankungen und Schädigungen. Im Gegensatz zu akuten Störungen oder Erkrankungen kommt es bei chronischen Erkrankungen häufig zu überdauernden Fähigkeitsstörungen und in der Folge zu erheblichen Beeinträchtigungen in der Erfüllung der sozialen Rollen (Linden & Baron, 2005). Aus diesem Grund wurde 1980 von der WHO eine erste Ausgabe der internationalen Klassifikation zur Beschreibung von Behinderungen veröffentlicht (ICIDH). Als Nachfolgeklassifikation wurde 2001 die Internationale Klassifikation der Funktionsfähigkeit, Behinderung und Gesundheit (*ICF*, WHO, 2001) herausgegeben. Dieses Verfahren unterscheidet zwischen

1. Funktionsstörungen oder Störungen in Körperstrukturen,
2. Fähigkeits- oder Aktivitätsstörungen und
3. Partizipationsstörungen.

Funktional gesund ist eine Person, wenn es ihre seelischen und körperlichen Funktionen (unter Berücksichtigung ihres Lebenshintergrundes) ermöglichen, die verschiedenen Rollenanforderungen so zu erfüllen, wie jemand ohne Schädigungen oder Störungen. Die ICF ist in ihrer Struktur jedoch ein sehr komplexes Instrument, sodass ihr Einsatz in der klinischen Praxis nur bedingt möglich ist. Mit dem Mini-ICF-Rating für psychische Störungen (Mini-ICF-P, Linden & Baron, 2005) steht jedoch ein kurzes Fremdbeurteilungsinstrument zur Verfügung, mit dessen Hilfe Fähigkeitsstörungen bei psychischen Störungen operationalisiert und quantifiziert werden können. Abgeleitet daraus kann dann eine gezielte Förderung des Patienten abgeleitet werden. Einsatzbereich dieses Instrumentes ist die klinische Routine und speziell die Rehabilitationsmedizin.

5.1.4 Verfahren zur Erfassung der Persönlichkeit

Persönlichkeitstests haben den Anspruch, die Persönlichkeit in ihren zentralen Dimensionen möglichst umfassend zu beschreiben, und werden im normalpsychologischen wie auch im klinisch-therapeutischen Setting eingesetzt. Ziel ist dabei die Erhebung möglichst zeitstabiler Persönlichkeitsmerkmale.

Mit zu den bekanntesten und am meisten benutzten Verfahren dieser Gruppe gehört das Minnesota Multiphasic Personality Inventory (MMPI-2, Hathaway et al., 2000). Dieses Verfahren soll mit möglichst geringem Aufwand die Differentialdiagnostik psychischer Störungen vereinfachen; die Skalen (z. B. Hypochondrie) geben einen umfassenden Überblick über alle Bereiche des gestörten psychischen Wohlbefindens. Im deutschsprachigen Raum ist das Freiburger Persönlichkeitsinventar (FPI-R, Fahrenberg et al., 2001) ein weitverbreiteter Persönlichkeitstest mit guter Reliabilität und Validität. Die Skalen dieses Fragebogens (z. B. Leistungsorientierung oder Soziale Orientierung) geben relevante Konzepte in den Selbstbeschreibungen der Durchschnittsbevölkerung wieder. Einsatzbereiche sind verschiedene differentiell-psychologische Assessmentaufgaben mit Schwerpunkten in den Bereichen Psychosomatik, Psychotherapie und Gesundheitspsychologie.

Das NEO-Fünf-Faktoren-Inventar (NEO-FFI, Borkenau & Ostendorf, 1993) nach Costa und McCrae basiert auf dem Fünf-Faktoren-Modell der Persönlichkeit. Dieses Verfahren ist ein multidimensionales Persönlichkeitsinventar, das die wichtigsten Bereiche individueller Unterschiede erfasst. Umfangreiche Studien zeigten, dass der Einschätzung von Personen in Fragebögen und Adjektivlisten fünf robuste Dimensionen zugrunde liegen, welche das Verfahren auf fünf Skalen abbildet: Neurotizismus, Extraversion, Offenheit für Erfahrungen, Verträglichkeit und Gewissenhaftigkeit. Der Einsatzbereich dieses Verfahrens ist breit, es kann z. B. in der Arbeits- und Organisationspsychologie, der klinischen Psychologie, der Berufsberatung oder in der pädagogischen Forschung eingesetzt werden.

Ein Persönlichkeitsinventar mit salutogenetischem Fokus ist der Trierer Persönlichkeitsfragebogen (TPF, Becker, 1989). Dieses Verfahren erfasst Superkonstrukte der Persönlichkeit: Verhaltenskontrolle und seelische Gesundheit. Seelische Gesundheit ist dabei als das Ausmaß definiert, in dem es einer Person gelingt, externen und internen Forderungen zu genügen. Seelische Gesundheit wird durch die Skalen:

- Sinnerfülltheit,
- Selbstvergessenheit,
- Beschwerdefreiheit,
- Expansivität,
- Autonomie,
- Selbstwertgefühl und
- Liebesfähigkeit erhoben.

Der Einsatzbereich dieses Verfahrens umfasst neben klinischen Fragestellungen auch die Verwendung in Gesundheits-, Arbeits-, Betriebs- und Sportpsychologie.

5.1.5 Verhaltensbeobachtung

Der Einsatzbereich der *Verhaltensbeobachtung* ist breit: Sie wird insbesondere innerhalb der klinischen Diagnostik zu diagnostischen, therapeutischen und wissenschaftlichen Zwecken eingesetzt, aber auch im berufsbezogenen Kontext zur Eignungsdiagnostik (z. B. Arbeitsproben). Bei der Verhaltensbeobachtung können drei Ebenen unterschieden bzw. einbezogen werden:

- das beobachtbare Verhalten,
- das subjektive Erleben sowie
- die psychophysiologischen Reaktionen.

So kann bei einer *Arbeitsprobe* parallel zur Beobachtung der Ausführung der Tätigkeit der Proband gefragt werden, wie belastend er die Situation empfindet, um daraus Rückschlüsse auf die spezifische tätigkeitsbezogene Belastbarkeit ziehen zu können. Im Rahmen der klinischen Diagnostik können parallel zur Beobachtung des Problemverhaltens physiologische Parameter (z. B. Blutdruck) gemessen werden und die Emotionen und Kognitionen des Patienten festgehalten werden.

Innerhalb dieser Untersuchungsmethode kann (nach dem Grad der Strukturiertheit) zwischen der freien und der strukturierten Beobachtung unterschieden werden: Während die freie Verhaltensbeobachtung im Grunde ständig eingesetzt werden kann und wird, um Hinweise auf Situationsmerkmale, Interaktionen und Verhaltensweisen zu erhalten, wird bei der strukturierten Verhaltensbeobachtung der Beobachtungsgegenstand von Beginn an festgelegt. Ebenso festgelegt werden die Art der Beobachtung und die Kodierung der Ergebnisse.

Besondere Relevanz hat diese Untersuchungsmethode im Rahmen der klinischen, verhaltenstherapeutischen Diagnostik: Bei *Verhaltenstests* sucht der Patient eine für ihn problematische Situation auf, und wird dabei vom Therapeuten beobachtet. Bei der *Selbstbeobachtung* ist der Patient Handelnder und Beobachtender zugleich, er beobachtet und protokolliert zeitnah (z. B. durch ein Tagebuch) Merkmale der auslösenden Situation seines Problemverhaltens, seine emotionalen, kognitiven und ggf. auch physiologischen Rektionen sowie deren Konsequenzen.

5.1.6 Intelligenz- und Leistungstests

Intelligenz ist das am besten untersuchte Persönlichkeitsmerkmal. Allerdings existiert bis heute keine allgemein gültige Definition, was Intelligenz eigentlich ist. Hintergrund ist, dass Intelligenz ein Konstrukt ist, das nicht direkt beobachtbar ist, sondern aus dem Verhalten einer Person in einer Leistungsdiagnostik erschlossen wird. Verfahren zur Testung der Intelligenz sind die brauchbarsten und effektivsten Messverfahren für intellektuelle Fähigkeiten. Die Anwendungsfelder der *Intelligenzdiagnostik* sind vielfältig, sie liegen aber vor allem in zentralen Lebensbereichen wie Schule, Ausbildung, Studium und Beruf (Holling et al., 2004).

Für die Praxis der Intelligenzdiagnostik ist es vor allem wichtig, dass das Intelligenzmodell, auf das der verwandte Test aufbaut, bekannt ist. Exemplarisch werden im Folgenden zwei sehr häufig verwandte und auf unterschiedlichen Intelligenztheorien aufbauende Verfahren dargestellt.

5.1.6.1 Hamburg-Wechsler-Intelligenztest

Der Hamburg-Wechsler-Intelligenztest für Erwachsene (HAWIE-R, Revision 1991, Tewes, 1994) ist ein Verfahren zur Einschätzung des allgemeinen geistigen Entwicklungsstandes und zur Untersuchung von Leistungsbeeinträchtigungen. Dieser Test ist an der Generalfaktoren-Theorie der Intelligenz orientiert, welche postuliert, dass den kognitiven Leistungen ein allgemeiner Faktor zugrunde liegt, welcher die allgemeine Intelligenz konstituiert. Zusätzlich werden für einzelne Aufgabengebiete noch spezifische Faktoren angenommen, sodass eine Testleistung auf den allgemeinen Intelligenzfaktor und einen spezifischen Faktor zurückgeht (Holling et al., 2004). Der HAWIE-R misst also die allgemeine Intelligenz, zudem werden auch nicht-intellektuelle, praktische Intelligenzkomponenten geprüft. Er besteht aus 11 Untertests (6 Verbaltests und 5 Handlungstests), wobei die sprachliche Intelligenz über die Untertests

- Allgemeines Wissen,
- Zahlen nachsprechen,
- Wortschatz-Test,
- Rechnerisches Denken,
- Allgemeines Verständnis und
- Gemeinsamkeiten finden

geprüft wird. Die praktische Intelligenz wird über die Untertests Bilder ergänzen, Bilder ordnen, Mosaik-Test, Figuren legen und den Zahlen-Symbol-Test erhoben. Neben der Erhebung des Gesamt-Intelligenz-Quotienten erlaubt der HAWIE-R auch eine Profilanalyse über alle Untertests.

5.1.6.2 Intelligenz-Struktur-Test 2000 R

Der Intelligenz-Struktur-Test 2000 R (I-S-T 2000 R, Amthauer et al., 2001) basiert auf einer Synthese verschiedener klassischer Intelligenzmodelle, in welchen Intelligenz als abhängig von mehr als einem Faktor postuliert wird. Dieses Verfahren ist modular aufgebaut, d. h. bestimmte Komponenten können in Abhängigkeit von inhaltlichen und ökonomischen Anforderungen hinzugenommen oder weggelassen werden. Es werden 11 Fähigkeiten erfasst:

- verbale Intelligenz,
- figural-räumliche Intelligenz,
- rechnerische Intelligenz,

- figurale Merkfähigkeit,
- schlussfolgerndes Denken,
- verbales Wissen,
- figural-bildhaftes Wissen,
- numerisches Wissen,
- Wissen (Gesamt) sowie
- fluide und kristallisierte Intelligenz.

Als fluide Intelligenz wird die (weitgehend angeborene) Fähigkeit, sich neuen Situationen anzupassen, bezeichnet, kristalline Intelligenz meint die kognitiven Fertigkeiten, welche durch die Kumulierung von Lernerfahrungen seit der Geburt entwickelt wurden.

Wie valide sind Ergebnisse von Intelligenztests? Häufig herangezogene Kriterien sind Schul-, Ausbildungs- und Berufsleistungen. Der mittlere Zusammenhang zwischen Intelligenz und Schulnoten, welcher in Metaanalysen gefunden wurde, ist sehr hoch und stellt einen der höchsten Zusammenhänge der psychologischen Diagnostik überhaupt dar. Auch zur Vorhersage des Ausbildungs- und Berufserfolges können Intelligenztests beitragen, wobei die Leistungsvorhersage umso höher ausfällt, je komplexer oder schwieriger die Ausbildung oder der Beruf sind. Insgesamt eignen sich also Maße der Intelligenz zur Vorhersage von Leistungen in Schule, Ausbildung und Beruf, wobei diese Leistungen natürlich auch durch Motivation, Persönlichkeit und situative Merkmale beeinflusst werden (Holling et al., 2004).

5.1.7 Berufsbezogene Verfahren

Die berufs- bzw. *arbeitsbezogene Diagnostik* ist von anderen diagnostischen Feldern nicht immer klar abgrenzbar. So stehen z. B. berufliche Konflikte und Probleme in einer reziproken Beziehung zu psychischen Störungen. Persönlichkeitsaspekte und Intelligenz beeinflussen die Berufswahl und Fähigkeitsstörungen können die Arbeitsfähigkeit gefährden. Aus diesem Grund werden nach der exemplarischen Darstellung von zwei Verfahren, welche diese Überschneidungen abbilden, zwei wichtige und aktuelle Bereiche der berufsbezogenen Diagnostik herausgegriffen: die Eignungsdiagnostik und die Berufswahl unterstützende Diagnostik.

Ein Verfahren, welches den Überschneidungen zwischen gesundheits- und arbeitspsychologischen Fragestellungen Rechnung trägt, ist das Arbeitsbezogene Verhaltens- und Erlebensmuster (AVEM, Schaarschmidt & Fischer, 1996). Dieses Verfahren bildet konstante Verhaltens- und Erlebensmerkmale bezüglich Arbeit und Beruf ab. Diese Merkmale sind Folgen vorangegangener Beanspruchungen, aber auch persönlichkeitsspezifische Voraussetzungen für die Bewältigung zukünftiger Aufgaben. An diesen Merkmalen zeigt sich, wie der Betreffende arbeitsbezogenen Anforderungen begegnet und seine eigenen Beanspruchungsverhältnisse mitgestaltet. Damit knüpft dieses Verfahren an solche gesundheitspsychologische Konzepte an, in welchen die Art und Weise der Beanspruchung und Bewältigung eines Menschen ein entscheidendes Kriterium psychischer Gesundheit ist. Einsatzgebiete des AVEM sind dementsprechend arbeits- und gesundheitspsychologische Fragestellungen ebenso wie die Entwicklung präventiver Maßnahmen in diesen Bereichen.

Ein Fragebogen, welcher persönliche Eignungsvoraussetzungen abbildet, ist das Bochumer Inventar zur berufsbezogenen Persönlichkeitsbeschreibung (BIP, Hossiep et al., 2003). Diese Eignungen werden durch insgesamt 14 Dimensionen erhoben, darunter Gewissenhaftigkeit, Teamfähigkeit, Leistungsmotivation, Kontaktfähigkeit und emotionale Stabilität. Somit werden also Persönlichkeitsaspekte, klinische Aspekte sowie soziale Fähigkeiten als überfachliche

Kompetenzen bei der Vorhersage des beruflichen Erfolges verknüpft. Einsatzbereich des BIP ist speziell die Anwendung im Personalmanagement (Personalauswahl und -platzierung, Trainings- und Coachingmaßnahmen, Feedbackprozesse sowie Karriereberatung).

5.1.7.1 Eignungsdiagnostik

Wichtigstes Anwendungsfeld der Eignungsdiagnostik sind Personalentscheidungen in einem Unternehmen. Da die Vorhersage von Berufs- oder Ausbildungserfolg zu den zentralen Aufgaben der Personaldiagnostik gehört, ist es besonders wichtig, dass die verwandten Verfahren eine hohe prognostische Validität aufweisen (Spinat & Unz, in press). Eine hohe Vorhersagevalidität haben Arbeitsproben, Intelligenztests und strukturierte Einstellungsinterviews, eher geringere weisen graphologische Gutachten und Personalfragebogen auf. Ein hoher Anforderungsbezug, Strukturiertheit sowie die Simulation typischer Situationen zeichnen also die geeigneteren Verfahren aus. Für das *Einstellungsinterview*, welches zu dem am häufigsten eingesetzten Methoden gehört, heißt das, dass dieses besonders treffsicher ist, wenn den Bewerbern z. B. im Interview erfolgkritische Situationen vorgestellt werden und sie schildern sollen, was sie in solchen Situationen tun würden. Solche situativen Module erlauben nicht nur die Verhaltensbobachtung, sondern sorgen auch für die Möglichkeit der Vermittlung typischer Situationen der angestrebten Tätigkeit.

Verfahren, welche die Intelligenz erheben, weisen allerdings auch ohne den konkreten Bezug zur Anforderung hohe prognostische Relevanz auf, was insbesondere für Berufe mit komplexen Anforderungen gilt (Spinat & Unz, in press).

5.1.7.2 Berufswahlunterstützende Diagnostik

Die Berufsberatung ist, ähnlich wie die Eignungsdiagnostik, von der Notwendigkeit geprägt, den Interessen der Gesellschaft, aber auch denen des Einzelnen gerecht zu werden. Die berufsbezogene Beratung erfolgt hauptsächlich durch Lehrer an Schulen und durch eine Vielzahl von Medien; insbesondere kommt dabei aber den Berufsberatern der Bundesagentur für Arbeit eine erhebliche Bedeutung zu (Wottawa & Hossiep, 1997).

Bei der berufswahlunterstützenden Diagnostik wird aufgrund der Vielzahl der Fragestellungen auch ein breites Spektrum an Testverfahren eingesetzt, vor allem werden aber folgende Verfahren eingesetzt:

- *Persönlichkeitstests*: Siehe obige Ausführungen.
- *Leistungstests*, welche unter anderem die Konzentrationsfähigkeit oder die Gedächtnisleistungen eines Probanden testen. Beispielhaft sei hier der Konzentrations-Leistungs-Test (KLT-R, Düker et al., 2001) dargestellt. Dieses Verfahren erfasst sowohl die Quantität als auch die Qualität der Dauerbeanspruchungen und des Leistungsverlaufs einer Testperson in zwei unterschiedlichen Schwierigkeitsstufen.
- *Interessenstests*, wie z. B. der Allgemeine Interessen-Struktur-Test (AIST-R) mit Umwelt-Struktur-Test (UST-R) von Bergmann und Eder (2005). Der AIST-R dient der Erfassung schulisch-beruflicher Interessen mit Hilfe von sechs Interessensdimensionen: praktisch-technische Interessen, intellektuell-forschende Interessen, künstlerisch-sprachliche Interessen, soziale Interessen, unternehmerische Interessen und konventionelle Interessen. Der UST-R ist ein mit dem AIST-R korrespondierendes Verfahren, das die Beschreibung schulisch-beruflicher Um-

welten nach denselben Dimensionen erlaubt. Zusätzlich enthält das Manual ein umfangreiches und aktuelles Register Codes für Berufe und Ausbildungen. Jedes individuelle Interessenprofil ist somit mit entsprechenden Berufsempfehlungen verknüpfbar.

5.1.8 Persönliche Ressourcen

Diagnostik sollte sich nicht auf die Erfassung von Defiziten beschränken, sondern unter salutogenetischem Aspekt auch intra- und interpersonale *Ressourcen* beschreiben und dem Patienten rückmelden. Teil des diagnostischen Gesprächs sind hier Fragen wie:

- „Wie sind Sie bisher in Ihrem Leben mit belastenden Situationen fertig geworden?".
- „Welche persönlichen Voraussetzungen bringen Sie mit, um diese Situation zu bewältigen?".
- „Welche Menschen unterstützen Sie, bei wem können Sie sich aussprechen?".

Zur Erfassung von Ressourcen stehen auch standardisierte Erhebungsinstrumente zur Verfügung. Ein Beispiel bei intrapersonalen Ressourcen stellt der SCO (Abel et al., 2003) zur Messung des Kohärenzgefühls im Sinne A. Antonovskys dar. Als bedeutsame interpersonale Ressource wurde soziale Unterstützung identifiziert, die in der Lage ist, den negativen Effekt belastender Lebensereignisse oder chronischer Erkrankungen in erheblichem Maße auszugleichen. Soziale Unterstützung kann z. B. mit dem F-Sozu (Fydrich et al., 1999) standardisiert erfasst werden.

5.1.9 Key-Message

- Eine Diagnose ist das Ergebnis der Zuordnung von krankhaften Normabweichungen zu Krankheitsbegriffen.
- Grundlagen hierfür sind ein nosologisches System, in dem diese Zuordnungen allgemeingültig definiert sind und die individuelle und vertrauensvolle Arzt-Patient-Beziehung, welche die sinnvolle Erhebung von Informationen erst ermöglicht.
- Grundlage ist das ärztliche Gespräch.
- Standardisierte Erhebungsinstrumente stellen eine wertvolle Ergänzung dar. Sie sind unverzichtbar, wenn gutachterliche oder wissenschaftliche Anforderungen zu erfüllen sind.

LITERATURHINWEISE

ABEL, T.; KOHLMANN, T.; NOACK, H. (2003) SOC – Sense-of-Coherence-Fragebogen. In: Schumacher, J.; Brähler, E. (Hrsg.), Diagnostische Verfahren in der Psychotherapie. Hogrefe, Göttingen, S. 326-330.

AMERICAN PSYCHIATRIC ASSOCIATION (APA) (2000): Diagnostic and Statistical Manual of Mental Disorders, 4. Edition, Textrevision (DSM-IV-TR). APA. Washington DC.

AMTHAUER, R.; BROCKE, B.; LIEPMANN, D.; BEAUDUCEL, A. (2001): Intelligenz-Struktur-Test 2000 Revision (I-S-T 2000 R). Hogrefe. Göttingen.

BECKER, P. (1989): Der Trierer Persönlichkeitsfragebogen (TPF). Handanweisung. Hogrefe. Göttingen.

BERGMANN, C.; EDER, F. (2005): Allgemeiner Interessen-Struktur-Test mit Umwelt-Struktur-Test (UST-R) - Revision (AIST-R). Hogrefe. Göttingen.

BERNARDY, K.; KÖLLNER, V.; JORASCHKY, P.: Integration psychischer, sozialer und somatischer Aspekte in der Diagnostik. In: Janssen P, Joraschky P, Tress W (Hrsg.): Leitfaden Psychosomatische Medizin und Psychotherapie. Köln, Deutscher Ärzteverlag, 2005, 144-146.

Borkenau, P.; Ostendorf, F. (1993): NEO- Fünf Faktoren Inventar (NEO-FFI) nach Costa und McCrae: Handanweisung. Hogrefe. Göttingen.

Bullinger, M.; Kirchberger, I. (1998): SF-36 Fragebogen zum Gesundheitszustand – Handanweisung. Hogrefe. Göttingen.

Dilling, H.; Mombour, W.; Schmidt, M.H. (1995): Internationale Klassifikation psychischer Störungen: ICD-10, Kapitel V(F). Klinisch-diagnostische Leitlinien. Hans Huber. Bern.

Düker, H.; Lienert, GA.; Lukesch, H.; Mayrhofer, S. (2001): Konzentrations-Leistungs-Test - Revidierte Fassung – (KLT-R). Hogrefe. Göttingen.

Fahrenberg, J.; Hampel, R.; Selg, H. (2001): Das Freiburger Persönlichkeitsinventar (FPI). Revidierte Fassung FPI-R und teilweise geänderte Fassung FPI-A1. Handanweisung (7.Aufl.). Hogrefe. Göttingen.

Fydrich, F.; Geyer, M.; Hessel, A.; Sommer, G.; Brähler, E. (1999): Fragebogen zur Sozialen Unterstützung (F-SozU): Normierung an einer repräsentativen Stichprobe. Diagnostica 45, 212-216.

Hathaway, R.S.; McKinley, J.C.; Engel, R.E. (Hrsg. Der deutschen Version) (2000): Minnesota Multiphasic Personality Inventory 2 (MMPI-2). Huber. Bern.

Herrmann, Ch.; Buss, U.; Snaith, R. P. (1995): HADS-D: Hospital Anxiety and Depression Scale – Deutsche Version. Ein Fragebogen zur Erfassung von Angst und Depressivität in der somatischen Medizin; Testdokumentation und Handanweisung. Huber. Bern.

Hiller, W.; Zaudig, M.; Mombour, W. (1995): Internationale Diagnosen Checklisten für ICD-10 (ICDL). Hans Huber. Bern.

Holling, H.; Preckel, F.; Vock, M. (2004): Intelligenzdiagnostik. Kompedien Psychologische Diagnostik, Band 6. Hogrefe. Göttingen.

Horowitz, L. M.; Strauss, B.; Kordy, H. (2000): Inventar zur Erfassung interpersonaler Probleme (IIP-D). Handanweisung (2. Aufl.). Beltz Test Gesellschaft. Weinheim.

Hossiep, R.; Paschen, M.; Mühlhaus, O. (2003): Bochumer Inventar zur berufsbezogenen Persönlichkeitsbeschreibung (BIP). Hogrefe. Göttingen.

Leichsenring, F. (1997): Borderline-Persönlichkeits-Inventar (PBI). Manual. Hogrefe. Göttingen.

Linden, M.; Baron, S.: Das „Mini-ICF-Rating für psychische Störungen (Mini-ICF-P)". Rehabilitation. 44 (2005) 144-151.

Schaarschmidt, U.; Fischer, A.W. (1996): Fragebogen zu arbeitsbezogenen Verhaltens- und Erlebensmustern (AVEM). Swets Test Services. Frankfurt am Main.

Schumacher, J.; Brähler, E. (Hrsg.) (2003): Diagnostische Verfahren in der Psychotherapie. Hogrefe, Göttingen.

Spinath, M.; Unz, D.C. (in press), Wie gut sind diagnostische Methoden? Maier, G.; John M. (Hrsg.) Eignungsdiagnostik in der Personalarbeit: Grundlagen, Methoden, Erfahrungen. Im Druck.

Tewes, U. (2004): Hamburg-Wechsler-Intelligenztest für Erwachsene - Revision 1991 (HAWIE-R). 2 korr. Aufl. Hans Huber. Bern.

Wittchen, H.U.; Zaudig, M.; Fydrich, T. (1997) : Strukturiertes Klinisches Interview für DSM-IV, Achse I (SKID-I). Hogrefe. Göttingen.

Wittchen, H.U.; Pfister, H. (Hrsg) (1997): Composite International Diagnostic Interview (DIA-X-M-CIDI) in PC Version. Swets & Zeitlinger B.V.; Swets Test Services. Frankfurt.

World Health Organization (WHO) (2001): International Classification of Functioning, Disability and Health (ICF). WHO. Geneva.

Wottawa, H.; Hossiep, R. (1997): Anwendungsfelder psychologischer Diagnostik. Hogrefe. Göttingen.

Zaudig, M. (2005), Grundmodelle der Klassifikation und Diagnostik psychischer Störungen, Janssen et al (Hrsg.) (2005): Leitfaden Psychosomatische Medizin und Psychotherapie. Deutscher Ärzte-Verlag. Köln, S. 102-112.

5.2 Psychometrische Testverfahren
Georg Hörmann und Hans-Jürgen Kurtz

Psychometrische Testverfahren werden nicht nur im engeren Bereich psychologischer Einzelfall- oder Gruppendiagnostik eingesetzt, sondern in vielfältigen Leistungsbereichen im Gesundheitswesen, in der Medizin (z. B. Neurologie) oder beispielsweise auch der Sportwissenschaften.

5.2.1 Aufgabe und Funktion von Diagnostik

Diagnose (griechisch diagnosis), im 18. Jahrhundert in Frankreich erstmals in der in der Medizin gebräuchlichen Bedeutung, nämlich im Sinne von Krankheitserkennung, benutzt, meint soviel wie Erkennen, Durchschauen, aber auch unterscheidende Beurteilung, Feststellung. Diesem allgemeinen Wortsinn folgend heißt dann diagnostizieren jemanden oder etwas erkennen, beurteilen, durchschauen, „auseinanderkennen" und unterscheiden wollen. Im Idealfall soll am Ende eines diagnostischen Prozesses / Erkenntnisvorgangs ein richtiges Bild, ein reales Abbild der diagnostizierten Sache oder Person stehen (A -> A'). Um das Andere und Gegenüber zu einer verstandenen Sache werden zu lassen, bedarf es der Über-Setzung in die Rationalität symbolischer Verständigung. Wenn dieser Prozeß der Sammlung, Aufbereitung und Transformation von Informationen in systematischer und kontrollierter Weise erfolgt, wird die Ebene der naiv-realistischen Urteilsfindung des Alltags verlassen und Diagnostik in ihrer wissenschaftlichen Form betrieben. Wissenschaftliche Diagnostik mittel psychometrischer Testverfahren ist demnach auf das Ziel ausgerichtet, Daten systematisch zu sammeln und aufzubereiten mit der Perspektive, Entscheidungen und daraus resultierende Handlungen zu begründen, zu kontrollieren und zu optimieren.

Für die praktische Diagnostik spielen zumindest die folgenden fünf Fragen eine wichtige Rolle: Wer (Diagnostiker) untersucht womit (diagnostisches Instrumentarium), was (Sachbereich, Problem, Symptom), wozu (Art und Ziel der Diagnostik), wo (Institutionen, Aufgabenfelder)? An dieser Stelle soll indes nur die zweite Frage behandelt werden, da die restlichen vier Punkte im vorliegenden Buch an verschiedenen Stellen bezüglich der Berufsgruppen (Arbeitsmediziner, Psychologen), der Leistungssektoren (Kapitel 2), der Sachbereiche und Probleme (Kapitel 3), der Interventionsformen (Kapitel 6 und 7) und der betrieblichen Arbeitswelt (Kapitel 4) spezifiziert werden.

Das Ziel von Diagnostik kann in sorgfältiger Differenzierung, Klassifikation, Selektion (Auslese) oder Modifikation (Förderung) von Maßnahmen oder Behandlungsschritten, Dokumentation, Evaluation von Maßnahmen sowie im Rahmen epidemiologischer Erhebungen zur Verteilung und Häufigkeit von gesundheitlichen Beeinträchtigungen im Beruf liegen. Prozeßdiagnostik, Einzelfall- oder Gruppendiagnostik, norm- oder kriteriumsorientierte Diagnostik, Testung oder Inventarisierung können im Vordergrund stehen. Das Erkenntnisinteresse ist selbstverständlich nicht frei von Ort und Zweck des Diagnostizierens zu sehen (epidemiologische Grundlagenforschung ohne unmittelbare und kurzfristige Praxisrelevanz auf der einen Seite, gutachterliche Tätigkeit unter erheblichem Handlungsdruck mit weitreichenden existentiellen Entscheidungen etwa hinsichtlich Berentung oder Arbeitsunfähigkeit auf der anderen Seite, weiterhin unter Setting-Perspektive versus individuumzentrierter Entscheidungsorientierung).

5.2.2 Diagnostische Erhebungsverfahren

Das diagnostische Gespräch, auch Klinisches Gespräch, ist der Versuch, in freier oder an einen Leitfaden gebundener Form von dem Probanden oder Dritten etwas über einen Sachverhalt, sei es ein Problem (Symptomatik) in Form eines Befundes oder einer gegenwärtigen Befindlichkeit, möglicher Entstehungszusammenhänge und Verlaufsformen zu erfahren. Ziel der *Exploration* ist die ganzheitliche Erforschung der Daten zu klinisch auffälligen oder unauffälligen Bereichen von körperlicher, seelischer und sozialer Befindlichkeit. *Anamnese*, griechisch Erinnerung, umfasst die Gesamtheit der durch Befragung des Patienten gewonnenen Informationen über dessen körperliche, psychische und soziale Vorgeschichte zu Krankheiten, Beeinträchtigungen und Leidenszuständen (Krankenvorgeschichte). Das *Interview* stellt einen geplanten, zielgerichteten und verbalen Kommunikationsprozess zur Erhebung spezifischer Informationen dar. Je nach Grad der Strukturierung kann die Informationserhebung sich vom Gesprächsverlauf leiten lassen (narrative Form), an einem Leitfaden orientiert sein oder von weitgehender Standardisierung der Erhebungssituation geleitet sein, im strengsten Fall liegt ein standardisierter Fragebogen vor. Neben der mündlichen Form von Gespräch, Exploration, Interview und Anamnese kann die Informationserhebung auch in schriftlicher Weise als Fragebogen oder Test erfolgen.

Um Unterschiede zwischen verschiedenen Personen (interindividuelle Differenzen) oder Unterschiede einer Person zu verschiedenen Zeitpunkten (intraindividuelle Differenzen) objektivieren zu können, werden psychometrische *Tests* durchgeführt. Merkmale werden quantitativ erfaßt und mit dem Durchschnitt einer Vergleichsgruppe (Normstichprobe) relativiert (normorientierte Tests). Grad der Standardisierung und Applikationsform (schriftlich bzw. mündlich) können kombiniert und zu einer Vielzahl von Mischformen verbunden werden. Standardisierte, halb- und teilstandardisierte Vorgehensweisen können außerdem ergänzend zu offenen Interaktionsabläufen treten.

Neben Befragungsmethoden und Selbstbeobachtungs- bzw. Selbsteinschätzungsskalen tritt die *Beobachtung* als frei oder entlang bestimmter Kategorisierungssysteme praktizierte Registrierung/Protokollierung oder aber auch Beurteilung (Rating-Verfahren) des eigenen oder fremden Verhaltens.

Den Vorteilen der weniger strukturierten Erhebungsmethoden, nämlich eine uneingeschränkte Aussagevielfalt, eine größere Flexibilität und eine reichhaltigere Informationsfülle zu ermöglichen, stehen die Nachteile mangelnder Vergleichbarkeit, subjektiver und situativer Verzerrungsfaktoren und wenig kalkulierbarer Störvariablen gegenüber. Letztlich verbergen sich bei der Wahl unterschiedlicher Methoden historische Kontroversen zwischen *Idiographik* versus *Nomothetik*, klinischer versus statistischer Urteilsbildung und Test versus Exploration. In der der geisteswissenschaftlichen Orientierung folgenden *Idiographie* besteht das Ziel in der Suche nach dem Einmaligen und Unverwechselbaren, was die Forderung nach Konkretheit und Ganzheit zur Beschreibung komplexer Gegenstände einschließt. Demgegenüber besteht das, naturwissenschaftlicher Orientierung folgende, Ziel der *Nomothetik* in der Suche nach allgemeingültigen Gesetzen und Regeln und dem Bestreben nach Verallgemeinerung zur Findung zentraler Aussagen, was analytisches Denken und Experimente favorisiert. Von klinischer Urteilsbildung wird gesprochen, wenn der Prozeß der Datenintegration erfahrungs- und intuitionsgesteuert erfolgt. Da es sich zumeist um eine am Einzelfall orientierte Vorgehensweise handelt, wird auch die Bezeichnung kasuistische Urteilsbildung vorgeschlagen. Demgegenüber ist die statistische Urteilsbildung "durch eine mechanistische Datenbehandlung gekennzeichnet, d. h. einzelne diagnostische Informationen werden nach expliziten Regeln gewichtet" (Heil 1992, 39 f.). Die Kontroverse um quantitative versus qualitative Verfahren wird am vehementesten zwischen Testvertretern und Anhängern der Exploration und solcher Datenerhebungsmethoden wie beispielsweise des nichtstandardisierten Interviews oder der biographischen Methode geführt.

Gegenüber dichotomisierenden Frontstellungen und vermeidbaren Mißverständnissen wird in Abwägung der besonderen Umstände, der Fragestellungen und Zielsetzungen zu entscheiden sein, welche der genannten Alternativen eingesetzt werden soll, ob im gegebenen Fall eher ein Testverfahren, eine Exploration oder eine Kombination von beiden angebracht ist. So kann etwa die Exploration zur Untersuchung von schwer erhebbaren Sachverhalten eingesetzt werden, für welche sich Testverfahren nicht eignen. Möglicherweise dient die Exploration dazu, erst eine günstige Atmosphäre für Testuntersuchungen jeder Art zu schaffen oder zur genaueren Analyse der Testdaten, um beispielsweise die Lösungsstrategien von Probanden besser nachvollziehen zu können. Beide Verfahren können schließlich ergänzend eingesetzt werden, indem die Exploration als Breitbandverfahren zur Hypothesengenerierung und Tests zur Hypothesenprüfung Verwendung finden. Endlich können beide Verfahren zur gegenseitigen Kontrolle eingesetzt werden. Weniger ein rigoroser und obsoleter Methodenmonismus ist folglich gefragt, sondern die flexible und problemangemessene Kenntnis eines differenzierten Methodenrepertoires, das sich für praktische Zwecke auch auf Mini-Ratings beschränken kann. Um Fehlerquellen zu minimieren oder wenigstens adäquater abschätzen zu können, werden an diagnostische Methoden im Idealfall bestimmte Anforderungen gestellt, welche unter dem Oberbegriff Gütekriterien zusammengefasst werden, ohne dass bei Nichterreichung dieser Messlatte automatisch ein abschätziges Qualitätsurteil resultieren müsste. Sofern nämlich die Einhaltung idealtypischer Gütekriterien weniger aus Gründen fehlender Kenntnis oder prinzipieller Machbarkeit, sondern aus Gründen der mangelnden Erreichbarkeit, Zweckmäßigkeit oder unterschiedlicher Fragestellung unterbleibt, würde deren unumstößliche Verabsolutierung zur Dogmatisierung führen, welche den Primat der Methode über den Gegenstand postuliert und Sicherheit und Genauigkeit auf Kosten inhaltlicher Substanz vorgaukelt.

5.2.3 Gütekriterien

Eine diagnostische Maßnahme soll, sofern sie quantifizierbare Aussagen zum Ziel hat und psychometrischen Ansprüchen verpflichtet ist, folgende Haupt- und Nebengütekriterien erfüllen:

(1) *Objektivität* (Unabhängigkeit vom Untersucher). Ein psychometrisches Verfahren muss demnach objektiv, das heißt, in Bezug auf Durchführung, Auswertung und Interpretation der erhobenen Daten unabhängig von der Person des Anwenders sein. Wer immer das Instrument benutzt, muss (im günstigsten Fall) bei der Untersuchung derselben Person stets die gleichen Resultate erzielen.

(2) Die *Reliabilität* (Zuverlässigkeit) einer Methode gibt an, wie genau ein Testinstrument das Merkmal misst, welches es zu erfassen vorgibt. Dies wird beispielsweise dadurch überprüft, dass eine Testapplikation nach einer gewissen Zeit an der gleichen Person wiederholt wird (Retest-Reliabilität). Erwartung wäre hier, dass - alle anderen Bedingungen einmal unverändert vorausgesetzt - die erste und die zweite Messung gleich sind.

(3) Das Kriterium der *Validität* (Gültigkeit). Eine diagnostische Methode ist dann gütig, wenn sie das Merkmal, welches erfaßt werden soll, auch tatsächlich misst.

Neben diesen Hauptgütekriterien sollen folgende Nebengütekriterien erfüllt sein:

(4) *Normierung*. Nach diesem Gütekriterium sollen Angaben vorliegen, welche für die Einordnung des individuellen Ergebnisses als Bezugssystem dienen können. Rohwerte sind bestimmten Standardwerten zuordenbar. Die Normierung kann für eine Gesamtpopulation, bestimmte soziale Gruppen (Gruppennormen) oder angebbare Stichproben erfolgen, je nach Anwendungszweck und gewünschter Reichweite.

(5) *Vergleichbarkeit*. Das Vorhandensein einer oder mehrerer Paralleltestformen oder validiätsähnlicher Tests ermöglicht eine intraindividuelle Reliabilitäts- und Validitätskontrolle.

(6) *Ökonomie*. Kurze Durchführungszeit, wenig Materialverbrauch, einfache Handhabbarkeit, schnelle und bequeme Auswertbarkeit sowie Durchführbarkeit in Gruppen sind Voraussetzungen für die ökonomische Anwendung.

(7) *Nützlichkeit*. Die eigentlich selbstverständliche Forderung, dass eine diagnostische Maßnahme einem praktischen Bedürfnis dient, besagt, dass kein Ersatz durch bereits anderweitig und hinreichend bestehende Instrumente existiert. Darüber hinaus sind für epidemiologische Untersuchungen Kriterien wie Einfachheit der Durchführung, Annehmbarkeit, d. h. keine Einwände aus ethischen Gründen oder wegen eines erhöhten Risikos, Wiederholbarkeit und Genauigkeit, d. h. die Forderung nach angemessenen Parametern als Indikatoren des zu untersuchenden Zustandes oder Symptoms von Bedeutung. Hinsichtlich der Wechselbeziehung der Gütekriterien setzt eine hohe Validität entsprechende Maße der Objektivität, Reliabilität und Zulänglichkeit voraus. Abgesehen von den klassischen Gütekriterien gibt es

die relativen Grade der Sensitivität und Spezifität.

(8) *Sensitivität* wird definiert durch die Anzahl von Personen, auf die der Zustand zutrifft und die durch den Test entdeckt werden (richtig positive Fälle), im Verhältnis zu der Anzahl betroffener Personen in der Population.

(9) *Spezifität* wird definiert als die Anzahl von Personen, auf die der zu untersuchende Zustand nicht zutrifft und die auf den Test negativ reagieren (richtig negative Fälle), im Verhältnis zu der Anzahl der in der Population nicht betroffenen Personen. Spezifität und Sensitivität werden in Prozent ausgedrückt. Beim vollkommen validen Test würden Sensitivität und Spezifität jeweils 1 betragen. Allerdings erreichen wenige oder überhaupt keine Tests diese hohen Werte, die meisten erfordern eine Abwägung zwischen Sensitivität und Spezifität. Je höher die Sensitivität eines Tests ist, was weniger falsch negative Fälle impliziert, desto geringer ist gewöhnlich seine Spezifität (mehr falsch positive Fälle) und umgekehrt.

5.2.4 Klassische Testtheorie und Alternativen

Eine Streitfrage, welche nicht mehr nur die Testkonstrukteure und Methodiker beschäftigt, sondern die auch dem Anwender diagnostischer Instrumente begegnet, ist die Frage, ob die klassische Testtheorie oder alternative Konzepte die bessere Basis für die Konstruktion von Diagnoseinstrumenten abgeben. Bis zur Mitte des letzten Jahrhunderts, als sich andere Konzepte abzuzeichnen begannen, gab es nur eine ausgearbeitete Testtheorie, eben die seither „klassisch" genannte. Die Theorie stellt ein Gerüst von Axiomen, Formeln und Vorschriften dar, welche eine in sich schlüssige und möglichst aussagekräftige Interpretation vorliegender Messdaten erlaubt. Ihre zentrale Frage ist die Frage nach dem Ausmaß von verfälschenden Anteilen bei Messungen, weshalb sie auch häufig als Messfehlertheorie bezeichnet wird. Die wichtigsten Voraussetzungen der klassischen Testtheorie können in drei Axiomen zusammengefaßt werden:

1. Existenzaxiom: Zu jedem beobachteten (gemessenen) Wert existiert ein „wahrer Wert" im Sinne einer bestimmten individuellen Merkmalsausprägung. Diese wird als Konstante - wenigstens über einen gewissen Zeitraum hinweg - angenommen. Der in einem Test enthaltene Messwert als zufallsabhängiges Testergebnis einer Person ist folglich fehlerhaft, da sich der wahre Wert (true score, T) einer Messung (d. h. die wahre Merkmalsausprägung bei der gemessenen Person im jeweiligen Test) vom beobachteten Wert X durch den Messfehler E (error) unterschiedet; ausgedrückt in der Formel: $X = T + E$.

Sofern die Messwerte jedoch in einem sorgfältig kontrollierten Verfahren gewonnen wurden, kann man annehmen, dass der Fehler zufallsbedingt ist. Ein zufallsbedingter Fehler würde bei vielen Messwiederholungen mal oberhalb, mal unterhalb des wahren Wertes liegen. Im Mittel heben sich solche Fehler gegenseitig auf.

Daher ergibt sich als 2. Fehleraxiom: Der Messfehler einer Messung ist eine Zufallsvariable. Für diese gilt, dass die Summe bzw. das arithmetische Mittel der Fehlerwerte den Wert Null ergibt. Daraus folgt, dass der Messfehler mit dem wahren Test unkorreliert ist und auch die Messfehler verschiedener Test unkorreliert sind.

3. Verknüpfungsaxiom: Der beobachtete Wert setzt sich additiv aus wahrem Wert und Fehlerwert zusammen. Diese additive

Beziehung setzt voraus, dass wahrer Wert und Fehlerwert auf der gleichen Messskala wie der beobachtete Wert abgebildet werden. Aus diesen Axiomen hat die klassische Testtheorie die Formeln, Regeln und Vorschriften für die Gütekriterien der Objektivität, Reliabilität und Validität abgeleitet.

Obwohl nahezu die Gesamtheit der praktisch bedeutsamen psychometrischen Tests auf den Axiomen des klassischen Modells aufbaut und brauchbare Erträge klassischer Messinstrumente in Forschung und Praxis ernsthaft kaum bestritten werden, sind indes eine Reihe von Unklarheiten und Widersprüchen augenfällig geworden, welche ein starkes Motiv für die Entwicklung alternativer Modelle darstellten. Letztere werden meist unter dem Sammelbegriff *neuere* oder *probabilistische* Testtheorie zusammengefasst.

Als Stichworte für einige Kritikpunkte an der klassischen Testtheorie seien deren Populationsabhängigkeit und die Invarianzvoraussetzung genannt. Alle Fehleranteilsschätzungen müssen nach der klassischen Testtheorie auf Messwerten aufbauen, die an Stichproben gewonnen wurden, also populationsabhängig sind. Die Annahme, dass der Fehleranteil vom wahren Wert unabhängig sei und mit diesem nicht korreliert, trifft nicht zu, höchstens im mittleren Skalenbereich schwanken beobachtete Werte gleichwertig um den wahren Wert. Im oberen Skalenbereich werden die beobachteten Werte häufiger nach unten, im unteren Skalenbereich häufiger nach oben tendieren (Regressionseffekt). Die Reliabilität als Quotient aus wahrer Varianz (Streuung der Messdaten) und beobachteter Varianz hängt auch von der Reliabilität der untersuchten Stichproben ab, ist also keine strikte Eigenschaft des Instruments. Für den Anwender macht sich schließlich die Populationsabhängigkeit am deutlichsten bei den Normen bemerkbar. Wenn mangelnde Repräsentativität beispielsweise bei extrem aufwendiger Stichprobenauswahl und differenzierten Berechnungen idealiter noch zu beheben wäre, bleibt die Invarianzvoraussetzung gleichwohl fragwürdig. Intraindividuelle Schwankungen um einen wahren Wert können nur dann als messfehlerbedingt erklärt werden, wenn dieser wahre Wert über Zeit und Situationen hinweg relativ stabil bleibt. Die Annahme eines stabilen Ist-Zustandes erlaubt Prognosen nur unter der Annahme gleichbleibender Fortschreibung, ist jedoch wenig geeignet zur Verlaufsdiagnostik.

Diese Schwächen und andere Unzulänglichkeiten (z. B. Messtheoretische Grundannahmen zum angemessenen Skalenniveau, Normalverteilungspostulat) haben die Entwicklung probabilistischer Modelle begünstigt. Während die klassische Testtheorie latente Größen auf beobachtbare reduziert (die beobachtete Variable X ist gleich dem wahren Wert T, ergänzt um einen additiven Messfehleranteil), besagt der probabilistische Charakter der so bezeichneten Modelle, dass vom beobachteten Verhalten einer Person, d. h. von ihren Testantworten, nur mit einer gewissen Wahrscheinlichkeit auf die interessierende, nicht beobachtbare Eigenschaft einer Person geschlossen werden kann (Latent-Trait-Theorie). Zwischen dem manifesten Verhalten und der latenten Größe besteht demnach eine kategoriale Differenz. Neben dem dichotomen logistischen Modell von Rasch, welches Annahmen über das Zustandekommen der Wahrscheinlichkeit bei der Lösung oder Beantwortung eines Items macht (logistische Funktion) und hierbei Personen- und Aufgabenparameter berücksichtigt, existieren weitere Varianten entweder als Spezialfälle oder Verallgemeinerungen dieses Modells. So basiert das Binomialmodell, das vorwiegend bei kriteriumsorientierten Tests zur Anwendung gelangt ist, auf der Grundannahme, dass alle Aufgaben, die das gleiche latente Merkmal anziehen, die gleiche Schwierigkeit haben. Das lineare logistische Testmodell ist in den Schätzwerten für Itemparameter und Basisparameter stichprobenunabhängig.

Obwohl die probabilistische Testtheorie einige Vorzüge gegenüber dem älteren Konzept bietet, ist sie ihrerseits nicht frei von Widersprüchen und Unschärfen. Angesichts der erstaunlichen Diskrepanz zwischen der wissenschaftlichen Anerkennung des Testmodells und seinem bisher zurückhaltenden Einsatz bei der Testkonstruktion und nachträglicher Testüberprüfung bleibt zu konstatieren, dass sich gerade in der arbeitswissenschaftlichen Praxis die Verfahren der probabilistischen Testtheorie noch kaum durchgesetzt haben. Aufgrund ihrer u. a. mathematischen Komplexität und dem ungesicherten Verhältnis von Aufwand und Ertrag, also der bislang unzureichenden praktischen Relevanz, wird an dieser Stelle und im nachfolgenden Kapitel nicht näher auf diese Modelle eingegangen. Da die Weiterentwicklung der probabilistischen, aber auch der klassischen Testtheorie im Fluss ist, bleibt allerdings abzuwarten, wieweit in Zukunft die neueren Trends in der Konstruktionspraxis von Tests und Fragebogen ihren Niederschlag finden.

5.2.5 Ausgewählte Instrumente

Nachdem bekannte arbeits(platz)bezogene Verfahren wie *AVEM (Arbeitsbezogenes Verhaltenes- und Erlebensmuster;* Schaarschmidt & Fischer 1999), IPS (Inventar zur Persönlichkeitsdiagnostik in Situationen; Schaarschmidt & Fischer 1999) oder TKI (Teamklima-Inventar; Brodbeck et al. 2000) bereits in Kapitel 5.1 erörtert werden, sollen unabhängig von Fragen der angemessenen Testkonstruktion im Folgenden einige ausgewählte, im Arbeitsleben verbreitete und häufig verwandte psychometrische Testverfahren vorgestellt werden. Das dritte, in der Privatwirtschaft sehr verbreitete Instrument soll hinsichtlich Methodenkombination und Praxiseinsatzes exemplarisch erläutert werden, obwohl seine testtheoretische Validierung bislang nicht dokumentiert ist.

5.2.5.1 Der Arbeitsbewältigungsindex (ABI)

Eine wesentliche Voraussetzung der Produktivität und Leistungsfähigkeit eines Unternehmens ist die Arbeitsfähigkeit der Beschäftigten. Diese Frage gewinnt zunehmend an Bedeutung, zumal sich einerseits bereits Arbeitskräftemangel abzeichnet, andererseits ältere Beschäftigte revitalisiert werden müssen (Arbeitskräftemangel, Altersruhegrenze).

Finnische Wissenschaftler haben vor über 20 Jahren begonnen, den Work-Ability-Index (WAI; deutsch: ABI) zu entwickeln und weiterzuentwickeln. Seit dem Jahr 2000 existiert auch eine deutsche Version. Mit dem ABI will man die Arbeitsfähigkeit der Beschäftigten besser einschätzen können, um die Daten in der betriebsärztlichen Praxis und der betrieblichen Gesundheitsförderung verwenden zu können. Der Fragebogen erfasst sieben Dimensionen:

- Derzeitige Arbeitsfähigkeit im Vergleich zu der besten je erreichten Arbeitsfähigkeit,
- Arbeitsfähigkeit in Relation zu den Anforderungen der Arbeitsfähigkeit,
- Anzahl der aktuellen vom Arzt diagnostizierten Krankheiten,
- Geschätzte Beeinträchtigung durch die Krankheiten,

- Krankenstandstage im vergangenen Jahr,
- Einschätzung der Arbeitsfähigkeit in 2 Jahren,
- Psychische Leistungsreserven.

Der ABI hat in Europa eine hohe Verbreitung gefunden, obwohl er – wie Elsner betont – unzureichend ist. Er berücksichtigt in keiner Weise Arbeitsbedingungen, die die Arbeitsfähigkeit beeinträchtigen können. „Der Arbeitsbewältigungsindex fragt nach subjektiven Befindlichkeiten und Krankheiten, bezieht diese gesundheitlichen Faktoren aber nicht auf die objektiven Arbeitsplatzbedingungen" (Elsner 2005, 19). Krankheit wirkt sich zwar auf die Arbeitsfähigkeit aus, Arbeitsfähigkeit wird jedoch auch durch andere Faktoren als Krankheit beeinflusst.

5.2.5.2 Methoden zur Erfassung psychischer Belastungen (COPSOQ)

Die Arbeitswelt verändert sich immer schneller. Neue Produktionstechniken führen zu anderen Arbeitsweisen. Personalabbau fordert das Redesign der Arbeitsabläufe. Der Wettbewerbsdruck erhöht sich. Vor diesem Hintergrund verändern sich auch psychische Belastungen am Arbeitsplatz. Betrachtet man die Erkrankungen von Beschäftigten, so können wir aktuell zwar einen Rückgang der Krankheitstage verzeichnen. Gleichzeitig ist festzustellen, dass die psychischen Erkrankungen zunehmen. Deshalb besteht ein besonderes Interesse daran, die psychosozialen Arbeitsbelastungen besser zu diagnostizieren, um zielgenauer Interventionen entwickeln zu können. Breit diskutiert wird der *Copenhagen Psychosocial Questionnaire (COPSOQ)*, am National Institute for Occupational Health entwickelt, mittlerweile auch als deutsche Version vorhanden.

Die folgenden Aspekte der Skalen werden erfasst:

Anforderungen:
- Quantitative Anforderungen,
- Kognitive Anforderungen,
- Emotionale Anforderungen,
- Anforderungen, Gefühle zu verbergen,
- Sensorische Anforderungen.

Einfluss und Entwicklungsmöglichkeiten:
- Einfluss bei der Arbeit,
- Entscheidungsspielraum,
- Entwicklungsmöglichkeiten,
- Bedeutung der Arbeit,
- Verbundenheit mit Arbeitsplatz (Commitment).

Soziale Beziehungen und Führung:
- Vorhersehbarkeit,
- Rollenklarheit,
- Rollenkonflikte,
- Führungsqualität,
- Soziale Unterstützung,
- Feedback,
- Soziale Beziehungen,
- Gemeinschaftsgefühl,
- Unsicherheit des Arbeitsplatzes.

Outcomes/Beschwerden:
- Arbeitszufriedenheit,
- Verhaltensbezogene Stresssymptome,
- Kognitive Stresssymptome.

Der Fragebogen ist ausführlich testtheoretischen Überprüfungen unterzogen worden, sodass man sagen kann, er besitze eine Reihe von ausgeprägten Messqualitäten. Eine qualifizierende Bewertung der Messqualitäten „Skalen" findet sich bei Nübling et al. (2005, 86). Mit diesem Instrument wird man aufgrund gewonnener Daten Handlungsfelder für Verbesserungen der psychosozialen Arbeitssituation im Betrieb (a. a. O. 83) aufzeigen können. Der Praktiker wird dies im Fokus haben und Interesse daran haben, dass nicht nur die Langversion hohe Messqualitäten besitzt, sondern auch eine Kurzversion, damit entsprechend hohe Rücklaufquoten der Beschäftigten zu verzeichnen sind.

5.2.5.3 Der MBTI (Myers-Briggs-Typenindikator)
a) Zur Ausgangssituation
Ein Kunde aus der Baubranche, zu Beginn der Beratung ca. 1.400 Mitarbeiter, während des Verlaufs der Beratung aufgrund der konjunkturellen Situation mit sinkender Tendenz, nahm an der Einführung des EFQM-Modells (European Foundation for Quality Management) teil. Das auf zwei Jahre angelegte Projekt wurde im Wesentlichen aus Mitteln des Europäischen Sozialfonds (ESF) finanziert und hatte zum Ziel, die Situation der kleinen und mittelgroßen Betriebe durch Qualitätsmanagement zu verbessern. Im Rahmen von Strategie- und Ziel-Workshops sowie Mitarbeiterbefragungen wurden immer wieder der mangelnde Informationsfluss der Führungskräfte zu den Mitarbeitern und deren Führung bemängelt. Um diese Problematik lösen zu können, wollte der Kunde eine Analyse der Führungskräfte mit Hilfe des MBTI (Myers-Briggs-Typenindikator) durchführen lassen. Der Berater akzeptierte den MBTI, ein in der Privatwirtschaft sehr akzeptiertes Verfahren, schlug aber vor, ein Selbst-Assessment durchführen zu lassen, da die langjährig gedienten, älteren Führungskräfte – und das war die Mehrzahl - ein Fremd-Assessment nicht akzeptieren würden. Der Kunde willigte ein. Der Berater fundierte seinen Vorschlag auch mit den Erfahrungen, von denen Stiefel (2006) berichtete.
Der Myers-Briggs-Typenindikator (MBTI) wird seit Jahren in den Bereichen Personal- Teamentwicklung (Karriere- und Entwicklungsberatung), Fortbildung von Führungskräften sowie im Rahmen von großflächigen Veränderungen (Entwicklung von Organisationskulturen, Management und Organisationsentwicklung) eingesetzt. Er beruht auf der Jung´schen Typologie über menschliches Verhalten. Die Vorstellung über Präferenzen bzw. Neigungen bildet die Grundlage der Typentheorie. Jeder Mensch hat eine bestimmte, bevorzugte Weise, in der er wahrnimmt und beurteilt. Es gibt jeweils zwei Arten des Wahrnehmens und Beurteilens (Funktionen genannt):

- entweder über die fünf Sinne (Sinneswahrnehmung) oder intuitiv (intuitive Wahrnehmung)
- oder analytisch (analytische Beurteilung) oder gefühlsmäßig (gefühlsmäßige Beurteilung).

Die Funktionen werden von Einstellungen beeinflusst, mit der jemand die Welt erlebt. Entweder hat man eine Präferenz für die Außenwelt (Extraversion) oder die Innenwelt (Introversion). So ergeben sich acht Typen, die von Myers-Briggs um die Dimension Dominanz einer Dimension ergänzt wurden. Der MBTI hat also vier Grunddimensionen, aus denen sich 16 Persönlichkeitstypen ergeben:

Extraversion	Introversion
Sinnliche Wahrnehmung	Intuitive Wahrnehmung
Analytische Beurteilung	Gefühlsmäßige Beurteilung
Beurteilung	**Wahrnehmung**

Es wird ein Fragebogen eingesetzt, der aus 90 Fragen und Wortpaaren besteht. Die Items sind folgenden Subskalen zugeordnet:
- sinnliche Wahrnehmung (22 Items),
- intuitive Wahrnehmung (14 Items),
- analytisches Beurteilen (19 Items),

- gefühlsmäßiges Beurteilen (15 Items),
- urteilende Haltung (16 Items),
- wahrnehmende Haltung (20 Items),
- Außenorientierung (25 Items),
- Innenorientierung (23 Items).

Die Anzahl der Items wurde in der deutschen Version auf 90 reduziert. Der MBTI gilt als zuverlässiger und validierter Indikator für Persönlichkeitspräferenzen. Er ist einfach in der Handhabung und Auswertung. Praktische Anwendung oder Ergebnisse sind sofort einsehbar. Ergebnisse einer über 40 Jahre währenden MBTI-Anwendung liegen vornehmlich im amerikanischen Raum vor. Die testtheoretische Validierung ist im Deutschen bisher nicht dokumentiert.

b) Das Vorgehen

Trotz der schwierigen Zeit des Umbruchs, in dem sich die Firma befand, sollte weder die Weiterentwicklung der Firma noch der Führungskräfte vernachlässigt werden, denn die Weiterentwicklung der Firma hängt mit der Weiterentwicklung der Führungskräfte zusammen. Auf der Grundlage einer Selbsteinschätzung sollte ein Gespräch zur persönlichen Weiterentwicklung zwischen Vorgesetztem und Mitarbeiter durchgeführt werden. Die Ergebnisse aller geführten Gespräche sollten zu Personalentwicklungsmaßnahmen führen. Es wurde das folgende Vorgehen vereinbart:

- Schritt 1: Erarbeiten einer Aufgabenbeschreibung.
- Schritt 2: Versand des MBTI an den freiwillig teilnehmenden Teilnehmer und Rücklauf an den unabhängigen Berater.
- Schritt 3: Auf der Grundlage der Aufgabenbeschreibung und der Auswertung des MBTI wird ein Gutachten durch den externen Berater erstellt.
- Schritt 4: Das Gutachten geht an den Mitarbeiter und seinen Vorgesetzten.
- Schritt 5: Der Mitarbeiter und der Vorgesetzte besprechen das Gutachten. In diesem Gespräch soll eine Einigung über die Selbsteinschätzung und die vorgeschlagenen Personalentwicklungsmaßnahmen erzielt werden.
- Schritt 6: Das Gesprächsergebnis geht an den externen Berater. Dieser erarbeitet auf der Grundlage aller Stellungnahmen Personalentwicklungsmaßnahmen.
- Schritt 7: Umsetzung der Maßnahmen.
- Schritt 8: Evaluierung des Erfolgs der Maßnahmen nach ca. einem Jahr.

Wichtig für dieses Vorgehen waren die folgenden Rahmenbedingungen:
- Die Selbsteinschätzung auf der Grundlage des MBTI ist freiwillig.
- Die Auswertungen/Gutachten aller Teilnehmer verbleiben beim externen Berater.
- Das Gutachten verbleibt beim Vorgesetzten und dem Mitarbeiter und wird nicht Bestandteil der Personalakte.
- Das Verfahren dient nicht dem Personalabbau, sondern der persönlichen und Unternehmensentwicklung.

c) Ergebnisse

Von den 31 Führungskräften nahmen 28 an diesem Verfahren teil. Die drei nicht teilnehmenden Führungskräfte standen unmittelbar vor ihrer Pensionierung. Die teilnehmenden Führungskräfte wurden befragt, ob sie das Vorgehen und den Einsatz des MBTI für akzeptabel und als förderlich erlebten. 8 Führungskräfte bestätigten dies uneingeschränkt, 2 Führungskräfte hätten die Rückmeldung und das Gespräch lieber durch den externen Berater erfahren, 2 weitere Führungskräfte gaben einige Anre-

gungen zur Darlegung des Gutachtens. An Personalentwicklungsmaßnahmen konnten aus den Einzelergebnissen die Folgenden aggregiert werden, wobei einzelnen Führungskräften auch zwei Maßnahmen vorgeschlagen wurden:
- 15 der 28 Führungskräfte bestätigten die Teilnahme an Kommunikations- und Führungsseminaren.
- 4 Führungskräfte wollten an einem Selbsterfahrungstraining zur Selbst- und Fremdwahrnehmung teilnehmen.
- 3 Führungskräfte fanden ein Seminar Verhandlungsführung wichtig.
- 1 Führungskraft bekräftigte ein Seminar persönliche Arbeitsmethodik für notwendig.
- 2 Führungskräfte wollten an ihrem Lebens- und Berufskonzept arbeiten.
- 12 Führungskräfte fanden ein Einzelcoaching hilfreich.

Nach Abschluss des Selbst-Assessments und dessen Auswertung wurden die vorgeschlagenen Maßnahmen umgesetzt. Zu einer Evaluation nach einem Jahr kam es aus betrieblichen Gründen nicht mehr.

d) Schlussfolgerungen

Es zeigte sich, dass der Einsatz des MBTI eine hohe Akzeptanz bei den Führungskräften hatte und die Gutachten eine gute Grundlage zur Entwicklung von Personalentwicklungsmaßnahmen boten. An den geplanten Seminaren nahmen ausnahmslos alle Führungskräfte teil, die aufgrund des Gutachtens eine Empfehlung dazu erhielten. In den Seminaren selbst bestätigten die Führungskräfte immer wieder die Notwendigkeit der Maßnahmen. Die Einzelcoachings setzten sich aus sechs halben Tagen pro Teilnehmer über sechs Monate zusammen. Damit war das Coaching intensiv und als Lernprozess angelegt.

5.2.6 Key-Message

- ▶ Verschiedene Formen der Informationsgewinnung kommen im Rahmen diagnostischer und interventiver Maßnahmen zum Einsatz.
- ▶ Psychometrische Testverfahren sollten in der Regel Gütekriterien und konzeptueller testtheoretischer Fundierung genügen.
- ▶ Drei ausgewählte Instrumente illustrieren einerseits Methodenvielfalt und andererseits eine zwar optimierbare, aber in pragmatischer Hinsicht favorisierte Praxis im Bereich von Personal- und Organisationsentwicklung.

LITERATURHINWEISE

BENTS, R.; BLANK, R. (1995): Typisch Mensch. Einführung in die Typentheorie. Beltz Test. Göttingen.

BÖS, K. (HRSG.) (2001): Handbuch Motorische Tests. Hogrefe. Göttingen.

BRODBECK, F.; ANDERSON, N.; WEST, M. (2000): TKI. Teamklima-Inventar. Hogrefe. Göttingen.

DIETRICH, R. ; SOWARKA, B.H. (1995): Gesamtkonzepte der Persönlichkeit. In: Sarges, W. (Hrsg.), Management-Diagnostik. Hogrefe. Göttingen.

ELSNER, G. (2005): Der Arbeitsbewältigungsindex: Ein Bewertung aus arbeitsmedizinischer Sicht. Unveröffentlichtes Manuskript. Universität Frankfurt.

GRUBITZSCH, S. (1991): Klinische Diagnostik und Urteilsbildung. In: Hörmann, G. & Körner, W. (Hrsg.), Klinische Psychologie. Rowohlt: Reinbek, 167-191.

HEIL, F.E. (1992): Klinische versus statistische Urteilsbildung. In: Jäger & Petermann 1992, 39-42.

HÖRMANN, G. (1995): Ziele, Methoden und Konzepte von Diagnostik. In: Masur 1995, 6-11.

JÄGER, R.S. & PETERMANN, F. (HRSG.)(1992): Psychologische Diagnostik. Weinheim.

KUBINGER, K.D. (2006): Psychologische Diagnostik – Theorie und Praxis psychologischen Diagnostizierens. Hogrefe. Göttingen.

LIENERT, G.A. (1969): Testaufbau und Testanalyse. Beltz. Weinheim.

LINDEN, M. , BARON, S.: Das Mini-ICF-Rating für psychische Störungen (Mini-ICF-P). Ein Kurzinstrument zur Beurteilung von Fähigkeitsstörungen bei psychischen Erkrankungen. In: Rehabilitation 44 (2005), 144-151.

MASUR, H. (1995): Skalen und Scores in der Neurologie. Thieme. Stuttgart.

NÜBLING, M.; STÖSSEL, U.; HASSELHORN, H.-M.; MICHAELIS, M.; HOFMANN, F. (2005): Methoden zur Erfassung psychischer Belastungen. Erprobung eines Messinstruments (COPSQ). Schriftenreihe der Bundesanstalt für Arbeitsschutz und Arbeitsmedizin. Dortmund, Berlin, Dresden.

SCHAARSCHMIDT, U.; FISCHER, A. (1996): Arbeitsbezogenes Verhaltens- und Erlebensmuster. Swets. Frankfurt.

SCHAARSCHMIDT, U.; FISCHER, A.W. (1999): Inventar zur Persönlichkeitsdiagnostik in Situationen. Swets. Frankfurt.

SIMON, M.; TACKENBERG, P.; HASSELHORN, H.-M.; KÜMMERLING, A.; BÜSCHER, A.; MÜLLER, B.H. (2005): Auswertung der ersten Befragung der NEXT-Studie in Deutschland. Universität Wuppertal. http://www.next.uni-wuppertal.de.

STIEFEL, R.TH. (2006): Change Management aus der MAO-Perspektive. MAO-Press. St. Gallen.

WESTHOFF, G. (1993): Handbuch psychosozialer Messinstrumente. Hogrefe. Göttingen.

6 Individuum-zentrierte Prävention und Intervention

6.1 Medikamentöse Therapie

Herta Hügel und Volker Köllner

6.1.1 Definition und Übersicht

Psychopharmaka sind Substanzen, die Stoffwechselprozesse im Gehirn beeinflussen und diese bei Störungen normalisieren können. Im weiteren Sinne handelt es sich um Substanzen, die in die Steuerungsfunktion des zentralen Nervensystems eingreifen und seelische Abläufe verändern können.

Über keine andere Medikamentengruppe wird in der Öffentlichkeit so emotional und kontrovers diskutiert wie über Psychopharmaka. Ein gängiges Stereotyp lautet: Psychopharmaka machen abhängig, stellen nur ruhig und decken Probleme zu, anstatt sie zu lösen. Hier werden Eigenschaften der Tranquilizer fälschlicherweise auf die gesamte Gruppe der Psychopharmaka übertragen. Mit ca. 80 Millionen verkauften Packungen/Jahr gehören Psychopharmaka zu den in Deutschland am häufigsten verordneten Medikamenten. Während Anfang der 90er Jahre des letzten Jahrhunderts Tranquilizer am häufigsten verordnet wurden, lagen sie 2000 hinter Antidepressiva (420 Mio. verordnete Tagesdosen) und Neuroleptika (250 Mio.) an dritter Stelle (190 Mio.). Hier zeigt sich ein deutlicher Wandel hin zu einem rationaleren und evidenzbasierten Einsatz von Psychopharmaka. Dies gilt auch für die Kombination von Pharmakotherapie und Psychotherapie, die lange Zeit durch eine schulenorientierte Sichtweise erschwert wurde. Inzwischen ist eine störungs- und patientenspezifische Kombination empirisch abgesichert. So zeigte sich, um nur einige Beispiele zu nennen, dass die Wirksamkeit von Verhaltenstherapie bei Phobien durch eine zusätzliche Medikation nicht verbessert werden kann, während bei schweren Zwangsstörungen oder Nikotinabhängigkeit die Kombinationstherapie überlegen ist. Hinzu kommt, dass Pharmakotherapie in der Regel schneller verfügbar ist als Psychotherapie. Ein frühzeitiger Behandlungsbeginn kann die Chronifizierung psychischer Störungen verhindern und so die Arbeits- oder Erwerbsfähigkeit der Betroffenen häufig erhalten.

Angesichts der zunehmenden Häufigkeit des Einsatzes von Psychopharmaka auch in der Langzeittherapie und ihres sowohl positiven als auch negativen Einflusses auf die Leistungsfähigkeit sind Grundkenntnisse auf diesem Gebiet für die Arbeitsmedizin unerlässlich. Dieses Kapitel kann nur eine grobe Übersicht über die für die Arbeitsmedizin wichtigsten Substanzgruppen, Indikationen und Behandlungsstrategien geben. Eine systematische Übersicht über Substanzgruppen, Behandlungsstrategien, Nebenwirkungen und Kontraindikationen, die angesichts ihrer kompakten und anschaulichen Darstellung auch für "Nicht-Psychiater" sehr gut geeignet ist, findet sich z. B. in dem Buch von Laux, Dietmaier und König.

6.1.2 Antidepressiva

Es handelt sich um eine chemisch heterogene Gruppe von Pharmaka, deren stimmungsaufhellende Wirkung in erster Linie bei der Behandlung depressiver Syndrome eingesetzt wird. Einige Antidepressiva sind auch bei anderen Krankheitsbildern wie chronischem Schmerz, Angst- und Zwangsstörungen wirksam.

Einteilung

Für die Einteilung der Antidepressiva in Untergruppen kann entweder ihre chemische Struktur oder ihr primärer Angriffspunkt im zentralen Nervensystem herangezogen werden. Für die Praxis sind folgende Gruppen relevant:
- *trizyklische Antidepressiva (TZA),* deren chemische Struktur von drei Ringen gebildet wird: z. B. Amitriptylin, Amitriptylinoxid, Clomipramin, Doxepin, Imipramin, Nortriptylin, Trimipramin.
- *tetrazyklische Antidepressiva:* z. B. Maprotilin, Mianserin, Mirtazapin. Der Name bezieht sich ebenfalls auf die chemische Struktur.
- *selektive Serotonin-Wiederaufnahmehemmer (SSRI):* z. B. Citalopram, Escitalopram, Fluoxetin, Fluvoxamin, Paroxetin, Sertralin. Der Name dieser Gruppe beschreibt ihren Wirkmechanismus an den Synapsen im Gehirn.
- *Monoaminoxidasehemmer (MAOH)* erhöhen die Konzentration von Noradrenalin und Serotonin durch Hemmung des abbauenden Enzyms Monoaminoxidase. Sie werden in Deutschland relativ selten eingesetzt.
- *pflanzliche Antidepressiva:* Hyperikum-Extrakte (Johanniskraut).

Alle Antidepressiva wirken stimmungsaufhellend, sie unterscheiden sich jedoch durch ihren Einfluss auf Antrieb und Psychomotorik:
- *sedierend:* z. B. Amitriptylin, Doxepin, Maprotilin, Mirtazapin, Trimipramin,
- *aktivierend:* z. B. Clomipramin, Imipramin, Citalopram, Fluoxetin, Fluvoxamin, Moclobemid, Nortriptylin, Paroxetin, Reboxetin, Sertralin und Venlafaxin.

Nebenwirkungen

Nebenwirkungen treten vor allem in den ersten 2 - 4 Wochen der Therapie auf und bilden sich im Verlauf teilweise zurück.
TZA haben zahlreiche, für die Patienten oft beeinträchtigende Nebenwirkungen:
- Mundtrockenheit, vermehrtes Schwitzen,
- Obstipation (Stuhlverstopfung), Miktionsstörungen (Störungen beim Harnlassen),
- Akkomodationsstörungen,
- Tachykardien (beschleunigte Herztätigkeit), orthostatische Hypotonie (Blutdruckabfall nach dem Erheben aus der sitzenden Position in die stehende),
- Verlangsamung der kardialen Erregungsleitung mit Blockbildern im EKG,
- Gewichtszunahme,
- Müdigkeit oder Unruhe.

Sedierende Antidepressiva bewirken eine Verschlechterung der kognitiven und psychomotorischen Funktionen und beeinträchtigen dadurch die Fahrtüchtigkeit und die Arbeit an laufenden Maschinen für mindestens 10 - 14 Tage während der Ein- und

Umstellungsphase, danach erfolgt eine Adaptation, kognitive Beeinträchtigungen sind aber auch im Langzeitverlauf nachweisbar. *SSRI* sind wesentlich nebenwirkungsärmer, hier treten vor allem Übelkeit, Erbrechen, Durchfälle, Agitiertheit (Unruhe) und Schlafstörungen, sexuelle Funktionsstörungen sowie gestörte Thrombozytenfunktion mit erhöhtem Risiko für gastrointestinale Blutungen auf. Die deutlich geringere/fehlende kognitive Beeinträchtigung macht diese Medikamentengruppe für berufstätige Patienten besonders geeignet.

Praktisches Vorgehen
Vor Beginn einer antidepressiven Behandlung und zur Therapieüberwachung werden folgende Untersuchungen empfohlen: EKG, Blutbild, Leber- und Nierenwerte, Puls- und Blutdruckmessung. Um beim Patienten eine möglichst hohe Bereitschaft zur regelmäßigen Einnahme zu erreichen, sollte dieser über Wirkung und Nebenwirkungen aufgeklärt werden, insbesondere auch über den verzögerten Wirkungseintritt von 1 - 3 Wochen. Nur 10 – 20 % aller Patienten mit Depression werden in Deutschland nach evidenzbasierten Kriterien behandelt. Häufigste Fehler sind zu geringe Dosierung und zu frühes Absetzen. Zunächst sollte mit der niedrigsten potentiell wirksamen Dosis begonnen werden. Bei ängstlichen und somatisierenden Patienten ist wegen geringerer Nebenwirkungen eine Aufsättigung über 2 - 3 Wochen sinnvoll. Bei unzureichender Wirkung sollte die Dosis schrittweise bis in den oberen therapeutischen Bereich erhöht werden, erst danach ist ein Wechsel des Präparats in Erwägung zu ziehen. Bei Beachtung dieser Regeln können ca. 70 % der depressiven Patienten erfolgreich behandelt werden.

Indikationen
Depressive Störungen
Bei leichten Depressionsformen ist meist keine antidepressive Medikation erforderlich, die Gabe von *Johanniskraut* kann versucht werden. Die Wirksamkeit ist allerdings erst für Tagesdosen > 900mg gesichert. Bis zum Wirkungseintritt können 4 - 6 Wochen vergehen. Häufige Nebenwirkungen sind Photosensibilisierung und Magen-Darm-Beschwerden.

Bei mittelgradiger und schwerer Ausprägung und wenn Vitalsymptome wie Appetitlosigkeit, Verdauungsstörungen, Schlafstörungen oder körperliche Missempfindungen vorliegen, ist der Einsatz von Antidepressiva gerechtfertigt, sollte aber von stützenden Gesprächen, aktivierenden Maßnahmen wie körperlichem Ausdauertraining (z. B. Walking) oder einer Psychotherapie begleitet werden.

Bei der Auswahl des geeigneten Antidepressivums sollten das Zielsyndrom und das Nebenwirkungsprofil berücksichtigt werden. Bei *Suizidalität* sind *sedierende Antidepressiva* zu bevorzugen. Die Zeit bis zum Einsatz der antidepressiven Wirkung muss ggf. mit einem Tranquilizer überbrückt werden. Bei depressiven Syndromen mit ängstlich-agitierter Färbung werden ebenfalls sedierende Antidepressiva eingesetzt. Bei depressiven Patienten mit reduziertem Antrieb wird auf *aktivierende* Substanzen zurückgegriffen. Bei depressiven Episoden im Rahmen einer bipolaren affektiven Störung sollten Antidepressiva möglichst nicht eingesetzt werden, da sie eine *Manie* oder Hypomanie auslösen können. Bei einer unipolaren depressiven Episode ist nach der Remission der depressiven Symptome eine Erhaltungstherapie von 6 - 9 Monaten unter Beibehaltung der Dosis erforderlich.

Angststörungen
Wegen ihrer guten Verträglichkeit sind hier SSRI erste Wahl. Zugelassen und in ihrer Wirksamkeit belegt sind außerdem Clomipramin und Imipramin. Im Langzeitverlauf sind Antidepressiva vor allem bei phobischen Störungen jedoch der kognitiven Verhaltenstherapie unterlegen. Eine Kombinationsbehandlung ist nicht effektiver als Verhaltenstherapie alleine.

Zwangsstörungen
Überzeugende Wirksamkeitsnachweise liegen für Clomipramin, Citalopram, Fluoxetin, Fluvoxamin, Paroxetin und Sertralin vor. Aufgrund der geringen Nebenwirkungen sind auch hier SSRI zu bevorzugen. Es sind oft höhere Dosen als bei der Depressionsbehandlung erforderlich, z. B. 60 mg Paroxetin im Vergleich zu 20-40 mg bei der Depressionsbehandlung. Die Behandlungsdauer sollte mindestens 18 Monate betragen.

Chronische Schmerzsyndrome
Antidepressiva können helfend bei Krebserkrankungen, Erkrankungen aus dem rheumatischen Formenkreis, Fibromyalgie, Kopfschmerzen, Rückenschmerzen, Polyneuropathien, Neuralgien usw. eingesetzt werden, die Analgetikadosis kann dadurch häufig reduziert werden. Ein antinozizeptiver Effekt scheint bei allen Antidepressiva vorhanden zu sein, am besten untersucht ist er bei Clomipramin, Amitriptylin, Doxepin und SSRI. Niedrige Dosen von 10 – 25 mg sind meist ausreichend.

6.1.3 Stimmungsstabilisierer (Phasenprophylaktika)
Indikation
Diese Substanzen stellen die Grundlage der Therapie bei bipolaren und rezidivierenden affektiven Störungen dar. Ihre Wirkung besteht darin, dass sie die in depressiven und manischen Phasen auftretende krankhafte Stimmungsveränderung nivellieren und Rückfälle verhindern oder in ihrer Häufigkeit und Ausprägung abschwächen. Medikamentös gut eingestellte Patienten mit rezidivierenden affektiven Störungen sind in der Regel arbeitsfähig, so dass Fragestellungen im Zusammenhang mit dieser Substanzgruppe in der Arbeitsmedizin nicht selten sind.
In diese Kategorie gehören folgende Substanzen:
- *Lithiumpräparate*,
- *Antiepileptika*: Carbamazepin, Valproinsäure, Lamotrigin,
- *Atypische Neuroleptika*: Eine Zulassung für diese Indikation hat bisher nur Olanzapin.

Nebenwirkungen
Bei *Lithiumpräparaten* sind folgende Nebenwirkungen am häufigsten:
- feinschlägiger Tremor,
- Müdigkeit,
- Muskelschwäche,
- Kognitive Störungen,
- Gewichtszunahme,
- Gesichts- und Knöchelödeme,
- Durchfall, Übelkeit, Appetitlosigkeit,
- Vergrößerung der Schilddrüse.

Bei Behandlung mit *Antiepileptika* werden folgende Nebenwirkungen beobachtet:
- Müdigkeit, Benommenheit, Schwindel, Ataxie (Störung im geordneten Ablauf u. in der Koordination von Muskelbewegungen), Sehstörungen,
- Allergische Hautveränderungen, die in ausgeprägter Form lebensbedrohlich sein können,
- Blutbildveränderungen: Abfall der Leukozyten- oder Thrombozytenzahl, selten aplastische Anämie,

- Bradykardie (langsame Herztätigkeit) und Herzrhythmusstörungen,
- Erhöhung der Leberenzyme, selten Ikterus (Gelbsucht) und Hepatitis.

Praktisches Vorgehen

Eine Phasenprophylaxe sollte bereits nach der ersten manischen Episode erwogen werden, da das Lebenszeitrückfallrisiko mit 95 % sehr hoch ist; nach der zweiten Krankheitsepisode ist sie unumgänglich. Lithium kann auch in der Behandlung der Manie eingesetzt werden, die genannten Antiepileptika sind nur zur Phasenprophylaxe zugelassen. Bei Rapid Cycling, einer Sonderform mit raschem und häufigem Wechsel von depressiven und manischen Phasen, ist die Behandlung mit Antiepileptika deutlich überlegen. In der Phasenprophylaxe bei rezidivierenden depressiven Störungen sind Lithiumpräparate die erste Wahl.

Vor Beginn einer Behandlung mit *Lithium* ist eine sorgfältige Aufklärung des Patienten und eine ausführliche körperliche Untersuchung mit Gewichtsmessung, Blutdruck, Blutbild, EKG, EEG, Bestimmung der Nieren- und Schilddrüsenwerte im Blut und eine Messung des Halsumfangs erforderlich. Das Lithiumpräparat wird einschleichend dosiert und auf zwei Gaben pro Tag verteilt, die größere Dosis wird abends verabreicht. Die erforderliche Tagesdosis wird individuell über den Lithiumspiegel im Blut bestimmt, der für die Prophylaxe bei 0,6 - 0,8 mmol/l und für die Behandlung der Manie bei 0,8 - 1,2 mmol/l liegen sollte. In den ersten 4 Wochen sind wöchentliche Bestimmungen erforderlich, danach ist der Lithiumspiegel alle 6 - 8 Wochen zu kontrollieren. Zusätzliche Kontrollen sind bei körperlichen Erkrankungen, z. B. Grippe, nach Salz- und Flüssigkeitsverlust, bei beabsichtigter Gewichtsabnahme und Behandlung mit Diuretika (harntreibende Mittel) erforderlich, um einer potentiell lebensbedrohlichen Lithiumintoxikation vorzubeugen.

6.1.4 Neuroleptika (Antipsychotika)

Mit dem Neuroleptikum Chlorpromazin begann 1952 die Geschichte der modernen Psychopharmakotherapie. Diese Medikamentengruppe hat die Behandlung von Psychosen grundlegend verändert und ermöglicht dieser Patientengruppe heute u. a. meist eine weitere Teilhabe am Erwerbsleben. Diese chemisch heterogene Gruppe der Neuroleptika wird vor allem in der Behandlung psychotischer Störungen, insbesondere bei schizophrenen Psychosen eingesetzt. Die Zielsymptome können unterteilt werden in:

- Plus-Symptome: Halluzinationen, inhaltliche Denkstörungen wie Verfolgungs-, Beeinträchtigungs-, Eifersuchts-, Beziehungs- oder Schuldwahn,
- Minus-Symptome: Mangel an Initiative und Ausdauer, emotionale Verarmung, sozialer Rückzug.

Daneben sind psychomotorische Erregungszustände unterschiedlicher Genese eine wichtige Indikation für den Einsatz von Neuroleptika.

Einteilung

Im klinischen Bereich setzt sich zunehmend die Einteilung in *typische (klassische)* und *atypische (neuere) Neuroleptika* durch. Die typischen Neuroleptika sind ältere Substanzen mit antipsychotischer Wirkung, die extrapyramidal-motorische Nebenwirkungen zeigen und vorrangig die schizophrene Plussymptomatik beeinflussen. Nach ihrer neuroleptischen Potenz werden sie unterteilt in:

- hochpotent: in niedriger bis mittlerer Dosierung gute antipsychotische Wirkung ohne Sedierung: Haloperidol, Benperidol, Flupentixol, Fluphenazin, Fluspirilen,

- mittelpotent: gute antipsychotische und mäßig sedierende Wirkung: Perazin, Zuclopenthixol,
- niedrigpotent: geringe antipsychotische und deutlich sedierende Wirkung: Chlorpromazin, Chlorprothixen, Promethazin, Thioridazin, Melperon.

Atypische Neuroleptika sind neuere Substanzen, deren Entwicklung Anfang der 70er Jahre des letzten Jahrhunderts mit Clozapin begann. Sie zeigen eine gute antipsychotische Wirkung, beeinflussen sowohl die Plus als auch die Minussymptomatik und zeigen geringe oder keine extrapyramidale Nebenwirkungen. Zu dieser Klasse gehören Aripiprazol, Amisulprid, Clozapin, Olanzapin, Quetiapin, Risperdon.

Nebenwirkungen

Bei den *klassischen Neuroleptika* ist eine Reihe von zum Teil sehr beeinträchtigenden Nebenwirkungen bekannt. Eine besondere Rolle spielen die extrapyramidal-motorischen Nebenwirkungen:
- Frühdyskinesien (motorische Fehlfunktion) bei 10 – 30 % der Patienten, besonders zu Beginn der Behandlung und bei höherer Dosierung.
- Das neuroleptische Parkinson-Syndrom geht mit kleinschrittigem Gang mit fehlender Mitbewegung der Arme, Tremor, erhöhter Muskelspannung und Speichelfluss einher.
- Sitzunruhe (Akathisie) und Bewegungsunruhe (Tasikinesie) treten erst nach längerer neuroleptischer Behandlung auf.
- Spätdyskinesien (motorische Fehlfunktion), die ebenfalls erst nach Monaten bis Jahren auftreten, können sich durch unwillkürliche, oft stereotype Bewegungen der Zungen-, Mund- und Gesichtsmuskulatur oder distaler Muskelgruppen äußern.

Weitere Nebenwirkungen sind Hypotonie und orthostatische Dysregulation (Blutdruckabfall beim Lagewechsel vom Liegen zum Stehen), Gewichtszunahme, Agranulozytose (insbesondere bei Clozapin regelmäßige Blutbildkontrollen erforderlich!), Anstieg der Leberenzyme, sowie Krampfanfälle. Bei den atypischen Antipsychotika fehlen die extrapyramidalen Nebenwirkungen weitgehend, die Präparate sind insgesamt besser verträglich und in ihrem Nebenwirkungsspektrum eher heterogen.

Indikationen

Schizophrenien

In der Akutphase werden hochpotente oder atypische Neuroleptika in eher hoher, individuell angepasster Dosierung eingesetzt. Ist eine Sedierung erforderlich, werden zusätzlich niedrigpotente Neuroleptika gegeben. Mit dem Rückgang der Symptome beginnt die Stabilisierungsphase, die bisher wirksame Medikation sollte in unveränderter Dosierung noch sechs Monate lang fortgeführt werden. Für die Erhaltungstherapie kann die Dosis danach reduziert werden. Bei einer erstmaligen Erkrankung kann die Medikation nach etwa 9 - 12 Monaten ausschleichend abgesetzt werden, ansonsten ist eine neuroleptische Langzeitbehandlung über 2 - 5 Jahre erforderlich. Hierfür stehen auch Depotpräparate zur Verfügung, die in ein- bis vierwöchigen Abständen intramuskulär verabreicht werden. Für die Behandlung schizophrener Residualzustände, bei welchen die Minussymptomatik vorherrscht, eignen sich vor allem atypische Antipsychotika.

Manische Episoden
Die Wirksamkeit hochpotenter Neuroleptika ist hier erwiesen, von den atypischen Antipsychotika sind Olanzapin, Risperdon und Quetiapin für diese Indikation zugelassen.

**Psychotische Symptome
im Rahmen anderer Störungen**
Neuroleptika finden Anwendung in der Behandlung psychotischer Bilder im Rahmen unterschiedlicher Krankheitsbilder: Demenz, Alkoholhalluzinosen, drogeninduzierten Psychosen, wahnhaften Störungen, akuten vorübergehenden psychotischen Störungen. Bei schizoaffektiven Zustandsbildern werden ebenso wie bei schweren depressiven Episoden mit psychotischen Symptomen ein Neuroleptikum und ein Antidepressivum kombiniert.

Angst- und Spannungszustände
Eine Zulassung als Monotherapie für diese Indikation hat das hochpotente klassische Antipsychotikum Fluspirilen in niedriger Dosierung von 1,5 mg/Woche intramuskulär. Wegen des hohen Risikos irreversibler extrapyramidaler Nebenwirkungen ist sein Einsatz als *Wochentranquilizer* jedoch **nicht** zu empfehlen. Da niedrigpotente klassische Antipsychotika gute sedierende und angstlösende Eigenschaften haben, können sie als Zusatzmedikation, z. B. in Kombination mit einem Antidepressivum als Tranquilizer eingesetzt werden, z. B. dann, wenn ein Benzodiazepin-Tranquilizer wegen Suchtgefahr nicht eingesetzt werden sollte.

6.1.5 Tranquilizer (Beruhigungsmittel)
Es handelt sich um eine Gruppe von Psychopharmaka, die eine beruhigende (sedierende) sowie eine angstlösende (anxiolytische) Wirkung zeigen und bei der Behandlung von Angst- und Spannungszuständen eingesetzt werden.

Einteilung
In diese Gruppe gehören *Benzodiazepine*, Buspiron, Hydroxyzin, Opipramol und pflanzliche Sedativa (Baldrian). Die größte Bedeutung für die Praxis haben die Benzodiazepine. Neben den oben erwähnten Effekten wirken sie zusätzlich Muskel entspannend, antiepileptisch und Schlaf anstoßend. Nach ihrer Verweildauer im Organismus lassen sich drei Gruppen unterscheiden:
- kurz wirkende Benzodiazepine (Halbwertszeit etwa 4 Stunden): Triazolam,
- mittellang wirkende Benzodiazepine (Halbwertszeit 5-24 Stunden): Alprazolam, Bromazepam, Lorazepam, Oxazepam,
- lang wirkende Benzodiazepine (Halbwertszeit über 24 Stunden): Diazepam, Clobazepam, Dikaliumchlorazepat, Nordazepam.

Nebenwirkungen
Häufig treten Tagesmüdigkeit und Schläfrigkeit mit Verringerung von Aufmerksamkeit und des Reaktionsvermögens auf, was die Fahrtüchtigkeit beeinträchtigt. Durch die Muskel entspannende Wirkung besteht außerdem Sturzgefahr, vor allem bei älteren Patienten. Paradoxe Reaktionen mit Agitiertheit, Euphorie, Erregungszuständen, Schlaflosigkeit und Aggressivität sind möglich.
Bei längerer Anwendung von Benzodiazepinen kann sich eine Abhängigkeit entwickeln. Besonders hoch ist dieses Risiko bei Patienten mit Suchtanamnese, chronischen Schlafstörungen oder Schmerzsyndromen sowie bei Persönlichkeitsstörungen und Angststörungen. Charakteristisch für eine *Benzodiazepin-Abhängigkeit* ist das Auftreten von Entzugssymptomen 2 - 10 Tage

nach Absetzen der Medikation: Angst, innere Unruhe, Schlafstörungen, Reizbarkeit, Schweißausbrüche, Zittern, Übelkeit und Erbrechen; in schweren Fällen sogar Verwirrtheit, psychoseähnliche Zustände, Krampfanfälle, Muskelzittern usw. Eine besondere Form ist die low-dose-dependence bei Langzeiteinnahme üblicher, therapeutisch verordneter Dosen. Die chronische Einnahme hoher Dosen führt zu einem Persönlichkeitswandel mit Antriebsschwäche, Verstimmungen, Gleichgültigkeit, ausgeprägter Muskelschwäche mit Reflexverlust sowie Abnahme der Libido und Menstruationsstörungen.

Indikationen

Benzodiazepine werden wegen ihrer schnellen und zuverlässigen Wirkung und guten Verträglichkeit überwiegend von Allgemeinmedizinern und Internisten sowie in der Notfallmedizin eingesetzt: bei akutem Herzinfarkt, epileptischen Anfällen, als Prämedikation vor operativen Eingriffen usw. Bei der Behandlung psychischer Störungen wird ihre sedierende oder angstlösende Wirkung im Rahmen **einer zeitlich begrenzten** Zusatzmedikation genutzt:

- Bei phobischen Störungen werden sie vor allem zur Behandlung akuter Panikattacken eingesetzt, auch intravenöse Gaben sind möglich. Als Zusatzmedikation zu einem geeigneten Antidepressivum und einer psychotherapeutischen Behandlung ist ihr Einsatz, wenn überhaupt, nur vorübergehend erforderlich und sinnvoll.
- Bei depressiven Störungen können sie zu Beginn der Therapie bei ängstlich-agitierten Zustandsbildern, ausgeprägten Schlafstörungen und bei Suizidalität eingesetzt werden.
- In der Behandlung von Psychosen können Benzodiazepine als helfende Medikation bei Manie, bei Ängsten und psychomotorischer Anspannung im Rahmen paranoid-halluzinatorischer Schizophrenien und bei katatonen Symptomen verwendet werden.
- In der psychiatrischen Notfalltherapie werden Benzodiazepine bei psychomotorischen Erregungszuständen, bei deliranten Zustandsbildern (Lorazepam als Alternative zu Clomethiazol) und bei Stupor verabreicht.

Praktisches Vorgehen

Um einer *Abhängigkeitsentwicklung* vorzubeugen, sollte der Einsatz von Benzodiazepinen nur nach strenger Indikationsstellung erfolgen und nur die niedrigste wirksame Dosis verordnet werden, wenn möglich für maximal 4 - 6 Wochen. Bei einer Verordnung über 6 Wochen hinaus sollte zur Erörterung von Therapiealternativen immer ein Psychiater hinzugezogen werden. Wenn Patienten immer wieder um entsprechende Verordnungen bitten, liegt der Verdacht auf eine Abhängigkeit nahe. Häufig werden verschiedene Ärzte um Rezepte gebeten, um das Ausmaß der Abhängigkeit zu verschleiern.

Um Rebound-Phänomenen vorzubeugen, sollten Benzodiazepine nach mehrwöchiger Behandlung nicht abrupt, sondern schrittweise abgesetzt werden. Nach etwa viermonatiger Einnahme ist mit Entzugssymptomen zu rechnen, dann empfiehlt sich eine langsame, stufenweise Dosisreduktion.

6.1.6 Hypnotika (Schlafmittel)

Hypnotika sind keine scharf abgegrenzte Arzneimittelgruppe, der sie charakterisierende Schlaf anstrebende Effekt ist bei mehreren bereits beschriebenen Gruppen von Psychopharmaka vorzufinden.

Einteilung
Folgende, chemisch sehr unterschiedliche Substanzgruppen können als Hypnotika benutzt werden:
- *Benzodiazepine* werden häufig eingesetzt. Durch den Überhangeffekt am nächsten Morgen und eine mögliche Kumulation im Organismus können die Verkehrstauglichkeit und die Leistungsfähigkeit am nächsten Tag beeinträchtigt sein. Ein weiteres Risiko ist die Abhängigkeitsentwicklung.
- Non-Benzodiazepinhypnotika, aufgrund ihres Wirkmechanismus auch Benzodiazepin-Rezeptorantagonisten genannt (Zaleplon, Zolpidem, Zopiclon) zeigen seltener Überhangeffekte und Abhängigkeitsentwicklung, die Suchtgefahr ist jedoch grundsätzlich auch hier gegeben.
- Chloralhydrat ist als Einschlafmittel und in einem Präparat mit verzögerter Wirkstoffabgabe als Durchschlafmittel verfügbar.
- Melatonin, ein Hormon der Zirbeldrüse, wirkt Schlaf anstoßend durch eine Verschiebung im zirkadianen Rhythmus und kann die Symptome des Jet lag (bei Zeitverschiebung nach langen Flugreisen) lindern. Es ist in den USA als Nahrungsmittelergänzungspräparat erhältlich. Von den deutschen Behörden wird es als Arzneimittel eingestuft und hat bisher keine Zulassung.
- An pflanzlichen Präparaten ist vor allem die europäische Baldrianwurzel zu erwähnen, auch in Kombination mit Hopfen, Melisse oder Lavendel. Der Effekt zeigt sich erst nach mehrwöchiger Behandlung in ausreichender Dosis (450 - 750 mg).
- *Antidepressiva* mit *sedierender* Wirkung wie Amitriptylin, Doxepin, Maprotilin, Trimipramin können bei primärer Insomnie (Schlafstörungen ohne Depression oder Angststörung) in einer Dosierung von 25 - 100 mg zur Nacht eingesetzt werden.

Praktisches Vorgehen
Schlafstörungen gehören zu den am häufigsten geklagten Beschwerden überhaupt, in Umfragen werden sie von etwa 13 % der Männer und 26 % der Frauen angegeben. Neben äußeren Faktoren wie Lärm, Wärme oder Kälte, Belastungsfaktoren wie Stress oder Angst sowie der Wirkung von Genussmitteln oder Medikamenten können sowohl körperliche als auch seelische Krankheiten den Schlaf ungünstig beeinflussen. Ein besonderes Problem stellt die Insomie bei Schichtarbeitern dar.
Hypnotika sind zur längerfristigen Behandlung von Schlafstörungen **nicht** geeignet. Einerseits wächst mit zunehmender Anwendungsdauer die Abhängigkeitsgefahr, andererseits ist eine Wirkung über 3 Monate hinaus empirisch nicht nachgewiesen. Zunächst sollten Verhaltensempfehlungen zur Schlafhygiene und regelmäßiger körperlicher Aktivität gegeben und Entspannungstechniken vermittelt werden. Darüber hinaus ist kognitive Verhaltentherapie die Methode der Wahl. Liegt eine körperliche oder seelische Grunderkrankung vor, so sollte zuerst diese behandelt werden. Der frühe Einsatz von Hypnotika, auch in höheren Dosen ist jedoch bei *Suizidalität* oder bei Schlafstörungen im Rahmen von akuten Psychosen gerechtfertigt. Sinnvoll kann der Einsatz von Hypnotika bei Schlafstörungen von kurzer und klar begrenzter Dauer (Schichtwechsel, Jet Lag, laute, ungewohnte Umgebung) sein. Schlafmittel sollten möglichst nicht länger als für 4 Wochen verordnet werden. Es sollte mit einer niedri-

gen Dosis begonnen werden. Kombinationen von verschiedenen Schlafmitteln und/oder Benzodiazepin-Tranquilizern sollten vermieden werden.

6.1.7 Key-Message

- Psychische Störungen sind nicht nur multifaktoriell bedingt, sie bedürfen meist auch einer mehrdimensionalen Therapie.
- Psychopharmaka nehmen einen wichtigen Stellenwert im Gesamtbehandlungsplan ein.
- Wichtigste Substanzgruppe sind die Antidepressiva.
- Psychopharmaka können die Arbeitsfähigkeit der Patienten einerseits erhalten, andererseits aber auch zu spezifischen Einschränkungen im Beruf führen.
- Grundkenntnisse der Psychopharmakotherapie sind deshalb in der Arbeitsmedizin unverzichtbar.

LITERATURHINWEISE

BENKERT, O.; H. HIPPIUS (HRSG.) (2005): Kompendium der Psychiatrischen Pharmakotherapie. Springer Medizin Verlag Heidelberg.

KÖLLNER V. (2005): Schlafstörungen. Köllner V.; M. Broda (Hrsg.): Praktische Verhaltensmedizin. Thieme Verlag Stuttgart, S. 189-196.

LAUX, G.; O. DIETMAIER, W. KÖNIG (2002): Psychopharmaka. Urban & Fischer Verlag München – Jena.

LAUX, G.; A. BRUNNAUER (2005): Beeinträchtigung der Fahrtüchtigkeit und beruflichen Leistungsfähigkeit durch Psychopharmaka unter Langzeitgesichtspunkten.

LINDEN, M.; W. E. MÜLLER (HRSG.) (2005): Rehabilitations-Psychopharmakotherapie. Deutscher Ärzte-Verlag Köln.

6.2 Berufsbezogene Psychotherapie?!
Realexistierende Patienten – Therapeutische Perspektiven – Pragmatische Behandlungsansätze
Andreas Hillert und Stefan Koch

6.2.1 Patientenperspektive: gesundheitliche Folgen beruflicher Belastungen

Psychotherapeuten behandeln Patienten, die unter manifesten psychischen und/oder *psychosomatischen Störungen* leiden. Was haben *Depressionen, Ängste, Zwänge* und viele andere psychosomatische Phänomene mit der Arbeit respektive der beruflichen Situation dieser Patienten zu tun? Mehr als 50 % der Menschen, die sich aufgrund psychischer Störungen in stationäre Behandlung der medizinisch-psychosomatischen Klinik Roseneck begeben, würden vermutlich angesichts dieser akademisch klingenden Frage den Kopf schütteln. Sie berichten in aller Regel spontan über ausgeprägte berufliche Probleme, die sie als wesentliche (Mit-)Ursache und/oder aufrechterhaltende Bedingung ihrer Symptomatik erleben. Während die eigenen Möglichkeiten, private Problemkonstellationen zu entschärfen, relativ gut seien, gelten berufliche Belastungen meist als unabänderlich. Fokussiert man auf die Gruppe beruflich hoch belasteter Patienten, gewinnt das Bild an zusätzlicher Prägnanz. Hier berichten mehr als 90 % über starke Einbußen der *beruflichen Leistungsfähigkeit*, knapp 65 % beobachten, dass die Belastungen sich nachhaltig negativ auf ihre Symptomatik auswirkt, knapp 40 % berichten von gravierenden Konflikten mit Kollegen und/oder Vorgesetzten. Die *Arbeitszufriedenheit* von 52 % dieser Personen ist gering und 43 % fürchten den Verlust ihres Arbeitsplatzes.

6.2.2 Theorie und Praxis berufsbezogener Psychotherapie

Zumal wenn Sie sich hauptberuflich mit arbeitenden Menschen beschäftigen, dürfte die einleitend skizzierte Sicht der Betroffenen für Sie kaum überraschend gewesen sein. Dass diese mehr ist, als Ausdruck sensitiven Klageverhaltens macht nicht zuletzt das vorliegende Buch mehr als deutlich. Offenkundig ging und geht der sich aktuell vollziehende, überaus rasante Wandel in Arbeitswelt und Gesellschaft in hohem Maße zu Lasten von Individuen. Nicht wenige fühlen sich in diesem Kontext überfordert, in ihrer sozialen Existenz und Sicherheit bedroht. Umso überraschender ist es, dass die Psychotherapie, so wie sie im wissenschaftlich fundierten Lehrbuch steht, hiervon bislang weitgehend unberührt geblieben ist. So ist die Subspezifizierung diagnostischer Kategorien, die mitunter ausdifferenziert werden als handle es sich um autonome Größen jenseits von Arbeitszeit und soziokulturellem Raumklima, ein publikationsträchtiges Anliegen. In Therapiestudien wiederum wird bislang zumeist auf die Erfassung, zumindest aber die Darlegung der konkreten beruflichen Konstellationen der beforschten Patienten verzichtet. Statistisch gesehen mag sich dies relativieren, schließlich sind Kontroll- und Interventionsgruppen im Schnitt vergleichbaren Problemen unterworfen. Bezüglich der Frage nach dem Stellenwert berufsbezogener Belastungen bleiben solche Studien aber leider unheilbar betriebsblind. Aus *tiefenpsychologischer* Sicht liegt der Fokus weiterhin auf der frühen Entwicklung und hier angelegten neurotischen Mustern. Aktuelle Konflikte im Arbeitsbereich können letztere zutage treten lassen, das eigentliche Problem aber liegt tiefer. In der *Verhaltenstherapie* wiederum stehen das Störungsbild, die Lerngeschichte des Problemverhaltens und die Frage nach dessen angemessener Bewältigung im Zentrum des Interesses.

Dass sich ausgehend von zwischenzeitlich etablierten *biopsychosozialen Störungsmodellen berufliche Belastungen* von *daily hassels*, also Alltags-Stressoren, bis hin zu traumatisierenden Ereignissen, konzeptuell problemlos verorten lassen, ist positiv zu vermerken, was aber die sonstige berufsbezogene Indifferenz der akademischen Psychotherapie nicht aufwiegt. Die bemerkenswerte akademisch-therapeutische Realitätsferne hat mehrdimensionale Hintergründe. Nicht nur die moderne und postmoderne Gesellschaft, auch die in den Therapieschulen tradierten Menschenbilder postulieren uns derzeit (noch?) primär als private Wesen, die zumeist eben arbeiten müssen. Arbeit ist demnach Belastung und/oder *Ressource*, aber eben kein – vergleichbar der frühen Entwicklung respektive der individuellen Lerngeschichte - fundamentaler Aspekt der Identität. Praktisch, zumal in Kliniken, fallen berufsbezogene Probleme der Patienten in den Zuständigkeitsbereich der *Sozialtherapie*. Dies impliziert die Vorstellung, Probleme im Arbeitsbereich könnten von der übrigen therapeutischen Wirklichkeit abkoppelt, delegiert und weitgehend unabhängig von der „eigentlichen" Therapie gelöst werden. Und nicht zuletzt ist die deutsche Therapielandschaft im stationären Bereich von der konzeptuellen wie institutionellen Trennung in *Akut- und Rehabilitationsbehandlungen* geprägt. So nachvollziehbar eine solche Aufteilung angesichts primär körperlicher, z. B. orthopädischer oder kardiologischer Krankheitsbilder sein mag, so vage bleibt dies bezogen auf psychische bzw. psychosomatische Phänomene. Eine klare Trennung zwischen akuten, sprich eher kurzfristig aufgetretenen, schweren Störungs-Konstellationen und chronischen, weniger gravierenden Zuständen lässt sich rhetorisch unschwer postulieren. Dieser Unterscheidung zufolge bedürfen nur Letztere aufgrund einer damit verbundenen anhaltenden Gefährdung der *Arbeitsfähigkeit* spezifischer rehabilitativer und damit auch berufsbezogener Behandlung. Die diesbezüglich vertretenen, heterogenen Standpunkte sind in der versicherungstechnischen Realität von millionenschwerer Tragweite. Angesichts spärlicher - inoffizieller - Erhebungen, die unter anderem ein zumindest vergleichbar hohes Ausmaß beruflicher Belastung beider Gruppen nahe legen, erscheint es jedoch hochgradig unwahrscheinlich, dass historisch begründete versicherungstechnische Konstrukte und aktuelle Patientenrealität deckungsgleich und als therapeutische Basis angemessen sind. Sich eines solchen politisch heißen Eisens wissenschaftlich anzunehmen ist derzeit offenbar nicht attraktiv. Politische Konsequenzen sind überfällig, wobei schon aus Mehrkostengründen aber niemand bereit sein dürfte, diese umzusetzen.

Das weitgehende Fehlen einer systematischen, methodisch tragfähigen, dezidiert berufsbezogenen *Psychotherapieforschung* hat Konsequenzen weit über im engeren Sinne therapeutische Aspekte hinaus. Anstelle einer auf empirisch gesicherter Basis arbeitenden Profession können Psychotherapeuten, wenn es um die Arbeitsrealität ihrer Patienten geht, derzeit letztlich nur konfessionelle, vielfach aus dem Bauch bzw. dem gesunden Menschenverstand heraus begründete Entscheidungen treffen: Wann sollten unter beruflichen Belastungen leidende Menschen krank geschrieben werden? In wieweit sollte ein Therapeut seine Patienten durch *Krankschreibungen* und Atteste vor der Realität in Schutz nehmen? Wenn sich ein Arzt hierzu entscheidet, dann wird er – ob er will bzw. es so wahrnimmt oder nicht - in hohem Maße systemisch wirksam. Die Sympathien des Patienten dürften ihm sicher sein, aber wie hoch ist der Gesamtpreis einer derartigen, nicht abstinenten Psychotherapie langfristig? Ähnlich empirisch ungesichert und argumentativ frei schwebend sind viele auf *Begutachtung* hinauslaufende Fragen: wann ist ein Beruf aus psychischen Gründen nicht mehr zumutbar, eine Verrentung/Pensionierung unabdingbar – wann schädlich? Es gibt Argumente und Appelle an sorgfältiges Abwägen, aber eben kaum Entscheidungen potentiell absichernde, empirische Verlaufsdaten. Die meist ältere Literatur zum therapeutischen Problemthema *Rentenneurose* liefert wichtige Denkmodelle. Deren Abgleich mit individuellen Konstellationen, zumal angesichts der aktuellen sozialpolitischen Entwicklung, wäre eine wahrhaft herkulische Aufgabe.

6.2.3 Pragmatische berufsbezogene Behandlungsansätze: allgemeine Grundlagen

Natürlich hat jede Form von Psychotherapie irgendwie auch etwas mit dem Beruf der Patienten zu tun. Als reales (!) Extrembeispiel argumentierte ein Kollege, dass man in seiner Klinik tunlichst darauf verzichte, mit psychosomatisch erkrankten Lehrern über ihren Beruf zu sprechen. Nur so könnten diese richtig behandelt werden, sich erholen und regenerieren. (Evaluiert, zumal im Vergleich zu offensiv den Beruf thematisierenden Ansätzen, habe er sein Lehrerkonzept zwar nicht. Das sei aber auch gar nicht nötig, schließlich spüre man als guter Therapeut was richtig ist ...). Abweichend dazu werden hier unter berufsbezogener Psychotherapie solche Ansätze verstanden, die dezidiert und offen auf eine therapeutische Bearbeitung der sich aus beruflichen Belastungen, subjektiver Beanspruchung und Symptomatik ergebenden Konstellation abzielen. Ausgehend von möglichst konkreten beruflichen Problemsituationen des Patienten lassen sich u. a. in therapeutischen Einzelgesprächen bedingungs- bzw. verhaltensanalytisch (etwa anhand des *SORK-Schemas* (Situation – Organisches – Reaktion / Verhalten – Konsequenz) prägnante Zusammenhänge aufzeigen:

Situation: Z. B. morgens, beim Betreten des Arbeitsplatzes erhalten Sie die Nachricht, dass der Chef Sie zu einem Gespräch bittet ...

Organisches: Vor dem Hintergrund schlechter Vor-Erfahrungen befürchten Sie das Schlimmste, wobei hier das individuelle Ausmaß sozialer Ängstlichkeit bzw. die antizipierte soziale Kompetenz im Umgang mit solchen Situationen die Reaktionen (mit) determiniert ...

Reaktion: Z. B. Anspannung, Angst, Innere Unruhe, Ärger (also: Stresserleben) ...

a) Sie melden sich krank,
b) Trotz großer Nervosität erscheinen Sie beim Chef, der ...

Konsequenzen: Je nach Reaktion sind die verschiedensten Konsequenzen möglich, von der (a) zunächst erfolgreichen Vermeidung, die über den Wegfall des negativen Stimulus negativ verstärkt wird aber längerfristig Gefühle der Angst und der Hilflosigkeit aufrechterhalten kann, über
(b) ungeschminkte Bestrafung (durch den Chef) und der Erkenntnis, dass Kneifen nicht gilt

... und all dies verbunden mit der Frage nach den Rückwirkungen auf bzw. der Interaktion mit der jeweiligen Symptomatik!

Ausgehend von solchen Analysen, die natürlich noch viel feiner differenzierbar sind, lassen sich – relativ zum vielfach suboptimalen Spontanverhalten – zielführendere bzw. angemessenere Verhaltensalternativen herleiten, konzipieren, üben und umsetzen.

6.2.4 Berufsbezogene Gruppentherapieprogramme

Angesichts der zumal im stationären Setting (s. o.) großen Zahl psychosomatischer Patienten mit relevanten beruflichen Problemen lag die Entwicklung diesbezüglicher strukturierter Gruppentherapieprogramme nahe. Einerseits sollten solche Programme möglichst passgenau auf die beruf-

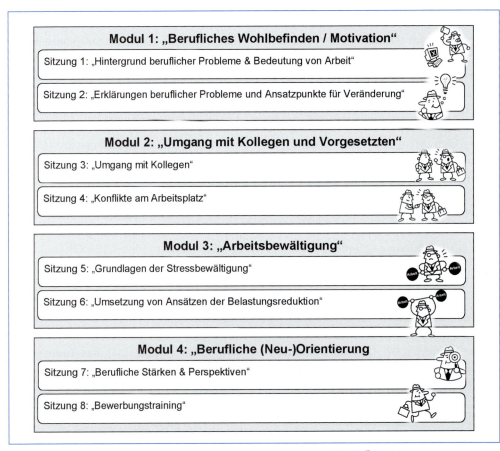

Abbildung 1: Therapiegruppe „Stressbewältigung am Arbeitsplatz" (SBA)-Übersicht

liche Situation des Patienten zugeschnitten sein. Andererseits müssen sie im klinischen Rahmen praktikabel bleiben, wobei nicht zuletzt personell-ökonomische Aspekte Grenzen setzen. Ausgehend vom Klientel der Klinik Roseneck wurde zunächst ein auf die Situation von Angestellten in mittleren Hierarchieebenen bezogenes Therapieprogramm entwickelt. *Stressbewältigung* am Arbeitsplatz (SBA) ist auf 8-10 Teilnehmer je Gruppe und insgesamt 8 Sitzungen à 90 Minuten angelegt (siehe *Abbildung 1*). Teilnahmevoraussetzung für Patienten sind das Bestehen relevanter beruflicher Probleme, ein zumindest grundsätzliches Interesse diese therapeutisch anzugehen und eine zur Gruppenteilnahme hinreichende psychische wie körperliche Belastbarkeit. Zumindest im Rahmen der Evaluation (s. u.) wurden Patienten mit aktuell laufendem Rentenverfahren ausgeschlossen. Als eine eigene Zielgruppe boten sich dann psychosomatisch erkrankte Lehrer und Lehrerinnen an, die mit mehr als 100 Patienten pro Jahr die größte homogene Berufsgruppe unter den Patienten der Klinik Roseneck darstellen. Arbeit und Gesundheit im Lehrerberuf (AGIL) ist ein speziell auf die Belastungskonstellationen des Lehrerberufes hin zugeschnittenes Gruppentherapieprogramm. Eine spezielle Gruppe für Polizeibeamte ist in Vorbereitung.

6.2.5 Stressbewältigung am Arbeitsplatz (SBA) Baustein A: Berufliches Wohlbefinden - und was davon abhält

Zu Beginn geht es darum, mitunter fest zementierte, die Arbeit als - einzige - Wurzel allen Übels postulierende Attributionen zu relativieren. Hierzu bieten sich verschiedene, die individuelle Perspektive erweiternde Fragen an: Welche Funktionen hatte Arbeit bislang für mich in meinem Leben, über den schnöden Mammon hinaus - von der Tagesstruktur über Sozialkontakte bis hin zu Sinnerleben? Welche Erwartungen habe ich an die Arbeit, worauf gründen diese Erwartungen, wie realistisch war bzw. ist die Hoffnung auf eine Erfüllung dieser Erwartungen und Ansprüche? Im spontanen Erleben beruflich belasteter Menschen, zumal wenn sie nur bedingt selbst reflektierend sozialisiert sind, konstituieren sich zumeist lineare Täter-Opfer-Wirkungsmo-

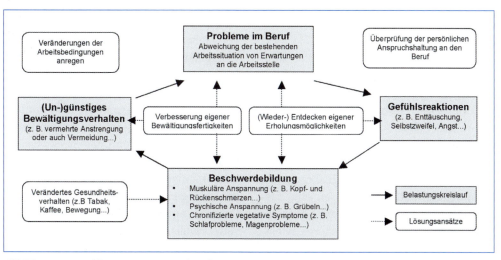

Abbildung 2: Berufsbezogenes Be- und Entlastungsmodell

delle: Z. B. „Mein Chef ist menschenverachtend, darum geht es mir schlecht. Mich zu wehren geht nicht, es würde nur schlimmer, er ist ja der Chef! Und weil es so ist, ist die Arbeit schlecht!" Selbst hoch reflektierte Therapeuten, wenn nur die emotionale Ladung stimmt, sind gelegentlich für solche Attributionsmuster anfällig. Um aus solchen Fallgruben herauskommen und wieder handlungsfähig werden zu können, ist es letztlich unabdingbar, eindimensionalen Erklärungsmodelle - so befriedigend sie zunächst für das Subjekt auch sein mögen - zu hinterfragen und durch komplexere Konzepte, die sowohl den situativen Bedingungen als auch den Konsequenzen des eigenen Handelns und Erlebens Rechnung tragen, zu ersetzen. Hierzu bieten sich Erklärungsmodelle wie etwa der auf *Abbildung 2* vorgestellte *Belastungskreislauf* an. Dieser sollte in den Therapiesitzungen idealerweise nicht vorgegeben, sondern interaktiv, ausgehend von den Schilderungen konkreter Situationen, erarbeitet werden.

Baustein B:
Umgang mit Kollegen und Vorgesetzten
Ein markanter Aspekt unseres Informationszeitalters ist eine exponentiell steigende Kommunikationsdichte, auf die viele nicht oder nur unzureichend vorbereitet sind. Konflikte und Kränkungen sind dabei an der Tagesordnung. Klagen über ungerechte oder auch *mobbende* – distanziert betrachtet handelt es sich vielfach um kaum mehr als um unsensibel interagierende – Kollegen und/oder Vorgesetzte, sind in den Patientengruppen häufig. Im Sinne eines berufsbezogenen Kommunikationstrainings lassen sich, ausgehend von elementaren Grundlagen (z. B.: Worin unterscheidet sich unsicheres, selbstsicheres und aggressives Verhalten?), in Rollenspielen Realkonflikte rekapitulieren und lösungsorientierte Anregungen erarbeiten. Nebenbei stellt sich die Frage, woraus die jeweiligen, teils unangemessen hohen Erwartungen an das Gegenüber resultieren. Warum muss ein Chef immer gerecht sein? Woran sollte er erkennen, dass gerade ich besonders wohlwollender Behandlung bedarf? Oder anders herum betrachtet: Warum kann ich als Betroffener so schlecht damit umgehen, wenn mein Chef meinen Vorschlag nicht aufgreift oder jemand anderen mit einer prestigeträchtigen Aufgaben betraut? Ein wichtiger Vorteil von Gruppentherapie liegt in dem damit verbundenen intensiven Austausch über unterschiedliche Berufsgruppen hinweg. Wenn es gut läuft, dann fächern sich in diesem Prisma eingefahrene Konflikte zu lösbaren Einzelaspekten auf, und zwar nicht nur auf pseudorational-argumentativer Ebene sondern, spätestens wenn die Konstellationen im Rollenspiel aufbereitet werden, auch emotional.

Baustein C:
Berufsbezogene Stressbewältigung
Grundlegend ist es, Außen- bzw. Belastungsfaktoren (Stressoren), Stresserleben und körperliche Stressreaktionen als solche unterscheiden zu können. Hierauf aufbauend stellt sich die Frage, welche Stressbewältigungstechniken die Teilnehmer bislang eingesetzt haben (siehe *Abbildung 3*). Jeder praktiziert spontan diverse, informelle Kurzzeit-*Entspannungsmethoden*, von sehnsüchtigen Blicken aus dem Fenster gerade dann, wenn das Stressgeschehen am überkochen ist, über positive Selbstinstruktionen (z. B.: „Ich lasse mich nicht unterkriegen ...") bis hin zur - aus anderen Gründen entschieden ungünstigen – Zigarette zwischendurch. Der Vorteil dieser Strategien ist, dass sie zu uns passen und offenkundig, zumindest ein Stück weit,

„Kurzfristige Stressbewältigung" (akuter Stress)

- **Spontane Erleichterung** (z.B. mal ausstrecken, eine Atemübung machen)
- **Wahrnehmungslenkung** (z.B. mal aus dem Fester schauen, mal aufstehen)
- **Positive Selbstgespräche** (z.B. „Du schaffst das schon!", „Ich will jetzt Ruhe bewahren.")
- **Abreaktion** (z.B. mit Schwung die Treffe nehmen statt Aufzug zu fahren)

„Langfristige Stressbewältigung" (chronischer Stress)

- **Entspannung** (z.B. ein Entspannungsverfahren erlernen)
- **Zufriedenheitserlebnisse** (z.B. Hobbies wiederbeleben, regelmäßige private Aktivitäten)
- **Soziale Kontakte** (z. B. positive Kontakte zu Kollegen und privat ein soziales Netz pflegen)
- **Einstellungsänderung** (z.B. Alternativen überprüfen, z.B. „Kein Mensch ist fehlerfrei")
- **Problemlösung** (z.B. gezielt Problem + Ziel nennen und Lösungsmöglichkeiten sammeln)
- **Zeitmanagement** (z.B. Kalender führen, Pufferzeiten einbauen, Zeitfresser eliminieren)
- **Qualifikationen / Fertigkeiten** (z.B. eine notwenige Weiterqualifikation machen)

Abbildung 3: Kurz- und langfristige Möglichkeiten der Arbeitsbewältigung

funktionieren. Insofern ist es sinnlos Standartverfahren wie autogenes Training oder *progressive Muskelrelaxation* als Allheilmittel verkaufen zu wollen. Vielmehr geht es darum herauszufinden, mit welchen Techniken und Strategien sich das jeweilige individuelle Entspannungs-Spektrum sinnvoll erweitern und ausbauen ließe. Hinsichtlich langfristiger Strategien wird es noch komplexer, allerdings weniger theoretisch denn praktisch. Wer würde die Sinnhaftigkeit *autogenes Training* zu erlernen, systematische Problemlösestrategien oder ausgefeilte Ablagesysteme anzuwenden oder ganz grundsätzlich eine Verringerung perfektionistischer Selbst-Ansprüche bezweifeln? Gute Vorsätze mit hehren Absichten blauäugig umsetzen zu wollen führt üblicherweise zu Fehlschlägen und zusätzlichem Frust. Wenn man genauer hinsieht, können solche Bewältigungsversuche aber durchaus ihr Gutes haben, machen sie doch die Funktionalität und die - trotz allen Übels – hintergründige Notwendigkeit des eigenen stressverstärkenden Verhaltens deutlich. Wer sein Selbstwertgefühl daraus herleitet, ständig gebraucht zu werden, der wird nie fünf Minuten für Entspannungsübungen finden. Genies beherrschen das Chaos – was fängt ein solches Genie mit minutiös ausgefeilten Ablagesystemen an? Und für wen – aufgrund welcher biographischen Hintergründe auch immer – die Freiheit von Fehlern (*Perfektionismus*) schlechthin die menschliche Tugend ist, der kann ein Kärtchen mit „Lass fünf gerade sein!" zwar als Motto auf seinem wohlgeordneten Schreibtisch ablegen, sich eben dies ansonsten aber nicht leisten.

Baustein D: Ressourcenaktivierung und beruflicher Wiedereinstieg
So richtig und wichtig die in den vorangegangenen Bausteinen bearbeiteten Aspekte für sich gesehen auch sein mögen, letztlich entscheidend ist, ob ihr Transfer in den Berufsalltag gelingt. Bei der praktischen Durchführung des Programms sollte entsprechend darauf geachtet werden, Übungssituationen möglichst realitätsnah zu gestalten. Wenn Patienten bestimmte Konfliktkonstellationen bagatellisieren („Jetzt, wo Sie es mir gesagt haben ist es kein Problem mehr...") gilt es dran zu bleiben, respektive Vermeidungstendenzen konstruktiv entgegenzuwirken. Was den Patienten selbst anbelangt, sind neben einer grundsätzlichen Bereitschaft zur Reflexion und Veränderung eigenen Verhaltens, eine realitätsnahe (Selbst-) Einschätzung eigener Fähigkeiten und erreichbare (selbst) gesetzte Ziele wichtig. Hierzu ist eine systematische Bilanzierung persönlicher Stärken, Qualifikationen und Ziele, unterstützt durch die Rückmeldungen der Gruppe, hilfreich. Umsetzungspläne sollten möglichst konkret formuliert, potentielle Schwierigkeiten und Störfaktoren antizipiert sowie Pläne für den Umgang mit Rückschlägen vorbereitet werden. Teilnehmern, für die in absehbarer Zeit berufliche Veränderungen anstehen, kann abschließend ein klassisches *Bewerbungstraining* angeboten werden. Die Nachfrage nach Übungen und Rollenspielen übersteigt in konstruktiv arbeitenden Gruppen die zeitlichen Möglichkeiten in aller Regel bei weitem.

6.2.6 Berufsbezogene Therapie: mehr als Stressbewältigung

Berufsbezogene Therapieprogramme, Stressbewältigungs- und Kommunikationstrainings gehen alle vom *Stress-Modell* und u. a. Kommunikationstheorien aus. Hieraus resultieren zwangsläufig inhaltliche Überschneidungen. Über die Vermittlung instrumenteller Fertigkeiten (z. B. „Wie grenze ich mich sozialkompetent gegen inadäquate Forderungen ab?") hinaus, liegt der Schwerpunkt der Therapieprogramme dabei auf einer Reflexion und Modifikation vorbestehender, als problematisch erkannter Verhaltens- und Erlebensmustern. Letztere spiegeln sich u. a. auch in den übergeordneten Verhaltensregeln der betreffenden Personen. Eine Modifikation biographisch verankerter Muster dieser Art (z. B.: „Meide Konflikte, du bist ihnen nicht gewachsen", „Nur wer keine Fehler begeht, ist liebenswert") ist im Rahmen strukturierter Therapiegruppen und in wenigen Wochen meist nur ansatzweise möglich. Gleichwohl dürfte eben hierin ein für den Erfolg der Maßnahme entscheidender Punkt liegen. Darüber hinaus sollten die Teilnehmer nun hinsichtlich ihrer *Veränderungsmotivation* soweit fortgeschritten sein, um die mit einer Verhaltensänderung unabdingbar verbundenen anfänglichen Zusatzbelastungen ertragen zu können.

Es dürfte deutlich geworden sein, dass berufsbezogene Therapieprogramme zahlreiche Klippen zu umschiffen haben. Die Vermittlung angemessener Störungsmodelle (Belastungskreislauf – siehe *Abbildung 2*) ist zentral. So einfach ein solches Konzept auf dem Papier aussehen mag, so schwer nachvollziehbar können die darin kondensierten Zusammenhänge zumal für psychotherapeutisch unvorbelastete Mitmenschen sein („Wozu brauche ich so was, wo es doch mein Chef ist, der mich mobbt, der müsste doch hierher!"). Darüber hinaus gibt es Patienten, für die nach leidvollen Erfahrungen bestimmte Aspekte der Arbeit derart negativ besetzt sind, dass bereits die Erwähnung solcher wunden Punkte emotionale Lawinen auslösen kann. Die Randbemerkung eines Patienten, der nach einem Streit mit einem Kollegen ein klärendes Gespräch erwägt, kann bei einem anderen, diesbezüglich hochsensibilisierten Mitpatienten zu massiven Reaktionen führen: „Mit meinem Kollegen rede ich nie wieder, mit dem kann man nicht reden. Sie haben hier ja keine Ahnung, wie es bei mir in der Arbeit zugeht, das Ganze hier bringt nichts!" Nur durch subtiles Einfühlen und stützende Rückmeldungen lässt sich eine solche Dynamik therapeutisch konstruktiv nutzen. Diese und andere Schwierigkeiten bei der Durchführung sowie die problematischen Bedingungen auf dem Arbeitsmarkt (s. u.) erschweren die langfristige Wirksamkeit von Gruppeninterventionen wie die der SBA.

6.2.7 Ergebnisse
einer kontrollierten Evaluation

Das hier vorgestellte Gruppentherapieprogramm SBA konnte zwischen 2002 und 2005 im Rahmen eines im Förderprogramm „Rehabilitationswissenschaften" von Rentenversicherungsträgern und der Deutschen Forschungsgemeinschaft (DFG) unterstützten Projektes evaluiert werden. Dabei lag die Hypothese zugrunde, dass sich die SBA-Teilnehmer 3- und 12-Monate nach Entlassung sowohl hinsichtlich der Rückkehr ins Erwerbsleben, als auch hinsichtlich berufsbezogener Einstellungen und dem Erleben des Berufsalltages positiv von Nicht-Teilnehmern unterscheiden. Insgesamt nahmen 289 beruflich hochbelastete Patientinnen und Patienten an der Studie teil.
Screening und Einschlusskriterien:
- Objektiv: Mehr als 12 Wochen Arbeitsunfähigkeit im letzten Jahr und/oder Arbeitslosigkeit.
- Subjektiv: Starke Beeinträchtigungen am Arbeitsplatz durch die Symptomatik, hoher Stellenwert beruflicher Belastungen für Entstehung oder Aufrechterhaltung der Erkrankung, ausgeprägte Konflikte am Arbeitsplatz, starke Unzufriedenheit mit dem Arbeitsplatz, Angst vor Arbeitsplatzverlust.
- Mindestens 2 der 7 Kriterien mussten erfüllt sein.

Abwechselnd, im Sinne eines Kontrollgruppendesigns mit Zeitstichproben, wurden die Patienten entweder der berufsbezogenen Interventionsgruppe, also dem SBA-Therapieprogramm, oder aber einer allgemeinen Problemlösegruppe (Standardtherapie als Kontrollgruppe) zugewiesen. Die Teilnehmer der Interventionsgruppe (IG, n=133) und der Kontrollgruppe (KG, n=156) waren bezüglich Diagnosen (überwiegend depressive Störungen), beruflicher Stellung (62,1 % Angestellte) und Alter (Mittelwert 36,8 Jahre) vergleichbar. Mit umfangreichen Fragebögen wurde unter anderem der Erwerbsstatus und Arbeitsunfähigkeitszeiten, selbstberichtete berufliche Belastungen und der Gesundheitsstatus (u. a. SCL-90-R), arbeitsbezogene Bewältigungsmuster (u. a. *AVEM*, Schaarschmidt und Fischer 2003) sowie die Zufriedenheit mit berufsbezogenen Behandlungsinhalten erhoben. Drei und zwölf Monate nach Entlassung wurden postalische Katamnesen durchgeführt. Auch nach 12-Monaten zeigte sich in wesentlichen Zielgrößen eine - im Sinne der Prüfhypothesen - signifikante Überlegenheit der berufsbezogenen Intervention gegenüber der Kontrollgruppe. Dass die SBA-Teilnehmer hinsichtlich der berufsbezogenen Behandlung, also mit der während des stationären Aufenthaltes erfahrenen Bearbeitung von Themen wie Stress im Beruf ($d = .54$, $p<.001$) oder Konflikte mit Kollegen ($d = .62$, $p<.001$) zufriedener waren als die Kontrollgruppe, bildet eine Vorraussetzung für die nachhaltige Wirksamkeit der Therapie. Entscheidend ist der Unterschied im Hinblick auf harte soziodemographische Daten. Während nach Standardtherapie ohne SBA die Erwerbstätigkeitsquote innerhalb eines Jahres von 69,0 % auf 60,3 % (- 8,7 %) sank, kam es bei den SBA-Teilnehmern zu einer leichten Zunahme von 78,2 % auf 79,9 % (+ 1,7 %). Von den Teilnehmern wurden weniger Rentenanträge gestellt (IG: + 8,6 %; KG: + 12,7 %). Drei Monate nach Entlassung äußerten die Teilnehmer der berufsbezogenen Intervention geringere Rentenabsichten (IG: - 3,7 %) und unterschieden sich damit von der Kontrollgruppe (KG: + 2,3 %). Signifikant höher war auf Seiten der SBA-Teilnehmer zudem die Inanspruchnahme beruflicher Nachsorgemaßnahmen, insbesondere von *stufenweiser Wiedereingliederung* (IG: 29,2 %; KG: 12,0 %). Auch bezüglich *berufsbezogener Einstellungen* und Selbsteinschätzungen waren anhaltende Vorteile der SBA-Teilnehmer zu verzeichnen. Gemessen mit dem Fragebogen *Arbeitsbezogene Verhaltens- und Erlebensmuster (AVEM)* zeigten die Teilnehmer eine deutliche Abnahme des *Burnout*-Bewältigungstypus um - 12,2 % (KG: +3,9 %).

6.2.8 Ein Ausblick in den Abgrund ...

Im Rahmen einer zwischen 1999 und 2001 durchgeführten Studie zur Evaluation der Beruflichen Belastungserprobung, also von Therapie begleitenden Praktika an realen Arbeitsplätzen außerhalb der Klinik, war nach den oben dargelegten Screening-Kriterien ebenfalls eine Kontrollgruppe erhoben worden. Ausgehend von der Frage nach den Auswirkungen der aktuellen Veränderungen auf dem *Arbeitsmarkt* für psychisch bzw. psychosomatisch belastete Menschen lag es nahe, die jeweils nur unter berufsbezogenen Aspekten befragten aber nicht berufsbezogen behandelten Patientengruppen beider Studien im Sinne eines Zeitreihenvergleiches einander gegenüber zu stellen. Im Hinblick auf soziodemographische Daten, Alter (um 35 Jahre), Geschlecht (ca. 65 % Frauen), Diagnosen (> 30 % Depressionen), berufliche Stellung u. a. unterschieden sich die Patienten der historischen Gruppe A: 1999 - 2001 (n = 245) nicht von denen der aktuelleren Gruppe B: 2002-2003 (n = 119). Die historischen Patienten wiesen jedoch signifikant längere Arbeitsunfähigkeitszeiten auf (23,8 vs. 13,0 Wochen!). Sie schilderten sich zudem subjektiv als deutlich beruflich belasteter, bezogen u. a. auf Arbeitszufriedenheit und beruflichen Sorgen, als die aktuell 2002-2003 behandelten Patienten. Gleichwohl korrelierten 2002-2003 berufliche Sorgen signifikant enger mit der sich im SCL-90-R Gesamtwert abgebildeten Symptombelastung (1999-2001: $r = .15$; 2002 - 2003: $r = .38$). Und während – wie gesagt, beide Gruppen wurden nur im Rahmen der Standardtherapie behandelt! - die Erwerbstätigkeitsquote drei Monate nach Entlassung in den Jahren 1999-2001 um 11,7 % gestiegen war, war sie 2002-2003 um 5,6 % gesunken. Natürlich sind methodische Grenzen zu berücksichtigen: Schließlich wurden die Erhebungen nicht ursprünglich auf diesen Vergleich hin angelegt. Dennoch ist die – vorsichtig ausgedrückt – Tendenz einer gravierenden Verschlechterung der Arbeitsmarktlage für psychisch bzw. psychosomatisch belastete Arbeitnehmer, und dies innerhalb weniger Jahre, evident. Die gesunkenen Arbeitsunfähigkeits-Zeiten liegen gewissermaßen im allgemeinen Trend, der auf den zunehmenden Druck bzw. die zunehmende Angst um den Arbeitsplatz zurückgeführt wird. Aus dieser verschärften Gesamtsituation heraus erleben Betroffene, soweit sie noch einen Arbeitsplatz haben, diesen dann jedoch subjektiv offenbar als angenehmer. Sie machen sich (bzw. leisten sich) erheblich weniger berufsbezogene Sorgen, obwohl eben diese objektiv erheblich berechtigter wären. Konkret: Die Chancen drei Monate nach Entlassung arbeitslos zu sein, waren es 2002-2003 um etwa 16 % höher als noch drei Jahre zuvor. Nebenbei belegen diese Zahlen dezent, dass u. a. in der *Rehabilitationsforschung* und der *Arbeitswissenschaft* als harte Daten gehandelten Parameter wie beispielsweise Fehlzeiten, eben keine festen Größen sind sondern individuelle Abwägungen im jeweiligen gesellschaftlichen Rahmen. Angesichts zunehmender Gefährdung des Arbeitsplatzes sind heute offenkundig viele mit Tätigkeiten, die ehemals im Kontext einer entspannteren Gesamtsituation noch als hochbelastend erlebt wurden, zufrieden.

6.2.9 Berufsbezogene Psychotherapie: Ein Weg mit Zukunft

Selbstverständlich limitiert die angespannte Situation auf dem Arbeitsmarkt die möglichen Erfolge berufsbezogener therapeutischer Bemühungen. Andererseits sind die Möglichkeiten, die sich hier zum Nutzen der Patienten erzielen ließen, bislang noch kaum ausgeschöpft. Die im Rahmen des Beitrages vorgestellten Befunde legen mehr als nahe, dass die Integration spezifischer berufsbezogener Gruppentherapien in die stationäre psychotherapeutische bzw. psychosomatische Behandlung sowohl hinsichtlich des Erhalts der Erwerbstätigkeit als auch der Verringerung risikobehafteter, arbeitsbezogener Bewältigungsmuster sinnvoll und wirksam sein kann. Unabhängig von der symptombezogenen Behandlung haben Patienten hiervon handfeste Vorteile, und dies sowohl im Akut- als auch im Reha-Bereich. In die Untersuchung wurden Patienten aus beiden Gruppen in vergleichbaren Anteilen eingeschlossen. Gravierende Unterschiede fanden sich nicht (wobei hier die Stichprobengröße weitergehende Folgerungen limitiert). Darüber hinaus zeigen die Daten in geradezu dramatischer Weise das Ausmaß der aktuellen Arbeitsmarkt-Problematik gerade für Menschen mit psychischen bzw. psychosomatischen Beeinträchtigungen auf. Nie war eine berufsbezogene Ausrichtung in der Psychotherapie so wichtig wie heute. Eine diesbezügliche Umorientierung, sowohl der psychotherapeutischen Konzepte bzw. Schulen als auch der therapeutischen Praxis ist überfällig. Viele der unter 40 Jahre jungen (Ex-)Patienten verloren – mehr oder weniger krankheitsbedingt – kurz nach dem stationären Aufenthalt ihren Arbeitsplatz. Dieses Schicksal kann durch gezielte berufsbezogene Behandlungsangebote zumindest abgefedert werden. Das ist zwar alles andere als zufriedenstellend aber zumindest etwas.

6.2.10 Key-Message

- Psychosomatische Phänomene korrelieren hoch mit beruflichen Belastungen und daraus resultierenden subjektiv wahrgenommenen Beanspruchungen.
- Der Einfluss des Arbeitslebens auf die Symptomatik und Diagnose der Patienten wird in der Psychotherapie bis heute unzureichend berücksichtigt.
- Ausgehend von möglichst konkreten beruflichen Problemsituationen des Patienten lassen sich u. a. in therapeutischen Einzelgesprächen bedingungs- bzw. verhaltensanalytisch (etwa anhand des SORK-Schemas (Situation – Organisches – Reaktion / Verhalten – Konsequenz) prägnante Zusammenhänge aufzeigen.
- In der Klinik Roseneck wurde u.a. ein Therapieprogramm für beruflich belastete psychosomatische Patienten entwickelt und evaluiert. „Stressbewältigung am Arbeitsplatz" – (SBA)

Literaturhinweise

Hillert, A.; Koch, S.; Staedtke, D. & Cuntz, U. (2005): Wie eng ist der Arbeitsmarkt für psychosomatische Patienten? Ein Zeitreihenvergleich parallelisierter Kontrollgruppen von zwei kontrollierten Längsschnittstudien 1999-2003. In: VDR (Hrsg.): Tagungsband des 14. Rehabilitations-wissenschaftlichen Kolloquiums 2005 in Hannover (DRV-Schriften Bd. 59, Frankfurt/Main, S. 451-453.

Hillert, A.; Koch, S.; Hedlund, S. (im Druck): Stressbewältigung am Arbeitsplatz. Ein berufsbezogenes Gruppentherapieprogramm. Vandenhoeck & Ruprecht. Göttingen.

Hillert, A.; Sosnowsky, N.; Lehr, D.: Idealisten kommen in den Himmel, Realisten bleiben AGIL! Risikofaktoren, Behandlung und Prävention von psychosomatischen Erkrankungen im Lehrerberuf. Lehren und Lernen 31 (2005) 17-27.

Koch, S.; Hillert, A.; Hedlund, S. & Cuntz, U. (2003): Berufliche Belastungen und Patienteninteresse bei der Indikationsstellung berufsbezogener Behandlungsmaßnahmen in der psychosomatischen Rehabilitation. In: VDR (Hrsg.): Tagungsband des 12. Rehabilitationswissenschaftliches Kolloquium in Bad Kreuznach 2003, DRV-Schriften Bd. 40, Frankfurt/Main, S. 296-298.

Koch, S.; Hedlund, S. Rosenthal, S.; Hillert, A.: Stressbewältigung am Arbeitsplatz: Ein stationäres Gruppentherapieprogramm. Verhaltenstherapie 16 (2006) 7-15.

Schaarschmidt, U.; Fischer, A.W. (2003): AVEM - Arbeitsbezogenes Verhaltens- und Erlebensmuster. Swets & Zeitlinger, Frankfurt/M.

Stadtland, C.; Schütt, S.; Nedopil, N.; Gründel, H.: Somatoforme Störungen und Frühberentung. Eine empirische Evaluation der Begutachtungspraxis und Risikofaktoren. Nervenheilkunde 10 (2004) 567-571.

6.3 Einsatzmöglichkeiten von Supervision in der Arbeitswelt

Christian Ehrig

„Die Probleme anderer Menschen sind oft einfacher zu lösen als die eigenen." (Burisch, S. 267) *Berufsbezogene Supervision* stammt ursprünglich aus den USA. Sie wurde dort in den zwanziger Jahren des vorigen Jahrhunderts zuerst in der Beratung von Sozialarbeitern eingesetzt. Inzwischen hat sie auch in Deutschland eine 50jährige Geschichte. So wird sie in der Sozialtherapie, der Pädagogik, in Teilbereichen der Medizin (Balintgruppen) und vor allem in der Psychotherapie genutzt. Sehr differenzierte Formen verschiedenster Ansätze supervisorischer Arbeit gehören dabei fest zum Ausbildungskontext aller psychotherapeutischen Schulen. Im Rahmen der psychotherapeutischen Fachausbildungen werden regelmäßig stattfindende Einzel- sowie Gruppensupervisionen gefordert. In der Psychotherapie ist Supervision damit zu einem fest integrierten Bestandteil und einer wichtigen Grundlage der therapeutischen Ausbildung und Arbeit geworden. Aber auch fertig ausgebildete Psychotherapeuten gestalten in Form von **Intervisionen** Supervisionsgruppen auf freiwilliger Basis, um sich Unterstützung, fachlichen Rat und Anregung von ihren Kollegen zu holen. Intervisionen sind hier Supervisionsgruppen unter **Gleichberechtigten**. Kaum in einer anderen Berufsgruppe – auch nicht in der sonstigen Ärzteschaft - gibt es ein nur ähnlich ausdifferenziertes und allgemein anerkanntes Verfahren. Man kann daher in diesem Bereich von einer lebendigen *Supervisionskultur* sprechen.

In fast allen anderen Arbeitsbereichen haben supervisorische Ansätze dagegen eher **Gelegenheitscharakter** oder sind überhaupt nicht vorhanden. Diskrepant bleibt aber, dass der wahrgenommene Bedarf in Bezug auf externe Unterstützung, z. B. in Form von Teamsupervision, regelmäßig in entsprechenden Befragungen als sehr hoch angegeben wird. Dies könnte unter anderem mit der immer breiter und öffentlich geführten Burnout-Diskussion und -Wahrnehmung zusammenhängen. Damit steigen das Problembewusstsein und das allgemeine Interesse an Präventionsmöglichkeiten. Die Möglichkeiten externer oder kollegialer Supervision sind z. B. auch Lehrern, als einer Burnout-Hochrisikogruppe, bekannt. So führte Hillert et al. eine Befragung zur Anwendung entlastender Strategien im Berufsalltag bei insgesamt 639 Lehrern (26,4% Lehrer/73,6 % Lehrerinnen) im Rahmen von Lehrer-Gesundheitstagen in Bayern im Jahr 2002/2003 durch. Dabei wurde das Inanspruchnahmeverhalten von externer

Supervision mit 18,4 % bei Lehrern und 14,5 % bei Lehrerinnen, von Teamsupervision in 13,5 % sowie 11,8 % und ambulanter Psychotherapie in 21,3 % bei Lehrern zu 24,1 % bei Lehrerinnen angegeben. Die Zahlen dürften jedoch nicht sonderlich repräsentativ sein, sondern zu hoch ausfallen, da die Teilnehmer an einer solchen Präventionsveranstaltung als eher schon problembewusst und motiviert angesehen werden können.

6.3.1 Was ist Supervision?

Unter Supervision wird eine spezielle Form der mittel- und längerfristigen Organisationsberatung verstanden. Es geht um die Betrachtung von Praxissituationen aus mehreren Perspektiven, sowie um eine Analyse und systematische Reflexion der situativen, personenabhängigen und institutionellen Hintergründe unter Anwendung einer wissenschaftlich-psychotherapeutischen Methode und Technik. Supervisor und Supervisanden bündeln dabei ihre Kompetenzen an theoretischem Wissen, praktischer Erfahrung und Empathie, so dass idealerweise bei allen Gruppenmitgliedern eine Förderung und Entwicklung von Kompetenzen möglich wird.

Das Ziel ist eine verbesserte Professionalisierung der Arbeit mit Kunden (Behörden, Banken etc.), Klienten (Sozialberatung etc.) oder Patienten (Kliniken, Stationsteams etc.). Supervision kann dabei in verschiedenen Führungsebenen ansetzen und wird immer als fachliche Beratung und Begleitung angeboten, die aber frei von formaler Bewertung oder Beurteilung sein sollte. Sie findet je nach Zielgruppe und Zielsetzung als Gruppen- oder Einzelarbeit statt. Gegenüber der Einzelsupervision ist eine Abgrenzung zum Coaching und Mentorship sinnvoll. Die Grenzen sind dabei allerdings fließend. Der Schwerpunkt der supervisorischen Arbeit liegt im kognitiven, emotionalen oder interaktionellen Bereich. Trotzdem soll Supervision ausdrücklich keine Therapie und keine Selbsterfahrung sein, obwohl sie Elemente von beidem enthalten kann.

Graf weist darauf hin, dass es keine geschlossene und verallgemeinerungsfähige Theorie der Supervision gibt.

In Bezug auf die beschriebenen Zielsetzungen (Förderung personaler, sozialer, kommunikativer und beruflicher Kompetenzen) kann Supervision daher auch zu einer Form der **Qualitätssicherung** im Bereich des Personalmanagements und der *betrieblichen Gesundheitsförderung* werden. In einer aufschlussreichen Studie hat Graf 175 Führungspersonen in Kärnten zu den Aufgabenbereichen, den Zielen und dem Sinn der betrieblichen Gesundheitsförderung befragt. Nur einer Minderheit von ihnen (26,8 %) waren die Ziele klar. Genutzt wurden sie sogar nur von 11 %. Dabei schätzten die Führungskräfte allerdings den Nutzen von betrieblicher Gesundheitsförderung als sehr hoch ein (83,5 %). Ebenso gaben sie an, dass damit gesundheitsfördernde Verhaltensweisen bei den Mitarbeitern bewirkt werden können (91,0 %), dass solche Maßnahmen für die strategischen Herausforderungen der Zukunft notwendig seien (76,0 %) und sich als Investition rechnen würden (86,7 %). Als wichtigste Gründe, die nach Angaben der Führungskräfte jedoch einer Umsetzung entgegenstanden, wurden fehlende Zeit und eingeschränkte finanzielle Mittel genannt (Graf, S. 175ff).

6.3.2 Methode und Durchführung

Ausgehend vom Burnout-Syndrom, als einem der meist diskutierten und beschriebenen Folgeerscheinungen arbeitsplatzbedingter Konflikte und Belastungen, kommt man auf der Suche nach Hilfe und Lösungsmöglichkeiten über das Stressmodell zuerst zu Angeboten wie Stress-, Pausen- und Zeitmanagement, Entspannungstechniken, sportlichen Aktivitäten, etc. (siehe dazu auch die folgenden Kapitel). In Hinblick auf die Ziele der betrieblichen Gesundheitsförderung ist es aber auch sinnvoll, den Mitarbeitern verbesserte soziale und kommunikative Kompetenzen (so genannte „soft skills") zu vermitteln. Dies kann z. B. in Form von Einzel-Coaching aber auch in Form von Gruppenangeboten erfolgen und sowohl präventiv wie auch interventionell eingesetzt werden. Genau in diesem Bereich befindet sich der Aufgabenbereich der Supervision. Supervision ist im Kontext der Verbesserung von Arbeitsprozessen **kein Therapieverfahren**. Sie ist eine Beratungsform, die mit unterschiedlichen Mitteln und Methoden arbeitet, die verschiedenen Psychotherapieschulen (z. B. Themenzentrierter Interaktion, Gestalttherapie, Psychoanalyse, Gruppendynamik, systemischer und struktureller Psychotherapie etc.) entlehnt wurden. Sie wird heute deutlicher als früher von Psychotherapie abgegrenzt und ist in ihrer praktizierten Form daher oft **methodenpluralistisch**. Das bedeutet, dass phasen- und situationsspezifisch verschiedene Methoden wie z. B. Gruppendynamische Prozessorientierung, Organisationsberatung, psychoanalytische, psychodramatische und Gestaltmethoden sowie systemische Ansätze eingesetzt werden. An Techniken können das aus der Gestalttherapie Rollenspiele, Rollentausch oder Skulpturarbeit, aus der Verhaltenstherapie strukturiertes Arbeiten am Flipchart oder auch der Einsatz kreativer Medien (Kunsttherapie) sein. Welche Techniken dabei zum Einsatz kommen, hängt vorrangig von der Ausbildung des Supervisors ab.

In der Praxis hat sich vor allem die *fallspezifische Arbeit* (z. B. nach dem Balintmodell) sehr bewährt. Dabei stellt ein Mitglied der Supervisionsgruppe einen Fall am Beispiel einer problematischen Interaktion mit einem Klienten/Kunden oder Patienten vor. Durch die Fokussierung auf diesen Fall wird ein konkreter Auftrag erarbeitet, der es dem Supervisanden ermöglichen soll, im geschützten Rahmen der Gruppe mit Hilfe seiner Kollegen den eigenen Kompetenzrahmen zu erweitern, ohne dabei be- oder verurteilt zu werden. Typische und häufige Themen eines solchen Arbeitsansatzes sind Auseinandersetzungen mit so genannten „schwierigen Klienten oder Kunden". Aber auch Fragen zu Grenzbereichen der Ethik, wie z. B. dem Umgang mit Verlust, Trauer, Tod oder dem Umgang mit Sexualität in der Arbeitswelt, tauchen dabei, nicht nur in sozialen Berufen, immer wieder auf. Ein weiteres häufiges Thema ist der Erhalt der Arbeitsmotivation im Alltag. Dabei spielen hierarchische Systeme ebenso eine wichtige Rolle wie die damit verbundene Asymmetrie verschiedener professioneller Rollen (Vorgesetzter – Mitarbeiter, Klient – Therapeut). Eine klar definierte Aufgabensetzung und transparente Ziele haben sich für Teamsupervisionen sehr bewährt. Sie sind hilfreich, um die Komplexität der genannten Sachverhalte zu reduzieren und ihnen trotzdem gerecht zu werden.

Mit der Fokussierung auf einen Supervisionsfall lässt sich neben der Entlastung der Mitarbeiter aber auch eine bessere Steuerung der Gruppendynamik verbinden. Selbsterfahrung geschieht quasi nur durch die Hintertür. Den Teilnehmern werden verschiedene Handlungsoptionen, wie z. B. die Aufnahme einer Psychotherapie, freigestellt. Ihre Selbstwirksamkeit wird heraufgesetzt, indem gemeinsam mit der Gruppe neue Perspektiven und Alternativen ausgelotet und aufgezeigt werden (refraiming). Mit diesem doppelten Ansatz einerseits am Individuum und andererseits an seiner Arbeits-Umwelt gelingt es rascher eine Erleichterung zu erreichen, schnell wichtige Informationen zu beschaffen, die eventuell zuvor vergessen wurden, sowie Ressourcen zu aktivieren, die der Supervisand durch Unterstützung von Freunden, Kollegen oder Partnern erhalten kann. Einem zielgerichteten und fallorientierten Vorgehen ist daher, auch auf Grund der geringeren Freisetzung von Ängsten, klar der Vorrang zu geben. Gerade für Mitglieder einer Supervisionsgruppe, die über keinerlei psychotherapeutische Vorkenntnisse verfügen, ist eine starke Betonung der *Gruppendynamik* sehr verunsichernd und führt nicht selten zu innerer Verweigerung oder Abbrüchen.

Richardson & West (in Burisch) berichten über Workshops zum Thema Motivationsmanagment, in denen sie mit den Teilnehmern eine ausführliche gemeinsame Ursachenanalyse von Problemen durchführten. Anschließend wurden die Teilnehmer ermutigt, mit diesen Erkenntnissen selbständig weiterzuarbeiten. Da es sich dabei um Mitglieder intakter Teams handelte, wurden die Vorschläge tatsächlich weiterverfolgt. Auch Burisch (S. 258) selbst berichtet, dass er in Anti-Burnout-Workshops die besten und produktivsten Erfahrungen mit dem sogenannten Family-Lab-Format gemacht hätte. Hierbei trifft sich ein **intaktes Team** mehr oder weniger vollständig zu regelmäßigen Terminen. Auf diese Weise bekommen alle Mitglieder gleichzeitig alle wichtigen Informationen, sie lernen sich besser kennen und können gemeinsame Spielregeln direkt miteinander verabreden. Ohne benannten Leiter haben solche Treffen jedoch lediglich den Charakter von Selbsthilfegruppen. Andererseits ist, wie bereits mehrfach erwähnt, in solchen Gruppen ausdrücklich vor einer zu schnellen Veränderung der Supervision hin zu einem gruppendynamischen Prozess zu warnen. Diese Art der Arbeit bekommt dann den Charakter einer Selbsterfahrungsgruppe und verlangt vom Supervisor sehr viel mehr an psychologischen Kompetenzen und Kenntnissen über Persönlichkeitspathologien.

6.3.3 Rollendefinition von Supervisoren

Supervisoren sind idealerweise besonders geschult und befähigt, arbeitsplatzbezogene Probleme (Fall-, Team- und Institutionsprobleme) mit Einzelpersonen, Gruppen, Teams und Organisationseinheiten zu reflektieren. Sie geben Unterstützung im Bereich der persönlichen beruflichen Weiterbildung, der Leitungs- und/oder Kooperationskompetenz, der beruflichen Funktionsberatung und der Organisationsentwicklung, d. h. sie sind in der Lage, Selbstlernprozesse bei Einzelpersonen, Gruppen und Teams anzuregen und zu organisieren. Dadurch wird die Bearbeitung eines breiten Spektrums von Beratungs-, Kommunikations- und Organisationsproblemen ermöglicht. Mediatives Vorgehen bei Konflikten im Verlauf eines Supervisionsprozesses ist dabei eine häufige Notwendigkeit. Sie geht aber als Methode zur außergerichtlichen Schlichtung von Streitfällen bereits deutlich über den eigentlichen Auftragsrahmen von Supervision hinaus.

Der Supervisor sollte in der hierarchischen Linie den Supervisanden nicht vorgesetzt sein. Dies ist sinnvoll, da immer wieder Rollenkonflikte und strukturelle hierarchische Komplikationen in Systemen, wie z. B. Firmen auftreten. Solche Konflikte kann ein Supervisor nur glaubhaft ansprechen, wenn er eine genügend große Neutralität, Autorität und Immunität zuerkannt be-

kommt. Deshalb hat er mit dem Arbeitgeber und den Supervisanden die Voraussetzung für eine zielgerichtete, effektive und sinnvolle Supervision durch eine klare Kontraktbildung zu klären. Hierbei sind die zeitlichen, räumlichen und finanziellen Rahmenbedingungen genau festzulegen:
- Wird die Supervision als Arbeitszeit anerkannt?
- Wer bezahlt den Supervisor?
- Wer stellt den Teilnehmerkreis und das Supervisionsziel fest (das Team oder der Vorgesetzte)?
- Wo findet die Supervision statt?
- Werden die Teilnehmer im Raum (z. B. vor dringenden Telefonaten) geschützt?

Die Liste ließe sich beliebig erweitern. Für die Einhaltung der Rahmenbedingungen ist vor allem der Supervisor verantwortlich, letztlich aber auch der gesamte Teilnehmerkreis.

Supervisoren haben üblicherweise gute Erfahrungen mit der Arbeit in sozialen Bereichen. Probleme ergeben sich allerdings mit der Arbeit in anderen Strukturen, wie Wirtschaftsbetrieben. Beispielhaft wurde deshalb auf dem 4. Deutschen Supervisionstag 1999 ein gemeinsames Projekt zur Partnerschaft zwischen der Arbeitsgemeinschaft Partnerschaft in der Wirtschaft e.V. (AGP) und der Deutschen Gesellschaft für Supervision e.V. gestartet, um die **Kompetenzen der Supervisoren den Anforderungen der Wirtschaft anzupassen** (Fellermann, S. 147 ff). Ziel einer solchen Kooperation ist die Förderung einer partnerschaftlichen Unternehmenskultur zwischen Unternehmern und Mitarbeitern. Es geht um die Stärkung und den Ausbau von gemeinsamer Kommunikation, Identifikation und Kooperation. Konkret können das Projekte für die Mitarbeiter zur stärkeren Mitarbeiterbeteiligung sein oder auch zur psychologischen und mentalen Unterstützung von Existenzgründern bei Entscheidungsfindungen. Voraussetzung ist allerdings, dass sich Supervisoren Basiskompetenzen über gesamt– und betriebswirtschaftliche Grundlagen aneignen müssen, um im Beratungsprozess angemessene Unterstützung geben zu können. Damit muss und wird sich die **Rollenidentität des Supervisors** deutlich ändern, weg vom Begleiter in einem eher selbstreflexiven Kontext - wie in sozialen und psychotherapeutischen Bereichen - hin zu einem **mitverantwortlich Handelnden** (Fellermann, S. 150).

6.3.4 Allgemeine Aufgaben von arbeitsplatzbezogener Supervision

Die in der Supervision auftauchenden Themen stammen meist aus dem Arbeitsalltag, der Freiwilligenarbeit oder ähnlichen berufs- oder ausbildungsbezogenen Kontexten. Es sind problematische Szenen, die der Supervisand erlebt hat oder auf die er sich vorbereiten will. Die Reflektion dieser Situation in der Supervisionsgruppe fokussiert dabei auf das Verhalten und Innenleben der Beteiligten sowie auf ihr Miteinander. Die verbindenden Aufgaben, ihre Vorhaben sowie ihr Verhältnis zu den über, neben- oder untergeordneten Systemen werden reflektiert. Auf der Basis dieser Wahrnehmungen kann der Supervisand eigene **Lernziele formulieren**, die dann z. B. eine bessere Teamentwicklung oder bessere Organisationsstrukturen und Führungsstrukturen ermöglichen sollen.

Folgende **allgemeine Aufgaben und Zielsetzungen für Supervisionen** haben sich bewährt:
- ein fallorientierter Arbeitsansatz,
- eine realistische Zielsetzung,
- ein besserer Selbstschutz gegenüber vermeidbaren Anforderungen/Überforderungen,

- eine effektive Delegation und Jobrotation zur Reduktion von lästigen Routineaufgaben,
- Ressourcen aktivieren (z. B. durch kreative Problemlösungen das Arbeitsleben erleichtern oder Freiräume in der Freizeit suchen),
- das Eigeninteresse am Beruf wiederbeleben.

Diese allgemeinen Ziele überschneiden sich allerdings zum Teil mit Aufgaben, die üblicherweise von Gewerkschaften thematisch besetzt werden. Zu bedenken ist daher, dass der Einsatz von Supervision in gewerkschaftlich gut organisierten Firmen evtl. zu Konflikten führen kann. Er kann aber auch, in Abstimmung mit den Gewerkschaften, sehr gedeihlich sein.

6.3.5 Supervision und Burnout

Im Zusammenhang mit Arbeitsbelastungen einerseits und möglichen Interventions- und Präventionsmaßnahmen andererseits ist eine Auseinandersetzung mit der Burnout-Problematik auch in Hinblick auf das Thema Supervision gerechtfertigt. Burisch (S. 21) verweist auf das Ausmaß der Problematik mit folgenden Anmerkungen: „Das Burnout-Syndrom ist mittlerweile bei rund 60 Berufen und Personengruppen beschrieben worden. Das Burnout-Alphabet reicht von A wie Anwälte bis Z wie Zahnärzte". Dass es sich dabei vor allem um Berufe handelt, „von denen nicht nur Hilfe im technischen Sinne, ... sondern auch emotionale Zuwendung (also Versorgen, Beraten, Anleiten, Heilen, Schützen) erwartet wird" ist inzwischen eine Binsenweisheit (Burisch, S. 24).

Um geeignete Interventionen zur Burnout-Prävention unter systematischen Aspekten besser beurteilen zu können, schlägt Burisch drei Betrachtungsebenen vor:

- den einzelnen Mitarbeiter,
- den einzelnen Mitarbeiter im Kontext der Organisation,
- die Organisation.

In Hinblick auf den einzelnen Mitarbeiter finden sich eine Reihe von Themen, die gut in einer Supervision bearbeitet werden können, wie z. B. der Umgang mit dem Glauben, dass es für jedes Problem eine Lösung gibt oder dem Abschied nehmen von idealisierten Berufsbildern - vor allem in den helfenden Berufen. Aber auch die Analyse von persönlichen Fehlverhalten (z. B. Unordnung hinterlassen), mit dem man sich im Team das Leben gegenseitig schwer macht, können wichtige Aufgaben sein. Andererseits sollen unter Motivationsaspekten intrinsisch lustvolle Momente wieder in den Berufsalltag integriert werden, mit der Idee, den Arbeitsalltag mit mehr positiven Anreizen zu besetzen. Ein solch *ressourcenorientierter Ansatz* der Supervision ist ein viel versprechender Änderungsansatz für den einzelnen Mitarbeiter sowie für das ganze Team, da es die Selbst-Aufmerksamkeit, die Selbst-Diagnose, das didaktische Stressmanagement und die gesunde Lebensweise erhöhen kann. Damit bewirkt er konkrete Veränderungen des Verhaltens und der Kognitionen.

Um eine drohende Überlastung oder Überforderung des einzelnen Mitarbeiters beurteilen zu können, haben sich beispielhaft folgende Fragen bewährt:

- Wo überschreite ich meine Grenzen?
- Welche Rahmenbedingungen sind beteiligt?
- Welche Faktoren lassen sich beeinflussen, welche nicht?
- Wo und wie trage ich selber zu meinem Burnout bei?

Alle genannten Fragen können auch als Einstiegsthemen zur Supervision zum Thema Burnout genutzt werden.

Für die beiden anderen Betrachtungsebenen eignen sich vor allem Vorschläge aus dem Bereich der Organisationsentwicklung. Entsprechende Ziele können beispielhaft die Reorganisation der Arbeit durch eine gerechtere Verteilung unangenehmer Arbeiten auf alle Mitarbeiter eines Teams oder die Zuordnung formaler Verantwortung und Autorität zu einer Person sein. Diese Prozesse lassen sich gut durch kollegiale Unterstützung, Coaching oder Beratung unterstützen. Es wird zudem Weiterbildung angeregt und eine Atmosphäre geschaffen, in der offen und öffentlich über Probleme wie Burnout diskutiert werden kann. Da Burnout, ebenso wie Mobbing oder Alkoholismus oft ein Tabu-Thema in der heutigen Arbeitswelt ist, bewirkt das Ansprechen solcher Probleme meist bereits erste wichtige Schritte in Richtung Veränderung. Mit einer solchen Herangehensweise befinden wir uns allerdings auf der Symptomebene. Die Realität in vielen Firmen, Büros oder Kliniken sieht aber so aus, dass das menschliche Kapital bestmöglichst nach den Zielvorgaben des Trägers genutzt wird. Verantwortlich denkende Unternehmer sind sich allerdings klar darüber, dass in der modernen Arbeitswelt, die von Leistungsdruck, ständiger Umstrukturierung und Einsparung sowie immer schneller werdenden Veränderungszyklen geprägt wird, die Mitarbeiter „gepflegt" werden müssen. Neben vielen anderen genannten Möglichkeiten können dazu auch Supervision oder Coaching angeboten und genutzt werden.

6.3.6 Supervision und Berufsanfang

Cherniss führte in den 80er und 90er Jahren zahlreiche Interviews über berufliche Werdegänge durch. Er untersuchte mögliche Risikofaktoren für die Entwicklung von Burnout und fasste seine Erfahrungen und Ergebnisse in mehreren Buchpublikationen zusammen. Dabei zeigte sich, dass der **Einarbeitungsphase in das Berufsleben** eine sehr wichtige Bedeutung zukommt. Ein Berufseinstieg, der nach dem Motto verläuft: „Jemanden einfach ins kalte Wasser zu werfen", stellt nach seinen Ergebnissen einen sehr folgenreichen Belastungsfaktor dar. Solch ein *„Praxisschock"* führte bei vielen der Interviewpartner fast zwangsläufig zu schmerzhaften und Kräfte zehrenden Kompetenzkrisen. Auf ständige Überforderungen reagierten die meisten mit zunehmender Reaktanz, in dem sie ihre Arbeitszeiten immer weiter ausdehnten, um letztlich ja nicht zu scheitern. In diesen Situationen kam der Aufmunterung und Unterstützung durch erfahrene Kollegen und Vorgesetzte eine entscheidende Bedeutung für den weiteren Berufsweg zu (Burisch, S. 66). „**Autonomie und Unterstützung** beschreiben gemeinsam auf ein gute Weise die Situation, die für positive Arbeitsanpassung in professionellen Berufen optimal ist" (Cherniss, S.156). Daher empfiehlt Cherniss, dass jeder neue Mitarbeiter einen Mentor haben sollte, mit dem er belastende Erfahrungen besprechen kann. Diese Aufgabe kann natürlich auch in Gruppen bewältigt werden. Supervision ist dabei als eine mögliche Form professioneller Unterstützung ebenso ein wichtiger **protektiver Faktor** wie das Gefühl der eigenen Autonomie. Auch Maslach verweist darauf, dass die Qualität der Führung durch die Vorgesetzten und das kollegiale Klima als wichtige Umweltfaktoren hoch mit Burnout korrelieren. In vielen Arbeitsbereichen gibt es allerdings überhaupt keine regelmäßige Teamsitzungen und falls es sie doch gibt, sind sie leider oft eher kontraproduktiv (Burisch, S. 67). Mitarbeiter, die später an Burnout litten, arbeiteten, laut den Untersuchungen von Cherniss, oft von vornherein unter durchgehend ungünstigen Bedingungen.

Wie in der Ausbildungsphase durch Supervision positive Effekte und Vorteile erreicht werden können, hat Waibel beispielhaft an Hand einer Studie zur Integration von Supervision in die Ausbildung von Physiotherapeuten gezeigt. Alle 55 Teilnehmer verfügten nicht über Vorkenntnisse mit Supervision. Als wichtigste positive Ergebnisse gaben die Teilnehmer ein besseres Fallverständnis in Bezug auf körperlich-seelisch und soziale Zusammenhänge (70,91 %) sowie für die Problem- und Lebenslagen der Patienten (72,73 %) an. Gute Lernerfahrungen entwickelten sich auch zu Themen wie Tod, Trauer und Krankheitsbewältigung (65,45 %). Überwiegend positiv bewertet wurde zudem die Veränderung in der kommunikativen Kompetenz, wie der Verbesserung des Einfühlungsvermögens in die Patienten (60,0 %), die Verbesserung der Abgrenzungsmöglichkeit gegenüber Patienten (66,67 %) oder die Verbesserung der verbalen Ausdrucksfähigkeit (58,2 %). Nur 4,4 % der Teilnehmer hielten es für überflüssig, Supervision zu einem festen Bestandteil der Physiotherapeutenausbildung zu machen. Die große Mehrheit (82,2 %) sprach sich für eine feste Integration der Supervision in die Ausbildung aus. Aber auch die Grenzen eines solchen Ansatzes werden deutlich. So zeigte sich, dass das fachlich-inhaltliche Wissen nur begrenzt erweitert und vermittelt werden konnte (47,27 %). Kritisch sahen die Teilnehmer zudem das Fehlen konkreter und direkter Handlungsanweisungen und die offenbar **zu starke** *Gruppendynamik*.

6.3.7 Forschungsbedarf
Nicht nur am Beispiel der Burnout-Forschung zeigt sich deutlich die Notwendigkeit und der dringende Bedarf an Studien zum Nachweis der Effektivität entsprechender Interventionen. Solche Studien sollten nach Möglichkeit prospektive Längsschnittstudien sein, die mit einem erfolgskontrollierten Interventionsdesign durchgeführt werden. Burisch verweist darauf, dass es bisher leider nur wenige, gut geplante Studien dieser Art gibt, die die Wirksamkeit der genannten Ansatzpunkte dokumentieren (S. 231). Zudem drängen sich zahlreiche offene Fragen im Zusammenhang von Burnout-Prophylaxe und Supervision auf, wie: „Können Selbsthilfe- oder Supervisionsgruppen gegen Burnout immunisieren?" oder „Welches Beratungs- oder Therapiekonzept - ... - eignet sich für welchen Typ von Ausbrenner am besten?" (S. 230).

Theoretische Anreicherungen zahlreicher Fragestellungen im Zusammenhang von Supervision und Arbeitswelt lassen sich auch beim Blick auf die Schnittstelle zwischen Arbeits- und Gesundheitspsychologie finden. Graf (S. 67) weist darauf hin, dass sich, unter den ständig veränderten Rahmenbedingungen von Arbeit und Leistung sowie den Wechselwirkungen zwischen Arbeit und Privatleben, in den letzten Jahren verschiedene Forschungsschwerpunkte entwickelt haben, die diese Schnittstellenproblematik intensiv erforschen. Als Disziplinen gehören dazu die Angewandte Psychologie, die Personalmanagementpsychologie, die Arbeits- und Betriebspsychologie und die Organisationspsychologie. Die Arbeitspsychologie berührt dabei mit ihren Fragestellungen und Forschungsschwerpunkten sowie ihrem interdisziplinären Ansatz am ehesten die Fragen der Gesundheitspsychologie.

6.3.8 Fazit

Auf die Diskrepanz zwischen Vorschlägen, Möglichkeiten und Realisierung von unterstützenden Prozessen zum Beispiel im Rahmen der *Burnout-Prophylaxe* hat Burisch bereits deutlich hingewiesen: „Was Prophylaxe, Prävention und Therapie des Burnout-Syndroms betrifft, besteht bis heute ein Missverhältnis zwischen veröffentlichten Vorschlägen und auch nur informell gesammelten Erfahrungen". Es ist „dabei … schon a priori zu vermuten, dass nahezu jede mit genügend Enthusiasmus vorgetragene Intervention gute Chancen auf Erfolg hat, zumindest anfänglichen Erfolg. Dies darum, weil schon viel erreicht ist, wenn die Aufmerksamkeit für das Phänomen erhöht, das Thema legitimiert und Hoffnung (wieder)erweckt wird" (Burisch, S. 236). Ergänzt wird dieses Statement durch seinen Hinweis, dass „durchschlagende und bleibende Wirkungen … ohnehin nur da zu erwarten (sind), wo an beiden beteiligten Komponenten angesetzt wird, am Individuum und an seiner Umwelt, speziell seiner Arbeitsumwelt" (Burisch, S. 236). Und Wilder & Plutchik verweisen darauf, „dass man Menschen nur begrenzt auf in der Zukunft liegende Belastungen vorbereiten könne. Präventive Maßnahmen müssten durch prozessbegleitende zumindest ergänzt werden" (in Burisch, S. 236).

Alle Berufe, die durch einseitiges Geben geprägt sind, sollten daher die Möglichkeiten der Supervision erhalten. Nicht nur aus den Untersuchungen von Cherniss lässt sich die Forderung ableiten, solche Angebote vor allem gezielt in der Phase des Berufsbeginns, aber auch in allen anderen Situationen, die mit einer erheblichen Veränderung der beruflichen Realität einhergehen, anzubieten. Wichtig ist dabei, dass die Führungskräfte, neben dem offenbar vorhandenen Verständnis für die Vorteile von regelmäßigen Supervisionen als einer Möglichkeit betrieblicher Gesundheitsförderung, diese auch aktiv unterstützen, in dem sie die notwendigen finanziellen und zeitlichen Voraussetzungen genehmigen, da sonst solche Veränderungen sicher keinen Erfolg und Bestand haben werden.

6.3.9 Key-Message

▶ Nicht nur für Berufsanfänger zu Ausbildungszwecken und zur Vermeidung des „Praxisschocks", sondern auch zur Burnout-Prophylaxe hat sich Supervision bereits seit langem bewährt.

▶ Eine entsprechende Supervisionskultur breit in der Arbeitswelt zu etablieren, ist daher sinnvoll, bedarf aber der Beachtung und Einhaltung vieler Rahmenbedingungen.

▶ Bei einem verstärkterem Einsatz von Supervision in Wirtschaftbetrieben und unter dem Einfluss der immer stärkeren Betonung von Wirtschaftlichkeitsfragen auch in sozialen Institutionen müssen sich Supervisoren verändern und anpassen. Im Rahmen eines fall- und zielorientierten Vorgehens werden sie immer mehr zu mitverantwortlich Handelnden.

▶ Um die Effektivität und die Stärken von Supervision, zum Beispiel im Rahmen der betrieblichen Gesundheitsförderung nachzuweisen, sind gesicherte Studien dringend notwendig.

LITERATURHINWEISE

BURISCH, M. (2006): Das Burnout-Syndrom. Springer Verlag. Heidelberg, 3. Auflage.

CHERNISS, C.(1999): Jenseits von Burnout und Praxisschock. BELTZ Taschenbuch Verlag. Weinheim und Basel.

FELLERMANN, J.; LEPPERS, M. (HRSG.) (2001): Veränderte Arbeitswelt – eine Herausforderung für das Beratungskonzept Supervision. VOTUM Verlag GmbH.

GRAF, H. (2003): Psychotherapie in der Arbeitswelt. Springer-Verlag. Wien.

HILLERT, A. ET AL. (2007): Gesundheitstage zur Prävention psychosomatischer Erkrankungen im Lehrerberuf. In: Prävention und Gesundheitsförderung. Springer Verlag (in press).

WAIBEL, M.J.: Integrative Supervision in der Ausbildung von Physiotherapeuten - eine Untersuchung. Supervision, Theorie-Praxis-Forschung 11(2004) 1-11.

6.4 Stressmanagement im Betrieb

Andreas Böhm und Joseph Kuhn

6.4.1 Stress – was ist das?

Stress ist ein Begriff, der in den letzten Jahrzehnten eine beispiellose Karriere gemacht hat. Hans Selye, ein österreichisch-kanadischer Mediziner, hat den Begriff aus der Materialforschung, wo er den Zustand von Materialien unter Zug oder Druck bezeichnete, in die Medizin übertragen. Von dort wurde er dann auch in die Biologie (z. B. Hitzestress von Bäumen) und in die Psychologie übernommen. Hans Selye war auf das Phänomen Stress gestoßen, als er bei Experimenten mit Ratten in den 30er Jahren des letzten Jahrhunderts beobachtete, dass ganz unterschiedliche Einwirkungen auf den Organismus gleichartige pathologische Organveränderungen zur Folge hatten (Veränderungen der Nebennierenrinde, der Lymphgefäße der Thymusdrüse und des Verdauungstraktes). Selye sprach zunächst von einem „allgemeinen Adaptionssyndrom" und später von Stress. Er konnte auch die hormonelle Vermittlung des Stressgeschehens nachweisen. Seine Veröffentlichungen bildeten den Ausgangspunkt einer umfangreichen Forschungstätigkeit zum Phänomen Stress, die bis heute anhält und gerade auch im Zusammenhang mit der Arbeitswelt zu neuen Forschungsfeldern führt, z. B. bei Themen wie Burnout oder Mobbing.

Inzwischen versteht man die biologische Funktion und die physiologischen sowie psychologischen Abläufe der Stressreaktion recht gut. In der Entwicklungsgeschichte der Menschen war die Stressreaktion überlebensfördernd. Stress war eine Alarmreaktion, die mit Muskelanspannung, beschleunigter Atmung, erhöhtem Herzschlag und erhöhter Aufmerksamkeit einherging, um auf Kampf oder Flucht in Gefahrensituationen vorzubereiten. In einer Umwelt, in der wilde Tiere und kriegerische Artgenossen Leib und Leben bedrohten, war dies notwendig und angemessen. Aber in der modernen Zivilisation, in der wir in der Regel den Belastungen nicht einfach mit Angriff oder Flucht begegnen können, sind häufige oder andauernde Stressreaktionen kein Beitrag zur Problemlösung, sondern oftmals gesundheitsgefährdend (*Tabelle 1*). Die mobilisierten Energiereserven können nicht adäquat freigesetzt werden und der für Körper und Geist notwendige Wechsel von Anspannungs- und Entspannungsphasen bleibt aus.

Stress wird heute jedoch nicht mehr als rein physiologischer Prozess oder als einfache Reiz-Reaktions-Folge verstanden. In den letzten 30 Jahren hat sich, ausgehend von dem Psychologen Richard Lazarus, ein kognitionspsychologischer Ansatz in der Stress-

Tabelle 1: Stressreaktionen und Auswirkungen auf den Organismus (nach: European Agency for Safety and Health at Work 2000)

kurzfristige Reaktionen	mittelfristige, verzögerte Reaktionen	langfristige, chronische Auswirkungen
Herz: steigender Puls und Blutdruck	Muskeln: Weitung der Blutgefäße, erhöhter Muskeltonus	Gehirn: Schädigung durch Kortisol, Erschöpfung, Gereiztheit
Leber: Umwandlung von Glykogen in Glucose	Blut: schnellere Gerinnung	Verhalten: erhöhter Zigaretten- und Alkoholkonsum, Verringerung sozialer Kompetenzen, Rückzug
Nebennieren: verstärkte Hormonproduktion	Immunsystem: Reduktion der Infektionsabwehr	Immunsystem: Schwächung, Infektanfälligkeit
Augen: Pupillenerweiterung	Darm/Blase: Aussetzen der Verdauung	Schulter, Nacken, Rücken: chronifizierte Verspannungen, Schmerzen
Gehirn: verringerte Schmerzwahrnehmung, fokussierte Aufmerksamkeit	Geschlechtsorgane: Hormonreduzierung, verringerte Appetenz	Herz-Kreislauf-System: Bluthochdruck, Risiko von Infarkten
Lungen: schnellere Atmung		

theorie durchgesetzt. Dieser Ansatz wird dem Phänomen Stress in seiner Differenz zu tierischem Verhalten gerechter. Psychischer Stress wird als Person-Umwelt-Interaktion betrachtet, in der das Subjekt eine aktive Rolle spielt und in deren Zentrum kognitive Vermittlungsprozesse (Wahrnehmung, Verarbeitung und Bewertung) stehen. Damit kann dieser Ansatz auch die individuellen Unterschiede im Erleben und in der Bewältigung von Stress abbilden, statt sie als Störeffekte einer allgemeinen Reiz-Reaktions-Gesetzmäßigkeit ausblenden zu müssen. Gerade diese individuellen Unterschiede beinhalten häufig Möglichkeiten, z. B. in Gruppenprozessen voneinander zu lernen und mit Stress adäquater umzugehen.

Stress entsteht durch die Konfrontation mit Situationen, die eine Bedrohung, einen Verlust oder eine Herausforderung enthalten und zu Bewältigungsversuchen führen. Negative emotionale Reaktionen wie beispielsweise Angst, Ärger, Gereiztheit und die entsprechenden körperlichen Reaktionen werden dabei als Korrelate unzureichender Bewältigungsstrategien angesehen. Es gibt aber genauso positive emotionale Reaktionen, wenn man der Herausforderung kompetent begegnen kann. Man spricht dann von **Eustress**.

Unter **Stressoren** versteht man die Faktoren, die mit erhöhter Wahrscheinlichkeit Stress bzw. Belastungsempfinden auslösen können. Solche Faktoren können auf der Seite der Person (Eigenschaften, Verhalten) oder auf der Seite der Umwelt angesiedelt sein (Arbeitsbedingungen, familiäre Bedingungen). Die Stressoren am Arbeitsplatz reichen dabei von physikalischen Bedingungen (z. B. Lärm) über Aspekte der Arbeitsorganisation (z. B. Zeitdruck, häufige Störungen) und problematische soziale Beziehungen (z. B. Mobbing) bis hin zu den Rahmenbedingungen des Arbeitsverhältnisses (Angst vor Arbeitsplatzverlust, Lohnkürzungen etc.). Eine exemplarische Zusammenstellung dazu findet sich in *Tabelle 2*.

Neben der objektiven Situation wirken in der Belastungssituation subjektive Einschätzungen bewusster und unbewusster Art:

Tabelle 2: Potentielle Belastungsfaktoren am Arbeitsplatz (nach Cox et al. 2000)

Bereich	Stressfaktoren
Organisation im Unternehmen	Schlechte Kommunikation, wenig Unterstützung bei der Lösung von Problemen und bei der persönlichen Entwicklung, keine Festlegung der Organisationsziele.
Rolle in der Organisation	Zweideutigkeit der Rolle und Rollenkonflikte, Verantwortlichkeit für Personen.
Laufbahnentwicklung	Stagnieren und Unsicherheit der beruflichen Laufbahn, zu niedrige oder zu hohe Stellung, schlechte Bezahlung, unsicherer Arbeitsplatz, niedriger sozialer Wert der Arbeit.
Entscheidungsspielraum / Kontrolle	Geringe Mitwirkung am Entscheidungsfindungsprozess, mangelnde Kontrolle über Arbeit (Kontrolle, insbesondere in Form einer Mitwirkung, ist auch ein Kontext- und ein weitreichenderes Organisationsproblem).
Zwischenmenschliche Beziehungen am Arbeitsplatz	Soziale oder physische Isolation, schlechte Beziehungen zu den Vorgesetzten, zwischenmenschliche Konflikte, mangelnde soziale Unterstützung.
Schnittstelle zwischen Privatleben und Arbeit	Konflikt zwischen Anforderungen von Arbeit und Privatleben, geringe Unterstützung von zu Hause, ungenügende Betreuungsmöglichkeiten für Kinder.
Arbeitsumgebung und -ausrüstung	Mangelnde Zuverlässigkeit, Verfügbarkeit, Eignung und Wartung von Ausrüstungen und Einrichtungen.
Aufgabengestaltung	Geringe Abwechslung, kurze Arbeitszyklen, zerstückelte oder sinnlose Arbeit, Unterforderung, große Unsicherheit.
Arbeitsaufkommen / Arbeitsgeschwindigkeit	Zu hohe oder zu geringe Arbeitsbelastung, mangelnde Kontrolle über die Arbeitsgeschwindigkeit, großer Zeitdruck.
Arbeitszeitplan	Schichtbetrieb, unflexible Arbeitszeitpläne, unvorhersehbare Arbeitszeiten, lange Arbeitszeiten.

- **die Einschätzung der Belastung:** Wie schädigend, bedrohlich oder herausfordernd ist die Situation für mich? (primary appraisal) und
- **die Einschätzung der verfügbaren Handlungsmöglichkeiten:** Wie effektiv und effizient sind meine Bewältigungsstrategien? (secondary appraisal).

Diese Einschätzungen hängen auch von vorgängigen Erfahrungen ab und sind in Abhängigkeit von solchen Erfahrungen und deren Verarbeitung auch veränderbar.

Im Alltag, aber auch in der Fachliteratur ist der Sprachgebrauch hinsichtlich des Begriffs Stress bis heute nicht einheitlich. So werden mit dem Begriff Stress manchmal die objektiven Bedingungen (Stressoren) bezeichnet, manchmal die Reaktionen des Individuums. Eine enge Verbindung besteht zu den Begriffen „Psychische Belastung" und „Psychische Beanspruchung", die seit 1991 in DIN EN ISO 10075-1 definiert sind. Als psychische Belastung gilt demnach „... die Gesamtheit aller erfassbaren Einflüsse, die von außen auf den Menschen zukommen und psychisch auf ihn einwirken", als psychische Beanspruchung „...die unmittelbare (nicht langfristige) Auswirkung der psychischen Belastung im Individuum in Abhängigkeit von seinen jeweiligen überdauernden und augenblicklichen Voraussetzungen, einschließlich der Bewältigungsstrategien." Die später ergänzte DIN EN ISO 10075-2 macht Gestaltungsempfehlungen. Die Begrifflichkeit der DIN-Norm ist also enger als die der psychologischen *Stresstheorie*, da intraindividuelle Stressoren nicht als psychische Belastungen gelten.

6.4.2 Stress in der Arbeitswelt

Nach Schätzungen der Europäischen Agentur für Sicherheit und Gesundheitsschutz am Arbeitsplatz sind 40 Millionen Menschen in der Europäischen Union von Stress am Arbeitsplatz betroffen. Diese Schätzung von ca. 20 % Betroffenen dürfte eher zu niedrig liegen: Nach einer repräsentativen Erhebung unter Erwerbstätigen in Deutschland, die das Institut für Arbeitsmarkt- und Berufsforschung (IAB) und das Bundesinstitut für Berufsbildung (BIBB) zuletzt 1998/1999 durchgeführt haben, gab die Hälfte der befragten Beschäftigten an, häufig unter Termindruck zu arbeiten, also einem unter vielen Stressoren am Arbeitsplatz. 46 Prozent der Befragten gaben an, dass Stress und Arbeitsdruck in den letzten zwei Jahren erheblich zugenommen hätten. In Branchen, die stark von Umstrukturierung und Rationalisierung geprägt waren wie die Bahn, die Post und die Telekommunikation, lagen die Werte deutlich höher.

Stress gilt als das zweitgrößte berufsbedingte Gesundheitsproblem nach Rückenschmerzen, die selbst wiederum stressbedingt sein können. Ebenfalls nach EU-Schätzungen sind 16 Prozent der Herz-Kreislauf-Erkrankungen bei Männern und 22 Prozent bei Frauen in der EU auf Stress am Arbeitsplatz zurückzuführen. Des Weiteren bestehen erhöhte Risiken für psychische Beeinträchtigungen und seelische Krankheiten. Allerdings unterscheiden sich Menschen in ihrer Verletzbarkeit aufgrund psychischer Belastungen beträchtlich. Als wirtschaftliche Folgen sind vor allem eine geringere Leistungsfähigkeit und Kreativität der Beschäftigten sowie erhöhte Fehlzeiten zu nennen. Geht man von den bereits angesprochenen Schätzungen der EU aus, so stehen 50 bis 60 Prozent der Fehlzeiten mit Stress am Arbeitsplatz in Verbindung. Das wäre für Deutschland 2003 ein Verlust von mehr als 30 Milliarden Euro an Bruttowertschöpfung gewesen.

Der *Arbeitsschutz* hat das Thema Stress einerseits früh, andererseits sehr spät entdeckt. In der Unfallforschung wurden Stressfaktoren schon längere Zeit thematisiert, aber ein systematisches Handlungsfeld des Arbeitsschutzes wurde Stress erst im Zuge der Umsetzung des Arbeitsschutzgesetzes von 1996 und der Entfaltung des damit verbundenen ganzheitlichen Arbeitsschutzverständnisses. Im Gesetzestext selbst wurde der Begriff der psychischen Belastungen übrigens noch vermieden, man wollte damals die Arbeitgeber nicht mit zusätzlichen Arbeitsschutzpflichten konfrontieren. Die Initiative Neue Qualität der Arbeit (INQA) des Bundesministeriums für Wirtschaft und Arbeit hat Stress inzwischen zu einem Handlungsschwerpunkt gemacht. Damit folgte sie der Europäischen Agentur für Sicherheit und Gesundheitsschutz am Arbeitsplatz, die 2002 Stress zum Leitthema des Jahres ausrief und eine Reihe von Analysen und Handlungshilfen herausgegeben hat.

Die gesetzlichen *Krankenkassen* haben in den gemeinsamen Leitlinien zur Umsetzung des § 20 SGB V psychosozialen Stress als eines von vier Handlungsfeldern herausgestellt. Das heißt, dass die Kassen Unternehmen bei Maßnahmen der Stressprävention bzw. des -managements finanziell und organisatorisch unterstützen können. Konkret geht es um Angebote zur Stressprävention für Beschäftigte mit hoher Stressbelastung bzw. mit gesundheitlichen Risiken. Außerdem sollen auch Führungskräfte in gesundheitsgerechter Mitarbeiterführung unterstützt werden. Die Idee dahinter ist, die Führungskräfte für die Auswirkungen von Führungsverhalten auf Befinden und Gesundheit ihrer Mitarbeiter und ihrer eigenen Person zu sensibilisieren.

In Studien konnte wiederholt gezeigt werden, dass die erlebte Stressbelastung stark mit der grundsätzlichen Organisation der Arbeit zusammenhängt. Dazu gehören die Aufgabenvielfalt, die Möglichkeit, seine Fachkenntnisse und sein berufliches Können auch tatsächlich anzuwenden, der Entscheidungsspielraum als Möglichkeit, seine Arbeit eigenverantwortlich planen und durchführen zu können sowie die sozialen Beziehungen zu den Kollegen und Vorgesetzten. Diese Zusammenstellung belegt die Relevanz handlungstheoretischer Ansätze aus der Arbeitspsychologie sowie psychologischer Konzepte zur Selbstwirksamkeit und zum *Kohärenzgefühl*. Insbesondere letzteres gilt als Ergänzung der Stresstheorie von Lazarus und soll den Blick über die krankmachenden Faktoren hinaus auf die gesund erhaltenden Faktoren richten. Antonovsky hat das Kohärenzerleben (sense of coherence), ein stabiles Gefühl des Vertrauens, als wesentlichen Faktor beschrieben. Für dieses Gefühl sind drei Dimensionen von besonderer Bedeutung: dass man seine Umwelt als verstehbar, handhabbar und sinnvoll erlebt. Das Kohärenzerleben wird dann besonders ausgeprägt sein, wenn es einen objektiven Handlungsspielraum und Entscheidungsmöglichkeiten gibt. Und umgekehrt kann theoretisch postuliert werden, dass die negativen Stressfolgen auf gesundheitlicher und sozialer Ebene für die Personen besonders gravierend sind, die in ihrem Arbeitsleben wenig Handlungsspielraum und Entscheidungsmöglichkeiten haben und gleichzeitig großem Druck ausgesetzt sind. Tatsächlich zeigen empirische Studien, dass diese Kombination von Arbeitsbedingungen häufiger zu Krankheiten und Fehlzeiten beiträgt.

Private Problemlagen kommen kumulativ zum Stress am Arbeitsplatz dazu und werden u. U. durch Stress am Arbeitsplatz verschärft. Flexible Arbeitszeiten, mangelnde Kinderbetreuungsmöglichkeiten, Erfordernisse der Abstimmung von Karrierechancen und -möglichkeiten in Partnerschaften und Familien sind immer wieder neu auszubalancieren.

6.4.3 Stressbewältigung - Verhältnis- und verhaltensorientierte Ansätze

Da die Unternehmen heute immer mehr auf einen reibungslosen Ablauf der Produktion und eine hohe Leistungsfähigkeit ihrer Mitarbeiter angewiesen sind, sind Programme zur Stressvermeidung und zur Stressbewältigung inzwischen keine Seltenheit mehr (*Abbildung 1*). Dabei gibt es zumindest zwei große sich ergänzende Strategien: die Veränderung der Stress auslösenden Bedingungen (*Stressprävention*) und die Verbesserung des individuellen Bewältigungsverhaltens (*Stressmanagement*). Zwar lässt sich grundsätzlich immer an den beiden Polen, der Stress auslösenden Situ-

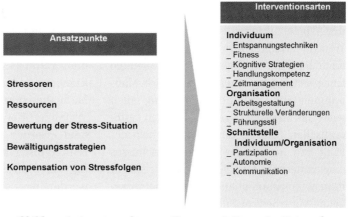

Abbildung 1: Ansatzpunkte zum Umgang mit Stress im Unternehmen

ation und der eigenen Person ansetzen (Ich ändere mich: ich verbessere meine Fähigkeiten und Fertigkeiten, ich ändere z. B. meine Maßstäbe, relativiere meine Bedrohungseinschätzung, entspanne mich), aber Stress kann kaum ausschließlich mit Stressmanagement bewältigt werden. Das leuchtet bei physikalischen Stressoren wie Lärm unmittelbar ein, gilt aber genauso für Stressoren aus der sozialen Umwelt. In einer Überlastungssituation können gesundheitlich nachteilige Folgen für den Organismus nicht dauerhaft allein durch Stressmanagement vermieden werden. Hier müssen die Bewältigungsversuche auch an den belastenden Verhältnissen, etwa der Arbeitsorganisation, ansetzen.

Empirische Studien über betriebliche Stressmanagement-Trainings zeigen, dass ein kombinierter Ansatz aus emotionszentrierten Bewältigungsstrategien (z. B. Entspannung) und problemzentrierten Strategien besonders Erfolg versprechend ist. Konkret: Eine Kombination aus Training in Muskelentspannung und kognitiv-behaviorales Training gilt im Vergleich mit anderen Interventionen (Meditation, Biofeedback) als effektiver. Der Erfolg zeigt sich dabei auf verschiedenen Ebenen wie körperlichen Variablen (z. B. Blutdruck), in psychischen Merkmalen wie Ängstlichkeit und auch in der Arbeitszufriedenheit.

Weniger erfolgreich in den Effekten, wenn auch häufiger nachgefragt, sind alleinige Entspannungstrainings. Wie andere Maßnahmen zur Gesundheitsförderung auch sollte das Stressmanagement in einen systematischen Prozess der Gesundheitsförderung bzw. des modernen Arbeitsschutzes eingebettet sein. Gesundheitszirkel leisten in diesem Zusammenhang oft eine hervorragende Vorarbeit, auf dessen Grundlage die Einführung einer Maßnahme zur Stressbewältigung erst sinnvoll und legitim wird. „Vor der Entscheidung für individuelles Stressmanagement sollte eine sorgsame Organisationsdiagnose erfolgen" (Busch 1998).

6.4.4 Ziele und Formen betrieblichen Stressmanagements

Die Zielsetzungen betrieblicher Stressmanagementprogramme können kurz- und langfristig ausgerichtet sein. Kurzfristige Ziele sind vor allem:
- Erlernen von Techniken zur spontanen Entspannung, um besser mit Belastungsspitzen umgehen zu können,
- Beeinflussung des inneren Dialogs in Stress-Situationen,
- Kontrollierte Abreaktion.

Langfristige Ziele sind z. B.
- Reflexion und Veränderung persönlicher Anspruchsniveaus,
- Erhöhung der persönlichen Belastbarkeit,
- Verbesserung des Problemlöseverhaltens,
- Abbau inadäquater Stressreaktionen (z. B. Rauchen oder Alkoholkonsum),
- Erschließung persönlicher und sozialer Ressourcen (z. B. Freizeitgestaltung, Gesprächspartner etc.).

Personenbezogene Maßnahmen zum Stressmanagement werden meistens als Gruppenkurse oder -seminare durchgeführt. In einer Analyse zu betrieblichen Stressmanagementtrainings stellen die Psychologinnen Bamberg und Busch fest, dass die meisten Maßnahmen an verhaltenstherapeutischen Trainings orientiert sind, oft verbunden mit dem Erlernen eines Entspannungsverfahrens. Typisch ist dafür, dass die Teilnehmer mit einer Stresstheorie vertraut gemacht werden, dass sie eine Methode der Verhaltensanalyse kennen lernen und schließlich neues Verhalten trainieren. Eine Illustration

Was Sie belastet und wie Sie im Detail darauf reagieren, werden Sie selbst besser verstehen können, wenn Sie Ihr individuelles Verhalten und Ihre Reaktionen in einer Stresssituation präzise beschreiben.
1. Welche Belastungssituationen kennen Sie? Wählen Sie eine Situation für eine genauere Analyse aus.
2. Wie beschreiben Sie diese Situation? Können Sie benennen, wo und wann Sie wie gehandelt haben? Wer war noch daran beteiligt?
3. Welche Reaktionen können Sie erkennen und auf verschiedenen Ebenen beobachten:
- Gedankliche Ebene (Selbstgespräche, innerer Dialog: „das schaffe ich auch noch", „das ist doch wieder typisch" etc.),
- emotionale Ebene (Gefühle: Angst, Gereiztheit etc.),
- körperliche Ebene (körperliche Reaktionen: Schwitzen, Erröten, Zittern, Verspannung etc.),
- Verhaltensebene (was getan wird: lautere Stimme, Türenschlagen, Zigarette anzünden etc.).
4. Welche Nachwirkungen der Belastung und welche Konsequenzen können Sie identifizieren?

Abbildung 2: Beispiel für Stressanalyse nach dem verhaltenstherapeutischen Modell (Böhm 1994)

der *Stressanalyse* nach dem verhaltenstherapeutischen Modell ist in *Abbildung 2* wiedergegeben.

Der zentrale und schwierige Teil ist das Wahrnehmen eigener Reaktionen auf verschiedenen Ebenen. Die verhaltenstherapeutische Stressanalyse soll dabei helfen, die Stress auslösenden Arbeitsbedingungen und die eigenen Reaktionen frühzeitiger und besser wahrzunehmen sowie automatisierte innere Abläufe wieder bewusster und verfügbarer zu machen. Das kann z. B. durch ein Stresstagebuch unterstützt werden, in das stressige Situationen, ihre Auslöser und die Bewältigungsformen eingetragen werden.

Häufig werden in Unternehmen auch klassische Entspannungsverfahren angeboten. Die beiden wichtigsten Formen sind das Autogene Training und die Progressive Muskelentspannung. Beim Autogenen Training spielen Selbstsuggestionen, Atemtechniken und Wahrnehmungslenkung eine große Rolle. Die Mitarbeiter können sich im betrieblichen Rahmen darauf meist weniger gut einlassen als auf die Progressive Muskelentspannung. Zudem gilt Letztere als schneller zu erlernen, besser anwendbar für kurzfristige Belastungsbewältigung und für den betrieblichen Kontext daher meist geeigneter als das Autogene Training. Die Progressive Muskelentspannung arbeitet mit einem systematischen An- und Entspannen der willkürlichen Muskulatur, die Aufmerksamkeit wird systematisch auf die Muskelgruppen gelenkt und die Entspannungsreaktion wird durch die Wahrnehmungslenkung gelernt. Vom Umfang her umfassen Entspannungskurse meist 8 – 10 Sitzungen, angeleitet von externen Trainern. Weitere ergänzende, personenbezogene Maßnahmen zum Stressmanagement sind Kommunikationstrainings, Selbstsicherheitstrainings, Zeitmanagement oder auch Fitness-Trainings und HathaYoga.

Wichtig für die betriebliche Organisation der Angebote ist, dass ein geeigneter Raum zur Verfügung steht, in dem die Kursteilnehmer ungestört sind und insbesondere nicht durch andere Mitarbeiter beobachtet werden können. Des Weiteren hat es sich bewährt, zumindest einen Teil der Kurszeit als Arbeitszeit anzurechnen, um die Teilnahmebereitschaft zu erhöhen. Bei der Organisation sollte beachtet werden, dass in einem Kurs nicht Mitarbeiter und deren direkte Vorgesetzte zusammen sind.

So sehr die Forderung nach betrieblichen Stresspräventions- und Stressmanagementprogrammen auch auf Zustimmung stoßen wird, so häufig ist zu beobachten, dass es bei Organisationen und Individuen Widerstände gegen solche Programme gibt. Für den Einzelnen kann Stress z. B. bedeuten, dass er für sich und (nach außen getragen) für andere wichtig ist bzw. erscheint. Weniger Stress kann dann als Statusgefährdung empfunden werden. Ebenso ist festzustellen, dass die Teilnahme an solchen Programmen nicht selten so interpretiert wird, als würde man damit zugeben, nicht belastungsfähig zu sein. Auf der Ebene von Organisationen wiederum sind manche Themen, etwa Mobbing, tabuisiert, weil „es so etwas bei uns nicht gibt", d.h. das Unternehmen fürchtet einen internen Imageverlust, wenn Probleme offen gelegt werden. Stresspräventionsprogramme, die von der Managementseite aus initiiert werden, betonen meistens personale Faktoren als Hauptursache und die Erhöhung der Stresstoleranz als Zielebene der Intervention. Die Veränderung von Arbeitsorganisation und -bedingungen wird nicht gern angesprochen - man befürchtet „Unruhe" im Unternehmen.

Neben gruppenbezogenen Maßnahmen gibt es auch individuenbezogene Maßnahmen des betrieblichen Stressmanagements. Für Führungskräfte werden Coachings angeboten, also Angebote für ein Training zur Verbesserung der persönlichen Problemlösekompetenz. In die gleiche Richtung zielen Angebote der Supervision in psychosozialen Handlungsfeldern, die sowohl als Gruppen- als auch als Einzelsupervision üblich ist. Solche Beratungsangebote sind zwar in der Durchführung personenbezogen, aber sie zielen letztlich nicht allein auf Verhaltensänderungen, sondern stellen eine Brücke zu Maßnahmen der Verhältnisprävention dar. Die Grenzen zu Trainings zur Verbesserung sozialer Schlüsselqualifikationen sind dabei fließend.

Eine Sonderrolle spielen Formen der Bewältigung traumatischer Ereignisse und der damit verbundenen posttraumatischen Belastungsreaktionen, z. B. nach Banküberfällen oder nach Bahnunglücken. Die betroffenen Beschäftigten bedürfen, ähnlich wie manche Mobbing-Opfer, in der Regel längerer therapeutischer Hilfe.

Die mittel- und langfristige Effektivität der personenbezogenen Maßnahmen fällt in wissenschaftlichen Evaluationsstudien oft unbefriedigend aus. Man kann annehmen, dass die Effektivität verbessert werden kann, wenn in den Trainings bzw. Kursen Arbeitsinhalte und Arbeitsplatzbedingungen bearbeitet werden und wenn die Maßnahmen mehr an der konkreten Situation der Beschäftigten orientiert sind. Als ein Beispiel soll ein Stress-Seminar genannt sein, das für eine besonders belastete Gruppe von Beschäftigten konzipiert und durchgeführt wurde. In dem Unternehmen wurden in größerem Umfang Arbeitsplätze abgebaut. Beschäftigte verloren ihren angestammten Arbeitsplatz und waren in einer Art innerbetrieblicher Beschäftigungsgesellschaft untergebracht worden. Genau für diese Situation wurde im Seminar der berufsbiographische Umbruchprozess in den Mittelpunkt gestellt. Das Seminar wurde vom Unternehmen selbst finanziert, um den Beschäftigten eine Hilfestellung bei den anstehenden Entscheidun-

gen zu geben. Den Einstieg bildeten einige biographieorientierte Leitfragen:
- Wie sehen die Beschäftigten ihre letzte Arbeitsphase?
- Wie ordnen sie ihre aktuelle Situation in ihre bisherige *Arbeitsbiographie* ein?
- Wie bewerten sie ihr bisheriges Arbeitsleben – das „Schöne und das Schwere"?

Die Reflexion der bisherigen Arbeitsbiographie, das Herausarbeiten von Stärken und Schwächen und insbesondere bislang weniger genutzte Ressourcen und Talente, standen im Seminar im Vordergrund. Mit der Methode „Lebenslinie", einem biografischen Verfahren, wurde das bisherige Arbeitsleben als Kurve dargestellt und vorbzw. unbewusstes Wissen transparent gemacht. Der so ermöglichte distanzierte Blick schafft dann Chancen, die eigene Situation realistischer zu bewerten und neue Handlungsmöglichkeiten zu erkennen. Das Training zur Stressbewältigung im engeren Sinne war dabei ein Element in einem Set von methodischen Bausteinen.

6.4.5 Ausblick

In der Arbeitspsychologie ging man lange Zeit davon aus, dass erweiterte Handlungsspielräume gesundheitsförderlich seien und auch dazu beitragen, besser mit Stresssituationen umgehen zu können. Arbeitgeber übertragen nun seit einigen Jahren in zuvor nicht gekannter Weise Verantwortung und Handlungsautonomie an die Beschäftigten. Es zeigt sich, dass damit nicht ungebrochen auch mehr Gesundheit und weniger Stress verbunden sind, sondern mit den neuen Arbeitsformen ein Wandel der Belastungstypen einhergeht. Entscheidungsmöglichkeiten beinhalten in der Arbeit immer auch Entscheidungszwänge und Ergebnisverantwortung. Wie die Beschäftigten bzw. die Gruppen und Projektteams unter solchen Bedingungen die ihnen übertragenen Ziele erreichen, bleibt ihnen selbst überlassen, sie müssen selbst mit den Problemen auf dem Weg zum Ziel zurechtkommen. Die abhängig Beschäftigten übernehmen unternehmerische Verantwortung. Wenn sie das nicht schaffen, erscheint das Nichterreichen von Zielen als persönliches Versagen. Die Mechanismen dabei hat am Beispiel der Projektarbeit bei IBM z. B. Glißmann anschaulich beschrieben. Typisch ist eine Mischung aus Herausforderung und Befriedigung sowie Angst- und Erschöpfungszuständen, wobei die Grenzen zwischen Arbeit und Privatleben zunehmend verwischen. Die moderne Arbeitswelt ist ambivalent. Die betriebliche Gesundheitsförderung würde diese widersprüchlichen Verhältnisse verdecken, wenn sie nach einem naiven stresstheoretischen Modell nur mehr Entscheidungsspielräume für die Beschäftigten fordern würde. Vielmehr sollten die betriebliche Gesundheitsförderung und der moderne Arbeitsschutz die Widersprüchlichkeiten der modernen Arbeitswelt aufgreifen und offensiv zum Thema machen. Dazu reicht es nicht aus, nur Stressbewältigungs- und Entspannungsverfahren in den Betrieben anzubieten, sondern notwendig sind auch Angebote der Reflexion dessen, was man beruflich erreichen will, wie man Arbeit und Privatleben ausbalancieren möchte und was im Leben wirklich wichtig ist. Dazu wären auch außerbetriebliche Angebote z. B. der kirchlichen und gewerkschaftlichen Erwachsenenbildung sinnvoll. Der Betrieb ist nicht immer der geeignete Ort für eine Besinnung im Hinblick darauf, was an der Arbeit schwer ist, was Stress verursacht, ebenso wie darauf, was an der Arbeit schön ist, Kraft gibt und zur persönlichen Entwicklung beiträgt. Eine gute Balance zwischen beiden Seiten gilt es zu finden.

6.4.6 Key-Message

▸ Stress wird als Person-Umwelt-Interaktion betrachtet, in der die Person eine aktive Rolle spielt (bewusst und unbewusst) und in deren Zentrum subjektive Wahrnehmungen und Bewertungen stehen. Stress entsteht aus Situationen, die eine Bedrohung, einen Verlust oder eine Herausforderung enthalten.
▸ Stressbewältigung funktioniert durch zwei sich ergänzende Strategien: Stressprävention als Verminderung stressauslösender Faktoren in der Arbeit und Stressmanagement als Verbesserung des individuellen Bewältigungsverhaltens.
▸ Maßnahmen des individuellen Stressmanagements sind wirksamer im Rahmen einer Gesamtstrategie zur betrieblichen Gesundheitsförderung
▸ Ein adäquates Stressmanagement berücksichtigt nicht nur die unmittelbare Stress-Situation, sondern auch die Rolle der Arbeit im Leben insgesamt.

LITERATURHINWEISE

ANTONOVSKY, A. (1987): Unraveling the mystery of health. Jossey Bass. San Francisco.

BAMBERG, E. & BUSCH, C. (1996): Betriebliche Gesundheitsförderung durch Stressmanagementtraining: Eine Metaanalyse (quasi-)experimenteller Studien. Zeitschrift für Arbeits- und Organisationspsychologie 3, 127-137.

ARBEITSGEMEINSCHAFT DER SPITZENVERBÄNDE DER KRANKENKASSEN (2000): Gemeinsame und einheitliche Handlungsfelder und Kriterien der Spitzenverbände der Krankenkassen zur Umsetzung von § 20 Abs. 1 und 2 SGB V (in der Fassung vom 10. Februar 2006). Bergisch Gladbach: IKK Bundesverband. http://www.vdak.de/vertragspartner/Praevention/index.htm (Zugriff: 6.9.2006).

ARBEITSGEMEINSCHAFT DER SPITZENVERBÄNDE DER KRANKENKASSEN UND MEDIZINISCHER DIENST DER SPITZENVERBÄNDE DER KRANKENKASSEN (2005): Dokumentation 2003. Leistungen der Primärprävention und der Betrieblichen Gesundheitsförderung gemäß § 20 Abs. 1 und 2 SGB V. Essen: BKK Bundesverband. http://www.bkk.de/bkk/powerslave,id,53,nodeid,.html (Zugriff: 28.6.2005)

BÖHM, A. (1994): Schach dem Stress. AOK-Kurs Stressbewältigung. Konzept und Teilnehmer-Manual. IfG Institut für Gesundheitsförderung, Berlin und AOK Berlin. Berlin.

BUSCH, C. (1998): Stressmanagement und betriebliche Gesundheitsförderung. In: E. Bamberg, A. Ducki & A.-M. Metz (Hrsg.), Handbuch betriebliche Gesundheitsförderung. Verlag für Angewandte Psychologie. Göttingen.

COX, T., GRIFFITHS, A. J., & RIAL-GONZALEZ, E. (2000): Research on Work-related Stress (Forschung über arbeitsbedingten Stress), Bericht für die Europäische Agentur für Sicherheit und Gesundheitsschutz am Arbeitsplatz. Amt für amtliche Veröffentlichungen der Europäischen Gemeinschaften. Luxemburg. Online verfügbar unter: http://agency.osha.eu.int/publications/reports/stress (Zugriff: 28.6.2005).

EUROPÄISCHE AGENTUR FÜR SICHERHEIT UND GESUNDHEITSSCHUTZ AM ARBEITSPLATZ (2002): Facts. Arbeitsbedingter Stress. www.inqa.de/pdf/FactsheetStress.pdf. (Zugriff: 28.6.2005).

EUROPEAN AGENCY FOR SAFETY AND HEALTH AT WORK (2000): Research on Work-related Stress. Office for Official Publications of the European Communities. Luxemburg.

GLISSMANN, W. (2003): Survival in a high performance culture. Ein Ratgeber für Arbeitnehmer. In: M. Kastner (Hrsg.). Neue Selbständigkeit in Organisationen. München. Reiner Hampp.

LAZARUS, R.S.; LAUNIER, R. (1981): Stressbezogene Transaktionen zwischen Person und Umwelt. In J. Nitsch (Hrsg.): Stress. Theorien, Untersuchungen, Maßnahmen. Huber. Bern.

SELYE, H. (1978): The Stress of Life. McGraw-Hill. New York.

6.5 Coaching/Mentorship

Ursula Kals

6.5.1 Einleitung

Im vergangenen Jahrzehnt hat sich das *Coaching* etabliert und gewinnt zusehends an Bedeutung. Der Begriff stammt aus dem Englischen und bedeutet Kutsche, beschreibt also etwas, was ermöglicht, von einem Ort zum anderen zu gelangen. Durchgesetzt hat sich die Bezeichnung im Sport, da läuft ohne den Coach mittlerweile fast nichts mehr: Er trimmt auf Höchstleistungen, analysiert die Schwächen und Stärken und feilt mit den Sportlern an Technik und Taktik. Und er bekommt kontinuierlich mehr Kollegen: Es gibt Coachs für Glücks verheißende Partnersuche, für gesunde Ernährung und natürlich für Fragen rund um das Berufsleben.

Je unruhiger die beruflichen Zeiten sind, desto größer ist das Bedürfnis der Menschen, Rat und Beistand zu suchen, um sich für das Arbeitsleben zu wappnen. Hier geht es um die Schwerpunkte Bewerbungsberatung, Karriereplanung bis hin zu beruflicher Neuorientierung und natürlich auch darum, Leistungen zu maximieren.

Monat für Monat schwemmen neue Karriereratgeber auf den Buchmarkt und versprechen mehr oder weniger knackige Tipps, um im Berufsleben zu bestehen oder möglichst glanzvoll zu reüssieren. Wem der Griff zum Gedruckten nicht ausreichend erscheint, der wendet sich an einen professionellen Berater. Heute arbeiten in Deutschland einige tausend Coachs, genaue Zahlen gibt es nicht. Die meisten von ihnen beraten in Hamburg, Frankfurt am Main und München, denn an den Wirtschaftsstandorten sitzen lukrative Auftraggeber, ein Großteil sind Akademiker – schon allein weil sie sich die Honorare am ehesten leisten können.

Coachs haben drei große Klientengruppen: Die erste Gruppe hat eine akute Krise oder ein konkretes Problem, sei es ein tyrannischer Chef, eine renitente Abteilung oder permanente fachliche Überforderung. Die zweite Gruppe ist die der Aufstiegsorientierten. Diese Ehrgeizigen und Hochmotivierten überlassen nichts dem Zufall und möchten ausdrücklich Karriere machen, wissen aber nicht so recht, wie sie das anstellen sollen. Denn transparente Karrierepfade, wie sie beispielsweise die Branche der Unternehmensberater vorzeichnet und unter anderem durch regelmäßige Mitarbeitergespräche institutionalisiert hat, sind hierzulande die Ausnahme. Und schließlich gibt es eine dritte Gruppe. Nämlich all jene, die in beruflichen Umbruchsituationen stecken – sei es durch drohende Fusionierung oder eine neue private Konstellation.

Was allen gemein ist: Ein Coaching bietet sich immer dann an, „wenn jemand mit einem Außenstehenden bestimmte Probleme durchdenken will", sagt der Berliner Coach und Psychologe Jürgen Hesse.

6.5.2 Gewinnmaximierung hat den menschlichen Faktor verdrängt
Alle drei Gruppen von Ratsuchenden erleben schwierige Zeiten. Es geht im Wirtschaftsleben immer stärker um Gewinnmaximierung und nur darum. Der menschliche Faktor wird häufig als zu vernachlässigende Größe ignoriert, der zynischen Überlegung folgend: Es stehen ja genug Arbeitslose auf der Straße. Wenn der X. oder die Y. bocken, dann können sie ja gerne kündigen. Nur zu. Jeder ist ersetzbar und an Ersatz mangelt es wahrlich nicht ...

Die Zeit der Kuschelkarrieren ist vorbei und das bedroht ambitionierte Berufstätige. Klassische Kaminaufstiege, die vom Trainee-Einstieg über ein solides Mittelmanagement ganz nach oben in die Chefetagen führen, werden zwar von Berufseinsteigern angepeilt, sind inzwischen aber immer schwerer planbar. 35 Jahre Siemens bis zur goldenen Anstecknadel, 20 Jahre Abteilungsleiter in gleicher Funktion bei einem Mittelständler - diese programmierten und Sicherheit stiftenden Berufwege gehören der Vergangenheit an. Dass ein gewisse Betulichkeit und Unaufgeregtheit einer Laufbahn von Vorteil sein könnte, das erschließt sich vielen erst jetzt in der Retrospektive. Auch als bieder gescholtene Beamten- und Verwaltungskarrieren scheinen plötzlich erstrebenswert, die Bewerberzahlen in diesen Bereichen steigen exorbitant. Anhaltende Konjunkturkrisen und die von vielen naiv gefeierte Globalisierung überantworten immer mehr Menschen der beruflichen und damit wirtschaftlichen Unsicherheit. Ein kurzer Rückblick illustriert die belastende Ausgangslage in der entscheidende Weichen für die wachsende Arbeitsverdichtung gestellt wurden. Höhepunkt der Dauerkrise war der Sturz der New Economy ab dem Jahr 2000: Waghalsige Geschäftsmodelle der Internetwirtschaft haben nicht den Grundregeln klassischen Wirtschaftens standgehalten und waren unmittelbar an die Finanzmärkte gekoppelt. Start Up-Unternehmen brauchten Gründungs- und Wachstumsfinanzierung, die wiederum an problematische Bedingungen geknüpft wurden. Ehrgeizige aber unerfahrene Jungunternehmer mussten in kürzester Zeit hohen Umsatz und exorbitante Renditen generieren. Zumeist wurden diese überstürzt gegründeten Unternehmen zu einem Börsengang getrieben. Sie sollten unter großem Zeitdruck in Form von internationalen Niederlassungen expandieren. Aufgrund dieser Vorgaben war es den Firmen unmöglich, solide und nachhaltig organisch zu wachsen. Hinzu kam, dass hinter den Geschäftsmodellen der virtuellen Welt oft nur Ideen aber keine realen Produkte standen. Ein Großteil der Unternehmen scheiterte und wurde zum Teil von spektakulären Betrugsfällen begleitet.

Warum der Blick auf dieses Desaster erhellend ist? Der Niedergang ist typisch für die Schnelllebigkeit und die Fallstricke unserer Zeit – die wiederum das Thema Coaching so in den Fokus rücken. Sowohl Berufsanfänger als auch im Arbeitsleben Etablierte werden mit so hohem Erwartungsdruck konfrontiert, dass sie an diesen Ansprüchen zu scheitern drohen. Eine Phase ruhiger Einarbeitung, in der auch Fehler verziehen und als Lernmöglichkeit gesehen werden, wird nur noch in Ausnahmefällen gewährt. Ein weiterer Aspekt, der die angespannte Situation für Arbeitnehmer wie

Vorgesetzte verschärft, ist das sich abzeichnende Desaster der Demographie – ganze Kollegenschaften überaltern, gegenseitiges voneinander Lernen findet nicht statt.

Um die Herausforderungen der neuen Märkte zu stemmen, haben sich in den Vereinigten Staaten, in denen sich die Konjunkturaufschwünge oft exemplarisch vorzeichnen, bereits *Mentorenprogramme* entwickelt – also ein partnerschaftlich orientierter Austausch, der darauf basiert, dass jemand mit *Erfahrungswissen* einem Unerfahrenen mit Rat und mitunter auch mit Tat zur Seite steht. Die Rede ist von den so genannten Business Angels, erfahrene Manager, die jungen Leuten ihr Wissen zur Verfügung stellen und sie beraten sollten. Vermittelt wurden die sturmprobten Manager zum Teil von den Venture-Capital-Listen. Doch diese Bindungen sind häufig gescheitert und zwar vor allem daran, weil die Mentalität zwischen den alten Hasen und den übermütigen Junggründern zu unterschiedlich war. Vielfach fühlten sich die Jungen durch die Alten regelrecht zwangsbeglückt und bemängelten fehlendes Mitspracherecht. Hierhin zeigt sich ein Anspruch, den ein gelungenes Mentorenprogramm bieten muss: Die viel beschworene Chemie zwischen dem Tandemgespann muss stimmen. Das ist eine Grundvoraussetzung für erfolgreiches Coaching, von dem Mentorship nur eine Spielart ist.

Was betont werden muss: Mit psychotherapeutischer Beratung hat Coaching nichts zu tun. Hier ist ausdrücklich Trennschärfe geboten. Ganz im Gegenteil, ein seriöser Coach erkennt gegebenenfalls einen gravierenden Beratungsbedarf bei seinem Klienten und verweist ihn an einen ausgebildeten Psychotherapeuten oder Diplom-Psychologen. Dass sich therapiebedürftige Menschen zunächst an einen Coach wenden, das kommt durchaus vor, hier sind sie aber fehl am Platz. Besonderes Augenmerk sollte sich in diesem Zusammenhang auf wiederholte Opfer von Mobbing-Vorfällen richten, bei denen mitunter eine Disposition zu einer depressiven Grundhaltung und überhöhten Leidensfähigkeit vorhanden ist, die therapeutisch zu behandeln ist.

Fakt ist: In unruhigen Zeiten suchen Menschen nach Orientierung, häufig um die Stabilität wieder zu finden, die ihnen im Arbeitsleben mit seinen unsicheren Prognosen abhanden gekommen ist. Coaching ist ein guter Weg, diese Sicherheit wiederzuerlangen.

6.5.3 Systematische Karrierebegleitung ist die Ausnahme in Unternehmen

Firmenintern, Institutsintern, Behördenintern, Schulintern, Klinikintern ist es ein Glücksfall und eher die Ausnahme, wenn sich ein geeigneter Coach finden lässt. Die deutsche Unternehmens- und Arbeitskultur tut sich noch immer schwer mit diesen Angeboten. Der Angestellte soll funktionieren und damit soll es gut sein. Noch immer halten viele Vorgesetzte und so genannte Entscheider *systematische Karriereberatung* für eine Art esoterisches Klimbim. Wenn Führungskräfte in hohe Positionen gelangen, kommen sie das aufgrund ihrer Fachkenntnisse, aber nur in Ausnahmefällen aufgrund ihrer kommunikativen Qualitäten. Führungskräfte die nicht führen können, sondern viel zu sehr mit ihrem eigenen Aufstieg beschäftigt sind, sind eher die Regel als die Ausnahme. Rückmeldungsgespräche finden gar nicht oder nur alle Schaltjahre statt. Ein Coach wird von Unternehmensleitungen nur in gravierenden Krisen angeheuert.

Es ist in deutschen Unternehmen schon eine glückliche Ausgangslage, wenn sich ein souveräner Kollege oder eine Kollegin aufgrund ihres ganz persönlichen Verantwortungsbewusstseins aus eigenem Antrieb oder schlicht aufgrund von Sympathie um die Einsteiger kümmert. Aber wie gesagt: Das ist eine gute Fügung, von der nicht auszugehen ist. Immer weniger erfahrene Kollegen fühlen sich dazu berufen, Jüngeren auf ihrem Weg zu helfen. Primär liegt das in den verdichteten Arbeitsabläufen: Es bleibt schlicht keine Zeit mehr zur Einarbeitung. Sekundär hat die Zurückhaltung älterer Kollegen auch damit zu tun, dass sich in Zeiten von Kündigungswellen und konjunktureller Krisen gerade die Älteren nicht die junge Konkurrenz heranziehen möchten, quasi nicht in die undankbare Rolle der Steigbügelhalter geraten wollen, um dann womöglich von ihren ehrgeizigen Zöglingen ausgebootet zu werden. Beispiele für diesen Rollentausch wird jeder nennen können. Und es gibt einen dritten Aspekt, der die Rolle des internen Coachs nicht eben attraktiv macht: Ausbildungsressorts gelten als solide, sind aber keineswegs prestigeträchtige Abteilungen, die auf einen Führungsposten vorbereiten. Wer sich idealistisch dem Nachwuchs widmet, wird zwar gerne allerorten lobend erwähnt, nicht aber für den nächsten Abteilungsleiterposten vorgeschlagen. All das sind Gründe, die die Rolle des internen Coachs nicht attraktiv erscheinen lassen.

Darüber hinaus gibt es ein Argument, dass externe Beratung sinnvoller erscheinen lässt: Interne Coachs sind befangen und in der Regel zu nah am Geschehen. Sie haben nicht den kritischen Außenblick auf das Unternehmen, die Behörde, die Klinik. Und sie müssen über ein enormes Reflexions- und Abstraktionsvermögen verfügen, um hier kritische Distanz zu wahren. Wer selbst auf der Gehaltsliste des Unternehmens steht, der hat – Idealismus hin, Idealismus her – stets auch ein Eigeninteresse, sich gut zu positionieren. Unbefangene Ratgeber haben das aber nicht.

Das Problem mangelnder Distanz tritt auch auf, wenn jemand – weil es sich anbietet, Zeit und Kosten spart – statt auf einen professionellen Coach zu setzen, Rat in der Familie oder im Freundeskreis holt: Das empfiehlt sich nur ausnahmsweise. Denn die Vertrauten sind einfach zu nah dran und verfügen in den seltensten Fällen über ein bewährtes Instrumentarium an Lösungsstrategien, geschweige, dass sie in der Lage sind, auch unangenehme Wahrheiten auszusprechen und sich in die gegnerische Position zu versetzen.

Da rät der liebevoll-besorgte Onkel der netten, völlig überarbeiteten Nichte: Dann gehe doch zu deinem Chef und sage ihm einfach, dass du nicht noch den zweiten Klienten übernehmen kannst! Sage einfach Nein, so habe ich das auch gemacht, als ich damals Junganwalt war. Du musst sofort die Pflöcke einhauen! Vom solidarisch-aufgebrachten Onkel ist das sicher gut gemeint. Aber gut gemeint ist eben oft das Gegenteil von gut gemacht. So eine harte Verneinung gegenüber ihrem Vorgesetzten könnte die junge Juristin aus der Kanzlei katapultieren. Nur wer spurt und funktioniert, erhält in der Elitekanzlei eine Vertragsverlängerung. Ein professioneller Coach hat eine realistischere Sicht der Dinge und andere Vorschläge im Karriereköcher. Er hält stärker im Blick, dass Chefs nicht mit Problemen, sondern mit deren Lösungen konfrontiert werden möchten. So ist die Anwältin besser beraten, sich mit Kollegen abzusprechen und konkrete Vorschläge zur Arbeitsteilung zu unterbreiten, als in die trotzige Verweigerungshaltung zu gleiten. Denn wer hier Recht hat, das ist in diesem Fall keinesfalls die Frage.

Die wichtigen Gesetze im Berufsleben sind die ungeschriebenen und ein guter Coach kennt sie, jedenfalls mehr als ein parteiischer Patenonkel. Folglich spricht vieles dafür, sich Hilfe von außen zu holen.

**6.5.4 Wo und wie sich
ein tüchtiger Coach rekrutieren lässt**
Wo aber lässt sich ein seriöser Coach finden? Das ist eine Schlüsselfrage und ein Problem. Denn wie bei so vielen unklaren Beraterberufen ist die Bezeichnung Coach nicht geschützt. Polemisch ausgedrückt: Wenn ich meiner Nachbarin den Tipp gegeben habe, sich gegen die Mieterhöhung zu wehren, einen Brandbrief zu schreiben und beim Mieterschutzbund vorzusprechen, dann bin ich nicht nur hilfsbereit, sondern kann mich übersteigert auch als Coach der Nachbarin sehen. Jeder Erzieher, der im Elternbeirat für Biospinat und gewaltfreie Kreisspiele eintritt, coacht in gewisser Weise die Anwesenden. Und eine chice Visitenkarte ist rasch gedruckt. Verkauft wird häufig heiße Luft in Tüten und die Ratschläge sind ebenso banal wie die ausgestellten Rechnungen hoch sind. Das Problem, was sich hier stellt: Natürlich kann der Erzieher im Problemlösen sehr begabt sein und großartige Ideen für Ratsuchende haben. Gleichsam von Natur aus, weil er empathisch ist und strukturiert denkt. Aber wie soll er das nachweisen? Um schwarze Schafe auszugrenzen und sich von ihnen abzusetzen, haben deutsche Coachs gleich mehrere Berufsverbände gegründet und Qualitätsstandards festgelegt. Sie verpflichten sich, über ihre Kunden zu schweigen und regelmäßig an Weiterbildungen teilzunehmen. Ein seriöser Coach hat in der Regel ein Studium abgeschlossen und verfügt über mehrere Jahre Berufserfahrung. Auch jemand, der Tischler, Bankkauffrau oder einen anderen Ausbildungsberuf gelernt hat und längere Zeit in einer Führungsposition tätig war, kann als Coach arbeiten.

Denn akademisch lernen lässt sich Coaching nur unzureichend. Dazu ist das geforderte Profil zu vielschichtig: Verlangt werden zunächst Fachwissen und Branchenkenntnisse, die ständig aktualisiert werden müssen. Wer einen Pharmareferenten beraten möchte, der muss über die Gepflogenheiten im Außendienst Bescheid wissen, am besten detailliert. Hinzu kommt die genaue Kenntnis diverser Problemlösungsstrategien, die aber selbstverständlich nicht holzschnitzartig auf die verschiedenen Fälle angewendet werden dürfen.

Wichtiges Seriositätskriterium: Ein Coach sollte über eine gewisse Berufserfahrung verfügen. Das heißt, er sollte sich selbst in freier Wildbahn, will heißen: im Berufsleben, bewährt haben und wissen, wovon er spricht. Ohne ausreichende Praxiserfahrung ist eine sinnvolle Beratung schlecht vorstellbar und die Tragweite beruflicher Entscheidungen ist kaum abschätzbar. Abgesehen davon, dass sich ein 50 Jahre alter Kunde schon vom Gefühl her nicht mit einem 30 Jahre alten Coach zusammensetzen möchte.

Und natürlich ist Geschick im Umgang mit Menschen unerlässlich. Über gravierende Berufsprobleme mit einem wildfremden Menschen zu sprechen, das erfordert Vertrauen, welches sich erst einmal aufbauen muss. Zu erspüren, ob der Coach über Einfühlungsvermögen verfügt, gehört zu den schwierigsten Aufgaben bei der Suche. Ein entscheidendes Kriterium für einen seriösen Coach besteht außerdem darin, ob er eine – selbstverständlich kostenlose – Probestunde anbietet. So kann der Klient unverbindlich testen, ob die Chemie stimmt. Ganz so, wie es bei kassenfinanzierten Psychotherapien üblich ist. Lässt sich ein Coach schon darauf nicht ein, dann ist Skepsis angebracht.

Spätestens bei der ersten persönlichen Begegnung lässt sich erkennen, ob der Coach zu verbalen Schaumschlägereien neigt und Banalitäten verpackt, anstatt sich in einen konkreten Fall einzuarbeiten. Was heißt denn genau, Potenziale zu nutzen, Chancen zu erkennen? Oder die Stärken eines Klienten zu moderieren? Nix genaues weiß man nicht. Fallen solche Worthülsen, ist Vorsicht geboten.

Ein guter Coach fragt im Detail nach der Arbeitsorganisation des Klienten, aber auch nach dessen Lebenseinstellung. Vertraulichkeit und Offenheit sind Grundsätze.

Üblich sind drei bis zehn Sitzungen von knapp einer Stunde zum Honorar von je 120 bis 200 Euro. Die Stars unter den Coachs nehmen entsprechend mehr – ob sie tatsächlich auch intensiver beraten, das dürfte noch die Frage sein. Verträge über endlose Monate abzuschließen ist heikel. Klüger ist, gleich zu Beginn konkrete Themen und Ziele zu vereinbaren. Soviel Erfolgskontrolle muss sein.

Ein weiterer sinnvoller Weg, einen guten Coach zu finden, besteht darin, dass zu praktizieren, was die meisten Menschen bei der Suche nach einem neuen Arzt automatisch tun: Sich umhören im Bekanntenkreis und gleichsam off Records mehrere Meinungen unterschiedlicher Charaktere einholen. Die Aussage, jeder Patient hat den Arzt, den er verdient, lässt sich auch auf das Coaching übertragen.

6.5.5 Gute Fragen sind die halbe Antwort: Was gutes Coaching leisten kann

Oft ist das Geld gut investiert, und es bedarf nur einiger Beratungsstunden, um wichtige Impulse für Veränderungen zu erhalten. Christian Zielke arbeitet als Coach. Der Fachhochschulprofessor am Fachbereich Wirtschaft der Fachhochschule Gießen-Friedberg hat lange Jahre in der Industrie gearbeitet, ist Jurist, Hochschullehrer und berät Führungskräfte. Mitunter, so erklärt er, ist es für einen Ratsuchenden schon erhellend, wenn ihm die richtigen Fragen gestellt werden. Eine gute Frage ist die halbe Antwort – im Coachingprozess beweist sich dieser Satz. So wie bei der Kunsthistorikerin in einem großen Verlag, die gleichsam von heute auf morgen die Arbeit einer entlassenen Kollegin mit erledigen muss und davon zeitlich überfordert ist. Professor Zielkes Frage: „Woher können Sie sich Hilfe holen?" beantwortet die sichtlich erschöpfte Frau mit Abwehr: Es gebe keine Hilfe und schon mal gar kein Geld. Gibt es vielleicht aber doch, erkennt der Coach und fragt beharrlich weiter: Wie sieht es denn mit Praktikanten aus? Gibt es dafür eventuell einen bescheidenen Etat? Eigentlich liegt so eine Lösung auf der Hand, aber im Kollegenkreis der Kunsthistorikerin ist niemand auf den nahe liegenden Gedanken verfallen. Bisher gab es keine Praktikanten, damit hat niemand Erfahrung. Inzwischen beschäftigt die Geisteswissenschaftlerin regelmäßig Praktikanten, die ihr helfen, den Arbeitsberg mit abzutragen und erste Berufserfahrung sammeln.

Übrigens ist das Beschäftigen von Praktikanten in gewisser Weise ein Mentorenprogramm, voraus gesetzt, beide Seiten stellen eine Win-Win-Situation her. Die bittere Diskussion über die ausgebeutete Generation Praktika, die jahrelang unterbezahlt und ausgenutzt als akademische Hilfsmannschaft durch die Abteilungen mäandriert, trifft bei näherem Blick nur auf einen recht geringen Teil der Unternehmen zu. Bewährt sich der Praktikant und wird im Unternehmen eine geeignete Stelle frei, dann sind gute ehemalige Praktikanten oft erste Wahl: Der Arbeitgeber weiß, wen er bekommt und erspart sich ein aufreibendes Bewerberverfahren. Und auch der Praktikant weiß, worauf er sich einlässt und hat sich gleichsam sein eigenes Vitamin B und Netzwerk geschaffen. Auch solche Fragen werden in Coaching-Gesprächen mit einem neutralen Außenstehenden besprochen.

Ein Effekt, den der Kontakt zu einem tüchtigen Coach bietet, wird meist vornehm verschwiegen, sollte aber nicht unterschätzt werden: Coaching eröffnet Netzwerke. Viele Berater sind in ihren Schwerpunktbranchen gut vernetzt. Sie kennen sich aus und verfügen über lange Praxisjahre. Möchte sich nun ein Klient verändern – und das ist häufig der Fall – sitzen die Berater an der Quelle und geben den einen oder anderen Tipp. Beziehungen schaden eben nur dem, der keine hat. Eine IBM-Studie hat herausgefunden, dass 60 Prozent des beruflichen Erfolgs auf das Konto Beziehungen gehen. Der Internet-Jobbörse StepStone zufolge haben in Deutschland 37 Prozent der Befragten ihren Job über persönliche Beziehungen bekommen. Viele Stellen werden erst gar nicht ausgeschrieben, vor allem nicht die wirklich reizvollen. Das zu ignorieren, ist heutzutage geradezu fahrlässig. Allerdings gilt bei Netzwerken eine eiserne Regel: Man sollte sie aufbauen und pflegen, bevor man sie braucht. Hat man das nicht getan, dann aber kann sich ein Coach als ein guter Brückenbauer und diskreter Kontakte-Knüpfer erweisen.

6.5.6 Mentoring ist eine Sonderform des Coachens

Eine Sonderform des Netzwerkens ist das Mentoring. In Tandem finden sich Berufsanfänger oder -umsteiger und erfahrene Führungskräfte zusammen. In erster Linie, damit die Jungen vom Wissen der Älteren profitieren. Meist ist die Situation für beide Seiten bereichernd. Solche Tandems helfen dem Nachwuchs, sich im Berufsalltag zurechtzufinden, und gewähren den erfahrenen Mentoren Einblicke in die Motive der Jüngeren.

Gerade für Frauen, die nach wie vor deutlich weniger als Männer verdienen, ist das Mentoring eine sinnvolle Möglichkeit, Stufen der Karriereleiter zu erklimmen. Was Managementtrainer vornehm ein Netzwerk schaffen nennen, das ist für berufstätige Frauen oft schlichtweg üble Klüngelei. Seilschaften zu knüpfen, das hat in Augen vieler etwas Anstößiges. Edel und stark wollen sie sich doppelt und dreifach beweisen und setzen allein auf ihre Leistung, dabei völlig außer acht lassend, diese vor dem Chef auch ins gleißende Licht zu stellen. Sei tüchtig und rede darüber, der Gedanke ist in den Köpfen der meisten Karrieremänner implantiert, schreckt andere aber ab. Bescheidenheit mag eine Zier sein, bringt im Berufsalltag aber selten weiter.

Auch diese Erkenntnis ist Teil eines vom Sozialministerium Baden-Württemberg und dem Europäischen Sozialfonds geförderten Mentoring-Programms, das sich der Aufstiegsförderung für Frauen widmet. Teilnehmerinnen sind Führungskräfte und hoffnungsvoller Nachwuchs aus Betrieben, von Organisationen, Verbänden und aus der Verwaltung. Projektträger ist die Akademie Südwest in Bad Schussenried, die Leitung hat die Verwaltungswissenschaftlerin Irene Pfennig. Ihr Ziel: „Wir wollen mit Hilfe des Mentorings eine langfristige Steigerung des Frauenanteils in Führungspositionen erreichen. Die Mentee, eine potenzielle Führungskraft, soll durch eine Mentorin, also eine erfahrene Führungskraft, in ihrem Fortkommen beraten und geleitet werden. Sie soll jemanden zur Reflexion haben, aber mit professionellem Handwerkszeug. Auf Dauer sollen sich so auf Führungsebene Frauennetzwerke entwickeln. Das ist auch reizvoll für Unternehmen, weil die Identifikation mit der Firma erhöht wird und sich mit diesem Personalentwicklungsinstrument mit wenig Aufwand sehr viel erreichen lässt."

Annette Baronin von Manteuffel ist eine Mentorin dieses wissenschaftlich begleiteten Pilotprojekts. Sie leitete bis vor zwei Jahren das Gymnasium Wertheim bei Würzburg: „Das sind mehr als 1000 Schüler, also ein mittlerer Betrieb." Von ihrem Wissen profitiert Johanna Mehl, eine Studienrätin am Gymnasium von Buchen, einer Kleinstadt im Neckar-Odenwald-Kreis. Die Lehrerin möchte gerne eine Leitungsposition übernehmen. Mentorin Annette von Manteuffel hat dieses Ehrenamt übernommen und fördert auch außerhalb des Akademieprogramms einige Mentees. Die Zeit dafür nimmt sich die vierfache Mutter gerne: „Da schwingt ein Stück Idealismus mit. Das macht die Gesellschaft ein wenig demokratischer." Das Mentoring-Programm berge jedoch auch Schwierigkeiten. „Es kostet Zeit, die haben wir alle nicht. Und die Entfernungen zwischen den Partnerinnen sind unter Umständen riesengroß." Im Übrigen profitiere sie von dem Einsatz. „So reflektiert man im Spiegel der Mentee über die eigene Situation und wird sich über seinen Führungsstil bewusst." Ihr eigener Berufsweg gibt ihr recht: Inzwischen leitet die Pädagogin das neu gegründete Hochbegabtengymnasium in Schwäbisch Gmünd.

Damit das Tandem zwischen Mentorin und Mentee harmoniert und der so genannte Matchingprozess ergiebig ist, achtet Projektleiterin Irene Pfennig darauf, dass klare Verträge abgeschlossen werden. Schriftlich werden die Häufigkeit der Treffen und die Ziele, aber auch die Vertraulichkeit der Gespräche geregelt. So ist die Gefahr, sich zu verplaudern, gering. Die Fahrt- und eventuelle Übernachtungskosten zahlt die Mentee. Die Mentorin wiederum stellt ihr Wissen kostenfrei zur Verfügung. „Aber das ist ein Geben und Nehmen, denn die Mentorin kann ihren Führungsstil optimieren und kriegt neue Trends mit", sagt Irene Pfennig, die selber ehrenamtliche Mentorin für Studentinnen ist. Sie ist der Überzeugung: Der intensive Austausch soll mindestens sechs Monate dauern, damit die Mentees genügend Instrumente in die Hand bekommen, um ihren Weg planen zu können. Die Beraterinnen sind bei diesem Projekt im Durchschnitt 48 Jahre alt, die Mentees acht Jahre jünger.

Solche Mentorenprogramme setzen sich immer stärker durch und werden von großen Unternehmen angeboten – von der Commerzbank bis hin zur Lufthansa. Auf die Effektivität generationsgemischter Teams setzen inzwischen einige Arbeitgeber. So wie bei der Deutschen Bank. Hier geben Senior Professionals ihre Arbeits- und auch Lebenserfahrung an Nachwuchskräfte weiter. Das heißt hier Know-how-Tandem. So ein Gespann arbeitet entweder im täglichen Geschäft eng zusammen und beide sollen voneinander lernen. Oder beide sich in erster Linie persönlich und sozial weiterentwickeln, dann kommt das Tandem nebenher zu einer Art Mentoring zusammen. Schon die Dreißigjährigen sollen sich auf lebenslanges Lernen einstellen, denn Veränderungsbereitschaft bleibt bis zum Ende der Laufbahn befragt.

Ursula Staudinger ist Leiterin des Jacobs Center for Lifelong Learning an der International University Bremen und lobt altergemischte Teams, die den Anspruch des lebenslangen Lernens miteinander einlösen können. Im Gespräch mit der Frankfurter Allgemeinen Zeitung sagt sie im Mai 2005: Lange Zeit habe sich eine gute Bildung dadurch definiert, dass man später nichts mehr lernen müsse. Auch wenn die Autoren damit in Zeiten der nie endenden Beweglichkeit einen Nachteil haben, bringen sie dennoch viele Vorzüge ins Unternehmen ein. Der Übermotiviertheit und Ungeduld der jungen Mitarbeiter könnten sie neben ihrer Erfahrung Selbstsicherheit, Gelassenheit und auch weniger Egozentrik entgegensetzen, erklärt die Entwicklungspsychologin. So kommt Entspannung in gestresste Teams. Und die Wissenschaftlerin betont: „Hier sehe ich auch die Chance für die Innovationsfähigkeit unseres Landes, von der so oft gesprochen wird: Tragfähige neue Konzepte entstehen, indem man neue Ideen mit Erfahrungswissen paart."

Wenn solche Erkenntnisse unberücksichtigt bleiben und Unternehmen beim Stellenabbau vor allem ältere Mitarbeiter entlassen, dann liegt es nicht nur am Jugendwahn der Wirtschaft: Jahrelang hat gerade die Politik Frühverrentung und Altersteilzeit gefördert. Heute arbeitet nur noch wenig mehr als Drittel der 55- bis 64jährigen, wie die Bertelsmannstiftung ermittelte. Damit liegt Deutschland deutlich unter dem Durchschnitt der OECD-Länder, der bei 48 Prozent liegt. Alles Argumente, auf den fruchtbaren Generationenaustausch beim Mentoring zu setzen.

6.5.7 Hilfreiche Hinweise

Seriöse Anbieter für Coaching vermittelt die Deutsche Gesellschaft für Personalentwicklung (DGFP): www.dgfp.de.

Christopher Rauen ist Mitbegründer des Deutschen Bundesverbandes Coaching (DBCV) in Frankfurt am Main. Der Psychologe bemüht sich seit Jahren um die Schaffung von Qualitätsmerkmalen und größere Transparenz. In seiner Datenbank sind Coachs gelistet, die eine fachbezogene Ausbildung vorweisen können. Informationen unter: www.coach-datenbank.de.

Das Berliner artop-Institut bildet Coachs aus und kooperiert mit der Humboldt-Universität: www.artop.de.

Ein Vorreiter für die Qualitätssicherung ist die Interessengemeinschaft Coaching unter www.ig-coaching.com.

6.5.8 Key-Message

- Beim Coaching geht es um Hilfe zur Selbsthilfe. Tauchen berufliche Probleme auf, dann kann ein unbelasteter Außenstehender eine andere Perspektive bieten.
- Ein ernstzunehmender Coach bietet nicht von sich aus Patentrezepte an, sondern stellt gezielt Fragen, die den Klienten zu eigenen Lösungen führen. Er übernimmt die Rolle eines Reflexionspartners.
- Um einen guten Coach zu finden, ist ein kostenloses Vorgespräch ebenso wichtig wie eine saubere Auftragsklärung. Monatelange Treffen sind ineffizient. Gute Coachings sind kurz und dauern wenige Sitzungen, denn es geht nicht um Therapie, sondern um konkrete Anstöße, Veränderungen einzuleiten und Probleme rasch zu lösen.
- Ein seriöser Coach lässt sich selber supervidieren und verlangt zwischen 120 bis 250 Euro die Stunde.

LITERATURHINWEISE

EICHHORN, C. (2002): Souverän durch Self-Coaching. Ein Wegweiser nicht nur für Führungskräfte. Dritte Auflage. Vandenhoeck & Ruprecht. Göttingen.

ELVERFELDT, F. v. (2005): Selbstcoaching für Manager. Orell füssli Verlag, Zürich.

HAASEN, N.: Mentoring (2001): Persönliche Karriereförderung als Erfolgsrezept. Heyne-Verlag. Frankfurt.

KALS, U. (2006): Zehn Fallstricke. Die fatalsten Fehler, die Sie aus dem Job katapultieren. Zweite Auflage. Frankfurter Allgemeine Buch. Frankfurt.

LOOS, W. (2002): Unter vier Augen. Verlag Moderne Industrie, Landsberg.

MEINHARD, K.; WEBER, H. (2006): Erfolg durch Coaching. Vierte Auflage. Windmühle Verlag. Hamburg.

THOMMEN, J.-P.; BACKHAUSEN, W. (2004): Coaching. Gabler Verlag. Wiesbaden.

6.6 Sport-/Bewegungstherapie

Ingo Froboese

6.6.1 Einführung und Definition

Wir alle nehmen uns zu jedem Jahreswechsel vor, endlich mal wieder mehr Sport zu treiben. Das hat einen guten Grund, denn sportliche Betätigung und viel Bewegung im Alltag besitzt ein vielfältiges Spektrum an Wirkungsmechanismen, die besonders unter gesundheitlichen Gesichtspunkten wissenschaftlich unbestritten sind. Bewegung und Sport wirken aber nicht nur präventiv, sondern werden seit vielen Jahren auch gezielt als Intervention bei den unterschiedlichsten Beschwerden und Erkrankungen eingesetzt. In diesem Zuge nennt man die Aktivität dann Sport- oder auch Bewegungstherapie.

Als *Bewegungstherapie* werden dabei übergeordnet all jene Maßnahmen verstanden, die über das Medium Bewegung auf körperliche und psycho-soziale Funktionen und Fähigkeiten unmittelbar einwirken. Somit summiert sich unter dem Begriff der Bewegungstherapie insbesondere die Physiotherapie/Krankengymnastik, mit ihrer spezifischen Vorgehensweise als auch die Sporttherapie und der Rehabilitationssport.

Die *Sporttherapie* versteht sich daher als Bestandteil aller bewegungstherapeutischen Maßnahmen. Dabei nutzt sie das Medium Sport in einer mehrdimensionalen Vorgehensweise, welche sowohl funktionelle als auch psycho-soziale und pädagogische Inhalte und Ziele verbindet, um auf Einschränkungen, Störungen und Behinderungen einzuwirken. Bewegungs- und somit gleichzeitig die Sporttherapie ist insgesamt als ärztlich indizierte und verordnete Bewegung zu verstehen, die von Fachtherapeuten geplant und dosiert, gemeinsam mit dem Arzt kontrolliert und mit den Patienten alleine oder in der Gruppe durchgeführt wird.

Der Begriff der Sporttherapie scheint auf den ersten Blick zwei widersprüchliche Elemente – Sport und Therapie – zu umfassen. Das gilt besonders, wenn der angloamerikanische Sportbegriff herangezogen wird. Dieser bezieht sich im Wesentlichen ausschließlich auf den Wettkampf- und Leistungssport. In unserem Verständnis greifen wir jedoch auf den weiter gefassten Sportbegriff des deutschen und europäischen Sprachraumes zurück. Dabei umfasst Sport fast alle Aktivitäten, die mit physischen und mentalen Bewegungen zu tun haben. Die bisher umfassendste Definition wird hierzu vom *Deutschen Verband für Gesundheitssport und Sporttherapie (DVGS)* gegeben.

„Sporttherapie ist eine bewegungstherapeutische Maßnahme, die mit geeigneten Mitteln des Sports gestörte körperliche, psychische und soziale Funktionen kompensiert, regeneriert, Sekundärschäden vorbeugt und gesundheitlich orientiertes Verhalten fördert. Sie beruht auf biologischen Gesetzmäßigkeiten und bezieht besonders Elemente pädagogischer, psychologischer und soziotherapeutischer Verfahren ein und versucht, eine überdauernde Gesundheitskompetenz zu erzielen".

6.6.2 Charakteristik der Sporttherapie
Sporttherapie ist *Handlungstherapie* mit Sporthandlung, die darauf abzielt, eine Verbesserung der Handlungs- und Sozialkompetenz zu erreichen. Dabei setzt sie sowohl an motorischen Fähigkeiten und Fertigkeiten an, bezieht die Affekte/Emotion, Perzeption und Kognition ein und schließt die Kommunikation, Mitbestimmung, Anpassung und Integration integral ebenfalls ein.

Im zeitlichen Verlauf der Rehabilitation findet sich die Sporttherapie insbesondere im Zeitraum nach der Akutbehandlung/Akutklinik und vor der wohnortnahen Versorgung. Somit wird sie speziell in den Phasen der ambulanten oder stationären Rehabilitation eingesetzt. Dabei nimmt die Sporttherapie quasi eine Funktion als „Drehtür" ein, indem sie sich zwischen der eher funktionell ausgerichteten *Physiotherapie* und dem am Wohnort sich fortsetzenden Prozess des Rehabilitationssports präsentiert. Die Übergänge sind dabei natürlich fließend und die Schnittmengen zwischen Physiotherapie und Sporttherapie liegen je nach Einsatzfeld und Indikation bei 20 bis 40 %.

Im Prozess der Rehabilitation gewinnt die Sporttherapie zunehmend an Bedeutung, da sie exakt der Forderung nach einer aktiven und dynamischen Rehabilitation entspricht. Diese wird in den letzten Jahren vermehrt für nahezu alle Indikationen entwickelt, indem von der Behandlung zur Handlung der Patienten übergegangen wird, und die Patienten wesentlich Einfluss auf die Abläufe und Inhalte der Therapie nehmen. Der Mehrwert der Sporttherapie ergibt sich aber auch noch aus folgenden Faktoren:

1. Sportliche Handlungskomponente
Nahezu jedes Übungsziel und jede körperliche Übung lässt sich über sportliche Handlungen ansteuern. Auf Grund der großen Variationsbreite und Vielfältigkeit in ihren Anforderungen an die verschiedensten Funktionen des Menschen sind sportliche Aktivitäten abwechslungsreich, in ihren Dimensionen anregend und effizient, aber auch gleichzeitig angenehm und spaßbringend.

2. Pädagogische Komponente
Pädagogische Elemente der Rehabilitation sind individuell anzulegen und auf jede einzelne Person zu zentrieren. Speziell dies wird von einer modernen, dynamischen Rehabilitation gefordert. Die *Pädagogik* des Sports und der Sporttherapie führt dies hin zu einem wesentlichen Merkmal des Rehabilitationsprozesses. Andererseits leiten viele sportliche Handlungen zu gruppendynamischen Aktivitäten an, wie sie ebenfalls dem Charakter einer dynamischen Rehabilitation entsprechen.

3. Ressourcen – Komponente
Sporttherapie nutzt die Ressourcen jedes Einzelnen und fördert damit die Stärken jedes Patienten. Ohne die Einschränkungen aus den Augen zu verlieren, erfahren die Rehabilitanden neue Wege und Möglichkeiten der Aktivität und Aktivierung. Dies spiegelt sich auch in den Übungsstätten wider. Diese wirken weniger therapeutisch und sind ganz normale Trainingsstätten, die den psychologischen Faktor der Leistungsfähigkeit dadurch verstärkt hervorheben.

4. Sozial-ökonomische Komponente

Das Sozialgesetzbuch V betont im § 12 die Notwendigkeit der Wirtschaftlichkeit im Rahmen der Versorgung der Versicherten. D.h. die Rehabilitation muss ausreichend, zweckgemäß und wirtschaftlich sein. Diesbezüglich zeichnet sich die Sporttherapie einerseits durch ihre *Methodenvielfalt* und Effizienz aus, andererseits ist das pädagogische Vorgehen im Gruppenrahmen besonders wirtschaftlich und zur nachhaltigen Verhaltensänderung geeignet.

6.6.3 Indikationen und Einsatzfelder der Sporttherapie

Der Schwerpunkt der Sporttherapie lag in den letzten 25 Jahren in erster Linie im klinischen Sektor. Besonders unter Bezug auf die ständig wachsende Anzahl an Sportgruppen nach Herzerkrankungen (ambulante Herzgruppen) setzte sich die Idee in der Rehabilitationsklinik durch, das Medium Sport und Bewegung auch dort zu nutzen. So vereinigte sich das sportpädagogische und sporttherapeutische Wissen bei dieser Indikation in ihrer Umsetzung zu Lebensstil verändernden Handlungsfeldern in idealer Weise. Diese Idee war bereits von Oertel vor mehr als 100 Jahren mit der Einführung der *Terrainkur* eingeleitet worden und setzt sich nun in den modernen Rehabilitationskliniken fort.

Der orthopädische und neurologische Bereich wird in Deutschland derzeit noch recht stark von der Physiotherapie mit ihren funktionellen Inhalten geprägt. Sehr zaghaft setzte sich erst Anfang der 90er Jahre im orthopädisch-traumatologischen Sektor die Integration der Sporttherapie durch. Dies basiert im Wesentlichen aus den Erfahrungen in der Therapie von verletzten Profisportlern, die stark von dem bewegungs- und trainingswissenschaftlichen Wissen profitierten. Mittlerweile ist die Symbiose aus Physio – und Sporttherapie bei den meisten orthopädischen Erkrankungen realisiert und aus der Rehabilitation nicht mehr wegzudenken.

Im Zuge der Behandlung neurologischer Indikationen setzt sich die komplexe und handlungsorientierte Rehabilitation nur langsam durch. Ansätze der Neurowissenschaften, dass Bewegung in ihrem umweltlichen Kontext verstanden werden muss und sich erst daraus eine ganzheitliche Therapie ergibt, sind zwar zu finden, repräsentieren aber immer noch die Ausnahme. Hier wird sich in den nächsten Jahren vermutlich der größte Wandel vollziehen.

Auch im psychiatrischen und psychosomatischen Sektor ist die Aufgeschlossenheit gegenüber gruppentherapeutischen Verfahren, wie sie in der Sporttherapie Standard sind, noch immer nicht vollständig ausgeprägt. Gerade für diese Indikation bietet die Sporttherapie aber inhaltliche Angebote, die nicht nur im klinischen Prozess sondern auch am Wohnort von großer Bedeutung sein können. Dazu zählen u. a. Funktionen und Fähigkeiten aus den Bereichen Emotion/Affekt, Kognition, Kommunikation und Interaktion. Diese Inhalte kommen der Forderung der WHO, dem Ziel der Teilhabe am gesellschaftlichen Leben - der Partizipation - besonders nahe und sind daher speziell für diese Indikationen von enormer Bedeutung.

Die Bewegungstherapie in der Psychiatrie bezieht ihre Impulse also aus verschiedenen Wurzeln. Die Verfahren schöpfen daher aus einen mehrdimensionalen als auch individualisiertem Vorgehen. Speziell die Sporttherapie setzt an den Ressourcen an und stärkt damit die Selbsthilfepotenziale der Betroffenen mit psychischen Erkrankungen. In einer großen Studie von Haldenhof und Brack konnte so exemplarisch die besondere Effektivität eines Ausdauertrainings im Rahmen der Therapie psychischer Störungen nachgewiesen werden. Es konnte herausgearbeitet werden, dass insbesondere bei depressiven und Angststörungen die Sporttherapie ein höchsteffektives, aber auch sehr effizientes Therapiekonzept darstellt, das nach Angaben der Autoren noch viel zu wenig genutzt wird.

Ein Einsatzfeld für die Sporttherapie hat sich auch durch die Einführung der Disease-Management-Programm (DMP) ergeben. In diesem für chronisch Kranke vorgesehene Programm zur Qualitätsverbesserung der Behandlung nimmt auch die Bewegungstherapie einen Platz ein, der dazu dient, den Genesungsprozess positiv zu beeinflussen, gleichzeitig aber auch die Lebensqualität der Betroffenen zu steigern.

6.6.4 Durchführung der Sporttherapie

Das besondere Charakteristikum der Sporttherapie ist die Methodenvielfalt. Die Auswahl und der jeweilige Einsatz bedingen sich primär durch die Indikation, dem Reha-Status der Betroffenen sowie den örtlichen Rahmenbedingungen. Je nach Ziel der Therapie werden dabei unterschiedlichste sportliche Handlungen und Bewegungsfelder angewandt. Sporttherapie bedient sich nicht selten auch von Elementen anderer bewegungstherapeutischen Maßnahmen, wie etwa der Physio– und der *Ergotherapie*. Primär sind es alles Methoden und Verfahren, die über körperliches Handeln einen therapeutischen Effekt erzielen. Wesentlicher Bestandteil ist die pädagogische Komponente bei allen Maßnahmen, da bei zahlreichen Erkrankungen vor allem auch edukative Elemente in der Therapie entscheidend wichtig sind. Alle der Sporttherapie zur Verfügung stehende Methoden an dieser Stelle zu beschreiben würde sicher den Rahmen sprengen. Die wesentlichsten sind jedoch:

- *Trainingsmethoden* spezieller konditioneller Fähigkeiten (Ausdauertraining, Muskeltraining, Koordinationstraining),
- Entspannungsverfahren,
- sportartbezogene Aktivitäten,
- bewegungstherapeutische Methoden,
- Spiel und spielen,
- sportspezifische psycho-physische Regulationsmethoden.

Ein Überblick aller Methoden ist im Band 1 des Methodenmanuals von van der Schoot nachzulesen.

Die Methoden werden in der Therapie je nach Indikation zusammengestellt, um differenziert auf einzelne oder andere Funktionen einzuwirken. Im Einzelnen sind dies

- Aktivierung,
- Motorik,
- Bewegungskoordination,
- Ausdauer,
- Muskelkraft,
- Flexibilität,
- Schnelligkeit,
- Emotion und Motivation,
- Leistungsmotiv,
- Angst,
- Aggression,
- Depressive Verstimmung und Reaktion,
- Kognition,
- Wahrnehmung,
- Aufmerksamkeit und Konzentration,
- Lernen,
- Gedächtnis,
- Sprache,
- Kommunikation und soziale Interaktion.

Welche Faktoren und Funktionen bei einer Indikationsstellung zielführend sind und wie ihre unmittelbaren und mittelbaren Ursache-Wirkung-Beziehung ausgewählt werden, lässt sich bei der nahezu unbegrenzten Anzahl an Verknüpfungen nicht grundsätzlich bestimmen. Dies ist, soweit überhaupt lösbar, dem fallspezifischen Problemlösungsprozess vorbehalten.

Aus der Auflistung wird jedoch sichtbar, dass Sporttherapie nicht nur auf körperliche, sondern übergreifend auf psychische und soziale Funktionen einwirkt. Dabei ist innerhalb der Durchführung der Sporttherapie nicht das „Was", also die Bewegungsaktivität als solche, sondern vielmehr das „Wie" der entscheidende Faktor. Nur wenn es gelingt, den Fokus weg vom Körper hin zu Erlebnissen und Erfahrungen zu lenken, werden diese Bausteine der Therapie vermehrt in den Mittelpunkt rücken. Unterstützt werden diese Elemente durch den (Selbsthilfe-)Gruppencharakter, in dem die Sporttherapie in der Regel durchgeführt wird. Gerade das Gruppenerlebnis, der soziale Kontakt mit Gleichgesinnten sowie das gemeinsame Lösen von Aufgaben birgt soviel Potenzial, dass dabei die physiologischen Prozesse oft in den Hintergrund rücken.

6.6.5 Effizienz und Effektivität der Sporttherapie

Unter Betrachtung der demographischen und epidemiologischen Entwicklung unserer Gesellschaft bietet sich unmittelbar auch die ökonomische Begründung der Sporttherapie ab. Die Alterung der Gesellschaft sowie der medizinische Fortschritt führen zu einer Morbiditätsverschiebung in Richtung chronischer Erkrankungen. Diese sind häufig durch ein Fehlverhalten der Betroffenen und deren Lebensstil verursacht und somit direkt beeinflussbar. Bei einer gesundheitsökonomischen Analyse und Bewertung körperlicher Aktivität ist es auch bei Betrachtung methodologischer Probleme in der Literatur unbestritten, dass eine Steigerung der körperlichen Aktivität eine Reduktion der Gesundheitsausgaben unmittelbar bedingt. Kanadische Wissenschaftler berechneten in einer Studie, dass 2,5 % aller Gesundheitsausgaben des Landes durch Inaktivität der Bevölkerung verursacht werden. Bereits eine Reduktion der Inaktivität um 10 % würde ein Einsparvolumen von 100 Millionen Euro p. a. ergeben. Gerade unter Betrachtung der durch Übergewicht und Bewegungsmangel häufig verursachten Erkrankung Diabetes mellitus Typ II wird das enorme Einsparpotenzial auch in Deutschland sichtbar. Allerdings fehlen bisher für die Sporttherapie umfassende evidence-based-Studien, die eindeutig einen ökonomischen Vorteil durch Anwendung des Therapieverfahrens nachweisen.

Anders stellt sich der Nachweis der Effektivität der Sporttherapie bei den unterschiedlichen Anwendungsfeldern und Indikationen dar. So lassen sich in der Literatur zahlreiche hochwertige Studien zu diesem Thema finden. Insbesondere für Herz-Kreislauf- und Stoffwechselerkrankungen liegen umfassende wissenschaftliche Nachweise aus internationalen Studien vor (*Tabelle 1*). Auch für den akuten und chronischen Rückenschmerz liegen größere Studien vor, die den Nachweis der Effektivität aktiven sporttherapeutischen Handels bestätigen. So finden sich in den *European Guidelines for prevention in low back pain* vom November 2004 im Rahmen einer Metaanalyse zahlreiche Studien zum Nutzen der Bewegungstherapie. Dabei sind aber nicht eindimensional am Schaden ausgerichtete Maßnahmen gemeint, sondern entsprechend der Theorie der Sporttherapie sind dies insbesondere multimodale, ganzheitliche Aktivierungskonzepte, die ein hohes Maß an Effektivität nachweisen konnten. Betont wird in diesem Zusammenhang von den Autoren der psychosoziale Aspekt des Rückenschmerzes, der speziell über aktive Maßnahmen angegangen werden kann. Für andere psychoso-

Tabelle 1: Evidenzbasierte Studien zur Effektivität der Sporttherapie (Huber 2003,166)

Indikation	Studien/Metaanalysen	Cochrane Reports
Herz–Kreislauferkrankungen	Kohl, H.W. (2001): Physical activity and cardiovascular disease: evidence for a dose response. Med Sci Sports Exerc 2001 Jun;33(6 Suppl):S472-83 Franklin, B.; Bonzheim, K., Warren, J.; Haapaniemi, S.; Byl, N.; Gordon, N.; (2002): American College of Chest Physicians Exercise-Based Rehabilitation and Cardiovascular Risk-Reduction Program on Coronary Patients With Abnormal Baseline Risk Factors* Chest. 2002;122:338-343.)	Jolliffe, J.A.; Rees, K.; Taylor, R.S.; Thompson, D.; Oldridge, N.; Ebrahim, S. (2003): Exercise-based rehabilitation for coronary heart disease (Cochrane Review). In: The Cochrane Library, Issue 1 2003. Oxford: Update Software
Atemwegserkrankungen	Clark, C.J. ; Cochrane, L.M. (1999) : Physical activity and asthma. Curr Opin Pulm Med (United States), Jan 1999, 5(1) p68-75	Ram, F.S.F.; Robinson, S.M.; Black, P.N. (2003): Physical training for asthma (Cochrane Review). In: The Cochrane Library, Issue 1 2003. Oxford: Update Software
Diabetes	Kriska, A.: Physical activity and the prevention of type 2 diabetes mellitus: how much for how long? Sports Med 2000 Mar;29(3):147-51 U.S. Department of Health and Human Services: Physical Activity and Health: A Report of the Surgeon General. Centers for Disease Control and Prevention, National Center for Chronic Disease Prevention and Health Promotion, Washington, DC, U.S. Govt. Printing Office, 1996	Renders, C.M.; Valk, G.D.; Griffin, S.; Wagner, E.H.; Eijk, J.Th.M. van; Assendelft; W.J.J.: Interventions to improve the management of diabetes mellitus in primary care, outpatient and community settings (Cochrane Review). In: The Cochrane Library, Issue 1 2003. Oxford: Update Software
Hypertonie	Miller, E.R.; Erlinger, T.P.; Young, D.R.; et al. (2002): Results of the Diet, Exercise, and Weight Loss Intervention Trial (DEW-IT). Hypertension, Nov 2002, 40(5) p612 Steffen, P.R.; Sherwood, A.; Gullette, E.C.; et al. (2001): Effects of exercise and weight loss on blood pressure during daily life. Med Sci Sports Exerc, Oct 2001, 33(10) p1635-40	Ebrahim, S.; Davey Smith, G.: Multiple risk factor interventions for primary prevention of coronary heart disease (Cochrane Review). In: The Cochrane Library, Issue 1 2003. Oxford: Update Software

zial verursachte Erkrankungen liegen zwar die Resultate von zahlreichen Best-Practise-Beispielen vor, evidenzbasierte Studien finden sich jedoch nur vereinzelt.

Da die Qualität und das Qualitätsmanagement verstärkt auch von den Leistungserbringern der Sporttherapie verlangt wird, sind in den letzten Jahren vermehrt Qualitätssicherungsprozesse eingeführt worden. Als Prozessmodell zum Qualitätsmanagement bedient die Sporttherapie sich dabei einer Dreiteilung in qualitative Kriterien, die auf Struktur-, Prozess- und Ergebnisqualität fokussiert. Letztlich können sich die Forschungsarbeiten der Sporttherapie dabei nicht nur auf inhaltliche Weiterentwicklungen konzentrieren, sondern müssen den Aspekt der qualitätssichernden Evaluation stärker berücksichtigen. So ist eine entscheidende Qualifikationsanforderung der Sporttherapie die Kompetenz zur Konzeption, Realisation und Evaluation. Erst dadurch wird effektives sporttherapeutisches Handeln überhaupt erst möglich. Um diese Kompetenzentwicklung bemüht sich speziell der Deutsche Verband für Gesundheitssport und Sporttherapie (DVGS), der alleine und gemeinsam mit zahlreichen deutschen Universitäten die Ausbildung zum Sporttherapeuten inhaltlich führt und überwacht. Denn nur wenn bereits in der Ausbildung der Grundstein für Qualität gelegt wird, kann sie auch in der eigentlichen Maßnahme realisiert werden. Parallel werden und wurden Leitlinien zum sporttherapeutischen Handeln für die unterschiedlichsten Indikationen entwickelt und repräsentieren damit den Standard der Sporttherapie.

6.6.6 Fazit

Die Sporttherapie ist eine methodenvielfältige aktive Maßnahme, die sämtliche Funktionen des Menschen anspricht und fördert. Damit ist es ein Therapieverfahren, welches über den körperlichen Stimulus und die daraus resultierenden physischen Adaptationen hinaus weitgreifende Anpassungen der psychischen und sozialen Funktionen einleitet und erreicht. Durch ihre wissenschaftliche, theoretische Fundierung sowie ihre weite Verbreitung auf allen Ebenen der Rehabilitation ist sie zu einem unverzichtbaren Bestandteil in der Therapie einer nahezu unbegrenzten Zahl an Indikationen geworden. Sie bündelt neben dem eindeutig therapeutischen und am Defizit angelegten Inhalt insbesondere Elemente und Maßnahmen, die relativ einzigartig sind: Freude, Spaß, Erlebnis und vor allem ein positives Gefühl von Leistungsfähigkeit und in einer Atmosphäre, die ohne therapeutische Merkmale im engeren Sinne auskommt.

6.6.7 Key-Message

▶ Bewegung und Sport wirken nicht nur präventiv, sondern werden gezielt als Intervention bei den unterschiedlichsten Beschwerden und Erkrankungen eingesetzt. In diesem Zuge nennt man die Aktivität dann Sport- oder auch Bewegungstherapie.
▶ Unter dem Begriff der Bewegungstherapie fallen insbesondere die Physiotherapie / Krankengymnastik, als auch die Sporttherapie und der Rehabilitationssport.
▶ Der Schwerpunkt der Sporttherapie liegt in erster Linie im klinischen sowie im ambulanten Sektor. Dabei versteht sie sich als „Drehtür" zwischen der Akutbehandlung sowie der wohnortnahen Nachsorge.
▶ Sporttherapie wirkt sich auf körperliche, psychische und soziale Funktionen aus.

LITERATURHINWEISE

EUROPEAN GUIDELINES FOR PREVENTION IN LOW BACK PAIN. www.lowbackpaineurope.com November 2004. Zugriff: 16.12.2005.

FROBOESE I.; NELLESSEN G.; WILKE, C. (2003): Training in der Therapie. Urban & Fischer. München.

HALDENHOF, H.; BRACK, M. (2004): Therapie psychischer Störungen durch Bewegungstherapie. Z. Phys. Med. Rehabilitation 14, 200-206.

HUBER, G. (2004): Evaluation in der Sporttherapie. In : Schüle, K.; Huber, G.: Grundlagen der Sporttherapie. Urban & Fischer. München S. 147-167.

KATZMARZYK, P.; GLEDHILL, N.; SHEPARD, R. (2000): The economic burden of physical activity in Canada. Can. Med. Ass. J. 11, 435-440.

PFEIFER, K. (2004): Expertise zur Prävention von Rückenschmerzen durch bewegungsbezogene Interventionen. Bertelsmann-Stiftung.

PFINGSTEN, M.; KALUZA, G.; HILFEBRANDT, J. (1999): Rückenschmerzen. In: Basler H.; Franz, C.; Kröner-Herwig, B.; Rehfisch, H.; Seemann, H. (Hrsg.): Psychologische Schmerztherapie. Springer Verlag. Berlin..

SCHUELE, K.; DEIMEL, H. (1990): Gesundheitssport und Sporttherapie – eine begriffliche Klärung. Z. Gesundheitssport und Sporttherapie 1, Bu.6.

SCHUELE, K.; HUBER, G. (HRSG.) (2004): Grundlagen der Sporttherapie. Urban & Fischer. München.

VAN DER SCHOOT, P.; SEECK, K. (HRSG.) (1990): Bewegung, Spiel und Sport mit Behinderten und von Behinderung Bedrohten. Indikationskatalog und Methodenmanual. Band 1. Bundesministerium für Arbeit und Sozialordnung. Bonn.

VANDEN, ABELE J.; SCHUELE, K. (2004): Wissenschaftliche Begründung der Sporttherapie. In: Schüle K.; Huber G.: Grundlagen der Sporttherapie. Urban & Fischer. München, S. 9-38.

6.7 Chronologische Arbeitsgestaltung – Pausenmanagement – Mittagsschlaf

Martin Braun

6.7.1 Einleitung

In der Arbeitsgesellschaft nimmt der Anteil *geistiger Tätigkeiten* an der Wertschöpfung zu. Um anstehende Herausforderungen erfolgreich zu bewältigen, gewinnt die Förderung und Entfaltung der mentalen, emotionalen und sozialen Ressourcen des arbeitenden Menschen an Bedeutung. Sie bilden wesentliche Voraussetzungen für wissenschaftliche, technologische und kulturelle Innovationen. Der produktive Einsatz der menschlichen Ressourcen erfordert eine regelmäßige Regeneration. Dies kann durch die Einbeziehung menschlicher Rhythmen in die zeitliche Arbeitsgestaltung erreicht werden.

6.7.2 Zeiterfahrung im Wandel

Während der gesamten Zeitgeschichte richtete die Menschheit ihr Leben mehr oder weniger freiwillig nach den Rhythmen der Natur aus. Jahrhunderte lang strukturierten natürliche Gegebenheiten wie der Tag-Nacht-Zyklus und die Witterung den Arbeitstag der meisten Menschen. Je nachdem, welche Aufgaben zu bewältigen waren, wechselten Zeiten hoher Arbeitsintensität mit Zeiten des Müßiggangs.

Im frühen 19. Jahrhundert setzte sich das industriekapitalistische Wirtschaftskonzept durch. Hier richtete sich das Interesse der Fabrikanten darauf, die von ihnen bezahlten Arbeitskräfte, aber auch die teuren Maschinen möglichst rentabel und damit nahezu ununterbrochen einzusetzen. Um die Zeit produktiv zu nutzen, wurde sie von den natürlichen Rhythmen abgekoppelt. Fortan verliefen die Tätigkeiten vieler Arbeiter weitgehend gleichgeschaltet im Takt der Fließbandfertigung. Anfangs opponierten die Arbeiter gegen diese zeitliche Disziplinierung durch Unpünktlichkeit und Arbeitsunterbrechungen. Im Gegenzug wurde u. a. der Schlaf während der Arbeitszeit ausdrücklich verboten.

In der sich entwickelnden Zeitwirtschaft wurde die zu erbringende Arbeitsleistung systematisch an eine dafür aufzuwendende Arbeitszeit gekoppelt. Die rationalisierte Zeiterfahrung erforderte die Bereitschaft, nützliche und unnütz verbrachte Zeiten zu unterscheiden. Die Grundsätze, Bestehendes zu erhalten, Leistungs- und Gesundheitsressourcen zu pflegen und verbrauchten Kräften Zeit zur Regeneration zu geben, verloren sich allmählich.

6.7.3 Unzureichende Zeithygiene

Die rationale Zeitwirtschaft drängt auf eine Beschleunigung der Innovations- und Produktionsprozesse, um Kosten- und Wettbewerbsvorteile zu erzielen. Leitbild dieser Entwicklung ist die **24-Stunden-7-Tage-Gesellschaft**. Allerdings stehen derart zeitlich und räumlich entgrenzte Produktions- und Konsumsysteme den biologischen Rhythmen des Menschen entgegen. Mittlerweile hält jeder dritte Beschäftigte den Anforderungen chronobiologisch unangemessener Arbeitsbedingungen nicht stand. Folgen sind chronische Erschöpfungszustände und Gesundheitsstörungen. Beeinträchtigtes psychisches Befinden gehört zu den häufigsten Ursachen für mangelhafte Arbeitsleistung. Die als **Hurry Sickness** bezeichnete Neigung, möglichst viele Aktivitäten gleichzeitig zu tun, fördert die Orientierungslosigkeit und vermindert die Handlungs- und Entscheidungsfähigkeit. Untersuchungen zeigen, dass eine anhaltende Missachtung der biologischen Rhythmen des arbeitenden Menschen dessen Leistungsbereitschaft, Auffassungs- und Konzentrationsfähigkeit, Denkvermögen, Reaktionsgeschwindigkeit und Geschicklichkeit einschränken. Derart ungünstige Voraussetzungen können bei anspruchsvollen Tätigkeiten zu gravierenden Schadensfolgen führen, wie die Reaktorunfälle von Harrisburg (1979) und Tschernobyl (1986), die Tankerunfälle der Matzukaze bei Seattle (1988), der Exxon Valdez vor Alaska (1989) und der Erika vor der bretonischen Küste (1999) beispielhaft belegen. Sie sind durchweg auf menschliches Versagen während des nächtlichen Leistungstiefs zurückzuführen. Hingegen werden Routinetätigkeiten durch eine Störung der biologischen Rhythmik weniger stark beeinflusst.

6.7.4 Biologische Ökonomie der Zeit

Die Notwendigkeit eines linearen Zeitkonzepts in der Arbeitsgesellschaft ist offensichtlich. Dennoch liegt eine *biologische Zeitökonomie* nahe, um menschliche Leistungsressourcen wirksamer einzusetzen und unerwünschte Leistungsverluste zu vermeiden. Der gegenwärtige Umbruch in der Arbeitsgesellschaft eröffnet die Chance für eine chronobiologische Optimierung der Arbeitsbedingungen. Die schwindende Dominanz der industriellen Arbeitsweise führt dazu, dass immer mehr Beschäftigte über die Möglichkeit einer eigenständigen Zeiteinteilung verfügen. Eine zeitliche Strukturierung von Arbeit, die sich an den biologischen Rhythmen des Menschen orientiert, kann sich positiv auf Befinden, Gesundheit, Arbeitserfolg und Lebenserwartung auswirken.

6.7.5 Rhythmisches System des Menschen

Biologische Rhythmen sind ein Kennzeichen des Lebendigen. Sie finden sich in sämtlichen Bereichen des menschlichen Organismus. Häufig ist sich der Mensch seiner rhythmischen Prozesse nicht bewusst, wenn sie – wie etwa die Nervenaktionen – nur mittelbar wahrnehmbar sind. Hingegen kennt jeder die Beklemmung bei unregelmäßigem Herzschlag; ebenso die befreiende Wirkung einer ruhigen, tiefen Atmung. Der menschlichen Organismus unterliegt lang-, mittel- und kurzfristigen Rhythmen:
- Langwellige Rhythmen treten u. a. in Form des Circadianrhythmus (d. h. Tagesrhythmus) auf. Sie finden sich überwiegend im Stoffwechsel. Weitere Beispiele für circadiane Rhythmen sind der zeitliche Verlauf von Blutdruck und Körpertemperatur. Andere langzyklische Vorgänge, wie Entgiftung und Aufbau von Stoff- und Energiespeichern laufen unbewusst ab.
- Mittelwellige Rhythmen, deren Zyklen Minuten oder Stunden dauern, betreffen vornehmlich die Herzfunktion und die Atmung, aber auch die Verdauung, den Transport und die Verteilung der Nah-

rungsstoffe im Körper sowie die Hormonfreisetzung und die Gewebeerholung. Darüber hinaus werden die Aktivitäten des Nervensystems sowie die perzeptiven und kognitiven Leistungen durch einen ultradianen Ruhe-Aktivitätszyklus, den Basic Rest Activity Cycle (BRAC), moduliert.
- Kurzwellige Rhythmen haben eine Periodendauer von Millisekunden bis Sekunden. Sie sind die Grundlage des Nerven-Sinnessystems sowie der Wahrnehmungs- und Denktätigkeit.

6.7.6 Rhythmus als Voraussetzung von Gesundheit

Die biologischen Rhythmen stabilisieren die Funktion des Organismus und unterstützen ihn bei Regeneration und Gesundung. Hierzu werden die Frequenzen sämtlicher Rhythmen, die in komplexer Weise miteinander verschränkt sind, aufeinander abgestimmt. Diese Synchronisierung erfolgt im entspannten Zustand des Organismus, bevorzugt während des Schlafes.

Sind die biologischen Rhythmen gestört, so fehlt dem Organismus die Fähigkeit zur Regeneration – der Mensch gerät körperlich und psychisch aus dem Gleichgewicht. Die Ausgewogenheit von Aktivität und Entspannung zeigt sich besonders deutlich an der Schlafarchitektur. Beim *Schlaf* des gesunden Menschen gibt es eine klare Abfolge zwischen längeren, tief entspannten Ruhigschlafphasen sowie den Traum- und REM-(Rapid Eye Movement) Phasen, in denen ein chaotischer Zustand dominiert. Wird der Organismus unangemessen beansprucht, so führt dies zur Störung dieser Abfolge.

6.7.7 Endogene und exogene Zeitgeber

Die biologischen Rhythmen des Organismus werden durch eine innere Uhr gesteuert. Endogene Zeitgeber sorgen für eine 25-Stunden-Periodizität dieser inneren Uhr. Je nach Ausprägung der inneren Uhr werden die Menschen in *Chronotypen* unterschieden: Die Eulen gehen bevorzugt spät zu Bett und haben Schwierigkeiten, morgens früh aufzustehen. Die Lerchen sind früh morgens aktiv, gehen jedoch früher am Abend zu Bett. Darüber hinaus wird die innere Uhr durch exogene Zeitgeber der natürlichen Umwelt auf eine Periodenlänge von 24 Stunden synchronisiert. Zu den wichtigsten exogenen Zeitgebern gehören neben dem Tageslicht die sozialen Kontakte, die Aktivitätsphasen und der Zeitpunkt der Mahlzeiten.

6.7.8 Rhythmus und Leistung

Im circadianen Verlauf unterscheidet man eine ergotrope, leistungsorientierte Phase, die meist von 3 bis 15 Uhr mit Höhepunkt am Vormittag reicht, von einer trophotropen Phase (15 bis 3 Uhr). Hier dominieren Aufbau- und Regenerationsvorgänge. Zwischen 3 und 4 Uhr befindet sich der Organismus in einem absoluten Leistungstief (vgl. *Abbildung 1*). Die nachts erbringbare geistige Leistung eines ar-

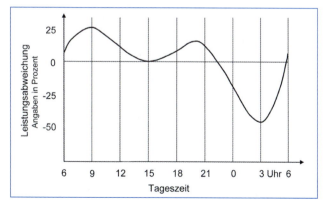

Abbildung 1: Schema der physiologischen Leistungsbereitschaft im Tagesverlauf

beitenden Menschen ist mit der Leistung nach Alkoholkonsum oder mit der Tagesleistung nach einer schlaflosen Nacht vergleichbar. Die innere Uhr sorgt dafür, dass der Mensch zur Nachtzeit (üblicherweise) nicht aktiv ist, sondern den Schlaf für Regenerationsvorgänge nutzt. Personen, denen Rhythmusverschiebungen besonders stark zusetzen, sind praktisch unfähig, zu ungewohnter Zeit anspruchsvolle Tätigkeiten zu verrichten. Ein weiterer relativer Leistungsabfall ist gegen 15 Uhr zu verzeichnen (so genanntes Nachmittagstief). Darüber hinaus werden der tageszeitliche Verlauf der perzeptiven und kognitiven Leistungen bzw. die entsprechenden Verhaltensweisen durch den Basic Rest Activity Cycle (BRAC) beeinflusst. Während einer Zeitspanne von etwa 90 Minuten aktiviert der BRAC den Organismus für jeweils etwa 70 Minuten. In dieser Aktivitätsphase fällt es leicht, die Aufmerksamkeit zu fokussieren und konzentriert an einer Aufgabe zu arbeiten. Anschließend folgen etwa 20 Minuten eines passiven, rezeptiven Zustands. Hier dominieren intuitive und kreative Hirnleistungen. In der passiven Phase werden Anspannungen abgebaut, die Rhythmen neu organisiert, Desynchronisationen ausgeglichen und Ressourcen regeneriert. Dies schafft günstigste Voraussetzungen für die Entfaltung latenter geistiger Fähigkeiten. Empirische Untersuchungen belegen, dass bei regelmäßig entspanntem Organismus die Fähigkeit, Informationen zu verarbeiten und zu behalten, signifikant ansteigt.

Im Arbeitsalltag werden die scheinbaren Tiefs der passiven BRAC-Phasen zumeist ignoriert oder durch Koffeingenuss überlistet. Regelmäßige Essens- und Schlafenszeiten werden häufig vermeintlich Wichtigerem geopfert. Während der arbeitende Mensch dadurch Leistungskraft demonstrieren will, erreicht er genau das Gegenteil, indem er die leistungserhaltende Regeneration des Organismus behindert. Zudem verliert der Organismus allmählich die Fähigkeit, von selbst in seine rhythmische Ordnung zurückzufinden.

Es ist unmöglich, während eines ganzen Arbeitstages dauerhaft körperliche und geistige Hochleistungen zu erbringen. Wirksamer als eine derartige Non-Stop-Aktivität ist es, die zeitlichen Leistungstiefs innerhalb der biologischen Rhythmik zu respektieren und die Hochphasen für umso bessere Arbeitsleistungen zu nutzen.

6.7.9 Ansätze für eine rhythmische Arbeitsgestaltung

Neben einer Sensibilisierung für biologische Rhythmen erfordert die Integration des Rhythmischen in die linearen Zeitkonzepte der Arbeitsgesellschaft pragmatische Ansätze, um Erkenntnisse der chronobiologischen Forschung im Alltag umzusetzen. Die folgenden Maßnahmen können zu einer ausgewogenen Arbeitsgestaltung beitragen, die individuelle Bedürfnisse mit betrieblichen Anforderungen verknüpft.

Zeitsensibilität

Zeitsensibilität erfordert vom arbeitenden Menschen, sich nicht mehr zu verausgaben, als dauerhaft verkraftet werden kann. Ein wesentliches Kriterium der angemessenen Verausgabung ist die Vielseitigkeit bzw. die Abwechslung der Tätigkeiten. Zeitsensibilität kann bedeuten, zwischen geistigen und körperlichen, zwischen sitzenden und stehenden, zwischen kommunikativen und nichtkommunikativen, zwischen rezeptiven und produktiven Tätigkeiten regelmäßig abzuwechseln. Dies beugt der Gefahr einseitiger Beanspruchung und frühzeitiger Erschöpfung vor. Mischarbeit räumt den Beschäftigten die Freiheit ein, eigenständig zu entscheiden, wie und in welcher Reihen-

Tabelle 1: Ablauf eines Arbeitstages aus chronobiologischer Sicht

Tageszeit	Empfohlene Tätigkeit
7-8 Uhr	Der Körper liefert Energie für die Tagesarbeit; Weckzeit
10-11 Uhr	Kreativität, Konzentration und Kurzzeitgedächtnis sind optimal
11-12 Uhr	Energiehöhepunkt, Sehen und Rechnen sind optimal
12-13 Uhr	Die Leistungsfähigkeit sinkt; Zeit für das Mittagessen
13-14 Uhr	Tagestief; erhöhte Schlafbereitschaft des Körpers
14-15 Uhr	Ideale Zeit für die Siesta
15-16 Uhr	Tageshöhepunkt; das Langzeitgedächtnis ist wach
17-18 Uhr	Ideale Zeit für Sport; Organismus ist gut durchblutet
18-19 Uhr	Tagesrückblick; Entspannung für die Nacht

folge sie Aufgaben bearbeiten. Sie ermöglicht, Arbeiten angemessen über den Arbeitstag zu verteilen. Erst wenn die Gestaltungspotenziale des individuellen Tätigkeitsspektrums ausgeschöpft sind, soll eine Arbeitszeit- und Pausengestaltung auf betrieblicher Ebene einbezogen werden.

Chronobiologische Arbeitsgestaltung

Durch eine chronobiologisch günstige Gestaltung der Arbeit im zeitlichen Tagesverlauf können latente Leistungsressourcen genutzt und Fehlhandlungen verringert werden. *Tabelle 1* vermittelt einen Überblick eines chronobiologisch idealen Tagesablaufs. Bei der chronobiologischen Gestaltung des Tagesablaufs muss der Chronotyp – d. h. Lerche oder Eule – berücksichtigt werden, da sich die Aktivitätszeiten je nach Typ um ein bis zwei Stunden verschieben. Eine chronobiologische Arbeitsgestaltung orientiert sich an folgenden Empfehlungen:

- Zu Beginn des Arbeitstages soll ein Überblick über die Dinge verschafft werden, die zu erledigen sind. Dies betrifft die Beschaffung von Informationen, die Terminplanung und die Ordnung auszuführender Tätigkeiten nach ihrer Wichtigkeit und Dringlichkeit.
- Die Konzentrationsfähigkeit ist vormittags gegen 11 Uhr am größten. Es ist sinnvoll, geistig anspruchsvolle Aufgaben auf diesen Zeitpunkt zu legen.
- Innerhalb eines geschlossenen Handlungszyklus sollen Arbeitsunterbrechungen weitgehend verhindert werden, um konzentriert arbeiten zu können.
- In einem Zeitraum von 90 Minuten sollen rund 75 Minuten konzentrierten Arbeitens, aber auch etwa 15 Minuten des Entspannens und Innehaltens Platz finden.
- Ab zwölf Uhr lässt die Leistungsfähigkeit nach, das Mittagstief beginnt. Diese Zeit kann bevorzugt für Telefonate und kurze Besprechungen genutzt werden.
- Die Mittagspause soll regelmäßig eingehalten werden. Nach dem Mittagessen, das nicht zu üppig ausfallen soll, empfiehlt sich eine 20-minütige Ruhepause.
- Während des Tages sollen Phasen der Müdigkeit zur Entspannung genutzt werden und nicht ohne Not durch Koffeinkonsum kompensiert werden.
- Der frühe Nachmittag ist ideal für Besprechungen und Konferenzen.
- Ab 15 Uhr beginnt das zweite Aktivitätshoch des Tages. Das Langzeitgedächtnis funktioniert besonders gut, die manuelle Geschicklichkeit ist hoch.
- Reizüberflutung, zum Beispiel durch überlange oder pausenlose Computerarbeit, soll vermieden werden.
- Das Wochenende soll der Entspannung dienen, und nicht dem Freizeitstress.

Schlafhygiene

Schlaf dient der Regeneration der psychischen und physischen Leistungsfähigkeit.

Das tägliche Schlafbedürfnis des Erwachsenen beträgt durchschnittlich 7 bis 8 Stunden; es kann nicht längerfristig ignoriert werden, ohne dass der Organismus Schaden nimmt. Schlafmangel führt zu Störungen der Aufmerksamkeit, der Wahrnehmung und der Gehirnleistung.

Der Schlaf erfolgt üblicherweise bei Nacht in einer Phase verringerter Körperaktivität. Dabei entspricht das monophasige Schlafverhalten des zivilisierten, erwachsenen Menschen nicht dem natürlichen Rhythmus des Organismus. Empirische Untersuchungen belegen den Beginn einer weiteren Müdigkeitsphase gegen 13 Uhr. Um das biologische Leistungstief und die mittägliche Schlafneigung möglichst schnell zu überwinden, bietet es sich an, ein kurzes, etwa 20-minütiges Nickerchen einzulegen. Der über Jahrhunderte verpönte *Mittagsschlaf* wird in den westlichen Ländern zunehmend populär, da viele Menschen erfahren, dass sie nach einem PowerNap konzentrierter arbeiten können. Das gesteigerte Schlafbedürfnis gegen 13 Uhr jedoch bedeutet nicht, dass der Mensch hier schlafen muss. Eine regenerierende *Ruhe- oder Entspannungsphase* am Mittag reicht aus, um einer verringerten Leistungsfähigkeit entgegenzuwirken.

Der Mittagsschlaf sollte die Dauer von etwa 20 Minuten nicht überschreiten, um nicht in eine Tiefschlafphase zu verfallen. Nach einem kurzen Schlaf fällt das Aufwachen leichter, da die Kreislaufaktivität nur geringfügig absinkt. Die regenerierende Mittagsruhe erfordert eine bequeme, aber keine liegende Haltung. Lediglich der Kopf sollte abgestützt werden. Versuchspersonen, die auf einem Stuhl in einem beleuchteten Raum dösten, schliefen durchschnittlich ebenso schnell ein und wiesen physiologisch keine Unterschiede in der Schlafqualität auf wie Personen, die sich in einem dunklen Raum befanden.

6.7.10 Betrieblicher Nutzen rhythmischer Arbeitsgestaltung

Einige Unternehmen setzen die Erkenntnisse der Chronobiologie im Arbeitsalltag erfolgreich um. Sie erkennen, dass sich eine Orientierung an den biologischen Rhythmen positiv auf die Arbeitsproduktivität der Beschäftigten auswirkt, indem Leistungsspitzen im Tagesverlauf für anspruchsvolle Tätigkeiten genutzt und Leistungstiefs durch Ruhe- und Entspannungspausen überbrückt werden. Beispielhaft werden Gestaltungsansätze aufgezeigt, wie sie die Stadtverwaltung Vechta mit Erfolg umsetzt.

Im Rahmen eines Gesundheitsfürsorgeprogramms ermöglicht die Stadtverwaltung Vechta ihren Beschäftigten eine mittägliche Entspannungspause, den so genannten PowerNap. Die Entspannungsphase ergänzt die gesetzliche 30-minütige Ruhepause. Die Beschäftigten verpflichten sich, die zusätzliche Pausenzeit für Entspannungs- bzw. Bewegungsübungen zu nutzen. Während der 20-minütigen Entspannungsphase können sich die Beschäftigten bei der Zentrale abmelden, ihr Zimmer abschließen und das Telefon umleiten; so werden Störungen vermieden. Je nach persönlicher Präferenz werden die Übungen sitzend auf dem Bürostuhl oder liegend auf einer Bodenmatte ausgeführt. Einige Beschäftigte nutzen anderweitige Möglichkeiten zur Entspannung im Rahmen der regulären Mittagspause.

Stieß die unkonventionelle Form der Pausengestaltung bei den Beschäftigten zunächst auf Skepsis, so fand sie rasch eine breite Akzeptanz. Nutzeneffekte der Entspannungspause lassen sich im Gesamtkontext des Gesundheitsfürsorgeprogramms identifizieren:

- Hohe Arbeitsproduktivität: In keiner landesweit vergleichbaren Kommune ist die Arbeitsproduktivität der Beschäftigten –

bezogen auf den Tätigkeitsumfang und den Personalbestand – höher.
- Hohe Leistungsbereitschaft: Anfallende Mehrarbeit wird von den Beschäftigten akzeptiert und von den Teams eigenständig organisiert.
- Der Krankenstand liegt deutlich unter dem Durchschnittswert deutscher Kommunalverwaltungen.
- Aufgrund gegenseitiger Wertschätzung und Gesundheitsfürsorge besitzt die Stadtverwaltung Vechta eine hohe Beschäftigungsattraktivität für ihre Mitarbeiter und Auszubildenden.
- Die Leistungs- und Gesundheitsorientierung der Beschäftigten trägt zur Verbesserung der Lebens- und Arbeitsqualität bei.

6.7.11 Fazit

Vielfältige wissenschaftliche Erkenntnisse belegen die leistungs- und gesundheitsförderlichen Effekte einer chronobiologischen Arbeitsgestaltung, die biologische Rhythmen des Menschen einbezieht. Dennoch treffen derartige Gestaltungsansätze in den Betrieben bisweilen auf Unverständnis. Vor dem Hintergrund der sich historisch entwickelten Arbeits- und Zeitkultur erscheinen regelmäßige Phasen der Passivität und Regeneration während der (bezahlten) Arbeitszeit ungeeignet, um dem Produktivitäts- und Rentabilitätsanspruch der Unternehmen zu genügen. Zudem orientiert sich das individuelle Zeitbewusstsein üblicherweise an äußeren Anforderungen der Tätigkeit, und weniger an den inneren Rhythmen des menschlichen Organismus.

Der sich vollziehende Wandel hin zu eigenständigeren und flexiblen Arbeitsformen und der zunehmende Anteil geistiger Tätigkeiten fordern heraus, Arbeitsbedingungen stärker an den biologischen Leistungsvoraussetzungen des arbeitenden Menschen und weniger an den abstrakten Anforderungen rationaler Managementkonzepte auszurichten. Unternehmerische Erfolge beruhen vornehmlich auf den kreativen Leistungen und dem Engagement der Mitarbeitenden Meschen. Menschen sind lebendige Wesen. Das zeitliche Leitmerkmal des Lebendigen ist jedoch nicht die Geschwindigkeit – wie zuweilen angenommen wird –, sondern der Rhythmus.

6.7.12 Key-Message

▶ In der dienstleistungsorientierten Wissensökonomie kommt der Förderung und Entfaltung der menschlichen Leistungs- und Gesundheitsressourcen eine erfolgsentscheidende Bedeutung zu.
▶ Eine chronobiologische Arbeitsgestaltung orientiert sich an den biologischen Rhythmen des arbeitenden Menschen, um dadurch Leistungs- und Gesundheitsressourcen wirksam zu entfalten und Leistungsverluste zu minimieren.

LITERATURHINWEISE

HILDEBRANDT, G.; MOSER, M.; LEHOFER, M. (1998): Chronobiologie und Chronomedizin. Hippokrates. Stuttgart.

PIECHULLA, B.; ROENNEBERG, T.: Chronobiologie – Wie tickt unsere biologische Uhr? Biologen heute (1999) Nr. 4, S. 1-5.

SPATH, D.; BRAUN, M.; GRUNEWALD, P. (2003): Gesundheits- und leistungsförderliche Gestaltung geistiger Arbeit. Arbeitsgestaltung unter Einbeziehung menschlicher Eigenzeiten und Rhythmen. Schmidt. Berlin.

STEINER, V. (2005): Energiekompetenz. München, Pendo. Zürich.

ZULLEY, J.; KNAB, B. (2000): Unsere innere Uhr. Herder. Freiburg.

6.8 Work-life-Balance – Selbstmanagement

Ursula Kals

6.8.1 Einleitung

„Wer nicht richtig faulenzen kann, kann auch nicht richtig arbeiten", besagt ein sizilianisches Sprichwort. Aber Sizilien ist fern. Fern vom deutschem Arbeitsalltag, in dem die Arbeitsverdichtung zunimmt und Überstunden und Sonderschichten zum guten Ton gehören. Das Damoklesschwert drohender Arbeitslosigkeit schwebt auch über Branchen, die jahrzehntelang als krisensicher galten. Das verunsichert und treibt immer mehr Menschen dazu, sich zu überfordern, um Höchstleistungen zu bringen und sich im Konkurrenzdruck zu behaupten. Funktionieren sie im Betrieb nicht, dann werden sie demnächst wegevaluiert – diese Sorge drückt latent auf die Seele. Also strampeln sie wie die Hamster im Rad. Vokabeln wie *Burn-out-Syndrom* oder psychische Blockade geistern über die Firmenflure. Dass ihre Kräfte – physische wie psychische – begrenzt sind, das blenden viele Arbeitnehmer aus Angst vor einem Jobverlust aus.

Wer viel schafft, muss viel Kraft haben und über Energiereserven verfügen. Die haben aber viele nicht: Ein Viertel bis ein Drittel aller Berufstätigen leiden ernsthaft unter Stress bei der Arbeit. Der Gesundheitswissenschaftler Lutz Hertel sagt, dass die Zahl der Arbeitsausfälle aufgrund psychischer Erkrankungen zwischen 1997 und 2003 um 50 Prozent gestiegen sei. Im Jahr 2003 sind allein durch depressive Krankheiten 18 Millionen Arbeitstage ausgefallen – menschlich eine Katastrophe, volkswirtschaftlich ein Desaster. An Rückenproblemen leiden inzwischen mehr junge als ältere Menschen, sie plagen keine orthopädischen Ursachen sondern Verspannungen, ganz so, als könnten sie die Belastungen nicht mehr tragen. Kein Wunder, dass das Schlagwort von der Work-Life-Balance durch die Ratgeberliteratur wabert und Heerscharen von Karriere-, Ernährungs-, Sport- und Beziehungsberatern beschäftigt.

Das hat vielfältige Gründe: Den Arbeitsmarkt angespannt zu nennen, das ist bei rund fünf Millionen Erwerbslosen noch sehr geschönt. Die Belastungen potenzieren sich, so genannte innovative Technologien eröffnen neue Vernetzungsmöglichkeiten und verschärfen den Druck, der tagtäglich auf die Berufstätigen einwirkt: E-Mails treffen ein, Handys tönen, Videokonferenzen – in die sich immerhin zwei Prozent der Vielbeschäftigten einschalten – werden angesetzt. All das erhöht die permanente Verfügbarkeit. Zeit zum Durchatmen bleibt da kaum. Und das rächt sich früher oder später, aber es rächt sich.

Ein Grundsatz der Unternehmensberatung McKinsey lautet: Client first, firm second, self third. Auch in den Topkanzleien wird nicht auf die Uhr geschaut, auch nicht Freitagabend um 23 Uhr. Internationale Kunden, die üppige Beraterhonorare zahlen, haben den Rundum-Service mit gebucht. So lauten die Spielregeln. Was, Sie weigern sich, das dritte Wochenende in Folge zu arbeiten? Hören Sie mal, draußen vor der Tür stehen Hunderte, die Ihren Job mit Kusshand nähmen ... Die angespannte Lage erhöht die Erpressbarkeit.

Theoretisch wissen Arbeitnehmer, dass sie harte Zeiten zu bewältigen haben. Und theoretisch ahnen sie, dass das mit einem erfüllten Privatleben schwer kompatibel ist. Die schwedische Marktforschungsgesellschaft Universum hat eine Umfrage unter rund 1400 MBA-Studenten an 16 europäischen Universitäten in Auftrag gegeben. Ein Ergebnis: Das Gleichgewicht von Privat- und Berufsleben und flexible Arbeitszeiten haben an Bedeutung gewonnen. Trotzdem machen sich die Nachwuchsmanager keine großen Illusionen über ihre Freizeit. Zwar geben sie an, gerne 46 Stunden in der Woche arbeiten zu wollen. Tatsächlich rechnen sie aber damit, durchschnittlich 57 Stunden im Einsatz zu sein. Wenn es dann aber um eine Entscheidung geht, setzen sie Prioritäten. Universum-Deutschlandchef Roger Manfredsson erklärt: „Auch wenn die MBA-Studenten angeben, dass sie gerne weniger arbeiten würden – wenn sie zwischen einem Gehalt, das im Branchenvergleich weit vorne liegt, und kürzerer Arbeitszeit wählen müssen, wählen sie auf jeden Fall das bessere Gehalt."

6.8.2 Berufseinsteiger rutschen freudig und naiv in den Stressrhythmus

Sie sind jung und hungrig und wollen sich im Arbeitsleben beweisen. Der hektische Berufsalltag bereitet vielen Berufseinsteigern eine Zeitlang durchaus Freude und macht sie stolz. Das straff organisierte Studium, die elende Paukerei haben sich gelohnt. Man ist plötzlich wer und reiht sich bester Dinge in die Schar der wie geklont wirkenden Erfolgreichen ein. Dass viele dieser Businessschwarzen bei näherem Hinsehen entsetzlich leere Gesichter haben, das können oder wollen die wenigsten erkennen.

Das neue Leben ist spannend und reizvoll: Die Telefonkonferenz nach Tokio weht einen Hauch große weite Welt in die Auftragsbüros des Pharmaproduzenten in der hessischen Provinz. Den Freunden abzusagen, weil man eine Konferenz in Singapur hat, das lässt die Stimme stolz vibrieren: Nein, man ist leider auf dem Weg zum Flieger. Die Visitenkarte macht sich prächtig und vermittelt noch jedes Mal ein Hochgefühl, wenn man sie in der Vorstellungsrunde überreicht. Natürlich ganz lässig, als habe man das Firmenlogo und seinen Namen mit dem arrogant klingenden englischen Zusatz schon ein Leben lang besessen. Und zärtlich streichelt der Blick den Firmenwagen, den man sich immer schon gerne geleistet hätte. Die obere Mittelklasse steht einem doch sehr gut. Dass das Sein das Bewusstsein bestimmt, diesen großen Satz der Philosophie hat man zum ersten Mal begriffen, als man vom klapprigen, mühsam zusammengesparten Studentenauto in den geschmeidigen Viertürer mit eingebauter Vorfahrt umstieg.

Die teuren Kongresshotels mit ihrem ausgefeilten Service sind nach Jahren zerkochtem Mensaessens ein Genuss. Man nimmt wohlig in der Business Class Platz, die eingekeilte Sitzstarre im Billigflieger ist passé. Genau so wie die S-Bahn, jetzt winkt man beschwingt ein Taxi heran. All das ist hocherfreulich. Wenigstens in der ersten Zeit. Berufseinsteiger lassen sich von diesen Extras betören und nehmen gerne dieses schöne Schmerzensgeld für versiegende Sozialkontakte an. Denn diesen Mechanismus haben sie in den Einstiegsmonaten noch nicht durchschaut. Klar, dass der Weg schnurstracks weiter nach oben führen soll. Enthusiastisch stürzen sich die Neulinge in Nadelstreifen in ihren anstrengenden Alltag in der Elitekanzlei oder der exquisiten Unternehmensberatung. Irgendwann stellen sie dann ernüchtert fest, dass nichts umsonst ist. Der berufliche Aufstieg geht auf Kosten eines privaten Lebens und seiner unbeschwerten Gestaltung.

Fortan ist der Lebensrhythmus den Bedürfnissen der Geschäftskunden unterworfen. Also vollkommen fremdbestimmt: Der Kunde aus San Francisco will die Expertise morgen früh auf dem Tisch haben? Wie spät ist es jetzt da unten? Keine Frage, das gibt eine Nachtschicht. Das Treffen beginnt um neun Uhr auf dem Flughafen in Mailand, die Maschine ist schon ausgebucht? Nun denn, dann nehmen wir den Nachtzug um vier Uhr. Heute geht es nach Boston, zwei Tage später findet schon ein Meeting in Dublin statt. Erst die Woche danach ist ruhiger Stalldienst im Berliner Büro angesagt, um das Liegengebliebene aufzuarbeiten – aber da kommt noch die Anfrage aus Budapest herein. Potenzielle Kunden warten ungern. Wer übernimmt den Termin? Natürlich der Neue.

Fürs Liegengebliebene bleibt ja noch das Wochenende, das heißt der Samstag. Sonntags sitzt man bereits im nächsten Flieger. Um die Welt zu reisen, das hört sich nach großartigem, firmenfinanziertem Sightseeing an. Ist es aber nicht. Zu sehen bekommen die Geschäftsreisenden meist nur den Bahnhof, den Flughafen, ein Kongresszentrum. Die Nächte in den Hotelzimmern sind einsam. Mahlzeiten alleine munden nicht. Freizeit wird mit Fremden verbracht oder es wird einfach weiter gearbeitet, um den nächsten Tag vorzubereiten. Das Leben und Arbeiten findet in einer Kunstwelt statt.

Der 32 Jahre alte Volkswirt einer unter Hochschulabsolventen begehrten Unternehmensberatung hatte an jenem Morgen beschlossen, die Firma zu verlassen, als er in einem Hotel aufwachte und nicht mehr wusste, in welcher Stadt er sich befand. Dabei hat er mit seinen fünf Jahren als Unternehmensberater die Statistik unterhöhlt: Die durchschnittliche Verweildauer in renommierten Unternehmensberatungen beträgt gut drei Jahre.

Glücklich sind all diejenigen, die zuvor eine stabile Partnerschaft aufgebaut haben, die diese Pendelbeziehung loyal erträgt. Viele Bindungen gehen aber unter solch einem fremdbestimmten Leben langsam aber sicher in die Brüche. Denn an erster Stelle kommt jahrelang die Firma. Verbindliche Absprachen sind selten möglich, Theaterabonnements verfallen, gemeinsame Freunde werden verloren. Erst, wenn sich die Partnerin oder der Partner verabschiedet haben, erkennen die Betroffenen, dass es wenig erfüllend ist, sich abends an seine Visitenkarte oder seinen Kontoauszug zu kuscheln – und stehen dort noch so eindrucksvolle Dinge drauf.

6.8.3 Privates Leben zu stabilisieren erfordert eine konsequente Planung

Diejenigen, die den permanenten Leistungsdruck länger und bester Dinge aushalten, die verfügen einerseits über eine gewisse innere wie äußere Robustheit – und sei es nur die Fähigkeit, im Flugzeug oder der Bahn fehlenden Schlaf nachzuholen. Und sie haben in der Regel ein erfülltes privates Leben, in dem sie sich erholen können. Dieser Ausgleich ist überlebensnotwendig und ein Grund für Personalleiter, sich mehr oder weniger diskret nach dem Privatleben der Bewerber zu erkundigen. Selbstverständlich gibt es für diese arbeitsrechtlich heiklen Fragen noch andere Motive: Wer schulpflichtige Kinder hat und dabei ist, ein Haus zu finanzieren, der ist für die Firma insofern verlässlicher, weil er hoch motiviert sein muss, seine finanzielle Situation zu sichern. Härter gesagt: Er ist erpressbarer. Sich eine neue Stelle in einer anderen Stadt zu suchen, diese Flexibilität verhindert die Familie. Nach einer Umfrage einer Hamburger Partneragentur trifft das Klischee vom Single, der seine Nächte im Büro verbringt, nicht zu. Es sind die Familienväter, die überdurchschnittlich lange arbeiten.

Das private Leben zu stabilisieren, erfordert eine konsequente Haltung, die sich all diejenigen aneignen sollten, die beständig erfolgreich sein möchten: Die Zeit der Wochenendeinsätze muss begrenzt sein. Die Wochenenden sind heilig und für die Familie reserviert. Daheim wird der Laptop verbannt und die Zeit intensiv mit Frau und Kindern verbracht. Private Absprachen werden so zuverlässig eingehalten wie Zusagen im Job – zu dieser Einstellung kann man sich und auch seinen Vorgesetzten erziehen. Denn ist der Chef nicht ganz verbohrt, dann schätzt er eine klare Regelung mit der Aussicht, einen Mitarbeiter auf Dauer zu binden, der sowohl Berufs- als auch Privatleben gut managen kann.

Nein, der späte Mittwochnachmittag ist freigehalten für den Nachwuchs, vielleicht nicht immer, aber immer öfter. Ändert man sich selbst, dann ändert sich die Umgebung auch. Für unentbehrlich halten sich nur unsichere Menschen, die mit ihrer Dauerpräsenz ihre eigene Wichtigkeit immer und immer wieder beweisen möchten und Ausreden über Ausreden erfinden, weshalb sie keine Zeit fürs Private nehmen können. Gerade diese emsigen Arbeitern sollten sich eines nüchtern bewusst machen: Workaholics, die dann auf der Intensivstation stranden, ernten selten aufrichtige Anteilnahme, oft aber Kopfschütteln und Vorwürfe – wieso hat er oder sie denn auch nichts gesagt und auf die Bremse getreten.

Prioritäten setzen, das gilt auch für einen weiteren Bereich, dessen Bedeutung viele Menschen in der Anfangsphase ihres Berufes chronisch unterschätzen und später einfach ignorieren – manchmal bis zum Zusammenbruch: Hobbys, die Lebensgenuss bedeuten und körperliche Entspannung. „Du musst dir ein zweites Leben bauen. Du musst dich als Privatmensch selbst promovieren, vorantreiben", sagt der Bochumer Wirtschaftspsychologe Hagen Seibt.

Einige Firmen haben das erkannt und schauen sich in Bewerbungsbögen auch aufmerksam die Freizeitsparte an. „Warum soll eine Führungskraft nicht nebenher Feuerwehrhauptmann auf dem Dorf sein?" fragt der Berater. Entscheidend sei, dass das Hobby Entspannung und Vergnügen bereitet. Gerade dann, wenn die Überstunden kein Ende zu nehmen scheinen und Manager in den Hörsturz oder Herzinfarkt zu treiben drohen, dann muss Zeit fürs Abstandhalten bleiben. Während der eine durch die Wiesen läuft, findet der andere Entspannung beim Sträucher pflanzen oder Zucchinischnippeln. Worum es geht: Zwischenzeitlich das Gehirn abschalten und etwas mit den Händen oder Beinen tun – und zwar ohne jeden Leistungsdruck. Das Laissez-faire-Prinzip unterlaufen aber all jene Waschbrettbauchfanatiker, die die herrliche Sache mit dem Sport so ernst nehmen, dass sie sich hier wieder in ein strammes Korsett zwängen: Fröhlich durch die Wälder laufen, das reicht nicht. Her mit der Pulsuhr und dem optimalen Pensum. Warum sehen Jogger oft so unglücklich aus? Warum ermahnt ein geschäftstüchtiger deutscher Fitnesstrainer, das Tempo so zu drosseln, dass noch ein Gespräch mit den Mitläufern und ein entspanntes Lächeln möglich sind. Stattdessen wird verbissen für den Marathon trainiert und schweißgebadet dem neuen Rekord entgegengehechelt. Solcher Leistungsdruck ist eines ganz gewiss nicht: gesund.

Möglicherweise führt der Volkswirt, der sich zum Couch potatoe-Image bekennt, ein besseres Leben. Er erledigt viel zu Fuß, eilt täglich schwungvoll seine vier Stockwerke hoch und macht es sich dann zweimal die Woche Nüsse knabbernd vor dem Fernsehkrimi gemütlich. Was er vor allem begriffen hat: Freizeitstress ist etwas Fürchterliches, ein abgeschaltetes Handy kann eine Wohltat sein.

Es ist noch gar nicht lange her, dass Manager, die sich mit meditativen Zen-Übungen entspannen und Kraft schöpfen wollten, milde belächelt und in der Esoterikecke abgestellt wurden: Sitzen in Versunkenheit und das bewusste Denken möglichst ausschalten, indem der Meditierende seine Atemzüge zählt – solcher asiatische Schnickschnack befremdete in der toughen Businesswelt. Die Frage, wo bleibt der Mensch im Manager, die wurde weiträumig gemieden. Aus Angst vor Vorurteilen über weltabgewandtes Spinnertum verheimlichten Führungskräfte die Meditationsübungen.

Die Seminarspalten zur Sinnsuche für Führungskräfte sind indes längst gut gefüllt. Langsam bricht die Tabuisierung auf. Nicht immer ist die Läuterung auf neue geistige Einsichten zurückzuführen, sondern auf die praktische Erkenntnis: Lieber einen meditierenden Manager, der die Dinge im Griff hat, als einen ausgebranntes Nervenwrack im Unternehmen ertragen. Und dass der Blutdruck durch regelmäßige Meditation sinkt, das ist wissenschaftlich längst erwiesen. Solche Fakten überzeugen auch in der Zahlenwelt. Die Strategie der kleinen Schritte bringt schon einiges an Gutem auf den Weg. Selbst niedrig dosiert, dämpft körperliche Aktivität den Stress. Mal eine U-Bahnstation früher aussteigen und zu Fuß ins Büro gehen. Dort dann den Aufzug ignorieren und die Treppe wählen. Marathon durch das Treppenhaus eines Frankfurter Bankenturms ist jedes Jahr in der Mainmetropole ein originelles Sportspektakel, das von anderen Städten aufgegriffen worden ist – frei nach dem legendären New Yorker Vorbild. Täglich seine fünf Stockwerke ins Büro zu erklimmen ist ein Anfang, stabilisiert den Kreislauf und erhöht die Kondition. Schon der kurze Spaziergang in der Mittagspause ist ein vernünftiges Entspannungsritual. Das aber gönnt sich nur ein Drittel der Erwerbstätigen. Die anderen verlassen ihren Arbeitsplatz in der Mittagspause nicht. Ein weiteres Drittel genehmigt sich überhaupt keine Pause, die Übrigen krümeln ihr pappiges Brötchen über der Computertastatur oder wärmen sich nur schnell die Nudeln vom Vorabend in der Mikrowelle auf. Bloß schnell zurück an den Schreibtisch. Auf Dauer füllt dieses Verhalten die Sprechstundenzimmer und nährt Internisten. Ausreden, die halbe Stunde mittags um den Block sei nicht drin, sind wirklich nichts anders als vorgeschobene Entschuldigungen.

Selbstverständlich gibt es die berüchtigten Großkampftage – wohl auch ein Fehler der Chefetage – an denen jede Viertelstunde zählt. Aber wenn das keine Ausnahmetage bleiben, dann lässt demnächst das Magengeschwür grüßen.

Die wirklich großen High Flyer leben eine andere Strategie nach der Devise, wenn du keine Zeit hast, dann gehe langsam. Objektiv haben sie keine Zeit, nehmen sie sich aber: Gerade im knüppeldicken Stress leisten sie sich eine kurze Auszeit, gehen in Seelenruhe in die Kaffeeküche und starren aus dem Fenster. Einfach nur so. Danach geht die Arbeit doppelt so schnell von der Hand. Das Durchatmen verhilft zu besseren Entscheidungen. Rettungsflieger werden ausdrücklich dazu angehalten kurz innezuhalten, um einen kühlen Kopf zu bewahren – denn später geht es dann in Sekunden um Leben und Tod.

6.8.4 Leben nach dem individuellen Arbeitsrhythmus spart Zeit

Wer seinen individuellen Arbeitsrhythmus kennt, der schenkt sich Zeit. Morgenmuffel, die um acht Uhr noch im Wachkoma sind, sind nicht gut beraten, am frühen Vormittag die komplizierten Fälle zu lösen. In der Phase, in der der Morgen für sie noch ein Grauen ist, erledigen sie besser Routinearbeiten und machen die notwendige Ablage. Diese so genannten Eulen-Typen werfen ihren Motor langsam an, laufen aber vom Mittag an – wenn die *Biorhythmuskurve* der Kollegen im Tagestief dümpelt – zur Hochform auf. Sie müssen sich nach dem Kantinengang nicht mit dem dritten Espresso einen Koffeinschub einverleiben. Ihre gute Zeit ist jetzt gekommen: Konzentriert arbeiten sie eine Akte nach der Anderen ab. Der übliche Ratschlag, sich lieber sofort zu Beginn des Tages alles Unangenehme vorzunehmen, weil das mit Stolz erfüllt und für weitere Taten beflügelt, ist für diesen Menschentyp kontraproduktiv.

Das ist schon eher etwas für Morgenmenschen, in der Literatur Lerchen genannt. Sie brauchen keinen Wecker und sollten darüber nachdenken, ob sie nicht im Sommer Lust haben, um sieben im Büro zu sitzen und dann früher zu gehen. Solchen individuellen Lösungen stehen feste Bürozeiten, Stechuhren und unflexible Chefs entgegen – aber ein Versuch sind sie wert. Schließlich gibt es in jedem Beruf Tage, die nicht in ein strammes Terminkorsett gezwängt sind und gewisse gestalterische Freiräume lassen. Diese gilt es auszunutzen. Und wie sagt ein Bonner Journalistenkollege trotzig: Wir haben schließlich unseren Kopf und nicht unseren Hintern vermietet.

Obgleich die meisten Freiberufler deutlich mehr arbeiten als die Angestellten, leiden viele von ihnen weniger unter Anzeichen von Stress. Wenn endlich der erste betörende Frühlingstag lockt, dann geht es eben mittags eine Runde an den Waldsee und erst danach wieder frisch gestärkt an den Eilauftrag des Stammkunden. Erfolgreiche Freiberufler haben das wohltuende Gefühl, in weiten Teilen nicht fremd bestimmt zu arbeiten. Solche Freiräume stimmen zufrieden und befördern gute Einfälle, und das wiederum finden viele Kunden unwiderstehlich.

Über stabilen beruflichen Erfolg entscheidet also auch die Parallelwelt, in der andere Maßstäbe zählen als sie im Arbeitsleben gefordert sind. Von wem man das Abschalten lernen kann? Von Kindern und ihrem selbstvergessenen Spiel, sie erreichen jeden Tag das, was große Würfe erst möglich macht: das Gefühl des Flows. Also der großartige Zustand, über einer fesselnden Aufgabe Raum und Zeit zu verlieren und völlig in einer Tätigkeit aufzugehen. Wie das geht? Kostenlosen Unterricht kann man in der Sandkiste nehmen. Wer mit in der Kiste sitzt und eine vermatschte Unterwasserhöhle baut, dem sind in dieser akuten Bauphase Aktienkurse herzlich egal. Der schaltet völlig ab und überlegt, wie sich der brackige Matsch stabilisieren lässt. Ab und zu mal am Apfelsaft zu nippen, selbst dazu muss sich die Baugruppe zwingen.

Familie und Freunde verlangen Zeit und Zuwendung. Emsige Ehrgeizlinge vergessen das häufig und können in eine fatale Spirale geraten. Die Zahl der Workaholics wächst stetig. Diese Sucht ist gesellschaftlich nicht geächtet. Im Gegenteil: Wer viel schafft, der hat viel Ansehen und wird nicht nur vom Chef gelobt. Schwierig wird es aber dann, wenn Abschalten nicht mehr möglich ist. Fatalerweise sind das schleichende Prozesse, die wie Gift ins angekratzte Privatleben träufeln. Das Grillfest wird kurzerhand abgesagt, an dem Wochenende muss die Kostenkalkulation unbedingt noch raus – Bilderbuchwetter hin oder her. Die zweite Einladung wird irgendwie verbaselt, der Rückruf gerät unter „ferner liefen", das heißt er erfolgt nie. Und auch der dritte wackere Versuch der Freunde, den Gefährten alter Studententage hinter dem Computer hervorzulocken, läuft ins Nichts des Anrufbeantworters. Nur kurz kommunizieren noch die Maschinen miteinander. Irgendwann gibt es keinen Freundeskreis mehr. Also auch keine Auffangstation für Krisen im Job oder seelische Tiefs.

Sich solche Auszeiten bewusst zu gönnen, das verspricht auf längere Sicht auch erholsamere Urlaube. Denn irgendwann haben Manager das Abschalten so verlernt, dass sie weder in der Freizeit, geschweige denn in den Ferien von ihrem hohen Stresslevel hinunter können – das Geschäftshandy bimmelt auch noch an der Strandbar. Das ist der Leasure-Effekt. Im Kleinen führt das der Körper vor: Die Leistungsträger können es sich nicht leisten, oder meinen sie könnten es sich nicht leisten, unter der Arbeitswoche krank zu werden. Sie halten noch bis Freitagabend durch und liegen dann Samstagmorgen mit Grippe im Bett. In Kriegszeiten werden manche Frauen schwerer schwanger – der Körper hat erkannt, dass eine Schwangerschaft jetzt einer Katastrophe gleichkäme.

Dabei basiert das, was sich ein glückliches Leben nennt, auf drei Säulen: einer erfüllten Partnerschaft, einem loyalen Freundeskreis, einer sinnstiftenden Arbeit. Bricht eine der drei Säulen weg, ist das nicht gut, aber noch so gerade eben steuerbar. Brechen zwei dieser Pfeiler fort, dann wird es bedrohlich eng. Bei Burn-out-Patienten sind oft alle drei Säulen eingestürzt. Sie sind ausgebrannt und haben geschuftet bis zum körperlichen und seelischen Zusammenbruch. Was tückisch ist: Es ist ein schleichender Prozess, der sich oft über lange Jahre dehnen kann. „Die Betroffenen stecken mittendrin und merken es nicht", sagt Andreas Weber, Professor für Arbeits- und Sozialmediziner, der das Burn-out-Thema schon erforscht hat, als es nicht ein in Mode gekommenes Schlagwort war. Irgendwann ist der Akku völlig leer und die Energie fehlt, all die versandeten sozialen Kontakte zu revitalisieren.

Krank werden die Engagierten. Diejenigen, die sich für ihren Beruf begeistern, die sich in hohem Maß mit ihrer Tätigkeit identifizieren, darin Sinn und Selbstverwirklichung finden und ein ausgeprägtes Verantwortungsgefühl besitzen. Also all jene Führungskräfte, Ärzte, Lehrer, die sich 120-prozentig für das Wohl ihrer Mitarbeiter, Patienten und Schüler einsetzen. Gefährdet sind auch Menschen in sozialen und pflegerischen Berufen, die sich für andere aufopfern und am Helfersyndrom leiden. Wer sich hingegen entspannt durchhangelt, bis er um 16.29 Uhr seinen Computer herunterfahren kann, der läuft nicht Gefahr, an Burn-out-Symptomen zu erkranken.

Neben komplexen Wechselwirkungen lässt sich das Burn-out-Syndrom durch drei Elemente charakterisieren: emotionale Erschöpfung, Dehumanisierung und Zynismus und schließlich eine verminderte Leistungszufriedenheit. „Weitgehende Einigkeit besteht heute darin, dass Distress, also negativer Stress, ein Schlüsselphänomen in der Entstehung des Burn-out darstellt", sagt der Arbeitsmediziner Andreas Weber.

Nur wer brennt, kann ausbrennen, dieser populistische Spruch ist dem Mediziner zu oberflächlich. „Der vor 30 Jahren in den Vereinigten Staaten geprägte Begriff Burn-out wird heute geradezu inflationär benutzt. Nicht jede Müdigkeit ist gleich ein Krankheitszeichen." Gleichwohl hat der Sozialmediziner an Studien mitgearbeitet, die zu ernüchternden Ergebnissen führen: Bis zu 30 Prozent der Lehrer und zehn bis 20 Prozent der Ärzte leiden an ernsthaften Burn-out-Symptomen. Seriöse Untersuchungen zu Managern gibt es bisher nicht. Fest steht, trotz aller Mythenbildung, dass eher die Fleißigen, die Idealisten, wohl auch die Ehrgeizigen zum Ausgebranntsein neigen.

In Zeiten, in denen Strukturkrisen ganze Branchen beben lassen, steigt die Zahl der chronisch Überarbeiteten. Die Situation ist fatal: Kollegen sind entlassen worden, die Arbeit aber ist dieselbe geblieben. Insgesamt werden die Arbeitsabläufe komplexer und schneller. „Hurry Sickness" nennen das die Amerikaner. So sitzen in den Wartezimmern der Ärzte hoch dotierte Bankmanager, die die Kündigung gerade noch überlebt haben, aber „einfach nicht mehr können" und über diffuse Erschöpfungssymptome klagen. Nicht selten sind diese Übriggebliebenen psychisch angeschlagen durch das Damoklesschwert drohender Arbeitslosigkeit. Auch deshalb strampeln sie im Hamsterrad, anstatt öfter mal nein zu sagen. Solche Entwicklungen markieren eine Gesellschaft, in der die Angst vor Instabilität umgeht. Also die Sorge, ob morgen der eigene Arbeitsplatz wegevaluiert ist, und die Furcht, dass die Liebesbeziehung wieder nur eine Übergangslösung ist. Diese Instabilität belastet auch diejenigen, deren Stelle scheinbar sicher ist, nämlich die Chefs: „Die Aussicht, Personal abbauen zu müssen und Kollegen zu kündigen, die macht Führungskräfte fertig", sagt ein Berliner Wirtschaftspsychologe.

Überforderte Führungskräfte können aber mit dazu führen, dass Menschen an Burn-out erkranken. Denn solche Manager, Chefärzte oder Direktoren lösen bei einsatzfreudigen Untergebenen nicht selten eine Gratifikationskrise aus. Sie würdigen den Einsatz ihrer Angestellten nicht, spenden kein Lob, geben gar keine Rückmeldung. Mitarbeiter werden so nicht motiviert, vor allem keine besonders einsatzfreudigen. Selbst ein kritischer Kommentar zu einem Projekt wäre sinnvoller als gar keine Reaktion. Schon ein höflicher Umgang miteinander ist effektiv. Ein gutes Betriebsklima zu schaffen, das ist die beste Burn-out-Prävention.

Eine typische Burn-out-Patientin ist Eva B. Den Schulalltag empfindet die Gymnasiallehrerin inzwischen wie eine Bleiweste, ihre fünf Stunden Unterricht montags erlebt sie wie eine 38-Stunden-Schicht. Die einfachsten Dinge bewältigt sie nicht mehr, die Alltagsroutine überfordert sie. Lässt ein Schüler seinen Füller fallen, schreit sie ihn an. Die Pädagogin aus Fürth hat mit Englisch und Deutsch korrekturintensive Fächer. Sie möchte alles gut, gründlich und gerecht machen und scheitert an diesen Ansprüchen. Angestrengt hetzt die Neununddreißigjährige durch den Tag, nachmittags müht sie sich um die Theater-AG, abends brütet sie über Aufsätzen. Wie ein „fauler Sack" wirkt die Lehrerin nicht. Der Direktor merkt von alldem nichts. Kein Wort zu B.'s kollegialen Vertretungen, kein Wort zur Miller-Inszenierung, kein Wort zu all den Überstunden. Längst ist Eva B.'s Stress chronisch geworden und bleibt unbewältigt. Das erste Kriterium zur Entstehung von Burn-out ist erfüllt.

Der zweite Gefahrenpunkt sind die Wechselwirkungen zwischen Arbeitsplatz und Individuum, das heißt, die Personenmerkmale passen nicht zu den Organisationsmerkmalen. Die Fachleute sprechen von „Person Environment Misfit". Auf gut deutsch: Die sensible, intellektuell wachsame Anglistin wäre an der Hochschule womöglich besser aufgehoben. Mit der Tretmühle Schule und den pädagogischen Herausforderungen aufmüpfiger Jugendlicher kommt sie nicht zurecht. Das führt unweigerlich zum dritten belastenden Kriterium: Zwischen Erwartung und Realität ist eine große Diskrepanz. Eva B. ist ernsthaft erkrankt und leidet unter mentalen wie psychischen Erschöpfungszuständen. Alles ist ihr inzwischen zuviel geworden. Antriebsdefizite und Persönlichkeitsveränderungen wie Interesselosigkeit führen dazu, dass sie ihre Wochenenden auf dem Sofa vertrödelt. Schlafstörungen, unerklärbare Durchfälle, verstörende Blutdruckschwankungen, ständige Erkältungen – die Liste ihrer offenbar psychosomatischen Reaktionen ist lang. Innerlich hat sie längst gekündigt.

Diese mentale und körperliche Dauerschlappheit ist gefährlich und rückt in Richtung Depression. Dann beginnt eine Odyssee durch die Praxen, eine gezielte Diagnostik erfolgt meist spät. Manchmal zu spät. So dass Burn-out-Kranke nicht nur hoch suchtgefährdet sind, sondern immer wieder krank werden, ausfallen und schließlich einen Antrag auf vorzeitige Dienstunfähigkeit stellen müssen. Chronifiziertes Leiden hat aber eine schlechte Rehabilitationsprognose.

Gisela K. ist ein weiterer typischer Fall. Sie ist 43 Jahre alt und Abteilungsdirektorin einer großen Bank. Nach einem halben Dutzend Umzügen und Tingeleien durch die deutsche Provinz hat sie vor zehn Jahren ihren Schreibtisch im repräsentativen Frankfurter Bankenturm bezogen, wo sie arbeitet, wenn sie nicht gerade in Paris oder Basel konferiert oder ihren Chef in die Vereinigten Staaten begleitet. Ihre Wohnung im Taunusvorort, schick, aber anonym, dient vorrangig als Übernachtungsquartier und Basislager für den Wäschewechsel. Der Zwölf-Stunden-Tag darf auch mal etwas länger dauern. Gisela K. ist zuverlässig zur Stelle und wird nicht beeinträchtigt durch Zeiträuber wie einen Partner, geschweige denn ein Kind. Wo soll ich überhaupt einen Mann kennen lernen? Hat sie schon früh mit verkrampfter Lässigkeit kokettiert, wenn sie zur Eigenheim- und Babypräsentation bei Studienfreunden eingeladen war. Diese Kontakte sind längst versiegt.

Die Bank absorbiert die ganze Energie und ist zum alleinigen Sinnstifter im Leben geworden. Verschärfend kommt hinzu, dass ihre Abteilung mehrfach umstrukturiert wurde, seither stimmt die Chemie zwischen den Kollegen nicht mehr. Misstrauisch beäugt jeder jeden bei der Revierverteidigung. Gisela K.'s fatale Strategie im Karriereklüngel: Sie steckt den Kopf tiefer in die Aktenberge, wagt nicht mehr, etwas zu delegieren und legt bei ihrem Arbeitspensum noch nach. Ein bisschen Bummelantentum stünde der blassen blonden Frau gut, aber sie ist längst in die Arbeitssucht abgerutscht. Dieses Schicksal teilt die schmale Hamburgerin mit bis zu

200.000 Deutschen. Unter der Krankheit leiden rund 25 Prozent der Manager und Freiberufler, bei denen die Grenzen zwischen dem Zuhause und dem Arbeitsplatz völlig unscharf geworden sind. Als sich die Arbeitssucht langsam in Giselas K.'s Leben schlich, da war sie willkommen: Die kleinbürgerlichen Eltern lobten die Leistung der einzigen Tochter, beseelt vom Das-Kind-bringt-es-zu-was-Gedanken. Der Freund war stolz auf die Erfolgsfrau, die sich für ihn, den mäßig Ehrgeizigen, entschieden hatte. Dann gewann die Sucht an Eigendynamik. Die Eltern haben sich daran gewöhnt, dass die Tochter nur hektisch auf Kurzbesuch weilt, und genießen egoistisch den gemeinsamen Urlaub, den Gisela K. mangels eigener Sozialkontakte mit ihnen verbringt. Der Freund hat sich zuerst abgeschoben gefühlt und dann folgerichtig verabschiedet. Seine Lust, sich spätabends grüblerische Zahlenbeispiele über effektive Fondsfinanzierungen anzuhören, war begrenzt. Er hat Schluss gemacht mit einer Frau, die keinen Feierabend kennt und Arbeit längst als Mittel zur Flucht vor Konflikten benutzt. Die chronisch erschöpfte Volkswirtin ist inzwischen das, was Romanautoren „früh verblüht" nennen. Sich schlecht zu fühlen ist ein Dauerzustand, der Zusammenbruch wohl eine Frage der Zeit. Gisela K. ist anfällig für diese Zivilisationskrankheit. Sie gehört zur Risikogruppe der sozialen Aufsteiger und hat zudem als Kind gelernt, dass sie nur dann gelobt wird, wenn sie Leistung bringt: Ihre Versagensangst sitzt tief.

Der Wirtschaftspsychologe Hagen Seibt nennt Beispiele aus der IT-Branche. Dort wirbeln hochgradig motivierte Jungakademiker, angelockt von 4000 Euro Anfangsgehalt, die freudig vor dem Bildschirm picknicken und das Büro als ihr Zuhause ansehen. „Die arbeiten 24 Stunden fürs Projekt, unterbrochen von ein paar Stunden Schlaf, und vergessen, dass es Freunde gibt und einen Unterschied zwischen einem Dreirad und einem Mädchen. Das sind emotional verarmte Leute. Außerdem ist nach fünf Jahren deren Knowhow abgeschöpft." Tückisch sind die fließenden Übergänge. Selbstverständlich gibt es bei vielen Menschen Phasen höchster beruflicher Anspannung, die wohltuend und selbst bestimmt sind. Ist das Projekt, etwa eine Geschäftsgründung, gestemmt, folgt ein ruhiger Abschnitt. Der Akku wird wieder aufgeladen, neue Ideen entstehen. Ohne Seele baumeln lassen keine Kreativität – schon diese Formel widerlegt die Mär von der angeblichen Leistungskraft und Effektivität von Workaholics. Diesen gesunden Müßiggang gönnt sich ein Arbeitssüchtiger nicht.

Tückisch ist das Schleichende dieses Ausbrennens. Die Batterien machen langsam schlapp. Zunächst stürzen sich die Mitarbeiter ja mit Schwung in die Arbeit, Überstunden, Wochenendschichten, alles kein Problem. Soziale Kontakte pflegen Burnout-Gefährdete fast nur noch über den Beruf – doch solche Beziehungen sind so schnell zu Ende, wie sie entstanden sind.

Und die Prophylaxe? Dafür hat die Beraterbranche das Wort Work-Life Balance erfunden. Ein zweites Stichwort lautet „downshifting" und meint, einen Gang herunterzuschalten. Gerade Freiberufler und Ich-AGler müssen diesen Umgang mit ihren Ressourcen lernen. „Wer rastet, rostet nicht" ist ein Fachartikel von Dr. med. Andreas Weber überschrieben, der zeigt, dass konzentriertes Faulsein sehr gesund sein kann. Wer auf soziale Unterstützungssysteme vertrauen kann, der ist weniger gefährdet zu erkranken. Denn wer ausgebrannt ist, der merkt es mitunter als letzter.

Tauchen unklare Symptome auf, dann ist eine Selbstdiagnose heikel. Denn es können sich auch hormonelle Störungen oder Tumorerkrankungen dahinter verbergen. Frauen scheinen übrigens häufiger am Burn-out zu erkranken als Männer. Das könnte einerseits an biologischen Voraussetzungen, dem Serotinspiegel im Gehirn und Geschlechtshormonen, aber auch an der Doppelbelastung und den höheren beruflichen Anforderungen liegen, die an Frauen gestellt werden, die aufsteigen wollen. Außerdem gibt es noch einen positiven Aspekt: Das Gesundheitsverhalten von Frauen ist in der Regel umsichtiger. Sie gehen eher zum Arzt, Krankheiten werden also eher entdeckt.

Biographien der Burn-out-Gefährdeten haben bittere Seiten. Ein Giessener Wirtschaftsberater berichtet von einst erfolgreichen Bankmanagern, die im Zuge der Fusionen ihre hoch dotierten Stellen quasi über Nacht verloren haben. Das ist nicht das einzige, was sie verlieren: Sehr oft gehen die Ehefrauen, die den nicht vorhandenen Partner an ihrer Seite damit kompensiert haben, indem sie regelmäßig seine Kreditkarte zum Glühen gebracht zu haben. Wenn dieser Luxus aber weg bricht, ist die Krise da. Das Paar hatte sich längst entfremdet, jetzt verliert der Mann alles. Hätte er auf eine bessere Work-Life-Balance geachtet und nicht alle Energie in seine Karriere investiert, wäre das zu verhindern gewesen – zumindest in manchen Fällen. Ein Schritt, um wieder Kontrolle über das Arbeitsverhalten zu erlangen und zu erkennen, dass weniger Arbeit mehr Glück darstellt. In Japan scheint dieser Weg noch weit. In jedem Jahr sterben dort 10.000 Menschen an „Karoshi", dem Tod durch Überarbeitung. Die inoffiziellen Zahlen sind fünfmal so hoch.

Ein sinnvolles *Prophylaxeprogramm* besteht in regelmäßigem Innehalten. Dabei helfen Gespräche mit Vertrauten und auch mit Außenstehenden wie einem Coach, der die Dinge relativieren kann und eine andere Perspektive einnimmt. Was nüchternen Naturen hilft, das Leben gut auszubalancieren und widerstreitende Welten miteinander zu versöhnen: Bilanz ziehen. Auf einem Zettel notieren, wie es mit den drei Säulen ausschaut, an welcher Säule vermehrt gearbeitet werden muss. Wer etwas notiert, der verschafft sich eine gewisse Distanz zu den Dingen und auch einen Überblick. Das Tagebuchschreiben fußt auf dieser Erfahrung. Auch bei einem möglichen Jobwechsel kann es die Entscheidung erleichtert, eine Pro- und Contraliste zu erstellen.

Die privaten Momente seines Lebens hochzuhalten, das ist ein schönes Lebensmotto. Auf dem berühmten Fragebogen frei nach Marcel Proust lautet eine Frage: Was würden Sie anders machen, könnten Sie Ihr Leben noch einmal leben? So weit ich erinnere, notiert hier keiner: Ich hätte mehr arbeiten sollen. Die meisten sagen: Ich hätte mehr lieben sollen. Eben. Aber ein Leben führt sich nicht gut im Konjunktiv.

6.8.5 Fazit

Zu einem erfüllten Berufsleben gehört ein stabiles privates Leben. Ein gutes Leben basiert auf drei Säulen: Freunden, Familie und Partner, der Arbeit. Bricht eine dieser Säulen ein und wackelt die zweite, dann hat das langfristig verheerende Auswirkungen und schädigt Seele und Körper. Phasen hohen beruflichen Einsatzes gehören zum Einstieg dazu und kommen auch zwischendurch immer wieder vor. Das ist nicht bedrohlich, darf aber kein Dauerzustand werden.

Arbeitssüchtige haben in einer Leistungsgesellschaft ein hohes Sozialprestige. Gerade die Engagierten und die Idealisten sind anfällig für Burn-out-Gefahren – wer ausbrennt, der hat lange unter Strom gestanden. Die Krankheit schleicht sich langsam in ein Leben, ein stabiles Privatleben bietet eine gute Prophylaxe. Auch das private Leben will gut organisiert sein, unter anderem auch, um den Akku wieder aufzuladen: Klare Strukturen stabilisieren das. Sich selbst privat promovieren lautet das Stichwort, dazu gehört ein entspannendes Hobby und auch, seinen Körper sanft zu fordern. Regelmäßige Entschleunigung verhilft zu besseren Ergebnissen, Zeit für kurze Pausen ist da, man muss sie nur nehmen.

LITERATURHINWEISE

BAUER, J. (2004): Das Gedächtnis des Körpers. Wie Beziehungen und Lebensstile unsere Gene steuern. Piper Verlag. München.

BURISCH, M. (2005): Das Burn-out-Syndrom. Theorie der inneren Erschöpfung. Springer Verlag. Berlin.

MINISTERIUM FÜR ARBEIT, SOZIALES, FAMILIE UND GESUNDHEIT DES LANDES RHEINLAND-PFALZ (HRSG.) (2005): Familienfreundliche Gestaltung der Erwerbsarbeit in Rheinland-Pfalz. Gegenwart und Zukunft. Kurzbericht zur Studie.

6.8.6 Key-Message

- Arbeitsverdichtungen, Überstunden, Sonderschichten, Angst vor Arbeitslosigkeit u. s. w. führen zu erhöhten Belastungen in der Arbeitswelt.
- Lebensrhythmen werden betrieblichen Interessen unterworfen; das Privatleben bleibt auf der Strecke.
- Privates Leben muss durch konsequente Planung stabilisiert werden.
- Ein gutes Leben basiert auf den Säulen Freunde, Familie/Partner und Arbeit.

6.9 Positives Denken – Optimismus

Lasse Hoge und Astrid Schütz

6.9.1 Einleitung

Positives Denken ist ein alltagspsychologischer Begriff, der vor allem in der Ratgeberliteratur verwendet wird und dort meist eine hoffnungsvolle, optimistische Sicht in die Zukunft beschreibt. Als Fachausdruck ist der Begriff *Positives Denken* zwar nicht im psychologischen Wörterbuch zu finden, er eignet sich jedoch als Überbegriff für eine Reihe verwandter Konstrukte – Optimismus, *Kontrollüberzeugungen* oder *Selbstwirksamkeitserwartung* – die in ihren Grundzügen sowie ihren Folgen für körperliches und geistiges Wohlbefinden große Ähnlichkeiten aufweisen. In diesem Sinn bezeichnet positives Denken eine zuversichtliche Überzeugung, erwünschte Zustände durch eigenes Dazutun herbeiführen zu können. Im Folgenden werden die verschiedenen Konstrukte kurz skizziert.

6.9.2 Optimismus

Optimismus kann verstanden werden als habituelle Tendenz, die Dinge zuversichtlich zu sehen und positive Ergebnisse zu erwarten. Der Life Orientation Test von Scheier und Carver erfasst das Konstrukt Optimismus mit Items wie „Ich blicke stets optimistisch in die Zukunft." oder „Ich sehe stets die guten Seiten der Dinge". Eine weitere Form positiven Denkens stellt der so genannte erlernte Optimismus nach Martin Seligman dar. Genau genommen handelt es sich dabei um einen optimistischen *Attributionsstil*. Es geht um gewohnheitsmäßige Tendenzen, Erklärungen für das Zustandekommen von Ereignissen zu finden – die sich wiederum auf die Erwartung zukünftiger Ereignisse auswirken. Menschen die glauben, ihr beruflicher Erfolg sei auf internale, stabile und globale Ursachen zurückzuführen – z. B. auf ihre Intelligenz –, rechnen damit, auch in Zukunft erfolgreich zu sein. Dagegen hätten Personen, die ein gutes Geschäftsjahr auf eine Reihe glücklicher Zufälle zurückführen (external, variabel und spezifisch), keinen Grund, dem Folgejahr mit viel Optimismus zu begegnen.

6.9.3 Kontrollüberzeugungen

Kontrollüberzeugungen geben Auskunft darüber, wodurch Menschen ihr Schicksal bestimmt sehen. Unterschieden wird etwa, ob jemand meint, dass sein Leben eher durch eigenes Zutun (internale Faktoren) oder eher durch äußere Kräfte (externale Faktoren) gesteuert wird. Dies drückt sich aus in Aussagen wie: „Wenn ich bekomme was ich will, so ist das immer eine Folge

---

Für wichtige Hinweise danken wir Anja Neumann und Steffi Weidlich.

meiner Anstrengung und meines persönlichen Einsatzes." bzw. „Ich kann mich am besten selbst durch mein Verhalten vor Krankheiten schützen". Eine internale Kontrollüberzeugung – die Überzeugung, dass man sein Schicksal selbst in der Hand hat – entspricht positivem Denken.

6.9.4 Selbstwirksamkeitserwartung

Unter Selbstwirksamkeitserwartung wird nach Albert Bandura die antizipierte Effektivität eigener Handlungen verstanden. Zwei Komponenten werden unterschieden:
- Konsequenzerwartung (outcome expectancy) - die Annahme, dass bestimmte Handlungen geeignet sind, ein bestimmtes Ziel zu erreichen und
- Kompetenzerwartung (self-efficacy expectancy) - die Überzeugung, dass man selbst diese Handlungen erfolgreich ausführen kann.

Darüber hinaus kann zwischen generalisierten bzw. bereichsspezifischen Selbstwirksamkeitserwartungen unterschieden werden. Auch in den Items des Fragebogens „Allgemeine Selbstwirksamkeitserwartung" drückt sich positives Denken aus: „Schwierigkeiten sehe ich gelassen entgegen, weil ich immer meinen Fähigkeiten vertrauen kann" und „Wenn ein Problem auftaucht, kann ich es aus eigener Kraft meistern".

6.9.5 Positives Denken und körperliches und geistiges Wohlbefinden

Zahlreiche Studien belegen, dass zuversichtliche Erwartungshaltungen in positivem Zusammenhang mit physischer und psychischer Gesundheit stehen, ganz gleich ob die Verfassung der Probanden mit Hilfe subjektiver oder objektiver Maße erfasst wird bzw. ob die gesundheitliche Entwicklung über einen kurzen oder langen Zeitraum gemessen wird. Beispielsweise zeigte eine über mehrere Jahrzehnte geführte Längsschnittstudie, im Laufe derer die Teilnehmer in regelmäßigen Abständen ärztlich untersucht wurden, dass die Probanden mit optimistischem Attributionsstil länger gesund und vergleichsweise frei von Beschwerden blieben und ein höheres Alter erreichten als ihre pessimistischen Zeitgenossen. Andere Befunde zeigen, dass optimistische Personen seltener an Erkältungen oder Grippe erkranken, generell weniger über gesundheitliche Beschwerden berichten und seltener einen Arzt aufsuchen. Außerdem deuteten verschiedene *Immunparameter* wie eine höhere Anzahl an T-Helferzellen oder eine verbesserte Funktion der natürlichen Killerzellen darauf hin, dass ihr Immunsystem widerstandsfähiger war. Somit wird Optimismus in der Fachliteratur zu Recht als Schutzfaktor für *Gesundheit* bezeichnet.

In einer von Charles Carver und Michael Scheier durchgeführten Längsschnittuntersuchung mit Bypass-Patienten zeigten die Messwerte, dass die Wahrscheinlichkeit, im Laufe des Eingriffs einen *Herzinfarkt* zu erleiden, für Optimisten deutlich niedriger war als für die pessimistischen Patienten. Darüber hinaus erholten sich die zuversichtlichen Teilnehmer deutlich schneller und vollständiger. Sie waren früher dazu in der Lage, aufrecht im Bett zu sitzen, das Bett zu verlassen und recht bald mehr Zeit außerhalb des Bettes zu verbringen. Auch waren sie schneller wieder in der Lage, in ihrem Beruf tätig zu sein. Außerdem konnten sie nachts besser schlafen und litten weniger unter Schmerzen.

Positives Denken beeinflusst außerdem, in welchem Umfang sich belastende Lebensumstände auf das *psychische Wohlergehen* auswirken. Untersuchungen zeigten, dass Optimisten in schwierigen Lebensumständen im Vergleich zu pessimistischen Menschen bessere Stimmung berichten, im Allgemeinen zufriedener sind, sich leichter an neue Situationen gewöhnen, weniger Anzeichen von *Depression*, *Angst* und *Nervosität* aufweisen, sich seltener einsam fühlen, weniger Stress empfinden und eher in der Lage sind, Schwierigkeiten etwas Positives abzugewinnen. Beachtlich ist dabei, dass sich die Vorteile einer zuversichtlichen Haltung in unterschiedlichen Umständen nachweisen ließen, z. B. nach dem Tod einer nahe stehenden Person, bei Belastungen im Beruf und im Kontext gesundheitlicher Probleme. Dies bewies auch die Studie mit Bypass-Patienten, in der selbst nach fünf Jahren die optimistischen Patienten über eine höhere *Lebensqualität* und -zufriedenheit berichteten.

6.9.6 Ursachen für die bessere Gesundheit von positiv denkenden Menschen

Der günstige Zusammenhang zwischen positivem Denken und körperlicher Gesundheit wird verständlich, wenn man die Unterschiede zwischen Optimisten und Pessimisten in ihrem Bewältigungsstil (und dem daraus resultierenden psychischen Wohlbefinden), ihrem Gesundheitsverhalten sowie ihrer sozialen Unterstützung betrachtet.

Menschen, die Gutes für die Zukunft erwarten und glauben, Probleme und Hürden aus eigener Kraft meistern zu können, gehen anders an Schwierigkeiten heran, als Menschen, die befürchten, mit Problemen nicht fertig zu werden. Optimisten neigen bei Problemen dazu, aktiv nach einer Lösung zu suchen. Pessimisten versuchen hingegen die Auseinandersetzung mit dem Problem zu vermeiden oder die Angelegenheit zu verdrängen. Die Folge ist jedoch, dass pessimistische Personen die Ursache der negativen Emotionen unbearbeitet lassen und so letztendlich länger darunter leiden. Auch in der Studie mit den Bypass-Patienten zeigte sich dieser Unterschied: Optimistische Patienten holten nach der *Operation* häufiger ärztlichen Rat ein und erkundigten sich häufiger danach, worauf sie in den kommenden Monaten zu achten hätten. Pessimistische Teilnehmer neigten eher dazu, ihre Symptome nach dem Eingriff zu ignorieren und fanden es angenehmer, nicht über die Schritte ihrer *Genesung* nachzudenken – mit dem Ergebnis, dass sich die optimistischen Patienten schneller erholten und zufriedener waren.

Mit dem *Bewältigungsstil* hängt außerdem das *Gesundheitsverhalten* zusammen. Positiv denkende Menschen gehen schonender mit ihrem Körper um und sorgen besser für ihre Gesundheit. So belegen Studien, dass sich Personen mit einem optimistischen Attributionsstil im Vergleich zu pessimistischen Teilnehmern mehr Mühe geben, sich ausgewogener zu ernähren und gesünder zu verhalten. Außerdem bemühen sie sich im Krankheitsfall bewusster und aktiver um ihre Genesung und sind stärker an gesundheitsrelevanter Information und hilfreichen Ratschlägen interessiert, gleich ob vorbeugender oder kurativer Natur.

Dagegen setzen sich Menschen mit einer wenig zuversichtlichen Einstellung stärker gesundheitlichen *Risiken* aus. Verschiedene Studien demonstrierten beispielsweise, dass Personen mit einem pessimistischen Attributionsstil sich häufiger unvorsichtig verhalten (schnelles Autofahren, mehr Alkoholkonsum, häufigerer ungeschützter Sex). Sie sind häufiger von Missgeschicken im Haushalt, Verletzungen bei Freizeitaktivitäten oder Verkehrsunfällen betroffen und haben eine geringere *Lebenserwartung*. Sie scheinen weniger den Anlass zu sehen, sich durch präventive Maßnahmen vor gewissen Gefahren zu schützen.

Eine weitere Ursache für den günstigen Zusammenhang zwischen Gesundheit und positivem Denken ist außerdem der größere Erfolg bei der Veränderung gesundheitsschädlicher Gewohnheiten. So konnte eine Reihe von Studien den günstigen Einfluss positiver Geisteshaltungen in verschiedenen Zusammenhängen, wie bei der Verringerung von Zigarettenkonsum, dem Alkoholentzug, der Reduktion von Körperfett und Blutfettwerten, sexuellem Risikoverhalten, der Bewältigung chronischer Krankheiten und der Förderung körperlicher Aktivität aufzeigen.

Schließlich spielen soziale Kontakte eine wichtige Rolle. Viele Untersuchungen haben gezeigt, dass Personen, die in ein soziales Netz von Freunden und Verwandten eingebunden sind, gesünder sind und sogar länger leben als solche die sozial eher isoliert sind. Umgekehrt fehlt Pessimisten häufig soziale Unterstützung, wobei hier Wechselwirkungen und dadurch entstehende Teufelskreise denkbar sind.

6.9.7 Mögliche Interventionen

Bestehende Denkmuster dauerhaft zu verändern ist kein leichtes Unterfangen. Zwillingsstudien haben gezeigt, dass Optimismus bzw. Pessimismus genetisch mitbedingt und schwer veränderbar sind. Wenngleich dies für Selbstwirksamkeitserwartungen und Kontrollüberzeugungen nicht so zutrifft, handelt es sich bei diesen beiden Haltungen um Denkmuster, die frühzeitig erworben und im Laufe der Jahre durch persönliche Erfahrungen gefestigt werden. Dennoch ist es möglich, Menschen zu helfen, negatives Denken abzulegen und sich eine zuversichtliche Haltung anzueignen. Wenngleich es nur wenige Interventionen gibt, die bewusst darauf abzielen, positives Denken zu entwickeln, ist die Förderung positiver Überzeugungen zentraler Bestandteil vieler Initiativen zur Vermittlung gesundheitsförderlichen oder präventiven Verhaltens. So steigert das von Kate Lorig an der Stanford Universität entwickelte „Arthritis Self-Management Program" Selbstwirksamkeit und das Gefühl persönlicher Kontrolle, während ein an der Universität von Miami etabliertes Stress-Management-Training den Optimismus der Teilnehmer fördert. Allerdings zeigte eine Studie von Glenn Afflek und Kollegen an der University of Connecticut, dass Arthrosepatienten mit internaler Kontrollüberzeugung unter mehr Stimmungsschwankungen und – problemen litten als andere Patienten. Wenn sie Erfolg im Umgang mit Schmerzen hatten, führte das natürlich zu positiven Gefühlen. Wenn man aber meint, den Krankheitsverlauf kontrollieren zu können und es tritt eine Verschlechterung ein, ist das extrem belastend. Internale Kontrollüberzeugungen scheinen also dann, wenn Ereignisse objektiv nicht kontrollierbar sind, zu unnötigen Belastungen beizutragen.

Insgesamt gibt es zu viele Programme, um sie hier darzustellen. Allerdings beruhen die meisten auf ähnlichen, der kognitiven *Verhaltenstherapie* entnommenen Bausteinen, die im Folgenden skizziert werden.

1. Eigene positive Erlebnisse: Der wichtigste Schritt, um dauerhaft positives Denken zu entwickeln sind eigene, bestätigende Erfahrungen. Zu erleben, dass man in der Lage ist Situationen zu meistern, denen man sich vorher ausgeliefert fühlte, erhöht die *Kontrollüberzeugung*. Hierzu gehören das Setzen spezifischer Ziele und konkreter Aufgaben ebenso wie gemeinsames Erproben des später auszuführenden Verhaltens und das Einüben erfolgreicher Bewältigungs- und *Problemlösestrategien*.

2. Verbale Persuasion (Überzeugungskunst): In diesem Schritt werden negative Überzeugungen, Einstellungen und Erwartungen hinterfragt und alternative Kognitionen generiert. Dies ist häufig der erste Schritt um die *Irrationalität* und Dysfunktionalität pessimistischer Kognitionen erkennbar zu machen und bereitet Personen darauf vor, neue, positive Überzeugungen annehmen zu können. *Lob*, Aufmunterung und Ermutigung können Bestandteil dieses Moduls sein.

3. Modelllernen: Je nach Verhalten, das erlernt werden soll, können die Erfahrungen anderer in Form von Filmen, Tonbändern, Interviews, Berichten in Selbsthilfegruppen oder durch Vorspielen die Erreichbarkeit des Ziels demonstrieren. Es soll erkannt werden, „Was die können, kann ich auch" und es sollen Handlungsmöglichkeiten aufgezeigt werden. Für Kinder haben sich in diesem Zusammenhang Geschichten oder Comics als hilfreich erwiesen.

4. Imagination: Oftmals haben Pessimisten eine konkrete Vorstellung davon, wie gewisse Ereignisse schief laufen könnten und fühlen sich durch diese mentale Repräsentation in ihren Befürchtungen bestätigt. Durch das Ausmalen positiver Verläufe können dysfunktionale Vorstellungen ersetzt, Pfade zum Erreichen der Ziele visualisiert und zukünftiges Verhalten mental eingeübt werden. Allein die Fähigkeit, sich mehrere Wege der Zielerreichung ausmalen zu können, kann Hoffnung und Zuversicht verleihen.

5. Entspannungstraining: Das Empfinden von Angst und Nervosität wird häufig als Signal für bevorstehendes Scheitern interpretiert. Dem kann durch das Erlernen von Entspannungsmethoden entgegengewirkt werden, deren erfolgreiche Ausübung zudem einen ersten ermutigenden Erfolg darstellen kann.

Diese Schritte können im Rahmen eines Workshops, eines individuellen Coachings oder selbständig anhand eines Arbeitsbuches durchgeführt werden. Beispielsweise wurde das „Penn Prevention Program" spezifisch für die Arbeit mit Schulklassen entwickelt. Das Ziel der Intervention war es, bei den Schülern optimistische Erklärungsmuster zu fördern, um dadurch Depressionen vorzubeugen. Die Schüler lernten in 12 Trainingseinheiten, dysfunktionale Attributionen zu erkennen, zu hinterfragen und durch optimistische Erklärungen zu ersetzen. Anhand fiktiver Situationen und persönlicher Beispiele übten sie diese Fähigkeiten dann. Außerdem wurden ihnen soziales Problemlöseverhalten, Bewältigungsstrategien und Entspannungsverfahren beigebracht. Die wissenschaftliche Überprüfung zeigte, dass Teilnehmer der Trainings nach Abschluss der Intervention sowie bei Nachkontrollen innerhalb von zwei Jahren weniger Anzeichen depressiver Verstimmung zeigten und einen optimistischeren Attributionsstil aufwiesen als Schüler der Kontrollgruppe. Offensichtlich war es gelungen, das Denkmuster der Kinder nachhaltig zu beeinflussen.

6.9.8 Indikation/Kontraindikation

Trotz dieser ermutigenden Ergebnisse ist positives Denken nicht ohne Vorbehalte zu empfehlen. Zum einen gibt es Studien, die auf mögliche Schattenseiten von Optimismus hindeuten. Beispielsweise erlebten optimistische Mütter, die bei der Geburt eines Kindes vergleichsweise alt waren, mehr Komplikationen im Laufe der *Geburt* als pessimistische Mütter. Ehemalige *Raucher* gaben häufiger der Versuchung nach, doch wieder zur Zigarette zu greifen, je höher ihre Selbstwirksamkeit ausgeprägt war und Personen, die ihre Kontrolle in Bezug auf die HIV-Infektionsgefahr überschätzten, schützten sich weniger effektiv vor einer mögliche Übertragung. Außerdem lernten diejenigen aus einem Vortrag über Herz-Kreislauf-Erkrankungen am wenigsten, die einen hohen Wert auf Optimismus aufwiesen und ihr Risiko für zukünftige gesundheitliche Beschwerden unterschätzten.

Zum anderen sind die physischen und psychischen Unterschiede zwischen Optimisten und Pessimisten zwar gut bestätigt, jedoch bedeutet dies nicht unbedingt, dass es die günstigen Einflüsse einer optimistischen Haltung sind, welche die Differenz ausmachen. Ebenso plausibel ist die Erklärung, dass der Unterschied eine Folge der schädlichen Wirkung von Pessimismus ist. Dies würde bedeuten, dass Optimismus nicht dazu führt, dass Menschen besser auf ihre Gesundheit achten, besonders gut mit Stress umgehen und mehr soziale Unterstützung bekommen, sondern dass Pessimismus bewirkt, dass Menschen ihre Gesundheit vernachlässigen, Belastungen schlechter bewältigen und weniger gut mit anderen auskommen. In dem Fall wäre es also wichtiger, negatives Denken zu vermeiden als positives Denken zu praktizieren. Schließlich ist es wahrscheinlich, dass das Erleben negativer Umstände eine pessimistische Haltung fördert, dass also nicht von unidirektionalen Zusammenhängen, sondern von Wechselwirkungen auszugehen ist.

Insgesamt spricht aber vieles dafür, positives Denken zu fördern. Da wiederholt gezeigt werden konnte, dass sich ein **Mehr** an positiver Überzeugung vorteilhaft auf Körper und Geist auswirkt, ist es im Grunde gleich, worauf der Unterschied zwischen Optimisten und Pessimisten letztlich zurückzuführen ist. Es sollten dabei jedoch einige wichtige Punkte beachtet werden. Zunächst sollte positives Denken niemals nur darauf abzielen, den emotionalen Zustand von Personen zu verbessern, sondern auch ein entsprechendes Handeln zu veranlassen – das zeigen auch Befunde aus den Arbeitsgruppen von Gabriele Öttingen, Universität Hamburg bzw. Ralf Schwarzer, FU Berlin. Ferner sollte nicht vergessen werden, dass positives Denken – wie auch jede Medizin – sich zwar im Allgemeinen vorteilhaft auswirken kann, die exakte Wirkung von Person zu Person jedoch variieren kann. So gibt es Menschen, die sich pessimistische Gedanken und Vorstellungen nutzbar machen um ihre Angst vor einer Herausforderung zu bewältigen und dadurch bessere Resultate erzielen als wenn sie mit Optimismus an die Angelegenheit herangegangen wären. Ebenso hat sich gezeigt, dass Pessimismus in einigen asiatischen Kulturen nicht mit denselben Nachteilen in Zusammenhang steht, wie es in westlichen Kulturen der Fall ist. Schließlich macht Roy Baumeister darauf aufmerksam, dass es einen „optimal margin of illusion" gibt – auch bei positiven Überzeugungen kann ein Übermaß schaden.

6.9.9 Key-Message
- Optimismus, Selbstwirksamkeitserwartungen und Kontrollüberzeugungen sind Bestandteile positiven Denkens.
- Positives Denken fördert psychische und physische Gesundheit.
- Trotz *genetischer Komponenten* ist durch Trainings gewisser Einfluss möglich.
- Positive Erlebnisse, Persuasion, Modelllernen, Imagination und Entspannung sind Trainingsbestandteile.
- Trainings müssen auf Verhaltensänderungen zielen und dürfen nicht nur Sorglosigkeit bewirken. Individuelle Unterschiede sind zu beachten.

LITERATURHINWEISE

CARVER, C. S.; SCHEIER, M. F. (2002): Optimism. In S. J. Lopez & S. R. Snyder (eds.), Handbook of Positive Psychology (pp. 231-243). Oxford University Press. London.

CHANG, E. C. (2001): Cultural influences on optimism and pessimism: Differences in Western and Eastern construals of the self. In E. C. Chang (ed), Optimism & pessimism: Implications for theory, research, and practice (pp.257-280). American Psychological Association. , Washington, DC.

MADDUX, J. E. (2002): Self-efficacy. The power of believing you can. In S. J. Lopez & S. R. SNYDER (EDS.), Handbook of Positive Psychology (pp. 277-287). Oxford University Press. London.

NOREM, J. (2001): Defensive pessimism, optimism, and pessimism. In E. C. Chang (ed), Optimism & pessimism: Implications for theory, research, and practice (pp.77-100). American Psychological Association. Washington, DC.

SCHÜTZ, A.; HOGE, L. (2007): Positives Denken. Kohlhammer. Stuttgart.

SCHWARZER, R. (2004): Psychologie des Gesundheitsverhaltens. Hogrefe. Göttingen.

THOMPSON, S. C. (2002): The role of personal control in adaptive functioning. In S. J. Lopez & S. R. Snyder (eds.), Handbook of Positive Psychology (pp. 202-213). Oxford University Press. London.

6.10 Zeitmanagement

Klaus-Wilhelm Gratzfeld

6.10.1 Definitionen Zeit und Management

Zeit wird im Allgemeinen als Begriff für eine Abfolge oder Periode verstanden, innerhalb der eine Handlung oder ein Ereignis stattfindet. Hierbei kann der Begriff Zeit sowohl philosophisch als auch physikalisch betrachtet werden.

Zeit

Die Philosophie versteht unter Zeit die innerlich bewusst wahrgenommene Veränderung des Werdenden. Philosophisch stammt die Zeit aus dem Innersten des Menschen, seiner Seele, die sich an Vergangenes erinnert, Gegenwärtiges wahrnimmt und das Zukünftige erwartet.

Aber auch die Physik bemühte sich den Zeitpfeil zu erklären, physikalisch ist die Zeit stets gleich bleibend lang und seit 1955 ist eine Sekunde durch die Internationale Astronomische Union definiert als 1/31556925,9747 des Sonnenjahres.

Management

Aus den verschiedenen Ansätzen lässt sich also der Begriff Zeit nicht eindeutig definieren. Management stammt aus dem angloamerikanischen „to manage", also handhaben, leiten. Im Kontext des Themas beinhaltet dieser Bereich folgende Hauptaufgaben:

- Ziele setzen,
- Pläne erstellen,
- Grundsatzentscheidungen treffen,
- Anweisungen zur Verwirklichung erteilen und deren Realisation kontrollieren.

Zeitmanagement kann somit als systematisches und diszipliniertes Planen der Zeit definiert werden. Zweck des Zeitmanagement sollte nicht sein, Zeit zu sparen – es ist zu bedenken, dass es für Zeitersparnisse keine Zinsen gibt - sondern die vorhandene Zeit sinnvoll zu verwenden.

6.10.2. Ausgangssituation

Die Ausgangsituation vieler Menschen heutzutage ist, sämtliche Aktivitäten unter *Zeitdruck* erledigen zu müssen; man hat kaum mehr Zeit für die angenehmern Seiten des Lebens.

Zeit bedeutet Geld („time is money"), was den Wert der Zeit ausdrücken soll; dabei wird die Zeit umso wertvoller je weniger man vermeintlich davon zu haben glaubt. Anderseits kann man Zeit, wenn man genug davon hat auch nicht für schlechte Zeiten sparen, weil die Zeit nicht lagerfähig scheint. Aus Zeitmangel kommt es zu Fehlfunktionen, hervorgerufen durch Stress, Nervosität und Unkonzentriertheit. Die Beseitigung dieser unter normalen Umständen vermeidbaren Fehler kostet wiederum kostbare - weil nicht ausreichend vorhandene - Zeit, was zu noch mehr Stress, Versagensängsten und unter Umständen sogar bis zum völligen seelischen und körperlichen Erschöpfungszustand führt. Der subjektiv empfundene Zeitdruck und damit auch die eigene Unzufriedenheit wachsen und man wird zum Spielball seines Terminkalenders. Selbst die als freie Zeit bezeichnete Freizeit wird dann als Pufferzeit verwendet und man verlernt das Abschalten und Regenerieren, weil man das Gefühl des Gehetztwerdens nicht mehr ablegen kann, man flüchtet vor dem empfundenen Zeitmangel und findet keine Ruhe mehr.

ie Lösung des unter Umständen unüberwindlich werdenden Problems kann die Arbeits- oder Zeittechnik des Zeitmanagements sein. Dabei wird im Folgenden großer Wert darauf gelegt, dass es **das** Zeitmanagement nicht gibt und geben kann. Durch das Zeitmanagement oder besser *Erfolgsmanagement*, wird der Erfolg innerhalb einer vorgegebenen Zeit durch Systematik oder Priorisierung (Planungstechniken, Büroorganisation), Disziplin (Zielorientierung, Selbstmotivation), und Kommunikation (Besprechungstechniken, Informationsmanagement) sichergestellt. Eine Insellösung einzelner Mitarbeiter trägt zwar zu deren individueller Zufriedenheit bei, Ziel muss aber immer ein auf das gesamte Unternehmen bezogenes Zeitmanagement sein. Ansonsten wird der zeitlich orientierte Mitarbeiter demotiviert, wenn er stets die Auseinandersetzung mit weniger effizienten Arbeitsmethoden anderer Personen, Abteilungen oder auch Teams befürchten muss. Der zeitbewusste Mitarbeiter wirkt entspannt und mit sich zufrieden. Während die anderen über den Zeitdruck und die Arbeitsbelastung stöhnen, ist er nicht gestresst - was im schlimmsten Fall sogar als Faulheit ausgelegt werden könnte, wenn man nicht auf die Arbeitsergebnisse blickt. Oder ist ein aufgeräumter Schreibtisch stets ein Zeichen dafür, dass man nichts zu tun hat, während ein Chaos auf dem Schreibtisch die Wichtigkeit oder aber auch die Ineffizienz widerspiegelt?

Abschließend sei die Frage erlaubt, ob Sie wirklich mehr Zeit wollen? Gelten nicht gerade in der heutigen Zeit Menschen, die wenig Zeit haben, als wichtig und werden von unserer Gesellschaft entsprechend gewürdigt? Vielleicht ist das ja ein Grund weshalb sich einige gegen ein bewusstes Zeitmanagement aussprechen, weil sie dann mehr Zeit hätten und unter Umständen in ihren eigenen Augen nicht mehr so wichtig wären.

6.10.3 Zeitmanagement-Techniken

Die Techniken sollen helfen, Zeit rationell zu nutzen, in Zielen zu denken und mit diesen Zielen zu arbeiten, durch vorausschauende flexible Planung Gelassenheit zu gewinnen und Stress abzubauen oder erst gar nicht entstehen zu lassen, um so tägliche Erfolgserlebnisse zu haben, die zur inneren Zufriedenheit beitragen.

Um festzustellen, ob Zeit für Sie eine Bedeutung hat und ob Zeitmanagement für Sie eine sinnvolle Arbeitstechnik darstellt, stellen Sie sich doch einmal folgende Fragen:
- Haben Sie genügend Zeit?
- Was bedeutet Zeit für Sie eigentlich?
- Wie gehen Sie mit Ihrer Zeit um?
- Wie viel (Lebens-)Zeit haben Sie noch?

Zeitinventur

Erstellen Sie Ihre eigene Zeitinventur für die Bereiche Zeitnutzungsanalyse, Zeitverlustanalyse und Zeitfresseranalyse:

- *Zeitnutzungsanalyse*: Messen Sie den Zeitverbrauch für bestimmte Tätigkeiten und stellen Sie diesen Tätigkeiten entsprechende Zeitwerte gegenüber; erfassen Sie auch die Zeit der störenden Unterbrechungen.
- *Zeitverlustanalyse*: Erfassen Sie die Fehlerquellen für Zeitverluste, indem Sie sie in Checklisten systematisieren.
- *Zeitfresseranalyse*: Bestimmen Sie die Ursachen für unnötigen, weil ineffizienten Zeitverbrauch und eliminieren Sie diesen durch die nachfolgende dargestellten Zeitmanagement-Techniken.

Vorteile des Zeitmanagements sind dabei:
- Geringerer Aufwand und weniger Fehler bei der Aufgabenerledigung,
- Bessere Organisation der eigenen Arbeit und bessere Arbeitsergebnisse,
- Weniger Hektik und Stress, dadurch größere Arbeitszufriedenheit und höhere Arbeitsmotivation,
- Geringerer Arbeits- und Leistungsdruck,
- Qualifikation für höhere Aufgaben und besseres Erreichen der Arbeits- und Lebensziele.

Zeitmanagement-Regelsystem

Ausgehend von Ihrer persönlichen Zielsetzung werden die nachfolgenden 5 Bereiche um dieses Ziel gruppiert, die mit jeweils unterschiedlichen Arbeitstechniken verbunden werden können.

Zielsetzung

Die erste Stufe der Zielfindung ist die *Zielanalyse*; was wollen Sie erreichen? Welches sind Ihre Wunschziele? Haben Sie persönliche Lebensziele – oder berufliche Karriereziele, die Sie erreichen wollen?

Da die von Ihnen angestrebten Ziele sich nicht von alleine verwirklichen lassen und Sie nicht unabhängig von den vorgegebenen Rahmendaten erreicht werden können, müssen Sie im nächsten Schritt, der *Situationsanalyse*, Ihre Situation realistisch analysieren. Was kann ich beruflich und persönlich? Wie sieht mein Umfeld aus, welche Ausgangssituation finde ich vor, welche Stärken und Schwächen haben die agierenden Personen?

Im dritten Schritt, der *Zielformulierung*, müssen Sie also ihre unterschiedlichen Ziele klar und eindeutig formulieren und diese Handlungsziele auch für Ihren persönlichen Bereich in einem Lebensplan und für den beruflichen Bereich in einem Karriereplan festlegen.

Planungsgrundlagen

Der Sinn der Zeitplanung liegt darin, dass Sie eine wesentliche Voraussetzung für die Verwirklichung der Ziele darstellt, weil sie in erster Linie dazu bestimmt ist der Zeit eine Struktur zu geben. Grundlegend für die Planung der Arbeitszeit ist, dass die Arbeitszeit nicht vollkommen verplant werden kann, weil sie stets in die Bereiche geplant, spontan und ungeplant unterteilt werden kann. Zwar verbraucht die Planung auch Zeit, aber der Mehraufwand an Planungszeit wird durch die Verkürzung der für die Durchführung benötigten Zeit mehr als ausgeglichen. Sicher wird man jetzt zuerst an einen Terminkalender als Zeitplaner denken, aber diese Zeitplanung hat wesentliche Nachteile:
- eine Planung des Tages und der Aktivitäten nach Prioritäten findet nicht statt,
- es werden keine Arbeitsblöcke und Pufferzeiten definiert,
- es erfolgt lediglich eine Terminsetzung, aber keine Zielsetzung von Aktivitäten,

- Besprechungen werden ohne genaue Themenvorgabe terminiert,
- es werden i. d. R. keine Angaben zur Dauer der Termine gemacht.

Lösung: Ersetzen Sie Ihren alten Terminkalender durch ein Zeitplanbuch, das nach Zeitmanagementgesichtspunkten organisiert ist.

Prinzipien und Regeln der Zeitplanung

Zur Vorbereitung der Zeitplanung sind die Aufgaben zu sammeln, in bestimmte Aktivitäten zu unterteilen und in einem flexibel zu gestaltenden Aktivitäten-Plan (To Do-Liste oder Ähnlichem) schriftlich festzuhalten, in dem auch Zeitvorgaben, Erledigungstermine und die abschließend erreichten Ergebnisse festgehalten werden. Ein weiterer wesentlicher Teil ist die Tätigkeits- und Zeitanalyse, die in Form eines Tagesstörblattes gefertigt wird, in dem unter anderem auch die Zeitverluste und die Gründe hierfür beschrieben werden. Weitere wesentliche Prinzipien der Zeitplanung sind die Ordnung der Aktivitäten nach Wichtigkeit (Prioritätenliste), die Einplanung von Reservezeiten für Zeitfresser und die Berücksichtigung von störarmen Zeiten, sowie die Delegation und Abstimmung der eigenen Zeitpläne mit den Zeitplänen der anderen.

System der Zeitplanung

Ausgehend von dem Lebensplan, der in Mehrjahresplänen und einen Jahresplan aufgegliedert wird, erstellt man auf der Grundlage des jeweiligen Jahresplans Soll–, Quartals-, Monats- und Wochenpläne. Die täglichen Aktivitäten werden wiederum in Form von Tages-, Wochen-, Monats-, Quartals- und Jahresergebnissen festgehalten, die im Rahmen eines Soll/Ist–Vergleichs zur Überprüfung der geplanten mit den erreichten Ergebnissen führt. Diese Kontrolle ist nur dann wirkungsvoll, wenn man die Gründe für die Abweichungen den entsprechenden Berichten entnehmen kann und abschließend basierend auf der Grundlage des Jahresergebnisses die bereits geplanten Mehrjahrespläne und den Lebensplan entsprechend anpasst.

Die ALPEN-Methode

Eine sinnvolle Planung stellt die ALPEN-Methode dar; der Name basiert darauf, dass:

- **A**ufgaben im Tagesplan zusammengestellt und für den nächsten Tag notiert werden: vorgesehene Aufgaben aus Aktivitäten- und Checklisten, Wochen- oder Monatsplan, Unerledigtes vom Vortag, neue Tagesarbeiten, Termine, periodisch wiederkehrende Aufgaben.
- **L**änge der Tätigkeit geschätzt wird; Vorteile dieser Methode sind ein konzentriertes Arbeiten, konsequentes Unterbinden von Störungen, weil konkrete Vorgabezeiten zur Einhaltung der Vorgaben zwingen.
- **P**ufferzeiten für Unvorhergesehenes reserviert werden; also nie mehr als 60 von Hundert der Zeit verplanen (60 : 40 Regel); 40 von Hundert als Pufferzeit für unerwartete und spontane Eventualitäten reservieren.
- **E**ntscheidungen über eindeutige Prioritäten (ABC – Analyse) getroffen werden, Zeiten aller Vorgänge auf das unbedingt Notwendige gekürzt und Tätigkeiten nach Delegations- und Rationalisierungsmöglichkeiten geprüft werden.
- **N**achkontrolle und Übertragen des Unerledigten stattfinden; hierbei ist besonders darauf zu achten, ob eine Aufgabe bereits mehrfach übertragen wurde, wenn ja ist die Aufgabe entweder sofort zu erledigen oder zu streichen.

Prioritätenbestimmung
Ein Problem der Zeitplanung ist noch zu lösen, nämlich die Beantwortung der Frage, welche Aktivitäten erstrangig, zweitrangig und welche nachrangig zu erledigen sind. Ein Kennzeichen erfolgreicher Menschen ist, dass sie sich während einer bestimmten Zeit nur **einer** Aufgabe, dann aber zu 100 v. H. widmen. Sie erledigen konsequent und zielbewusst eine Sache, die auf ihrer Prioritätenliste ganz oben steht. Bezüglich der Prioritätenbestimmung gibt es verschiedene Ansätze:

Pareto - Zeitprinzip
Das Pareto – Zeitprinzip oder (80 : 20 – Regel) besagt, dass wir 20 % der Zeit für wenige lebenswichtige Probleme verwenden, wobei diese Zeit 80 % der Ergebnisse bringt. Die Lösung dieses Problems bietet die ABC – Analyse:
- A - Aufgaben sind die sehr wichtigen Aufgaben, ihr Anteil am Wert aller Aufgaben bezüglich der Wichtigkeit zur Zielerreichung beträgt 65 % und ihr Anteil an der Menge aller Aufgaben liegt bei 15 %. Diese Aufgaben können nur von Ihnen allein oder leitend durchgeführt werden.
- B - Aufgaben sind die wichtigen Aufgaben, ihr Anteil am Wert aller Aufgaben bezüglich der Wichtigkeit zur Zielerreichung beträgt 20 % und ihr Anteil an der Menge aller Aufgaben liegt ebenfalls bei 20 %. Diese Aufgaben sind teils delegierbar.
- C - Aufgaben sind Routineaufgaben und sog. Kleinkram, ihr Anteil am Wert aller Aufgaben bezüglich der Wichtigkeit zur Zielerreichung beträgt 15 % und ihr Anteil an der Menge aller Aufgaben liegt bei 65 %.

Eisenhower - Prinzip
Nach Dwight D. Eisenhower wurde das in *Abbildung 1* dargestellte Entscheidungsraster mit 4 Bereichen benannt:

Wichtigkeit	B-Aufgaben strategisch planen	A-Aufgaben, sofort (selbst) erledigen
	Papierkorb	C-Aufgaben reduzieren, delegieren
	Dringlichkeit	

Abbildung 1: Eisenhower-Prinzip

• *Delegation*
Delegation ist ein Weg zum Zeitgewinn, denn zu einem effektiven Zeitmanagement gehört auch das Delegieren von Aufgaben. Delegation setzt hierbei voraus, dass Sie delegieren können und wollen. Delegierbare Aufgaben sind Routinearbeiten, Spezialtätigkeiten, Detailfragen und vorbereitende Arbeiten; nicht delegierbare Aufgaben sind Führung, Mitarbeitermotivation, Aufgaben mit hoher Tragweite oder hohem Risiko, streng vertrauliche Aufgaben. Entscheidend hierbei sind die Fragen:
- Was (Inhalt) soll erledigt werden?
- Wer (Person) soll es tun?
- Warum (Motivation) soll er es tun?
- Wann (Termin) soll es erledigt sein?

Realisation und Organisation
Bei der Realisation und Organisation der Zeitmanagementaspekte sind folgende *Organisationsprinzipien* zur Tagesgestaltung zu beachten. Teilen Sie Ihren Tag in folgende 3 Bereiche:
- Der Tagesbeginn ist besonders wichtig, da Sie mit positiver Stimmung in den Tag gehen sollen; dies erleichtern Sie sich mit einem guten Frühstück und indem Sie rechtzeitig, also ohne Hast, nach Möglichkeit stets zu konstanten Zeiten ihren Weg zur Arbeit beginnen. Überprüfen Sie auf dem Weg zur Arbeit ihren Tagesplan und

stellen Sie Schwerpunktaufgaben und wichtige und komplizierte Arbeiten an den Anfang des Tages. Beginnen Sie ohne großen Vorlauf sofort mit Ihrer Arbeit und stimmen Sie sich mit den anderen Personen rechtzeitig ab.
- Im Tagesverlauf ist eine gute Arbeitsorganisation erforderlich, die Einfluss auf Fixtermine nimmt, Handlungen mit Rückwirkungen vermeidet und zusätzliche Dringlichkeitsfälle ablehnt. Vermeiden Sie auch ungeplante impulsive Tätigkeiten und arbeiten Sie zur Tagesstörungskurve antizyklisch, erfahrungsgemäß sind in der Zeit von 10:30 bis 11:30 Uhr und von 14:00 bis 15:00 Uhr die meisten Störungen zu erwarten. Machen Sie rechtzeitig Pausen und fassen Sie kleinere Aufgabenblöcke zusammen. Schließen Sie angefangene Arbeiten sinnvoll ab, indem Sie ggf. Zeitüberhänge nutzen. Richten Sie auch stille Stunden ein, in denen Sie Ihre Zeit und Pläne kontrollieren.
- Am Tagesschluss ist Unbedingtes (Kleinkram) abzuschließen, der Zeitplan für den nächsten Tag zu erstellen und zwingend eine Ergebnis- und Selbstkontrolle durchzuführen. Sollten Sie Ihre Arbeitsziele nicht geschafft haben, hilft Ihnen die Kontrolle und kritische Reflexion zu erkennen, woran es gelegt hat, so vermeiden Sie, dass sich Planungsfehler einschleichen.

Planen Sie Ihre Aktivitäten während des Tages so wie es Ihre Leistungskurve zulässt, bedenken Sie den Leistungseinbruch um 15:00 Uhr und den absoluten Tiefpunkt um 4:00 Uhr morgens und Ihr Leistungshoch um 11:00 Uhr. Auch der Biorhythmus kann zur Gestaltung des Tagesplanes dienen. Ein wesentlicher Faktor der Zeitplanung ist Ihr persönlicher Arbeitsstil, der zur *Selbstentlastung* beitragen kann *(Abbildung 2)*.

Entlastungsfrage:	Maßnahme
Warum überhaupt ich?	Eliminieren
Warum gerade ich?	Delegieren
Warum ausgerechnet jetzt?	Terminieren
Warum in dieser Form?	Rationalisieren

Abbildung 2: Maßnahmen zur Selbstentlastung

Kontrollfunktionen

Das Zeitmanagement ist kein Selbstzweck, wenn die Vorgaben nicht kritisch überprüft werden; nur so lassen sich die verbleibenden Pläne anpassen. Die Funktion der Kontrolle besteht in der Erfassung des Ist–Zustandes, der mit dem Soll–Zustand verglichen wird. Im Falle von Abweichungen sind diese zu analysieren und geeignete korrigierende Maßnahmen zu ergreifen, um diese Abweichungen zukünftig zu vermeiden. *Ablaufkontrollen* werden durchgeführt um festzustellen, ob die Prioritätenreihenfolge noch zutrifft, ob die festgesetzten Ziele eingehalten werden und ob im ausreichenden Maße delegiert wurde. Ferner kann man überprüfen, ob Rationalisierungs- und Entlastungsmöglichkeiten ausgeschöpft wurden, ob kleinere Aufgaben zu Blöcken zusammengefasst wurden und ob persönliche Zeitfresser bekämpft wurden.

Schriftliche *Ergebniskontrollen* sind sinnvoll, wenn sie rechtzeitig und in Form von Kontrolllisten durchgeführt werden. Diese Kontrolllisten sollen Angaben über die Aufgabe, also das Ziel, Termin, Soll- und Ist-Werte, Gründe für Abweichungen und Maßnahmen zur Beseitigung der Abweichungen und Erledigungsvermerke enthalten. Tagesrückschau (Selbstkontrolle-Schnellcheck oder Handformel):
D(aumen) Denkergebnis,
Z(eigefinger) Zielerreichung,
M(ittelfinger) Mentalität,
R(ingfinger) Ratgeber, Hilfe,
K(leiner Finger) Körper, Kondition.

Information und Kommunikation

Gerade in einer Zeit, die den Einzelnen zunehmend mit Informationen unterschiedlichster Art bombardiert, ist die Zielorientierung ein geeigneter Filter für Informationen. Anschließend kann dann die gefilterte Information im Wege der Kommunikation weitergegeben werden. Gerade den Bereichen Information und Kommunikation kommt in Bezug auf das Zeitmanagement eine Schlüsselfunktion zu. So sollen abschließend die verschiedenen Bereiche der Information und Kommunikation hinsichtlich einer rationellen Vorgehensweise kritisch betrachtet werden.

Lesen

Rationelles Lesen wird mit dem Begriff der *SQ3R-Methode* verbunden; dabei steht:
- S für Survey = Überblick,
- Q für Question = Fragen stellen,
- R für Read = Lesen (Ende der 3 Schritt – Methode),
- R für Recite = Rekapitulieren,
- R für Review = Wiederholen (Ende 5 Schritt Methode).

Bin ich verpflichtet, diesen Text zu lesen? Fällt dieser Text unmittelbar in meinen Arbeitsbereich? Habe ich ein aktuelles oder persönliches Interesse an dem Text? Lautet die Antwort auf eine Frage nein, ist der Stoff nicht zu lesen, lautet sie ja ist er mit Methode, also im Rahmen des orientierenden, studierenden oder zusammenfassenden Lesens zu verarbeiten. Nach dem Lesen helfen die Techniken des Markierens und Exzerpieren künftig die Informationen schneller wieder aufzunehmen.

Besprechungen

Vor der Besprechung sollen das Ziel der Besprechung, die Tagesordnung, die Dauer und die Zusammensetzung und Anzahl der Teilnehmer bestimmt sein. Während der Besprechung ist auf einen pünktlichen Start, die Einhaltung bestimmter Spielregeln und das angestrebte Ziel zu achten. Allen Teilnehmern ist noch während der Besprechung abschließend eine mündliche Zusammenfassung der Ergebnisse zu geben, getroffene Vereinbarungen sind schriftlich zu fixieren und an alle Teilnehmer auszuhändigen. Nach der Besprechung kann eine Befragung der Teilnehmer erfolgen, ein Protokoll ist zu fertigen und die beschlossenen Schritte sind zu kontrollieren.

Was für Besprechungen gilt, ist natürlich auf Zweier-Gespräche das sogenannte Besuchermanagement anzuwenden. Grundsätzlich erfolgt eine Abschirmung, um so vor unangemeldeten Besuchern geschützt zu sein. Mit diesen vereinbart man entweder einen Termin, erledigt die Angelegenheit sofort, falls machbar oder delegiert den Besucher an einen anderen. Bei angemeldeten Besuchern erfolgt zunächst eine Planung und Vorbereitung des Besuchs, um so das Gespräch effizient zu gestalten.

Auch das Telefonieren nimmt einen immer größer werdenden Platz im Bereich Information und Kommunikation ein. Beim passiven Telefonieren kann eine Abschirmung durch einen Anrufbeantworter oder eine Sekretärin erreicht werden, jedoch darf bei ersterem die Zeit für eventuelle Rückrufe nicht unterschätzt werden.

Das aktive Telefonieren setzt zunächst eine gute Vorbereitung des Gesprächs voraus, man sollte sich dazu im Vorfeld eine Checkliste anlegen und entsprechende Notizen machen, auch die geplante Dauer und das Ziel des Gesprächs sind vorher festzulegen. Für beide Bereiche wesentlich ist die Nachbereitung des Gesprächs in Form von standardisierten Telefonnotizen.

Auch die *Korrespondenz* kann zeitoptimal gestaltet werden. Die Eingangspost ist nach Möglichkeit nur einmal in die Hand zu nehmen, dabei erfolgt die Aufteilung in die Bereiche Soforterledigung, Wiedervorlage oder Ablage. Die Ausgangspost kann optimiert werden, indem man zuerst zielorientiert Sinn und Zweck eines Briefes prüft.

Abschließend sei erwähnt, dass besonders *Checklisten*, Formulare und eine rationelle Ablage den Zeitmanagementgedanken und damit die Zielorientierung erheblich unterstützen.

6.10.4 Fazit

Die optimale Zeitgestaltung verhilft zu einem optimalen Arbeitsergebnis und zur inneren Zufriedenheit, weil am Ende eines Arbeitstages die Erkenntnis steht, dass man sein Arbeitspensum geschafft hat bzw. man weiß, warum man es nicht geschafft hat. Eine optimale Zeitgestaltung hilft auch dabei, Arbeiten nicht permanent von einer Ecke des Arbeitsplatzes in eine andere zu verlagern, weil Probleme zielorientiert angegangen werden. Nur wer mit sich zufrieden ist schafft auch ein positives Klima um sich herum, insbesondere auch im privaten Umfeld.

6.10.5 Key-Message

- Wer keine Zeit hat, der ist wichtig.
- Zeitmangel erzeugt aber Stress, der zu Fehlern führt, deren Beseitigung wiederum Zeit kostet.
- Permanente Hektik macht unzufrieden und krank.
- Wenn man sich zeitlich organisiert erreicht man an jedem Tag seine innere Zufriedenheit.
- Wer Zeitmanagement beherrscht optimiert nicht die Zeit, sondern sein Arbeitsergebnis.
- Zeitmanagement funktioniert optimal in einer zielorientierten Umgebung.

LITERATURHINWEISE

COVEY, S.R. (2000): Der Weg zum Wesentlichen. Zeitmanagement der vierten Generation, Campus Verlag. Frankfurt, New York.

KÜCHENMEISTER, W.; SEIWERT, L.; J, KÜCHENMEISTER, T. (2005). Simplify your life, Campus Verlag. Frankfurt, New York.

6.11 Sabbatical – Berufsausstieg – Neuorientierung

Ursula Kals

Berufsausstieg und Berufswechsel können neue Schaffenskräfte wecken

6.11.1 Einleitung

Die Berufswelt hat ein neues Thema entdeckt, dass durch die Medien ventiliert und gute Chancen hat, die kommenden Jahrzehnte zu dominieren: *Berufliche Neuorientierung*. Die Zahl der Umsteiger wächst, sei es aus Neigung, sei es aus der Not des Jobverlustes heraus. Berufsberater und Arbeitsmarktforscher werden nicht müde zu betonen, dass sich künftige Generationen gleich in mehreren Berufen auskennen und behaupten werden müssen. Die Gründe sind vielfältig, zwei gravierende lauten: Es gibt immer mehr Innovationen und immer weniger Jobs.

Die Wurzeln für diese Wechsel reichen weit zurück. Junge Leute sind häufig vollkommen überfordert damit, welchen Beruf sind denn nun erlernen möchten. Ein realistisches Bild können sie sich nur von wenigen Tätigkeiten machen, durch Berufe der Eltern, in der Verwandtschaft und aus dem Fernsehen.

Durch Berufspraktika steuern die Schulen dagegen, aber diese wenigen Wochen vermitteln nur einen Ausschnitt aus einem Berufsmilieu, die Bandbreite möglicher Tätigkeiten bilden sie nicht ab. So sagt Eva Peters, Teamleiterin akademische Berufe der Frankfurter Arbeitsagentur: „Welcher Beruf führte wohl die Hitliste des letzten Jahres an? War es Arzt oder Apotheker, Reporter, Topmanager, Popsänger oder Schauspieler? Alles falsch! Gewinner des Jahres 2005 ist – der Pathologe. Was finden junge Leute bloß daran, an Leichen herumzuschnippeln, fragten sich besorgt die Berufsberater? Und wie lässt sich die Nummer zwei der Berufe-Charts erklären? Warum träumen Hunderte von einer Karriere als Profiler?"

Licht ins Dunkel bringt ein Blick in Fernsehzeitschriften, Krimis zeichnen einen spannenden Arbeitsalltag dieser Mediziner und Kriminalisten. Aber ob die dort vorgestellten Bilder tatsächlich für eine tragfähige Berufswahlentscheidung geeignet sind? Sind sie natürlich nicht. Und es befremdet, eine der wichtigsten Lebensentscheidungen aufgrund dieser dürftigen Fernsehfaktenlage zu entscheiden. Wer nur aus einem winzigen Repertoire von Berufsmöglichkeiten schöpfen kann, der segelt mit hoher Wahrscheinlichkeit an seiner wahren beruflichen Bestimmung vorbei. Später stecken sie im falschen Berufsleben. Manche ignorieren das hartnäckig und arrangieren sich später irgendwie mit ihrer unbefriedigenden beruflichen Situation. Innerlich sind sie längst in der Kündigung und fiebern nur noch den Wochenenden und Urlauben entgegen. Wer mehr Lebensmut hat und eine geringere Leidensbereitschaft, der schaut sich um. Inzwischen haben sich Berater, die sich gerne Karrierecoach nennen, auf diese wechselfreudige Klientel spezialisiert.

6.11.2 Erfolgreich, aber unglücklich im Beruf – diese Klientel wächst

So wie Claudia M. Christen. Zu ihr kommen Leute, die exzellent ausgebildet und gut in ihrem Beruf sind und sich mit dem Etikett erfolgreich schmücken können. Und die durch die Bank unglücklich sind. Das Konto ist gefüllt, aber im Kopf kreisen Fragen: Soll das beruflich wirklich alles gewesen sein? Will ich so die Zeit bis zur Rente verbringen? Solche Fälle seien keineswegs selten, sagt die Schweizer Diplomkauffrau. Sie ist in Frankreich aufgewachsen, hat sich nach Jahren als Bankerin auf Karrierecoaching spezialisiert. In ihre Frankfurter Beraterpraxis kommen Menschen, die zwar Karriere gemacht haben – oder zumindest das, was die beruflichen Standards darunter verstehen, aber unzufrieden sind. Sie möchten sich innerhalb ihres Unternehmens verändern oder ganz etwas anderes machen.

„In Krisenzeiten mit 5,2 Millionen Arbeitslosen ist das schwierig. Da sind die Menschen gehemmt und haben noch mehr Angst vor einem Wechsel, als sie ohnehin schon haben. Diese Klienten machen meist ihre Arbeit gut aber ohne Leidenschaft. Ein Gespräch kann helfen, aus dieser Lähmung zu finden und Alternativen zu erkennen. Die Ratsuchenden bekommen gleichsam den Spiegel vorgehalten", erklärt die Neununddreißigjährige.

Kundschaft gibt es theoretisch genug. Eine Studie der Unternehmensberatung Gallup gelangt zu dem Ergebnis, dass sich nur noch 15 Prozent der Beschäftigten als „engagiert" bezeichnen. Die anderen leisten Dienst nach Vorschrift oder haben innerlich die *Kündigung* eingereicht. Kündigungswellen rauben Vorstellungen von Freiheit und vernichten die Identifikation mit dem Arbeitsplatz. Hinzu kommt der fatale Mix aus Überarbeitung und der fehlenden Wertschätzung durch Vorgesetzte, die viel zu sehr mit ihrem eigenen Fortkommen beschäftigt sind als das Wohl ihrer Mitarbeiter im Auge zu halten.

6.11.3 Heute bleibt nur noch Pflicht und keine Zeit mehr für die Kür

Ein Münchener Entwicklungsingenieur hatte gute und schlechte Zeiten im internationalen Unternehmen, seit zwei Jahren überwiegen die schlechten. Das, was ihn zu Studium und Berufswahl getrieben hat, nämlich die Leidenschaft, technische Probleme in Ruhe lösen zu können, ist inzwischen auf der Strecke geblieben. Er muss eineinhalb Stellen ausfüllen, die Auftragslage zwang das Unternehmen zu betriebsbedingten Kündigungen, jetzt bleibt nur noch Zeit für die Pflicht, nicht aber für die Kür. „Ob ich noch einmal diesen Beruf ergreifen würde, ich weiß nicht", sagt der 45 Jahre alte Ingenieur. Die Stelle zu wechseln scheut er, ab Ende 30 sei es ein Gesetz der Serie, dass Bewerbungen auf dem Wir-haben-uns-für-einen-anderen-Kandidaten-entschieden-Stapel landen. Außerdem hat er Kollegen beobachtet, die versucht haben, für sich neue Perspektiven zu eröffnen. „Geklappt hat das bei keinem, die sind im Grunde alle froh, dass sie weiter hier arbeiten können", hat der Bayer resigniert. Folglich verharrt er in der unerfreulichen Situation. Manchmal aber hat diese Desillusionierung mit der falschen Berufswahl zu tun. Oft reichen eben die Wurzeln für eine freudlose berufliche Existenz bis in Oberstufenzeiten zurück. Selten unterliegt die Berufswahl eben zu Beginn wirklicher Sachkenntnis, siehe oben, siehe Profiler. Da gibt es den Abiturienten, der liebend gerne Kunstgeschichte studiert hätte und vielleicht ein sehr guter Kunsthistoriker geworden wäre. Brotlos, berieten die Eltern und empfahlen: Studier doch was Vernünftiges. So wie dein Vater, der Jurist. Heute ist der Sohn Anwalt. Jetzt lebt er vernünftig und unzufrieden. Und das noch drei Berufsjahrzehnte lang?

6.11.4 Fehlentscheidungen werden von oft gehörten Merksätzen begleitet

Begleitet werden solche Fehlentscheidungen von der inneren Stimme, die oft gehörte Merksätze vorsagt. Warnhinweise reichen von Schuster bleib bei deinen Leisten bis zur Überzeugung Künstler sind alle Spinner. Amerikaner scheinen sich einerseits eher von solchen familiären Loyalitäten lösen zu können und haben andererseits eine geringere Frustrationstoleranz, unbefriedigende Jobs auszuhalten Bei ihnen ist die berufliche Umorientierung in der Mitte des Berufslebens weit verbreitet. Das Ganze heißt *mid-career crisis* und hat nicht den bedrohlichen Charakter wie im sicherheitsbetonten Deutschland, wo schon ein sonniges Aussteigerjahr im Lebenslauf nach Rechtfertigung schreit. Eine Midlife-crisis ist das selten. Unzufrieden können auch die dreißigjährigen Durchstarter sein.

Oder erfolgreiche Frauen um die 40. Die gehören quasi zur klassischen Klientel von Claudia M. Christens „Inspire Coaching", wie ihr Unternehmen heißt. „Das sind karrieretechnisch Topfrauen, viele Juristinnen, Bankerinnnen, Unternehmensberaterinnen, die es geschafft haben, in verantwortungsvolle Jobs zu gelangen. Manchmal ist unklar, ob das eine Rolle ist, in die sie gepuscht worden sind, die sie aber eigentlich nicht wollen. Sie leben Werte, die nicht ihre eigenen sind." Erfüllt sind sie nicht und auch nicht länger bereit, den Frust mit sich herumzutragen. Nachfragen muss die Beraterin kaum. „Sie sagen, mein Chef ist blöd, die Stimmung ist blöd, aber ich kann nichts dagegen tun, weil der Markt so eng ist." Vielleicht eben doch, ermutigt Christen. „Manchmal hilft schon ein Inhouse-Wechsel. Leider ist das in Deutschland schwieriger als in anderen Ländern." Geld ist jedenfalls kein verlässliches Glückskriterium. So wie bei einem ehemaligen Bankkollegen, der sagt: „Bei meinem bestbezahlten Job war ich todunglücklich." Natürlich gibt es auch ganz andere Typen. So gibt es Investmentbanker oder Verkäufer, die Kaltakquisition machen und glücklich darin aufgehen, gute Abschlüsse zu verbuchen. Für mache ist dieses Adrenalin bis zum Abschluss toll und sie finden die Zufriedenheit in einem guten Resultat. Aber das gilt eben nicht für die Mehrheit. Und diejenigen, die so frustriert sind – um das abgewetzte Wort einmal zu benutzen – sollten nach Mustern fahnden, die sie individuell erfüllen und Kopf- und Bauchgefühl ins Gleichgewicht bringen. Hier helfen Fragen weiter: Was zeichnet mich aus? Welche Talente sind bei mir seit der Kindheit verschüttet? Wenn ich nur noch wenige Monate zu leben hätte, was würde ich dann sofort ändern, wie, wo und mit wem würde ich dann meinen Tag gestalten? Was soll einmal auf meinem Grabstein stehen? All die klassischen Coachingfragen können weiterhelfen.

6.11.5 Ein Wechsel ist eine große Herausforderung für die ganze Person

Es ist keine Frage, dass ein Berufswechsel eine große Herausforderung für die ganze Person ist. Das betont auch Brigitte Scheidt.

Die Psychologin und psychologische Psychotherapeutin hat über neue Wege im Berufsleben ein Buch geschrieben. Ihre Hauptthese: Eine grundsätzliche berufliche Neu- und Umorientierung erfordert und bedeutet – neben dem Lernen von neuem fachlichen Know-how – auch immer einen psychischen Entwicklungsprozess, an dessen Ende eine neue berufliche Identität steht.

Um das klarer zu fassen, hat sie ein Phasenmodell entworfen, das reflektierte Orientierung auf einem kurvenreichen Weg bietet: ein anspruchsvoller Prozess, der alles andere als linear verläuft und mit dessen Anforderungen der Berufswechsler konstruktiv umgehen muss. Checklisten helfen, sich darüber klar zu werden, wohin die Reise überhaupt gehen soll. Dazu gibt es eine Reihe handfester Hinweise. Zum Beispiel die Überlegung, Freistellungsmodelle sparbewusster Firmen zu nutzen. Oder auf Tagungen und Dienstreisen aktiv Kontakte zu knüpfen und die zu pflegen. Wie das gehen kann, erläutert Brigitte Scheidt in dem Abschnitt „Beziehungspflege für Skeptiker und Schüchterne". All das sind Schritte zu einer neuen Tätigkeit, die womöglich mit der eigenen Wertorientierung besser übereinstimmt als die alte. Familie und Bekannte helfen meist nur bedingt weiter. Sie haben keinen Abstand – hier tritt das gleich Problem auf wie beim klassischen Karrierecoaching. Gerade enge Freude sind oft sehr schlechte Ratgeber: Ein geplanter Wechsel kann auch sie bedrohen, weil er zeigt, was möglich wäre – auch ihnen, wenn sie nur mehr Mut zu ersten Schritten hätten.

Brigitte Scheidt warnt ausdrücklich vor der weit verbreiteten Man-muss-nur-richtig-wollen-Blauäugigkeit und den schlichten Strickmustern mancher Aufbruchseminare, die kühl den Markt analysieren und forsch suggerieren: Wichtig ist allein der Wille, sind die richtigen Leute, die richtigen Hobbys, dann klappt das mit dem Wechsel. Zunächst aber ist der Wechsler ein Anfänger. Zwar kein blutiger, aber eben ein Anfänger, der wieder in der Rolle des Lernenden steckt. Diesen Rollenwechsel ignorieren gerade diejenigen allzu gerne, deren Selbstbewusstsein künstlich durch ein Neuorientierungsseminar aufgepumpt worden ist. Brigitte Scheidt mahnt zur Besonnenheit: „Anfangs geht es aber nur darum, den Fuß in die Tür zu bekommen und nicht den King of Sonstwas zu mimen."

Diese überzogene Selbsteinschätzung hatte der Architekt nicht, der voller Unzufriedenheit aus seinem Beruf ausgestiegen war. Nach einer Zeit der Suche arbeitete der genussfreudige Mann ein Jahr als Praktikant bei einem Weinhändler, machte sich sachkundig im Vertrieb, bei der Kalkulation, den Zulieferern. Heute betreibt er gut gehende Weinläden. Seinem Architektenalltag trauert er nicht hinterher: Dort fühlte er sich zusehends zerrieben zwischen künstlerischen Möglichkeiten, Kundenansprüchen und Gelddiskussionen. Auf ungute Kompromisse hatte er keine Lust mehr. Ebenso wenig wie seine Frau auf die chronisch schlechte Laune ihres Mannes. Heute geht es der Familie mit dem neuen Beruf gut.

Solche Erfolgsgeschichten einer zweiten Karriere gibt es natürlich. So wie die der ehemaligen Leiterin einer Beratungsstelle, die heute in der Konfliktberatung einer Firma arbeitet. Oder der Volkswirt, der seinen Geschäftsführerposten aufgab und als Immobilienmakler arbeitet. Claudia M. Christen nennt ihren britischen Kollegen Andy Dehne, der International Marketing Direktor bei Reuters war. Doch das war es nicht, was ihn im Leben eigentlich antrieb. Er hat sich als Coach selbständig gemacht – ziemlich direkt

nach der Ausbildung und ziemlich erfolgreich. Seine Branche vermisst er nicht.
Denn es klingt nach Klischee, ist aber zutreffend. Wer Neues entdecken, neu überprüfen und neu auswählen möchte, der muss Altes loslassen. Das funktioniert nicht einfach per Beschluss und Verstand: Dazu gehört die Auseinandersetzung mit eigenen Überzeugungen und familiären Regeln wie auch die Verarbeitung von eventuell erfahrenen beruflichen Kränkungen, die ja auf nahezu allen Hierarchieebenen zu finden sind.

Hilfreich ist das Kopfkino, das der Wechselfreudige einschalten soll. Jeder Mensch hat Regeln, nach denen er lebt, es geht darum, diese zu erkennen und dann neu zu bewerten. Und dann das Eigene zu finden. Die Leitlinien zu einer eigenen Karriere, die jeweils passt. Manch einer begreift auch die drohende Arbeitslosigkeit oder eine Kinderpause als Chance, das zu tun.

6.11.6 Ein Sabbatjahr bietet neue Perspektiven mit Rückkehrgarantie

Es gibt einen Königsweg, herauszufinden, ob und welcher Wechsel die Lebensqualität erhöht: Ein geschenktes Jahr, das so genannte *Sabbatical*. Die Bezeichnung lehnt sich an den hebräischen Sabbat an, den traditionellen Ruhetag in der jüdischen Religion. In den Vereinigten Staaten ist dieses TimeOut weit verbreitet: Ein Sabbatjahr, in dem man sich vom Unternehmen freistellen lässt und das tut, was man immer schon einmal tun wollte, aber nie getan hat. Das hat den Vorteil, dass das Rückkehrticket sozusagen schon mit gebucht ist. Noch vor sechs, sieben Jahren war dieser Ausstieg auf Zeit populär und wurde immer reizvoller: Ein Jahr auf Barbados, endlich die lang aufgeschobene Dissertation fertig stellen, mit der Partnerin die Hühner satteln und einmal um die Welt reisen, den MBA in Chicago machen – nichts schien unmöglich. Zumal sich mit den Arbeitgebern gute Konditionen für eine garantierte Rückkehr aushandeln ließen. Personalabteilungen beschäftigten sich damit, unbezahlten Urlaub zu gewähren und entwickelten Modelle, Gehälter anzusparen und während des Urlaubsjahres XXL eine Art Taschengeld zu überweisen. Von Großkonzernen bis zu Unternehmensberatungen, die projektbezogen arbeiten und daher ihre Mitarbeiter gut freistellen können, reichte die Bereitschaft, das zu gewähren. Zwar boten nur etwa drei Prozent der deutschen Arbeitgeber ein Sabbatical an, aber mit steigender Tendenz. Das hat sich geändert. Mittlerweile ist das ernsthafte Interesse auf beiden Seiten abgeflaut. Die wirtschaftliche Lage ist instabil, Fusionen und Freisetzungen – wie der unsägliche Ausdruck für Entlassungen lautet – halten sie davon ab. Ein Sabbatjahr kann zum Karriererisiko werden.

6.11.7 Key Messages
- Durch Innovationen und Arbeitsplatzverluste auch für Akademiker lernen immer mehr Menschen mehrere Berufe – gezwungenermaßen.
- Die Zahl derer, die aus eigenem Antrieb beschließt, sich ein neues berufliches Feld zu erobern, wächst ebenfalls. Sie haben erkannt, dass sie im falschen Berufsleben stecken und erfinden sich nun neu.
- Wer sich das nicht zutraut, der ist mit einem Sabbatjahr, einem Sabbatical, besser beraten. Ein begrenzter, unbezahlter Ausstieg auf Zeit mit Rückkehrgarantie zum alten Arbeitgeber. Während diese Form des Urlaub XXL vor wenigen Jahren noch stark nachgefragt war, hat die Attraktivität des Sabbaticals derzeit stark gelitten: Der vorübergehende Abschied könnte final werden – längere Auszeiten können zum Karriererisiko werden. Das riskiert in Zeiten von Hartz IV niemand leichtfertig.

LITERATURHINWEISE

BOLLES, R. N. (2004): Durchstarten zum Traumjob. Ein Handbuch für Ein-, Um- und Aufsteiger. Siebte Auflage. Campus-Verlag. Frankfurt, New York.

HESS, B. (2002): Sabbaticals. Auszeit vom Job – wie Sie erfolgreich gehen und motiviert zurückkommen. Frankfurter Allgemeine Buch. Frankfurt.

KALTWASSER, G.; BADE, M. (2006): Schöne Aussichten. Anleitung zur beruflichen Neuorientierung. Expert Verlag. Renningen.

ÖTTL, C.; HÄRTER, G. (2006): Zweite Chance Traumjob. Mehr Erfolg durch berufliche Neuorientierung, Redline Wirtschaft. Heidelberg.

RICHTER, A. (2002): Aussteigen auf Zeit. Das Sabbatical Handbuch. Zweite Auflage. vgs Verlag. Köln.

SCHEIDT, B. (2006): Neue Wege im Berufsleben. Ein Ratgeber-, Kurs- und Arbeitsbuch zur beruflichen Neuorientierung. Zweite Auflage. Bertelsmann Verlag. Bielefeld.

SCHULZE, G. (2005): Arbeit – Leben – Glück. Wie man herausfindet, was man werden will. Hanser Verlag. München.

SENNETT, R. (2005): Der flexible Mensch. Die Kultur des neuen Kapitalismus. Berlin Verlag. Berlin.

7 Systembezogene Prävention und Intervention

7.1 Betriebliches Gesundheitsmanagement

Michael Kentner

7.1.1 Definition

Betriebliches Gesundheitsmanagement (BGM) beinhaltet Maßnahmen aus verschiedenen Fachdisziplinen wie Medizin, Psychologie, Gesundheits- und Sozialwissenschaften sowie (Sicherheits-)Technik und schließt den tradierten, überwiegend regulierten Gesundheits- und Arbeitsschutz mit ein. Diese Aktivitäten können diverse Parameter wie Gesundheit, Leistungsfähigkeit, Fehlzeitenquote, störungsfreie Produktion, etc. positiv beeinflussen. Entscheidend beim BGM ist die Verknüpfung der Ziele des *strategischen Managements* mit den Gesundheitszielen. Unternehmensperspektiven, insbesondere die *Humanressourcen* und interne Prozesse, werden damit nachhaltig unterstützt und Wirtschaftlichkeit sowie *Produktivität* gefördert

7.1.2 Einleitung

Im April 2004 legte die Expertenkommission der Bertelsmann Stiftung und der Hans-Böckler-Stiftung ihren Abschlußbericht „Zukunftsfähige betriebliche Gesundheitspolitik" vor. Die Kommission spricht darin die Empfehlung aus, die *betriebliche Gesundheitspolitik* neu auszurichten und aufzuwerten. Zur Begründung wird aufgeführt, dass erstens die Betriebe mehr Verantwortung für Wohlbefinden und Gesundheit ihrer Mitarbeiter übernehmen müssten, weil dadurch eine bessere Wettbewerbsfähigkeit zu erzielen sei. Und zweitens könnten sozialstaatliche Aktivitäten entlastet werden. Die dadurch induzierte dämpfende Wirkung auf die *Lohnnebenkosten* käme ebenfalls den Unternehmen zugute.

Parallel zur Vorstellung des Schlussberichtes gaben die Bundesvereinigung der Deutschen Arbeitgeberverbände (BDA) und der Deutsche Gewerkschaftsbund (DGB) eine gemeinsame Erklärung zur „Zukunft einer zeitgemäßen betrieblichen Gesundheitspolitik" ab. Nach deren Auffassung umfasst betriebliche Gesundheitspolitik alle Strategien in die Humanressourcen unserer Wirtschaft zu investieren. Sie könne dazu beitragen, die Innovationskraft und Produktivität zu erhöhen. Ergänzend wird darauf hingewiesen, dass der Wandel hin zu einer wissens- und *informationsbasierten Arbeitswelt* die so genannten weichen Faktoren wie psychische Fehlbelastungen stärker in den Blickpunkt gerückt habe. Es fehle im Bereich des *Arbeits- und Gesundheitsschutzes* nicht an gesetzlichen Regelungen und gesicherten Erkenntnissen. Verbesserungsbedarf bestehe vielmehr hinsichtlich der effizienten Anwendung gesicherter Erkenntnisse.

Wenn sich die Sozialpartner in der heutigen, durch zahlreiche Kontroversen geprägten Zeit in einer Sache derartig einig sind, dann kann es nicht verkehrt sein und dann ist es sicherlich auch zukunftsträchtig, den ausgesprochenen Empfehlungen auch Taten folgen zu lassen.

7.1.3 Rahmenbedingungen

Aus der jüngeren Vergangenheit gibt es zwei besonders häufig in den Medien und in der Politik zitierte Botschaften:
1. Die Kosten *arbeitsbedingter Erkrankungen* sind mit mindestens 28 Milliarden Euro jährlich zu veranschlagen.
2. Durch fehlendes Engagement am Arbeitsplatz – etwa in Form hoher *Fehlzeiten* und niedriger Produktivität – entsteht in Deutschland ein jährlicher gesamtwirtschaftlicher Schaden von ca. 250 Milliarden Euro.

Die erste Meldung stammt vom BKK-Team Gesundheit aus dem Jahr 2002 und leitet sich aus einer aufwändigen Studie mit Generierung attributiver Risiken auf der Basis von Arbeitsunfähigkeits-Datenanalysen und Expertenbefragungen im Betrieb ab. Zu den methodischen Unzulänglichkeiten dieses Vorgehens und der damit verbundenen Unschärfe der Monetarisierung haben wir uns mehrfach geäußert (Kentner und Zober 2002 und 2003).

Die zweite Verlautbarung basiert auf der telefonischen Befragung von ungefähr 2000 Personen. Mittels 12 standardisierter Fragen wurde dieser Personenkreis in drei Kategorien unterteilt: hohe, geringe und keine emotionale Bindung zu Arbeit und Betrieb. Daraus wurde abgeleitet, dass nur 12 % der Arbeitnehmer engagiert bei der Arbeit und zufrieden mit ihrem Job sind. Es liegt auf der Hand, dass mit einer derartigen Methodik weniger noch als bei der vorher beschriebenen Studie harte belastungsfähige Zahlen zu erwarten sind. Darüber hinaus verfolgt die Gallup-Organisation als Initiator der Erhebung und als international tätiges Meinungsforschungs- und Beratungsinstitut auch handfeste kommerzielle Ziele, indem sie die Ergebnisse dieser jährlich statt findenden Umfrage zu Marketing- und PR-Zwecken einsetzt.

Trotz der erforderlichen Methodenkritik kann aber nicht von der Hand gewiesen werden, dass wir es bei den arbeitsbedingten Erkrankungen und Befindlichkeitsstörungen und eingeschränkter Motivation mit einem volkswirtschaftlich bedeutenden Phänomen zu tun haben. Hier werden Ressourcen verbraucht, auf die wir in Zukunft mehr denn je angewiesen sein werden. Es handelt sich um das Human- und Sozialvermögen in Deutschland. Doch dazu später.

Zunächst soll dargelegt werden, dass das Betriebliche Gesundheitsmanagement (BGM) keinen Luxus, sondern in Anbetracht der dramatischen Veränderungsdynamik in Gesellschaft und Wirtschaft eine zwingende Notwendigkeit darstellt (siehe hierzu auch: Luxemburger Deklaration zur betrieblichen Gesundheitsförderung in der Europäischen Union 11/1997). Globalisierung des Wirtschaftens, neue Techniken und Rationalisierung sind die großen Treiber dieser Entwicklung. Parallel dazu überaltert unsere Gesellschaft. Die trotz Vorruhestandregelungen und *Altersteilzeit* zwangsläufig älter werdenden Belegschaften müssen lebenslang lernen, um die sich permanent verändernden Anforderungen bewältigen zu können. Gleichzeitig steigt der Wusch nach Selbstverwirklichung. Die traditionellen Verbünde wie Ehe, Familie und Kirche verlieren Land. Die Arbeit bekommt Konkurrenz durch die Freizeit.

Dies alles bleibt nicht ohne Konsequenzen für die Strukturen von Arbeit und Beruf. Beschäftigungsverhältnisse verändern sich: Befristete Jobs, Teilzeitarbeit und Menschen mit mehreren Arbeitsverhältnissen nehmen zu. Die modernen *Informationstechnologien* (IT) führen zu einer Entkoppelung von Raum und Zeit. Der Informatiker in Indien bearbeitet zeitgleich zusammen mit seinen Kollegen in USA ein Softwareproblem in Deutschland.

Wirtschaftliches Wachstum im 21. Jahrhundert in den Industrienationen und damit neue Arbeitsplätze entstehen fast ausschließlich im Dienstleistungsbereich und hier vor allem im IT-Sektor. T.I.M.E.S. heißt dieses Beschäftigungsfeld:

- T = Telekommunikation,
- I = Informationstechnologie, Internet,
- M = Multimedia, Mobilkommunikation, Mobile-Commerce,
- E = Entertainment, E-Commerce,
- S = Security-Dienstleistungen, Systemlösungen.

Aber nicht nur im produktionsorientierten Bereich, sondern auch bei hochqualifizierten Dienstleistungen hat uns die globale Konkurrenz bereits teilweise eingeholt. Wer hätte vor zehn Jahren geglaubt, dass beispielsweise Programmierer aus Indien Aufträge für deutsche Firmen erledigen. Es entstehen virtuelle Firmen ohne traditionelle Organisationsstrukturen oder ohne einen Zaun um das nicht vorhandene Werksgelände. Durch Outsourcing von nicht zur Kernkompetenz zählenden Dienstleistungen, durch Firmenneugründungen oder durch Neugliederung mit Abspaltung von Unternehmensteilen entstehen neue kleinere Unternehmen. Das bedeutet, dass die Anzahl der Mitarbeiter in mittleren und kleineren Unternehmen zunimmt. Bereits jetzt sind ca. 80 % aller Beschäftigten in Deutschland in Betrieben kleiner 250 Mitarbeiter tätig. Das hat erhebliche Konsequenzen für ein breitenwirksames effizientes Betriebliches Gesundheitsmanagement.

Unternehmen können sich heute nur noch dann im Markt behaupten, wenn hohe Qualität zu niedrigen Preisen geliefert wird. Deshalb erhalten *Kundenorientierung* und *Qualitätsmanagement* deutlich mehr Gewicht. Außerdem haben viele Unternehmen erkannt, dass sie eine ökologische und soziale Verantwortung nach innen und nach außen haben. Der reine Shareholder-Value-Ansatz mit Fokussierung auf möglichst quartalsweise darzustellende Gewinnmaximierung trägt in diesem Zusammenhang nicht mehr. Vielmehr ist ein Interessenabgleich mit allen Anspruchsgruppen (*Stakeholdern*) erforderlich, um nachhaltig erfolgreich zu sein. Die Mitarbeiter rücken dabei immer mehr in den Mittelpunkt unternehmerischen Handelns.

7.1.4 Paradigmenwechsel

Was interessiert den Betrieb heute beim Thema Gesundheit?

Früher waren es *physiko-chemische Belastungen* wie schweres Heben und Tragen sowie Gefahrstoffe, welche erhebliche personelle Ausfall- und Erkrankungsrisiken sowie Kompensationskosten mit sich brachten. Heute sind es *psychosoziale Belastungen*, die zwar nicht immer kausal und zeitnah Krankheit nach sich ziehen, aber dennoch die Leistungsfähigkeit und Motivation der Mitarbeiter erheblich einschränken können und damit ebenfalls zu Produktivitätseinbußen führen.

Früher stellten die klassischen *Berufskrankheiten* und die *Arbeitsunfälle* für viele Betriebe und Gewerbezweige ein ernst zu nehmendes Problem dar. Heute werden angeblich neue Krankheitsentitäten wie *Multiple Chemical Sensitivity* (MCS), *Sick Building Disease (SBD), Chronic Fatigue Disease (CFD)* oder *Repetitive Strain Injury (RSI)* kreiert. Alle diese Beschwerdekomplexe wurden geraume Zeit als Aspiranten für die offizielle Berufskrankheitenliste gehandelt. Es stellte sich aber immer wieder heraus, dass hier arbeitseigentümliche Einflüsse allenfalls teilursächlich wirksam waren und die Beschwerden überwiegend psycho-mentalen und psycho-emotionalen Faktoren zuzurechnen sind. Zu diesem Problemkreis gehören auch Phänomene wie *Innere Kündigung, Burnout-Syndrom, Arbeitssucht* und *Mobbing*.

Früher sprach man ganz allgemein lediglich von Arbeitsmoral. Heute geht man wesentlich differenzierter vor und fragt nach Motivation, Arbeitszufriedenheit, Identifikation mit Beruf und Arbeit, Kreativität und Produktivität.

Inzwischen wurde erkannt, dass der *Fehlzeitenquote* hierbei lediglich eine Indikatorenfunktion zukommt. Bei einer bundesweit durchschnittlichen Fehlzeitenquote von derzeit deutlich unter vier Prozent ist es außerdem viel interessanter zu analysieren, was die 96 % der Mitarbeiter machen, die zur Arbeit kommen, als zu untersuchen, warum vier Prozent fehlen. Selbstverständlich gibt es auch hier Ausnahmen. Es treten immer wieder Cluster erhöhter Arbeitsunfähigkeit im Betrieb auf. Meist liegt diesen eine Mixtur aus ungünstigen Arbeitsbedingungen, inadäquatem Führungsverhalten und eingeschränkter materieller und immaterieller Gratifikation zu Grunde.

Damit rückt die Schnittstelle Mensch/Arbeit zunehmend in den Hintergrund. Die Schnittstelle Mensch/Mensch bei der Arbeit – die so genannte Chemistry – gewinnt immer mehr an Bedeutung.

Die gewandelte Interessenlage der Betriebe beim Thema Gesundheit korrespondiert mit einem Wandel der Programmatik des Betrieblichen Gesundheitsschutzes. In der Zeit der Industrialisierung bis zum Wiederaufbau der deutschen Wirtschaft nach dem zweiten Weltkrieg standen pathogenetische Ursachen-Wirkungs-Zusammenhänge im Vordergrund. Neben der Akutbehandlung von Unfallverletzungen und Vergiftungen konzentrierte man sich auf die Verhältnisprävention, um überwiegend Berufskrankheiten zu vermeiden. Bei den arbeitsbedingten Erkrankungen – also den Krankheiten, die neben den anerkannten Berufskrankheiten auch die Leiden umfassen, welche nur teilursächlich und nicht hauptursächlich auf Arbeitseinflüsse zurückzuführen sind – tritt neben die *Verhältnisprävention* zusätzlich die *Verhaltensprävention*. Leiden wie Erkrankungen des Stütz- und Bewegungsapparates, psychiatrische und psychovegetative Krankheiten, Herz-Kreislauf-Erkrankungen, bronchopulmonale Krankheiten und Krebserkrankungen werden eben auch individuell unterschiedlich außerberuflich und verhaltensbedingt verursacht. Mittlerweile aber gesellt sich zu der pathogenetischen die salutogenetische Betrachtungsweise. Hierbei wird nicht nur gefragt, welche Faktoren krank machen. Es interessiert auch zunehmend, welche Faktoren gesund und leistungsfähig erhalten. Eine Weiterung des *salutogenetischen Konzepts* besteht darin, Faktoren zu identifizieren und zu unterstützen, welche die Leistungsfähigkeit am Arbeitsplatz noch steigern können. Der zuletzt genannte Gesichtspunkt spielt insbesondere bei alternden Belegschaften eine ausschlaggebende Rolle.

1. retrospektiv → prospektiv
Regeln und Systeme sind zukunftsfähig zu gestalten.

2. korrektiv → präventiv
Von der Reparatur zur Vorsorge.

3. monokausal → multikausal
Den Listen-Berufskrankheiten liegen zumeist monokausale Verursachungsmodalitäten zugrunde, während die anderen arbeitsbedingten Erkrankungen in der Regel multikausal verursacht sind.

4. technikorientiert → humanzentriert
Traditionell ist der Gesundheits- und Arbeitsschutz über die gesetzliche Unfallversicherung technisch dominiert.

5. klinisch → ganzheitlich
Stärkung des salutogenetischen Prinzips.

6. normativ → zielorientiert
Reduzierung der Regelwerke auf das absolut Notwendige.

7. solitär → interdisziplinär
Die Arbeitsmedizin hat in der modernen Industrielandschaft kein Monopol bei Gesundheitsthemen.

8. extern → prozessorientiert
Implementierung von Arbeitsschutzmanagement-Systemen und des Betrieblichen Gesundheitsmanagements.

9. erfahrungsbasiert → nachweisbasiert
Betriebliches Gesundheitsmanagement sollte evidence based sein und über Kosten-Nutzen- oder Aufwand-Wirksamkeits-Analysen den präventiven Outcome darlegen können.

10. ideell → wertschöpfend
Bei Beachtung ethisch-moralischer Leitlinien Beurteilung der Maßnahmen unter Produktivitätsgesichtspunkten.

11. sanktionierend → beratend
Nicht mit dem erhobenen Zeigefinger, sondern mit ausgestreckter Hand.

12. fremdbestimmt → eigenverantwortlich

Für den operativen Bereich des Gesundheits- und Arbeitsschutzes resultiert aus der beschriebenen Wandlungsdynamik der nachfolgend skizzierte Paradigmenwechsel:

7.1.5 Betriebliches Gesundheitsmanagement

In der Wissens- und Dienstleistungsgesellschaft, die unsere Volkswirtschaft immer stärker prägt, wird nicht das *Finanzkapital*, sondern das *Humankapital* zum entscheidenden Engpass. Deswegen werden Suche, Qualifikation, Bindung und Pflege des richtigen Personals prioritär. Die Menschen im Betrieb werden zum wichtigsten Erfolgsfaktor. Wenn ein Unternehmen im immer härter werdenden (globalen) Wettbewerb bestehen will, muss es entsprechende Rahmenbedingungen zur Verfügung stellen. Das Zukunfts-Leitbild lautet:
Gesunde Menschen in gesunden Unternehmen.
Die gesunden Menschen stehen für das Humankapital und das gesunde Unternehmen steht im Wesentlichen für das Sozialkapital. Die Verwendung dieser Begriffe ist für viele ärztliche Kolleginnen und Kollegen problematisch, weil sie damit medizin-ethische Grundprinzipien strapaziert sehen (Monetik vor Ethik). Andererseits müssen wir uns aber eines solchen Vokabulars bedienen, wenn wir mit den Unternehmen im Dialog bleiben wollen.
In diesem Zusammenhang ist auch eine partielle Abkehr vom traditionellen Rollenverhalten des Arztes erforderlich. Im Betrieb hat es der Arzt meist mit im klinischen Sinne gesunden Menschen zu tun. Dadurch kehrt sich das konventionelle Arzt-Patienten-Verhältnis in ein Mitarbeiter- oder Probanden-Arzt-Verhältnis um. Der Arzt im Betrieb muss auf die Mitarbeiter und Führungskräfte zugehen. In vielen innerbetrieblichen Situationen wird er vom Lieferanten von Gesundheitsdienstleistungen quasi zu deren Empfänger. Diesen Kundenstatus erhält er deswegen, weil er ja auf ein gesundheitsförderliches Verhalten der im Unternehmen Beschäftigten hinarbeiten muss.

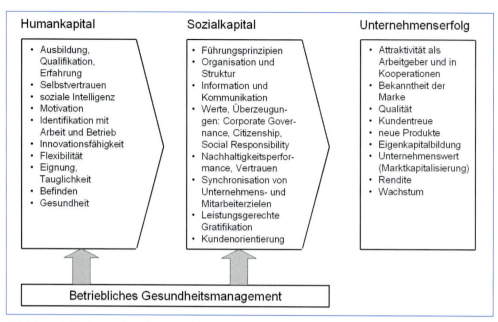

Abbildung 1: Einflussnahme des Betrieblichen Gesundheitsmanagements auf den Unternehmenserfolg (nach Badura und Hehlmann 2003)

In *Abbildung 1* ist dargestellt, mit welchen Teilelementen Humankapital und Sozialkapital den Unternehmenserfolg unterstützen können. Während auf die wichtigsten Aspekte des Humankapitals bereits weiter oben eingegangen worden ist, sollen im Folgenden die wichtigsten Determinanten des Sozialkapitals besprochen werden. Neben einem *partizipativen Führungsstil* mit *optimierten Handlungsspielräumen* für die Mitarbeiter spielen Organisationsform und Struktur des Betriebes eine ausschlaggebende Rolle. Die Organisation sollte dezentral sein. Eine flache Hierarchie öffnet Möglichkeiten für die *Selbstorganisation* und Kommunikation. Interdisziplinäre Kooperation, *Teamarbeit* und ein Höchstmaß an *Eigenverantwortung* gepaart mit einem *kooperativen Führungsstil* sind weitere prägende Elemente der gesunden Organisation. Dazu gehören auch umfassende Information und intensive Kommunikation sowie die Synchronisation von Unternehmens- und Mitarbeiterzielen. Die Unternehmenskultur wird darüber hinaus entscheidend durch Werte und Überzeugungen geprägt (siehe weiter unten).

Viele Betriebe weisen diese Determinanten einer gesunden Organisation in unterschiedlicher Vielfalt und Intensität bereits auf. Um diesbezüglich einen kontinuierlichen Verbesserungsprozess aufzusetzen, ist eine Operationalisierung mit Integration der internen und externen Akteure und Ressourcen zielführend. In *Abbildung 2* wird hierfür ein Vorschlag gemacht.

Im Gesundheits- und Arbeitsschutz sind die traditionellen Präventionsdisziplinen Arbeitsmedizin und Sicherheitstechnik zusammengefasst. Deren unbestreitbarer, aber nicht immer genutzter Vorteil ist es, dass sie qua Gesetz bereits in die Betriebe implementiert sind.

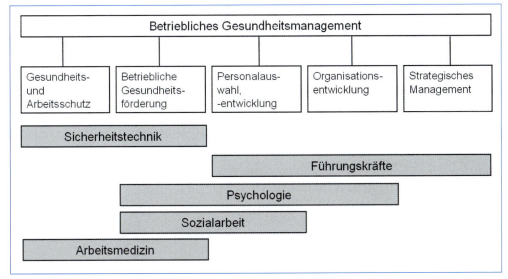

Abbildung 2: Vorschlag einer Operationalisierung des Betrieblichen Gesundheitsmanagements mit Integration der internen und externen Akteure

Die betriebliche Gesundheitsförderung umfasst alle prophylaktischen Maßnahmen, welche über den eigentlichen Gesundheits- und Arbeitsschutz hinausgehen. Hierzu gehören die qualitätsgesicherten Präventivaktionen der Krankenkassen, also in erster Linie *Rückenschulen*, Maßnahmen zur *Stressbewältigung* und *Ernährungsberatung*, aber auch zahlreiche freiwillige Vorsorgeuntersuchungen und Früherkennungsmaßnahmen der Betriebe. Insbesondere *Alkohol- und Suchtprogramme* sind eine Domäne der Sozialberatung im Betrieb, ebenso *Anti-Mobbing-Akivitäten*. Personalauswahl sowie *Personal- und Organisationsentwicklung* fallen in den Kompetenzbereich der Führungskräfte. Diese können sehr wirkungsvoll durch Arbeits- und Organisationspsychologen unterstützt werden. *Assessment-Center* und *Potenzialanalysen* stellen beispielsweise hervorragende Methoden zur Auswahl, Pflege und Weiterentwicklung der Humanressourcen im Unternehmen dar.

Der entscheidende Punkt in der Operationalisierung des Betrieblichen Gesundheitsmanagements aber ist die Verknüpfung der vorgenannten Strukturelemente mit dem *strategischen Management* des Unternehmens. Im folgenden Kapitel sollen zwei Umsetzungsstrategien exemplarisch dargestellt werden.

7.1.6 Transfermodelle

In der eingangs bereits erwähnten Bertelsmann/Böckler-Kommission wurde ein so genannter Neuer Interventionstyp kreiert. Er zeichnet sich insbesondere dadurch aus, dass er die Aufgaben des strategischen Managements im Betrieblichen Gesundheitsmanagement beschreibt und gleichzeitig zur Generierung von Erfolgsindikatoren auffordert.

7.1.6.1 Vorschlag 1: Betriebliches Gesundheitsmanagement und Balanced Scorecard

Eigentlich stellt der Neue Interventionstyp nichts sensationell Neues dar. Diverse bereits etablierte Arbeitsschutzmanagementsyste-

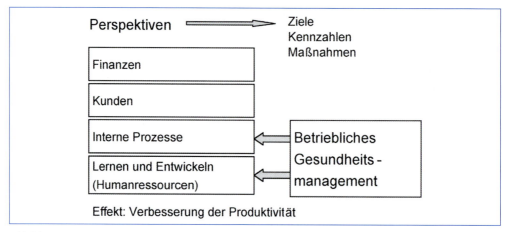

Abbildung 3: Die vier Hauptperspektiven der Balanced Scorecard (BSC) im Kontext mit dem Betrieblichen Gesundheitsmanagement (BGM)

me bedienen sich bereits dieser Umsetzungsphilosophie. Auch wir sind vor geraumer Zeit bereits wesentlich konkreter geworden, indem wir eine Verknüpfung des Betrieblichen Gesundheitsmanagements mit der Balanced Scorecard (BSC) vorgeschlagen haben.

Die Balanced Scorecard ist eine weit verbreitete und in vielen großen aber auch kleineren Betrieben gut etablierte Managementmethode, die auf Kaplan und Norton Ende der 80er/Anfang der 90er Jahre zurückgeht. Die BSC basiert auf der Erkenntnis, dass eine nachhaltig erfolgreiche Unternehmenssteuerung allein anhand von Finanzkennzahlen häufig nicht möglich ist. In der BSC werden deshalb neben die Finanzperspektive weitere Perspektiven gestellt: Kunden, interne Prozesse, Lernen und Entwickeln (*Humanressourcen*). Diese Teilbereiche sollen untereinander in einem ausgewogenen Verhältnis stehen. Insbesondere die beiden zuletzt genannten Perspektiven können entscheidend durch das Betriebliche Gesundheitsmanagement beeinflusst werden (siehe hierzu *Abbildung 3*): Humanressourcen aufbauen und pflegen und Prozesse sicher und effizient gestalten.

In *Abbildung 4* ist die Verknüpfung von BGM und BSC ausschnittsweise für das Thema Aufbau und Pflege der Humanressourcen dargestellt. Das erweiterte Methodenarsenal kann bei Kentner at al. 2003 nachgeschlagen werden. Mithilfe dieser Matrix wird von der althergebrachten Paragrafenperspektive auf die Unternehmensperspektive umgestellt. In einem umfassenden BGM werden automatisch alle legislativen Vorgaben mit erfüllt. Die Toolboxes von Arbeitsmedizin, Psychologie/Sozialarbeit und Sicherheitstechnik werden im vorliegenden Beispiel auf die Erreichung der Ziele Gesundheit, Leistungsfähigkeit, Eignung (speziell in der Verkehrsmedizin) und persönliches Potenzial ausgerichtet. So können bereits vorhandene interne Kompetenzen ergänzt und angereichert werden. Eine Indoktrination der Unternehmenskultur durch ein starres externes System unterbleibt. Das Unternehmen selbst entscheidet, wie breit und wie tief das BGM in die Organisationsstrukturen und in die Unternehmenskultur einschneidet.

Unter Federführung der Unternehmensleitung wird zusammen mit den verschiede-

Kriterien	Gesetze/ Vorschriften	Medizin	Psychologie/ Soziales	Technik
•Gesundheit •Leistungs- fähigkeit •Eignung •Persönliches Potenzial	•ASiG •ArbSchG •BGV A4	•Arbeitsmed. Beratung, Betreuung •Vorsorge- untersuchungen •Einstellungs-, Tauglichkeits- untersuchungen •Check-ups •Reisemedizin •Umweltmedizin •Basisdiagnostik und -therapie	•Personalaus- wahl, - entwicklung: •Assessment- center, Potenzialana- lysen, Coaching •Stressimpfung, - management •Zeit- management •Gesundheits- gespräch, -zirkel	•Sicherheits- technische Beratung, Betreuung •Arbeitsschutz-, Umweltschutz-, Qualitäts- management •altersgerechte Arbeits- gestaltung

Abbildung 4: Matrix zur Verknüpfung von Kriterien des Betrieblichen Gesundheitsmanagements mit der Toolbox der am BGM beteiligten Fachdisziplinen

Ziele	Kennzahlen	Maßnahmen
Prävention und sachgerechter Umgang mit Mobbing	Betriebsklimaanalysen - Messgrössen	Betriebsklimaanalyse Schulung, Konflikt- und Deeskalations- techniken, Stress- management Informationen für Mitarbeiter
Verbesserung der Kommunikation	Kommunikationsindex	Schulung, Gesprächsführung und Moderation Coaching von Führungskräften

Abbildung 5: Entwicklung von Kennzahlen zum Monitoring des Zielerreichungsgrades und des Maßnahmenerfolges

nen Akteuren des BGM ein Interventions- und Präventionsprogramm zusammengestellt. Zum Monitoring der Ergebnisse ist die Entwicklung von Kennzahlen erforderlich. In *Abbildung 5* ist aus dem Bereich der Potenzialperspektive exemplarisch dargestellt, wie Kennzahlen vorher definierte Ziele beschreiben und welche Maßnahmen Einfluss auf die Kennzahlen nehmen können. Diese Kennzahlen werden dann in der Zielvereinbarungskaskade des Unternehmens implementiert. Dadurch wird das BGM direkt mit dem strategischen Unternehmensmanagement verbunden.

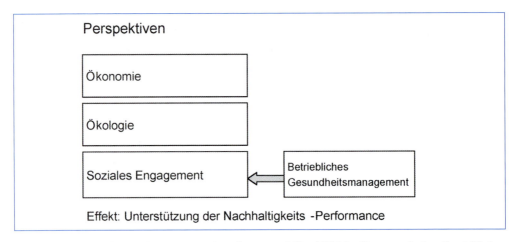

Abbildung 6: Perspektiven der Corporate Social Responsibility (CSR) im Kontext mit dem Betrieblichen Gesundheitsmanagement (BGM)

Bereiche	Beispiele
Allgemeine Unternehmensinformationen	Unternehmensphilosophie
Gesellschaftliches Engagement	Stiftungen, Antikorruptions-Maßnahmen
Corporate Governance	Transparenz der Geschäftsführung
Kunden	Kundenzufriedenheit
Mitarbeiter	**Gesundheit und Sicherheit am Arbeitsplatz, Ergonomie, Mitarbeiterzufriedenheit, Familien- und Frauenförderung, Mitarbeiterbeteiligung, partizipative Führung**
Umwelt	Umweltpolitik, Ressourcenschonung
Lieferanten	Beachtung der Menschenrechte
Aktivitäten in prekären Geschäftsfeldern	Alkohol, Tabakwaren, Glücksspiel, Rüstungsgüter, Pornografie usw.

Abbildung 7: Rolle des Betrieblichen Gesundheitsmanagements (BGM) im Konzept der Corporate Social Responsibility (CSR)

7.1.6.2 Vorschlag 2: Betriebliches Gesundheitsmanagement und Corporate Social Responsibility

Ein weiterer Vorschlag zur Umsetzung des neuen Interventionstyps ist das Konzept der Corporate Social Responsibility (CSR). Eine ganze Reihe von Ereignissen insbesondere aus dem Umweltsektor machen deutlich, dass Unternehmen gut daran tun, ein Risikomanagement bezüglich möglicher Konfliktfelder zu konzipieren. Als Risiken sind hier vorrangig öffentliche Proteste und unkalkulierbare Folgekosten zu sehen. Derartige prekäre Ereignisse waren beispielsweise in Seveso 1976 (Tetradibenzodioxin), Bhopal 1984 (Methylisocyanat), im Prince-William-Sound 1989 (Ölpest durch havarierten Tanker Exxon-Valdez), in der Nordsee 1995 (Verschrottung der mit Ölschlämmen belasteten Plattform Brent Spar) oder in Frankfurt-Schwanheim 1993 (ortho-Nitroanisol) zu beobachten.

Deswegen gibt es speziell in den USA, aber auch zunehmend bei uns das *3P-Investing* (Profit, Planet, People) von institutionellen Anlegern wie Pensionsfonds aber auch konfessionell oder ideologisch orientierten Anlegergruppen. Deren Investitionsstrategie basiert auf einer ausgeprägten Nachhaltigkeitsperformance.

In *Abbildung 6* sind die drei Hauptperspektiven der CSR dargestellt: wirtschaftlicher Wohlstand verknüpft mit ökologischer Balance und sozialem Engagement inklusive Pflege der Humanressourcen. Auch hier kann das BGM einen entscheidenden Beitrag liefern, was in *Abbildung 7* demonstriert wird.

7.1.7 Key-Message

- Globalisierung der Wirtschaft, demografischer Wandel und der Dienstleistungssektor bestimmen Wirtschaft und Gesellschaft in der Zukunft.
- Die Anforderungen und Belastungen durch die Arbeit werden immer weniger durch physiko-chemische und immer mehr durch psycho-soziale Faktoren bestimmt.
- Damit treten salutogenetische Ansätze in den Vordergrund: gesunde Mitarbeiter im gesunden Betrieb.
- Haupttreiber hierfür kann das Betriebliche Gesundheitsmanagement als interdisziplinärer Integrator für Managementprozesse und Unternehmenskultur sein.

- Im neuen Interventionstyp wird die Umsetzung der betrieblichen Gesundheitspolitik maßgeblich auf Management und Beschäftigte mit übertragen.
- Die Paragrafenperspektive wird durch die Unternehmensperspektive ersetzt.
- Durch Unterstützung innerbetrieblicher Prozesse und Humanressourcen erhöhen präventive Maßnahmen messbar die Produktivität.

LITERATURHINWEISE

BADURA, B.; TH. HEHLMANN: Betriebliche Gesundheitspolitik. Der Weg zur gesunden Organisation. Verlag Bertelsmann Stiftung, Gütersloh 2003.

KENTNER, M.: Betriebliches Gesundheitsmanagement. In: G. Triebig, M. Kentner, R.Schiele: Arbeitsmedizin – Handbuch für Theorie und Praxis. Gentner Verlag, Stuttgart 2003.

KENTNER, M.: Eingeschränkte Handlungsspielräume bei der Arbeit – Ursachen und Effekte. Arbeitsmed. Sozialmed. Umweltmed. 39 (2004) S. 292-293.

KENTNER, M.; A. ZOBER: Arbeitsbedingte Erkrankungen belasten die deutsche Wirtschaft – falscher Alarm oder dringender Handlungsbedarf? Arbeitsmed. Sozialmed. Umweltmed. 37 (2002) S. 472-473, 38 (2003) S. 94-96.

KENTNER, M.; PH. JANSSEN, C. ROCKHOLTZ: Betriebliches Gesundheitsmanagement und Balanced Scorecard – Die Verknüpfung von Prävention und Produktivität bei der Arbeit. Arbeitsmed. Sozialmed. Umweltmed. 38 (2003) S. 470-476.

7.2 Disability Management

Harald Kaiser

7.2.1 Einleitung

Die Gesundheit der Mitarbeiter ist das höchste Gut und somit ein wichtiger Produktivitätsfaktor im Unternehmen, unabhängig von Größe oder Branche. Dies haben die meisten Unternehmer realisiert, lediglich die praktische und für alle Beteiligten nutzbringende, aktive Unterstützung lässt leider oftmals zu wünschen übrig. In der heutigen Arbeitswelt, die von

- Globalisierung,
- Flexibilisierung,
- Automatisierung,
- Quartalsdenken,
- Produktivitätssteigerungen und
- Shareholder Value

stark geprägt ist, wird der Aspekt der humanen und ressourcenorientierten Integration trotz aller Beteuerungen oft ins Abseits gestellt. Zudem sind manche Rahmenbedingungen für Unternehmen neben der wirtschaftlichen Situation schwierig. Gerade kleinere Unternehmen werden durch eine Flut von Gesetzen, Richtlinien und Vorschriften überfordert. Auch sind die Zuständigkeiten für Nicht-Experten schwer zu erkennen, dazu bräuchte ein Unternehmer ein Zusatzstudium im Sozialversicherungssystem. Außerdem nehmen Managementsysteme inflationäre Gestalt an, wobei deren Definitionen teilweise unklar sind.

Die ganzheitliche Betrachtung in der Interaktion zwischen Mensch, Arbeit und Umwelt sieht die Verknüpfung von Arbeits- und Gesundheitsschutz, Betrieblicher Gesundheitsförderung und *Betrieblicher Eingliederung* vor. Mit der Einführung eines Managements – *Disability Management* – hält derzeit ein international standardisiertes System in Deutschland Einzug, das die frühzeitige Vorsorge mit der zielgerichteten Intervention und Integration in Arbeit verbindet. Dieses ursprünglich aus Kanada stammende Managementsystem ist unabhängig von der Art des Gesundheitssystems anwendbar, sei es durch Steuermittel finanziert wie in den meisten angloamerikanischen Staaten oder durch Krankenversicherungen wie in Mitteleuropa. Der demographische Wandel, der die Dringlichkeit nach effektivem Gesundheitsmanagement noch verstärkt, endet nicht an Staatsgrenzen. *Abbildung 1* stellt den Zusammenhang vom deutschen betrieblichen Gesundheitsmanagement mit dem kanadischen Disability Management System dar.

Eine kongruente Deckung der beiden Systeme soll dabei aber nicht vorgetäuscht werden. Nach wie vor sind die kanadischen und deutschen Rahmenbedingungen, Rechte oder

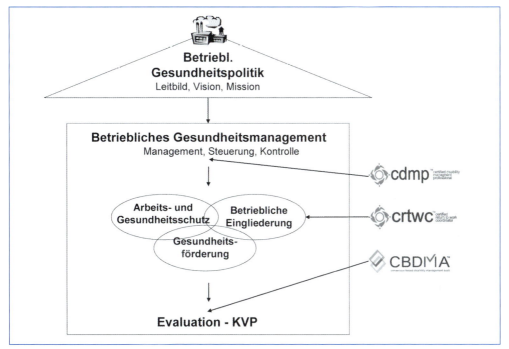

Abbildung 1: Zusammenhang deutsches betriebliches Gesundheitsmanagement mit kanadischen Disability Management System

Traditionen (z. B. Verantwortung der Unternehmen, Sozialversicherungen, (Schwer-)Behindertenstatus, etc.) unterschiedlich.

7.2.2 Was versteht man unter Disability Management?

7.2.2.1 Definition

Disability Management (DM) ist eine qualifizierte Form des Case-Managements, um erfolgreich Arbeitsplätze für Beschäftigte zu erhalten, denen ein Arbeitsplatzverlust durch die Beeinträchtigung ihrer Leistungsfähigkeit droht. DM in Deutschland ist ein integriertes Gesundheitsmanagement. Es dient der Verflechtung aller Phasen präventiver und rehabilitativer Maßnahmen zur Erhaltung der Leistungsfähigkeit von Menschen sowie zur Vermeidung von Arbeitslosigkeit und Frühberentungen[1] (Definition des HVBG unter: www.disability-manager.de).

Disability Management – der Titel assoziiert einen ausschließlich rehabilitativen Ansatz. Die kanadischen Weiterentwicklungen und insbesondere die Erfahrungen aus der praktischen Umsetzung haben aber schnell dazu geführt, den Umgang mit Behinderung um alle Aktivitäten zur Vermeidung von Behinderung zu ergänzen. In der Weiterentwicklung des DM sind deshalb die Prävention und die Früherkennung bzw. Frühintervention einbezogen.

---

[1] Definition des HVBG unter: www.disability-manager.de

7.2.2.2 Entwicklung und Inhalte

Die Wurzeln der Bewegung liegen in Kanada. Wolfgang Zimmermann wanderte mit 19 Jahren von Deutschland nach Kanada aus. Ein auf ihn herabstürzender Baum und folglich schwerste Verletzungen schienen sein Schicksal mit Rollstuhl und passiver Erduldung der schweren Leiden zu besiegeln. Dies war allerdings die Quelle einer aktiven und willensstarken Entwicklung, die im DM-System mündete und zu einer unvergleichlichen, weltweiten Initiative für ressourcenorientiertes Gesundheitsmanagement wurde.

Eine weitere konsequente Folge war 1994 die Gründung des National Institute of Disability Management and Research -NIDMAR-, das das Fundament für die weltweite Verbreitung ist.

Einen internationalen Zusammenschluss bildet das im Jahr 2003 ins Leben gerufene International Disability Management Standards Council - www.idmsc.org.

Die International Labour Organisation (ILO)[2] entwickelte einen Leitfaden zum Management von Behinderung am Arbeitsplatz (Code of practice on managing disability in the workplace)[3], der folgende Ziele zum Inhalt hat:

- Sicherstellung von Chancengleichheit am Arbeitsplatz von Menschen mit Behinderung.
- Verbesserung der Beschäftigungsperspektiven für Menschen mit Behinderung durch Erleichterung des Zugangs zu Beschäftigung, der Wiedereingliederung, des Erhalts des Arbeitsplatzes und des beruflichen Aufstiegs.
- Förderung eines sicheren, zugänglichen und gesunden Arbeitsplatzes.
- Minimierung der mit der Beschäftigung von Behinderten verbundenen Kosten für den Arbeitgeber.
- Maximierung der Beiträge Behinderter zum Unternehmenserfolg.

Dieser Leitfaden beschreibt u. a. die Ziele, Aufgaben und Verantwortungen für alle betrieblichen und überbetrieblichen Akteure. Viele Staaten adaptieren derzeit das DM-System, bestehend aus Ausbildung, Programm und *Audit* auf ihre politischen und wirtschaftlichen Gegebenheiten.

In Deutschland ging die Entwicklung mit konkreten Unternehmensprojekten wie zum Beispiel in den FORD-Werken in Köln und Saarlouis einher, sowie mit der Einführung

---

[1] Definition des HVBG unter: www.disability-manager.de
[2] ILO Adresse: http://www.ilo.org/
[3] Download unter: http://www.ilo.org/public/german/region/eurpro/bonn/download/code.pdf
[4] SGB IX § 84 Absatz 2 (Auszug): Sind Beschäftigte innerhalb eines Jahres länger als sechs Wochen ununterbrochen oder wiederholt arbeitsunfähig, klärt der Arbeitgeber mit der zuständigen Interessenvertretung im Sinne des § 93, bei schwerbehinderten Menschen außerdem mit der Schwerbehindertenvertretung, mit Zustimmung und Beteiligung der betroffenen Person die Möglichkeiten, wie die Arbeitsunfähigkeit möglichst überwunden wird und mit welchen Leistungen oder Hilfen erneute Arbeitsunfähigkeit vorgebeugt und der Arbeitsplatz erhalten werden kann (betriebliches Eingliederungsmanagement).
SGB IX § 84 Absatz 3 (Auszug): Die Rehabilitationsträger und die Integrationsämter können Arbeitgeber, die ein betriebliches Eingliederungsmanagement einführen, durch Prämien oder einen Bonus fördern.

1. Ausbildung

Certified Disability Manager Professional cdmp™ ⟡cdmp
Certified Return to work coordinator crtwc™ ⟡crtwc

Abbildung 2: Bausteine des Disability Managements

2. Umsetzung des Programms

3. Auditierung des Programms ⟡CBDMA

des Sozialgesetzbuches IX. Hier ist im Besonderen der Paragraf 84 Absatz 2 hervorzuheben, der die betriebliche Eingliederung zur Pflicht des Arbeitgebers macht. Zudem können Unternehmen, die ein erfolgreiches Eingliederungsmanagement auf- und nachweisen, mittels Prämien und Boni für ihr Engagement belohnt werden[4].

Das DM-System besteht aus drei Bausteinen, die in ihren Inhalten eng miteinander verzahnt sind *(Abbildung 2)*.

Ausbildung

Eine umfassende Ausbildung ist Grundvoraussetzung für einen erfolgreichen Disability Manager, sei er im Betrieb angestellt oder als externer Dienstleister, wie zum Beispiel der Berufshelfer der Berufsgenossenschaften, tätig. Neben dem Hauptverband der gewerblichen Berufsgenossenschaften (HVBG)[5] sind in Deutschland noch weitere Institutionen wie die Arbeitsgemeinschaft Deutscher Berufsförderungswerke oder das Bildungswerk des Deutschen Gewerkschaftsbundes (DGB) in die Ausbildung involviert und sichern somit die Qualität der Absolventen. Die weit gefächerte Qualifizierung umfasst insgesamt 27 Module aus den Bereichen funktionelle Leistungsdiagnostik und Arbeitsanforderungsanalyse, Sozialrecht, Unternehmensorganisation sowie viele Bereiche der Prävention und Rehabilitation. Bislang konnten in Deutschland bereits mehr als 400 Disability Manager nach erfolgreicher Prüfung das CDMP™ Zertifikat erlangen.

Grundsätzlich sind analog *Abbildung 2* zwei Ausbildungsrichtungen zu unterscheiden:

- Ein Certified Disability Management Professional (CDMP™) arbeitet unternehmensintern oder als externer Dienstleister und Berater. Er bietet sowohl direkte persönliche Dienstleistungen, als auch Leistungen im Bereich Konzeption, Schulung, Prozessoptimierung, Beratung oder Evaluation für das Unternehmen an.
- Der Certified Return to Work Coordinator (CRTWC™) arbeitet unternehmensintern oder als externer Berater. Aufgaben sind u. a. die Beschleunigung, die Koordinierung und die Erleichterung der Wiedereingliederung von Mitarbeitern nach Krankheit, Unfall etc.

---

[5] Hauptverband der gewerblichen Berufsgenossenschaften

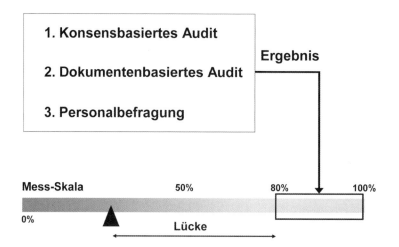

Abbildung 3: Drei Komponenten des Audits und deren Einstufung

Programm und Umsetzung

Das DM-Programm orientiert sich an den Ausbildungsmodulen und setzt die Inhalte in die Praxis um. Hierbei müssen natürlich die individuellen betrieblichen Rahmenbedingungen in Konzeption, Umsetzung und Bewertung Berücksichtigung finden. DM-Programme können und dürfen nicht einfach den Unternehmen übergestülpt werden, sondern bedürfen ebenso der Entwicklung aus dem Unternehmen heraus. Ein erfolgreiches Programm integriert sowohl Standards als auch unternehmensspezifische Besonderheiten. Das Programm berücksichtigt die Belange aller Interessensvertreter und bringt den Aspekt einer gesunden und motivierten Belegschaft mit der wirtschaftlichen Komponente in Einklang. Aus diversen Unternehmenserfahrungen lässt sich die Effizienz von DM-Programmen nachweisen, sei es in Kanada oder Deutschland. Im Folgenden wir ein Modellprojekt beschrieben.

DM-Audit

Das Audit ist als standardisiertes Messverfahren die logische Konsequenz nach der Qualifizierung und der betrieblichen Realisierung. Das Audit bewertet den aktuellen Stand der DM-Entwicklung und reiht das Ergebnis in einer Prozentskala von 0 - 100 ein, wobei 100 den Maximalwert abbildet. Das Audit schafft Transparenz für das Unternehmen. Es weiß, wo es steht und was noch zu optimieren ist. Es schafft auch Transparenz für die Sozialversicherungsträger, die bei Erreichen einer gewissen Zielpunktzahl (in der Regel 80 %) die Option der Prämienreduzierung für Arbeitgeber aber auch Arbeitnehmer gewähren können. So wird mittels dieses Messverfahrens eine nutzbringende Situation für alle Beteiligten geschaffen. Nachfolgende *Abbildung 3* verdeutlicht die drei Komponenten des Audits und die Einstufung auf einer Mess-Skala.

Im Audit werden mithilfe eines umfangreichen und standardisierten Fragenkataloges Informationen gesammelt, analysiert und bewertet, um Verbesserungspotenziale, Ressourcen und Stärken eines DM-Programms aufzuzeigen. Die Leistung des Unternehmens hinsichtlich der systematischen Umsetzung des DM-Programms wird mit den idealtypischen Daten eines optimalen Systems verglichen.

7.2.3 Erfahrungen aus der Praxis

Nachfolgend ist ein Projekt bei den FORD-Werken in Köln (später auch in Saarlouis integriert) skizziert, das stellvertretend für viele andere, ähnlich konzipierte Projekte die ganze Bandbreite des DM-Systems und dessen Nutzen aufzeigt. Dieses Projekt erlangte mehrere nationale und internationale Auszeichnungen und wurde somit Vorreiter für die Implementierung des DM-Systems in Deutschland. In vielen Unternehmen konnte mit ähnlichen Ergebnissen ein Paradigmenwechsel in den Köpfen aller Beteiligten erreicht werden. Weg vom defizitorientierten Denken hin zu einer modernen und effizienten Gesundheitspolitik.

7.2.3.1 Das Automobil-Unternehmen FORD

Vor mehr als 100 Jahren, im Jahre 1903, wurde das Automobil-Unternehmen von Henry Ford in den USA gegründet. Die FORD Werke in Köln - Niehl wurden 1931 in Anwesenheit von Henry Ford eröffnet. An den beiden Standorten in Deutschland - in Köln und Saarlouis - sind derzeit rund 38.000 Mitarbeiter und Mitarbeiterinnen tätig, davon rund 20.000 in Köln, wo die Ford-Werke AG ihren Stammsitz hat. Hier werden die Modelle Fiesta und Fusion gefertigt. Täglich laufen rund 1.600 Fahrzeuge vom Band. Neben den Fahrzeugen werden auch Motoren, Getriebe sowie Blech-, Schmiede- und Gussteile für andere Ford-Werke in Europa und Übersee hergestellt.

7.2.3.2 Ausgangsituation und Umsetzung

Der Umbau der alten Fertigungsanlage zu einer der modernsten Fertigungsstraßen Europas bedeutete, 5000 Arbeiter aus der alten Fiesta-Produktion auf neu konzipierten Arbeitsplätzen einzusetzen. Insbesondere betroffen von der Umstrukturierung waren rund 500 vorwiegend ältere Mitarbeiter mit Leistungseinschränkungen. Viele von ihnen waren in der Abteilung Eigenfertigung tätig. Dort arbeiteten Mitarbeiter, die aus gesundheitlichen Gründen keine 100-prozentig produktive Tätigkeit in der Fertigungslinie aufnehmen, sondern nur noch einfache Montagearbeiten ausführen konnten. Dies war für das Unternehmen mit hohen Kosten verbunden und oftmals frustrierend für die Mitarbeiter. Im Zuge der Umstrukturierung wurde die Abteilung geschlossen und produktive Arbeiten für die Mitarbeiter gesucht.

Die passgenaue Eingliederung von über 5000 Mitarbeitern, davon mehr als 500 mit gesundheitlichen Beschwerden, auf neu konzipierte Arbeitsplätze einer neuen Fertigungslinie, war die große Herausforderung. Die Ursachen für die Leistungseinschränkungen in der alten Fertigungslinie waren in erster Linie auf Erkrankungen zurückzuführen. In den letzten Jahren wurde dabei eine rasante Zunahme an psychischen Erkrankungen festgestellt. Die meisten Mitarbeiter waren im Besitz einer ärztlichen Bescheinigung, die ihnen attestierte, dass sie z. B. nicht schwer heben, nicht über Kopf arbeiten oder nicht taktgebunden arbeiten dürfen. Festgehalten und dokumentiert war das, was der Mitarbeiter alles nicht mehr leisten konnte. Die Leistungsbeschreibung war somit stark defizitorientiert.

Ziel war die Sicherung von produktiven Beschäftigungsverhältnissen und die Vermeidung von Ausgrenzungen von Menschen, die nach Ansicht mancher Vorgesetzter aufgrund ihres Alters oder ihrer Diagnose nicht mehr der Leistungsnorm entsprachen. Zusätzlich galt es, für die Zukunft ein innovatives System mit effektiven Prozessen aufzubauen, welches wichtige Faktoren bezüglich des zu erwartenden demographischen Wandels der Erwerbsbevölkerung berücksichtigt. Das Unternehmen wurde somit frühzeitig auf kommende Änderungen in der Arbeitswelt und der darin integrierten Arbeitsorganisation vorbereitet.

Als primäre Aufgabe wurde das Projekt und dessen Ziele auf allen Abteilungsebenen vorgestellt, denn nur in der aktiven Zusammenarbeit aller Unternehmensakteure sah man den Schlüssel zum Erfolg. Betriebsrat, Unternehmensführung, Schwerbehindertenvertretung und weitere Spezialisten aus den Bereichen Medizin, Ergonomie, Sicherheit, Planung und Controlling stimmten für die Durchführung und so konnten im nächsten Schritt Produktionsmitarbeiter und Meister über das Projekt informiert und aufgeklärt werden.

Ein Integrationsteam, bestehend aus verantwortlichen Akteuren oben beschriebener Bereiche und externen Spezialisten des Instituts für Qualitätssicherung in Prävention und Rehabilitation GmbH an der Deutschen Sporthochschule Köln IQPR (www.iqpr.de)[6], bildete die Basis für ein interdisziplinäres Entscheidungsgremium, welches sich täglich traf und die Integrationsarbeit zu einer gemeinsamen Unternehmensaufgabe machte. Der erste Schritt für die Geburt des Disability Managements in Deutschland war getan.

Ein Profilvergleichsverfahren namens IMBA[7] (Integration von Menschen mit Behinderung in die Arbeitswelt – siehe unter www.iqpr.de) in Kombination mit funktionellen Leistungstests ermöglichte es, die Fähigkeiten von Mitarbeitern zu erheben und in ein objektives Profil zu übersetzen. Dieses, von allen Mitarbeitern nach deren Einwilligung erhobene, ressourcenorientierte Fähigkeitsprofil konnte mit identisch strukturierten und standardisierten tätigkeitsbezogenen Anforderungsprofilen, die parallel in den Produktionseinheiten durch berufskundig erfahrene Mitarbeiter erstellt wurden, verglichen werden. Aus dem Profilvergleich resultierte nach Häufigkeit und Intensität der Übereinstimmungen und der Über- und Unterforderungen eine gute Integrationsprognose.

Neun Hauptkomplexe von körperlichen bis zu psychischen Merkmalen und vielen Verzweigungen in weiter differenzierte Beurteilungskategorien erlauben die ganzheitliche Betrachtung von Mensch und Arbeit. Das Instrument gewährleistet den elektronischen Vergleich und zeigt Integrationsmöglichkeiten auf. Weitere Vorteile konnten durch das gegenseitige Voneinanderlernen, durch Transparenz in der Dokumentation und einem einheitlichen Sprachverständnis zwischen den verschiedenen Professionen generiert werden. In dieser gruppendynamischen Vorgehensweise steht der Mensch, der Mitarbeiter im Mittelpunkt, er wurde in die Überlegungen aktiv einbezogen.

Mithilfe des Einsatzes weiterer Assessments, leistungsdiagnostischen Tests und Befragungen konnten auch individuell maßgeschneiderte Interventionen eingeleitet werden. Verknüpfungen von Ärzten und Rehabilitationseinrichtungen oder arbeitsplatzorientierte Trainings halfen, Mitarbeiter auf deren neuen Einsatz vorzubereiten. Arbeitsorganisatorische und technische Hilfen wurden installiert, um mögliche Überforderungen auszugleichen. Neue dokumentierte und stetig verbesserte Prozes-

---

[6] Institut für Qualitätssicherung in Prävention und Rehabilitation GmbH an der Deutschen Sporthochschule Köln – www.iqpr.de
[7] Integration von Menschen mit Behinderung in die Arbeitswelt – siehe unter www.iqpr.de

se entstanden im Team, führten somit zu einer gemeinsamen Akzeptanz, Integrationsarbeit wurde aktiv im Team gelebt.

Ein funktionierendes Netzwerk aus internen und externen Spezialisten unter Einbeziehung der Sozialversicherungsträger steht heute für Nahtlosigkeit und Nachhaltigkeit der aktiven Arbeit. Ein Teamleiter, der verantwortliche Disability Manager, der erste seiner Zunft in Deutschland, wurde 2002 hauptberuflich ernannt und ist fortan Schaltstelle für interne und externe Ansprechpartner, erleichtert somit die Kommunikation und den Wissenstransfer. Die in der Vergangenheit oftmals aufgetretene Verantwortungsdiffusion wird heute verhindert.

7.2.3.3 Ergebnisse

Die im Verlauf skizzierten neuen Ansätze und Umsetzungen betrieblichen Eingliederungsmanagements zeigen den Charakter der neuen Unternehmensphilosophie bezüglich betrieblicher Gesundheitspolitik auf. Aufgrund der Tatsache, dass das Projekt durchgehend auf allen Führungsebenen als Unternehmensaufgabe gesehen wurde, konnten Erkenntnisse und Erfahrungen gesammelt werden, die es zukünftig zu intensivieren gilt.

Nachfolgend sind die Ergebnisse der kooperierenden Unternehmen FORD und IQPR aufgelistet und beschrieben (Integrationsergebnisse sind für 503 Mitarbeiter dokumentiert, bis 01.10.2005 wurden weitere 700 Mitarbeiter in das Projekt integriert):

- Eine elektronische Datenbank aus allen erhobenen Fähigkeitsprofilen (n=867) und Anforderungsprofilen (n=1641) dient dem Integrationsteam als Basis für Eingliederungsüberlegungen. Über 90 % aller untersuchten Mitarbeiter fanden einen ihren Fähigkeiten angepassten Arbeitsplatz (siehe *Tabelle 1*)

Tabelle 1: Integrationsergebnisse

Integrationsbereiche	Anzahl
Zu 100% in die Produktion integriert	263
In 50%-Arbeitsplätzen integriert	60
Integriert durch Rückführung von Tätigkeiten aus dem Industriepark	29
Integriert in Reinigungstätigkeiten (ehemals Fremdfirmen)	77
Integriert in weiteren Arbeitsplätzen außerhalb der Produktion	43
Zurzeit nicht einsetzbar (z.B. aufgrund von Dauererkrankung)	31
Gesamtzahl der Mitarbeiter (Stand: April 2004)	503

- Durch Vermeidung von Neueinstellungen konnte das Unternehmen von 2002 an jährlich mehr als 10 Millionen Euro einsparen.
- Die Arbeitsunfähigkeitszahlen gingen in vielen Abteilungen signifikant zurück. Dies lag daran, dass Mitarbeiter sich wieder als Teil eines Teams fühlten und wertschöpfend arbeiteten.
- Technische Hilfen wurden durch das Integrationsamt Köln finanziert und trugen wesentlich zur Arbeitsplatzsicherung von ca. 20 Mitarbeitern bei.
- Der Prozess der stufenweisen Wiedereingliederung wurde in mehr als 120 Fällen praktiziert. In der Regel konnten Mitarbeiter nach durchschnittlich vier Wochen angepasster Arbeitszeit mit variablen Anforderungen am Arbeitsplatz erfolgreich integriert werden.
- Es wurde ein neuer, positiver Ansatz gefunden, der von der Frage abweicht, welche Einschränkungen Mitarbeiter haben und was sie nicht mehr können. Stattdessen ging die Tendenz zu einem ressourcenorientierten und anforderungsbezogenen Ansatz, der berücksichtigt,

welche besonderen Fähigkeiten Mitarbeiter einbringen.
- Eine neue ressourcenorientierte und in Deutschland einmalige Abteilung Disability-Management wurde als eigene Kostenstelle ins Leben gerufen. FORD ist das erste Unternehmen in Deutschland, welches einen ausgebildeten und zertifizierten Disability-Manager, der direkt dem Fertigungsleiter und der Personalleitung unterstellt ist, beschäftigt.
- Mittels des Profilvergleichsverfahrens IMBA können datenbankgestützt in sekundenschnelle Fähigkeitsprofile mit Anforderungsprofilen abgeglichen und Integrationsprognosen hergestellt werden.
- Runde Tische, besetzt mit Vertretern aller Sozialversicherungsträger, Unternehmensvertretern und des IQPR finden regelmäßig statt, womit das Programm optimiert werden kann. Mitarbeiter fanden neue Einsatzmöglichkeiten, somit konnten Beschäftigungsverhältnisse im Werk erhalten bleiben.
- Innovative Prozesse entstanden oder wurden der betrieblichen Praxis angepasst (Jobsharing, Hamburger Modell, Fördermittelakquisition, ...).
- Durch Vernetzung von externen Rehabilitationseinrichtungen mit dem Betrieb konnten Erfolge in einer anforderungs- und ressourcenorientierten Rehabilitation erzielt werden.
- Ford wurde als erstes europäisches Unternehmen im Disability-Management Audit im Juni 2006 auditiert und erhielt das Zertifikat vom Hauptverband der gewerblichen Berufsgenossenschaften. - HVBG.

7.2.4 Nutzen – für wen?

DM ist für alle Beteiligten wirtschaftlich interessant, für den Mitarbeiter, das Unternehmen und die Träger von Prävention und Rehabilitation (siehe *Abbildung 4*).

Der Mitarbeiter kann seinen Arbeitsplatz langfristig sichern und leistet mit seiner Arbeitsqualität und Motivation einen bedeut-

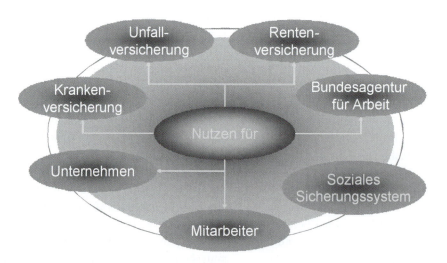

Abbildung 4: Nutzendarstellung des Disability Managements

samen Beitrag zum Unternehmensgewinn.
Das Unternehmen profitiert von einer gesunden Belegschaft aus verschiedenen Gesichtspunkten (vor allem erhöhter Produktivität und Steigerung der Unternehmensrendite) und zudem von möglichen Beitragsermäßigungen seitens der Träger von Prävention und Rehabilitation.
Die Sozialversicherungsträger können ihre (eingesparten) Ausgaben zielgerichteter in präventive Angebote investieren und damit verstärkt zum Präventionsdienstleister werden.
Die Gesellschaft profitiert durch niedrigere Beitragszahlungen und der Sicherung der sozialen Systeme.

7.2.5 Key-Message

- Der managementorientierte Ansatz des Modells kommt dem Blickwinkel vieler Akteure im Unternehmen entgegen und passt grundsätzlich sehr gut in die betriebliche Realität. Ein entscheidender Vorteil des Konzeptes, insbesondere für Großunternehmen ist, dass es auf kostenrelevante Gestaltungsfelder hinweist, die bisher noch wenig systematisch bearbeitet werden. Dazu zählt die Reduzierung von Kosten für nicht optimalen Arbeitseinsatz, für Einbußen bei der Produktqualität, für Vertretungen bzw. Fehlzeiten, für eigene medizinische Dienste und ggf. auch für firmeneigene oder externe Förderungen.
- Für die Implementierung des DM in kleinen und mittleren Unternehmen muss zukünftig eine effektive Beratungs- und Betreuungsstruktur aufgebaut werden. Erste Pilotprojekte verlaufen vielversprechend. Damit verbunden stellt sich auch die Frage der institutionellen Einbindung und – insbesondere im Falle privater Dienstleistungen – der Finanzierung von DM-Fachkräften.
- Der Faktor Gesundheit und Zufriedenheit in Arbeit und Gesellschaft wird nicht mehr als notwendige Last angesehen, sondern als eine Hauptaufgabe und als Grundlage für Produktivität und Wettbewerbsfähigkeit und damit als Säule gesunder Unternehmenspolitik.
- Die Module des DM müssen als langfristige und nachhaltige Perspektive in den Unternehmen und deren Leitungen verankert werden. Die DM-Bewegung leistete und leistet weiterhin dazu einen bedeutenden Beitrag und verbindet Europa in dieser Zukunftsaufgabe.

LITERATURHINWEISE

ADENAUER, S.: Die (Re)-Integration leistungsgewandelter Mitarbeiter in: Angewandte Arbeitswissenschaft, Zeitschrift für Unternehmenspraxis der IfaA Köln, Nr. 181, Seite 1–18, September 2004, ISSN 0341-0900.

BRAUN, H.; KUWATSCH: Ansatzpunkte für Disability Management im deutschen System der Hilfen für Behinderte. Trier: Universität Trier, Zentrum für Arbeit und Soziales.

MEHRHOFF, F.; ZIMMERMANN, W. (2000): Reha-Management – eine kanadische Perspektive. Die BG, Juli, 409-411.

INTERNATIONAL LABOUR ORGANIZATION: Leitfaden zum Management von Behinderung am Arbeitsplatz (Code of practice on managing disability in the workplace) – Arbeitsübersetzung aus der englischen in die deutsche Sprache. http://www.ilo.org/public/german/region/eurpro/bonn/download/code.pdf.

IQPR (Hrsg.) (2006): Auditierung des betrieblichen Eingliederungsmanagements – Grundlage für ein zertifiziertes System der Wiedereingliederung von erkrankten oder behinderten Mitarbeitern.

IQPR, PRVE – Prävention und Rehabilitation zur Verhinderung von Erwerbsminderung - Forschungsbericht, 345 Seiten, IQPR - Köln, Juli 2004, download unter: http://www.bmgs.bund.de.

Kaiser, H; FILM – Förderung der Integration Leistungsgewandelter Mitarbeiter. Ein Arbeitsplatzprojekt bei FORD in Köln, ausgezeichnet mit dem Lifetime Corporate Health Award 2004 des DVGS und der Messe Frankfurt. Bewegungstherapie und Gesundheitsreport 20/2004b, S. 56–58.

Knülle, E.; Kaiser, H.; Schian, H.-M. (2002): Disability Management by Ability Management. The experience of a new concept to integrate handicapped employees, 8th European Regional Conference of Rehabilitation International – Networking in Practice: Connecting Partners in Rehabilitation, Aachen, November 2002.

Mehrhoff, F.; W. Schönle, P. (Hrsg.) (2005): „Betriebliches Eingliederungsmanagement - Leistungsfähigkeit von Mitarbeitern sichern" - Gesammelte Beiträge zum Betrieblichen Eingliederungsmanagement, 1. Auflage 2005. Gentner-Verlag, Stuttgart.

Mehrhoff, F. (Hrsg.) (2004): „Disability Management" – Ein Kursbuch für Unternehmer, Behinderte, Versicherer und Leistungserbringer. Strategien zur Integration von behinderten Menschen in das Arbeitsleben. Unter Mitarbeit namhafter Fachautoren. 1. Auflage. Gentner-Verlag, Stuttgart.

Schian, H.-M. / Kaiser, H.: Profilvergleichssysteme und leistungsdiagnostische, EDV-gestützte Technologie – Ihr Einsatz zur Verbesserung der Beantwortung sozialmedizinischer Fragestellungen und Begutachtungen sowie der Planung von Rehabilitationsmaßnahmen - Hinweise, Die Rehabilitation 2000, 39: 56-64.

7.3 Psychosoziale Gesundheit in der Arbeitswelt von heute - alternative Konzepte oder realitätsferne Utopien?

Andreas Weber und Georg Hörmann

7.3.1 Salutogenese und Beruf

Während sich die Humanmedizin traditionell vor allem pathogenetischen Aspekten und retrospektiven Erklärungen für das Auftreten von Krankheiten (z. B. Risikofaktoren wie Übergewicht, Fettstoffwechselstörungen) gewidmet hat, weswegen ihre Kompetenz in der Prävention häufiger in Frage gestellt wird, fokussiert das von dem Medizinsoziologen Aaron Antonovsky entwickelte Konzept der *Salutogenese* auf Gesundheit sowie deren Entstehung und Aufrechterhaltung. Kernpunkt ist dabei die Beantwortung der Frage, warum einige Menschen trotz widrigster äußerer Umstände und Lebensereignisse (z. B. Haft in einem Konzentrationslager) oder belastender beruflicher Faktoren (z. B. hoher arbeitsbedingter Stress) seelisch gesund bleiben (Escaper), während andere krank werden. Unter seelischer Gesundheit ist hier die Fähigkeit zur Bewältigung externer und/oder interner psychischer Anforderungen zu verstehen. Die salutogenetische Perspektive stellt somit Ressourcen und protektive Faktoren, weniger Defizite oder Risiken ins Blickfeld. Maßgeblich für den Erhalt der (seelischen) Gesundheit sind zum einen das Kohärenzgefühl (*Sense of Coherence - SOC*), zum anderen generalisierte Widerstandsressourcen (*Generalized Resistance Ressources -*

GRR). Der Sense of Coherence im Sinne des Verstehens eines sinnvollen Zusammenhanges der Lebens- und Erlebnisvorgänge beinhaltet die drei Komponenten:

- *Comprehensibility* (Verstehbarkeit, d. h. Ereignisse sind vorhersehbar und erklärbar),
- *Manageability* (Handhabbarkeit, d. h. Bewältigungsressourcen sind verfügbar) und
- *Meaningfulness* (Bedeutsamkeit, d. h. ein Engagement wird als lohnend empfunden).

Seelische Gesundheit kann demnach auch als Sinnfindung, eine psychische Erkrankung als das Erleben von Sinn- und/oder Werteverlust aufgefasst werden. Bei heutigem Wissensstand geht man davon aus, dass Personen mit einem starken Kohärenzgefühl, (berufliche) Anforderungen nicht als Stressoren (sondern als Herausforderung) bewerten, Stressoren als weniger bedrohlich für die eigene Gesundheit einschätzen und Probleme, die den Stressoren zugrunde liegen, klarer und differenzierter einschätzen. Darüber hinaus wird ein hoher SOC mit guten Coping Fähigkeiten gleichgesetzt, d. h. derartige Menschen wählen flexibel jene Ressourcen aus ihrem Potential, die zur Stressbewältigung am besten geeignet sind. Zudem können sie nach erfolgtem Bewältigungshandeln auch dessen Auswirkungen angemessener einschätzen oder gegebenenfalls korrigieren.

Zu den **generalisierten Widerstandsressourcen** gehören körperliche/konstitutionelle (u. a. Fitneß, Vitalität, Immunsystem, kardiovaskuläres System), personale/psychische (u. a. Persönlichkeitsmerkmale, Bildung, Intelligenz, Einstellungen, Kontrollüberzeugungen, Handlungs-Kompetenzen), interpersonale (u. a. soziale Netzwerke, Familie, Freunde, Gestaltungs-Möglichkeiten) soziokulturelle (u. a. Orientierungs- und Wertesysteme), materielle (u. a. Einkommen, Ernährung, Wohnung) und professionelle (u. a. berufliche Position, Fachwissen, Berufserfahrung) Ressourcen. Nach neueren psychologischen und neurobiologischen Erkenntnissen zu den Voraussetzungen seelischer Gesundheit kommt insbesondere dem *attachment*, d. h. der Fähigkeit, emotionale Bindungen mit anderen Menschen einzugehen, eine wesentliche Bedeutung zu. Die Ressourcen wirken einerseits als Potential zur konstruktiven Bewältigung biologischer, psychischer, sozialer und/oder ökonomischer Spannungen und andererseits als Puffer und Filter, damit sich Anforderungen und Belastungen nicht in einer Beeinträchtigung der Gesundheit niederschlagen. Sind genügend Widerstandsressourcen vorhanden, gelingt es Menschen, die Welt als sinnvoll und bewältigbar zu erleben.

Vom Salutogenesemodell kann die Forschung zur *Resilienz*, die sich auf die Unverwundbarkeit (Invulnerabilität) oder Immunität von Menschen gegenüber seelischen Belastungen bezieht, abgegrenzt werden. Nach den Ergebnissen der Resilienzforschung sollen Menschen mit geringem Neurotizismus (selbstsicher, entspannt), Extraversion (herzlich, kontaktfreudig), Offenheit (aufgeschlossen, experimentierfreudig), Verträglichkeit (mitfühlend, gutmütig) und Gewissenhaftigkeit (ordnungsliebend, pflichtbewusst) seelisch widerstandsfähiger (resilient) als andere sein.

Das Konzept der *Positiven Psychologie* ist gewissermaßen ein erweiterter salutogenetischer Ansatz in Psychologie und Psychotherapie und hat im letzten Jahrzehnt auch in Deutschland ein wachsendes interdisziplinäres Interesse gefunden. Nach dem Verständnis ihrer geistigen Väter Martin Seligman und Mihaly Csikszentmihalyi ist positive Psychologie durch die Ausrichtung auf Kompetenzen, Stärken und Ressourcen (u. a. positives Denken, Gelassenheit, Sinn, Vertrauen, Solidarität, Religiosität/Spiritualität) und die positive Beeinflussung von Erleben und Verhalten im menschlichen Alltag gekennzeichnet („Lerne zu sehen, was Dir Gutes widerfährt und konzentriere Dich nicht auf die Probleme"). Neben der regelmäßigen Beschäftigung mit den positiven Dingen des Alltagslebens („Was macht mein Leben lebenswert"?) ist die Dankbarkeit als so genannte Basistugend wesentlich.

Obwohl das salutogenetische Modell gleichermaßen bestechend wie plausibel erscheint und im letzten Jahrzehnt durch viele wissenschaftliche Befunde unterstützt wurde, bleiben noch zahlreiche Fragen offen, so u. a. hinsichtlich empirischer Fundierung, Stabilität und faktorieller Validität des Konzeptes. Bei derzeitigem Wissensstand ist festzuhalten, dass die Ausprägung des Kohärenzgefühls auch von Sozialschicht, Lebensphase und Geschlecht abhängig ist. Darüber hinaus gibt es offenbar Unterschiede in der Beeinflussung durch die Faktoren Arbeit, Partnerschaft und Sozialleben. So kommt z. B. dem Einkommen, der Qualität einer Beziehung und der sozialen Unterstützung eine große Bedeutung für die

Stärke des Sense of Coherence (SOC) zu. Im Weiteren scheint der SOC wichtiger für die seelische als für die körperliche Gesundheit zu sein, auch wenn neuere skandinavische Untersuchungen Auswirkungen auf physiologische Parameter (u. a. HPA- Achse, Cortisolproduktion, Glucosetoleranzstörung) belegt haben. Last but not least bleibt zu berücksichtigen, dass das Salutogenesemodell (nur) für seelisch Gesunde konzipiert wurde und somit präventiv ausgerichtet ist.

Die systematische Implementierung des Salutogenesekonzeptes in das Setting Arbeitswelt, eine konzeptionelle Weiterentwicklung (bezogen auf die Anforderungen der modernen Berufstätigkeit) oder eine Evaluation im Hinblick auf Effektivität und Effizienz stehen heute weitgehend noch aus. Auch die Zahl empirischer Untersuchungen zur Salutogenese am Arbeitsplatz ist in Deutschland bislang begrenzt. Die Suche nach und Stärkung von salutogenetisch wirksamen Faktoren in Organisationen ist ein (immer) noch zu wenig genutztes Potential im Rahmen der Betrieblichen Gesundheitsförderung (BGF) und des Betrieblichen Gesundheitsmanagements (BGM). Dabei drängt sich die Nutzung wesentlicher Elemente des Salutogenese-Konzeptes geradezu auf, wenn es prioritär um den Erhalt und die Förderung der seelischen Gesundheit im Beruf geht.

Bei einem Transfer der wesentlichen Komponenten des Sense of Coherence (SOC) in das Setting Arbeitsplatz ist es unter Zugrundelegung des (heute weitgehend unstrittigen) biopsychosozialen Verständnisses von Gesundheit und Leistungsfähigkeit aus unserer Sicht wesentlich, sowohl Individuum (Verhalten) als auch Organisation (Verhältnisse) einzubeziehen. Häufiger erschöpfen sich derartige Aktivitäten jedoch lediglich in Anleitungen zur Änderung des individuellen Verhaltens. In diesem Kontext wird in der Populärliteratur gerne auf die **4-L-Formel** der Gesunderhaltung verwiesen, die sich aus:

- leben (Arbeit/Beschäftigung),
- lieben (Sex),
- lachen (Humor),
- laufen (Bewegung)

zusammen setzt.

Obwohl in dieser Vereinfachung sicher viel Wahrheit steckt, ist Salutogenese im Sinne des Erhalts und der Förderung des (seelischen) Wohlbefindens im Beruf doch differenzierter zu sehen. Sie beinhaltet auf Seiten des Individuums (Arbeitnehmer) zum einen die Entwicklung und Aktivierung persönlicher (u. a. realistische Selbsteinschätzung, Initiative, Identifikation mit der Tätigkeit, emotionale Stabilität), sozialer (u. a. kommunikative Kompetenz, Empathie, Sensibilität, Team-/Konfliktfähigkeit) und fachlicher Kompetenzen (u. a. Fachwissen, lebenslanges Lernen, up-to-date sein, Problem lösen). Zum anderen kommt dem Bemühen um körperliche Fitness (Selbstverantwortung für Lebensstil bedingte körperliche Gesundheitsstörungen) und dem Aufbau und der Pflege sozialer Netze ausschlaggebende Bedeutung zu. Dabei stellen insbesondere notwendige Verhaltensänderungen limitierende Faktoren dar. Verhalten wird leichter geändert, wenn das neue Verhalten mit Lust oder Spaß assoziiert ist, Menschen im Umfeld mitmachen, Änderungen mit wenig Aufwand verbunden sind, als passend empfunden werden oder daraus Vorteile (z. B. monetärer Art) erwachsen.

Ernst gemeinte Gesundheitsförderung muß darüber hinaus aber auch potentiell krank machende Rahmenbedingungen (Verhältnisse) berücksichtigen. Auf Seiten der Organisation kann eine Ausrichtung am Salutogenesekonzept im Hinblick auf seine Kernelemente wie folgt skizziert werden:

- **Comprehensibility**, die Verstehbarkeit von notwendigen betrieblichen Prozessen, Entwicklungen oder Entscheidungen impliziert z. B. eine zielorientierte, verlässliche Unternehmenspolitik mit klarer Kompetenz- und Zuständigkeitsverteilung, Mitarbeiter orientiertes Führungsverhalten, eine gute innerbetriebliche Kommunikation und Information, (wo möglich) die Einbindung der Mitarbeiter, die Transparenz von Entscheidungen und ein ausreichendes Feedback (konstruktive Kritik, Lob, Anerkennung).
- **Manageability**, die Handhabbarkeit beruflicher Belastungen wird z. B. durch Kollegialität, menschlichen Umgang (Wertschätzung, Freundlichkeit, Höflichkeit), soziale Unterstützung, Teamgeist/Schaffen eines guten Betriebsklimas verbessert. Das kann in Abhängigkeit vom jeweiligen Betrieb durch die unterschiedlichsten Maßnahmen erreicht werden. Hierbei sind der Kreativität von Unternehmen keine Grenzen gesetzt.
- **Meaningfulness**, die Sinnhaftigkeit beruflicher Tätigkeiten wird z. B. durch Partizipation an Entscheidungen, Delegation von Verantwortung auf die Mitarbeiter, Vergrößerung der Handlungsspielräume bzw. Erhöhung der Eigenverantwortlichkeit und insbesondere auch durch gesellschaftliche Anerkennung gefördert.

7.3.2 Flow im Beruf (Glücksforschung)

Neben salutogenetischen Elementen finden insbesondere in der Coaching- und Beraterbranche verstärkt Aspekte der psychologischen *Glücksforschung* Eingang in die Thematik Gesundheit am Arbeitsplatz, wobei vor allem auf Angehörige höherer Bildung, Einkommen und Sozialschicht mit anspruchsvolleren Berufstätigkeiten abgehoben wird. Im Blickpunkt steht die Bearbeitung der Frage, was Beschäftigte tun können, um sich am Arbeitsplatz nicht nur wohl und leistungsfähig zu fühlen, sondern darüber hinaus positive Emotionen zu erleben, Flow-Erfahrungen zu machen, glücklich zu sein bzw. zu werden. Als Vater des *Flow* gilt gemeinhin Mihaly Csikszentmihayi, ein amerikanische Psychologe und Glücksforscher ungarischer Abstammung, der mit Flow einen Zustand des Glücksgefühls beschreibt, der entsteht, wenn Menschen gänzlich in einer Beschäftigung aufgehen. Flow kann während unterschiedlicher Aktivitäten wie Sport, Musik, Malen, Schreiben oder eben auch bei der Arbeit auftreten. Die Konzentration und das Gefühl der Kontrolle sind hoch, Sorgen und Alltagsnöte werden nebensächlich, das Zeitgefühl ändert sich. Dabei kann die Abgrenzung von Work-Flow gegenüber arbeitssüchtigem Verhalten (workoholic) oder pathologischem betrieblichen Anwesenheitsdrang (im Sinne des Verstehens von Anwesenheit = Leistung/Bedeutung) schwierig sein. Wer häufig Flow erlebt, fördert seine Lebensqualität enorm. Entgegen landläufiger Auffassung steigern Geld und Besitz oberhalb einer Mindestschwelle das Glücksgefühl offenbar nicht weiter, wohingegen intensive soziale Kontakte, Liebe, Aktivitäten, innere Einstellung (extravertiertes Naturell, Optimismus, Dankbarkeit), Zugehörigkeit zu einer religiösen Gemeinschaft und Arbeit, die einem Spaß macht, glücksfördernd sein sollen. Arbeit ist einer der größten Glücksspender, auch wenn vielen das gar nicht bewußt ist.

Nach derzeitigem Wissensstand der Glücksforschung sind für die Entstehung von Flow im Beruf insbesondere drei Komponenten wesentlich:

- **Absorption** (totale Konzentration auf die Beschäftigung -Zeit und Ort vergessen),
- **Spaß an der Arbeit** (positive Sicht des Arbeitslebens),

- **intrinsische Motivation** (andauerndes Interesse an der Arbeit; Wille, sie fortzusetzen).

Mit einem von Bakker entwickelten Instrument, der *Work-related–Flow-Scale (WOLF)*, die sich aus 13 Items zur Absorption (4), Spaß an der Arbeit (4) und intrinsischen Motivation (5) zusammensetzt, lässt sich Flow im Beruf erfassen. Die Wahrscheinlichkeit, Flow zu erleben, wird dabei umso größer, je mehr berufliche Anforderungen mit individuellen Fähigkeiten im Einklang stehen. Als wesentliche, Flow begünstigende Arbeitsplatzressourcen, gelten Autonomie, Feed-Back und soziale Unterstützung (Bakker 2005). Darüber hinaus sollen nach den Erkenntnissen von Csikszentmihalyi u. a. auch die folgenden Faktoren Flow fördernd wirken:
- Erfüllende oder herausfordernde Arbeit/Aufgabe, (zu einfach: Unterforderung → Langeweile; zu schwer: Überforderung → Frustation),
- Passung von Anforderungen und Fähigkeiten (Person-Environment-Fit-Ansatz),
- Engagement von Führungskräften hinsichtlich Wohlbefinden und Zufriedenheit,
- gute Kommunikation und zeitnahes, konstruktives Feed-Back,
- Verständnis für Sinn und Zweck der Arbeit (Comprehensibility!),
- Entscheidungen selbstständig treffen dürfen („eigene Handschrift ist erkennbar"),
- Aufstiegschancen,
- flexible Arbeitszeiten,
- Angenehme äußere Arbeitsbedingungen,
- gute Bezahlung,
- Arbeit in einem anerkannten Unternehmen (Corporate Identity).

In Deutschland gibt es bislang nur wenig Forschungsarbeiten zu tätigkeitsbezogenen Glücksgefühlen. Wissenschaftliche Publikationen oder Erfahrungsberichte über eine systematische Anwendung des Flow-Konzeptes in der Betrieblichen Gesundheitsförderung (BGF) oder der betriebsärztlichen Praxis sind uns nicht bekannt. Dabei bietet sich dieser Ansatz (ggf. entsprechend spezifischer Erfordernisse und Rahmenbedingungen modifiziert und weiterentwickelt) gerade für die Prävention psychosozialer Belastungen als eine mögliche Alternative an. Insofern wäre die Intensivierung einer multiprofessionellen Forschung (mit Einbeziehung arbeitsmedizinischer Kompetenz) sehr zu begrüßen, auch wenn das Flow-Konzept heute gleichermaßen faszinierend wie utopisch erscheint. Zufriedenheit, Wohlergehen und Sinnerfüllung im Beruf sind in Zeiten der Instabilität einerseits erstrebenswerter denn je, andererseits wird Flow in der Realität des deutschen Berufsalltags, in der mittlerweile für viele Arbeitnehmer die Arbeitsplatz- und Existenzsicherung oberste Priorität hat, oft nur ein Wunschtraum bleiben.

7.3.3 Arbeit und Ethik – Soziale Arbeitsmedizin („SAM")

In Zeiten eines staatlicherseits weitgehend ungebremsten Neoliberalismus mehren sich nicht nur unter Globalisierungsgegnern, Sozialisten, Theologen oder Intellektuellen kritische Stimmen, die die ethisch-moralischen Verpflichtungen einflußreicher Konzerne und privater (Groß)Unternehmen gegenüber Mitarbeitern und Gesellschaft anmahnen. Öffentlichkeit orientierte Unternehmen wiederum agieren bereits seit längerem auf diesem Feld. Derartige Aktivitäten werden neuerdings unter dem Schlagwort *Corporate Social Responsibility – CSR* zusammengefasst.

Der Begriff reicht bis in die 70er Jahre des letzten Jahrhunderts zurück und wird nach wie vor nicht einheitlich angewendet. Anfangs focussierte CSR als Reaktion auf von Unternehmen verursachte Umweltschäden ausschließlich auf die natürliche und technische Umwelt. Die soziale Umwelt im Sinne einer unternehmerischen Verantwortung für Gesellschaft, Menschen und Mitarbeiter (z. B. Engagement für soziale Projekte, Einkommenssicherheit, menschengerechte Arbeitszeiten, Gesundheitsschutz) ist erst in den letzten 10 Jahren in den Vordergrund gerückt. Unternehmen prägen Sozialkultur, indem sie die soziale Umwelt durch eigenes Tun (z. B. Praxis betrieblicher Mitbestimmung, materielle Mitarbeiterbeteiligung, Reintegration leistungsgewandelter Mitarbeiter, Führungs- und Konfliktverhalten) aktiv mitgestalten. Weltweit erstellen mittlerweile viele Organisationen so genannte CSR-Reports, die u. a. auch auf den Firmen-Homepages veröffentlicht werden. Eingang findet hier zunehmend auch der Arbeits- und Gesundheitsschutz, so dass die Rolle der Arbeitsmedizin für den Bereich CSR an Bedeutung gewinnen dürfte. Im Blickpunkt stehen international derzeit insbesondere Aspekte der seelischen Gesundheit am Arbeitsplatz. In Deutschland haben in der jüngeren Vergangenheit u. a. Gewerkschaften (z. B. IG Metall - Gute Arbeit) und Kirchen (z. B. EKD - Arbeit Plus) das Konzept CSR befördert. Das Projekt „Gute Arbeit" versteht sich als neue Initiative zur Humanisierung der Arbeitswelt. „Gute Arbeit" bedeutet in diesem Kontext, dass Arbeit angemessen entlohnt wird, Gesundheit und Lebensqualität gefördert und Arbeitsbedingungen so gestaltet werden, dass Beruf und Familie vereinbar sind.

„Arbeit Plus" ist ein Konzept der Evangelischen Kirche Deutschland (EKD) und will ein Zeichen christlicher Ethik in der modernen Arbeitsgesellschaft setzen. Ziel ist es, der Öffentlichkeit bekannt zu machen, dass es auch in Deutschland wertbewusste Unternehmen gibt, die im Branchenvergleich überdurchschnittliche Anstrengungen vorweisen können, um möglichst viele Menschen zu einem Arbeitsplatz zu verhelfen und eine Stabilität der Beschäftigung zu gewährleisten. Ein derartiges ethisches Investment zertifiziert Arbeit Plus seit 1999 mit einem Arbeitsplatzsiegel. Auch staatlicherseits wird die zunehmende Bedeutung sozialer und humaner Aspekte der Arbeit durchaus erkannt. So hat die Bundesanstalt für Arbeitsschutz und Arbeitsmedizin (BAuA), eine Behörde im Geschäftsbereich des Bundesministerium für Arbeit und Soziales (BMAS), in ihrem Positionspapier als Vision für das kommende Jahrzehnt „Gesundheit und Sicherheit für alle in einer menschengerechten und wettbewerbsfähigen Arbeitswelt" formuliert.

Unter den Gesundheitsakteuren in Betrieben stellt die Arbeitsmedizin gewissermaßen einen geborenen Repräsentanten für ein ethisches Engagement dar. Dabei stehen Werks- und Betriebsärzte praktisch seit ihrer gesetzlichen Implementierung durch das Arbeitssicherheitsgesetz (ASiG, 1974) in einem Konfliktfeld zwischen der Verantwortung für die Gesundheit der ihnen anvertrauten Beschäftigten und Praktiken von Unternehmen, die unter verschärften Wettbewerbsbedingungen und veränderten Rahmenbedingungen einer globalisierten Wirtschaft andere Ziele priorisieren. Die Rolle der wissenschaftlichen Arbeitsmedizin im Handlungsfeld Ethik in der Arbeitswelt und CSR ist derzeit (noch) wenig klar. Im internationalen Vergleich weist die akademische Arbeitsmedizin an den deutschen Medizinischen Fakultäten hinsichtlich der Forschungsaktivitäten zur arbeitsbezogenen psychosozialen Gesundheit und gesellschaftlichen Einflußfaktoren einen (deutlichen) Rückstand auf. Die Fixierung auf chemische Gefahrstoffe, toxikologische Fragestellungen oder die Begutachtung von Berufskrankheiten im Sinne des SGB VII hat in den letzten 25 Jahren dazu geführt, dass Arbeitsmedizin innerhalb der multiprofessionellen psychosozialen Arbeits- und Gesundheitsforschung derzeit nicht den Stellenwert hat, der ihr angesichts der Realität der modernen Arbeitswelt eigentlich zukommen müsste.

Dabei hat die Arbeitsmedizin in Deutschland durchaus auch soziale Wurzeln. Der gebürtige Wiener *Ludwig Teleky* (1872-1957), der von 1921-1933 als preußischer Landesgewerbearzt in Düsseldorf wirkte, kann gewissermaßen als Protagonist einer gesellschaftsbezogenen Ausrichtung der Arbeitsmedizin angesehen werden, die gleichermaßen sozial – und arbeitsmedizinische sowie sozialhygienische und gesundheitsfördernde Kompetenzen vereint hat. Bereits 1909 definierte Teleky die **Soziale Medizin** als Grenzfach zwischen Medizin und Sozialwissenschaften mit der vordringlichen Aufgabe *„die Einwirkung gegebener sozialer und beruflicher Verhältnisse auf die Gesundheit festzustellen und anzugeben, wie durch Maßnahmen sozialer und sanitärer Natur derartig schädigende Einwirkungen verhindert oder ihre Folgen behoben oder gemindert werden können"* (Wulf, 2001). Offensichtlich stand für ihn bereits zu Beginn des 20. Jahrhunderts außer Frage, dass Gesundheitsgefährdungen der Arbeitswelt nicht isoliert von gesellschaftlichen Einflussfaktoren betrachtet werden können. Auch wenn man Telekys Soziale Medizin heute zeitgemäßer anglisiert verpacken würde, erscheint vieles nach fast 100 Jahren aktueller denn je. Genau wie Gesundheit hat auch Medizin (derzeit allerdings nur noch schwach erkennbar) eine soziale Dimension. Insbesondere die Arbeitsmedizin sollte sich dieser verpflichtet fühlen.

In Deutschland wird das Handlungsfeld Gesundheit am Arbeitsplatz derzeit im Wesentlichen durch den *Arbeits- und Gesundheitsschutz (AGS)* und die *Betriebliche Gesundheitsförderung (BGF)/das Betriebliche Gesundheitsmanagement (BGM)* repräsentiert. Dabei stehen weder in der gegenwärtigen Praxis des konventionellen Arbeits- und Gesundheitsschutzes noch in der betrieblichen Gesundheitsförderung soziale Aspekte im Vordergrund. Der traditionelle Arbeits- und Gesundheitsschutz (AGS) in Deutschland vereint Arbeitsmedizin und Sicherheitstechnik, gründet sich auf Gesetze und Normen (u. a. Arbeitssicherheitsgesetz, Arbeitsschutzgesetz, Gefahrstoffverordnung) und hebt primär auf die Verhütung von Berufskrankheiten und Arbeitsunfällen im Sinne des SGB VII, nach erweitertem Präventionsauftrag (§14 SGB VII) auch auf arbeitsbedingte Erkrankungen, ab. Historisch bedingt ist dabei die Dualität zwischen staatlichen und berufsgenossenschaftlichen Regelwerken und betrieblichen Gesundheitsakteuren (Betriebsärzte und Fachkräfte für Arbeitssicherheit), die heute als zu kostenintensiv und nicht mehr zeitgemäß angesehen wird und im Zuge der Deregulierungsaktivitäten auf dem Prüfstand steht.

Im AGS dominiert unverändert eine technisch–naturwissenschaftliche Ausrichtung. Prävention beinhaltet in diesem Kontext insbesondere den technischen und/oder persönlichen Schutz vor chemischen, physikalischen oder biologischen Risiken (Gefahrstoffe) einer Erwerbstätigkeit. Auch wenn die Gefährdungsbeurteilung (§5 ArbSchG) psychische Belastungen am Arbeitsplatz ausdrücklich einbezieht, ist (von Leuchtturmprojekten und Großunternehmen einmal abgesehen) ein flächendeckender psycho-sozialer Arbeitsschutz in Deutschland nach wie vor nicht etabliert. Aufgrund vermeintlicher und tatsächlicher Defizite des klassischen AGS, u. a. auch im Umgang mit arbeitsbedingten psychosozialen Belastungen, haben in den letzten 15 Jahren die Betriebliche Gesundheitsförderung (BGF) sowie deren systematische Weiterentwicklung zu einem Betrieblichen Gesundheitsmanagement (BGM) innerhalb arbeitsbezogener Gesundheitskonzepte erheblich an Bedeutung gewonnen. AGS und BGF/ BGM sehen sich dabei nicht kompetitiv, sondern komplementär. De Facto wird jedoch nicht nur von Klein- und Mittleren Unternehmen (KMU) die Notwendigkeit verschiedener Zuständigkeiten bzw. segmentierter Gesundheitsdienstleistungen für Betriebe zunehmend in Frage gestellt. Für die eher unternehmensorientierten Ansätze BGF/ BGM gilt das Leitbild Mitarbeiter = Humankapital bzw. (wenn auch nicht immer zugegeben) das *Primat der Ökonomie*. Ziel ist es, durch eine Steigerung des Wohlbefindens und der Leistungsfähigkeit der Mitarbeiter die Wettbewerbsfähigkeit des Unternehmens zu optimieren, Gewinne zu machen und die Wertschöpfung zu erhöhen. Im Kern dient Gesundheit also der Steigerung des Betriebsergebnisses. BGF/BGM ist multiprofessionell und interdisziplinär ausgerichtet, dabei kommt der Arbeitsmedizin (von Ausnahmen abgesehen) in der Regel keine Federführung zu. Maßnahmen der BGF konzentrieren sich vor allem auf das individuelle (Fehl)Verhalten und/oder die Fitness der Mitarbeiter, die es zu verbessern gilt (Starke noch stärker machen!) Zielgruppe sind daher primär Gesunde. Bewertet man dagegen auch die soziale Dimension als einen zentralen Faktor der arbeitsbezogenen Gesundheit, könnte man Arbeitsmedizin als angewandte Soziale Medizin auffassen. Entsprechend ließe sich ein weiteres Konzept zur Gesundheit im Beruf als *Soziale Arbeitsmedizin („SAM")* charakterisieren (siehe auch *Abbildung 1*). SAM ist dabei die Umschreibung für einen psychosozialen Gesundheitsschutz und geht davon aus, dass für die psychosoziale Gesundheit

	Focus	Ziele	Ansatz	Aktionen	Zielgruppe
„AGS"	Regelwerke Gesetze Technik	Verhütung von Berufskrankheiten, Arbeitsunfällen, arbeitsbedingten Erkrankungen	Gefährdung (Gefahrstoffe-Ergonomie)	technische/ persönliche Schutzmaßnahmen	Gefährdete Belegschaften
„BGF/BGM"	Ökonomie Humankapital	Wertschöpfung Gewinnsteigerung	Verhalten	individuelle Fitness Leistungsfähigkeit	(primär) Gesunde
„SAM"	Humanität Mensch	Psychosoziale Gesundheit – Soziale Gerechtigkeit	Verhältnisse und Verhalten	zwischenmenschliche Beziehungen - Arbeitsorganisation	Gesunde und Kranke
„AGS" - Konventioneller Arbeits- und Gesundheitsschutz „BGF/BGM" - Betriebliche Gesundheitsförderung / Betriebliches Gesundheitsmanagement „SAM" - Soziale Arbeitsmedizin					

Abbildung 1: Konzepte zur Gesundheit im Beruf

im Beruf zum einen zwischenmenschliche Beziehungen, zum anderen Aspekte der Arbeitsorganisation wesentlich sind. Dementsprechend können systemische Belastungen nicht einfach individualisiert werden. SAM fokussiert auf den Mitarbeiter als Menschen (Humanität vor Humankapital). Priorität genießt eine gesundheits- und menschengerechte Gestaltung der Arbeits- und Lebensbedingungen, u. a. sind krankmachende Rahmenbedingungen als solche zu thematisieren, objektivieren und möglichst zu minimieren. Maßnahmen der Verhältnisprävention rücken stärker in den Vordergrund, was nicht heißt, dass individuelles Fehlverhalten akzeptiert werden kann. Gesunde und kranke, leistungsgewandelte und behinderte Mitarbeiter sind eingeschlossen (Eingliederung statt Ausgrenzung). SAM leistet damit einen wichtigen Beitrag zum sozialen Frieden und zur sozialen Gerechtigkeit in Beruf und Gesellschaft.

Die Frage, wo gering qualifizierte und/oder gesundheitlich beeinträchtigte Menschen ihren Platz in der Neuen Arbeitswelt finden können, um zumindest teilweise aktiv und eigenverantwortlich für elementare Lebensrisiken und Alter vorsorgen zu können, ist zwar primär ein gesamtgesellschaftliches Problem, darf aber gerade Arbeitsmediziner nicht passiv lassen. Eine Verwehrung von Teilhabechancen bzw. ein Misslingen der (Wieder-)Eingliederung von Schwachen wird nicht nur fehlende Lebensperspektiven für eine wachsende Zahl von Betroffenen, sondern auch erhebliche ökonomische Konsequenzen für uns alle nach sich ziehen. Zum Wegschauen oder Aussitzen haben wir keine Zeit mehr.

7.3.4 Key-Message

▸ Für die Förderung psychosozialer Gesundheit im Beruf können Erkenntnisse der Salutogeneseforschung, der Positiven Psychologie oder der Glücksforschung wichtige Anregungen liefern, die in interdisziplinärer Kooperation auf ihre Umsetzbarkeit in das Setting Arbeitsplatz zu prüfen wären.

▸ Die Ausrichtung von Gesundheit in der Arbeitswelt von morgen darf sich nicht nur auf Wettbewerbsaspekte focussieren. Humanitäre, ethische und soziale Bezüge stellen insbesondere auch für die Arbeitsmedizin eine wichtige Herausforderung dar, die im Rahmen der Weiterentwicklung betrieblicher Gesundheitskonzepte entsprechend gewürdigt werden sollten.

LITERATURHINWEISE

ANTONOVSKY, A. (1997): Salutogenese – Zur Entmystifizierung der Gesundheit: Deutsche erweiterte Hauptausgabe von Alexa Franke, DGVT Verlag, Tübingen.

AUHAGEN, A.E. (HRSG.) (2004): Positive Psychologie- Anleitung zum „besseren" Leben: Beltz Verlag, Weinheim.

BAKKER, A.B. (2005): Flow among music teachers and their students: the crossover of peak experiences, Journal of Vocational Behavior, 66, 26-44.

CSIKSZENTMIHALYI, M. (2004), Flow im Beruf – Das Geheimnis des Glücks am Arbeitsplatz, 2.Auflage, Klett- Cotta, Stuttgart.

HIRSCHHORN, N. (2004): Corporate social responsibility and the tobacco industry: hope or hype?, Tobacco Control, 13, 447 – 453.

HÖRMANN, G. (2003): Gesundheit im Kontext von Erziehung und Bildung: Pflegemagazin, 4, 24-37.

Kawashita, F.; Taniyama, Y.; Hwi SY.; Fujisaki, T.; Kameda, T.; Mori, K. (2005): Occupational safety and health aspects of Corporate Social Responsibility (CSR) in Japanese companies listed on the Tokyo Stock Exchange (TSE) first section, J Occup Health, 47, 533 – 539.

Lorenz R. (2004): Salutogenese – Grundwissen für Psychologen, Mediziner, Gesundheits- und Pflegewissenschaftler: Ernst Reinhardt Verlag, München.

Lurie, S.G. (1994): Ethical dilemmas and professional roles in occupational medicine: Soc Sci Med, 38, 1367-1374.

Schaefer, H. (2002): Vom Nutzen des Salutogenesekonzepts: Daedalus Verlag Joachim Herbst, Münster.

Vainio, H. (2005): Occupational health services – in need of a new paradigm, gm SJWEH Suppl, 1, 3-4.

Volanen, S. M.; Lahelma, E.; Silventoinen, K.; Suominen, S. (2004): Factors contributing to sense of coherence among men and women: European Journal of Public Health, 14, 322- 329.

Wulf, A. (2001): Der Sozialmediziner Ludwig Teleky (1872-1957) und die Entwicklung der Gewerbehygiene zur Arbeitsmedizin: Mabuse Verlag, Frankfurt/Main.

8 Betriebliche Gesundheit im Wandel von Arbeitswelt und Gesellschaft

8.1 Die Rolle der Gesetzlichen Unfallversicherung
Wolfgang Zschiesche

8.1.1 Vorbemerkung

Dieser Beitrag soll sich schwerpunktmäßig mit den Aspekten der Präventionsarbeit und der Rehabilitation, vorwiegend im medizinischen Bereich, beschäftigen. Rein formalrechtliche und unfallversicherungstechnische Aspekte sowie Einzelheiten zur historischen Entwicklung der verschiedenen Zweige und Träger der gesetzlichen Unfallversicherung (GUV) und deren Dachverbände sollen dagegen nur in ihren Grundzügen, soweit sie zum Verständnis dieses Abschnittes nötig sind, berücksichtigt werden.

Die Begriffe *Unternehmer* und *Arbeitgeber*, die im rechtlichen Kontext unterschiedliche Bedeutung haben können, sollen im Folgenden gleichsinnig verwendet werden.

Mit den Begriffen *Betrieb* sowie *Unternehmen* sollen sowohl gewerbliche und landwirtschaftliche Betriebe und Unternehmen als auch die Einrichtungen und Behörden der öffentlichen Hand verstanden werden.

8.1.2 Die gesetzliche Unfallversicherung - die unbekannte Säule des deutschen Sozialversicherungssystems

Die gesetzliche Krankenversicherung, Renten-, Pflege- und die Arbeitslosenversicherung sind nahezu jedem Bürger in Deutschland bekannt, nicht zuletzt wegen der hierfür jeweils zur Hälfte von Arbeitnehmer- wie Arbeitgeberseite abgeführten Sozialabgaben und der nahezu permanenten Diskussion um Kosten, Strukturen und Inhalte dieser Versicherungen. Demgegenüber ist die gesetzliche Unfallversicherung sowohl dem Begriff nach als auch hinsichtlich ihrer Leistungen in der Öffentlichkeit weitgehend unbekannt.

Dies kann auf der einen Seite als gutes Zeichen gewertet werden, kann dies doch als Ausdruck einer ohne größere Probleme funktionierenden Versicherung gewertet werden. In der Tat weist diese, oft auch als *vierte Säule* des deutschen *Sozialversicherungssystems* bezeichnete Einrichtung, im Vergleich zu den anderen gesetzlichen Sozialversicherungen, insgesamt gesehen deutlich weniger Probleme sowohl inhaltlicher als auch finanzieller Art auf. Die ausschließlich vom Arbeitgeber über eine Umlage getragenen Abgaben sind in den letzten Jahren tendenziell insgesamt gesunken und liegen im Durchschnitt derzeit bei 1,31 % der Brutto-Lohnsumme der Betriebe.

Dies kann allerdings nicht darüber hinwegtäuschen, dass es zwischen den verschiedenen versicherten Branchen und zwischen den Trägern der gesetzlichen Unfallversicherung zum Teil erhebliche Unterschiede in der Beitragslast geben kann. Besonders hoch ist diese in Bereichen, in denen die Lohnsumme v. a. durch Abbau der Zahl der Arbeitsplätze und damit der Versicherten in den letzten Jahren gesunken ist und gleichzeitig unveränderte Leistungen auf Grund der in der Vergangenheit eingetretenen und in ihren Folgen weiter zu entschädigenden *Unfälle* und *Berufskrankheiten* zu erbringen sind. Dieser Umstand führt zum Teil dazu, dass in einigen Branchen die Beitragslast bis zu rund 10 % der Bruttolohnsumme betragen kann, wie z. B. in bestimmten Zweigen der Bauwirtschaft. Trotz eines eingerichteten Finanzausgleichs der Unfallversicherungsträger untereinander sind solche Divergenzen wie auch unterschiedliche Beitragssätze zwischen verschiedenen Versicherungsträgern bei gleicher Tätigkeit und Gefährdung der Versicherten in Einzelfällen noch anzutreffen und rufen Kritik hervor.

Zudem haben auseinanderdriftende Entwicklungen und Diskrepanzen zwischen dem Branchenbezug der Unfallversicherungsträger einerseits und den versicherten Betrieben andererseits mit dazu geführt, dass an dem System der *gesetzlichen Unfallversicherung* in den letzten Jahren von unterschiedlichen Seiten Kritik geübt wurde.

Die GUV ist allerdings nicht nur wegen ihrer, trotz aller kritikwürdigen Aspekte unveränderten Effizienz nicht in den Schlagzeilen, sondern auch, weil sie mit Ihren Leistungen weitgehend nicht wahrgenommen wird. Dies liegt zum einen naturgemäß an ihrer öffentlich-rechtlichen Struktur mit ihrer sehr sorgfältigen und regelmäßigen Kontrolle durch das Bundesversicherungsamt, die positive öffentlichkeitswirksame Maßnahmen nur in sehr engen Grenzen zulässt; zum anderen ist das Bild der GUV aufgrund ihrer Kontrollfunktion der Betriebe allenfalls das einer Überwachungsbehörde. Bestenfalls wird die GUV als Träger der *Entschädigung* und *Rehabilitation* von Unfällen, allenfalls noch von *Berufskrankheiten* gesehen.

Weitgehend unbeachtet bleibt dagegen der bedeutsame Anteil an Arbeitsaufwand, Finanzmitteln und Personal, den die GUV in der *Präventionsarbeit* auf technischem, naturwissenschaftlichem, medizinischem, ergonomischem und arbeitspsychologischem Gebiet erbringt und der erst die über Jahre hinweg abnehmende Tendenz der Versicherungsfälle ermöglichte. Wiederholt ergeben sich Situationen, in denen das wertvolle Wissen, die vorhandenen Materialien und Möglichkeiten der GUV in diesen Bereichen nicht abgerufen werden und damit oft unnötige Verzögerungen und Umwege, zum Teil auch unnötige finanzielle Aufwendungen an anderer Stelle erfolgen.

Es ist deshalb dringend erforderlich, dass die GUV als bedeutsamer Partner in allen Fragen der Arbeitssicherheit und des Gesundheitsschutzes am Arbeitsplatz wahrgenommen und einbezogen wird.

8.1.3 Entstehung, Entwicklung und Auftrag der Gesetzlichen Unfallversicherung

Überlegungen, die Betroffenen von Arbeitsunfällen und deren Angehörige in besonderer Weise vor den gesundheitlichen, finanziellen und sozialen Folgen zu schützen, gehen auf die Mitte des 19. Jahrhunderts zurück. Während einzelne, meist größere, Unternehmen entsprechende Maßnahmen bereits eingeleitet und getroffen hatten, war dies für die Masse der Arbeitnehmer noch nicht der Fall.

Bismarck hat mit dem von ihm geprägten, nicht unumstrittenen, 1884 erlassenen *Unfallversicherungsgesetz* einen aus rechtshistorischer Sicht bahnbrechenden Weg gewählt, der damals Neuland darstellte. Es wurde bestimmten Tätigkeiten quasi eine besondere Gefahrenträchtigkeit unterstellt, die der Tätigkeit als solcher auch ohne jegliches Verschulden von *Unternehmern* oder Vorgesetzten zugeschrieben wurde. Hiergegen sollten sich die Unternehmer in den jeweiligen Gewerben, also die Berufsgenossen, im Rahmen einer obligaten Versicherung durch Beiträge, die ausschließlich von diesen zu erbringen sind, versichern.

In heutigen Zeiten, in denen wir ähnliche Elemente einer Gefahrenträchtigkeit, z. B. auch im Umweltrecht und im Produkthaftungsrecht finden, muten diese Überlegungen und insbesondere die daraus entwickelten Schlussfolgerungen geradezu modern an.

Die GUV ist eine Pflichtversicherung, in der jeder Beschäftigte durch eine Meldung des Arbeitgebers versichert ist; dies gilt auch für den Fall, dass der Arbeitgeber diese versäumt hat. Die Beiträge hierfür werden ausschließlich durch den Unternehmer aufgebracht, im Falle einer Versäumnis auch im Nachhinein; die Unfallversicherungsträger erstellen hierzu nach den Vorgaben des *Sozialgesetzbuchs* 7 (SGB VII) unterschiedliche Gefahrtarife für die einzelnen Branchen und Tätigkeiten, die die Unfall- und Gesundheitsgefährdung einschl. der Quoten der Versicherungsfälle berücksichtigen. In einigen Branchen bzw. *Berufsgenossenschaften* sind auch die selbständigen Unternehmer pflichtversichert, in den anderen Berufsgenossenschaften bzw. Branchen können sie sich durch Zahlung eines reduzierten Mitgliedsbeitrags freiwillig versichern. Betriebe, die längerfristig ein unterdurchschnittliches Aufkommen an Versicherungsfällen aufweisen, können nach den Vorgaben des SGB VII einen Beitragsnachlass erhalten. Hierdurch besteht somit die Möglichkeit, besondere Anstrengungen eines Unternehmens im Bereich der Prävention zu honorieren.

Von Anfang an war im *Unfallversicherungsgesetz* festgelegt, dass die von den Unternehmern zu gründenden Berufsgenossenschaften rehabilitative und finanzielle Leistungen bei Arbeitsunfällen, aber auch *Präventionsmaßnahmen* zu deren Verhütung zu erbringen haben. Außerdem haben sie das Recht und die Pflicht zum Erlass von *Unfallverhütungsvorschriften* und zur Beschäftigung von gesondert ausgebildeten *Aufsichtspersonen* mit Anordnungsbefugnis gegenüber den Mitgliedsbetrieben. Die GUV stellt den Arbeitgeber frei von zivilrechtlichen Ansprüchen des versicherten Arbeitnehmers gegenüber dem Arbeitgeber. Die GUV löst somit die Unternehmerhaftpflicht ab. Die GUV erbringt ihrerseits gegenüber dem Versicherten im Falle eines anerkannten *Arbeitsunfalls* oder einer *Berufskrankheit* Leistungen, auch wenn der Leistungsfall durch den Unternehmer oder seine Beauftragten bzw. Personalverantwortlichen durch Vorsatz oder grobe Fahrlässigkeit herbeigeführt sein sollte. In diesen seltenen Fällen kann die GUV ihrerseits Regress gegenüber dem Unternehmer bzw. Arbeitgeber für die gegenüber dem Versicherten erbrachten Leistungen nehmen.

Dieses Konzept stellt in Zeiten, in denen die Bedeutung der Prävention im Gesundheitswesen verstärkt ins Blickfeld gerät und entsprechende Umsetzungsmöglichkeiten erörtert werden, rückblickend einen höchst modernen Ansatz dar, den die GUV schon seit über 100 Jahren verfolgt und umsetzt.

Im weiteren Verlauf entstanden eine zunehmende Zahl von Berufsgenossenschaften im gewerblichen Bereich und in der Landwirtschaft sowie zahlreiche *Unfallversicherungsträger* der öffentlichen Hand in den Gemeinden, Ländern und auf Bundesebene, die schließlich zu einem flächendeckenden System der GUV in Deutschland führte, die alle

Arbeitnehmer, in einigen Bereichen auch die Unternehmer, obligat in den gesetzlichen Unfallversicherungsschutz einbezieht.

Da sich jeweils einzelne Gewerbe zu *Berufsgenossenschaften* zusammenschlossen, ergab sich zeitweilig eine starke Zersplitterung der *Unfallversicherung* mit zeitweilig über 80 gewerblichen Berufsgenossenschaften und fast 50 landwirtschaftlichen Berufsgenossenschaften. Derzeit gibt es noch 26 gewerbliche und 9 landwirtschaftliche Berufsgenossenschaften sowie 39 Unfallversicherungsträger der öffentlichen Hand.

Die gewerblichen Berufsgenossenschaften spiegeln den jeweiligen Gewerbebezug und damit auch die jeweiligen Gefährdungen am Arbeitsplatz wider.

Die gewerblichen und landwirtschaftlichen Berufsgenossenschaften sowie die Unfallversicherungsträger der öffentlichen Hand sind jeweils Körperschaften des öffentlichen Rechts. Hieraus sowie aus dem *Sozialgesetzbuch VII* ergeben sich u. a. folgende Rechte und Pflichten:

- Selbstverwaltungsrecht, das durch paritätische Vertretung von Arbeitgeber- und Versichertenseite (Arbeitnehmer) gemeinsam getragen wird,
- Satzungsrecht und Haushaltsrecht,
- Pflichtmitgliedschaft von Unternehmen,
- Erlass von bindenden Vorschriften für die versicherten Unternehmen und die Versicherten (sogenannte Unfallverhütungsvorschriften),
- Aufsicht über die Mitgliedsbetriebe einschließlich dem Recht zur Anordnung von Maßnahmen und Verhängung von Bußgeldern,
- Beschäftigung von *Aufsichtspersonen* zur Beratung und Überwachung der Unternehmen, die jederzeit Zutrittsrecht und Anordnungsbefugnisse gegenüber den Mitgliedsbetrieben haben.

Alle drei Zweige der Unfallversicherung (gewerblich, landwirtschaftlich, öffentlich) haben darüber hinaus jeweils Dachverbände gegründet (Hauptverband der gewerblichen *Berufsgenossenschaften* – HVBG; Bundesverband der landwirtschaftlichen Berufsgenossenschaften - BLB; Bundesverband der *Unfallkassen* – BUK), die jedoch keine öffentlich-rechtlichen Körperschaften darstellen*. Die Dachverbände sollen die Interessen der jeweiligen Unfallversicherungen bündeln und gemeinsame Grundsätze und Empfehlungen für die Präventionsarbeit, Rehabilitation und Entschädigung durch die jeweiligen Unfallversicherungen erarbeiten und diese Versicherungsbereiche jeweils nach außen vertreten. Die Dachverbände organisieren auch die Arbeit von Fachausschüssen, die sich mit der Prävention branchenspezifischer und branchenübergreifender Gefährdungen am Arbeitsplatz befassen.

Die gewerblichen Berufsgenossenschaften haben darüber hinaus regionale Organisationen (Landesverbände) gegründet, die v. a. Fortbildungsveranstaltungen in den Regionen organisieren und anbieten, die Zusammenarbeit mit den regionalen staatlichen *Arbeitsschutzbehörden*, mit beratenden und begutachtenden Ärzten und Psychologen sowie den *Durchgangsärzten* regeln und die Ermächtigungen von Ärzten zur Durchführung von arbeitsmedizinischen *Vorsorgeuntersuchungen* nach berufsgenossenschaftlichen Vorschriften regeln und erteilen. Einen breiten Umfang der Aktivitäten der Landesverbände nehmen Fortbildungs- und Informationsveranstaltungen für Unternehmer, Versicherte (Arbeitnehmer), Betriebsräte,

---

* Bei Drucklegung des Buches wurde der Zusammenschluss der BKK und des HVBG zur „Deutschen Gesetzlichen Versicherung" beschlossen.

Personalverantwortliche und andere Akteure des betrieblichen Arbeitsschutzes (insbesondere *Fachkräfte für Arbeitssicherheit*, *Betriebsärzte* und betriebliche Sicherheitsbeauftragte) ein.

Zur Erfüllung ihrer Aufgaben führen *Unfallversicherungsträger*, deren Dachverbände und Landesverbände auch Forschungsvorhaben, Pilotmaßnahmen und Einzelprojekte durch, die Erkenntnisse über besondere gesundheitliche Gefährdungen am *Arbeitsplatz* und über *Berufskrankheiten* liefern und die Umsetzung des Unfallschutzes und des Gesundheitsschutzes am Arbeitsplatz (oft zusammenfassend auch als *Arbeitsschutz* bezeichnet) einschließlich der Prävention optimieren. Diese publizieren die Erkenntnisse oder sie veranlassen solche Maßnahmen.

Zur Bündelung von Schwerpunktaufgaben haben die GUV-Träger etliche zentrale Einrichtungen etabliert. Im Bereich der gewerblichen *Berufsgenossenschaften* sind hierfür als Einrichtungen des Hauptverbands der gewerblichen Berufsgenossenschaften z. B. gegründet worden:

- Berufsgenossenschaftliches Institut für Arbeitssicherheit – BGIA,
- Berufsgenossenschaftliche Akademie – BGA,
- Berufsgenossenschaftliches Institut Arbeit und Gesundheit – BGAG,
- Berufsgenossenschaftliches Forschungsinstitut für Arbeitsmedizin – BGFA.

8.1.4 Aufgabenspektrum der GUV

Die Aufgaben der GUV wurden zunächst in der *Reichsversicherungsordnung* (RVO) präzisiert und dort im Laufe der Zeit zunehmend erweitert. Neben der Verhütung, Entschädigung und Rehabilitation von *Arbeitsunfällen* traten 1925 *Wegeunfälle* auf dem Weg zur und von der Arbeit sowie *Berufskrankheiten* hinzu, die seitdem in gleicher Weise wie Arbeitsunfälle entschädigt werden.

Die Aufgaben der GUV sind seit 1996 im *SGB VII* verankert. Darin ist nunmehr als weitere Aufgabe zusätzlich auch die Verhütung *arbeitsbedingter Gesundheitsgefahren* genannt, allerdings nicht die Entschädigung und Rehabilitation von hieraus möglicherweise entstandenen Erkrankungen. Insgesamt ergeben sich hieraus auch Aufgaben der betrieblichen *Gesundheitsförderung*, sofern sie einen Arbeitsplatzbezug besitzen. Umgekehrt ist in § 20 SGB V festgehalten, dass die gesetzlichen *Krankenkassen* den Arbeitschutz ergänzende Maßnahmen der betrieblichen Gesundheitsförderung durchführen können. Sie sollen in der *Prävention* arbeitsbedingter Gesundheitsgefahren mit den Trägern der GUV zusammenarbeiten. Entsprechende Kooperationen zwischen beiden Sozialversicherungsträgern werden in der Praxis durchgeführt.

Hinzuweisen ist auch auf § 84 SBG IX, in dem bei längerer oder wiederholter Erkrankung von *Arbeitnehmern* über insgesamt mehr als 6 Wochen pro Jahr eine betriebliche Wiedereingliederung unter Einbeziehung des *Betriebsarztes* gefordert wird. Auch hierbei sind die *Berufsgenossenschaften* als Partner und Berater gefordert.

8.1.5 Einzelaspekte der Leistungen der Gesetzlichen Unfallversicherung

Nach den gesetzlichen Vorgaben, die sich im Wesentlichen aus dem *Sozialgesetzbuch VII* ergeben, erbringt die GUV derzeit vor allem folgende Leistungen:

- Verhütung, *Entschädigung* und *Rehabilitation* von *Arbeitsunfällen* und *Berufskrankheiten* sowie deren Folgen

Hierbei sind Arbeitsunfälle definiert als zeitlich begrenzte (innerhalb einer Arbeitsschicht), von außen auf den Versicherten einwirkende Ereignisse, die in einem inneren Zusammenhang mit der Arbeitstätigkeit stehen und zu einem Gesundheitsschaden oder zum Tod führen. Auch psychische Traumatisierungen als Unfallopfer fallen unter den Begriff des *Arbeitsunfalls*. Zu den Arbeitsunfällen gehören auch die *Wegeunfälle* auf dem Weg zu und von der Arbeit sowie Dienstwegeunfälle. Insgesamt gibt es zu allen Unfallformen eine detaillierte Rechtsprechung, die Umfang und Grenzen der Anerkennungs- und Entschädigungspflicht für die GUV aufzeigen.

Der Begriff der *Berufskrankheit* (BK) ist von Unfällen abzugrenzen. Es handelt sich nach dem SGB VII (wie auch nach der früher geltenden RVO) um Erkrankungen durch besondere Einwirkungen, denen bestimmte Personengruppen aufgrund ihrer versicherten Tätigkeit in erheblich höherem Grade als die übrige Bevölkerung ausgesetzt sind. Entsprechend der ständigen Rechtsprechung muss hieraus auch ein erheblich erhöhtes Erkrankungsrisiko im Vergleich zur Allgemeinbevölkerung erkennbar werden. Der Begriff der Gruppe wird von der Rechtsprechung nicht zwingend im Sinne einer großen Zahl von Betroffenen gewertet. Die beruflichen Einwirkungen müssen generell zur Verursachung der als Berufskrankheiten benannten Erkrankungen nach der überwiegenden Lehrmeinung geeignet sein. Dies kann z. B. durch epidemiologische Erkenntnisse, durch toxikologische, allergologische, infektologische oder anderweitige pathophysiologische Kenntnisse wissenschaftlich belegt sein. Erkrankungen, die diese Charakteristik besitzen, werden nach § 9 Abs. 1 SGB VII durch den Verordnungsgeber (Bundesregierung) benannt. Dies erfolgt in Anhang 1 der *Berufskrankheitenverordnung* (BKV), der sogenannten Berufskrankheitenliste (BK-Liste);

diese umfasst im Wesentlichen Erkrankungen durch chemische, physikalische und biologische Einwirkungen am Arbeitsplatz. Nach § 9 Abs. 2 der BKV können auch Erkrankungen wie eine BK entschädigt werden, wenn neue Erkenntnisse hierzu in der Fachwissenschaft vorliegen, die vom Verordnungsgeber bisher noch nicht berücksichtigt und behandelt wurden. Die Bundesregierung als Verordnungsgeber lässt sich hierzu durch den Sachverständigenbeirat, Sektion Berufskrankheiten, beim jeweiligen Arbeitsminister beraten.

Zur Anerkennung einer Berufskrankheit muss eine versicherte Tätigkeit ausgeübt worden sein, eine als BK anerkennungsfähige Erkrankung vorliegen und die ursächlich angeschuldigte Einwirkung auf den Versicherten im Rahmen der versicherten Tätigkeit zweifelsfrei nachgewiesen sein (sogenannter Vollbeweis). Die so genannte haftungsbegründende Kausalität (Eignung der Einwirkung qualitativ und quantitativ) und die so genannte haftungsausfüllende Kausalität (Verursachung der Erkrankung durch die als BK-Tatbestand aufgeführte schädigende Einwirkung) müssen jeweils mit Wahrscheinlichkeit nachgewiesen werden. Bei Vorliegen verschiedener Ursachen (z. B. aus dem beruflichen und dem außerberuflichen Bereich) muss die berufliche Einwirkung eine rechtlich wesentliche Rolle spielen.

Bereits aus diesen kursorischen Anmerkungen zu Berufskrankheiten wird deutlich, dass es sich um eine rechtlich wie medizinisch insgesamt komplexe Materie handelt; hierzu gibt es eine sehr differenzierte und umfangreiche Sozialrechtsprechung.

Der Begriff der Berufskrankheit ist somit für die Bevölkerung, aber auch für Arbeitgeber, Arbeitnehmer und weite Bereich der Ärzteschaft nicht einfach zu durchschauen. Hieraus resultieren immer wieder Darstellungen, auch in der Presse, die den rechtlichen Vorgaben nicht gerecht werden und im Einzelfall oft zu unrecht die Anerkennung von Berufskrankheiten fordern. Nach den rechtlichen Vorgaben und der ständigen Rechtsprechung kann und soll nicht jede durch die Arbeit im Einzelfall (mit) verursachte Erkrankung als Berufskrankheit anerkannt werden.

Anders als für die final agierende gesetzliche Krankenversicherung und die Arbeitsverwaltung gelten für die durch den Arbeitgeber finanzierte *Gesetzliche Unfallversicherung* vergleichsweise hohe Ansprüche an die Kausalität zwischen Arbeit und Unfall bzw. Erkrankung.

- Verhütung von arbeitsbedingten Gesundheitsgefahren

Hierzu gehören Gefahren am Arbeitsplatz, die zwar zu Belastungen und im Einzelfall u. U. zu Gesundheitsbeschwerden und auch Erkrankungen führen können, die jedoch bisher nicht als Berufskrankheit anerkannt werden. Im Wesentlichen sind dies Aspekte der *Arbeitsorganisation*, der *Arbeitsplatzgestaltung* und der *Arbeitsaufgabe*. Als arbeitsbedingte Gesundheitsgefahren sind v. a. *psychische* und hierbei psychomentale *Belastungen* am Arbeitsplatz anzusehen, ebenso unzureichende ergonomische Gestaltung des Arbeitsplatzes, unzureichende Beleuchtung, inadäquate Lüftung und ungünstige klimatische Bedingungen.

Die GUV bemüht sich um die Verhütung derartiger Gesundheitsgefahren. Sie muss, wie auch andere Akteure des Gesundheitsschutzes, die Erfahrung machen, dass es einfache Lösungen für die Beseitigung dieser Gesundheitsgefahren, insbesondere im psychomentalen Bereich, meist weder für die Gefährdungserfassung und -objektivierung noch für die *Gefährdungsbeurteilung* und die hieraus abzuleitenden Maßnahmen gibt. Es gibt bisher auch keine Vorschriften zu psychischen Belastungen, deren Einhaltung die GUV überwachen und durchsetzen könnte. Der Sachverhalt liegt deutlich anders als im Bereich der chemischen, physikalischen und biologischen Gefährdungen am Arbeitsplatz, für die es ein stringentes Regelwerk und Vorschriften gibt.

Die Träger der GUV erarbeiten Empfehlungen und Handlungshilfen für die betriebliche Praxis. Allerdings ist zu berücksichtigen, dass es sich bei der Bewältigung dieser Aufgabe um einen stetigen, langdauernden Prozess handelt und nicht mit kurzfristigen und einfachen Lösungsmöglichkeiten zu rechnen ist, weder auf der berufsgenossenschaftlichen noch auf der betrieblichen Ebene.

Auch soziale Belastungen am Arbeitsplatz können im Sinne psychosozialer Belastungen zu den arbeitsbedingten Gesundheitsgefahren gezählt werden; hierzu gehören insbesondere die Interaktionen zwischen Arbeitskollegen, das Vorgesetztenverhalten und die entsprechenden Firmenphilosophien. Gesundheitsgefahren, die hierdurch entstehen können (wie z. B. beim so genannten Mobbing) sind für die GUV in den Betrieben allerdings noch weniger als die psychomentalen Gesundheitsgefahren greifbar und für eine gezielte Präventionsarbeit zugänglich, zumal es sich hierbei schon um sehr „intime" Bereiche der Unternehmen handelt. Keinen Einfluss kann die GUV in der Regel auf Gesundheitsgefahren durch drohende Umstrukturierungen des Betriebes, drohenden Arbeitsplatzverlust etc. nehmen, obwohl hieraus erhebliche psychische Belastungen und somit Gesundheitsgefahren resultieren können.

- Entschädigungsleistungen

Hierzu gehört im Wesentlichen die Zahlung von *Verletztengeld* und Renten in Abhängigkeit von der *Minderung der Erwerbsfähigkeit* (MdE).

Das Verletztengeld wird während der Arbeitsunfähigkeit und Reha-Maßnahmen nach dem Ablauf der Arbeitgeber-Lohnfortzahlung ab der siebenten Woche der Arbeitsunfähigkeit nach einem Arbeitsunfall oder im Rahmen einer Berufskrankheit gezahlt.

Eine Rentenzahlung erfolgt nach Abschluss der Reha-Maßnahmen nach einem Arbeits- oder Wegeunfall bzw. nach Eintritt einer Berufskrankheit. Ihre Höhe richtet sich nach der *Minderung der Erwerbsfähigkeit* (MdE) als abstraktem Maß des Körperschadens entsprechend den jeweils eingetretenen Funktionseinbußen. Ab einer MdE von 20 % wird eine *Entschädigung* (Rente) gezahlt, die vom Einkommen des Versicherten abhängt und unabhängig von Leistungen anderer privater oder Sozialversicherungen gewährt wird, auch über den Eintritt der Zahlung von Altersruhegeld hinaus. Sofern nicht im jeweiligen BK-Tatbestand die Aufgabe der ursächlichen Tätigkeit gefordert ist, kann die bisher ausgeübte Tätigkeit auch ungeachtet einer Rentenzahlung durch die GUV weiter ausgeübt werden; eine völlige Aufgabe jeglicher Erwerbstätigkeit ist in keinem Fall Voraussetzung für die Gewährung einer Unfall- oder BK-Rente durch die GUV. Leistungen werden auch für Hinterbliebene erbracht.

- *Rehabilitation* nach Arbeitsunfällen und Berufskrankheiten

Hierzu gehören sowohl medizinische als auch berufliche Rehabilitationsmaßnahmen. Es werden hierbei alle erforderlichen und für eine möglichst optimale Wiederherstellung der Gesundheit notwendigen medizinischen und auch psychologischen (z. B. nach psychischer Traumatisierung) Maßnahmen ergriffen, erforderlichenfalls auch Weiterbildungen und Umschulungen. Insbesondere in der Landwirtschaft werden bei Bedarf auch Hilfskräfte finanziert, die z. B. bei der Ernte helfen, wenn gesundheitliche Auswirkungen eines Unfalls oder einer BK dies erforderlich machen.

Gesteuert werden diese Maßnahmen durch die jeweiligen Reha- und Entschädigungsabteilungen des Unfallversicherungsträgers. Diese bedienen sich hierzu des Sachverstands besonders geschulter Sachbearbeiter, v. a. aber auch von *Berufshelfern*, die mit ihren Kenntnissen insbesondere für die Beurteilung der Leistungsanforderungen am Arbeitsplatz und dem positiven wie negativen Leistungsprofil des Versicherten einen wichtigen Beitrag für die berufliche wie auch medizinische Wiedereingliederung ins Erwerbsleben leisten. Darüber hinaus wird die fachliche Beratung durch die Präventionsabteilungen des Unfallversicherungsträgers, insbesondere auch durch deren Ärzte sowie die Beratung durch externe Beratungsärzte eingeholt.

Erwähnenswert ist, dass die Angestellten der GUV in einem eigenen Studiengang der FH Bonn Rhein-Sieg auf die besonderen Anforderungen aller genannten Aufgaben der GUV gezielt vorbereitet werden (Studiengang Sozialversicherung, mit Schwerpunkt Unfallversicherung).

Es besteht in der *GUV* von je her eine Trias zwischen *Prävention*, *Entschädigung* und *Rehabilitation*. Dies wird auch als Prinzip „Alles aus einer Hand" bezeichnet.

Im Unterschied zu anderen gesetzlichen und auch privaten Versicherungen gilt in der GUV für alle Maßnahmen der Grundsatz, dass diese „mit allen geeigneten Mitteln" zu erfolgen haben. Eingrenzungen auf das Ausreichende oder Notwendige und reine Wirtschaftlichkeitsaspekte sind in der GUV bisher nicht gegeben, wenngleich selbstverständlich durch die regelmäßigen Prüfungen des Bundesversicherungsamtes (BVA) die Verhältnismäßigkeit und Wirtschaftlichkeit der Maßnahmen auch in der GUV sichergestellt werden.

Leistungen der GUV können somit im Einzelfall weit reichender und intensiver, insbesondere im Bereich der *Rehabilitation*, als bei Erbringung durch andere Versicherungsträger sein.

Für eine besonders effiziente und hochwertige medizinische Rehabilitation werden Patienten nach Arbeitsunfällen und bei Berufskrankheiten im Bedarfsfall in besonders ausgestatteten berufsgenossenschaftlichen Kliniken behandelt.

8.1.6 Arbeitsschutz in Deutschland - Gewerbeaufsicht, gesetzliche Unfallversicherung und duales System

Erste *Arbeitsschutzmaßnahmen* wurden bereits zu Beginn des 19. Jahrhunderts in einigen deutschen Ländern ergriffen, also vor Einführung der gesetzlichen Unfallversicherung. Als erstes erließ Preußen 1819 im Rahmen einer Verordnung zum Schutz von Kindern in der Erwerbsarbeit Arbeitsschutzmaßnahmen, die als Vorläufer einer Gewerbeordnung angesehen werden können. Im weiteren Verlauf wurden dann sowohl im Norddeutschen Bund und ab 1853 in allen deutschen Ländern weitere Maßnahmen des Arbeitsschutzes durch Verordnungen geregelt. Aus dieser Tradition leitet sich der staatliche Arbeitsschutz als Aufgabe der Länder bis in unsere Tage ab. Insgesamt ergeben sich für den staatlichen Arbeitsschutz folgende Handlungsfelder:

- Technischer und organisatorischer Arbeitsschutz,
- Sozialer Arbeitsschutz,
- Umweltschutz,
- Medizinischer Arbeitsschutz.

Hierbei resultierten die Maßnahmen des technischen Arbeitsschutzes aus der Notwendigkeit, angesichts der beginnenden Industrialisierung Maßnahmen gegen Unfallgefahren zu ergreifen. Schon bald wurden auch Maßnahmen des Umweltschutzes mit Begrenzung von Lärm- und Gefahrstoffemissionen in die Aufgaben der Aufsicht einbezogen. Der soziale Arbeitsschutz berücksichtigt bis heute im Wesentlichen die Einhaltung von Hygienevorschriften, Beschäftigungsbeschränkungen und Beschäftigungsverboten (z. B. für Kinder, Jugendliche, Schwangere und stillende Mütter). Die Aspekte des medizinischen Arbeitsschutzes haben sich erst im weiteren Verlauf hinzugesellt. Diese beinhalten hauptsächlich die Sicherstellung der Einhaltung von Grenzwerten (zusammen mit dem technischen Arbeitsschutz) und Vorschriften, einer vorschriftengetreuen betriebsärztlichen Betreuung nach dem *Arbeitssicherheitsgesetz*, in jüngerer Zeit auch Informationen und Schwerpunktaktionen im Bereich der arbeitsmedizinischen Betreuung. Der für den medizinischen Arbeitsschutz zuständigen Behörde, also den Gewerbeärzten, ist auch Gelegenheit zur Stellungnahme in Berufskrankheitenverfahren zu geben. Der staatliche Arbeitsschutz ist Ländersache und wird von diesen in eigener Hoheit gehandhabt. Als Ausdruck einer bundeseinheitlichen Rahmengebung fungieren insbesondere das *Arbeitsschutzgesetz*, die *Gewerbeordnung*, die *Arbeitsstättenverordnung* und die *Betriebssicherheitsverordnung*.

Von besonderer Bedeutung sind im Bereich des medizinischen Arbeitsschutzes darüber hinaus die *Gefahrstoffverordnung*, die *Biostoffverordnung*, die *Röntgen-* und *Strahlenschutzverordnung*, daneben auch weitere Verordnungen wie etwa im Bergbau. Nachrangige technische Regeln für Gefahrstoffe (TRGS), biologische Arbeitsstoffe (TRBA) wie auch für die Betriebssicherheitsverordnung und die Arbeitsstättenverordnung ergänzen und präzisieren die Aussagen zum medizinischen wie auch zum technischen und organisatorischen Arbeitsschutz.

Während berufsgenossenschaftliches und staatliches Regelwerk zum *Arbeitsschutz* in der Vergangenheit weitgehend parallel, zum Teil auch nicht abgestimmt bestanden hatten, war in den letzten Jahren bereits eine Anpassungstendenz zu erkennen. In der Regel passte sich hierbei die berufsgenossenschaftliche Regelung der entsprechenden staatlichen Regelung an.

In letzter Zeit werden durch die für die *gesetzliche Unfallversicherung* zuständige Fachaufsichtsbehörde, also das jeweils für den Arbeitsschutz zuständige Bundesministerium, in zunehmendem Umfang ausschließlich noch staatliche Regelungen im Bereich des Arbeitsschutzes zugelassen. Berufsgenossenschaftliche Vorschriften, Regeln und Informationen sollen weitgehend, soweit machbar und sinnvoll, in entsprechende Vorschriften und Regeln des staatlichen Regelwerkes eingebracht werden. Hierzu werden auf den verschiedenen Beratungsebenen Kooperationsausschüsse gebildet bzw. Vertreter sowohl des staatlichen als auch des berufsgenossenschaftlichen Arbeitsschutzes in die jeweils entsprechenden Fachgremien wechselseitig mit einbezogen. Der Erlass von Unfallverhütungsvorschriften durch die GUV entsprechend dem SGB VII wird durch das aufsichtführende Bundesministerium derzeit nicht mehr genehmigt. Es ist zu erwarten, dass in naher Zukunft eine entsprechende Gesetzesänderung erfolgen wird, nach der ausschließlich noch staatliche Rechtsvorschriften auf dem Gebiet des Arbeitsschutzes erlassen werden.

Die GUV wird künftig nur noch wenige grundlegende Unfallverhütungsvorschriften besitzen, die insbesondere die Grundsätze der Prävention, der Ersten Hilfe sowie der betriebsärztlichen und sicherheitstechnischen Betreuung von Betrieben regeln und im Übrigen auf das staatliche Regelwerk Bezug nehmen.

Aus diesem so genannten *dualen System* des Arbeitsschutzes, das in gewisser Hinsicht eine Besonderheit im Vergleich zu anderen Ländern darstellt, leitet sich in der Vergangenheit wie auch heute wiederholt verschiedenartigste Kritik ab. Für die in der Vergangenheit in der Tat vereinzelt zweigleisige Vorschriftenlage ergibt sich, neben der bereits dargestellten teils freiwilligen, teils durch die Fachaufsichtsbehörde verpflichtend gemachten Synchronisation und Vereinheitlichung, nunmehr insbesondere für die Berufsgenossenschaften die Möglichkeit, auf das jeweils geltende staatliche Recht zu verweisen und dessen Umsetzung in den jeweiligen Mitgliedsunternehmen bzw. Mitgliedseinrichtungen verbindlich zu fordern.

Schon lange Usus und in § 21 Arbeitsschutzgesetz als Postulat verankert, ist eine enge Kooperation und Abstimmung von staatlichen Aufsichtsbehörden und Trägern der gesetzlichen Unfallversicherung. Hierzu gehören insbesondere gemeinsame Besichtigungen, v. a. bei besonderem Anlass, und der Austausch von Daten, insbesondere zum Unfall- und Berufskrankheitengeschehen. Die Situation einer dicht hintereinander erfolgenden Besichtigung von Betrieben durch Beamte der staatlichen *Gewerbeaufsicht* bzw. des *Gewerbearztes* auf der einen Seite und der jeweiligen Aufsichtsperson des Unfallversicherungsträgers auf der anderen Seite wird zwar häufig als Negativbeispiel des dualen Systems bemüht, entbehrt in der Realität allerdings so gut wie jeder Grundlage.

Entsprechend einer Forderung der Sozialminister der Bundesländer sollen staatliche Stellen und GUV künftig eine *Gemeinsame Deutsche Arbeitsschutzstrategie* (GDA) erarbeiten. Konzepte und Maßnahmen des Arbeitsschutzes werden so noch enger zwischen den *Arbeitsschutzbehörden* der Länder und der GUV unter Beteiligung des Bundesarbeitsministeriums und seiner Einrichtungen (wie z. B. der *Bundesanstalt für Arbeitsschutz und Arbeitsmedizin*, der Ausschüsse für Gefahrstoffe (AGS) und für biologische Arbeitsstoffe (ABAS) etc.) abgestimmt und verzahnt sein.

8.1.7 Stellenwert der Selbstverwaltungsorgane in der GUV

Im Bereich der gesetzlichen Sozialversicherungen besteht grundsätzlich ein Satzungs- und Haushaltrecht, das durch die Selbstverwaltungsorgane wahrgenommen wird. In diesen sind sowohl Arbeitgeber als auch Arbeitnehmer zu gleichen Teilen vertreten. An der Sinnhaftigkeit der Selbstverwaltungsorgane in den Sozialversicherungen ist in den letzten Jahren von verschiedenen Seiten Kritik geäußert worden. Allgemein bekannt sind in diesem Zusammenhang die sogenannten Sozialwahlen, die zur Wahl der Vertreter der Selbstverwaltung in den gesetzlichen Krankenversicherungen, in der Rentenversicherung und der Arbeitslosenversicherung durchgeführt werden. In diesen Versicherungszweigen sind sowohl die *Arbeitgeber-* als auch die *Arbeitnehmervertreter* vergleichsweise weit entfernt und meist ohne konkreten Bezug zu den jeweils zu vertretenden Versicherten.

Ganz anders verhält sich dies jedoch in der *gesetzlichen Unfallversicherung*. Die dort in die Selbstverwaltungsorgane gewählten Arbeitgeber- und Arbeitnehmervertreter stammen direkt aus denjenigen Betrieben, die auch in der jeweiligen Unfallversicherung versichert sind. Da diese ihre jeweiligen Unternehmen und somit auch branchen- und unternehmenstypische Gefährdungen aus erster Hand erleben und beurteilen können, können hieraus am effizientesten die erforderlichen Maßnahmen der Prävention und der Rehabilitation abgeleitet werden. Die für die jeweilige Unfallversicherung typischen versicherten Betriebe, ihre Branchenstruktur, ihre Größen- und Gefährdungsstruktur haben auf historischem Weg dann auch folgerichtig zu oft unterschiedlichen Vorgehensweisen in der Konzeption und inhaltlichen Umsetzung von Präventionsmaßnahmen, zum Teil auch Rehamaßnahmen und zu unterschiedlichen Strukturen und inhaltlichen Zuordnungen innerhalb der Verwaltung der Unfallversicherungen geführt.

Diese Unterschiede, wie auch die Vielzahl der Lösungsansätze sind daher nicht als Nachteil, sondern als Ausdruck einer besonders an die jeweilige Zielgruppe angepassten und somit effektiven Arbeit der Unfallversicherungsträger zu sehen.

8.1.8 Gefährdungen am Arbeitsplatz und Entwicklung des Berufskrankheitenrechts im Wandel der Zeiten

In den zurückliegenden Jahren standen an den Arbeitsplätzen Unfallgefahren und Gesundheitsgefahren durch chemische und physikalische Einwirkungen im Vordergrund der Aufmerksamkeit. Im weiteren Verlauf kamen dann auch Infektionskrankheiten hinzu, die heute u. a. durch zunehmende Auslandsreisen von Versicherten im Rahmen weltweiter Tätigkeiten der Unternehmen an Bedeutung gewinnen. Vergleichsweise jungen Datums sind *Berufs-*

krankheiten im Bereich des Halte- und Bewegungsapparates, insbesondere der Knie und der Wirbelsäule. Vor allem Berufskrankheiten durch chemische Gefahrstoffe treten in den letzten Jahren deutlich seltener als früher auf, was zweifellos auf die geänderte Arbeitswelt mit ihrem Zuwachs an Arbeitsschutzmaßnahmen wie auch einen Wandel des Tätigkeitsspektrums in den Betrieben zurückzuführen ist.

Auf der anderen Seite hat sich im Laufe der Zeit auch ein Wandel in der Anerkennung einzelner *Berufskrankheiten* ergeben, die den Fortschritt in den entsprechenden wissenschaftlichen Erkenntnissen widerspiegeln. Deutlich wird dies zum Beispiel anhand der BK 2102. Diese umfasste zunächst nur Meniskusschäden bei langjähriger Tätigkeit unter Tage, später dann auch allgemein durch kniende oder hockende Tätigkeiten, schließlich wurde auch die Entstehung von Kniegelenksarthrosen durch solche Tätigkeiten in die BK-Liste aufgenommen.

Zunehmend berücksichtigt werden in jüngster Zeit *arbeitsbedingte Gesundheitsgefahren*, insbesondere durch psychomentale Belastungen. Dabei hat es psychische Belastungen seit jeher in der Arbeitswelt gegeben, sie sind definitionsgemäß mit jeglicher Arbeit verbunden. Der Grund für das neuerdings bestehende Augenmerk hierauf ist in der Intensivierung der Arbeit und in den zunehmend belastenden Randbedingungen wie etwa in der *Arbeitsorganisation*, dem Wechsel von Betriebseigentümern, der Auflösung sozialer Strukturen etwa bei Projektarbeit, der geforderten immer rascheren Anpassung an neue Bedingungen und ständiges Lernen, die zunehmende Kundenorientierung und anderem mehr zu sehen.

Belastungen durch die Arbeitsgestaltung im körperlichen Bereich, also auf dem Gebiet der *Ergonomie*, können vergleichsweise konkret durch *Fachkräfte für Arbeitssicherheit* oder andere Experten erfasst und entsprechend den Anforderungen des Arbeitsschutzgesetzes beurteilt werden, sodass bei Bedarf notwendige Maßnahmen abgeleitet und umgesetzt werden können. Demgegenüber ist eine Erfassung der *psychischen Belastungen* am Arbeitsplatz (psychomentale Belastung) und deren Bewertung meist wesentlich schwieriger durchzuführen.

Einfach anzuwendende Materialien (wie z. B. Checklisten, Fragebögen) sind oft sehr allgemein gehalten, abzuleitende Schlussfolgerungen sind häufig stark interpretationsfähig und somit fehlerträchtig. Qualitativ bessere Instrumente können häufig nur durch Experten innerhalb oder gar von außerhalb der Unfallversicherungsträger und der Betriebe angewandt werden, sie sind häufig zeitaufwendig und kostenträchtig.

Gemeinsam ist dem Gesamtkomplex „Arbeitsbedingte Gesundheitsgefahren" im Vergleich zu den „klassischen" Gefährdungen, insbesondere durch chemische, physikalische und biologische Einwirkungen, dass Rechtsvorschriften weitestgehend fehlen und somit auch Umsetzungsmaßnahmen in der Regel nicht erzwungen werden können. Die *Gefährdungsbeurteilung* psychischer Belastungen und hieraus abzuleitende Maßnahmen hängen darüber hinaus, ebenfalls im Unterschied zu den anderen Belastungen, weitgehend von den individuellen persönlichen Ressourcen und subjektiven Bewertungen der jeweiligen Beschäftigten ab.

Es ist unstritten, dass sich im Laufe der vergangenen Jahrzehnte eine zunehmende Verschiebung der Belastungen und Gefährdungen, auch des Aufgabenspektrums der Unfallversicherungsträger, von Arbeitsunfällen über Berufskrankheiten hin zu arbeitsbedingten Gesundheitsgefahren ergibt. Hierbei ist im Bereich der *Berufskrankheiten* allerdings weiterhin mit hohen Zahlen lärmbedingter Erkrankungen, Hauterkrankungen und bösartigen Erkrankungen zu rechnen. Letztere resultieren in jüngster Vergangenheit insbesondere aus einem Anstieg asbestbedingter Erkrankungen, die die Expositionssituation aus der Zeit nach dem Zweiten Weltkrieg bis in die 1980er Jahre widerspiegeln. Durch verbesserte Maßnahmen des Arbeitsschutzes ist in Zukunft insbesondere auf diesem Feld mit einem Rückgang der BK-Zahlen zu rechnen.

8.1.9 Leistungen der Gesetzlichen Unfallversicherung im Bereich der Prävention

Während die zu ergreifenden Maßnahmen im Bereich der *Entschädigung* inhaltlich wie formal weitgehend durch vergleichsweise detaillierte rechtliche Vorgaben und die ständige Rechtsprechung festgelegt sind, bieten sich der GUV im Bereich der *Prävention* große Freiräume in der Gestaltung der Maßnahmen. Hierbei spielen oft branchenspezifische Eigenheiten sowie die strukturellen und größenmäßigen Gegebenheiten der versicherten *Unternehmen* bzw. Einrichtungen eine wesentliche Rolle. Hieraus ergeben sich oft unterschiedliche Vorgehensweisen verschiedener Träger der GUV, die durchaus nicht von fehlender Ordnung im System der GUV sondern vielmehr von einer adäquaten Reaktion auf die Bedürfnisse der versicherten Betriebe zeugen.

Die GUV bietet hierbei im Wesentlichen folgende Leistungen und Angebote für die *Versicherten*, die *Unternehmer* bzw. Arbeitgeber, Personalverantwortliche, Betriebsräte, *Fachkräfte für Arbeitssicherheit, Betriebsärzte* und andere Akteure des betrieblichen Gesundheitsschutzes der versicherten Unternehmen an:

- Informationen, Aus- und Fortbildung insbesondere durch: periodische Veröffentlichungen, Broschüren, schriftliches und elektronisches Informationsmaterial, Artikel in Fachpublikationen, Seminare, Workshops, Unterhalt von Bildungsstätten.
- Kampagnen und Sonderaktionen (z. B. zum Thema „Hautschutz").
- Kooperationen mit *Krankenkassen*.
- Beratung bei der Erstellung von betrieblichen Konzepten und Systemen (z. B. Arbeitsschutzmanagementsystemen, betrieblichen Gesundheitsförderungsmaßnahmen).
- Einzelfallberatungen vor Ort, wie auch telefonisch und in Gruppen zu allen Aspekten des technischen und des medizinischen Arbeitsschutzes einschließlich der Arbeitsorganisation, der Ergonomie und der Arbeitspsychologie.
- Vorhaltung von fachlichen, personellen, finanziellen und strukturellen Ressourcen im Bereich der Ingenieur- und Naturwissenschaften, der Arbeitsmedizin und anderer relevanter medizinischer Kapazität (z. B. im Bereich Dermatologie/Hautschutz), der *Arbeitspsychologie*, der *Ergonomie*, der *Arbeitswissenschaften* und anderer relevanter Disziplinen.
- Einrichtung von Fachstellen für besondere Aufgaben (z. B. Prüfung und Zertifizierung von Produkten im Rahmen des gesetzlichen Auftrags).
- Ausbildung der *Fachkräfte für Arbeitssicherheit*, deren Inhalte staatlich geregelt sind.
- Durchführung und Veranlassung von Forschungsvorhaben mit dem Ziel der Ursachenaufdeckung und Verbesserung der Prävention im Rahmen des gesetzlichen Auftrags.
- Ermittlungen nach Anzeigen von *Arbeitsunfällen* und *Berufskrankheiten* mit spe-

zifischen Kenntnissen der jeweiligen Gefährdung und Exposition sowie der Pathophysiologie von Arbeitsunfällen (z. B. bei Stromunfällen) und Berufskrankheiten (z. B. durch chemische Gefahrstoffe).

8.1.10 Präventionsaufgaben der GUV nach SGB VII in Abgrenzung zu Präventionsanforderungen des Arbeitssicherheitsgesetzes

Zur Durchführung der gesetzlichen Aufgaben im Bereich der Prävention haben die Unfallversicherungsträger als Ansprechpartner für die Betriebe *Aufsichtspersonen*. Diese sind als erste Ansprechpartner für die Beratung der Unternehmen und zur Verhütung von Arbeitsunfällen, Berufskrankheiten und arbeitsbedingten Gesundheitsgefahren zuständig.

Aufsichtspersonen haben weit überwiegend eine ingenieurtechnische oder naturwissenschaftliche Ausbildung. Die Aufsichtspersonen werden in den einzelnen Unfallversicherungsträgern in unterschiedlicher Struktur durch einen ergänzenden Unterbau unterstützt, der die fachlichen Inhalte für die jeweils versicherten Branchen und Betriebe erarbeitet und in entsprechender Form sowohl innerhalb der Unfallversicherungsträger als auch für die Mitgliedsunternehmen verfügbar macht. Diese Strukturen behandeln insbesondere folgende Bereiche der Arbeitswelt:

- Physikalische Belastungen, chemische Einwirkungen, biologische Arbeitsstoffe,
- Arbeits- und Organisationspsychologie, *Arbeitswissenschaften*, *Ergonomie*,
- Messtechnik zur Objektivierung von chemischen, biologischen Gefahrstoffen und physikalischen Einwirkungen sowie der Arbeitsplatzgestaltung, des Klimas, der Beleuchtung und Lüftung,
- Einrichtungen zur Prüfung von Arbeitsmitteln.

Soweit es im Auftrag der Unfallversicherungsträger liegt, erfolgen auch gezielte Einzelfallberatungen, zum Beispiel bei der *Gefährdungsbeurteilung* nach dem *Arbeitsschutzgesetz*, zur Analyse von Gefahrstoffen am *Arbeitsplatz*, zur Optimierung der Arbeitsplatzgestaltung und der Arbeitsorganisation etc.

In diesen Bereichen ergeben sich mitunter Abgrenzungsprobleme von den Aufgaben der *Betriebsärzte* und *Fachkräfte für Arbeitssicherheit*, die die Arbeitgeber nach dem Arbeitssicherheitsgesetz zu bestellen haben. Betriebsärzte und Fachkräfte für Arbeitssicherheit haben eine sehr umfassende Verpflichtung zur Beratung der Arbeitgeber in allen technischen Aspekten des Arbeitsschutzes, der Arbeitsplatzgestaltung, der Arbeitsmedizin, der Arbeitsphysiologie und der Arbeitspsychologie einschließlich der Durchführung medizinischer Untersuchungen der Beschäftigten. Es ist nicht Auftrag der GUV, diese operativen Leistungen der routinemäßigen betrieblichen Beratung und Betreuung nach dem Arbeitssicherheitsgesetz durchzuführen; dies ist den Präventionsdiensten der GUV allein schon aus Kapazitätsgründen nicht möglich. Die Schwerpunkte der Präventionsarbeit der GUV liegen vielmehr in der konzeptionellen Beratung, der Gewinnung von Erkenntnissen und deren Vermittlung und nicht in der Durchführung weitreichender Einzelfallmaßnahmen; diese können durch die GUV meist nur veranlasst werden. Die detaillierte Umsetzung in den Betrieben muss dann durch die Betriebsärzte, Fachkräfte für Arbeitssicherheit und ggf. andere Fachkräfte erfolgen. Sofern Unfallversicherungsträger betriebsärztliche oder sicherheitstechnische Dienste für ihre Betriebe eingerichtet haben, sind diese organisatorisch, finanziell und inhaltlich streng von den Aufgaben der Unfallversicherung nach SGB VII zu trennen.

8.1.11 Die GUV im Wandel der Zeiten

Mit dem Begriff *Gesetzliche Unfallversicherung* wird alleine bereits durch die Wortwahl nahezu zwangsläufig das Bild einer rigiden Behörde gezeichnet, die Schadensfälle nach vorgegebenen Regularien abarbeitet. Dass dies so nicht stimmt, wurde bereits dadurch deutlich gemacht, dass seit Gründung der GUV obligat die Arbeit der *Prävention* und der *Rehabilitation* in das Aufgabengebiet der GUV einbezogen war und ist. Dies wird auch künftig so bleiben.

Die Mitgliedsbetriebe sehen ihren jeweiligen Unfallversicherungsträger zunehmend als Dienstleister, oft auch schon quasi als Anbieter auf dem Markt, wenngleich dieser sich aufgrund der rechtlichen Vorgaben nicht als solcher bewegen kann.

Als Reaktion hierauf legt die GUV ihren Behördencharakter zunehmend ab. Zu diesen Änderungen gehören zahlreiche Elemente auch der privatwirtschaftlichen Verhaltensweisen, die zunehmend Eingang in der GUV finden. Dies sind insbesondere:

- Dienstleistungscharakter und Kundenorientierung der GUV.

Die Träger der GUV sehen ihre Mitgliedsbetriebe zunehmend als Partner; sie versuchen durch Überzeugung und Beratung anstelle von Anordnungen zu operieren. Dies äußert sich z. B. durch Sicherstellung einer ständigen telefonischen Erreichbarkeit und Weiterleitung an den zuständigen Mitarbeiter sowie ein entsprechendes Auftreten nach außen.

Im Einzelfall können hierdurch Spannungsfelder entstehen, wenn eine Anordnung oder Durchsetzung von Maßnahmen dringend geboten ist, und hierbei eine Kundenorientierung nicht mehr beibehalten werden kann. Dies ergibt sich insbesondere für die Prävention aus dem Spannungsfeld der Beratung einerseits und der Überwachung andererseits, die beide als Aufgaben in *SGB* VII fixiert sind.

- Etablierung von Controlling-Systemen, Benchmarking, Kosten-Leistungs-Rechnungen etc.
- Evaluation von Maßnahmen der GUV auf ihre Wirksamkeit.

Eine große Herausforderung stellt für die GUV der rasche Wechsel von Produktionsverfahren, Produkten, Firmenausrichtungen, Betriebsausgliederungen und Eigentümerwechsel von *Betrieben* dar. Dies führt zu einer zunehmenden Durchmischung oder einem Wechsel verschiedenartiger Tätigkeitsprofile, Produkte, Arbeitsverfahren und der damit verbundenen Unfall- und Gesundheitsgefahren der Betriebe oder sogar innerhalb einzelner Mitgliedsunternehmen im Laufe der Zeit. Die Folge davon ist, dass eine ausschließliche Ausrichtung und Orientierung der Unfallversicherungsträger nach speziellen Branchen und deren typischen Gefährdungen, wie sie früher gegeben war, zunehmend verloren geht. Die meisten gewerblichen Berufsgenossenschaften umfassen mittlerweile recht große Spannbreiten von Gesundheitsgefährdungen verschiedenster Art in ihren Mitgliedsbetrieben. Auch die Träger der Unfallversicherung der öffentlichen Hand umfassen heutzutage zahlreiche Produktionsstätten in ihren Betrieben, die dem gewerblichen Bereich zugerechnet werden können. Hieraus ergibt sich eine zunehmende Anforderung an die Sachkunde der einzelnen Versicherungsträger. Diese begegnen dieser Herausforderung durch Zusammenarbeit in Fachausschüssen und Gremien, die die Prävention branchenübergreifender Gefährdungen behandeln, wie auch durch Fusionen einzelner Berufsgenossenschaften.

Herausforderungen für die Zukunft werden die zunehmende Internationalisierung der Betriebe mit einer Durchmischung von Mitarbeitern aus verschiedenen Ländern, die unterschiedlichen Arbeitsschutzbestimmungen unterliegen, sowie ein zunehmend unter gesamteuropäischen Vorzeichen umzusetzendes Arbeitsschutzrecht darstellen.

8.1.12 Herausforderungen für die Präventionsarbeit

Ganz wesentlich hat sich die Rolle der *Aufsichtspersonen* als unmittelbare Kontaktstelle des jeweiligen Unfallversicherungsträgers mit den Mitgliedsbetrieben und den Mitgliedseinrichtungen sowie den Versicherten gewandelt. Von diesen wird neben der Veränderung als reine Aufsichtsperson hin zum Berater zunehmend auch eine Diversifizierung und universelle Ausrichtung des fachlichen Aufgabenspektrums erwartet.

In der Vergangenheit wurde fast ausschließlich auf die Beseitigung von Unfallgefahren und technischen Mängeln geachtet, im weiteren Verlauf auch auf die Überwachung und Einhaltung von Grenzwerten chemischer und physikalischer Einwirkungen, die noch mit dem vorhanden technischen und naturwissenschaftlichen Sachverstand möglich war. Nunmehr werden zunehmend auch Beratungsfunktionen im Bereich *arbeitsbedingter Gesundheitsgefahren* wie etwa der *Ergonomie*, *Arbeitspsychologie*, der betrieblichen *Gesundheitsförderung* und im Rahmen von Gesundheitsmanagementsystemen erwartet. Hierzu kann die Aufsichtsperson zwar auf die zusätzlichen, entsprechend fachkundigen Ressourcen des Unfallversicherungsträgers zurückgreifen, auf der anderen Seite ist sie als der primäre und zunächst einzige Ansprechpartner des Betriebes diesen Anforderungen zunächst alleine ausgesetzt. Die Unfallversicherungsträger bemühen sich deshalb in zunehmendem Maße, die Aufsichtspersonen auch in diesen Bereichen zumindest im Sinne eines Basiswissens sachkundig zu machen und den Betrieben die nächsten Schritte aufzeigen zu lassen. In diesem Zusammenhang werden derzeit auch Überlegungen angestellt, die Aufsichtspersonen hin zu einem Gesundheitsberater für die Betriebe weiter zu entwickeln. Hier gibt es allerdings von verschiedenen Fachgesellschaften Bedenken, die hierbei offensichtlich eine zu große Ausstrahlung der Tätigkeit der Unfallversicherungsträger in andere Fachgebiete fürchten.

Zugleich bilden die Träger der GUV neben Naturwissenschaftlern und Ingenieuren zunehmend auch Ärzte, Psychologen und Biologen als Aufsichtspersonen aus und erweitern ihre Innendienstressourcen verstärkt mit entsprechenden Fachleuten, um diesen Herausforderungen gerecht zu werden.

Eine weitere wesentliche Herausforderung für die Präventionsarbeit der GUV stellt die Beratung von *Klein- und Mittelunternehmen* dar, die mit hohem organisatorischem und zeitlichem Aufwand verbunden ist. Dies gilt auch für die Hilfestellung für Betriebsärzte und Fachkräfte für Arbeitssicherheit bei der Betreuung dieser Unternehmen.

Die Unfallversicherung berät Betriebe, Betriebsärzte und Fachkräfte für Arbeitssicherheit verstärkt auch im Hinblick auf einen umfassenden Gesundheitsschutz und ein Gesundheitsmanagement, die sich weg von rein anlassbezogenen Aktivitäten und vorgegebenen Anlässen für Untersuchungen der Beschäftigten entwickeln. Hierzu dienen auch die für diese Zielgruppen durchgeführten Informations- und Fortbildungsaktivitäten einschließlich des neuen Konzeptes der Ausbildung von *Fachkräften für Arbeitssicherheit*.

Verstärkt gefordert werden die Träger der gesetzlichen Unfallversicherung auch bei der Thematik einer künftig möglicherweise immer älter werdenden Arbeitnehmerschaft im Rahmen des *demografischen Wandels* sein, um den Unternehmen und den Arbeitnehmern hierbei Unterstützung zu geben. Zu nennen sind v. a. besondere Aspekte der Ergonomie, der Arbeitsorganisation und Arbeitszeitgestaltung, von Arbeitsformen sowie der Informationsvermittlung und –verarbeitung des Organismus. Außerdem ist die im Durchschnitt höhere (Multi-) Morbidität älterer Arbeitnehmer von Bedeutung, sodass hieraus auch höhere Ansprüche an die Unterstützung im Bereich der betrieblichen *Gesundheitsförderung* allgemein resultieren werden.

8.1.13 Zukünftige Entwicklungen in der gesetzlichen Unfallversicherung

Schon seit Langem werden von verschiedenen Seiten immer wieder Änderungen in Struktur, Organisation und Aufgaben der GUV gefordert. Bisher ist das System der gesetzlichen Unfallversicherung als zweite, wesentliche Säule des betrieblichen Unfall- und Gesundheitsschutzes neben der staatlichen Aufsicht jedoch im Wesentlichen unverändert erhalten geblieben.

Die seit 2006 im Amt befindliche Regierung hat unter anderem eine Reform der gesetzlichen Unfallversicherung mit dem Ziel einer Verwaltungsvereinfachung vereinbart. Die Bund-Länder-Kommission hat sich noch im Jahre 2006 mit dieser Frage beschäftigt. Ziel ist eine Neuordnung der gesetzlichen Unfallversicherung bis 2009. Aus den derzeitigen Aktivitäten ist erkennbar, dass die gesetzliche Unfallversicherung unmittelbar vor ihrer wahrscheinlich größten strukturellen, möglicherweise auch inhaltlichen Umgestaltung steht.

Ganz allgemein werden folgende Vorstellungen zum Gesamtkomplex wie auch zu Teilaspekten in die Diskussion gebracht, die zum Teil unterschiedliche Intentionen aufweisen:

- Umwandlung der bisherigen Dachverbände der Unfallversicherungsträger im gewerblichen, landwirtschaftlichen und öffentlichen Bereich in Körperschaften des öffentlichen Rechts mit Weisungsrecht gegenüber den einzelnen Trägern der gesetzlichen Unfallversicherung.
- Verstärkte Einflussnahme staatlicher Organe auf die GUV.
- Zusammenlegung von Dachverbänden der GUV.
- Schaffung großer Einheiten von Unfallversicherungsträgern mit Reduktion von deren Anzahl bis hin zu einer Einheitsversicherung.
- Schaffung von regional ausgerichteten Unfallversicherungen.
- Beseitigung des *dualen Systems* des Arbeitsschutzes mit Aufgabe entweder des staatlichen Schenkels oder des unfallversicherungsrechtlichen Schenkels im Bereich der Überwachung und Prävention.
- Modifizierung oder Beseitigung des Satzungsrechts und der *Selbstverwaltungsorgane* der Unfallversicherung.
- Entzug des Rechts der Unfallversicherungsträger auf Erlass von Vorschriften.
- Vereinheitlichung der Beitragssätze bei vergleichbarer Tätigkeit oder Unfall- bzw. Gesundheitsgefährdung.
- Teilung der Unfallversicherungsträger in die selbstständigen Bereiche Versicherung und Prävention bis hin zu einer völligen Ausgliederung der Präventionsaufgaben aus der GUV.
- Entzug der Aufsichts- und Anordnungsbefugnis der Unfallversicherungsträger gegenüber ihren versicherten Mitglieds-

unternehmen mit dann ausschließlich noch beratender Funktion im Präventionsbereich.
- Privatisierung der Unfallversicherung.
- Harmonisierung oder Vereinheitlichung der Arbeitgeber-Beiträge in verschiedenen Unfallversicherungen bei gleichartiger Gefährdung bzw. Tätigkeit des Versicherten.
- Streichung von *Wegeunfällen* aus dem Leistungskatalog der Unfallversicherungen.
- Splitting der Leistungen nach Unfällen und Berufskrankheiten in einen abstrakten Entschädigungsteil für den erlittenen Körperschaden und einen Minderverdienstausgleich.
- Abgeltung von kleineren Unfall- und BK-Renten durch Einmalzahlungen.
- Einschränkung der Leistungen.
- Begrenzung der Rentenzahlung nach Arbeitsunfällen und bei Berufskrankheiten, höchstens bis Ende der beruflichen Tätigkeit.
- Einschränkungen der Leistungen der Unfallversicherung an Hinterbliebene im Todesfall.
- Streichung von Leistungen bei Wegeunfällen.
- Höhersetzung der mindestens erforderlichen *Minderung der Erwerbsfähigkeit* als Voraussetzung zum Bezug einer Rente.
- Erbringung von Leistungen nicht mehr mit allen geeigneten Mitteln.

8.1.14 Künftige Aufgaben der gesetzlichen Unfallversicherung

Aus den derzeitigen, konkreten Entwicklungen zeichnen sich folgende Kernpunkte einer künftigen Gestaltung der GUV ab:
- Erhalt der GUV als öffentlich-rechtliche Einrichtung und Pflichtversicherung, keine Privatisierung.
- Beibehaltung von Unfall- und BK-Entschädigung und Reha-Maßnahmen einerseits sowie Präventionsauftrag andererseits aus einer Hand.
- Beibehaltung des Satzungsrechts und der *Selbstverwaltung*.
- Beibehaltung der Überwachungsfunktion und des Anordnungsrechts gegenüber den Mitgliedsbetrieben.
- Verlust des Rechts auf Erlass eigener Vorschriften.
- Keine grundlegenden Einschränkungen des Leistungsauftrags der GUV, möglicherweise aber Modifizierungen.
- Status der Dachverbände als eigene Körperschaften des öffentlichen Rechts und damit Weisungsbefugnis gegenüber den einzelnen Unfallversicherungsträgern.
- Intensivierte Kooperation oder Zusammenlegung der Spitzenverbände der Träger der Unfallversicherungen im gewerblichen, im landwirtschaftlichen und im öffentlichen Bereich.
- Intensivierte Kooperation und Abstimmung mit staatlichen Ebenen.
- Erhebliche Reduzierung der Zahl der Unfallversicherungsträger, v. a. im gewerblichen und öffentlichen Bereich.
- Angleichung der Beitragssätze der Versicherungsträger.
- Verstärkte Einsparungen in der Verwaltung.

8.1.15 Resümee und Ausblick

Die GUV hat sich als hervorragender Spezialist im Bereich der Prävention und Rehabilitation mit besonderen Kenntnissen der konkreten Gefährdungen und deren möglichen Folgen in den einzelnen Betrieben und Branchen bewährt. Sie hat ausreichende personelle, materielle und strukturelle Ressourcen zur Erfüllung einer effektiven Präventions- und Rehabilitationsarbeit aufgebaut. Dies muss auch in Zukunft erhalten und gewährleistet bleiben.

Etliche Staaten weltweit, insbesondere in Osteuropa und in sich schnell entwickelnden Regionen Asiens und Lateinamerikas, studieren mit zunehmendem Interesse die Struktur und das Leistungsangebot der gesetzlichen Unfallversicherung in Deutschland und nehmen dieses oder einzelne Elemente zum Vorbild für eigene Anstrengungen im Bereich des Arbeitsschutzes. Dies sollte Ansporn zum Erhalt des Systems der GUV auch in Deutschland sein.

Wie unter den abzusehenden politischen Vorgaben einer drastischen Reduzierung der Versicherungsträger, insbesondere im gewerblichen Bereich, die besonderen Fachkenntnisse zur Beratung, Präventions- und Reha-Arbeit in den zahlreichen Branchen gewährleistet bleiben sollen, muss sich noch herausstellen. Anzumerken ist grundsätzlich, dass die Bildung großer Strukturen nicht zwangsläufig zu einer Vereinfachung der Verwaltung und zu einer effizienteren Arbeitsweise führt, oft ist das Gegenteil der Fall. Sichergestellt bleiben muss in jedem Fall, dass die Träger der GUV ihren Mitgliedsbetrieben gegenüber auch künftig ein schnell und direkt zu erreichender Ansprechpartner bleiben, der besondere Sachkenntnis über ihre Bedürfnisse, Besonderheiten und Probleme besitzt.

Weitere Informationen zur Gesetzlichen Unfallversicherung in Deutschland finden sich auf den folgenden *Internetseiten*:

Bundesministerium für Arbeit und Soziales, www.bmas.bund.de, Rubrik: „Arbeitsschutz".

Hauptverband der gewerblichen Berufsgenossenschaften, www.hvbg.de, Rubriken: „Aktuelles"; „Zum Thema". Suchfunktion-Stichworte: „Reform Unfallversicherung"

Bundesverband der Unfallkassen, www.unfallkassen.de, Rubrik: „Hintergrund".

Bundesvereinigung der Deutschen Arbeitgeberverbände, www.bda-online.de, Rubriken: „Presse → Aktuelles"; „Themen → Soziale Sicherung". Suchfunktion-Stichwort: „Unfallversicherung"

Zentralverband des Deutschen Handwerks www.zdh.de, Rubrik: „Sozial- und Tarifpolitik → Unfallversicherung Arbeitsschutz". Suchfunktion-Stichworte: „Unfallversicherung"; „Berufsgenossenschaften".

Bundesverband der Deutschen Industrie e. V., www.bdi-online.de, Rubrik: „Fachabteilungen → Recht". Suchfunktion-Stichwort: „Berufsgenossenschaften".

Hauptverband des Deutschen Einzelhandels, www.einzelhandel.de, Rubriken: „Aktuelles"; „Themen/Inhalte → Arbeit und Soziales → Aktuelle Gesetzgebungsverfahren → Reform der gesetzlichen Unfallversicherung". Suchfunktion-Stichworte: „Unfallversicherung". „Berufsgenossenschaften".

Deutscher Gewerkschaftsbund, www.dgb.de, Rubrik: „Themen → Arbeits- und Gesundheitsschutz → Duales Arbeitsschutzsystem → Berufsgenossenschaften". Suchfunktion-Stichworte: „Berufsgenossenschaften"; „Unfallversicherung".

Industriegewerkschaft Metall, www.igm.de, Suchfunktion-Stichwort: „Unfallversicherung".

8.1.16 Key-Message

- Es ist dringend erforderlich, dass die GUV als bedeutsamer Partner in allen Fragen der Arbeitssicherheit und des Gesundheitsschutzes am Arbeitsplatz wahrgenommen und einbezogen wird.
- Die GUV ist eine Pflichtversicherung, in der jeder Beschäftigte durch eine Meldung des Arbeitgebers versichert ist. Die Beiträge hierfür werden ausschließlich durch den Unternehmer aufgebracht.
- Die gewerblichen Berufsgenossenschaften spiegeln den jeweiligen Gewerbebezug und damit auch die jeweiligen Gefährdungen am Arbeitsplatz wider.
- Es besteht in der GUV von je her eine Trias zwischen Prävention, Entschädigung und Rehabilitation. Dies wird auch als Prinzip „Alles aus einer Hand" bezeichnet.

HAUPTVERBAND DER GEWERBLICHEN BERUFSGENOSSENSCHAFTEN (HRSG.) (1985): 100 Jahre gesetzliche Unfallversicherung. Universum Verlagsanstalt, Wiesbaden.

BAYERISCHER GEMEINDEUNFALLVERSICHERUNGSVERBAND (HRSG.) (1995): 100 Jahre Bayerischer Gemeindeunfallversicherungsverband. Leo Druck- und Verlags GmbH, Gundelfingen/Donau.

BUCK-HEILIG, L. (1989): Die Gewerbeaufsicht. Studien zur Sozialwissenschaft. Westdeutscher Verlag, Opladen.

BUNDESANSTALT FÜR ARBEITSSCHUTZ UND UNFALLFORSCHUNG (HRSG.) (1978): 125 Jahre Gewerbeaufsicht. Bundesanstalt für Arbeitsschutz und Unfallforschung, Dortmund.

ZSCHIESCHE, W.: Aufgaben eines Arztes bei den Trägern der gesetzlichen Unfallversicherung. Arbeitsmed. Sozialmed. Umweltmed. 35 (2000) 542-551.

LITERATURHINWEISE

WEBER, A. (2003): Arbeitmedizin im System der sozialen Sicherung. In: Triebig, G., Kentner, M., Schiele, R. (Hrsg.): Arbeitsmedizin – Handbuch für Theorie und Praxis. Gentner, Stuttgart, 25-45.

THÜRAUF, J. (2003): Staatlicher Arbeitsschutz. In: Triebig, G., Kentner, M., Schiele, R. (Hrsg.): Arbeitsmedizin – Handbuch für Theorie und Praxis. Gentner, Stuttgart, 46-63.

COENEN, W. (2003): Gesetzliche Unfallversicherung. In: Triebig, G., Kentner, M., Schiele, R. (Hrsg.): Arbeitsmedizin – Handbuch für Theorie und Praxis. Gentner, Stuttgart, 64-74.

WICKENHAGEN, E. (1980): Geschichte der gewerblichen Unfallversicherung. Band 1: Textband, Band 2: Anlagenband. R. Oldenbourg, München und Wien.

8.2 Die Rolle der Betriebs- und Werksärzte

Wolfgang Panter

8.2.1 Einleitung

Im Januar 1949 wurde in Leverkusen die werksärztliche Arbeitsgemeinschaft gegründet. Daraus ging der Verband Deutscher Betriebs- und Werksärzte hervor. Bereits in den 1950er Jahren gab es Bestrebungen, ein Werksärztegesetz zu entwerfen. Es dauerte allerdings bis 1974, bis das *Arbeitssicherheitsgesetz* gesetzliche Regelungen für Betriebsärzte fand. Das Arbeitssicherheitsgesetz hat vieles beschleunigt und hat zu einer Intensivierung der betriebsärztlichen Versorgung in der Bundesrepublik beigetragen. In dieser Zeit, besonders seit den 90er Jahren des letzten Jahrhunderts, hat sich die Rolle des Betriebsarztes entscheidend gewandelt, weg vom passiven Gesundheitsschutz hin zur *aktiven Gesundheitsförderung* und *Sicherung der Beschäftigungsfähigkeit* der Mitarbeiter. Hinzu kommt, dass Beratung zunehmend wichtiger wird und der untersuchende Teil an Bedeutung abnimmt. Darüber hinaus fordern die strukturellen Veränderungen in den Unternehmungen in der Arbeitsmedizin wichtige Weichenstellungen für die Zukunft. Es wird vom Betriebsarzt erwartet, dass er sich aktiv in Prozesse des Unternehmens einbringt und mit seinem spezifischen Wissen zur Sicherung der Leistungsfähigkeit beiträgt. Diesem neuen Anforderungsprofil gilt es Rechnung zu tragen, aber immer auch vor Augen zu haben, dass die ärztliche Kompetenz im Mittelpunkt des Handelns des Betriebsarztes stehen muss.

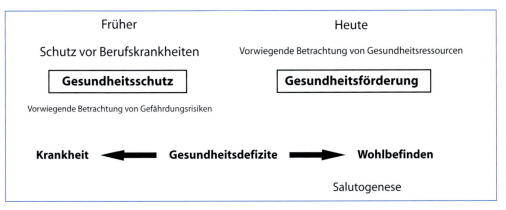

Abbildung 1: Wandel des Fokus der Arbeitsmedizin

8.2.2 Mitgestaltung

Im 20. Jahrhundert stand im Mittelpunkt der Arbeitsmedizin der Schutz vor Berufskrankheiten (siehe hierzu *Abbildung 1*).
Für die Arbeitsmedizin im 21. Jahrhundert ist der Betriebsarzt in seiner modernen Prägung nicht mehr Verwalter von Sicherheit und Gesundheit, sondern er ist Mitgestalter im Prozess. Die Beratung bei der strategischen Planung von Gesundheitsvorsorge wird in den Unternehmungen immer wichtiger. Heute ist der Arzt gleichzeitig Partner im Arzt-Patienten-Verhältnis, er ist Partner der Wissenschaft, aber genauso Partner des Unternehmens und der Betriebsvertretung. In diesem Sinne wird der Werks- oder Betriebsarzt zunehmend mehr verantwortlicher Projektmanager für die Gesundheit im Unternehmen.

Die Grundlage des betriebsärztlichen Handelns ist eine qualifizierte, auf dem aktuellen Stand stehende, *Gefährdungsbeurteilung*. Diese Gefährdungsbeurteilung muss zum einen die Arbeitsplatzsituation berücksichtigen – in gleicher Weise aber auch die übrigen, insbesondere sozialen Strukturen des Unternehmens (siehe hierzu *Abbildung 2*).

Die Kenntnis der Arbeitsplätze ist die erste Voraussetzung. Im weiteren Verlauf ist aber auch die soziale Struktur des Unternehmens von zentraler Bedeutung. Ein Unternehmen mit einem durchschnittlichen Lebensalter der Belegschaft von über 45 Lebensjahren braucht ein anderes Konzept als ein Unternehmen der New Economy mit einem Durchschnittsalter der Belegschaft von 30 Jahren. *Gesundheitsmanagement* muss also, um diesen Namen zu verdienen, immer Verhaltens- und Verhältnisprävention sowie die gesamte Unternehmensstruktur berücksichtigen. Ein Standardrezept für alle Unternehmen gibt es daher nicht, sondern Konzepte müssen individuell auf die Unternehmungen zugeschnitten werden und sich aus der Gefährdungsbeurteilung ableiten. Aus der Zusammenschau entsteht ein ganzheitlicher Managementansatz, der den Anspruch erheben kann, Gesundheitsmanagement im Titel zu führen.

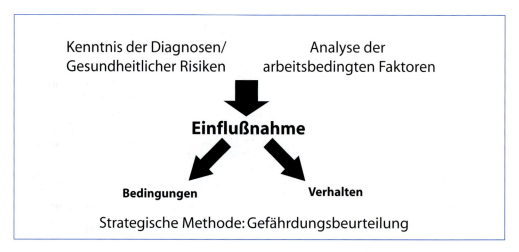

Abbildung 2: Gefährdungsbeurteilung unter Berücksichtigung der Arbeitsplatzsituation und der übrigen (sozialen) Strukturen eines Unternehmens

8.2.3 Arbeitsmedizinische Vorsorgeuntersuchungen

Solche Programme bedeuten aber auch einen anderen Ansatz der arbeitsmedizinischen Vorsorge, nicht das kleinteilige Denken in engen G-Grundsätzen ist hier gefragt, sondern ein Ansatz, der den gesamten Menschen berücksichtigt. Wir brauchen ein Basisprogramm für die arbeitsmedizinische Vorsorgeuntersuchung, das ergänzt wird um Gefährdungsmomente der Arbeitsplätze. Mit diesem ganzheitlichen Ansatz können wir danach auch ein *ganzheitliches Vorsorgeprogramm* für den Betrieb schneidern. In den arbeitsmedizinischen Zentren, in denen nach diesem Vorgehen gearbeitet wird, gibt es umfangreiche Erfahrungen und positive Beispiele wie frühzeitige Prävention von Herz-Kreislauf-Risiken, Stoffwechselerkrankungen, Wirbelsäulenleiden, Krebserkrankungen etc. durchgeführt werden kann. Und dies hilft den Unternehmen, die Leistungsfähigkeit und die Beschäftigungsfähigkeit der Mitarbeiter zu erhalten. Der Grundsatz der Sicherung und der Beschäftigungsfähigkeit ist von ganz herausragender Bedeutung.

8.2.4 Psychomentale Belastungen

Das wirtschaftliche Leben in der Bundesrepublik wird geprägt von einem starken Umstrukturierungsprozess, der sich stetig beschleunigt. Es ist eine Zunahme der Dienstleistungsunternehmen zu verzeichnen, es ist aber auch eine erhebliche Zunahme der *psychomentalen Belastungen* der Mitarbeiter zu verzeichnen. Dies wird vielleicht deutlich am Beispiel der *Abbildung 3*, wo ein Leitstand aus dem Jahre 1974 gezeigt wird und ein Leitstand aus dem Jahr 2006.

Durch komplexe Computerprogramme werden Menschen entlastet, andererseits entstehen beim Ausfall solcher Computerprogramme für die handelnden Personen auch erhebliche persönliche Risiken. So kann ein simpler Systemausfall zu einer dramatisch kritischen Situation in vielen Unternehmungen werden. Auch für solche Veränderungen der psychomentalen Belastungen der Mitarbeiter muss die Arbeitsmedizin Antworten finden. Antworten finden im Sinne der Systemvorsorge aber auch gleichzeitig Antworten für das Individuum. Auf dem Sektor Individuum gibt es schon eine ganze Reihe he-

Abbildung 3: Zunahme psychomentaler Belastungen: links ein Leitstand aus dem Jahre 1974, rechts aus dem Jahre 2006

rausragende Ansätze. Uns fehlt aber noch das Handwerkszeug für die systemische Vorsorge. Hier ist die Arbeitsmedizin aufgerufen, gemeinsam mit anderen Disziplinen nach Lösungsmöglichkeiten zu suchen. Im Vordergrund muss aber sicherlich immer auch das individuelle ärztliche Handeln für den einzelnen Betroffenen stehen.

8.2.5 Eingliederungsmanagement
Bereits im Arbeitssicherheitsgesetz von 1974 wird zu den Aufgaben des Betriebsarztes gezählt, die Wiedereingliederung von Behinderten zu fördern. Durch die Einfügung des § 84 im Sozialgesetzbuch IX und die Forderung eines betrieblichen Eingliederungsmanagements gibt es neue Chancen für jeden Betriebsarzt. Der Betriebsarzt sollte darauf hinwirken, dass in seinen betreuten Betrieben unter seiner Beteiligung solche Maßnahmen durchgeführt werden. Ziel ist die Sicherung der Beschäftigungsfähigkeit und dies vor dem Hintergrund einer sich wandelnden Demokratie. Sich heute darauf einzustellen heißt, die Leistungsfähigkeit des Betriebes dauerhaft zu sichern. Aus vielen betriebsärztlichen Abteilungen wird über sehr positive Erfahrungen mit interdisziplinär gesetzten Eingliederungsteams berichtet. In vielen Bereichen setzen sich diese aus einem Vertreter des Personalbereichs, aus einem Betriebsrat, dem Schwerbehindertenvertrauensmann und dem Betriebsarzt zusammen. Das Eingliederungsteam wendet sich an Mitarbeiter, die mehrfach im Verlauf des Jahres arbeitsunfähig sind. In einem ersten Gespräch lotet der Betriebsarzt aus, welche Möglichkeiten der individuellen Gesundheitsförderung oder arbeitsgestalterischer Maßnahmen möglich sind. Durch diesen Ansatz - individuell auf die Person als auch auf den Arbeitsplatz zugeschnitten - wird ein neues, spannendes Aufgabenfeld für den Betriebsarzt aufgetan.

8.2.6 Key-Message
- Die Arbeitsmedizin sieht sich vor wesentlichen Veränderungen im Sinne eines Paradigmenwechsels.
- Es ist nicht mehr die Verwaltung von Sicherheit und Gesundheit gefordert, sondern die Mitgestaltung im Unternehmen und dies wird immer verbunden mit der ärztlichen Kompetenz und dem ärztlichem Ethos.
- Auf dieser Basis wird sich die Arbeitsmedizin positiv weiterentwickeln und ihren Platz im Gesundheitssystem mit dem Schwerpunkt Prävention behaupten und ausbauen können.

8.3 Perspektiven der akademischen Arbeitsmedizin

Stephan Letzel

Die Hochschullandschaft in Deutschland wird derzeit durch drei wesentliche Faktoren bestimmt: steigende Studentenzahlen, Forderung nach Exzellenz in *Forschung* und *Lehre* sowie immer knapper werdende finanzielle Ressourcen. Die neue Bundesregierung hat in ihren Leitlinien der Bildungs- und Forschungspolitik *Exzellenz in Bildung und Forschung – mehr Wachstum durch Innovation* eine zusätzliche Investition von sechs Milliarden Euro angekündigt. Man darf gespannt sein, wie sich diese Initiative auf den Bereich der *Hochschulen* auswirkt.

Vorhersehbar ist ein tief greifender Strukturwandel der Hochschullandschaft, in dem sich die Universitäten dem nationalen und internationalen Wettbewerb stellen müssen.

Dabei muss jedoch bei der Bündelung von Exzellenz durch *Leuchttürme* der Spitzenforschung und Bildung darauf geachtet werden, dass für alle an Forschung und Wissenschaft Beteiligten Voraussetzungen geschaffen werden, die es ermöglichen als gleichberechtigte Partner an diesem Wettbewerb teilzunehmen. Der Wissenschaftsstandort Deutschland hat immer von seiner Vielfalt und Kreativität profitiert. Die im Grundgesetz verankerte Freiheit von Forschung und Lehre (GG Art. 5 Abs. 3) darf auch in Zeiten knapper werdender Ressourcen nicht dadurch eingeschränkt werden, dass nur noch in einzelnen Bereichen die hierfür erforderlichen Grundvoraussetzungen geschaffen werden.

Medizinische Forschung und Lehre ist an den Hochschulen eng mit der Krankenversorgung verbunden. Die Arbeitsmedizin nimmt hier im Grenzbereich zwischen klinisch-theoretischen und klinischen Fächern eine Sonderstellung ein. Die Definition und Ziele des Faches, wie sie im Jahr 2004 von der wissenschaftlichen Fachgesellschaft (Deutsche Gesellschaft für Arbeitsmedizin und Umweltmedizin (*DGAUM*)) formuliert wurden (*Abbildung 1*), weisen deutlich auf die klinische Verankerung des Faches hin.

Unter Zugrundelegung der Definition und Ziele des Faches wird im Folgenden auf die Bereiche Forschung, Lehre und klinische Arbeitsmedizin aus akademischer Sicht näher eingegangen.

8.3.1 Forschung

Die *Wissenschaft* bzw. die wissenschaftliche Fachgesellschaft (DGAUM) bezog in den letzten Jahren mehrfach Stellung zu den Perspektiven der arbeitsmedizinischen Forschung. Insbesondere sei hier auf das Positionspapier der DGAUM (Brüning et al., 2004) und das Kapitel Arbeitsmedizinische Forschung in dem Buch Arbeitsmedizin

Definition der Arbeitsmedizin:
Die Arbeitsmedizin ist die medizinische, vorwiegend präventiv orientierte Fachdisziplin, die sich mit der Untersuchung, Bewertung, Begutachtung und Beeinflussung der Wechselbeziehungen zwischen Anforderungen, Bedingungen, Organisation der Arbeit einerseits sowie dem Menschen, seiner Gesundheit, seiner Arbeits- und Beschäftigungsfähigkeit und seinen Krankheiten andererseits befasst.

Ziele der Arbeitsmedizin:
Die Ziele der Arbeitsmedizin bestehen in der Förderung, Erhaltung und Mitwirkung bei der Wiederherstellung von Gesundheit sowie der Arbeits- und Beschäftigungsfähigkeit des Menschen.
Die Ziele der Arbeitsmedizin werden umgesetzt
- durch die Bereitstellung von wissenschaftlichen Grundlagen für die menschengerechte Gestaltung von Arbeit,
- durch die Aufdeckung von Ursachen und die Ableitung von präventiven Maßnahmen bei arbeitsbedingten Gesundheitsgefährdungen, arbeitsbedingten Erkrankungen, Berufskrankheiten und Arbeitsunfällen,
- durch die Mitwirkung bei der Förderung, dem Erhalt und der Wiederherstellung der individuellen Arbeits- und *Beschäftigungsfähigkeit*.

Die Arbeitsmedizin übernimmt die ärztliche Beratung von Arbeitgebern und Arbeitnehmern an der Schnittstelle Individuum / Betrieb sowie von Handelnden in der integrierten medizinischen Versorgung bei Fragen der betrieblichen *Gesundheitsförderung* und *Prävention*, der arbeits- und umweltbezogenen Diagnostik und Therapie, der arbeits- und beschäftigungsfähigkeitsfördernden Rehabilitation sowie bei versicherungsmedizinischen Fragen.

Die Arbeitsmedizin stützt sich auf eine ganzheitliche Betrachtung des arbeitenden Menschen mit Berücksichtigung somatischer, psychischer und sozialer Prozesse. Arbeitsmedizin handelt auf der Grundlage eines wissenschaftlich begründeten medizinischen Methodeninventars und nutzt auch Erkenntnisse und Methoden anderer Wissenschaftsdisziplinen.

Ihre Aktivitäten sind eingeordnet in multidisziplinäres Handeln.

Abbildung 1: Definition und Ziele der Arbeitsmedizin (DGAUM, 2005)

heute - Konzepte für morgen (Scheuch et al., 2006) verwiesen.

Generell sind Forschung, Wissenschaft und Technologie in Deutschland wichtige Grundpfeiler unserer Volkswirtschaft und haben damit einen entsprechenden Stellenwert in unserer Gesellschaft. Aufgabe von Forschung, Wissenschaft und Technologie wird es sein, Grundlagen für den Erhalt und den Ausbau von Arbeitsplätzen zu schaffen und insbesondere im Bereich der Arbeitsmedizin die Sicherheit und menschengerechte Gestaltung von Arbeit und Arbeitsplätzen sowie die Gesundheitsförderung durch bzw. in der Arbeit weiter auszubauen. Dabei wird es erforderlich sein, sowohl die bedarfsorientierte Grundlagenforschung als auch die angewandte Forschung weiter auszubauen. Hierbei wird es darauf ankommen, öffentliche Forschungseinrichtungen, insbesondere die Hochschulen, zielgerichtet zu fördern und mit den Akteuren aus dem Bereich der Wirtschaft und der Unternehmen zusammenzuführen, um Ressourcen und Kompetenzen zu bündeln. Dieser Prozess darf jedoch die Freiheit in Forschung und Wissenschaft nicht einschränken. *Forschungsförderung* muss unabhängig und ergebnisoffen erfolgen. Wichtig wird es sein, die entsprechenden Forschungsergebnisse zeitnah publik zu machen, den Wissenstransfer in die Praxis aktiv zu unterstützen sowie die Umsetzung der Forschungsergebnisse zu fördern und deren Effektivität zu evaluieren. Aufgabe der Politik wird es dabei u. a. sein, in Deutschland ein Innovationsklima zu schaffen, das Forschung attraktiv macht und dadurch Forscherinnen und Forscher im Land hält bzw. vermehrt nach Deutschland zieht.

Die Forschung im Bereich der Arbeitsmedizin und Sicherheitstechnik an den Hochschulen und außeruniversitären Forschungseinrichtungen hat in der Vergangenheit sehr erfolgreich dazu beigetragen die Gefährdungen im Kontext mit Arbeit zu minimieren und damit die Zahl und Schwere von Arbeitsunfällen, Berufskrankheiten und arbeitsbedingten Erkrankungen deutlich zu reduzieren.

Der Wandel bzw. die Weiterentwicklung der Arbeitswelt bedeutet aber auch für Forschung und Wissenschaft im Bereich der Arbeitsmedizin und Sicherheitstechnik eine neue Herausforderung. Hierbei darf jedoch nicht vergessen werden, dass auch für klassische Arbeitsbelastungen und den daraus abzuleitenden Beanspruchungen zum Teil noch erhebliche Wissensdefizite bestehen, die ebenfalls einer wissenschaftlichen Bearbeitung bedürfen. Bei der Herangehensweise sind zunehmend Verfahren zur Erforschung multikausaler Zusammenhänge anzuwenden. Bei der Komplexität der entsprechenden Fragestellungen wird die Interdisziplinarität bei der zukünftigen wissenschaftlichen Forschung im Bereich der Arbeitsmedizin unabdingbar sein. Neben medizinischen, natur- und ingenieurswissenschaftlichen Inhalten werden u. a. auch sozialwissenschaftliche Gesichtspunkte bei der arbeitsmedizinischen Forschung zu berücksichtigen sein. Der Arbeitsmedizin wird hierbei jedoch aufgrund der speziellen Fachkenntnisse sowohl über Arbeitsbelastungen als auch über physiologische und parthophysiologische Beanspruchungsreaktionen in der Regel eine Schlüsselrolle zukommen.

Zukünftig wird sich die arbeitsmedizinische Forschung von ihren Inhalten zunehmend primär nicht nur der Verhinderung von Versicherungsfällen (z. B. Arbeitsunfälle oder Berufskrankheiten), sondern dem gesamten Bereich der Primär- (Schadensverhütung), Sekundär- (Früherkennung) und Tertiärprävention (Wiederherstellung) sowie der Gesundheitsförderung annehmen müssen. Dabei werden sowohl die Verhaltens- und Verhältnisprävention als auch die betriebliche sowie die individuelle Gesundheitsförderung zu berücksichtigen sein.

Der Wandel des Erwerbslebens wird in den nächsten Jahren eine Vielzahl von arbeitsmedizinisch relevanten Veränderungen mit sich bringen. Wie u. a. in dem Buch Arbeitsmedizin heute - Konzepte für morgen (Scheuch et al., 2006) aufgeführt, zeichnet sich Folgendes ab:

Allgemeine Veränderungen:
- neue Technologien und Produktionsverfahren,
- Globalisierung des Erwerbslebens mit Zunahme internationaler Kooperationen und Konkurrenz örtlicher Beschäftigungsverhältnisse,
- steigender Wert des Wirtschaftsfaktors Gesundheit,
- Erfordernis von kontinuierlichem Lernen während des gesamten Arbeitslebens,

- Zunahme des Dienstleistungssektors, insbesondere von Berufen mit sozial-kommunikativen Anforderungen sowie von Tätigkeiten um die Gesundheit,
- Veränderung der Altersstruktur der Beschäftigten und Verlängerung der Lebensarbeitszeit (demographischer Wandel),
- Zunahme von komplexen Tätigkeitsprozessen und Reduzierung oder Verlagerung einfacher Arbeiten,
- Verdichtung der Arbeitsanforderungen,
- Veränderung traditioneller betrieblicher Strukturen,
- Erfordernis ständiger Neuorientierung und Anpassung an Arbeitsprozesse,
- Zunahme des Risikos mentaler Fehlbelastungen und daraus resultierender Beanspruchungen,
- Verarbeitung von Informations- und Kommunikationsfluten, Informationsverdichtung,
- wachsende Bedeutung emotionaler Prozesse in der Arbeit.

Arbeitsorganisation:
- Beschleunigung von Veränderungsprozessen bei Arbeitsinhalten und Arbeitsorganisation.
- Veränderungen der Arbeitszeiten (variable, partizipative Arbeitszeitgestaltung mit Beeinflussung der Tages-, Wochen-, Jahres-, Lebensarbeitszeit).
- Immer stärkere Verflechtung von Arbeit und Nichtarbeit, von Arbeitszeit und Freizeit bei gleichzeitiger Aufspaltung der Bevölkerung in Beschäftige und Arbeitslose.
- Rückgang traditioneller lebenslanger Beschäftigungsverhältnisse am klassischen festen Arbeitsplatz mit Zunahme von temporärer Projektarbeit, Teilzeitarbeit, Heimarbeit, Telearbeit, Arbeitslosigkeit (Variabilität der individuellen Arbeitsbiographien).

Gefahrstoffe:
- Nur für etwa 500 der rund 100.000 Stoffe mit wirtschaftlicher Bedeutung in der EU liegen bislang wissenschaftliche Erkenntnisse vor, die eine gesundheitliche Bewertung dieser Stoffe erlauben.
- Durch neue Technologien können zusätzlich einerseits alt bekannte Stoffe neue Wirkungen entfalten. Andererseits können hierdurch auch neue Stoffe mit unbekannter Wirkung entstehen.
- Durch neue wissenschaftliche Technologien können aber auch Wirkungen aufgeklärt werden, die mit den herkömmlichen Methoden bislang nicht differenziert genug erfasst werden konnten.
- Selbst wenn die Belastung durch Gefahrstoffe in der industriellen Produktion in Zukunft in Deutschland möglicherweise durch Produktionsverlagerungen geringer wird, bleibt der Kontakt zu Gefahrstoffen im Anwendungsbereich – z. B. auch durch (Re-) Importe weiterhin bestehen. Allein dies zeigt den Handlungsbedarf für arbeitsmedizinische Forschung auf.
- Eine besondere Herausforderung für den Arbeitsschutz stellen Fragen zu den bislang nicht ausreichend untersuchten Langzeiteffekten von Gefahrstoffen nach Expositionen im Niedrigdosisbereich, also weit unterhalb der Grenzwerte dar.
- Eine weitere Herausforderung sind Mischexpositionen gegenüber verschiedenen Gefahrstoffen – auch im Niedrigdosisbereich –, die teils durch den Strukturwandel am Arbeitsplatz, teils aber auch durch die explosionsartig anwachsenden neuen Technologien hervorgerufen werden.

Entwicklung von Struktur und Inhalt des Gesundheitsschutzes am Arbeitsplatz:
- Arbeitsmedizinische Strukturen, Inhalte und Methoden bedürfen einer Anpassung

an den Wandel des Arbeitslebens auf der Basis qualifizierter wissenschaftlicher Forschungsergebnisse.
- Arbeitsmedizinische Forschung muss die im Betrieb tätigen Arbeits- und Betriebsmediziner sowie Anbieter arbeitsmedizinischer Dienstleistungen in die Lage versetzen, ihre jeweiligen Arbeiten und Dienstleistungen nachvollziehbar, evidenzbasiert und qualitätskontrolliert durchzuführen.

Viele dieser aufgeführten Punkte haben direkte oder indirekte Auswirkungen auf die psychosoziale Gesundheit. Eine besondere Herausforderung im Bereich der arbeitsmedizinischen Forschung wird es sein, bei den aufgeführten Themen den zu erwartenden demographischen Wandel zu berücksichtigen. Gerade die prozentuale Zunahme älterer Beschäftigter im Erwerbsleben, ggf. mit entsprechenden altersbedingten Leistungseinschränkungen und vermehrten chronischen Erkrankungen, wird in vielen Bereichen der Arbeitsmedizin neue Fragen aufwerfen, die einer adäquaten wissenschaftlich fundierten Antwort bedürfen. Beispielhaft sei hier u. a. auf die Themenkomplexe Beschäftigungsfähigkeit und Wiedereingliederung älterer Mitarbeiter mit zum Teil chronischen Erkrankungen, Aufstellung von Grenzwerten unter Berücksichtigung von Altersfaktoren sowie Arbeitszeit- und Pausenregelung für Ältere verwiesen.

Des Weiteren wird es Aufgabe der arbeitsmedizinischen Forschung sein, bei knapper werdenden Ressourcen vermehrt die Qualitätssicherung entsprechender Maßnahmen zu verbessern und ihre Effektivität unter Kosten-Nutzen-Gesichtspunkten zu belegen. Auch hierfür sind die erforderlichen wissenschaftlichen Grundlagen zu schaffen.

Die arbeitsmedizinische Forschung wird in Deutschland nur dann die an sie gestellten Aufgaben bewältigen können, wenn der Stellenwert von Prävention und Gesundheitsförderung als entscheidender Bestandteil der nationalen und internationalen Wettbewerbsfähigkeit erkannt wird und die hierzu erforderlichen Randbedingungen geschaffen werden.

Viele Fragen werden nicht durch kurzfristig ausgelegte Forschungsprojekte beantwortet werden können sondern langfristige Forschungsansätze erfordern. Insbesondere wäre bereits bei der Einführung neuer Technologien und Arbeitsverfahren eine begleitende arbeitsmedizinische Forschung besonders effektiv. Hierzu bedarf es jedoch zum einen einer ausreichenden Ausstattung der arbeitsmedizinischen Hochschulinstitute in Deutschland sowie einer adäquaten Einbindung der Arbeitsmedizin in entsprechende nationale und internationale Förderprogramme.

Fasst man zusammen, so braucht der Wirtschaftsstandort Deutschland zur Beantwortung aktueller und zukünftiger arbeitsmedizinischer Fragestellungen sowohl in der Grundlagenforschung als auch in der angewandten Forschung eine starke akademische Arbeitsmedizin. Eine inter- und transdisziplinäre Verknüpfung ist unabdingbar.

8.3.2 Lehre

Die Rahmenbedingungen der ärztlichen Ausbildung werden in Deutschland durch das Bundesministerium für Gesundheit in der *Approbationsordnung für Ärzte* (ÄAppO) geregelt. In den entsprechenden Studienordnungen legen die medizinischen Fachbereiche bzw. Fakultäten der Universitäten individuell Regelungen und Studieninhalte fest, die zur Absolvierung eines geordneten Studiums der Medizin an den entsprechenden Universitäten innerhalb des durch die ÄAppO vorgegebenen Rahmens notwendig sind. Die derzeit gültige ÄAppO trat am 01.10.2003 in Kraft. Die Arbeitsmedizin ist nach der neuen ÄAppO ein eigenständiges Fach sowie Gegenstand mehrerer fächerübergreifender Querschnittsbereiche, in denen jeweils von den Studierenden Leistungsnachweise zu erbringen sind, um zum zweiten Abschnitt der ärztlichen Prüfung zugelassen zu werden. Damit ist die Arbeitsmedizin grundlegend im Medizinstudium in Deutschland verankert.

Die Inhalte der Lehre im Fach Arbeitsmedizin wurden vom Vorstand der Deutschen Gesellschaft für Arbeitsmedizin und Umweltmedizin e. V. (DGAUM) zusammen mit den arbeitsmedizinischen Hochschullehrern im Jahr 2003 erarbeitet und sowohl in einem Themenkatalog als auch in einem Lernzielkatalog zusammengefasst und publiziert (Letzel et al. 2003). Damit war die DGAUM eine der ersten Fachgesellschaften, die bereits im Vorfeld den vom Medizinischen Fakultätentag 2005 an die medizinischen Fachgesellschaften erfolgten Aufruf zur Erstellung von Lernzielkatalogen umgesetzt hat.

Dieser Themen- und *Lernzielkatalog Arbeitsmedizin* orientiert sich eng an der Definition des Faches Arbeitsmedizin der DGAUM und ist als Grundlage für die akademische Lehre im Fach Arbeitsmedizin gedacht, um die Vermittlung der relevanten arbeitsmedizinischen Inhalte für eine spätere ärztliche Tätigkeit über die Grenzen der einzelnen Universitäten hinaus sicherzustellen. Der Lernzielkatalog umfasst die in *Tabelle 1* aufgeführten Themen.

Die Inhalte des Lernzielkatalogs zeigen die Breite des Faches Arbeitsmedizin auf, wie es im *Medizinstudium* zu unterrichten ist. Gerade im Hinblick auf den Titel dieses Buches „Mensch und neue Arbeitswelt" ist besonders darauf hinzuweisen, dass im Bereich der Arbeitsmedizin Kenntnisse sowohl über aktuelle und zukünftige als auch historische Belastungen und den daraus abzuleitenden Beanspruchungen für den Arztberuf von grundlegender Bedeutung sind und somit im Studium bestmöglich vermittelt werden müssen. Beispielhaft sei

Tabelle 1: Inhalte des Lernzielkatalogs Arbeitsmedizin

Arbeitsmedizinische Basiskenntnisse
- Allgemeine Grundlagen
- Grundlagen des Arbeits- und Gesundheitsschutzes für die ärztliche Tätigkeit
- Grundsätze und Konzepte der Arbeitsmedizin
- Physische Belastung und Beanspruchung in der Arbeit
- Psychische Belastung und Beanspruchung
- Belastung und Beanspruchung durch physikalische Einwirkungen
- Belastungen und Beanspruchung durch chemische Einwirkungen
- Arbeitsbedingte Erkrankungen und Berufskrankheiten der Atemwege, Lunge und Pleura
- Arbeitsbedingte Erkrankungen und Berufskrankheiten der Haut
- Arbeitsbedingte Infektions- und Tropenkrankheiten
- Krebserkrankungen als Berufskrankheiten
- Der chronisch Kranke im Beruf und Grundlagen der Rehabilitation
- Sozialer Arbeitsschutz

Arbeitsmedizinisch relevante Fähigkeiten
- Anamnese
- Berufskrankheiten
- Arbeitsmedizinische Untersuchungen von Erwerbstätigen bezüglich Eignung, Prävention und Rehabilitation
- Sozialer Arbeitsschutz
- Bewertung arbeitsmedizinischer Gefahrstoffe im biologischen Material
- Arbeitsmedizinisches Ambient Monitoring
- Beratung des Arbeitnehmers zur Prävention arbeitsbedingter Gesundheitsgefahren
- Berücksichtigung des Arbeits- und Gesundheitsschutzes in der eigenen ärztlichen Tätigkeit und Verantwortung
- Arbeitsmedizinisch relevante diagnostische Maßnahmen
- Beurteilung eines arbeitsplatzbezogenen Inhalationstests

hier für zurückliegende berufliche Belastungen die Asbestproblematik angesprochen. Für die Asbestverwendung wurde in Deutschland im Jahre 1993 ein umfassendes staatliches Verbot ausgesprochen. Unter Berücksichtigung der zum Teil langen Latenzzeiten asbestbedingter Erkrankungen von bis zu einigen Jahrzehnten und der großen Anzahl entsprechender Neuerkrankungen – so wurden z. B. im Jahr 2004 ca. 3.800 neu aufgetretene asbestbedingte Krankheiten in Deutschland bei den gewerblichen Berufsgenossenschaften als Berufskrankheit anerkannt – zeigt sich die Relevanz dieser Krankheitsbilder. Die entsprechenden arbeitsmedizinischen Kenntnisse hierzu sind für die zukünftigen Ärztinnen / Ärzte unentbehrlich, um bei gefährdeten Personenkreisen geeignete Maßnahmen der Frühdiagnostik einzuleiten sowie diese Krankheitsbilder in die ärztliche Differentialdiagnostik einzubeziehen und ggf. die erforderlichen sozialrechtlichen Maßnahmen (z. B. ärztliche Berufskrankheitenanzeige) ergreifen zu können. Losgelöst von der Asbestproblematik darf auch nicht vergessen werden, dass durch die Globalisierung des Wettbewerbes und den Zustrom ausländischer Beschäftigter auf den deutschen Arbeitsmarkt berufliche Gesundheitsgefährdungen, die zunächst in Deutschland keine Rolle (mehr) spielen, zum Teil importiert bzw. reimportiert werden. Zudem kann es vorkommen, dass in Deutschland Personen beschäftigt werden, die entsprechende Vorbelastungen aus ihren früheren Tätigkeiten im Ausland mitbringen. Die akademische Lehre im Fach Arbeitsmedizin kann daher nicht nur in die Zukunft gerichtet sein, sondern muss neben aktuellen und zukünftigen Inhalten - insbesondere unter Berücksichtigung entsprechender Latenzzeiten – zum Teil auch historische Gesichtspunkte des Arbeitslebens und der daraus abzuleitenden Gesundheitsgefährdungen vermitteln.

Nichts desto trotz sind im Medizinstudium arbeitsmedizinische Kenntnisse über spezielle Belastungen und Beanspruchungen, die sich aus den Veränderungen der Arbeitswelt ergeben vorrangig zu vermitteln. Neben entsprechenden chemischen (z. B. Verwendung neuer Gefahrstoffe), biologischen (z. B. Globalisierung des Wettbewerbes und daraus abzuleitende Fragen der Reisemedizin) und physikalischen Faktoren (z. B. Lasertechnologie) spielen hierbei insbesondere auch psychosoziale Gesichtspunkte eine wesentliche, jedoch nicht die alleinige Rolle. Der Wandel in der Arbeitswelt mit den entsprechenden Belastungen und Beanspruchungen stellt einen dynamischen Prozess dar, der eine enge Verknüpfung von aktueller Forschung und Lehre in der akademischen Ausbildung dringend erforderlich macht.

Psychosoziale Determinanten von Gesundheit und Beruf wurden ebenfalls im Themen- und Lernzielkatalog Arbeitsmedizin verankert. Hier sei insbesondere bei den Inhalten auf die Themenfelder

- Gefährdungsmechanismen einschließlich sozialer Stressoren, Mobbing, Stress, Ermüdung, Monotonie, psychische Sättigung,
- spezielle Erkrankungen wie Burnout, chronisches Erschöpfungssyndrom, psychosomatische Störungen und Erkrankungen,
- Suchtprobleme am Arbeitsplatz sowie
- sozialer Arbeitsschutz verwiesen.

Diese Themen sind auf mannigfaltiger Weise für den Arztberuf wichtig. So spielen psychosoziale Einflussfaktoren in nahezu allen Berufssparten und damit auch bei einer großen Anzahl berufstätiger Patienten, die ggf. aus anderen Gründen einen Arzt aufsuchen, zunehmend eine wichtigere Rolle, da sie direkt oder indirekt die Gesundheit (mit) beeinflussen. Ursachen für diese Zunahme sind zum einen die direkten Veränderungen im Erwerbsleben (z. B. Arbeitsverdichtung), zum anderen aber möglicherweise auch eine Werteverschiebung, die zu einer veränderten Wahrnehmung und Bewertung dieser Einflussfaktoren in unserer Gesellschaft beitragen. Auch der Arztberuf selbst ist derzeit hiervon besonders betroffen. Entsprechende medizinische Kenntnisse benötigt die Ärztin/der Arzt sowohl als Therapeut als auch ggf. als Arbeitgeber mit den sich daraus abzuleitenden Aufgaben und Pflichten. Das Medizinstudium hat hierauf - insbesondere im Fach Arbeitsmedizin – vorzubereiten.

Bei der Diskussion über den Stellenwert der universitären Ausbildung im Fach Arbeitsmedizin wird häufig der Bereich der Berufskunde außer Acht gelassen, die ebenfalls in diesem Fach zu vermitteln ist. Neben Diagnostik und Therapie ist die gutachterliche Bewertung von Gesundheitsstörungen im Kontext der beruflichen Tätigkeit oder die Attestierung von krankheitsbedingten Einschränkungen, wie z. B. die Krankschreibung, die sich auf die ausgeübte berufliche Tätigkeit bezieht, eine wesentliche ärztliche Aufgabe. Ohne entsprechende berufskundliche und arbeitsmedizinische Kenntnisse über Belastungen und Beanspruchungen am Arbeitsplatz ist dies nicht adäquat möglich. Bei dem Stellenwert von arbeitsmedizinischem Wissen im ärztlichen Beruf ist es unverständlich, dass an den derzeit bestehenden 36 Hochschulen in Deutschland, an denen ein Medizinstudium absolviert werden kann, nur an 24 Standorten ein eigenes arbeitsmedizinisches Hochschulinstitut – meist in Kombination mit den Fächern Sozialmedizin und/oder Umweltmedizin – besteht.

Wie in allen akademischen Fächern erfordert auch in der Arbeitsmedizin gute Lehre, neben einer ausreichenden personellen und strukturellen Ausstattung, didaktisches Geschick der Lehrenden, um für das Fach begeistern zu können, eine gute Abstimmung zwischen den einzelnen Lehrveranstaltungen und Studienabschnitten sowie eine ausreichende Kontinuität, wie sie häufig alleine durch Lehrbeauftragte nicht gewährleistet werden kann.

8.3.3 Klinische Arbeitsmedizin

Zu den Aufgaben der akademischen Arbeitsmedizin an den Hochschulen zählt neben Forschung und Lehre auch die Ausbildung des arbeitsmedizinischen Nachwuchses, die Weiterbildung im Fach sowie an den Universitätskliniken die arbeitsmedizinische Beratung von Patienten.

Die *Weiterbildung im Gebiet Arbeitsmedizin* zum *Facharzt für Arbeitsmedizin* bzw. die Zusatz-Weiterbildung Betriebsmedizin haben die Facharztkompetenz bzw. die fachliche Kompetenz in Betriebsmedizin zum Ziel. Die entsprechenden Weiterbildungsinhalte sind in der gerade aktualisierten Musterweiterbildungsordnung der Bundesärztekammer zusammengefasst (*Tabelle 2*).

Der umfangreiche *Weiterbildungskatalog*, der durch einen theoretischen 360 Stunden umfassenden Weiterbildungskurs ergänzt wird, zeigt die Komplexität des Faches auf. Selbstverständlich sind in dem Weiterbildungskatalog und Kursbuch unter den einzelnen Themen auch die Inhalte subsumiert, die sich durch den Wandel der Arbeitswelt und den damit verbundenen Belastungen und Beanspruchungen ergeben. Psychosoziale Aspekte bzw. Aspekte der psychosozialen Gesundheit im Beruf sind hier ebenfalls entsprechend verankert.

Erwerb von Kenntnissen, Erfahrungen und Fertigkeiten in

- der Prävention arbeitsbedingter Gesundheitsstörungen und Berufskrankheiten sowie der auslösenden Noxen einschließlich epidemiologischer Grundlagen
- der Gesundheitsberatung einschließlich Impfungen
- der betrieblichen Gesundheitsförderung einschließlich der individuellen und gruppenbezogenen Schulung
- der Beratung und Planung in Fragen des technischen, organisatorischen und personenbezogenen Arbeits- und Gesundheitsschutzes
- der Unfallverhütung und Arbeitssicherheit
- der Organisation und Sicherstellung der Ersten Hilfe und notfallmedizinischen Versorgung am Arbeitsplatz
- der Mitwirkung bei medizinischer, beruflicher und sozialer Rehabilitation
- der betrieblichen Wiedereingliederung und dem Einsatz chronisch Kranker und schutzbedürftiger Personen am Arbeitsplatz
- der Bewertung von Leistungsfähigkeit, Belastbarkeit und Einsatzfähigkeit einschließlich der Arbeitsphysiologie
- der Arbeits- und Umwelthygiene einschließlich der arbeitsmedizinischen Toxikologie
- der Arbeits- und Betriebspsychologie einschließlich psychosozialer Aspekte
- arbeitsmedizinischen Vorsorge-, Tauglichkeits- und Eignungsuntersuchungen einschließlich verkehrsmedizinischen Fragestellungen
- den Grundlagen hereditärer Krankheitsbilder einschließlich der Indikationsstellung für eine humangenetische Beratung
- der Indikationsstellung, sachgerechten Probengewinnung und -behandlung für Laboruntersuchungen einschließlich des Biomonitorings und der arbeitsmedizinischen Bewertung der Ergebnisse
- der ärztlichen Begutachtung bei arbeitsbedingten Erkrankungen und Berufskrankheiten, der Beurteilung von Arbeits-, Berufs- und Erwerbsfähigkeit einschließlich Fragen eines Arbeitsplatzwechsels
- der arbeitsmedizinischen Erfassung von Umweltfaktoren sowie deren Bewertung hinsichtlich ihrer gesundheitlichen Relevanz
- der Entwicklung betrieblicher Präventionskonzepte

Definierte Untersuchungs- und Behandlungsverfahren:

- arbeitsmedizinische Vorsorgeuntersuchungen nach Rechtsvorschriften
- Arbeitsplatzbeurteilungen und Gefährdungsanalysen
- Beratungen zur ergonomischen Arbeitsgestaltung
- Ergometrie
- Lungenfunktionsprüfungen
- Beurteilung des Hör- und Sehvermögens mittels einfacher apparativer Techniken
- arbeitsmedizinische Bewertung von Messergebnissen verschiedener Arbeitsumgebungsfaktoren, z. B. Lärm, Klimagrößen, Beleuchtung, Gefahrstoffe

Tabelle 2: Weiterbildungsinhalte für das Gebiet Arbeitsmedizin gemäß Musterweiterbildungsordnung der Bundesärztekammer (Stand Januar 2006)

Damit die akademische Arbeitsmedizin an den Hochschulen ihrer Pflicht zur fachspezifischen Weiterbildung nachkommen kann, ist eine klinische Ausrichtung und entsprechende Ausstattung der arbeitsmedizinischen Hochschulinstitute unabdingbar.

Des Weiteren darf auch nicht vergessen werden, dass die Lehre in einem klinisch ausgerichteten Fach des direkten Bezugs zum Patienten bedarf und nicht ausschließlich theoretisch erfolgen kann.

Erfahrungen haben zusätzlich gezeigt, dass vielfach gerade die Verknüpfung klinischer Fragestellung, wie sie zunächst in Einzelfällen des klinischen Alltags aufgetreten sind, Anstoß und Grundlage für umfangreiche relevante Forschungsprojekte und daraus abgeleitete erfolgreiche Präventionsstrategien waren. Daher ist zu fordern, dass der akademischen Arbeitsmedizin an den Hochschulen für die Erfüllung ihrer Aufgaben eine klinische Ausrichtung ermöglicht wird.

Die Anbindung und Ausstattung der arbeitsmedizinischen Hochschulinstitute ist jedoch an den einzelnen Universitäten in Deutschland sehr heterogen. So ist das Fach teilweise in die entsprechenden Universitätskliniken eingebunden und damit auch direkt in die Patientenversorgung integriert. An anderen Standorten ist die Arbeitsmedizin den klinischen-theoretischen Fächern zugeordnet und dann meist verwaltungstechnisch der Universität und nicht dem Klinikum unterstellt. Unabhängig hiervon erlaubt die personelle und materielle Ausstattung nicht aller arbeitsmedizinischen Hochschulinstitute in Deutschland das Betreiben einer arbeitsmedizinischen Ambulanzen bzw. Poliklinik. Unter Berücksichtigung der u. a. oben aufgeführten Punkte und auch der Definition des Faches ist eine entsprechende Ausstattung der arbeitsmedizinischen Hochschulinstitute besonders wichtig.

8.3.4 Key-Message
▶ Ziele der Arbeitsmedizin bestehen in der Förderung, Erhaltung und Mitwirkung bei der Wiederherstellung von Gesundheit sowie der Arbeits- und Beschäftigungsfähigkeit des Menschen.
▶ Die Forschung im Bereich der Arbeitsmedizin und Sicherheitstechnik an den Hochschulen und außeruniversitären Forschungseinrichtungen hat dazu beigetragen, Gefährdungen im Kontext mit Arbeit zu minimieren und damit die Zahl und Schwere von Arbeitsunfällen, Berufskrankheiten und arbeitsbedingten Erkrankungen zu reduzieren.
▶ Die arbeitsmedizinische Forschung wird sich vorwiegend dem gesamten Bereich der Primär- (Schadensverhütung), Sekundär- (Früherkennung) und Tertiärprävention (Wiederherstellung) sowie der Gesundheitsförderung annehmen müssen.
▶ Der Wirtschaftsstandort Deutschland braucht zur Beantwortung aktueller und zukünftiger arbeitsmedizinischer Fragestellungen sowohl in der Grundlagenforschung als auch in der angewandten Forschung eine starke akademische Arbeitsmedizin. Eine inter- und transdisziplinäre Verknüpfung ist unabdingbar.

▶ Damit die akademische Arbeitsmedizin an den Hochschulen ihrer Pflicht zur fachspezifischen Weiterbildung nachkommen kann, ist eine klinische Ausrichtung und entsprechende Ausstattung der arbeitsmedizinischen Hochschulinstitute unabdingbar.

LITERATURHINWEISE
BUNDESÄRZTEKAMMER (HRSG.): (Muster-)Weiterbildungsordnung. Stand Januar 2006.
BRÜNING, T.; LETZEL, S.; NOWAK, D.; SCHEUCH, K.: Positionspapier zur arbeitsmedizinischen Forschung. Arbeitsmed. Sozialmed. Umweltmed. 39 (2004) 633-635.
DEUTSCHE GESELLSCHAFT FÜR ARBEITSMEDIZIN UND UMWELTMEDIZIN (HRSG.) (2005): Arbeitsmedizin – Forschung, Lehre, Praxis, Gegenwart und Zukunft. Gentner Verlag, Stuttgart.
LETZEL, S.; OLDENBURG, M.; BAUR, X.; SCHEUCH, K.: Themenkatalog und Lernzielkatalog „Arbeitsmedizin". Arbeitsmed. Sozialmed. Umweltmed. 38 (2003) 588-593.
NN: Exzellenz in Bildung und Forschung – mehr Wachstum durch Innovation. Leitlinien der Bildungs- und Forschungspolitik. Herausgeber: Bundesministerium für Bildung und Forschung. Stand: Februar 2006.
SCHEUCH, K.; PIEKARSKI, C.; KESSEL, R. (2006): Arbeitsmedizin heute - Konzepte für morgen. Gentner Verlag, Stuttgart.

Anhang

Autorenverzeichnis

Sachregister

Autorenverzeichnis

Prof. Dr. Hanno Beck, Hochschule Pforzheim

Dr. phil. Kathrin Bernady, Fachklinik für Psychosomatische Medizin, Bliestal Kliniken, Blieskastel

Dr. phil. Dipl.-Psych. Andreas Böhm, Bay. Landesamt für Gesundheit und Lebensmittelsicherheit, Oberschleißheim

Prof. Dr. habil. Bernhard Borgetto, HAWK Hochschule für angewandte Wissenschaft und Kunst, FH Hildesheim/Holzminden/Göttingen, Studiengänge Ergotherapie, Logopädie, Physiotherapie, Professur für Gesundheitsförderung und Prävention; Institut für gesundheits- und sozialwissenschaftliche Forschung und Beratung e.V. (IFB), Freiburg

Dr.-Ing. Martin Braun, Fraunhofer Institut für Arbeitswirtschaft und Organisation (IAO), Stuttgart

Dr. med. Horst Christoph Broding, Institut und Poliklinik für Arbeits-, Sozial- und Umweltmedizin der Friedrich-Alexander-Universität Erlangen

Dr. med. Christian Ehrig, Medizinisch-Psychosomatische Klinik Roseneck, Prien am Chiemsee

Dr. rer nat. Dipl.-Psych. Yvonne Ferreira, Institut für Arbeitswissenschaft, Technische Universität, Darmstadt

Univ.-Prof. Dr. Sportwiss. Ingo Froboese, Deutsche Sporthochschule, Köln

Dr. phil. Heinz Werner Gödert ‚Universität Mainz, Institut für Arbeitsmedizin, Mainz

Dipl.-Kfm. Dipl. Finanzwirt Klaus-Wilhelm Gratzfeld, Fachhochschule für Finanzen, Nordkirchen

Dipl. Psych. Karsten Groth, Zentralinstitut für Arbeitsmedizin und HPHC, Hamburg

Dr. med. Lotte Habermann-Horstmeier, Steinbeis-Transferzentrum (STZ) Unternehmen & Führungskräfte, Villingen-Schwenningen

PD. Dr. med. Hans-Martin Hasselhorn, Bergische Universität, Wuppertal

Dr. med. Dipl.-Psych. Walther Heipertz, Leitender Arzt der Bundesagentur für Arbeit, Nürnberg

PD. Dr. phil. Dr. med. Andreas Hillert, Medizinisch-psychosomatische Klinik Roseneck, Prien am Chiemsee

Univ. Prof. Dr. med. Dr. phil., Dipl.-Psych. Georg Hörmann, Universität Bamberg, Lehrstuhl Pädagogik/Gesundheitspädagogik, Bamberg

Lasse Hoge, TU Chemnitz, Differentielle Psychologie und Diagnostik, Chemnitz

Dr. medic (RO) Herta Hügel, Fachklinik für Psychosomatische Medizin, Bliestal Kliniken, Blieskastel

Dr. med. Kristin Hupfer, Abteilung Arbeitsmedizin und Gesundheitsschutz der BASF AG, Ludwigshafen

Dipl.-Ing. CDMP Harald Kaiser, IQPR Dienstleistung, Köln

Dr. phil. Ursula Kals, Frankfurter Allgemeine Zeitung, Frankfurt

Prof. Dr. med. Dr. med. habil. Michael Kentner, Institut für Medizinische Begutachtung und Prävention, Karlsruhe

Gernot Keuchen, Verlags- und Medienmanagement, Bad Wiessee

Prof. Dr. med. Volker Köllner, Fachklinik für Psychosomatische Medizin, Bliestal Kliniken, Blieskastel

Dipl. Päd. Dr. phil. Florian Krammer, Jugendamt Passau

Prof. Dr. Andreas Krause, Fachhochschule Nordwestschweiz, Hochschule für Angewandte Psychologie, Institut Mensch in komplexen Systemen, Olten (Schweiz)

Dr. P. H. Dipl.- Psych. Joseph Kuhn, Bay. Landesamt für Gesundheit und Lebensmittelsicherheit, Oberschleißheim

Dipl. Volkswirt Hans-Jürgen Kurtz, Human Resources Management, Osnabrück

Univ.-Prof. Dr. med. Dipl.-Ing. Stephan Letzel, Institut für Arbeits-, Sozial- und Umweltmedizin der Johannes Gutenberg-Universität, Mainz

Prof. Dr. Frank Nestmann, TU Dresden Fak. Erziehungswissenschaften, Dresden

Dr. rer. pol. Ralf Nöcker, Frankfurter Allgemeine Zeitung, Frankfurt

Dr. med. Wolfgang Panter, Hüttenwerke Krupp Mannesmann GmbH, Duisburg

Dr. phil. Stefan Poppelreuter, Impuls GmbH, c/o Psychologisches Institut Universität, Bonn

Mag. Andrea Prokesch-Egger, Universitätsklinik für Innere Medizin I der Medizinischen Universität, Wien

Prof. Dr. h. c. Herbert Rebscher, Vorsitzender des Vorstands der DAK, Hamburg

Prof. Dr. med. Frank Rosanowski, Universitätsklinikum Erlangen, Abteilung Phoniatrie und Pädaudiologie, Erlangen

Prof. Dr. Norbert F. Schneider, Johannes Gutenberg-Universität Mainz, Institut für Soziologie, Mainz

Dr. med. Annegret Elisabeth Schoeller, Bundesärztekammer, Berlin

Prof. Dr. Astrid Schütz, TU Chemnitz, Persönlichkeitspsychologie und Diagnostik, Chemnitz

Dr. Roman Soucek, Lehrstuhl für Psychologie, insb. Wirtschafts- und Sozialpsychologie, Universität Erlangen-Nürnberg

Prof. Dr. Erika Spiess, LMU München, Institut für Psychologie, München

Dr. Peter Stadler, Bay. Landesamt für Gesundheit und Lebensmittelsicherheit, München

Dr. med. Ina Ueberschär, Leitende Ärztin, Deutsche Rentenversicherung Mitteldeutschland, Leipzig

Dr. phil. Dipl.-Psych. Michael Utsch, Evangelische Zentralstelle für Weltanschauungsfragen, Berlin

Prof. Dr. med. habil. Andreas Weber, IQPR Institut für Qualitätssicherung in Prävention und Rehabilitation GmbH an der Deutschen Sporthochschule, Köln

Dr. med. Ralf Wegner, Zentralinstitut für Arbeitsmedizin und HPHC, Hamburg

Dr. phil., MPH Dirk Windemuth, Berufsgenossenschaftliches Institut Arbeit und Gesundheit, BGAG, Dresden

PD. Dr. med. Wolfgang Zschiesche, Berufsgenossenschaft der Feinmechanik und Elektrotechnik, Präventionsabteilung, Köln

Sachregister

3-D-Konzept 98
3P-Investing 547

A

ÄappO - Approbationsordnung für Ärzte 597
ABB Arbeitsbeschreibungsbogen **234 f.**, 241
Abhängigkeit
 - Benzodiazepin 443
 - stoffgebunden 170
Abhängigkeitserkrankungen 194, **410 f.**
Abhängigkeitssyndrom 170
ABI Arbeitsbewältigungsindex **431 f.**
Ablaufkontrolle 528
Ablauforganisation 227, 242
Abnorme Gewohnheit 170
Abwechslungsgrad der Tätigkeit 239
Achtsamkeit 285
Aggression 53, 91, 93, 96, 98, 107, 109, 140, 188, 204, 492
Agoraphobie 132 ff., 135, 404
AGS - Arbeits- und Gesundheitsschutz 565 f., 579
Akademische Arbeitsmedizin 88, 564, 597, 601 f.
Aktive Gesundheitsförderung 589
Aktivierende Substanzen 439
Akut- und Rehabilitationsbehandlung 448
Alarmsystem 94, 99 f.
Alkohol 186 ff., 189 ff., 192 ff., 195 ff., 198 f.
Alkoholabhängigkeit 137, 143, 170
Alkoholverfügbarkeit 195, 197

Allein stehende Mütter 405
ALPEN-Methode 526
Altenheim 92
Alter 376
Alternativmedizin 165
Alternierende Telearbeit 311
Altersteilzeit 25, 487, 538
Analyse des Ist-Zustands 226 f., 231
Anamnese 82, 128, 137, 145 f., 150, 158, 161, 415, 417, 426, 598
Anforderungs-Kontroll-Modell 41
Anforderungsprofil 589
Anforderungs-Ressourcen-Balance, Prinzip der 385 f.
Angst **132 ff., 135 ff., 138 ff.,** 141 f., 409, 413, **443,** 515
Ängstlich-vermeidende Persönlichkeitsstörung 135
Angststörung 132, **134 ff.,** 137 ff., 140 f., 445
 - generalisiert 132, **134 f.,** 139
Anonyme Alkoholiker 168, 174
Anpassungsstörung 125 ff., **135,** 140
Antidepressiva **438 ff.,** 446
 - pflanzlich 438
 - sedierend 438 f.
 - tetrazyklisch 438
Antiepileptika 440 f.
Anti-Mobbing-Aktivitäten 543
Antipsychotika **441 ff.**
Antriebsmangel 124, 127
Anwesenheit, pathologisch **167 ff.**
Approbationsordnung für Ärzte – ÄappO 597
Arbeit
 - fallspezifisch 461
 - Flexibilisierung 348, 370

Arbeitende Arme 352, 359, 366
Arbeitgeber 218, **278 ff.,** 313, 318, 536
Arbeitnehmer 218, **276,** 335, 351, 366
Arbeitnehmerüberlassung 330 ff., 333
Arbeits- und Gesundheitsschutz
 – AGS 565 f., 579
Arbeits- und Organisationsprozess, Gestaltung 258, 261
Arbeitsaufgabe 109, 173, 235, 247, 251, 260, 575
Arbeitsbedingte Erkrankungen 86 f., 547, 565, 598
Arbeitsbedingte Gesundheitsgefahren 87, 248, 575, 580
Arbeitsbedingung 72, 366
Arbeitsbelastung, psychosozial 60 f., 79, 82
Arbeitsbeschreibungsbogen ABB **234 f.,** 241
Arbeitsbewältigungsindex ABI **431 f.**
Arbeitsbezogene Diagnostik 421
Arbeitsbezogene Verhaltens- und Erlebensmuster AVEM 81, 114, 421, 431, 455 f.
Arbeitsbezogenes Verhaltens- und Erlebensmuster AVEM 81, 114, 421, 431, 455 f.
Arbeitsbiographie 477, 596
Arbeitsfähigkeit 24, 144, 180, 184, 192, 195, **197,** 199, 389, 421, 431 f., 446, 448
Arbeitsfaktor **58,** 69, 67
Arbeitsgestaltung, chronobiologisch 501, 503
Arbeitsinhalt 50 f., 247, 349, 476, 596
Arbeitskraftunternehmer 368
Arbeitslosenforschung 375 f., **379**

Arbeitsmarkt 72, **358**
Arbeitsmedizin
 - akademisch 88, 564, 597, 601 f.
 - Definition **594**
 - klinisch 593, **600**
 - Lernzielkatalog 598 f.
 - Weiterbildung 600
Arbeitsmedizinische Vorsorgeuntersuchung 159, **591**, 601
Arbeitsmotivation **232 ff.**
Arbeitsorganisation **242 ff.**, 400, 596
Arbeitsorientierung 376 ff., 384 f.
Arbeitsplatzsicherheit 42, 58, 64, 235, 272
Arbeitsplatzunsicherheit 10, 22, 28, 127, 141 f.
Arbeitsprobe 419, 422
Arbeitspsychologie 466, 473, 477, 581 f., 584
Arbeitsschutz 100, 218, **577**
Arbeitsschutzbehörde 207, 360, 572, 579
Arbeitsschutzgesetz 194, **206 f.**, 248, 252, 323, 334, 472, 565, 577 f., 580, 582
Arbeitssicherheitsgesetz 86, 256, 334, 564 f., 577, **582**, 589, 592
Arbeitsstättenverordnung 577 f.
Arbeitsstress **47**, 72, 268
 - modell **57**, 72
Arbeitssucht **167 ff.**
Arbeitsteilung 181, 230, **243 f.**, 247, 249, 251, 253, 300, 482
Arbeitsumfeld, sozial 51
Arbeits-und Organisationsgestaltung 263
Arbeitsunfähigkeit 131, 142
Arbeitsunfall 123, 594, 602
Arbeitsverdichtung 10, 19, 22,

28, 101, 253, 322 f., **398,** 400, 480, 504, 515, 600
Arbeitswelt, informationsbasiert 537
Arbeitswissenschaft 14, 245, 247 f., 251 f., 256, 347 ff., 351, 347, 386, 431, 457, 581 f.
Arbeitszeit **343 ff.**
 - flexibel 176, 307, **343,** 345, 351, 473, 505, 563
Arbeitszeitgestaltung, flexibel 313
Arbeitszeitregime 323, 333
Arbeitszufriedenheit **232 ff.**, **235 ff., 238 ff., 241,** 274
Arbeitszufriedenheits-Kurzfragebogen AZK 236
Arme, arbeitende 352, 359, 366
Armut 352 ff., **355 ff.,** 358 f., 361, 366
Arthrose 144, 149 f., 519, 580
Arzt-Patient-Beziehung 129, 415, 423
Assessment-Center 85, 543
Attachment 560
Attributionsforschung 378
Attributionsstil 378, 381, 385, 516 ff., 520
Atypische Beschäftigungsformen 362 f., 374
Atypische Neuroleptika 440, **442**
Audit 550, **552,** 556,
Aufbauorgansiation 242, 244 f., 256
Auffälligkeiten 174, 181, 184, **189 ff., 193 ff.,** 196 ff., 199, 223, 226
Aufgabenorientierung 263
Aufmerksamkeit 52, 57, 63, 135, 169, 177, 183, 214, 229, 235, 251, 267, 287, 289, 418, 463, 464, 467, 469 f., 475, 492,

500, 502, 579
Aufsichtsperson 571 f., 578, 582, 548
Ausgangssituation 376, **433, 523**
Ausleuchtung 96
Autogenes Training 453
AVEM Arbeitsbezogene Verhaltens- und Erlebensmuster 81, 114, 421, 431, 455 f.
AZK Arbeitszufriedenheits-Kurzfragebogen 236

B

Balanced Scorecard 543 f., 547
Bankbeschäftigter 99
BDI Beck-Depressions-Inventar 128
Beanspruchung **40, 72**
 - psychisch 39, 291, 471
Beanspruchungsfolge 51, 54, 56, 65 f., 72
Beck-Depressions-Inventar BDI 128
Bedürfnis **237**
Bedürfnis-Motiv-Wert-Theorie **237**
Begutachtung 22, 24, 30, 161, 415, 417, 449, 565, 594
Behandlung psychischer Komorbiditäten 165
Behandlungsansätze, berufsbezogen 449
Behinderteneinrichtung 92
Belastung **40,** 72
 - beruflich 268, 369, 398, 447 f., 455, 599
 - physiko-chemisch 539
 - psychisch 39, 471
 - psychomental 575, 580, 591
 - psychosozial 33, **39 ff.,** 51, 62, 156, 384, 539
Belastungs-Beanspruchungsmodell 56

Sachregister

Belastungskreislauf 452, 455
Belastungsstörung, posttraumatisch 62 f., 112, 134, 250
Benzodiazepin-Abhängigkeit 443
Benzodiazepine 137, 140, 192, 412, 443 ff.
Beobachtung 53, 57, 67, 85, 197, 327, 419, 426
Berauschtheit am Arbeitsplatz 193, 195
Berufliche Belastung 268, 369, 398, 447 f., 455, 599
Berufliche Leistungsfähigkeit 75, 447
Berufliche Mobilität 299 f., 309
Berufliche Neuorientierung 531
Beruflicher Status 30
Berufsausstieg 22, 24 f., 33, 63, 74, 76, 316, **531 f.**
Berufsbezogene Behandlungsansätze 449
Berufsbezogene Einstellung 455 f.
Berufsbezogene psychosoziale Beanspruchung **47 ff.**
Berufsbezogene psychosoziale Belastung **47 ff.**
Berufsbezogene Psychotherapie **447 ff., 457**
Berufsbezogene Supervision 459
Berufsgenossenschaft BG 334
Berufshelfer 551, 576
Berufskrankheit 85 ff., 88 ff., 122 f., 539 f., 579, 594, 602
Berufskrankheitenverordnung 86, 574
Berufsunfähigkeit 180
Berufswahlunterstützende Diagnostik **422**
Beruhigungsmittel 186, **443**
Beschaffungskriminalität 191

Beschäftigtenschutzgesetz 201, **205 f.**, 216 ff.
Beschäftigungsfähigkeit 360, 370, **589**, 591 f., **594**, 597, 602
Beschäftigungsfähigkeit, Sicherung der 589, 592
Beschäftigungsformen, atypisch 362 f., 374
Beschäftigungsschutzgesetz 200, 213, 216, 218
Beschwerdebilder **112**
Beschwerden Magen- und Darmtrakt **346 f.**
Beschwerden, psychisch 62, 72, 381
Beschwerderecht 206
Besitz 281 ff., 553, 562
Besprechungen 251, 311, 393, 501, 526, **529**
Bestimmung des Soll-Zustands 227, 231
Betrieb **194 ff.**, 218, 231, **469 ff.**, 547, 594
Betriebliches Gesundheitsmanagement BGM 538, 544, 547, 565
Betriebliche Gesundheitspolitik 12, 256, 537
Betriebliche Intervention 118, **194**
Betriebliche Leistungen 223
Betriebliche Organisation 371, 475
Betriebliche Planung 221, 228, 231
Betriebliches Gesundheitsmanagement 31, **537 ff.**, 540 ff., **543, 546**
Betriebs- und Organisationsklima, Erhebungsbogen zur Erfassung 223
Betriebsarzt 113, 119, 131, 141, 184, 187, 214, 217 f., 589 f., 592

Betriebsklima 219 ff., 225 ff., 231
Betriebssicherheitsverordnung 577 f.
Bewältigung 40 f., 116, 181, 298, 374
Bewältigungsstil 379, 518
Bewegungsmangel 305, 312, 323, 493
Bewegungstherapie 83, 117, **489 ff.**, 492 ff., 495 f.
Beweiserleichterung 208
Beweislast **208 ff.**
Beweislastumkehr 208 f., 217
Bewerbungstraining 454
Bewusstseinszustand 93, 173, 282
Beziehung am Arbeitsplatz **277 f.**
Beziehung, sozial 42, 84, 237, 248, 268, 432, 470
BG Berufsgenossenschaft 334
BGM Betriebliche Gesundheitsmanagement 538, 544, 547, 565
Bildschirmarbeit 87, 312, 323, 333
Bildschirmarbeitsplatz 316 f., 321 ff.
Bildschirmarbeitsplatzverordnung 323
Bindung, sozial 43, 207, 355
Biologische Rhythmen 346, 498, 500, 503
Biologische Zeitökonomie 498
Biologischer Indikator **69**
Biopsychosozial 408, 412, 448, 561
Biopsychosoziale Störungsmodelle 148, 268, 388, 448
Biorhythmus 314, 528
Biorhythmuskurve 509
Biostoffverordnung 577

Bipolare affektive Störung 124, 439
Bluthochdruck 112, 180, 470
Bossing 104, 110
Bundesanstalt für Arbeitsschutz und Arbeitsmedizin 103, 106, 248, 292, 370, 564, 579
Burden of Illness Study 22
Burnout 22, 29, 32, **74 ff.**, 90, 315, 409 f., 464, 467, 504, 510 ff., 514
Burnout-Prophylaxe 466 f.
Burnout-Syndrom 74 f., 77, 82, 85, 87 f., 90, 122, 409, 460, 464, 504, 511, 540
Bürokommunikation 398

C

Callcenter 95, 148, 153, 225, 250, 312, **319 ff.**
Callcenter-Agent 321, 324
Cannabis 185 f., 192
Center-Based-Telearbeit 311
CFD Chronic Fatigue Disease 540
Change Management 246, **390 ff.**, 394 f.
Change Manager 394, 396, 400
Checkliste **173**, 248, 253, **415**, 525 f., 529 f., 534, 580
Chiropraktik **165**
Chronic Fatigue Disease CFD 540
Chronifizierung 77, 137, 139 ff., 144 f., 148, 150 ff., 153 f., 157, 162, 437
Chronifizierungsfaktor 127, 149
Chronisch unspezifische Prostatitis 146
Chronische Kopfschmerzen **145**, 152
Chronischen Krankheiten, Lebenszeitprävalenz von 406

Chronischer Rückenschmerz **144**
Chronischer Schmerz **143 f.**, 146, 148, 150, 152 f., 154
Chronischer Tinnitus 165
Chronobiologische Arbeitsgestaltung 501, 503
Chronotyp 499, 501
Coaching **479 ff.**, 482 ff., 485 ff., 488
Cochrane Reports 494
Commitment 12, 40, 233, 237, 240, 432
Comprehensibility 44, 559, 562, 563
Copenhagen Psychosocial Questionnaire COPSOQ 59, 65, 432
Coping 40, 77, 78, 118, 163, 166, 409, 559
Coping-Methoden 409
COPSOQ Copenhagen Psychosocial Questionnaire 59, 65, 432
Corporate Social Responsibility – CSR 13, **546**, 563
CSR Corporate Social Responsibility 13, **546**, 563

D

Daily hassles 448
Dankbarkeit 282, 560, 562
Definition Arbeitsmedizin **594**
Delegation 326, 397, 399, 364, 526 f., 562
Demand control model 52, 57, 59, 62, 72
Demografischer Wandel 547
Demut 283, 285
Denken, positives **516 ff.**, 560
Depression 124 ff., 127 ff., 130 f., 409, 413
 - endogen 125 f.,
 - komorbid 125, 137
Depressive Episode 124 ff., 127

Depressive Reaktion 125, 143
Depressive Störung 22, 27, 79, 112, 114, **124 ff.**, 128, 130 f., 149, **439**, 455
 - rezidivierend 124, 126
Deutsche Gesellschaft für Arbeitsmedizin und Umweltmedizin DGAUM 593
Deutscher Verband für Gesundheitssport und Spottherapie – DVGS 489
DGAUM Deutsche Gesellschaft für Arbeitsmedizin und Umweltmedizin 593
Diagnostik
 - arbeitsbezogen 421
 - berufswahlunterstützend **422**
Diagnostische Kriterien 174
Differentialdiagnose **80, 112, 127, 137, 150**
Disability Management 22, 32, **548 ff., 551 f., 554 f.**
Diskriminierung 103 f., 201 f., 208 ff., 213, 217, 407
Dispositioneller Optimismus 44
Disziplinarisches Vorgehen **196**
Diversity Management 213, 247, 262
Diversity-Ansatz 213
Doppelbelastung 31, 315, 402 ff., 415
Doppelt- und Mehrfachbelastung 402, 405
Douglas McGregor 326
Drogen 93, 127, 135, 170, 176, **184 ff.**, 187, 189, 190 f., 197, 199, 405, 411
 - illegal **186,** 191
DSM-IV 75, 170, 414 f., 423
Duales System **577**
Durchgangsarzt 572
DVGS Deutscher Verband für

Gesundheitssport und Sporttherapie 489
Dyspepsie 146
Dysthymie 124, 404

E

Effizienz 10, 28, 32, 82, 85, 116, 289, 296, **327,** 340, 376, 491, **493,** 552, 561, 570
Effort-Reward Imbalance Model 52, 57, 72
Ehrfurcht 289
Eigennutz 285
Eigenverantwortung 10, 13, 15, 313, 317, 542
Eignungsdiagnostik 414, 419, 421, **422**
Eingliederungsmanagement 32, 550 f., 555, **592**
Einstellung, berufsbezogen 455 f.
Einstellungsinterview 422
Eisenhower-Prinzip 527
E-Mail-Kommunikation **291 ff., 294 ff., 297 f.**
Emotion 240, 490 ff.
Emotionale Dissonanz 250
Emotionaler Rückhalt 270
Endogene Depression 125 f.
Entschädigung 121 f., 570, 572 f., 576, 581, 586, 588
Entscheidungsspielraum 41, 52, 57, 61, 64, 67 ff., 70, 176, 253, 432, 471, 473
Entspannungsmethode 520
Entspannungsphase 502
Entspannungstraining 182, 474, 520
Entspannungsübung 289, 317, 454
Entspannungsverfahren 139,152, **163,** 474 f., 477, 492, 520

Entzugserscheinung 173
Entzugssymptom 170, 172, 189 f., 443 f.
Erfahrungswissen 259, 397, 481, 487
Erfassung von Stress 65, 72
Erfolgsmanagement 524
Ergebniskontrolle 417, 528
Ergonomie 314, 372, 554, 566, 580 ff., 584 f.
Ergotherapie 492
Erhebungsbogen zur Erfassung des Betriebs- und Organisationsklimas 223
Erholungsunfähigkeit 28, **167 ff., 170 ff., 173 ff., 176 ff., 179 ff., 182,** 247, 252
Erkrankung
 - kardiovaskulär **59**
 - muskuloskelettal 60, 72
 - psychisch **21 ff.,** 115, 136 f., 191, 559
 - arbeitsbedingt 86 f., 547, 565, 598
Ernährungsberatung 543
Erschöpfbarkeit 127
Erwartung 77 ff., 84, 119, 234 f., 238, 245 f., 252, 266, 303, 345, 351,379, 384, 428, 451 f., 512, 516
Erwerbsfähigkeit 24, 130, 140, 153, 437, 575 f., 586
Erwerbsunfähigkeit 373, 406
Ethisch-moralische Orientierung 283
European Guidelines for prevention in low back pain 493
Evaluation 231, 455 f.
Expertenurteil 52, 67
Exploration 417, 426 f.
Expositionstraining 139
Extrinsisch 167

F

Facharzt für Arbeitsmedizin 600
Fachkraft für Arbeitssicherheit 15, 565, 573, 580 ff., 584
Fähigkeitsstörungen 414, 418, 421
Fallspezifische Arbeit 461
Familie 274, 405 ff., 408, 413, 515
Familie und Beruf 251, 309, 315, 401, 403, 405 f., 411
Familiendynamischer Ansatz 176, **178**
Familienfreundliches Unternehmen 313
Familienpause 316, **406,** 413
Fehlbelastung 255 ff., 317, 537, 596
Fehlzeitenquote 537, 540
Feiertagsarbeit 312, 333
Fernpendler 300, 302, 304 ff., 307
Fibromyalgie **145,** 147, 152, 440
Fight- or Flight-Syndrom 52
Finanzkapital 541
Firmen-Leitbild 289
Firmenphilosophie 285, 289, 575
Flache Hierarchie 176, 542
Flexibilisierung der Arbeit 348, 370
Flexibilität 10, 17, 28, 78, 173, 225, 242, 247, 251, 300, 332, 334 f., 357, 371, 384, 407, 427, 492, 507
Flexible Arbeitszeit 176, 307, 313, **343,** 345, 351, 473, 505, 563
Flexible Arbeitszeitgestaltung 313

Flugangst 133
Fluktuation 116, 222, 225, 231, 233, 237, 269, 272, 308, 319
Fluktuationsabsicht 239
Forschungsförderung 595
Fragebogen-Screening 128
Fragebogenverfahren 66, 222
Frauen in Führungspositionen **407**, 409, 413
Frauengesundheitsforschung 402
Freelancer **367 ff., 370 ff., 373 f.**
Freiberufler **367 ff., 370 ff., 373 f.**, 509, 513
Freie Berufe 367 f., 370
Frühinvalidität 23 f., 22, 83, 88, 111, 181
Führung
  - gesundheitsförderlich **255 ff., 258 ff., 261 ff., 264**
  - gesundheitsgerecht 256
  - mitarbeiterorientierte 259
Führungs- und Unternehmenskultur 258, **261**, 263
Führungskraft 123, **396, 398**, 400
Führungskultur 261
Führungsstil 70, 221, 228, 234, 237, 251, 256 f., 262 ff., 325 ff., 486, 542
  - kooperativ 262
  - partizipativ 70, 257
Führungstechnik 258, 262 f.
Führungsverhalten 12, 22, 77, 84 f., 107, 119, 251, **255 ff.**, 263 f., 472, 540, 562

G

Ganzheitliches Vorsorgeprogramm 591
GDA Gemeinsame Deutsche Arbeitsschutzstrategie 579

Gebet 289
Geborgenheit 28, 277, 282 f., 285, 288, 290
Geburt 402, 421, 520, 554
Gefährdungsbeurteilung 248, 253, 565, 575, 580, 582, 590
Gefahrenquelle **95 f.**, 98
Gefahrstoffe 334, 539, 565 f., 577, 579 f., 582, 596, 598 f., 601
Gefahrstoffverordnung 565, 577
Geist 281, 284, 286, 469, 521
Geistige Tätigkeit 497, 503
Gemeinsame Deutsche Arbeitsschutzstrategie GDA 579
Gemeinschaft 205, **208**, 265, 273, 282, 287 f., 290, 562
Gemeinwohl 11, 285
Gender 31, 76, **188**, 210, **316**, 335, 371, **401 ff., 404 ff., 407 ff., 410 ff.**, 413
Gender Medicine 401, 409, 413
Generalisierte Angststörung 132, **134 f.**, 139
Generalized Resistance Ressources GRR 559
Genesung 518
Geräuschpegel 312, 322 f.
Geringfügige Beschäftigung 353
Geschlecht 44, 58, 60, 67, 76, 106, 156, 189, 201 f., 209 f., 213, 217 f., 247, 272, 318, 364, **376**, 401, 456, 560
Geschlechterunterschiede **358**, 402, 407, 410, 412
Gesetzliche Unfallversicherung GUV 122, 541, **569 ff., 572 ff., 575 ff., 578 ff., 581 ff., 584 ff., 587 f.**
Gestaltung Arbeits- und Organisationsprozess 258, 261
Gesundheitliche Kontrollüberzeugung 44

Gesundheitsaufklärung 35
Gesundheitsbewusstsein 262 ff.
Gesundheitsbezogene Kompetenz 256
Gesundheitsbildung 35
Gesundheitsförderliches Führen **255 ff., 258 ff., 261 ff., 264**
Gesundheitsförderung, aktiv 589
Gesundheitsgefahren, arbeitsbedingt 87, 248, 575, 580
Gesundheitsgerechtes Führen 256
Gesundheitsmanagement **537 ff., 540 ff., 543 ff., 546 ff., 549 f.**
  - betrieblich 31, **537 ff.**, 540 ff., **543, 546**
Gesundheitsmarkt-Effekt 27, **29**
Gesundheitspolitik, betrieblich 12, 256, 537
Gesundheitsrisiko **27 f.**, 34, 52, 305 f., 360, 376, 403
Gesundheitsverhalten 45 f., 64, 268, 372, 514, 518
Gewerbearzt 577 f.
Gewerbeaufsicht 577 f.
Gewerbeordnung **206 f.**, 343, 577
Gewinnmaximierung 11, 17, 85, 281, 285, 290, **480**, 539
Gewohnheit, abnorm 170
Gläserne Decke 407
Glücksforschung **562**, 567
Glückshormon 176
Gratifikationskrise **41 f.**, 45, 57, 77, 79, 511
Großraumbüro 312, 321 f., 333
GRR Generalized Resistance Ressources 559
Grübeln 127, 134
Grundbedürfnis 237, 281, 288, 380, 383

Grundversorgung, psychosomatisch 129, 152, 165
Gruppendynamik 461 f., 466
Gruppentherapie 139, 162, **450 ff.**, 455, 457
Gütekriterien 427 f., 430, 435
GUV Gesetzliche Unfallversicherung 122, 541, **569 ff., 572 ff., 575 ff., 578 ff., 581 ff., 584 ff., 587 f.**

H

Handlungsspielraum, optimiert 542
Handlungstherapie 490
Handlungswissen, Planung bzw. Bereitstellung 227, 231
Harassment 105, 215
Haupteffekt 269
Heimarbeitsplatz 176
Heimbasierte Telearbeit 311
Herzfrequenzvariabilität 68 f.
Herzinfarkt 41 f., 59, 63 f., 67 f., 70, 125 f.,132 f., 180, 359, 408, 444, 507, 517
Herzneurose 146
Hierarchie, flach 176, 542
Hilflosigkeit 40, 54, 93, 97, 134, 148, 155, 202, **381**, 383, 385, 450
Hochschule 512, 593 ff., 600 ff.
Hoffnung 35, 128, 283, 286, 290, 345, 380, 383, 451, 467, 520
Homeoffice **310 ff., 313 ff., 316 f.**
Hospital Anxiety and Depression Scale 128, 416
HPA-Achse 410
Humanität 14, **31 f.**, 566 f.
Humankapital 9 f., 13, **31 f.**, 252, 541 f., 566 f.
Humankriterien 248, 252

Humanressource 537, 543 f., 547
Hyperbare Sauerstofftherapie **165**
Hyperventilation 133, 137 f., 146
Hyperventilationssyndrom 146
Hypnotika **444 f.**
Hypochondrische Störung 146
Hypothalamus-Hypophyse-Nebennierenrinde-Achse 410

I

ICD-10 124 f., 132, 135, 146, 170 f., 414 f., 418
ICF 418
Ich-AG 18, **367 ff.**, 513
Ich-Botschaft 98, 198
Ich-Psychologie 177
Idealismus 75, 281, 482, 486
Idiographie 427
Idiographik 427
Illegale Drogen **186**, 191
Imagination 139, 520 f.
Immunparameter 69, 517
Immunsystem 40, 53, **61 f.**, 80 f., 268, 315, 341, 470, 517, 560
Impulskontrolle, Störung der 171
Impulskontrollstörung **171**
Inanspruchnahme medizinischer Einrichtungen 403
Indikator, biologisch **69**
Individuelle Prädisposition **63**
Information 84, 119, 221, 223, 228, 231, 249, 257, 292, 349, 518, **529**, 562
Informationsbasierte Arbeitswelt 537
Informationsfluss 261, 398, 433
Informationstechnologien 539

Informationsüberflutung 28, 249, **291 ff., 294 ff., 297 f.**
Innere Kündigung 32, 80, 115, 540
Institutionalisierter Umgang **118 f.**
Integration 72, 413, **416**
- sozial 49, 72, 273
Intelligenz 277, 282, 415, **420 ff.**, 516, 560
Intelligenzdiagnostik 420
Interessenstests 422
Interessenvertretung 45, 221, 223, 229, 231 f.
Internale Kontrollüberzeugung 44, 517, 519
Interpersonelle Therapie 129
Interrollenkonflikt 272
Intervention, betrieblich 118, **194**
Interventionsstudie 70
Interview 137, 216, 284, 288, 304, **415 f.**, 422, 426 f., 465, 520
- strukturiert 137, 415, 418
- standardisiert 416
Intrinsisch 42, 167, 326 f., 464, 563
Irrationalität 520
Isolation, sozial 41, 80, 265, 384, 387
Ist-Zustand, Analyse 226 f., 231
IT-Kompetenz 396, 398

J

Job Exposure Matrix 67
Job satisfaction 232 f.
Johanniskraut 438 f.

K

Kaizen 390
Kardiovaskuläre Erkrankung **59**

Karojisatsu 62
Karriereberatung, systematisch 481
Karrierechance 42, 299, 473
Karriereknick **406 f.**, 413
Kaufsucht 168
Klassifikation 23, 75 f., 105, 125, **155,** 170, 414, 418, 426
  - psychischer Störungen 170, 414
Klassische Konditionierung 61, 177
Klein- und Mittelunternehmen 584
Klinische Arbeitsmedizin 593, **600**
Klinische Selbstbeurteilungsverfahren 416
Kognitive Theorie der Zielwahl **238**
Kognitive Verhaltenstherapie 83, 129, **139,** 152, 162
Kohärenzgefühl 423, 473, 559, 560
Kohärenzsinn **44**
Kommunikation, nonverbal 293
Kommunikationsmarketing 321
Komorbide Depression 125, 137
Komorbiditäten, Behandlung psychischer 165
Kompetenz, gesundheitsbezogen 256
Konditionierung
  - klassisch 61, 177
  - operant 177
Konflikt 93, 107, 111, 115, 118, 272, 279, 471
Konfliktmanagement 83, 93, 108, 117, 119, 213
Konkurrenz 42, 285, 482, 538, 595
Konkurrenzkampf 287

Konsequenz, organisationsbezogen 269
Konsum
  - risikoarm 185
  - riskant 185, 189, 198
  - schädlich 185
Kontraproduktives Verhalten 94
Kontrolle, sozial 265
Kontrollfunktionen **528**
Kontrollüberzeugung 44, **516 f.,** 519, 521, 560
  - gesundheitlich 44
  - internal 44, 517, 519
Kontrollverlust 40, 54, 133, 141, 170, 179, 185, 302, 381
Konzentrationsstörung 63, 124, 127, 134, 155, 179, 192, 398
Kooperation und Wettbewerb 92 f.
Kooperativer Führungsstil 262
Koordination 182, 188, 195, **242 ff.,** 246, 253, 350, 440, 492,
Kopfschmerz
  - chronisch **145,** 152
  - medikamenteninduziert 145, 152
  - Spannungs- 145, 147 f., 152
Korrespondenz 292, 297, 398, 530
Kosten-Nutzen-Rechnung 285
Krankenkasse 23 f., 26, 30, 32, 102, 214, 472, 478, 543, 573, 581
Krankenstand 19, **23,** 30, 32 f., 74, 80, 89, 126, 141, 148, 153, 403, 412, 432, 503
Krankschreibung 116 f., 127, 129, 141, 146, 150, 165 f., 449, 600
Kreativität 12, 51, 282, 287, 313, 472, 501, 513, 540, 562, 593

Krisensituation 94, 140
Kundenkontakt 91, 95 f., 242, 253, 321
Kundenorientierung 12, 225, 242, 539, 580, 583
Kündigung 32, 80, 111, 115, 117 f., 120, 122, 136, 196, 206, 212 ff., 225, 279, 330, 399, 511, 532, 540
  - innere 32, 80, 115, 540

L

Ladendetektiv **98**
Längsschnittuntersuchung 22, 70, 89, 112, 198, 248, 517
Latrogen **149**
Leben, sozial 346 f.
Lebenserwartung 12, 64, 187, 288, 340, 385, 402, 498, 518
Lebenslauf 45, 533
Lebensqualität 22, 125, 149, 152, 156, 357, 388, 416, 492, 518, 535, 562, 564
Lebensstil 45 f., 79, 135, 151, 169, 377, 491, 493, 561
Lebenswelt 10, 28, 35, 45 f., 178
Lebenszeitprävalenz von chronischen Krankheiten 406
Lebenszufriedenheit 199, 272, 283, 288, 301 f, 307
Lehre 175, 593, **597 ff.,** 600 f.
Lehrer 59, 65, 71, 76, 176, 289, 368, 384, 422, 451, 459, 510 f.
Leiharbeit 29, **330 ff., 333 ff.,** 353, 357
Leistung 290, 351, **499**
  - betrieblich 223
Leistungsfähigkeit 199
  - beruflich 75, 447
Leistungstests **420,** 422, 554
Leistungsverweigerungsrecht 206

Leitbild 14, 262 f., 285, 287, 289, 498, 541, 566
Lernen am Modell 177
Lernende Organisation 246
Lerntheoretischer Ansatz **176 ff.**
Lernzielkatalog Arbeitsmedizin 598 f.
Lesen 228, 293, 305, **529**
Lewin, Kurt 246, 293
Leymann Inventory of Psychological Terrorization LIPT 110
Liebe im Büro **275 ff., 278 ff.**
Life Event 410, 382
LIPT Leymann Inventory of Psychological Terrorization 110
Lithium 441
Lithiumpräparate 440 f.
Living wage 352
Lob 84, 108, 170, 177, 222, 511, 520, 562
Lohndumping 353
Lohnnebenkosten 11, 537
Loslassen 281, 290, 535
Loyalität 64, 222, 229, 283, 285, 290, 533

M

Machbarkeit 85, 123, 284, 428
Magen- und Darmtrakt, Beschwerden **346 f.**
Magengeschwüre 180, 509
Mainstreaming 210
Manageability 44, 559, 562
Management **101 ff., 390 ff., 396 ff., 523 f., 537 ff., 548 ff.**
Management by Direction and Control 325
Manie 439, 441, 444
Manische Episoden 124, 443
Männergesundheitsforschung 402

MAOH Monoaminoxidasehemmer 438
Maß 237, 240, 421, 428, 517
Materialismus 281
MBTI Myers-Briggs-Typenindikator 433
Mc Kinsey Gesellschaft 28
McJobs 357
MCS Multiple chemical Sensitivity 540
MdE Minderung der Erwerbsfähigkeit 24, 575 f., 586
Meaningfulness 44, 559, 562
Mediator 94, 113, 117
Medien, neue 291 f., 294 f., 297 f., 398
Medikamentenabhängigkeit 79, 188
Medikamenteninduzierter Kopfschmerz 145, 152
Medizin, sozial 565 f.
Medizinische Rehabilitation 360, 577
Medizinstudium 598 ff.
Mehrfachbelastung 402, 405
Mehrfachbeschäftigung 362 ff.
Mehrfach-Gestaltungsmöglichkeiten 406
Menschenbild 284 f., 448
Mentorenprogramme 481, 486
Mentorship 460, 479 ff.
Messen 64 f., 69, 236, 525
Methodenvielfalt 435, 491 f.
Mid-career crisis 533
Migräne 113, 145, 147, 152
Mikromanaging 77, **325 ff.**
Minderung der Erwerbsfähigkeit MdE 24, 575 f., 586
Missbrauch **184 ff.**
Mitarbeiterorientiert 221, 228, 245, 256, 259
Mitarbeiterorientierte Führung 259

Mitarbeiterorientierung 221, 263
Mitspracheöglichkeiten 223, 226, 228
Mittagsschlaf 502
Mittelunternehmen 584
Mittleres Management 119, **396 ff.**
Mobben 110
Mobbing **101 ff.**, 231
Mobbing Report 106, 110 f., 115 ff.
Mobbingfördernder betrieblicher Faktor 118 f.
Mobbingsituation 127, 315
Mobile Telearbeit 311
Mobilität 28, 78, **299 ff.**, 332, 335, 409
 - beruflich **299 f.**, 309
Mobilitätskompetenz 299 f., 305, 307 ff.
Modelllernen 138, 177, 520 f.
Monoaminoxidasehemmer MAOH 438
Moonlighting 362 ff.
Moral 281, 284 f., 288
Moral und Ethik 285
Mortalität 70, 125, 360
Motiv 235, 237 f., 371, 430, 485, 507
Motivation **232 ff.**
Multiple chemical Sensitivity MCS 540
Multitasking 77, **325 ff.**
Muskuloskeletalle Erkrankung 60, 72
Mütter, allein stehend 405
Myers-Briggs-Typenindikator MBTI 433
Myofasziales Schmerzsyndrom 144 f., 150

N

Nachhaltigkeit 285, 547, 555
Nachtarbeit 312, **343 ff.**
Nanofähren 340
Nanopartikel 339 ff.
Nanotechnologie **336 ff.**
Nanotoxikologie 338, 341 f.
Narzissmustheorie 177
Narzisstische Persönlichkeit 177
Nervosität 55, 63, 172, 190, 289, 518, 520, 523
Network Man 327
Netzwerk, sozial 43, 386, 405
Netzwerke 42 f., 265 f., 268, 272 ff., 371, 373, 407, 485
Neue Medien 291 f., 294 f., 297 f., 398
Neue Selbstständigkeit 176
Neuorientierung 83, 400, 479, **531 ff.**, 596
 - beruflich 531
Neurohormonale Stressreaktion 53
Neuroleptika 152, 437, 440 ff.
 - atypisch 440, **442**
 - typische (klassische) 441 f.
Nicht-mehr-Planbarkeit 29
Nicht-stoffgebundene Sucht 168, 172
Nikotin 81, 114, 158, 176, 185, 187
Nomothetik 427
Non-sexual Harassment 105
Nonverbale Kommunikation 293
Normalarbeitsverhältnis 28, 370 f., 374
Normierung 372, 428
Nutzen 289, 502, 556
Nützlichkeit 174, 281, 428

O

Objektivität 219, 234, 416, 428, 430
Officemanagement 398
Ökonomie 22, 28, 284, 288, 373, 428, 498, 566
Online-Sucht 168
On-Site-Telearbeit 311
Operante Konditionierung 177
Operation 158, 518
Optimierter Handlungsspielraum 542
Optimismus 44, 265, 287, 382 ff., **516 ff.**
 - dispositionell 44
Organisation Man 327
Organisation, betrieblich 371, 475
Organisations-/Personalentwicklungs-Leitlinie 263
Organisationsbezogene Konsequenz 269
Organisationsdiagnose 245 f., 248, 251, 474
Organisationsentwicklung 246, 281, 283 f., 287, 435, 462, 465, 543
Organisationsgestaltung 263
Organisationskultur 244, 251, 433
Organisationsprinzipien 527
Organisationsprozess, Gestaltung 258, 261
Organisationssupport, wahrgenommener 271 f.
Otologische Untersuchung 159
Outsourcing 399, 539

P

Pädagogik 459, 490
Panikstörung 132 f., 135, 137 ff., 404
Pareto-Zeitprinzip 527
Partizipation 119, 251, 269, 344, 491, 562
Partizipationsmöglichkeit 259, 262
Partizipativer Führungsstil 70, 257
Partnersuche 276
Pathologische Anwesenheit **167 ff.**
Pausenmanagement **497 ff.**
Pausenregime 314, 322
Perceived organizational support 271 f.
Perfektionismus 78, 127, 172, 454
Permanente Telearbeit 311, 315
Personal- und Organisationsentwicklung 435, 543
Personalabbau 85, 104, 127, 138, 141, 432
Personalauswahlverfahren 181
Personale Kontrolle 43, 46
Personale Ressource 39, 50
Personalentwicklungs-Leitlinie 263
Personalpolitik 308 f.
Person-Environment/Group-Misfit (Mesoebene) 109
Persönliche Schutzausrüstung 95, 97
Persönlichkeit, narzisstisch 177
Persönlichkeitsstörung
 - ängstlich-vermeidend **135**
 - zwanghaft 171 ff.
Persönlichkeitstest 418, 422
Persönlichkeitstheoretischer Ansatz 178
Persuasion 519, 521
Pflanzliche Antidepressiva 438
Pflegebranche 92
Phänomenologie 110

Phasenmodell 179 f., 382, 534
Phasenprophylaktika 440
Phobie 132 f., 137, 139, 404, 437
 - sozial 133, 135
 - spezifisch 133, 135
Physiko-chemische Belastung 539
Physiotherapie 144, 489 ff., 495
Planung bzw. Bereitstellung des Handlungswissens 227, 231
Planung, betrieblich 221, 228, 231
Planungsgrundlage 525
PMS Prämenstruelles Syndrom 410
Positive Psychologie 560
Positive Unternehmenskultur 213
Positives Denken **516 ff.**, 560
Posttraumatische Belastungsstörung 62 f., 112, 134, 250
Potenter Stressor 54
Potenzialanalyse 543
Prädisposition, individuell **63**
Praktische instrumentelle Unterstützung 270
Praktische Umsetzung von Maßnahmen 227, 231
Prämenstruelles Syndrom PMS 410
Präventionsmaßnahme 71, 90, 99, 123, 211, 323, 464, 571, 579
Praxisschock 465, 467
Primat der Ökonomie 22, 28, 566
Prinzip der Anforderungs-Ressourcen-Balance 385 f.
Prioritätenbestimmung 527
Problembewältigungsstrategie 305
Problemlösestrategie 453, 519
Produktionssteigerung 285

Progressive Muskelrelaxation 453
Prophylaxeprogramm 514
Prostatitis, chronisch unspezifisch 146
Protektiver Faktor 465
Psychische Beanspruchung 39, 291, 471
Psychische Belastung 39, 471
Psychische Beschwerden 62, 72, 381
Psychische Erkrankung **21 ff.**, 115, 136 f., 191, 559
Psychische Störung, Klassifikation 170, 414
Psychisches Wohlergehen 517
Psychoanalytischer Erklärungsansatz 177
Psychobiologische Studie 57
Psychodynamische Therapie 129, 140
Psychologie, positiv 560
Psychomentale Belastung 575, 580, 591
Psychometrische Testverfahren **425 ff.**
Psychopathologischer Befund 415
Psychopharmaka 27, 130, 140, 150, 187, 404, 411, 437, 443 f., 446
Psychophysiologisch 53, 149, 419
Psychosomatische Grundversorgung 129, 152, 165
Psychosomatische Störungen 127, 416, 599
Psychosoziale Arbeitsbelastung 60 f., 79, 82
Psychosoziale Belastung 33, **39 ff.**, 51, 62, 156, 384, 539
Psychosozialer Stressor 66

Psychotherapie **447 ff.**
 - berufsbezogen **447 ff., 457**
Psychotherapieforschung 449
Public Health Relevanz 99
Puffer 261, 266 f., 271, 372, 560
Puffereffekt 269

Q

Qualitätsmanagement 243, 433, 494, 539
Querschnittsuntersuchung 70 f.

R

Raucher 187, 359, 408 f., 520
Raufunfall 92
Rechtliche Rahmenbedingung 205
Regulation, sozial 265
Regulationsbehinderung 246, 250, 253
Reha-Bereich 457
Rehabilitation 569 ff.
 - medizinisch 360, 577
 - stationär 130, 140, 152
Rehabilitationsbehandlung 448
Rehabilitationsforschung 457
Reichsversicherungsordnung RVO 573
Reintegration 22, 32, 84, 118, 192, 195 f., 375, 377, 379, 388 f., 564
Reizblase 146
Reizdarmsyndrom 145 f.
Reizkonfrontation 139
Reliabilität 234, 415 f., 428, 430
Religiösität **281 ff.**
Rentenneurose 449
Repetitive Strain Injury RSI 60, 540
Resilienz 560
Ressource **39 ff.**, 50, 260

Ressourcenorientierter Ansatz 464
Rezidivierende depressive Störung 124, 126
Rheumatische Erkrankungen 408
Rhythmen, biologisch 346, 498, 500, 503
Risikoarmer Konsum 185
Riskanter Konsum 185, 189, 198
Rollenstereotype 402 f., 413
Röntgenverordnung 577
RSI Repetitive Strain Injury 60, 540
Rückenschmerz, chronisch 144
Rückenschule 543
Ruhe- oder Entspannungsphase 502
RVO Reichsversicherungsordnung 573

S

Sabbatical **531 ff.**
Salutogenese 44, 559, 561
Salutogenetisches Konzept 540
SAM Soziale Arbeitsmedizin 563, 566
Sandwich-Position **397 ff.**
Sauerstofftherapie, hyperbar **165**
SAZ Skala zur Messung der Arbeitszufriedenheit 236
SBD Sick Building Disease 540
Schädlicher Konsum 185
Schichtarbeit 251, 343 f., 347, 351
Schizophrenie 62, 416, 442, 444
Schlaf 445, 497, 499 ff.
Schlafhygiene 445, 501
Schlafmittel 187, 411, 444, 445 f.

Schlafstörung 346, 445
Schlaganfall 59, 359, 409
Schmerz **143 ff.**
 - chronisch **143 f.**, 146, 148, 150, 152 f., 154
Schmerzgedächtnis 149
Schmerzsyndrom 143 ff., 440
Schuldgefühl 124, 171, 202, 382
Schutzausrüstung, persönlich 95, 97
Scientific Management 243
Sedierend 438 f., 442 ff.
Sedierende Antidepressiva 438 f.
Sedierende Wirkung 442
Selbstangabe 66
Selbstausbeutung 28, 314, 317 f.
Selbstbeobachtung 148, 416 f., 420, 426
Selbstbeurteilungsverfahren, klinisch 416
Selbstentlastung 528
Selbsthilfegruppen 102, 113, 117 f., 174, 181, 462, 520
Selbstinstruktion 97, 452
Selbstmanagement **504 ff.**
Selbstorganisation 203, 371, 542
Selbstschutztechnik 97
Selbstständigkeit, neue 176
Selbstverteidigung 94, 211
Selbstverwaltung 370, 579, 586
Selbstwirksamkeit 44, 131, 461, 473, 519 f.
Selbstwirksamkeitserwartung 516 f., 519, 521
Selektionseffekte 382 f.
Selektive Serotonin-Wiederaufnahmehemmer SSRI 438
Sense of Coherence SOC 44, 473, 559, 561

Sensitivität 429
Serotonin-Haushalt 410
Setting-Arbeitswelt 31
Sexsucht 171
Sexuelle Belästigung **200 f.**
Sexuelle Gewalt 201, 203 f., 208
SGB Sozialgesetzbuch 86, 491, 551, 571 ff., 592
SGB VII 86 ff., 90, 122 f., 565, 571, 573 f., 582
Shared Desk-Konzept 313
Sicherung der Beschäftigungsfähigkeit 589, 592
Sick Building Disease SBD 540
Simultanverdeckung 159 f.
Sinn 281 ff.
Sinnorientierung 285
Situationsanalyse 525
Skala zur Messung der Arbeitszufriedenheit SAZ 236
SOC Sense of Coherence 44, 473, 559, 561
Social support 41, 77 f., 265, 269, 274
Soft skills 78, 461
Soll-Zustands, Bestimmung 227, 231
Somatisierung **143 ff.**
Somatisierungsstörung 143, 146, 150
Somatoforme autonome Funktionsstörung 146
Somatoforme Schmerzstörung 143, 145 f., 150
Somatoforme Störung 21, 146, 149, 152 ff.
Sorgen 134, 137, 139, 456 f.
SORK-Schema 449, 458
Soziale Arbeitsmedizin SAM 563, 566
Soziale Beziehung 42, 84, 237, 248, 268, 432, 470

Sachregister

Soziale Bindung 43, 207, 355
Soziale Integration 49, 72, 273
Soziale Isolation 41, 80, 265, 384, 387
Soziale Kontrolle 265
Soziale Medizin 565 f.
Soziale Phobie 133, 135
Soziale Regulation 265
Soziale Unterstützung 42 f., **265 ff.**
Sozialer Status 359, 376 f.
Soziales Arbeitsumfeld 51
Soziales Leben 346 f.
Soziales Netzwerk 43, 386, 405
Sozialgesetzbuch – SGB 86, 491, 551, 571 ff., 592
Sozialkompetenz 187, 256, 490
Sozialtherapie 448, 459
Sozialversicherungssystem 548, 569
Sozioökonomischer Status 64
Soziotechnischer Systemansatz 245
Spannungskopfschmerz 145, 147 f., 152
Spezifische Phobie 133, 135
Spezifität 429
Spielsucht 168, 170, 172
Spiritualität **281 ff.**
Spirituelle Intelligenz 282
Sporttherapie **489 ff.**
Sprechberuf 323
SSRI Selektive Serotonin-Wiederaufnahmehemmer 438 ff.
Staffing 104, 110
Stakeholder 539
Standardisierte Interviews 416
Stationäre Rehabilitation 130, 140, 152
Status
 - beruflich 30
 - sozial 359, 376 f.

Stigmatisierung 380, 384, 387, 389
Stimmungsstabilisierer 440
Stoffgebundene Abhängigkeit 170
Stoffungebundene Sucht 170
Störung
 - bipolar affektiv 124, 439
 - depressiv 22, 27, 79, 112, 114, **124 ff.**, 128, 130 f., 149, **439**, 455
 - Impulskontrolle 171
Störungsgruppenbezogene Verfahren 416
Störungsgruppenübergreifende Verfahren 416
Störungsmodelle, biopsychosozial 448
Strafgesetzbuch 121, 208, 212
Strahlenschutzverordnung 577
Strategisches Management 537, 543
Stress 40, **47 ff.**, 72, 268, 274, 454, **469 ff.**, 530
 - Erfassung von 65, 72
Stressanalyse 475
Stressbewältigung 400, 450 ff., 473 f., 478
Stress-Bewältigungsprozess 266, 274
Stresserfahrung 266, 269, 274
Stressfalle 399
Stressfolge 266 f., 269 ff., 473
Stressmanagement **469 ff.**
Stressmessung 65
Stressmodell 40, **57**, 72, 454
 - transaktional 50, 52
Stressor 51 ff., 274, 301
 - potent 54
 - psychosozial 66
Stressprävention 260, 472 f., 476, 478

Stressreaktion 51 ff.
 - neurohormonal 53
Stressrhythmus 505
Stresstheorie 43, 471, 473 f.
Strukturiertes Interview 137, 415, 418
Studiendesign 70, 360
Stufenweise Wiedereingliederung 456, 555
Subjektive Betroffenheit des Tinnituspatienten 161
Substanzen, aktivierend 439
Sucht **167 ff., 184 ff.**
 - nicht-stoffgebunden 168, 172
 Online- 168
 - stoffungebunden 170
Suchtmittelmissbrauch **184 ff.**
Suchtpersönlichkeit 178
Suchtprogramm 543
Suchttheoretisches Modell 176
Suizid 22, 62 f., 79, 125, 130
Suizidalität 129 f., 439, 444 f.
Suizidgedanke 124, 130
Supervision **459 ff.**
 - berufsbezogen 459
Supervisionskultur 459, 467
Supplementäre Telearbeit 311, 314
Survivor 64, 72
System der Zeitplanung 526
Systematische Karriereberatung 481
Systemtheoretischer Ansatz 176, 178

T

Tätigkeit
 Abwechslungsgrad 239
 - geistig 497, 503
Taxifahrer 96, 99
Teamarbeit 176, 261, 542

Teamentwicklung 182, 228, 433, 463
Technostress 372
Teilhabe am Arbeitsleben 32, 317, 360
Teilzeitarbeit 353, 357 f., 406, 539, 596
Teilzeiterwerbstätigkeit 406
Telearbeit **310 ff.**
- alternierend 311
- heimbasiert 311
- mobil 311
- On-Site- 311
- permanent 311, 315
- supplementär 311, 314
Telecenter 311 f.
Telecommuting 310
Teleheimarbeit 311 f., 314 f.
Telekooperation 311
Terrainkur 491
Test 31, 426 ff.
Testtheorie 429 ff.
Testverfahren, psychometrisch **425 ff.**
Tetrazyklische Antidepressiva 438
Theorie X 326
Therapie
- interpersonell 129
- psychodynamisch 129, 140
Tiefenpsychologische Sicht 448
Tinnitus **155 ff.**
- chronisch 165
Tinnitusfrequenz 159
Tinnitus-Instrument 164
Tinnituslautheit 159
Tinnitus-Masker 162, 164
Tinnitus-Noiser 162, 164
Tinnituspatient, subjektive Betroffenheit 161
Tinnitus-Retraining-Therapie 162, 164
Trainingsmethoden 492

Tranquilizer 437, 439, 443
Transaktionales Stressmodell 50, 52
Transparenz 97, 256, 261, 263, 322, 552, 562
Trauer 125, 138, 189, 461, 466
Triangulierung 69
Trizyklische Antidepressiva TZA 152, 438
Tugend 283, 285 f., 454
Typ-A-Verhalten 173
Typische (klassische) Neuroleptika 441 f.
TZA Trizyklische Antidepressiva 152, 438

U

Überfall 62, 93, 99
Überstunden 66, 77 f., 167, 258, 307, 333, 504, 507, 513, 515
UHD User Help Desk 319, 322
Unfall 52, 62 f., 92, 158, 248, 253, 360, 384, 551, 570, 574, 576, 586
Unfallkasse 92, 572, 587
Unfallverhütungsvorschrift 206, 571 f., 578
Unfallversicherung **569 ff.**
Unfallversicherungsgesetz 570 f.
Unterforderung 50, 104, 239 f., 260, 269, 554, 563
Unternehmen, familienfreundlich 313
Unternehmenserfolg 225, 233, 258, 329, 397, 542, 550
Unternehmenskultur 258, **261**, 263
- positive 213
Unternehmensleitbild 262 f.
Unternehmensziel 237, 240, 245, 263

Unternehmer 86, 463, 465, 548, 569, 571 f., 581, 588
Unterstützung, sozial 42 f., **265 ff.**
Unterstützungsart 269
Unterstützungsquelle 269 f.
Untersuchung, otologisch 159
User Help Desk UHD 319, 322

V

Validität 29 f., 71, 234, 415 f., 418, 422, 428, 430
Veränderungsmotivation 454
Veränderungsprozess 390 ff., 396 ff., 399 f.
Verantwortung 61, 84, 119, 173, 176, 245, 247, 249, 285, 397, 465, 477, 562, 564
Vergleichbarkeit 234, 427 f.
Verhalten, kontraproduktiv 94
Verhaltensbeobachtung 419
Verhaltensbezogene Maßnahme 31, 95, 97
Verhaltensprävention 84, 118, 252, 540
Verhaltenssucht 170 ff.
Verhaltenstest 419
Verhaltenstherapie 83, 129, 139, 142, 152, 162, 437, 440, 448, 461, 519
- kognitiv 83, 129, **139**, 152, 162
Verhältnisprävention 84, 118, 251, 476, 540, 567, 590, 595
Verleihfirma 330 ff.
Verletztengeld 575 f.
Vermeidungsverhalten 63, 132 ff., 138 ff., 149, 404
Versorgung 22 f., 25 f., 131, 344, 359, 385, 403, 490 f., 589, 594
Vertrauen 42, 44, 94, 221, 224, 281, 283, 285, 290, 560

Vertrauensklima 261, 263
Virtuelle Communities 373
Virtuelle Gemeinden 373
Volitionale Theorie der Zielrealisierung 238
Vollzeiterwerbstätigkeit 405 f.
Vorsorgeprogramm, ganzheitlich 591
Vorsorgeuntersuchung 85, 317, 323, 334 f., 543, 572, 591
Vulnerabilitätsfaktor 126

W

WAC Workaholic Adjective Checklist 174
Wachstum 281, 288, 290, 354, 357, 539, 593
Wahrgenommener Organisationssupport 271 f.
WART Work Addiction Risk Test 174
Wechselschichtrhythmus 322, 333
Wegeunfall 573 f., 576, 586
Weichteilrheumatismus 145
Weiterbildung im Gebiet Arbeitsmedizin 600
Weiterbildungskatalog 600
Weltanschauung 208, 284 f.
Weltbild 285
Wert 237 f.
Wertekanon 285, 288
Wertorientiert 283
Wertschätzung 42, 84, 179, 259 f., 268, 283, 288, 503, 532, 562
Wettbewerb 28, 92 f., 252, 281, 290, 319, 334, 396, 541, 593, 599
Wiedereingliederung, stufenweise 456, 555
Win-Win-Situation 233, 484
Wirtschaftsethik 283

Wissenschaft 31, 35, 75, 86, 98, 102, 122, 168, 240, 284, 371, 590, 593 ff.
Wochenend- und Feiertagsarbeit 312, 333
Wochenendpendler 299, 301 ff.
Wochentranquilizer 443
Wohlbefinden 274, 309, 351, 389, 451, 517
Wohlergehen, psychisch 517
WOLF Work-related-Flow-Scale 563
Work Addiction Risk Test WART 174
Work life balance 247, 253, **504 ff.**
Workaholic 167, 169, 174, 178, 507, 510, 513
Workaholic Adjective Checklist WAC 174
Work-Family Conflict 409
Working Poor **352 ff.**
Work-Life-Balance 247, 253, **504 ff.**
Work-related-Flow-Scale WOLF 563
World Employment Report 353

Z

Zeitarbeit **330 ff.**
Zeitdruck 28, 61, 77 f., 188, 242, 244, 246 f., 249, 258, 333, 364, 470, 480, 523 f.
Zeitfresseranalyse 524 f.
Zeitinventur 524
Zeitmanagement **523 ff.**
 - Regelsystem 525
 - Techniken 524 f.
Zeitnutzungsanalyse 524 f.
Zeitökonomie, biologisch 498
Zeitplanung, System 526
Zeitsensibilität 500
Zeitverlustanalyse 524 f.

Zeitverschlussbehältnis 96
Ziel- und Aufgabenorientierung 263
Zielanalyse 525
Zielformulierung 525
Zielrealisierung, volitionale Theorie 238
Zielsetzung 181, 238 f., 525
Zielvereinbarung 182, 263, 287
Zielwahl, kognitive Theorie **238**
Zwang 34, 78, 172, 272, 447, 416
Zwanghafte Persönlichkeitsstörung 171 ff.
Zwanghaftes Verhalten 171, 173
Zwangshaltung 148, 153, 250, 312, 323, 333
Zwangshandlung 171
Zwangsstörung 171 f., 437 f., 440